ZHANG JIASHENG TUANDUI
JIAOTONG YANTU GONGCHENG LUNWENJI

张家生团队
交通岩土工程论文集

主编 ⊙ 王晅　陈晓斌

中南大學出版社
www.csupress.com.cn
·长 沙·

张家生教授介绍

张家生，男，出生于1964年，工学博士，中南大学土木工程学院教授、博士研究生导师，从事教学、科研与管理工作。主讲“土力学”“岩石力学”“土木工程地质”3门课程。长期致力于前沿创新与工程应用研究，研究领域包括岩土力学、岩土边坡、爆破控制、铁道工程、路基工程、岩层控制及地表移动分析等。

曾任高速铁路建造技术国家工程研究中心副主任、中南大学土木工程学院副院长、重载铁路工程结构教育部重点实验室主任、湖南中大设计院有限公司董事长。

主持及参与国家自然科学基金项目(面上项目)3项，参与973计划、863计划等国家级项目研究各1项，参与省部级科研项目30余项，共发表学术论文150余篇，被SCI、EI、ISTP收录80余篇，先后出版专著1部，参编教材1部。获国家科技进步三等奖1项，省部级一等奖1项、二等奖2项。培养毕业博士研究生23人、毕业硕士研究生115人。

教育经历

1979年9月—1983年6月　阜新矿业学院采矿工程专业，本科(获工学学士学位)

1983年9月—1986年6月　淮南矿业学院采矿工程专业，硕士研究生(获工学硕士学位)

1989年9月—1993年6月　中南工业大学采矿工程专业，博士研究生(获工学博士学位)

工作经历

1986年9月—1989年8月　淮南矿业学院采矿工程系任教，讲师(1989年7月)

1993年7月—1999年9月　冶金部长沙矿冶院采矿与岩土工程研究所高级工程师(1993年7月—1995年7月)，副所长(1995年10月—1999年9月)

1999年10月至今　中南大学土木工程学院，教授(1999年10月—2000年6月)，博士研究生导师(2000年6月—2001年6月)

在中南大学任职期间

2000年5月—2005年12月　任岩土工程实验室主任

2006年1月—2017年10月　任土木工程学院副院长

2008年6月—　任高速铁路建造技术国家工程实验室副主任

2011年5月—2012年8月　挂任湖南省国土资源厅厅长助理，协管地环处(地质灾害与矿山环境管理)、矿管处(矿产资源开发管理)

2008年1月—2016年12月　任重载铁路工程结构教育部重点实验室主任

2017年3月—2021年2月　任湖南中大设计院有限公司董事长

社会兼职

1995—2005年　湖南省岩石力学与工程学会副理事长

2005—2024年　湖南省土木建筑学会常务理事

2011—2023年　中国岩石力学与工程学会岩石力学测试专业委员会副主任

序言

PREFACE

此为张家生教授及学生交通岩土工程论文集，为张家生教授深耕教育事业三十九年荣休纪念。

目录 CONTENTS

01 基础研究篇

02 试验研究篇

03 技术创新篇

04 工程实践篇

弹性抗滑桩设计中几个问题的探讨

贺建清，张家生，梅松华

长沙矿冶研究院，湖南长沙，410012

摘要：在采用传递系数法对边坡进行稳定性分析的基础上，深入探讨抗滑桩加固边坡的作用机理，建立了抗滑桩的合理位置和设计参数的确定方法，对抗滑桩的应用及设计具有一定的指导作用。

关键词：边坡；抗滑桩；传递系数法

当滑坡问题较为严重，采用排水、削坡等措施不足以完全治理，且相关条件合适时，采用抗滑桩整治边坡，往往具有施工简单、速度快、工程量小、投资小等优点。同时抗滑桩可以和其他边坡治理措施灵活地配合作用，因此在工程实际中已经得到了广泛应用。

在进行边坡稳定性分析中，多采用传递系数法进行分析计算并以剩余推力作为加固措施设计的依据。但对弹性抗滑桩来讲，设计中存在以下两个问题：

(1)弹性抗滑桩的合理位置的确定。

(2)抗滑桩在承载时必然对后部土体或岩体产生反力，而该反力对桩后土体或岩体的稳定性的影响往往被人为忽略了。

本文针对这两个问题，详细地探讨如何合理地确定抗滑桩的位置及其实际意义，在考虑弹性抗滑桩载荷并对桩后土体或岩体产生反力的情况下，给出了确定弹性抗滑桩的设计参数的方法。

衡量边坡稳定与否的一个重要指标就是安全系数 K，欲通过设置抗滑桩对边坡进行加固时，边坡稳定性不外乎如下两种情况：

(1)边坡已接近或达到临界状态，或者已经失稳，即边坡安全系数 $K \leqslant 1$。

(2)目前尚稳定，但考虑将来条件恶化后安全系数下降，一旦失稳将带来严重后果的边坡。

因此，在确定整治后边坡应达到的设计安全系数时，应根据工程的重要性、失事的后果以及基本资料的可信程度来合理选择。

1 弹性抗滑桩承受载荷的确定

1.1 条块受力分析

图 1(a)为条块划分图，图 1(b)为条块受力分析图。根据传递系数法对边坡稳定性进行分析可知，图 1(b)中下滑力为

$$T_i = W_i \sin \alpha_i + E_{i+1} \cos(\alpha_{i+1} - \alpha_i) \tag{1}$$

抗滑力为

$$Q_i = [W_i \cos \alpha_i + E_{i+1} \sin(\alpha_{i+1} - \alpha_i)] \cdot \tan \varphi + c_i L_i + E_i \tag{2}$$

安全系数为

$$K_i = \frac{Q_i}{T_i} \tag{3}$$

式中：W_i 为第 i 条块自重，N；φ 为第 i 条块底边摩擦角，(°)；α_i 为第 i 条块底坡角，(°)；α_{i+1} 为第 i+1 条块底坡角，(°)；E_{i+1} 为第 i+1 条块对第 i 条块的剩余推力，N；E_i 为第 i 条块对 i-1 条块的剩余推力，N；c_i 为第 i 条块底面的黏聚力，N/m^2；L_i 为第 i 条块底边长度，m。

由式(1)~式(3)，有

贺建清，张家生，梅松华. 弹性抗滑桩设计中几个问题的探讨[J]. 岩石力学与工程学报，1999，18(5)：600-602.

$$E_i = K_i[W_i\sin\alpha_i + E_{i+1}\cos(\alpha_{i+1}-\alpha_i)] - [W_i\cos\alpha_i + E_{i+1}\sin(\alpha_{i+1}-\alpha_i)]\tan\varphi - c_iL_i \tag{4}$$

$$E_{i+1} = \frac{W_i\cos\alpha_i\tan\varphi + c_iL_i - K_iW_i\sin\alpha_i + E_i}{K_i\cos(\alpha_{i+1}-\alpha_i) - \sin(\alpha_{i+1}-\alpha_i)\tan\varphi} \tag{5}$$

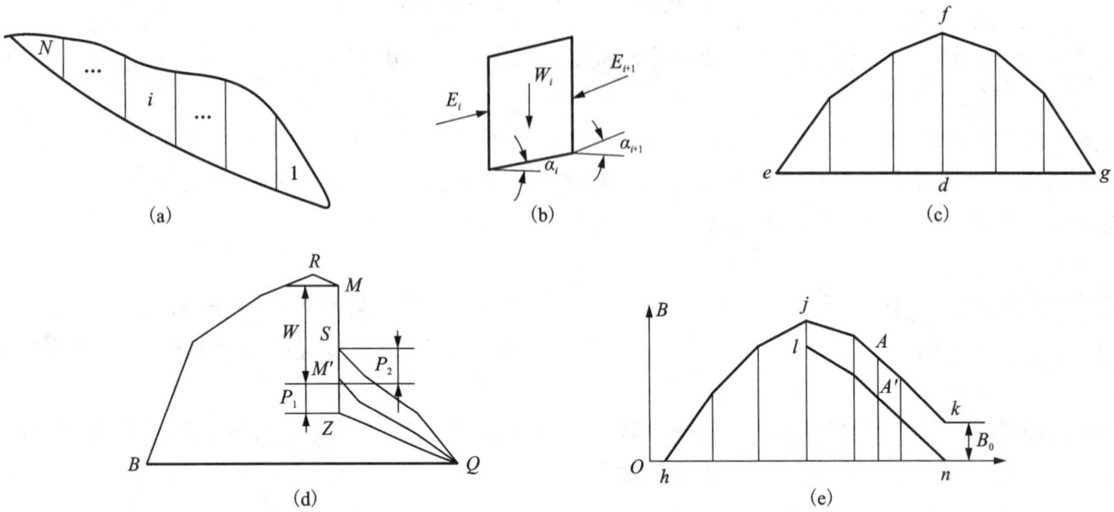

图1　传递系数法分析简图

1.2　自然状态下的剩余推力

设边坡在未设置抗滑桩时的安全系数为 K^0，各条块的安全系数均应与整个边坡的安全系数一致，即 $K_i=K^0$。

由式(4)得

$$E_i = K^0[W_i\sin\alpha_i + E_{i+1}\cos(\alpha_{i+1}-\alpha_i)] - [W_i\cos\alpha_i + E_{i+1}\cos(\alpha_{i+1}-\alpha_i)]\tan\varphi + c_iL_i \tag{6}$$

由顶端条块 N，$E_{N+1}=0$，可求得 E_N，依此类推可得各条块的剩余推力，将各剩余推力绘制成曲线，见图1(c)。

由图1(c)知，fd 左边区域，剩余推力逐渐增加，属不稳定区。fd 右边区域，剩余推力逐渐减少，属稳定区。显然，抗滑桩宜布置在稳定区。

1.3　设置抗滑桩后条块间的剩余推力

选取一个合适的抗滑桩位置，根据工程实际需要确定合理的安全系数 K^h。

根据顶端条块 N，$E_{N+1}=0$，由式(4)，得 E_N，依此可求得抗滑桩以上边坡各条块间的设计剩余推力。根据底端条块1，得 $E_1=0$，再由式(5)，得 E_2，依此可求得抗滑桩以下边坡各条块间的设计剩余推力。此时，得到一条不连续的设计剩余推力曲线 $BRMQ$，见图1(d)。从图中可知，在不考虑抗滑桩在承受载荷时对抗滑桩以下边坡土体或围岩产生反力的情况下，抗滑桩必须承受的载荷为 W，但事实上抗滑桩在承受载荷 W 的时候，必然对抗滑桩以下边坡的土体或围岩产生反力 P_2，亦即抗滑桩以下边坡在承受设计剩余推力的基础上又增加了新的剩余推力载荷 P_2。因此，整个边坡的实际设计剩余推力曲线为 $BRMSQ$，抗滑桩以下边坡安全系数 $K<K^h$，未达到设计要求。由此可见，以剩余推力为载荷进行抗滑桩设计时，整体边坡安全系数偏小，不能满足设计要求。

为了准确确定抗滑桩的设计载荷，在进行抗滑桩设计时，可首先假定抗滑桩以下边坡的安全系数为 K^*，且 $K^*>K^h$，在不考虑抗滑桩对桩后边坡围岩或土体产生反力的情况下，得到一个假定的设计剩余推力曲线 $BRMSZQ$，见图1(d)。要使边坡达到假定的设计安全系数，抗滑桩应承担的载荷 P 为 $W+P_1$。其中，P_1 为抗滑桩在承受荷载时对抗滑桩以下边坡土体或围岩产生的反力。此时，得到一条新的设计剩余推力曲线，当这条曲线正好与曲线 $BRMQ$ 重合时，P 即为边坡达到设计安全系数时，弹性抗滑桩应承受的载荷。有公式

$$P_1 = \xi P \tag{7}$$

式中：ξ 为传递系数。则有

$$P = \frac{W}{1 - \xi} \tag{8}$$

传递系数与抗滑桩本身的几何、力学参数、桩周围的介质的力学性质以及承受的载荷均有关，传递系数需通过对桩进行设计计算方可确定。ξ 越小，说明抗滑桩在承受载荷以后，通过抗滑桩传到滑动面以上围岩或土体中的载荷越小，传到滑动面以下围岩或土体中的载荷越大；反之，通过抗滑桩传到滑动面以上围岩或土体中的载荷越大，传到滑动面以下围岩或土体中的载荷越小。

由以上讨论可知，为使边坡在设置抗滑桩后达到设计安全系数 K^h，弹性抗滑桩的设计载荷应满足

$$P \geqslant \frac{W}{1 - \xi} \tag{9}$$

2　抗滑桩合理位置的确定

在确定边坡的设计安全系数后，根据式(4)，自上而下得到边坡各条块间的设计剩余推力；根据式(5)，自下而上得到在稳定区内边坡各条块间的设计剩余推力。此时，得到两条设计剩余推力曲线，见图 1(e)。前者为曲线 hjk，称为上设计剩余推力线，后者为曲线 ln，称为下设计剩余推力线。如 A 点为稳定区内抗滑桩的位置，可以找出它在上设计剩余推力曲线上对应的设计剩余推力 E_A，在下设计剩余推力曲线上对应的设计剩余推力 E'_A，故有

$$W = E_A - E'_A \tag{10}$$

$$P = \frac{W}{1 - \xi} = \frac{E_A - E'_A}{1 - \xi} \tag{11}$$

由式(11)知，在 ξ 一定时，$(E_A - E'_A)$ 越小，抗滑桩承受的载荷越小，在其他因素允许的情况下，$(E_A - E'_A)$ 最小的点即为抗滑桩的合理位置点。

3　算例

本文选取文献[2]中所举算例，边坡剪切面形状以及分条见图 2(a)。用传递系数法对边坡进行稳定性分析，得自然状态下的安全系数 $K=0.93$，并计算出自然状态下的剩余推力见图 2(b)。设计边坡的安全系数 $K^h=1.05$，可以求出各条块间的设计剩余推力，见图 2(c)，确定抗滑桩位置在第 1、2 条块界面上。由设计剩余推力曲线可知，抗滑桩设置点在上设计剩余推力曲线的对应值为 316.0 t/m，在下设计剩余推力曲线的对应值为 161.7 t/m，两者差值 $W=154.3$ t/m，暂定 $\xi=0.3$。

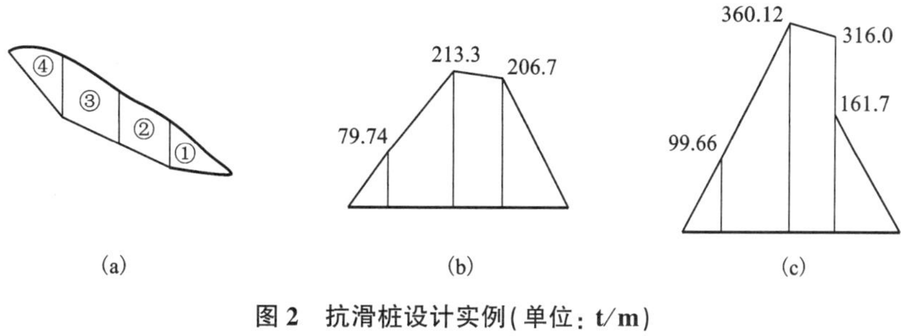

图 2　抗滑桩设计实例(单位：t/m)

由式(7)得

$$P = \frac{W}{1 - \xi} = 220.43 \text{ t/m}$$

$$u = \xi P = 61.93 \text{ t/m}$$

4 结论

本文对抗滑桩位置的确定、抗滑桩的设计载荷确定作了比较详细的探讨，对抗滑桩的设计及应用具有一定的指导作用。

参考文献

[1] HEOK E, BRAY J W. 岩石边坡工程[M]. 卢世宗，李成村，夏继祥，等译. 北京：冶金工业出版社，1983.
[2] 潘家铮. 建筑物的抗滑稳定和滑坡分析[M]. 北京：水利出版社，1980.
[3] 张家生，刘宝琛. 边坡稳定性分析中条块法的进一步探讨[M]//中国岩石力学与工程学会，青年工作委员会. 中国科协第二届青年学术年会，第三届全国青年岩石力学与工程学术研讨会论文集. 成都：西南交通大学出版社，1996.
[4] HUANG Y H. 土坡稳定性分析[M]. 包承纲，王清友，宋崑崙，等译. 北京：清华大学出版社，1988.

沥青路面模糊随机可靠度分析

蒋建国，张家生

中南大学土木建筑学院，湖南长沙，410075

摘要：在传统可靠度理论的基础上，分析了沥青路面模糊随机可靠度。其参数及失效均采用模糊集，推导的可靠指标与失效概率也是模糊集。对沥青路面模型进行了计算，并对结果进行了比较，结果表明，在所有抗力项目中，弯沉盆可靠度指标的值最小，即破坏可能性最大。同时与一般可靠性理论计算的结果比较可知，基层下部的弯沉盆和应力才是最弱的项目。因而从模糊随机可靠度的观点来看，在沥青路面中将得出更好的结果。同时，当参数和准则考虑模糊特性时，可靠度指标将是一个连续变量，并在限制水平接近 1 时达到最大值，这与工程实际是一致的。从结果可知，提出的方法更接近工程实际。

关键词：模糊随机可靠度；沥青路面；不确定性；可靠度；极限状态

由于材料的复杂性和不均匀性，沥青路面研究表现出较强的不确定性。因此，考虑材料作为概率事件是合理的。按传统的可靠性理论函数 $Z=0$ 是极限状态，所以零旁边相差很小的数值有两种状态：有效状态和失效状态。而工程上这种状态是不合理的，从有效状态到失效状态确切地说是有一个过程的，边缘是模糊的，因此在沥青路面运用模糊随机可靠性理论将更为合理[1-6]。

模糊和随机组合有 3 种情况[7]：模糊事件的概率、事件的模糊概率和模糊事件的模糊概率。在沥青路面中，主要变量和参数能够形容模糊事件，所以它是本文的第 3 种情况。

1　极限状态模糊随机函数

根据极限状态模糊随机理论，模糊随机函数为：

$$\widetilde{Z}=\widetilde{R}-\widetilde{S}=\widetilde{b} \tag{1}$$

在传统的可靠性中，这一函数用来确定研究沥青路面的状态。当 $Z=g(X)=g(X_1, X_2, X_3, \cdots, X_n)>0$ 时，是安全的；当 $Z=0$ 时，是极限状态；当 $Z<0$ 时，是不稳定状态。若我们把基本变量 X_i 看作模糊随机变量 $\widetilde{X}_i$，则沥青路面状态函数为：

$$\widetilde{Z}=g(\widetilde{X})=g(\widetilde{X}_1, \widetilde{X}_2, \widetilde{X}_3, \cdots, \widetilde{X}_n)=\widetilde{R}-\widetilde{S}=\widetilde{b} \tag{2}$$

其中，$\widetilde{Z}$ 的极限状态是模糊随机函数，$\widetilde{R}$ 是模糊随机抗力，$\widetilde{S}$ 是模糊随机荷载反应参数，$\widetilde{b}$ 是模糊随机极限值。从式(2)可知，从有效状态到失效状态是有一个过程的。$\widetilde{b}$ 的值可以从有限接近且接近于零的模糊函数中去选择，如二次曲线模糊函数，它用来描述模糊随机状态，见图 1，隶属函数[8]为：

$$\mu_b(Z)=\begin{cases} Z^2+1, & Z\in[-a, c] \\ 0, & Z\in(c, Z] \end{cases} \tag{3}$$

$$\widetilde{b}=\underset{a\in[0,1]}{U}[\alpha(\alpha\quad 1), \alpha(1\quad \alpha)]$$

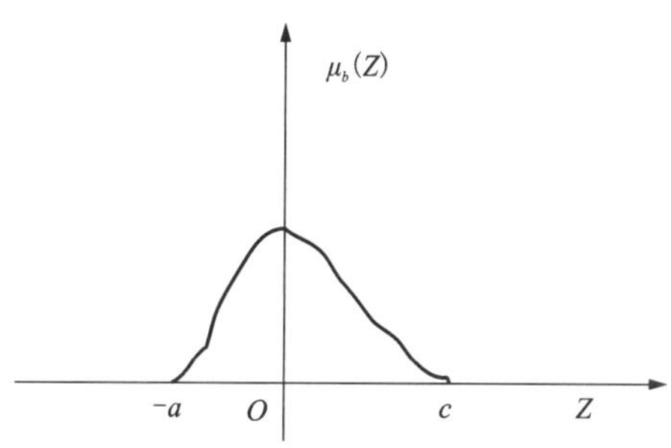

图 1　$\widetilde{b}$ 的隶属函数

蒋建国，张家生. 沥青路面模糊随机可靠度分析[J]. 公路工程，2010，35(5)：63-66.

其中，$a \in [0, 1]$是$\widetilde{b}$的限制条件。显然，当$\alpha=1$时，它是传统可靠极限状态。同样地，当$\widetilde{Z}<\widetilde{b}$时，我们认为沥青路面是安全的；当$\widetilde{Z}>\widetilde{b}$时，沥青路面失效；当$\widetilde{Z}=\widetilde{b}$时，是不确定的。

2 模糊随机可靠性分析

从随机模糊理论可知，当$\alpha \in [0, 1]$时：

$$\widetilde{Z}_\alpha = [Z_\alpha, Z^+_\alpha], \widetilde{R}_\alpha = [R_\alpha, R^+_\alpha], \widetilde{S}_\alpha = [S_\alpha, S^+_\alpha], \widetilde{b}_\alpha = [b_\alpha, b^+_\alpha] \tag{4}$$

其中，Z_α、Z^+_α、R_α、R^+_α、S_α、S^+_α是基本随机变量，而且b_α、b^+_α是实数。

因此，式(2)又可表示为：

$$\widetilde{Z}_\alpha = \widetilde{R}_\alpha - \widetilde{S}_\alpha = [R_\alpha \quad S^+_\alpha, R^\alpha \quad S_\alpha] = \widetilde{b}_\alpha \tag{5}$$

概率密度函数和沥青路面模糊随机抗力$\widetilde{R}$的隶属函数分别是$f_{\widetilde{R}}$和$\mu_{\widetilde{R}}$，且$\widetilde{S}$的隶属函数分别是$f_{\widetilde{S}}$和$\mu_{\widetilde{S}}$，则：

$$\begin{aligned} f_{\widetilde{R}} &= [f_R, f^+_R], \mu_{\widetilde{R}} = [\mu_R, \mu^+_R] \\ f_{\widetilde{S}} &= [f_S, f^+_S], \mu_{\widetilde{S}} = [\mu_S, \mu^+_S] \end{aligned} \tag{6}$$

模糊随机变量在沥青路面中有相互不同的关系。但为了简化，认为$\widetilde{R}$和$\widetilde{S}$是相互独立的。所以沥青路面的失效模糊随机概率为：

$$\widetilde{P}_\mathrm{f} = [P_\mathrm{f}, P^+_\mathrm{f}] = \int_F f_{\widetilde{Z}} \mathrm{d}\widetilde{Z} = \int_0^\infty \int_0^\infty f_{\widetilde{R}} f_{\widetilde{S}} \mu_{\widetilde{R}} \mu_{\widetilde{S}} \mathrm{d}R\mathrm{d}S = \int_0^\infty \int_0^\infty [f_R, f^+_R][f_S, f^+_S][\mu_R, \mu^+_R][\mu_S, \mu^+_S] \mathrm{d}R\mathrm{d}S \tag{7}$$

这里$\widetilde{Z}=g(\widetilde{X}_1, \widetilde{X}_2, \widetilde{X}_3, \cdots, \widetilde{X}_n)$中的变量是样本空间中的模糊随机函数。$\widetilde{Z}$服从模糊随机正态分布，且概率密度函数是$f(\widetilde{Z})$，$\widetilde{X}_1$，$\widetilde{X}_2$，$\widetilde{X}_3$，…，$\widetilde{X}_n$是模糊随机变量，那么：

$$f(\widetilde{Z}) = \frac{1}{[(2\pi)^4 \mid \lambda_{ij} \mid]^{\frac{1}{2}}} \exp\left\{\frac{1}{2}\sum_{ij=1}^{n}[\lambda^1_{ij}(\widetilde{Z}_i, M_i)(\widetilde{Z}_j, M_j)]\right\} \tag{8}$$

相对于变量$\widetilde{X}_1$，$\widetilde{X}_2$，$\widetilde{X}_3$，…，$\widetilde{X}_n$来说，这里λ_{ij}是$n \times n$的实对称正定矩阵，$ij=1, 2, 3, \cdots, n$，M是平均值。$M(\widetilde{Z})=M(\widetilde{R})-M(\widetilde{S})=E(\widetilde{R})-E(\widetilde{S})$。

假设D是模糊随机变量的偏差：$D=E[(\widetilde{Z}-M)\overline{(\widetilde{Z}-M)}]$，且

$$\beta_\alpha = \frac{M\widetilde{b}}{D} = \frac{M(\widetilde{R}) - M(\widetilde{S}) - \widetilde{b}}{\sqrt{D^2(\widetilde{R}) + D^2(\widetilde{S})}} = \frac{E(\widetilde{R}) - E(\widetilde{S}) - \widetilde{b}}{\sqrt{D^2(\widetilde{R}) + D^2(\widetilde{S})}} \tag{9}$$

这时$\widetilde{R}_\alpha$和$\widetilde{S}_\alpha$是标准随机正态分布，则：

$$\begin{cases} f(\widetilde{Z}) = \dfrac{1}{\sqrt{2\pi}D}\exp\left[\dfrac{1}{2}\left(\dfrac{\widetilde{Z}-M}{D}\right)^2\right] \\ P_\mathrm{f} = \dfrac{1}{\sqrt{2\pi}}\displaystyle\int_\infty^{\beta_\alpha}\exp\left(\dfrac{1}{2}\widetilde{Z}^2\right)\mathrm{d}\widetilde{Z} \\ P^+_\mathrm{f} = \dfrac{1}{\sqrt{2\pi}}\displaystyle\int_\infty^{\beta^+_\alpha}\exp\left(\dfrac{1}{2}\widetilde{Z}^2\right)\mathrm{d}\widetilde{Z} \end{cases} \tag{10}$$

$\widetilde{\beta}_\alpha$的值可以很方便地通过式(9)计算出来。模糊随机失效概率P_f和P^+_f的值也能通过积分方法计算出来，从而计算出$\widetilde{\beta}_\alpha$的值。

3 计算实例

以高速公路四层沥青路面结构模型[9]作为算例。为了简化，沥青路面的每层基本数据见表1，仅抗力和荷载反应在表1中显示，所有项目都认为是正态分布。

表1 沥青路面的抗力和荷载反应

参数	抗力				荷载反应			
	容许弯沉盆/mm	容许上层应力/MPa	容许基层应力/MPa	容许基层以下应力/MPa	实际弯沉盆/mm	实际上层应力/MPa	实际基层应力/MPa	实际基层以下应力/MPa
平均值	0.2389	0.8000	0.2642	0.1132	0.1900	0.4335	0.0592	0.0450
标准差	0.0215	0.1400	0.0669	0.0399	0.0150	0.0456	0.0225	0.0071
偏差	0.0900	0.1749	0.2532	0.3523	0.0789	0.1051	0.3792	0.1587

利用式(9)计算不同情况下的模糊随机可靠度，结果见表2~表5。

表2 隶属函数为弯沉盆时模糊可靠度

α	R	R^+	S	S^+	b	b^+	β	β^+
0.75	0.2164	0.2614	0.17028	0.20972	−0.1875	0.1875	7.4069	−3.6763
0.8	0.2209	0.2569	0.17422	0.20578	−0.16	0.16	6.68	−2.9494
0.85	0.2254	0.2524	0.17816	0.20184	−0.1275	0.1275	5.7624	−2.0318
0.9	0.2299	0.2479	0.18211	0.19789	−0.09	0.09	4.6541	−0.9235
0.95	0.2344	0.2434	0.18606	0.19395	−0.0475	0.0475	3.3551	0.37554
1	0.2389	0.2389	0.19	0.19	0	0	1.8653	1.8653

表3 隶属函数为上层应力时模糊可靠度

α	R	R^+	S	S^+	b	b^+	β	β^+
0.75	0.75628	0.84373	0.40723	0.45977	−0.1875	0.1875	3.2872	1.6911
0.8	0.76502	0.83498	0.41248	0.45452	−0.16	0.16	3.1955	1.7828
0.85	0.77377	0.82624	0.41773	0.44927	−0.1275	0.1275	3.0698	1.9085
0.9	0.78251	0.81749	0.42299	0.44401	−0.09	0.09	2.9102	2.0681
0.95	0.79126	0.80875	0.42824	0.43876	−0.0475	0.0475	2.7167	2.2616
1	0.8	0.8	0.4335	0.4335	0	0	2.4891	2.4891

表4 隶属函数为基层应力时模糊可靠度

α	R	R^+	S	S^+	b	b^+	β	β^+
0.75	0.2009	0.3275	−0.0356	0.154	−0.1875	0.1875	3.3209	2.4879
0.8	0.21356	0.31484	−0.01664	0.13504	−0.16	0.16	3.3793	2.4295
0.85	0.22622	0.30218	0.00232	0.11608	−0.1275	0.1275	3.3669	2.442
0.9	0.23888	0.28952	0.02128	0.09712	−0.09	0.09	3.2835	2.5253

续表4

α	R	R^+	S	S^+	b	b^+	β	$β^+$
0.95	0.25154	0.27686	0.04024	0.07816	-0.0475	0.0475	3.1294	2.6794
1	0.2642	0.2642	0.0592	0.0592	0	0	2.9044	2.9044

表 5　隶属函数为下基层应力时模糊可靠度

α	R	R^+	S	S^+	b	b^+	β	$β^+$
0.75	0.025125	0.20127	0.005325	0.084675	-0.1875	0.1875	3.1572	0.2085
0.8	0.04274	0.18366	0.01326	0.07674	-0.16	0.16	3.1091	0.25662
0.85	0.060355	0.16605	0.021195	0.068805	-0.1275	0.1275	2.9376	0.42811
0.9	0.07797	0.14843	0.02913	0.06087	-0.09	0.09	2.6427	0.72298
0.95	0.095585	0.13082	0.037065	0.052935	-0.0475	0.0475	2.2245	1.1412
1	0.1132	0.1132	0.045	0.045	0	0	1.6828	1.6828

结果表明，在所有抗力的项目中弯沉值是最易导致发生破坏的一项。与正常可靠度计算[9]结果比较，虽然一般可靠度方法计算结果是1.8653，但是当考虑弯沉值时它很容易超出抗力，即基层下部的弯沉值和应力才是影响最小的项目。因此，从模糊随机可靠性的观点看，在沥青路面计算中会有更好的结果。从表中可知，当状态函数参数和准则考虑模糊特性时，可靠度指标是连续变量，并在限制水平接近1时达到最大值，这与工程实际是一致的。Dodagoudar 等[10]认为可以利用加权平均方法计算最终可靠度。

4　结论

在沥青路面计算中用模糊随机可靠性理论将能够得到比较好的结果，将参数设定为模糊随机事件是合理的，而衡量极限状态的准则也是一个过程。本文在传统可靠理论的基础上分析了沥青路面的模糊随机概率。从计算结果中我们发现，模糊可靠度计算结果与工程实际更加一致。这种方法也可以用于其他的工程领域。

参考文献

[1] 吴世伟.结构可靠度分析[M].北京：人民交通出版社，1990.

[2] CHEN S M. Analyzing fuzzy system reliability usingvague set theory [J]. International Journal of Applied Science and Engineering, 2003, 1(1): 82-88.

[3] 张建仁，刘扬，许福友，等.结构可靠度理论及其在桥梁工程中的应用[M].北京：人民交通出版社，2003.

[4] 王登刚，李杰.计算具有区间参数结构特征值范围的一种新方法[J].计算力学学报，2004，21(1)：56-61.

[5] 董玉革，赵征权.模糊可靠性分析一次二阶矩法[J].合肥工业大学学报(自然科学版)，2005，28(9)：980-984.

[6] 吕玺琳，吕龙，吕恩琳.桩的模糊随机可靠性分析[J].岩土力学，2008，29(7)：1993-1996.

[7] JIA H H, HE H J. Analysis of fuzzy-random reli-ability of asphalt pavement stability [J]. Rock and SoilMechanics, 2003, 24(4): 657-660.

[8] DUAN S W, SHEN P S, JIANG J G. Fuzzy random reliability research for selection of deep-excavation braced structures [J]. Journal of Human University (Natural Sciences Edition), 2001, 28(6): 97-100.

[9] JIA Z R, HUAN K G, ZHAO C Q. Analysis of Fuzzy-random Reliability of asphalt pavement[J]. Road in Chinese and Abroad, 2001, 21(4): 15-18.

[10] DODAGOUDAR G R, VENKATACHALAM G. Reliability analysis of asphalt pavements using fuzzy sets theory[J]. Engineering Geology, 1998, 49(2): 111-122.

灰色模型在大坝变形监测与预报中的应用

尹志政，张家生

中南大学土木建筑学院，湖南长沙，410075

摘要： 建立有效实用的大坝变形监测模型，对于大坝运行意义重大。目前国内外常用统计模型和确定性模型来预报大坝变形，但精度普遍不高。作者提出一种基于不确定性模型的非等间隔灰色模型对大坝变形进行监测预报。预报过程建立在数学基础上，而且预报结果的精度能够满足工程需要。

关键词： 灰色模型；大坝变形监测；预报

1 引言

目前，国内外大坝安全监测中主要采用统计模型、确定性模型和混合模型来进行安全评价和预报[1]。这些数学模型均在一定程度上含有统计特性，它们或者建立在观测误差的数学期望值为零、各次观测互相独立以及观测误差呈正态分布的假定前提下，或者建立在对大坝物理力学性质一定的假设基础上。故其模型精度在较大程度上取决于建模因子的选择。此外，由于时效的影响因素复杂，存在很大的不确定性，故用上述模型进行数据的拟合一般精度不是很高。因此，有必要寻求更有效的预报模型。

本文基于灰色系统理论建立了大坝变形监测与预报的非等间隔灰色模型，其显著优点是克服了常规统计模型需一定的前提假设和事先确定因子的缺点，有效避免了因子选择不当而造成的误差。

2 灰色理论及预报模型

灰色系统是指既含有已知的又含有未知的或非确知的信息的系统[2]。灰色系统建模是利用较少的或不确切的表示系统的行为特征的原始数据序列进行生成变换后建立微分方程。环境对系统的干扰使原始数据序列出现离乱情况，离乱数列即为灰色数列，或称灰色过程，对灰色过程建立的模型称为灰色模型，简称 GM。

2.1 灰色生成

将原始数据列$\{x^{(0)}\}$中的数据按照某种要求进行处理，称为生成。灰色理论对灰量、灰过程的处理，目的是求得随机性弱化、规律性强化的新数列，新数列的数据称为生成数。灰色生成可分为累加生成、累减生成、均值生成和归一化生成等。下面介绍最基本的一次累加生成。

令$\{x^{(0)}\}=[x^{(0)}(1), x^{(0)}(2), \cdots, x^{(0)}(n)]$为原始数据列，如果将生成数列记为$\{x^{(1)}\}$，那么$\{x^{(1)}\}=[x^{(1)}(1), x^{(1)}(2), \cdots, x^{(1)}(n)]$，如果$\{x^{(0)}\}$与$\{x^{(1)}\}$之间满足：

$$x^{(1)}(k)=\sum_{m=1}^{k} x^{(0)}(m) \tag{1}$$

则称$\{x^{(1)}\}$为$\{x^{(0)}\}$的一次累加生成数列。

2.2 灰色建模的基本原理

对给定的 N 个数列$\{x_i^{(0)}\}$，就会有与之对应的一次累加生成数列$\{x_i^{(1)}\}$。

其中，$x_i^{(1)}(k)=\sum_{m=1}^{k} x_i^{(0)}(m)$。

对 $x_i^{(1)}(k)$可建立白化形式的微分方程：

尹志政，张家生. 灰色模型在大坝变形监测与预报中的应用[J]. 广西水利水电，2002(4)：13-15.

$$\frac{\mathrm{d}x_i^{(1)}}{\mathrm{d}t}+ax_1^{(1)}=b_1x_2^{(1)}+b_2x_3^{(1)}+\cdots+b_{N-1}x_N^{(1)} \tag{2}$$

这是 1 阶 N 个变量的微分方程模型，故记为 GM(1, N)。

记上述方程的参数列为 $\boldsymbol{\beta}$：

$$\boldsymbol{\beta}=[a,\ b_1,\ b_2,\ \cdots,\ b_{N-1}]^{\mathrm{T}} \tag{3}$$

则按最小二乘法可求出 $\boldsymbol{\beta}$ 来，其算式为：

$$\boldsymbol{\beta}=(\boldsymbol{B}^{\mathrm{T}}\boldsymbol{B})^{-1}\boldsymbol{B}^{\mathrm{T}}\boldsymbol{Y}_N \tag{4}$$

$$\boldsymbol{B}=\begin{bmatrix}-\frac{1}{2}[x_1^{(1)}(1)+x_1^{(1)}(2)] & x_2^{(1)}(2) & \cdots & x_N^{(1)}(2)\\ -\frac{1}{2}[x_1^{(1)}(2)+x_1^{(1)}(3)] & x_2^{(3)}(3) & \cdots & x_N^{(1)}(3)\\ \cdots & \cdots & \cdots & \cdots\\ -\frac{1}{2}[x_1^{(1)}(n-1)+x_1^{(1)}(n)] & x_2^{(1)}(n) & \cdots & x_N^{(1)}(n)\end{bmatrix} \tag{5}$$

$$\boldsymbol{Y}_N=[x_1^{(0)}(2),\ x_1^{(0)}(3),\ \cdots,\ x_1^{(0)}(n)]^{\mathrm{T}} \tag{6}$$

当 $\{x_i^{(1)}\}$，$i=2,\ 3,\ \cdots,\ N$ 呈现缓变时，x_i 的时间(离散)关系式为：

$$x_i^{(1)}(k+1)=\frac{1}{a}\sum_{i=2}^{N}b_{i-1}x_i^{(1)}(k+1)+\left[x_i^{(0)}(1)-\frac{1}{a}\sum_{i=2}^{N}b_{i-1}x_i^{(0)}(k+1)\right]\mathrm{e}^{-ak} \tag{7}$$

$$x_i^{(1)}(0)=x_i^{(0)}(1),\ i=1,\ 2,\ \cdots,\ N$$

若上述关系式不成立，则只有通过 $x_1,\ x_2,\ \cdots,\ x_N$ 的 N 个 1 阶微分方程联立求解。

采用相对误差来检验灰色模型的精度，即

$$q(k)=\frac{|x_i^{(1)}(k)-x_i^{(0)}(k)|}{x_i^{(0)}(k)}\times 100\% \tag{8}$$

式中：$x_i^{(1)}(k)$ 为预报模型计算值；$x_i^{(0)}(k)$ 为原始数据实际值。

当相对误差满足精度要求时，则认为所建的灰色模型的精度是足够的。

2.3 大坝变形监测的灰色模型

根据系统工程理论，可以把大坝安全运行看成一个系统，而各类监测项目，如水平位移、垂直位移、渗流量、接缝开合度、坝基扬压力等，则可看作不同的实体子系统。下面以混凝土重力坝的垂直位移监测为例，介绍大坝变形监测的灰色模型的建立方法。

(1)变形监测以时间为变量，而对时间序列进行数量大小的预报称为数列预报，数列预报又是以单一变量的 GM(1, 1)模型为基础的。GM(1, 1)建模步骤如下：

①原始数据的处理。根据式(1)对原始数据进行一次累加生成处理。

②构造矩阵 $\boldsymbol{B}$ 与 $\boldsymbol{Y}_N$。根据具体模型构造，用式(5)、式(6)构造相应的矩阵 $\boldsymbol{B}$ 和 $\boldsymbol{Y}_N$。

③作最小二乘计算。根据式(4)可计算 GM(1, 1)预报模型中的参数列 $\boldsymbol{\beta}$。

④建立时间响应函数。建立时间响应函数就是求白化形式的微分方程的解。其方法是将求得的参数列 $\boldsymbol{\beta}$ 的各个分量代入所构造的微分动态方程，然后按一般微分方程进行求解。对于 GM(1, 1)预报模型，其微分方程为：

$$\frac{\mathrm{d}x^{(1)}}{\mathrm{d}t}+ax^{(1)}=u \tag{9}$$

求得其时间响应函数为：

$$x^{(1)}(t)=\left[x^{(1)}(0)-\frac{u}{a}\right]\mathrm{e}^{-a(t-1)}+\frac{u}{a} \tag{10}$$

(2)GM(1, 1)模型是以等间隔序列为基础的，而大坝变形监测所得到的数据往往是非等间隔序列。这时必须把非等间隔序列变换成等间隔序列，经一次累加生成后才能近似地拟合成 GM(1, 1)模型[3]。现介绍如下：

设有原始数列$\{x_1^{(0)}(t)\}=[x_1^{(0)}(1), x_1^{(0)}(2), \cdots, x_1^{(0)}(n)]$，且各时段的实际间隔为：

$$\Delta_{t_0}=t_{i+1}-t_i \tag{11}$$

其建模步骤如下：

①求平均时间间隔Δ_{t_0}。

$$\Delta_{t_0}=\frac{1}{n-1}\sum_{i=1}^{n-1}\Delta_{t_i}=\frac{1}{n-1}(t_n-t_1) \tag{12}$$

②求各时段与平均时段的单位时段差系数$\mu(t_i)$。

$$\mu(t_i)=\frac{t_i-(i-1)\Delta_{t_0}}{\Delta_{t_0}}, i\in\{1, 2, \cdots, n\} \tag{13}$$

③求各时段总的差值$\Delta x_1^{(0)}(t_i)$。

$$\Delta x_1^{(0)}(t_i)=\mu(t_i)[x_1^{(0)}(t_i+1)-x_1^{(0)}(t_i)] \tag{14}$$

④计算等间隔点的灰数值$\otimes_i$。

$$\otimes_i=x_1^{(0)}(t_i)-\Delta x_1^{(0)}(t_i), i\in\{1, 2, \cdots, n\} \tag{15}$$

于是得到等间隔序列为：

$$\otimes_i x_2^{(0)}(t)=\{x_2^{(0)}(1), x_2^{(0)}(2), \cdots, x_2^{(0)}(n)\} \tag{16}$$

⑤对$\otimes x_2^{(0)}(t)$建立GM(1, 1)模型，得到时间响应函数：

$$\hat{x}_2^{(1)}(k+1)=\left[x_2^{(0)}(1)-\frac{u}{a}\right]e^{-ak}+\frac{u}{a}$$

或

$$\hat{x}_2^{(0)}(k+1)=(-a)\left[x_2^{(0)}(1)-\frac{u}{a}\right]e^{-ak}$$

式中：$\hat{x}_2^{(0)}(k+1)$表示以平均时间间隔Δ_{t_0}作为步长的外推预报值。

为了能与原始数据序列进行比较，将非等间隔序列中的时间t_i(即$k+1=t_i/\Delta_{t_0}$)代入模型中，即

$$\hat{x}_1^{(1)}(t)=\left[x_1^{(0)}(1)-\frac{u}{a}\right]e^{-at/\Delta_{t_0}}+\frac{u}{a} \tag{17}$$

$$\hat{x}_1^{(0)}(t)=\hat{x}_1^{(1)}(t)-\hat{x}_1^{(1)}(t-\Delta_{t_0})$$

得还原序列$\hat{x}_1^{(0)}(t)$：

$$\hat{x}_1^{(0)}(t)=\{\hat{x}_1^{(0)}(1), \hat{x}_1^{(0)}(2), \cdots, \hat{x}_1^{(0)}(n)\}$$

3　工程应用实例

根据上述大坝变形监测的灰色模型，将其应用于某大坝[4]（混凝土宽缝重力坝，最大坝高113.75 m）第23号坝段坝顶相对于高程270.0 m的垂直位移观测资料分析，应用非等间隔序列的灰色模型对其进行预报。其预报结果和相对误差见表1。

表1　坝顶相对垂直位移观测及灰色模型预报值对比表

项目	观测时间				
	10月7日	11月12日	11月21日	11月24日	12月5日
观测值/mm	7.050	9.230	9.730	9.730	10.100
预报值/mm	6.609	8.847	9.516	9.750	10.658
相对误差绝对值/%	6.255	4.150	2.199	0.206	5.525

从上表可以得到非等间隔灰色模型预报结果的相对误差绝对值的平均值为 3.667%，属于比较小的误差，由此可知本文所建立的非等间隔序列灰色模型是可靠的，其预报精度能够满足工程需要。

4 结论

(1)根据非等间隔灰色模型预报大坝变形的计算过程是建立在严格的数学基础上的，预报结果的精度能够满足工程需要。

(2)根据非等间隔灰色模型预报大坝变形的计算程序简单易懂，计算内存需求量小。

(3)根据非等间隔灰色模型预报大坝变形所需的数据较少，一般只要求 4 个，即可建立预报模型，所以简单易用且精度较高。

参考文献

[1] 吴中如，沈长松，阮焕祥. 水工建筑物安全监控理论及其应用[M]. 南京：河海大学出版社，1990.

[2] 邓聚龙. 灰色系统基本方法[M]. 武汉：华中理工大学出版社，1996.

[3] 袁嘉祖. 灰色系统理论及其应用[M]. 北京：科学出版社，1991.

[4] 宋恩来，路振刚，金灿镐. 云峰大坝变形增大的原因分析[J]. 大坝观测与土工测试，1997，21(6)：9-11.

弱透水性溶蚀风化深槽地基加固机理分析

路莅枫，张家生

中南大学土木建筑学院，湖南长沙，410075

摘要：在现场灌浆试验的基础上，分析了压密灌浆和劈裂灌浆两种地基加固方式的联系和区别，探讨了株洲航电枢纽坝址区分布着的大量溶蚀风化深槽的加固处理方法的确定与设计。

关键词：溶蚀风化深槽；地基加固；灌浆

1 概述

株洲航电枢纽工程位于湘江干流下游株洲县境内，上距湘江大源渡航电枢纽 96 km，下距株洲市 24 km。枢纽布置在株洲渌口镇上游 8 km 的空洲岛（江心洲）河段及两岸，总长度 1185 m。电站拟定装机 5 台，单机容量 28 MW。船闸按通行千吨级船队设计，年通航能力 1260 万 t[1]。该工程于 2002 年 8 月 1 日正式开工建设。

2000 年 11 月，经初步设计勘测，在左岸河边发现了规模较大的溶蚀风化槽[1]。由于坝基范围内诸多溶蚀风化深槽的存在，破坏了坝基岩体的完整性，全风化地基的土力学强度低，抗滑、抗变形及抗渗性能差，工程中增加了开挖处理工程量，加大了防渗处理深度和施工开挖难度，直接影响着建筑物的稳定与安全[2]，为此进行了现场灌浆试验，以确定采用灌浆法处理地基的可行性。

2 压密灌浆

2.1 压密灌浆的加固作用

压密灌浆是通过钻孔将极稠的液体强行挤入土体，在注浆点集中形成近似球形的浆泡，通过浆泡挤压邻近的土体，使土体压密并提高其应力[3]，见图 1。

形成浆泡后，其半径随着灌浆压力 P_s 增大而增大，其定性关系见图 2 曲线 Ⅰ[3]。当浆泡的灌浆压力足以将上覆土层抬起时，压力将不再升高，应停止灌浆。对于给定的上覆土层厚度 r 而言，导致上抬所需之灌浆压力与浆泡半径或水平投影面积有关，两者之间的关系见图 2 曲线 Ⅱ[3]。上覆土层越厚，则曲线 Ⅱ 越向上移。曲线 Ⅰ 和 Ⅱ 的交点 A 所对应的压力 P_a 即为该注浆点的上抬压力。P_a 随上覆土层的厚度和地基刚度的增加而增加，而地基土的刚度与土类、密实度、含水量以及注浆速率有关[4]。

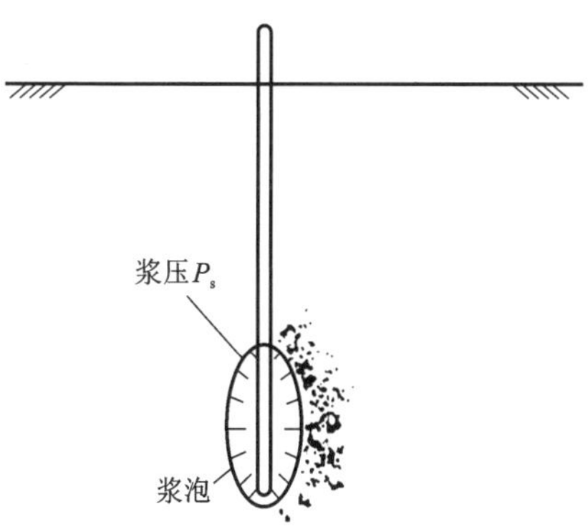

图 1 压密灌浆的加固作用示意图

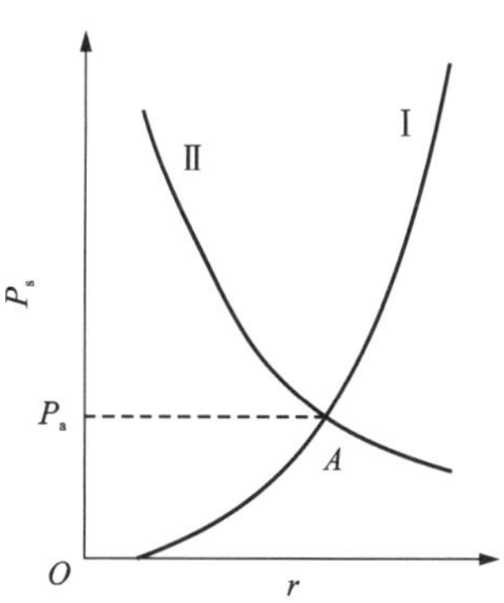

图 2 压密灌浆的加固作用关系图

路莅枫，张家生. 弱透水性溶蚀风化深槽地基加固机理分析[J]. 湖南交通科技，2004，30(1)：102-105.

试验观测发现，紧靠浆泡处的土的密度并不增加，但离浆泡 0.3~1.8 m 处存在挤密作用[1]。在此范围内，距浆泡越远，挤密越少。土体饱和度越低，挤密作用越明显。压密灌浆的另一重要作用就是在不均一土体中，压密灌浆中的浆液总是挤向地基中薄弱土区，从而使土体的变形性质均一化[5,6]。

2.2 灌浆工艺

压密灌浆与充填灌浆的主要差别为：充填灌浆无须控制灌浆压力，它是将预定数量的浆液强行压入土体中；压密灌浆所需压力必然越来越大，直到达到上抬压力，而且压密灌浆必须采用较稠的浆液[7]。

浆液一般由水泥、粉土和砂土组成，但砂粒太多或太粗易析浆留砂，从而堵塞管路。理想的浆液砂粒应是圆磨的，全部通过 8 号筛，但粒径小于 50 μm 的颗粒占比应小于 20%，更不允许含有黏粒。浆液的坍落度一般要求小于 25 mm，若坍落度太小，则易堵塞管路。当坍落度提高到 37 mm 时，压密灌浆中途转化为劈裂灌浆的可能性会大大增加[6]。

压密灌浆的具体步骤为：自上往下逐段灌注，开一孔径大于灌浆孔的导孔，深达加固区的上缘，但至少深 1.2 m。用水泥将套管与导孔孔壁胶结，然后从套管内继续向深处钻进，钻孔直径约 50 mm，每次钻进 1.5~3.0 m，然后灌浆，次日再向下钻进和灌浆。如此逐段灌注，直到所需加固的土体下缘。孔距为 1.5~4 m。自上向下灌注与自下向上灌注相比较，前者钻孔工作量大，进度慢，但效果较好[6]。

注浆泵必须使用能灌注稠浆的特殊注浆设备，且能在 4.2 MPa 或甚至高达 6.9 MPa 的工作压力下连续地以 60 L/min 的速率注浆。此外，注浆泵还应该能够均衡地调整注浆速率。在泵上和进浆口都应装置压力表。输浆管的直径一般为 38 mm 或 50 mm[6]。

3 劈裂灌浆

3.1 劈裂灌浆的加固作用

通过钻孔施加液体压力于弱透水性地基中，当液体压力超过劈裂压力时，土体产生水力劈裂，也就是在土体中突然出现一条劈裂缝。此时，进浆量突然增加，灌浆压力迅速下降[7]。钻孔注水或注稀浆条件下土体的水力劈裂面发生在阻力最小的小主应力面，见图 3，劈裂压力与地基中的小主应力及抗拉强度成正比；液体越稀，注入越慢，则劈裂压力越小；劈裂面突然产生并且迅速扩展。这正是在压密灌浆中为防止出现水力劈裂或劈裂灌浆，采用稠浆和较快注浆的原因。压密灌浆中产生的浆泡与地基土的接触面积远小于劈裂裂缝与地基土的接触面积。

由图 3 可见，若土体劈裂后继续灌注大量浆液，则灌浆压力 P_s 会缓慢提高。土体刚度越大，P_s 提高越快。在软土地基中，灌浆压力提高得极缓慢。初次劈裂面往往发生在阻力最小的小主应力面，但在大量注浆后，会使小主应力 σ_s 有所增加。当注浆压力提高到大于土中的中间主应力时，中间主应力面就会产生新的劈裂面，如此继续进行，在钻孔附近形成网状浆脉，特别是在不均匀土体或存在薄弱结构的土体中容易形成浆脉网。当浆液进入接近水平方向的浆脉时，就可能使基础上抬和纠偏。土体中形成的浆脉网不仅可以增大土体内的法向应力之和，还缩小了大、小主应力的差值。前者可提高土体的刚度，后者能提高土体的稳定性[8]。

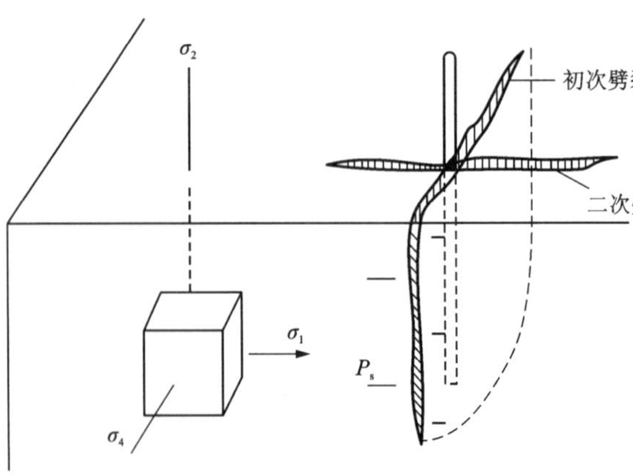

图 3　劈裂灌浆土体中的应力和劈裂面

一般来说，在硬土地基等原本刚度较大而且很不均匀的土体中形成浆脉网所需灌注的浆液少，而在软土地基或不受侧限的堤坝等刚度原本较小的土体中，需灌注大量浆液才能形成浆脉网。

3.2 灌浆工艺

由于对劈裂灌浆的机理认识并不完全相同，目前劈裂灌浆所采用的工艺差别较大。根据在航电枢纽地基基础灌浆试验中取得的经验，建议采用如下灌浆工艺。

先在所需加固的土体周围钻孔灌浆，以提高对该土体的侧向限制应力，便于在拟加固土体中部灌浆时极早地形成浆脉网。钻孔直径为 50 mm(只为产生劈裂，孔径不需要这样大，此处是为了便于在必要时灌注稠浆)，孔距控制在 4~5 m，大于压密和充填灌浆的钻孔孔距，第一序孔的孔距可更大。钻孔一次钻进到要求的最大深度，孔内放入马歇管(tube manchette)，用低强度水泥将马歇管与钻孔胶封。从土体的下端分 2~3 段开始注浆。开始时使用稀浆或水灌浆，以使土体及早劈开。一旦土体被劈开，要马上改用稠浆，加快提高土体内的应力和形成浆脉网[6]。

在灌浆过程中，无须控制灌浆压力，只需将给定量的浆液强行挤入土体即可。灌浆期间应记录灌浆压力的增加、突然降落或发生缓慢抬高等现象。劈裂灌浆所需控制的是每立方米被加固土体所需的注浆量，它取决于土的刚度、侧限条件和土体的不均匀性，一般应根据观测到的灌浆压力的变化来决定。当发现灌浆压力随注浆量有较快提高或地面有所上抬时，可停止灌浆。在对最初几个灌浆孔进行灌注时，必须注入大量浆液才能出现上述终止灌浆的特征，但在灌注后期的若干灌浆孔时会比较容易出现这些特征[7]。这时不光是后期几个灌浆孔周围的土体得到了加固，而且整个土体都得到了加固。

4 压密和劈裂灌浆的控制

在具体的工程实践中，选定灌浆型式后希望采取有效的控制办法来达到要求的灌浆目的，这就需要掌握如何来控制灌浆工艺[9]。劈裂灌浆是较容易控制的，只需先钻孔注水并不断提高水压力，直到压力突然下降，即发生了水力劈裂。当地基为相对比较透水的砂质土体时，注水一般较难达到水力劈裂的目的，应改用稀水泥浆。土体一旦被劈裂，马上改为稠浆也不转化为压密灌浆。相反，为了保持压密灌浆，必须始终采用稠浆和快速灌注。在灌浆过程中，当出现灌浆压力提高很快，或发生稠浆堵塞输浆管的现象时，施工人员难免临时改用稀浆。

这种情况下压密灌浆经常中途转化为劈裂灌浆，从而出现压力突然下降的现象。往往在进行压密灌浆时忌讳产生水力劈裂，但是根据本次灌浆试验来看，产生水力劈裂后仍具有较好的加固效果。

5 压灌浆效果综合分析

5.1 标准贯入试验

各钻孔标准贯入测试结果见表 1~表 3，各标贯值均为原始记录，显示了土体的不均匀性。由灌浆前后的测试结果可见，灌前 $N_{63.5}$ = 10~15 击，灌后 $N_{63.5}$ = 11~17 击，排除粗砾的影响因素，地基承载力有所提高。

表 1　周边孔灌前标贯测试

不同位置的 $N_{63.5}$/击								
S_1-G^{-1}		S_1-G^{-2}	S_1-G^{-3}	S_1-G^{-7}	S_1-G^{-8}	S_1-G^{-9}		S_2-G^{-9}
17.6~17.9 /m	22.15~22.45 /m	17.15~17.45 /m	20.2~20.5 /m	18.15~18.45 /m	20.55~20.85 /m	19.15~19.45 /m	24.15~24.45 /m	20.15~20.45 /m
14	15	13	17	13	17	14	14	10

表 2　一区检查孔灌后标贯测试

孔号位置的 $N_{63.5}$/击							
S_1-J^{-1} 孔				S_1-J^{-2} 孔			
14.8~15.25 /m	17.0~17.45 /m	21.0~21.45 /m	22.0~22.45 /m	15.8~16.25 /m	17.2~17.65 /m	21.7~22.15 /m	23.7~24.15 /m
13	19	10	9	14	16	20	22

表 3　二区检查孔灌后标贯测试

孔号位置的 $N_{63.5}$/击							
S_2-J^{-1} 孔				S_2-J^{-2} 孔			
16.0~16.45 /m	18.0~18.45 /m	21.45~21.45 /m	22.65~22.95 /m	19.2~19.65 /m	21.0~21.45 /m	24.2~24.65 /m	26.3~26.6 /m
27	19	23	22	13	9	11	15

5.2　声波检测

灌浆前后的声波检测结果见表4，由表4可见，灌浆后地基波速普遍增大，平均增幅超过25%，最小增幅3.4%，最大增幅超过1.0倍。灌浆前、后地层波速各向异性明显，S_1-S_3 方向和 S_2-S_3 方向灌前波速相当，但因 S_1-S_3 穿过灌浆中心部位，灌后波速提高幅度较大，这表明灌区中心部位灌浆效果明显。

灌后 S_1-S_2 测试：13.8~15.2 m，$V_{平均}$ = 1495 m/s；16.8~19.2 m，$V_{平均}$ = 1460 m/s，可见灌浆效果亦较明显。

表 4　声波检测成果对照

剖面	孔深/m	灌前 $V_{平均}$/(m·s^{-1})	灌后 $V_{平均}$/(m·s^{-1})
S_1-S_2	13.0~19.4	890	1110
	19.6~20.2	890	920
	20.4~23.4	890	860
S_1-S_3	13.2~14.0	1190	1950
	14.2~20.2	1190	2430
	20.4~20.8	950	2180
	21.0~23.4	950	2002
S_2-S_3	13.8~17.0	1190	1410
	17.2~19.2	1190	1530
	19.4~20.2	1190	1360
	20.4~23.4	950	1340

注：S_1、S_2、S_3 为声波检查孔。

6　主要结论

(1)通过灌浆试验，对灌浆工艺提出了合理的建议。

(2)通过灌浆试验，证明了弱透水性溶蚀风化槽中风化土体的可灌性。

(3)通过灌浆在土中形成以灌浆孔群为主干，在不同深度方向形成形状各异、大小不一的水泥结石网，从而改善土体整体的物理力学性能。

(4)由于混合体由性质不同的两部分组成，不但参数提高受到限制，而且很不均匀，因此对承载和变形要求特别高的建筑物，单靠灌浆处理难以完全满足要求，应结合其他加固处理方法，以达到减少工程投资的最终目的。

参考文献

[1] 国家电力公司中南勘测设计院.株洲航电枢纽地基基础固结灌浆试验报告[R].2002.3.

[2] 湖南省水利水电勘测设计院，湖南省交通规划勘测设计院，国家电力公司中南勘测设计院.湘江航运开发株洲航电枢纽工程初步设计报告[R].2001.8.

[3] RAABE E W. Soil fracturing techniques for terminating settlements and restoring levels of buildings and structures[J]. Ground Engineering, 1990, 23(4): 33-45.

[4] MEISSNER H, PETERSEN H. Elnpresstechniken zur Erddruckerhohungund zur Anheben[J]. Die Bauingeniur, 1990, 65(2): 83-89.

[5] 天津大学.土力学与地基[M].北京：人民交通出版社，1980.

[6] 黄荣樽.水力压裂裂缝的起裂和扩展[J].石油勘探与开发，1981(5)：62-74.

[7] 任光明，聂德新，米德才.软弱层带夹泥物理力学特征的仿真研究[J].工程地质学报，1999，7(1)：65-71.

[8] 丁金粟，杨斌.击实黏性土的水力劈裂性能研究[J].岩土工程学报，1987，9(3)：1-15.

[9] QUINN G A, STILLEY A N. Compaction grouting to improve liquefiable dam foundation[C]//Proc of 25 th Symposium on Engineering Geology and Geotechnical Engineering. Reno, 1989: 189-196.

基于改进遗传算法的边坡可靠度分析

谢桂华[1,2]，张家生[1]，李继祥[3]

1. 中南大学土木建筑学院，湖南长沙，410075
2. 江苏大学理学院，江苏镇江，212013
3. 武汉工业学院土木工程系，湖北武汉，430023

摘要：采用基于概率的可靠性分析方法来分析边坡的稳定性，克服目前大多数分析方法以确定性安全系数为评判标准的弊端。对于每次搜索中给定的滑移面，结合拉格朗日乘子法提出边坡可靠度的计算模型；采用遗传算法搜索关键滑移面，提出边坡的适应度函数。为克服标准遗传算法在进化过程中无法调节全局搜索和局部搜索速度，且可能陷入次优解的缺陷，改进了子代中最佳个体的确定方法，并以相邻两代的群体多样性特征值增量为导向，动态调节交叉概率和变异概率，以保持群体的多样性和搜索的有效性。实例分析结果表明，本文方法可以提高遗传算法的搜索能力和收敛速度，保证解全局最优；该法适用于边坡稳定可靠度分析，且前处理简单；在遗传操作前预优化可靠指标计算模型能大大减少遗传算法中的计算量，节约机时。

关键词：边坡可靠性；优化模型；改进遗传算法；动态调节

1 引言

目前的边坡稳定分析大多基于安全系数法进行，把安全系数作为搜索滑移面和评价边坡稳定性能的依据。由工程实际分析可知，边坡的稳定性能与许多因素有关，而这些因素均为随边坡的运行环境而变化的随机变量，故这种确定性的计算方法与工程实际存在较大的偏差。鉴于此，本文采用基于概率模型的可靠度方法来分析边坡在真实环境变量下的可靠性能，建立基于可靠度理论的边坡可靠性优化模型。由于该优化模型的目标函数是高度非线性且隐含多种约束，采用一般的优化方法难以在合理的机时和收敛性要求下获得满意的解答，本文采用一种新型的仿生优化算法——遗传算法(genetic algorithm，GA)来求解。遗传算法是一种模仿自然界生物“自然选择，适者生存”机制的全局搜索算法，简单通用、鲁棒性强，可并行处理，非常适合非线性问题的优化。它不要求目标函数连续、可导，也无须梯度信息，是一种广泛适用的搜索方法，但存在局部搜索能力较差、耗机时长的缺点。为克服标准遗传算法的弊端，本文对遗传算法进行了改进，在滑移面搜索过程中，结合拉格朗日乘子法预优化已知滑移面条件下的可靠指标计算，以减少计算量。

2 边坡可靠性计算模型

本文以圆弧破坏为例，基于极限平衡法评价边坡可靠性。假设滑移面为圆弧面，滑移体为刚体，将滑动土体划分为竖向条块(图1)，推导边坡的极限状态方程，得出可靠指标的数学表达式。下面以费伦纽斯条分法为稳定模型分析边坡的可靠性。

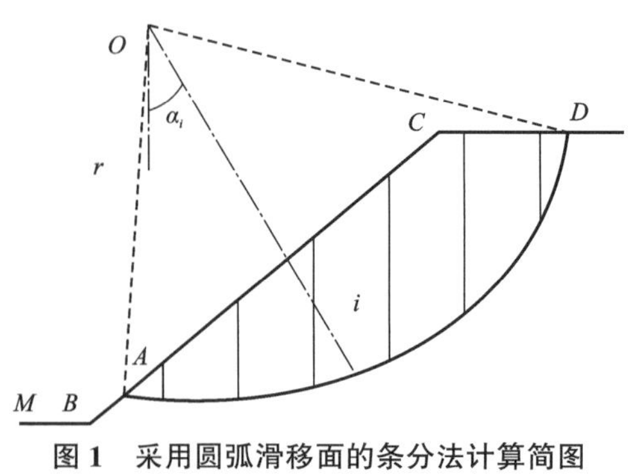

图1 采用圆弧滑移面的条分法计算简图

2.1 基于费伦纽斯条分法的功能函数

根据费伦纽斯条分法研究简单边坡的情况，将滑动土体竖向分条，不考虑土条间的相互作用力，根据力及力矩平衡条件，建立整个土坡的安全系数[1]：

谢桂华，张家生，李继祥. 基于改进遗传算法的边坡可靠度分析[J]. 岩土力学，2009，30(6)：1815-1820.

$$F_s = \frac{\sum M_R}{\sum M_s} = \frac{\sum_{i=1}^{n}(W_i\cos\alpha_i\tan\varphi_i + c_i l_i)}{\sum_{i=1}^{n}(W_i\sin\alpha_i)}, \quad i = 1, 2, \cdots, n \tag{1}$$

式中：M_R、M_s 分别为抗力矩、滑动矩；n 为分条数；c 为黏聚力；φ 为内摩擦角；W_i 为第 i 土条的重力；l_i 为 i 条块的滑弧长度（图 1）。

很多文献基于上式建立极限状态函数[2]：

$$g(X) = F_s(x_1, x_2, \cdots, x_n) - 1 \text{ 或 } g(X) = \frac{T}{S} - F_s$$

式中：T、S 为与随机变量 x_i 有关的函数；F_s 为安全系数，一般视为近似服从对数正态分布的随机变量。

本文根据结构可靠度理论，将功能函数表示为：

$$Z = g(c, \tan\varphi) = \frac{\sum_{i=1}^{n}(W_i\cos\alpha_i\tan\varphi_i + c_i l_i)}{\sum_{i=1}^{n}(W_i\sin\alpha_i)} \tag{2}$$

$$\ln Z = \ln\left[\sum_{i=1}^{n}(W_i\cos\alpha_i\tan\varphi_i + c_i l_i)\right] - \ln\sum_{i=1}^{n}(W_i\sin\alpha_i) \tag{3}$$

2.2 可靠度分析方法

传统的边坡稳定分析是根据式（1）求出 F_s，再通过试算找出其中的最小值作为边坡的安全系数，对应的滑动面为潜在滑移面。而在可靠性分析中，最关心的是边坡的可靠指标或失效概率。通过大量的实际工程考察分析可以发现，边坡的最小安全系数所对应的破坏面并非与可靠指标最小值对应的破坏面完全一致，即安全系数最小值与可靠指标最小值往往不是同时取得的。因此，为了更合理地评价边坡的安全性能，有必要从可靠度的角度来建立计算模型。由式（3）得到基于费伦纽斯条分法的极限状态方程为：

$$g(c, \tan\varphi) = \ln\left[\sum_{i=1}^{n}(W_i\cos\alpha_i\tan\varphi_i + c_i l_i)\right] - \ln\sum_{i=1}^{n}(W_i\sin\alpha_i) = 0 \tag{4}$$

式中：c 和 $\tan\varphi$ 为随机变量。

假设 c、$\tan\varphi$ 服从正态分布，引入标准正态化变量：

$$\overline{X}_i = \frac{X_i - \mu_{X_i}}{\sigma_{X_i}}, \quad i = 1, 2 \tag{5}$$

则式（4）在标准正态坐标系 $\overline{OX_1X_2}$ 中可表示为：

$$g(\bar{c}\sigma_c + \mu_c, \overline{\tan\varphi}\sigma_{\tan\varphi} + \mu_{\tan\varphi}) = \ln\left\{\sum_{i=1}^{n}\left[W_i\cos\alpha_i(\overline{\tan\varphi_i}\sigma_{\tan\varphi_i} + \mu_{\tan\varphi_i}) + (\bar{c}\sigma_c + \mu_c)l_i\right]\right\} - \ln\sum_{i=1}^{n}(W_i\sin\alpha_i) = 0 \tag{6}$$

由此可知，可靠指标 β 为标准正态坐标系 $\overline{OX_1X_2}$ 的坐标原点到上述极限状态曲面的最短距离。

若 c、$\tan\varphi$ 不服从正态分布，则将其“当量正态化”[3]，用当量正态化后的平均值和标准差代替初始统计平均值和标准差再按上述方法计算。

3 已知滑移面的可靠性分析优化模型

求上述可靠指标实际上是一个优化问题。以可靠指标最小为目标函数，建立优化模型：

$$\begin{cases} \min f(X) = \beta^2 = \bar{c}^2 + (\overline{\tan\varphi})^2 \\ \text{s.t. } \ln\left[(\tan\varphi\sigma_{\tan\varphi} + \mu_{\tan\varphi})\sum_{i=1}^{n}(W_i\cos\alpha_i) + (\bar{c}\sigma_c + \mu_c)l\right] - \ln\sum_{i=1}^{n}(W_i\sin\alpha_i) = 0 \\ c \geqslant 0, \tan\varphi \geqslant 0 \end{cases} \tag{7}$$

该模型为二维非线性问题，采用拉格朗日乘子法进行优化。

构造拉格朗日函数

$$L(c,\ \tan\varphi,\ \lambda)=\bar{c}^2+(\overline{\tan\varphi})^2-\lambda\left\{\ln\left[(\overline{\tan\varphi}\sigma_{\tan\varphi}+\mu_{\tan\varphi})\cdot\sum_{i=1}^{n}(W_i\cos\alpha_i)+(\bar{c}\sigma_c+\mu_c)l\right]-\ln\sum_{i=1}^{n}(W_i\sin\alpha_i)\right\} \tag{8}$$

令$\dfrac{\partial L}{\partial\bar{c}}=\dfrac{\partial L}{\partial\overline{\tan\varphi}}=\dfrac{\partial L}{\partial\lambda}=0$，整理得

$$\tan\varphi=\mu_{\tan\varphi}+\sigma_{\tan\varphi}\frac{\sum_{i=1}^{n}(W_i\sin\alpha_i)-\mu_{\tan\varphi}\sum_{i=1}^{n}(W_i\cos\alpha_i)-\mu_c l}{\sigma_{\tan\varphi}\sum_{i=1}^{n}(W_i\cos\alpha_i)+l^2\sigma_c^2/\sigma_{\tan\varphi}} \tag{9}$$

$$c=\mu_c+\sigma_c^2 l\frac{\sum_{i=1}^{n}(W_i\sin\alpha_i)-\mu_{\tan\varphi}\sum_{i=1}^{n}(W_i\cos\alpha_i)-\mu_c l}{\sigma_{\tan\varphi}\left[\sigma_{\tan\varphi}\sum_{i=1}^{n}(W_i\cos\alpha_i)+l^2\sigma_c^2/\sigma_{\tan\varphi}\right]} \tag{10}$$

$$\beta=\sqrt{\left(\frac{c-\mu_c}{\sigma_c}\right)^2+\left(\frac{\tan\varphi-\mu_{\tan\varphi}}{\sigma_{\tan\varphi}}\right)^2} \tag{11}$$

若c与$\tan\varphi$的统计矩已知，且边坡的滑移面确定，则可以根据式(9)~(11)求出可靠指标值。该方法比常规的迭代算法简单直观，计算量明显减少。

4 基于遗传算法确定边坡潜在滑移面

分析边坡的可靠性状态，还需确定边坡的潜在滑移面。不少文献研究了确定潜在滑移面的方法[4-9]，其研究思路大多数仍然基于安全系数最小的原则。由于最小安全系数与最小可靠指标的不等同性，通过上述方法得出的滑移面与实际往往不一致。也有学者采用使可靠指标最低的原则来确定滑移面，如文献[6]用单纯形法搜索最小可靠指标。该方法在搜索的开始阶段非常有效，能很快得出滑移面的范围；但搜索接近最优解时效率很低，难以在合理的机时下收敛到满足精度要求的解。本文采用遗传算法求最低可靠指标。基于标准遗传算法同样存在局部搜索能力弱的缺陷，因此本文对该法进行改进，根据种群的多样性调节交叉概率和变异概率，提高其局部搜索能力和解的收敛速度。

4.1 求解边坡可靠度的优化模型

同样假定滑移面为圆弧面，由圆弧与坡面或坡顶的交点A和D沿坡面距边坡起点M的长度$\mathrm{d}A$、$\mathrm{d}D$以及圆弧半径r表示[10]（各字母意义见图1），建立基于可靠度的优化模型如下：

求$X=(\mathrm{d}A,\ \mathrm{d}D,\ r)$

$$\min f(X)=\beta=\sqrt{\left(\frac{c-\mu_c}{\sigma_c}\right)^2+\left(\frac{\tan\varphi-\mu_{\tan\varphi}}{\sigma_{\tan\varphi}}\right)^2} \tag{12}$$

$$\text{s.t.}\quad 0\leqslant \mathrm{d}A\leqslant s$$
$$\mathrm{d}A\leqslant \mathrm{d}D\leqslant s$$
$$0\leqslant r\leqslant 2s$$

式中：s为常量，表示边坡左边的起点M到右边终点的总路程；$f(X)$为目标函数。

4.2 遗传算法确定滑移面和可靠指标

遗传算法是近年发展起来的一种仿生随机搜索方法。自 Holland 提出遗传算法的思想至今，该方法以适应高度非线性问题求解、非凸函数优化、数学运算简单等优势得以迅速发展，并日益推广到组合优化、机器学习、自适应控制、规划设计和人工生命等领域，已经成为21世纪有关智能计算的关键技术之一。遗传算法的核心内容包括5个基本要素：参数编码、初始群体的设定、适应度函数的设计、遗传操作设计和

控制参数设定。其中关键的是适应度函数和遗传操作。

适应度函数即优化中的目标函数，在遗传算法中要求非负，且为求最大值的形式。常采用数学变换方法将求最小值问题映射成求最大值的形式[11]。本文根据结构可靠度理论把式(12)中的最小值问题转化为最大值问题以满足上述要求。

将式(12)转化为求失效概率 P_f 的目标函数：

$$\max P_f = \Phi(-\beta) = \Phi\left[-\sqrt{\left(\frac{c-\mu_c}{\sigma_c}\right)^2 + \left(\frac{\tan\varphi - \mu_{\tan\varphi}}{\sigma_{\tan\varphi}}\right)^2}\right] \tag{13}$$

式中：$\Phi(\cdot)$为标准正态分布函数值；P_f 为[0, 1]内的实数。经过转换，目标函数即可作为适应度函数。

4.2.1　编码(coding)

采用二值编码。设要求精度 $\varepsilon=0.000001$，则变量 dA、dD 和 r 的定义域 $D_i=[a_i, b_i]$将被分成$(b_i-a_i)\times 10^6$ 个等尺寸的区间，用 m_i 表示满足$(b_i-a_i)\times 10^6 \leqslant 2^{m_i}-1$ 的最小整数，对于每个变量 x_i，用串长为 m_i 的二进制编码表达；代表一个潜在解的染色体用长度 $m=\sum_{i=1}^{n} m_i$（n 为变量个数，这里 $n=3$）表达。如 $s=100$，则 dA、dD 的串长 m_i 需满足 $2^{m_i}-1 \geqslant 100\times 10^6$ 的最小整数为 27，同理，r 的串长取 28，一个染色体的长度 m 取(27+27+28)= 82，基因座上的基因值取 0 或 1(图 2)。

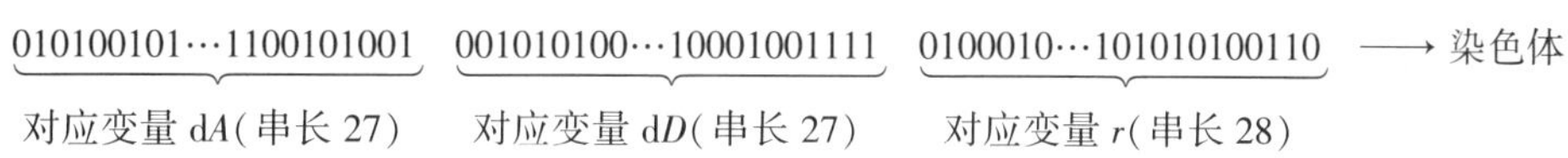

图 2　二进制表示变量的示意图

4.2.2　初始群体(population)的确定

群体规模将影响解的质量和计算量，其大小的设定与问题空间有关，如在无线电传感器网络优化中最佳值为 300[12]，而在信道分配问题(CAP)中建议值为 30~110[13]，San José-Revuelta 则采用基于多样性的小种群遗传算法(DGμCA)取较小值 10 20[14]，文献[10]在计算边坡安全系数中取 50。本文通过试验确定最佳值。在[50, 500]区间范围内，以 50 为倍数选取种群，最大化相应的适应度函数，以适应度最大且平均适应度相对稳定为原则确定群体规模(见图 3，取 $n=100$)。当 $n=100$ 时，采用随机方法生成 100 个长度为 82 的二进制串。

4.2.3　适应度(fitness)计算

对 100 个二进制串分段解码(转化为问题空间的参数值)，1~27 位对应变量 dA，28~54 对应 dD，55~82 对应 r，每个由二进制串表示的变量值为

$$x_i = a_i + \frac{b_i - a_i}{2^{m_i}-1}\text{decimal}(\text{string})_2 \tag{14}$$

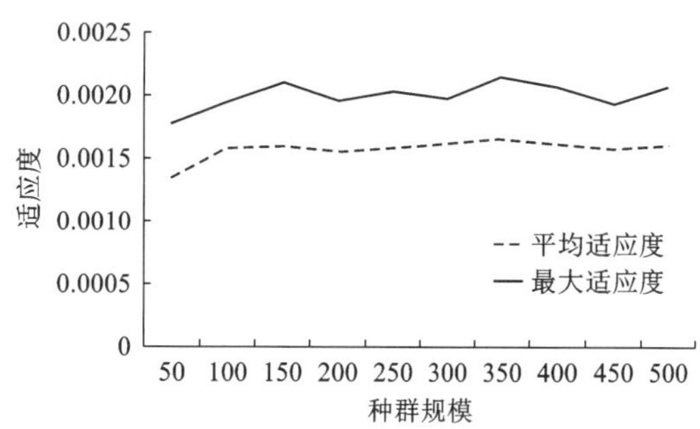

图 3　群体规模与适应度关系图

式中：$\text{decimal}(\text{string})_2$ 表示二进制串的十进制值。例如，属于区间[10, 20]的串长为 5 的二进制串 10110 解码后的变量值为：$x_i=10+(20-10)\times(1\times 2^4+0\times 2^3+1\times 2^2+1\times 2^1+0\times 2^0)/(2^5-1)=17.096774$(保持 6 位有效数字)，代入适应度函数计算适应度值。

4.2.4　选择(selection/reproduction)

计算个体的适应度$f_i(k)$和群体的累积适应度 $S(k)$，则 k 代中个体 i 被选择的期望概率为 $P_i(k)=f_i(k)/S(k)$，赌轮(roulette wheel)完成选择操作，使适应度高的个体有更多被选择的机会。选择操作重复进行 100 次，则选择了 100 个将进行遗传操作的个体。为了克服标准遗传算法可能丢失最优解的缺点，设置独立数组保存父代中适应度最大的个体，并使其以较低概率变异，将得到的适应度较大者与产生的子代最优个体适应度相比较，若大于其适应度，则用该个体替换子代中适应度最小的个体，否则保存子代最优

个体到数组，从而保证结果全局最优。

4.2.5　交叉(crossover)与变异(mutation)

交叉操作是GA搜索的基本手段，使搜索在整个解空间进行，其概率过小会使搜索迟钝，过大有可能破坏高性能的基因模式，一般取0.25~1.00。

变异可维持解群体的多样性，提高局部搜索能力，但变异概率不可过高，否则将导致搜索纯粹随机化，一般取较小值，如文献[13][15]取0.01~0.05。

为改善标准GA的搜索过程，以群体多样性为导向，调整交叉概率 p_c 和变异概率 p_m。考察第 k 代，设个体 i 的适应度为 $f_i(k)$，累积适应度为 $S(k)$，平均适应度为 $\bar{f}(k)$，定义群体多样性特征值为：

$$\delta(k)=\frac{\sqrt{\frac{n}{1}\sum_{i=1}^{n}[f_i(k)-\bar{f}(k)]^2}}{S(k)} \tag{15}$$

则 $k+1$ 代的多样性特征值增量 $\Delta\delta(k+1)=\delta(k+1)-\delta(k)$。若 $\Delta\delta(k+1)>0$，说明群体趋向于多样化，减小 p_m，增大 p_c，取 $p_m=p_m/2$，$p_c=p_c^{1/2}$；若 $\Delta\delta(k+1)<0$，说明群体中具有相同、相近模式的个体增加，应增加群体的多样性。因此，保持 p_c 不变，增大 p_m，取 $p_m=\min(p_m+0.002,\ 0.1)$。

通过在GA中动态调节交叉概率和变异概率，提高了局部搜索和全局搜索的速度，该法比基于信息熵的方法[14]更简单方便。

5　算例

有一土体边坡(图4)，边坡高为4.5 m，边坡角为20°，有一下卧砂层能充分排水。土体天然容重 $\gamma=16\ \text{kN/m}^3$，有效黏聚力 c 的均值 $\varphi_c=2.159$ kPa，变异系数 $\delta_c=0.3$；有效内摩擦角的均值 $\mu_{\tan\varphi}=0.312$，变异系数 $\delta_{\tan\varphi}=0.025$。[6](费伦纽斯条分法计算结果 $F_s=1.34$，简化Bishop条分法 $F_s=1.43$。)

计算精度取0.00001，假设随机变量均服从正态分布，连续计算10次，结果见图5和表1。

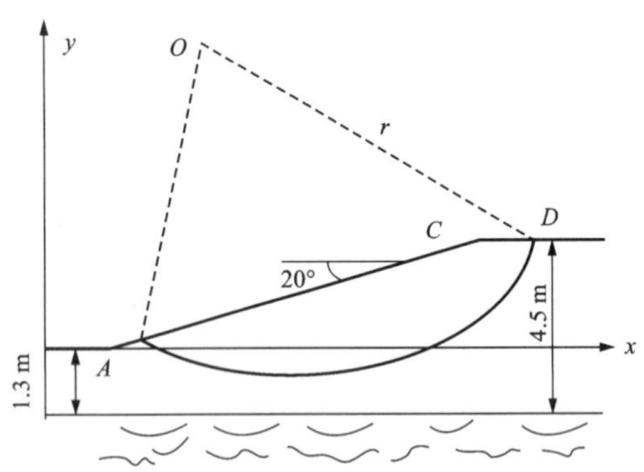

图4　土坡可靠度计算简图

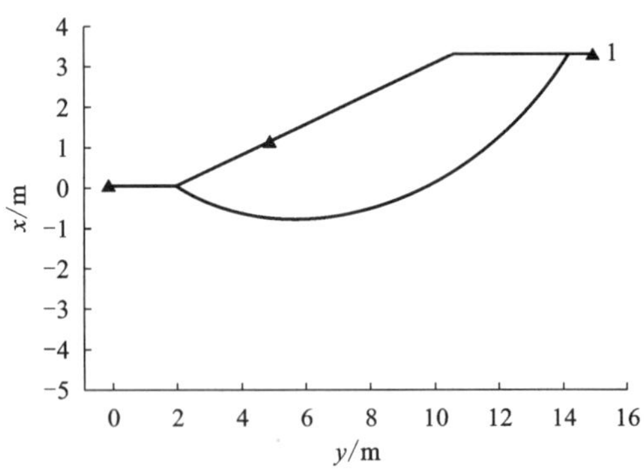

图5　GA的滑移面优化结果

表1　10次GA优化结果

次数	dA/m	dD/m	半径 r	失效概率 P_f	可靠指标 β
1	1.99975	13.70338	9.24192	0.00218	2.85094
2	1.99970	13.72796	9.27001	0.00197	2.88298
3	1.99968	13.68563	9.10649	0.00203	2.87352
4	1.99835	13.50616	9.22637	0.00182	2.90785
5	1.99900	13.53243	9.22637	0.00199	2.87978
6	1.99955	13.54973	9.22637	0.00180	2.91121

续表1

次数	dA/m	dD/m	半径 r	失效概率 P_f	可靠指标 β
7	1.99829	13.55065	9.23795	0.00194	2.88771
8	1.99991	13.85345	9.45379	0.00237	2.82423
9	1.99990	13.85345	9.45379	0.00200	2.87810
10	1.99996	13.80303	9.33096	0.00213	2.85826

从上述图表可以得出如下结论：

(1)采用圆弧面搜索时，该边坡的潜在滑移面均通过坡脚，且与边坡的顶面相交，这与许多工程实际考察结果是吻合的。

(2)连续10次计算结果比较分析，可以发现，本文方法在收敛性及计算的稳定性方面较令人满意，可靠指标和失效概率的有效位可达到小数点后3位，能满足工程精度要求。

(3)与传统条分法的结果比较，采用传统条分法计算，平均安全系数为1.38。根据该边坡的重要性及工程经验，取$[K]=1.3$，则可认为该边坡是稳定的。采用本文方法，可靠指标为2.8以上，即失效概率在0.25%以下，边坡可靠性好，两者结论相似。若改变c与$\tan\varphi$的变异性，取$\delta=0.4$重新计算，得F_s不变，而$\beta=1.72\sim1.67$，失效概率下降到4.27%~4.75%，失稳风险增大，两者结论呈现一定的差异。由此可知，在土性参数变异性较小时，两者结论基本一致；随着参数变异性增大，两者的差异越来越大，此时，本文方法更能合理地评价边坡的实际状况。

6 结语

本文结合拉格朗日乘子法建立了边坡的可靠度计算模型，并通过改进标准GA来实现边坡滑移面搜索和可靠性分析。实例分析证明，采用改进遗传算法进行边坡的可靠性分析是可行的。该法所需机时较长，但对目标函数要求宽松，且能使结果全局最优，这是它相对于一般优化算法的显著优势。

GA需要较大的群体规模来降低陷入局部最优的可能性，故在求解过程中计算量较大。为节约机时，可以根据问题本身的特点，对其中某些环节进行预处理，本文在已知滑移面时采用拉格朗日乘子法简化优化模型即是基于此考虑，这将使计算量呈数量级减少。

本文对标准GA进行了如下改进：

(1)保存每代中的最优个体，使其按低概率变异，在此基础上改善子代个体，以保证最终结果全局最优。

(2)在遗传操作中，根据相邻两代多样性特征值的变化，动态调节交叉概率和变异概率，使群体保持多样性和较快的搜索速度。

将GA应用于边坡可靠分析是一种新型的研究思路，具有广泛的前景，但在收敛速度的控制、复杂边坡的优化模型的建立等方面还有待于进一步研究探讨。

参考文献

[1] 高大钊. 土质学与土力学[M]. 3版. 北京：人民交通出版社，2002.

[2] 王瑞钢，闫澍旺，邓卫东. 基于平均降雨量的路堤稳定可靠性分析[J]. 岩土力学，2004，25(11)：1733-1738.

[3] 赵国藩，金伟良，贡金鑫. 结构可靠度理论[M]. 北京：中国建筑工业出版社，2000.

[4] ZOU J Z，WILLIAMS D J，XIONG W L. Search for critical slip surfaces based on finite element method[J]. Canadian Geotechnical Journal，1995，32(2)：233-246.

[5] GRECO V R. Efficient Monte Carlo technique for locating critical slip surface[J]. Journal of Geotechnical Engineering，1996，122(7)：517-525.

[6] 王家臣.边坡工程随机分析原理[M].北京：煤炭工业出版社，1996.

[7] CHENG Y M. Location of critical failure surface and some further studies on slope stability analysis [J]. Computers and Geotechnics, 2003, 30(3): 255-267.

[8] WANG J F. Comparisons of limit analysis solutions and random search solutions on slope critical slip surface [J]. Communications in Nonlinear Science and Numerical Simulation, 1998, 3(2): 66-71.

[9] 梧松，郑荣跃.改进局部安全系数法在土坡稳定性分析中的应用[J].岩土力学，2004，25(11)：1766-1769.

[10] 吕文杰，李晓军，朱合华.基于遗传算法的边坡稳定分析通用算法[J].岩土工程学报，2005，27(5)：595-599.

[11] 周家驹，何险峰.演化程序——遗传算法和数据编码的结合[M].北京：中国科学出版社，2000.

[12] FERENTINOS K P, TSILIGIRIDIS T A. Adaptive design optimization of wireless sensor networks using genetic algorithms [J]. Computer Networks, 2007, 51(4): 1031-1051.

[13] LAI W K, COGHILL G G. Channel assignment through evolutionary optimization [J]. IEEE Transactions on Vehicular Technology, 1996, 45(1): 91-96.

[14] SAN JOSÉ-REVUELTA L M. A new adaptive genetic algorithm for fixed channel assignment[J]. Information Sciences, 2007, 177(13): 2655-2678.

[15] GREFENSTETTE J J. Optimization of control parameters for genetic algorithms[J]. IEEE Transactions on Systems, Man and Cybernetics, 1986, 16(1): 122-128.

Constitutive modeling of loose sands under various stress paths

CHEN Cheng[1], ZHANG Jiasheng[2]

1. College of Civil Engineering and Mechanics, Xiangtan Univ., Xiangtan 411105 China
2. School of Civil Engineering and Architecture, Central South Univ., Changsha 410075 China

Abstract: Developing reliable and versatile constitutive models for geomaterials has been a challenging task for nonlinear finite-element analysis of geotechnical engineering systems. This paper is mainly concerned with the elastoplastic constitutive relationship of unbound granular materials under various stress paths. The fuzzy set plasticity theory has been developed to account for the nonlinear soil stress-strain behavior. The theory in many ways resembles the bounding surface plasticity, where the plastic modulus is a function of the distance between the current and image stress states in the stress space. Based on the concept of fuzzy set theory in mathematics, a membership function whose value ranges from 0 to 1 is introduced to specify the plastic modulus at a given stress state. Hollow cylinder and cubical test results on Hostun sand from the CASE database were selected to assess the fuzzy set plasticity model. The numerical results show that the fuzzy set model is capable of mimicking and simulating the nonlinear behavior of loose sands under various loading paths.

Keywords: Constitutive model; Fuzzy set plasticity; Various stress paths; Elastoplastic; Membership function

1 Introduction

There has been an interest in developing more reliable and comprehensive but conceptually simple and computationally efficient constitutive models for engineering materials, including soils. Several frameworks and formulations have been proposed in recent decades (Elgamal et al. 2003; Liu et al. 2005). Within the framework of classical plasticity theory, kinematic hardening or mixed hardening has been typically used to mimic hysteretic phenomena of soil under cyclic loading (Mroz et al. 1978; Sture et al. 1982). The inherent and induced anisotropy of soils has been described concisely by the framework of critical state soil mechanics (CSSM) in the triaxial space (Li and Dafalias 2002). A bounding surface plasticity was developed for modeling soil stress-strain response under various loading conditions (Dafalias 1986; Khalili et al. 2005). To address classical plasticity features such as isotropic and rotational hardening of soils, a simple yield surface expression was presented by Taiebat and Dafalias (2010). However, most of the constitutive models are complicated and often very difficult to implement in constitutive drivers within reliable finite-element codes.

A majority of models for soils is designed and validated for specific stress paths. However, many construction processes lead to principal stress rotation, which has normally been ignored in geotechnical design and analysis, such as excavation, adding embankment, and soil-structure interaction. The early work on using a plasticity model adequate to simulate the deformation behavior of soils undergoing principal stress axes rotation was done by Prévost (1978). Some experimental studies on the prediction of the response of soils to the rotation of principal stress directions have been attempted (Ishihara and Towhata 1983). The hollow cylindrical apparatus has been used to perform a series of tests of sands involving rotation of principal stress direction (Gutierrez et al. 1991). According to these results by experimental researchers in soil mechanics, more constitutive models can be used to simulate the

CHEN Cheng, ZHANG Jiasheng. Constitutive modeling of loose sands under various stress paths[J]. International Journal of Geomechanics, 2013, 13(1): 1-8.

deformation of soils considering rotation of principal stress directions (Gutierrez et al. 1993). Based on bounding surface theory, Li and Dafalias (2004) proposed a constitutive model to mimic anisotropic and nonproportional loading effects on sand. Li and Dafalias used a single set of model constants to address the rotations of principal stress effects on sand, and observed that these rotational loading responses could produce additional plastic deformation, including noncoaxial and volumetric strain components. Within the microplane theory, Chang and Sture (2006) proposed a model to simulate both distortional and volumetric responses of sand subjected to complex loading. They discussed the deviatoric stress-strain relationship and the volume-change effects under nonproportional loading. A simple stress-dilatancy relationship in microplane was used to better describe the deviatoric volumetric strain behavior of sand. Accounting for material spatial heterogeneity such as particle size, shape, and surface roughness, a numerical model based on the Lade constitutive model was modified to incorporate the couple stress and the particle's rotation within the framework of the Cosserat continuum (Alsaleh et al. 2006). More advanced models were present, effectively accounting for principal stress rotations as detected in experiments.

The framework of the fuzzy set plasticity theory was first introduced by Klisinski et al. (1988). The fuzzy set plasticity theory was developed to account for the nonlinear soil behavior, including repeated load cycles, dilatancy, material memory, drained and undrained behavior, critical state soil mechanics features, coaxial and noncoaxial behavior, and complex stress paths effects. The theory in many ways resembles the bounding surface plasticity. Unlike conventional elastoplastic hardening models, a membership function whose value ranges from 0 to 1 is introduced in the fuzzy set plasticity theory to specify the plastic modulus at a given stress state. Based on the theory, the model is capable of simulating realistic stress-strain behaviors of granular soils under monotonic loading and cyclic loading (Ge and Sture 2003; Chen et al. 2010).

In this work, emphasis was given to the performance of a fuzzy set plasticity model under various stress paths. To investigate the undrained deformation behavior of loose sand subjected to principal stress rotation, two series of laboratory test results of Hostun sand, which were selected from the CASE database (Saada and Bianchini 2001), simulated and validated the fuzzy set plasticity model. The CASE database is a program for Geotechnical Laboratory Testing supported by Case Western Reserve University. The compared results in this paper demonstrate that the fuzzy set plasticity model is capable of simulating the nonlinear behavior of loose sand under various stress paths. In the following sections, the framework of the fuzzy set plasticity theory is first introduced, followed by its model formulation, calibration, and performance.

1.1 Model formulation

1.1.1 Fuzzy surface

The original fuzzy set plasticity model consists of deviatoric and locking fuzzy surfaces to account for materials responses under purely deviatoric shearing and isotropic compression conditions. In this study, to demonstrate that the fuzzy set plasticity model is capable of modeling material behavior under various stress paths, the model has been simplified, and only deviatoric components of the original fuzzy set plasticity model were used for the simulation. A different plastic flow rule was introduced to examine if the nonlinear dilatancy behavior can be accurately mimicked. The ingredients of the fuzzy set model used in the paper are given in the following.

Further and detailed information about fuzzy set plasticity can be found in Ge (2003) and Chen et al. (2010).

The fuzzy surface, which serves as the ultimate failure surface, is given by

$$F_c = r - a_0 - a_1 p = 0 \tag{1}$$

which represents a triaxial compression yield surface. The coefficient a_1 in the cone fuzzy surface incorporates the concept of critical state soil mechanics, which is defined as

$$a_1 = M_c + k(-\psi) \tag{2}$$

where M_c is stress ratio q/p at critical state condition; k is a constant; and ψ is a state parameter that is defined as the difference between the current void ratio and the void ratio at its critical state at a given mean stress. For loose granular materials, $\psi>0$, so $a_1 = M_c$, and the fuzzy surface remains fixed in the stress space.

For the cone triaxial extension yield surface, it is expressed as

$$F_e = r + b_0 + b_1 p = 0 \tag{3}$$

where p is mean stress and is one-third of the first stress invariant $\boldsymbol{I}_1$; r is multiplication of q and g, where q is defined in a way similar to the second deviatoric stress invariant $\boldsymbol{J}_2$. Also, g is the Willam-Warnke function (Willam and Warnke 1974), which incorporates the Lode angle (can be related to the third deviatoric stress invariant $\boldsymbol{J}_3$), so that the deviatoric contour can be defined for a given value of χ, a_0, a_1, b_0, and b_1 are material constants that can be determined from triaxial compression and extension tests. It is noted that the critical state line in the extension mean stress space is not well defined and difficult to obtain experimentally, so the coefficient b_1 is assumed, which is attained by keeping the χ fixed, i. e. ,

$$g = \frac{4(1-\chi^2)\cos^2\left(\theta - \frac{\pi}{3}\right) + (2\chi - 1)^2}{2(1-\chi)^2\cos\left(\theta - \frac{\pi}{3}\right) + (2\chi - 1)\left[4(1-\chi^2)\cos^2\left(\theta - \frac{\pi}{3}\right) + 5\chi^2 - 4\chi\right]^{1/2}} \tag{4}$$

$$\theta = -\frac{\cos^{-1}\left(\dfrac{3\sqrt{3}\boldsymbol{J}_3}{2(\boldsymbol{J}_2)^{3/2}}\right)}{3} \tag{5}$$

$$b_1 = -\chi a_1 \tag{6}$$

The fuzzy surfaces in the $p-q$ plane and deviatoric plane are illustrated in Figs. 1 and 2. The stress-strain behavior under non-proportional loading, ranging from compression to extension, can be captured by varying the Lode angle. The value of χ in Eq. (4), which is dependent of effective mean confining stress, ranges from 1/2 to 1. In this paper, linear fuzzy surfaces were considered (constant value of χ) because the mean confining stress did not vary very much.

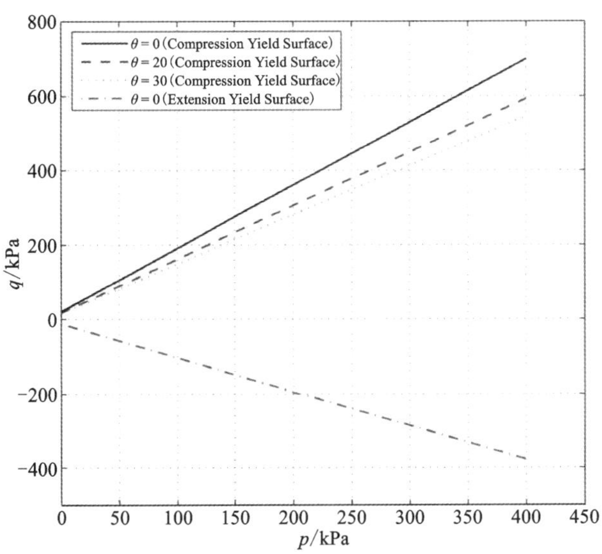

Fig. 1 Fuzzy surface at various Lode angles in $p-q$ plane

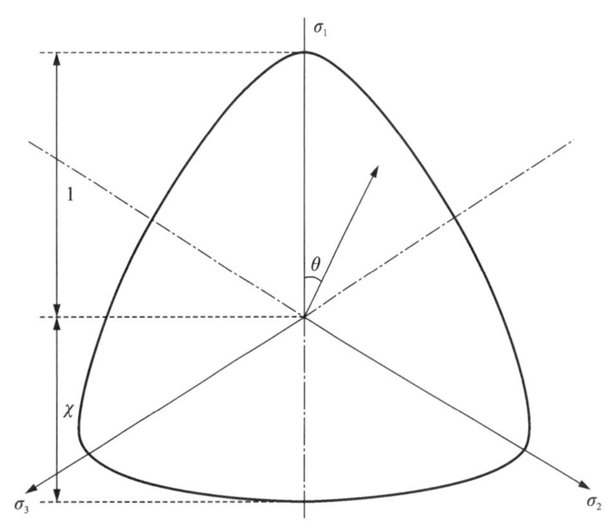

Fig. 2 Fuzzy surface in deviatoric plane

1.1.2 Plastic Modulus and Flow Rules

At each stress state, there exists a loading surface so that the plastic modulus is given as follows:

$$H = H^* + \frac{M\gamma^d}{1 - \gamma^{d+1}} \tag{7}$$

where M and d are model parameters; and H^* is plastic modulus at its image stress state on the fuzzy surface.

The membership function γ is involved in the plastic modulus equation. Although the value of γ is 1 at the fully elastic state and 0 at the fully plastic state, the assignment of the value in the elastoplastic state is deterministic and can be arbitrarily defined as needed. A linear variation with respect to stress state was adopted in this study.

A classical flow rule incorporating current stress state η and critical stress state M_c is expressed as

$$D = \frac{\dot{\varepsilon}_v^p}{\dot{\varepsilon}_d^p} = A[(1+\psi)M_c - \eta] \tag{8}$$

where A is model parameters; η is current stress ratio q/p; $\dot{\varepsilon}_v^p$ is plastic volumetric strain increment; $\dot{\varepsilon}_d^p$ is plastic deviatoric strain increment; and D is called the dilatancy parameter.

The nonassociated flow rule in fuzzy set plasticity theory was defined through $\boldsymbol{m} \equiv \boldsymbol{T} : \boldsymbol{n}$, where $\boldsymbol{T}$ is a fourth-order tensor, and $\boldsymbol{m}$ is the direction of plastic strain increments. If $\boldsymbol{T}=\boldsymbol{I}$, associated plastic flow is reached. This fourth-order tensor $\boldsymbol{T}$ is defined as

$$\boldsymbol{T} = \boldsymbol{I} - \frac{1}{3}(1-D)\boldsymbol{I} \otimes \boldsymbol{I} \tag{9}$$

The matrix form of T in p-q stress space is expressed as a 2×2 matrix

$$\boldsymbol{T} = \begin{pmatrix} D & 0 \\ 0 & 1 \end{pmatrix} \tag{10}$$

After the complete description of the model's parameters, it is ready to formulate the incremental format of the stress-strain relationship. In this paper, the stress-control, stress-strain incremental relation can be formulated as follows:

$$\dot{\varepsilon} = \dot{\varepsilon}^e + \dot{\varepsilon}^p = \boldsymbol{D}^e : \dot{\sigma} + \left(\frac{1}{H}\boldsymbol{n} : \dot{\sigma}\right)\boldsymbol{m} = \left(\boldsymbol{D}^e + \frac{1}{H}\boldsymbol{m} \otimes \boldsymbol{n}\right) : \dot{\sigma} = \boldsymbol{D}^{ep} : \dot{\sigma} \tag{11}$$

For the fuzzy set plasticity model in p-q stress space, Eq. (11) can be written in matrix form as

$$\begin{pmatrix} \dot{\varepsilon}_v \\ \dot{\varepsilon}_d \end{pmatrix} = \boldsymbol{D}^{ep} \begin{pmatrix} \dot{p} \\ \dot{q} \end{pmatrix} \tag{12}$$

Because flow rule was defined as Eq. (8), thus

$$\boldsymbol{D}^{ep} = \begin{pmatrix} 1/K & 0 \\ 0 & 1/3G \end{pmatrix} + \frac{1}{H\sqrt{(a_1^2+g^2)(a_1^2D^2+g^2)}} \begin{pmatrix} a_1^2 D & -a_1 g D \\ -a_1 g & g^2 \end{pmatrix} \tag{13}$$

where K is bulk modulus; and G is shear modulus; they are constant parameters under the certain stress level.

1.1.3 Model calibration

With the advance of constitutive modeling, the parameters and constants required in elastoplastic models can be various. Calibration of these constitutive models is not an easy task. Conventional methods, such as linear regression, are not sufficient to identify the model parameters because many of them cannot be described in linear fashion through laboratory testing data. Some of these model parameters have less physical meaning, which cause difficulties in model calibration. With that in mind, a numerical optimization technique of nonlinear least-squares regression is applied to the constitutive model calibration. Optimization problems are generally defined as minimizing the objective function $f(\boldsymbol{x})$ subject to decision variable vector $\boldsymbol{x}$. The simplest way to minimize the objective function is to randomly choose a sufficiently large number of candidate vectors $\boldsymbol{x}$ and evaluate the objective function for each of them. In calibrating a fuzzy set plasticity model, the objective function is defined by the Euclidean distance between an experimental point and a theoretical point, and a random search method is used.

Assume that for the variable $\boldsymbol{x}_i^*$ for $i=1-n$, which lies between its lower bound $\boldsymbol{x}_i^l$ and upper bound $\boldsymbol{x}_i^u$, there must exist a $\boldsymbol{R}_i$, such that: $\boldsymbol{x}_i^* = \boldsymbol{x}_i^l + \boldsymbol{R}_i(\boldsymbol{x}_i^u - \boldsymbol{x}_i^l)$ and minimizes the objective function f. In this paper, it is intuitive to use stress and strain as variables in the objective function. It is then straightforward to formulate the objective function as the sum of distances from computed points to their adjacent experimental points in the stress-strain space. For each computed strain that lies between $\boldsymbol{\varepsilon}_j^{\exp}$ and $\boldsymbol{\varepsilon}_{j+1}^{\exp}$, the distance between the computed and experimental strains can be calculated. The objective function is constructed as follows:

$$f = \sum_{i=1}^{n} \frac{1}{2}\left[\sqrt{\left(1 - \frac{\sigma_j^{\exp}}{\sigma_i^{\text{num}}}\right)^2 + \left(1 - \frac{\varepsilon_j^{\exp}}{\varepsilon_i^{\text{num}}}\right)^2}\right] + \sqrt{\left(1 - \frac{\sigma_{j+1}^{\exp}}{\sigma_i^{\text{num}}}\right)^2 + \left(1 - \frac{\varepsilon_{j+1}^{\exp}}{\varepsilon_i^{\text{num}}}\right)^2} \quad (14)$$

where n = number of computed strains.

In this paper, according to the definition of the numerical optimization technique of nonlinear least-squares regression, the model parameters in deviatoric part (a_1, G, M, d) are first calibrated with the deviatoric strain ea versus deviatoric stress q curve under the certain stress path (the ratio of p to q is 3). Under the special stress path, from Eq. (13), assume that variables D and $g = 1$. Hence, the increment of the deviatoric strain, because of a change in the deviatoric stress q, can be further reduced as follows:

$$\dot{\varepsilon}_{\text{d}} = -\frac{a_1}{H(a_1^2 + 1)}\dot{p} + \left[\frac{1}{3G} + \frac{1}{H(a_1^2 + 1)}\right]\dot{q} = \left[\frac{1}{3G} + \frac{1}{H(a_1^2 + 1)}\left(1 - \frac{a_1}{3}\right)\right]\dot{q} \quad (15)$$

where $\dot{p}/\dot{q} = 1/3$. After choosing the lower and upper bounds of each model parameter, the model parameters can be further calibrated with the special stress path in hollow cylinder (HC) test results and cubical (CU) test results. Note that the bulk modulus K and the dilatancy parameter D can be also calibrated with the volumetric strain ε_y versus the mean stress p curve, when the former calibration procedure is finished. Similarly, the model parameters that are calibrated with the special stress path are useful to other stress paths and make the numerical simulation results closer to the test results.

1.2 Model performance

A series of HC and CU tests on loose Hostun sand were selected from the CASE database (Saada and Bianchini, 2001) to calibrate and validate the fuzzy set plasticity model. A random search method was adopted to calibrate the model parameters in this paper.

Tables 1 and 2 give the model parameters that were used in the fuzzy set plasticity model, respectively. The HC tests were conducted with the same pressure inside and outside the cylinder. Axial and torsional stresses were applied and varied while keeping a constant ratio, such that the result is a radial path. The same radial stress paths were duplicated in the cube tests. Four different stress paths were simulated. Stress paths 1, 2, 3, and 4 represent the principal stress rotation angle $\beta = 0°$, 32°, 45°, 90° (shown in the $p-q$ stress space in Fig. 3), which correspond to Lode angle $\theta = 0°$, 20°, 30°, 0°, respectively. The initial void ratios were reported as 0.736, 0.717, 0.717, and 0.717 in paths 1, 2, 3, and 4, respectively. The final stress path means extension loading paths. The stress-strain behavior under nonproportional loading, ranging from compression to extension, can be captured by varying the Lode angle. Two different confining pressures were selected to mimic the stress-strain characteristic for the loose Hostun sand. Figs. 4 and 5 show the deviatoric stress versus deviatoric strain and volumetric strain versus deviatoric strain responses at confining pressure $p = 500$ kPa for the HC test. It shows that the proposed plasticity model is capable of capturing the stress-strain behavior under nonproportional loads. In contrast, Figs. 6 and 7 show the constitutive responses for the CU test at confining pressure $p = 200$ kPa. In general, the fuzzy set plasticity model shows a good match against path 4 ($\beta = 90°$) and reasonable results compared with paths 2 ($\beta = 32°$) and 3 ($\beta = 45°$). It is found that the materials contracted in the beginning of the loading process, followed by dilating behavior in paths 1-3. However, for path 4, the materials dilated in the very beginning of the loading process, followed by contracting behavior, but the material began to dilate when the stress level approached failure state. It can be found that the lower the confining pressure, the more profound the dilatancy of the material. It predicts more deviatoric strains after the deviatoric stress q increases beyond 300 kPa. Although the nonlinear dilatancy behavior was not closely matched as the deviatoric stress-strain response, the trend of volumetric behavior is captured.

Table 1 Model parameters used in hollow cylinder (HC) tests

K/kPa	G/kPa	M	d	ψ	a_0	a_1	b_0	b_1	A
20000	20023	60036	2.29	0.331	20	1.7	−15	−1.08	0.2

Table 2 Model parameters used in cubical (CU) tests

K/kPa	G/kPa	M	d	ψ	a_0	a_1	b_0	b_1	A
17000	20023	60036	2.29	0.331	20	1.27	−15	−1.08	0.255

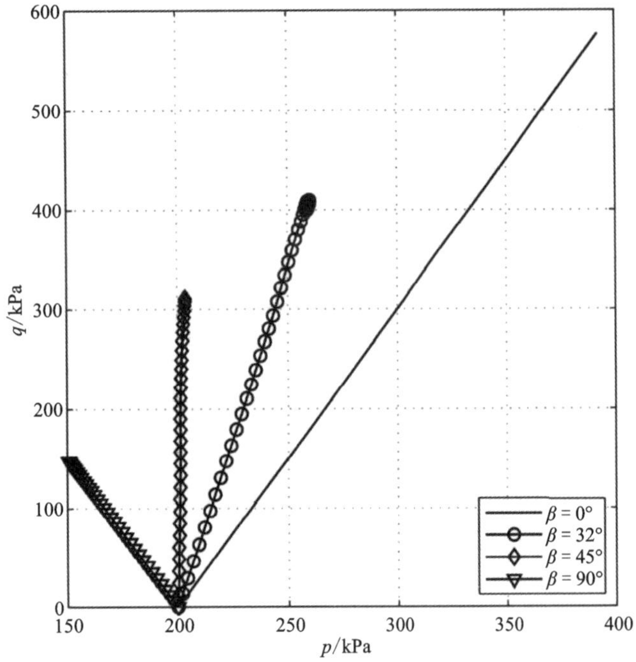

Fig. 3 Different stress paths for Hostun sands test

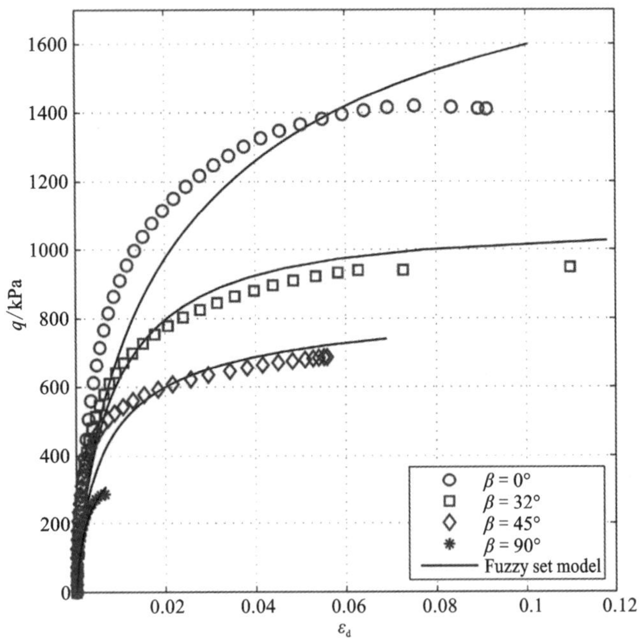

Fig. 4 Deviatoric stress versus deviatoric strain response in HC test on Hostun sand at p = 500 kPa

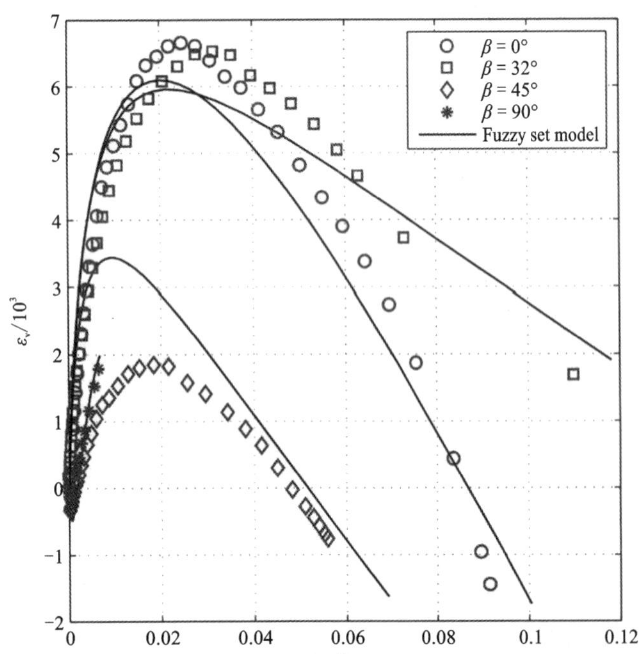

Fig. 5 Volumetric strain versus deviatoric strain response in HC test on Hostun sand at p = 500 kPa

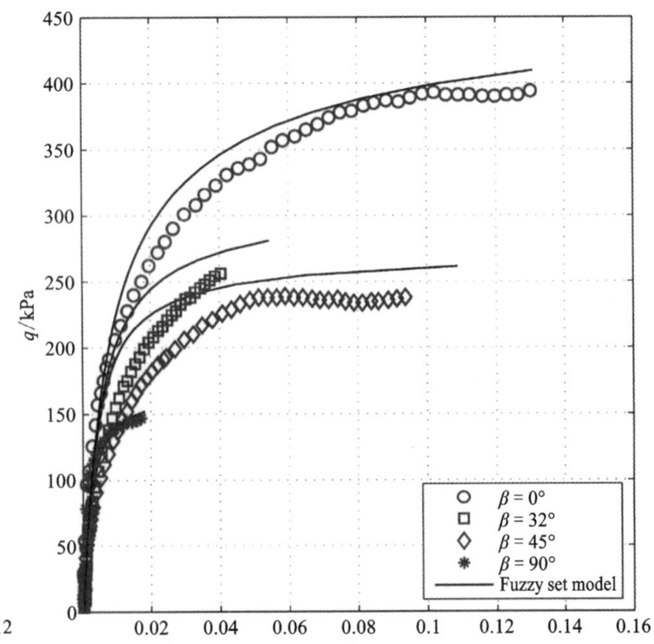

Fig. 6 Deviatoric stress versus deviatoric strain response in CU on Hostun sand at p = 200 kPa

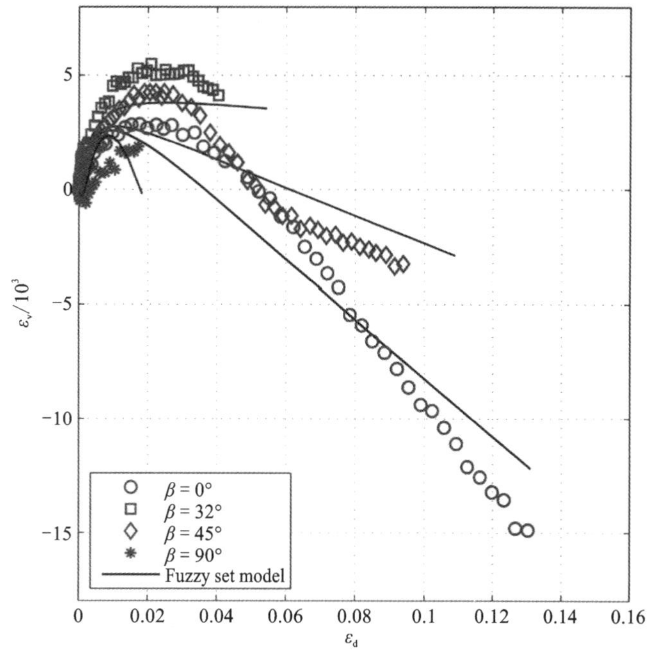

Fig. 7 Volumetric strain versus deviatoric strain response in CU on Hostun sand at $p=200$ kPa

2 Conclusions

Modeling stress-strain behaviors under various stress paths for granular materials has been a challenging task. The concept of fuzzy set theory was introduced and implemented under the framework of classical plasticity theory. The evolution of the membership function serves similarly as the kinematic hardening mechanism of a conventional elastoplastic constitutive model. The effects of non-proportional loading can be addressed through the three-invariant fuzzy surface, which had a direct link to its Lode angle. A Cambridge-type plastic flow rule was implemented to account for nonlinear dilatancy behavior. In this paper, a simplified fuzzy set plasticity model was developed, and its capability and performance was assessed through a series of HC tests and CU tests on loose Hostun sand from the CASE database. The simplified fuzzy set plasticity model shows a fairly good performance in modeling granular materials under various stress paths. For future developments, a pressure-dependent elastic module, K and G can be implemented as well as a more sophisticated dilatancy rule.

Acknowledgments

The support from China Scholarship Council ([2007]3020) is greatly appreciated. The National Natural Science Foundation of China (Young Program 50908233) is also acknowledged.

References

[1] ALSALEH M L, ALSHIBLI K A, VOYIADJIS G Z. Influence of micromaterial heterogeneity on strain localization in granular materials[J]. Int. J. Geomech., 2006, 6(4): 248-259.

[2] CHANG K T, STURE S. Microplane modeling of sand behavior under non-proportinal loading[J]. Comput. Geotech, 2006, 33(3): 177-187.

[3] CHEN C, GE L, ZHANG J S. Modeling permanent de-formation of unbound granular materials under repeated loads[J]. Imt. J. Geomech, 2010, 10(6): 236-241.

[4] DAFALIAS Y F. Bounding surface plasticity. I: mathematical foundation and hypoplasticity[J]. J. Eng. Mech, 1986, 112(9): 966-987.

[5] ELGAMAL A, YANG Z, PARRA E, et al. Modeling of cyclic mobility in saturated cohesionless soils[J]. Int. J. Plast, 2003, 19(6): 883-905.

[6] GE Y N. Cyclic constitutive modeling of granular materials[D]. Boulder, CO: Dept. of Civil. Environmental, and Architectural Engineering, Univ. of Colorado-Boulder.

[7] GE Y N, STURE S. Cyclic constitutive model based on fuzzy sets concepts[M]. Constitutive modeling of geomaterials, CRC Press, Boca Raton, FL, 2003: 108-112.

[8] GUTIERREZ M, ISHIHARA K, TOWHATA I. Flow theory for sand during rotation of principal stress direction[J]. Soil Found, 1991, 31(4): 121-132.

[9] GUTIERREZ M, ISHIHARA K, TOWHATA I. Model for the de-formation of sand during rotation of principal stress directions [J]. Soil Found, 1993, 33(3): 105-117.

[10] ISHIHARA K, TOWHATA I. Sand response to cyclic rotation of principal stress directions as induced by wave loads[J]. Soil Found, 1983, 23(4): 11-26.

[11] KHALILI N, HABTE M A, VALLIAPPAN S A. Bounding surface plasticiy model for cyclic loading of granular soils[J]. Int. J. Numer. Methods Eng., 2005, 63(14): 1939-1960.

[12] KLISINSKI M, ALAWI M M, STURE S, et al. Elasto-plastic model for sand based on fuzzy sets[M]//Constitutive equations for granular non-cohensive soils, A A Balkema, Rotterdam, Netherlands, 1988: 325-347.

[13] LI X S, DAFALIAS Y F. Constitutive modeling of inherently an-isotropic sand behavior[J]. J. Geotech. Geoenviron. Eng., 2002, 128(10): 868-880.

[14] LI X S, DAFALIAS Y F. A constitutive framework for an-isotropic sand including non-proportional loading[J]. Geotechnique, 2004, 54(1): 41-55.

[15] LIU X, CHENG X H, SCARPAS A, et al. Numerical modelling of nonlinear response of soil, Part 1: Constitutive model [J]. Int. J. Solids Struct, 2005, 42(7): 1849-1881.

[16] MRO Z Z, NORRIS V A, ZIENKIEWICZ O C. An anisotropic hardening model for soils and its application to cyclic loading [J]. Int. J. Numer. Anal. Methods Geomech., 1978, 2(3): 203-221.

[17] PREVOST J H. Plasticity theory for soil stress behavior[J]. J. Eng. Mech., 1978, 104(5): 1177-1194.

[18] SAADA A S, BIANCHINI G F. The case data base manual for geotechnical laboratory testing[M]. Case Western Reserve Univ., Cleve-land, Ohio, 2001.

[19] STURE S, MOULD J C, KO H Y. Modeling of elastic-plastic anisotropic hardening constitutive model and prediction of behavior of dry quartz sand[M]//Constitutive relations for soils, A A Balkema, Rot-terdam, Netherlands, 1982: 227-248.

[20] TAIEBAT M, DAFALIAS Y F. Simple yield surface expressions appropriate for soil plasticity[J]. Int. J. Geomech, 2010, 10(4): 161-169.

[21] WILLAM K J, WARNKE E P. Constitutive model for the triaxial behavior of concrete[M]//Seminar on concrete structures subjected to triaxial stress, ISMES, Bergamo, Italy, 1974.

深基坑开挖变形的灰色马尔可夫链预测方法

黄传胜[1,2]，张家生[1]

1. 中南大学土木建筑学院，湖南长沙，410075

2. 江西中昌工程咨询监理有限公司，江西南昌，330002

摘要：基于灰色马尔可夫链理论，提出了深基坑开挖变形的灰色马尔可夫链预测方法，建立了用于变形预测的新陈代谢 GM(1, 1)模型和灰色马尔可夫链模型。研究结果表明：这 2 种模型的预测精度都可以满足施工期预测要求，灰色马尔可夫链模型的各项指标均优于新陈代谢 GM(1, 1)模型。该结果对同类研究具有一定参考价值。

关键词：深基坑变形；预测方法；灰色马尔可夫链

随着深基坑工程的开挖深度越来越大、施工环境越来越复杂以及不良地质条件的影响逐渐增大，深基坑的施工安全和周边环境保护问题越来越突出。实际上，施工安全事故和深基坑周边环境破坏的表现就是由开挖引起的深基坑变形，所以在施工过程中控制深基坑变形非常重要[1]。影响深基坑变形的因素很多，现有计算理论还不能全面反映工程的各种复杂变化[2-3]，目前，对于重要的深基坑，都普遍在施工阶段进行不间断的施工监测工作，以观测深基坑的变形情况[4-5]。但仅仅进行监测是远远不够的，因为监测只能反映以前和目前的变形状态，并不能反映变形的后期发展情况，还必须进行详细分析，以便确定深基坑下一步的变形情况[6]。将施工及其引起的深基坑变形作为一个系统开展研究[7]。由于岩土工程本身及深基坑工程施工存在很大的随机性，灰色系统不能很好地表现系统的随机性，而马尔可夫链能够较好地反映这一特性，故本文将灰色系统和马尔可夫链进行结合，组合成灰色马尔可夫链预测方法，并将其用于深基坑工程的变形预测。

1 深基坑预测方法提出

影响深基坑变形的因素非常繁杂，其规律具有一定的随机性[8-9]。目前，普遍采用的预测方法虽能预测变形的发展趋势，但不能反映其动态性和随机性。灰色系统预测是基于少量数据的灰因白果律、差异信息原理、平射原理的建模方法，能在数据有限的条件下模仿微分方程建立具有部分微分方程性质的模型。马尔可夫随机过程是数学中具有马尔可夫性质的无后效性离散时间随机过程，即在已知当前状态的情况下，过程的未来状态与其过去状态无关。由于灰色 GM(1, 1)预测模型能预测基坑变形规律，且马尔可夫随机过程能预测随机性规律，将两者结合建立了灰色马尔可夫随机过程深基坑变形预测模型。

1.1 灰色 GM(1, 1)预测模型建模方法

设 $x^{(0)}=[x^{(0)}(1),\ x^{(0)}(2),\ \cdots,\ x^{(0)}(n)]$ 为 GM(1, 1)的建模序列；$x^{(1)}=[x^{(1)}(1),\ x^{(1)}(2),\ \cdots,\ x^{(1)}(n)]$ 为 $x^{(0)}$ 的 AGO 序列。其中，$x^{(1)}(1)=x^{(0)}(1)$，$x^{(1)}(k)=\sum_{m=1}^{k}x^{(0)}(m)$。

$z^{(1)}=[z^{(1)}(2),\ z^{(1)}(3),\ \cdots,\ z^{(1)}(n)]$ 为 $x^{(1)}$ 的均值序列；$z^{(1)}(k)=0.5x^{(1)}(k)+0.5x^{(1)}(k-1)$，则 GM(1, 1)预测模型表达形式为[1]：

$$\begin{cases}\dfrac{\mathrm{d}x^{(1)}(t)}{\mathrm{d}t}+ax^{(1)}(t)=b\\ x^{(1)}(t)\mid_{t=0}=x^{(1)}(1)\end{cases}$$

使用最小二乘法可以求出 a 和 b，代入原式可求出模型对原数据的拟合值。

黄传胜，张家生. 深基坑开挖变形的灰色马尔可夫链预测方法[J]. 铁道科学与工程学报，2011，8(2)：71-75.

1.2 灰色GM(1, 1)预测模型建模步骤

建立灰色GM(1, 1)预测模型主要有以下步骤[2]：(1)对数据序列做级比检验及建模可行性判断；(2)对级比检验不合格的数据序列做变换处理，使变换后序列的级比符合建模要求；(3)先将数据进行累加生成，再利用生成后的数据创建GM(1, 1)预测模型；(4)根据后验差检验方法对模型进行检验，将预测精度分为“好”“合格”“勉强”“不合格”四类；(5)通过GM(1, 1)预测模型获取指定时区的预测值。

1.3 马尔可夫随机过程预测方法

设有随机序列$\{X_n, n\in T\}$，若对于任意的整数$n\in T$和任意的$i_0, i_1, \cdots, i_{n+1}\in I$，条件概率满足：$P\{X_{n+1}=i_{n+1}|X_0=i_0, X_1=i_1, \cdots, X_n=i_n\}=P\{X_{n+1}=i_{n+1}|X_n=i_n\}$，则称随机序列$\{X_n, n\in T\}$为马尔可夫链。马尔可夫链的统计特性完全由条件概率$P\{X_{n+1}=i_{n+1}|X_n=i_n\}$决定[3]。

条件概率$P_{ij}^{(k)}(n)=P\{X_{(n+k)}=j|X_n=i\}$，$(i, j\in I, n\geqslant 0, k\geqslant 1)$为马尔可夫链$\{X_n, n\in T\}$的$k$步转移概率，并称$P^{(k)}=(p_{ij}^{(k)})$为马尔可夫链的$k$步转移矩阵，其中$p_{ij}^{(k)}\geqslant 0$，$\sum\limits_{j\in I}p_{ij}^{(k)}=1$。

1.4 基于灰色马尔可夫随机过程的深基坑变形预测方法

灰色马尔可夫随机过程的预测方法就是充分利用灰色系统和马尔可夫随机过程各自优点并弥补各自不足的一种新的预测方法。应用该方法进行预测的基本思路为：先建立灰色GM(1, 1)预测模型，求出其预测曲线$\gamma'(k)$；再以平滑的预测曲线$\gamma'(k)$为基准，划分若干动态的状态区间；根据落入各状态的点计算马尔可夫转移概率矩阵预测未来状态，从而得出预测值区间；取区间中点，最终得到精度较高的预测值。其具体步骤如下。

(1)建立GM(1, 1)预测模型。根据灰色系统，得出GM(1, 1)预测模型的$\gamma'(k)=x'^{(0)}(k+1)$曲线。

(2)状态划分。先确定模型的具体考核指标，根据这些考核指标值将时间序列的各个数据划入相应的状态区间内。一般以$\gamma'(k)$的平行曲线作为考核指标。以$\gamma'(k)$曲线为基准，根据每个预测对象的具体情况，划分成与$\gamma'(k)$曲线平行的若干个条形区域，每个条形区域构成一个状态区间，任一状态区间Q_i表达为$Q_i=[Q_{1i}, Q_{2i}](i=1, 2, \cdots, n)$。式中：$Q_{1i}=\gamma'(k)+A_i$，$Q_{2i}=\gamma'(k)+B_i$。

(3)计算转移概率矩阵。转移概率矩阵公式为$P_{ij}^{(m)}=\dfrac{M_{ij}^{(m)}}{M_i}(i, j=1, 2, \cdots, n)$。式中：$P_{ij}^{(m)}$为状态$Q_i$经过$m$步转移到$Q_i$的概率；$n$为划分的状态数目；$M_i$为原始数据按一定的概率落入状态$Q_i$的样本数；$M_{ij}^{(m)}$为由状态$Q_i$经$m$步转移到$Q_j$的原始数据样本数。

(4)确定未来状态。实际运用中一般只需通过一步转移来确定数据的未来状态。

(5)确定预测值。当未来的预测状态Q_d确定后，也就确定了预测值的变动区间$[Q_{1d}, Q_{2d}]$，预测值$\gamma'(k)$通常取该区间的中点，则有$\gamma'(k)=\gamma'(k)+\dfrac{A_i+B_i}{2}$。

(6)模型精度检验。模型精度检验公式为$q^{(0)}(k)=x^{(0)}(k)-x'^{(0)}(k+1)$，$\varepsilon(k)=\dfrac{q^{(0)}(k)}{x^{(0)}(k)}$。式中：$q^{(0)}(k)$为残差；$\varepsilon(k)$为相对误差，用后验差检验。

2 工程背景及概况

广州市轨道交通三号线北延段燕塘站位于广汕路与燕塘小区燕兴路的交叉口处，为三号线、六号线换乘站。三号线燕塘站沿燕兴路设置，南接广州火车东站，北连梅花园站，呈南北走向，六号线燕塘站与三号线燕塘站垂直设置，西接天平架站，东连天河客运站，呈东西走向。站地周围地形高差起伏较大，房屋密集，且线路受控因素较多。

燕塘站明挖段采用“整体围护、局部降水辅助、竖向分层，以三号线为主，六号线为辅”的方法进行施工。围护结构地下连续墙采用液压抓斗槽壁机辅以冲孔桩机成槽，机械吊装钢筋笼，水下灌注混凝土。内支撑：第1道采用钢筋混凝土支撑，第2~6道采用钢管支撑(其中第4道和第6道需进行倒撑施工)。深基坑土方明挖部分按“竖向分层、逐层开挖、逐层支护”的方式进行施工。采用反铲挖掘机分层接力开挖的方

法，每层开挖到支撑下 500 mm 后停止开挖，及时架设钢管支撑并施加预加力后再进行下一层的开挖。明挖部分土石方采用长臂挖掘机在深基坑外挖装，深层土方开挖按台阶接力的方法将土方转至地面自卸汽车装车外运，不能直接运至地面的则通过小型挖机倒运至端头，通过塔吊和履带吊提升出土。其中，强风化石方开挖采用风镐松动、小型挖掘机挖装的方式；中风化石方开挖采用液压锤破碎、反铲装运的方式。主体结构均按“竖向分层、水平分段、逐层由下往上平行顺筑”进行施工。主体结构分段长度控制在 24 m 以内。

燕塘站明挖部分主体围护结构三号线采用 1000 mm 地下连续墙，六号线采用 800 mm 地下连续墙，连续墙深度为 37 m 左右，入岩深度在 6 m 左右。连续墙采用 7 道支撑以维护地下连续墙的稳定和安全，第 1 道支撑采用 700 mm×800 mm 砼支撑，支撑支顶在连续墙顶冠梁上，平均间距为 6 m，局部有调整；第 2~4 道支撑采用 ϕ600 mm、t = 14 mm 钢管内支撑；第 5 和第 7 道支撑采用 ϕ600 mm、t = 14 mm 钢管内支撑；第 6 道支撑采用 900 mm×800 mm 钢筋混凝土撑，平均间距为 6 m，支撑支顶在钢筋混凝土围檩上。

在施工期间对燕塘站深基坑变形进行了施工监测，监测内容包括地下连续墙体侧向变形、围护结构顶水平位移、深基坑内支撑轴力、深基坑周边地下水位、深基坑周围建构筑物沉降、裂缝及变形、深基坑内临时砼支撑点沉降、土体侧向变形等项目。本文对 Z70 沉降监测点数据(以 1 周为一个时间单位)进行汇总，得到该监测点部分累计沉降量如表 1 所示。

表 1　Z70 沉降监测点观测到的累计沉降量

周数	1	2	3	4	5	6	7	8	9	10	11
累计沉降量/mm	1.81	2.37	3.23	4.23	5.33	6.83	8.2	8.55	9.17	9.8	10.2
周数	12	13	14	15	16	17	18	19	20	21	22
累计沉降量/mm	11.1	12.3	13.71	15.27	17.32	19.34	20.47	20.93	21.5	21.9	22.1
周数	23	24	25	26	27	28	29	30	31	32	33
累计沉降量/mm	22.2	22.3	22.4	22.6	22.7	22.8	23.0	23.2	23.3	23.5	23.8

3　模型预测与实测结果对比

采用灰色 GM(1，1)预测模型的新陈代谢模型对燕塘站施工期 Z70 沉降监测点的沉降量进行动态预测。

以燕塘站 Z70 沉降监测点的第 1 周至第 10 周的观测数据建立新陈代谢 GM(1，1)预测模型。得到预测曲线方程为 $\hat{x}^{(0)}(k+1) = 2.993955e^{0.143464k}$，将该方程作为基准曲线，并将其绘制在图 1 中，将实际观测数据点也绘制在同一图中，由该图进一步划分成同指数曲线平行的 2 个条形带状区域，每个条形带状区域都构成一个状态区间。状态区间 Q_i 范围如下。

状态Ⅰ：$Q_1 = [Q_{11}, Q_{21}]$。其中：$Q_{11} = \gamma'(k) - 1.2$，$Q_{21} = \gamma'(k)$。

状态Ⅱ：$Q_2 = [Q_{12}, Q_{22}]$。其中：$Q_{12} = \gamma'(k)$，$Q_{22} = \gamma'(k) + 1.2$。

如图 1 所示，落入状态Ⅰ的数据点有第 2 周、第 3 周、第 4 周、第 9 周、第 10 周的数据；落入状态Ⅱ的数据点则有第 5 周、第 6 周、第 7 周、第 8 周的数据。仅考虑一步转移，由状态Ⅰ一步转移到状态Ⅰ及状态Ⅱ的次数分别为 3 次和 1 次；由状态Ⅱ一步转移到状态Ⅰ及状态Ⅱ的次数分别为 1 次和 3 次，则各状态之间的转移概率矩阵为：

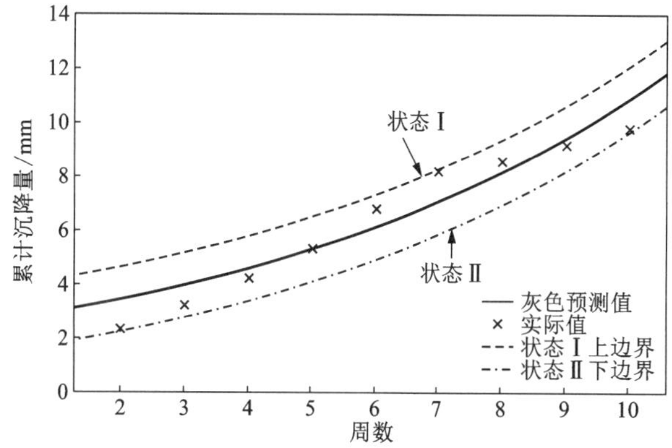

图 1　深基坑周边累计沉降量随机过程的状态划分

$$P=\begin{bmatrix}0.75 & 0.25\\0.25 & 0.75\end{bmatrix}$$

在获得 GM(1, 1)预测模型和转移概率矩阵后，即可进行灰色马尔可夫预测。在利用模型进行预测时，最终的预测值取最有可能的状态区间的中间值。如第 2 周沉降量处于状态Ⅰ，则第 3 周的沉降量处于状态Ⅰ的概率较大，而状态Ⅰ在第 3 周的沉降量变化区间为[2.788932, 3.988932]，单位为 mm，则利用灰色马尔可夫预测的第 3 周沉降量为 3.988932 mm。依此类推，得到施工期间 Z70 沉降监测点的沉降量预测值，第 40~110 周的沉降量实测值及预测值绘如图 2 所示。

从图 2 可见：在沉降量变化率基本不发生变化时，新陈代谢模型和灰色马尔可夫链模型与实测值较吻合，但是，在沉降量变化率发生变化的区段，新陈代谢模型和灰色马尔可夫链模型都有继续保持原变化率的趋势(或称为惯性)，而且新陈代谢模型的惯性较灰色马尔可夫链模型的惯性大。

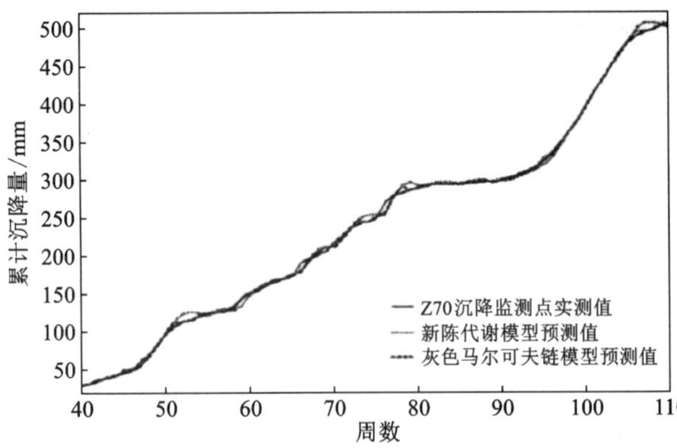

图 2　沉降量实测值与预测值对比

4　结论

(1)遵照灰色系统理论和马尔可夫链理论的规律，提出了灰色马尔可夫链预测模型的建模步骤和方法。

(2)建立了用于变形预测的新陈代谢 GM(1, 1)预测模型和灰色马尔可夫链模型。通过与实测数据的对比，表明新陈代谢 GM(1, 1)预测模型和灰色马尔可夫链模型的预测精度都可以满足施工期预测要求，灰色马尔可夫链模型的各项指标均优于新陈代谢 GM(1, 1)预测模型，可以优先采用。

(3)新陈代谢模型和灰色马尔可夫链模型在沉降量变化率基本不发生变化时，与实测值吻合得非常好，但是在沉降量变化率发生变化的区段，两模型都有继续保持原变化率的趋势，而且新陈代谢模型的惯性较灰色马尔可夫链模型的惯性大。

参考文献

[1]　王方旗，亓发庆，姚菁. 青岛凯悦中心格栅式 MC 桩支护及变形分析[J]. 施工技术，2009，38(9)：64-67.

[2]　黄广龙，惠刚，方乾. MC 桩组合支护结构工作性状的有限元分析[J]. 南京工业大学学报(自然科学版)，2008，30(1)：1-6.

[3]　陆新征，宋二祥，吉林，等. 某特深基坑考虑支护结构与土体共同作用的三维有限元分析[J]. 岩土工程学报，2003，25(4)：488-491.

[4]　孙海涛，吴限. 深基坑工程变形预报神经网络法的初步研究[J]. 岩土力学，1998，19(4)：63-68.

[5]　俞建霖，龚晓南. 基坑工程变形性状研究[J]. 土木工程学报，2002，35(4)：86-90.

[6]　林鸣，徐伟. 深基坑工程信息化施工技术[M]. 北京：中国建筑工业出版社，2006.

[7]　ABEDI H，PORTER T G，LIEN B H，et al. Performance of a flexible earth retaining structure in soft clays-comparison between finite element method and field measurements[C]//Retaining Structures，Clayton C R I，eds. London：Institution of Civil Engineers，Thomas Telford，1993.

[8]　BOONE S J. Correlations of strength，deformation，and index properties of Toronto's cohesive soils[D]. Toronto：University of Toronto，1996.

[9]　BOONE S J. Ground movement related building damage[J]. Journal of Geotechnical Engineering，1996，122(11)：886-896.

施工期间人工挖孔桩桩间土稳定性分析

曹贤发[1]，张家生[1]，刘之葵[2]，徐 进[3]

1. 中南大学土木工程学院，湖南长沙，410075
2. 桂林理工大学土木与建筑工程学院，广西桂林，541004
3. 马克菲尔(长沙)新型支档科技开发有限公司，湖南长沙，410001

摘要： 为预防人工挖孔桩窜孔，探讨了桩间土失稳机制，分析了桩间土失稳时的位移特征，建立了桩间土稳定性分析的力学模型，推导了桩间土稳定系数及安全桩净距的计算公式，提出了窜孔防治措施建议。结果表明：当桩间土失稳时，滑动土体位移平行于桩心连线，其宽度等于两桩桩径较小值；桩间土稳定系数与滑动土体宽度及埋深成反比，与桩净距成正比，随滑动层的抗剪强度及残余抗剪强度增大而增大，而滑动层厚度则存在一个最不利值，可通过试算确定；控制桩孔间的混凝土面高差、增大桩孔开挖净距、加强护壁、减少桩间土的扰动等是防治窜孔的有效措施。工程实例表明，桩间土稳定性评价方法合理、实用，可为黏性土场地的人工挖孔桩施工提供参考。

关键词： 人工挖孔桩；桩间土；稳定系数；安全桩净距

1 引言

《建筑桩基技术规范》[1]根据经验规定了人工挖孔桩施工技术的最低要求，但未提出桩间土稳定性的评价方法和标准，以致桩间土失稳事故时有发生。人工挖孔桩桩间土失稳(工程上俗称窜孔)，会导致桩孔内混凝土废弃，若发生窜孔，则桩孔必须重新开挖，护壁必须重新施工，桩体必须重新浇筑，这使工程造价增加、工期延误。因此，有必要对人工挖孔桩桩间土稳定性进行研究。

目前，关于桩间土土拱效应[2-4]、桩间土受力特性[5-7]和沉降[8]等方面已有较多研究，其成果对复合地基[9-11]和复合桩基[12-13]设计具有重要意义。然而，关于人工挖孔桩桩间土稳定性的研究仍不多见。尽管赵秀绍等[14]、孙瑞民等[15]研究了长螺旋 CFG 桩的窜孔机制，指出抽吸作用是导致窜孔的直接原因，但人工挖孔桩施工对桩周土不存在明显的抽吸作用，其失稳机制和稳定性分析方法仍有待研究。

本文探讨了施工期间人工挖孔桩桩间土失稳机制，用 $FLAC^{3D}$ 模拟分析了桩间土失稳时的位移特征，建立了桩间土失稳的力学模型，推导了桩间土稳定系数及安全桩净距的计算公式，探讨了各主要因素对桩间土稳定性的影响规律，提出了窜孔防治的有效措施，最后以工程实例验证了该方法的合理性。

2 桩间土的失稳机制

在人工挖孔桩灌注期间，桩间土失稳主要经历灌注孔护壁破坏、桩间土压缩变形、邻桩混凝土护壁脱节或砌体护壁掉块等 3 个阶段。

灌注孔护壁破坏是桩间土失稳的前提。混凝土护壁一般较薄，浇筑质量较难保证。受随深度线性增大的流动混凝土压力作用时，护壁较容易受拉破坏。护壁破坏后，桩孔受混凝土压力挤压而扩大。受邻桩护壁限制，桩间土会产生较大的压缩变形，同时，邻桩护壁所受压力也随桩间土压缩变形量的增大而增大。

邻桩护壁在桩间土一侧的压力大于另一侧压力，所受压不均匀。此时，混凝土护壁将向桩间土另一侧同时发生平动及转动位移，导致护壁脱节；砌体护壁抗弯能力较弱，过大的水平位移会使砌块掉落。混凝土护壁脱节或砌块掉落处，桩间土很快滑入孔内，窜孔通道形成并很快扩大，桩间土失稳由此发生。实践也证明，当桩间土失稳时，砌体护壁以砌体掉块为主，而混凝土护壁主要发生脱节，破坏的情况较少见。

曹贤发，张家生，刘之葵，等. 施工期间人工挖孔桩桩间土稳定性分析[J]. 岩土力学，2013，34(5)：1443-1448.

3 滑动土体的空间分布

为建立桩间土稳定性力学分析模型，先用 FLAC^{3D} 有限差分软件模拟分析桩间土失稳时的位移特征以确定滑动土体的空间分布。在水平面内，桩心连线为对称面，可按对称问题建模，如图 1 所示。注意凝聚力较大是为预防模型在开挖阶段就达到失稳状态。模型开挖和灌注一次瞬时完成，混凝土对孔壁的作用通过向孔壁施加随深度线性增加的法向压力完成。按照灌注孔直径和空桩直径的 3 种不同组合分为 3 种工况，如图 2 所示。各工况计算约 400 时步后，最大不平衡力不再收敛，维持在 4.5 kPa 左右，模型已经处于不稳定状态，此刻 25 m 深处的桩间土平面位移特征及桩心连线方向的位移关系如图 2 所示。

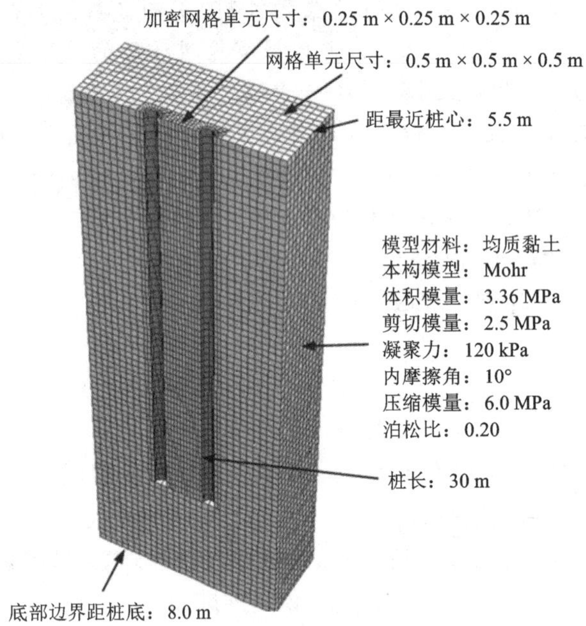

图 1 数值仿真模型

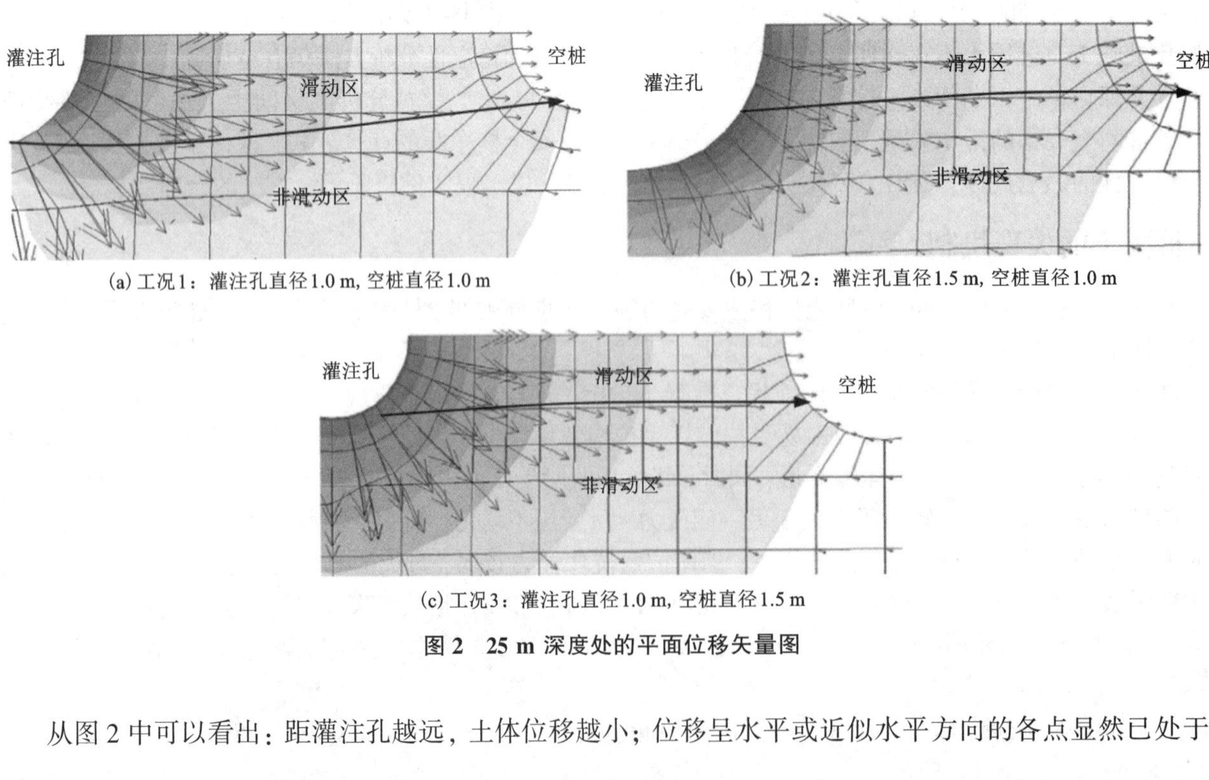

图 2 25 m 深度处的平面位移矢量图

从图 2 中可以看出：距灌注孔越远，土体位移越小；位移呈水平或近似水平方向的各点显然已处于滑动失稳状态，滑动土体宽度等于两桩桩径较小值；滑动土体的位移与桩心连线基本平行；滑动区以外，土体位移与灌注孔附近各点位移方向基本一致。将滑动的土体作为稳定性分析对象，孔壁处的边界简化为图 2 中的粗线，滑动土体空间分布如图 3 所示。

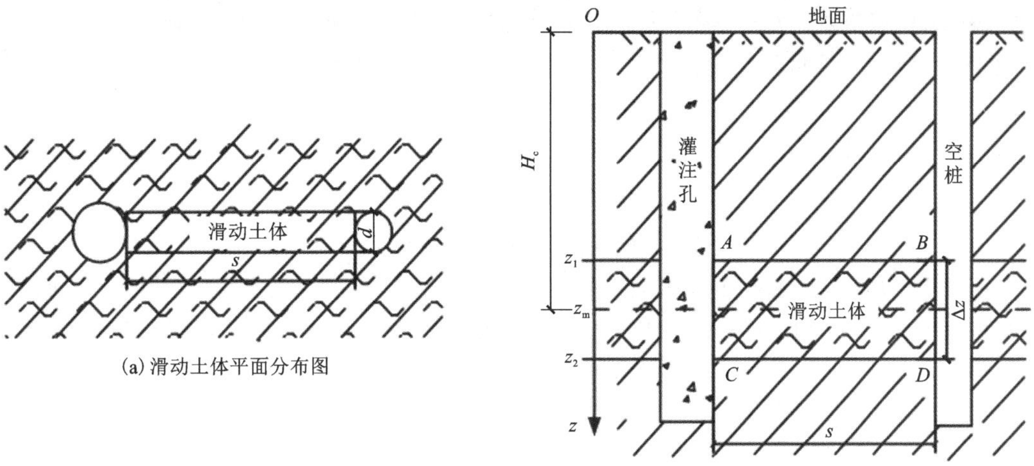

(a) 滑动土体平面分布图　(b) 滑动土体剖面分布图

图 3　滑动土体分布图

4　稳定性分析

设地面为 z 坐标轴原点，向下为正方向，如图 3 所示，取出滑动土体进行受力分析，则力的类型、分布特征及相互关系如图 4 所示。作用于滑动土体上的混凝土压力的合力 P_c 为：

$$P_c = \int_{z_1}^{z_2} P_{cz} d\mathrm{d}z = d\Delta z\gamma_c H_c \tag{1}$$

式中：z_1、z_2 分别为滑动土体顶面、底面埋深，m；d 为滑动土体宽度，取两桩桩径较小值，m；Δz 为滑动土体厚度，m；H_c 为桩顶到滑动土体中点的距离，m；γ_c 为混凝土重度，kN/m³；P_{cz} 为混凝土作用于滑动土体 z 深度处的压力，kPa。

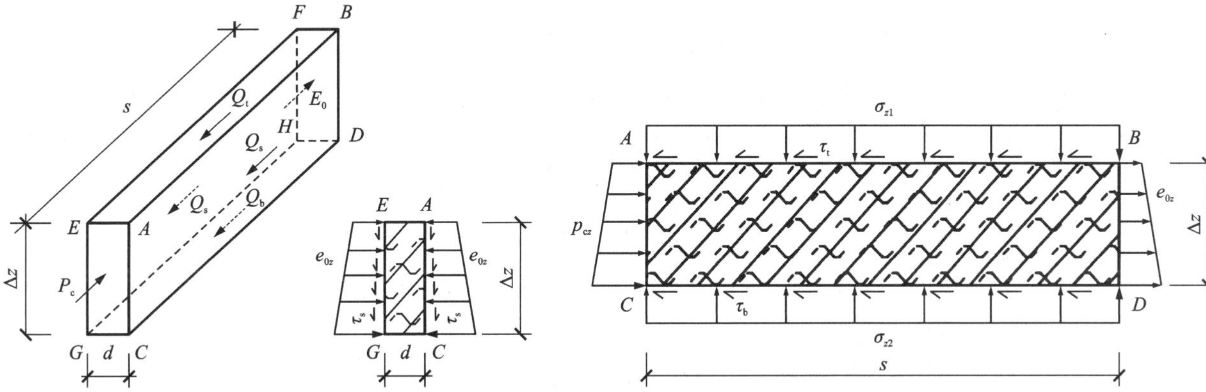

(a) 滑动土体合力关系图　(b) 滑动土体横断面受力图　(c) 滑动土体纵断面受力图

图 4　滑动土体力学模型图

桩孔开挖对桩周土体扰动较大，会向桩孔发生一定侧向位移，因此护壁所受外力为桩周土的主动土压力，其大小为：

$$E_a = \int_{z_1}^{z_2} e_{az} d\mathrm{d}z \tag{2}$$

式中：e_{az} 为 z 深度处的主动土压力，kPa，其值按下式计算：

$$e_{az} = K_a \sigma_{zm} - 2c\sqrt{K_a} \tag{3}$$

式中：K_a 为主动土压力系数；σ_{zm} 为滑动土体中点深度处的土体竖向应力，kPa。

将式(3)代入式(2)，整理后得：

$$E_a = d\Delta z(K_a \sigma_{zm} - 2c\sqrt{K_a}) \tag{4}$$

滑动土体顶面与底面的抗剪力为：

$$\left.\begin{aligned} Q_t &= \tau_t S_{ABEF} = \tau_t \mathrm{d}s \\ Q_b &= \tau_b S_{CDGH} = \tau_b \mathrm{d}s \end{aligned}\right\} \tag{5}$$

式中：Q_t 和 Q_b 分别为滑动土体顶面和底面抗剪力，kPa；S_{ABEF} 和 S_{CDGH} 分别为滑动土体顶面及底面的面积，m^2；s 为桩净距，m；τ_t 和 τ_t 分别为滑动土体顶面及底面抗剪应力，kPa，其值根据库仑定律由下式计算：

$$\left.\begin{aligned} \tau_t &= \sigma_{z1} \tan\varphi_r + c_r \\ \tau_b &= \sigma_{z2} \tan\varphi_r + c_r \end{aligned}\right\} \tag{6}$$

式中：c_r 为滑动土体的黏聚力，建议取原状土的残余抗剪强度，kPa；φ_r 为滑动土体的内摩擦角，(°)；σ_{z1}、σ_{z2} 分别为 z_1、z_2 处土体的竖向应力，kPa。

将式(6)代入式(5)，整理可得：

$$\left.\begin{aligned} Q_t &= \mathrm{d}s(\sigma_{z1} \tan\varphi_r + c_r) \\ Q_b &= \mathrm{d}s(\sigma_{z2} \tan\varphi_r + c_r) \end{aligned}\right\} \tag{7}$$

滑动土体两侧 *ABCD* 与 *EFGH* 面上的抗剪切力均为：

$$Q_s = \int_{z_1}^{z_2} \tau_{zs} s\mathrm{d}z = \tau_{sm} s\Delta z \tag{8}$$

式中：Q_s 为滑动土体侧面抗剪力，kPa；τ_{zs} 为滑动土体侧面 z 深度处的抗剪应力，kPa；τ_{sm} 为滑动土体侧面中点 z_m 处的抗剪应力，kPa，其值按下式计算：

$$\tau_{sm} = e_0 \tan\varphi_r + c_r = K_0 \sigma_{zm} \tan\varphi_r + c_r \tag{9}$$

式中：e_0 为滑动土体侧面中点 z_m 处的静止土压力强度，kPa；K_0 为滑动土层静止侧压力系数。将式(9)代入式(8)得：

$$Q_s = (K_0 \sigma_{zm} \tan\varphi_r + c_r) s\Delta z \tag{10}$$

桩间土失稳时，混凝土护壁主要向另一侧挤压导致位移过大而发生脱节，砌体护壁以砌块掉为主，同时对另一侧有挤压作用。为简化计算，假设混凝土灌注期间，护壁向桩间土另一侧的挤压位移与开挖期间土体向桩心的位移抵消，则护壁对滑动土体的抗力可视为滑动层的静止土压力：

$$E_0 = \int_{z_1}^{z_2} e_{0z} \mathrm{d}z = K_0 \sigma_{zm} \Delta z \tag{11}$$

式中：E_0 为滑动土体所受的静止土压力合力，kPa；e_{0z} 为滑动土体侧面中点 z 处的静止土压力，kPa。

设滑动土体的稳定系数 K 为：

$$K = \frac{Q_t + Q_b + 2Q_s + E_0}{P_c + E_a} \tag{12}$$

将式(1)、式(4)、式(7)、式(10)、式(11)代入式(12)，整理后得：

$$\left.\begin{aligned} K &= \frac{2s(\gamma_\varphi \sigma_{zm} \tan\varphi_r + \gamma_c c_r) + K_0 \sigma_{zm}}{\gamma_c H_c + K_a \sigma_{zm} - 2c\sqrt{K_a}} \\ \gamma_\varphi &= \frac{1}{\Delta z} + \frac{K_0}{d},\ \gamma_c = \frac{1}{\Delta z} + \frac{1}{d} \end{aligned}\right\} \tag{13}$$

设临界稳定系数为 K_{cr}。当 $K \geqslant K_{cr}$ 时，判为稳定，反之则不稳定。K_{cr} 应根据经验确定，不宜小于 1.00。

灌注孔周围有多个空桩时，可根据式(13)逐个验算灌注孔向任一空桩发生窜孔的可能性。为便于工程应用，可先确定 K_{cr}，然后求出各桩的安全桩净距 s_{cr}。当 $s \geqslant s_{cr}$ 时，判为稳定，反之，则不稳定。由式(13)移项变换可得：

$$s_{cr} = \frac{K_{cr}(\gamma_c H_c + K_a \sigma_{zm} - 2c\sqrt{K_a}) - K_0 \sigma_{zm}}{2(\gamma_\varphi \sigma_{zm} \tan \varphi_r + \gamma_c c_r)} \tag{14}$$

当桩孔全部或大部分充满水(泥浆)时，也可能发生窜孔，此时可用水(泥浆)重度替代式(13)、式(14)中的混凝土重度 γ_c 进行稳定性验算。

根据式(13)或式(14)可知，影响桩间土稳定性的因素有滑动土体宽度、桩净距、滑动土体抗剪强度及残余抗剪强度、滑动土体埋深及厚度等。当其他条件一定时，桩间土稳定系数与滑动土体宽度及混凝土面高差成反比，与桩净距成正比，随滑动层的抗剪强度及残余抗剪的强度增大而增大。因此，控制两桩孔之间的混凝土面高差、增大桩净距、加强护壁、减少施工对桩间土的扰动等是防治窜孔的有效措施。

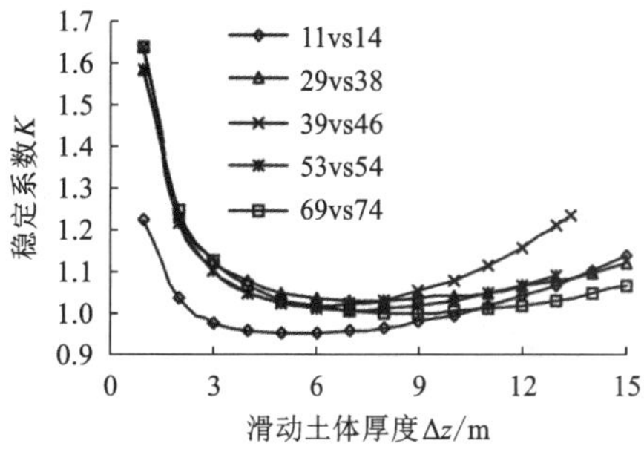

图5 K-Δz 关系曲线图

值得注意的是，当其他条件一定时，Δz 存在一个最不利值。Δz 小于该值时，K 随着滑动层厚度的减小而增大；Δz 大于该值时，K 随着滑动层厚度的增大而增大，如图5所示。该图根据金盛广场 5# 楼部分桩孔资料的分析结果绘制(图例中的 11vs14 是指场地 11# 桩与 14# 桩之间的桩间土稳定系数，下同)。因此，验算时，当滑动土体厚度较大时，最小的稳定系数宜根据不同的滑动土体厚度试算确定。

5 工程实例

柳州市金盛广场位于柳州市原东环菜市，5# 楼高 28 层，地下室 1 层，为框架结构，设计采用 85 根人工挖孔桩，桩径为 0.8~2.2 m，桩净距为 1.5~9.0 m。土层厚为 11.1~24.0 m，主要为棕黄色硬塑-可塑状红黏土，天然重度 $\gamma = 17.8\ \mathrm{kN/m^3}$，黏聚力 $c = 50$ kPa，内摩擦角 $\varphi = 18°$，残余抗剪强度为 $c_r = 12$ kPa、$\varphi_r = 5°$。所有桩孔在 7 d 全面开挖，采用预制混凝土护壁，厚度为 7~12 cm。根据 $K_{cr} = 1.00$ 绘制出不同土层厚度及桩径下的安全桩净距 s_{cr} 曲线图(图6)。从图中可以看出，滑动土体越厚，埋深越大，其安全桩间净距越大，桩间土的稳定系数就越小，其稳定性就越差。

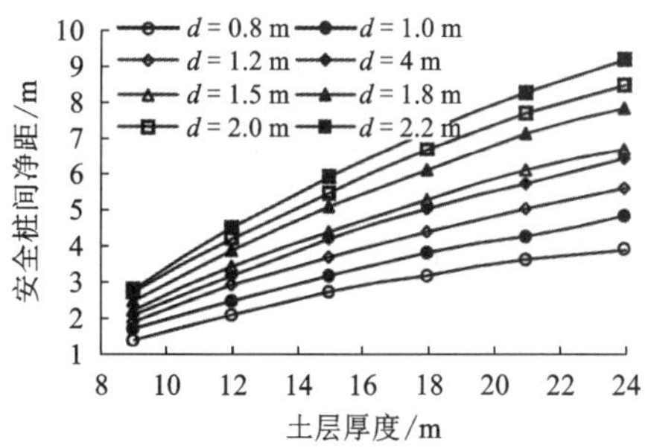

图6 s_{cr}-Δz 关系曲线

根据图6可对桩间土稳定性进行快速分析。例如，在 3# 与 4# 桩的桩间土中，两桩桩径相同，滑动土层宽度取 0.8 m，土层厚度取两桩孔较小值，为 13.9 m，据此查图6中的 $d=0.8$ m 曲线可得 $s_{cr}=2.5$ m，两桩实际净距 $s=3.0$ m，满足 $s \geqslant s_{cr}$，故可判定 3# 与 4# 桩的桩间土是稳定的。同理，可根据上述方法对场地其他桩孔间的桩间土进行分析，部分桩间土的稳定性分析结果如表1所示。

表 1 桩间土稳定性分析表

桩 1			桩 2			s_{cr}/m	s/m	是否稳定
桩号	桩径/m	层厚/m	桩号	桩径/m	层厚/m			
3#	0.8	13.9	4#	0.8	14.1	2.5	3.0	是
11#	0.8	18.9	14#	1.5	16.0	2.8	2.6	否
38#	2.0	15.04	45#	2.0	15.9	5.5	5.0	否

实际施工时，3#与 4#桩没有发生窜孔，而 11#和 45#桩浇筑时，分别向 14#及 38#桩发生了窜孔，与表 1 分析结果基本相符。由此可知，安全桩净距不是固定值，它与土层分布及工程性质、桩的几何尺寸等因素有关，本文对桩间土稳定性的判定较合理、实用。

6 结论

(1)当桩间土失稳时，滑动土体位移平行于桩心连线，其宽度等于两桩桩径较小值。

(2)桩间土稳定系数和安全桩净距分别按本文式(13)、式(14)计算。当桩间土的安全系数大于临界稳定系数或桩间净距大于安全桩净距时，桩间土应判为稳定，否则应判为不稳定。

(3)桩间土稳定系数与滑动土体宽度及埋深成反比，与桩净距成正比，随滑动层的抗剪强度及残余抗剪强度增大而增大，而滑动层厚度则存在一个最不利值，可通过试算确定。

(4)控制两桩孔之间的混凝土高度差、增大桩孔开挖净距、加强护壁、减少施工对桩间土的扰动等是防治窜孔的有效措施。

(5)工程实例表明，本文提出的桩间土稳定性评价方法简单、实用，计算结果与实际施工时所观察的结果基本相符，可用于以黏性土为主的人工挖孔桩场地。

参考文献

[1] 中华人民共和国建设部. 建筑桩基技术规范(JGJ 94—2008)[S]. 北京：中国建筑工业出版社，2008.

[2] 周龙翔，王梦恕，张顶立，等. 复合地基土拱效应与桩土应力比研究[J]. 土木工程学报，2011，44(1)：93-99.

[3] 娄炎，何宁，娄斌. 长短桩复合地基中的土拱效应及分析[J]. 岩土工程学报，2011，33(1)：77-80.

[4] 费康，王军军，陈毅. 桩承式路堤土拱效应的试验和数值研究[J]. 岩土力学，2011，32(7)：1975-1983.

[5] 谭峰屹，汪稔，赵丽. 柔性桩复合地基承载力数值计算[J]. 岩土力学，2011，32(1)：288-292.

[6] 于进江，程谦恭，李成辉，等. 超大面积深厚软土桩-网复合地基现场试验研究[J]. 岩土力学，2012，33(10)：2881-2889.

[7] 于进江，程谦恭，贺宏武，等. 超大面积深厚软土桩- 网复合地基承载性状模型试验研究[J]. 岩土力学，2012，33(11)：3323-3330.

[8] 曹文贵，王江营，罗忠涛，等. 考虑桩-土滑移的柔性基础下复合地基沉降分析方法[J]. 中国公路学报，2012，25(6)：9-16.

[9] 何宁，娄炎. 路堤下刚性桩复合地基的设计计算方法研究[J]. 岩土工程学报，2011，33(5)：797-802.

[10] 刘鹏，杨光华. 考虑桩端刺入沉降的桩土自平衡式复合地基设计[J]. 岩土力学，2012，33(2)：539-546.

[11] 陶景晖，梁书亭，樊有维，等. 高承载素混凝土桩复合地基现场试验研究[J]. 岩土工程学报，2012，34(4)：693-700.

[12] 戴国亮，戴永兴，刘云忠，等. 超长钻孔灌注桩群桩效应系数研究[J]. 土木工程学报，2011，44(10)：107-112.

[13] 徐林荣，王宏贵，左珅，等. 高速铁路沉降控制复合桩基的性状试验研究[J]. 岩土力学，2012，33(9)：2605-2612.

[14] 赵秀绍，莫林利，孙瑞民，等. CFG 桩施工引起孔隙水压力变化特性试验研究[J]. 岩土力学，2010，31(增刊 1)：102-107.

[15] 孙瑞民，杨凤灵，邓小涛. CFG 桩施工过程中孔隙水压力试验研究[J]. 岩土工程学报，2009，31(11)：1792-1798.

考虑岩体完整程度的岩石爆破损伤模型及应用

陈俊桦[1, 2]，张家生[1, 2]，李新平[3]

1. 中南大学土木工程学院，湖南长沙，410075
2. 高速铁路建造技术国家工程实验室，湖南长沙，410075
3. 武汉理工大学道路桥梁与结构工程湖北省重点实验室，湖北武汉，430070

摘要：现有爆破损伤本构模型未能考虑岩体完整程度对爆破作用效果的影响。为此，对 Yang 等提出的爆破损伤模型进行了改进，建立考虑初始损伤的弹塑性爆破损伤本构模型及提出用于评价围岩受爆破影响的损伤判据。该本构模型包含初始损伤变量和岩体完整性指数、声波波速等参数间的关系式，并利用岩体初始完整性指数的变化考虑其完整程度对爆破损伤作用的影响。把该模型引入 LS-DYNA 数值软件中，并结合工程实例进行数值模拟，得到爆破损伤云图及相应的爆破影响范围。然后将计算得到的爆破影响范围与现场实测值、基于常用的 TCK 爆破损伤模型的数值计算结果进行了对比。最后，分析了爆破影响最大半径、最大深度与岩体初始完整性指数间的关系。研究表明，爆破影响最大半径、最大深度均随岩体初始完整性指数的减小而增大，且前者的变化更为显著。基于提出模型的数值计算结果和现场实测值较为符合，提出的损伤模型可为考虑岩体完整程度对爆破开挖影响的理论研究和工程实践提供参考。

关键词：岩石；爆破损伤；岩体完整性指数；数值模拟；声波波速

岩石爆破理论的发展主要经历了弹塑性理论、断裂力学理论和损伤力学理论三个阶段。目前，爆破损伤理论代表了岩石爆破理论研究的发展前沿[1]。现有爆破损伤本构模型通常为各向同性损伤模型。如 Taylor 等[2-3]建立的岩石爆破各向同性损伤模型，该模型为经典的体积拉伸损伤模型，常被称作 TCK 爆破损伤模型。根据该损伤模型，岩石力学性质的损伤劣化是由其内部微裂纹的动态演化导致。损伤由体积拉应力或者体积拉应变引起。损伤累积过程中，岩石本构关系为弹性损伤关系。体积压应力作用或者体积压缩状态下，岩石内部裂纹不扩展，其本构关系为弹塑性关系。为考虑拉伸损伤对塑性阶段的岩石力学性质的影响，杨军等[4]和胡英国等[5]引入损伤影响系数，该影响系数和塑性功、拉伸损伤变量等相关。Yang 等[6]同样认为岩石破坏方式有脆性破坏和塑性破坏两种，并从不同岩石抗压、抗拉强度出发，提出了等效拉伸损伤模型。总体来看，爆破损伤模型在不断改进中发展。现有爆破损伤模型常用损伤变量表示损伤过程中岩石力学性质相对其初始状态的劣化程度。这些模型虽然假定损伤是在岩石内部初始损伤（内部已有缺陷）的基础上发展的，但由模型中的损伤演化方程却无法直接分析初始损伤对损伤计算的影响。由朱传云等[7]的研究成果可知，岩体初始完整程度与其初始损伤程度相关。岩体完整程度对爆破作用效果有重要影响。

目前，岩石爆破损伤模型广泛应用于爆破数值模拟，解决了许多工程问题。常用的数值方法为有限元法和有限差分法[6, 8-11]，代表性数值分析软件有 LS-DYNA 和 $FLAC^{3D}$ 等。如 Wang 等[11]将 TCK 模型导入 LS-DYNA 中并进行爆破数值模拟，分析爆破漏斗的形成规律。李新平等[12]则把 Yang 等[6]提出的损伤模型导入 $FLAC^{3D}$ 中并进行爆破数值模拟，对围岩爆破损伤影响范围进行了预测。

三峡、溪洛渡和白鹤滩等大型水电站地下开挖工程中，开挖区内岩体的岩性基本相同，其完整程度会有一定变化。在个别施工段中，这种变化可能较大。该条件下，岩体完整程度是爆破参数设计和爆破作用下围岩安全稳定性分析需要考虑的重要参数。为此，在现有爆破损伤模型的基础上，作者提出考虑岩体完整程度影响的爆破损伤模型，同时结合工程实例进行数值模拟和分析，验证提出模型的合理性，以期为考虑岩体完整程度影响的爆破开挖工程提供参考。

陈俊桦，张家生，李新平. 考虑岩体完整程度的岩石爆破损伤模型及应用[J]. 岩土工程学报，2016，38(5)：857-866.

1 现有岩石爆破损伤本构模型

1)损伤演化规律

现有爆破损伤模型认为，当动力荷载未超过岩石塑性屈服极限时，岩石破坏主要表现为裂纹扩展导致的弹脆性破坏。因此，损伤演化一般由岩石单元裂纹密度的变化确定。假定岩石为各向同性材料，损伤变量一般表达式为：

$$D_r = f(\Delta C_d) \tag{1}$$

式中：D_r 为岩石单元相对损伤变量，为标量，表示相对初始状态力学性质的劣化程度；ΔC_d 为裂纹密度，一般由拉应变水平确定；$f(\Delta C_d)$为以裂纹密度为变量的表达式。

常用的岩石爆破损伤变量定义见表1。本文统一假定拉为正，压为负。表1中，THORNE模型由Thorne等提出。该模型和TCK模型均为体积拉应力作用下的体积拉伸损伤模型。根据Yang等[6]提出的YANG模型，当体积应力为压、拉状态时，岩石均会产生损伤累积，这在室内试验中得到了验证。如对于体积应力为压应力状态的单轴或者三轴抗压试验，岩石试件常发生损伤累积导致的压剪脆性破坏。

表1　常用的岩石爆破损伤变量定义[1-6]

损伤模型	损伤变量 D_r	裂纹密度 ΔC_d
TCK	$\dfrac{16(1-\bar{\mu}^2)}{9(1-2\bar{\mu})}\Delta C_d$	$\dfrac{5kK_{IC}^2\varepsilon_v^m}{2(\rho c\dot{\varepsilon}_{max})^2}$
THORNE	$\dfrac{(1-\bar{\mu}^2)(1-e^{-\frac{16}{9}\Delta C_d})}{1-2\bar{\mu}}$	$\dfrac{5kK_{IC}^2(\varepsilon_v-\varepsilon_d)^m}{2(\rho c\dot{\varepsilon}_{max})^2}$
YANG	$1-e^{-\Delta C_d^2}$	$\int_0^t \alpha(\theta-\theta_c)^\beta dt$

注：表1中，$\bar{\mu}$ 为有效泊松比；K_{IC} 为岩石材料断裂韧度；$\dot{\varepsilon}_{max}$ 为极限应变率；ρ 和 c 分别为岩石密度和岩石声波波速；k、m、α 和 β 为材料参数；ε_v 为体积应变；θ 为等效拉伸变形，一般有 $\theta \leqslant \varepsilon_v$；$\varepsilon_d$ 为体积应变门槛值；θ_c 为等效拉应变门槛值；t 为时间。TCK、THORNE和YANG模型成立的条件分别为 $\varepsilon_v>0$、$\varepsilon_v>\varepsilon_d$ 和 $\theta>\theta_c$。

2)本构关系

上述各个模型的基本假设如下：当损伤变量 $D_r>0$ 时，本构关系为弹性损伤关系；当 $D_r=0$ 时，本构关系为弹塑性关系。各个模型的具体本构关系式参见参考文献[1]~[6]。这里给出Yang等提出的弹性损伤本构关系式。损伤增加会导致岩石体积模量和剪切模量减小，表示体积模量和剪切模量劣化的关系式为[6]：

$$K = (1 - D_r)K_0 \tag{2}$$

$$G = (1 - D_r)G_0 \tag{3}$$

式中：K_0 和 G_0 分别为岩石初始体积模量和初始剪切模量；K 和 G 分别为损伤岩石的体积模量和剪切模量。

将应力分解为平均静水压力和偏应力，则岩石弹性损伤本构关系如下：

$$\sigma_m = K\varepsilon_v \tag{4}$$

$$s_{ij} = 2Ge_{ij} \tag{5}$$

式中：σ_m 为平均静水压力；s_{ij} 为偏应力张量的分量；e_{ij} 为偏应变张量的分量。

3)存在的问题

由式(2)~式(5)以及表1，可以看出，现有爆破损伤模型一般假定处于初始状态(未加载前)的岩石为无损状态。如未加载前，对三种模型分别有 $\varepsilon_v=0$、$\varepsilon_d<\varepsilon_v=0$ 和 $\theta=0$，$t=0$，此时均有 $D_r=0$，即初始损伤均为0。而通常情况下岩石为初始损伤材料。此外，损伤演化方程中的参数与岩石初始物理力学参数相对应。因此，当岩石的初始体积模量和初始剪切模量等确定后，将有相应的爆破损伤关系与之对应。显然，对于

开挖爆破工程，当施工段岩石的初始损伤相差不大时，应用现有模型能有效地解决实际问题。反之，当初始损伤相差较大时，解决问题的效率会偏低。

2　改进后的爆破损伤本构模型

2.1　考虑岩石初始损伤的损伤变量定义

由以上分析可知，相对于 TCK 等体积拉伸损伤本构模型，YNAG 模型较全面地考虑了岩石的破坏特性。因此，选取表 1 中的 YANG 模型作为拟改进的爆破损伤模型。

考虑初始裂纹密度的影响时，假定 YANG 模型中裂纹密度表达式的基本形式保持不变，裂纹密度计算如下：

$$C_{\mathrm{d}} = \Delta C_{\mathrm{d}} + C_{\mathrm{d0}} = \begin{cases} \int_0^t \alpha(\theta - \theta_{\mathrm{c}})^{\beta} \mathrm{d}t + C_{\mathrm{d0}},\ \theta > \theta_{\mathrm{c}} \\ 0,\ \theta \leqslant \theta_{\mathrm{c}} \end{cases} \tag{6}$$

式中：C_{d} 和 C_{d0} 分别为岩石单元裂纹密度和初始裂纹密度，当 $C_{\mathrm{d0}}=0$ 时，即不考虑初始裂纹密度的影响时，该式为 Yang 等提出的裂纹密度表达式。

应用 Yang 等基于断裂概率准则提出的损伤变量表达式：

$$D = 1 - \mathrm{e}^{-C_{\mathrm{d}}^2} \tag{7}$$

式中：D 为相对无损岩石的等效拉伸损伤变量。

当 $C_{\mathrm{d}}=C_{\mathrm{d0}}$ 时，岩石单元的初始损伤计算为：

$$D_0 = 1 - \mathrm{e}^{-C_{\mathrm{d0}}^2} \tag{8}$$

式中：D_0 为岩石单元初始损伤值，$D_0 \leqslant D$，与初始裂纹密度 C_{d0} 对应。当 $C_{\mathrm{d0}}=0$ 时，有 $D_0=0$。

式(6)中等效拉应变 θ 计算[6]为：

$$\theta = \sum_{i=1}^{3} \ln[1 + (\varepsilon_i + |\varepsilon_i|)/2] \tag{9}$$

式中：ε_i 为 i 方向主应变。

由单轴动态抗拉试验近似确定等效拉伸应变的临界值：

$$\theta_{\mathrm{c}} = \ln(1 + \varepsilon_{\mathrm{t}}) \tag{10}$$

式中：ε_{t} 为对应比例极限的拉应变，与初始损伤 D_0 相关。

对式(6)进行积分变换后，得到裂纹密度与等效拉伸应变率的关系：

$$C_{\mathrm{d}} = \int_{\theta_{\mathrm{c}}}^{\theta} \frac{\alpha}{\dot{\theta}} (\theta - \theta_{\mathrm{c}})^{\beta} \mathrm{d}\theta + C_{\mathrm{d0}} \tag{11}$$

式中：$\dot{\theta}$ 为等效拉伸应变率。

从式(11)可以看出，岩石单元裂纹密度 C_{d} 与等效拉伸应变率 $\dot{\theta}$ 相关。再由式(7)可知，损伤演化方程考虑了加载应变率对岩石动力破坏的影响。

式(11)中材料常数 α 和 β 通常利用常应变率下的单轴动态抗拉试验近似确定。对式(11)进行积分后，常应变率下的裂纹密度表达式为：

$$C_{\mathrm{d}} = \frac{\alpha}{\dot{\theta}_{\mathrm{con}}(\beta + 1)} (\theta - \theta_{\mathrm{c}})^{\beta+1} + C_{\mathrm{d0}} \tag{12}$$

式中：$\dot{\theta}_{\mathrm{con}}$ 为岩石单轴动态抗拉试验采用的加载应变率，$10\ \mathrm{s}^{-1} \leqslant \dot{\theta}_{\mathrm{con}} \leqslant 10^3\ \mathrm{s}^{-1}$。

针对材料受损过程，Rubin 和 Ahrens 建立的相对损伤变量和声波波速间的关系式如下[13]：

$$D_{\mathrm{r}} = 1 - (c/c_0)^2 \tag{13}$$

式中：c 为受损过程中的岩石声波波速；c_0 为初始声波波速。$0 \leqslant D_{\mathrm{r}} \leqslant 1$，$0 \leqslant c \leqslant c_0$。

由式(13)，当岩石为无损材料时，有如下关系：

$$D_r = 1 - (c/\hat{c})^2 \tag{14}$$

式中：$\hat{c}$ 为无损岩石中的声波波速。自然界中几乎不存在无损岩石，可在完整性指数大于0.8的岩石内取岩块，并将该岩块近似作为无损材料。

式(14)中的 D_r 表示相对无损岩石的损伤变量，与式(7)中基于无损岩石的等效拉伸损伤变量 D 对应，比较式(7)和式(14)，可知 D 满足：

$$D = 1 - (c/\hat{c})^2 \tag{15}$$

由式(15)可知，岩石材料的初始损伤值计算为：

$$D_0 = 1 - (c_0/\hat{c})^2 \tag{16}$$

岩体的初始完整程度与其初始损伤程度相关[7]。定量划分岩体完整程度的指标为岩体完整性指数。初始状态下的岩体完整性指数计算为：

$$\eta_0 = (c_0/c_m)^2 \tag{17}$$

式中：η_0 为岩体初始完整性指数；c_m 为岩块的声波波速。

声波测试所取岩块的完整程度高，近似为无损状态，可取 $c_m = \hat{c}$。对比式(16)和式(17)，初始损伤值和岩体初始完整性指数间的近似关系为：

$$D_0 = 1 - \eta_0 \tag{18}$$

由式(8)和式(18)可得，岩石初始裂纹密度和初始完整性指数的关系为：

$$C_{d0} = [-\ln\eta_0]^{\frac{1}{2}} \tag{19}$$

2.2 考虑岩石初始损伤的本构关系

受损过程中，岩石单元的体积模量和剪切模量计算如下：

$$K = (1 - D)\hat{K} \tag{20}$$

$$G = (1 - D)\hat{G} \tag{21}$$

式中：$\hat{K}$ 和 $\hat{G}$ 分别为无损岩石的初始体积模量和初始剪切模量。

由式(20)~式(21)，得岩石单元的初始体积模量 K_0 和剪切模量 G_0 计算如下：

$$K_0 = (1 - D_0)\hat{K} \tag{22}$$

$$G_0 = (1 - D_0)\hat{G} \tag{23}$$

由式(2)和式(3)、式(22)和式(23)可知，当本构关系采用初始体积模量、初始剪切模量表示时，表示体积模量、剪切模量损伤劣化的公式为：

$$K = K_0(1 - D)/(1 - D_0) \tag{24}$$

$$G = G_0(1 - D)/(1 - D_0) \tag{25}$$

即考虑初始损伤后，现有爆破损伤本构关系式中的式(2)和式(3)可分别用式(24)和式(25)代替。

将式(24)和式(25)分别代入式(5)和式(6)中，得到考虑初始损伤的弹性损伤本构关系为：

$$\sigma_m = K_0\varepsilon_v(1 - D)/(1 - D_0) \tag{26}$$

$$s_{ij} = 2G_0e_{ij}(1 - D)/(1 - D_0) \tag{27}$$

式中：$D_0 \leqslant D \leqslant 1$。

数值计算一般采用增量计算方式，为此，将式(26)、式(27)写成率相关的形式，表达式为：

$$\dot{\varepsilon}_v = \frac{[\dot{\sigma}_m(1 - D) + \dot{D}\sigma_m]}{K_0(1 - D)^2/(1 - D_0)},\ \theta > \theta_c \tag{28}$$

$$\dot{e}_{ij} = \frac{[\dot{s}_{ij}(1 - D) + \dot{D}s_{ij}]}{2G_0(1 - D)^2/(1 - D_0)},\ \theta > \theta_c \tag{29}$$

式(28)、式(29)为考虑初始损伤的岩石爆破弹性损伤应变率相关本构关系式。

当 $\theta \leqslant \theta_c$ 时，由式(6)~式(8)，可知 $D = D_0$。此时，若岩石单元不发生破坏，则其本构关系为线弹性本构关系。在式(28)和式(29)中取 $D = D_0$，可得到线弹性本构关系式。如果岩石单元发生破坏，该破坏方式为塑性屈服破坏[6]。这种破坏现象通常发生在炮孔壁附近的爆炸高压区。该区域内的加载应变率较大，岩石破坏方式由脆性向塑性转换[14, 15]，常用的塑性屈服函数为 Mises 屈服函数[5, 6]。由于动力加卸载过程中岩石单元可能经历损伤和塑性屈服的交替作用，当考虑塑性屈服发生前的损伤历史的影响时，塑性屈服函数表示如下：

$$F = \sqrt{\frac{1}{2}s_{ij}s_{ij}} - (1 - D_p)Y,\ \theta \leqslant \theta_c \tag{30}$$

式中：F 为考虑损伤影响的屈服函数，$F \geqslant 0$，当 $F=0$ 时，单元发生静态屈服破坏；D_p 为损伤影响因数，该参数反映了屈服发生前的拉伸损伤历史对屈服强度劣化的影响程度，$0 \leqslant D_p \leqslant 1$，当 $D_p=0$，F 退化为常用的 Mises 屈服函数；Y 为屈服强度，由无损试样的三轴抗压试验确定。

损伤影响因数与损伤历史变量的关系为[16]：

$$\dot{D}_p = \frac{\lambda_1 \dot{W}_p}{1 - D_H},\ \theta \leqslant \theta_c \tag{31}$$

$$W_p = \int \sigma_{ij} \mathrm{d}\varepsilon_{ij}^p \tag{32}$$

式中：W_p 为塑性功；λ_1 为损伤敏感系数；ε_{ij}^p 为塑性应变张量的分量；σ_{ij} 为应力张量的分量；D_H 为岩石单元产生塑性屈服前的等效拉伸损伤变量，是损伤历史变量，由式(7)确定。

由式(30)～式(32)可知，当 $D_H=0$ 时，即不考虑等效拉伸损伤历史的影响时，塑性阶段的应力水平将偏高。此外，D_H 与初始损伤 D_0 相关，故式(30)实际上考虑了爆破前和爆破过程中损伤历史对岩石塑性屈服的影响。

假定塑性变形和时间相关，即塑性变形考虑黏性效应，塑性变形计算如下：

$$\mathrm{d}e_{ij}^p = \mathrm{d}t \cdot \lambda_2 \cdot \frac{\partial F}{\partial s_{ij}} \varphi(F) \tag{33}$$

$$\varphi(F) = \begin{cases} \left(\dfrac{F}{\lambda_3 - F}\right)^{\lambda_4},\ 0 < F \leqslant \lambda_3 \\ 0,\ F \leqslant 0 \end{cases} \tag{34}$$

式中：λ_2 为黏塑性因子；e_{ij}^p 为塑性偏应变；$\varphi(F)$ 为黏性动力强度因子；λ_3 和 λ_4 为材料参数，可通过高应变率(一般为 $10^2 \sim 10^4\ \mathrm{s}^{-1}$)动态抗压试验获得。

考虑塑性屈服时，式(28)和式(29)可分别改写为：

$$\dot{\varepsilon}_v = \dot{\varepsilon}_v^e = \frac{[\dot{\sigma}_m(1 - D) + \dot{D}\sigma_m]}{K_0(1 - D)^2/(1 - D_0)} \tag{35}$$

$$\dot{e}_{ij} = \dot{e}_{ij}^e + \dot{e}_{ij}^p = \frac{[\dot{s}_{ij}(1 - D) + \dot{D}s_{ij}]}{2G_0(1 - D)^2/(1 - D_0)} + \lambda_2 \frac{\partial F}{\partial s_{ij}} \varphi(F) \tag{36}$$

式中：ε_v^e 和 e_{ij}^e 分别为弹性体积应变和弹性偏应变张量的分量；$D_0 \leqslant D \leqslant 1$。

式(35)和式(36)为考虑初始损伤的岩石爆破弹塑性损伤应变率相关本构关系。

式(6)～式(8)以及式(35)和式(36)构成了岩石爆破损伤计算的封闭方程组。将式(18)代入式(35)和式(36)后，可考虑岩体完整性指数对本构关系的影响，进而可分析岩体完整程度对爆破损伤计算的影响。对于待开挖的基岩，若采用式(4)和式(5)的本构关系，对应每一种完整程度下的基岩，均需要较大的试验次数才能获得本构关系中相应的参数。显然，所需试验次数随着开挖段岩体的完整性指数的离散性的增大而增大。而当采用式(35)和式(36)的本构关系时，因考虑了岩石初始完整性指数这一参数的影响，本构关系中的其他参数可通过对几种完整性指数不同的岩样进行动力加载试验获得，即只需要较少的试验次数就能确定相关参数。由试验获得的本构模型适用于一定完整性指数范围内的岩石。岩石全应力-应变试验和循环加载变形试验揭示了岩石具有记忆加载历史的能力[17]。综合前面分析可知，对于本文提出的本构模型，无论是弹性损伤阶段，还是塑性屈服阶段，均考虑了损伤加载历史的影响。

2.3 基于损伤变量的爆破影响范围判据

地下硐室开挖爆破扰动范围一般采用声波测试判定[18-20]。受现有技术水平限制及场地复杂性影响，声波数据采集存在一定的误差，因而较难直接采用声波测试法判定爆破损伤范围。为此，根据《水工建筑物岩石基础开挖工程施工技术规范》(DL/T 5389—2007)，爆破后某测点的声波波速相对爆破前初始波速的下降超过 15%，可判定该点受爆破影响或产生爆破裂隙。由式(15)、式(16)可得，当 $c=0.85c_0$，该影响范围边缘对应的损伤值为：

$$D_{\lim} = 0.28 + 0.72D_0 \tag{37}$$

式中：$D_{\lim}$ 为爆破损伤门槛值，与初始损伤值 D_0 对应，可判定岩石受爆破影响或产生爆生裂隙。

由式(37)可知，与 TCK 和 YANG 模型中的爆破损伤门槛值为一定值[1, 2, 6](分别为 0.2 和 0.22)不同，本文提出的爆破损伤门槛值不是一定值，而是与岩石初始损伤相关，这与 Liu 等[21]认为爆破损伤门槛值是一变量的结论相符。当岩石中某点的损伤值满足 $D \geqslant D_{\lim}$ 或 $D \geqslant D_0$ 时，可分别判定该点受爆破影响或产生损伤。这些点在空间中分布的集合构成了岩石爆破影响范围或损伤范围。在损伤区向外扩展过程中，损伤值逐渐减小，且 $D_{\lim}>D_0$，故爆破影响范围包含在爆破损伤范围内。相对于爆破损伤范围内的其他区域，爆破影响范围为宏观爆生裂隙发育区。在该区域内，岩石的力学性质劣化较为显著，因此，水工隧洞开挖工程一般要求判定围岩的爆破影响范围。

3 工程实例应用及分析

3.1 工程实例

溪洛渡水电站地下开挖工程为大型地下爆破开挖工程，开挖基岩为坚硬的玄武岩，完整岩石的单轴抗压和抗拉强度分别可达到 100 MPa 和 10 MPa。地下厂房中围岩主要为Ⅱ、Ⅲ类。岩体完整程度描述主要为完整性差、较完整和完整，完整性指数取值为 $0.35 \leqslant \eta_0 \leqslant 0.80$。大型水电站一般要求对爆炸近区的爆破影响范围进行评价。对于溪洛渡主厂房爆破开挖，评价时需定量考虑岩体完整性指数对爆破影响范围的影响。为此，在现场不同完整程度的岩体内进行了多组垂直单孔爆破试验。现场爆破试验和钻孔声波试验测点布置示意图如图 1 所示。其中钻孔声波试验测点布置参照文献[5]。爆破孔孔深为 4.5 m，钻孔直径为 90 mm；炸药为 2#岩石乳化炸药，药卷直径为 70 mm。装药结构为径向不耦合装药，轴向连续装药。声波孔孔深为 8.0~8.5 m，孔距为 0.4~0.6 m。声波孔的直径为 56 mm。爆破孔和声波孔均垂直地表。声波测试设备为一发双收的换能器及岩海 RS-ST01C 超声波检测仪。起爆前，在待爆破开挖的岩体附近开凿约 8.0 m 深的声波孔。将在声波孔内测得的平均波速近似作为岩石初始声波波速。然后把该初始波速代入式(16)，获得岩石初始损伤值，并由式(17)得到岩石初始完整性指数。起爆后，在图 1 所示的声波孔内测试声波波速，观察波速变化。当某点的波速变化满足式(37)时，可判定该点为爆破影响范围临界点。

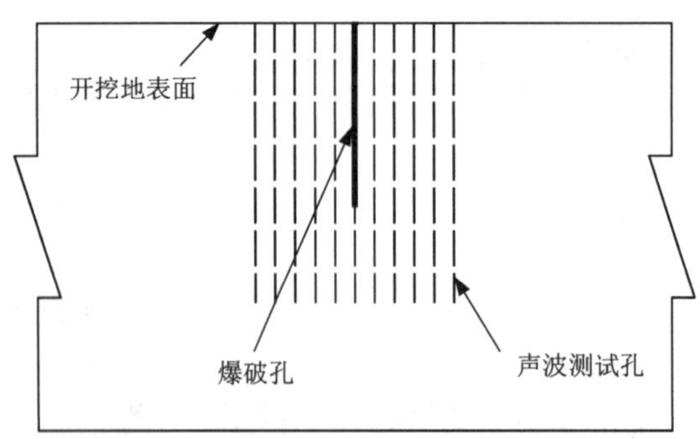

图 1 现场试验测点布置示意图

3.2 数值模拟计算

1)数值几何模型

数值计算采用 LS-DYNA 有限元动力计算分析软件。考虑到对称性，参考文献[5]的方法建立三维数值计算模型。数值计算模型的几何断面如图 2 所示。图 2 中，数值模型外观为 1/4 圆柱体，高为 10.0 m，半径为 10.0 m。装药段长为 2.5 m，堵塞段长为 2.0 m。炮孔单元半径为 45 mm。

2)材料单元本构关系及状态方程

对于岩石单元，采用式(6)、式(7)以及式(35)、式(36)确定的弹塑性损伤本构关系，将该本构关系通过编程方式导入 LS-DYNA 中。

对于炸药单元，炸药起爆后，爆轰产物压力变化由 JWL 状态方程描述如下：

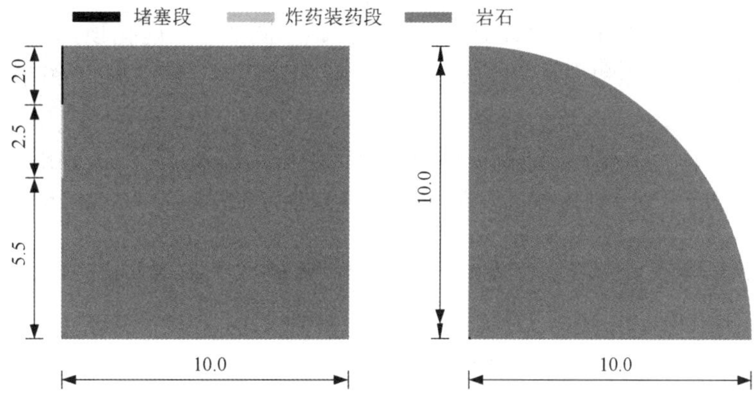

(a) 侧视图 (b) 俯视图

图 2 数值计算模型的几何(单位:m)

$$f_e(t)=\begin{cases}\dfrac{2(t-t_1)c_eS_{e,\max}}{3V_e},\ t\geqslant t_1\\ 0,\ t<t_1\end{cases} \tag{38}$$

$$p_e=f_e(t)\cdot p_{eos} \tag{39}$$

$$-p_{eos}=A\left(1-\frac{\omega}{R_1V}\right)e^{-R_1V}+B\left(1-\frac{\omega}{R_2V}\right)e^{-R_2V}+\frac{\omega E_e}{V} \tag{40}$$

式中:$f_e(t)$为化学能释放率;c_e 为炸药爆速;$S_{e,\max}$ 为炸药单元横截面积的最大值;V_e 为炸药单元体积;t_1 为炸药起爆时间;t 为当前时间;p_e 为炸药爆炸后的膨胀压力;p_{eos} 为爆轰压力;A、B、R_1、R_2 和 ω 为材料常数;V 为相对体积;E_e 为炸药单元的内能;p_{eos} 前负号表示压力为负,与前面规定一致。针对 2#岩石乳化炸药,状态方程中材料常数取值参见参考文献[22]。

由于装药结构为径向不耦合装药,炸药和孔壁间隙采用空气单元填充,空气状态方程为:

$$-p_{air}=C_1+C_2\left(\frac{1}{V}-1\right)E_{air} \tag{41}$$

式中:p_{air} 为空气压力,p_{air} 前负号意义同前;E_{air} 为空气单元内能;C_1 和 C_2 为材料常数。

岩石材料、炸药材料和空气材料的部分物理力学参数分别见表 2~4,其中,ρ 为岩石密度;ρ_e 为炸药密度;r_e 为炸药单元半径;ρ_{air} 为空气密度;其他物理量的意义同前。

表 2 岩石材料参数

$\hat{K}$/GPa	$\hat{G}$/GPa	ρ/(kg·m^{-3})	α	β	Y/MPa	λ_1/(m^3·J^{-1})	λ_2/s^{-1}	λ_3/GPa	λ_4
29.8	20.5	2650	3.2×10^6	1	60.0	2.2×10^{-4}	1000	1.0	3

表 3 炸药材料参数

c_e/(m·s^{-1})	ρ_e/(kg·m^{-3})	r_e/mm	A/GPa	B/GPa	R_1	R_2	ω	E_e/(GJ·m^{-3})
3600	1200	35	351	0.3	4.5	1.11	0.33	5.2

表 4 空气材料参数

C_1	C_2	ρ_{air}/(kg·m^{-3})
0.4	0.4	1.225

3)加卸载条件

先进行静力平衡计算，然后进行动力计算。静力加载时：图 2 中，炮孔顶部地表面(俯视图中的扇形面)为自由面；侧视图中底部边界和炮孔所在边界设为位移固定边界；俯视图中除圆弧边界外，其他两条边界设为位移固定边界，圆弧边界设为应力边界。边界上的应力值由现场原岩应力测定试验确定。对于数值计算，取值为 10.0 MPa。动力加载时：炮孔顶部地表面仍为自由边界；其他边界设为黏滞无反射边界。卸载时，累积的损伤变量保持不变，且体积模量和剪切模量分别按照式(24)和式(25)计算，且在卸载过程中不变。

3.3 结果及分析

1)爆破损伤范围及爆破影响范围

图 3 为初始损伤 $D_0=0.4$、岩体初始完整性指数 $\eta_0=0.6$ 时的爆破损伤分布云图。图 3 中，损伤值满足 $D_0 \leqslant D \leqslant 1$。假定损伤区某点至炮孔轴线的水平距离为爆破损伤半径 R_D。损伤区某点至地表自由面的垂直距离为爆破损伤深度 H_D。从图 3 可以看出，炮孔底部以下爆破损伤半径 R_D 随深度的增加而逐渐减小；与炮孔中部装药段部分平行的岩石中，爆破损伤半径随深度变化不大；随着损伤区向外扩展，最外沿的损伤区边界线上，装药段以上的爆破损伤半径随深度的减小而增大。总体来看，爆破损伤半径在地表附近(深度约为 0.3 m)达到最大值，约为 3.3 m。在孔底正下方约 2.0 m 处损伤半径最小，为 0 m。孔底正下方附近的损伤深度最大，约为 6.5 m。对由图 3 得到的规律分析可知，因为炮孔内炸药起爆后在岩石中激发了压缩波。压缩波波阵面径向为压应力，环向为拉应力。当强度足够大时，压缩波经过的部位产生第一次损伤。压缩波传播到地表自由面时产生反射拉伸波。在拉伸波作用下，岩石产生拉伸损伤，为第二次损伤。这导致地表附近损伤半径增大。在沿深度方向传播过程中，拉伸波强度逐渐降低。故拉伸波作用产生的损伤范围是有限的。因此，地表附近损伤半径只在一定深度呈增大趋势(图 3 中该深度约为 1.3 m)。炮孔底部无自由面反射，该区域附近的损伤半径比地表自由面附近小。

当初始损伤 $D_0=0.4$ 时，由式(37)计算得到判定爆破影响范围的损伤变量为 $D_{lim}=0.57$。为验证本文建立的本构模型的合理性，将前文提到的 TCK 爆破损伤本构关系导入本文建立的数值几何模型中进行数值计算。把基于 TCK 模型的爆破影响范围计算结果、基于提出的本构模型的数值计算结果和现场试验实测结果进行对比，爆破影响范围对比见图 4。三种方法得到的爆破影响最大半径 R_{max} 和最大深度 H_{max} 见表 5。

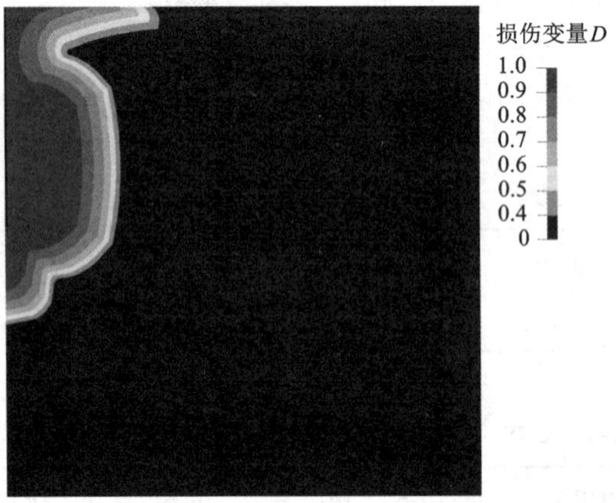

图 3　爆破损伤分布云图

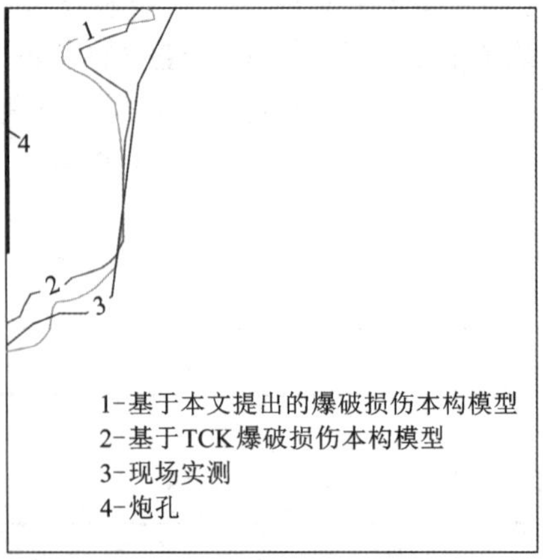

图 4　爆破影响范围

图 4 中，曲线 1、2 和 3 为 $D=D_{lim}=0.57$ 的损伤等值线，即爆破影响临界曲线。该临界曲线与地表、炮孔中心线合围的面积(图 4 中左上角部分)为爆破影响范围。结合图 3 和图 4 可知，由于爆破影响范围包含在爆破损伤范围内，其沿深度和水平径向的扩展特点和爆破损伤范围相似。爆破影响最大半径、最大深度分别出现在地表自由面附近和炮孔底部正下方。由图 2 和图 4 可知，数值计算结果和实测值间的吻合度由

高到低的区域依次为：与炸药装药段同一水平的区域、炮孔底部以下区域和地表自由面附近区域。从表5可看出，对于爆破影响最大半径，基于提出模型的数值计算结果和基于TCK模型的数值计算结果分别为2.80 m和2.56 m，与实测值3.20 m的相对误差分别为-12.5%和-20.0%；对于爆破影响最大深度，基于提出模型的数值计算结果和基于TCK模型的数值计算结果分别为6.32 m和5.80 m，与实测值6.20 m的相对误差分别为1.9%和-6.5%。

表5　三种方法得到的爆破影响最大半径、最大深度

方法	爆破影响最大半径 R_{max}/m	爆破影响最大深度 H_{max}/m
基于提出模型的数值计算	2.80	6.32
基于TCK模型的数值计算	2.56	5.80
现场实测	3.20	6.20

对于爆破影响最大深度，基于本文提出的本构模型的计算结果、基于TCK模型的计算结果都和实测值相差不大。但是对于爆破影响最大半径，两种数值计算的结果均小于实测值，且相对误差的绝对值大于等于12.5%。经分析后认为，由于爆破损伤沿深度方向越过炮孔底部继续发展，现场爆破试验所在部位的岩层不可避免地受到其上层开挖爆破的影响。起爆前，现场试验部位自由面或声波孔孔口附近岩体的初始损伤大于声波孔孔身和孔底附近等区域的初始损伤。而数值计算所需初始损伤值由孔口自由面附近到孔底的这段距离的平均声波波速值确定，是初始损伤的平均值。故现场试验中自由面附近岩体的初始损伤实际比数值计算的大。当爆炸压力和应力传播距离一定时，自由面附近岩体的初始损伤增大，损伤范围相应也增大。因此，现场自由面附近岩体的爆破影响范围比理论上的数值计算结果大。总体上看，当初始损伤D_0=0.4，岩体初始完整性指数η_0=0.6，针对爆破影响范围的预测，基于所提出模型的数值计算结果和TCK模型计算结果均和实测值存在一定差距（主要差距在于爆破影响最大半径的预测），但基于提出模型的数值计算结果更接近实测值，相对误差的绝对值不超过13%。

2）初始完整性指数与破坏影响范围的关系

爆破影响最大半径和最大深度是破坏范围评估的重要参数。为此，数值计算中炮孔单元、炸药单元保持几何尺寸、物理属性等不变。通过改变初始完整性指数考虑岩体完整性程度对破坏影响范围的影响。数值计算中初始完整性指数取值为η_0=0.4，0.5，0.6，0.7，0.8。为了比较，现场试验部位的岩体初始完整性指数取值为η_0=0.4，0.6，0.8。两种方法得到的结果对比分别见图5和图6。数值计算结果的拟合关系为：

$$R_{max} = 1.62\eta_0^{-1.08} \tag{42}$$

$$H_{max} = 5.49\eta_0^{-0.29} \tag{43}$$

式中：0.4≤η_0≤0.8，相关系数分别为0.954和0.950，数据拟合的相关性良好。

从图5和图6看出：

（1）对于数值计算，当岩体初始完整性指数从0.8减小到0.4时，爆破影响最大半径、最大深度分别从2.03 m、5.91 m增大到4.52 m、7.30 m，增幅分别为2.49 m和1.39 m。即当初始完整性指数减小50%时，爆破影响最大半径、最大深度分别增大122.7%和23.5%。可见，随着初始完整性指数减小，爆破影响最大半径和最大深度均增大，但前者增大更为显著。因为随着深度增加，爆破开挖受到的夹制作用增大。相比自由面附近的岩体，夹制作用导致孔底爆破损伤沿深度方向的增长受到一定程度的抑制。所以，虽然爆破影响最大深度也随着岩体完整性指数的减小而增大，但不如爆破影响最大半径显著。由以上分析可知，岩体完整程度对爆破损伤扩展有较大影响。

（2）当岩体初始完整性指数不同时，爆破影响最大半径和最大深度的数值计算结果与现场实测值间的最大绝对差值分别为0.58 m和0.29 m，最大相对误差的绝对值分别为12.5%和4.0%。图5和图6中实测值的变化趋势与数值计算的基本相同。总体来看，实测值和数值计算结果间存在差距，但差距不大。数值计算结果可为实际工程提供参考。产生差距的原因主要在于对场地因素的复杂性和本构模型及数值计算均做了一定假设。例如，为应用连续介质理论，假设岩石为各向同性材料。而严格来说，因内部裂纹等缺陷的扩展具有方向性，岩石通常为各向异性材料。

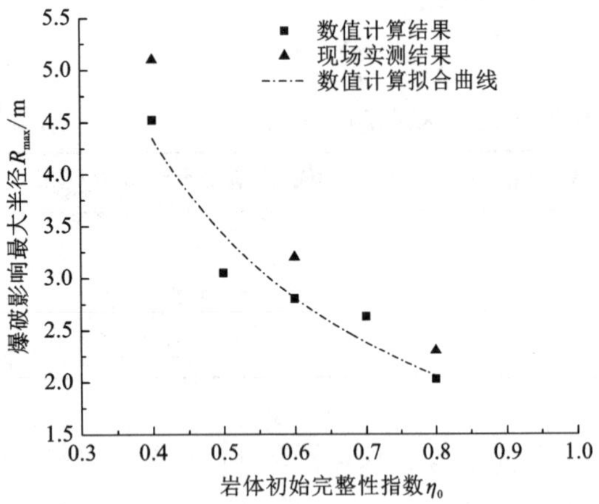

图 5　爆破影响最大半径与岩体初始完整性指数

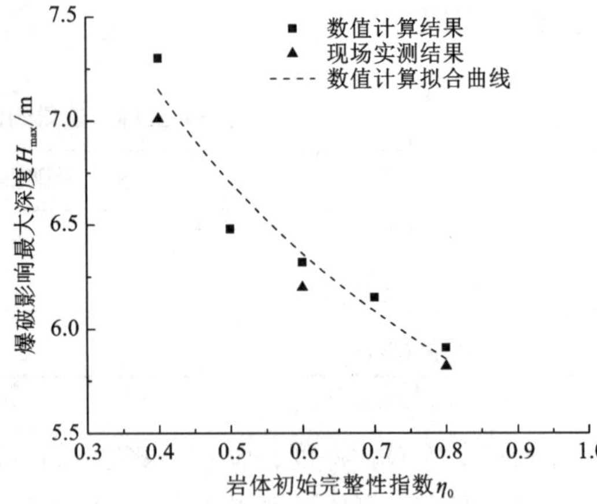

图 6　爆破影响最大深度与岩体初始完整性指数

4　结论

(1)针对爆破影响范围预测，基于改进后的爆破损伤模型、常用的 TCK 模型的数值计算结果均和现场实测值有一定差距，但差距不大，且基于改进后的损伤模型的数值计算结果更接近实测值。故改进后的模型是较为合理的，可用于爆破损伤计算和分析。

(2)爆破影响最大半径和最大深度均随岩体初始完整性指数的减小而增大，且前者的变化更为显著。岩体完整程度对爆破影响范围有较大影响。因此，对于爆破动力破坏分析，需考虑岩体完整程度的影响。

(3)由于提出的爆破损伤本构关系和针对爆破影响范围的损伤变量判据均考虑了岩体初始损伤的影响，并将初始损伤值、岩体完整性指数和声波波速等参数联系起来，因此，相对现有爆破损伤模型，改进后的爆破损伤模型可应用于不同完整程度下的工程岩体爆破损伤计算和分析，对爆破损伤理论的应用范围进行了拓宽。此外，岩体完整性指数和声波波速等参数是工程中常用参量，改进后的爆破损伤模型更方便工程应用。

(4)实际工程中，爆炸近区的岩石动力本构关系及破坏现象较为复杂。因此，爆破动力本构模型的研究还有待深入。本文提出的各向同性损伤模型及其数值计算应用均做了一定的简化，故研究成果存在一定局限性，但对需考虑岩体完整程度影响的爆破开挖工程有一定的参考价值。

参考文献

[1]　刘殿书，于滨，杜玉兰，等. 岩石爆破损伤模型及其研究进展[J]. 工程爆破，1999，5(4)：78-84.

[2]　TAYLOR L M，KUSZMAUL J S，GHEN E P. Damage accumulation due to macrocracking in brittle rock under dynamic loading [J]. American Society of Mechanical Engineers，1985(69)：95-104.

[3]　TAYLOR L M，CHEN E P. Microcrack-induced damage accumulationin brittle rock under dynamic loading [J]. Computer Methods in Applied Mechanics and Engineering，1986，55(3)：301-320.

[4]　杨军，金乾坤. 应力波衰减基础上的岩石爆破损伤模型[J]. 爆炸与冲击，2000，20(3)：241-246.

[5]　胡英国，卢文波，陈明，等. 岩石爆破损伤模型的比选与改进[J]. 岩土力学，2012，33(11)：3278-3284.

[6]　YANG R，BRWDEN W F，KATSABANIS P D. A new constitutive model for blast damage [J]. International Journal of Rock Mechanics and Mining Sciences，1996，33(3)：245-254.

[7]　朱传云，喻胜春. 爆破引起岩体损伤的判别方法研究[J]. 工程爆破，2001，7(1)：12-16.

[8] 冯春，李世海，周东，等. 爆炸载荷作用下岩石损伤破裂过程的数值分析[J]. 岩土工程学报，2014，36(7)：1262-1270.

[9] 夏祥. 爆炸荷载作用下岩体损伤特征及安全阈值研究[D]. 北京：中国科学院，2006.

[10] 李新平，陈俊桦，李友华，等. 溪洛渡电站地下洞室群爆破地震效应的研究[J]. 岩石力学与工程学报，2010，29(3)：493-501.

[11] WANG Z L，LI Y C，SHEN R F. Numerical simulation of tensile damage and blast crater in brittle rock due to underground explosion[J]. International Journal of Rock Mechanics and Mining Sciences，2007，44(5)：730-738.

[12] 李新平，陈俊桦，李友华，等. 溪洛渡电站地下厂房爆破损伤范围及判据研究[J]. 岩石力学与工程学报，2010，29(10)：2042-2049.

[13] AHRENS T J，RUBIN A M. Impact-induced tensional failure in rock[J]. Journal of Geophysical Research，1993，98(E1)：1185-1203.

[14] 戚承志，钱七虎. 岩石等脆性材料动力强度依赖应变率的物理机制[J]. 岩石力学与工程学报，2003，22(2)：177-181.

[15] GRADY D E. Shock-wave compression of brittle solids[J]. Mechanics of Materials，1998(29)：181-203.

[16] FURLONG J R，DAVIS J F，ALME M L. Modeling the dynamic load/unload behavior of ceramics under impact loading [R]. RDA-TR-0030-0001，Arlington，VA：R & D Associates，Arlington，1990.

[17] 唐春安，徐小荷. 岩石全应力-应变过程的统计损伤理论分析[J]. 东北工学院院报，1987，51(2)：191-195.

[18] 严鹏，卢文波，单治钢，等. 深埋隧洞爆破开挖损伤区检测及特性研究[J]. 岩石力学与工程学报，2009，28(8)：1552-1561.

[19] 杨卫风，白伟亮，翟传明. 爆破震动对小净距隧道岩体损伤的声波测试[J]. 工程质量，2014，32(9)：27-30.

[20] 闫长斌，徐国元，杨飞. 爆破动荷载作用下围岩累积损伤效应声波测试研究[J]. 岩土工程学报，2007，29(1)：88-93.

[21] LIU L Q，KATSABANIS P D. Development of a continuum damage model for blasting analysis[J]. International Journal of Rock Mechanics and Mining Sciences，1997，34(2)：217-231.

[22] 王娜峰. 乳化炸药能量提高及能量输出结构的若干因素研究[D]. 北京：北京理工大学，2014.

红砂岩粗粒土动力试验及颗粒破碎模型研究

龙　尧[1]，张同文[1]，张家生[2]，肖源杰[2]

1. 湖南高速铁路职业技术学院铁道工程学院，湖南衡阳，421002

2. 中南大学土木工程学院，湖南长沙，410075

摘要： 铁路路基建设需要经过红砂岩地区，红砂岩路基的稳定性对列车安全起到至关重要的作用。为研究列车荷载对红砂岩粗粒土动力特性以及颗粒破碎的影响，采用室内大型动静三轴试验系统，开展动力荷载下的红砂岩试样动力响应测试，分析了粒径大小、加载次数对轴向应变、动力软化以及颗粒破碎的影响。根据动力破碎三轴试验结果，构建了动力作用下的颗粒破碎模型，并对模型进行了验证。研究结果表明：加载次数一定的条件下，颗粒粒径越大，对应的轴向应变越大；颗粒粒径越小，越早完成颗粒破碎及土体结构调整。粗粒土软化曲线呈半对数关系，颗粒粒径越大，软化系数越小。动力荷载下，大粒径颗粒主要演化为下一级粒径颗粒和细小粒径颗粒，破碎形式为研磨，存在一个极限破碎级配。根据动力破碎试验建立了动力破碎概率密度函数 f，构建了动力条件下的颗粒破碎模型。该模型能够较好地模拟动力作用下的颗粒破碎过程。Marsal 颗粒破碎率 B_r 与颗粒破碎模型中的死亡率 P_{s-t} 呈线性关系。研究结果能为铁路路基工程相关设计提供一定的理论参考。

关键词： 红砂岩；粗粒土；铁路工程；动力试验；颗粒破碎模型

红砂岩粗粒土一般形成于白垩纪或者第三纪，广泛分布于我国华北、华东、中南以及西南地区。随着我国高速铁路建设的飞速发展，线路不可避免地会通过红砂岩地区。为了避免大量弃土造成环境污染和解决路堤填料缺乏问题，红砂岩不可避免地被用作铁路路基的填料。红砂岩在列车荷载作用下会产生动力变形和颗粒破碎，会对列车稳定运营产生影响。因此，针对红砂岩粗粒土的动力学特性和颗粒破碎模型的研究，显得十分必要。

针对红砂岩动力学特性的研究，目前主要从温度环境、干湿循环、加载路径、能量耗散等几个方面进行。杨阳等[1]采用 SHPB 试验进行红砂岩负温试验时，发现其动态强度与冻岩的静载试验完全不同。红砂岩的动态强度随温度降低呈先增后减的变化趋势。杜彬等[2]利用 SHPB 试验对干湿循环下的红砂岩动态拉伸力学性能进行了探讨。研究发现，不同加载速率下红砂岩存在一个临界加载速率。当加载速率小于临界值时，动态拉伸强度随加载速率的增大而提高；当加载速率超过临界值时，动态拉伸强度保持稳定。加载速率一定时，动态拉伸强度随干湿循环次数的增加而逐渐下降，下降速度先快后慢。张慧梅等[3-4]对红砂岩进行冲击压缩试验时发现，动态加载下，红砂岩原有结构中的孔隙很难密实，动态曲线没有显著的密实段，且饱和试样在峰后段出现特殊的软化特性。低速率扰动冲击试样破碎程度较未扰动和高速率扰动更为严重，耗散能和能量耗散密度高于较高速率扰动冲击，低速率扰动冲击下试样的能量利用率更高。金解放等[5]采用动静组合加载试验装置对红砂岩破碎和能耗进行了研究。研究发现，冲击荷载下无轴压时的红砂岩试件属于张拉破坏，有轴压时的红砂岩试件属于剪切破坏。试件耗散能随冲击速度的提升呈二次函数关系递增，而轴向静应力越高，递增幅度越小。周科平等[6]基于核磁共振技术研究了红砂岩孔隙结构演化特性。微波作用过程中，红砂岩体内部产生热应力差，内部孔隙度增大、超声波波速减小、单轴抗压强度减小。随着微波功率增大，岩体孔隙结构及强度劣化程度加大。卢振宇等[7]针对红砂岩和石灰岩在不同应变率下的压缩特性，开展了动态压缩对比试验。研究发现，在冲击荷载作用下，红砂岩破碎为粉末，而石灰岩多破碎为碎块。红砂岩试件在冲击速度足够大时，应力值会直接达到破碎阈值而破碎，并非随能量累积产生累进式破坏。

龙尧，张同文，张家生，等. 红砂岩粗粒土动力试验及颗粒破碎模型研究[J]. 振动与冲击，2023，42(3)：270-279.

动力荷载下红砂岩粗粒土会产生破碎，导致原始级配发生改变，进而影响土体本身的物理、力学性质。许多学者针对常见粗粒土建立了考虑颗粒破碎的演化模型。郭万里等[8]基于土体两参数级配方程，将级配曲线定量表示为两参数的函数，建立了反映粗粒土在剪切过程中颗粒破碎演化规律的数学模型。蔡改贫等[9]针对岩石内部颗粒非均匀性分布、聚集的特点，采用岩石轴压破碎试验和岩石岩相分析试验，基于黏结键断裂判据，构建了反映岩石内部特征的多尺度内聚颗粒模型及其颗粒破碎演化模型。丁建源等[10]引入存活概率与破碎概率比值，采用对数概率回归方法，构建了基于对数概率回归的颗粒级配曲线演化模型。该模型能较好地对颗粒级配的演化中间过程进行预测。童晨曦等[11]基于两参数 Weibull 分布函数，提出了有效破碎概率概念，构建的 Markov 破碎模型能较好地描述多粒径组颗粒破碎演化规律。Das 等[12]基于超塑性方法研究了道砟粗颗粒材料的颗粒破碎演化规律。Chen 等[13]分析了残积土剪胀变形随颗粒破碎时间效应变化的规律。张宗堂等[14]开展了红砂岩室内静态与扰动崩解试验，基于 Weibull 分布建立了红砂岩颗粒崩解破碎级配曲线演化模型。董宗磊等[15]针对传统数值方法中子颗粒数量和粒径分布选择较为主观的不足，基于 Hill 分布函数构建了反映不同粒径组颗粒破碎演化规律的级配转移矩阵。

从上述研究成果可知，针对红砂岩粗粒土在循环动力荷载下的动力特性研究较少，尤其是红砂岩在反复动荷载作用下的颗粒破碎演化规律更少有研究。因此，本文采用大型三轴试验针对红砂岩粗粒土的动力特性以及破碎规律展开研究，在研究粒径大小、加载次数对粗粒土动力响应和颗粒破碎影响的基础上，构建了动力破碎概率密度函数 f，并基于 Markov 链建立了颗粒破碎模型，期望能为红砂岩地区的铁路路基填料设计、施工以及运营监测提供理论依据。

1　试验材料、设备及方案

根据《铁路路基设计规范》[16]，实际工程中路基颗粒材料填料宜选用 A、B 组填料和 C 组碎石、砾石类填料，且路基基床以下部位填料最大粒径不宜大于 300 mm。填料大多是由大小不同粒径颗粒组成，相比单一粒径颗粒，多粒径颗粒自身性质过于复杂，比如颗粒大小、颗粒形状、风化程度等，很难分别研究每种粒径颗粒的破碎规律。从单一粒径开展试验研究，有助于简化研究难度，为开展多粒径破碎规律研究提供重要参考。制成单一粒径的红砂岩颗粒为不良级配，根据规范分类应为 B 级填料。

1.1　试验仪器

本文针对粗粒土进行动力颗粒破碎研究，考虑颗粒尺寸效应的影响，需要采用大直径试件筒的动三轴仪。为了避免颗粒尺寸效应的影响，获取真实可靠的数据，文中采用中南大学高速铁路建造技术国家工程实验室 TAJ-2000 大型动静三轴试验仪[17]进行红砂岩粗粒土的动强度特性研究，该三轴试验仪容许进行试验的最大粒径为 60 mm，如图 1 所示。

图 1　大型动静三轴试验仪

1.2　试验材料及方法

本文红砂岩粗粒土材料采自湖南长沙地区。采用室内动静三轴仪进行研究时，应考虑消除尺寸效应的影响，一般试样直径比材料最大粒径大 5~6 倍[18]，本研究取倍数 6，试件直径为 300 mm，控制粒径大小为 50 mm。综上考虑，为了研究粒径大小对颗粒破碎的影响规律，本文取 3 种单一粒径粗粒土，分别为 $D=45\sim31.5$ mm，$D=25\sim16$ mm 以及 $D=16\sim7.1$ mm。使用比重瓶法和搓条法等，得到了所采用红砂岩的土粒相对密度和液、塑限等物理参数，红砂岩相关物理力学参数具体数据列于表 1 中。

表 1　红砂岩物理力学参数

土粒相对密度	天然含水率/%	塑性指数	液性指数	塑限/%	液限/%	单轴抗压强度/MPa
2.52	5.0	13.19	-0.56	12.37	25.56	4.38

本文主要为了探讨红砂岩粗粒土动力条件下的破碎规律，要求在制样时不产生或者极少产生破碎，从而避免影响试验结果。根据《铁路路基设计规范》，碎石类土路堤填料压实标准可采用孔隙率控制，要求孔隙率 $n(\%)\leqslant 32$，因此文中采用控制孔隙率的方法进行制样。红砂岩粗粒土采用天然状态含水量率进行制样，进行不排水三轴试验。试样时固结比为 1.0，固结 2 h，设计孔隙率为 30%。

对于动力稳定状态，有文献[19]认为稳定的标准为：若振动次数超过 30000 次，塑性变形与振动次数的关系曲线趋于平缓，塑性变形的增量在作用 2000 次内小于 1 mm（轴向塑性应变 $\varepsilon_d<0.17\%$）。综合考虑，为了研究红砂岩粗粒土的动力特性以及方便数据分析，本文的荷载作用次数分别取 5000 次、10000 次、20000 次、30000 次、40000 次以及 50000 次。图 2 为振动成型过程。

图 2　振动成型过程

根据现有文献研究成果，路基基床底层和路基本体填料动荷载作用主频在 2~8 Hz[20]，其中高速列车荷载的作用频率为 2.5 Hz 左右[21]。为方便研究动力特性以及后续的颗粒破碎规律，本文列车荷载取频率 3 Hz。根据文献[22]对路基动应力分布情况的研究，路基基床部分的动偏应力为 40~100 kPa，本文取 100 kPa；粗粒土路基填料处于基床顶层以下，即 1 m 深度以下。研究的路基深度范围为 3~5 m，对应围压为 60~100 kPa。文中取路基深度 4 m 为代表值，对应围压 80 kPa。考虑轨道板和基床上部的重量，拟定动三轴试验静偏应力为 20 kPa。

综上所述，动三轴试验参数为：围压 σ_3 为 80 kPa，动幅值 σ_d 为 100 kPa，荷载频率 f 为 3 Hz，初始静偏应力 σ_s 为 20 kPa，动力试验方案见表 2。半正弦波能较好地模拟列车荷载的作用波形[23]，因此文中动三轴试验采用半正弦波形式进行加载，如图 3 所示。

表 2　动力试验方案

粒径大小 /mm	围压 /kPa	动幅值 /kPa	静偏应力 /kPa	荷载频率 /Hz	加载次数
31.5~45	80	100	20	3	5000
					10000
16~25	80	100	20	3	20000
					30000
7.1~16	80	100	20	3	40000
					50000

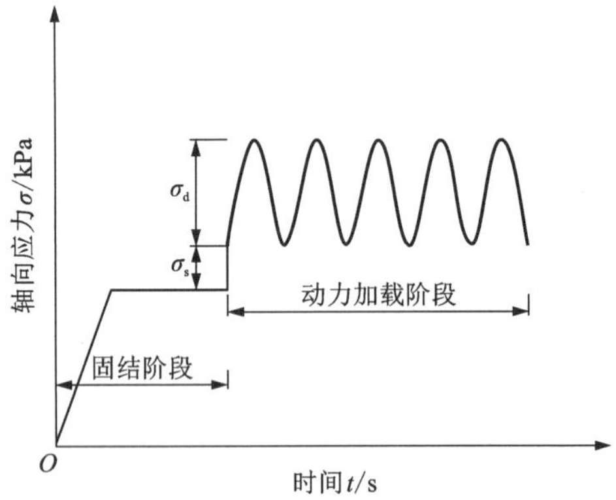

图 3　动力方式加载示意图

2　试验结果及分析

2.1　粒径大小对动力变形的影响

红砂岩动力变形与颗粒破碎的程度有很大关系，为了表征颗粒破碎程度，本文采用 Marsal[24]提出的 B_r 值表征颗粒破碎率。采用试验前、后各粒组的含量差值 W，然后取 W 的正值之和：

$$B_r=\sum \Delta W_k \tag{1}$$

式中：B_r 为破碎率，%。$\Delta W_k=W_{ki}-W_{kf}$，W_{ki} 为试验前粗粒土级配曲线上某粒径组的含量，%；W_{kf} 为试验后粗粒土级配曲线上某粒径组的含量，%。

为了研究粒径大小与轴向应变、颗粒破碎之间的关系，采用动三轴试验得到三者之间的关系曲线，如

图4和图5所示。从图4可以看出，整体上颗粒粒径越小，相同加载次数下轴向应变越小。当加载次数为50000次时，31.5~45 mm粒径的轴向变形值为8.7%，而7.1~16 mm粒径的轴向变形值仅为7.2%，31.5~45 mm粒径颗粒在50000次的轴向应变为16~7.1 mm粒径颗粒的1.3倍左右。同时，由图5可以得出，随着颗粒粒径的减小，颗粒破碎率随之减小。31.5~45 mm粒径颗粒在加载次数为40000次时，颗粒破碎率开始趋于稳定，50000次加载对应的破碎率为36.2%；另外，16~25 mm和7.1~16 mm粒径颗粒在加载次数为20000次时，颗粒破碎率逐渐趋于稳定，50000次加载对应的颗粒破碎率分别为25.8%和23.2%。这说明小粒径颗粒土体颗粒破碎相对较大粒径颗粒土体更易趋于稳定。

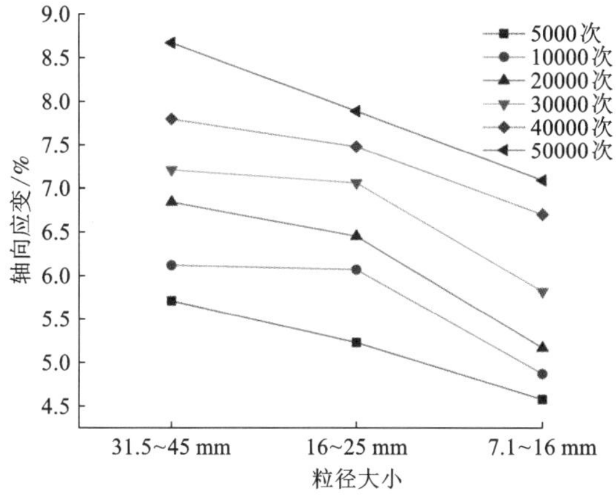

图4　粒径大小与轴向应变的关系

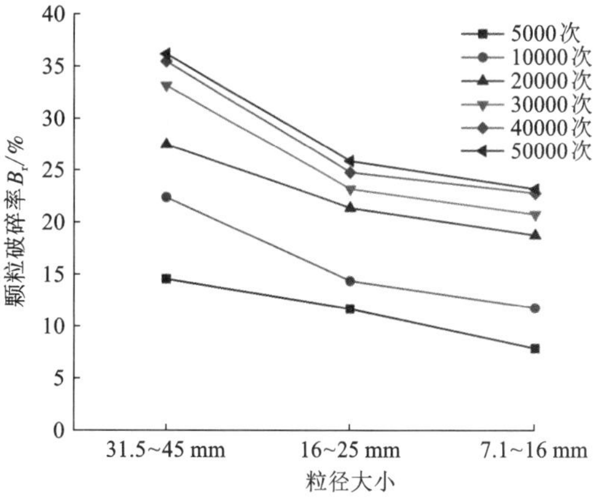

图5　粒径大小与颗粒破碎率 B_r 的关系

此外，结合图4和图5可以得到颗粒破碎情况下动力变形主要原因为：粗颗粒土的接触方式主要为点-点接触，土颗粒承受的平均应力与接触点的数量有关，单位体积的土颗粒粒径越小，其比表面积越大。因此大粒径土颗粒相较小粒径土颗粒，其比表面积较小，接触点数也相对较少，使得大粒径土颗粒承受的平均应力较大，从而更容易破碎。

2.2　应变软化分析

在动三轴试验过程中，发现颗粒在不断破碎的同时，土体也在发生应变软化。本文的材料处于干燥状态，应变软化主要循环荷载作用下的主应力方向不断改变，导致土体结构重塑，引起应变软化。参考Idriss等[25]对动力软化指数的定义，本文动三轴试验采用应力控制模式，故新定义动三轴试验条件下的软化系数，见式(2)：

$$\delta = \frac{G_{sn}}{G_{s1}} = \frac{\varepsilon_{dn}/N_n}{\varepsilon_{d1}/N_1} \tag{2}$$

式中：G_{s1} 和 G_{sn} 分别为第1次和第 N 次的割线动应变率；ε_{dn} 和 ε_{d1} 为作用次数 N_n 和 N_1 对应的累积动应变。加载次数与软化系数的关系如图6所示。软化系数为累积轴向应变曲线上作用 N 次的割线斜率与作用第1次的割线斜率的比值。软化系数越小，说明土体初始轴向应变越大，颗粒破碎程度越大，曲线初始割线斜率相对较大，而加载后期轴向应变相对较小，颗粒破碎程度越小，曲线割线斜率较小。

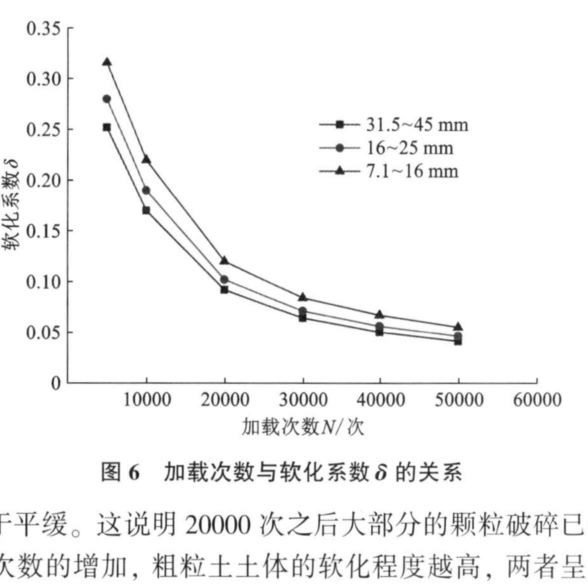

图6　加载次数与软化系数 δ 的关系

从图6中可以得出，在加载初期，软化系数衰减较快，当加载达到20000次后，软化曲线逐渐趋于平缓。这说明20000次之后大部分的颗粒破碎已经完成，土体结构重新分布基本完成。此外，随着加载次数的增加，粗粒土土体的软化程度越高，两者呈半对数曲线形式，这与 Matasovic 等[26]研究的黏土软化指数随加载次数增加而线性减小的结果不同。这是因为粗粒土在颗粒破碎过程中，级配产生自适应调整，试样结构强度不断趋于稳定，软化系数并不会呈线性持续衰减，而是呈半对数曲线形式，并趋于一个极限值。

此外，当加载次数一定时，随着粒径的增大，软化系数减小，说明大粒径颗粒相对小粒径颗粒初期破碎更快，初始轴向应变较大。而随着加载次数的增加，不同粒径的软化系数之间的差值减小，软化系数趋于稳定值，说明加载后期不同粒径大小的颗粒都已基本破碎，累积应变曲线趋于缓和。

2.3 土体级配和破碎率变化分析

2.3.1 级配变化分析

动力作用下红砂岩粗粒土不断破碎，土体级配发生变化。对不同荷载次数下的土体进行筛分，得到加载次数与各挡粒径质量分数的关系，如图 7 所示。从图 7 可以看出，动力荷载作用下，随着加载次数的增加，最大粒径挡的质量分数减小；其余粒径档的细颗粒质量分数随着加载次数的增加而增加，但是加载次数增加到一定程度时，颗粒含量保持稳定，不再大幅增长，存在一个极限含量。动力荷载作用下，大粒径的破碎量主要分配到下一级粒径当中，其余较小粒径的分配比例较少。这说明在动力作用下，颗粒破碎初始状态在不断演变，初始粒径在动力下产生细小颗粒以及大部分本体，这部分细小颗粒来源于颗粒边角的断裂以及颗粒表面的研磨。随着加载次数的不断增加，大粒径颗粒除了不断磨耗和边角断裂，其本身内部先天缺陷——裂缝不断发生，使其主要断裂成下一级的粒径挡。

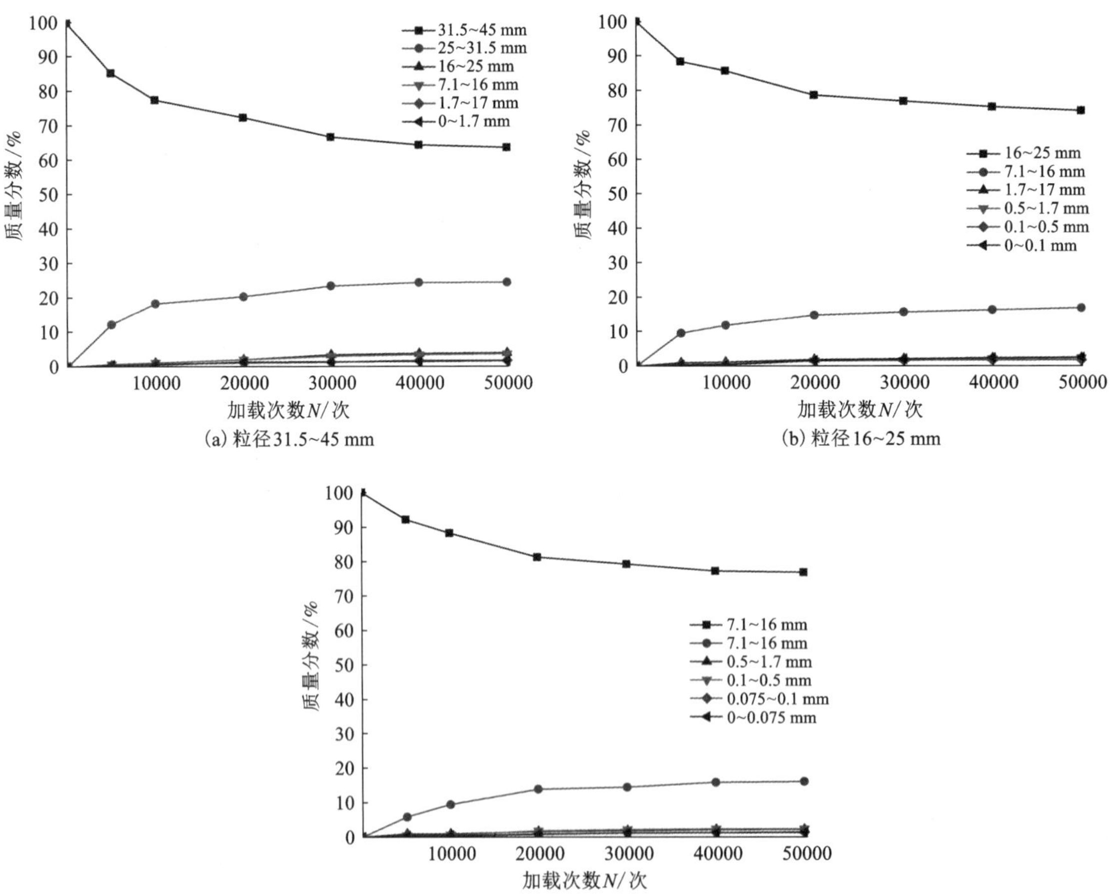

(a) 粒径31.5~45 mm

(b) 粒径16~25 mm

(c) 粒径7.1~16 mm

图 7　各挡粒径质量分数与加载次数之间的关系

2.3.2 颗粒破碎率变化分析

从图 8 可以看出，粒径越大对应的破碎率越大，随着荷载作用次数的增加，31.5~45 mm 的破碎率与其他两组粒径破碎率的差值变大。7.1~16 mm 和 16~25 mm 粒径达到 20000 次的时候，曲线出现拐点，颗粒破碎率基本完成70%；而31.5~45 mm的粒径达到30000次之前，曲线基本为直线，30000次时才出现拐点，说明在其他同等试验条件下，大粒径破碎状态达到稳定相比小粒径需要更大的加载次数和作用功，大粒径破碎后级配达到稳定需要更长时间。

7.1~16 mm和16~25 mm粒径的作用次数达到20000次之前，颗粒破碎增长率较大；当作用次数超过20000次后，颗粒破碎率趋于稳定，破碎率增长率减小，31.4~45 mm的颗粒破碎率稳定在35%，16~25 mm和7.1~16 mm的破碎率稳定在24%。这说明在动力作用下，红砂岩粗粒土不是永无止境的破碎，在级配演化过程中存在一个极限级配。

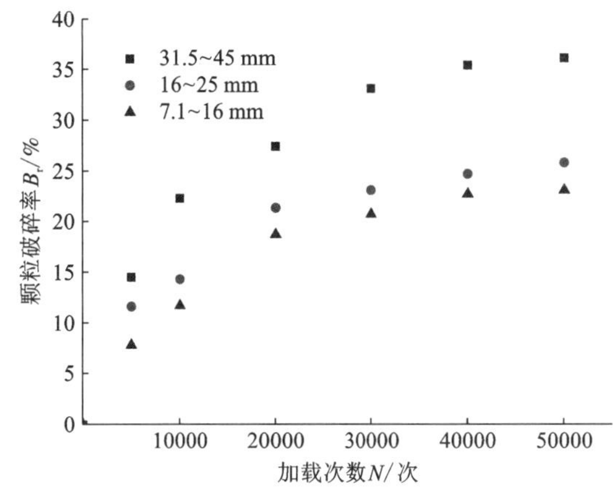

图8 不同粒径颗粒破碎率B_r变化情况

3 颗粒破碎演化模型

3.1 动力破碎函数构建

由文中动力破碎试验可知，颗粒破碎是一个由大粒径颗粒破碎为小粒径颗粒的不可逆过程，对于任意由单一粒径组D_i(粒径范围为$D_i \sim D_{i-1}$)组成的材料，其将破碎到较小粒径组D_j($1 \leqslant j \leqslant i-1$)。定义小于$D_j$的颗粒累积质量占总破碎质量的百分数为$F$，即破碎百分率。同时，令粒径比$x_{ij}=D_j/D_{i-1}$，则在$x_{ij}$与$F$的关系中，$0<x_{ij} \leqslant 1$，$0<F \leqslant 1$。

对动力破碎级配的变化进行分析，根据动力试验图7中的数据，得到粒径比x_{ij}与破碎百分率F在坐标系中的关系，如图9所示。

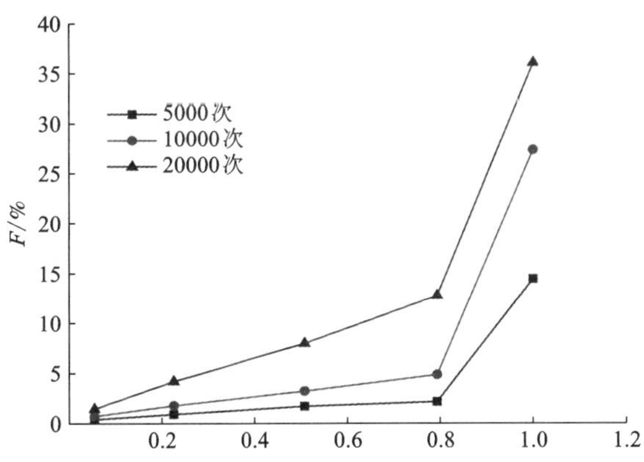

(a) 粒径31.5~45 mm

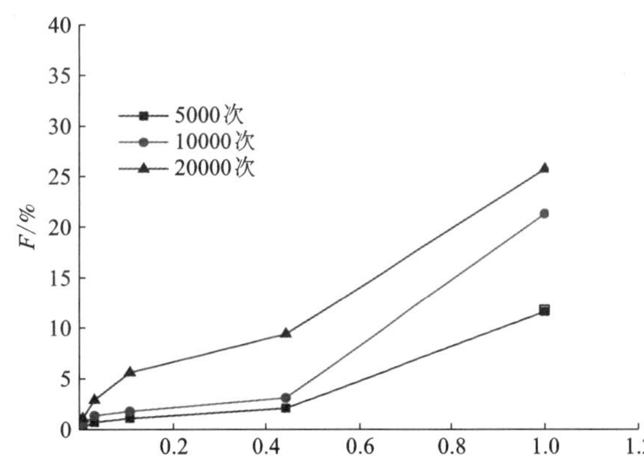

(b) 粒径16~25 mm

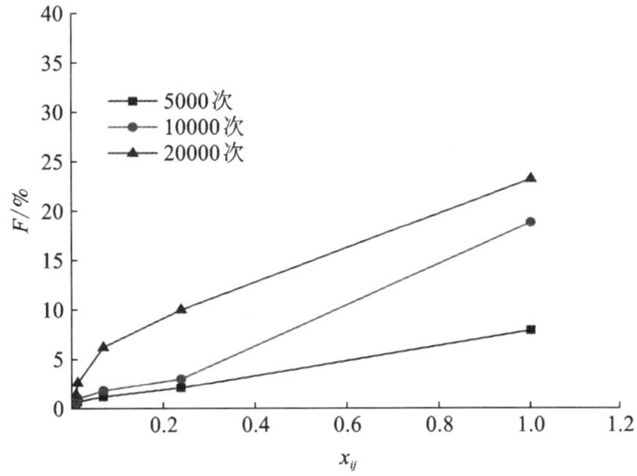

(c) 粒径7.1~16 mm

图9 粒径比x_{ij}与破碎百分率F的关系曲线

从图中可以看出，粒径比 x_{ij} 与破碎百分率 F 可以用指数分布函数进行描述，如式(3)所示：

$$F = a \cdot e^{b \cdot x_{ij}} \tag{3}$$

式中：a 与 b 为指数分布函数的参数；F 为破碎百分率，%；x_{ij} 为粒径比。对式(3)两边进行求导，可以得到指数分布函数的概率密度函数 f，如式(4)所示：

$$f = F' = a \cdot b \cdot e^{b \cdot x_{ij}} \tag{4}$$

f 的物理意义为该挡粒径组破碎至较小粒径组的概率密度，粒径比 x_{ij} 的范围即为积分区间。从式(4)中可以看出，概率密度函数 f 根据 a、b 的不同而发生变化，a、b 值对 f 曲线的影响如图 10 所示。

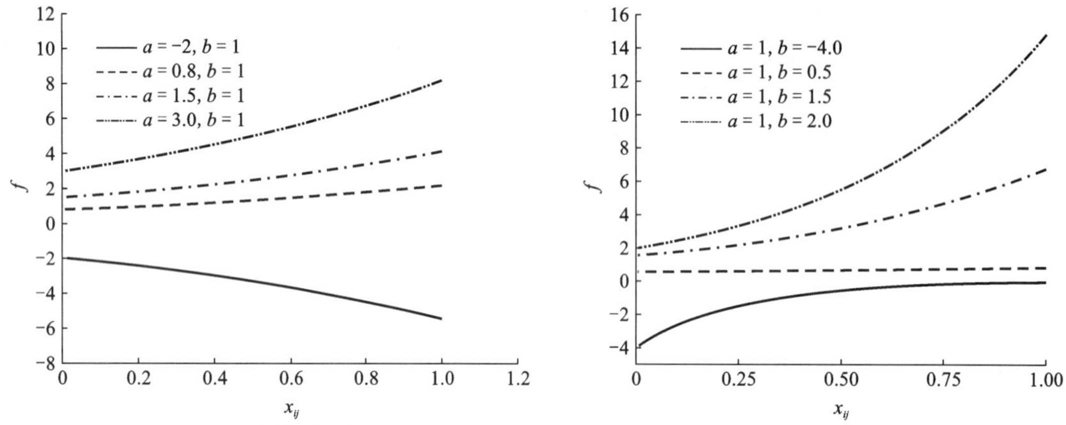

(a) 参数 b 为1时　　(b) 参数 a 为1时

图 10　概率密度函数 f 随 a、b 值的变化

从图 10 中可以看出，a 和 b 共同决定了概率密度函数 f 的峰值大小和曲线弯曲程度，但是 b 在小范围内变化时，曲线形态变化较大，因此 b 的影响明显较 a 要大。这说明 b 对颗粒破碎总量和各挡粒径破碎分配比例的变化比较敏感，a 的敏感性相对较弱。

对式(3)两端取对数，得到式(5)：

$$\ln F = \ln a + \ln e^{b \cdot x_{ij}} \tag{5}$$

即转化为式(6)：

$$\ln F = \ln a + b \cdot x_{ij} \tag{6}$$

其中，令 $Y=\ln F$，$X=x_{ij}$，$c=\ln a$，可得式(7)：

$$Y = c + bX \tag{7}$$

由动力试验数据能够得到式(7)中的 Y 和 X，反演得到式(3)中的 a 和 b，最终确定描述动力破碎状态的指数函数式。

3.2　多粒径组破碎模型

根据文献[11]的研究，多粒径组破碎与单一粒径组不同，多粒径组颗粒破碎最显著的特点就是各粒径挡的破碎概率很难确定，基本不可能得到各粒径的补偿量和破碎量。而实际情况中，很多时候只需弄清楚岩土材料总体破碎情况即可。多粒径组由有限个单一粒径组构成，单一粒径颗粒破碎形式符合指数分布函数的特点，因此多粒径组颗粒破碎可以看成是有限个指数分布函数的叠加，为了简化模型，根据动力实验结果可以假定不同粒径颗粒破碎符合相同的指数函数分布。

此外，定义 P_{s-t} 为 i 挡粒径破碎当 $j<i$ 时粒径挡的死亡率，假定不同粒径组的死亡率 P_{s-t} 相同；破碎为 i 挡粒径本身的概率为生存率 s，不同粒径组生存率 s 相同，如图 11 所示。粒径 D_1' 破碎为本挡粒径 D_{11} 的概率为生存率 s，破碎为 $D_{12}+D_{13}+\cdots+D_{1n}$ 的概率为死亡率

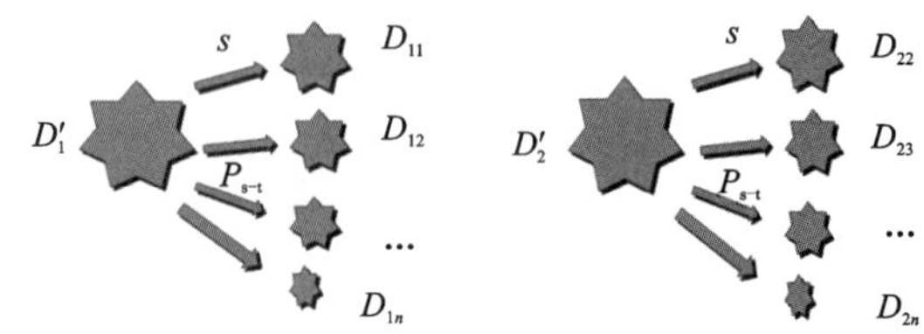

图 11　颗粒破碎概率示意图

P_{s-t}。死亡率 P_{s-t} 与生存率 s 的关系为：$s+P_{s-t}=1$。从图 11 中可以看出，其他粒径挡的破碎率与 D_1 挡一样。P_{s-t} 中的下标 s 和 t 表示材料所处初始状态和最终状态。可以看出，死亡率 P_{s-t} 能够较好地描述材料总体破碎情况，而且降低了多粒径组颗粒破碎研究的复杂性。

根据自然界岩土材料的特点，将颗粒材料的界限粒径分为 i 挡，粒径从小到大为 D_1，D_2，…，D_i。同时，定义 Markov 链 $\{X_n,\ n\in T\}$，状态空间 $I=\{D_1,\ D_2,\ \cdots,\ D_i\}$。此外，条件概率 $P_{ij}(n)=p\{X_{n+1}=D_j \mid X_n=D_i\}$ 为 Markov 链 $\{X_n,\ n\in T\}$ 在时刻 n 的一步转移概率，且 D_j、$D_i\in I$。$\boldsymbol{R}^{\mathrm{T}}(0)=[r_1(0),\ r_2(0),\ \cdots,\ r_i(0)]$ 为颗粒初始各级配百分含量向量，即初始概率向量；$\boldsymbol{R}^{\mathrm{T}}(n)=[r_1(n),\ r_2(n),\ \cdots,\ r_i(n)]$ 为颗粒破碎后 n 时刻对应的各级配百分含量向量，即终止概率向量。根据破碎试验特征，颗粒破碎一般为试验一次后的破碎情况，即 $n=1$。从上述可知，Markov 链的一步转移概率矩阵，如式(8)所示：

$$\boldsymbol{P}=\begin{bmatrix} 1 & 0 & 0 & 0 & \cdots & 0 & 0 \\ \eta_{21}P_{s-t} & s & 0 & 0 & \cdots & 0 & 0 \\ \eta_{31}P_{s-t} & \eta_{32}P_{s-t} & s & 0 & \cdots & 0 & 0 \\ \vdots & \vdots & \vdots & \ddots & \vdots & \vdots & \vdots \\ \eta_{k1}P_{s-t} & \cdots & \eta_{kj}P_{s-t} & \cdots & s & 0 & 0 \\ \vdots & \vdots & \vdots & \cdots & \vdots & s & 0 \\ \eta_{i1}P_{s-t} & \eta_{i2}P_{s-t} & \cdots & \cdots & \eta_{ii-2}P_{s-t} & \eta_{ii-1}P_{s-t} & s \end{bmatrix} \tag{8}$$

式中：η_{ij} 为破碎概率系数，指粒径为 D_i 粒径颗粒破碎到 D_j 粒径颗粒的量与 D_i 粒径颗粒总破碎量的比值。

$$\sum_{j=1}^{i-1}\eta_{ij}=1 \tag{9}$$

此外，由颗粒破碎矩阵可知：

$$\sum_{j=1}^{i-1}\eta_{ij}P_{s-t}+s=1 \tag{10}$$

由式(3)可以得到：

$$\eta_{ij}=F(x_{ij})-F(x_{ij-1}),\ x_{i0}=0 \tag{11}$$

初始概率向量和终止向量之间存在以下关系，如式(12)所示：

$$\boldsymbol{R}^{\mathrm{T}}(n)=\boldsymbol{R}^{\mathrm{T}}(0)\boldsymbol{P} \tag{12}$$

通过式(12)即可得到破碎后的各粒径质量百分含量。$\boldsymbol{R}^{\mathrm{T}}(0)$ 和 $\boldsymbol{R}^{\mathrm{T}}(n)$ 分别为初始概率向量和终止概率向量，$\boldsymbol{P}$ 为一步破碎概率矩阵。式中含有 3 个参量，即指数函数参数 a、b 和死亡概率 P_{s-t}。a、b 值可以通过式(7)得到，P_{s-t} 可以通过最小二乘法得到。通过实际破碎后的终止概率向量与式(12)得到的计算终止概率向量之间无限逼近，采用最小二乘法构造以下目标函数，如式(13)所示：

$$g=\sum_{m=1}^{i}[r_m(n)-r_m(n_t)]^2 \tag{13}$$

对目标函数求导，即可求得相应的死亡概率 P_{s-t}，代入式(12)中即可得到破碎后各粒径质量分数的计算值。

3.3 颗粒破碎模型验证

3.3.1 颗粒破碎模型有效性验证

为了验证所提出的 Markov 链破碎模型，采用文中动力三轴试验数据进行验证。参数 a、b 以及 P_{s-t} 如图 12~图 14 所示，其中，a、b 值由最终状态决定，P_{s-t} 由初始状态和最终状态共同决定。

从图 12~图 14 中可以看出，本文提出的 Markov 链破碎模型能较好地描述不同粒径大小颗粒在动力作用下的颗粒破碎演化规律。对于原始粒径的减少以及次级粒径的增加都能进行较好的预测，充分证明了所提模型的有效性。该模型参数较少，只有 3 个参数，且容易从试验中获取，使得该模型能够较为简便地应用。为了进一步验证模型的有效性，采用文献[27]的碳酸盐砂环剪试验数据进行验证，如图 15 所示。

从图 15 中可以看出，该模型同样可较好地描述环剪试验的小粒径钙质砂的破碎演化过程，得到了多粒径组的不同初始状态和终止状态的级配变化过程。但是由于应力状态和岩性的不同，其预测准确度相比动

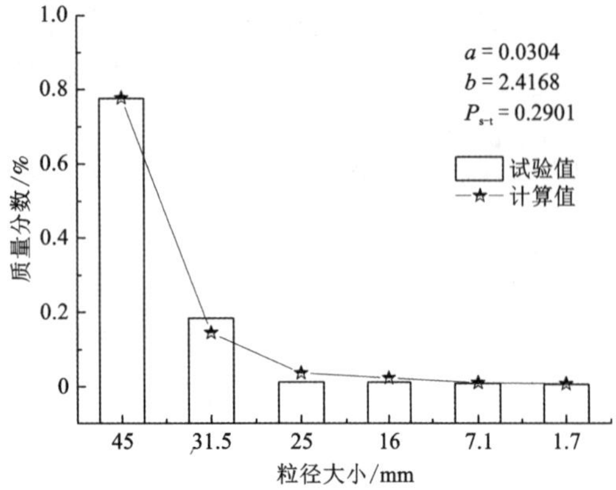

(a) 加载5000次→10000次

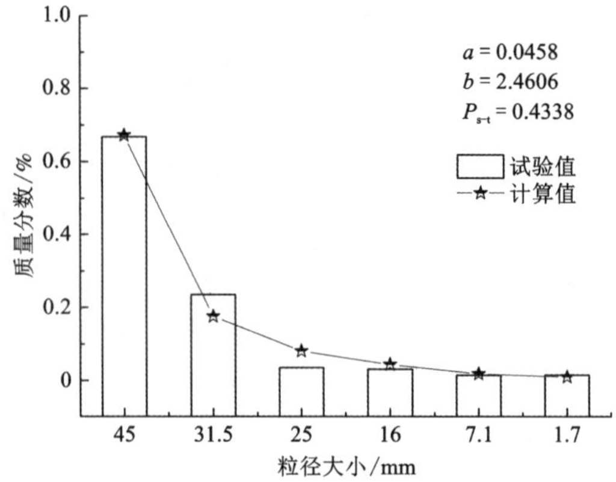

(b) 加载5000次→30000次

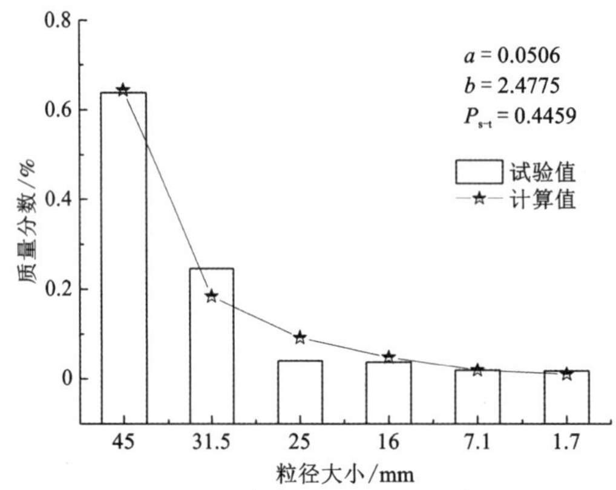

(c) 加载5000次→50000次

图 12　31.5~45 mm 粒径破碎状态试验值与计算值

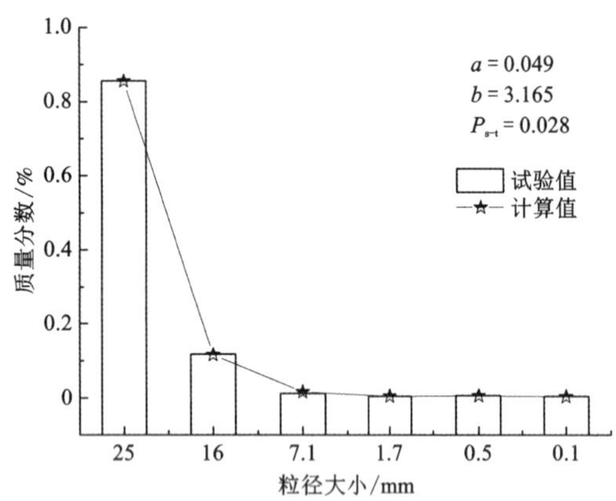

(a) 加载5000次→10000次

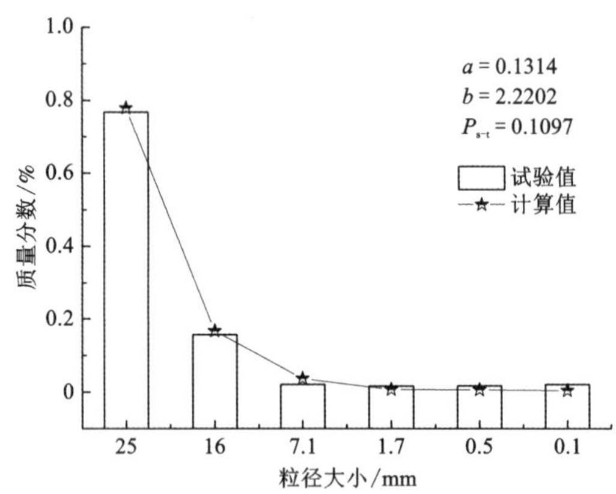

(b) 加载5000次→30000次

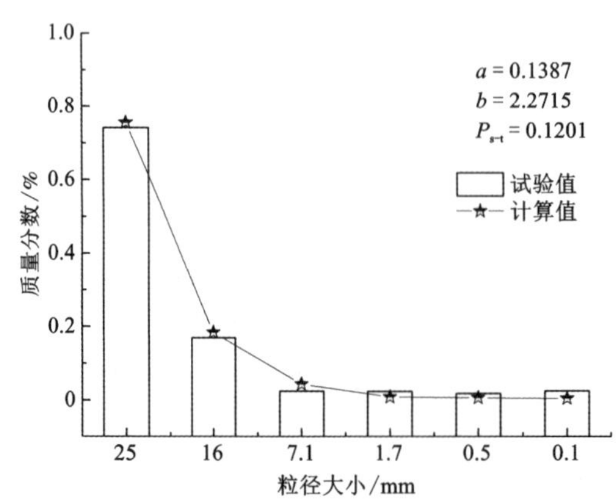

(c) 加载5000次→50000次

图 13　16~25 mm 粒径破碎状态试验值与计算值

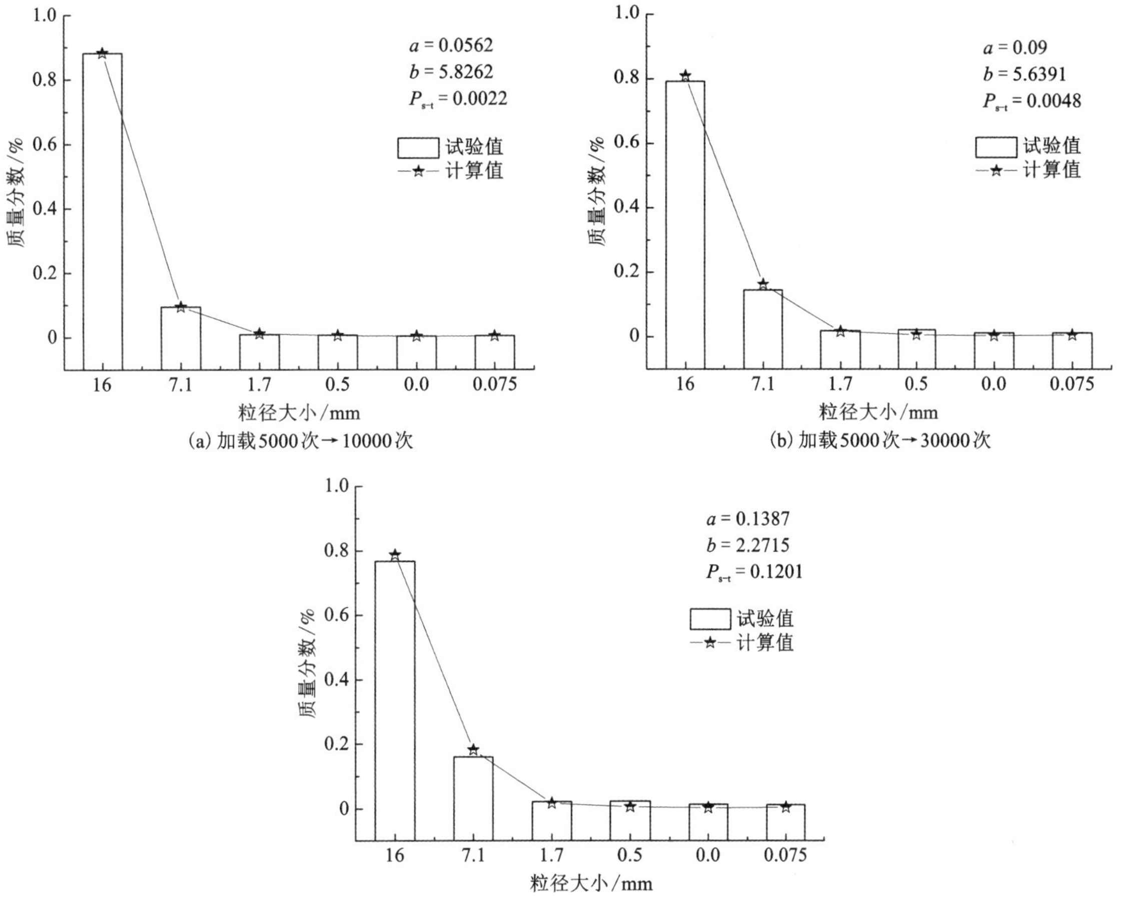

(a) 加载5000次→10000次

(b) 加载5000次→30000次

(c) 加载5000次→50000次

图 14　7.1~16 mm 粒径破碎状态试验值与计算值

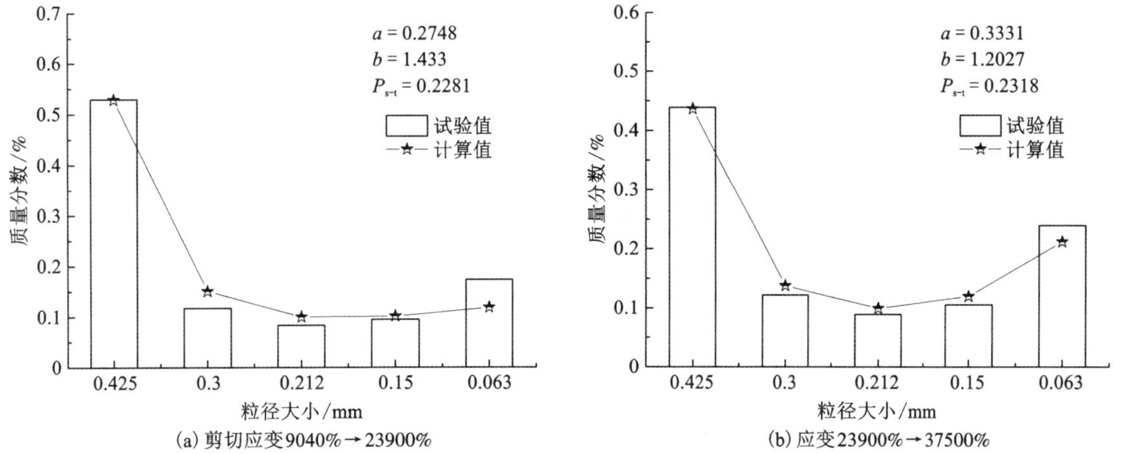

(a) 剪切应变9040%→23900%

(b) 应变23900%→37500%

图 15　文献[27]颗粒破碎验证情况

力试验还需提高。

从上述试验结果与计算值的对比可以得出，该破碎模型为多粒径组的破碎演化预测提供了一种可行的方法，适用于不同岩质的颗粒破碎材料的破碎演化预测。该模型不仅可以描述破碎材料动力破碎状态，也可以描述其他应力状态下的多粒径组破碎状态演化。但是，由于颗粒破碎受多种因素的影响，模型针对不同岩性、应力状态等破碎材料的预测准确性有待提高，需进一步研究。

3.3.2 Marsal 破碎率 B_r 与颗粒死亡率 P_{s-t} 的关系

此外，Marsal 破碎率 B_r 也是表征颗粒破碎的量化指标，其可以通过筛分试验直接得到，为了研究 Marsal 破碎率 B_r 与颗粒死亡率 P_{s-t} 之间的关系，针对 31.5~45 mm，16~25 mm 和 7.1~16 mm 三种粒径，以加载 5000 次对应的质量分数为初始状态，结合图 8 依次分析了不同动力加载次数后 B_r 与 P_{s-t} 之间的关系，如图 16 所示。

从图 16 中可以看出，Marsal 破碎率 B_r 与死亡率 P_{s-t} 的关系可以用线性函数进行拟合，如式(14)所示：

$$R_{s-t} = AB_r + B \tag{14}$$

式中：31.5~45 mm 对应的 A 和 B 值分别为 1.06 和 7.06；16~25 mm 对应的 A 和 B 值分别为 0.827 和 0.646；7.1~16 mm 对应的 A 和 B 值分别为 0.024 和 0.102。三者相关关系 R^2 为 0.92 以上。将式(14)代入式(8)中，即可得到关于 Marsal 破碎率 B_r 的颗粒破碎模型。

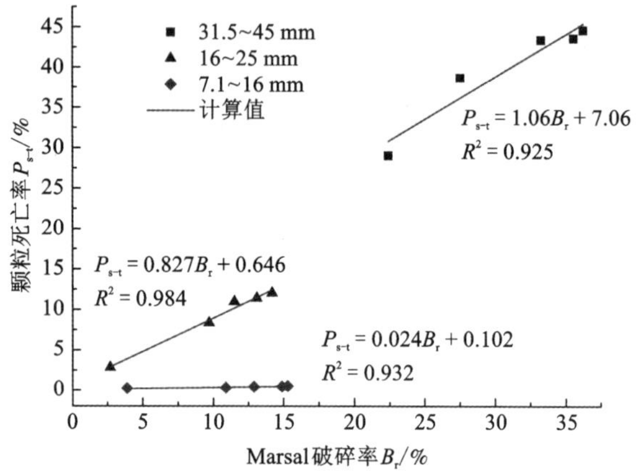

图 16 Marsal 破碎率 B_r 与颗粒死亡率 P_{s-t} 的关系

4 结论

本文采用动静三轴试验系统，针对红砂岩粗粒土进行了不同粒径大小和加载次数下的动力破碎试验，研究了红砂岩粗粒土的动力破碎现象和颗粒破碎演化规律，构建动力破碎概率密度函数，建立了颗粒破碎模型并进行了验证，模型预测有效性较好，得到以下结论：

(1)粒径组颗粒越大，动力变形值越大；7.5~16 mm 和 16~25 mm 粒径加载至 20000 次时，颗粒破碎达到稳定，而 31.5~45 mm 粒径加载至 30000 次时，颗粒破碎达到稳定，小粒径组比大粒径组土体颗粒破碎完成较早，土体结构易于趋于稳定。

(2)粗粒土软化系数与加载次数的关系与黏土不同，粗粒土呈半对数关系，而黏土呈线性关系。粒径组颗粒越大，软化系数越小。

(3)动力作用下粗粒土破碎率存在一个极限值，颗粒组存在一个极限级配。大粒径颗粒破碎后主要演化为下一挡粒径颗粒和细小粒径颗粒，其余粒径组颗粒分配量较少。

(4)建立的颗粒破碎模型能对不同应力状态下的多粒径粗粒土破碎演化进行描述，但是由于破碎影响因素的多样性，对于不同岩性和应力状态下的颗粒破碎预测的准确性还需进一步提高。

(5)构建了常用破碎指标 Marsal 破碎率 B_r 与颗粒死亡率 P_{s-t} 之间的关系，两者呈线性关系，相关关系 R^2 为 0.92 以上。

参考文献

[1] 杨阳，杨仁树，王建国，等. 低温条件下红砂岩动态力学性能试验研究[J]. 煤炭学报，2018，43(4)：967-975.

[2] 杜彬，白海波，马占国，等. 干湿循环作用下红砂岩动态拉伸力学性能试验研究[J]. 岩石力学与工程学报，2018，37(7)：1671-1679.

[3] 张慧梅，程树范. 西部白垩系富水软岩动力学特性试验分析[J]. 地下空间与工程学报，2019，15(增刊1)：46-49.

[4] 张慧梅，陈世官，王磊，等. 扰动冲击下弱胶结红砂岩的能量耗散与分形特征[J]. 岩土工程学报，2022，44(4)：622-631.

[5] 金解放，吴越，张睿，等. 冲击速度和轴向静载对红砂岩破碎及能耗的影响[J]. 爆破与冲击，2020，40(10)：479-492.

[6] 周科平，薛轲，刘涛影. 微波作用下砂岩孔隙结构演化及强度劣化的试验研究[J]. 矿冶工程，2020，40(2)：6-11.

[7] 卢振宇，李文彬，姚文进，等. 不同应变率下两种岩石的压缩破碎特征试验研究[J]. 高压物理学报，2021，35(1)：

52-60.
[8] 郭万里，朱俊高，钱彬，等.粗粒土的颗粒破碎演化模型及其试验验证[J].岩土力学，2019，40(3)：1023-1029.
[9] 蔡改贫，宣律伟，张雪涛，等.多尺度内聚颗粒模型破碎过程研究[J].岩土力学，2020，41(6)：1809-1816.
[10] 丁建源，陈晓斌，张家生，等.基于对数几率回归模型的粗颗粒土颗粒破碎过程演化研究[J].岩土力学，2019，40(4)：1465-1473.
[11] 童晨曦，张升，李希，等.基于 Markov 链的岩土材料颗粒破碎演化规律研究[J].岩土工程学报，2015，37(5)：870-877.
[12] DAS A，BAJPAI P K. A hypo-plastic approach for evaluating railway ballast degradation[J]. Acta Geotechnical，2018，13(5)：1085-1102.
[13] CHEN X B，ZHANG J S. Effect of load duration on particle breakage and dilative behavior of residual soil[J]. Journal of Geotechnical and Geoenvironmental Engineering，2016，142(9)：06016008.
[14] 张宗堂，高文华，张志敏，等.基于 Weibull 分布的红砂岩颗粒崩解破碎演化规律[J].岩土力学，2020，41(3)：877-885.
[15] 董宗磊，童晨曦，张升，等.粗粒土颗粒破碎的级配转移矩阵研究[J].岩石力学与工程学报，2021，40(7)：1504-1512.
[16] 国家铁路局.铁路路基设计规范(TB 10001—2016)[S].北京：中国铁道出版社，2016.
[17] 龙尧，张家生，丁建源，等.粗粒土路基循环荷载试验及累积变形模型研究[J].振动与冲击，2017，36(16)：128-133.
[18] HOLTZ W G，BIBBS H J. Triaxial shear tests on previous gravelly soils[J]. Journal of Soil Mechanics and Foundation Division，American Society of Civil Engineering，1956，82(1)：867-877.
[19] 张宏博.长期往复荷载作用下无黏性材料累积变形研究[D].上海：同济大学，2006.
[20] 王启云，魏心星，张丙强，等.高速列车荷载作用下粗粒土填料累积变形试验研究[J].铁道学报，2021，43(3)：149-157.
[21] 陈云敏，边学成.高速交通引起的振动和沉降[C]//第七届全国土动力学学术会议论文集，北京：清华大学出版社，2006.
[22] 冷伍明，刘文劼，赵春彦，等.重载铁路路基压实粗颗粒土填料动力破碎规律试验研究[J].岩土力学，2015，36(3)：640-646.
[23] 蒋红光.高速铁路板式轨道结构-路基动力相互作用及累计沉降研究[D].杭州：浙江大学，2014.
[24] MARSAL R J. Large Scale Testing of Rockfill Materials[J]. Journal of the Soil Mechanics and Foundations Division，1967，18(S2)：27-43.
[25] IDRISS I M，DOBRY R，SINGH R D. Nonlinear behavior of soft clays during cyclic loading[J]. Journal of the Geotechnical Engineering Division，1978，104(12)：1427-1447.
[26] MATASOVIC N，MLADEN V. Generalized cyclic-degradation-pore-pressure generation model for clays[J]. Journal of Geotechnical Engineering，1995，121(1)：33-42.
[27] COOP M R，SORENSEN K K，FREITAS T B，et al. Particle breakage during shearing of carbonate sand[J]. Geotechnique，2004，54(3)：157-163.

自密实再生骨料混凝土性能的模糊综合评判

倪淑娜，张国庆，钟　丽，宁金香，李鹏飞，武耀飞

中南大学土木工程学院，湖南长沙，410075

摘要：本文采用模糊综合评判模型，通过选取坍落度、扩展度、L 型仪(流动时间、H_2/H_1)、7 天抗压强度 4 个评判因素，对自密实再生骨料混凝土性能进行综合评价，最后通过正交设计试验得到的数据说明了这种模型的适用性和可行性。

关键词：模糊综合评判；隶属函数；自密实再生骨料

自密实混凝土以其良好的工作性能在工程中得到越来越广泛的应用。在实践中，自密实混凝土技术的应用改善了混凝土的施工性能，降低了浇筑、振捣所需的劳动力。而再生骨料以其良好的环保效益逐渐得到认可。它不仅减少了建筑垃圾，还降低了工程的造价。如果将再生骨料应用于自密实混凝土的配制，充分利用两者的优点必将带来良好的经济效益和社会效益。然而目前还没有一种合适的评价自密实再生骨料混凝土的方法。本文基于自密实再生骨料混凝土不同配合比的试验数据提出了模糊综合评判的方法。

1　模糊综合评判[1]

模糊综合评判是根据模糊数学中的一些方法和概念对受多种因素影响的事物做出全面评价的一种十分有效的多因素决策方法，下面介绍模糊数学的一些基本概念。

隶属度和隶属函数：在现实生活中，研究的对象在某一性质上的程度往往跟别的对象有差异，但是这一性质的程度是很模糊的，不能用一个具体的函数表示出来。对于对象 A 具有某种性质的差异，可以从 0 到 1 的闭区间中取一个实数来表示。定义上述衡量对象 A 具有某种性质的程度的差异的实数(在 0 和 1 之间)为 A 在这种性质上的隶属度，一般记为 $\mu(A)$。进一步，由于隶属度是依据不同的对象变量 x 不断改变的，那么 $\mu(x)$ 就是研究的对象上的隶属函数，显然隶属函数必然满足 $0\leqslant\mu(x)\leqslant1$。

模糊关系矩阵：如果记对象 a_i 在某一性质 b_i 上的程度为 μ_{ij}，则称以下矩阵为研究多个对象 a_i 和多个性质 b_i 间的关系的模糊矩阵 $\boldsymbol{U}=(\mu_{ij})_{m\times n}$，其中，$m$ 为对象的个数，n 为性质的种类数。

权重分配矩阵：确定各个性质在综合评价对象 a_i 时的权重分配阵 $\boldsymbol{C}=(c_i)_{1\times m}$，它的元素满足(又称权重系数)满足 $c_i\geqslant0$，$\sum_{i=1}^{m}c_i=1$。从而，确定带解决问题的综合评价向量 $\boldsymbol{D}=(d_j)_{1\times n}$，它满足 $\boldsymbol{D}=\boldsymbol{CU}$。根据最终的各个方案的 d_j 值的大小对方案进行择优。

2　自密实再生骨料混凝土的模糊综合评判模型

2.1　自密实再生骨料混凝土综合性能评价指标体系[3]

混凝土良好的工作性能不仅可以减少劳动量、降低造价，还可以提高工效、缩短工期，而较高的强度则是保证混凝土结构正常使用的必要条件。因此，本文主要对自密实再生骨料混凝土的工作性能及强度进行模糊综合评判。其具体指标体系见表 1。

倪淑娜，张国庆，钟丽，等. 自密实再生骨料混凝土性能的模糊综合评判[J]. 科技创新导报，2008，5(26)：65-66.

表 1　自密实再生骨料混凝土综合性能评价指标体系

自密实再生骨料混凝土综合性能	流动性能	坍落度 μ_1
		扩展度 μ_2
	填充性能	$H_2/H_1=\mu_3$
		流动时间 μ_4
	强度 μ_5	

2.2　指标隶属函数的建立

1）坍落度的隶属函数

根据自密实混凝土坍落度的指标要求 $240\leqslant SF<270$ mm [2]，构造如下隶属函数：

$$\mu_1=\begin{cases}0,\ x<190\\ \dfrac{x-190}{50},\ 190\leqslant x<240\\ 1,\ 240\leqslant x\leqslant 270\\ 1-\dfrac{x-270}{50},\ 270<x\leqslant 320\\ 0,\ 320\leqslant x\end{cases}$$

观察这个隶属函数可以看出：当自密实再生骨料混凝土的该项指标达标时，它的隶属度值为 1，而当该项指标稍高于或稍低于自密实混凝土的标准时，它的隶属度值根据偏离标准的程度取 0.5~1；而当该项指标严重不符合要求时，其隶属度值就取 0。同理，可建立自密实再生骨料混凝土坍落扩展度、L 型仪 H_2/H_1 的隶属函数。

2）坍落扩展度的隶属函数

$$\mu_2=\begin{cases}0,\ x<450\\ \dfrac{x-450}{100},\ 450\leqslant x<550\\ 1,\ 550\leqslant x\leqslant 650\\ 1-\dfrac{x-650}{100},\ 650<x\leqslant 750\\ 0,\ 750\leqslant x\end{cases}$$

3）L 型仪 H_2/H_1 的隶属函数

$$\mu_2=\begin{cases}0,\ x<0.8\\ \dfrac{x-0.8}{0.5},\ 0.8\leqslant x<0.85\\ 1,\ 0.85\leqslant x\leqslant 0.95\\ 1-\dfrac{x-0.95}{0.5},\ 0.95<x\leqslant 1\\ 0,\ 1\leqslant x\end{cases}$$

4）L 型仪中混凝土流动时间隶属函数

由于实验中得到的 L 型仪中混凝土流动时间最大值为 79 s，因此可以直接得到如下的 L 型仪中混凝土流动时间的隶属函数：$\mu_4=1-\dfrac{x}{79}$。

5）7 天平均抗压强度值的隶属函数

试验中配合比以 C40 强度等级混凝土设计，故此处以试件 7 天抗压强度的实际实现比建立隶属函数如下：

$$\mu_5 = \begin{cases} \dfrac{x}{40}, & x \leqslant 40 \\ 1, & x > 40 \end{cases}$$

2.3 模型的求解

本文对由正交试验设计得到的 9 组不同配比的自密实再生骨料混凝土的坍落度、扩展度、L 型仪的流动时间和填充高度以及 7 天的抗压强度进行测试(表 2)。

表 2 自密实再生骨料混凝土综合性能试验结果

编号	坍落扩展度试验		L 型仪流动度试验		7 天平均抗压强度
	坍落度/mm	扩展度/mm	流出时间/s	H_2/H_1	
1	255	600	18	0.8	59.64
2	250	530	27	0.58	59.84
3	215	510	60	0	55.07
4	260	600	13	0.9	47.94
5	245	540	21	0.52	43.53
6	275	580	19	0.9	44.76
7	275	630	15	1	38.22
8	225	550	79	0.64	32.31
9	265	560	16	1	40.55

将表中数据代入所建模型，求解得到模糊关系矩阵为：

$$\boldsymbol{U} = \begin{bmatrix} 1 & 1 & 0.77 & 0 & 1 \\ 1 & 0.8 & 0.66 & 0 & 1 \\ 0.5 & 0.6 & 0.24 & 0 & 1 \\ 1 & 1 & 0.84 & 1 & 1 \\ 1 & 0.9 & 0.73 & 0 & 1 \\ 0.9 & 1 & 0.76 & 1 & 1 \\ 0.9 & 1 & 0.81 & 0 & 0.96 \\ 1 & 1 & 0 & 0 & 0.81 \\ 1 & 1 & 0.80 & 0 & 1 \end{bmatrix}$$

权重向量此处采用主观赋权法[4](测评人员根据自己的知识、经验、信息和价值观，主观赋予各项指标权重的方法)确定如下：

$$\boldsymbol{C} = (0.2 \quad 0.3 \quad 0.2 \quad 0.2 \quad 0.1)$$

利用上述模糊关系矩阵和权重向量，计算出评价向量为 $\boldsymbol{D}=\boldsymbol{CU}$，即

$$\boldsymbol{D} = (0.75 \quad 0.67 \quad 0.43 \quad 0.97 \quad 0.72 \quad 0.93 \quad 0.74 \quad 0.58 \quad 0.76)$$

通过这个评价向量，可以得出配合比 4 是最优的。通过对配合比 4 做进一步的验证试验发现，该配合比确实达到了自密实混凝土工作性能和强度的要求(表 3)。

表 3 验证试验—工作性能和强度结果

组别	坍落度/mm	扩展坍落度/mm	流动时间/s	H_2/H_1	坑压强度/MPa			抗折强度/MPa		
					3 d	7 d	28 d	3 d	7 d	28 d
配合比 4	270	630	17	1	26.7	38.1	46.8	2.58	2.9	4.2

3 结语

本文根据自密实再生骨料混凝土评价指标体系的特征，引入模糊数学中的隶属度函数和权重向量建立了模糊综合评判模型，使用该模型对正交试验进行了优选，优选结果经过试验证实，说明了本模型的适应性及可行性。

参考文献

[1] 梁国业，廖健平. 数学模型[M]. 北京：冶金工业出版社，2004.
[2] 余志武，尹健，等. 自密实混凝土设计与施工指南[M]. 北京：中国建筑工业出版社，2005.
[3] 李旭阳，郑光豹. 模糊综合评判法在企业执行力评价中的应用[J]. 重庆工学院学报，21(7)：62-64.
[4] 陈金平，俞然刚. 掺粉煤灰路面性能混凝土耐久性评价与分析[J]. 粉煤灰综合利用，2007，5：14-15.

Safe range analysis of clear distance of twin shallow tunnels based on limit analysis and reliability theory

ZHANG Biao, WANG Xuan, ZHANG Jiasheng, ZHANG Jiahua, CHENG Hao

School of Civil Engineering, Central South University, Changsha 410075, China

Abstract: A method of analyzing the stability of twin shallow tunnels was presented using both limit analysis with nonlinear failure criterion and reliability theory. In the condition of nonlinear failure criterion, the critical clear distances of twin shallow tunnels were obtained by analyzing the change of surrounding pressure. A reliability model was established based on limit state equation, and the failure probability was solved by virtue of Monte Carlo method. Safety factor and corresponding clear distance of different safety levels were obtained by introducing a target reliability index. The scope of clear distance for different safety levels was described, which can be used as a supplement and improvement to the design codes of tunnels.

Key words: Twin shallow tunnels; Limit analysis; Nonlinear failure criterion; Reliability theory; Clear distance

1 Introduction

Tunnels are playing a more and more important role in modern transportation systems. In the past time, single tunnels were popular in engineering because of their low cost and easy construction. However, they cannot keep pace with the development of railways and roads due to the sharp increase of traffic demands and the lack of land resources. Consequently, twin tunnels are more and more prevailing and gradually replace single tunnels on account of their high performances. Nevertheless, both the design and construction of twin tunnels are more complex compared with single ones because the two lines of a twin tunnel interact with each other, which reduces their stability and failures more likely to happen. In other words, the core problem of the stability of twin tunnels is the interaction between the two lines of twin tunnel. The main factor determining their influence is the clear distance. Therefore, study on the influence between the two lines of a twin tunnel and determining the safe range of clear distance is of great scientific value and practical significance[1-3].

Numerous scholars have researched on this problem. AFIFIPOUR et al[4] constructed a three-dimensional finite element model of a twin tunnel under a shallow foundation and researched the influence of the stress, bending moment and displacement on the two tunnels. DO et al[5] carried out numerical simulation by using finite difference software FLAC3D and revealed the influence between the two tunnels related to the clear distance. HOSSAINI et al[6] studied the relationship between clear distance and ground settlement with respect to soft clay through finite element approach and classified the clear distance according to the effect between the two tunnels. Although the numerical simulation method is able to investigate this problem on three dimensions, the results derived are not accurate enough. YOU et al[7] discussed the influence through the width of mid-partition and obtained overall safety factor and local safety factor. By virtue of limit equilibrium method, YANG et al[8, 9] derived the analytical solution of the surrounding pressure of three shallow tunnels with respect to the conditions of both

ZHANG Biao, WANG Xuan, ZHANG Jiasheng, et al. Safe range analysis of clear distance of twin shallow tunnels based on limit analysis and reliability theory[J]. Journal of Central South University, 2018, 25(1): 196–207.

symmetrical loads and unsymmetrical loads. Then, the influence between the three tunnels is discussed based on the change of surrounding pressure. However, the result obtained from the limit equilibrium method is relatively larger. Based on Tresca material, XIE et al[10] investigated the effect between two lines of a twin shallow tunnel by virtue of limit analysis theory. The results agree well with centrifuge test results. SAHOO et al[11] combined limit analysis with finite element method to study the influence of Tresca materials and Coulomb materials and obtained the ranges of clear distance with regard to different buried depth ratios. ZHANG et al[12] made research on the influence between the tunnels by virtue of limit analysis and discussed the influences of clear distance on the surrounding pressure and the range of failure. However, the researches above did not classify the clear distance according to the influence between the two lines of a twin shallow tunnel and the range of safe clear distance was not obtained, either.

Although Code for Design of Road Tunnel[13] has defined the minimum clear distance of the twin tunnels according to the level of surrounding rock, its reference values are too conservative. This work derived the surrounding pressures from nonlinear limit analysis and studied the influence between the two lines of a twin tunnel according to the change rules of surrounding pressure. In addition, the clear distance is classified according to the influences between two tunnels. Furthermore, by considering the randomness of soil parameters, the safety range of the clear distance with respect to different levels of safety is obtained from reliability theory. The distribution of safety levels based on target reliability index presented in this work supplements and completes the existing code and may be a reference for the design of twin shallow tunnel in practical engineering.

2 Limit analysis with nonlinear failure criterion

A mass of experiments demonstrated that the failure envelop of soil mass has a nonlinear feature. It means that the relationship between shear and normal stress is nonlinear when failure occurs. Thus, the nonlinear Mohr-Coulomb failure criterion which is more suitable for soil mass can be represented as[14, 15]

$$\tau = c_0(1 + \sigma_n/\sigma_t)^{1/m} \tag{1}$$

where τ and σ_n are the shear and normal stress on the failure surface, respectively, c_0 is the initial cohesion, σ_t is the axial tensile strength and m is the nonlinear coefficient. Moreover, the values of parameters c_0, σ_t and m can be determined experimentally. It is worth noting that the nonlinear Mohr-Coulomb failure criterion is reduced to linear Mohr-Coulomb failure criterion when the value of m equals 1.

According to the tangent method[16, 17] illustrated in Fig. 1, the nonlinear Mohr-Coulomb failure criterion is a curve in the stress space and the tangent passing through a point M on the curve can be obtained

$$\tau = c_t + \sigma_n \cdot \tan \varphi_t \tag{2}$$

in which c_t and $\tan \varphi_t$ are the tangent intercept and the tangent slope, respectively.

Then, combining Eq. (1) with Eq. (2), the result is

$$c_t = \frac{m-1}{m} c_0 \left(\frac{m\sigma_t \tan \varphi_t}{c_0}\right)^{\frac{1}{1-m}} + \sigma_t \tan \varphi_t \tag{3}$$

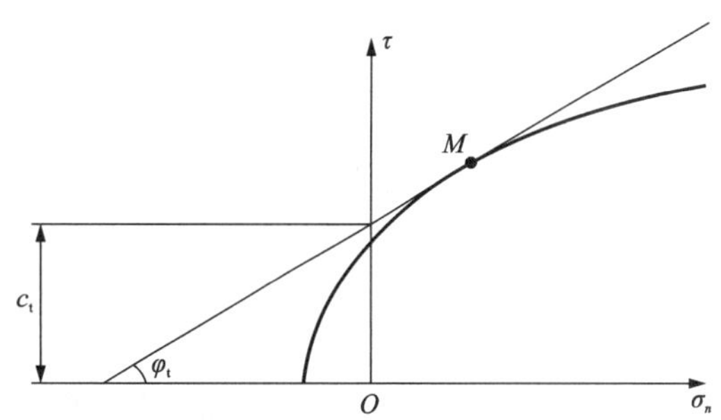

Fig. 1 Nonlinear failure criterion and tangent method

According to the viewpoint of CHEN[18], the upper bound theorem of limit analysis can be represented as: when the velocity boundary condition is satisfied, the load derived by equating the external rate of work to the rate of energy dissipation in any kinematically admissible velocity field is no less than the actual collapse load. Furthermore, it can be expressed as

$$\int_S F_i v_i^* \mathrm{d}S + \int_A \gamma_i v_i^* \mathrm{d}A = \int_A \sigma_{ij} \dot{\varepsilon}_{ij}^* \mathrm{d}A + \int_{S_D} (\tau - \sigma_n \tan \varphi) \Delta v_i^* \mathrm{d}S \tag{4}$$

where F_i is the load in limit state; v_i^* is the velocity vector; S is the length of velocity discontinuity; A is the area of plastic zone; γ_i is the unit weight of rock mass; σ_{ij} and $\dot{\varepsilon}_{ij}^*$ are the stress tensor and strain rate in the kinematically admissible velocity field, respectively.

The tangent method which introduces nonlinear failure criterion into the upper bound theory of limit analysis can be implemented by substituting Eq. (3) into Eq. (4). On the basis of upper bound theory and the definition of tangent method, an upper bound solution can be obtained.

3 Failure mechanism for twin shallow tunnels

The results of surrounding pressure in existing literatures are mainly based on the failure mechanisms of rock mass for single shallow tunnels. For instance, DAVIS et al[19] suggested that the failure surface of shallow tunnels extents to the ground and constructed four classes of failure mechanisms of purely cohesive soil according to numerous engineering examples. YANG et al[20] proposed two kinds of translational failure mechanisms on the basis of Ref. [19] for frictional cohesive materials. However, these failure mechanisms are not suitable for twin shallow tunnels. Thus, based on the research of YANG et al[20], the failure mechanism for twin shallow tunnels as illustrated in Fig. 2 is constructed in this work. The failure mechanism in Fig. 2(a) is bilateral symmetry and only half of the failure mechanism, as the left tunnel drawn in Fig. 2(b), needs to be analyzed. The failure mode of left tunnel is consisted of a polygon and $2n$ triangular rigid blocks.

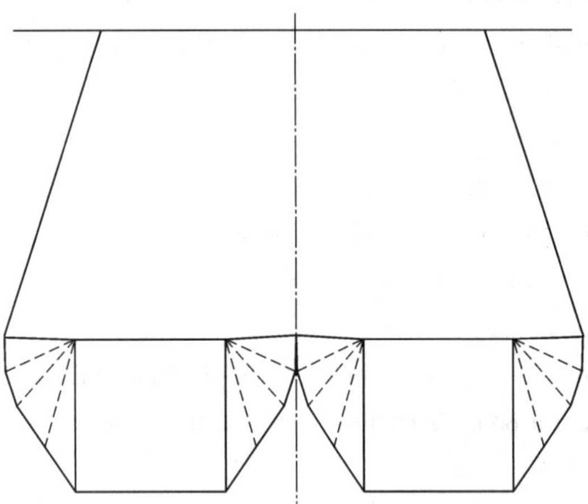

(a) Collapse mechanism of twin shallow tunnels

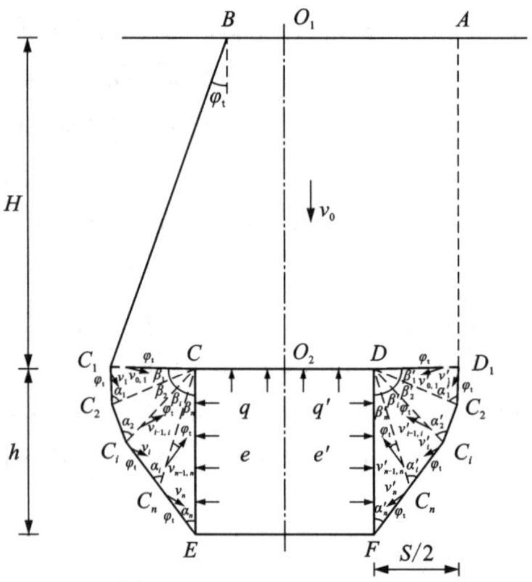

(b) Collapse mechanism of left tunnel

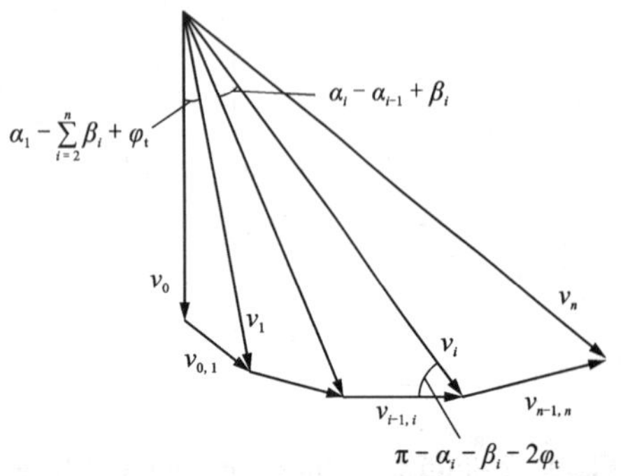

(c) Velocity field on left side of left tunnel

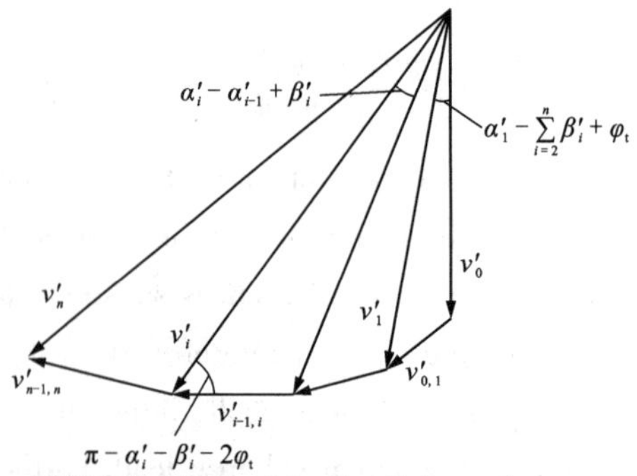

(d) Velocity field on right side of left tunnel

Fig. 2 Collapse mechanism and velocity field of twin shallow tunnels

Moreover, the left tunnel is divided into the left part and right part in order to consider the influence of the right tunnel on the left one. It is assumed that the right tunnel merely affects the right part of left tunnel and has no impact on the left part. Moreover, the velocity field and surrounding pressure of the left part are regarded as the same with a single shallow tunnel. Therefore, both the velocity field and surrounding pressure are different between the left and right parts of the left tunnel when constructing the failure mechanisms and velocity field. As illustrated in Figure 2(b): H is the buried depth of the tunnel, h denotes the height and length of the tunnel profile, S is the clear distance, v_0 is the velocity of rock mass above tunnel and its direction is vertically downward, v_1, …, v_i, …, v_n are the velocities, $v_{0,1}$, …, $v_{i-1,i}$, …, $v_{n-1,n}$ are the relative velocities, β_1, …, β_i, …, β_n and α_1, …, α_i, …, α_n are the angular velocities of triangular blocks of left sidewall in order from top to bottom, while v_1', …, v_i', …, v_n' are the velocities, $v_{0,1}'$, …, $v_{i-a,i}'$, …, $v_{n-a,n}'$ are the relative velocities, β_1', …, β_i', …, β_n' and α_1', …, α_i', …, α_n' are the angular velocities of triangular blocks of right sidewall from top to bottom, φ_t is the angle between the velocity and discontinuity, q and q' are the vertical uniform supporting pressures of the left and right arc crown respectively, e and e' are the horizontal uniform supporting pressures of the left and right sidewall respectively. The vertical supporting pressure and horizontal pressure have the following relationship: $e=Kq$, $e'=Kq'$, where K is the coefficient. The velocity fields of left and right parts are illustrated in Fig. 2(c) and (d), as well.

4 Calculation process

The following assumptions are made in the computing process: 1) The failure mechanism of tunnels will be considered as a plane problem; 2) The surrounding rock is perfectly plastic and obeys the associated flow rule; 3) The collapsing blocks of the mechanism are rigid and their volume does not change when failure occurs; 4) The right tunnel has only influence on the right part of left tunnel, and its left part can be regarded as part of a single tunnel, i. e., the velocity field and surrounding pressure of left part of left tunnel are the same as a single tunnel.

The surrounding rock pressure of tunnel can be considered as a kind of internal force and the supporting pressure is introduced to calculate the value of surrounding pressure. According to the equilibrium condition of limit state, the supporting pressure applied is equal to the surrounding pressure when tunnel collapses, which can be expressed as: $q_0=q$, $q_0'=q'$. Moreover, only the left tunnel is analyzed due to the symmetry of the twin tunnels.

4.1 Velocity fields

According to the velocity fields illustrated in Fig. 2(c) and (d), the velocities of left tunnel can be obtained. Only the expressions corresponding to the left part are presented because the computing processes of left and right part are the same. The velocities of right parts can be obtained by making some little change on the following equations.

$$v_1=\frac{\sin\left(\sum_{i=1}^{n}\beta_i+\varphi_t\right)}{\sin(\pi-\alpha_1-\beta_1-2\varphi_t)}v_0 \tag{5}$$

$$v_{0,1}=\frac{\sin\left(\alpha_1-\sum_{i=1}^{n}\beta_i+\varphi_t\right)}{\sin(\pi-\alpha_1-\beta_1-2\varphi_t)}v_0 \tag{6}$$

$$v_{i+1}=\frac{\sin(\alpha_1+2\varphi_t)}{\sin(\pi-\alpha_{i+1}-\beta_{i+1}-2\varphi_t)}v_i \quad (i=1,2,\cdots,n-1) \tag{7}$$

$$v_{i+1}=\frac{\sin(\alpha_{i+1}-\alpha_i+2\varphi_t)}{\sin(\pi-\alpha_{i+1}-\beta_{i+1}-2\varphi_t)}v_i \quad (i=1,2,\cdots,n-1) \tag{8}$$

4.2 Work rate of soil weight and internal energy dissipation

4.2.1 The length of discontinuity and the area of rigid blocks

The length of discontinuity and the area of rigid blocks with regard to the left part of the left tunnel can be obtained through the following equations.

$$CC_n = \frac{\sin \alpha_n}{\sin(\pi - \alpha_n - \beta_n)} CE \tag{9}$$

$$CC_n = \frac{\sin \alpha_n}{\sin(\pi - \alpha_n - \beta_n)} CE \tag{10}$$

$$CC_i = \frac{\sin \alpha_i}{\sin(\pi - \alpha_i - \beta_i)} CC_{i+1} \quad (i = 1, 2, \cdots, n - 1) \tag{11}$$

$$C_iC_{i+1} = \frac{\sin \beta_i}{\sin(\pi - \alpha_i - \beta_i)} CC_{i+1} \quad (i = 1, 2, \cdots, n - 1) \tag{12}$$

$$BC_1 = \left[H - CC_1 \cdot \sin\left(\sum_{i=1}^{n} \beta_i - \frac{\pi}{2}\right)\right] \Big/ \cos \varphi_t \tag{13}$$

$$S_{BC_1CO_2} = \frac{1}{2} BC_1 \cdot CC_1 \cdot \sin\left(\sum_{i=1}^{n} \beta_i - \varphi_t\right) + \frac{H}{2}\left[h + CC_1 \cdot \cos\left(\sum_{i=1}^{n} \beta_i - \frac{\pi}{2}\right) - BC_1 \cdot \sin \varphi_t\right] \tag{14}$$

$$S_{CC_iC_{i+1}} = \frac{1}{2} CC_1 \cdot C_iC_{i+1} \cdot \sin(\pi - \alpha_i - \beta_i) \quad (i = 1, 2, \cdots, n - 1) \tag{15}$$

$$S_{CC_nE} = \frac{1}{2} CC_n \cdot C_nE \cdot \sin(\pi - \alpha_n - \beta_n) \tag{16}$$

The corresponding equations for right part are not presented here due to the calculation process is the same as the left one. The area of the right part rock above the tunnel can be obtained from the following equation.

$$S_{AD_1DO_2O_1} = H \cdot \left(\frac{h + S}{2}\right) - \frac{1}{2} \cdot DD_1 \cdot \frac{S}{2} \sin\left(\sum_{i=1}^{n} \beta_i - \frac{\pi}{2}\right) \tag{17}$$

4.2.2 The work rate of soil weight

The work rate provided by the soil weight of the left part can be written as

$$P_{\gamma 1} = S_{BC_1CO_2O_1} \cdot \gamma \cdot v_0 + S_{CC_nE} \cdot \gamma \cdot v_n \cdot \cos(\alpha_n + \varphi_t) + \gamma \cdot \sum_{i=1}^{n-1} \left[S_{CC_iC_{i+1}} \cdot v_i \cdot \cos\left(\alpha_i + \varphi_t - \sum_{j=i+1}^{n} \beta_j\right)\right] \tag{18}$$

and that of the right part soil can be expressed as

$$P_{\gamma 2} = S_{AD_1DO_2O_1} \cdot \gamma \cdot v'_0 + S_{DD_nE} \cdot \gamma \cdot v'_i \cdot \cos(\alpha'_i + \varphi_t) + \gamma \cdot \sum_{i=1}^{n-1} \left[S_{DD_iD_{i+1}} \cdot v'_i \cdot \cos\left(\alpha'_i + \varphi_t - \sum_{j=i+1}^{n} \beta'_j\right)\right] \tag{19}$$

4.2.3 The work rate of internal energy dissipation

The work rate of internal energy dissipation of the left part corresponding to the left tunnel is

$$P_{c1} = c_t \cdot \cos \varphi_t \left[BC_1 \cdot v_0 + \sum_{i=1}^{n} (CC_i \cdot v_{i-1,\,i}) + \sum_{i=1}^{n-1} (C_iC_{i+1} \cdot v_i) + C_nE \cdot v_n\right] \tag{20}$$

and that of the right part is

$$P_{c2} = c_t \cdot \cos \varphi_t \left[\sum_{i=1}^{n} (DD_i \cdot v'_{i-1,\,i}) + \sum_{i=1}^{n-1} (D_iD_{i+1} \cdot v'_i) + D_nF \cdot v'_n\right] \tag{21}$$

4.3 The work rate of supporting pressure

The work rate done by supporting pressure corresponding to the left side of the left tunnel is

$$P_{T1} = -qhv_0/2 - ehv_n \sin(\alpha_n + \varphi_t) \tag{22}$$

and that of the right side is

$$P_{T2} = -q'hv_0/2 - e'hv'_n \sin(\alpha'_n + \varphi_t) \tag{23}$$

4.4 The surrounding rock pressure

It is assumed that the surrounding rock pressures on the tunnel in the limit state are generated by the structures in the left and right, respectively. The supporting pressure brought in and the surrounding pressure are balance forces, which means they are opposite in sign but equal in magnitude. Thus, the following equations are found: $q = q_0$, $q' = q'_0$. According to the principle of virtual work and by combining Eqs. (18), (20), (22) with Eqs. (19), (21), (23), the upper bound solutions of the surrounding pressure of the left and right part of the vault can be obtained as

$$q = \frac{2(P_{\gamma 1} - P_{c1})}{hv_0 + 2Khv_n \sin(\alpha_n + \varphi_t)} \tag{24}$$

$$q' = \frac{2(P_{\gamma 2} - P_{c2})}{hv_0 + 2Khv'_n \sin(\alpha'_n + \varphi_t)} \tag{25}$$

Note that the surrounding pressure q is a function of α_1, α_2, $\cdots$, α_n, β_1, β_2, $\cdots$, β_n, and q' is a function of α'_1, α'_2, $\cdots$, α'_n, β'_1, β'_2, $\cdots$, β'_n. The geometric constraints of the left and right parts of the velocity fields can be obtained as Eqs. (26) and (27) according to Fig. 2(c) and (d). Thus, the problem of finding the maximum values of the surrounding pressures can be transformed to a mathematical model which aims at finding the maximum values of the objective functions $q = f(\alpha_1, \alpha_2, \cdots, \alpha_n; \beta_1, \beta_2, \cdots, \beta_n)$ and $q' = f(\alpha'_1, \alpha'_2, \cdots, \alpha'_n; \beta'_1, \beta'_2, \cdots, \beta'_n)$ when the geometric constraints are satisfied. Using sequential quadratic programming method, the maximum values can be derived and they are corresponding upper bound solutions of the surrounding pressure.

$$\text{s. t.} \begin{cases} \alpha_1 - \sum_{i=2}^{n} \beta_i + \varphi_t > 0 \\ \alpha_i - \alpha_{i-1} + \beta_i > 0 \quad (i = 2, 3, \cdots, n) \\ \pi - \alpha_i - \beta_i + 2\varphi_t > 0 \quad (i = 2, 3, \cdots, n) \end{cases} \tag{26}$$

$$\text{s. t.} \begin{cases} \alpha'_1 - \sum_{i=2}^{n} \beta'_i + \varphi_t > 0 \\ \alpha'_1 - \alpha'_{i-1} + \beta'_i > 0 \quad (i = 2, 3, \cdots, n) \\ \pi - \alpha'_i - \beta'_i + 2\varphi_t > 0 \quad (i = 2, 3, \cdots, n) \end{cases} \tag{27}$$

4.5 Reliability model

The supporting pressure of the vaults and the side walls can be obtained from the following equations by setting a security coefficient F_s

$$q_0 = F_s \cdot q \tag{28}$$

$$e_0 = F_s \cdot e \tag{29}$$

$$q'_0 = F_s \cdot q' \tag{30}$$

$$e'_0 = F_s \cdot e' \tag{31}$$

Moreover, assuming $g_1(X)$, $g_2(X)$, $g_3(X)$ and $g_4(X)$ are the functions with respect to the vault and the side wall of the left and right part of the left tunnel, respectively. The corresponding functions with regard to the right tunnel are $g_5(X)$, $g_6(X)$, $g_7(X)$ and $g_8(X)$. Thus, the limit state equations of the twin shallow tunnel can be expressed as

$$g_1(X) = g_7(X) = q_0 - q = 0 \tag{32}$$

$$g_2(X) = g_8(X) = e_0 - e = 0 \tag{33}$$

$$g_3(X) = g_5(X) = q'_0 - q' = 0 \tag{34}$$

$$g_4(X) = g_6(X) = e'_0 - e' = 0 \tag{35}$$

The failure of tunnel structure is normally divided into two types based on positions where failure happens, which are the vault and the sidewall. The stability of twin shallow tunnels means both the vault and the side wall are stable. Therefore, the reliability model of the twin shallow tunnels is

$$R_s = [G(X) > 0] = \int_0^{\infty} f[G(X)]\mathrm{d}G(X) = P\{g_1(X) > 0 \cap g_2(X) > 0 \cap g_3(X) > 0 \cap g_4(X) > 0 \cap g_5(X) > 0 \cap g_6(X) > 0 \cap g_7(X) > 0 \cap g_8(X) > 0\} \tag{36}$$

$$P_f = 1 - R_s \tag{37}$$

$$\beta = -\Phi^{-1}(P_f) \tag{38}$$

where R_s is the degree of the reliability, P_f is the probability of failure, β is the reliability index, X and $G(X)$ are the vectors of random variables and functions respectively. The specific expressions are

$$X = [m \quad c_0 \quad \sigma_t \quad \gamma \quad q_0 \quad e_0 \quad q_0' \quad e_0'] \tag{39}$$

$$G(X) = [g_1(X) \quad g_2(X) \quad g_3(X) \quad g_4(X) \quad g_5(X) \quad g_6(X) \quad g_7(X) \quad g_8(X)] = [q_0 - q \quad e_0 - e \quad q_0' - q' \quad e_0' - e' \quad q_0' - q' \quad e_0' - e' \quad q_0 - q \quad e_0 - e] \tag{40}$$

5 Analysis of upper bound solutions

The parameters used in the calculation of the upper bound solutions of the surrounding pressures with respect to the twin shallow tunnels are: the buried depth of the tunnel $H=20$ m, the height and length of the tunnel profile $h=10$ m, the unit weight of the soil mass $\gamma=20$ kN/m^3.

5.1 Comparative analysis

Based on the failure mechanism of the single shallow tunnel and the linear failure criterion, YANG et al[20] obtained the upper bound solution of the surrounding pressure. In order to verify the method presented, the parameters in this work are the same with Ref. [20] when calculating the upper bound solutions of surrounding pressure on twin shallow tunnels with different clear distances. These parameters are: nonlinear coefficient $m=1.0$, cohesion $c=10$ kPa, angle of internal friction $\varphi=18°$, coefficient K which ranges from 0.6 to 1.2, number of the triangular rigid block which is set to 5. The comparison of the upper bound solutions of surrounding pressure is listed in Table 1. It can be seen that: 1) When the value of the coefficient K is 1.2, 1.0, 0.8 and 0.6, the surrounding pressure on the left side of the left tunnel is close to Ref. [20], which validates the correctness of the method put forward in this work; 2) The surrounding pressure on both sides of the tunnel decreases with decreasing K, because the pressure is partially released by the vault. This phenomenon is coincident with Ref. [20]. And the other parts of the pressure causes the increase of influenced scope of surrounding rock and critical clear distance.

Table 1 Comparison of surrounding pressure from upper bound solutions

K	Ref. [20] (Collapse mechanism A)		S/m	This work (Left side of left tunnel)		This work (Right side of left tunnel)	
	q/kPa	e/kPa		q/kPa	e/kPa	q'/kPa	e'/kPa
1.2	147.7	177.2	21	148.4	178.1	149.3	179.2
1.0	169.3	169.3	21	171.9	171.9	174.7	174.7
0.8	199.1	159.3	22	202.4	161.9	206.1	164.9
0.6	243.2	145.9	23	249.6	149.8	256.3	153.8

5.2 Analysis of clear distance

5.2.1 Linear failure criterion

From Fig. 2, it is noted that: when $S=-10$ m, the two tunnels are overlapped and the twin shallow tunnels can be regarded as a single shallow tunnel, when $-10\ \text{m}<S\leqslant 0$ m, the two tunnels are linked to each other and the twin shallow tunnels can be treated as a large-span tunnel, when $S>0$ m, the two tunnels begin to interact. Based on the linear failure criterion, the change rule of surrounding pressure on the right side of the left tunnel with respect to the variation of clear distance is illustrated in Fig. 3. The surrounding pressure on the right side of the left tunnel increases at first, and then it decreases and finally stabilizes, which means the influence of the right tunnel on the left one changes in the same way. Besides, it is found that the curve of the surrounding pressure with respect to the change of K shows a peak when S varies from 5 m to 10 m. That is to say, the right tunnel has the maximum impact on the left one and the tunnels are most possible to collapse. This conclusion is agreed with Ref. [10]. Afterward, the surrounding pressure on the right side of the left tunnel decreases and the interaction between the tunnels reduces. However, when $S=21$-23 m, the surrounding pressures with respect to different values of parameter K achieve the minimum value. In this circumstance, the surrounding pressure on the right side of the left tunnel becomes stable and it can be interpreted that the right tunnel has little impact on the left one. What is more, the surrounding pressure on right side of the left tunnel is basically consistent with the left side. Therefore, the minimum surrounding pressure on the right side of the left tunnel can be regarded as the surrounding pressure on the single shallow tunnel and the clear distance $S=21-23$ m can be treated as the critical clear distance between the two shallow tunnels as well.

To sum up, the twin shallow tunnels can be classified into the following types according to the variation of the surrounding pressures.

1) When $S=-h$, the two tunnels are overlapped and they can be regarded as a single shallow tunnel;

2) When $-h<S\leqslant 0$, the two tunnels are linked to each other and it can be treated as a large-span tunnel;

3) When $0<S<S_{cr}$, the twin shallow tunnels can be regarded as a small spacing tunnel due to their intense interaction;

4) When $S\geqslant S_{cr}=(2.1-2.3)h$, the interaction between the two tunnels is so small that they can be treated as a single shallow tunnel, namely the separated tunnel.

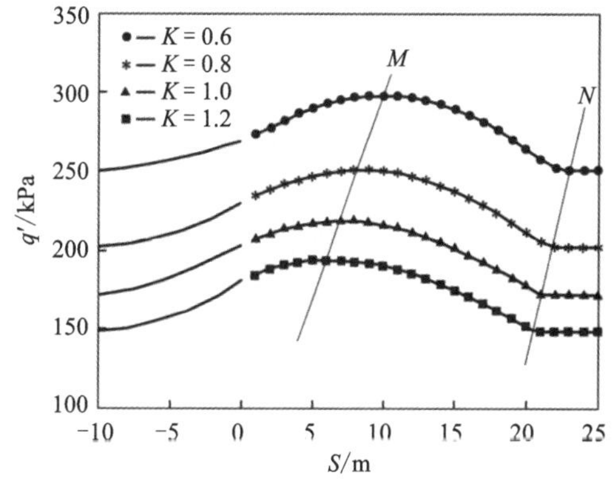

Fig. 3 Change rule of collapse pressure on right side of left tunnel based on linear failure criterion

Correspondingly, the clear distance can be classified into the following types: 1) According to whether the tunnels interact with each other and regarding $S=21$-23 m as the critical clear distance of safety, the clear distance is divided as dangerous clear distance and safe clear distance; 2) According to the degree of influence and treating $S=5$-10 m as the critical clear distance of most dangerous, the clear distance is divided as severely dangerous clear distance and slightly dangerous clear distance. Overall, the clear distance can be divided as severely dangerous clear distance, slightly dangerous clear distance and safe clear distance.

5.2.2 Nonlinear failure criterion

Based on nonlinear failure criterion, the change rule of surrounding pressure on the right side of the left tunnel is drawn in Fig. 4. The corresponding parameters are: the nonlinear coefficient $m=1.1$-1.5, initial cohesive $c_0=10$ kPa, axial tensile strength $\sigma_t=30$ kPa, coefficient $K=1.0$. It can be found that: when $S=-10$ m, the two tunnels are overlapped and they can be treated as a single tunnel; when -10 m$<S\leqslant 0$ m, the twin shallow tunnels are regarded as a large-span tunnel due to that the two tunnels are connected; when $0<S<S_{cr}=22$-29 m, there is obvious interaction between the two tunnels and the twin shallow tunnels can be regarded as the small spacing tunnels; when $S\geqslant S_{cr}=22$-29 m, for the influence between the two tunnels is rather small, the twin shallow tunnels are treated as two single shallow tunnels, namely the separated tunnel.

Similar to the change rule of surrounding pressure calculated by linear failure criterion, the surrounding pressure on the right side of the left tunnel under nonlinear failure criterion increases at first, and then it decreases and finally stabilizes. However, the surrounding pressures under the nonlinear failure criterion are larger than that of linear failure criterion. It means introducing the nonlinear feature of the rock mass results in the increase of the surrounding pressure. At the same time, it shows that considering nonlinear characteristic increases the influence between the two tunnels. The results show that when S = 9-14 m, the surrounding pressure-clear distance curves reach peak values, which means the right tunnel has most significant influence on the left one. In this case, the tunnels are most unstable and the easiest to collapse. Thus, S = 9-14 m can be regarded as the critical clear distance of most dangerous under the nonlinear failure criterion. Besides, when S=22-29 m, the surrounding pressure on the right side of the left tunnel reduces to the minimum and no longer changes, which means the influence between the right tunnel and the left one is negligible. Furthermore, it is found that the minimum surrounding pressure on the right side of the left tunnel is almost the same with that on left side through comparison. Thus, the minimum surrounding pressure on the right side of the left tunnel can be seen as the surrounding pressure on a single shallow tunnel and the corresponding clear distance, S=22-29 m can be treated as critical clear distance of safety. The critical clear distance of nonlinear failure criterion is obviously larger than that of linear failure criterion, which means that the nonlinear property of rock has a large influence on the critical clear distance. As a result, S=9-14 m is regarded as the critical clear distance of most danger and S=22-29 m is treated as the critical clear distance of safety when using nonlinear failure criterion.

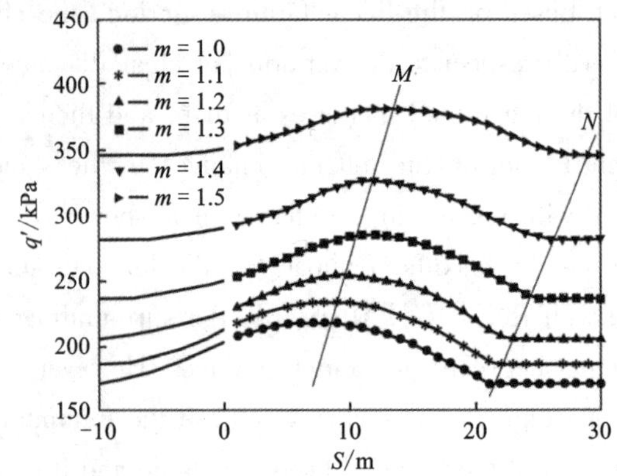

Fig. 4 Change rule of collapse pressure on right side of left tunnel based on nonlinear failure criterion (K=1.0)

6 Reliability analysis

6.1 Sensitivity analysis

Assuming that the statistical property of random variables are as listed in Table 2 and other parameters are buried depth H=20 m, height and length of tunnel profile h=10 m, clear distance S=10 m, coefficient K=1.0 and safety factor F_s=1. The corresponding result of sensitivity analysis is illustrated in Fig. 5. It is concluded from Fig. 5 that the nonlinear coefficient m is the most sensitive, followed by initial cohesion c_0 and unit weight of soil mass γ, while the axial tensile strength σ_t and the supporting pressures q'_0, e'_0, q_0 and e_0 are the least sensitive. Thus, the nonlinear coefficient m is the main factor which affects the reliability of the twin shallow tunnels.

Table 2 Statistical property of random variables I

Random variable	Mean	Standard deviation	Coefficient of variation	Distribution type
m	1.2	0.18	0.15	Gaussian
c_0/kPa	10	1.5	0.15	Gaussian
σ_t/kPa	30	4.5	0.15	Gaussian
γ/(kN·m^{-3})	20	3	0.15	Gaussian
q_0/kPa	205.6	30.8	0.15	Gaussian
e_0/kPa	205.6	30.8	0.15	Gaussian
q'_0/kPa	254.1	38.1	0.15	Gaussian
e'_0/kPa	254.1	38.1	0.15	Gaussian

6.2 Safety factor and corresponding clear distance of safety

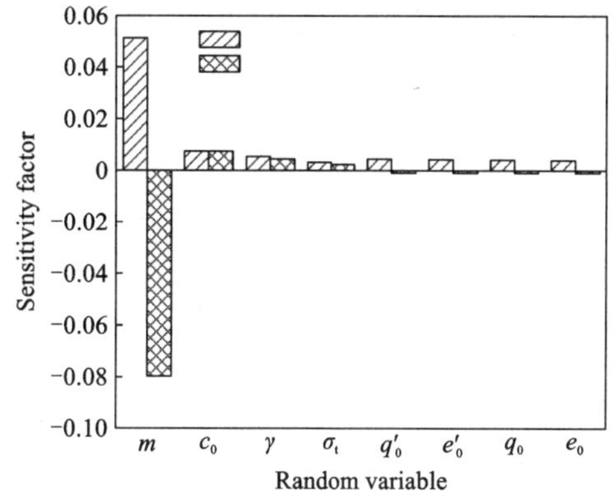

Fig. 5 Comparison on sensitivity factors of distribution parameters of random variables

Supposing the statistical properties of random variables are as shown in Table 3 and other parameters are buried depth $H = 20$ m, height and length of the tunnel profile $h = 10$ m and coefficient $K = 1.0$. The failure probability of different safety factors and clear distances under the nonlinear coefficient which is the main factor that affects the reliability derived from Monte Carlo method. According to Code for Design of Railway Tunnel[21], the target reliability index of tunnel structure is listed in Table 4. Moreover, the target reliable index $[\beta]$, is suggested with respect to the failure probability. Table 5 shows the distribution of safety level, which is illustrated in Fig. 6 for the convenience of analysis.

Table 3 Statistical property of random variables Ⅱ

Random variable	Mean	Standard deviation	Coefficien of variation	Distribution type
m	1.1-1.5	—	0.15	Lognormal
c_0/kPa	10	1.5	0.15	Lognormal
c_t/kPa	30	4.5	0.15	Lognormal
$\gamma/(\mathrm{kN \cdot m^{-3}})$	20	3	0.15	Lognormal
q_0/kPa	—	—	0.15	Lognormal
e_0/kPa	—	—	0.15	Lognormal
q'_0/kPa	—	—	0.15	Lognormal
e'_0/kPa	—	—	0.15	Lognormal

Table 4 Target reliability index of tunnel structure

Type of limit state		Safety class 1	Safety class 2	Safety class 3
Serviceability		1.0-2.5		
Ultimate	Brittle failure	4.7	4.2	3.7
	Ductile failure	4.2	3.7	3.2

Table 5 Safety factor and corresponding clear distance of different safety ranks for the twin shallow tunnels

m	q'_{max}/kPa	$[\beta]$ = 3.2		3.7		4.2	
		F_s	S/m	F_s	S/m	F_s	S/m
1.1	233.8	2.3-2.5	22-12	2.7-3.0	22-10	3.3-4.0	22-25
1.2	254.1	2.2-2.4	22-16	2.6-2.9	22-13	3.2-4.0	24-17

Continuation of table 5

m	q'_{max}/kPa	[β]					
		3.2		3.7		4.2	
		F_s	S/m	F_s	S/m	F_s	S/m
1.3	284.6	2.2-2.4	25-15	2.6-2.8	25-18	3.2-3.4	22-12
1.4	326.1	2.2-2.3	27-22	2.6-2.7	27-22	3.1-3.3	27-18
1.5	380.8	2.2-2.3	29-24	2.6-2.7	29-24	3.1-3.3	28-19

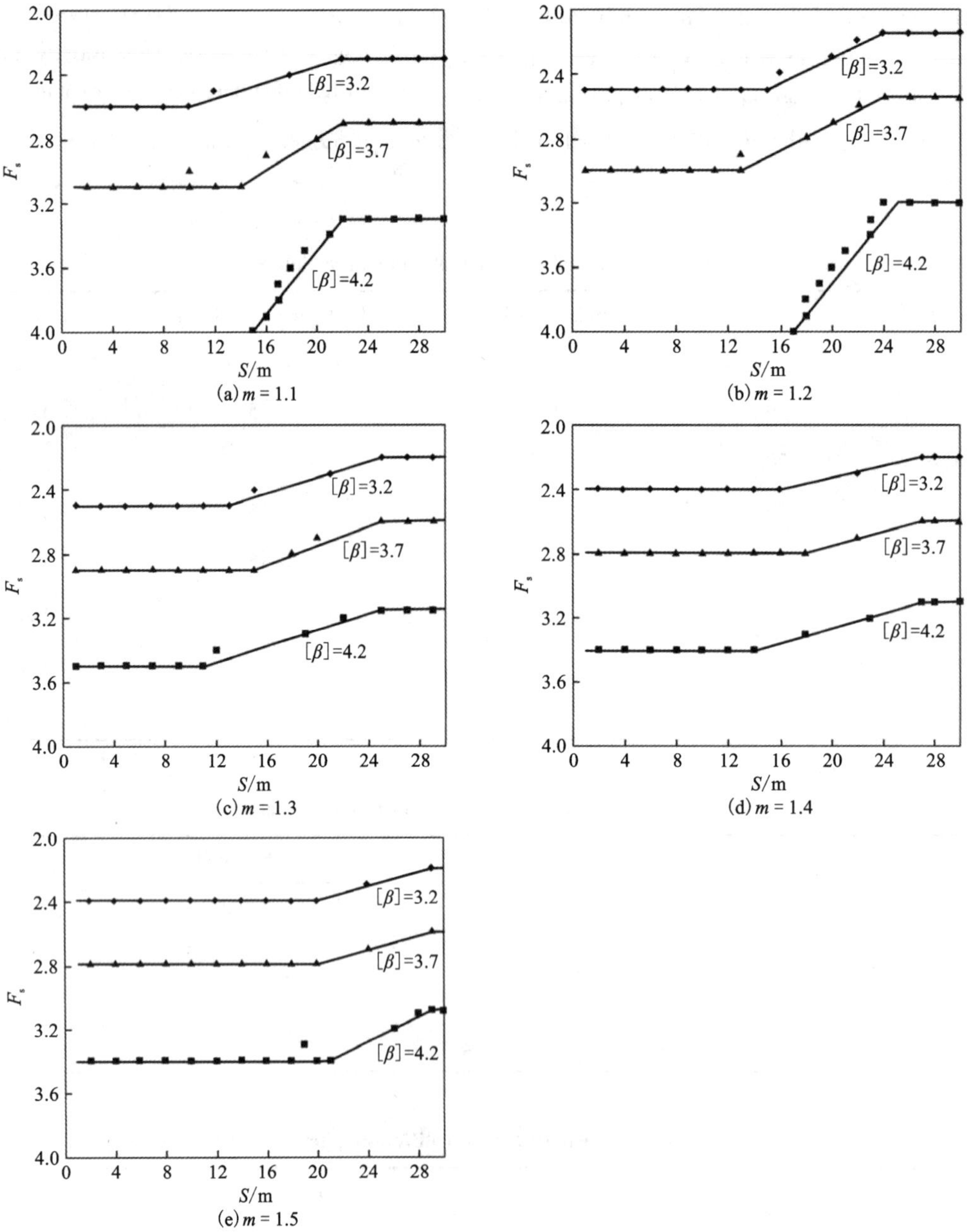

Fig. 6 Scope of distribution of safety rank for the twin shallow tunnels

According to the example of m = 1.2 in Fig. 4, the maximum surrounding pressure is obtained as q'_{max} = 254.1 kPa. By taking this surrounding pressure as a reference value and introducing the safety factor F_s, the reliability model of twin shallow tunnel is constructed to solve the supporting pressure. The results are listed in Table 5 and Fig. 6, and the following conclusions are made: 1) The minimum safety factor should be 2.16 corresponding to the 3rd level of safety, namely $[\beta] \geqslant 3.2$ and the minimum clear distance of safety in this case is 24 m. Furthermore, with the increasing safety factor, the minimum clear distances of safety are 22 m, 20 m, 16 m with a F_s of 2.2, 2.3 and 2.4, respectively. All the clear distances meet the requirement when $F_s \geqslant 2.5$; 2) The minimum safety factor should be 2.55 corresponding to the and level of safety, namely $[\beta] \geqslant 3.7$ and the minimum clear distance of safety in this circumstance is 24 m. Moreover, with the increasing safety factor, the minimum clear distances of safety are 22 m, 20 m, 18 m and 13 m with F_s of 2.6, 2.7, 2.8 and 2.9, respectively. All of the clear distances meet the requirement when $F_s \geqslant 3.0$; 3) The minimum safety factor should be 3.2 corresponding to the 1 st level of safety, namely $[\beta] \geqslant 4.2$ and the minimum clear distance of safety in this case is 24 m. Moreover, with the increasing safety factor, the minimum clear distances of safety are 23 m, 21 m, 20 m, 19 m, 18 m and 17 m with a F_s of 3.3, 3.5, 3.6, 3.7, 3.8 and 4.0, respectively. It can be seen that the target reliable index and the safety factor increase with the increasing safety level. When the safety levels are the same, the minimum clear distance of safety will decrease with the increasing safety factor. However, the safety factor should not be so small that makes the designed clear distance too large, which may be restricted by terrain conditions and cannot meet the requirement of safety. At the same time, the safety factor cannot be too large from an engineering cost point of view. Thus, the distribution of safety ranks based on target reliability index can be a reference for the design of the twin shallow tunnels in the future.

7 Conclusions

1) The failure mechanism of the twin shallow tunnels is constructed by extending the failure mechanism of single shallow tunnels, and the upper bound solutions of surrounding pressures are obtained from nonlinear limit analysis. The nonlinear failure criterion reduces to linear failure criterion when the nonlinear coefficient equals 1, and with the same parameters, the solution of surrounding pressure obtained is consistent with previous study which validates the correctness of the method presented.

2) The twin shallow tunnels are classified into the single tunnel, the large-span tunnel, the small spacing tunnel and the separated tunnel according to the change rule of surrounding pressure. Furthermore, the clear distance is divided into severely dangerous clear distance, slightly dangerous clear distance and safe clear distance. The critical clear distance of severely dangerous with respect to the linear and nonlinear failure criterion is $S=0.5-1.0h$ and $S=0.9-1.4h$, respectively, the corresponding critical clear distance of safety with respect to the two kinds of failure criterion are $S_{cr}=2.1-2.3h$ and $S_{cr}=2.2-2.9h$, respectively. Considering the nonlinear property of soil mass will increase the critical clear distance.

3) By considering the randomness of soil parameters, it is found that the nonlinear coefficient is the main factor which affects the reliability through sensitive analysis. The failure probability of different safety factors and clear distances with respect to nonlinear coefficient is derived. Besides, the safety factor and corresponding clear distance with respect to different safety levels are obtained by setting a target reliability index. The distribution of safety rank based on target reliability index presented in this work provides a reference for the design of the twin shallow tunnels in practical engineering.

References

[1] MOLLON G, DIAS D, SOUBRA A H. Rotational failure mechanisms for the face stability analysis of tunnels driven by a pressurized shield [J]. International Journal for Numerical and Analytical Methods in Geomechanics, 2011, 35 (12): 1363-1388.

[2] SENENT S, MOLLON G, JIMENEZ R. Tunnel face stability in heavily fractured rock masses that follow the Hoek-Brown failure criterion[J]. International Journal of Rock Mechanics and Mining Sciences, 2013, 60(1): 440-451.

[3] OCAK I. A new approach for estimating the transverse surface settlement curve for twin tunnels in shallow and soft soils [J]. Environmental Earth Sciences, 2014, 72(7): 2357-2367.

[4] AFIFIPOUR M, SHARIFZADEH M, JAMSHIDI K S A H. Interaction of twin tunnels and shallow foundation at Zand underpass, Shiraz metro, Iran[J]. Tunnelling and Underground Space Technology, 2011, 26(2): 356-363.

[5] DO N, DIAS D, ORESTE P, et al. Three-dimensional numerical simulation of a mechanized twin tunnels in soft ground [J]. Tunnelling and Underground Space Technology, 2014, 42(5): 40-51.

[6] HOSSAINI S M F, SHABAN M, TALEBINEJAD A. Relationship between twin tunnels distance and surface subsidence in soft ground of Tabriz Metro-Iran [C]//12th Coal Operators' Conference. University of Wollongong & the Australasian Institute of Mining and Metallurgy, 2012: 163-168.

[7] YOU K, KIM J. Evaluation of the influence of pillar width on the stability of a twin tunnel[J]. Journal of Korean Tunnelling and Underground Space Association, 2011, 13(2): 115-131.

[8] YANG X L, JIN Q Y, MA J Q. Pressure from surrounding rock of three shallow tunnels with large section and small spacing [J]. Journal of Central South University, 2012, 19(8): 2380-2385.

[9] YANG X L, ZHANG J H, JIN Q Y, et al. Analytical solution to rock pressure acting on three shallow tunnels subjected to unsymmetrical loads[J]. Journal of Central South University, 2013, 20(2): 528-535.

[10] XIE J, LIU C F, YU H Y. Upper bound solutions of plastic limit analysis for the stability of two parallel circular tunnels [J]. Chinese Journal of Rock Mechanics and Engineering, 2006, 25(09): 1835-1841. (in Chinese)

[11] SAHOO J P, KUMAR J. Stability of long unsupported twin circular tunnels in soils[J]. Tunnelling and Underground Space Technology, 2013, 38(9): 326-335.

[12] ZHANG J H, XU J S, ZHANG B. Energy analysis of stability of twin shallow tunnels based on nonlinear failure criterion [J]. Journal of Central South University, 2014, 21(12): 4669-4676.

[13] JTG D70-2004. Code for Design of Road Tunnel[S]. 2004.

[14] YANG X L, ZOU J F. Cavity expansion analysis with non-linear failure criterion[J]. Proceedings of the Institution of Civil Engineers-Geotechnical Engineering, 2011, 164(1): 41-49.

[15] YANG X L. Seismic passive pressures of earth structures by nonlinear optimization[J]. Archive of Applied Mechanics, 2011, 81(9): 1195-1202.

[16] HUANG F, YANG X L. Upper bound limit analysis of collapse shape for circular tunnel subjected to pore pressure based on the Hoek-Brown failure criterion[J]. Tunnelling and Underground Space Technology, 2011, 26(5): 614-618.

[17] SAADA Z, MAGHOUS S, GARNIER D. Pseudo-static analysis of tunnel face stability using the generalized Hoek-Brown strength criterion [J]. International Journal for Numerical and Analytical Methods in Geomechanics, 2013, 37(18): 3194-3212.

[18] CHEN W F. Limit analysis and soil plasticity[M]. Florida: J. Ross Publishing, Inc., 2007.

[19] DAVIS E H, GUNN M J, MAIR R J, et al. The stability of shallow tunnels and underground openings in cohesive material [J]. Geotechnique, 1980, 30(4): 397-416.

[20] YANG F, YANG J S. Limit analysis method for determination of earth pressure on shallow tunnel[J]. Engineering Mechanics, 2008, 25(7): 179-184. (in Chinese)

[21] TB 10003-2005. Specification for railway tunnel design[S]. 2005.

路侧停车区域非机动车冲突概率分布

慈玉生[1]，吴丽娜[2,3]，李潇逸[1]，刘志士[1]

1. 哈尔滨工业大学交通科学与工程学院，黑龙江哈尔滨，150090
2. 东北林业大学交通学院，黑龙江哈尔滨，150080
3. 黑龙江工程学院汽车与交通工程学院，黑龙江哈尔滨，150050

摘要：为揭示路侧停车区域对非机动车骑行行为的影响机理，结合现场调查数据开展了路侧停车区域非机动车与机动车之间冲突严重性判别、非机动车避险行为及严重性冲突概率分布模型的研究并提出以非完全制动距离作为非机动车冲突严重性的判别指标，获得了研究路段非机动车严重性冲突及避险行为数据，得出了减速是最主要的避险方式的结论；构建了非机动车严重性冲突的泊松概率分布模型，提出了以正态分布为基础的骑行安全性判定模型及临界值计算标准，并对调查路段进行了安全性评估。

关键词：路侧停车区域；非机动车；避险行为；交通冲突

路侧停车区域严重挤压了非机动车的出行空间，机动车驶入、驶出及开门等行为对非机动车的骑行构成了巨大威胁。本文通过实地调查获取了部分非机动车骑行行为及相关数据，分析相关数据得到了非机动车的避险行为，从而构建了路侧停车区域非机动车冲突严重性概率分布模型。

国内外对路侧停车区域影响非机动车骑行行为的研究处于探索阶段，如 Box 等[1]首先研究了路侧停车区域对交通流和交通安全的影响；陈峻等[2-3]将无机动车非硬性隔离城市的次要道路作为研究对象，建立了有无设置路侧停车区域的机动车和自行车车速与车流饱和度之间的关系模型；以非机动车集群通行和压缩特性为基础，提出了描述机动车辆停放过程影响下非机动车车流减速、跟驰和停车的压缩系数计算方法，建立了非机动车压缩交通波模型；Sener 等[4-5]收集了美国得克萨斯州 6400 例自行车路径选择的相关数据，研究表明骑行者特性、路侧停车区域、自行车设施类型、道路特性及交通流特性等对自行车路径选择有明显影响；郭宏伟等[6]为了衡量路侧停车区域对非机动车交通行为的影响，提出了有效流量的概念，并引用寿命分析法对非机动车的流量数据和越线行为进行了建模模拟；Van Der Horst 等[7]利用视频记录分析了荷兰非机动车专用道上非机动车的行为、交通冲突等；裴玉龙等[8-10]探讨了路侧停车区域、慢行交通行为及安全评价方面的工作。总体来说，当前研究主要以机动车的运行和安全为研究重心，忽略了交通中的“弱者”——非机动车，因此本文将着重研究路侧停车区域对非机动车的骑行干扰情况。

1 数据获取

结合人工观测法和摄像法，笔者于 2014 年 3 月 20 日—2014 年 4 月 8 日的高峰时段对哈尔滨市 4 条路侧停车区域进行数据检测，得到了路侧停车区域非机动车骑行行为的现场数据，见表 1。

表 1 路侧停车区域非机动车骑行行为调查情况

编号	调查时间	调查路段	断面形式	停车形式
1	2014-03-20—2014-03-23 07：00—09：00	宽城桥	两块板	平行式
2	2014-03-24—2014-03-28 16：00—18：00	景阳街	一块板	平行式
3	2014-04-05—2014-04-08 07：00—09：00	解放路	一块板	平行式
4	2014-03-30—2014-04-02 07：00—09：00	长江路	三块板	平行式+垂直式

慈玉生，吴丽娜，李潇逸，等.路侧停车区域非机动车冲突概率分布[J].哈尔滨工业大学学报，2015，47(2)：46-49.

2 非机动车冲突严重性判别与分析

路侧停车区域非机动车与机动车冲突严重性程度的判别是非机动力冲突规律中的重要内容，同时也是以交通冲突为基础的非机动车骑行安全性评估的关键问题之一。

2.1 非机动车冲突严重性界定指标选取

科学合理地界定路侧停车区域非机动车的冲突严重性主要取决于影响因素的确定。实际情况的影响因素纷繁复杂，如骑行者心理生理状态、骑行者骑行技能、路侧停车状态等。参考非机动车行驶相关理论与方法，可将路侧停车区域非机动车的制动过程划分为以下几个部分：

(1)制动停车全过程：指非机动车骑行者从感知危险信号至制动停车的过程，停车过程前期车辆运动状态无变化，主要为反应时间。

(2)完全制动停车过程指非机动车骑行者开始按下(踏下)制动手柄(踏板)至完全停车的过程，停车过程前期车辆运动状态无变化，车辆制动力逐渐增大。

(3)非完全制动停车过程：指非机动车的车辆制动器衬片开始压紧至完全停车的过程，停车过程前期车辆运动状态发生明显变化。

研究认为，在非机动车运动状态处于制动生效瞬间获得的交通冲突对交通安全具有重要的影响。因此，本文选取非完全制动距离和非完全制动时间作为冲突严重性判定指标；然而由于非完全制动距离更具有直观性和易获取性，所以本文最终选取非完全制动距离作为非机动车冲突严重性判别指标。

2.2 非机动车冲突严重性判别

上文已将非完全制动距离作为冲突严重性的判别指标，下面关键问题就是如何得到路侧停车区域非机动车的非完全制动距离。

调查可知，路侧停车区域对非机动车平均运行速度影响甚微，自行车直行平均速度约 14 km/h，电动车直行平均速度约 20 km/h；利用 $S_T=0.00787v^2$ 和 $S_T=0.00984v^2$ 可分别得到相应的非机动车的非完全制动距离，分别为 1.54 m 和 3.94 m，本文将其作为临界距离。所以，如果当非机动车在采取避险行为时的冲突距离小于相对应的临界距离时，可界定该冲突为严重性冲突，其他冲突则属于非严重性冲突。

2.3 非机动车冲突数据分析

参照以上标准对调查路段的视频数据进行分析，对比每辆非机动车调查区域、调查时段、冲突距离与临界距离的大小关系，得到相应的冲突数据并进行分类，见表 2。

表 2 调查路段非机动车严重性冲突次数统计 次

调查路段	冲突类型	第一日	第二日	第三日	第四日
宽城桥	追尾冲突	113	105	106	95
景阳街	追尾冲突	124	103	113	97
解放路	追尾冲突	130	152	132	114
长江路	正向冲突	53	42	48	67
	追尾冲突	50	31	54	46
	横穿冲突	22	15	17	29
	合计	125	88	119	142

分析表 2 可知，四条路段严重性冲突为 1858 次，其中以追尾冲突为主，占总数的 84.2%。表 2 中数据同时表明，道路断面形式及路侧停车区域对非机动车冲突严重性影响较为明显。

3 非机动车避险行为分析

当非机动车与路侧停驶车辆发生冲突时，非机动车往往会采取相应的避险行为措施。本文开展的 4 条街道高峰时段非机动车避险行为调查中，非机动车采取避险行为总次数为 189 次，且避险行为以转向加减速、减速、转向等为主。调查路段高峰时段的非机动车采用避险行为的数据见表 3。

表 3 调查路段非机动车避险行为统计

次

调查路段	停车	减速	转向	加速	转向加停车	转向加减速
宽城桥	1	15	6	1	3	21
景阳街	0	11	12	1	5	24
解放路	2	13	6	0	1	27
长江路	0	10	5	2	3	20
合计	3	49	29	4	12	92

从表 3 可知，调查路段中减速和转向加减速是非机动车采用的主要避险方式；而停车、加速避险只在很少的情况下发生。表 3 中数据同时表明，非机动车会较多地将转向和其他避险行为结合起来，例如转向加减速、转向加停车等。分析可知，采取减速、转向等主要避险行为的原因与非机动车的自然属性和行驶特性有关，其具有较高的灵活性且不具备急剧加速等性能。

4 非机动车严重性冲突概率分布模型

4.1 非机动车严重性冲突概率分布模型

非机动车严重性冲突概率分布可归结为离散型随机分布，可用离散型概率分布来展开研究。已有研究表明，交叉口机动车交通冲突可用泊松分布进行分析。因此，本文以单个停车路段进行非机动车严重性冲突分布规律的研究。

假设某一路段停车区域，在指定的时空范围内发生非机动车严重性冲突的次数是 X，因建模需要，将此路段均分为 n 段，同时需保证在规定时段内不会发生两次及以上的非机动车严重性冲突，即

$$X_i = \begin{cases} 1, \text{概率为 } p; \\ 0, \text{概率为 } 1-p \end{cases} \quad (1 \leqslant i \leqslant n) \tag{1}$$

式中：X_i 为均分的第 i 段上发生的严重性交通冲突情况参数。

当 $X_i=1$ 时，即第 i 段出现了一次非机动车严重性冲突且其概率为 p；当 $X_i=0$ 时，即为第 i 段未出现非机动车严重性冲突且其概率为 $1-p$。因此，路侧停车区域非机动车严重性冲突服从 0-1 分布，分布规律为：

$$P\{X=x\} = p^x(1-p)^{1-x},\ x=0,\ 1(0<p<1) \tag{2}$$

因此，在分析时空范围内发生的非机动车严重性冲突次数为：

$$X = \sum_{i=1}^{n} X_i \tag{3}$$

由于 X_1，X_2，X_3，…，X_n 独立同分布，且 $X_i \sim B(1,\ p)$，因此在指定时间内该路段发生的非机动车严重性冲突次数之和服从 $B(n,\ p)$，即

$$P\{X=x\} = C_n^x p^x q^{n-x},\ x=0,\ 1,\ 2,\ \cdots,\ n \tag{4}$$

当二项分布的 $n \gg 10$、$p \leqslant 0.1$ 时，就可以用泊松分布作为二项分布的近似，而在本文停车路段测得样本量 n 很大、p 很小，正好符合该规律。

即当 $0<p\leqslant 0.1$，且 $n \gg 10$ 时：

$$P\{X=x\} = P\{x/\lambda\} = \frac{\lambda^x e^{-\lambda}}{x!} \tag{5}$$

一般而言，二项分布采用 n 及 p 两参数来表征；泊松分布通常采用参数 $\lambda=np$ 来刻画，λ 是指规定时空范围内理论上发生的非机动车严重性冲突次数。事实表明，由于道路属性、路侧停车区域及骑行者自身等不同特性造成各停车路段 λ 值不尽相同；而针对同一路侧停车区域，正常的道路交通条件下可认为该值处

于较为稳定的范围。据此，本文认为 λ 值可以表征路侧停车区域非机动车骑行安全水平，即 λ 值越大越容易发生非机动车严重性冲突，非机动车骑行越加不安全。

4.2 非机动车骑行安全性判定模型

路侧停车区域非机动车严重性冲突概率分布模型的建立是非机动车骑行安全性判定模型构建的前提条件。研究表明，路侧停车区域非机动车冲突类型及其严重程度反映了非机动车骑行的交通安全状况及骑行者的安全感知情况。

路侧停车区域非机动车严重性冲突次数服从泊松分布，因此可以利用式(3)计算得到非机动车严重性冲突次数。在分析时空范围内，参考极大似然估计，认为 λ 近似等于 X 的均值，而 X 则来自长期观测数据。同时，在分析确定路侧停车区域非机动车骑行安全水平时，需要找出“临界值”作为分析标准。据此，本文在对单个路侧停车区域开展非机动车骑行安全水平判定时，需引入非机动车严重性冲突概率分布的 α 分位点，即选取合理的分位点的冲突值 ξ 作为相应的判定标准，此 ξ 值即“临界冲突值”。

因此，当某一路侧停车区域计算的非机动车严重性冲突值 λ 大于“临界冲突值”ξ 的概率，即大于显著性水平 α 时，表明该路段非机动车骑行安全水平低，即

$$P\{m > \xi/\lambda\} = \sum_{\xi}^{\infty} \frac{\lambda^{x} e^{-\lambda}}{m!} > \alpha \tag{6}$$

式(6)可见，判定目标路段非机动车骑行安全水平的过程主要为求解非机动车严重性冲突次数为 λ 时，在显著性水平 α 下的“临界冲突值”的过程。根据中心极限定理可知，路侧停车区域非机动车严重性冲突次数 X 可以表示为任意 n 个独立随机变量的和，且其服从渐进正态分布。通常情况下，路侧停车区域非机动车严重性冲突次数 X 值较大，依据 DE Moive-Laplace 定理，随机变量 Z 为：

$$Z = \frac{X - np}{\sqrt{np(1 - p)}} \approx \frac{X - \lambda}{\sqrt{\lambda(1 - p)}} \tag{7}$$

由式(7)可认为 Z 服从标准正态分布 $N(0, 1)$，由于 p 足够小，故随机变量 Z 可表示为：

$$Z \approx \frac{X - \lambda}{\sqrt{\lambda}} \tag{8}$$

基于式(7)和式(8)的求解，非机动车严重性冲突临界值 ξ 为：

$$\xi = X \approx \lambda + Z_{\frac{\alpha}{2}} \sqrt{\lambda} \tag{9}$$

因此，本文选择正态分布函数的90%分位值 $Z_{0.05} = 1.65$ 代入式(9)，即观测到的路侧停车区域非机动车严重性冲突值小于 ξ 的概率为90%，如果某时段观测的非机动车严重性冲突次数大于该临界值，即可认为在该路段骑行的非机动车安全水平差，应该对该路段进行相应措施的改进。

4.3 调查路段非机动车骑行安全性评价

以宽城桥路侧停车区域调查数据为例，开展非机动车骑行安全性评价。根据极大似然估计理论可以近似以 4 d 高峰时段调查的非机动车严重性冲突数据平均值作为期望冲突值($\lambda = 105$ 次)。根据式(9)，取置信度为90%，$Z_{0.05} = 1.65$，临界值为122 次。分析可知，宽城桥调查时段非机动车严重性冲突观测数值中无冲突次数超过此临界值，认为非机动车在此路段骑行比较安全。

同理，在景阳街的非机动车骑行安全性较好，而在解放路和长江路的调查数据中都有部分严重性冲突观测值大于相应的临界值，因此该两处的非机动车骑行安全水平差，该路段在安全方面需要改善。根据以上计算结果，将调查路段非机动车严重性冲突次数的平均值和临界值标准列于表 4。

表 4 调查路段非机动车严重冲突标准 次

调查路段	冲突类型	第一日	第二日	第三日	第四日	均值	临界值
宽城桥	追尾冲突	113	105	106	95	105	122
景阳街	追尾冲突	124	103	113	97	109	126
解放路	追尾冲突	130	152	132	114	132	151
长江路	正向冲突	53	42	48	67	119	137
	追尾冲突	50	31	54	46		
	横穿冲突	22	15	17	29		
	合计	125	88	119	142		

注：由于宽城桥、景阳街、解放路路段都是平行式停车，根据平行式停车路段车辆前进式停车和前进式离车，追尾冲突是其主要形式；而长江路是垂直式和平行式停车路段，垂直式停车路段车辆可以前进式（后退式）停车和后退式（前进式）离车，其存在正向冲突、追尾冲突和横穿冲突等多种形式。

5 结语

结合哈尔滨市 4 条路侧停车区域非机动车骑行行为的调研数据，开展了路侧停车区域非机动车冲突严重性判别、避险行为及严重性冲突概率分布模型的研究。研究提出了以非完全制动距离作为非机动车严重性冲突判别标准，建立了严重性冲突的泊松分布模型、骑行安全性判定模型及临界值计算标准，并对调查路段进行了案例分析。

研究结果可用于路侧停车区域、非机动车道规划、设计及安全性评价等。然而由于本文调研规模及数据量的局限性，因此在后续研究中可继续补充数据、加强路侧停车形式、实际机动车停放状况及交通流状况等对非机动车骑行干扰的相关研究。

参考文献

[1] BOX P C, LEVINSON H S. Curb-parking problems: overview[J]. Journal of Transportation Engineering-ASCE, 2004, 130(1): 1-5.

[2] 陈峻，王炜，梅振宇. 路边停车带设置对混合车流速度影响分析[J]. 交通运输系统工程与信息，2005，5(5)：34-36.

[3] 陈峻，王紫. 考虑路边停车带影响的非机动车压缩交通波模型[J]. 哈尔滨工业大学学报，2013，45(6)：114-118.

[4] SENER I N, ELURU N, BHAT C R. An analysis of bicycle route choice preferences in Texas, US[J]. Transportation, 2009, 36(5): 511-539

[5] TORRANCE K, SENER I N, MACHEMEHL R, et al. The effects of on-street parking on cyclist route choice and the operational behavior of cyclists and motorists: FHWA/TX - 09/0 - 5755 - 1 [R]. Avstin: Center for Transportation Researoh, 2009.

[6] 郭宏伟，高自友，赵小梅，等. 路内停车对非机动车交通行为影响研究[J]. 交通运输系统工程与信息，2011，11(1)：79-84.

[7] VAN DER HORST A R A, DE GOEDE M, DE HAIR-BUIJSSEN S, et al. Traffic conflicts on bicycle paths: a systematic observation of behaviour from video[J]. Accident Analysis and Prevention, 2014, 62: 358-368.

[8] 裴玉龙，慈玉生. 大城市停车规划设计若干问题探讨[J]. 道路交通与安全，2005，5(4)：9-12.

[9] FENG S M, DING N, CI Y S. Behavior of pedestrians compressing vehicle lanes at intersections[C]//Proceedings of the 6 th Advanced Forum on Transportation of China. Beijing: [s. n.], 2010: 13-18.

[10] WANG Y G, CHEN K M, CI Y S, et al. Safety performance audit for roadside and median barriers using freeway crash records: case study in Jiangxi, China[J]. Scientia Iranica, 2011, 18(6): 1222-1230.

修正剑桥模型在DPC桩-土结构层中的应用分析

胡贺松[1]，廖湘英[2]，陈晓斌[2]

1. 广州市建筑科学研究院有限公司，广东广州，510440
2. 中南大学土木工程学院，湖南长沙，410075

摘要：针对DPC桩-土结构层开展大型直剪试验，基于试验分析，在考虑DPC桩-土结构层注浆影响下引入了临界应力比，构建了可描述应变软化的修正剑桥模型的应力-应变方程。直剪试验表明DPC桩-土结构层剪切特性表现为剪切软化，具有明显的峰值强度和残余强度，呈现出明显的结构性，其特性与超固结黏土的剪切应力-应变曲线特性类似。推导出的修正剑桥模型能较好地解释试验结果，所得出的结论对DPC桩的设计有一定指导意义。

关键词：随钻跟管桩；桩侧注浆；桩-土结构层；直剪试验；剑桥模型

建立合理的桩-土接触面本构模型是研究桩基承载力的前提，特别是摩擦型基桩。在桩-土接触面本构模型开发、改进和应用方面，常用的接触面模型有理想弹塑性模型、指数函数模型、双曲线模型、线性模型、损伤模型等，主要成果有：Clough和Duncan[1]提出的双曲线本构模型，后来蒲诃夫等[2]、曹卫平等[3]对双曲线模型进行了改进；Brandt[4]通过直剪试验提出了刚塑性模型；Desai和Ma[5]将损伤力学的原理引入接触面，并提出了修正的R-O模型；胡黎明和濮家骝[6]则基于损伤力学原理，提出了损伤本构模型；王伟和卢廷浩[7]从能量的角度考虑，基于试验研究提出了3参数模型，为桩-土界面的计算提供了参考；李赛等[8]考虑桩-土界面初始剪切刚度的深度效应，提出了基于统计损伤本构模型的无厚度接触面本构模型；张嘎和张建民[9]基于粗粒土与结构接触面弹塑性损伤静动力统一模型建立了可用于有限元分析的弹塑性损伤接触面单元；Chen等[10]、石熊等[11]对红黏土与不同粗糙度的混凝土接触面试验就模型开展了研究；Zheng等[12]将研究成果应用在了开挖卸载条件下的桩土接触面上；此外还有Ebrahimian和Bauer[13]、Kwak等[14]等。随着研究的深入，一些特殊条件的研究也开始开展，比如动力荷载作用[15]、温度荷载影响[16]、冻土作用[17]。这些研究成果不断转化为有限元计算平台的应用，比如Yu等[18]的相关研究。应用实践表明：由于过度简化边界条件，这些模型还存在一些不足。比如：弹塑性模型与刚塑性模型虽能描述绝大多数的应力-应变趋势，但与实际的应力-应变关系拟合精度相比偏低；指数模型对接触面破坏之前的阶段拟合精度非常高，但不能描述破坏后的软化趋势；双曲线模型对超固结土的适用性不强；损伤模型考虑了粗糙度对接触面的影响，但模型内参数较多，使用不方便。

与传统桩型不同，大直径随钻跟管桩(drilling with phc pile cased pile，DPC)，是一种跟进钻头施工的预制管桩[19]。DPC桩-土结构层的特殊性主要表现为：桩土间空隙采用注浆结石体填充，其桩-土结构层是由2个接触界面组成的有限厚度结构层(以下简称为DPC桩-土结构层)。很明显，随钻跟管桩(DPC)是一种以发挥侧摩擦阻力为主的端承摩擦桩，建立合理的DPC桩-土结构层本构模型是DPC桩设计计算的关键问题。基于试验分析和应用研究，尝试用修正剑桥模型来描述DPC桩-土结构层应力-应变关系。

1 结构层剪切特性试验分析

1.1 试验材料及方案

DPC桩具有一种特殊的桩-土结构层，其构造如图1所示。该结构层较为复杂，存在多元介质，离桩壁较近处浆液浓度较高(反之则较低)，土与浆液相互渗透，各参数难以定量描述。

为研究DPC桩-土结构层的剪切特性，开展了注浆前后的结构层大型直剪试验研究。选用的试验材料

胡贺松，廖湘英，陈晓斌. 修正剑桥模型在DPC桩-土结构层中的应用分析[J]. 地质力学学报，2018，24(6)：849-854.

包括2种桩周土(粉质黏土和素填土)、注浆水泥浆液和模拟DPC桩表面的混凝土面板。

试验选用粉质黏土和素填土的物理力学性质指标如表1所示，它们的粒径组成及级配曲线如图2所示。

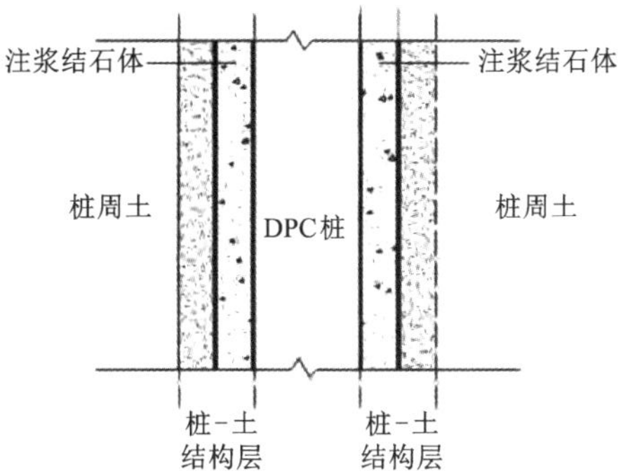

图1 DPC桩-土结构层示意图

表1 土的物理力学指标

桩周土	最佳含水率/%	最大干密度/($g \cdot cm^{-3}$)	液限 ω_l	塑限 ω_p	黏聚力/kPa	内摩擦角/(°)
粉质黏土	18.5	1.71	24.1	16.53	11.6	31
素填土	14.4	1.88	40.7	25.1	23.1	33

采用TYJ-800大型直剪仪开展DPC桩-土结构层剪切试验，上剪切盒中试样尺寸为：500 mm×500 mm×150 mm[见图3(a)]。考虑DPC桩渗透注浆条件下形成的特殊界面构造，采用预制混凝土板模拟DPC桩表面(代替下剪切盒)，其上剪切盒中为压实度95%的桩周土，采用涂抹的方式模拟渗透注浆结石体。注浆水灰比宜0.45~0.55，掺入10%的硫铝酸钙膨胀剂和3%的三乙醇胺早强剂。剪切试样制作完成后，养护时间为7 d，形成了(注浆结石体即渗透了水泥浆液的固化土层)接触层[见图3(b)]。采用的正应力分别为100 kPa、200 kPa及400 kPa，剪切速率为1 mm/min。

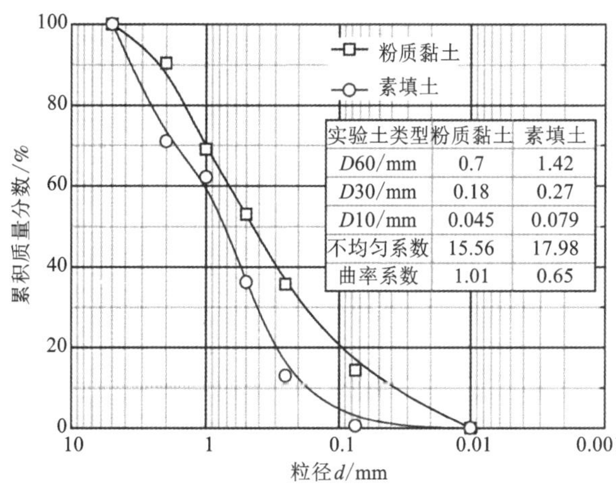

图2 试验土级配曲线

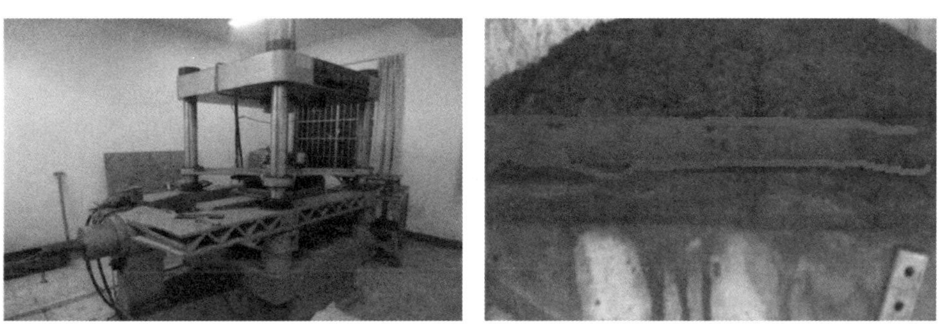

(a) TYJ-800剪切仪　(b) 试样

图3 大型剪切试验仪器及试样

1.2 剪切特性分析

从DPC桩—粉质黏土结构层应力-应变曲线可看出：①在未注浆的情况下位移强度曲线表现为剪切硬化，没有明显的峰值强度点[见图4(a)]；②注浆后DPC桩-粉质黏土结构层位移强度曲线具有明显的峰值强度点和残余强度，呈现出明显剪切软化的特征，特别是在100 kPa和200 kPa正应力情况下更加明显[见图4(b)]。

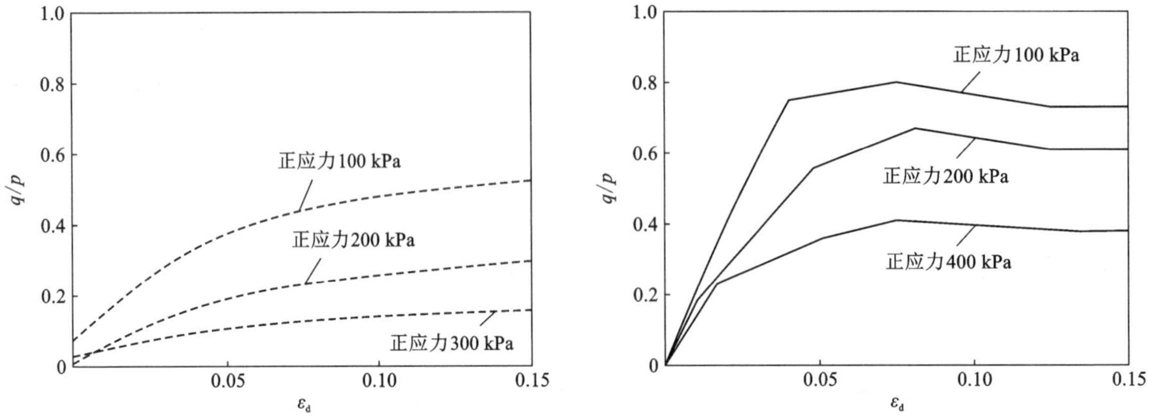

(a) 注浆前DPC桩-粉质黏土结构层　　(b) 注浆后DPC桩-粉质黏土结构层

图 4　DPC 桩-粉质黏土结构层应力-应变曲线

从 DPC 桩-素填土注浆后结构层应力-应变曲线(见图 5)可以看出：注浆后结构层位移强度曲线也具有明显的峰值点和残余强度，呈现剪切软化的特征。

通过剪切试验表明：注浆加固后 DPC 桩-土结构层剪切特性表现为剪切软化和结构性，具有明显的峰值强度和残余强度。注浆后 DPC 桩-土结构层剪切应力-应变曲线特性与超固结黏土的剪切应力-应变曲线特性类似[20]，可探索用改进后的剑桥模型描述 DPC 桩-土结构层的应力-应变关系。

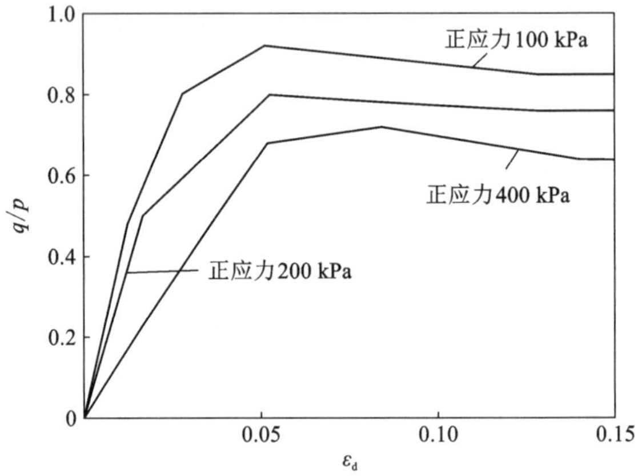

图 5　DPC 桩-素填土结构层应力-应变曲线

2　考虑注浆影响的屈服面

2.1　应力空间拓展

借鉴 Taylor 公式，首先将 DPC 桩-土结构层的二维应力扩展为三维应力空间。直剪试验中土体的峰值强度表达式为：

$$\tau A\dot{x} - \sigma' A\dot{y} = \mu\sigma' A\dot{x} \tag{1}$$

式中：τ 为剪应力；σ'为正应力；A 为剪切面积；$\dot{x}$ 为单位剪应变；$\dot{y}$ 为单位轴向应变。

Schofield 和 Wroth[21] 对式(1)进行了重新类比定义，将 τ 定义为 q，σ'定义为 p，单位剪应变 $\dot{x}$ 定义为 $\dot{\varepsilon}$，$\dot{y}$ 定义为$-\dot{v}/v$，将二维应力转换为三维应力空间下的应力强度关系：

$$q\dot{\varepsilon} + p\dot{v}/v = Mp\,|\dot{\varepsilon}| \tag{2}$$

式中：M 为临界应力比；p 为有效平均主应力，即

$$p = \frac{\sigma_1 + \sigma_2 + \sigma_3}{3} \tag{3}$$

q 为广义剪应力，即

$$q = \frac{\sqrt{2}}{2}\sqrt{(\sigma_1 - \sigma_2)^2 + (\sigma_2 - \sigma_3)^2 + (\sigma_3 - \sigma_1)^2} \tag{4}$$

2.2　屈服函数

剑桥模型是土力学中经典的本构关系，最初的屈服函数为：

$$f = \ln\frac{p}{p_0} + \frac{q}{Mp} - \frac{\varepsilon_v^p}{c_p} \tag{5}$$

1968 年罗斯科等人提出了修正的剑桥模型，将屈服面定义为椭圆面，屈服函数为：

$$f = c_{\mathrm{p}} \ln \frac{p}{p_0} + c_{\mathrm{p}} \ln\left(1 + \frac{q^2}{M^2 p^2}\right) - \varepsilon_{\mathrm{v}}^{\mathrm{p}} \tag{6}$$

式中：$\varepsilon_{\mathrm{v}}^{\mathrm{p}}$ 为 p 轴方向上的塑性应变；p_0 为屈服面与 p 轴的交点；c_{p} 为材料参数。为了反映超固结土的应变软化，很多学者对剑桥模型进行了改进，比如 Nakai 等[22]、徐连民等[23]引入超固结比来描述土体软化的情况。姚仰平等[24]引入 Hvorslev 斜线，将硬化后的屈服面定义为参考屈服面，原始屈服面定义为当前屈服面，并引入超固结参数 R 和潜在强度 M_z 来修正剑桥模型，即

$$R = \frac{p}{\bar{p}_{x0}} \cdot \left(1 + \frac{q^2}{M^2 p^2}\right) \exp\left(-\frac{\varepsilon_{\mathrm{v}}^{\mathrm{p}}}{c_{\mathrm{p}}}\right) \tag{7}$$

式中：p 和 q 为当前屈服面的应力参数，$\bar{p}_{x0}$ 为参考屈服面的应力参数。

2.3 屈服面扩展

DPC 桩-土结构层注浆意味着 Roscoe 修正剑桥模型屈服面的同形扩展，如图 6 所示。

桩土结构层注浆后，引入注浆影响的临界应力比系数来改进剑桥模型，使之能描述 DPC 桩-土结构层的应变软化。姚仰平[24]通过硬化参量来代替剑桥模型使其能描述超固结土的屈服面。将临界应力比系数定义为硬化参量，由此实现了 DPC 桩-土结构层屈服面的扩展，注浆影响参量为：

$$l(\eta) = \beta \cdot \frac{M_z^4 - \eta^4}{M^4 - \eta^4} \tag{8}$$

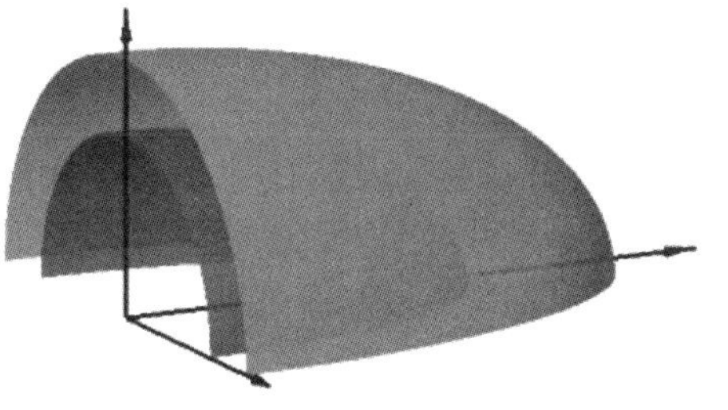

图 6　DPC 桩-土结构层屈服面扩展

考虑到屈服面与未注浆原始屈服面几何相似，故注浆后 DPC 桩-土结构层的屈服函数可写为：

$$f = \ln \frac{p}{p_{0z}} + \ln\left(1 + \frac{q^2}{M^2 p^2}\right) - \frac{\int l(\eta)\,\mathrm{d}\varepsilon_{\mathrm{v}}^{\mathrm{p}}}{c_{\mathrm{p}}} \tag{9}$$

将塑性应变与塑性势函数正交，总应力-应变为：

$$\begin{bmatrix} \mathrm{d}\varepsilon_{\mathrm{v}} \\ \mathrm{d}\varepsilon_{\mathrm{d}} \end{bmatrix} = [D] \begin{bmatrix} \mathrm{d}p \\ \mathrm{d}p \end{bmatrix} = \begin{bmatrix} D_{\mathrm{pp}} & D_{\mathrm{pq}} \\ D_{\mathrm{qp}} & D_{\mathrm{qq}} \end{bmatrix} \begin{bmatrix} \mathrm{d}p \\ \mathrm{d}q \end{bmatrix} \tag{10}$$

式中：

$$D_{\mathrm{pp}} = \frac{c_{\mathrm{p}}}{p} \cdot \beta \cdot \frac{(M^2 - \eta^2)^2}{M_z^4 - \eta^4} + \frac{1}{p} \cdot \frac{\kappa}{1 + e_0} \tag{11}$$

$$D_{\mathrm{pq}} = D_{\mathrm{qp}} = \frac{c_{\mathrm{p}}}{p} \cdot \beta \cdot \frac{(M^2 - \eta^2)^2 \cdot 2\eta}{M_z^4 - \eta^4} \tag{12}$$

$$D_{\mathrm{pp}} = \frac{c_{\mathrm{p}}}{p} \cdot \beta \cdot \frac{4\eta^2}{M_z^4 - \eta^4} + \frac{2}{9} \cdot \frac{1}{p} \cdot \frac{1 + v}{1 - 2v} \cdot \frac{\kappa}{1 + e_0} \tag{13}$$

式中：λ、κ、e_0、v 为材料参数。

2.4 模型参数

采用试验数据，反演得到了修改剑桥模型的 DPC 桩-土结构层的应力-应变关系函数参数值，如表 2 所示。模型预测值与实验值对比结果如图 7 所示：模型预测值与试验结果吻合，可用改进后的剑桥模型来描述 DPC 桩-土结构层的应力-应变关系。

表 2　模型参考值

DPC 桩-土结构层	λ	κ	e_0	v	M	M_z	β	η
DPC 桩-粉质黏土	0.11	0.025	0.66	0.30	0.24	1.7	0.35	1.50
DPC 桩-素填土	0.12	0.021	0.58	0.25	0.92	2.3	0.30	1.33

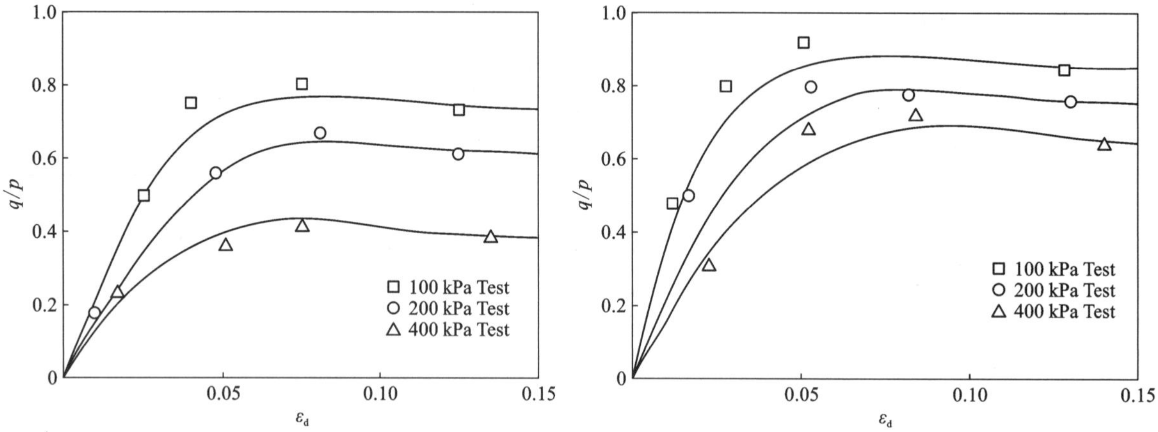

(a) DPC桩-粉质黏土结构层　　(b) DPC桩-素填土结构层

图 7　模型预测与实验值对比

3 结论

基于试验现象分析，在考虑 DPC 桩-土结构层注浆影响下引入了临界应力比，构建了可描述应变软化的修正剑桥模型的应力-应变方程，并对试验结果进行拟合，所得结论如下：

(1) DPC 桩-土结构层剪切特性表现为剪切软化，具有明显的峰值强度和残余强度，DPC 桩-土结构层具有明显的结构性，其特性与超固结黏土的剪切应力-应变曲线特性类似。

(2) 基于临界应力比，引入考虑 DPC 桩-土结构层注浆加固效应的参量，使其可描述 DPC 桩-土结构层屈服面扩展。

(3) 注浆后 DPC 桩-土结构层剪切应力-应变曲线特性具有结构性，可用改进后的剑桥模型描述其应力-应变关系。

参考文献

[1] CLOUGH G W, DUNCAN J M. Finite element analysis of retaining wall behavior[J]. Journal of the Soil Mechanics and Foundations Division, 1971, 97(12): 1657-1672.

[2] 蒲诃夫，郑俊杰，章荣军. 桩土界面荷载传递模型的改进及其数值实现[J]. 华中科技大学学报(城市科学版), 2010, 27(1): 84-88.

[3] 曹卫平. 桩土界面荷载传递双曲线模型的改进及其应用[J]. 岩石力学与工程学报, 2009, 28(1): 144-151.

[4] BRANDT J R T. Behaviour of soil-concrete interfaces[D]. Alberta: The University of Alberta, 1985.

[5] DESAI C S, MA Y Z. Modelling of joints and interfaces using the disturbed-state concept[J]. International Journal for Numerical and Analytical Methods in Geomechanics, 1992, 16(9): 623-652.

[6] 胡黎明，濮家骝. 土与结构物接触面损伤本构模型[J]. 岩土力学, 2002, 23(1): 6-11.

[7] 王伟，卢廷浩. 土与水工结构接触面模型研究[J]. 水力发电学报, 2012, 31(1): 68-71.

[8] 李赛，汪优，秦志浩，等. 基于统计损伤本构模型的改进接触面模型研究[J]. 铁道科学与工程学报, 2016, 13(7): 1247-1252.

[9] 张嘎，张建民. 土与结构接触面弹塑性损伤模型用于单桩与地基相互作用分析[J]. 工程力学，2006，23(2)：72-77.
[10] CHEN X B, ZHANG J S, XIAO Y J, et al. Effect of roughness on shear behavior of red clay-concrete interface in large-scale direct shear tests[J]. Canadian Geotechnical Journal, 2015, 52(8): 1122-1135.
[11] 石熊，张家生，邓国栋，等. 循环荷载作用下红黏土与混凝土接触面剪切特性试验研究[J]. 铁道科学与工程学报，2014，11(3)：88-93.
[12] ZHENG G, PENG S Y, NG C W W, et al. Excavation effects on pile behaviour and capacity[J]. Canadian Geotechnical Journal, 2012, 49(12): 1347-1356.
[13] EBRAHIMIAN B, BAUER E. Numerical simulation of the effect of interface friction of a bounding structure on shear deformation in a granular soil[J]. International Journal for Numerical and Analytical Methods in Geomechanics, 2012, 36(12): 1486-1506.
[14] KWAK C W, PARK I J, PARK J B. Dynamic shear behavior of concrete-soil interface based on cyclic simple shear test [J]. KSCE Journal of Civil Engineering, 2014, 18(3): 787-793.
[15] LIU J K, LV P, CUI Y H, et al. Experimental study on direct shear behavior of frozen soil-concrete interface[J]. Cold Regions Science and Technology, 2014, 104-105: 1-6.
[16] XIAO S G, SULEIMAN M T, MCCARTNEY J S. Shear behavior of silty soil and soil-structure interface under temperature effects[A]. Atlanta, Georgia: American Society of Civil Engineers, 2014.
[17] 吕鹏，刘建坤，崔颖辉. 冻土-混凝土接触面动剪强度研究[J]. 岩土力学，2013，34(S2)：180-183.
[18] YU Y, DAMIANS I P, BATHURST R J. Influence of choice of FLAC and PLAXIS interface models on reinforced soil-structure interactions[J]. Computers and Geotechnics, 2015, 65: 164-174.
[19] 唐孟雄. 大直径随钻跟管桩的研制及工程化[J]. 广州建筑，2009，37(5)：3-7.
[20] 甄文战，孙德安，段博. 不同应力路径下超固结黏土试样变形局部化分析[J]. 岩土力学，2011，32(1)：293-298.
[21] SCHOFIELD A N, WROTH P. Critical State Soil Mechanics[M]. London: McGraw-Hill, 1968.
[22] NAKAI T, KIKUMOTO M, KYOKAWA H, et al. A simple method to consider density and bonding effects in modeling of geomaterials[A]. Berlin: Springer, 2011, 91-111.
[23] 徐连民，祁德庆，高云开. 用修正剑桥模型研究超固结土的变形特性[J]. 水利学报，2008，39(3)：313-317.
[24] 姚仰平. UH 模型系列研究[J]. 岩土工程学报，2015，37(2)：193-217.

基于非线性泊松比修正的邓肯-张 $E-\nu$ 模型及应用研究

毛国成[1]，陈晓斌[1,2]，王 暄[1,3]，李扬波[1]

1. 中南大学土木工程学院，湖南长沙，410075
2. 重载铁路工程结构教育部重点实验室，湖南长沙，410075
3. 高速铁路建造技术国家工程实验室，湖南长沙，410075

摘要：针对邓肯-张 $E-\nu$ 模型在低应力状态下粗颗粒土体变特性描述不足的问题，分析了高速铁路 B 组粗颗粒土填料大型三轴试验得到的轴向应变与横向应变的变化特征，提出了基于二次函数的非线性泊松比公式。将非线性泊松比代替邓肯-张 $E-\nu$ 模型切线泊松比，建立了基于非线性泊松比修正的邓肯-张 $E-\nu$ 模型。采用中点增量法和 ABAQUS 二次开发平台，编写修正了邓肯-张 $E-\nu$ 模型的用户子程序(UMAT)。通过粗粒土三轴试验的数值模拟，对修正邓肯-张 $E-\nu$ 模型程序的可行性进行了应用研究。研究结果表明：基于非线性泊松比修正的邓肯-张 $E-\nu$ 模型的轴向应变-体积应变计算结果与试验实测结果一致，可真实反映粗粒土填料的轴向应变-体积应变趋势。

关键词：粗粒土；高铁路基填料；非线性泊松比；邓肯-张 $E-\nu$ 模型

我国现行规范中使用的高速铁路 B 组粗颗粒土路基填料粒径大于 20 mm 的颗粒质量超过了 50%，属于粗粒土范畴。由于大颗粒材料占主要成分，受荷时颗粒间运动十分复杂，粗粒土填料往往伴随着剪胀和剪缩现象[1-2]。粗颗粒土纵向变形与横向变形之间的关系表现和细颗粒的黏性土差别较大，有必要对其进行专门研究。近些年，许多学者对粗粒土的变形特性开展了试验研究和本构模型开发。例如在粗粒土物理性质研究方面，石熊等[3-4]对粗粒土的强度和变形特征进行试验，研究了不同粗粒含量、不同围压对粗粒土强度和变形指标的影响。在本构模型方面，大多数学者都使用了一些适当简化的弹塑性本构模型，也有一些学者使用复杂的弹塑性-黏弹塑性本构模型，比如孙海忠和黄茂松[5]研究了颗粒破碎对硬化准则和剪胀性的影响，建立了考虑颗粒破碎的粗粒土临界状态弹塑性本构模型。Kong 等[6]研究了粗粒土的初始特性，提出了考虑颗粒破碎的双曲面弹塑性模型。Kan 和 Taiebat[7]基于高压缩颗粒材料提出了边界面模型。通常，复杂的结构模型具有较多的模型参数，并且模型参数的确定并不容易，所以给工程应用带来了很多困难。于是，人们又开始重视适度简化的结构模型的应用价值，其中邓肯-张 $E-\nu$ 模型由于参数少、物理意义明确，而且参数通过试验易获取，成为具有较高应用价值的结构模型之一。面对复杂的土体变形特性，针对邓肯-张 $E-\nu$ 模型存在的不足，国内外许多学者对不同情况提出了修正邓肯-张 $E-\nu$ 模型。2013 年以来，部分具有代表性的修正模型见表 1。由于粗粒土级配组成与细粒土具有明显差别，许多研究[2-3]认为粗粒土的变形机理与特性也存在不同。当邓肯-张 $E-\nu$ 本构模型运用到粗粒土填料时，石熊等[3-4]发现邓肯-张 $E-\nu$ 模型能较好地模拟粗粒土的强度特性，却不能较好地反映粗粒土填料的体变特性与泊松比的变化。徐晗等[8]认为邓肯-张 $E-\nu$ 模型能较好地反映堆石坝粗粒土的加载应力路径，而模拟卸载应力路径时候有明显差异，导致了变形描述误差，研究发现邓肯-张 $E-\nu$ 模型并不能很好地反映粗粒土的体变特性，并指出了纵向变形与横向变形不遵循线性规律。文献调查表明，邓肯-张 $E-\nu$ 模型具有较高的工程应用价值，但是其不能精确地描述粗颗粒土的纵向变形与横向变形。高速铁路路基填料属于粗粒土范畴，为适应高速铁路路基应力-应变及体变特性的计算分析需要，有必要针对高速铁路路基土粗粒填料的本构关系进一步研究。针对邓肯-张 $E-\nu$ 模型在描述粗颗粒土纵向变形与横向变形的不足，本文基于大型三轴试验，分析了邓肯-张 $E-\nu$ 模型的适应性。基于分析，提出了能反映粗粒土填料轴向应变与侧向应变的函数关系，推导出了切线泊松比公式。以此对邓肯-张 $E-\nu$ 模型进行修正，通过试验论证了该结论的

毛国成，陈晓斌，王暄，等. 基于非线性泊松比修正的邓肯-张 E-ν 模型及应用研究[J]. 铁道科学与工程学报，2019，16(1)：71-78.

可行性。接着，利用 Fortran 语言，在大型通用有限元软件 ABAQUS 的二次开发平台上实现了基于非线性泊松比修正的邓肯-张 $E-\nu$ 模型，并进行应用分析。研究成果寄希望有助于加深高速铁路路基变形的理解和提高高速铁路路基变形的计算精度。

表 1 近期部分修正的邓肯-张 $E-\nu$ 模型

年份	作者	修进内容
2013	Wang 等[9]	考虑初始物理状态，对邓肯-张模型进行修正
2013	许萍等[10]	考虑中主应力影响，提出修正的邓肯-张 $E-B$ 模型
2015	朱剑锋和徐日庆[11]	考虑扰动影响的修正邓肯-张模型
2017	Wang 等[12]	考虑干湿循环，对邓肯-张模型修正
2017	伍文龙等[13]	将统计损伤理论引入邓肯-张模型

1 邓肯-张模型 ν_t 适用性分析

为研究高速铁路路基 B 组粗颗粒土路基填料的强度和变形特性，采用大型三轴剪切仪进行三轴剪切试验。试验方法、试验材料描述及主要试验成果见文献[4]。

1.1 变形特性分析

高速铁路 B 组粗颗粒土路基填料系列试验呈现出的规律一致，为了分析其应变特性，选择 2 个试样的轴向应变-体积应变关系曲线进行探究。图 1 所示为 2 个典型土样的体积应变 ε_v 与轴向应变 ε_1 之间的关系。

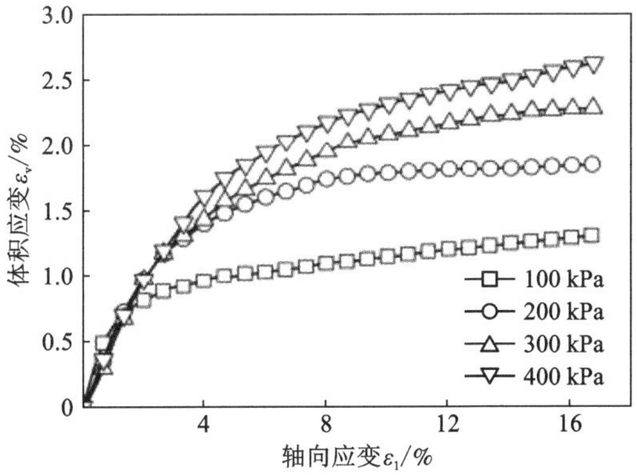

(a) 试样1

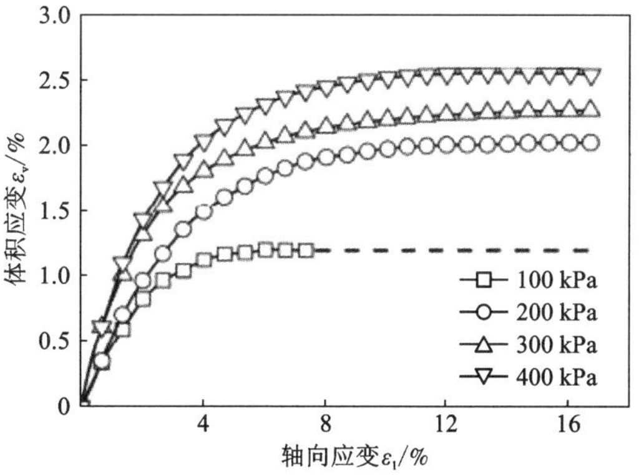

(b) 试样2

图 1 B 组粗粒土填料的轴向应变-体积应变

由图 1 可见，高速铁路 B 组路基粗颗粒土填料体积应变与轴向应变表现为非线性关系。试样 1 和试样 2 均表现出了同样的规律，试验实测的体积应变随轴向应变的变化明显分为 3 个阶段：首先体积应变随着轴向应变的增大而快速增大，然后体积应变随着轴向应变的增大速率而减小，最后到一定阶段后趋于稳定，之后体积应变随轴向应变的增大不再增大。

1.2 邓肯-张 $E-\nu$ 模型切线泊松比适用性分析

邓肯-张 $E-\nu$ 模型[14]属于非线性弹性模型中的切线模型，该模型的模型参数 E_t 和 v_t 随着应力水平的变化而变化。其中，邓肯-张 $E-\nu$ 模型中切线泊松比 v_t 以假定轴向应变 ε_1 与侧向应变 $-\varepsilon_3$ 存在双曲线关系为前提推导得出，其泊松比$(-\varepsilon_3/\varepsilon_1)$的线性隐式关系可以写成：

$$-\varepsilon_3/\varepsilon_1=f+D\varepsilon_3 \tag{1}$$

式中：f 为材料初始泊松比；D 为$-\varepsilon_3/\varepsilon_1$ 与$-\varepsilon_3$ 关系拟合直线的斜率。邓肯-张 $E-\nu$ 模型切线泊松比 ν_t 的计算公式为：

$$\nu_t = \frac{G - F\lg(\sigma_3/p_a)}{\left[1 - \dfrac{D(\sigma_1 - \sigma_3)(1 - \sin\varphi)}{Kp_a(\sigma_3/p_a)^n(1 - R_f S)}\right]^2} \tag{2}$$

式中：S 为应力水平，其计算公式为：

$$S = \frac{(\sigma_1 - \sigma_3)(1 - \sin\varphi)}{2c\cos\varphi + 2\sigma_3\sin\varphi} \tag{3}$$

式中：c 为黏聚力；φ 为内摩擦角；$\sigma_1-\sigma_3$ 为主应力差；σ_3 为围压；p_a 为大气压强；R_f、K、n、F、G 和 D 均为邓肯-张模型的材料参数。

基于试验结果，将高速铁路路基 B 组粗颗粒土填料的邓肯-张 $E-\nu$ 模型泊松比与实测泊松比进行对比，结果见图 2。

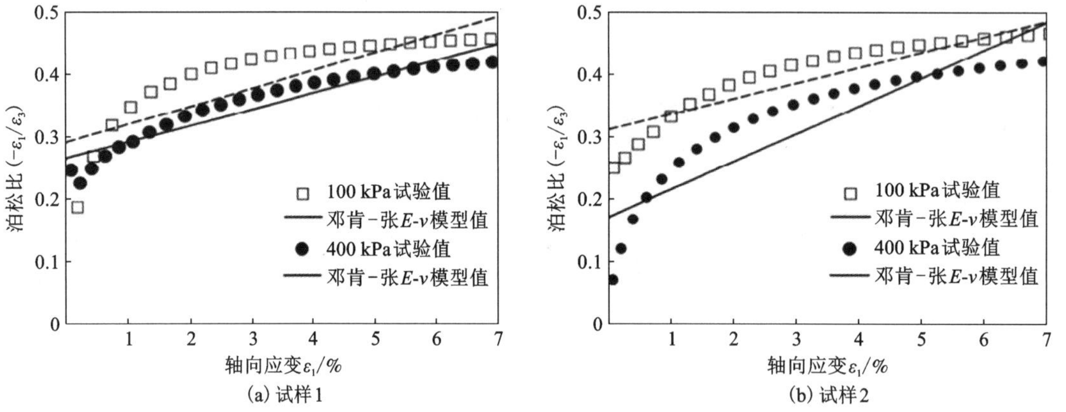

图 2　邓肯-张 $E-\nu$ 模型泊松比与实测泊松比对比结果图

由图 2 所示，2 个 B 组填料的试验结果表现出同样的变化规律，试验得到的泊松比与轴向应变之前存在明显的非线性关系。具体表现为：在轴向应变较低时，泊松比试验值快速增大；随着轴向应变的增加(2%~4%)，泊松比增大速度变缓；随着轴向应变增大到某一水平(比如大于 2%)，泊松比的增大速率趋于平缓；另外，在同一轴向应变水平下，随着围压的增大，$-\varepsilon_1/\varepsilon_3$ 值变小。相比较而言，邓肯-张 $E-\nu$ 模型切线泊松比的模型值与轴向应变关系是线性关系，表现为泊松比的模型值随轴向应变的增加呈现线性增加。在同一轴向应变水平下，围压增加，会导致泊松比模型值的减小。

图 2 中泊松比试验值与模型值对比结果显示拟合直线与试验值相差甚远，说明式(2)不能真实反映粗粒土填料的体变特性。由此说明，邓肯-张 $E-\nu$ 模型中关于轴向应变 ε_1 与侧向应变$-\varepsilon_3$ 的双曲关系假定在 B 组粗颗粒土路基填料中会产生较大的误差。邓肯-张 $E-\nu$ 模型在反映粗粒土横向变形与竖向变形关系上精度不足。产生误差的原因在于：①粗粒土填料的组成与黏土差别较大，粗粒土填料中颗粒大小差别较大，黏土颗粒大小较均匀，使得建立于黏土试验结果的邓肯-张 $E-\nu$ 模型并不能很好地反映粗粒土填料的特性；②由于粗粒土填料中大颗粒在受力情况下咬合情况较为复杂，因而使得其体积变形机理异常发生；③部分粗粒土填料大颗粒的破碎，改变了细粒土常有的体积变形规律。

2　非线性泊松比修正的邓肯-张 $E-\nu$ 模型

2.1　非线性泊松比公式

针对上述问题，本文提出采用二次函数来拟合轴向应变与侧向应变，为：

$$\varepsilon_1^2 = M\varepsilon_3^2 + \left[a + b\lg\left(\frac{\sigma_3}{p_a}\right)\right]\varepsilon_3 \tag{4}$$

式中：M、a 和 b 为拟合参数，由 ε_1^2 和 ε_3 拟合求得。

基于试验结果，提出了二次函数和最小二乘法，通过拟合 2 个 B 组填料的试验结果得到了非线性泊松比公式的试验参数，拟合结果见图 3。

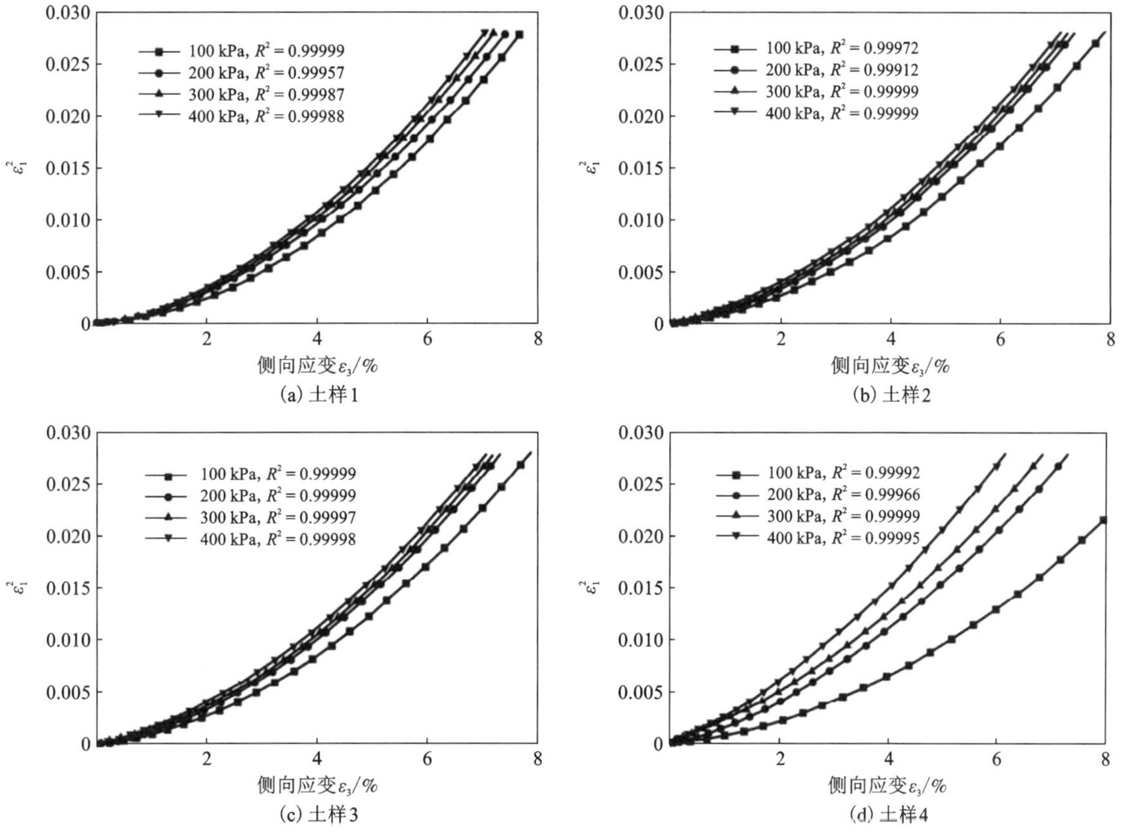

图 3 粗粒土拟合曲线

图 3 显示所采用的二次函数高度拟合了 2 个 B 组填料的试验结果，各围压下拟合系数均大于 0.999，能较好地拟合试验轴向应变与侧向应变的关系。

通过拟合确定了二次函数的参数，从表 2 可知：参数 M、a 和 b 值随围压的变化不大，故取平均值。在式(4)的基础上，通过轴向应变 ε_1 与侧向应变 ε_3 的关系式，可得出修正的邓肯-张 E-ν 模型切线泊松比表达式为：

$$\nu_t = -\frac{d\varepsilon_3}{d\varepsilon_1} = -\frac{2\varepsilon_1}{2M\varepsilon_3 + a + b\lg\left(\dfrac{\sigma_3}{p_a}\right)} = \frac{2\varepsilon_1}{\sqrt{\left[a + b\lg\left(\dfrac{\sigma_3}{p_a}\right)\right]^2 + 4M\varepsilon_1^2}} \tag{4}$$

将非线性泊松比函数替换为传统邓肯-张 E-ν 模型的切线泊松比，建立了基于非线性泊松比修正的邓肯-张 E-ν 模型，以此来更好地描述 B 组粗颗粒土填料的变形特性。由此可见修正的邓肯-张模型共有 8 个参数，包括 K、n、R_f、c、φ、M、a 和 b。

表 2　非线性泊松比公式的试验参数

参数		围压/kPa			
		100	200	300	400
土样 1	M	4.170900	4.026700	4.266400	4.34310
	a	0.041930	0.050320	0.044410	0.044290
	b	0.075280	0.090340	0.079740	0.079510
土样 2	M	3.743600	4.008500	3.928900	3.796000
	a	0.061030	0.056921	0.055841	0.060513
	b	0.109560	0.102192	0.100252	0.108641
土样 3	M	3.476100	3.476800	3.504800	3.419800
	a	0.045680	0.046058	0.043034	0.046415
	b	0.214660	0.216439	0.202228	0.218115
土样 4	M	2.810800	3.464500	3.402600	3.874000
	a	0.048990	0.044382	0.044691	0.047259
	b	0.26430	0.239455	0.241126	0.254981

2.2　修正的邓肯-张 $E-\nu$ 模型验证

为了验证基于非线性泊松比(ν_t)修正的邓肯-张 $E-\nu$ 模型，选用已经发表的试验成果来验证(见文献[14])。基于文献[14]中承德中密砂的三轴试验数据，首先确定修正的邓肯-张 $E-\nu$ 模型参数：$M=2.807$，$a=0.012$，$b=0.016$。然后，将非线性泊松比修正的邓肯-张 $E-\nu$ 模型理论值与试验值进行对比，对比结果见图 4。

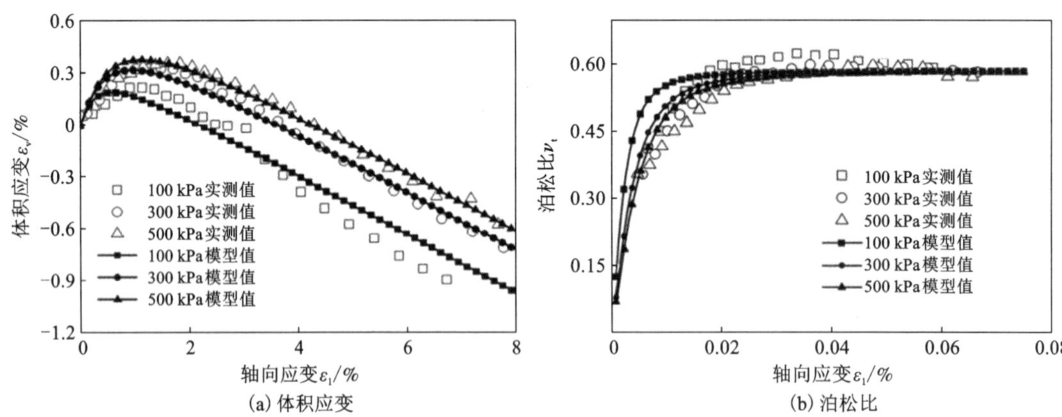

图 4　承德中密砂三轴试验数据及预测曲线

由图 4 可以看出：非线性泊松比修正的邓肯-张 $E-\nu$ 模型体积应变和泊松比理论值与试验值基本吻合，说明了非线性泊松比修正的邓肯-张 $E-\nu$ 模型的合理性。该修正模型既能较好地描述中密砂粗粒土的体积应变，也能很好地描述横向应变与侧向应变的关系。

3　修正的邓肯-张 $E-\nu$ 模型应用分析

3.1　计算模型实现

利用 ABAQUS 二次开发平台，采用 Fortran 语言编写修正的邓肯-张 $E-\nu$ 模型实施程序。编程过程中，将本文推导的非线性泊松比代替 $E-\nu$ 模型切线泊松比，应力修正为以压为正。采用计算速度快、精度高的中点增量法进行应力积分，主要由 UMAT 子程序实现，其流程见图 5。

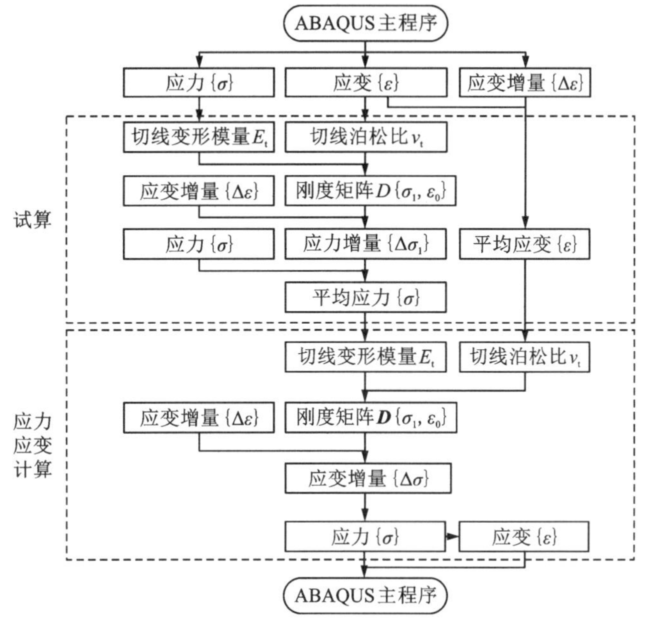

图 5　UMAT 开发流程图

UMAT 子程序主要计算步骤描述如下。

(1)根据增量步初始应力状态，计算确定切线变形模量 E_t，计算非线性泊松比 ν_t，由此形成初始刚度矩阵$[\boldsymbol{D}(\{\sigma_0, \varepsilon_0\})]$。

(2)传入子程序的应变增量$\{\Delta\varepsilon\}$计算出第一次试算的应力增量$\{\Delta\upsilon_1\}-[\boldsymbol{D}(\{\upsilon_0, \varepsilon_0\})]\{\Delta\varepsilon\}$。

(3)计算增量步的平均应力$\{\bar{\sigma}\partial\}=\{\sigma_0\}+0.5\{\Delta\sigma_1\}$和平均应力$\{\bar{\varepsilon}\}=\{\varepsilon_0\}+0.5\{\Delta\varepsilon\}$，形成刚度矩阵$[\boldsymbol{D}(\{\bar{\sigma}, \bar{\varepsilon}\})]$。

(4)根据 ABAQUS 传入子程序的应变增量$\{\Delta\varepsilon\}$计算出应力增量$\{\Delta\sigma\}=[\boldsymbol{D}(\{\bar{\sigma}, \bar{\varepsilon}\})]\{\Delta\varepsilon\}$。

(5)更新应力分量$\{\sigma\}=\{\sigma_0\}+\{\Delta\sigma\}$和应变分量$\{\varepsilon\}=\{\varepsilon_0\}+\{\Delta\varepsilon\}$，赋值给雅克比矩阵 ***DDSDDE***。

3.2　应用分析

修正的邓肯-张 $E-\nu$ 本构模型实现程序编写完成后，用来模拟 B 组粗颗粒土填料大型三轴试验，并将模拟计算结果与试验实测结果进行对比分析。ABAQUS 三维物理模型中，B 组粗颗粒土填料大型三轴试验土样尺寸为：高度 h 600 mm，直径 d 300 mm。计算单元采用三维应力八节点单元(C3D8)，模型网格共划分了 12800 个实体单元，节点数为 13161 个，模型网格见图 6。

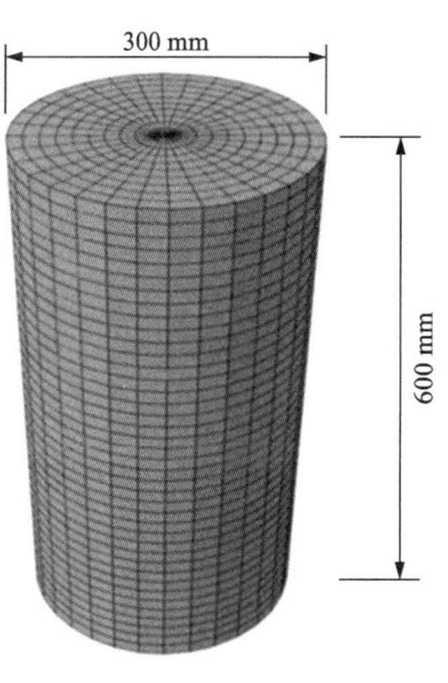

图 6　计算模型网格划分

土体本构模型分别采用非线性泊松比修正的邓肯-张 $E-\nu$ 模型和邓肯-张 $E-\nu$ 模型，数值计算模型参数见表 3。计算模型中的边界条件为：底面约束 z 方向位移，固定底面中心点 x、y 方向位移。

表 3　试验土样的本构模型参数

模型				
修正的邓肯-张 $E-\nu$ 模型	K	n	$\varphi/(°)$	c/kPa
	348.850	0.420	37.490	59.200
	R_f	M	a	b
	0.873	3.734	0.045	0.081
邓肯-张 $E-\nu$ 模型	K	n	$\varphi/(°)$	c/kPa
	348.850	0.420	37.490	59.200
	G	F	D	
	0.370	0.107	1.497	

加载方式为位移加载，模拟 100、200、300 和 400 kPa 下的三轴加载。大型三轴试验的数值模拟计算结果（邓肯-张 $E-\nu$ 模型、非线性泊松比修正的邓肯-张 $E-\nu$ 模型）与试验实测结果进行对比分析，见图 7。

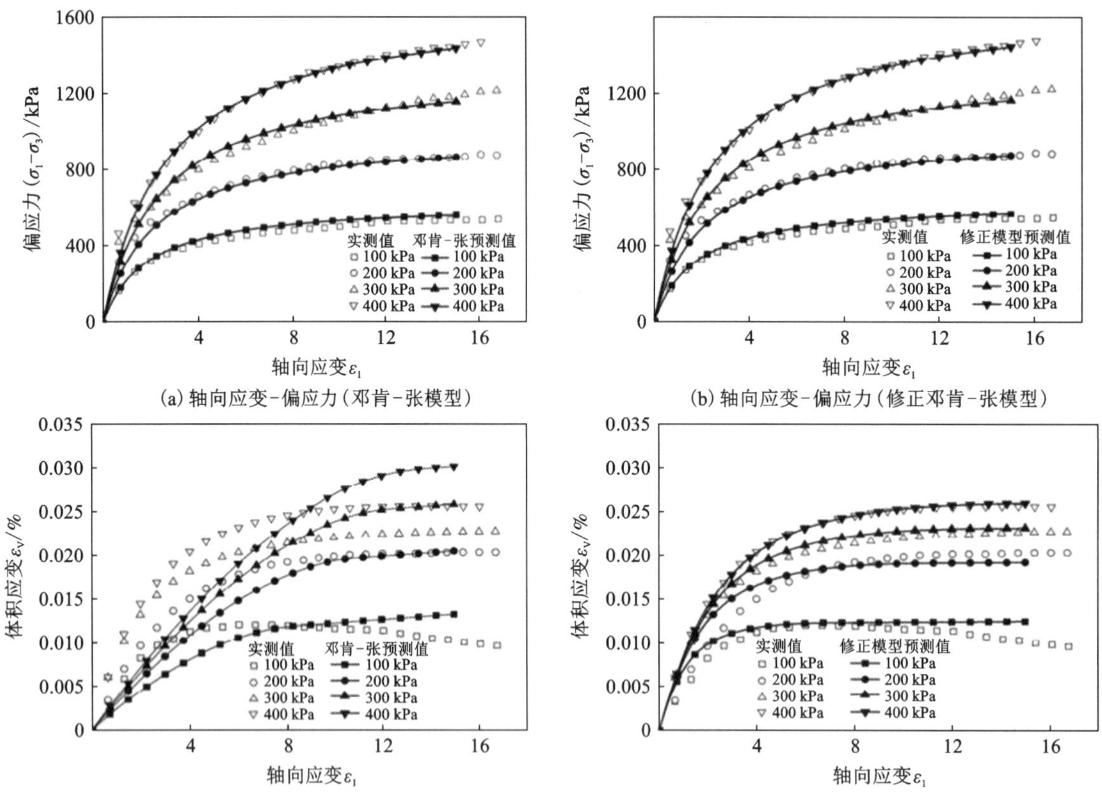

(a) 轴向应变-偏应力（邓肯-张模型）　(b) 轴向应变-偏应力（修正邓肯-张模型）

(c) 轴向应变-体积应变（邓肯-张模型）　(d) 轴向应变-体积应变（修正邓肯-张模型）

图 7　试样土样 1 的数值计算结果与实测结果对比

利用 ABAQUS 二次开发平台，采用 Fortran 语言编写修正的邓肯-张（$E-\nu$）模型实施程序。编程过程中，将本文推导非线性泊松比代替邓肯-张 $E-\nu$ 模型切线泊松比，应力修正为以压为正。采用计算速度快、精度高的中点增量法进行应力积分，主要由 UMAT 子程序实现，其流程如图 5 所示。

图 7(a) 对比结果表明：修正的邓肯-张 $E-\nu$ 和邓肯-张 $E-\nu$ 模型轴向应变-偏应力计算结果均与试验实测值高度吻合，邓肯-张 $E-\nu$ 模型与修正的邓肯-张 $E-\nu$ 模型均能较好地反映粗粒土的轴向应变-偏应力变化特性。

图 7(b) 结果显示传统的邓肯-张 $E-\nu$ 模型轴向应变-体积应变计算结果与试验实测结果差距较大，表现为传统的邓肯-张 $E-\nu$ 模型体积应变计算结果随轴向应变的增大而增大，而试验实测的体积应变表现

为体积应变计算结果随轴向应变的增大到一定阶段后趋于稳定，不再增大。基于非线性泊松比修正的邓肯-张 $E-\nu$ 模型轴向应变-体积应变计算结果与试验实测结果一致，真实反映了粗粒土填料的轴向应变-体积应变变化趋势。主要原因在于非线性泊松比正确描述了轴向应变 ε_1 与侧向应变 $-\varepsilon_3$ 间的变化关系，因此修正邓肯-张 $E-\nu$ 模型的预测结果与试验值更接近。

4 结论

(1)基于 B 组填料体积应变与轴向应变特征，提出轴向应变与侧向应变的二次函数关系，建立了非线性泊松比，并采用已有试验成果论证了合理性。

(2)将非线性泊松比替换传统的邓肯-张 $E-\nu$ 模型的切线泊松比，建立了基于非线性泊松比修正的邓肯-张 $E-\nu$ 模型。基于中点增量法，编写了修正邓肯-张 $E-\nu$ 模型的用户子程序(UMAT)，使其在 ABAQUS 平台上得以实现。

(3)应用结果表明，改进模型能合理地描述粗颗粒土填料的体积应变特性，研究成果寄希望有助于加深高速铁路路基变形的理解和提高高速铁路路基变形计算的精度。

参考文献

[1] 褚福永，朱俊高，殷建华. 基于大三轴试验的粗粒土剪胀性研究[J]. 岩土力学，2013，34(8)：2249-2254.

[2] 陈晓斌. 红砂岩粗粒土剪胀效应大型三轴试验研究[J]. 岩石力学与工程学报，2010，29(增1)：3145-3149.

[3] 石熊，张家生，刘蓓，等. 高速铁路粗粒土填料级配改良试验[J]. 中南大学学报(自然科学版)，2014，45(11)：3964-3969.

[4] 石熊，张家生，孟飞，等. 改良粗粒土填料大型三轴试验[J]. 中南大学学报(自然科学版)，2015，46(2)：645-652.

[5] 孙海忠，黄茂松. 考虑颗粒破碎的粗粒土临界状态弹塑性本构模型[J]. 岩土工程学报，2010，32(8)：1284-1290.

[6] KONG Y，XU M，SONG E X. An elastic-viscoplastic double-yield-surface model for coarse-grained soils considering particle breakage[J]. Computers and Geotechnics，2017，85：59-70.

[7] KAN M E，TAIEBAT H A. A bounding surface plasticity model for highly crushable granular materials[J]. Soils and Foundations，2014，54(6)：1188-1201.

[8] 徐晗，程展林，泰培，等. 粗粒土的离心模型试验与数值模拟[J]. 岩土力学，2015，36(5)：1322-1327.

[9] WANG X C，XU R Q，QIAN J L. Modified Duncan-Chang model considering physical properties of saturated clays[J]. Applied Mechanics and Materials，2013，416-417：1746-1752.

[10] 许萍，邵生俊，张喆，等. 真三轴应力条件下修正邓肯-张模型的试验研究[J]. 岩土力学，2013，34(12)：3359-3364.

[11] 朱剑锋，徐日庆. 考虑扰动影响修 Duncan-Chan 模型的二次开发[J]. 岩土工程学报，2015，37(1)：84-88.

[12] WANG Z，LIU X，YANG X，et al. An improved Duncan-Chang constitutive model for sandstone subjected to drying-wetting cycles and secondary development of the model in FLAC3D[J]. Arabian Journal for Science and Engineering，2017，42(3)：1265-1282.

[13] 伍文龙，袁林娟，张锐，等. 基于统计损伤理论的邓肯—张修正模型研究[J]. 水利水电技术，2017，48(4)：131-135.

[14] 李广信. 高等土力学[M]. 北京：清华大学出版社，2004：48-112.

粗颗粒土的静止土压力系数非线性分析与计算方法

喻昭晟[1, 2]，陈晓斌[1, 2]，张家生[1, 2]，董　亮[3]，ABDOULKADER M S[1]

1. 中南大学土木工程学院，湖南长沙，410075

2. 中南大学重载铁路工程结构教育部重点实验室，湖南长沙，410075

3. 中国铁道科学研究院，北京，100081

摘要：确定静止土压力系数在土压力计算中非常重要，但是粗颗粒土的静止土压力系数非线性特征长期被忽视，专门研究粗颗粒土的静止土压力系数非线性特征具有重要的现实意义。为弥补粗粒土 K_0 非线性研究的不足，分析了粗颗粒土的静止土压力系数的非线性特征。基于邓肯-张模型的应力-应变增量关系，引入邓肯-张模型参数，建立了静止土压力系数数学公式。同时，提出了粗颗粒土的静止土压力系数非线性计算方法，并对该公式参数的敏感性进行了分析。基于 K_0 试验数据和数值试验结果，对粗颗粒土的静止土压力系数非线性计算方法进行了应用分析。应用结果表明：K_0 预测值与 K_0 实测值吻合，提出的非线性 K_0 计算方法可用于粗颗粒土 K_0 计算。通过与 Jaky 公式结果的对比分析，讨论了初始应力条件对粗颗粒土的静止土压力系数非线性计算结果的影响。该研究成果有助于加深对粗颗粒的土静止土压力系数非线性特征的理解，并为粗颗粒土的静止土压力系数计算提供参考。

关键词：静止土压力系数；非线性；土压力；粗颗粒土；邓肯-张模型

1　引言

静止土压力系数 K_0 是土体在自然状态下横向有效应力与竖向有效应力的比值，在侧向土压力的计算中非常重要。长期以来，岩土工程师们对静止土压力系数计算的方法进行了探索，在忽略其非线性特征的基础上形成了典型的定值计算方法，如表 1 所示。

其中，Jaky[1] 通过极限平衡法，假定砂堆弹性区切应力为抛物线分布，推导出了与有效内摩擦角 φ' 相关的 Jaky 公式，并得到了广泛的认可。

表 1　常用的静止土压力系数计算方法

文献来源及年份	计算公式	适用条件
Jaky[1] (1944)	$K_0=1-\sin\varphi'$	砂土
Tschebotarioff[2] (1951)	$K_0=\dfrac{\mu}{1-\mu}$	理想弹性体
Rowe[3] (1957)	$K_0=\tan^2\left(45°-\dfrac{\varphi_e}{2}\right)$	剪切强度发挥角 $\varphi_e=1.5\varphi'-9°$
Hendron 等[4] (1963)	$K_0=\dfrac{1+\dfrac{\sqrt{5}}{8}-3\dfrac{\sqrt{5}}{8}\sin\varphi'}{1-\dfrac{\sqrt{5}}{8}+3\dfrac{\sqrt{5}}{8}\sin\varphi'}$	砂土
Alpan[5] (1967)	$K_0=0.19+0.233\lg I_p$	正常固结黏土
Saglamer[3] (1975)	$K_0=0.97(1-0.97\sin\varphi')$	无黏性砂土

喻昭晟，陈晓斌，张家生，等. 粗颗粒土的静止土压力系数非线性分析与计算方法[J]. 岩土力学，2020，41(6)：1923-1932.

续表1

文献来源及年份	计算公式	适用条件
Wenkow[6](1979)	$K_0=\sqrt{K_a}$	含黏粒砂土
Vierzbiczky[7](1979)	$K_0=\tan^2\left(45°-\dfrac{\varphi'}{3}\right)$	剪切强度发挥2/3
Massarsch[3](1979)	$K_0=0.44+0.42\left(\dfrac{I_p}{100}\right)$	正常固结细粒黏土
Bolton[8](1979)	$K_0=\dfrac{1-\sin(\varphi'-11.5°)}{1+\sin(\varphi'-11.5°)}$	砂性土
Mayne 等[9](1982)	$K_{0(oc)}SK_{0(nc)}R_{OC}^{\sin\varphi'}=(1-\sin\varphi')R_{OC}^{\sin\varphi'}$	超固结土
Sherif 等[10](1985)	$K_0=1-\sin\varphi'+5.5\left(\dfrac{\gamma_d}{\gamma_{dmin}}-1\right)$	砂性土
Matsuoka 等[11](1987)	$K_0=\dfrac{1}{1+2\sin\varphi'}$	连续介质力学
Moroto 等[3](1987)	$K_0=\dfrac{\sqrt{E_h}}{\sqrt{E_v}}$	超固结黏土
Lunne 等[12](1990)	$K_0=0.34K_D^{0.54}$	新近沉积土
Robert[7](1994)	$K_0=0.95(1-\sin\varphi')$	Jaky 公式
EI Sharif 等[13](2011)	$K_0=\dfrac{1-\sin^2\varphi'}{1+\sin^2\varphi'}$	墙土位移为线性函数

注：φ'为有效内摩擦角；μ为泊松比；φ_e为剪切强度发挥角；K_a为主动土压力系数；I_p为塑性指数；γ_d为原状土的重度；γ_{dmin}为土的最小重度；E_h为横向压缩模量；E_v为竖向压缩模量；$K_{0(oc)}$为超固结静止土压力系数；$K_{0(nc)}$为正常固结静止土压力系数；R_{OC}为超固结比；K_D为侧胀水平应力指数。

Tschebotarioff[2]根据广义虎克定律，推导得到了与泊松比μ相关的K_0值计算公式。Rowe[3]根据郎肯土压力，推导得到了与剪切强度发挥角φ_e相关的K_0计算公式。Saglamer[3]、Sherif 等[10]、Robert[7]等通过室内试验，拓展了Jaky公式的适应范围。Okochi 等[14]通过侧限三轴仪分析验证了Jaky公式的准确性。Watabe 等[15]通过侧限三轴仪对海洋黏土的静止土压力系数适应性进行了试验研究。Lunne 等[12]通过原位试验，得到了K_0计算公式。上述研究均忽略了土体的静止土压力系数非线性特征，提出的计算方法均建立在定值假设的基础上。

事实上，土是一种应力-应变关系为非线性的材料，它的静止土压力系数非线性特征非常明显，特别是粗颗粒土。已有学者[16, 17]获得了静止土压力系数(K_0)值随主应力值(σ_1)非线性变化的实测曲线，如图1所示。

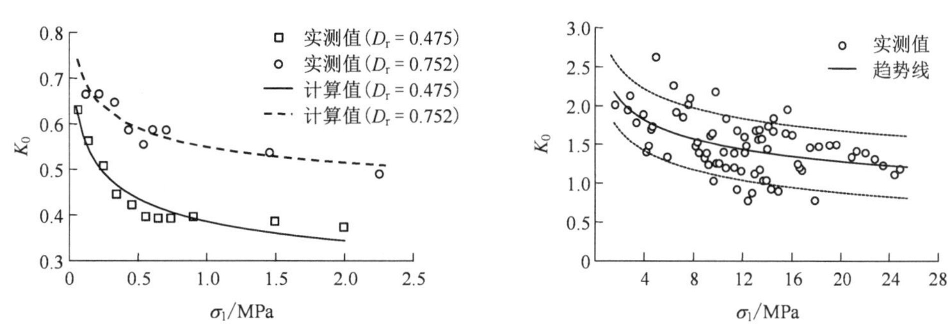

(a) 文献[16]不同初始相对密实度(D_r)时的试验结果

(b) 文献[17]实测结果

图1 实测的K_0非线性变化曲线

图 1(a)为室内试验测试结果，试验结果表明：静止土压力系数值随主应力值的增大而减小，非线性特征明显。图 1(b)为原位测量结果，K_0 值的整体变化趋势随 σ_1 的增加而非线性减小。K_0 在室内试验和原位测试土体均表现为非线性，然而许多研究都假定 K_0 为一个定值，这与实际情况不符。因此，研究土体的静止土压力系数非线性特征具有重要的现实意义。

在静止土压力系数非线性分析方面，Mayne 等[9]通过统计分析 180 余次 K_0 的试验数据，得到了考虑超固结比的非线性 K_0 计算公式，对于正常固结土，此公式变化为 Jaky 公式，仍然没有考虑正常固结时 K_0 的非线性。Zhu 等[16, 18-20]采用大型 K_0 试验仪，进行了粗粒土 K_0 试验，发现了 K_0 值与 σ_1 的相关性，并且基于试验结果提出了适用于粗粒土与 σ_1 相关的 K_0 计算式。然而，相关研究大多仅针对细颗粒土，对于粗颗粒土的静止土压力系数非线性分析不足。众所周知，土体级配对土体的力学行为影响巨大。与细颗粒土不同的是，粗颗粒土是大颗粒材料占主要成分的土体，其粒径在 0.75~60 mm 的颗粒质量超过了 50%。大量的土工试验研究发现，粗颗粒土受力过程中，粗颗粒存在滚动、破碎和内部平移行为，且在此过程中伴随着应变硬化、应变软化、剪胀和减缩等高度非线性行为。粗颗粒土的静止土压力系数非线性特征更为显著，但是对此研究不够，尚未从原理上解释 K_0 的非线性。为弥补现有研究不足，基于非线性本构模型邓肯-张 $E-B$ 模型，分析粗颗粒土的静止土压力系数非线性特征，提出 K_0 计算公式。然后，通过 K_0 试验与数值试验验证计算公式的正确性。研究结论有助于加深岩土工程师对土体静止土压力系数的理解，并为粗颗粒土的静止土压力系数提供了计算方法。

2 非线性分析与计算公式

2.1 非线性分析

图 2 为土体在固定围压三轴压缩状态与侧限单轴压缩状态的应力-应变空间路径。

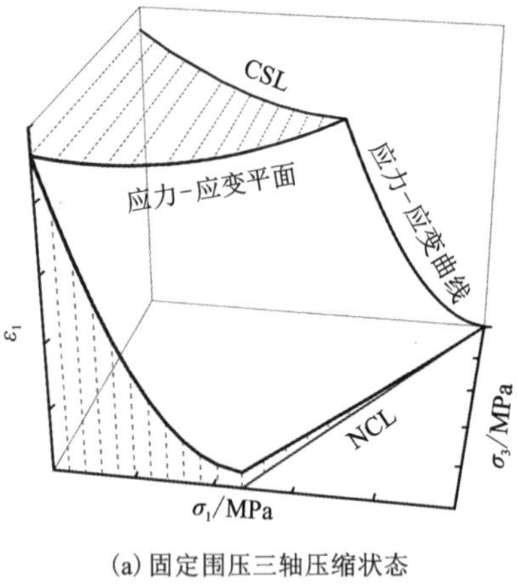

(a) 固定围压三轴压缩状态

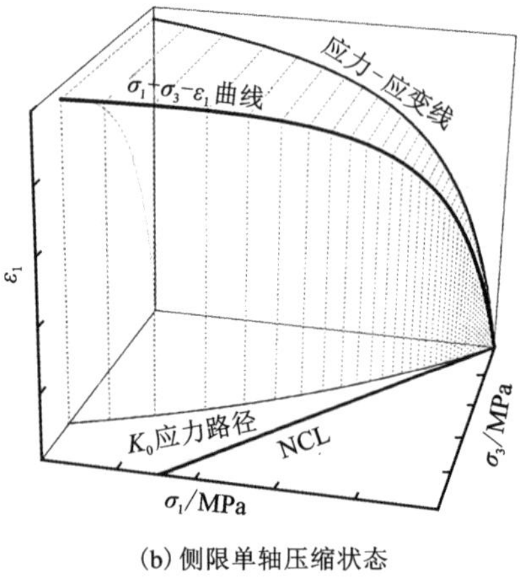

(b) 侧限单轴压缩状态

(CSL 为临界状态线；NCL 为正常固结线；应力-应变平面为 σ_1-σ_3-ε_1 曲面；应力-应变线为 σ_1-ε_1 曲线；σ_1 为竖向应力；σ_3 为横向应力；ε_1 为应变)。

图 2　应力-应变空间路径

图 2(a)为土在固定围压三轴压缩状态的应力-应变关系。随着围压的改变，应力-应变曲线在三维空间中形成一个曲面。曲面在 σ_1-σ_3 平面上的投影区域的边界分别是临界状态线(CSL)和正常固结线(NCL)。

图 2(b)为土在侧限单轴压缩状态的三维应力-应变关系。此时土的应力-应变关系是一条唯一的曲线。曲线在 σ_1-σ_3 平面上的投影即为 K_0 应力路径，K_0 应力路径上任意一点割线的斜率就是该点的 K_0 值。由此可见，K_0 应力路径是土体在侧限单轴压缩条件下应力-应变曲线的投影，K_0 与侧限单轴压缩条件下土体的应力-应变关系密切相关。而固定围压三轴压缩状态与侧限单轴压缩状态可通过改变边界条件互相转换，故在理论上可通过固定围压三轴压缩状态对 K_0 进行计算[2]。

2.2 基本假定

邓肯-张 $E-B$ 模型已被证实能够很好地描述土的非线性应力-应变关系，在岩土工程中已被广泛接受。假定粗颗粒土的应力-应变关系服从邓肯-张 $E-B$ 模型的应力-应变关系，即服从增量广义虎克定律：

$$\{d\boldsymbol{\sigma}\} = [\boldsymbol{D}_t]\{d\boldsymbol{\varepsilon}\} \tag{1}$$

式中：$\{d\boldsymbol{\sigma}\}$ 为应力矩阵；$\{d\boldsymbol{\varepsilon}\}$ 为应变矩阵；$[\boldsymbol{D}_t]$ 为切线刚度矩阵。

根据 $E-B$ 模型假定，式(1)可用来描述图 2(a)所示的应力状态。由于仅考虑土体为各向同性材料，$[D_t]$ 可用两个独立的参数来表示，即切线弹性模量 E_t 和体积模量 B。E_t 和 B 计算式分别为

$$E_t = Kp_a\left(\frac{\sigma_3}{p_a}\right)^n\left[1 - \frac{R_f(\sigma_1 - \sigma_3)(1 - \sin\varphi)}{2c\cos\varphi + 2\sigma_3\sin\varphi}\right]^2 \tag{2}$$

$$B = K_b p_a\left(\frac{\sigma_3}{p_a}\right)^m \tag{3}$$

式中：p_a 为一个标准大气压；K、K_b、m、n、R_f、c、j 均为 $E-B$ 模型参数。

2.3 K_0 公式推导

仅考虑土体的压力问题为平面应变问题，纵向应变不予考虑，有 $d\varepsilon_2=0$。根据 K_0 的定义，对土体单元施加侧向变形约束，有 $d\varepsilon_3=0$。此时式(1)可化简为

$$d\sigma_2 = \mu_t(d\sigma_1 + d\sigma_3) \tag{4}$$

$$d\sigma_3 = \mu_t(d\sigma_1 + d\sigma_2) \tag{5}$$

式中：μ_t 为切线泊松比。

消去式(4)和式(5)中的 $d\sigma_2$，可得增量静止土压力系数 K_0' 为

$$K_0' = \frac{d\sigma_3}{d\sigma_1} = \frac{\mu_t}{1 - \mu_t} \tag{6}$$

接着，将式(6)进行积分可得

$$\sigma_3 = \int K_0' d\sigma_1 \tag{7}$$

将式(7)等号两侧同除以 σ_1 可得 K_0 表达式为

$$K_0 = \frac{\int K_0' d\sigma_1}{\sigma_1} \tag{8}$$

根据式(8)可知，基于增量本构模型得到的 K_0 表达式是应力 σ_1 的函数，并且与 K_0' 相关。根据 $E-B$ 模型假定，μ_t 可由 E_t、B 两个参数来表示：

$$\mu_t = \frac{3B - E_t}{6B} \tag{9}$$

将式(9)代入式(6)可得

$$K_0' = \frac{3 - E_t/B}{3 + E_t/B} \tag{10}$$

再将式(2)和式(3)代入式(10)可得

$$K_0' = \frac{3 - \left(\frac{K}{K_b}\right)\left(\frac{\sigma_3}{p_a}\right)^{n-m}\left[1 - \frac{R_f(\sigma_1 - \sigma_3)(1 - \sin\varphi)}{2c\cos\varphi + 2\sigma_3\sin\varphi}\right]^2}{3 + \left(\frac{K}{K_b}\right)\left(\frac{\sigma_3}{p_a}\right)^{n-m}\left[1 - \frac{R_f(\sigma_1 - \sigma_3)(1 - \sin\varphi)}{2c\cos\varphi + 2\sigma_3\sin\varphi}\right]^2} \tag{11}$$

实际上，式(11)可简化为仅包含 4 个控制参数的公式：

$$K_0' = \frac{1 - \hat{a}\left(\frac{\sigma_3}{p_a}\right)^{\hat{b}}\left[1 - \frac{\hat{c}(\sigma_1 - \sigma_3)}{\hat{d} + \sigma_3}\right]^2}{1 + \hat{a}\left(\frac{\sigma_3}{p_a}\right)^{\hat{b}}\left[1 - \frac{\hat{c}(\sigma_1 - \sigma_3)}{\hat{d} + \sigma_3}\right]} \tag{12}$$

式中：$\hat{a}=K/(3K_b)$；$\hat{b}=n-m$；$\hat{c}=R_f(1-\sin\varphi)/(2\sin\varphi)$；$\hat{d}=c\cot\varphi$。

3 静止土压力系数计算方法

3.1 计算方法

联立式(8)、式(12)即可对 K_0 进行求解。本文通过数值方法进行计算，具体计算过程可通过Matlab软件实现。

根据增量理论假定，当应力增量 $\Delta\sigma_1$ 足够小时，弹性参数近似为一个常量，应力-应变关系近似为线性关系。将 K_0 应力路径的应力区间离散为$\{\sigma_1^0, \sigma_1^1, \sigma_1^2, \cdots, \sigma_1^i, \cdots, \sigma_1^n\}$和$\{\sigma_3^0, \sigma_3^1, \sigma_3^2, \cdots, \sigma_3^i, \cdots, \sigma_3^n\}$，对应的离散点为$(\sigma_1^i, \sigma_3^i)$，其中$0 \leqslant i \leqslant n$。给定初始应力条件$(\sigma_1^0, \sigma_3^0)$和足够小的应力增量 $\Delta\sigma_1$，通过依次计算每一级 $\Delta\sigma_1$ 所产生的 $\Delta\sigma_3$，即可得到离散的 $K_0-\sigma_1$ 关系曲线。

根据欧拉公式：

$$y_{n+1} = y_n + hf(x_n, y_n) \tag{13}$$

式中：y 为 x 的函数；h 为计算步长；f 为 y 的微分。

式(7)可套用式(13)进行数值计算：

$$\sigma_3^{i+1} = \sigma_3^i + K_0'(\sigma_1^i, \sigma_3^i)\Delta\sigma_1 \tag{14}$$

式中：σ_1^i 为第 $i+1$ 计算步的竖向应力；σ_3^i 为第 $i+1$ 计算步的横向应力；$K_0'(\sigma_1^i, \sigma_3^i)$为 K_0 应力路径在点(σ_1^i, σ_3^i)处的斜率。

竖向总应力 σ_1 和横向总应力 σ_3 的计算式分别为

$$\sigma_1 = \sum_{i=0}^{n} \sigma_1^i = \sigma_1^0 + n\Delta\sigma_1 \tag{15}$$

$$\sigma_3 = \sum_{i=0}^{n} \sigma_3^i = \sigma_3^0 + \sum_{i=1}^{n} K_0'(\sigma_1^i, \sigma_3^i)\Delta\sigma_1 \tag{16}$$

根据 K_0 定义，可建立如下非线性 K_0 数值计算公式：

$$K_0 = \frac{\sigma_3^0 + \sum_{i=1}^{n} K_0'(\sigma_1^i, \sigma_3^i)\Delta\sigma_1}{\sigma_1^0 + n\Delta\sigma_1} \tag{17}$$

根据式(17)可以发现，数值求解 K_0 需要确定 K_0'所含参数 $\hat{a}$、$\hat{b}$、$\hat{c}$、$\hat{d}$ 和初始应力条件 σ_1^0、σ_3^0。

3.2 参数的敏感性分析

参数 $\hat{a}$、$\hat{b}$、$\hat{c}$、$\hat{d}$ 均为与应力无关的常数，控制着 K_0 的大小和变化规律。表2是整理现有大型三轴试验[21-24]得到的邓肯-张模型参数以及 $\hat{a}$、$\hat{b}$、$\hat{c}$、$\hat{d}$ 参数的数值大小和变化范围。图3是以试样SJK3为参照组，参数 $\hat{a}$、$\hat{b}$、$\hat{c}$、$\hat{d}$ 在表2范围内变化时对 K_0 计算结果的影响。

表2 粗颗粒土材料参数数值及其变化范围

试样编号	K	n	K_b	m	R_f	c/kPa	φ/(°)	$\hat{a}$	$\hat{b}$	$\hat{c}$	$\hat{d}$
SJK3[21]	890.27	0.66	442.24	0.24	0.75	80.46	40.16	0.67	0.42	0.21	95.35
红砂岩[22]	407.71	0.47	140.83	0.14	0.88	66.20	39.70	0.97	0.32	0.25	79.61

续表2

试样编号	K	n	K_b	m	R_f	c/kPa	φ/(°)	$\widehat{a}$	$\widehat{b}$	$\widehat{c}$	$\widehat{d}$
素土[23]	175.93	0.48	73.31	0.29	0.84	30.31	32.88	0.80	0.19	0.35	46.89
复合砾 1[23]	220.64	0.57	99.69	0.35	0.86	32.54	35.73	0.72	0.22	0.31	45.23
复合砾 2[23]	351.70	0.46	128.95	0.15	0.88	59.78	37.33	0.91	0.31	0.29	78.39
复合砾 3[23]	430.79	0.42	223.07	−0.32	0.88	64.13	39.74	0.64	0.74	0.25	77.14
复合砾 4[23]	459.46	0.58	213.40	−0.14	0.89	67.39	41.03	0.71	0.72	0.23	77.44
砂岩[24]	977.24	0.22	396.92	0.20	0.79	73.99	41.34	0.82	0.02	0.20	84.10
泥岩[24]	195.79	0.65	147.23	0.35	0.78	87.80	31.86	0.44	0.30	0.35	141.28
SSJ17[24]	618.87	0.99	575.31	0.16	0.73	45.90	48.36	0.36	0.83	0.12	40.81
SSJ4[24]	947.55	0.99	933.25	0.29	0.78	48.38	46.78	0.34	0.70	0.15	45.46
SSJ15[24]	861.79	0.66	954.99	0.20	0.76	111.70	45.69	0.30	0.46	0.15	109.04
变化范围	175.9~977.2	0.22~0.99	73.31~954.99	−0.32~0.35	0.73~0.89	30.31~111.7	32.88~48.36	0.30~0.97	0.02~0.83	0.12~0.35	40.81~109.04

图 3(a)表明，随参数 $\widehat{a}$ 的增大，K_0 逐渐减小，且变化幅度随应力的增大而减小。根据参数 $\widehat{a}$ 定义 $\widehat{a}=K/(3K_b)$，参数 $\widehat{a}$ 与材料的初始侧向刚度相关，$\widehat{a}$ 越大，侧向刚度越大。当应力水平相同时，侧向刚度越大，侧向变形越小，侧向变形约束应力越小，导致 K_0 值越小。

图 3(b)表明，随参数 $\widehat{b}$ 的增大，K_0 逐渐减小，且变化幅度随应力的增大而增加。根据参数 $\widehat{b}$ 定义 $\widehat{b}=n-m$，参数 $\widehat{b}$ 与材料侧向刚度随应力的变化速率相关，$\widehat{b}$ 越大，侧向刚度随应力的增长越慢，侧向刚度越小，侧向变形约束越小，导致 K_0 随参数 $\widehat{b}$ 的增大而减小。

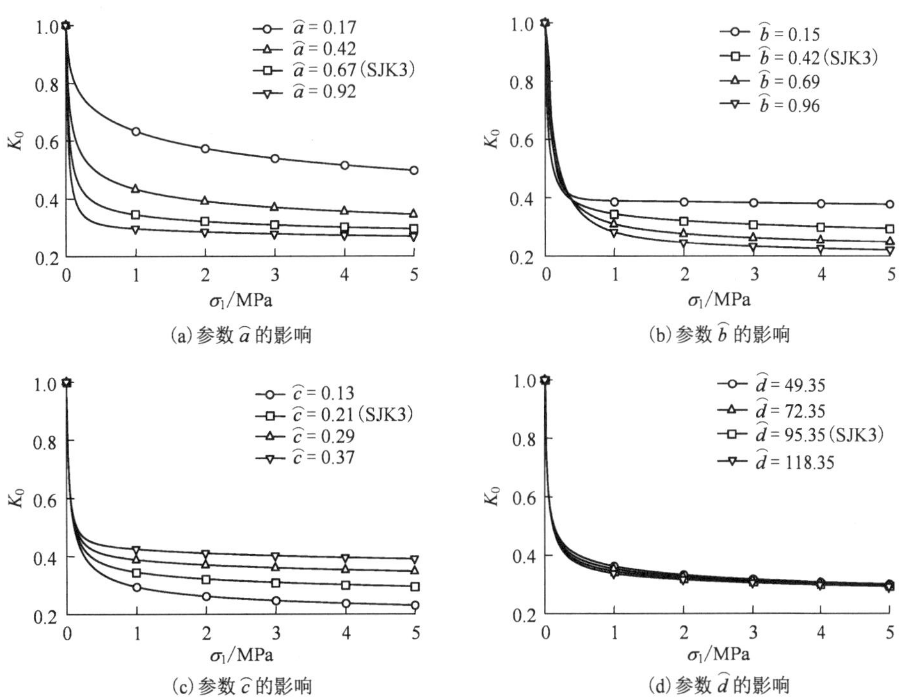

图 3 各参数变化影响下的 K_0 曲线形态

图 3(c)表明，随参数 $\hat{c}$ 增大，K_0 值逐渐增大，且变化幅度随着应力的增大而增大。根据参数 $\hat{c}$ 的定义 $\hat{c}=R_f(1-\sin\varphi)/(2\sin\varphi)$，参数 $\hat{c}$ 与试样的抗剪强度相关。参数 $\hat{c}$ 越大，试样的抗剪强度越小，土颗粒相互间发生细观破坏和重新排列的可能性就越大，侧向变形约束应力增大，所以 K_0 值随参数 $\hat{c}$ 的增大而增大。

图 3(d)表明，随参数 $\hat{d}$ 增大，K_0 值逐渐减小，且变化幅度随着应力的增大而减小。根据参数 $\hat{d}$ 的定义 $\hat{d}=c\cot\varphi$，参数 $\hat{d}$ 主要与材料的黏聚力相关。参数 $\hat{d}$ 越大，材料的黏聚力越大，土颗粒相互间发生细观破坏和重新排列的可能性就越小，侧向变形约束应力越小，所以 K_0 值随参数 $\hat{d}$ 的增大而减小。

4 试验应用与分析

4.1 室内试验应用

采用褚福永等[21]试验及蒋明杰等[18]试验的成果对本文得出的 K_0 计算公式进行室内试验应用。其中，褚福永等[21]试验中的 SJK3 材料与蒋明杰等[18]试验中的 D7 材料级配相似，初始相对密实度一致($D_r=0.7$)，可认为两种材料的物理性质近似。两种材料的材料级配曲线如图 4 所示。

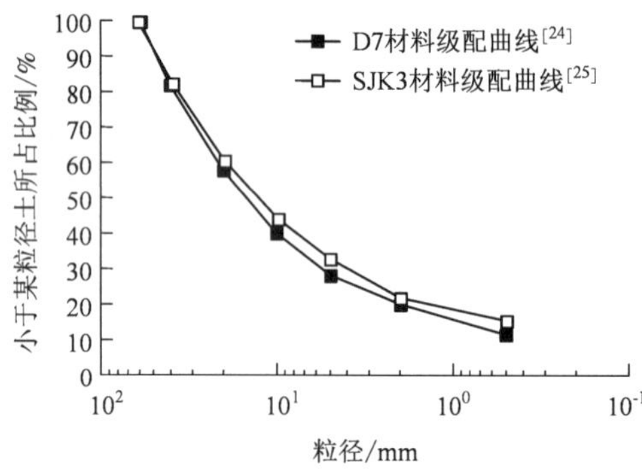

D7(蒋明杰等[18])；SJK3(褚福永等[21])。

图 4 级配曲线

通过褚福永和朱俊高[21]的三轴剪切试验确定了材料参数 $\hat{a}$、$\hat{b}$、$\hat{c}$、$\hat{d}$(见表 2)，依据式(17)计算得到 K_0 值。将 K_0 计算值与蒋明杰等[18]试验得到的 K_0 实测值进行对比，对比结果如图 5 所示。

由图 5 可知，本文提出的非线性 K_0 计算公式与粗粒土 K_0 实测值基本吻合，验证了基于增量理论的 K_0 计算公式的合理性。

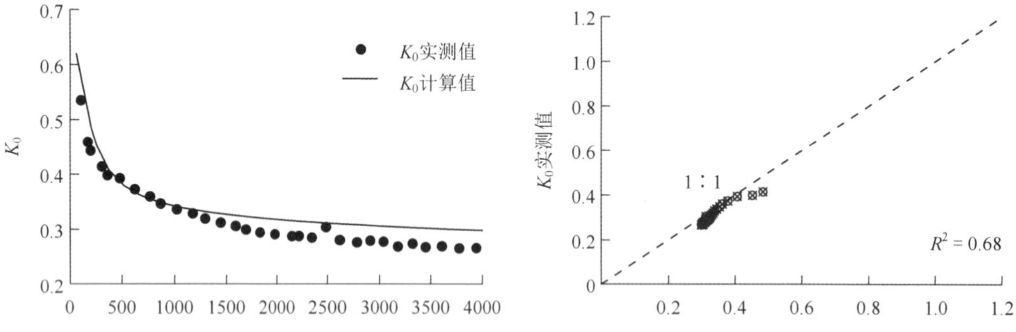

(a) K_0-σ_1曲线对比图 (b) K_0值对比图

图 5 K_0 计算值与实测值对比

4.2 数值试验应用

采用离散元软件 PFC^{3D} 对三轴剪切试验和 K_0 侧限压缩试验进行了模拟。在不同初始围压条件下(σ_c 分别为 200、400、600 和 800 kPa)，进行了模拟 K_0 侧限压缩试验。试样采用 5 种颗粒模板生成的 clump 模拟粗颗粒，ball 模拟细颗粒。试样为圆柱体，高度为 600 mm，直径为 300 mm，试样的上下加载板和橡胶模均采用光滑刚性墙模拟。模拟试样的级配曲线见图 6，

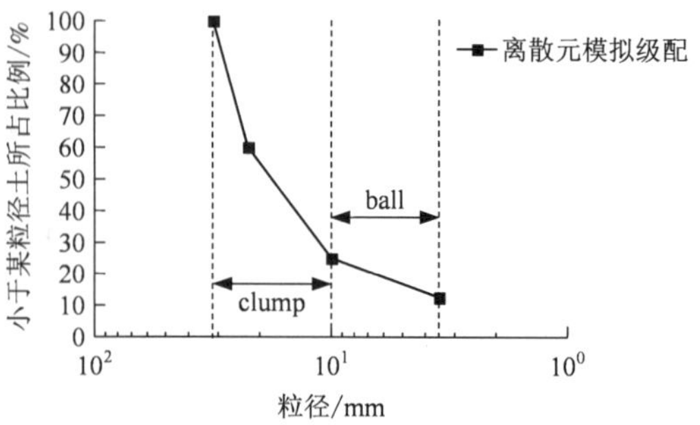

图 6 模拟试样级配曲线

通过参考相关文献[25-26]确定了 PFC^{3D} 模拟参数取值，见表 3。

表 3 数值试验的基本参数

试样高度 /mm	试样直径 /mm	颗粒密度 /(g·cm^{-3})	颗粒数量	颗粒间摩擦因数	墙-颗粒摩擦因数	墙刚度 /(N·m^{-1})	接触类型	法向刚度量 /(N·m^{-1})	切向刚度比
600	300	2.65	4 995	0.3	0	1×10^8	线性	1×10^9	1

数值试验中，通过伺服系统控制围压为额定值模拟三轴剪切试验，通过上下加载板以 0.05 mm/s 的速度进行加载，当竖向应变达到 0.2 时停止加载。模拟侧限压缩试验时令侧壁速度为 0，以保证侧向位移为 0。通过模拟三轴剪切试验，得到试样材料参数(见表 4)。再依据式(17)计算得到 K_0 计算值。

表 4 模拟试样材料参数

$\hat{a}$	$\hat{b}$	$\hat{c}$	$\hat{d}$	φ'/(°)
0.41	0.37	0.53	53.57	28.1

通过模拟 K_0 侧限压缩试验，获得了典型测点的实测 K_0 值。图 7 为数值试验中 K_0 计算值与 K_0 实测值的归一化比较。

根据图 7(a)可以发现，不同初始围压下的 K_0 实测值与 K_0 计算值十分吻合，证明了文本提出的非线性 K_0 计算公式的准确性。根据图 7(b)，得到相关系数 $R^2=0.97$，进一步证明了提出的 K_0 计算公式能够很好地预测粗粒土的静止土压力系数。

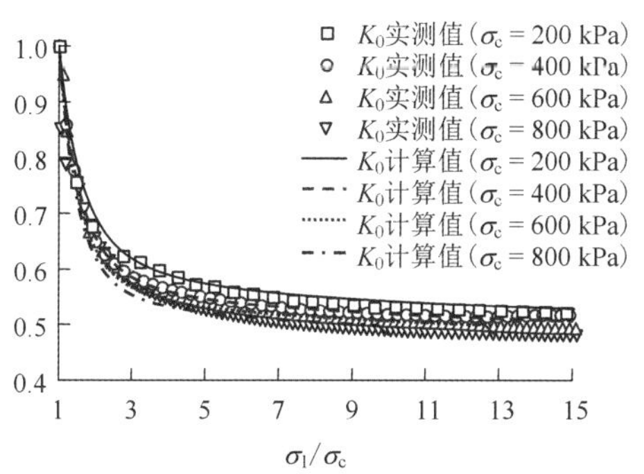

(a) K_0-σ_1曲线对比图

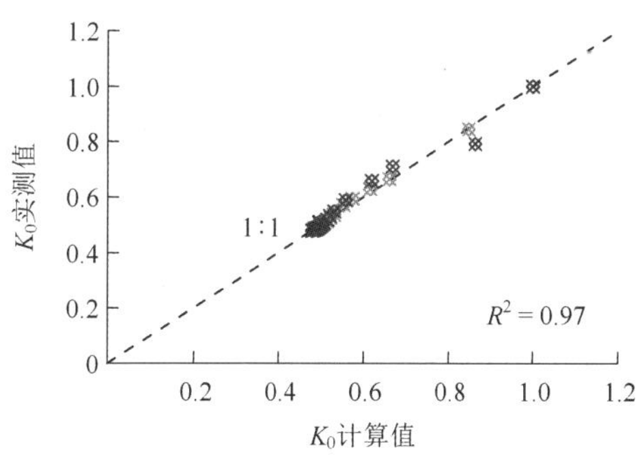

(b) K_0值对比图

图 7 K_0 计算值与 K_0 实测值的归一化比较

5 分析与讨论

5.1 初始应力条件的影响

实际应用中，初始应力条件的确定对于本文 K_0 公式的准确性有着至关重要的影响，初始应力条件必须满足 K_0 应力路径才能得到准确的 K_0 计算值。图 8 为在不同的初始等向围压条件下，采用表 4 参数计算得到的 K_0'-σ_1 关系曲线和应力路径。

从图 8(a)可以看出，当 $\sigma_c=0$，K_0'的初始值为 1。随着 σ_c 增大，K_0'的初始值逐渐减小，且 K_0'-σ_1 关系由单调递减转变为先增后减。随着 σ_1 增大，所有计算值都收敛于 $\sigma_c=0$ 时的计算值，这说明 $\sigma_c=0$ 满足 K_0 应力路径，代表着试样的初始应力条件为重力作用[27]。

从图 8(b)中可以看出，K_0 应力路径起初为曲线，随着 σ_1 的增加逐渐变成直线，K_0 应力路径的变化规

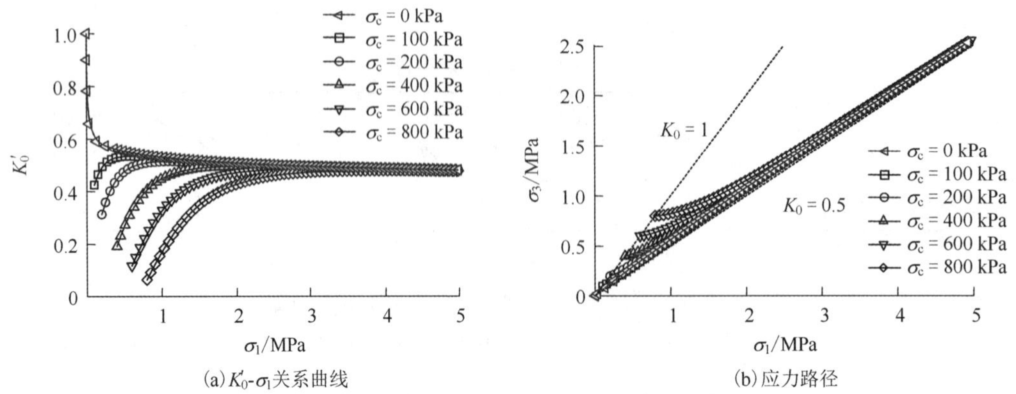

图8 不同初始应力条件对K_0'和应力路径计算的影响

律与室内试验结果一致。随着σ_1增大，所有计算应力路径都收敛于$\sigma_c=0$时的应力路径，即K_0应力路径。计算得到的K_0-σ_1关系曲线如图10所示。

从图9中可以看出，σ_c对K_0的影响主要体现在σ_1较小时：随着σ_c增大，K_0值逐渐增大，且增大幅度随σ_1的增大而减小；随着σ_1增大，K_0首先迅速减小，然后缓慢减小，最终收敛于$\sigma_c=0$时的K_0-σ_1关系曲线，即K_0应力路径所对应的K_0演化曲线。由此可知，对于正常固结土，采用本文公式计算K_0时，初始应力条件宜取$\sigma_c=0$。

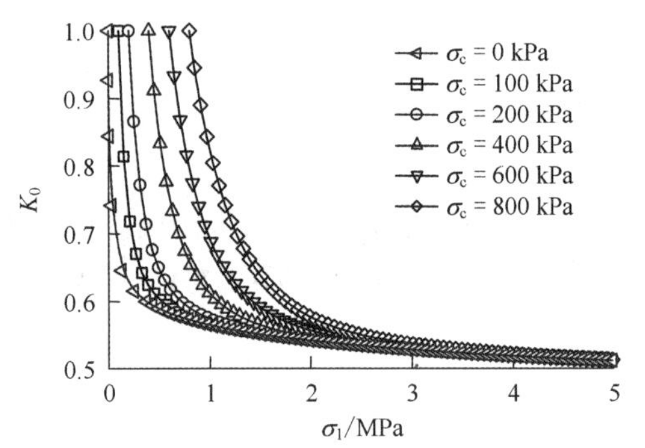

图9 不同初始应力条件对K_0计算的影响

5.2 非线性影响

线性K_0公式中Jaky公式在岩土工程中应用广泛，见式(18)：

$$K_0 = 1 - \sin\varphi' \tag{18}$$

根据表4，可得模拟试样的Jaky公式的K_0计算值为0.529。根据图7中K_0的实测值，对Jaky公式和本文公式进行了比较，见图10。

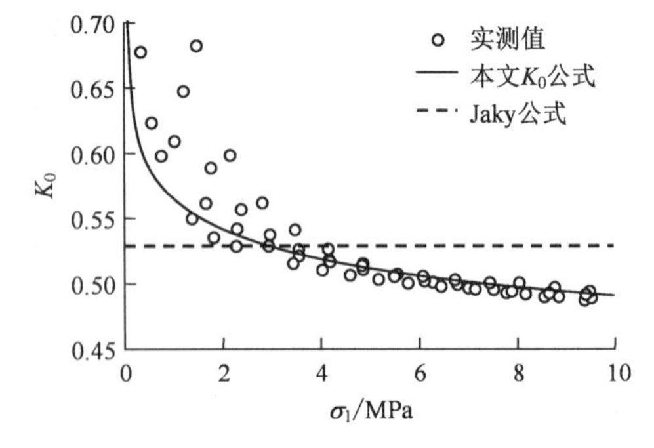

图10 Jaky公式与本文K_0公式对比图

根据图10，模拟K_0-σ_1关系曲线在加载初期表现出迅速递减，变化幅度很大的现象，这是由于此时Jaky公式的计算值误差较大，计算结果偏小。通过本文K_0公式得到的K_0-σ_1关系曲线能够反映试样K_0值的非线性变化，精度比Jaky公式更高。但是由于实测K_0值的初始条件与计算初始条件有所差异，导致本文K_0公式在加载初期的预测精度较差，本文K_0公式计算精度受初始应力条件精度的影响。随着σ_1的增加，K_0-σ_1关系曲线进入缓慢递减阶段，此时Jaky公式的计算值与实测值较为接近。但是随着σ_1的进一步增大，K_0值将继续减小，Jaky公式计算值的误差会变得越来越大，而本文K_0公式的计算精度随着σ_1增大越来越高，直至完全与实测值重合。因此，本文建立的粗颗粒土K_0计算公式更加合理。

6 结论

(1)针对粗粒土非线性材料K_0值的非线性变化，基于邓肯-张模型的应力-应变增量关系，引入邓肯-张模型参数，建立了静止土压力系数的数学公式。同时，提出了基于Matlab的粗颗粒土的静止土压力系数非线性计算方法，并对该公式参数的敏感性进行了分析。参数敏感性分析结果表明：K_0值随参数$\hat{a}$的增大而减小，随参数 $\hat{b}$ 的增大而减小，随参数 $\hat{c}$ 的增大而增大，随着 $\hat{d}$ 的增大而减小。

(2)依据三轴试验数据和数值试验结果，对粗颗粒土的静止土压力系数非线性计算方法进行了应用分析。应用结果表明：K_0 预测值与 K_0 实测值吻合，本文提出的非线性 K_0 计算方法可用于粗颗粒土 K_0 计算。基于离散元模拟，对不同初始应力条件下的 K_0 试验进行了模拟，分析了本文 K_0 公式在不同初始应力条件下的适用性。

(3)与 Jaky 公式的结果对比表明：本文提出的公式能更好地描述粗粒土 K_0 值的非线性变化，σ_1 越大，计算精度越高。此外，讨论了初始应力条件对粗颗粒土的静止土压力系数非线性计算结果的影响。在 σ_1 较小时，初始应力条件对 K_0 计算结果影响较大，随着 σ_c 的增大，K_0 值逐渐增大，且增大幅度随着 σ_1 的增加而减小，直至收敛于 $\sigma_c=0$ 时的 K_0 计算值。对于正常固结土，采用本文提出的公式计算 K_0 时，初始应力条件宜取 $\sigma_c=0$。该研究成果有助于加深岩土工程师对土体静止土压力系数非线性特征的理解，并为粗颗粒土静止土压力系数的计算提供了参考。

参考文献

[1] JAKY J. The coefficient of earth pressure at rest[J]. Journal of the Society of Hungarian Architects and Engineers, 1944, 78(22): 355-357.

[2] TSHEBOTARIOFF G P. Soil Mechanics Foundations and Earth Structures[M]. New York: MCGRAW-HILL, 1951.

[3] 张继周，王华敬，刘福胜，等. 静止土压力系数的计算方法及影响因素分析[J]. 水利与建筑工程学报，2017，15(1)：43-47.

[4] HENDRON J, ALFRED J. The behavior of sand in one-dimensional compression[D]. Illinois: University of Illinois, 1963.

[5] ALPAN I. The empirical evaluation of the coefficient K_0 and K_{0R}[J]. Soils and Foundations, 1967, 7(1): 31-40.

[6] WENKOW W. An apparatus for the evaluation of the coefficients of earth pressure at-rest[J]. Design Parameters in Geotechnical Engineering, 1979, 1(2): 171-174.

[7] ROBERT S. On the K_0 factor[J]. Periodica Polytechnica Civil Engineering, 1994, 38(1): 127-195.

[8] BOLTON M. A guide to soil mechanics[M]. United Kingdom: The Macmillan Pr, 1979.

[9] MAYNE P W, KULHAWYF H. K_0-OCR relationships in soil[J]. Journal of the Geotechnical Engineering Division, 1982, 108(6): 851-872.

[10] SHERIF M A, FANG Y S, SHERIFR I. KA and K_0 behind rotating and non-yielding walls[J]. Journal of Geotechnical Engineering, 1985, 110(1): 41-56.

[11] MATSUOKA H, SAKAKIBARA K. A constitutive model for sands and clays evaluating principal stress rotation[J]. Soils and Foundations, 1987, 27(4): 73-88.

[12] LUNNE T, POWELL J, HAUGE E, et al. Correlation of dilatometer readings with lateral stress in clays[J]. Transportation Research Record, 1990(1278): 183-193.

[13] EI SHARIF M, ABDEL A, YEHIAK T, et al. Theoretical study of earth pressure at-rest for sandy soils[J]. Journal of Engineering Sciences, 2011, 39(1): 1-13.

[14] OKOCHI Y, TATSUOKA F. Some factors affecting K_0-values of sand measured in triaxial cell[J]. Soils and Foundations, 1984, 24(3): 52-68.

[15] WATABE Y, TANAKA M, TANAKA H, et al. K_0-consolidation in a triaxial cell and evaluation of in-situ K_0 for marine clays with various characteristics[J]. Soils and Foundations, 2003, 43(1): 1-20.

[16] ZHU J G, JIANG M J, LU Y Y, et al. Experimental study on the K_0 coefficient of sandy gravel under different loading conditions[J]. Granular Matter, 2018, 20(3): 40.

[17] 秦向辉，张鹏，丰成君，等. 北京地区地应力测量与主要断裂稳定性分析[J]. 地球物理学报，2014，57(7)：2165-2108.

[18] 蒋明杰，陆晓平，朱俊高，等. 粗粒土静止侧压力系数估算方法研究[J]. 岩土工程学报，2018，40(增刊2)：77-81.

[19] 朱俊高，蒋明杰，陆阳洋，等. 应力状态对粗颗粒土静止侧压力系数影响试验研究[J]. 岩土力学，2018，40(3)：827-833，851.

[20] JIANG M J, ZHU J G, JI E Y, et al. Practical approach to predicting the K_0 behavior of in-situ sandy gravel[J]. Advances in Civil Engineering, 2018(2018): 1-9.
[21] 褚福永，朱俊高. 砂卵砾石料强度及变形大型三轴试验研究[J]. 水力发电学报，2014，33(6)：209-214.
[22] 陈晓斌. 红砂岩粗粒土剪胀效应大型三轴试验研究[J]. 岩石力学与工程学报，2010，29(增刊1)：3145-3149.
[23] 石熊，张家生，孟飞，等. 改良粗粒土填料大型三轴试验[J]. 中南大学学报(自然科学版)，2015，46(2)：645-652.
[24] 付科. 粗粒土邓肯-张模型参数的影响因素及影响规律试验研究[D]. 昆明：昆明理工大学，2012.
[25] LIRER S, FLORA A, NICOTERA M V. Some remarks on the coefficient of earth pressure at rest in compactedsandy gravel [J]. Acta Geotechnica, 2011, 6(1): 1-12.
[26] GUO P J. Effect of density and compressibility on K_0 of cohesionless soils[J]. Acta Geotechnica, 2010, 5(4): 225-238.
[27] 胡靖，顾晓强，黄茂松. 基于离散元法的静止土压力系数分析[J]. 岩土力学，2015，36(增刊1)：624-628.

基于对数几率回归模型的粗颗粒土颗粒破碎过程演化研究

丁建源[1, 2]，陈晓斌[1, 2]，张家生[1, 2]，刘怡吟[1]，肖源杰[1, 2]

1. 中南大学土木工程学院，湖南长沙，410075

2. 中南大学教育部重载铁路工程结构重点实验室，湖南长沙，410075

摘要：掌握粗颗粒土颗粒破碎过程演化具有重要的现实意义，但已有的研究未能对粗颗粒土颗粒级配演化的中间过程进行预测。为弥补粗颗粒土颗粒破碎演化中间过程预测研究的不足，引入存活概率与破碎概率的比值，采用对数几率回归方法，建立了基于对数几率回归的粗颗粒土颗粒级配曲线演化模型，分析了该模型参数的敏感性。基于所建立的演化模型，推导了相对颗粒破碎指标的数学计算公式，并讨论了土体颗粒破碎的有界性。最后，基于已有的试验数据进行了模型的应用分析。应用分析结果显示：模型预测值与实测值吻合，验证了基于对数几率回归预测模型与相对破碎率预测值公式的合理性。该研究成果将有助于对粗颗粒土材料颗粒破碎演化中间过程的理解。

关键词：对数几率；级配演化；颗粒破碎；相对破碎率；粗颗粒土

1 引言

应力作用下的颗粒破碎过程，直接改变着粗颗粒土材料的物理力学性质，对进行颗粒破碎中间过程的预测具有重要的现实意义。近年来，不少学者针对土体颗粒破碎的量化指标及颗粒破碎演化过程的问题开展了系列研究。在颗粒破碎度量研究方面，Marsal[1]在土石坝填料的大型三轴压缩试验的基础上，以各粒组试验前后的含量差正值之和定义了破碎率 B_g。Lee 和 Farhoomand[2]在大量破碎试验研究的基础上提出了以试样前后级配曲线上某一含量的粒径之比为基础的破碎率 B_m。Hardin[3]基于研究成果根据级配曲线与粒径线(0.074 mm)所围成的面积引入破碎势 B_p，并定义了相对破碎率 B_r。Konrad 和 Salami[4]定义了粗颗粒材料的破碎度量指标，Yu[5]分析了砂土在三轴试验中的破碎特征。有部分研究分析了粗颗粒材料的颗粒破碎特征，如 Bagaria 等[6-8]，这些量化指标已经得到了广泛应用。

在描述或者预测土体颗粒破碎演化过程研究方面，众多学者试图通过预测颗粒破碎变量来表示土体力学性能的变化，并尝试将研究成果引入已有的本构模型。Einav[9]综合前人的研究，在 Hardin 破碎理论的基础上，建立了基于分形理论的修正 Hardin 破碎指标。徐日庆等[10]分析了颗粒发生破碎而离开本粒组所引起的含量变化，建立了具有归一性的加权裂离率 B_d。Mcdowell[11]针对单粒径细砂进行单轴压缩试验，发现颗粒的存活概率与荷载之间符合 Weibull 分布。童晨曦等[12]从单粒组颗粒破碎规律出发，利用两参数的 Weibull 分布函数，从数理统计的角度分析了单粒组颗粒材料破碎的极限。Bard[13]认为，在侧限压缩试验条件下，单粒径石油焦的粒径分布服从分形几何规律。蔡正银等[14]通过大量的大型三轴剪切试验认为，分形维数是级配和围压的函数，颗粒破碎分形维数与围压呈线性增长。张季如等[15]针对高压应力下钙质砂的侧限压缩试验，从分形角度研究了颗粒破碎特性。分析了破碎后的石英砂粒径分布，发现破碎分形维数与 Hardin 破碎率存在线性关系。石修松和程展林[16]对堆石料进行了高围压三轴试验，发现分形维数能够定性反映颗粒破碎后粒径的分布程度。Okzan 和 Ortoleva[17]认为颗粒破碎过程是符合随机 Markov 的过程，假定某一粒径颗粒破碎与其他粒径的概率是相等的，从而建立了描述级配演化的 Markov 模型。Coop 等[18]研究了碳质砂的颗粒破碎，Xiao 等[19]采用体积变化度量了受压条件下粗颗粒材料的颗粒演化过程。Das 和 Bajpai[20]采用超塑性方法评价了道砟级别粗颗粒材料的颗粒破碎演化过程。Chen 和 Zhang[21]分析了颗粒破碎的时间效应及其对剪胀的影响。已有的研究多数采用最终级配曲线表示颗粒的级配变化，而未能对颗

丁建源，陈晓斌，张家生，等. 基于对数几率回归模型的粗颗粒土颗粒破碎过程演化研究[J]. 岩土力学，2019，40(4)：1465-1473.

粒级配的中间变化过程进行预测。在实践中土体颗粒级配演化是一个渐变的过程，有必要了解土颗粒级配演化的中间过程，以便掌握土工建筑物的强度变化中间过程。

为弥补粗颗粒土颗粒破碎演化中间过程预测研究的不足，本文采用对数几率回归方法，考虑土体颗粒的存活概率和破碎概率，引入存活概率与破碎概率的比值，建立了可以预测颗粒破碎中间过程的演化模型，并定义了基于对数几率回归的颗粒破碎度量指标。本文首先建立了基于对数几率回归模型模拟的颗粒级配曲线演化模型，分析了该模型参数的敏感性，推导了基于该模型的颗粒破碎度量公式，并采用案例论证了其可行性。本文研究成果将有助于粗颗粒土材料颗粒破碎演化中间过程的预测。

2 基于对数几率模型的颗粒演化模拟

2.1 级配曲线对数几率函数

土体颗粒的破碎过程仅存在两个状态：全存活状态和全破碎状态，对应的概率为 1 和 0。假定其存活概率为 q，则破碎概率为 $1-q$，定义存活概率与破碎概率之比 OR 为

$$OR = \frac{q}{1-q} \tag{1}$$

OR 值接近于 0 表示颗粒破碎严重，即颗粒破碎至极限；OR 值越接近于∞，表示颗粒不破碎。通常土体颗粒级配曲线为类 S 型曲线，为方便分析，本文将粒径进行归一化处理，即定义相对粒径变量 x，并建立相对坐标系：

$$x = \frac{d}{d_M} \tag{2}$$

式中：d 为粒径；d_M 为最大粒径。根据分形理论[22]，定义级配累积质量分数 P：

$$P = x^k = x^{3-D} \tag{3}$$

式中：系数 k 是对数几率方程的系数；D 为分形维数。在颗粒破碎过程中，小于相对粒径 x_i 的颗粒集合体对应的存活率为 q_i，即小于相对粒径(x_i)的颗粒所对应的累积质量分数为 P_i。将累积质量分数与颗粒粒径转化为对数存破比与相对粒径的线性关系：

$$\begin{cases} \ln(OR)_i = \ln\left(\dfrac{P_i}{1-P_i}\right) \\ x_i = \dfrac{d_i}{d_M} \end{cases} \tag{4}$$

基于对数几率回归方程[23]，根据分形公式[式(3)]，可将常规的 S 型级配曲线[图 1(a)]转换为新坐标系统下的线性级配曲线[图 1(b)]。

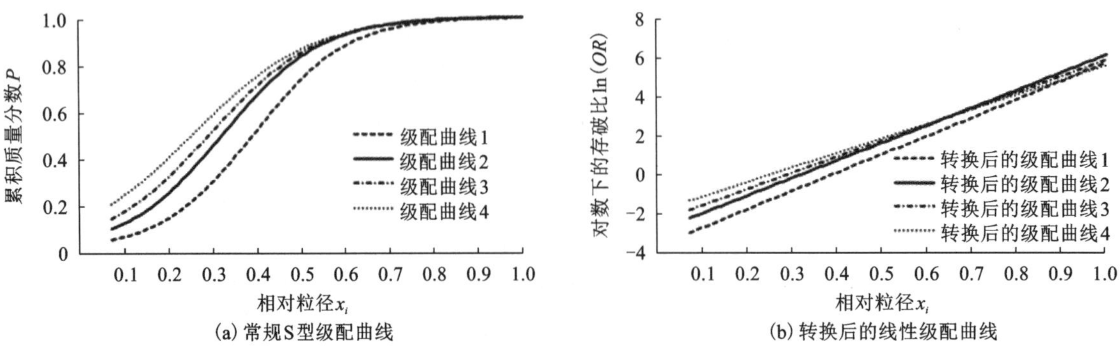

图 1　原级配曲线与线性级配曲线

级配曲线转换后在坐标系中呈现出明显的线性关系，依据 ln(OR)与 x 的线性关系，可以建立线性方程：

$$\ln[(OR)_i] = \alpha + \beta x_i \tag{5}$$

式中：$(OR)_i$ 为对应于相对粒径 x_i 的存破比。求解式(5)，可得到土体级配曲线对数几率函数表达式：

$$P_i=\frac{e^{\alpha+\beta x_i}}{1+e^{\alpha+\beta x_i}} \quad 或 \quad P_i=\frac{1}{1+e^{-(\alpha+\beta x_i)}} \tag{6}$$

式中：α、β 为线性参数，其物理意义为表征颗粒破碎的进展，由此建立了级配曲线对数几率函数描述；P_i 的值总是在(0，1)之间，与级配曲线中小于某粒径的累积质量分数相对应；相对粒径的值也介于(0，1)，与级配曲线中的粒径尺寸相对应。级配曲线对数几率函数的参数变化，对应着土体颗粒级配曲线的变化，实现了采用对数几率函数预测颗粒破碎演化的中间过程。

2.2 模型参数分析

在部分试验数据的支持下，采用最小二乘法拟合确定模型参数。依据最优化原理，通过最小二乘法，将式(5)构建为线性回归模型：

$$\ln(OR)_i=\alpha+\beta x_i+\varepsilon_i \tag{7}$$

式中：ε_i 为比值 $(OR)_i$ 的残差。由该回归模型构造平方损失函数 Q：

$$Q=\sum_{i=1}^{n}\varepsilon_i^2=\sum_{i=1}^{n}\left[\ln(OR)_i-\hat{\alpha}-\hat{\beta}x_i\right]^2 \tag{8}$$

式中：$\hat{\alpha}$、$\hat{\beta}$ 分别为参数 α、β 对应的最优解，可通过对式(8)求各一阶偏导数的0点确定；Q 为平方损失函数，Q 值越小，表明参数越合理。

2.3 颗粒破碎演化过程模拟

由式(8)所确定的参数 α、β 控制着级配曲线的变化，预测对数几率参数 α、β 就能预测颗粒破碎演化过程。对式(6)取一阶、二阶导数，得

$$\frac{\mathrm{d}P_i}{\mathrm{d}x}=\frac{1}{\left[1+e^{-(\alpha+\beta x_i)}\right]^2}e^{-(\alpha+\beta x_i)}\beta=P_i(1-P_i)\beta \tag{9}$$

$$\frac{\mathrm{d}^2P_i}{\mathrm{d}x^2}=(1-2P_i)P_i(1-P_i)\beta^2 \tag{10}$$

求式(10)零点可知：在 $P_i=0.5$ 时，相对粒径 x_i 对应的曲线斜率最大。由此可以得到该特征相对粒径 x_i 与参数 α、β 的关系：

$$x_i=-\frac{\alpha}{\beta} \tag{11}$$

进一步得到了参数 α、β 在级配曲线上的数学意义，如图2所示。

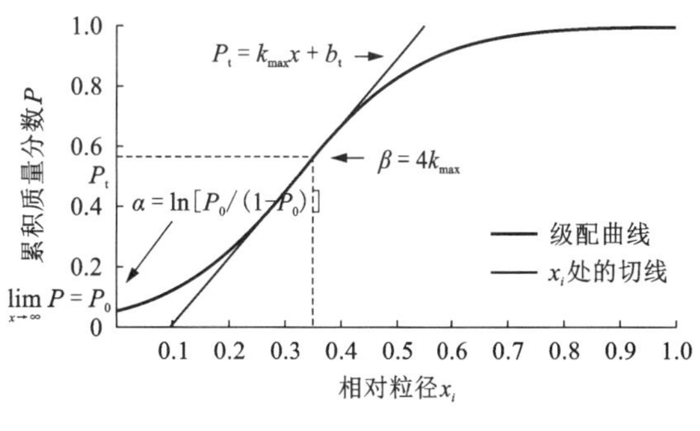

图2 α、β 数学定义

图2显示：α 控制着级配曲线的截距；β 是与最大曲线切线斜率相关的参数，控制着级配曲线的斜率。更一般地讲，参数 α、β 是级配曲线的固有属性，通过 α、β 控制类S型颗粒级配曲线的位置和形态变化，实现颗粒破碎演化过程的模拟，如图3所示。

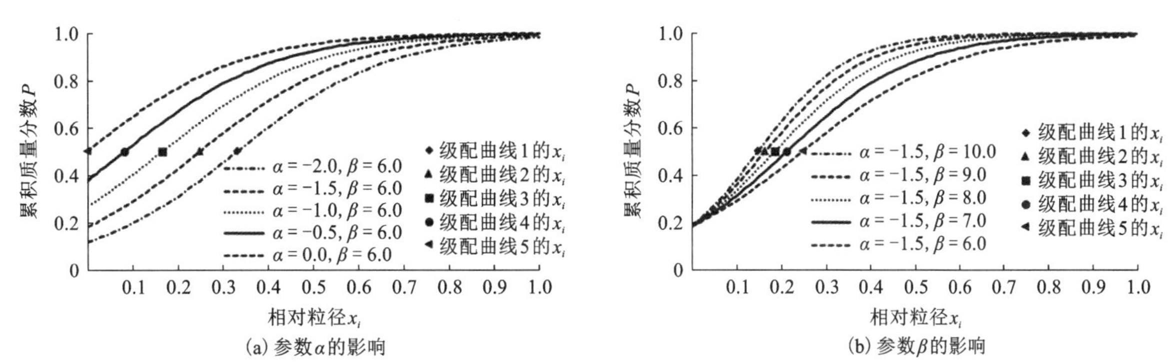

图3 α、β 变化影响下的级配曲线形态

图 3 显示：在 $\alpha<0$，$\beta>0$ 的范围内，α 和 β 的增大都会引起相对粒径 x_i 的减小，表明了颗粒破碎的发展。在 β 一定的情况下，α 值快速增加，意味着颗粒破碎率快速增加；α 值缓慢增加，意味着颗粒破碎率缓慢增加；α 值趋于稳定，意味着颗粒破碎率趋于稳定。β 是级配曲线的形状参数，表示级配曲线的各点斜率，决定了级配曲线的平缓程度。在 α 一定的情况下，β 值快速增大，意味着颗粒破碎率快速增加；β 值缓慢增大，意味着颗粒破碎率缓慢增加；β 值趋于稳定，意味着颗粒破碎率趋于稳定。同时，参数 α 值对颗粒破碎率的影响大于参数 β。因此，可以根据参数 α、β 描述颗粒破碎演化过程。

3 基于对数几率回归参数的破碎率

通常采用相对破碎率来量化土体颗粒的破碎程度，依据文献[3]，相对破碎率定义为

$$B_r = \frac{B_t}{B_p} \tag{12}$$

其中：

$$B_t = \int_0^1 b_{p_0} \mathrm{d}f - \int_0^1 b_{p_1} \mathrm{d}f \tag{13}$$

$$B_p = \int_0^1 b_p \mathrm{d}f \tag{14}$$

$$b_p = \log\left[\frac{d}{0.074}\right] \tag{15}$$

式中：B_r 为土体的相对破碎率，其值在[0, 1]之间；B_p 为破碎势；B_t 为破碎量；b_p 为颗粒粒径 d 的颗粒破碎潜在可能性大小；$\mathrm{d}f$ 为 b_p 为粒径的筛分通过率（以微分形式表示）；b_{p_0} 和 b_{p_f} 分别为加载前、后土体的 b_p 值，当 d 小于 0.074 mm 时，b_p 为 0。将式(5)改写为

$$P_i = \frac{e^{\alpha+\beta x_i}}{1+e^{\alpha+\beta x_i}} = \frac{e^{\alpha+\beta\frac{d_i}{d_M}}}{1+e^{\alpha+\beta\frac{d_i}{d_M}}} = \frac{e^{\alpha+\frac{\beta}{d_M}d_i}}{1+e^{\alpha+\frac{\beta}{d_M}d_i}} \tag{16}$$

式(15)表征了颗粒破碎的潜在可能性，b_p 越大，表明颗粒发生破碎的可能性越大，而相对粒径 x_i 也具有表征颗粒破碎的潜在可能性，相对粒径 x_i 越大，表明颗粒发生破碎的可能性越大。由此，为简化计算，以相对粒径 x_i 替代 b_p，得到在相对粒径坐标系中的修正破碎势 $B_{p,\,P-x}$：

$$B_{p,\,P-x} = \lim_{\eta\to\infty}\int_{0.074}^{\eta}(1-P)\,\mathrm{d}d = d_M\lim_{\eta\to\infty}\int_{\frac{0.074}{d_M}}^{\frac{\eta}{d_M}}\left(1-\frac{e^{\alpha+\beta x}}{1+e^{\alpha+\beta x}}\right)\mathrm{d}x = d_M\left[-\frac{\alpha}{\beta}-\frac{0.074}{d_M}+\frac{1}{\beta}\ln\left(e^{\alpha+\beta\frac{0.074}{d_M}}+1\right)\right] \tag{17}$$

式中：η 为趋于最大粒组的一个限制粒径。最终，得到在相对粒径坐标系中的修正相对破碎率 $B_{r,\,P-x}$：

$$\begin{aligned}B_{r,\,P-x} &= \frac{B_{t,\,P-x}}{B_{p,\,P-x}} = \frac{B_{p_0,\,P-x}(\alpha_0,\beta_0) - B_{p_1,\,P-x}(\alpha_1,\beta_1)}{B_{p,\,P-x}(\alpha_0,\beta_0)} \\ &= -\frac{\alpha_0}{\beta_0}+\frac{\alpha_1}{\beta_1}+\ln\left[\frac{\left(e^{\alpha_0+\beta_0\frac{0.074}{d_M}}+1\right)^{\frac{1}{\beta_0}}}{\left(e^{\alpha_1+\beta_1\frac{0.074}{d_M}}+1\right)^{\frac{1}{\beta_1}}}\right]-\frac{\alpha_0}{\beta_0}-\frac{0.074}{d_M}+\ln\left[\left(e^{\alpha_0+\beta_0\frac{0.074}{d_M}}+1\right)^{\frac{1}{\beta_0}}\right]\end{aligned} \tag{18}$$

式中：$B_{t,\,P-x}$ 为在相对粒径坐标系中土体的破碎量；$B_{p_0,\,P-x}$ 及 $B_{p_1,\,P-x}$ 分别为在相对粒径坐标系中初始状态级配曲线和终止状态级配曲线的破碎势；α_0、β_0 分别为初始状态下级配曲线的参数 α、β；α_1、β_1 分别为终止状态下级配曲线的参数 α、β。

在相对粒径坐标系中，破碎势 $B_{p,\,P-x}$ 的数学意义是级配曲线 $P=1$、轴 $x_u=0.074/d_M$ 所围成的区域面积，如图 4(a)所示，破碎率 $B_{t,\,P-x}$ 为在新坐标中两条级配曲线所围成的区域面积，如图 4(b)所示。

4 对数几率回归模型应用分析

4.1 模型参数确定

采用已经发表的试验成果来验证模型的可行性，试验成果包括：Hagerty 试验[24]、张季如试验[25]和

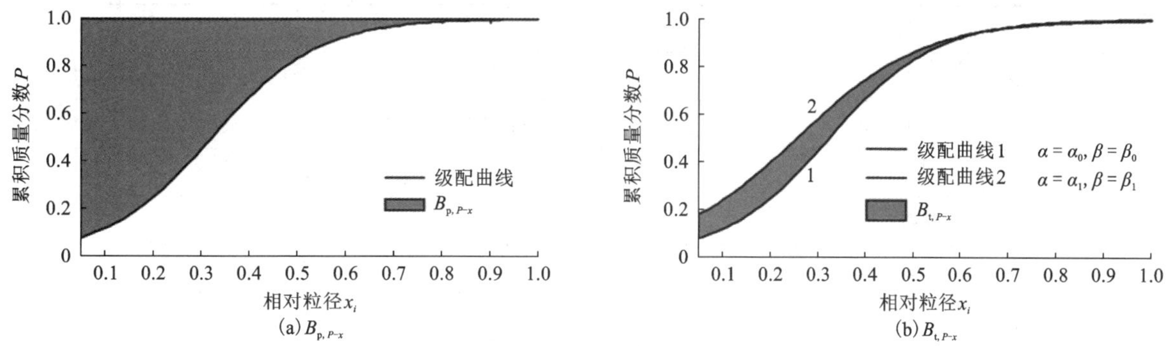

图 4　级配曲线上破碎势与破碎量

Coop 试验[18]。根据以上试验数据，采用最小二乘线性回归方法，确定对数几率回归模型的参数 α、β。坐标变换后，颗粒级配试验值与模型值见图 5，识别模型参数值见表 1。

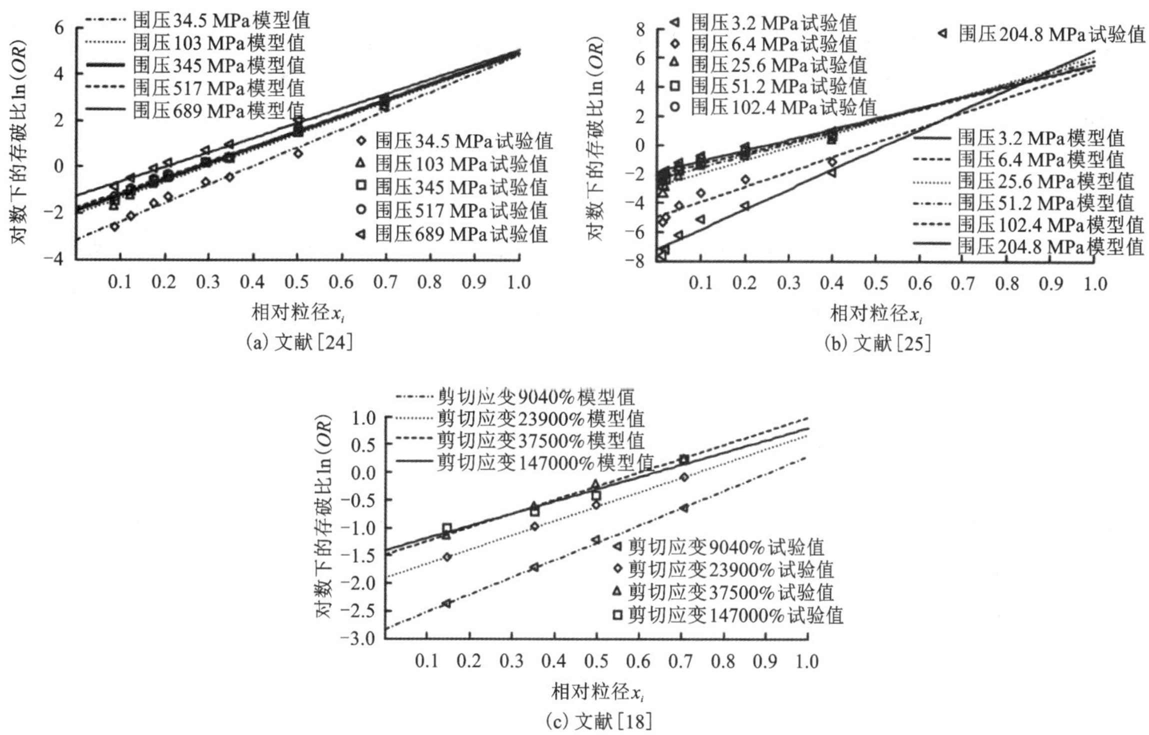

图 5　试验级配曲线与模型计算级配曲线

表 1　识别的模型参数值

试验数据	应力/MPa	应变	α	β	r
Hagerty 试验	34.5		-3.165	7.986	0.994
	103.0		-2.056	6.929	0.995
	345.0		-1.909	6.856	0.998
	517.0		-1.781	6.647	0.998
	689.0		-1.278	6.323	0.996

续表1

试验数据	应力/MPa	应变	α	β	r
张季如试验	3.2		-7.238	13.800	1.000
	6.4		-4.986	10.310	0.999
	25.6		-2.897	8.997	0.947
	51.2		-2.414	8.250	0.964
	102.4		-2.115	7.640	0.961
	204.8		-1.900	7.462	0.970
Coop 试验		9040	-2.836	3.122	0.999
		23900	-1.915	2.587	0.999
		37500	-1.493	2.478	0.999
		147000	-1.410	2.203	0.982

由表1看出，相应的 α 值随颗粒破碎的开展不断增大，而 β 值随之减小。显然，β 值的减小表明级配曲线上各点的斜率减小，级配曲线趋于平缓。α 值趋于稳定，意味着颗粒破碎率趋于稳定。

4.2 颗粒破碎演化与预测

根据基于对数几率回归模型[式(5)]和参数，重演了 Hagerty 试验[24]不同阶段级配曲线变化的中间过程，如图6所示。

按图6所示的 Hagerty 试验颗粒级配演化的中间过程，依据基于对数几率回归模型的相对破碎率计算式(18)，得到了 Hagerty 试验颗粒破碎模型的计算值。同时，针对 Hagerty 试验结果，经过三次样条插值计算得到了相对破碎率试验值，最后将 Hagerty 试验相对破碎率模型计算值与试验值进行比较，如表2所示。

表2 Hagerty 试验相对破碎率模型预测值与试验值

轴压/MPa	模型 $B_{r,\ P\text{-}x}$	试验 $B_{r,\ P\text{-}x}$
34.5	0.000	0.000
103.0	0.249	0.226
345.0	0.292	0.256
517.0	0.310	0.275
689.0	0.445	0.405

表2说明相对破碎率模型计算值与试验值整体较为吻合，证明了基于对数几率回归模型描述粗颗粒土颗粒破碎中间过程的可行性，同时也说明了本文所建立的相对破碎率预测公式的可行性。

4.3 颗粒破碎有界性讨论

粗颗粒土的颗粒破碎是一个有界的过程，颗粒破碎演化到某一个阶段将停止。随着颗粒破碎的发展，其分形维数增加，Hagerty 试验[24]、张季如试验[25]和 Coop 试验[18]的分形维数 D 随试验进程的统计值的变化如表3~表5所示。

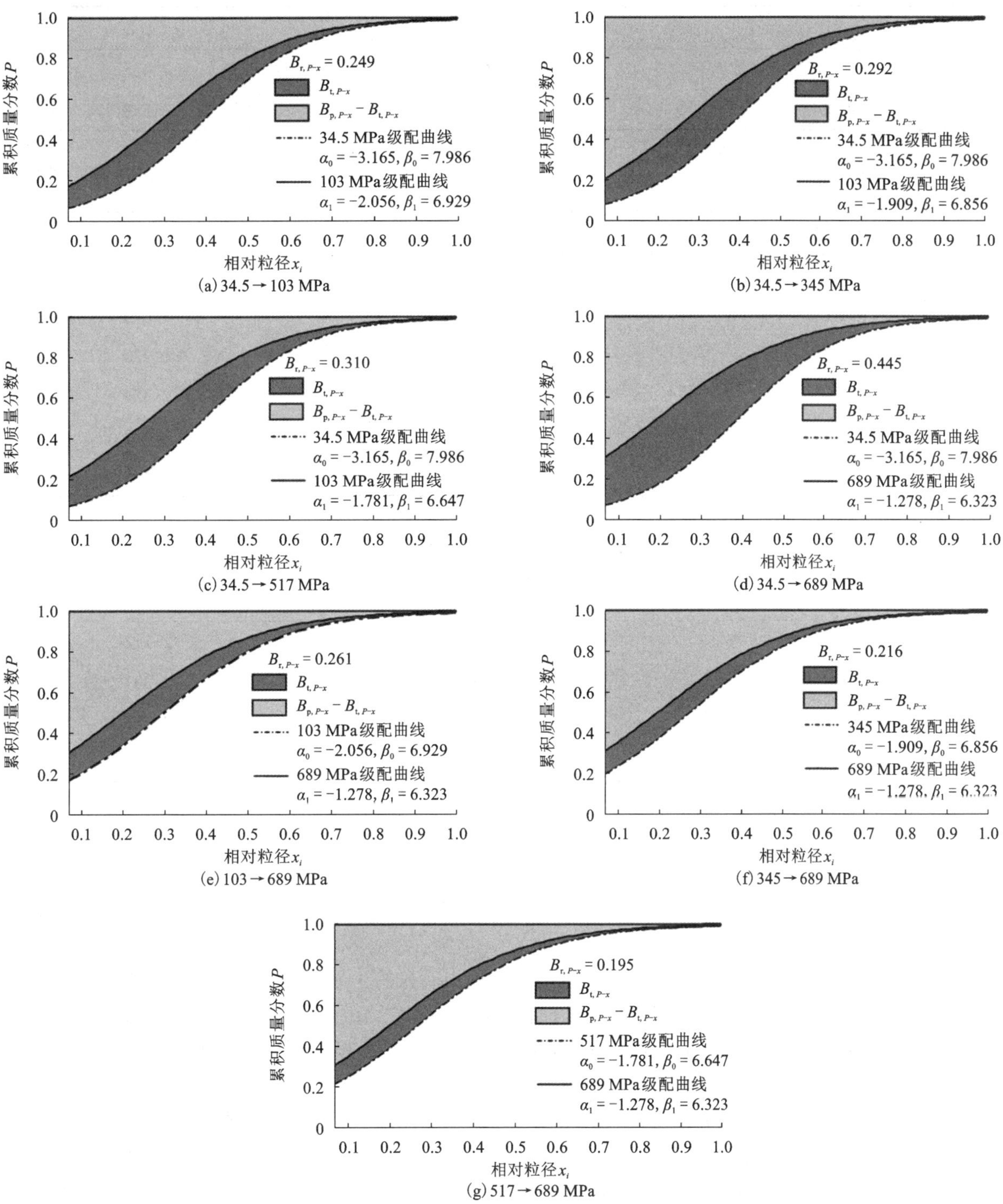

图 6 模型预测的 Hagerty 试验颗粒级配演化过程

表 3 Hagerty 试验的 D、x_i 参数值

轴压/MPa	x_i	D
34.50	0.396	1.966
103.00	0.297	2.331
345.00	0.278	2.391

续表3

轴压/MPa	x_i	D
517.00	0.268	2.425
689.00	0.202	2.558

表 4 张季如试验 D、x_i 参数值

轴压/MPa	x_i	D
3.20	0.524	1.027
6.40	0.484	1.645
25.60	0.322	2.230
51.20	0.293	2.354
102.40	0.277	2.422
204.80	0.255	2.475

表 5 Coop 试验 D、x_i 参数值

应变/%	x_i	D
9040	0.908	2.112
23900	0.740	2.381
37500	0.603	2.503
147000	0.640	2.504

表 3～表 5 表明：随着试验进程的推进，分形维数首先快速增加，然后进入稳定阶段，最终保持不变，分形维数的变化反映了粗颗粒土的颗粒破碎有界性。

根据 Hagerty 试验[24]和张季如试验[25]确定的模型参数，绘制了 α、β 值随试验进程变化关系图，如图 7 所示。

图 7(a)、图 7(b)显示参数 α 值随着应力的增加呈现出明显的 3 个阶段：第 1 阶段，α 值随着应力的增加快速增加，意味着颗粒破碎率快速增加；第 2 阶段，α 值随着应力的增加缓慢增加，意味着颗粒破碎率减慢，颗粒破碎量减小；第 3 阶段，α 值随着应力的增加趋于稳定，意味着颗粒破碎接近尾声。文献[24]试验对应的 α 极限值为-1.339，文献[25]试验对应的 α 极限值为-1.664。

图 7(c)、图 7(d)显示参数 β 值随应力的增加呈现出减小的趋势，同样也呈现出 3 个阶段：第 1 阶段，β 值随着应力的增加快速减小，意味着颗粒破碎率快速增加；第 2 阶段，β 值随着应力的增加缓慢减小，意味着颗粒破碎率减慢；第 3 阶段，β 值随着应力的增加趋于稳定，意味着颗粒破碎不再变化。文献[24]试验对应的 β 极限值为 6.424，文献[25]试验对应的 β 极限值为 7.624。

结果说明：基于对数几率回归模型参数 α、β 的变化表征了粗颗粒土颗粒破碎的有界性。依据得到的 Hagerty、张季如试验参数(α、β 参数值)极限值，推演得到了其极限级配曲线，如图 8 所示。

与图 8(a)极限级配曲线对应的极限颗粒相对破碎率计算值为 0.436，与图 8(b)极限级配曲线对应的极限颗粒相对破碎率计算值为 0.272。极限相对破碎率的存在，说明了颗粒破碎的有界性。

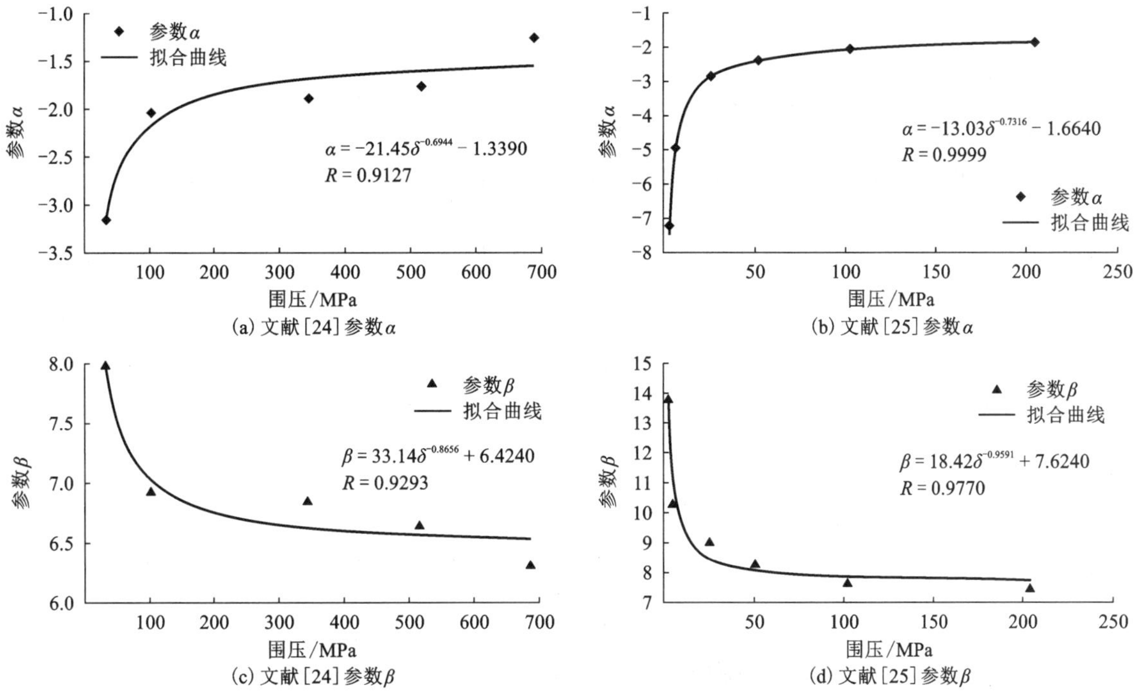

图 7　模型参数值 α、β 变化过程

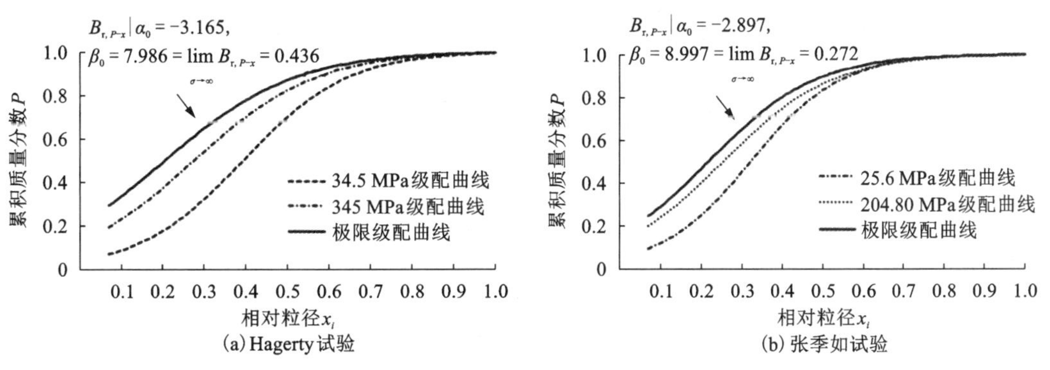

图 8　颗粒破碎界限级配曲线

5　结论

(1) 考虑土体颗粒的存活概率和破碎概率的比值，通过坐标变换，将 S 型级配曲线转换为线性级配曲线，建立了基于对数几率回归的颗粒级配中间过程预测模型，同时分析了该模型参数的敏感性，提出了该模型参数的确定方法。

(2) 基于对数几率回归模型，推导了相对颗粒破碎指标的数学方程，建立了基于对数几率回归的预测公式，讨论了土体颗粒破碎的有界性：参数 α 值快速增加，意味着颗粒破碎率快速增加；α 值缓慢增加，意味着颗粒破碎率缓慢增加；α 值趋于稳定，意味着颗粒破碎率趋于稳定；β 值快速减小，意味着颗粒破碎率快速增加；β 值缓慢减小，意味着颗粒破碎率缓慢增加；β 值趋于稳定，意味着颗粒破碎率趋于稳定。

(3) 采用试验数据，验证了基于对数几率回归的颗粒破碎中间过程预测模型与相对破碎率预测公式的合理性。在一定的应力条件下，本文的研究成果将有助于加深研究人员对粗颗粒土材料颗粒破碎演化中间过程的理解。

参考文献

[1] MARSAL R J. Large-scale testing of rockfill materials[J]. Journal of the Soil Mechanics and Foundations Division, 1967, 93(2): 27-43.

[2] LEE K L, FARHOOMAND I. Compressibility and crushing of granular soils in anisotropic triaxial compression[J]. Canadian Geotechnical Journal, 1967, 4(1): 68-86.

[3] HARDIN B O. Crushing of soil particles[J]. Journal of Geotechnical Engineering, 1985, 111(10): 1177-1192.

[4] KONRAD J M, SALAMI Y. Particle breakage in granular materials: aconceptual framework[J]. Canadian Geotechnical Journal, 2017, 55(5): 1-44.

[5] YU F W. Characteristics of particle breakage of sand in triaxial shear[J]. Powder Technology, 2017, 320: 656-667.

[6] BAGARIA P, ZHANG J Q, MASHUGA C. Effect of dust dispersion on particle breakage and size distribution in the minimum ignition energy apparatus[J]. Journal of Loss Prevention in the Process Industries, 2018, 56: 518-523.

[7] CHEN X B, ZHANG J S. Effect of clay invasion on shear behavior and dilatancy of unbound aggregate subbase [J]. Transportation Geotechnics, 2016, 6: 16-25.

[8] SUN Y F, ZHENG C J. Breakage and shape analysis of ballast aggregates with different size distributions[J]. Particuology, 2017, 35: 84-92.

[9] EINAV I. Breakage mechanics-Part I: theory[J]. Journal of the Mechanics and Physics of Solids, 2007, 55(6): 1274-1297.

[10] 徐日庆，畅帅，李雪刚，等. 基于裂离参量的粒状土颗粒破碎量化方法[J]. 岩土工程学报，2013，35(12)：2179-2185.

[11] MCDOWELL G R. On the yielding and plastic compression of sand[J]. Soils and Foundations, 2002, 42(1): 139-145.

[12] 童晨曦，张升，李希，等. 单一粒径组颗粒材料破碎规律及破碎极限研究[J]. 岩土力学，2015，36(增刊1)：260-264.

[13] BARD E. Comportement des matériaux granulaires secs et à liant hydrocarbon[D]. Paris: Ecole Centrale de Paris, 1993.

[14] 蔡正银，李小梅，关云飞，等. 堆石料的颗粒破碎规律研究[J]. 岩土工程学报，2016，38(5)：923-929.

[15] 张季如，祝杰，黄文竞. 侧限压缩下石英砂砾的颗粒破碎特性及其分形描述[J]. 岩土工程学报，2008，30(6)：783-789.

[16] 石修松，程展林. 堆石料颗粒破碎的分形特性[J]. 岩石力学与工程学报，2010，29(增刊2)：3852-3857.

[17] OZKAN G, ORTOLEVA P J. Evolution of the gouge particle size distribution: a Markov model [J]. Pure and Applied Geophysics, 2000, 157(3): 449-468.

[18] COOP M R, SORENSEN K K, FREITAS T B, et al. Particle breakage during shearing of a carbonate sand [J]. Géotechnique, 2004, 54(3): 157-163.

[19] XIAO Y, LIU H L, CHEN Q S, et al. Evolution of particle breakage and volumetric deformation of binary granular soils under impact load[J]. Granular Matter, 2017, 19(4): 71.

[20] DAS A, BAJPAI P K. A hypo-plastic approach for evaluating railway ballast degradation[J]. Acta Geotechnica, 2018, 13(5): 1085-1102.

[21] CHEN X B, ZHANG J S. Effect of load duration on particle breakage and dilative behavior of residual soil[J]. Journal of Geotechnical and Geoenvironmental Engineering, 2016, 142(9): 06016008.

[22] 杜俊，侯克鹏，梁维，等. 粗粒土压实特性及颗粒破碎分形特征试验研究[J]. 岩土力学，2013，34(增刊1)：155-161.

[23] 程中兴. 社会统计分析中的悖论与变换问题[J]. 统计与决策，2011(6)：24-25.

[24] HAGERTY M M, HITE D R, ULLRICH C R, et al. One-dimensional high-pressure compression of granular media[J]. Journal of Geotechnical Engineering, 1993, 119(1): 1-18.

[25] 张季如，张弼文，胡泳，等. 粒状岩土材料颗粒破碎演化规律的模型预测研究[J]. 岩石力学与工程学报，2016，35(9)：1898-1905.

[26] ZHANG J R, ZHANG B W, HU Y, et al. Predicting the particle breakage of granular geomaterials[J]. Chinese Journal of Rock Mechanics and Engineering, 2016, 35(9): 1898-1905.

红层泥质胶结物干缩裂缝深度与间距预测模型

陈晓斌[1, 2]，喻昭晟[1, 2]，周雨晴[1, 2]，张家生[1, 2]，钱 于[3]

1. 中南大学土木工程学院，湖南长沙，410075
2. 重载铁路工程结构教育部重点实验室，湖南长沙，410075
3. 南卡罗来纳大学土木与环境工程系，哥伦比亚，29208

摘要： 红层泥质胶结物在干燥条件下会因含水率的变化而产生开裂现象，裂缝进一步扩展贯通最终会导致红层泥岩的崩解破坏。目前对红层泥岩崩解机理的研究多为定性描述，缺乏定量分析方法。因此定量研究红层泥质胶结物开裂的产生及扩展对深化红层泥岩崩解理论的研究具有重要意义。基于线弹性断裂力学及非饱和土力学，建立了考虑含水率变化的红层泥质胶结物裂缝深度及间距计算公式，并对该公式参数的敏感性进行了分析。应用 CT 试验数据对 PFC2D 数值模型进行了校准，并基于干缩开裂数值试验结果，对裂缝深度及间距计算公式进行了对比验证。结果表明：提出的计算公式能较好地预测红层泥质胶结物的裂缝深度及间距，裂缝深度随含水率的减小先快速增加再缓慢增长。研究成果有助于加深对红层泥岩崩解的量化理论分析，并为预测工程中红层泥岩的开裂程度提供了参考。

关键词： 红层泥质胶结物；干缩开裂；断裂力学；裂缝深度；裂缝间距

1 引言

红层泥岩在我国分布广泛，因湿度变化易产生崩解性地陷、滑坡、塌方等工程灾害。面对使用风化红层泥岩地缘填料、消除崩解高危害性的需求，迫切需要开展红层泥岩崩解劣化机理的理论研究。然而目前相关研究多为定性描述，少数学者如龚囱等[1]、陈晓斌等[2]、王赓等[3]、潘艺等[4]、丁建源等[5]分别从破坏过程声发射震源演化、路基长期变形、粒度变化、强度衰减、颗粒破碎级配演化等方面对红层泥岩的崩解演化过程进行理论研究，文献调研说明红层泥岩崩解过程的定量分析方法及理论研究成果有限。笔者发现暴露在空气中的红层泥岩在蒸发失水的情况下，其表面产生交错的裂隙相继发生崩解破坏[图 1(a)]，因此从干燥开裂的角度研究红层泥岩的崩解是一个不错的思路。

苏天明和张艳鸽[6]指出红层泥岩干裂收缩是造成崩解的重要阶段，其本质是岩体中含水量的变化导致的。陈晓斌等[2]将红层泥岩物质概化为崩解矿物的细观组构及非崩解矿物的细观组构。如图 1(b)所示，红层泥岩中母岩颗粒属于非崩解组构，泥质胶结物属于崩解矿物，是发生崩解最脆弱的部分。红层泥质胶结物富含亲水性极强的黏土矿物，在水的作用下产生微裂隙，裂隙扩展与发育导致岩石整体胶结能力减弱[7]，岩体沿裂隙逐渐崩解为软岩碎片[4]。吴道祥等[8]指出，红层泥岩遇水会因失去泥质胶结物的联结而解体，岩石颗粒受到干湿循环而经历往复的收缩开裂与膨胀后，其崩解过程将更加迅速。因此脆弱的红层泥质胶结物在干燥条件下会因含水率的变化而产生开裂，裂缝进一步扩展贯通最终会导致岩体的崩解破坏。开裂越深，裂缝间距越小，红层泥岩最终崩解的程度越大[6]。研究其开裂机制及开裂过程中裂缝深度及间距的变化有助于定量分析红层泥岩的崩解程度，对加深红层泥岩干裂崩解过程的理论研究具有重要意义。

学界普遍认为岩土体的干燥开裂机理是：土体因水分受到蒸发逐渐转变为非饱和状态，随着基质吸力的增大，土体水平向正应力逐渐减小并最终呈现出张拉状态。表层中的一些颗粒在水平方向上失去平衡而发生运动并产生微裂缝，无数颗粒微观运动的累积在宏观上表现为土体的收缩开裂。如图 1(c)所示，由基质吸力产生的净水平应力增大到等于土体的抗拉强度($\sigma_{x,\ z=0}=-\sigma_{t}$)时，地表开始出现开裂现象[9-10, 19]。产生开裂后，裂缝扩展的机理更适合用断裂力学中的断裂判据来表示，I 型裂缝扩展的条件：裂缝尖端应力强

陈晓斌，喻昭晟，周雨晴，等. 红层泥质胶结物干缩裂缝深度与间距预测模型[J]. 岩土力学，2022，43(4)：868-878.

度因子 K_I 大于断裂韧度 K_{IC}，即 $K_I>K_{IC}$[20, 21]。在岩土材料开裂量化理论方面：Lee 和 Lee[22]采用线弹性断裂力学(LEFM)的方法研究了理想土体开裂的裂缝长度，结果表明理论计算结果与试验结果相吻合，证明了线弹性断裂力学在研究土体开裂中的适用性。Morris 等[9]尝试用线弹性力学、线弹性断裂力学和剪切破坏等方法来研究土体的开裂长度，然而其表达形式复杂且参数较多，难以在实际工程中应用。郑少河等[23]、郑少河等[10]、孙即超等[24]、吴珺华等[12]、袁权等[25]、林辉等[17]学者分别基于 LEFM、线弹性力学、Fredlund 非饱和土力学、变湿应力概念、收缩应变概念、力的平衡研究土体的开裂深度，这对红层泥质胶结物开裂程度的理论研究有一定的借鉴作用。现有土体开裂深度(b)及间距(D)的计算公式见表 1，除了文献[12]与[15]中的计算公式基于变湿应力概念考虑了含水率的影响外，大多计算公式只能计算初始裂缝深度与间距的临界值，无法预测土体开裂随含水率变化的扩展过程。然而，含水率的改变是红层泥质胶结物崩解的主要原因[26]，因此，研究红层泥质胶结物崩解过程中不可忽略含水率的影响。鉴于线弹性断裂力学在描述土体开裂方面的适用性，本文运用线弹性断裂力学以及非饱和土力学等手段，考虑了材料性质随含水率的变化，研究了红层泥岩泥质胶结物裂缝深度及间距的定量表达，以期能够加深学者对不同含水率状态下红层泥岩崩解程度的理论研究。

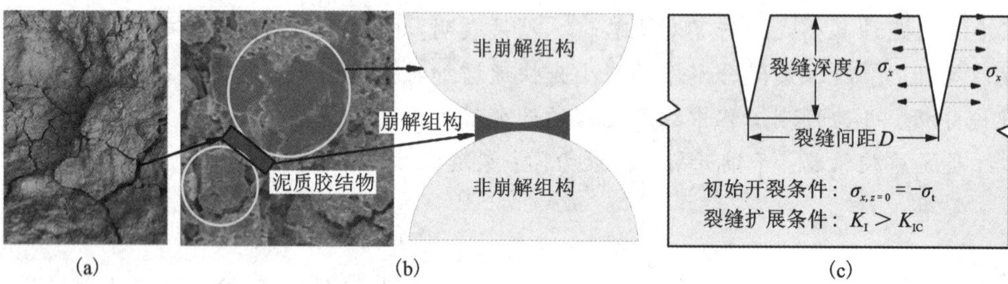

图 1　红层泥质胶结物干缩裂缝

表 1　现有土体开裂计算公式

作者	计算公式	适用范围
Peter H. Morris 等[9] (1992)	$b=\dfrac{S_0-(1-\mu)/(1-2\mu)\sigma_t}{S_0/W+\mu\gamma/(1-2\mu)}$	基质吸力沿深度线性减小时土体初始开裂深度
郑少河等[10] (2006)	$b=\dfrac{1-2\mu}{\mu\gamma}S_0-\dfrac{1-\mu}{\mu\gamma}\sigma_t$	基质吸力为定值时土体初始开裂深度
李培勇和杨庆[11] (2008)	$b=\dfrac{S_0-E'(1-\mu)\alpha_T\lambda c'\cot\varphi'/\mu\gamma}{S_0/W+E'}$, $E'=\dfrac{\mu\gamma}{1-2\mu-(1-\mu)\alpha_T\tan\varphi^b\cot\varphi'}$	非饱和膨胀土裂缝深度
吴珺华等[12] (2011)	$E\alpha\Delta W_{max}e^{-nb}+6k(b-h/2)+2c=\sigma_t$	膨胀土初始开裂深度
Bei-xiao Shi 等[13] (2014)	$b=\dfrac{[(1-2\mu)-(\mu-1)\tan\varphi^b]E\alpha\Delta W+\mu(2\mu-1)}{\gamma c'[(1-2\mu)-(\mu-1)\tan\varphi^b]}$	考虑失水率的膨胀土裂缝深度
H. Peron 等[14] (2015)	$D=\left(\dfrac{E}{G_c}\right)\cdot L(\varepsilon_x^{m,e})^2/2$	长 L、宽 L、高 h 土样的裂缝间距
吴珺华和杨松[15] (2016)	$D=\dfrac{\frac{2}{3}E\alpha\frac{\Delta W_{max}(1-e^{-nh})}{h^2}(l_c-h)(2hl_c-l_c^2)}{c+\gamma l_c\tan\varphi}$, $l_c=h\left(1-\sqrt{\dfrac{1}{3}-\dfrac{\sigma_t}{E\alpha\Delta W_{max}(1-e^{-nh})}}\right)$	膨胀土初始裂缝间距

续表1

作者	计算公式	适用范围
Susanga Costa 等[16]（2017）	$D=-\sqrt{\frac{1}{(1-\mu)}+\frac{E}{kd(1-\mu^2)}}\ln(1-\alpha)\cdot d$	薄、长土层干缩裂缝间距（平面应变情况）
林辉和吴华[17]（2018）	$D=\frac{2}{\sqrt{C/(Eb)}}\mathrm{arch}\left(\frac{E\alpha\Delta W}{E\alpha\Delta W+\sigma_t}\right)$	裂缝最终发育形成的最大间距
Avishek Shrestha 等[18]（2019）	$\mathrm{d}b=\frac{E}{k_0\gamma H(1-\mu)}\mathrm{d}\psi-\frac{1}{k_0\gamma}\sigma_t$	裂缝深度的增量形式

2 干缩裂缝预测模型

2.1 模型基本假定

假定红层泥质胶结物为均质、各向同性、非饱和的半无限弹性体，且处于静止或 K_0 状态，土体的开裂仅由于干燥条件下基质吸力（u_a-u_w）的变化引起。

土体在受限干燥条件下开裂时，深度 b 处净水平应力为[10]

$$\sigma_x(b)=\frac{\mu}{1-\mu}\rho gb-\frac{1-2\mu}{1-\mu}(u_a-u_w)_b \tag{1}$$

式中：μ 为泊松比；$(u_a-u_w)_b$ 为深度 b 处的基质吸力；u_a 为孔隙气压力；u_w 为孔隙水压力；ρ 和 g 分别为土体密度和重力加速度。

实际上精准确定基质吸力随深度变化的关系十分困难，这将受到土体类型、气候条件等多方面的影响。假设地表基质吸力为 S_0，从地表垂直向下的非饱和带（地下水位是饱和带与非饱和带的分界线）长度为 l，即地表至地下水位的垂直距离。当土层厚度远小于地下水位深度时，l 取土层的厚度。假定基质吸力从地表至非饱和带底部范围内线性减小至 0[9]。则当 $b<l$ 时，深度 b 处的基质吸力可表示为

$$(u_a-u_w)_b=S_0\left(1-\frac{b}{l}\right) \tag{2}$$

只有当表层土体净水平应力 $\sigma_{x,z=0}$ 达到土体的抗拉强度 σ_t 时，土体表面才会产生裂缝。临界开裂条件为[10]

$$\sigma_{x,z=0}=-\sigma_t \tag{3}$$

线弹性断裂力学（LEFM）已被证实了在研究岩土体开裂中的适用性。Lakshmikantha 等[27]通过不同尺寸试样的室内干燥试验，发现当土体在液限和缩限之间时已具备一定的硬度，并进而证明了断裂力学在解释土体裂缝扩展问题上的有效性。通过对红层泥质胶结物开裂试样进行 CT 扫描发现红层泥质胶结物的干燥开裂过程符合 LEFM 中的 I 型断裂。仅考虑红层泥质胶结物的干燥开裂过程为 I 型断裂时，随着水分蒸发的持续，当裂缝尖端应力强度因子 K_I 大于断裂韧度 K_{IC} 时（$K_I>K_{IC}$），土体出现失稳开裂，直到 $K_I=K_{IC}$，开裂扩展停止[20]，此时裂缝深度为 b，相邻裂缝间距为 D[见图 1(c)]。

2.2 裂缝深度计算公式

当水平方向的净应力随深度的分布[式(1)]已知时，想要得到初始裂缝的扩展深度，就必须计算裂缝尖端的应力强度因子。Lachenbruch 基于此提出了半无限固体中裂缝停止扩展深度 b 的隐式表达式[21]：

$$K_\Theta(b)+K_\delta(b)=K_{IC} \tag{4}$$

其中：

$$\begin{cases}K_\Theta(b)=\gamma_1(a/b)P\sqrt{\pi b}\\ K_\delta(b)=\gamma_2(a/b)\rho gb\sqrt{\pi b}\end{cases} \tag{5}$$

式中：$K_\Theta(b)$ 为应力 P（均匀分布应力）对裂缝尖端应力强度因子 $K_I(b)$ 的贡献；$K_\delta(b)$ 为裂缝深度 b 处上部土体的重量（线性分布应力）对裂缝尖端应力强度因子 $K_I(b)$ 的贡献；K_{IC} 为土体的断裂韧度；$\gamma_1(a/b)$、

$\gamma_2(a/b)$分别为半无限空间介质中标准应力强度因子的阶跃函数；a为裂缝两侧应力作用深度。

对于半无限空间介质中裂缝两侧应力均匀分布的情况，当裂缝两侧应力作用深度 a 大于等于裂缝深度 b 时，可取 $a=b$，$\gamma_1(a/b)=1.12$；对于裂缝两侧应力线性分布的情况：$\gamma_2(a/b)=-0.68$，负号表示该应力为压应力[20]。

由式(1)可知裂缝两侧真实的应力分布形式如图2(a)所示，应力由地表处 $\sigma_x(0)$ 到裂缝底端 $\sigma_x(b)$ 呈线性递减，即梯形分布(黄色区域)。由于应力为均匀分布或线性分布时，裂缝尖端应力强度因子存在解析解，因此将梯形分布应力分解成均匀应力分布[图2(b)]，并减去线性应力分布[图2(c)]。将式(2)代入式(1)可得 $\sigma_x(0)$ 及 $\sigma_x(b)$ 的表达式如下：

$$\sigma_x(0)=-\frac{1-2\mu}{1-\mu}S_0 \tag{6}$$

$$\sigma_x(b)=\frac{\mu}{1-\mu}\rho gb-\frac{1-2\mu}{1-\mu}S_0\left(1-\frac{b}{l}\right) \tag{7}$$

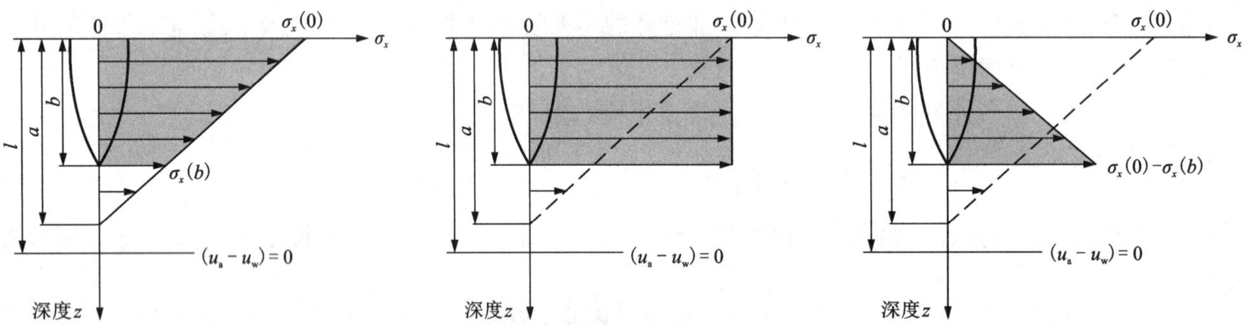

(a) 梯形应力分布　　(b) 均匀应力分布　　(c) 线性应力分布

图2　裂缝两侧应力分布

根据应力强度因子可迭加原理，图2(a)中裂缝两侧梯形应力分布对应的应力强度因子可表示为：均匀应力分布[图2(a)]对应的应力强度因子 $K_\Theta(b)$ 与线性应力分布[图2(c)]对应的应力强度因子 $K_\delta(b)$ 之差。本文 $K_\Theta(b)$ 及 $K_\delta(b)$ 的计算公式如下：

$$\begin{cases}K_\Theta(b)=\gamma_1(a/b)\sigma_x(0)\sqrt{\pi b}\\K_\delta(b)=\gamma_2(a/b)(\sigma_x(0)-\sigma_x(b))\sqrt{\pi b}\end{cases} \tag{8}$$

将式(8)代入式(4)可知，裂缝的扩展深度 b 为

$$\gamma_1\left(\frac{a}{b}\right)|\sigma_x(0)|\sqrt{\pi b}-\gamma_2\left(\frac{a}{b}\right)|\sigma_x(0)-\sigma_x(b)|\sqrt{\pi b}=K_{\mathrm{IC}} \tag{9}$$

分别将 $\gamma_1(a/b)=1.12$，$\gamma_2(a/b)=-0.68$ 及式(6)、式(7)代入式(9)可得：裂缝扩展深度 b 的隐式表达[式(10)]，式(10)左边为了裂缝尖端的应力强度因子 K_I，右边为土体断裂韧度 K_{IC}。

$$1.12\frac{1-2\mu}{1-\mu}S_0\sqrt{\pi b}-0.68\left(\frac{\mu}{1-\mu}\rho gb+\frac{1-2\mu}{1-\mu}S_0\cdot\frac{b}{l}\right)\sqrt{\pi b}=K_{\mathrm{IC}} \tag{10}$$

2.3　裂缝间距计算公式

由于基质吸力作用而产生的裂缝属于I型张拉裂缝。开裂结束后，I型裂缝尖端附近应力场(图3)为[28]：

$$\begin{cases}\sigma_x=\dfrac{K_\mathrm{I}}{\sqrt{2\pi r}}\cos\dfrac{\theta}{2}\left(1-\sin\dfrac{\theta}{2}\sin\dfrac{3\theta}{2}\right)\\\sigma_y=\dfrac{K_\mathrm{I}}{\sqrt{2\pi r}}\cos\dfrac{\theta}{2}\left(1+\sin\dfrac{\theta}{2}\sin\dfrac{3\theta}{2}\right)\\\tau_{xy}=\dfrac{K_\mathrm{I}}{\sqrt{2\pi r}}\sin\dfrac{\theta}{2}\cos\dfrac{\theta}{2}\cos\dfrac{3\theta}{2}\end{cases} \tag{11}$$

式中：K_{I} 为裂缝尖端应力强度因子；r 为距裂缝尖端的距离；θ 为应力点与裂缝方向的夹角。

当 r 小到一定程度时，土体开始屈服并出现应力松弛区（塑性区）。在应力松弛区以外的位置将可能产生另一条裂缝[23]。在张拉裂缝尖端，将式(11)中的 σ_x、σ_y、τ_{xy} 代入下列主应力计算公式：

$$\left\{\begin{matrix}\sigma_1\\\sigma_2\end{matrix}\right.=\frac{1}{2}(\sigma_x+\sigma_y)\pm\frac{1}{2}[(\sigma_x-\sigma_y)^2+4\tau_{xy}^2]^{\frac{1}{2}} \tag{12}$$

得

$$\begin{cases}\sigma_1=\dfrac{K_{\mathrm{I}}}{\sqrt{2\pi r}}\cos\dfrac{\theta}{2}\left(1+\sin\dfrac{\theta}{2}\right)\\\sigma_2=\dfrac{K_{\mathrm{I}}}{\sqrt{2\pi r}}\cos\dfrac{\theta}{2}\left(1-\sin\dfrac{\theta}{2}\right)\end{cases} \tag{13}$$

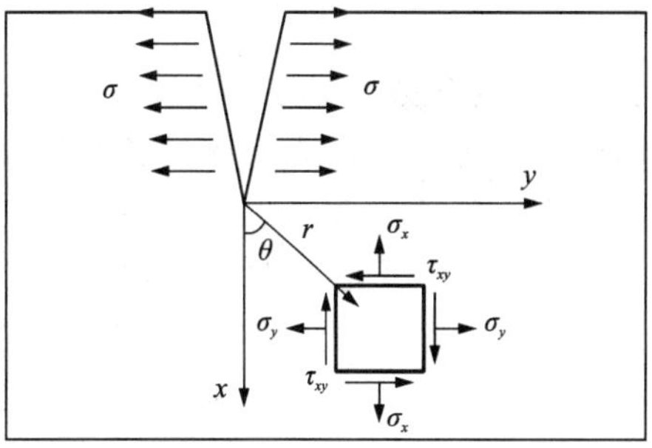

图3 I型裂缝尖端应力场分布

本文研究的是土体I型张拉裂缝，对于平面应变问题，假设裂缝尖端土体的屈服服从Von-Mises屈服准则，在三向应力的作用下屈服条件为：

$$(\sigma_1-\sigma_2)^2+(\sigma_2-\sigma_3)^2+(\sigma_3-\sigma_1)^2\geqslant 2\sigma_s^2 \tag{14}$$

分别将 $\sigma_3=\mu(\sigma_1+\sigma_2)$、式(13)代入式(14)中，并假设屈服应力 σ_s 等于土体抗拉强度 σ_t，得到平面应变问题中裂缝尖端塑性区边界的曲线方程：

$$r=\frac{K_{\mathrm{I}}^2}{2\pi\sigma_t^2}\cos^2\frac{\theta}{2}\left[(1-2\mu)^2+3\sin^2\frac{\theta}{2}\right] \tag{15}$$

相邻裂缝的产生一般均平行原有裂缝，所以令 $\theta=90°$，式(15)改写为

$$r=\frac{K_{\mathrm{I}}^2}{4\pi\sigma_t^2}\left[\frac{3}{2}+(1-2\mu)^2\right] \tag{16}$$

过去的试验发现，实际塑性区的长度大于 r。Irwin提出塑性区的延伸量约为无修正延伸量的两倍，即 $r^*=2r$[28]。当 $K_{\mathrm{I}}=K_{\mathrm{IC}}$ 时，开裂停止，将式(10)代入式(16)，并修正塑性区长度后，得到裂缝开裂间距的理论表达式：

$$D=r^*=\frac{K_{\mathrm{IC}}^2}{2\pi\sigma_t^2}\left[\frac{3}{2}+(1-2\mu)^2\right] \tag{17}$$

3 模型参数敏感性分析

3.1 模型实现过程

当不考虑材料参数随时间变化时，通过式(10)、式(17)可分别计算裂缝开裂深度及裂缝间距。具体计算可通过Matlab软件实现，裂缝深度的计算如图4所示。

图4为通过式(10)计算得到的应力强度因子随深度变化的关系曲线图。式(10)由两个深度值解 b 来满足：较大的解 b_2 为不稳定扩展裂缝的极限深度，较小的解 b_1 为开始不稳定扩展所需的临界裂缝深度。当 $S_0=20$ kPa、$\rho=1.8$ g/cm^3、$\mu=0.3$、$l=0.3$ m时，图4中的横箭头表示断裂韧度为5 kN/m$^{1.5}$，与曲线的交点对应的横坐标分别为 b_1、b_2。由图4参数计算得到 $b_1=7.08$ cm，$b_2=21.74$ cmm，本文求解的裂缝深度 b 为式(10)的大值解 b_2。将 $\mu=0.3$、$K_{\mathrm{IC}}=4$ kN/m$^{1.5}$、$\sigma_t=10$ kPa[20]代入式(17)，计算得到裂缝间距 $D=4.22$ cm。当应力强度因子小于断裂韧度时，如 $K_{\mathrm{IC}}=6$ kN/m$^{1.5}$，则图4中的横箭头将不会与曲线有交点，土体不发生断裂。随着断裂韧度不断减小，从图4中可以看出裂缝扩展深度也随之变大。

由于含水率的改变对红层泥质胶结物裂缝的形成过程影响很大，而许多研究裂缝形成及扩展的模型忽略了含水率变化，增大了模型计算结果与真实裂缝的误差。在此，本文考虑土体的抗拉强度 σ_t、断裂韧度 K_{IC}、基质吸力 u_a-u_w 随含水率 w 发生的变化，研究了干缩裂缝随时间的动态发展过程。

土壤的抗拉强度 σ_t 在干缩后随着含水率 w 的降低而显著增加，文献[29]提出抗拉强度 σ_t 与含水率

$w(\%)$的拟合关系式为

$$\sigma_t = k_1 + k_2 w \tag{18}$$

式中：k_1、k_2 为常数，与材料性质相关，k_1 为土体干缩时的抗拉强度，k_2 为土体抗拉强度随含水率的变化程度。

I 型断裂韧度和抗拉强度分别代表了材料在 I 型加载和拉伸条件下抵抗临界拉应力而引起的破坏能力，因此这两个性质会有一定的相关性[30]。许多研究者对同一种材料进行了多次试验，发现断裂韧度 K_{IC} 与抗拉强度 σ_t 呈线性关系，并且这两种性能共存或同时消失。文献[31]提出 K_{IC} 与 σ_t 之间的关系可以表示为

$$K_{IC} = k_3\sigma_t = k_3(k_1 + k_2 w) \tag{19}$$

当计算中，K_{IC} 与 σ_t 为负值时，则将其取值为 0。参阅大量文献后将 k_1、k_2、k_3 的取值进行了统计，如表 2 所示。

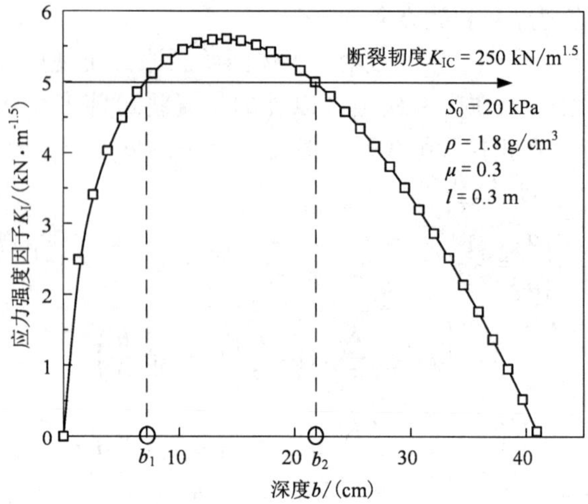

图 4 裂缝深度计算图

表 2 文献中 k_1、k_2、k_3 的取值统计

土样类别	k_1	k_2	$k_3/m^{1/2}$
Li and Zhu[31]	—	—	0.146
Hanson[31]	—	—	0.071
Romainville 膨胀土[32]	784.948	-14.574	—
Wang 1[30]	107.457	-4.493	0.355
Wang 2[30]	125.820	-4.718	
Wang 3[30]	103.916	-2.611	
Wang 4[30]	204.350	-7.400	
丹棱黏土 1[33]	59.539	-1.608	—
丹棱黏土 2[33]	81.943	-2.632	—
丹棱黏土 3[33]	114.521	-3.064	—
丹棱黏土 4[33]	98.660	-3.201	—
昔格达砂质黏土 1[33]	49.759	-0.718	—
昔格达砂质黏土 2[33]	74.260	-1.812	—
昔格达砂质黏土 3[33]	212.349	-5.119	—
昔格达砂质黏土 4[33]	97.092	-1.954	—
高岭土 1987[34]	628.513	-12.782	—
黏性土 1-1[35]	39.485	-0.989	—
黏性土 1-2[35]	76.990	-2.316	—
黏性土 1-3[35]	114.017	-3.407	—
黏性土 2-1[36]	44.655	-1.618	—
黏性土 2-2[36]	81.705	-2.865	—

续表2

土样类别	k_1	k_2	$k_3/m^{1/2}$
黏性土 2-3[36]	123.010	-4.164	—
黏性土 2-4[36]	152.520	-5.124	—
黏性土 3-1[37]	182.660	-6.040	—
黏性土 3-2[37]	113.790	-3.570	—
黏性土 3-3[37]	106.380	-3.558	—
黏性土 3-4[37]	75.135	-2.584	—
黏性土 4-1[38]	14.061	-0.190	—
黏性土 4-2[38]	35.567	-0.999	—
黏性土 4-3[38]	64.884	-2.151	—
黏性土 4-4[38]	88.691	-2.968	
黏性土 4-5[38]	133.24	-4.636	

基质吸力是导致土壤干缩开裂的主要机制。土-水特征曲线(SWCC)反映了土壤含水率与基质吸力之间的关系，是非饱和土模型中一个重要的材料特性。但是室内试验测得的数据反映的只是完整土体的SWCC曲线，并没有反映工程实际中裂缝对其产生的影响[39]；Konrad 等[40]对野外开裂土体表面的基质吸力与含水率进行了实地测量，发现两者呈线性关系($S_0=49.024-0.283w$)且与试验室测得的SWCC曲线差别很大。凌晓宇[39]对大量裂土与原状土的基质吸力进行了测量，发现裂土的基质吸力值为原状土基质吸力的1/10~1/50。因此考虑地表基质吸力 S_0 随含水率 w 的线性变化：

$$S_0 = k_4 + k_5 w \tag{20}$$

式中：k_4、k_5 为常数，与材料性质相关，k_4 为干缩时的土体表面基质吸力，k_5 为土体表面基质吸力随含水率的变化程度。在计算过程中，S_0 为负值时，则取 $S_0=0$。

3.2　参数敏感性分析

红层泥质胶结物的密度及泊松比变化不大，因此干缩裂缝的深度主要受其断裂韧度、抗拉强度、非饱和带长度、地表基质吸力、含水率等因素的共同影响。利用表3中参数的取值范围，分析了不同参数对裂缝深度 b 随含水率变化的影响，对照组的参数取值也列于表中，具体参数分析结果如图5所示，其中对照组标有＊。

表3　土样基本参数取值范围

参数	取值范围	对照组取值
泊松比 μ	0.25~0.5	0.3
土的密度 $\rho/(g\cdot cm^{-3})$	1.6~2.2	1.8
非饱和带长度 l/m	0.2~1.0	0.3
k_1/kPa	8.131~784.948	55
k_2	-0.190~-14.574	-1.5
$k_3/m^{1/2}$	0.071~0.355	0.171
k_4/kPa	0~49.024	40
k_5	-0.283	-1.05

由图5可知，随着水分蒸发，含水率不断减小，裂缝深度在很小的含水率变化范围内急剧扩展然后缓慢增长，表现出一定程度的非线性特征。

由图5(a)可知，裂缝深度 b 随非饱和带长度 l 的增大而增大。l 的增大说明了土体的侧向拉应力作用范围增加，同时也会使裂缝尖端应力强度因子 $K_{\rm I}$ 增大，从而扩大了裂缝深度。

由图5(b)及图5(d)可知，k_1 及 k_3 越大则裂缝深度 b 越小。k_1 为土体干缩状态的最大抗拉强度，k_3 越大表示断裂韧度 $K_{\rm IC}$ 越大(抵抗开裂的能力越强)，$K_{\rm IC}$ 与抗拉强度呈正相关。抗拉强度越大，土体裂缝深度 b 越小，这与文献[10]的研究结论是一致的。土体的抗拉强度也与黏聚力相关，文献[11]中裂缝深度随黏聚力的增加而增大，再次佐证了本文研究结论。

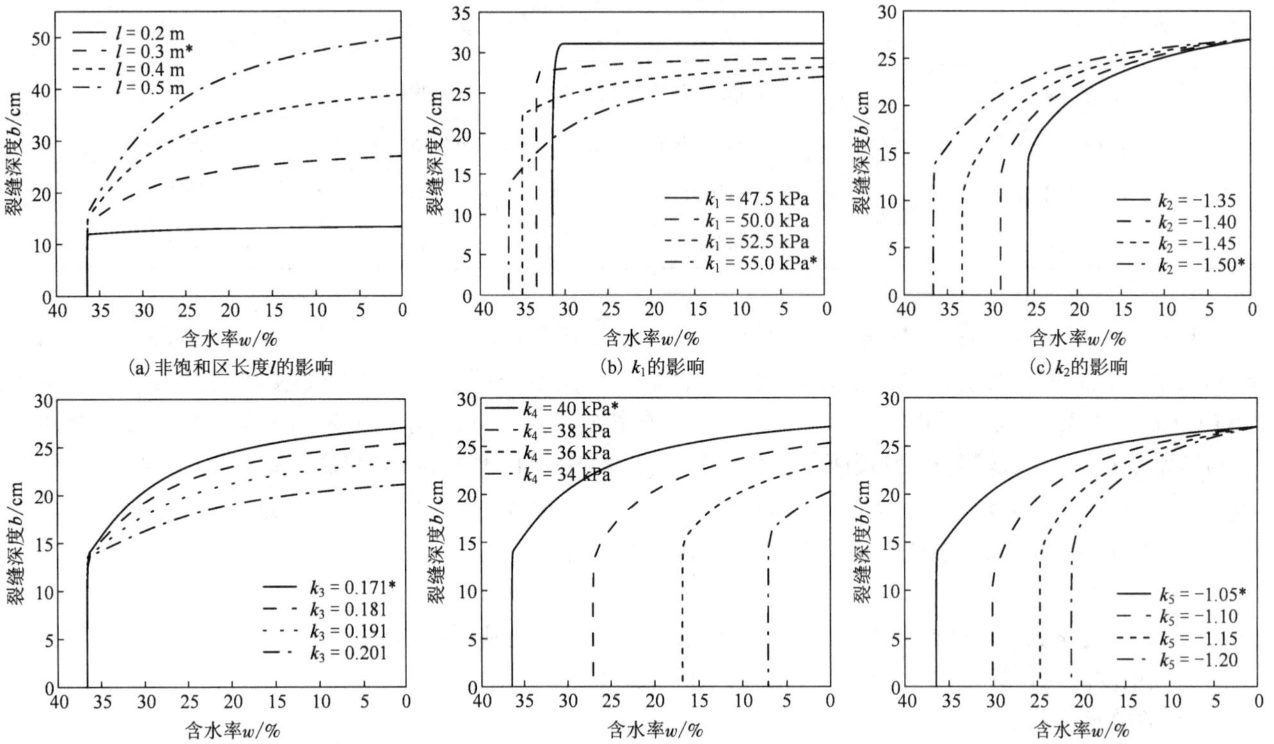

(a) 非饱和区长度 l 的影响　(b) k_1 的影响　(c) k_2 的影响

(d) k_3 的影响　(e) k_4 的影响　(f) k_5 的影响

图5　各参数变化影响下的裂缝深度随含水率变化的曲线图

由图5(c)及图5(f)可知，k_2、k_5 的改变不影响最终的裂缝深度，但在开裂过程中 k_2 越小、k_5 越大则开裂含水率越高，裂缝深度越大。k_2 与 k_5 越小表示土体抗拉强度、地表基质吸力对含水率的敏感程度越大。因此对于抗拉强度随含水率变化不大的材料如含泥质较少的岩石，其开裂含水率则越低，说明越难发生开裂现象。

由图5(e)可知，k_4 越大则开裂含水率越高，裂缝深度越大。k_4 代表着地表基质吸力的大小，基质吸力越大则土表侧向拉应力越大，土体越容易发生开裂。同时增大地表基质吸力也会使裂缝尖端应力强度因子 $K_{\rm I}$ 增大，从而扩大了裂缝深度，这与文献[10]的研究结论是一致的。

由于假设 $K_{\rm IC}$ 与 $\sigma_{\rm t}$ 之间存在线性关系，裂缝间距计算公式[式(17)]化简后只与 k_3 和泊松比 μ 有关。μ 越小、k_3 越大则间距越大。土体的泊松比主要反映土体横向变形与纵向变形的关系。在相同的纵向应力作用下土体发生横向变形，泊松比增大，横向变形对纵向变形产生较大影响，致使土体在横向上对纵向能量有一定程度上的释放，纵向应力的作用被变相减弱，从而致使土体的开裂间距减小。

有试验研究表明，随着材料变脆，$(K_{\rm IC}/\sigma_{\rm t})^2$ 或 $(k_3)^2$ 将降低。例如，Xu 等[31]指出，对于较硬的岩石，$(k_3)^2$ 可以取 9 mm，相对较软的泥岩可以取 11 mm，对于软黏土可以取 466 mm。Ayad 等[41]报告了软海相粉质黏土的一些结果，$(k_3)^2$ 值约为 20 mm。Wang 等[30]提供的试验数据也证实了干缩过程中 $(k_3)^2$ 的下降趋势。根据上述计算结果表明，随着干密度从 1.6 g/cm^3 增加到 1.72 g/cm^3，$(k_3)^2$ 从 125 mm 减小到 107 mm(在干缩过程中，干密度随土壤的收缩而增加)。因此$(k_3)^2$ 会随土壤的干缩而降低，$(k_3)^2$ 的降低导致裂缝间距减小，本文的研究结果与上述学者的试验结论是一致的。

4　模型应用与分析

4.1　裂缝试验结果

采用离散元软件 PFC2D 对红层泥质胶结物干缩开裂过程进行数值模拟试验。笔者通过对红层泥质胶结物干缩开裂试样[图 6(a)～图 6(b)]进行显微 CT 扫描，获取了 2 个含水率状态(w_1 = 33%、w_2 = 27%)的裂缝图像[图 6(c)～图 6(d)]，并对 PFC2D 模型参数进行校正。CT 扫描试样是直径 12 cm，高 5 cm 的圆柱体红层泥质胶结物开裂土样，裂缝深度 PFC2D 模拟图像[图 6(e)～图 6(f)]与显微 CT 试验图像对比如图 6 所示。

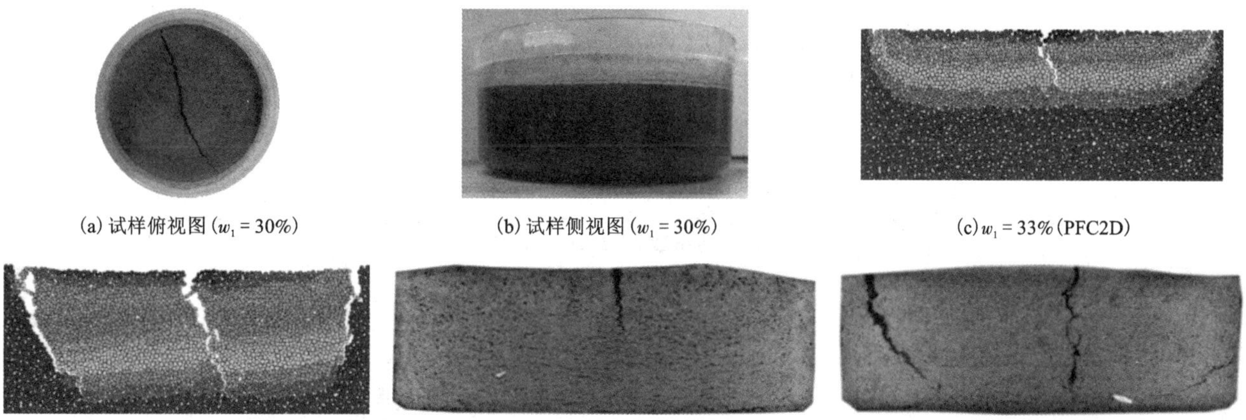

(a) 试样俯视图 (w_1 = 30%)　(b) 试样侧视图 (w_1 = 30%)　(c) w_1 = 33% (PFC2D)

(d) w_2 = 27% (PFC2D)　(e) w_2 = 33% (CT)　(f) w_2 = 27% (CT)

图 6　裂缝深度 PFC2D 模拟图像与 CT 试验图像对比

从图 6 可以看出在同一含水率下，试验与模拟获得的裂缝形态特征相似。含水率为 33%时，CT 试验裂缝深度为 2.48 cm，接近于离散元模拟的裂缝深度 2.51 cm。含水率为 27%时，CT 试验裂缝与离散元模拟裂缝均扩展到了试样底部，证明了 PFC2D 数值模型的正确与可行性。

选取 PFC2D 中自带的线性接触黏结模型，并用热力场变化来模拟蒸发条件下的模型湿度场变化。微观与宏观的接触模型参数取值参考了文献[42-43]，热力学参数则是根据红层泥质胶结物干缩开裂试验获得，通过显微 CT 试验对模型参数进行标定校正后的离散元模型参数取值见表 4。模型颗粒级配为：1.4 mm、1.5 mm、1.6 mm、1.7 mm、1.8 mm 颗粒各占 20%。试样制作完成后，需采用伺服系统降低试样中的内应力，并设定好颗粒接触模型的参数，给定颗粒密度及重力加速度之后进行固结处理。图 7 为 PFC2D 模型试样边界，固定模型的左、右及下边界，且均设置成绝热边界，模拟不透水情况(红色颗粒)。绿色颗粒在试样固结后进行删除，顶面设置为具有能量耗散能力的流量边界，用以模拟水分从土体表面蒸发的过程。

表 4 PFC2D 模型参数取值列表

参数类型	模型参数	参数取值
微观接触模型参数	颗粒的法向刚度 k_n/MPa	12.5
	颗粒的切向刚度 k_s/MPa	5.92
	颗粒的有效弹性模量 E^*/MPa	12.5
	颗粒的黏结拉力 R_t/kN	9.092
	颗粒的黏结剪力 R_τ/kN	16944
	颗粒密度 ρ/(kg·m^{-3})	2325
	刚度比 $k^*=k_n/k_s$	2.11
	颗粒间的摩擦因数	0.2
宏观接触模型参数	弹性模量 E/MPa	6
	泊松比 μ	0.3
	抗拉强度 σ_t/kPa	9
	抗剪强度 τ/kPa	21.4
	收缩系数 α	0.0015
	渗透系数 $K(\theta)$/(cm·s^{-1})	1×10^{-8}
热力学参数	比热 c/[J·(kg·K)$^{-1}$]	2e−7
	导热系数 k/[W·(m·K)$^{-1}$]	2.11×10^{-7}
	热阻 η/[(m^2·K)·W^{-1}]	4.74×10^{7}
	热膨胀系数/(m·K^{-1})	0.0015
	单位面积能量消散速率/(kg·s^{-1})	2.65×10^{-2}

4.2 干缩裂缝预测

图 7 PFC2D 模型试样边界

采用表 3 中的模型参数并改变离散元模型高度(30 cm、50 cm)，再次进行干缩开裂模拟试验。不同离散元模型高度代表了式(10)中不同的非饱和带长度 l。分别将 $l=30$ cm 与 $l=50$ cm 的裂缝深度理论预测值(计算值)与离散元模型高度为 30 cm、50 cm 的裂缝深度模拟值(实测值)进行对比，如图 8 所示。从图 8 可以看出，提出的裂缝深度计算公式能够较好地预测干缩条件下红层泥质胶结物裂缝深度随含水率变化的扩展规律，反映出了裂缝深度随含水率的减小先快速增加再缓慢增长的特点。而运用文献[24]中的公式计算得到的裂缝深度为一个定值，不随含水率的变化而发生改变，由此可见本文建立的裂缝深度计算公式更为合理。

根据表 2 及相关参考文献可知$(K_{IC}/\sigma_t)^2$为 5~466 mm，当μ取 0.3 时，由式(17)可知，裂缝间距 D 为 1.5~140.9 mm。图 8 中红层泥质胶结物开裂 CT 试验结果表明裂缝间距为 63 mm；野外观测[图 1(a)]红层泥质胶结物裂缝间距大多为 10~100 mm；离散元模拟开裂间距为 57~136 mm。以上裂缝间距数值均在式(17)计算范围内，说明本文建立的裂缝间距计算公式具有合理性与适用性。

5 结论

(1)红层泥质胶结物的干缩开裂属于Ⅰ型张拉断裂。基于线弹性断裂力学与非饱和土力学，推导得到了考虑含水率变化的红层泥质胶结物干缩裂缝深度及间距定量表达式。

(2)裂缝深度在很小的含水率变化范围内急剧扩展，然后随含水率的降低缓慢增长。对裂缝深度影响程度较大的因素为非饱和带长度 l、地表基质吸力 u_a-u_w、断裂韧度 K_{IC} 及抗拉强度 σ_t。泊松比 μ 越小、K_{IC}/σ_t 越大，裂缝间距越大。

(3)应用红层泥质胶结物干缩开裂显微 CT 测试结果对 PFC2D 干缩开裂模型参数进行校正，并对提出的裂缝深度及间距预测公式进行验证。结果表明：本文提出的公式能够较好地预测红层泥质胶结物裂缝间距及裂缝深度随含水率的变化状况。

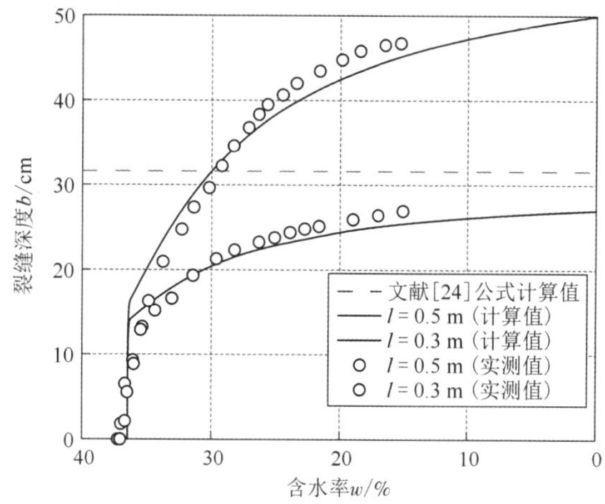

图 8 裂缝深度理论预测及 PFC 模拟值对比

参考文献

[1] 龚囱，赵坤，包涵，等. 红砂岩蠕变破坏声发射震源演化及其分形特征[J]. 岩土力学，2021，42(10)：2683-2695.

[2] 陈晓斌，张家生，封志鹏. 红砂岩粗粒土流变工程特性试验研究[J]. 岩石力学与工程学报，2007(3)：601-607.

[3] 王赓，杨松，王志会. 红砂岩崩解机理分析及其数学模型研究[J]. 公路交通科技，2017，13(6)：154-156.

[4] 潘艺，刘镇，周翠英. 红层软岩遇水崩解特性试验及其界面模型[J]. 岩土力学，2017，38(11)：3231-3239.

[5] 丁建源，陈晓斌，张家生，等. 基于对数几率回归模型的粗颗粒土颗粒破碎过程演化研究[J]. 岩土力学，2019，40(4)：1465-1473.

[6] 苏大明，张艳鸽. 红层泥质岩崩解破坏现象与机理[J]. 公路交通科技，2014，31(2)：9-13.

[7] 周哲，陈善雄，戴张俊，等. 基于点荷载试验的新生代红砂岩强度软化规律研究[J]. 岩土力学，2021，42(11)：2997-3007.

[8] 吴道祥，刘宏杰，王国强. 红层软岩崩解性室内试验研究[J]. 岩石力学与工程学报，2010，29(S2)：4173-4179.

[9] MORRIS P H，GRAHAM J，WILLIAMS D J. Cracking in drying soils[J]. Canadian Geotechnical Journal，1992，29(2)：263-277.

[10] 郑少河，金剑亮，姚海林，等. 地表蒸发条件下的膨胀土初始开裂分析[J]. 岩土力学，2006(12)：2229-2233.

[11] 李培勇，杨庆. 非饱和膨胀土裂隙开展深度影响因素研究[J]. 岩石力学与工程学报，2008：2967-2972.

[12] 吴珺华，袁俊平，廷浩. 基于变湿应力概念的膨胀土初始开裂分析[J]. 岩土力学，2011，32(06)：1631-1636.

[13] SHI B X，CHEN S S，HAN H Q，et al. Expansive soil crack depth under cumulative damage[J]. Scientific World Journal，2014，2014(49)：8437.

[14] PERON H，LYESSE L，HU L B，et al. Prediction of the Spacing and Patterns of Drying Cracks in Soils[C]. First International Symposium on Computational GeomechanicsInternational Centre for Computational Engineering (IC2E)，2009.

[15] 吴珺华，杨松. 基于湿变量的膨胀土初始裂隙模型及影响因素分析[J]. 土木工程学报，2016，49(4)：96-101.

[16] COSTA S，KODIKARA J，BARBOUR S L，et al. Theoretical analysis of desiccation crack spacing of a thin，long soil layer [J]. Acta Geotechnica，2017，13(1)：39-49.

[17] 林辉，吴华. 蒸发条件下膨胀土裂隙开裂间距和宽度[J]. 水利与建筑工程学报，2018，16(6)：8-11+24.

[18] SHRESTHA A，JOTISANKASA A，CHAIPRAKAIKEOW S，et al. Determining Shrinkage Cracks Based on the Small-Strain Shear Modulus-Suction Relationship[J]. Geosciences，2019：362.

[19] 唐朝生，施斌，崔玉军. 土体干缩裂隙的形成发育过程及机理[J]. 岩土工程学报，2018，40(8)：1415-1423.

[20] KONRAD J M，AYAD R. An idealized framework for the analysis of cohesive soils undergoing desiccation：Reply[J]. Canadian Geotechnical Journal，1998，35(6)：1112-1114.

[21] LACHENBRUCH R H. Depth and Spacing of Tension Cracks[J]. Journal of geophysical research, 1961: 4273-4292.
[22] LEE F L K, LEE S. Tension Crack Development in Soil[J]. Journal of Geotechnical Engineering, 1988, 114(8): 915-29.
[23] 郑少河，姚海林，葛修润. 气候影响下膨胀土开裂的力学分析[J]. 上海地质，2007(2): 29-32.
[24] 孙即超，王光谦，孙其诚. 临界状态下非饱和土裂缝开裂间距[J]. 科学通报，2009，54(9): 1311.
[25] 袁权，谢锦宇，任柯. 边界约束对膨胀土干缩开裂的影响[J]. 工程地质学报，2016，24(4): 604-609.
[26] NEVES, MARANHA E. Advances in rockfill structures & concrete face rockfill dams[J]. 1991, 10.1007/978-94-011-3206-0(Chapter 17): 523-70.
[27] LAKSHMIKANTHA M R, PRAT P C, LEDESMA A. Experimental evidence of size effect in soil cracking[J]. Canadian Geotechnical Journal, 2012, 49(3): 264-84.
[28] 赵树山. 断裂力学[M]. 北京：科学出版社，2006.
[29] AMARASIRI A L, KODIKARA J K. Numerical Modeling of Desiccation Cracking Using the Cohesive Crack Method[J]. International Journal of Geomechanics, 2013, 13(3): 213-21.
[30] WANG J J, ZHU J G, CHIU C F, et al. Experimental study on fracture toughness and tensile strength of a clay[J]. Engineering Geology, 2007, 94(1-2): 65-75.
[31] XU X, WU S, JIN A, et al. Review of the Relationships between Crack Initiation Stress, Mode I Fracture Toughness and Tensile Strength of Geo-Materials[J]. International Journal of Geomechanics, 2018, 18(10): 04018136.
[32] 唐朝生，施斌，刘春. 膨胀土收缩开裂特性研究[J]. 工程地质学报，2012，20(5): 663-673.
[33] 朱安龙. 黏性土抗拉强度试验研究及数值模拟[D]. 成都：四川大学，2005.
[34] TOWNER G D. The mechanics of cracking of drying clay[J]. Journal of Agricultural Engineering Research, 1987, 36(2): 115-124.
[35] TANG C S, PEI X J, WANG D Y, et al. Tensile Strength of Compacted Clayey Soil [J]. Journal of Geotechnical and Geoenvironmental Engineering, 2015, 141(4): 04014122.
[36] 张云，陈梦芸. 击实黏土抗拉强度研究[J]. 水文地质工程地质，2015，42(4): 56-60+73.
[37] 鄢丽芬. 黏性土拉伸特性试验研究[D]. 南京：南京大学，2013.
[38] 张云，王惠敏，鄢丽芬. 击实黏土单轴拉伸特性试验研究[J]. 岩土力学，2013，34(8): 2151-2157.
[39] 凌晓宇. 考虑裂隙的膨胀土非饱和渗透特性研究及应用[D]. 宜昌：三峡大学，2015.
[40] KONRAD J M, AYAD R. Desiccation of a sensitive clay: field experimental observations[J]. Canadian Geotechnical Journal, 1997, 34(6): 929-942.
[41] AYAD R, KONRAD J M, SOULIé M. Desiccation of a sensitive clay: application of the model CRACK[J]. Canadian Geotechnical Journal, 1997, 34(6): 943-951.
[42] 马旭. 黏性土竖向干缩裂缝演化离散元数值模拟[D]. 武汉：武汉大学，2018.
[43] 谭睿. 裂隙黏土的干缩开裂机制与力学特性研究[D]. 武汉：武汉大学，2019.

02

试验研究篇

路基不均匀沉降对沥青混凝土路面结构影响数值分析

黄永强[1]，李海波[2]，马兴峰[2]，王　晅[3]，李　强[1]

1. 湖南省交通科学研究院，湖南长沙，410015
2. 衡桂高速公路建设开发有限公司，湖南衡阳，421001
3. 中南大学土木工程学院，湖南长沙，410075

摘要：针对路基不均匀沉降条件下路面结构破坏机理难以解析的现状，引入数值分析方法，建立了沥青混凝土路面结构对路基横向不均匀沉降力学响应的有限元模型，重点针对路基两侧沉降、一侧沉降和中心沉降3种不均匀沉降形式进行分析，主要研究不均匀沉降量及路面结构参数对路面结构破坏的影响。

关键词：路基；不均匀沉降；沥青混凝土路面；数值分析

路基填筑过程中及工后所产生的不均匀沉降是路面结构破坏的主要原因之一[1]，由于路基的不均匀沉降对路面结构层产生附加应力，使路面结构产生裂缝，容易引起路面结构的早期破坏[2-3]。基于路基不均匀沉降产生机理的复杂性，通过理论解析预估不均匀沉降对路面结构的影响非常困难，而利用数值计算方法和软件模拟不均匀沉降条件下路面结构层的破坏效果明显，其结论能够有效指导路基的填筑及后期维护[4]。

1　数值分析模型的建立

本文采用大型的有限元分析软件ANSYS软件建立有限元模型，并进行结构分析。

1.1　模型几何尺寸

路面结构是一种多层体系，对于多层体系应力-应变的分析通常假定路面结构各层厚度均为有限，水平方向为无限。采用有限元方法对路面结构进行分析时，并不需要取其无限大尺寸的结构，实际处理这类问题时，通常的做法为：在保证计算精度的前提下，对结构取其有限尺寸[5-6]。本文所取的路面结构尺寸为：路面结构左右两幅宽度分别取10 m，中央分隔带的宽度为2 m，纵向长度取为2.5 m。根据对称性取半幅路面结构进行建模，得到的路面结构概化模型如图1所示。

沥青混凝土路面结构有限元模型中面层厚度取18 cm，基层厚度取20 cm，垫层厚度取20 cm；水泥混凝土路面结构有限元模型中面层为25 cm厚混凝土面板，基层为20 cm厚6%的水泥稳定碎石，垫层为20 cm厚4%的水泥稳定碎石。

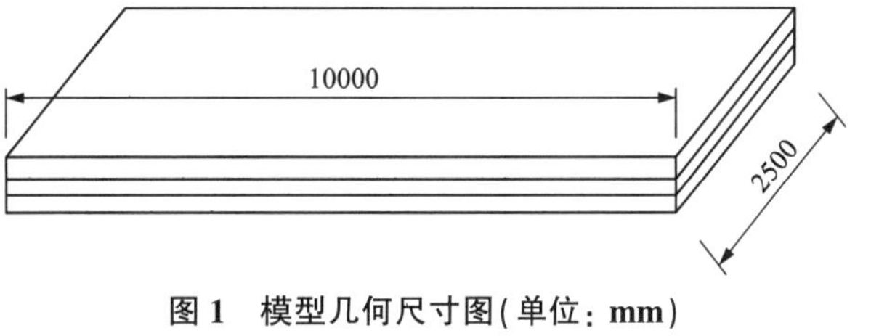

图1　模型几何尺寸图(单位：mm)

1.2　材料参数

有限元模型中的材料参数见表1。面层、基层和垫层的材料参数取自设计资料。

表1　沥青混凝土结构模型主要材料参数

材料	弹性模量/MPa	泊松比	内聚力/kPa	内摩擦角/(°)	剪胀角/(°)
沥青面层	1300	0.20	—	—	—
基层	1000	0.25	500	35	15
垫层	500	0.25	450	30	15

黄永强，李海波，马兴峰，等. 路基不均匀沉降对沥青混凝土路面结构影响数值分析[J]. 公路工程，2012，37(5)：34-40.

1.3 单元类型选择

路面结构层均采用八节点实体单元模拟。由于混凝土面层与基层、垫层之间接触关系的模拟是数值仿真分析中的难点问题，本文采用经典的 Coulomb 摩擦模型模拟其接触关系[7]。由于在长期车辆荷载作用下，面层与基层顶面变形协调，故在加载过程中接触面两侧单元法向方向不允许分离。接触面的力学模型如图 2 所示。

面层与基层间建立接触面，采用接触单元与目标单元建立接触，接触面的黏结强度按砂浆与密实碎石土的黏结强度选取为 90 kPa，摩擦因数 μ 取为基层土体内摩擦角的正切值，为 0.7。所建立的有限元模型如图 3 所示。

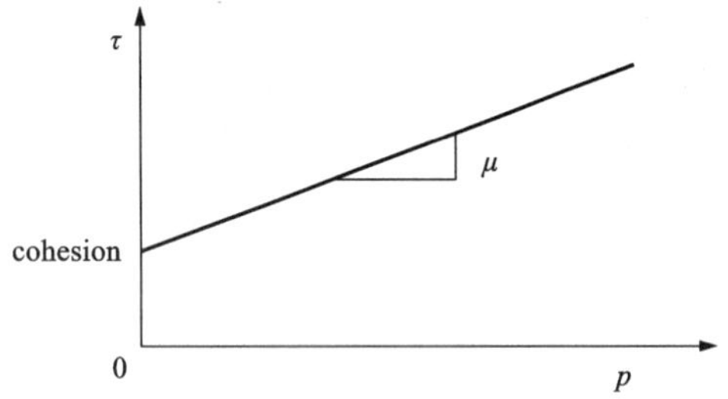

图 2　接触面的力学模型

图 3　有限元计算模型

1.4 边界条件与加载方式

计算中考虑路基不均匀变形引起的路面结构附加应力，故模型中约束断面两侧沿线路走向的位移。计算中采用位移加载的模拟方法，即采用在路面结构层底面施加位移约束的方式施加荷载[8]。此处采用抛物线模拟路基顶面的变形，从而求得路面结构的附加应力。计算中考虑的路基不均匀沉降形式主要有路基两侧沉降、路基一侧沉降和路基中心沉降[9, 10]，如图 4 所示。通过对比可知：路基两侧沉降和一侧沉降取半幅路面结构进行计算时属于同一种情况，所以最后可简化为图 5 所示的 2 种位移加载方案。

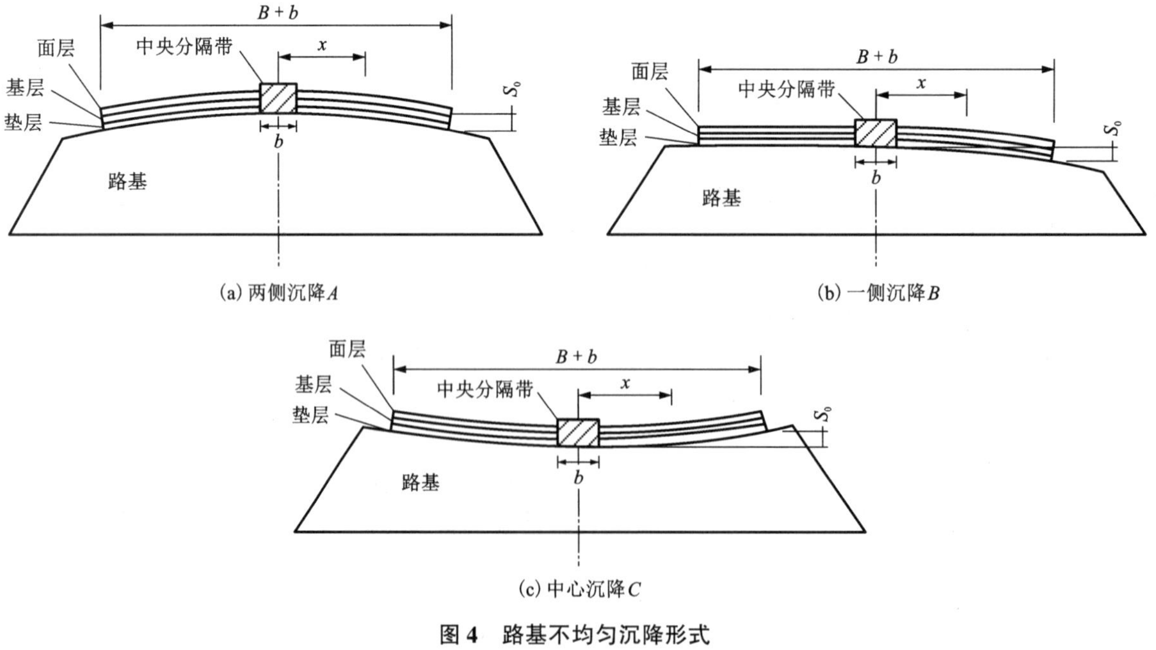

图 4　路基不均匀沉降形式

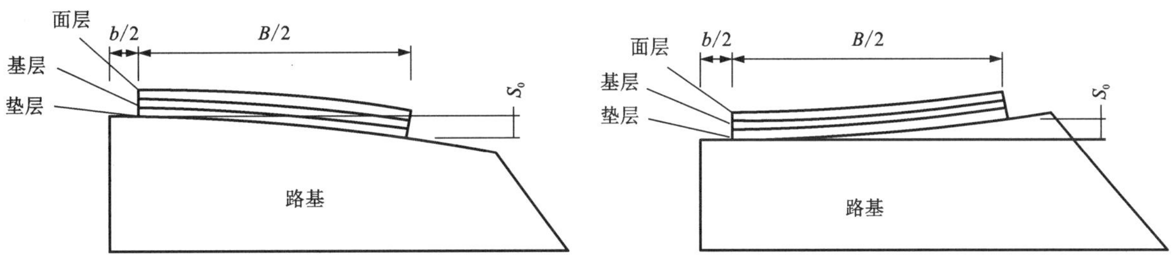

(a) 路基两侧或一侧沉降　　(b) 路基中心沉降

图 5　有限元模型路基不均匀沉降形式

2　数值模拟结果分析

2.1　路基两侧或一侧沉降对路面结构影响分析

2.1.1　两侧或一侧沉降引起的路面结构响应

以路基顶面最大的沉降量为 3 cm 进行计算，图 6~9 揭示了路面结构中面层表面应力、面层底面应力、基层表面应力和垫层底面应力沿着路面宽度方向的变化规律。由图 6~图 9 可知：沥青面层表面主要受拉应力作用，最大拉应力位于路面的中心位置，很有可能在此产生开裂，形成纵向狭长的裂缝。沥青面层底面主要也受拉应力作用，最大拉应力位置与面层表面相同，但拉应力绝对值小得多。基层表面受拉应力作用，基层中心位置拉应力最小。垫层底面受压应力作用，垫层中心压应力最大。面层与基层间的切应力随着距路基中线距离的增加而逐渐增大，在接近路面边缘处约 1 m 处开始减小，也正是此切应力的存在使面层表面应力、面层底面应力和垫层底面应力均在约 1 m、9 m 处出现突变。其应力状态与结构层厚度有关，特别是基层厚度。

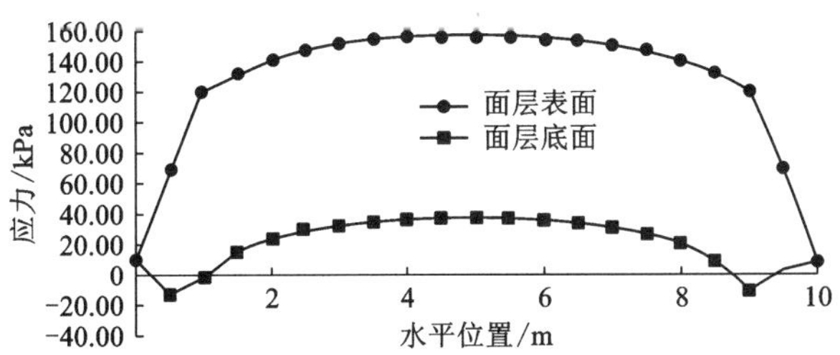

图 6　面层横向应力分布

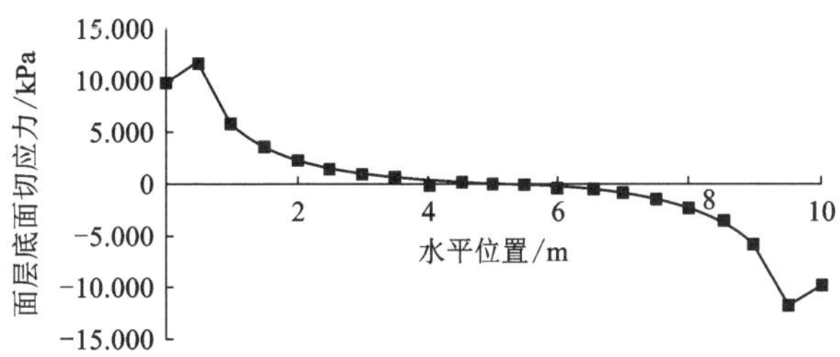

图 7　面层底面切应力分布

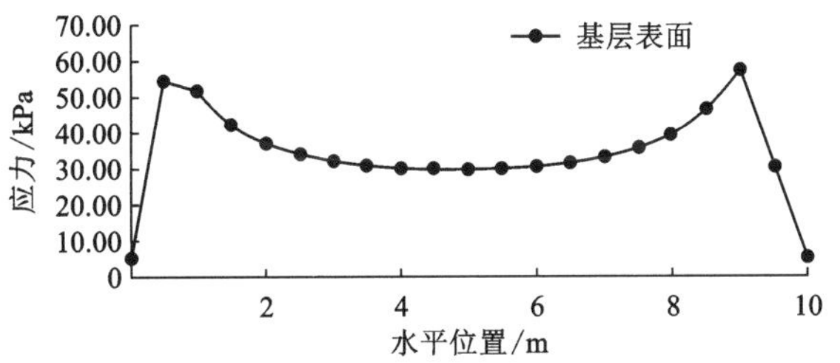

图 8　基层表面横向应力分布

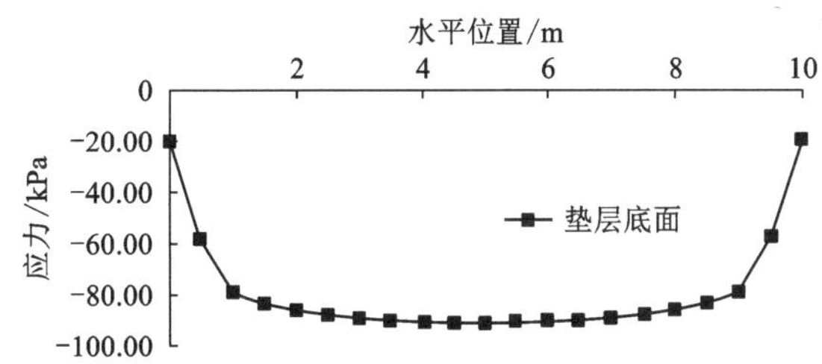

图 9　垫层底面横向应力分布

图 10 所示为面层表面的竖向位移随路面宽度方向的变化规律，由图 10 可知：面层表面竖向位移分布与路基顶面产生的不均匀沉降形式基本一致，呈开口向下的抛物线分布，并且位移与沉降量接近，这主要是因为路面结构在竖直方向的应力和应变都很小。

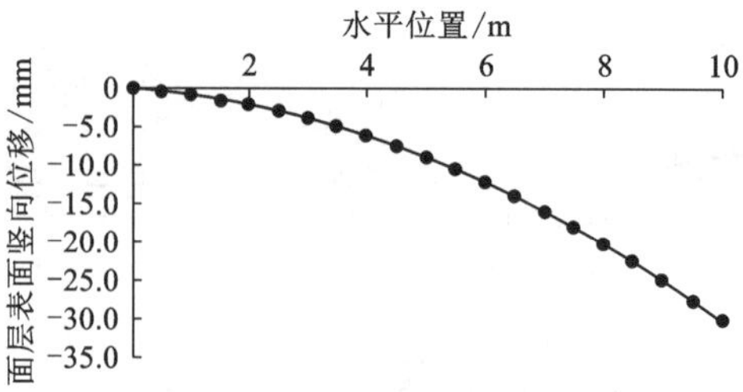

图 10　面层表面竖向位移分布

2.1.2　不均匀沉降量对路面结构应力的影响

在分析不均匀沉降量大小的影响时，最大的不均匀沉降值在5~60 mm的范围内进行取值，应力值取各层的中央截面处的值[11]。面层表面应力、面层底面应力、基层表面应力和垫层底面应力的计算结果见图11~图14。

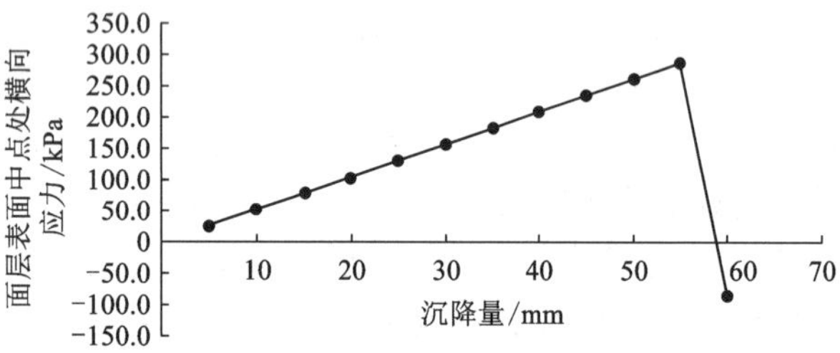

图 11　不同不均匀沉降量下面层表面横向应力

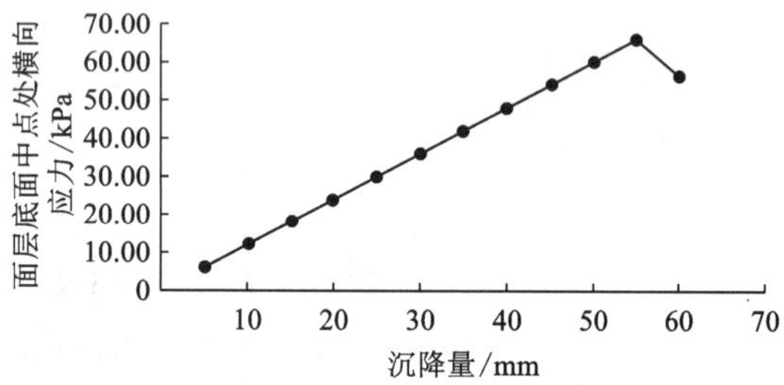

图 12　不同不均匀沉降量下面层底面横向应力

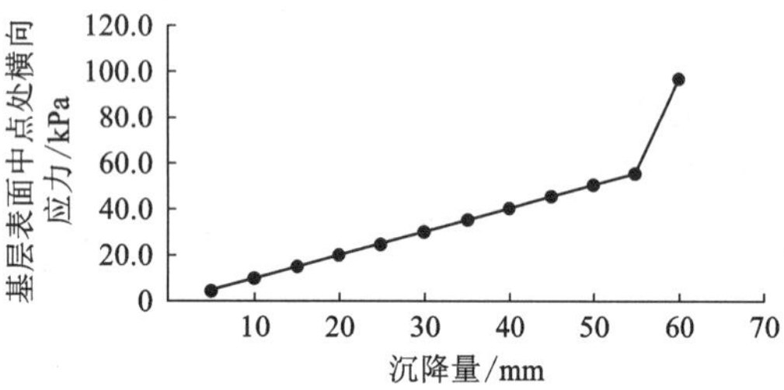

图 13　不同不均匀沉降量下基层表面横向应力

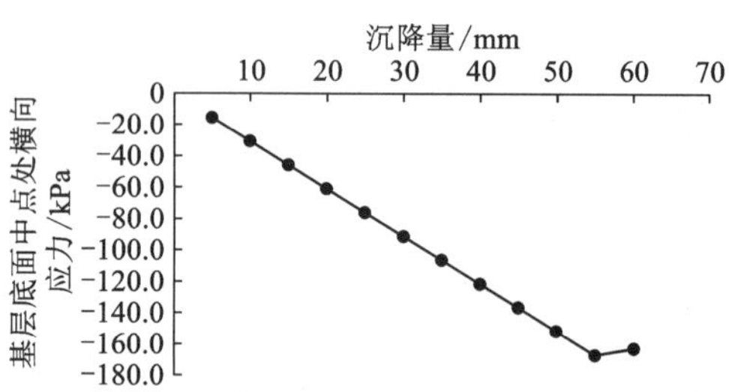

图 14　不同不均匀沉降量下垫层底面横向应力

由图11~图14可知：路面结构各层的应力受不均匀沉降量的大小的影响十分明显。在不均匀沉降量为5~55 mm时，面层表面应力、面层底面应力、基层表面应力和垫层底面应力随不均匀沉降量增加而线性增大趋势，当沉降量接近60 cm时，面层上表面拉应力达到0.28 MPa，达到面层容许拉应力强度值。路面在实际工作状态中还需考虑交通荷载的作用，两种应力的叠加将加速路面结构的破坏。这说明了控制不均匀沉降的必要性。

2.1.3　路面结构层参数对路面结构应力的影响

(1)各结构层厚度对路面结构应力的影响。

为分析各结构层厚度大小对路面结构应力影响，在计算时分别改变面层厚度、基层厚度、垫层厚度，其他参数保持不变。计算结果见图15~17：①随着面层厚度的增加，面层表面的拉应力线性增大，垫层底面的压应力线性增大，而面层底面和基层表面的拉应力线性减小；②随着基层厚度和垫层厚度的增加，路面结构各层的应力都线性增大。所以在设计中尽量不要采用较厚的基层和垫层，在实际中可在路基表面铺设碎石，相应地减小基层和垫层的厚度，达到降低路面结构应力的目的。

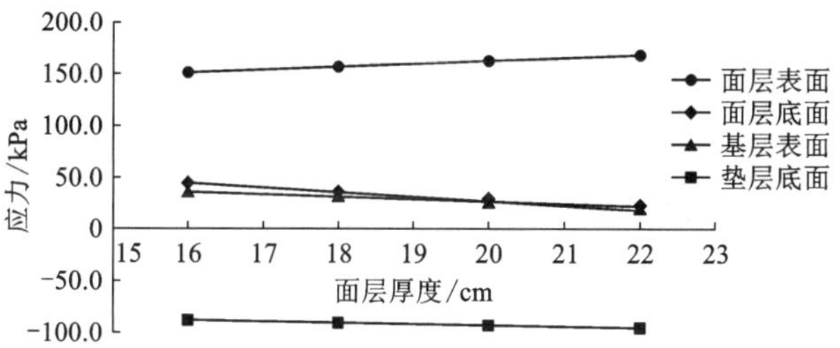

图 15 不同面层厚度下各结构层横向应力

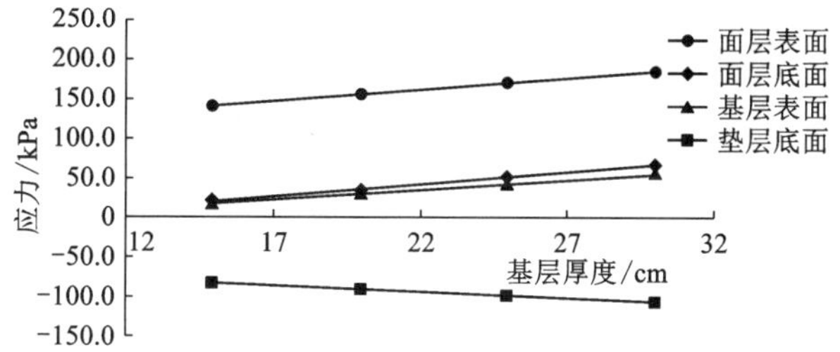

图 16 不同基层厚度下各结构层横向应力

(2)各结构层模量对路面结构应力的影响。

为分析各结构层模量大小对路面结构应力影响，在计算时分别改变面层模量、基层模量、垫层模量，其他参数保持不变。计算结果见图 18~图 20：①随着面层模量的增加，面层表面的拉应力和垫层底面压应力线性增大，而面层底面和基层表面的拉应力线性减小；②随着基层模量和垫层模量的增加，路面结构各层的应力都线性增大；③垫层底的压应力受垫层模量的变化的影响明显，而受面层模量和基层模量的变化的影响比较小。

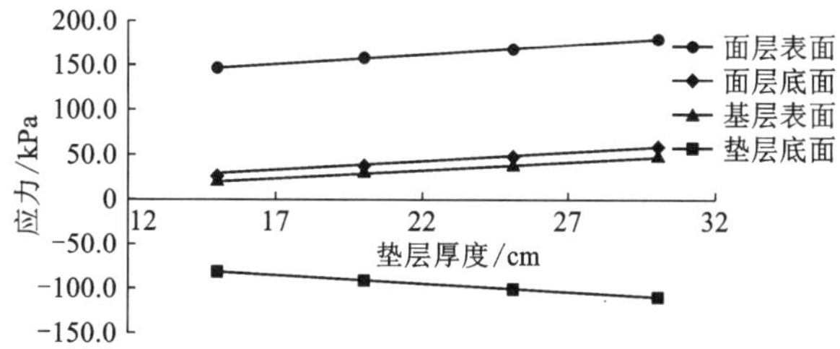

图 17 不同垫层厚度下各结构层横向应力

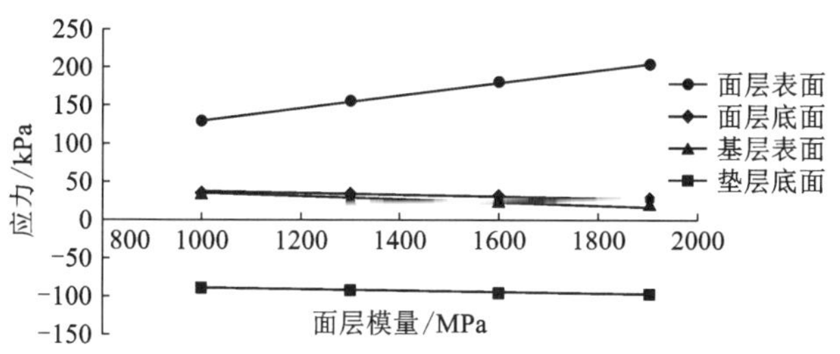

图 18 不同面层模量下各结构层横向应力

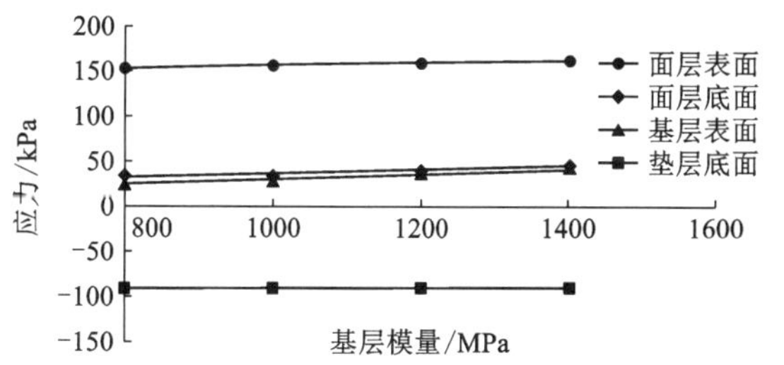

图 19 不同基层模量下各结构层横向应力

2.2 路基中心沉降对路面结构影响分析

2.2.1 中心沉降引起的路面结构响应

同样以路基顶面最大的沉降量为 3 cm 进行计算，图 21 ~ 24 揭示了路面结构中面层表面应力、面层底面应力、基层表面应力和垫层底面应力沿着路面宽度方向的变化规律。沥青面层表面受压应力作用，最大压应力位于所处路面的中心位置。沥青面层底面也主要受压应力作用，最大压应力位置与面层表面相同，但压应力值小得多。基层表面受压应力作用，基层中心位置压应力最小。垫层底面受拉应力作用，垫层中心拉应力最大。面层与基层间的切应力随着距路基中线距离的增加而逐渐增大，在接近路面边缘处约 1 m 处有所减小，也正是此切应力的存在使面层表面应力、面层底面应力和垫层底面应力均在约 1 m、9 m 处出现突变。其应力状态与结构层厚度有关，特别是基层厚度。

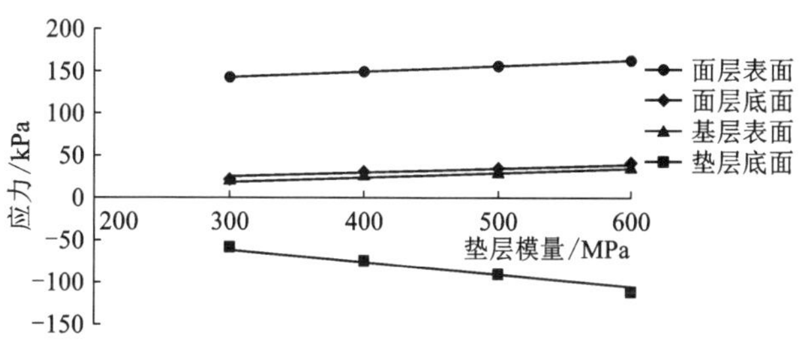

图 20 不同垫层模量下各结构层横向应力

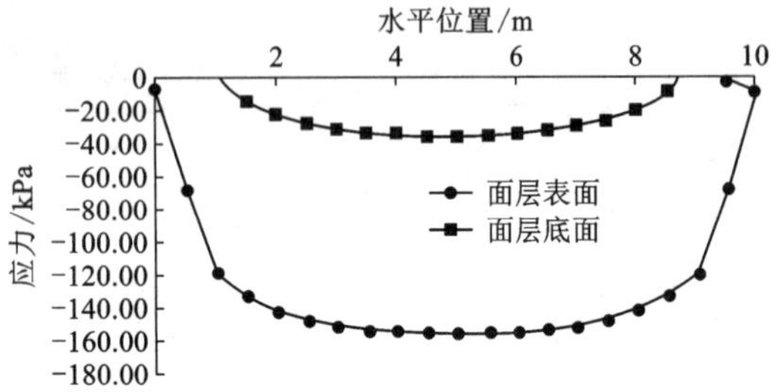

图 21　面层横向应力分布

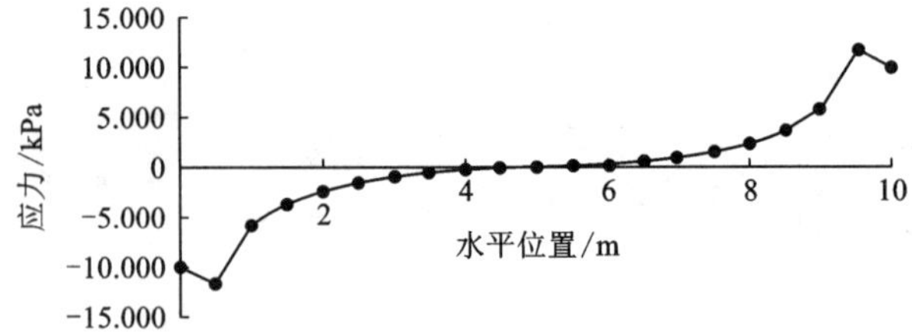

图 22　面层底面切应力分布

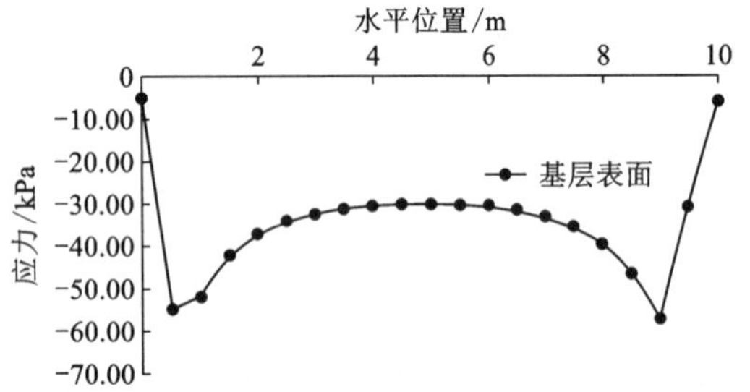

图 23　基层表面横向应力分布

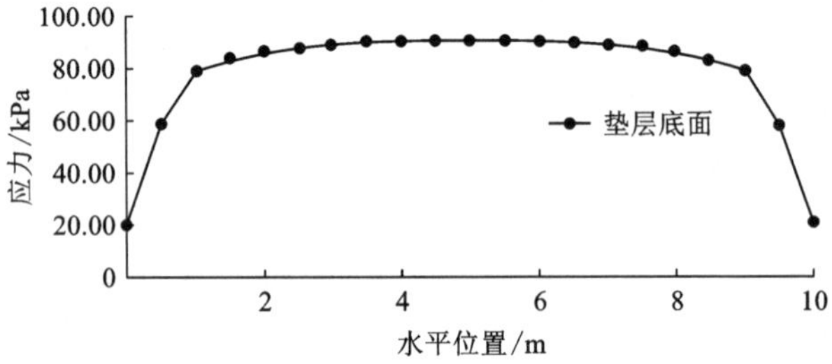

图 24　垫层底面横向应力分布

图 25 为面层表面的竖向位移随路面宽度方向的分布，分析可知面层表面竖向位移分布与路基顶面产生的不均匀沉降形式基本一致，呈开口向下的抛物线分布，并且位移与沉降量接近，这主要是因为路面结构在竖直方向的应力和应变都很小。

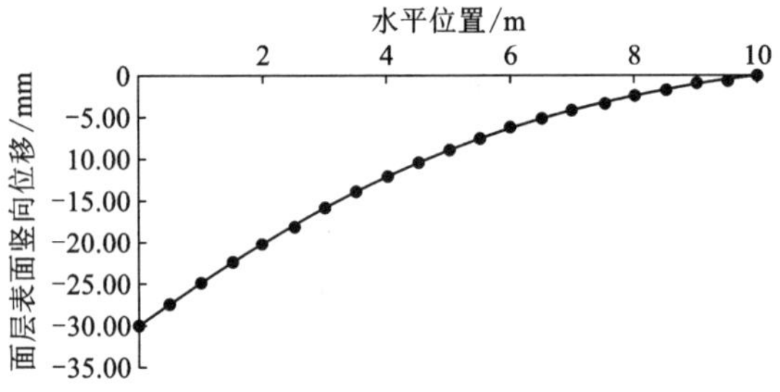

图 25　面层表面竖向位移分布

2.2.2　不均匀沉降量对路面结构应力的影响

在分析不均匀沉降量大小的影响时，最大的不均匀沉降值在 30~360 mm 的范围内进行取值，应力值取各层的中央截面处的值。面层表面应力、面层底面应力、基层表面应力和垫层底面应力的计算结果见图 26~图 29。

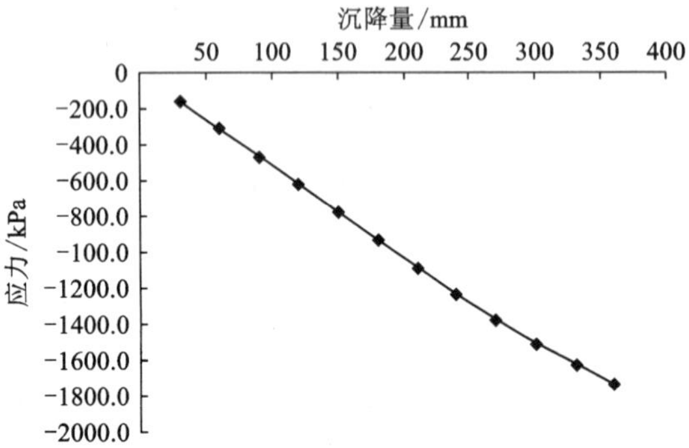

图 26　不同不均匀沉降量下面层表面横向应力

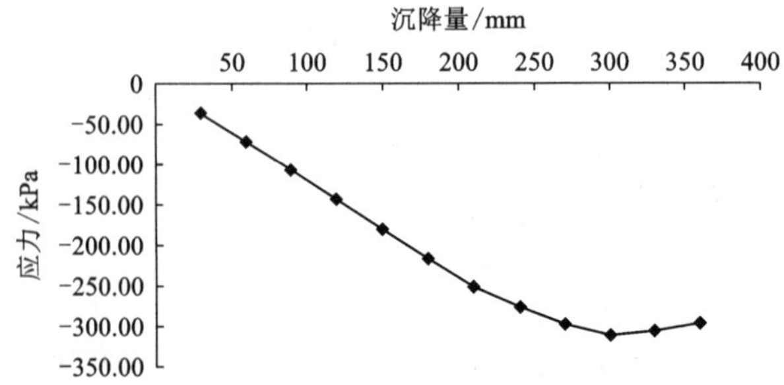

图 27　不同不均匀沉降量下面层底面横向应力

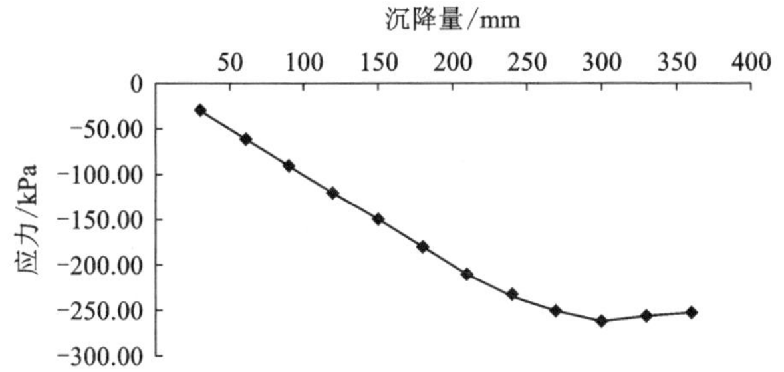

图 28　不同不均匀沉降量下基层表面横向应力

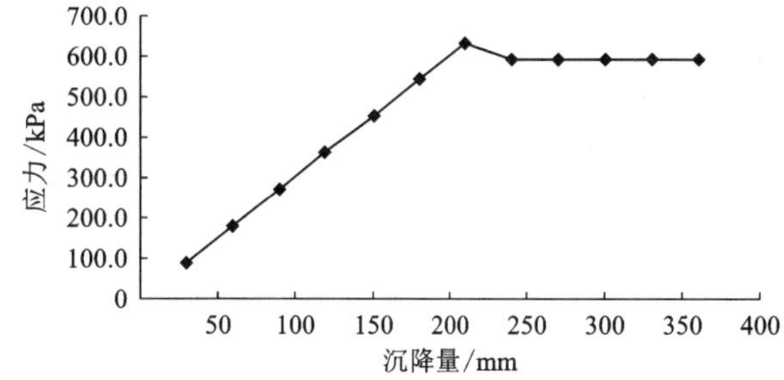

图 29　不同不均匀沉降量下垫层底面横向应力

通过计算可知：200 mm 时垫层底面中心处出现塑性区。沉降差小于 200 mm 时各应力呈线性分布；超过 200 mm 后由于塑性区的出现，各应力呈现非线性的变化规律，垫层底面中心处应力保持不变。路面结构各层的应力受不均匀沉降量大小的影响十分明显，故应严格控制路基的不均匀沉降。

2.2.3　*路面结构层参数对路面结构应力的影响*

(1) 各结构层厚度对路面结构应力的影响。

为分析各结构层厚度大小对路面结构应力的影响，在计算时分别改变面层厚度、基层厚度、垫层厚度，其他参数保持不变[12]。计算结果见图 30~32：①随着面层厚度的增大，面层表面压应力和垫层底面拉应力都线性增大，面层表面压应力变化更明显，而面层底面和基层表面的压应力线性减小；②随着基层厚度和垫层厚度的增加，路面结构各层的应力都线性增大；③垫层底面的应力受路面结构各层厚度变化的影响较小。

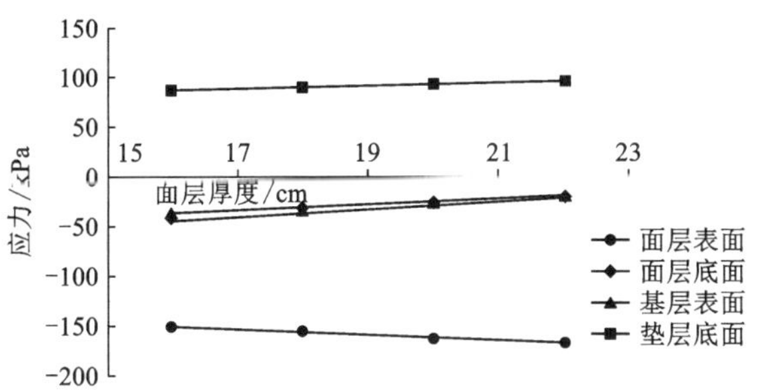

图 30　不同面层厚度下各结构层横向应力

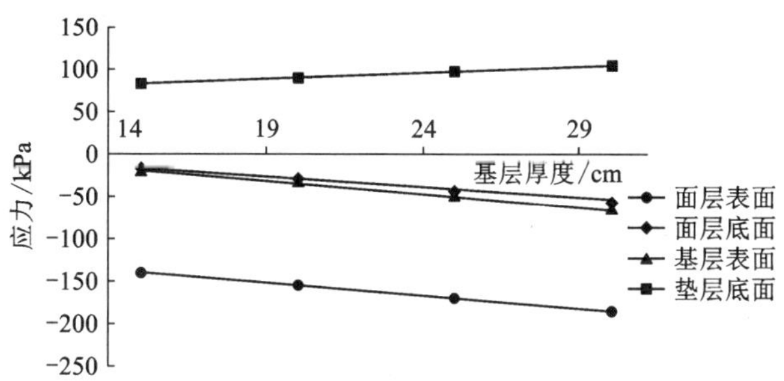

图 31　不同基层厚度下各结构层横向应力

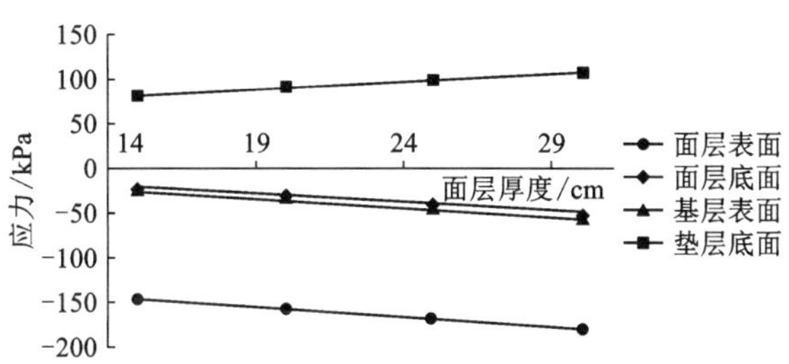

图 32　不同垫层厚度下各结构层横向应力

(2) 各结构层模量对路面结构应力的影响。

为分析各结构层模量大小对路面结构应力的影响，在计算时分别改变面层模量、基层模量、垫层模量，其他参数保持不变。计算结果见图 33~图 35：①随着面层模量的增大，面层表面的压应力和垫层底面拉应力近似线性增大，而面层底面和基层表面的压应力线性减小；②随着基层模量和垫层模量的增加，路面结构各层的应力都线性增大；③垫层底面压应力受垫层模量的影响明显，而受面层模量和基层模量的影响比较小。

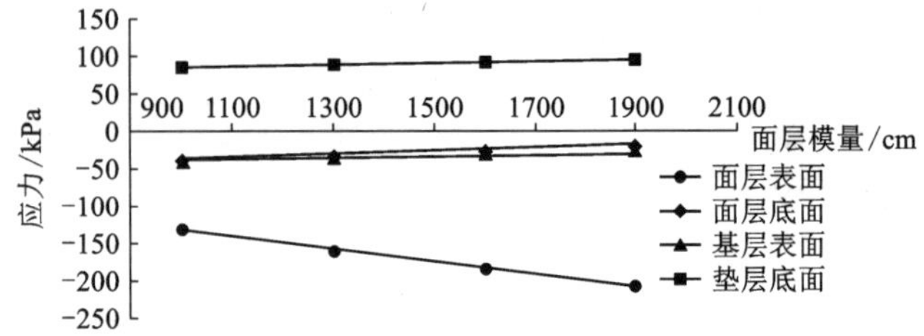

图 33 不同面层模量下各结构层横向应力

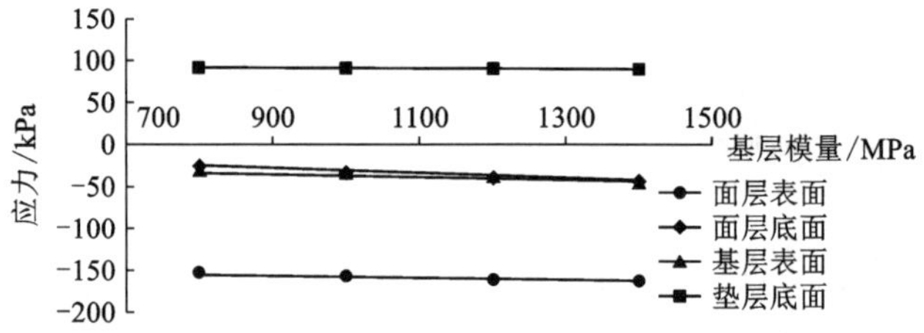

图 34 不同基层模量下各结构层横向应力

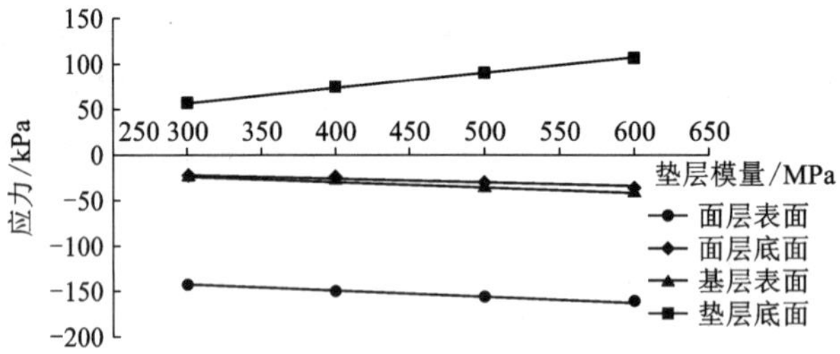

图 35 不同垫层模量下各结构层横向应力

3 结论

本文通过建立有限元数值模型，主要分析了路基两侧沉降、一侧沉降和中心沉降 3 种路基不均匀沉降形式对沥青混凝土路面结构破坏的影响，获得了如下主要结论：

(1)分析了不均匀沉降对路面结构引起的应力和位移响应、不均匀沉降量及路面结构层的厚度和模量对路面结构的影响，结果表明 3 种不均匀沉降形式的影响规律是一致的。

(2)不均匀沉降对路面结构的应力影响明显，在未出现裂缝和塑性区前，路面结构各层的应力与不均匀沉降量呈线性变化规律。由于不均匀沉降引起的应力比较大，故在路面结构设计中应与交通荷载作用同时考虑。

(3)随着面层厚度增大，面层表面应力和垫层底面应力线性增大，面层底面应力和基层表面应力线性减小；随着基层厚度和垫层厚度的增加，路面结构各层的应力都线性增大。故路面在结构设计时，不宜采用过厚的基层。

(4)随着面层模量增大，面层表面应力和垫层底面应力线性增大，面层底面应力和基层表面应力线性减小；随着基层模量和垫层模量增大，路面各结构层应力都线性增大。故在路面结构设计中应该减小基层模量和面层模量，但考虑到面层直接承受交通荷载作用，在结构设计中应减小基层模量，即基层刚度不应太大，比如可以采用柔性基层。

参考文献

[1] 郑治，曾忠. 西部地区高填方路堤沉降病害调查与分析[J]. 公路交通科技，2005(S2)：111-114.

[2] 钱家欢，殷宗泽. 土工原理与计算[M]. 北京：中国水利电力出版社，1996.

[3] 谈至明，姚祖康. 软土地基不均匀沉降对铺面结构影响的分析[J]. 岩土工程学报，1989，11(2)：54-63.

[4] 周焕云，黄晓明. 高速公路软土地基沉降预测方法综述[J]. 交通运输工程学报，2002，2(4)：7-10.

[5] 王勖成. 有限单元法[M]. 北京：清华大学出版社，2009.

[6] 饵磊，于清杨. 岩土工程数值法[M]. 长春：吉林大学出版社，2007.

[7] 李运光. 结构工程有限元法[M]. 北京：中国建材工业出版社，2002.

[8] 王新敏. ANSYS 工程结构数值分析[M]. 北京：人民交通出版社，2021.
[9] 张嘉凡，张慧梅. 软土地基路基不均匀沉降引起的路面结构附加应力[J]. 长安大学学报(自然科学版)，2003，3(3)：21-25.
[10] 傅珍，王选仓，陈星光，等. 拓宽路基差异沉降特性和影响因素[J]. 交通运输工程学报，2007(1)：54-57.
[11] 张军辉. 软土地基上高速公路加宽变形特性及差异沉降控制标准研究[D]. 南京：东南大学，2006.
[12] 杨涛，李国维，杨伟清. 基于双曲线法的分级填筑路堤沉降预测[J]. 岩土力学，2004，25(10)：1551-1554.
[13] 聂忆华，张起森，徐阳，等. 沥青路面沥青层剪应力分析与应用研究[J]. 武汉理工大学学报(交通科学与工程版)，2009，33(2)：253-256.
[14] 林文岩，陈强，谢泽华，等. 薄层沥青-水泥混凝土复合式路面结构设计研究[J]. 中外公路，2009，29(4)：80-85.
[15] 胡长顺，王秉纲. 复合式路面设计原理与施工技术[M]. 北京：人民交通出版社，2000：2-4.

重载作用下公路路基及基层动应力测试研究

王　晅，张家生，杨果岳，陈晓斌

中南大学土木建筑学院，湖南长沙，410075

摘要：针对超载超限车辆引起的高速公路路面结构破坏问题，通过现场实测，对新建高速公路在重型交通车辆以不同载重、不同车速通过不同车道时路基路面的动态响应(动应变、动应力)规律进行了研究。研究表明：在竖向上随着深度的增加动应力呈衰减趋势；随着车速的增大，荷载频率向高频方向移动，同一测点动应力极值呈总体减小趋势，其减小幅度与车速紧密相关；而随着车辆载重的增加，动应力同样增大，但前后轮差别较大，且较深处(如路基顶面)增大幅度要小于较浅处(如面层底面)；车辆通过超车道时相邻行车道横向范围内均有动应变发生但数值较小，衰减迅速。

关键词：高速公路；路基路面；动应力；现场测试

目前我国高速公路超限超载现象已经十分普遍，货运部门通过改装车身、后轴、轮胎及加挂拖车等手段使得车辆运载能力快速提高的同时却加剧了路面结构的损伤破坏，缩短了路面结构的使用寿命，使其服务能力显著降低[1]。基于在设计中考虑动态荷载影响，提高路面结构使用性能的目的，在研究随机重载作用下路基路面的动态响应时，能够系统地进行现场动态测试的重要性不言而喻[2]。著名的 AASHO 道路试验(包含 6 个环形试验跑道)、WesTrack 项目、MnRoad 项目、SHAP 项目的试验结果已成为许多路基路面设计理论、方法和标准的基础[3-6]。而在我国，限于客观条件，要进行如此大规模的试验目前还不太现实，但通过一定规模的现场测试和试验来验证解析数值成果，借以提高路基路面设计水平，还是一条比较有效的途径。

常(德)—张(家界)高速公路是国家规划的高速公路网中的重要一段，设计为双向四车道，沥青混凝土半刚性路面结构，行车速度分别为 120 km/h、100 km/h 和 80 km/h，路基宽度分别为 28 m、26 m 和 24.5 m。为分析交通重载作用下路面结构及路基的动态响应，进行动态条件下各结构层应力-应变验算，笔者对新建即将通车的常张高速公路路基路面动态响应进行了现场测试和研究，本文为此项测试研究的初步成果，以期能为其他高速公路的设计和施工提供借鉴。

1　测试仪器及试验介绍

1.1　测试系统及元件埋设

测试仪器采用 DH5935 动态应变仪，它为一种高性能多通道并行数据采集分析系统，系统包括以 A/D 转换器为核心的数据采集记录仪，以控制、记录和分析为目的的微机以及相应的控制软件和分析软件，并与 DH3840 应变放大器配合，组成超动态应变测量系统，能够长时间连续进行数据采集。当车辆通过时，计算机可以同时记录下所有元件的电信号，并将其转换为各个测点的动应变(或加速度)波形，再根据标定公式确定动应力的变化规律。

试验所用传感器为 BY-1 型电阻应变式双油腔结构的动土压力传感器，它的特点是，当传感器受力时，传感器油腔中的液体可使力传递均匀，同时由于弹性敏感元件的变形相较于弹性传力元件的变形增大若干倍，故提高了传感器的灵敏度。本次测试土压力传感器的工作量程为 0.2 MPa，超载能力为 20%。

土压力传感器主要埋设于公路单幅的行车道下，其横断面布置如图 1 所示。路基顶面设置了 3 个传感器，间距为 1 m，底基层顶面及下基层顶面分别设置了 2 个传感器，间距 2 m(相当于车辆两侧轮载作用点间距)，上基层顶面设置了 5 个传感器，1#与 5#处于行车道分道线下(间距 3.75 m)，3#、11#处于行车道正

王晅，张家生，杨果岳，等. 重载作用下公路路基及基层动应力测试研究[J]. 振动与冲击，2007，26(6)：169-173.

中，2#、4#位置同6#、7#，10#、12#(注：由于部分传感器未能存活，实际埋设数量多于图中所标注数量)。

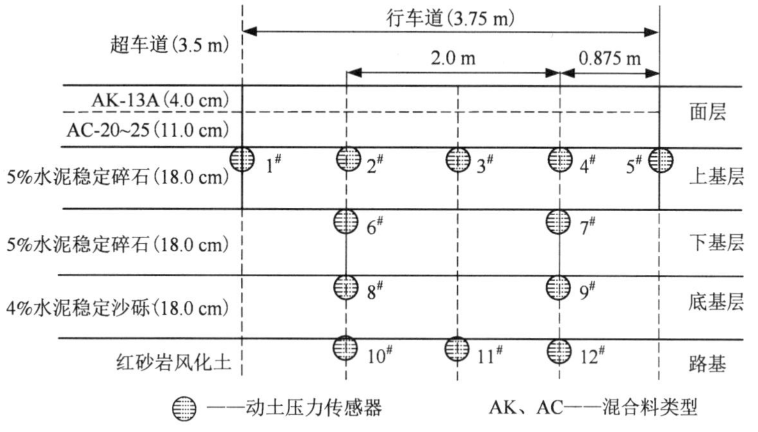

图1　沿线路横向元件埋设示意

1.2　试验介绍

试验车辆采用三轴10轮的“东风”重型普通货车(EQ1166G2)，后轴为双轮，外轮距2.05 m，内轮距1.6 m，前轴轮距1.9 m，后两轴轴距1.3 m，前轴与最近后轴轴距5.90 m。试验时车辆载重分为空载、满载(载重180 kN)、超载(载重300 kN)三种荷载当量，轴载分配情况见表1。试验速度挡为60 km/h、80 km/h和100 km/h，试验车道为超车道和行车道，每种荷载当量和速度挡组合重复运行三次。

表1　空载、满载、超载时的装载重量和轴载分配

参数	空载	满载	超载(67%)
车辆总重量/kN	120.0	300.0	420.0
装载重量/kN	0	180.0	300.0
前轴载/kN	54.0(45%)	90.0(30%)	105.0(25%)
后轴载(双轴)/kN	66.0(55%)	210.0(70%)	315.0(75%)

试验工点根据路基填料类型、填筑形式及支撑条件的不同，选择常张高速公路K25+820、K37+760、K125+200、K126+800共4个典型断面进行动力测试，这里主要介绍工点K37+760的试验成果。K37+760属于土石料混填路段(路堤中心填高18.5 m)，填料为湘西部地区典型的红砂岩风化土，逐层压实填筑。路面结构为半刚性沥青混凝土复合路面，自上而下分为上面层(AK-13A)、下面层(AC-20~25)、上基层(5%水泥稳定碎石)、下基层(5%水泥稳定碎石)、底基层(4%水泥稳定沙砾)，各结构层厚度如图1所示。路基顶面土压力传感器在路基填筑完成并稳定后埋设，基层传感器在路面结构层摊铺施工过程中埋设，元件埋设严格按照规定工艺进行。

2　路基及基层动应力响应分析

路基及基层的动应力变化受到诸多因素的综合影响，如车辆类型(包括轴数、轮数、轴距、轮距、悬架结构形式等)、载重、轴载分配形式、车速、路面不平整度状态、路面结构类型、荷载作用位置等[2, 7, 8]。这里主要考虑车辆载重、行车速度、车道因素对路基及基层动应力的影响。

2.1　动应变波形特征

由于动土压力盒在室内标定时应力-应变为线性关系，故测试时应力-应变动响应规律是一致的。

从动应变波形曲线(图2~图3)中可以看到：①试验车辆前后轮载所引起的动应变幅值差别比较明显，

分析数据表明各轮载动应变极值具有一定的离散性；②空载条件时前后轮下动应变极值相差不大，但随着载重的增加(从 120 kN 到 420 kN)，应变极值差距明显；③车辆轴重在竖向上引起的动应变波形曲线不相同，在路面结构层顶面(如 2#传感器处)两后轴引起的两个应变极值非常明显，而在较深处(如路基顶面的 10#传感器处)两后轴应变极值基本上合二为一。

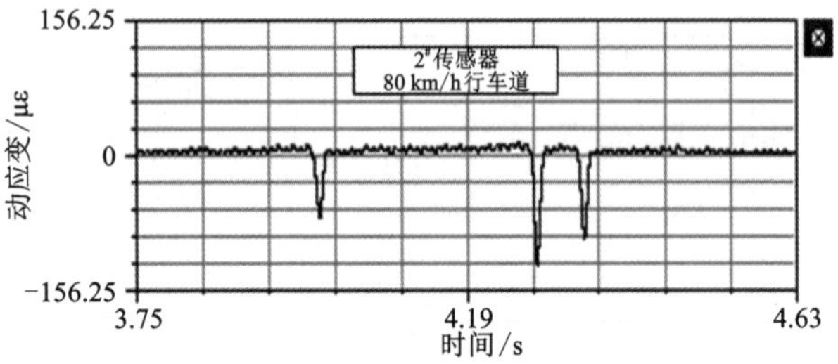

图 2　空载时引起的动应变波形

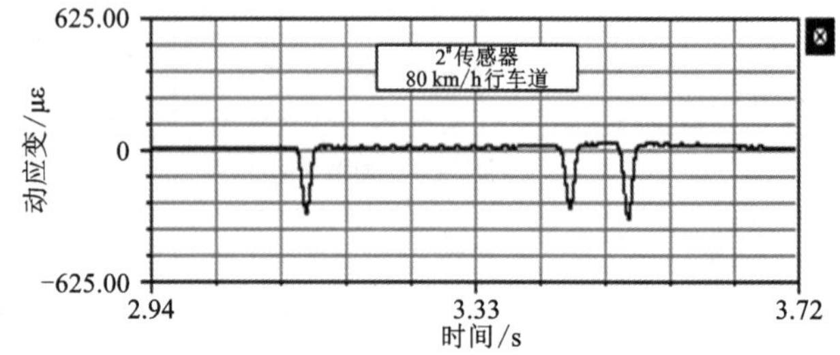

图 3　超载时引起的动应变波形

2.2　竖向动应力分布规律

图 4 为试验车辆在满载(300 kN)条件下以 80 km/h 通过行车道时竖向上各结构层动应力时程曲线，这里选取轮载正下方的 2#、6#、8#、10#号传感器进行说明。从图 4 及表 2 动应力统计值可以看出，路基路面各结构层动应力竖向变化规律是：①后轮下竖向位置动应力值最大，各结构层最大动应力与平均动应力变化趋势相同，当车辆以某一恒定速度和载重通过行车道时，由于基层填料阻尼作用吸收能量及动应力扩散作用，在竖向上动应力自上而下逐渐衰减，如从 2#到 10#，在 54 cm 距离内后轮下动应力极值从 77.8 kPa 减为 16.3 kPa，衰减幅度接近 80%；②前轮下动应力极值要远小于后轮下动应力极值，两后轴应力极值之间亦有差异但不明显；③随着深度的增加，三个应力峰逐渐靠近，说明随深度的增加响应存在滞后效应，且有一个明显的应力叠加，使得前后轮作用间隔内应力响应不为零。

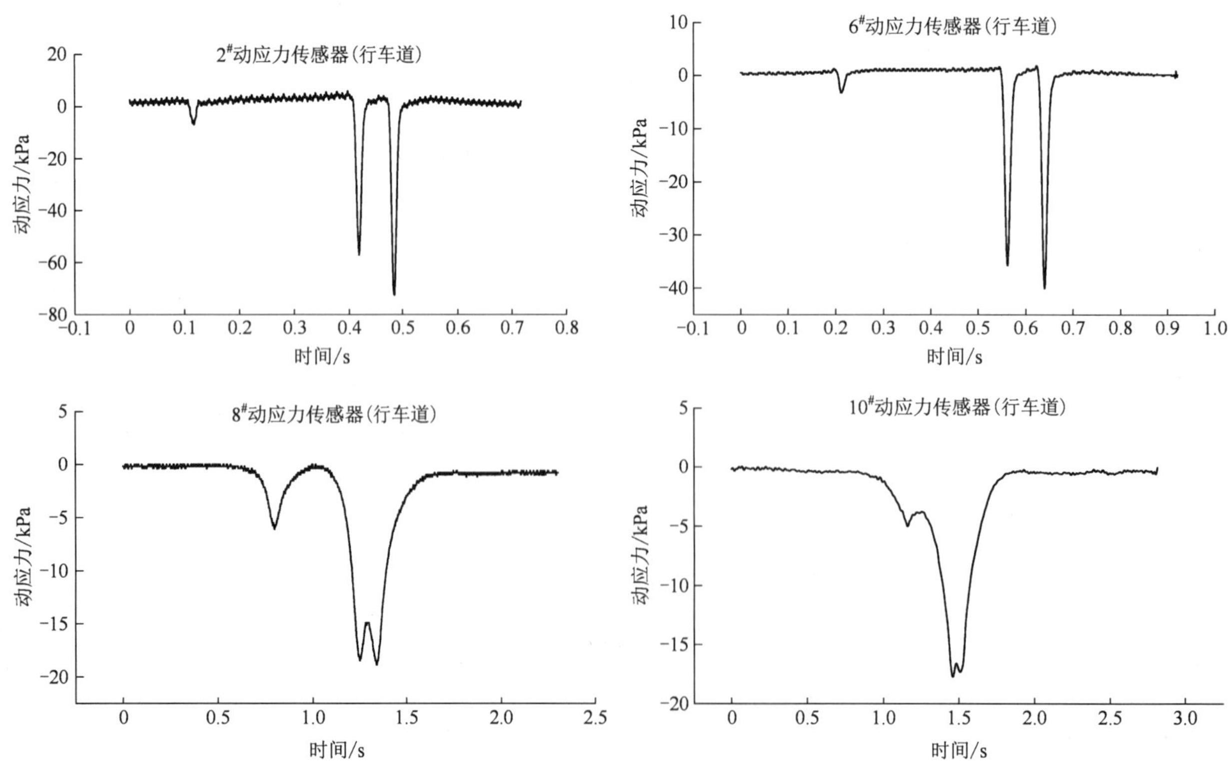

图 4　80 km/h 满载车辆各结构层动应力时程曲线

表 2 车辆经过行车道竖向动应力统计值(300 kN, 80 km/h)

传感器编号	前轮下动应力/kPa		后轮下动应力/kPa	
	垂向最大动应力	垂向平均动应力	垂向最大动应力	垂向平均动应力
2#	16.5	15.4	81.2	77.8
6#	14.9	13.2	51.3	49.9
8#	8.2	7.0	22.6	20.2
10#	5.7	4.9	18.8	16.3

2.3 车速对动应力分布的影响

图 5 所示为车辆在满载条件下(300 kN)以不同速度挡通过行车道时各测试传感器动应力变化曲线。由图 5 及表 3 应力统计值可知，速度对各结构层动应力的影响表现为：①在不同试验车速下，对于深度方向上的同一个测点，动应力随车速的增大而减小，如对于 2#传感器，满载条件下当车速分别为 60 km/h、80 km/h、100 km/h 时，后轮下动应力极值分别为 88.3 kPa、77.8 kPa、60.1 kPa，速度变化对动应力的影响比较显著，这个规律与应变测试结果一致，在文献[9]中，将此现象解释为单位长度路面上车辆对路面的冲量减小，认为与作用时间长短有关。②速度对动应力的影响随深度的增加而减小，如在加速条件下，处于更深位置的 8#、10#传感器应力变化幅度相对于浅处的 2#、6#要小；③速度越高，动应力减小幅度越大，如对于 2#传感器处，当车速由 60 km/h 提高到 80 km/h 时，平均动应力减小 10.5 kPa，车速提高到 100 km/h 时，平均动应力减小 28.2 kPa。

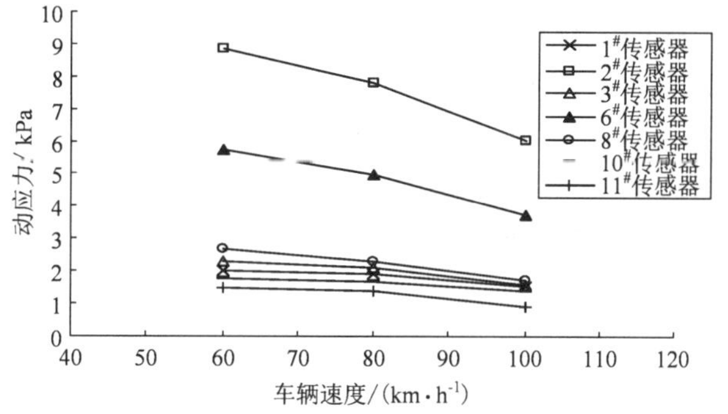

图 5 不同车速下平均动应力变化曲线

表 3 不同车速后轮下各传感器动应力统计值(300 kN, 行车道)

车速/(km·h⁻¹)	最大动应力/kPa							平均动应力/kPa						
	传感器编号							传感器编号						
	1#	2#	3#	6#	8#	10#	11#	1#	2#	3#	6#	8#	10#	11#
60	20.6	89.7	23.3	60.8	31.2	20.1	15.3	20.2	88.3	23.0	57.6	26.9	17.5	14.6
80	19.4	81.2	21.9	51.3	27.6	18.8	15.2	18.9	77.8	21.2	49.9	23.2	16.9	13.7
100	19.0	68.0	18.3	40.0	19.4	14.0	10.2	15.2	60.1	16.0	37.1	17.3	13.8	9.3

行车速度与荷载频率是密切相关的，图 6 为路基顶面 10#传感器动应力时程曲线经过 FFT 变换后得到的幅频曲线，荷载经过各结构层到达路基顶面时由于阻尼作用几乎没有高频成分，100 km/h 高频较 60 km/h 略高，但基本上都为低频成分，且集中在 0.05~1.0 Hz 范围内。

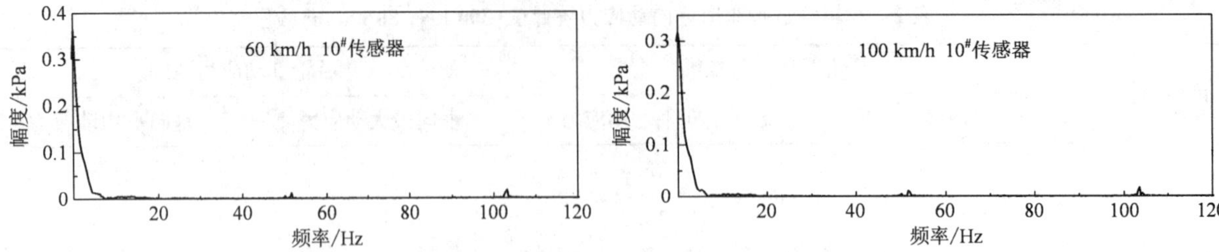

图 6　不同车速下动应力幅频曲线

2.4　载重对动应力分布的影响

图 7～图 9 所示为 2#传感器在不同载重条件下动应力变化的时程曲线，其他传感器变化趋势相同。由图 7～图 9 及表 4 应力极值统计可以看出：①载重增加，动应力相应增大，空载条件下前后轮下的应力极值比较接近，后轮下的应力极值略大，而随着载重的增加，后轮下动应力极值增长幅度要远大于前轮下动应力极值的增长幅度，这个规律与表 1 中的轴载分配关系是一致的；②随着深度的增加，载重条件变化对动应力的影响逐渐减弱，如载重从 120 kN 增加到 420 kN，2#传感器平均动应力增大 61.4 kPa，而更深处的 10#传感器仅增大 18.1 kPa；③位于行车道中央位置的 3#传感器平均动应力要比位于分道线下的 1#、5#传感器大，数值上约为 1.5 倍。

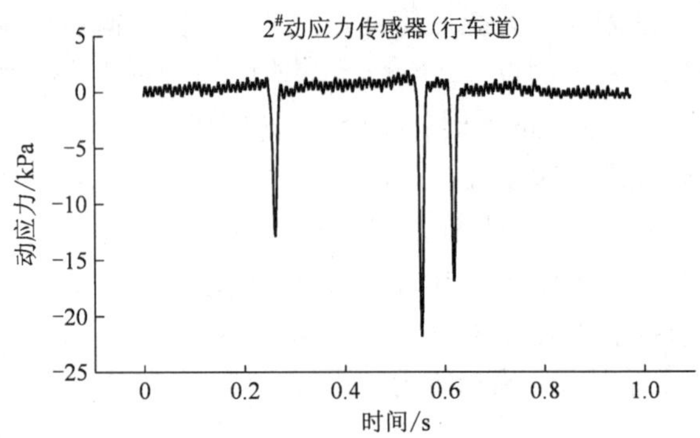

图 7　空载条件下动应力时程曲线(120 kN)

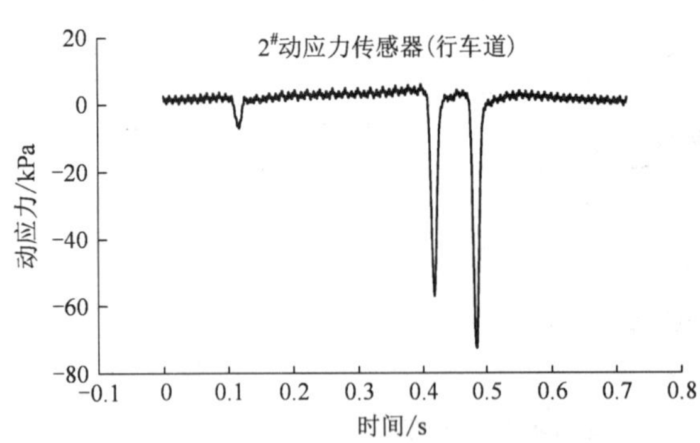

图 8　满载条件下动应力时程曲线(300 kN)

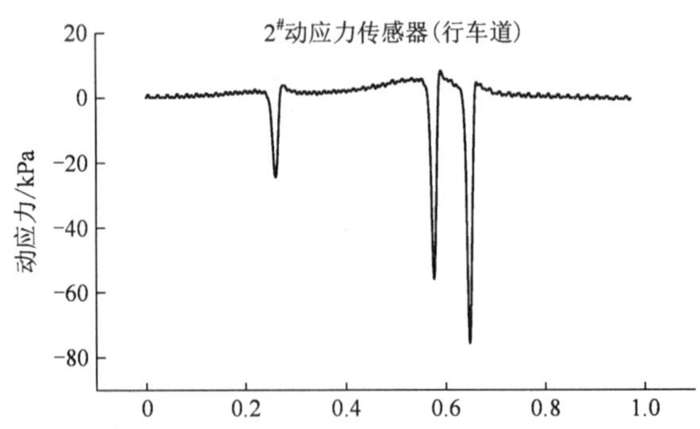

图 9　超载条件下动应力时程曲线(420 kN)

表 4　不同载重后轮下各传感器动应力统计值(80 km/h，行车道)

车重/kN	最大动应力/kPa							平均动应力/kPa						
	传感器编号							传感器编号						
	1#	2#	3#	6#	8#	10#	11#	1#	2#	3#	6#	8#	10#	11#
120	8.3	25.7	14.1	23.0	18.8	7.7	7.1	7.7	23.0	12.5	20.3	16.0	7.2	5.9
300	19.4	81.2	21.9	51.3	27.6	18.8	15.2	18.9	77.8	21.2	49.9	23.2	16.9	13.7
420	25.8	89.4	25.2	57.4	30.6	26.0	16.5	25.2	84.4	25.1	57.0	28.7	25.3	14.4

2.5 车辆作用于不同车道时动应力分布规律

为探究重型车辆通过对相邻车道的动态影响，本次测试在行车道和超车道上都进行了大量的重复试验。图 10 所示为当车辆处于超载状态(420 kN)并以 80 km/h 通过超车道时，行车道横断面上各传感器平均动应力变化规律。由图 10 及表 5 中 12 个传感器的动应力统计值可知：①车辆通过时，动应力极值横向上从传感器 1#~5#、竖向上从传感器 4#~12#迅速衰减并趋向零值，比如后轮通过时，1#与 5#之间的动应力相差 13.3 kPa，但 5#传感器仍有动应变显示(测试数据分析表明，对于空载、满载车辆同样有应变显示)，表明在本次试验条件下车辆通过时引起的动态响应范围平面半径要比最外侧传感器到轮载作用点的距离还要大(即>4.625 m)；②与轮载作用点水平位置相同的传感器，在竖向上动应力也呈减小趋势，但减小幅度不大，仅为 0.3~0.9 kPa。

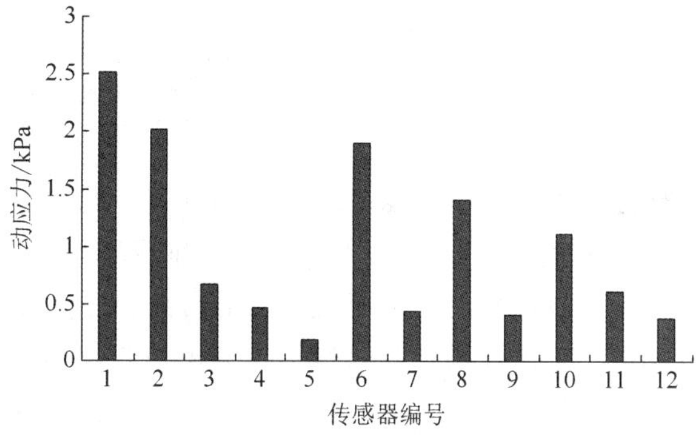

图 10 车辆通过超车道时动应力变化棒图

表 5 车辆通过超车道时后轮下各传感器动应力统计值(车速 80 km/h，超载)

动应力	传感器编号											
	1#	2#	3#	4#	5#	6#	7#	8#	9#	10#	11#	12#
最大动应力/kPa	25.8	16.6	8.3	5.1	2.2	19.4	4.9	14.9	4.8	11.8	7.6	4.1
平均动应力/kPa	25.2	14.6	6.7	4.7	1.9	19.0	4.4	14.0	4.1	11.1	6.2	3.8

3 结语

(1)现场测试是深入研究高速公路路基路面动态响应有效而直观的手段。通过埋设动态土压力传感器对重型车辆以不同载重、不同速度、通过不同车道时路基路面内横向和竖向上的动态响应进行了典型断面测试，着重了解车速、载重及车道因素与动态响应的关系，分析并总结路基路面各结构层动应力响应变化规律并给予了相应的解释。

(2)本次测试数据的分析结果验证了一些理论研究成果，可与室内结构模型实验结果进行对比，对工程设计或相关研究有一定的指导和参考意义。

(3)车-路动力相互作用是一个统一的系统，其耦合关系非常复杂。以现场测试资料为基础，可以建立更合理的系统路基路面结构动力模型，进行多层次多角度研究。

参考文献

[1] 陈静. 车辆与路面相互作用的基础研究[D]. 长春：吉林大学，2002.

[2] 邓学钧，孙璐. 车辆—地面结构系统动力学[M]. 北京：人民交通出版社，2000.

[3] 黄仰贤. 路面分析与设计[M]. 北京：人民交通出版社，1998.

[4] 余叔藩. 美国最新性能试验路和试验设施[J]. 国外公路，1997，17(6)：48-51.

[5] TENG T P. Performance of Coarse-Graded Mixes at West track-Premature Rutting：FHWA-RD-99-134[R]. Office of Infrastructure Research and Development，1998.

[6] METCALF J B. Application of Full-Scale Accelerated Pavement Testing[R]. NATIONAL ACADEMY PRESS，1996.

[7] 孙立军，等. 沥青路面结构行为理论[M]. 上海：同济大学出版社，2003.

[8] 黄雨，STEPHEN F B，CLENN R M. 循环荷载下柔性路面路基变形的动力耦合分析(英文)[J]. 岩土工程学报，2001，23(6)：757-762.

[9] 孙璐，邓学钧. 速度与车辆动态特性对于车路相互作用的影响[J]. 土木工程学报，1997，30(6)：34-40.

加筋软岩粗粒土路堤填料大型三轴试验研究

徐望国[1,2]，张家生[1]，贺建清[2]

1. 中南大学土木建筑学院，湖南长沙，410075

2. 湖南科技大学土木工程学院，湖南湘潭，411201

摘要： 为研究加筋粗粒土填料的强度变形特性及加筋效果，进行加筋强风化软岩粗粒土固结不排水和固结排水大型三轴试验。试验表明：加筋填料的应力-应变关系表现为应变硬化型；轴向应变较小(ε_a<1%)时，加筋填料效果不明显，随着轴向应变的逐渐增大加筋效果逐渐发挥。加筋填料的孔隙水压力均高于素填料，随着加筋层数的增加均有不同程度的提高。加筋效果系数均>1.0，一层加筋填料加筋效果系数为1.09~1.21，二层加筋填料加筋效果系数为1.30~1.71，三层加筋填料加筋效果系数为1.31~1.72。加筋前后填料的内摩擦角φ基本不变，填料的黏聚力增大。加筋填料的本构关系可以用Duncan-Chang模型来描述，依据试验结果求得模型参数。

关键词： 土力学；路基填料；软岩粗粒土；加筋土；大型三轴试验

1 引言

随着我国高速公路建设不断向山区延伸，地形地质条件愈加复杂，路基高填深挖工程和隧道工程不可避免。由于山区缺乏优良的土质填料，同时为了充分利用路堑和隧道开挖产生的弃渣，减少弃渣对沿线生态环境的破坏和避免诱发地质灾害，填方路堤将成为山区高等级公路较普遍的路基形式[1]。在路堤填料中加铺土工合成材料，不仅可以增加边坡的稳定性和路堤整体性，同时还可以改变坡度，适当提高边坡坡度，减少土方和占地、降低工程造价，是一项很有发展前途的工程措施[2-4]。

国内外对加筋砂性土的研究相对较多，得出了不少有益结论。而对于加筋软岩粗粒土，因其崩解泥化，透水性相对较差，孔隙水不能迅速排出，固结需要较长的时间，尤其在施工期短，或在快速施工条件下，固结排水并不充分，由于孔隙水压力的影响，筋材与土体的作用相对复杂[5-7]。因此，进行不排水条件下的加筋土三轴试验，考虑排水条件和土体饱和度等因素对加筋黏性土体的强度和变形特性以及加筋效果的影响很有必要。

本文模拟山区公路路堤加筋工况，分别进行了加不同间距土工格栅与不加土工格栅的软岩粗粒土的固结不排水大型三轴试验，以对比研究加筋前后软岩粗粒土的应力-应变关系、强度特性、破坏形态及加筋效果；同时通过固结排水大型三轴试验，对加筋软岩粗粒土的变形特性和模型参数进行了研究。

2 试验方案

2.1 试验土样

试验土样取自张桑公路K34+970~K35+070段高填路堤中使用的填料，为灰黄色强风化泥质页岩碎石料，几何形状极不规则，呈棱角状，其典型的颗粒级配曲线如图1所示。

加筋材料为山东肥城联谊工程塑料有限公司生产的型号为GSZ80-80的钢塑双向土工格栅，其拉伸力学指标见表1。

为保证试样在试验过程中呈饱和状态，先将试样放在桶中泡水，让其充分崩解，然后沥干，测定其含水率，按95%的压实度控制干密度，计算并称取试验所需要的土样，分3层装料振实成形，在试样制备过程中每层格栅按“井”字形摆放。

徐望国，张家生，贺建清. 加筋软岩粗粒土路堤填料大型三轴试验研究[J]. 岩石力学与工程学报，2010，29(3)：535-541.

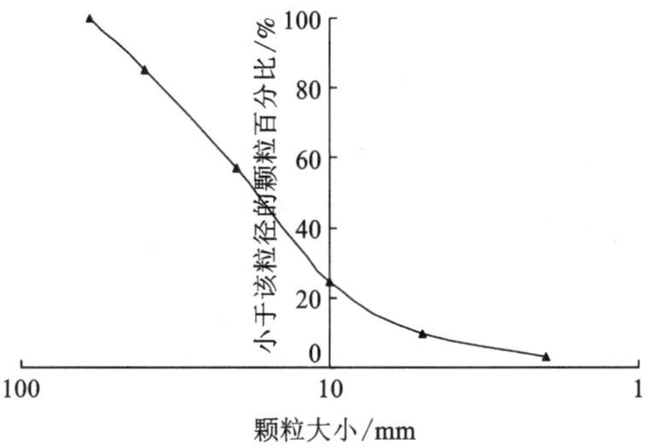

图 1 填料的颗粒级配曲线

表 1 加筋材料拉伸力学指标

极限抗拉强度 /(kN·m^{-1})		断裂伸长率 /%		2%伸长拉伸力 /(kN·m^{-1})	
纵向	横向	纵向	横向	纵向	横向
81.2	2.5	82	2.8	68.3	68.9

2.2 试验方案

试验仪器采用 SZ30-4 型大型高压三轴剪切仪，试样高 $H=600$ mm，直径 $D=300$ mm。试验按加筋情况共分 4 组：素填料、单层加筋、二层加筋、三层加筋，等间距布筋，试样布筋情况如图 2 所示，具体试验内容见表 2。

试样安装完成后先进行抽气饱和，当排水管中无气泡后进行水头饱和，饱和时间在 20 h 以上，待饱和度达到 99%后，施加围压进行固结排水，同时量测固结排水量，精度控制为 0.1 mL，直至排水量趋于稳定。

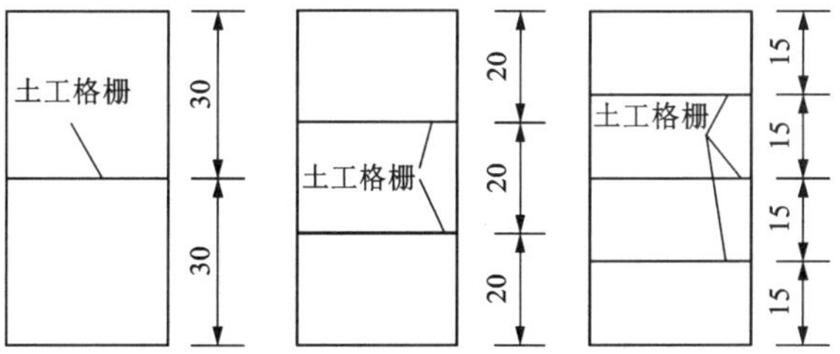

图 2 大型三轴试验的试件(单位：cm)

表 2 加筋填料大三轴试验内容

试验方法	土类名称	干密度 ρ_d/(g·cm^{-3})	固结围压 σ_3/kPa
固结不排水剪切试验	素填料	1.84	50, 100, 150, 200
	单层加筋土	1.84	50, 100, 150, 200
	双层加筋土	1.84	50, 100, 150, 200
	三层加筋土	1.84	50, 100, 150, 200
固结排水剪切试验	素填料	1.84	50, 100, 150, 200
	单层加筋土	1.84	50, 100, 150, 200
	双层加筋土	1.84	50, 100, 150, 200
	三层加筋土	1.84	50, 100, 150, 200

3 试验结果分析

3.1 应力-应变关系

按试验设计方案，此次大型三轴试验历时 30 d，取得了一系列试验数据。其中，不同围压下强风化软岩填料素与加筋填料主应力差与轴向应变的关系曲线如图 3 所示。

试验表明当轴向应变较小($\varepsilon_a<1\%$)时，加筋填料与素填料的应力与应变关系曲线很接近；随着轴向应变逐渐增大，加筋填料与素填料的应力与应变关系曲线距离逐渐加大，说明加筋作用只有当轴向应变较大时才比较明显。且不论加筋与否，主应力差随轴向应变增大而增大，没有明显的峰值，应力-应变关系表现为应变硬化型。

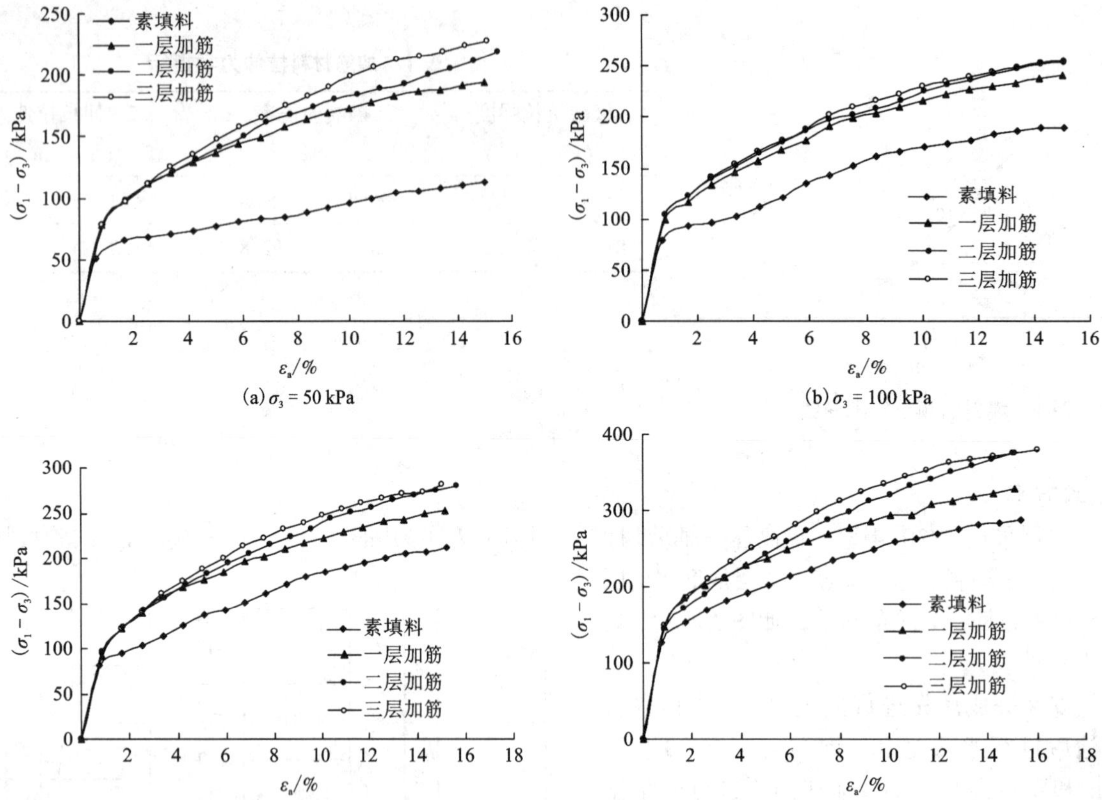

(a) σ_3 = 50 kPa　(b) σ_3 = 100 kPa　(c) σ_3 = 150 kPa　(d) σ_3 = 200 kPa

图 3　主应力差与轴向应变的关系(CU 试验)

3.2　孔隙水压力变化

在固结不排水条件下，加筋是否对孔隙水压力有所影响，也是本试验研究的主要内容。试验结果表明了不同围压下强风化软岩填料试件加筋前后在剪切过程中孔隙水压力与轴向应变的关系(图 4)。

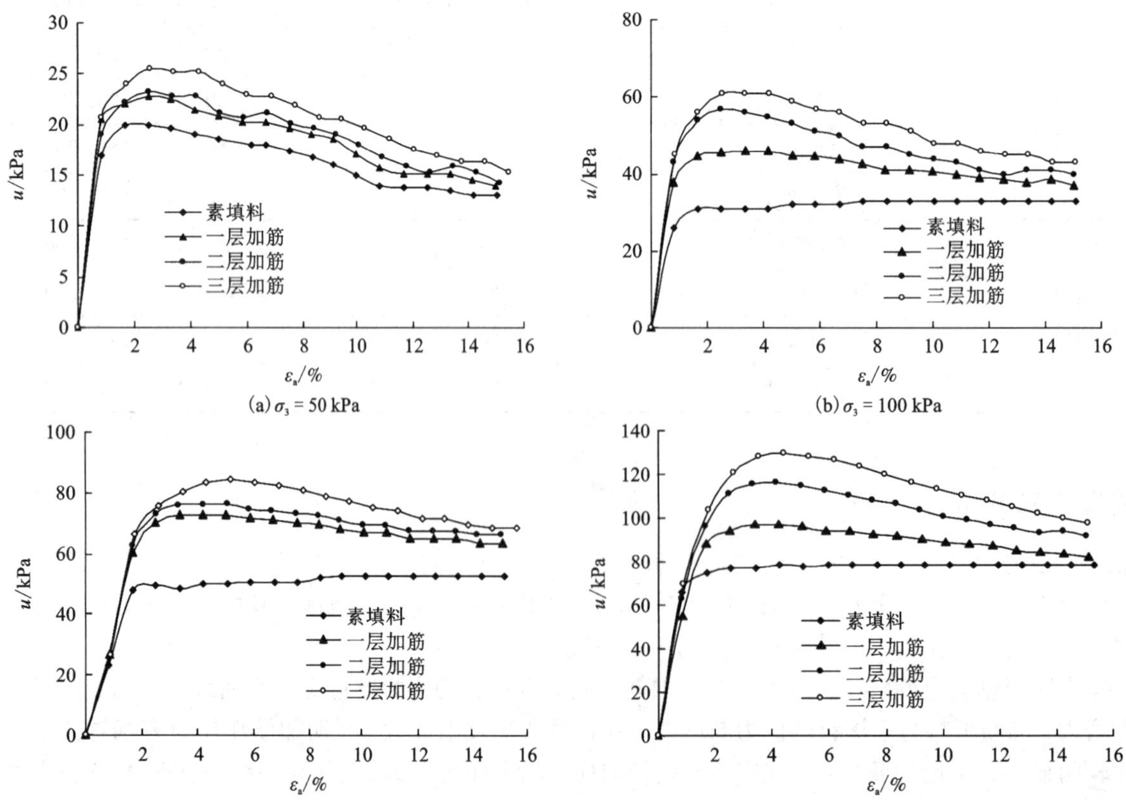

(a) σ_3 = 50 kPa　(b) σ_3 = 100 kPa　(c) σ_3 = 150 kPa　(d) σ_3 = 200 kPa

图 4　孔隙水压力与轴向应变的关系

由图 4 可以看出，在固结不排水试验过程中存在较大的超静孔隙水压力，并随着围压的增大逐渐增大。在轴向应变相同的条件下，加筋填料的孔隙水压力均高于素填料，随着加筋层数的增加均有不同程度的提高。填料加筋时，加荷初期，孔隙水压力随着轴向应变线性增加，直至出现峰值，然后缓慢降低，最后逐渐趋于水平，表现出较大的剪胀性。不加筋时，孔隙水压力与轴向应变的关系曲线在低围压下(50 kPa)有明显的峰值，但随着围压的提高，孔隙水压力与轴向应变的关系曲线表现为加荷初期随轴向应变线性增加，然后逐渐趋于水平。

3.3 填料加筋效果

为了更好地评价固结不排水条件下强风化软岩填料的加筋效果，引入评价土工合成材料加筋效果的强度加筋效果系数 R_σ：

$$R_\sigma = \frac{(\sigma_1 - \sigma_3)_f^R}{(\sigma_1 - \sigma_3)_f} \tag{1}$$

式中：$(\sigma_1-\sigma_3)_f^R$ 为加筋填料的破坏主应力差；$(\sigma_1-\sigma_3)_f$ 为不加筋填料的破坏主应力差。由于不论加筋与否，填料的应力-应变关系均为硬化型，主应力差没有出现峰值，取 $\varepsilon_a=15\%$时的主应力差为其破坏主应力差[8]。图 5 为试验得到的强度加筋效果系数与围压的关系。

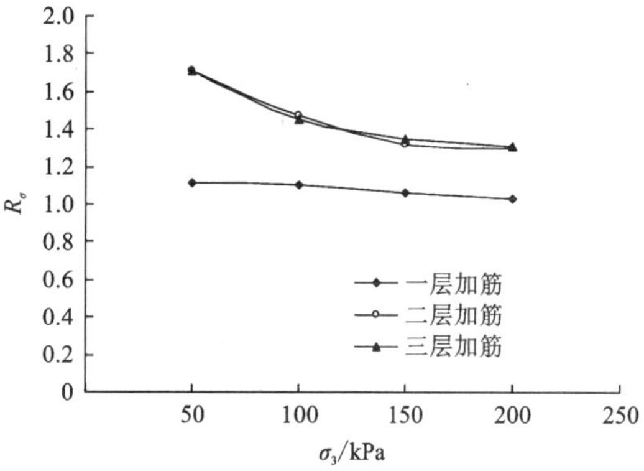

图 5　强度加筋效果系数与围压的关系

从图 5 中可以看出，在不同围压下，加筋填料的强度加筋效果系数均>1.0，达到最大主应力差时，加筋填料的强度明显高于素填料。一层加筋填料较素填料破坏强度提高了 1.09~1.21，二层加筋填料较素填料破坏强度提高了 1.30~1.71，三层加筋填料较素填料破坏强度提高了 1.31~1.72，说明在固结不排水条件下，土工合成材料可以提高强风化软岩填料的抗剪强度。本次试验结果表明，二层、三层加筋效果好于一层加筋，三层加筋效果与二层加筋很接近，主要原因是三层加筋填料的第一、三加筋层距试样上下端部较近，受端部边界效应影响，试样端部侧向变形较小，筋带作用小。随着围压逐渐增大，土工合成材料的强度加筋效果系数 R_σ 逐渐减小，这是由于围压较低时，其剪胀势较大，而加筋能明显限制土样的侧向膨胀，从而达到提高复合体强度的目的，在高围压下，试样的剪胀势较弱，限制了填料的侧向外移，因而加筋效果有所降低。图 6 为破坏的大型三轴试验试件。

3.4 抗剪强度指标分析

目前对土工合成材料的加筋机制有 2 种理论的解释，即等效围压原理和准黏聚力原理。其中等效围压原理[9-11]中：

$$(\sigma_1)_f^R = (\sigma_3 + \Delta\sigma_3)K_p + 2c\sqrt{K_p} \tag{2}$$

$$\Delta\sigma_3 = \frac{T_f}{\Delta H} \tag{3}$$

准黏聚力原理[12]中：

$$(\sigma_1)_f^R = \sigma_3 K_p + 2(c + c_R)\sqrt{K_p} \tag{4}$$

$$c_R = \frac{T_f\sqrt{K_p}}{2\Delta H} \tag{5}$$

$$K_p = \tan^2\left(45° + \frac{\varphi}{2}\right) \tag{6}$$

图 6　破坏的大型三轴试验试件

式中：$\Delta\sigma_3$ 为等效围压；$(\sigma_1)_f^R$ 为加筋土破坏时的大主应力；σ_3 为围压；K_p 为被动土压力系数；c 和 φ 分别为素填土的黏聚力和内摩擦角；T_f 为加筋土破坏时单位宽度上的等效拉力；ΔH 为筋的间距。

图 7 为各种填料的抗剪强度包线，其强度指标见表 3。

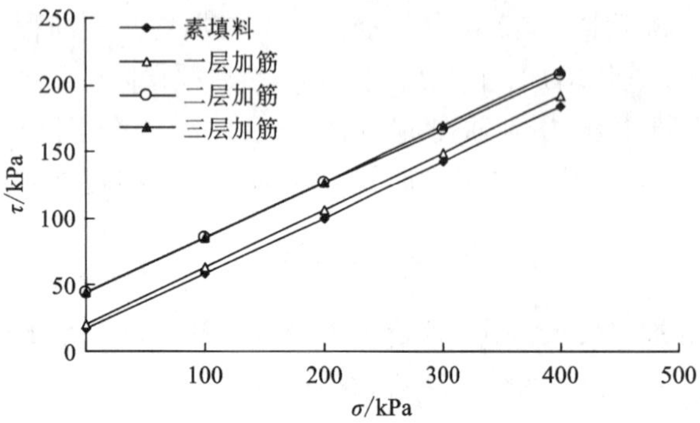

图 7 各种填料的抗剪强度包线

表 3 各种填料的抗剪强度指标

填料种类	总应力法		有效应力法	
	c/kPa	φ/(°)	c′/kPa	φ′/(°)
素填料	16.94	22.58	10.46	30.60
加一层筋填料	20.10	23.26	11.76	33.26
加二层筋填料	44.93	22.13	27.84	33.84
加三层筋填料	43.66	22.66	26.89	34.67

从图 7 和表 3 中可以看出，不论填料加筋与否，其摩尔-库仑强度包线近乎平行，即加筋前后填料的内摩擦角 φ 值基本相同。由于加筋作用，填料黏聚力 c 值有不同程度的提高，加筋填料强度的提高主要体现在增大了填料的黏聚力。显然，准黏聚力原理仍适用于加筋强风化软岩填料。

4 Duncan-Chang 模型参数

Duncan-Chang 模型属于非线性弹性模型，是基于虎克定律并根据三轴压缩试验成果提出的，包括 $E-\nu$ 模型和 $E-B$ 模型[13, 14]。$E-\nu$ 模型和 $E-B$ 模型均假定偏应力$(\sigma_1-\sigma_3)$与轴向应变 ε_a 呈双曲线关系，切线弹性模量的计算公式和模型参数都是相同的。这 2 个模型的差别在于对体变的描述不同：$E-\nu$ 模型假设轴向应变 ε_a 与侧向应变 ε_3 满足双曲线关系，而 $E-B$ 模型则假设体应变 ε_v 与轴向应变 ε_a 满足双曲线关系，由于 2 个模型对体变特性的不同假设，可推得不同的切线泊松比 ν_t 的计算公式。

大量的三轴试验结果[15, 16]表明，加筋填料的主应力差随轴向应变的增加，开始增加较快，而后增长速率逐渐变缓，呈现双曲线的形态，应力-应变曲线主要为硬化型。只有在高密度、低围压的条件下，粗颗粒较多才出现应变软化状态，此时剪切过程中出现剪胀现象；对于低密度、高围压的情况，粗颗粒越少，越容易出现应变硬化现象。由于强风化软岩填料粗颗粒较软，容易破碎，且一般含有一定细颗粒，所以即使有剪胀现象，主应力差的峰值强度与峰值后的残余强度相差也较小(图 8)。这表明加筋填料的强度和切线模量仍可根据 Duncan-Chang 模型来合理地确定。

图 9 给出了三轴试验测得的二层加筋填料的 ε_a 和$-\varepsilon_3$ 关系曲线，而图 10 给出了$-\varepsilon_3/\varepsilon_a$ 与$-\varepsilon_3$ 的关系，并采用直线进行拟合。从图 10 中可以看出，$-\varepsilon_3/\varepsilon_a$ 与$-\varepsilon_3$ 存在显著的线性相关性。也就是说，ε_a 与$-\varepsilon_3$ 表现出明显的双曲线性，这意味着 ε_a 与$-\varepsilon_3$ 关系的双曲线假设适用于加筋与不加筋强风化软岩填料，$E-\nu$ 模型能较准确地描述其体变特性。

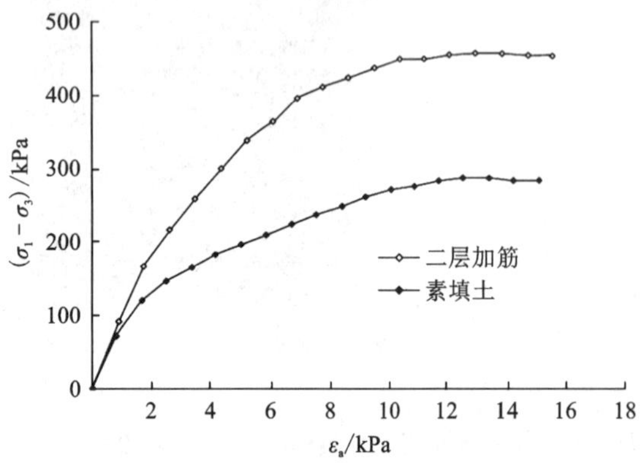

图 8 主应力差与轴向应变关系(CD 试验，$\sigma_3=100$ kPa)

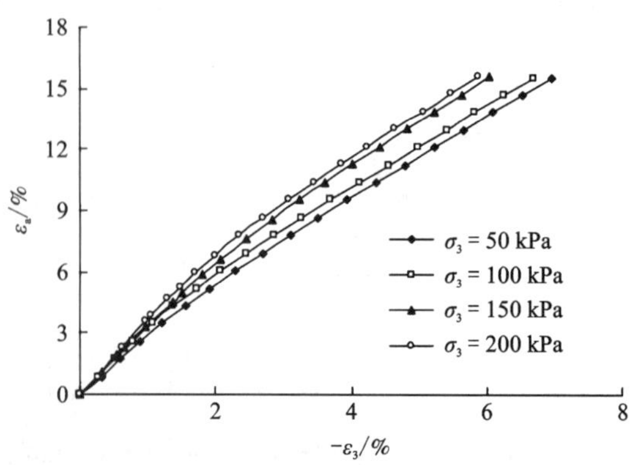

图 9 ε_a 与$-\varepsilon_3$ 的关系曲线

由 Duncan-Chang 模型，切线模量 E_t 和切线泊松比 ν_t 的计算公式[17, 18]为：

$$E_t = E_i\left[1 - \frac{R_f(\sigma_1 - \sigma_3)(1 - \sin\varphi)}{2c\cos\varphi + 2\sigma_3\sin\varphi}\right]^2 \tag{7}$$

$$E_i = Kp_a\left(\frac{\sigma_3}{p_a}\right)^n \tag{8}$$

$$\upsilon_t = \frac{\upsilon_i}{\left\{1 - \dfrac{D(\sigma_1 - \sigma_3)}{Kp_a\left(\dfrac{\sigma_3}{p_a}\right)^n\left[1 - \dfrac{R_f(\sigma_1 - \sigma_3)(1 - \sin\varphi)}{2c\cos\varphi + 2\sigma_3\sin\varphi}\right]}\right\}} \tag{9}$$

$$\upsilon_i = G - F\lg(\sigma_3/p_a) \tag{10}$$

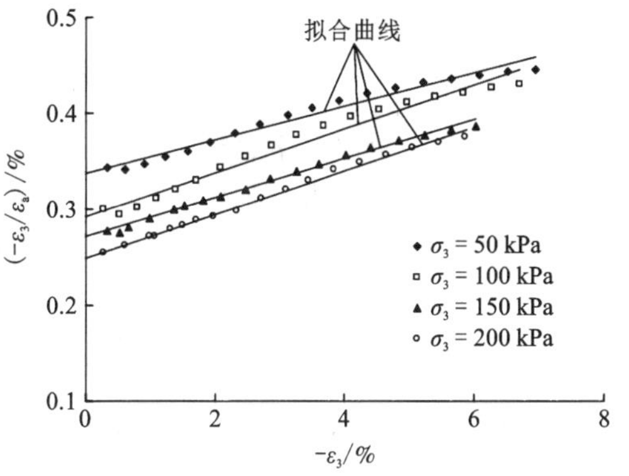

图 10 $-\varepsilon_3/\varepsilon_a$ 与 $-\varepsilon_3$ 的关系曲线

式中：E_i 为起始变形模量；p_a 为大气压(101.4 kPa)；K，n 均为模量参数，K 是确定 E_i 的主要参数，n 反映 E_i 随 σ_3 的变化程度；R_f 为破坏比，反映软岩填料抗剪强度与极限强度之比；c 和 φ 反映填料强度大小；D，G，F 均为泊松比参数，D 反映泊松比随 σ_3 增大的比率，G 是确定 ν_i 的主要参数，F 反映 ν_i 随 σ_3 的变化比率。上述参数均可由试验结果整理得到。

依据本试验结果求得了 Duncan-Chang 模型参数，表 4 列出了强风化软岩填料及不同加筋层的 Duncan-Chang 模型参数。

表 4 Duncan-Chang 模型参数

参数	c/kPa	φ/(°)	R_f	K	n	D	G	F
素填料	9.01	33.3	0.65	55	0.502	0.012	0.325	0.125
加一层筋	35.50	33.7	0.61	85	0.203	0.021	0.277	0.050
加二层筋	39.60	34.5	0.53	97	0.275	0.022	0.203	0.080
加三层筋	41.20	33.5	0.51	105	0.211	0.032	0.201	0.060

5 结论

(1)试验应力-应变关系表现为应变硬化型，试验表明当轴向应变较小(ε_a<1%)时，加筋填料与素填料的应力-应变关系曲线很接近，随着轴向应变的逐渐增大，加筋填料与素填料的应力-应变关系曲线距离逐渐加大，说明加筋作用只有当轴向应变较大时才比较明显。

(2)在轴向应变相同的条件下，加筋填料的孔隙水压力均高于素填料，随着加筋层数的增加均有不同程度的提高。

(3)加筋效果明显，在不同围压下，加筋填料的强度加筋效果系数均>1.0，达到最大主应力差时，加筋填料的强度明显高于素填料。一层加筋填料加筋效果系数 1.09~1.21，二层加筋填料加筋效果系数 1.30~1.71，三层加筋填料加筋效果系数 1.31~1.72。

(4)准黏聚力原理仍适用于加筋强风化软岩填料，试验结果表明加筋前后填料的内摩擦角 φ 值基本相同，加筋填料强度的提高主要体现在增大了填料的黏聚力。

(5)加筋填料的本构关系可以用 Duncan-Chang 模型来描述，依据试验结果求得了 Duncan-Chang 模型参数。

参考文献

[1] 杨成忠. 陡坡上高填石路堤稳定性和沉降观测理论及应用研究[D]. 南京：南京林业大学，2008.

[2] 宝华富，周亦唐，赵川，等. 聚合物土工格栅加筋碎石土试验研究[J]. 岩土工程学报，1999，21(2)：217-221.

[3] KOERNER R M. Emerging and future development of geosynthetic applications [J]. Journal of Geotechnical and Geoenvironmental Engineering，2006，126(4)：293-306.

[4] 魏红卫. 加筋高陡路堤稳定性及其涵管受力特性研究[D]. 长沙：湖南大学，2005.

[5] 赵明华，刘晓明，苏永华. 含崩解软岩红层材料路用工程特性试验研究[J]. 岩土工程学报，2005，27(6)：667-671.

[6] 刘新喜，夏元友，刘祖德，等. 复杂应力下强风化软岩湿化变形试验研究[J]. 岩石力学与工程学报，2006，25(5)：925-930.

[7] 刘新喜，夏元友，刘祖德，等. 强风化软岩路基填筑适宜性研究[J]. 岩土力学，2006，27(6)：903-907.

[8] 交通部公路科学研究室. 公路土工试验规程：JTG E40—2007[S]. 北京：人民交通出版社，2007.

[9] JEWELL R A. Reinforcement bond capacity[J]. 1990，40(3)：513-518.

[10] ABRAMENTO M. Analysis of pullout tests for planar reinforcements in soil[J]. Journal of Geotechnical Engineering，1995，12(6)：476-785.

[11] SRIDHARAN A，SINGH H R. Effect of soil parameters on the friction coefficient in reinforced earth[J]. Indian Geotechnical Journal，1988，18(1)：323-329.

[12] 保华富，龚涛. 土工格栅加筋碎石土的强度和变形特性[J]. 水利学报，2001(6)：76-79，85.

[13] 赵川，周亦唐. 土工格栅加筋碎石土大型三轴试验研究[J]. 岩土力学，2001，22(4)：419-422.

[14] 李晓俊，白晓红，黄仙枝. 土工带加筋碎石土本构关系的三轴研究[J]. 岩土力学，2004，25(增2)：57-60.

[15] ANDRAWES K Z，MCGOWN A. Tension resistant inclusions in soils[J]. Journal of Geotechnical Engineering，1980，106(GT12)：1313-1326.

[16] 刘松玉，童立元，邱钰，等. 煤矸石颗粒破碎及其对工程力学特性影响研究[J]. 岩土工程学报，2005，27(5)：505-510.

[17] 李广信. 高等土力学[M]. 北京：清华大学出版社，2004.

[18] 黄仙枝，白晓红. 土工带加筋碎石土大型三轴试验研究[J]. 建筑结构学报，2005，26(2)：124-128.

某尾矿料的物理力学性质试验研究

王崇淦，张家生

中南大学土木建筑学院，湖南长沙，410075

摘要：尾矿的物理力学性质如干密度、强度等与其堆存深度关系的密切程度和一般的土有较大的区别。对广东省大宝山槽对坑尾矿库尾矿料进行的物理力学性质试验研究中，得出了 e-p 曲线拟合幂函数方程以及尾粉砂内摩擦角和孔隙比的关系。研究表明，各种尾矿都具有一定的凝聚力。控制尾矿排放工艺，改善坝体的排水条件是增强坝体稳定性的必要条件。

关键词：尾矿料；堆存深度；渗透；强度；孔隙比

由于各种原因，我国尾矿库的正常运行比例偏低，病害不断，重大事故时有发生，有的甚至引发了巨大的灾害[1]。在现行规范《尾矿库安全监督管理规定》中规定"上游式尾矿坝堆积至1/2~2/3 最终设计坝高时，应当对坝体进行一次全面的勘察，并进行稳定性专项评价。"另外，我国很多尾矿库是 20 世纪 50 年代—80 年代建造起来的，现在国家的技术法规和设计技术水平相较之前都有了很大的完善和提高，应用现行技术法规和科学技术对这些尾矿坝进行验算是技术发展的需要。

大宝山槽对坑尾矿库采用堆石黏土心墙坝。设计坝高 53.8 m，总库容 1234.1 万 m^3。现在尾矿库内尾矿已堆积至高程 563~565 m，右高左低。为了了解尾矿沉积规律及物理力学性质，验算尾矿坝的稳定性对尾矿料的粒度、密度、含水量及其一系列物理力学性质等进行了全面的试验研究。

1 尾矿的颗粒特征

尾矿的粒度组成能综合反映尾矿的特性和本质，颗粒大小和各种粒度组成所占比例与其物理力学性质关系密切[2-3]。尾矿从放矿口排入尾矿库后，在沉积过程中其颗粒将重新分布。尾矿沉积受尾矿粒度、矿浆浓度、排放工艺、库内水位和大气降水等因素影响。尾矿宏观上具有上粗下细，坝前粗库尾细的特点。

尾矿颗粒测试结果见表 1，砂类土和黏性土的颗粒分布综合曲线分别见图 1 和图 2。

表 1 颗粒分析结果

土类名称	砂粒质量分数/%	粉粒质量分数/%	黏粒质量分数/%	中值粒径/mm	有效粒径/mm	等效粒径/mm	界限粒径/mm	不均匀系数	曲率系数
	2~0.05 mm	0.05~0.005 mm	<0.005 mm	d_{50}	d_{10}	d_{30}	d_{60}	C_u	C_c
中砂(4)	95.3	2.9	1.8	0.2998	0.0893	0.1788	0.3700	4.1	1.0
细砂(16)	91.8	5.9	2.3	0.1798	0.0554	0.1170	0.2247	6.4	1.9
粉砂(33)	76.7	15.3	8.0	0.1239	0.0167	0.0691	0.1788	45.3	3.5
粉土(15)	37.4	48.4	14.2	0.0379	0.0042	0.1177	0.0494	17.4	2.1
粉黏(15)	7.2	53.4	39.4	0.0087	0.0010	0.0033	0.0127	13.2	0.9
黏土(7)	10.3	45.5	44.2	0.0080	0.0008	0.0022	0.0149	18.2	0.6

从表 1 中可以看出：

王崇淦，张家生. 某尾矿料的物理力学性质试验研究[J]. 矿冶工程，2005，25(2)：19-22.

1)槽对坑尾矿库中的尾矿主要由细砂、粉砂、粉土和粉黏4类尾矿所组成。

2)槽对坑尾矿库中的尾矿与其他尾矿库相比，颗粒偏小一些。

3)尾粉砂的C_u为45.3，C_c为3.5，颗粒级配良好，抗振动液化性能较好。这与一般规律“尾矿砂的颗粒级配不均匀，系数一般在2~4，只在个别情况下才大于5，属级配不良的均匀砂土”[4]有所区别，主要与该尾矿库放矿无规律、地点不固定等因素有关。

4)尾矿颗粒分布大致为上粗下细。

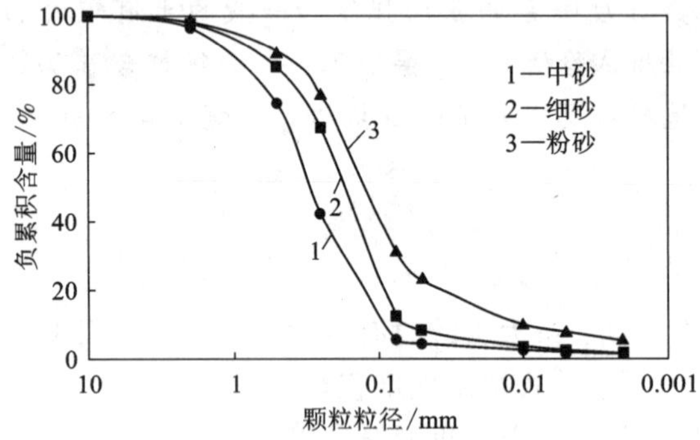

图1　砂类土颗粒分布综合曲线

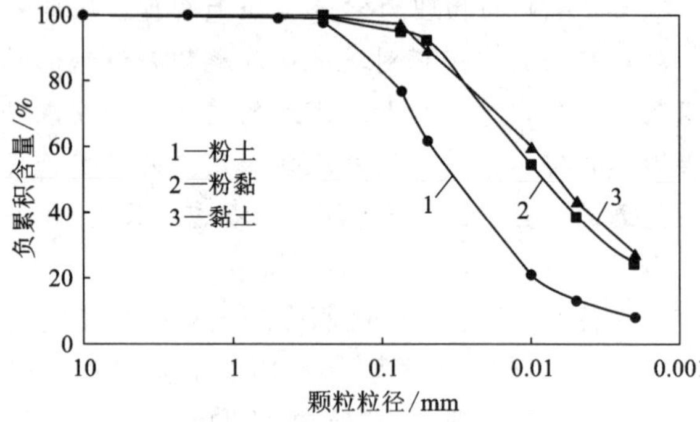

图2　黏性土颗粒分布综合曲线

从图1和图2可以看出：

1)中砂、细砂、粉砂3条颗粒分布综合曲线极为相似，粒径为0.05~0.5 mm的颗粒含量达到了70%左右。

2)粉黏和黏土的颗粒分布综合曲线接近重合说明这两种土的颗粒分布基本相同，粒径为0.002~0.075 mm的颗粒含量达到了70%左右，但0~0.002 mm粒径颗粒含量达到了24%~29%。

2　尾矿的基本物理性质

尾矿土的基本物理性质指标实验结果统计见表2。

表2　土的物理性质

土类名称	含水率w /%	天然密度ρ /(g·cm^{-3})	干密度ρ_d /(g·cm^{-3})	孔隙比 e	饱和度 S_r/%	孔隙率 n/%	相对密度 G_S	液限 ω_L/%	塑限 ω_P/%	塑性指数 I_P	液性指数 I_L
中砂(4)	24.4	2.10	1.69	1.217	75.6	54.9	3.75				
细砂(16)	26.0	2.05	1.63	1.165	80.0	53.4	3.51				
粉砂(33)	27.2	2.09	1.65	1.145	85.3	53.0	3.52				
粉土(15)	30.4	2.16	1.66	1.050	98.3	50.7	3.39	28.0	19.8	8.0	1.1
粉黏(15)	36.0	2.04	1.50	1.206	98.6	54.3	3.30	37.3	23.1	14.2	0.8
黏土(7)	46.6	1.88	1.29	1.527	98.3	60.1	3.22	37.5	19.0	18.5	1.3

由表2可知：

1)随土层深度的增加，含水率增大；随黏粒含量的增加，含水率增大。

2)同一类尾矿天然密度随土层深度的增加而增大。因为深度增加，固结时间增长，干密度逐渐增大。

3)颗粒的相对密度与尾矿中所含的矿物质有关，从中砂到黏土，相对密度逐渐减小。

4)对于同一类土，随土层深度的增加，孔隙比逐渐减小，饱和度逐渐增大。理论上地下水位以下的饱和度为100%，但由于在取样和试验过程中，水分有不同程度的损失，另外粉黏和黏土能起到隔水作用，使尾矿砂形成悬挂水，故有一些饱和度小于100%的情况。槽对坑尾矿库中的黏土、粉黏和粉土的饱和度都接近100%。

按《岩土工程勘察规范》(GB 50021—2001)的规定，粉土作为一类特殊土，它既不同于砂土，也不同于黏性土，它的性质介于二者之间，其密实度根据孔隙比分为稍密、中密和密实。根据试验统计结果：粉土的平均孔隙比 e 为1.050，属于稍密。

5)粉土 $I_p=6.0\sim9.8$，粉黏 $I_p=10.2\sim16.6$，黏土 $I_p=17.1\sim21.8$。粉土和黏土 I_l 平均值大于1，属于流塑状态；粉黏 I_l 平均值为0.8，属于软塑状态。

为了三轴试验制样的需要，对于细砂、粉砂和粉黏3种尾矿的干密度，统计了大值平均值和小值平均值，大值平均值分别为1.69、1.74和1.60，小值平均值分别为1.48、1.55和1.45。

3　尾矿的变形特征

固结与压缩和尾矿工程的渗流、稳定和沉降等问题有密切的关系。尾矿固结与压缩的规律不仅取决于土的类别和状态，也随土的边界条件、排水条件和受荷方式而变。

固结试验是在中压固结仪上进行的，施加垂直压力分别为50、100、200、300、400、800 kPa，每级荷载稳定后才能施加下级荷载。稳定标准为每小时的变形量小于0.01 mm。

饱和尾矿砂的固结表现为：加压后几乎是瞬时下沉，说明尾矿砂的固结速率很大，压缩量达到95%只需要几分钟，因此可以认为尾矿砂的沉降在施加上部荷载后已经基本稳定，其后期沉降很小。各级压力下的孔隙比见表3，各类尾矿土的综合压缩曲线见图3及图4。

表3　固结变形试验结果

土类名称	各级荷载下孔隙比/kPa							压缩系数/MPa^{-1}			压缩模量/MPa		
	0	50	100	200	300	400	800	α_{1-2}	α_{3-4}	α_{4-8}	E_{S1-2}	E_{S3-4}	E_{S4-8}
	e_0	$e_{0.5}$	e_1	e_2	e_3	e_4	e_8						
中砂(4)	1.217	1.186	1.174	1.154	1.139	1.127	1.092	0.20	0.12	0.09	12.3	22.0	32.0
细砂(16)	1.165	1.128	1.112	1.092	1.078	1.065	1.041	0.20	0.12	0.06	13.9	21.4	43.3
粉砂(33)	1.145	1.115	1.101	1.080	1.065	1.054	1.014	0.21	0.11	0.08	14.0	24.8	39.5
粉土(15)	1.050	1.002	0.989	0.968	0.952	0.940	0.921	0.21	0.12	0.05	21.8	33.5	57.5
粉黏(15)	1.206	1.119	1.091	1.050	1.023	1.003	0.944	0.41	0.20	0.12	6.1	12.4	28.3
黏土(7)	1.527	1.364	1.295	1.194	1.129	1.084	1.007	1.01	0.45	0.19	2.7	6.5	15.7

从表3可以看出：

1)砂性土和粉土的压缩系数 α_{1-2} 基本相同，压缩模量 E_{S1-2} 由小到大。

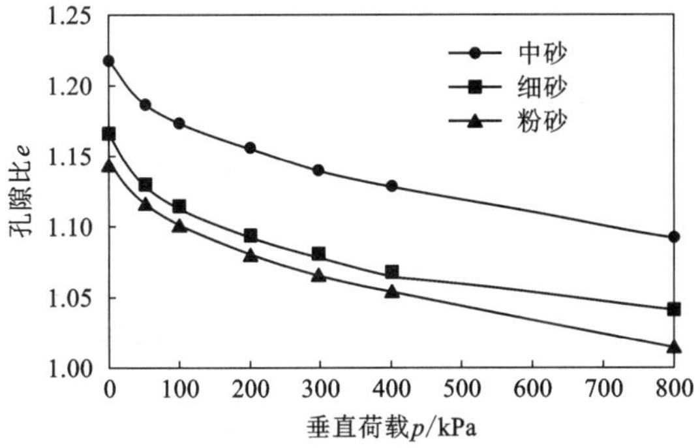

图3　砂类土综合压缩曲线

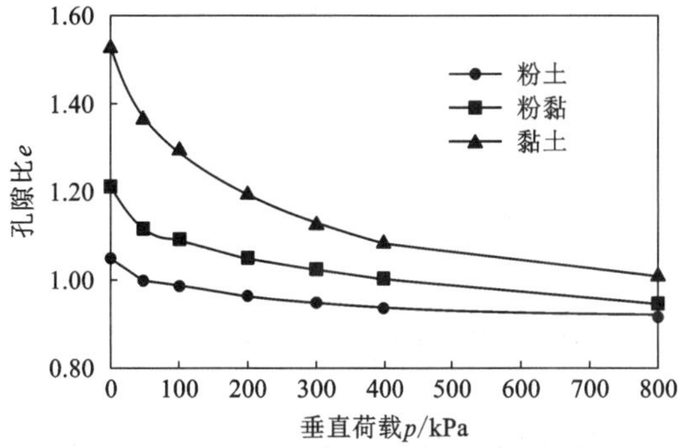

图4　黏性土综合压缩曲线

2）按照《建筑地基基础设计规范》（GBJ 7—89）规定的 $\alpha_{1\text{-}2}$ 来评价土的压缩性，中砂、细砂、粉砂、粉土、粉黏都属于中压缩性土；黏土属于高压缩性土。

从图 3 砂类土的 e-p 关系综合曲线可以看出：颗粒越粗，孔隙比越大，但中砂、细砂、粉砂的压缩曲线基本平行，即压缩系数基本相同。

从图 4 黏性土的 e-p 关系综合曲线可以看出颗粒越小，其孔隙比越大，其压缩性越好。几种尾矿的 e-p 曲线大致可以用幂函数 $e=cP^m$ 来拟合，拟合关系曲线的测定系数接近 90%。各种尾砂的参数分别为：

中砂：$c=1.3400$，$m=-0.0293$；

细砂：$c=1.2694$，$m=-0.0292$；

粉砂：$c=1.2799$，$m=-0.0332$；

粉土：$c=1.1393$，$m=-0.0316$；

粉黏：$c=1.4351$，$m=-0.0606$；

黏土：$c=2.1523$，$m=-0.1332$。

4 尾矿的渗透性

尾矿的渗透性与其他的物理性质参数相比，其变化范围大得多。且由于它的分选性很强，层位复杂，所以竖直方向上的渗透系数与水平方向上的渗透系数有时相差十几倍，甚至几十倍。

本次试验结果表明：尾矿的渗透性与其孔隙比及颗粒的粒度关系密切。尾矿的渗透系数统计值见表 4。图 5 和图 6 分别为粉砂渗透系数与孔隙比和中值粒径 d_{50} 的关系。

表 4 渗透系数与抗剪强度指标统计

土类名称	直剪试验				ρ_d /(g·cm^{-3})	三轴剪切试验				渗透系数 K_{20} /(cm·s^{-1})
	快剪		固结快剪			总应力值		有效应力值		
	C_q/kPa	φ_q/(°)	C_{cq}/kPa	φ_{cq}/(°)		C_{cu}/kPa	φ_{cu}/(°)	C'/kPa	Φ'/(°)	
中砂(4)	23	40.1								1.4×10^{-3}
细砂(16)	30	37.8			1.56	0	31.1	0	36.2	1.7×10^{-3}
粉砂(33)	25	39.3			1.60	0	24.3	0	35.8	6.9×10^{-4}
粉土(15)	40	39.2	0	40.9	1.66	0	23.4	0	35.0	1.9×10^{-5}
粉黏(15)	21	21.5	8	29.5	1.47	0	21.1	3	33.4	8.5×10^{-6}
黏土(7)	2	14.0	13	24.9	1.45	37	21.3	5	32.5	4.1×10^{-6}

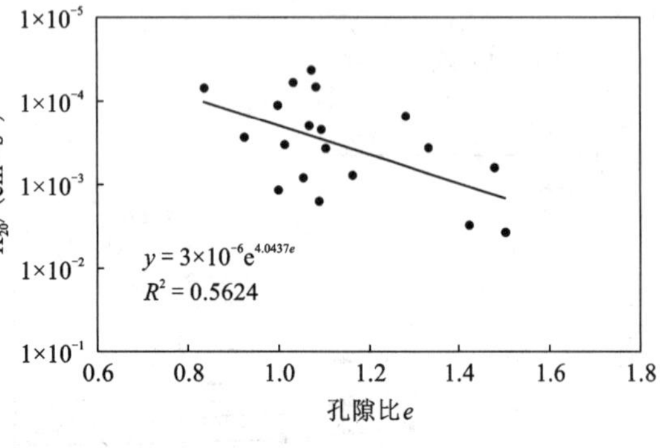

图 5 粉砂渗透系数与孔隙比的关系

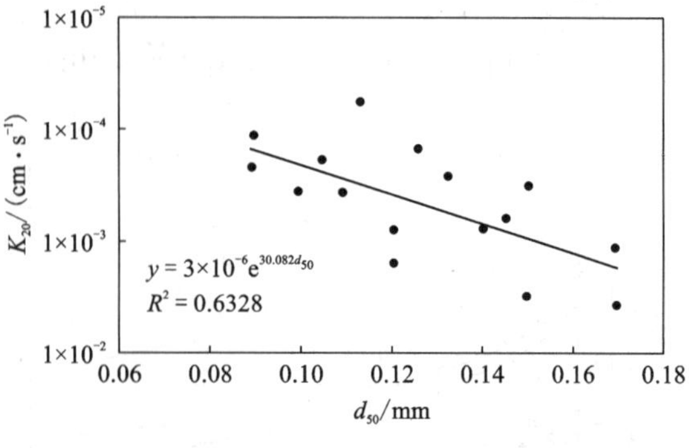

图 6 粉砂渗透系数与中值粒径的关系

由图 5 可以看出：渗透系数 K_{20} 与孔隙比 e 的关系可用对数曲线进行拟合，其决定系数达到 0.5624，拟合方程为：

$$K_{20} = 3 \times 10^{-6} \times e^{4.0437e}$$

渗透系数与中值粒径 d_{50} 的关系可用对数曲线进行拟合，其决定系数达到 0.6328，拟合方程为：

$$K_{20} = 1 \times 10^{-5} \times e^{30.082d_{50}}$$

5 尾矿的强度

尾矿的内摩擦角 φ 随尾矿的颗粒组成、孔隙比含水率、选矿工艺等因素的变化而变化。

本次试验共做了 51 组直剪试验、7 组固结快剪、1 组原状土样和 12 组重塑土样的固结不排水剪切试验，并进行了三轴剪切试验。尾矿的强度统计值见表 4。由表 4 可知：

1）细砂、粉砂、粉土和粉黏都有一定的凝聚力，其内摩擦角比较接近。但它们的三轴抗剪强度指标都小于直剪试验的数值，主要原因是三轴试验用的是扰动土，其土粒结构已被破坏，颗粒之间的咬合力已被减弱。一般认为，尾矿砂具有较低的可塑性，其内聚力数值很小，一般可忽略不计，其抗剪强度主要决定于有效法向应力与内摩擦角[5]。其原因是尾矿内黏粒含量较少，且充填形成坝体的时间比自然土壤形成的时间要短得多，因此，颗粒之间的凝聚力也较小。但是本次的研究表明，各种尾矿都具有一定的凝聚力。曹净等认为：尾矿坝独特的尾矿液排放工艺和尾矿液的物理化学特性，使得尾矿库具有独特的化学环境，存在着显著的尾矿淋滤固结和化学固结过程[6]。

2）粉黏和黏土固结快剪试验与三轴剪切试验的总应力值相当，但内摩擦角大。

无黏性土的内摩擦角与初始孔隙比、颗粒的形状表面的粗糙程度以及颗粒级配有关。孔隙比小、级配良好的砂土具有较高的内摩擦角。试验所得尾矿粉砂内摩擦角和孔隙比的关系见图 7。从图 7 发现，随着尾矿粉砂孔隙比的增大，其内摩擦角逐渐减小。因此，尽可能地减小其孔隙比对提高尾矿粉砂的抗剪强度非常有利。尾粉砂的内摩擦角可近似表示为：

$$\varphi = 50 - 10e$$

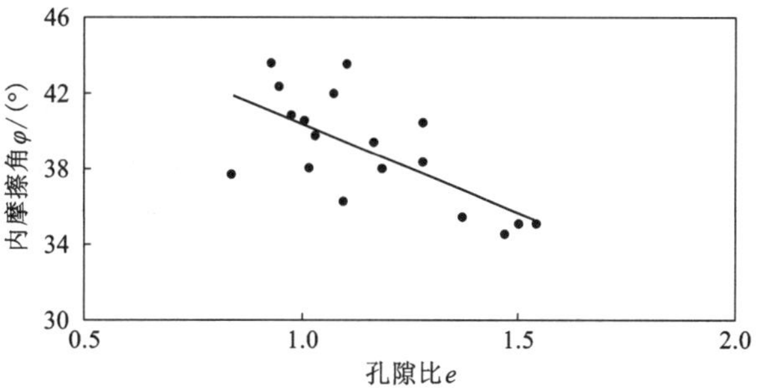

图 7 粉砂内摩擦角和孔隙比的关系

6 结论

由于尾矿存在独特的淋滤固结和化学固结过程使得尾矿的物理力学性质如干密度、强度等与其堆存深度关系的密切程度和一般的土有较大的区别。孔隙比和颗粒级配对尾矿的渗透性、强度影响巨大，而孔隙比和颗粒级配与尾矿的放矿工艺、排水条件等密不可分，所以要增强坝体的稳定性，必须控制尾矿排放工艺，改善坝体的排水条件。

参考文献

[1] 徐宏达. 我国尾矿库病害事故统计分析[J]. 工业建筑，2001，31(1)：69-71.

[2] 华东水利学院土力学教研室. 土工原理与计算(上册)[M]. 北京：水利电力出版社，1982.

[3] 钱家欢，殷宗泽. 土工原理与计算(第二版)[M]. 北京：中国水利水电出版社，1996.

[4] 余太金. 江西德兴铜矿二号尾矿库现状工程地质特征[J]. 中国勘察与岩土工程，1998(2)：38-42.

[5] 王风江，张作维. 尾矿砂的堆存特征及其抗剪强度特性[J]. 岩土工程技术，2003(4)：209-212.

[6] 曹净. 攀钢集团矿山公司马家田尾矿坝稳定性研究尾矿淋滤固结和化学固结机理初步分析报告[R]. 中国有色金属工业昆明勘察设计研究院，2000.

车辆速度与载重对路面结构影响的现场试验研究

杨果岳[1]，张家生[2]，王　晅[2]，陈晓斌[2]，黄永强[3]

1. 湘潭大学土木工程与力学学院，湖南湘潭，411105
2. 中南大学土木建筑学院，湖南长沙，410075
3. 湖南省交通科学研究院，湖南长沙，410077

摘要： 针对车辆荷载与速度在路面结构破坏中的重要性，通过现场试验，对新建高速公路在不同载重及不同速度的车辆通过条件下的路面动态响应（动应变、动应力）规律进行了研究。研究表明，应力-应变峰值随载重的增加而增大，而随速度的增加而减小；前轮应力-应变峰值随载重增加而增大的幅度总体上要小于后轮；前轮水平横向应变峰值随载重增加而增大的幅度要小于纵向，而后轮的横向应变与纵向应变的增幅比较接近；速度变化引起的应力-应变幅度变化不如载重变化引起的显著；随着深度的增加，车辆行驶产生的动应力对路面的影响迅速减弱。

关键词： 路面结构；载重；速度；应力-应变；现场试验

1　引言

行驶车辆对路面结构产生破坏的众多因素中，车辆速度与荷载是国内外研究的焦点。在速度对路面损坏影响的研究中，由于研究方法不同和所用的力学模型有差别，不同的研究人员得到相互矛盾的结论。Chen[1]（1987 年）和 Monismith（1988 年）等通过理论分析指出路面结构的内部应力随速度增大而增大；Battiato[2]（1977 年）和 Fryba[3]（1987 年）等则得到了速度增大而应力减小的结论。

载重对路面损坏的影响是最显而易见的，世界各国都有限定轴载的要求。但存在一种看法，即空载的车辆比满载的车辆在行驶过程中更容易发生振动，虽然空载车辆的静载要小于满载车辆的静载，但由于空载车辆的剧烈垂直振动，导致了空载车辆在行驶过程中增加了更大的额外载荷，因此空载车辆对路面的综合作用力就可能不亚于满载车辆对路面的作用力[4]。

验证理论的最好方法是试验，为此在即将通车的常（德）—张（家界）高速公路进行了现场试验，试验的目的是研究在路面平整度良好的情况下，不同载重和不同车速产生的沥青混凝土路面结构的动态响应，从而研究车辆载重与速度在对路面结构影响中的作用。

2　试验仪器与概况

2.1　试验仪器

试验仪器采用 DH5935 动态应变仪，它是一种高性能多通道并行数据采集分析系统，能够长时间连续进行数据采集，车辆通过时计算机可以同时记录下所有传感器的电信号，并将其转换为各个测点的动应变（或加速度）波形，再根据标定公式确定动应力和应变的变化规律。

试验所用传感器为 BH-2 型埋入式电阻应变传感器和 BY-1 型电阻应变式双油腔结构动土压力传感器。应变传感器和动土压力传感器主要埋设于公路单幅的行车道下，应变传感器埋设于下面层与上基层接触面上，5 个用于测试水平纵向应变，2 个用于测试水平横向应变，其中 1#、5#位于车道分道线下，间距为 3.75 m，2#、4#、6#、7#位于轮载作用点下，间距为 2.0 m，3#处于行车道正中。动土压力传感器共埋设了 12 个，元件埋设位置如图 1～图 2 所示。

杨果岳，张家生，王晅，等. 车辆速度与载重对路面结构影响的现场试验研究[J]. 岩土力学，2008，29(11)：3099-3103.

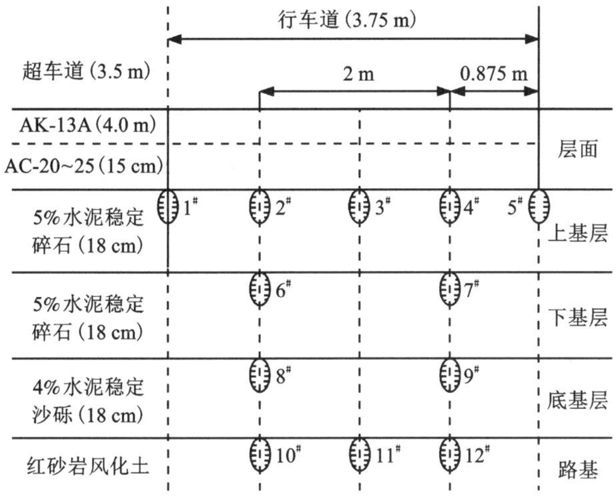

图1 动土压力传感器横向埋设示意图

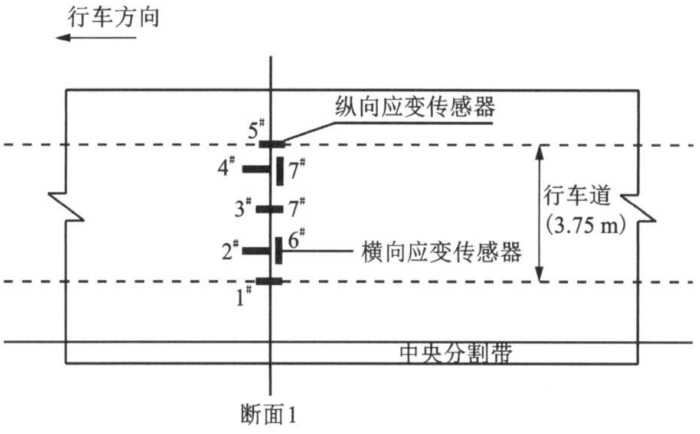

图2 应变传感器平面布置示意图

2.2 试验介绍

试验车辆采用三轴10轮的"东风"重型普通货车(EQ1166G2),后轴为双轮,外轮距为2.05 m,内轮距为1.60 m,前轴轮距为1.90 m,后两轴轴距为1.30 m,前轴与最近后轴轴距为5.90 m。试验时车辆载重分为空载、满载(载重180.0 kN)、超载(载重300.0 kN)3种荷载当量,轴载分配情况见表1。试验速度档为60 km/h,80 km/h和100 km/h,每种荷载当量和速度档组合重复运行3次。

表1 装载重量和轴载分配

参数	空载/kN	满载/kN	超载(67%)/kN
车辆总重量	120.0	300.0	420.0
装载重量		180.0	300.0
前轴载	54.0(45%)	90.0(30%)	105.0(25%)
后轴载(双轴)	66.0(55%)	210.0(70%)	315.0(75%)

试验工点K25+820处于常张高速沅水大桥路桥过渡段尾端,属高填方路段(路堤填高22.8 m),填料为湘西部地区典型的红砂岩风化土,逐层压实填筑。路面结构为半刚性沥青混凝土复合路面,经检测,路面平整度良好。路面自上而下分为上面层(AK-13A)、下面层(AC-20~25)、上基层(5%水泥稳定碎石)、下基层(5%水泥稳定碎石)、底基层(4%水泥稳定沙砾),各结构层厚度见图1。路基顶面动土压力传感器在路基填筑完成并稳定后埋设,基层传感器在路面结构层摊铺施工过程中埋设,元件埋设严格按照规定工艺进行。

3 试验成果分析

3.1 载重的影响

(1)不同载重下应变变化规律

固定车速为80 km/h,试验车辆行驶于行车道,从图3和表2中前后轮轮下应变峰值统计值(取3次重复试验平均值,下同)可以看出,工点K25+820断面面层底部应变变化规律为:①在同一车速条件下,车辆载重从120 kN增加到420 kN,应变峰值随载重的增加而增大,横向上5个纵向应变传感器应变曲线呈基本对称的"M"形,即轮下2#、4#元件应变峰值要大于外轮侧及两轮之间的1#、5#和3#元件;②前轮轮下应变峰值随载重增加而增大的幅度总体上要小于后轮,并与轴载的分配状况成一定的比例关系。前轮轮下横向应变峰值随载重增加而增大的幅度要小于纵向，而后轮轮下的横向应变与纵向应变的增加幅度则比较接近；③埋设于轮间的3#元件在各荷载当量作用下的应变峰值要大于轮外侧的1#和5#元件，其应变叠加作用显著。

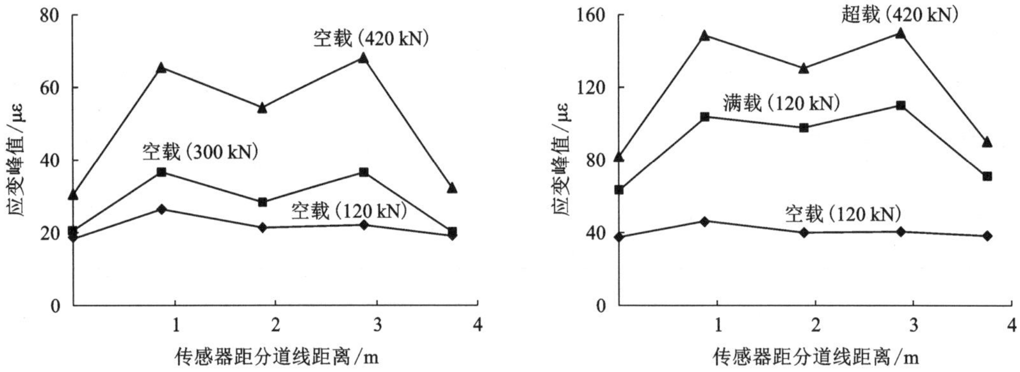

(a) 前轮通过时　(b) 后轮通过时

图3　前、后轮通过时纵向应变峰值

表2　车辆经过行车道时应变统计值(80 km/h)

载重/kN	前轮下各传感器最大应变值/με							后轮下各传感器最大应变值/με						
	1#	2#	3#	4#	5#	6#	7#	1#	2#	3#	4#	5#	6#	7#
120	18.8	26.4	21.2	22.0	19.2	29.2	23.9	37.3	46.1	39.7	40.3	38.0	47.7	40.4
300	20.4	36.5	28.2	36.6	20.2	26.9	28.1	63.0	104.0	97.8	109.8	71.0	85.7	87.4
420	30.8	65.5	54.4	68.1	32.1	40.3	40.7	81.6	148.0	130.2	150.2	90.0	156.7	158.2

(2)载重对动应力分布的影响

图4为2#动应力传感器在不同载重条件下动应力变化时程曲线，各传感器动应力值变化趋势相同。由图4及表3应力极值统计可以看出，①载重增加，动应力相应增大，空载条件下前后轮下的应力极值比较接近，后轮下略大，而随着载重的增加，后轮下动应力极值增长幅度要远大于前轮下动应力极值，规律与表1中的轴载分配关系是一致的；②随着深度的增加，载重条件变化产生的动应力对路面结构层的影响迅速减弱，如载重从120 kN增加到420 kN，2#传感器平均动应力增大61.4 kPa，而10#传感器仅增大18.1 kPa；③位于行车道中央位置的3#传感器平均动应力要比位于分道线下的1#和5#传感器大，数值上约为1.5倍。

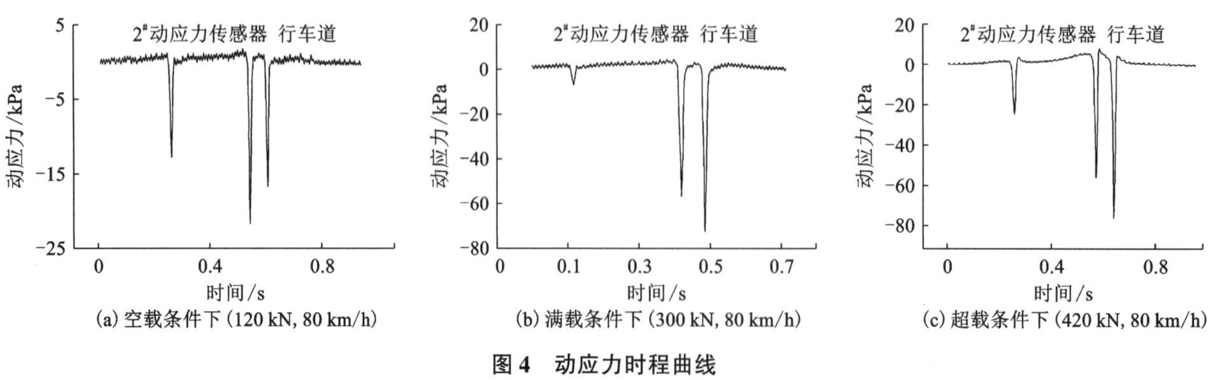

(a) 空载条件下(120 kN, 80 km/h)　(b) 满载条件下(300 kN, 80 km/h)　(c) 超载条件下(420 kN, 80 km/h)

图4　动应力时程曲线

表 3 不同载重后轮下各传感器动应力统计值(80 km/h，行车道)

车重/kN	各传感器最大动应力/kPa							各传感器平均动应力/kPa						
	1#	2#	3#	6#	8#	10#	11#	1#	2#	3#	6#	8#	10#	11#
120	8.3	25.7	14.1	23.0	18.8	7.7	7.1	7.7	23.0	12.5	20.3	16.0	7.2	5.9
300	19.4	81.2	21.9	51.3	27.6	18.8	15.2	18.9	77.8	21.2	49.9	23.2	16.9	13.7
420	25.8	89.4	25.2	57.4	30.6	26.0	16.5	25.2	84.4	25.1	57.0	28.7	25.3	14.4

3.2 速度的影响

(1)不同车速下应变变化规律

以车辆超载(420 kN)条件下通过行车道时的情况为例，图 5 所示为不同速度轮下应变峰值变化曲线。由图 5 及表 4 中前后轮应变峰值统计可看出，不同速度条件下面层底部应变峰值变化规律是：①车速从 60 km/h 增加到 100 km/h，轮下应变峰值呈总体减小趋势，本次试验中车速从 60 km/h 增加到 80 km/h 的应变峰值减小幅度要小于车速从 80 km/h 增加到 100 km/h 时的减小幅度(特别是后轮)，说明车速增加，时间历程缩短，瞬时荷载并未充分施加路面结构层，车对单位长度路面的冲量减小[5]；②与不同载重条件下应变峰值相比较，速度变化引起的应变峰值变化并不是特别显著，如当载重从 120 kN 增加到 420 kN 时，后轮轮下应变峰值增大约 102 με，而当速度从 60 km/h 增加到 100 km/h 时，后轮轮下应变峰值减小约 42.0 με；③不同速度下前轮轮下横向应变峰值均小于纵向应变峰值，而后轮则恰好相反。

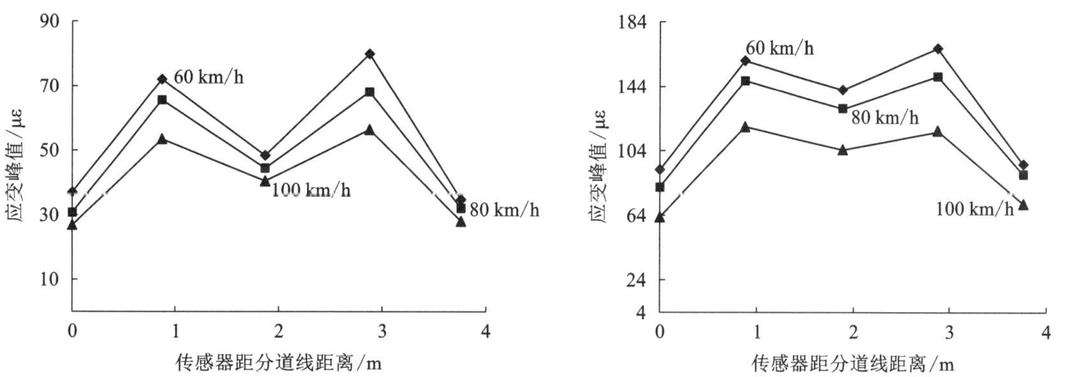

(a) 前轮通过时　(b) 后轮通过时

图 5 纵向应变峰值

表 4 车辆经过行车道时应变统计值(420 kN)(取平均值后)

车速/(km·h⁻¹)	前轮下各传感器最大应变值/με							后轮下各传感器最大应变值/με						
	1#	2#	3#	4#	5#	6#	7#	1#	2#	3#	4#	5#	6#	7#
60	37.0	72.2	48.5	79.9	34.8	40.6	42.2	92.1	160.6	141.5	167.4	96.2	178.7	185.4
80	30.8	65.5	44.4	68.1	32.1	40.3	40.7	81.6	148.0	130.2	150.2	90.0	156.7	158.2
100	26.6	53.4	40.4	56.1	28.0	30.6	32.1	63.2	118.4	104.8	116.1	70.9	130.6	132.4

(2)车速对动应力分布的影响

图 6 所示为车辆在满载条件下(300 kN)以不同速度通过行车道时各测试传感器动应力变化曲线。由图 6 及表 5 应力统计值可知，速度对各结构层动应力的影响表现为：①在不同试验车速下，同一个测点动应力随车速的增大而减小，传感器 2#满载条件下当车速分别为 60 km/h，80 km/h 和 100 km/h 时后轮轮下动应力极值分别为 88.3 kPa，77.8 kPa 和 60.1 kPa，速度变化对动应力的影响规律与应变测试结果一致。

②速度对动应力的影响随深度的增加而减小，如在加速条件下，处于更深位置的8#，10#传感器应力变化幅度相对于浅处的2#，6#要小；③速度越高，动应力减小幅度越大，如对于2#传感器处，当车速由60 km/h提高到80 km/h时，平均动应力减小10.5 kPa，提高到100 km/h时，平均动应力减小28.2 kPa。

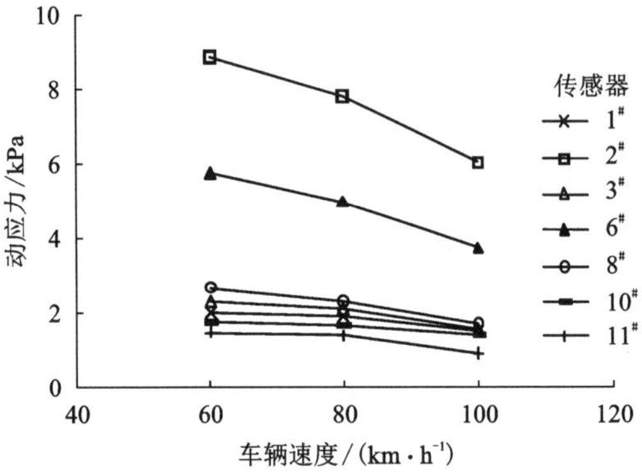

图6　不同车速下平均动应力变化曲线(300 kN，行车道)

表5　不同车速后轮下各传感器动应力统计值(300 kN，行车道)

车速/(km·h^{-1})	各传感器最大动应力/kPa							各传感器平均动应力/kPa						
	1#	2#	3#	6#	8#	10#	11#	1#	2#	3#	6#	8#	10#	11#
60	20.6	89.7	23.3	60.8	31.2	20.1	15.3	20.2	88.3	23.0	57.6	26.9	17.5	14.6
80	19.4	81.2	21.9	51.3	27.6	18.8	15.2	18.9	77.8	21.2	49.9	23.2	16.9	13.7
100	19.0	68.0	18.3	40.0	19.4	14.0	10.2	15.2	60.1	16.0	37.1	17.3	13.8	9.3

4　结论

通过常张高速公路的现场试验可知，车辆速度产生的路面动态响应随着速度的增加而减小，而车辆荷载产生的应力-应变变化却是随着载重的增加而增加的，且速度引起的变化幅值要小于载重引起的变化幅值。在车辆载重引起的路面响应中，前轮轮下应力-应变峰值随载重增加而增大的幅度总体上要小于后轮。因此，对于高速公路路面的保护来讲保证重载车辆在高速公路行驶中的速度是必要的。

参考文献

[1]　CHEN S S. Response of multilayered system to dynamic surface loads [D]. Berkeley: University of California at Berkeley, 1987.

[2]　BATTIATO G, VERGA C, RONCA G. Viscoelastic deformation in a two layered paving system from laboratory creep results [J]. Transportation Research Record, 1977, 640: 34-38.

[3]　FRYBA L. Dynamic interaction of vehicles with trucks and roads[J]. Vehicle System Dynamics, 1987, 16: 129-138.

[4]　孙璐，邓学钧. 速度与车辆动态特性对于车路相互作用的影响[J]. 土木工程学报，1997，30(6)：34-40.

风滩电厂近坝库区边坡岩体力学性质试验研究

金亮星，黄建陵，张家生

中南大学土木建筑学院，湖南长沙，410075

摘要：通过室内岩石力学性质、节理岩样剪切强度试验及现场岩体结构面推剪试验研究，对凤滩电厂近坝库区4个边坡岩体的强度和变形特性进行了分析，取得了边坡岩体力学性质基本参数。为边坡稳定性分析及工程设计提供了可靠依据。

关键词：边坡岩体；强度和变形特性；试验研究

1 概述

凤滩水电站位于湘西沅陵、永顺、古丈三县交界处，这里地质条件复杂，近坝库区存在有永顺镇溪、古丈高峰、内头及刺桐溪4个边坡体。边坡岩体节理、裂隙发育，结构复杂。笔者及团队承担了上述4个边坡体稳定性分析及确定综合治理方案的任务。为了取得符合工程实际的岩体力学性质基本参数，采取岩样进行室内岩石力学试验（18组，共计70个样），采取节理岩样（4组）进行结构面剪切试验。对永顺镇溪、古丈高峰、内头3个边坡进行了现场岩体结构面推剪试验（3组、14个剪切墩）。通过对现场和室内试验有关数据整理分析，取得了边坡岩体力学性质基本参数，为边坡稳定性分析及工程设计提供了可靠依据。

2 室内岩石力学试验

分别对凤滩电厂近坝库区4个边坡体中的板岩、砂质板岩、变质砂岩等现场取样，并进行了室内岩石力学试验。试验结果汇总于表1。

表1 岩石物理力学性质参数

边坡体	岩性	岩石强度性质				岩石变形性质		天然密度 /(g·cm^{-3})
		抗压强度 R_t/MPa	抗拉强度 R/MPa	抗剪强度(三轴)		弹性模量 E/GPa	泊松比 ν	
				c/MPa	φ/(°)			
高峰	板岩	68.32	—	16.9	48.0	17.39	0.24	2.77
	砂质板岩	89.37	2.63	—	—	12.93	0.17	2.72
	风化板岩	29.50	—	25.3	33.7	18.24	0.27	—
	风化砂岩	70.48	6.72	—	—	24.06	0.24	—
	变质砂岩	327.03	—	28.1	41.6	—	—	2.59
永顺	变质砂岩	281.46	15.23	33.8	48.6	29.71	0.16	2.43
	砂质板岩	209.98	5.81	—	—	27.25	0.21	—
	凝灰质砂岩	127.00	7.36	—	—	18.90	0.18	—
内头、刺桐溪	砂质板岩	141.48	9.61	—	—	21.88	0.21	2.66

金亮星，黄建陵，张家生. 凤滩电厂近坝库区边坡岩体力学性质试验研究[J]. 岩土力学，2003，24(6)：1021-1024.

3 节理岩样剪切试验

3.1 节理岩样的采取、制备与试验

节理岩样的采取是在完成现场工程地质勘察工作部分之后进行的。经现场分析，分别在永顺镇溪和古丈高峰两个边坡选取采样点，共采取节理岩样4组共16块(试块为不规则状)。

现场采取岩样后，需制备成20 cm×20 cm×20 cm的标准试件，因此，用混凝土将节理面浇灌成型，节理面高出模具5~10 mm，见图1。浇灌之后，养护28 d，在往复式中剪仪上进行剪切试验。

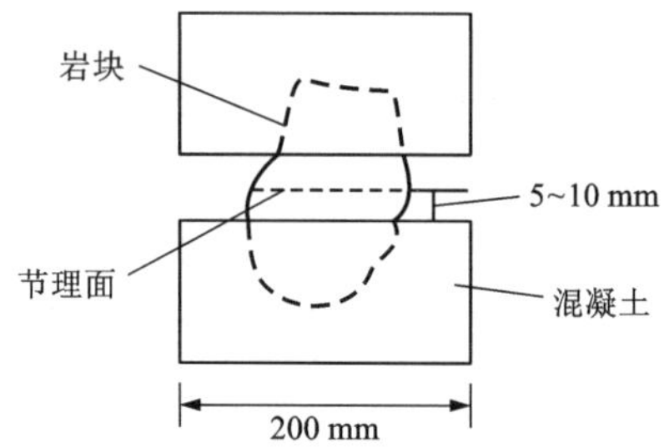

图1　节理岩样标准试件示意图

本次试验中，由于岩样节理都已脱开，只能进行摩擦试验，对每块节理样在3~4组垂直压力下进行剪切试验，求取c，φ值。

3.2 节理岩样剪切试验结果

有关资料表明，节理岩块摩擦面若近似一平面，当剪应力增加到某一定值时，剪切位移增加，而剪应力将保持不变，该值即为节理岩样结构面摩擦峰值。

通过试验，得到节理岩样剪应力-位移、正应力剪应力关系图，见图2、图3。

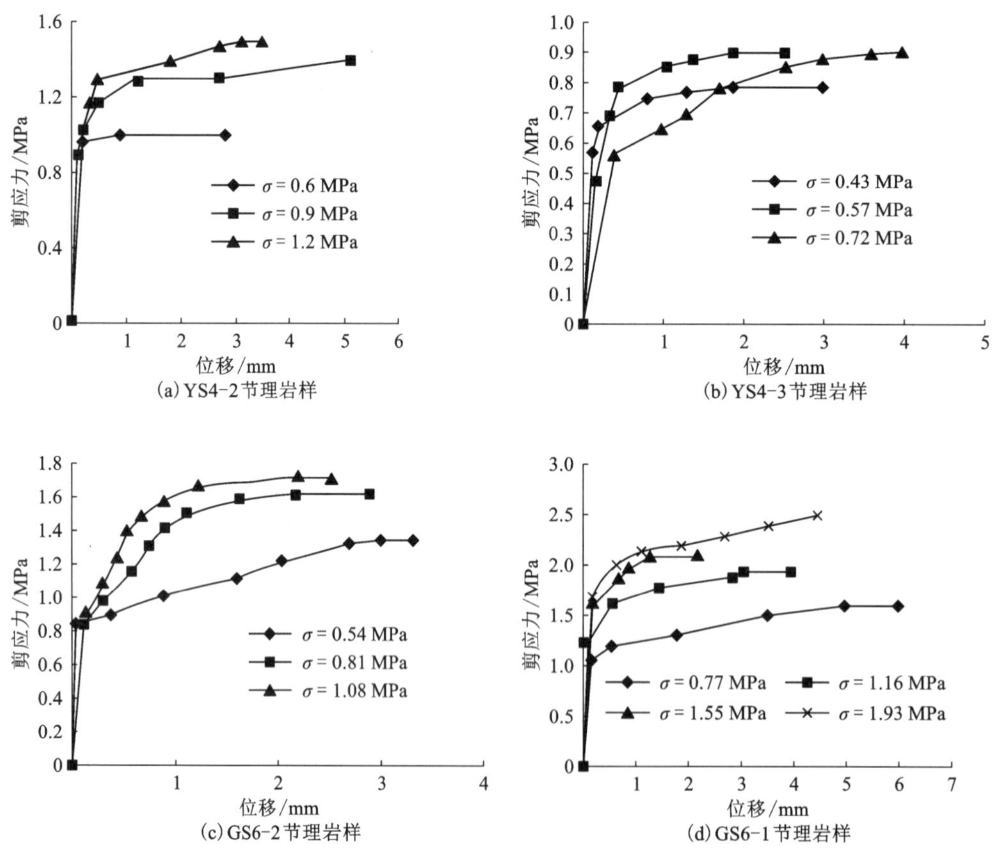

图2　节理面剪应力-位移曲线

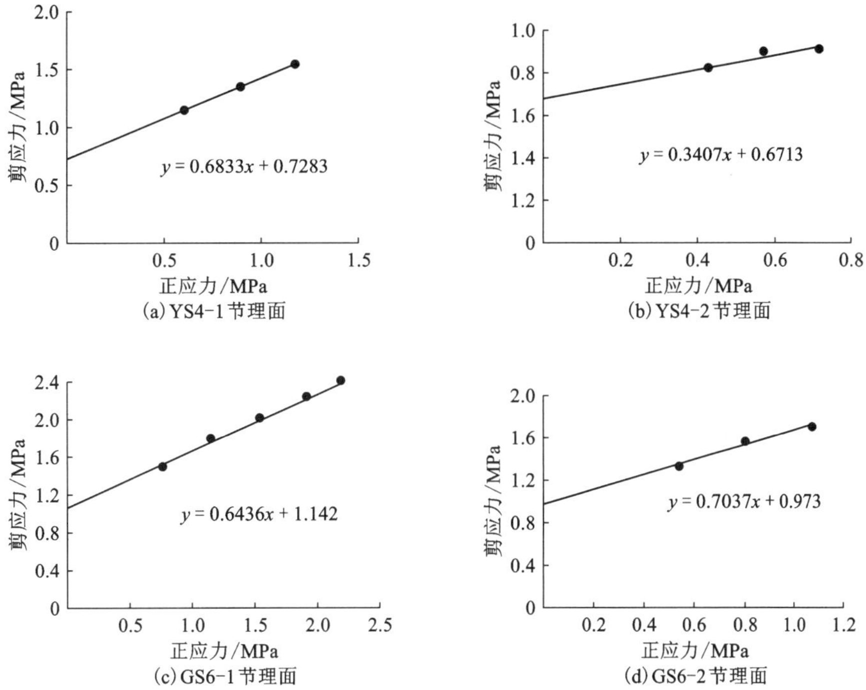

图 3　节理面正应力-剪应力关系图

经分析处理，取得节理岩样结构面强度、变形特性见表 2。

表 2　节理岩样结构面强度、变形性质总表

岩性	结构面类型	剪切强度		剪切刚度	备注
		c/MPa	φ/(°)	K_s/(MPa·mm^{-1})	
变质砂岩	YS4-3 节理	0.68	18.2	0.41	永顺镇溪
	YS4-2 节理	0.74	34	0.46	
	YS5-1 节理	0.42	23.6	0.12	
	YS5-2 节理	0.42	28.8	0.76	
板岩	GS6-1 节理	1.15	32.6	0.95	古丈高峰
	GS6-2 节理	0.98	34.9	0.65	

上述结果表明，永顺镇溪、古丈高峰边坡节理岩样结构面强度远低于岩石本身强度，是岩体结构的薄弱环节。因此，在研究岩体边坡稳定性时，必须深入细致研究岩体结构面的分布、结构面强度及变形性质，为边坡稳定性分析提供合理而准确的强度及变形参数。

4　现场岩体推剪试验

为了取得现场岩体的抗剪强度指标，在古丈高峰、永顺镇溪和内头三个边坡体处精心选取三个有代表性的试验点。每个试验点制备 45 个试件，试样截面为正方形，边长 40~50 cm，试样高出地面 60~80 cm，均使用水泥砂浆抹面，并预留出剪切面。

进行现场推剪时，为了施加轴向压力，采用地针制作了反力架，轴向压力与推力均使用千斤顶施力，采用油压表读数，为了保证读数的准确性，试验前后均对千斤顶进行了标定。

本次试验对 14 个岩体样进行了推剪，历时一个多月，其结果见表 3 及图 4。

表 3　现场推剪试验结果综合表

试验点	抗剪强度		备注
	内聚力 c/kPa	内摩擦角 φ/(°)	
古丈县高峰乡边坡	27.5	21.2	表层碎石土
永顺县镇溪乡边坡	27.3	29.1	碎石体
内头边坡	38.0	24.9	层理面

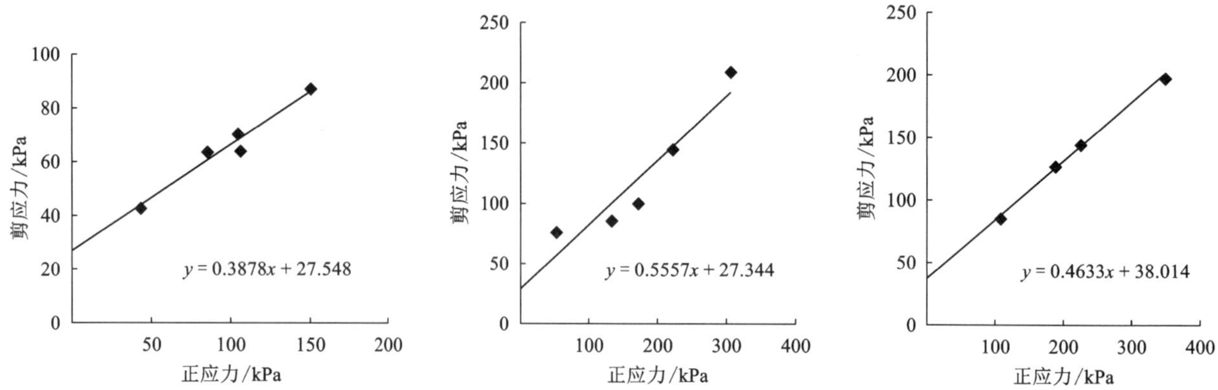

(a) 古丈高峰边坡　(b) 永顺镇溪边坡　(c) 内头边坡

图 4　现场推剪试验正应力–剪应力关系图

5　结论与建议

(1)岩质边坡稳定性分析成果的可靠性，与边坡岩体强度、变形特性指标取值的准确性关系密切。

(2)试验结果表明，完整岩块、节理岩样结构面及现场岩体结构面力学性质存在较大差异，选取稳定性分析基本参数时，应按实际情况综合考虑。

(3)根据工程地质勘察、现场调查研究，确定各边坡体可能滑动面位置及滑动形式，综合考虑边坡岩石(体)室内外试验成果。建议如下：

①在滑坡反分析中，永顺镇溪和古丈高峰边坡体内的破碎带岩体的抗剪强度参数：$c=30.0$ kPa，$\varphi=29.6°$；内头边坡和刺桐溪边坡的顺坡层面(大光面)的抗剪强度参数：$c=39.0$ kPa，$\varphi=27.2°$。

②根据岩石力学试验数据的工程处理结果、滑坡反分析结果及现场试验结果，永顺镇溪及古丈高峰边坡，破碎带岩体抗剪强度参数综合取值为：内聚力 $c_m=28.6$ kPa，内摩擦角 $\varphi_m=29.4°$；在对内头及刺桐溪边坡进行稳定性分析时，顺坡层理面(大光面)的抗剪强度参数综合取值为：内聚力 $c_j=38.5$ kPa，内摩擦角 $\varphi_j=26.1°$。

上述试验成果已用于边坡岩体稳定性分析。

参考文献

[1]　陶振宇. 岩石力学的理论与实际[M]. 北京：水利出版社，1979.

[2]　张振营. 岩土力学[M]. 北京：中国水利水电出版社，2000.

[3]　中国科学院武汉岩土力学研究所. 岩质边坡稳定性的试验研究与计算方法[M]. 北京：科学出版社，1981.

[4]　孙玉科. 边坡岩体稳定性分析[M]. 北京：科学出版社，1988.

[5]　尤明庆. 岩样单轴压缩的失稳破坏和试验机加载性能[J]. 岩土力学，1998，19(3)：43-49.

高速铁路振动荷载时程的动力反分析

金亮星，张家生，聂志红

中南大学土木建筑学院，湖南长沙，410075

摘要：为了求解高速铁路竖向振动荷载时程问题，在用 New mark 法求解运动平衡方程的基础上，推导求解振动荷载的公式，提出了由振动加速度反求振动荷载时程的动力有限元方法。结合秦沈客运专线，计算了列车运行速度分别为 230 km/h 和 265 km/h 时的列车竖向振动荷载时程。发现列车运行速度提高 35 km/h 时，列车竖向振动荷载最大值增加了 16.34 kN。结果表明由实测振动加速度可以反求振动荷载，该方法可行。

关键词：高速铁路；振动荷载；有限元；动力反分析

随着铁路现代化的发展，中国铁路将逐渐跨入以高速客运、重载货运为特征的崭新时代。高速重载铁路运输势在必行，提高列车运行速度和增加牵引质量将不可避免地增大列车振动强度。列车运行所产生的环境振动影响受到业内人士越来越多的关注。而正确分析高速列车振动荷载作用下路基及周围环境的动力响应，关键在于如何正确地建立高速列车振动荷载计算模型。由于中国高速铁路建设尚处于初级阶段，尽管有不少对轮轨关系的定性描述，但对列车振动荷载定量分析等方面的研究还较少[1-3]。本文针对高速铁路列车动载特点，根据秦沈高速铁路试验运行速度，通过现场实测振动加速度时程，应用振动反分析理论和有限元法，计算列车竖向振动荷载。在不考虑车辆与轨道耦合动力作用的情况下，提出了建立不同轴载、不同运行速度下高速列车振动荷载计算模型的方法。

1 动力反分析有限元模型

1.1 几何模型

根据线路本身的半无限结构性质，考虑到高速铁路列车较快的运行速度和轨枕对荷载的分担作用，每根轨枕受到相同振动荷载的概率相等，且沿线路纵向作用在基床表面的应力波可近似为均匀的。本文假设线路沿纵向为平面应变问题，因结构对称，可以取线路横断面之半进行二维动力有限元反分析。边界条件为网格两侧采用水平约束，底面采用竖向约束。动力反分析有限元几何离散模型见图 1。

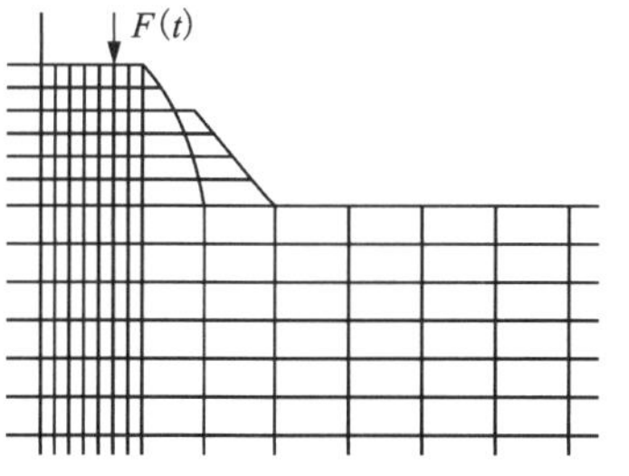

图 1 分析模型

1.2 动力反分析有限元法

对系统进行有限元离散化，运用虚位移原理可建立 $t+\Delta t$ 时刻体系的运动微分方程[4]：

$$\boldsymbol{M}\ddot{\boldsymbol{u}}_{t+\Delta t} + \boldsymbol{C}\dot{\boldsymbol{u}}_{t+\Delta t} + \boldsymbol{K}\boldsymbol{u}_{t+\Delta t} = \boldsymbol{R}_{t+\Delta t} \tag{1}$$

式中：$\boldsymbol{M}$、$\boldsymbol{C}$、$\boldsymbol{K}$ 分别为节点质量矩阵、阻尼矩阵和刚度矩阵；$\ddot{\boldsymbol{u}}_{t+\Delta t}$、$\dot{\boldsymbol{u}}_{t+\Delta t}$、$\boldsymbol{u}_{t+\Delta t}$ 分别为节点加速度、速度和位移向量；$\boldsymbol{R}_{t+\Delta t}$ 为节点荷载向量。

采用 New mark 法求解上述运动微分方程，则：

$$\dot{\boldsymbol{u}}_{t+\Delta t} = \ddot{\boldsymbol{u}}_t + [(1-\delta)\ddot{\boldsymbol{u}}_t + \delta\ddot{\boldsymbol{u}}_{t+\Delta t}]\Delta t \tag{2}$$

$$\boldsymbol{u}_{t+\Delta t} = \boldsymbol{u}_t + \Delta t\dot{\boldsymbol{u}}_t + [(0.5-\gamma)\ddot{\boldsymbol{u}}_t + \gamma\ddot{\boldsymbol{u}}_{t+\Delta t}]\Delta t^2 \tag{3}$$

式中：δ、γ 是由积分的精度和稳定性确定的参数，分别取 0.50 和 0.25。将式(2)、式(3)代入式(1)得

$$\boldsymbol{K}^* \boldsymbol{u}_{t+\Delta t} = \boldsymbol{R}_{t+\Delta t} + \boldsymbol{R}_t^* \tag{4}$$

金亮星，张家生，聂志红. 高速铁路振动荷载时程的动力反分析[J]. 交通运输工程学报，2005，5(1)：36-38.

$$\boldsymbol{K}^* = a_0\boldsymbol{M} + a_1\boldsymbol{C} + \boldsymbol{K}$$

$$\boldsymbol{R}_t^* = \boldsymbol{M}(a_0\boldsymbol{u}_t + a_2\dot{\boldsymbol{u}}_t + a_3\ddot{\boldsymbol{u}}_t) + \boldsymbol{C}(a_1\boldsymbol{u}_t + a_4\dot{\boldsymbol{u}}_t + a_5\ddot{\boldsymbol{u}}_t)$$

$$a_0 = 1/(\Delta t^2\gamma)$$

$$a_1 = \delta/(\Delta t\gamma)$$

$$a_2 = 1/(\Delta t\gamma)$$

$$a_3 = 1/(2\gamma) - 1$$

$$a_4 = \delta/\gamma - 1$$

$$a_5 = (\delta/\gamma - 2)\Delta t/2$$

对线弹性问题，根据叠加原理可设

$$\boldsymbol{u}_{t+\Delta t} = \boldsymbol{u}'_{t+\Delta t} + \boldsymbol{u}''_{t+\Delta t} \tag{5}$$

$$\boldsymbol{K}^*\boldsymbol{u}'_{t+\Delta t} = \boldsymbol{R}_{t+\Delta t} \tag{6}$$

$$\boldsymbol{K}^*\boldsymbol{u}''_{t+\Delta t} = \boldsymbol{R}_t^* \tag{7}$$

在 $t+\Delta t$ 时刻，由式(7)可知，$\boldsymbol{R}_t^*$ 为 t 时刻的节点荷载向量，为已知量，求解可得到位移分量 $\boldsymbol{u}''_t+\Delta t$。

设在 $t+\Delta t$ 时刻，在节点 i 上作用单位节点动荷载为 $\overline{F}^i_{t+\Delta t}$，则有

$$R^i_{t+\Delta t} = \lambda^i_{t+\Delta t}\overline{F}^i_{t+\Delta t} \quad (i = 1,\ 2,\ \cdots,\ n) \tag{8}$$

式中：n 为体系中施加振动荷载的节点数；$R^i_{t+\Delta t}$ 为第 i 个节点处的振动荷载；$\lambda^i_{t+\Delta t}$ 为荷载系数。将式(6)写为

$$\boldsymbol{K}\boldsymbol{d}^i_{t+\Delta t} = \overline{\boldsymbol{F}}^i_{t+\Delta t} \tag{9}$$

式中：$\overline{\boldsymbol{F}}^i_{t+\Delta t}$ 为在节点 i 上单独作用单位节点荷载所形成的体系节点荷载向量；$\boldsymbol{d}^i_{t+\Delta t}$ 为相应的体系位移向量。求解式(9)，可得单独在节点 i 处施加单位荷载时体系的位移向量 $\boldsymbol{d}^i_{t+\Delta t}$，综合式(6)和式(9)可得

$$\boldsymbol{u}'_{t+\Delta t} = \sum_{i=1}^{n}(\lambda^i_{t+\Delta t}\boldsymbol{d}^i_{t+\Delta t}) \tag{10}$$

设有 m 个测点在 $t+\Delta t$ 时刻测得的位移值为 $u^k_{t+\Delta t}(k=1,\ 2,\ \cdots,\ m)$，则由式(5)和式(10)可得

$$u^k_{t+\Delta t} - (u''_{t+\Delta t})^k = (u'_{t+\Delta t})^k = \sum_{i=1}^{n}[\lambda^i_{t+\Delta t}(d^i_{t+\Delta t})^k] \tag{11}$$

当 $m=n$ 时，求解式(11)可得 $\lambda^i_{t+\Delta t}$，代入式(8)即可得到节点 i 在 $t+\Delta t$ 时刻的振动荷载 $R^i_{t+\Delta t}$。求得各时刻的振动荷载，则可得到振动荷载时程。

同理也可由测点的速度、加速度时程求得振动荷载，这里仅就后者推导如下，设

$$\ddot{\boldsymbol{u}}_{t+\Delta t} = \ddot{\boldsymbol{u}}'_{t+\Delta t} + \ddot{\boldsymbol{u}}''_{t+\Delta t} \tag{12}$$

将式(7)的解代入式(3)，得

$$\ddot{\boldsymbol{u}}''_{t+\Delta t} = \mathrm{a}_0(\boldsymbol{u}''_{t+\Delta t} - \boldsymbol{u}_t) - a_2\dot{\boldsymbol{u}}_t - a_3\ddot{\boldsymbol{u}}_t \tag{13}$$

由式(3)、式(12)和式(13)得

$$\ddot{\boldsymbol{u}}'_{t+\Delta t} = a_0(\boldsymbol{u}_{t+\Delta t} - \boldsymbol{u}''_{t+\Delta t}) = a_0\boldsymbol{u}'_{t+\Delta t} \tag{14}$$

综合式(10)、式(12)和式(14)整理得

$$\ddot{u}^k_{t+\Delta t} - \ddot{u}''_{t+\Delta t} = a_0(u'_{t+\Delta t})^k = a_0\sum_{i=1}^{n}[\lambda^i_{t+\Delta t}(d^i_{t+\Delta t})^k] \tag{15}$$

式中：$\ddot{u}^k_{t+\Delta t}$ 为第 k 个测点在 $t+\Delta t$ 时刻测得的加速度值。当 $m=n$ 时，求解式(15)可得 $\lambda^i_{t+\Delta t}$，代入式(8)即可得到振动荷载 $R^k_{t+\Delta t}$。

2 实例分析

2.1 工程试验概况

在秦沈客运专线 K40+750~K41+000 和 K41+160~K41+300 路基地段，分别设置级配碎石基床表层厚度为 40 cm 和 60 cm 的试验断面，测试断面所在位置道渣厚度均为 80 cm。2002 年 9 月结合秦沈客运专线

第 2 次实车运行综合试验，在 2 种不同基床表层厚度的试验断面同时进行了动力测试。试验列车为“先锋号”动力分散型电力动车组，由 2 个动力单元组成，每个动力单元由 2 辆动力车和 1 辆拖车组成，全列编组为 6 辆车，最大轴载质量为 14.5 t，试验最高时速为 292 km/h。

2.2 基床表层振动加速度测试

根据试验研究的目的与内容，分别在 2 个路基地段选择 K40+980 与 K41+180 为测试断面。在各测试断面分别设置一定数量的加速度传感器，用于基床表层的振动加速度测试。测试采用低频固态加速度传感器和数据采集与处理系统，加速度计采用 ZFCJ01 型固态加速度传感器；测试系统采用东华测试技术开发有限公司生产的 DH5935 型测试分析系统。动态测试系统见图 2。

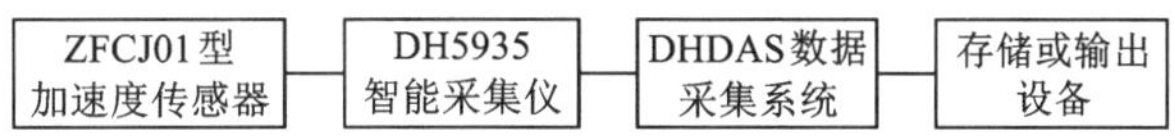

图 2　动态测试系统

测试结果表明，基床表层振动加速度随车速的变化而变化。通过对 K41+180 与 K40+980 两断面基床表层振动加速度测试数据进行整理分析可得不同车速作用下基床加速度时程曲线。本文仅取列车运行速度 v 为 230 km/h 和 265 km/h 时的基床振动加速度实测数据进行动力反分析。试验列车经过时典型的基床加速度实测时程曲线见图 3。

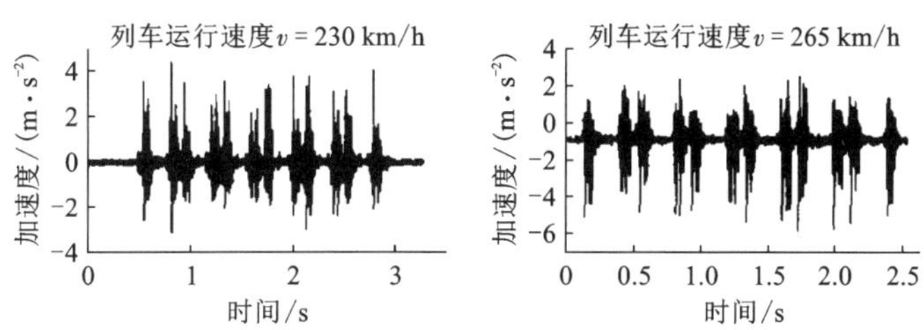

图 3　实测加速度时程曲线

2.3 列车竖向振动荷载的动力反分析

根据秦沈高速铁路不同试验运行速度情况下的实测基床振动加速度时程曲线，本文建立了动力反分析有限元模型；编制了相应的计算程序，求得列车竖向振动荷载时程曲线见图 4。

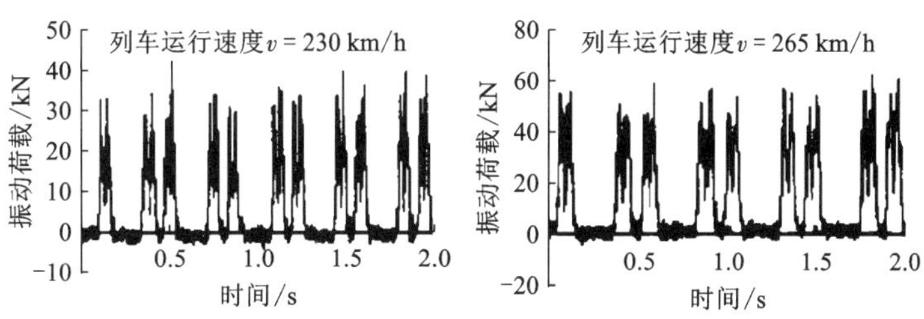

图 4　竖向振动荷载时程曲线

3 结语

(1)针对高速铁路列车动载特点，根据现场实测振动加速度时程曲线，应用振动反分析理论和有限元法，可以计算列车竖向振动荷载，建立不同运行速度下高速列车振动荷载计算模型，可进一步分析高速列车振动荷载作用下路基及周围环境的动力响应。

(2)当列车运行速度为 230 km/h 和 265 km/h 时，竖向振动荷载的最大值分别为 42.98 kN 和 59.32 kN，说明随着列车运行速度的提高，列车振动强度增大。

(3)计算分析表明，列车竖向振动荷载计算结果与现场测试加速度的准确度有关。同时，计算中阻尼参数、边界条件及计算范围选取对结果有影响。

(4)本文仅针对线弹性问题，用动力反分析和有限元法计算列车竖向振动荷载，而对于弹塑性等非线性问题有待进一步研究。

参考文献

[1] 梁波，蔡英.不平顺条件下高速铁路路基的动力分析[J].铁道学报，1999，21(2)：84-87.

[2] 张玉娥，白宝鸿.地铁列车振动对隧道结构激振荷载的模拟[J].振动与冲击，2000，19(3)：68-71.

[3] 聂志红，阮波，李亮.铁路道床路基动力响应的参数影响[J].交通运输工程学报，2004，4(1)：34-37.

[4] 高峰，李德武.应用振动反分析方法计算振动荷载[J].工程力学，1999，16(4)：91-96.

攀枝花尾矿砂动力特性试验研究

孙希望，张家生，陈敬松

中南大学土木建筑学院，湖南长沙，410075

摘要：对攀枝花尾矿砂常规动力三轴试验做了介绍，确定了该尾矿砂的动力参数，并分析了影响尾矿砂动力特性的几个因素，对尾矿坝的设计和施工具有一定的指导作用。

关键词：尾矿；尾矿坝；强度；动力特性；试验研究

尾矿堆积坝体一般较为松散，固结程度不高，坝体大部分呈饱和状态，自振周期相当长。这些性质决定尾矿坝对地震的作用极为敏感，根据国内外高尾矿坝的溃坝原因分析，由于地震引起的流滑在各类尾矿事故中是最严重的，尤其以上游法尾矿坝的震害较多。Vick 指出[1]：“迄今所报道的所有地震中发生流动破坏的尾矿坝都是用上游法建造的。”因此，研究尾矿坝的抗震稳定性尤为紧迫和必要。一般情况下，决定坝体是否采用动力稳定性分析取决于当地的地质构造活动，而实际上，地质构造活动是一个相对的概念，具有很大的不确定性，应该注意到，在大多数情况下，成矿的构造断裂带都与引起地震的构造活动有关，应当考虑它再次活动的可能[2]。

1　试验仪器和方法

本试验采用北京市新技术应用研究所生产的 DDS-70 型微机控制电磁式振动三轴试验系统。试样为直径 39.1 mm、高 80 mm 的圆柱体试件，试验振动频率为 1~10 Hz。

将击实成型的试样装入动三轴仪的压力室内，再将压力室的土样经过真空泵抽气，使其真空度接近一个大气压后，再经过压力室底部的排水阀门从试样底部徐徐注入蒸馏水使其饱和，直到从试样内抽出的蒸馏水不夹带气泡为止。

试样经过以上的方法饱和后，其孔隙水压力系数 $\beta(\beta=\Delta\mu/\Delta\sigma_3)$ 均达到 0.95 以上，然后按要求的应力状态进行固结。一般固结时间为 1~2 h。按固结稳定标准判断主固结完成后，进行不排水动力三轴试验。

破坏标准及破坏振次：试验中普遍采用正弦波形的循环应力，由此与实际产生的差异，在测试土的动强度时，《地基动力特性测试规范》(GB/T 50269—97)提出了等效破坏振次的概念来代替实际动荷载的循环作用次数，等效破坏振次与地震震级有关。近年来，我国地震部门广泛用式(1)来表示震中烈度(I_0)与震级(M)之间的关系[3]。

$$M = 0.68I_0 + 0.98 \tag{1}$$

参考式(1)，攀枝花地区的地震基本烈度为 7 度，若提高 1 度按 8 度考虑，则等效破坏振次为 8，在此取 10 次，同时本次实验亦将 20 次与 30 次的做一同步研究。为了对尾矿砂的抗震稳定性做出评价，通过动三轴试验测定了尾矿砂的动强度特性。控制条件见表 1，本项研究中采用 $\varepsilon_d=5\%$ 作为破坏标准。

2　试验结果

2.1　试验结果分析

由于动荷载是随时间变化的，故可将一定静应力状态下作用的动应力分为压和拉两个半周来研究。当固结比 $K_c=1$ 时，动应力压半周试样的受力状态相当于三轴压缩，动应力拉半周试样的受力状态相当于三轴拉伸。当固结比 $K_c>1$ 时，动应力压半周试样的受力状态也相当于三轴压缩，而动应力拉半周试样的受力状态究竟属于三轴压缩还是三轴拉伸，由试样在动应力作用下所受的轴向应力与侧向应力来决定。若轴

孙希望，张家生，陈敬松. 攀枝花尾矿砂动力特性试验研究[J]. 山西建筑，2005，31(18)：10-11.

向应力大于侧向应力，则试样的受力状态是三轴压缩；若轴向应力小于侧向应力，则试样的受力状态属于三轴拉伸。即在振动过程中，试样是否处于拉压状态，由 $\sigma_d-(\sigma_{1c}-\sigma_{3c})$ 是否大于 0 来决定。当 $\sigma_d-(\sigma_{1c}-\sigma_{3c})>0$ 时，即动应力 σ_d 形成拉应力，使试件伸长；反之，试样一直处于压缩状态。从另一个角度来看，试样处于何种状态取决于试样 45°面上动应力是否能够反向。

表 1　动三轴试验控制条件表

固结比 K_c	1.0	1.5	2.0
围压 σ_{3c}/kPa	100	100	100
	200	200	200
	300	300	300

2.2　动剪强度与破坏振次的关系

土的动剪强度是指土在一定的应力循环次数作用下产生某一指定应变所需的动应力。动剪应力为：

$$\tau_d=\frac{1}{2}\sigma_d \tag{2}$$

式中：σ_d 为轴向动应力幅值。

摩尔-库仑抗剪强度理论仍适用于振动情况。试验的目的是求出动抗剪强度参数即动内摩擦角 φ_d 和动凝聚力 C_d。

$$\tau_d=\sigma\cdot\tan\varphi_d+C_d \tag{3}$$

本次实验动剪强度曲线见图 1，其中仅以 $\rho_d=1.90$，$K_c=1.0$[图 1(a)]和 $\rho_d=2.04$，$K_c=2.0$[图 1(b)]为例。

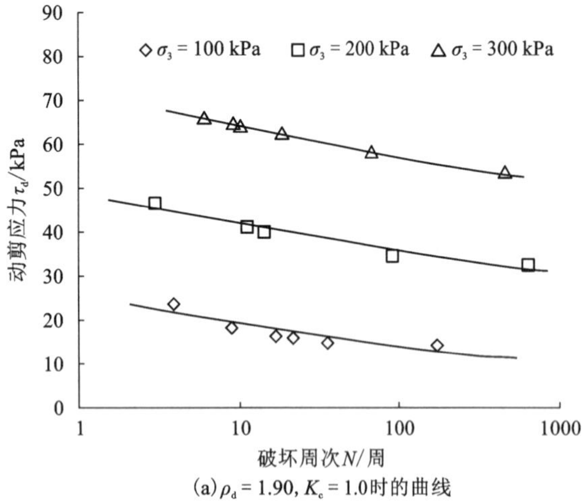

(a) $\rho_d=1.90$, $K_c=1.0$时的曲线

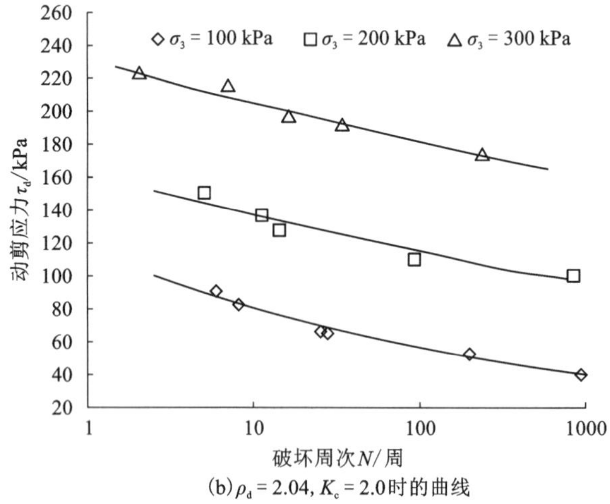

(b) $\rho_d=2.04$, $K_c=2.0$时的曲线

图 1　动剪切强度曲线

在同一个固结比的动剪应力 τ_d 与破坏振次关系曲线上截取不同围压作用下破坏振次为 10 次、20 次和 30 次相对应的动剪应力 τ_d，并以总剪应力 τ_{sd}[$\tau_{sd}=(\sigma_{1c}-\sigma_{3c}+\sigma_d)/2$]为纵坐标，以主应力 σ 为横坐标，以[$(\sigma_{1c}+\sigma_{3c2})/2+\tau_d$]为圆心，以[$(\sigma_{1c}-\sigma_{3c2})/2+\tau_d$]为半径，绘制总应力剪切强度包线，求得不同破坏振次下总动内摩擦角 φ_d 和总动凝聚力 C_d。结果整理如表 2 所示。

表 2 结果整理表

土样名称	密度/(g·cm^{-3})	固结比 K_c	10 周 C_d/kPa	10 周 φ_d/(°)	20 周 C_d/kPa	20 周 φ_d/(°)	30 周 C_d/kPa	30 周 φ_d/(°)
细砂	2.04	1.0	3.7	12.3	1.2	12.1	0.8	11.8
		1.5	1.8	25.3	0.2	25.1	0.0	24.9
		2.0	8.8	32.0	5.1	31.8	2.9	31.7
	1.90	1.0	0.0	10.0	0.0	9.5	0.0	9.3
		1.5	0.9	24.3	0.0	23.8	0.0	23.4
		2.0	5.6	30.3	2.0	30.0	0.0	29.8

以上结果可以得出如下结论:

(1)该尾矿砂对密度的变化反应不是很灵敏,动力参数总体上大密度要高于小密度。

(2)C_d 随固结比的增加有增大趋势,但规律不太明显,随等效周次的增大而减小。φ_d 随固结比的增大而增大,随等效周次的增大而减小。

(3)随着等效振次的增加,C_d 和 φ_d 都略有降低,反映出该尾矿坝对地震等级反应不是很灵敏。

2.3 细砂动应力 σ_d 与固结比 K_c 关系分析

图 2 显示了细砂动应力与固结比关系。

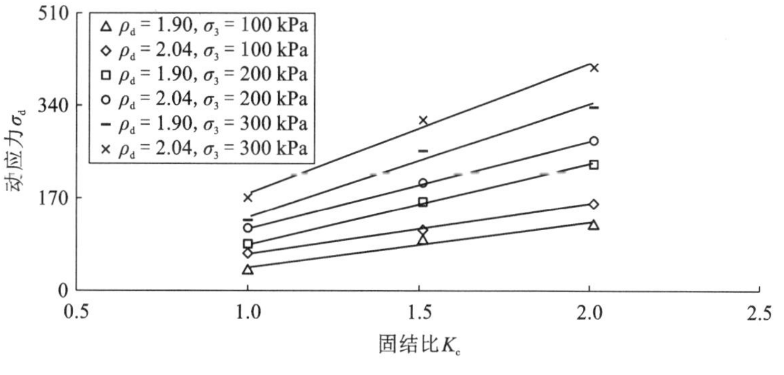

图 2 细砂动应力与固结比关系

由图 2 可以得出如下结论:

(1)随着围压的增大,动剪强度也在增大,且围压越大,等效线越陡。

(2)随着固结比的增大,动剪强度也在增大,反映出固结比对该尾矿坝的影响较大。

(3)干密度越大,动剪强度越大,且两种干密度的等效线基本保持平行。

2.4 尾矿砂动应变与周次的关系曲线

土在动力作用下的变形特性受很多因素的影响,在微小应变范围内可视为弹性变形,当应变在 1×10^{-4} 以上时非线性变形性质显著。影响土变形的主要因素有剪应变幅值、平均有效应力、孔隙比等,次要因素有饱和度、超固结比、加荷频率、土粒特征、土的结构等[4]。

动应力-应变关系如下:

(1)相同固结比,相同动应力幅值下,砂土随着围压的增大,达到破坏的振动次数增大。

(2)相同固结比,相同围压下,随着动应力幅值的增大,达到破坏的振动次数减小。

(3)相同固结比相同动应力幅值,相同围压下,随着干密度的增大,达到破坏的振动次数增大。

(4)相同围压,相同干密度,相同破坏振次下,随着固结比的增大,动应力幅值迅速增大,而且轴向动应变与振动周次的变化曲线的趋势较一致。

(5)砂土的破坏具有突然性破坏，随着振动次数的增大，动应变发展较慢，当达到一定的次数时，动应变发展迅速，并产生液化现象。

3 结语

根据攀枝花地区的地震活动情况和我国地震部门广泛采用的经验公式，确定了本次试验研究的等效破坏振次和破坏标准。依据试验结果，得出了攀枝花尾矿坝的动力参数，并通过对动力参数影响因素的分析得出：该尾矿砂中具有微量的黏土粒存在；密度对动力参数的影响并不是很明显；固结比对动应力影响很大，且随着围压的增加，固结比对动应力的影响增大；通过对等效破坏振次的研究得出，该尾矿坝对地震等级反应不是很灵敏；利用动应力-应变关系曲线分析了围压、动应力幅值和密度对该尾矿砂的影响。

参考文献

[1] Vick S G. Risk-Based Approach to Seismic Stability and Inundation Hazard for Upstream Tailings Dams[A]. Proc. International Symposium on Safety and Rehabilitation of Tailings Dams[C]. I COLD, Sydney, Australia, May 23, 2, 1990.

[2] 中华人民共和国机械部. 地基动力特性测试规范：GB/T 50269—97[S]. 北京：中国计划出版社，1997.

[3] 张倬元，王士天，王兰生. 工程地质什析原理[M]. 北京：地质出版社，1994：67-83.

[4] 钱家欢，殷宗泽. 土工原理与计算[M]. 北京：中国水利水电出版社，1996：92-107.

应力剪胀对浅埋偏压隧道破坏面形状的影响

张 韬，张家生，王金明

中南大学土木建筑学院，湖南长沙，410075

摘要：采用有限差分软件，对浅埋偏压单线铁路隧道和四车道公路隧道进行数值模拟。研究了围岩的松动土体力学行为，主要考虑应力剪胀对浅埋偏压隧道破坏面形状的影响，并将数值模拟的结果与规范理论解进行了比较。结果表明：剪胀角对浅埋偏压隧道围岩位移和破坏面形状有较大的影响。因此，在确定浅埋偏压隧道围岩松动压力时应该考虑剪胀对破坏面形状的影响。

关键词：剪胀；浅埋偏压隧道；破坏面；破裂角

在隧道修建中，通常会出现浅埋偏压的情况，特别是在隧道进出口处和沿山傍河处。浅埋偏压隧道围岩多为Ⅳ级以上软弱围岩，力学性质复杂，而且受偏压影响，地应力分布不均。尽管目前某些隧道设计规范对浅埋偏压隧道荷载的计算方法做出了规定，但由于地下工程所处的地质环境条件极为复杂，围岩的参数不易确定，荷载与抗力都不很明确，对浅埋偏压隧道松动土体力学行为尚未充分认识。鉴于此，国内有不少学者对浅埋隧道的松动土体力学行为以及破裂角进行了研究。王兵和谢锦昌[1-2]通过模型试验对浅埋隧道的松动荷载和破裂角进行了研究，认为现行规范只按内摩擦角来计算侧压力系数，不考虑黏聚力消失的情况，这是不安全的；蹇大锋等[3]为了进一步探索在非均质、非连续介质条件下开挖隧道后围岩变形、裂缝及破裂角的出现情况，在王兵、谢锦昌的基础上对土砂互层中浅埋隧道破裂角及破坏情况进行了试验研究，分析了其力学特性。

但是，国内外还没有研究剪胀对浅埋偏压隧道破坏面形状影响的研究。不少研究表明：应力剪胀对围岩的力学行为产生较大影响；张培文和陈祖煜[4]研究了剪胀角对地基承载力的影响，得出了地基承载力随剪胀角增加而增加的结论；杨小礼和眭志荣[5]研究了剪胀角对浅埋隧道稳定性系数的影响，认为浅埋隧道的稳定性随剪胀角的增加而增加。岩石材料与其他材料相比最突出的特性之一就是岩石具有受剪时体积发生变化即剪胀的特性，因此研究应力剪胀对浅埋偏压隧道破坏面形状的影响具有一定的实际意义。本文通过有限差分软件FLAC3D对浅埋偏压隧道松动土体力学行为进行模拟，研究了应力剪胀对隧道破坏面形状的影响，从而为浅埋偏压隧道围岩松动压力的确定以及衬砌的设计提供了参考。

1 破裂角规范解

现行的隧道设计规范[6-7]假定岩体中形成的破裂面是一条与水平面夹角为β的斜直面，如图1所示。浅埋偏压隧道两侧破裂角β_1、β_2由下式确定：

$$\tan\beta_1=\tan\varphi_0+\sqrt{\frac{(\tan^2\varphi_0+1)(\tan\varphi_0+\tan\alpha)}{\tan\varphi_0-\tan\theta}} \tag{1}$$

$$\tan\beta_2=\tan\varphi_0+\sqrt{\frac{(\tan^2\varphi_0+1)(\tan\varphi_0+\tan\alpha)}{\tan\varphi_0-\tan\theta}} \tag{2}$$

式中：φ_0为岩体计算摩擦角；θ为拱顶土柱与两侧三棱体之间的摩擦角；α为斜坡面的坡角。其中φ_0和θ的取值根据最新的铁路隧道设计规范和公路隧道设计规范来选取。

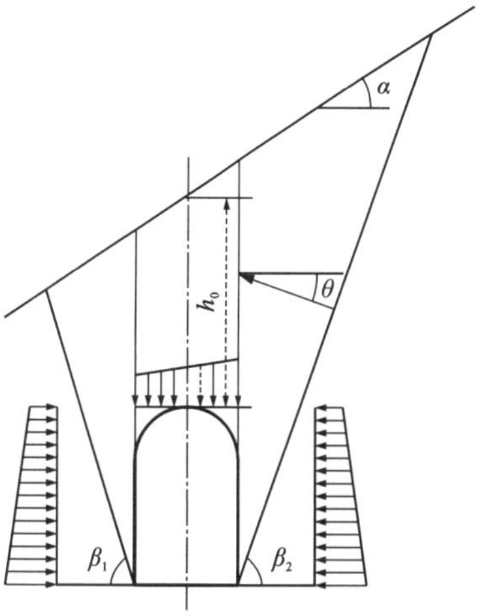

图1 浅埋偏压隧道荷载计算简图

张韬，张家生，王金明. 应力剪胀对浅埋偏压隧道破坏面形状的影响[J]. 浙江交通职业技术学院学报，2009，10(1)：21-24.

2 数值模拟

2.1 建模

数值模拟中，单线铁路隧道为标准电气化铁路隧道，埋深为 15 m，计算范围水平方向取 60 m，竖直方向最大 68 m，网格模型总共划分 2156 个单元；四车道公路隧道按龙头山隧道洞口浅埋处断面选取，埋深 25 m，计算范围水平方向取 80 m，竖直方向最大 73 m，网格模型总共划分 3545 个单元，隧道偏压角度均为 25°。模型左右边界条件为水平位移约束，底部边界条件为竖向位移约束，围岩顶部边界条件为自由边界。本文数值模拟采用弹塑性 Mohr-Coulomb 模型，计算过程中，分别取剪胀角为 0、$\varphi/3$、$2\varphi/3$、φ 来进行计算。为了能更清楚地得到围岩的破坏面情况，单线铁路隧道围岩等级取为Ⅵ级，四车道公路隧道围岩等级取为Ⅴ级，围岩参数以及破裂角的规范解见表 1，表 1 中 γ、E、μ、C、φ 分别为围岩重度、弹性模量、泊松比、黏聚力以及内摩擦角。

表 1　围岩参数与破裂角规范解

标定车参数	$\gamma/(\mathrm{kN\cdot m^{-3}})$	E/GPa	μ	C/kPa	$\varphi/(°)$	破裂角规范解/(°)	
单线铁路隧道	17	0.4	0.45	40	18	$\beta_1=66.88$	$\beta_2=58.9$
四车道公路隧道	19	1.0	0.40	100	25	$\beta_1=74.7$	$\beta_2=69.6$

2.2 围岩位移分析

图 2 为单线铁路隧道围岩位移矢量随着剪胀角的变化而变化的情况。从图 2 中可以看出：无论剪胀角如何变化，围岩最大位移矢量始终发生在隧道拱顶和边墙处；不考虑围岩的剪胀效应时[即剪胀角为零，如图 2(a)所示]，隧道上方围岩松动区域比较明显，松动区域与未松动区域之间可看到较明显的分界线，且松动区域延伸至地表；随着剪胀角的增大，围岩松动区域逐渐减小；当剪胀角等于摩擦角时，隧道上方的松动区域集中在隧道边墙和拱顶较小范围内，隧道的破坏表现为边墙两侧和拱顶小范围的掉块和塌方。

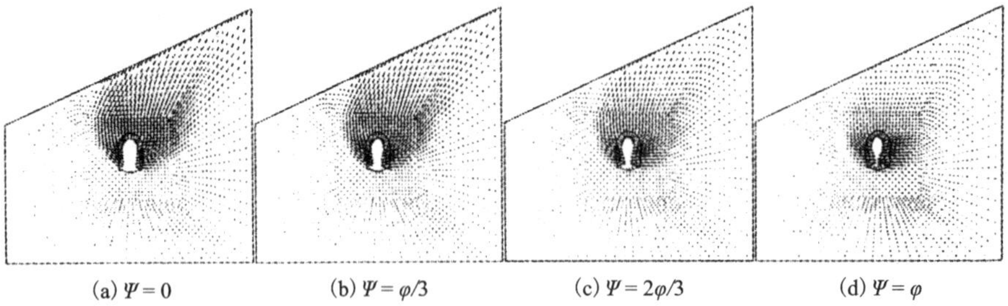

(a) $\Psi=0$　(b) $\Psi=\varphi/3$　(c) $\Psi=2\varphi/3$　(d) $\Psi=\varphi$

图 2　单线铁路隧道围岩位移矢量

图 3 给出了四车道公路隧道围岩位移矢量随剪胀角变化而变化的情况。四车道公路隧道围岩位移矢量随剪胀角的变化情况与单线铁路隧道具有相似的特点：围岩松动区域随剪胀角的增加而减小。由于其跨度

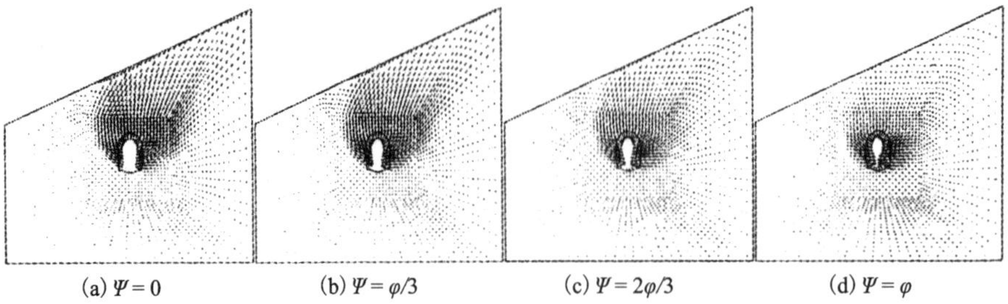

(a) $\Psi=0$　(b) $\Psi=\varphi/3$　(c) $\Psi=2\varphi/3$　(d) $\Psi=\varphi$

图 3　四车道公路隧道围岩位移矢量

明显比单线铁路隧道要大，因此四车道公路隧道围岩的松动情况与单线铁路隧道又有一定的差别：四车道公路隧道围岩松动区域与未松动区域之间的分界线比单线铁路隧道要清晰，松动区域的范围要比单线铁路隧道要大。

2.3 破坏面形状分析

图4为单线铁路隧道围岩最大剪切应变率图，从图4中可以清楚地看到隧道破坏面形状随剪胀角变化而变化的情况。不考虑围岩的剪胀效应时[即剪胀角为零，如图4(a)所示]，破坏面比较清晰，且基本延伸至地表，左侧破坏面大致呈抛物面形状分布，由于左侧岩体受到右侧岩体的挤压，左侧破坏面处于被动破坏状态，从图4(a)中可以发现左侧破坏面在拱顶上方有向右偏转的趋势，如图4(a)中的黑色曲线所示，其切线与水平方向的夹角约为60°，与破裂角规范解的相对误差为10.44%；右侧破坏面呈带状分布，破裂角约为49°，比规范解偏小，相对误差为16.8%，这可能是因为右侧破坏面处于主动破坏状态，破坏面形成后其上的黏聚力将消失，而规范解未考虑黏聚力消失的情况。在文献[2]中，谢锦昌等对浅埋隧道的破裂角进行了试验研究，其隧道破坏面与本文的右侧破坏面一样也处于主动破坏状态，按现行规范，破裂角的计算值为62.41°，而实测值比计算值偏小，为51.11°，相对误差为18.1%，与本文模拟结果较为吻合。随着剪胀角的增加，围岩的松动范围明显减少，破坏面也随之缩小，且破裂角有稍稍增大的趋势，当剪胀角等于摩擦角时，仅在隧道边墙两侧和拱顶能看到较小的破坏面。

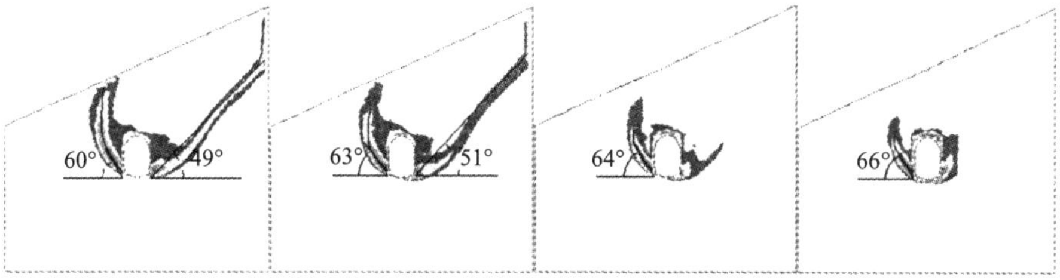

(a) $\Psi=0$　(b) $\Psi=\varphi/3$　(c) $\Psi=2\varphi/3$　(d) $\Psi=\varphi$

图4 单线铁路隧道围岩最大剪切应变率

由于跨度较大，四车道公路隧道与单线铁路隧道的破坏面形状有一定区别，但剪胀角对破坏面形状的影响基本与单线铁路隧道相似，如图5所示。从图5(a)中可以看到：当剪胀角等于零时，左侧破坏面几乎与水平面垂直，这与规范解相对误差为20.8%，有一定差别，而且还出现了次生破坏面；右侧破坏面几乎为一斜直面，破裂角约为60°，与规范解的相对误差为13.8%。随着剪胀角增大，破坏面逐渐缩小，破裂角稍稍减小，当剪胀角等于摩擦角时，破坏面仅延伸到隧道拱顶上方即隧道开挖高度的$\frac{3}{5}$处。

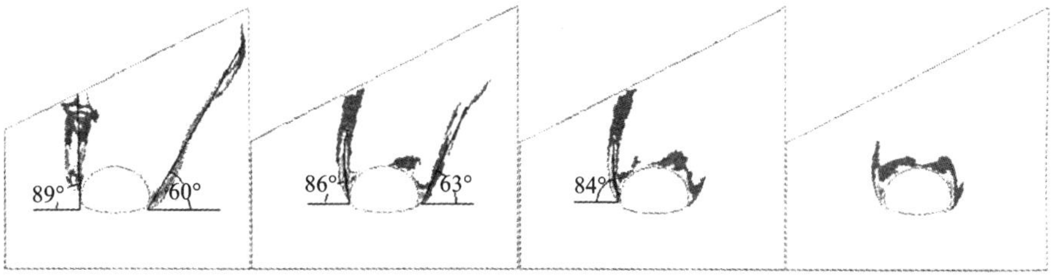

(a) $\Psi=0$　(b) $\Psi=\varphi/3$　(c) $\Psi=2\varphi/3$　(d) $\Psi=\varphi$

图5 四车道公路隧道围岩最大剪切应变率

通过数值模拟结果与规范解的对比发现：不考虑围岩的剪胀效应时，浅埋偏压隧道左侧破裂角采用规范解对单线铁路隧道来说是安全的，对四车道公路隧道来说则有点保守；相反，数值模拟得到的右侧破裂角均小于规范解，这与文献[2]所得的试验结果吻合，因此计算右侧破裂角时建议在规范解的基础上折减10%~20%；在剪胀角不等于零，尤其是剪胀角较大时，采用破裂角的规范解进行隧道设计将偏于保守。

3 结论

浅埋偏压隧道围岩松动范围的大小以及破裂角是确定围岩松动压力的基础，本文研究了应力剪胀对浅埋偏压隧道破坏面形状的影响，并将模拟结果与现行规范解进行了对比，得到如下结论：

(1)剪胀角对浅埋偏压隧道围岩位移有较大的影响。随着剪胀角的增大，围岩的松动范围逐渐减小，最后主要集中在拱顶和边墙两侧较小的范围内。

(2)剪胀角对浅埋偏压隧道围岩破坏面形状的影响较大。剪胀角为零时，破坏面清晰可见，且延伸至地表；随着剪胀角的增大，破裂角稍稍增大，且破坏面逐渐缩小；剪胀角等于摩擦角时，破坏面仅分布在拱顶和边墙两侧较小的范围内。

(3)剪胀角为零时，在埋深较小的一侧，单线铁路隧道破裂角采用规范解是安全的，四车道公路隧道则有点保守；在埋深较大的一侧，无论是单线铁路隧道还是四车道公路隧道，破裂角均小于比规范解，为了安全计算破裂角，建议在规范解的基础上折减10%~20%。

参考文献

[1] 王兵，谢锦昌. 偏压隧道模型试验及可靠度分析[J]. 工程力学，1998(1)：85-93.

[2] 谢锦昌，王兵. 浅埋隧道荷载的试验研究[J]. 铁道标准设计，1995(11)：27-30.

[3] 骞大锋，王兵，谢锦昌. 土砂互层中浅埋隧道破裂角及破坏试验研究[J]. 兰州铁道学院学报，1999(3)：25-29.

[4] 张培文，陈祖煜. 剪胀角对地基承载力的影响[J]. 岩土力学，2006(3)：463-465.

[5] 杨小礼，眭志荣. 应力剪胀对浅埋隧道稳定性系数的影响[J]. 中南大学学报(自然科学版)，2008(1)：190-195.

[6] 铁道第二勘察设计院. 铁路隧道设计规范：TB 10003—2005[S]. 北京：中国铁道出版社，2005.

[7] 重庆交通科研设计院. 公路隧道设计规范：JTG D70—2004[S]. 北京：人民交通出版社，2004.

水泥改良泥质板岩粗粒土的静、动力学特性试验

陈乐求[1,2]，张家生[1]，陈俊桦[1]，陈积光[2]

1. 中南大学土木工程学院，湖南长沙，410075
2. 湖南理工学院土木建筑工程学院，湖南岳阳，414006

摘要：为综合评价水泥改良泥质板岩粗粒土的力学性质改良效果，利用大型静动三轴仪对改良土和未改良土开展不排水条件下的循环动力加载和单调加载试验。研究该改良土的循环动力特性和中低应变率单调加载下的静、动力学特性。研究表明，对于循环动力加载试验，围压和加载频率均是影响改良土动弹性模量和阻尼比的重要因素；循环动应力强度和破坏振次的对数近似呈线性递减关系；随着应变率增大，水泥改良泥质板岩土的静、动应力强度之比显著增加。相对未改良土，改良土的刚度显著提高，而黏滞性减弱；改良土动应力强度的应变率效应显著增大；改良土的静力强度有了显著提高。改良土相差不大的内摩擦角和未改良土，而它的黏聚力较未改良土有了很大的增加。水泥改良泥质板岩粗粒土后的静、动力学性质得到提高，改良效果较好。

关键词：土力学；应变率效应；循环加载；单调加载；动弹性模量；阻尼比

1 引言

当拟用于填筑路基的土具有遇水易膨胀、易崩解和易湿陷等不良性质时，需对该土进行化学改良。目前，化学改良土已经广泛应用于填筑公路路基、铁路路基等，其静、动力学特性是这些工程领域的研究热点[1-10]。

路面上作用的交通动荷载通常为随机循环动荷载和冲击荷载。但是，目前无论是针对普通土(非改良土)还是针对化学改良土，土的动力特性研究主要考虑循环动力作用，如文献[10-11]的研究，很少会考虑冲击动力作用。化学改良的方式主要分为石灰改良和水泥改良两种，是通过化学反应改变土体内部的联结结构，从而增大黏聚力、提高刚度、减小水的渗透性以及水侵效应。化学改良土的力学性质一般介于普通土和混凝土之间。与普通土相比，化学改良土的黏聚力较大，刚度较强，具备一定的抗冲击能力。因此，从工程应用出发，化学改良土的动力性质研究应包括循环动力性质和冲击动力性质。

一般利用振动三轴、共振柱和动力离心机等试验研究土的循环动力性质[12-13]。其中振动三轴试验是最常用的方法，通常用来研究动力强度、阻尼比和动弹性模量这些参数随围压、加载频率和含水率等因素的变化规律。在冲击荷载作用下，混凝土、岩石等材料的力学性质研究主要针对材料强度的应变率效应[14-15]。当应变率较低(数量级一般大于 10^{-5} 和小于 10^{-2})时[15]，可以忽略惯性影响，通常利用高压三轴仪器进行试验研究。该试验属于中低应变率单调加载试验，分为拟动态(拟冲击)试验和静态试验。拟动态试验的应变率范围为 $10^{-4}\sim10^{-2}$ s^{-1}。静态试验针对静力强度等静力性质研究，应变率一般小于 10^{-4} s^{-1}[15-16]。应变率较高(一般大于 10^{2} s^{-1})时，因爆炸和高速冲击等作用[15-18]，通常采用 SHPB、轻气炮和平面波发生器等试验进行研究。对于道路工程，路面上冲击现象通常由路面不平顺引起，如车辆跳跃引起的冲击，一般为低速冲击，属于中低应变率作用。

泥质板岩在我国分布较广，不少公路和铁路建设项目经过泥质板岩区域，如武—广客运专线途经的湖南岳阳地区就是典型的泥质板岩区。在干燥条件下，泥质板岩粗粒土具有柔度小、弹性变形范围大、承载力高等特点，是良好的路基填料。但由于泥质板岩富含黏土矿物成分，风化后形成的泥质板岩土保留了母岩的性质，遇水易软化、崩解，水稳性差，所以，从安全问题角度出发，泥质板岩粗粒土通常不能满足公

陈乐求，张家生，陈俊桦，等. 水泥改良泥质板岩粗粒土的静、动力学特性试验[J]. 岩土力学，2017，38(7)：1903-1910.

路、铁路路基等基础工程的填筑要求，需要经过化学改良。为此，本文利用大型高压静动三轴仪进行不排水试验，研究水泥改良后泥质板岩粗粒土的循环动力性质和中低应变率作用下的静、动力性质，分析静、动力强度和动弹性模量及阻尼比等参数的变化规律，评价改良土静、动力学性质的改良效果，以期能较为全面地反映水泥改良泥质板岩粗粒土的静、动力学特性，为评价水泥改良效果等工程应用提供参考。

2 改良土静动三轴试验方案

2.1 试验材料及其物理参数

试验所取土样来自湖南省岳阳市区，土样为褐黄色泥质板岩土。土中白云母与绿泥石等亲水矿物成分的含量较高。土样遇水易软化，崩解，水稳性差。土样的天然含水率为 5%～20%，密度为 1.04～1.70 g/cm^3。土样的粒径小于 60 mm，土样的级配曲线见图 1。不均匀系数为 29.2，曲率系数为 7.3，细颗粒含量为 5.7%。根据《土的工程分类标准》[19]，土样为级配不良的含细粒土砾。

2.2 试验设计

试验设备为 TAJ-2000 大型静动高压三轴仪。改良加固剂为普通硅酸盐水泥 P.O32.5。现有研究表明[20-21]：当土中水泥的质量分数≥4%时，改良土的静力强度和水稳性均可满足路基设计要求。通常当标准养护龄期达到 28 d 后，水泥的强度逐渐步入稳定阶段。本文试验在泥质板岩粗粒土中掺入质量分数为 5%的水泥，以 95%的压实度、15%的含水率和 2.20 g/cm^3 的干密度制作试样。试样为圆柱体，其直径为 300 mm，高为 600 mm。当试样的养护龄期达到 28 d 时，进行试验。

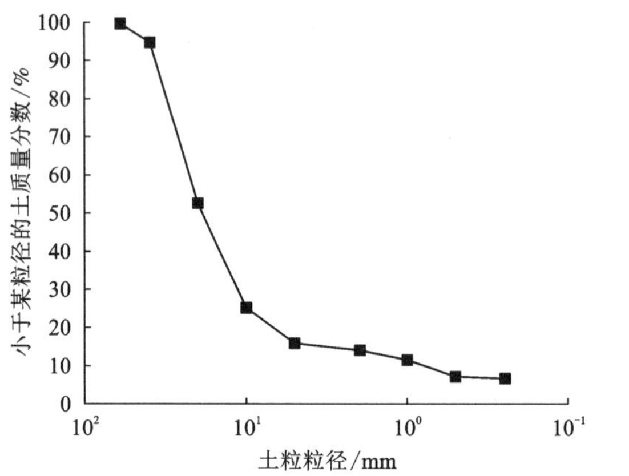

图 1 泥质板岩粗粒土的级配曲线

试验分为循环动力加载试验和中低应变率单调加载试验，主要的试验条件及方法为：

(1)对于循环动力加载试验，虽然影响土的力学性质因素很多，包括孔隙比、含水率、围压、加载动应力幅值和加载频率等，但是围压、加载动应力幅值及加载频率是最常用的试验控制参数[21]。因此，本文主要的试验控制参数为围压、动应力幅值和加载频率。围压 σ_3 分别为 100、150 和 300 kPa。频率 f 为 1、2 和 4 Hz。循环动力加载试验包括动弹性模量与阻尼比试验和循环动应力强度试验。先采用等向固结的方式施加静荷载，然后在不排水条件下，从轴向施加正弦波形式的动应力。试验其他步骤以及试验结果的处理方法等见文献[2]和[22]。

(2)对于中低应变率单调加载试验，围压 σ_3 分别为 100、150 和 300 kPa，应变率分别为 2.8×10^{-5}、5.6×10^{-5}、1.4×10^{-4}、2.8×10^{-4}、5.8×10^{-4} 和 1.4×10^{-3} s^{-1}。先采用等向固结的方式施加静荷载，然后在不排水条件下，通过应变控制模式在轴向以设定的应变率施加荷载。

3 试验结果及分析

3.1 循环动力加载试验结果及分析

(1)动弹性模量。

图 2 为频率 f=4 Hz 时、不同围压 σ_3 下的动弹性模量 E_d 和动应变幅值 ε_d 的关系曲线。从图 2 可以看出，改良土的动弹性模量随动应变幅值增大而减小，且这种衰减程度也随动应变幅值的增大而逐渐减小，即动弹性模量衰减曲线近似为双曲线。因此，在循环动力作用下，泥质板岩改良粗粒土动应力与应变骨干曲线符合 Hardin 等提出的等效黏弹性关系，骨干曲线

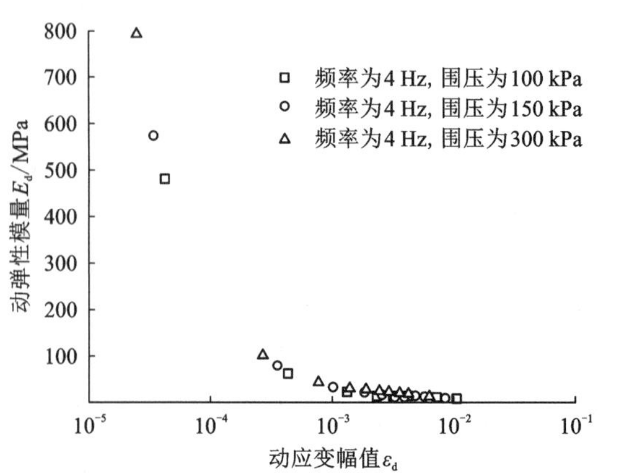

图 2 动弹性模量与动应变幅值关系曲线

关系式表示为[22]：

$$\sigma_d = E_d \varepsilon_d \tag{1}$$

$$\frac{E_d}{E_0} = \frac{1}{1 + k_1 \varepsilon_d} \tag{2}$$

$$E_0/p_0 = k_2(\sigma_3/p_0)^{k_3} \tag{3}$$

式中：σ_d 为动应力幅值；ε_d 为动应变幅值；E_d 为动弹性模量；E_0 为初始动弹性模量；p_0 为参考压力，可取 p_0=100 kPa；k_1、k_2 和 k_3 均为拟合参数。

由试验结果和式(2)、式(3)拟合得到参数 E_0、k_1、k_2 和 k_3，拟合参数分别见表 1 和表 2。典型的动弹性模量和动应变幅值之间拟合关系曲线见图 3。图 3 中拟合曲线的相关系数为 0.95，拟合效果良好，这表明式(2)和式(3)适合描述改良土动弹性模量随动应变幅值变化的规律。

表 1　参数 E_0 和 k_1

f/Hz	σ_3=100/kPa		σ_3=150/kPa		σ_3=300/kPa	
	E_0/MPa	k_1	E_0/MPa	k_1	E_0/MPa	k_1
1	960.6	31431.2	1220.2	39930.2	1828.2	59782.3
2	1095.1	35815.2	1356.7	44346.5	1963.0	64251.9
4	1394.9	45 657.3	1668.7	54433.2	2285.1	74783.6

表 2　参数 k_2 和 k_3

f/Hz	k_2	k_3
1	1.5×10^{-7}	1.7
2	2.6×10^{-8}	1.9
4	6.5×10^{-10}	2.2

根据表 1 数据，可画出 E_0、f、σ_3 之间的关系曲线，见图 4。从图 4 可以看出，相同 f 作用下，E_0 随 σ_3 的增大而增大；同一 σ_3 作用下，随着 f 的增大，E_0 同样增大。总体来看，围压和加载频率均对初始动弹性模量有影响。初步分析可知，围压越大，试样受到的侧向约束越大，其轴向越难产生变形，相同动应力幅值作用下，根据式(1)计算得到的初始 E_0 也越大。在正弦波荷载作用下，动应力幅值相同时，f 越大，动荷载的加载速率越大。而通常动荷载的加载速率越大，岩土等固体材料表现出的黏性也越显著，此时，试样往往来不及发生变形。因此，当 f 较大时，动荷载的加载速率也较大，土体黏性较显著，轴向动力变形的增长速率比应力的增长速率慢，根据式(1)计算得到的初始动弹性模量则较大。

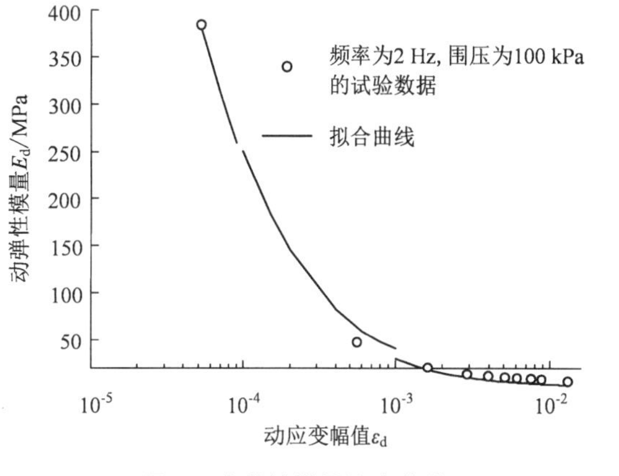

图 3　动弹性模量拟合曲线

土的刚度可以用动弹性模量衡量，本文利用初始动弹性模量评价土的刚度改良效果。在围压为 100 kPa、频率为 4 Hz 时，未改良土和改良土的初始动弹性模量分别为 872.3 MPa 和 1394.9 MPa。改良后，土的初始动弹性模量增幅约 60%，这表明水泥改良后，泥质板岩粗粒土的刚度显著增强。

(2)阻尼比。

阻尼比随动应变幅值变化的典型曲线见图 5。从图 5 可以看出，阻尼比随动应变幅值的增大而增大，但增大速率逐渐放缓并趋于稳定。因此，改良土阻尼比变化曲线的形状近似为双曲线，符合 Hardin 等提出的等效黏性阻尼与动应变幅值之间的关系，该关系式为[22]：

$$\frac{\lambda_d}{\lambda_{max}} = \frac{k_\lambda \varepsilon_d}{1 + k_\lambda \varepsilon_d} \tag{4}$$

式中：λ_{max} 为最大阻尼比；k_λ 为拟合参数。

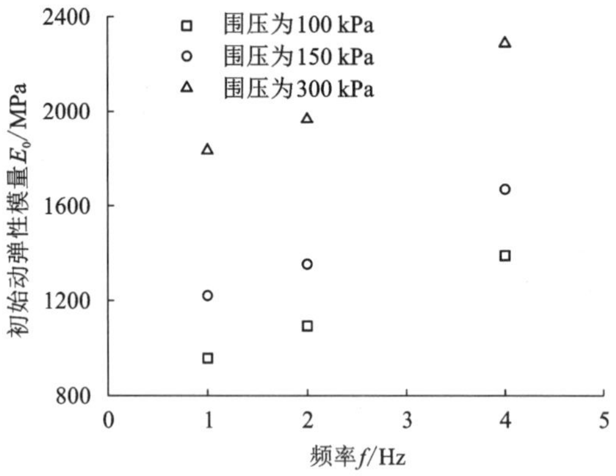

图 4　初始动弹性模量和围压以及加载频率之间的关系

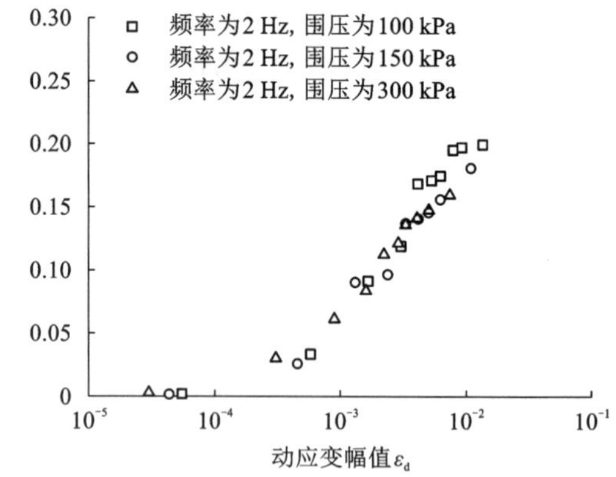

图 5　阻尼比与动应变幅值关系曲线

由图 5 可知，频率和动应变幅值相同时，围压越大，阻尼比越小。初步分析原因可知，围压较大时，土中的孔隙被压缩，土样较为密实，此时，土的黏性变形较小，黏滞性消耗的外力功也较小。而等效阻尼比越大意味着土对外力功的消耗也越大，因此，阻尼比随围压增大而减小。

拟合参数 λ_{max} 和 k_λ 见表 3。典型的阻尼比随动应变幅值变化的拟合曲线见图 6。图 6 中拟合曲线的相关系数为 0.96，拟合效果良好。因此，式(4)适合描述改良土阻尼比随动应变幅值变化的规律。

表 3　参数 λ_{max} 和 k_λ

f/Hz	σ_3 = 100/kPa		σ_3 = 150/kPa		σ_3 = 300/kPa	
	λ_{max}	k_λ	λ_{max}	k_λ	λ_{max}	k_λ
1	0.22	313.9	0.19	360.5	0.17	487.8
2	0.26	358.9	0.22	438.1	0.20	540.4
4	0.30	461.6	0.25	593.5	0.21	807.8

根据表 3，最大阻尼比与围压、加载频率之间的关系见图 7。由图 7 和表 3 可知，动应变幅值和频率相同时，最大阻尼比随围压的增加而减小；动应变幅值和围压相同时，最大阻尼比随加载频率的增加而增大。即围压和加载频率都对改良土最大阻尼比有重要的影响。

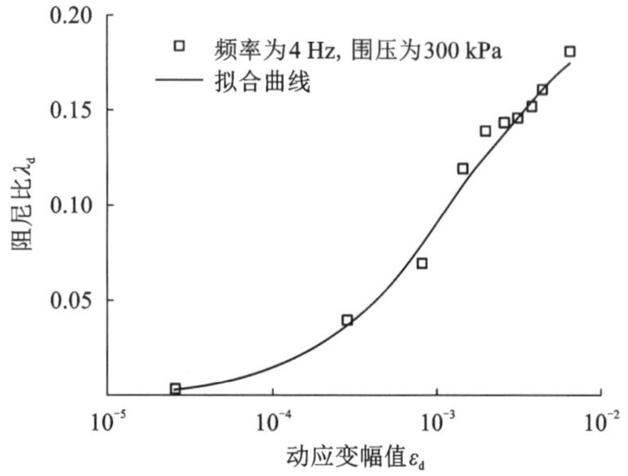

图 6　阻尼比与动应变幅值的拟合关系

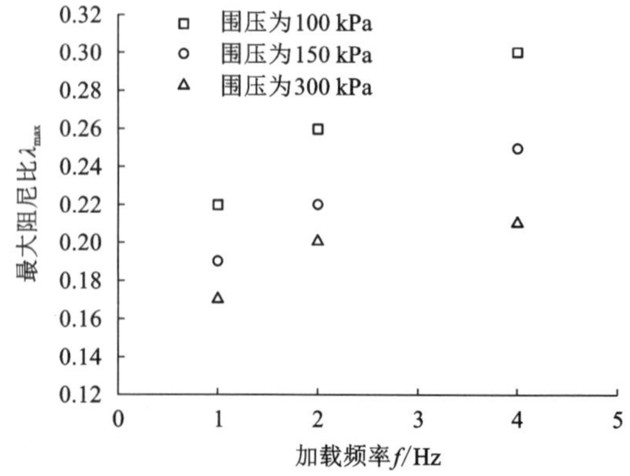

图 7　最大阻尼比与加载频率以及围压之间的关系

在围压为 150 kPa、频率为 2 Hz 时，未改良土和改良土的最大阻尼比分别为 0.31、0.22。即改良后，最大阻尼比减小 29%。由于阻尼的比大小代表了材料因黏滞性而耗散外力功的能力，因此，水泥改良后，泥质板岩粗粒土的黏滞性减弱。

(3)循环动应力强度。

循环动应力强度 σ_{df} 和相应的破坏振次 N_f 之间的关系见图 8。N_f 定义为轴向累积应变达到 5%时的循环振次，即破坏振次。图 8 中，无论是改良土，还是未改良土，土的动应力强度均随破坏振次的增大而降低。动应力强度与破坏振次对数之间的关系近似为线性递减，可采用式(5)表示：

$$\sigma_{cf}/\sigma_3 = - m_1 \lg N_f + m_2 \tag{5}$$

式中：σ_{cf} 为循环动应力强度；σ_{cf}/σ_3 为循环动静应力比；m_1 和 m_2 为拟合参数；N_f 为破坏振次。

对于改良土，根据式(5)，得到拟合参数 m_1 和 m_2 分别为 0.47、2.14，相关系数为 0.98，归一化拟合曲线见图 8。由图 8 及拟合相关系数看出，拟合效果良好。这表明式(5)适合描述循环动应力强度和破坏振次之间的关系。

从图 8 还可以看出，围压为 100 kPa 时，当循环动静应力比从 0.8 下降到 0.1 时，未改良土的破坏振次从 121 增加到 5431，改良土的破坏振次从 765 增加到 18712。即围压和动应力幅值相同时，改良土破坏振次显著大于未改良土。由于破坏振次增加实际上意味着土的动力强度提高，因此，试验结果表明，水泥改良后，泥质板岩粗粒土的循环动强度显著提高。

3.2 不同应变率下单调加载试验结果及分析

不同应变率下的单调加载动应力强度和应变率的关系见图 9。由图 9 可知，改良土动应力强度随应变率增加而显著增大，即动力强度的应变率效应显著。例如，当围压为 100 kPa 时，随着应变率由 2.8×10^{-5} 增加到 1.4×10^{-3}，动应力强度从 1225 kPa 逐渐增加到 1835 kPa，增加约 50%，增幅显著。

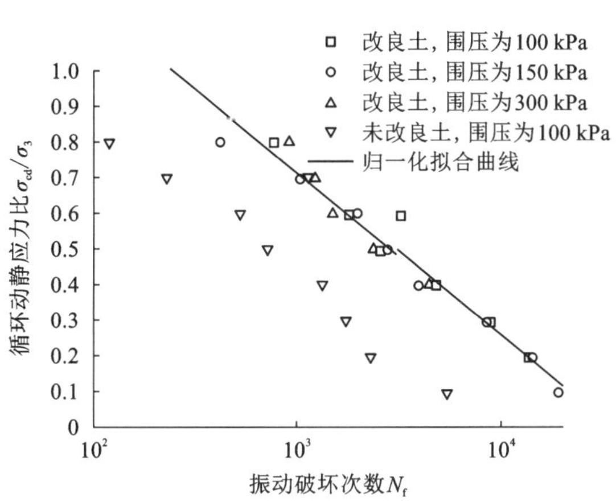

图 8 循环动应力强度和破坏振次间的关系

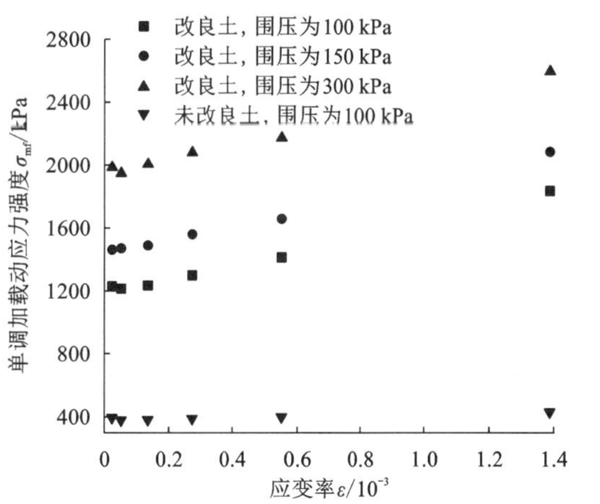

图 9 单调加载下的动应力强度和应变率关系

由图 9 还可以看出，围压为 100 kPa 时，随着应变率由 2.8×10^{-5} 增加到 1.4×10^{-3}，未改良土的动应力强度从 390 kPa 缓慢增加到 430 kPa，增加幅度较小，约为 10%，而改良土动应力强度增幅约为 50%。因此，与改良土相比，未改良土动力强度的应变率效应并不显著。这同时也表明，水泥改良后，泥质板岩土动应力强度的应变率效应显著增强。

根据图 9 中单调加载下的动应力强度和应变率关系，采用式(6)对该关系进行归一化拟合：

$$\eta = \sigma_{mf}/\sigma_{sf} = 1 + n_1(\varepsilon_d)^{n_2} \tag{6}$$

式中：σ_{mf} 为应变单调递增加载下的动应力强度；σ_{sf} 为静应力强度；η 为动静应力强度比；n_1 和 n_2 为材料常数。

根据式(6)拟合得到不同围压下的静应力强度 σ_{sf}，见图 10。由图 10 看出，围压为 100 kPa 时，改良前、后泥质板岩粗粒土的静应力强度分别为 381 kPa 和 1209 kPa。改良后的静力强度提高了 2.2 倍。即改良后，泥质板岩粗粒土的静力强度显著提高。

静应力强度 σ_{sf} 由摩尔-库仑破坏准则确定，具体计算如下：

$$\sigma_{sf} - (\sigma_{sf} + 2\sigma_3)\sin\varphi - 2c\cos\varphi = 0 \tag{7}$$

式中：φ 为内摩擦角；c 为黏聚力。

根据式(7)和图 10 计算得到改良土和未改良土的内摩擦角与黏聚力。改良土的内摩擦角与黏聚力分别为 40.3°和 201.1 kPa；未改良土的内摩擦角与黏聚力分别为 38.7°和 12.9 kPa。水泥改良后，泥质板岩粗粒土的黏聚力增加了 14.5 倍，内摩擦角增幅约为 4%。这表明，水泥改良加固作用主要体现在增强土的黏聚力，对土内摩擦角的影响不大。

根据式(6)拟合得到动、静应力强度比 η 与应变率 ε_d 的关系，见图 11。图 11 中拟合曲线参数 n_1 和 n_2 分别为 1179.8 和 1.21。拟合相关系数为 0.97，拟合效果良好。这表明式(6)适合描述改良土动应力强度随应变率变化的规律。由图 11 看出，动、静应力强度比大于 1 且比值随应变率增加而显著增大。例如，当围压为 150 kPa，应变率达增加到 $1.4\times10^{-3}\ s^{-1}$ 时，动应力强度约为静应力强度的 1.4 倍，增幅显著。

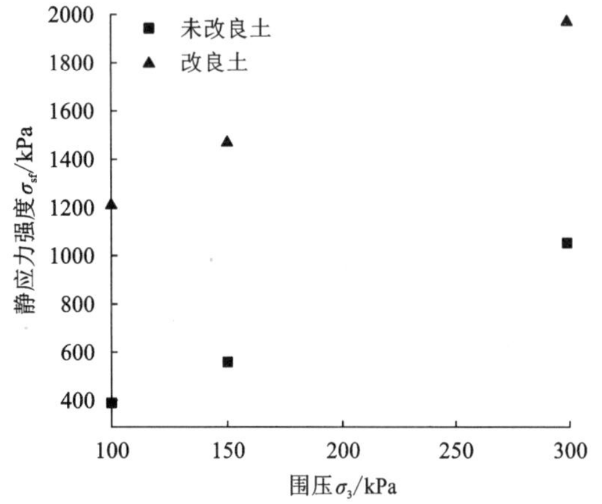

图 10　改良土、未改良土的静应力强度和围压间的关系

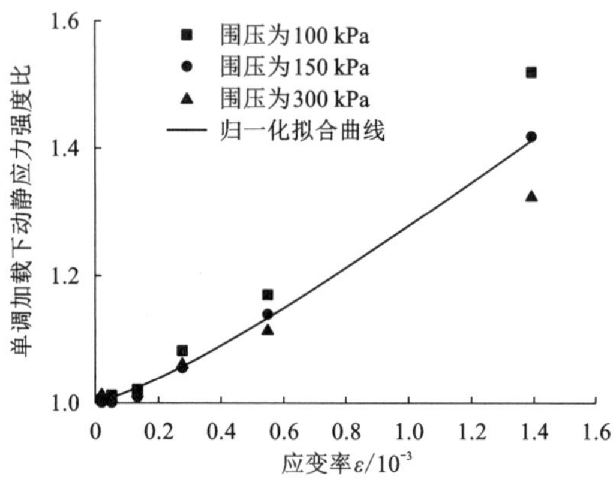

图 11　单调加载下动静应力强度比和应变率的关系

4　结论

(1)对于动弹性模量与阻尼比试验，泥质板岩改良粗粒土的动应力-应变关系与 Hardin 等提出的等效黏弹性关系相符。动弹性模量随动应变幅值的增加而减小，它们近似为双曲线函数关系；阻尼比随动应变幅值的增加而增大，它们也近似为双曲线函数关系。初始动弹性模量随围压或者加载频率的增大而增大；最大阻尼比随围压的增大而减小，随加载频率的增大而增大。围压和加载频率对动弹性模量和阻尼比有较大影响。

(2)对于循环动应力强度试验，改良土的动应力强度随破坏振次数的增加而减小。土的动应力强度与破坏振次的对数近似为线性递减关系。

(3)对于不同应变率下的单调加载试验，动、静应力强度比大于 1，改良土动应力强度随应变率的增加而增大，动应力强度的应变率效应显著。

(4)水泥改良后，泥质板岩粗粒土的静、动力学性质均有显著的提高，改良效果良好。改良后，泥质板岩粗粒土的循环动应力强度、刚度显著提高，黏滞性减弱；静应力强度以及强度的应变率效应显著增强；黏聚力显著增强，内摩擦角变化不大。

(5)本文研究成果对水泥改良泥质板岩粗粒土等化学改良土的循环动力性质，考虑应变率效应的静、动力性质研究以及改良效果评价等均有一定的参考价值。由于影响改良土力学性质的因素较多，而本文主要考虑了动应力幅值、围压、加载频率和应变率等因素，故研究成果有一定的局限性，相关研究有待进一步深入。

参考文献

[1] 张向东，曹启坤，潘宇. 二灰改良土动力特性试验研究[J]. 岩土力学，2010，31(8)：2560-2564.

[2] 徐望国，张家生，贺建清，等. 低灰量水泥土动力特性试验研究[J]. 湖南科技大学学报(自然科学版)，2007，22(2)：52-56.

[3] 曾阳生，张佩知，顾琦. 石灰膨胀土的动力特性[J]. 铁道科学与工程学报，1992，10(3)：9-14.

[4] 白颢，孔令伟. 固结比对石灰土动力特性的影响试验研究[J]. 岩土力学，2009，30(6)：1590-1594.

[5] 张虎元，冯珂，张立新，等. 水泥黄土反复冻融条件下的强度衰减机理[J]. 冰川冻土，1993，15(1)：175-181.

[6] 徐实，杨有海，耿煊，等. 石灰改性黄土的强度特性试验研究[J]. 兰州交通大学学报(自然科学版)，2006，25(6)：97-100.

[7] 赵勇. 泥质粉砂岩化学改良土动力特性测试与分析[J]. 铁道工程学报，2012，3：22-25.

[8] 胡萍，王永和，卿启湘. 软岩改良土特性的室内试验研究[J]. 湖南工业大学学报，2007，21(2)：96-99.

[9] 周援衡，王永和，卿启湘，等. 全风化花岗岩改良土高速铁路路基填料的适宜性试验研究[J]. 岩石力学与工程学报，2011，30(3)：625-634.

[10] 孙明智. 改良土的临界动应力及动静比[J]. 路基工程，2004(2)：30-32.

[11] 王艳丽，胡勇. 饱和砂土动力特性的动三轴试验研究[J]. 地下空间与工程报，2010，6(2)：295-299.

[12] 陈正发，于玉贞. 土工动力离心模型试验研究进展[J]. 岩石力学与工程报，2006，25(增刊2)：4026-4033.

[13] 董全杨，蔡袁强，徐长节，等. 干砂饱和砂小应变剪切 模量共振柱弯曲元对比试验研究[J]. 岩土工程学报，2013，35(12)：2283-2289.

[14] 吴绵拔，刘远惠. 中等应变速率对岩石力学特性的影响[J]. 岩土力学，1980，1(1)：51-58.

[15] 梁昌玉，李晓，李守定，等. 岩石静态和准动态加载应变率的界限值研究[J]. 岩石力学与工程学报，2012，31(6)：1156-1161.

[16] 鞠庆海，吴绵拔. 岩石材料三轴压缩动力特性的试验研究[J]. 岩土工程学报，1993，15(3)：73-80.

[17] 陈俊桦，张家生，李新平. 考虑岩体完整程度的岩石爆破损伤模型及应用[J]. 岩土工程学报，2016，38(5)：857-866.

[18] 陈俊桦，张家生，李新平. 基于岩石爆破损伤理论的预裂爆破参数研究及应用[J]. 岩土力学，2016，37(5)：1441-1450.

[19] 中华人民共和国水利部. 土的工程分类标准：GB/T 50145—2007[S]. 北京：中国计划出版社，2008.

[20] 贾厚华. 化学改良土无侧限抗压强度的试验研究[J]. 土工基础，2010，24(3)：84-87.

[21] 杨广庆. 水泥改良土的动力特性试验研究[J]. 岩石力学与工程学报，2003，22(7)：1156-1160.

[22] 邓国栋，张家生，王启云，等. 高速铁路粗粒土填料动力参数试验研究[J]. 铁道科学与工程学报，2014，11(2)：76-83.

高速铁路路基模型列车振动荷载模拟

王启云，张家生，孟　飞，陈晓斌，陈俊桦

中南大学土木工程学院，湖南长沙，410075

摘要：针对高速铁路轨道-路基实尺试验模型提出了列车振动荷载模拟装置，该装置由反力架、作动器及分配梁系统组成。参照实尺模型，建立了轨道-路基三维有限元数值模型，以运行速度为350 km/h的CRH380型动车组、CRTSⅡ型无砟轨道作为研究对象，计算并分析了列车移动荷载加载和作动器加载时路基的竖向动应力和竖向动位移，结果表明采用多个作动器联动加载可较好地模拟列车动力荷载。为获得动力加载时程曲线，采用数值模型建立相邻车厢的两个相邻转向架经过轨道时扣件点反力时程曲线，结合分配梁体系的传力特性和MTS伺服加载试验机对输入时程曲线的要求，通过对扣件点反力时程曲线进行叠加和傅里叶变换得到了作动器的输入时程曲线。

关键词：高速铁路；模型试验；动力响应；加载

高速铁路线路的广泛延伸，必然会产生大量的路基动力学和岩土工程问题。目前在列车运行荷载作用下，对路基内所产生的动应力、加速度、位移等动态响应特性的分布规律，以及路基内动态响应特性(动应力、加速、位移)随不同因素的变化规律的研究还不够。只有对路基的动态响应特性有了充分的了解和研究，才能设计出满足高速铁路设计要求的路基，进而保障铁路运输安全。试验是研究路基动力学特性的有效途径之一，包括室内试验和现场实测，通过对试验数据的统计分析可以得到路基动力响应规律[1-4]。

室内试验与现场试验受场地等因素影响较大相比，可以严格控制试验参数，并进行重复试验。目前，国内外研究者针对高速铁路路基动力特性进行了大量的室内模型试验[5-10]，所采用的模型槽主要有0.30 m×0.52 m×0.56 m、2.0 m×2.0 m×2.0 m、2.5 m×1.0 m×2.0 m、7.4 m×4.0 m×2.5 m，但由于模型尺寸小，基本上都是通过单点激振器作用在钢轨上来实现试验的过程中的列车振动荷载，采用的加载函数多为连续的正弦函数，这样的加载方式存在的不足之处有：①列车荷载是沿线路运行的移动荷载，轮对经过任意一点时，对该点的作用时间非常短，试验中采用连续的正弦函数荷载且作用在同一位置，与现实情况的差距比较大；②轮对在钢轨上运行，随钢轨长度变化的连续荷载靠单点激振器来模拟，也只能模拟某点路基的加载情况，不能反映某段路基的动力响应特性；③采用单点激振器无法考虑相邻车厢相邻转向架不同轮对之间的动荷载叠加效应，与真实的铁路动力荷载相差较大，不能准确地反映铁路原型路基的主要动态响应特性。

通过上述分析可知，如何模拟实际列车作用于路基上的动力荷载成为高速铁路路基室内模型试验的关键因素之一。本文针对高速铁路实尺模型，提出了列车振动荷载的模拟装置。参照轨道路-基实尺模型，建立了轨道-路基三维有限元数值模型，以运行速度为350 km/h的CRH380型动车组、CRTSⅡ型无砟轨道为研究对象，探讨了采用作动器加载来模拟列车动力荷载的可行性，并建立了动力加载时程曲线。

1　轨道-路基模型加载装置

1.1　轨道路基模型

模型槽尺寸16 m(长)×13 m(宽)×4 m(高)。模型槽壁为钢筋混凝土，厚度为1.5 m，槽壁下方设有人工挖孔桩基础，模型槽具有很好的强度和刚度，如图1和图2所示。路基基床底层下方路堤填筑厚度为2 mm，基床底层2.3 m，基床表层0.4 m，基床两侧按1：1.5进行放坡。在基床表层上分别布置CRTSⅡ型双块式无砟轨道、CRTSⅡ型板式无砟轨道和CRTSⅠ型板式无砟轨道，见图1。

王启云，张家生，孟飞，等.高速铁路路基模型列车振动荷载模拟[J].振动与冲击，2013，32(6)：43-46，72.

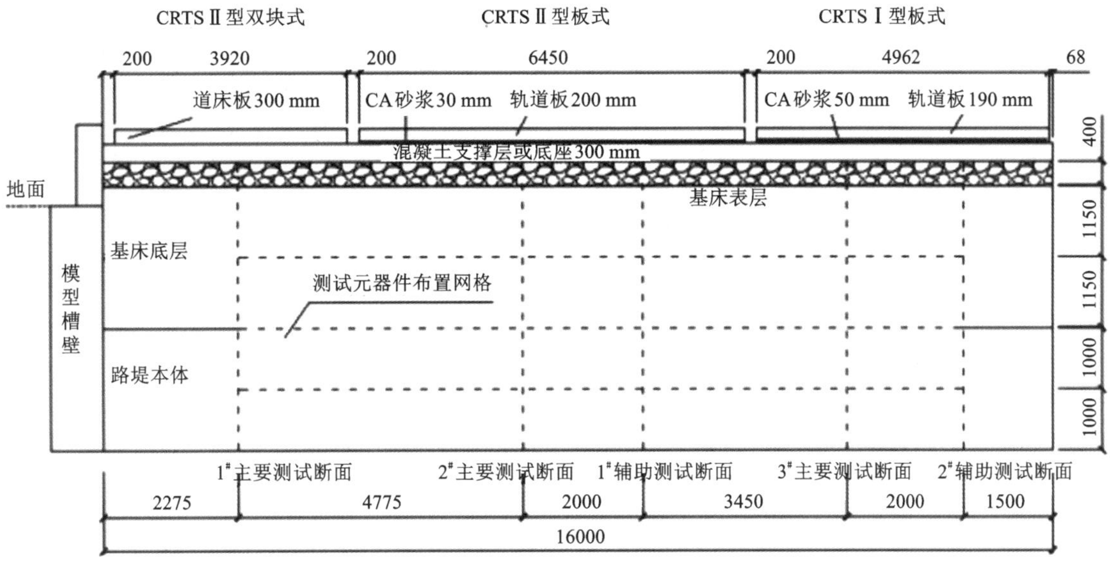

图 1　模型纵向剖面图

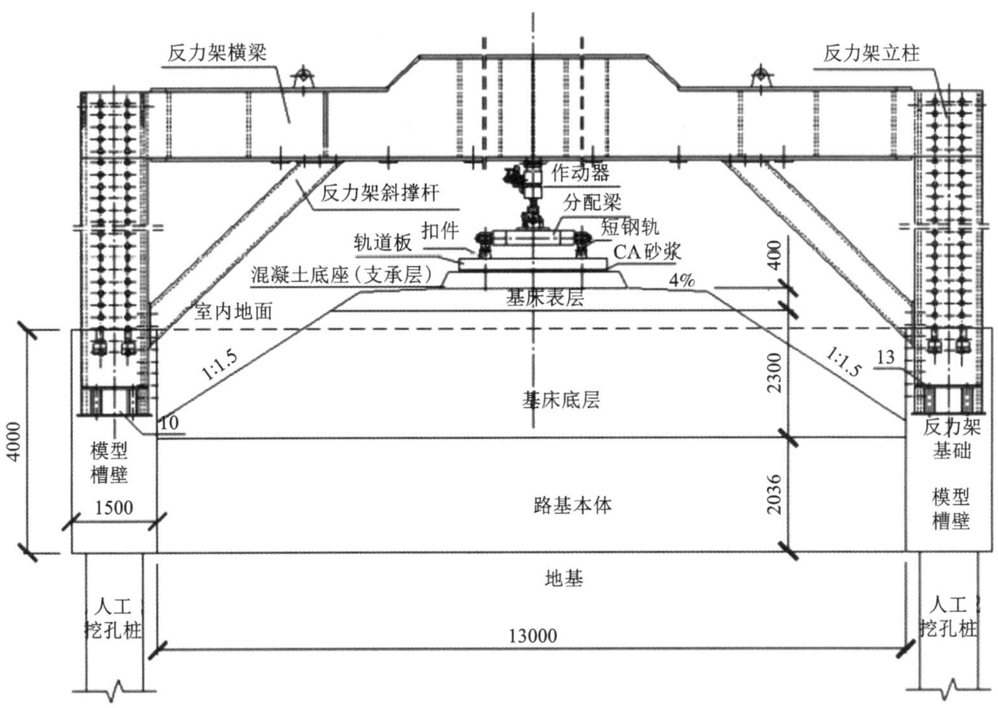

图 2　模型横向剖面图

1.2　列车荷载模拟装置

模型试验拟采用多个作动器联动加载来模拟高速列车荷载，加载装置包括反力架、作动器和分配梁系统，加载装置见图 2～图 4。反力架各部分组成形状参照 MTS 疲劳加载的钢门架进行设计，主要包括反力架横梁、反力架立柱和反力架斜撑杆等，各截面均为焊接钢结构的箱型截面，反力架立柱通过螺栓固定在模型槽壁上。考虑到加载精度及制作成本，沿线路共布置 5 个作动器，作动器荷载幅值为 200 kN，最大行程为 2 cm，最大频率为 40 Hz。

图 3　反力架

图 4　作动器与分配梁

当列车在钢轨上运行时，车轮和钢轨之间相互作用产生轮轨力，轮轨力通过扣件再传递到轨道板，最后到路基面。因此，将轮轨力作为外部荷载施加在扣件点上就可以模拟列车对路基的作用。本次模型试验中轮轨力由作动器输出，作动器上部与反力架横梁采用螺栓连接，作动器下部与刚性分配梁连接。参考无砟轨道结构，为了传递和分配列车荷载，同时考虑到加载设备的空间及成本，采用短钢轨将轮轨力分配至扣件点。刚性分配梁垂直并且对称放置于短钢轨上，每根短钢轨扣接在 2 对扣件点上，由此组成的列车动力荷载传递系统见图 5。

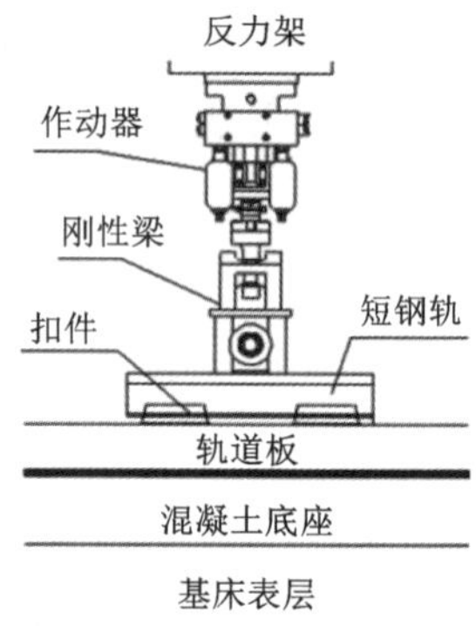

图 5　动力荷载传递系统

2　作动器加载效果分析

2.1　轨道-路基有限元模型

参考轨-道路基实尺模型，采用有限元软件 ANSYS 建立了无砟轨道-路基体系的三维分析模型，模型长度为 16 m，路基结构模型从上向下依次为钢轨、轨下扣件、轨道板、CA 砂浆、混凝土支承层、基床表层、基床底层和基床以下的路基本体。以运行速度为 350 km/h 的 CRH380 型动车组、CRTS Ⅱ 型无砟轨道作为研究对象，模拟列车参照由南车青岛四方机车车辆股份有限公司生产的 CRH380 型动车组，其轴重为 150 kN，假定人员及物品总重为 80 kN，且均匀分布在四个车轴上。有限元网格划分见图 6。

钢轨采用 BEAM188 梁单元，轨道板采用 SHELL63 弹性壳单元模拟，混凝土板、基床及路基本体都采用 SOLID45 实体单元，扣件和 CA 砂浆采用 COMBIN14 弹簧-阻尼单元。钢轨、轨道板、混凝土支承层等结构采用线弹性模型，基床及路基本体采用黏弹性模型。扣件和轨下胶垫系统的等效刚度为 4.38×10^{7} N/m，阻尼系数为 4.5×10^{4} N · s/m，CA 砂浆阻尼系数为 3.5×10^{4} N · s/m。考虑到应力波反射叠加作用，为了反映路基土体的半无限空间性质，在路基模型的底面以及垂直于线路方向的侧面设置了三维一致黏弹性人工边界单元[11]，同时约束垂直于线路走向的两个边界面沿线路走向的位移。有限元模型计算参数见表 1。

图 6　轨道-路基有限元模型

表 1　模型计算参数

结构	高度/m	弹性模量/GPa	泊松比	密度/(kg·m^{-3})	阻尼比
钢轨	0.176	210	0.3	7830	
轨道板	0.2	35	0.17	3103	
CA 砂浆	0.03	0.061	0.2	2700	
混凝土支承层	0.3	32.5	0.2	2700	
基床表层	0.4	0.65	0.27	2430	0.028
基床底层	2.3	0.47	0.32	2400	0.035
路基本体	2	0.47	0.32	2400	0.035

2.2　作动器列车荷载模拟效果

由于研究的主要对象是路基结构，故不考虑轨道不平顺、车轮偏心、扁疤等各种复杂因素引起的列车荷载变化，将车轮荷载简化为匀速移动的恒力。将轴重为 170 kN、运行速度为 350 km/h 的列车移动荷载作用于轨道-路基有限元模型，得到扣件反力时程曲线及路基的动力响应；删除模型中的钢轨单元后，再将扣件反力时程作为外加荷载直接加载于轨道板上的扣件点，此时扣件反力可认为是由作动器输出的荷载，得到这种情况下的路基动力响应。

考虑到实际模型试验的成本，实际加载时不可能使用过多的作动器，故仅在相邻的 15 对扣件点上加载。当相邻车厢的相邻转向架经过时，两种加载情况下不同深度处相应的竖向动应力时程曲线见图 7~图 10。

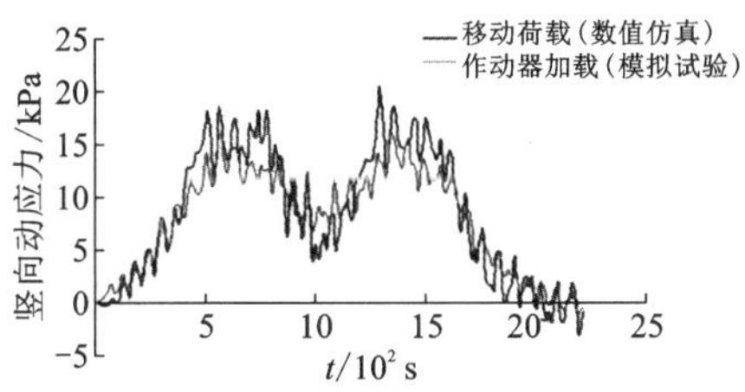

图 7　基床表层表面的竖向动应力时程曲线

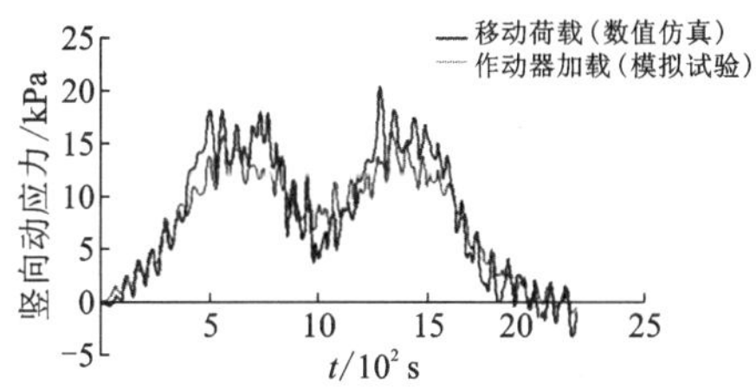

图 8　基床表层底面的竖向动应力时程曲线

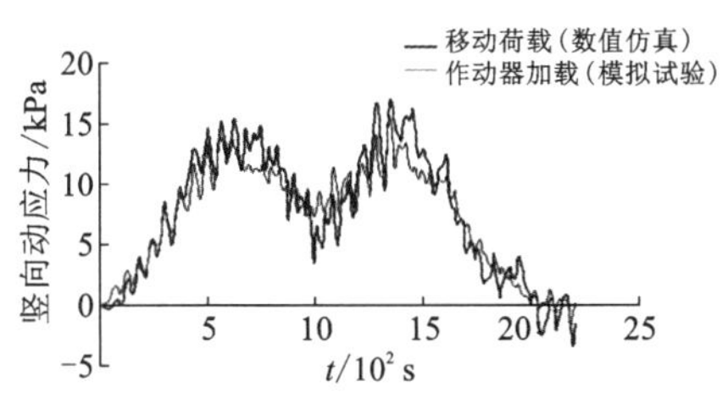

图 9　基床底层表面的竖向动应力时程曲线

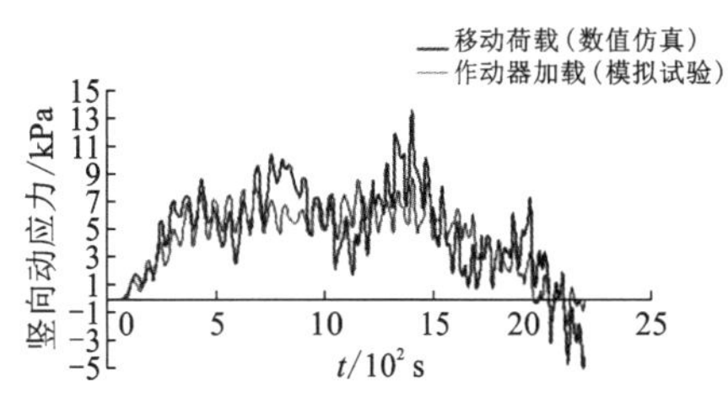

图 10　基床底层中间的竖向动应力时程曲线

由图 7~图 10 可以看出，在钢轨下方的基床表层表面(深度 0 m)、基床表层底面(深度 0.4 m)、基床底层表面(深度 0.4 m)及基床底层中间(深度 1.55 m)的竖向动应力随时间的变化规律相似，峰值相近；随着深度的增加，竖向动应力幅值均逐渐衰减。

当相邻车厢的相邻转向架经过时，两种加载情况下不同深度处相应的竖向动位移时程曲线见图 11 和图 12。

由图 11 和图 12 可以看出，在钢轨下方的基床表层表面(深度 0 m)与基床底层上表面(深度 0.4 m)的竖向动位移随时间的变化规律相似，峰值相近；随着深度的增加，竖向动位移幅值均逐渐衰减。

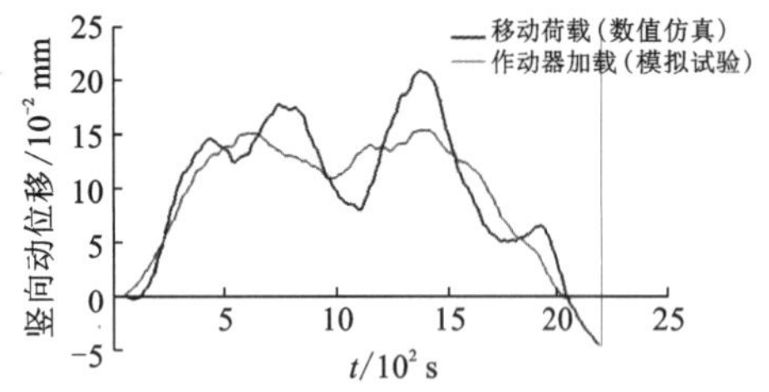

图 11　基床表层表面的竖向动位移时程曲线

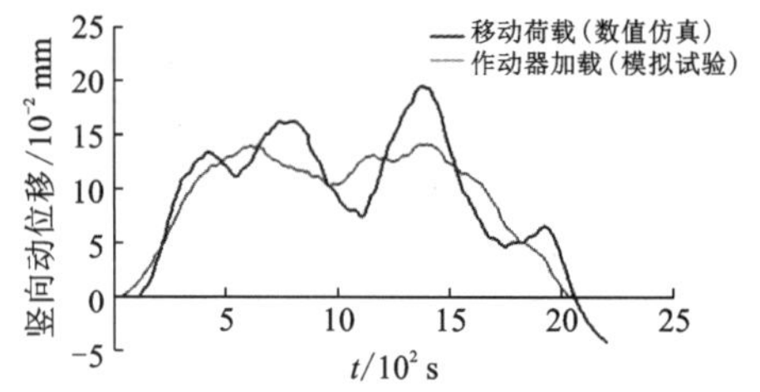

图 12　基床底层表面的竖向动位移时程曲线

从两种加载方式计算得到的路基中不同层面上竖向动应力、竖向动位移的对比结果可知，采用多个作动器联动加载能够较好地模拟列车荷载引起的路基动力响应，模型试验中采用多个作动器联动加载的方案具备可操作性。

3　作动器加载时程曲线

列车荷载的模拟，即通过加载装置将一定的荷载施加于轨道板上，并进一步传递给路基结构。在列车运行的真实情况中，轨道板直接承受的作用力并非列车荷载，而是轨下扣件的压力。因此，通过计算求得列车经过时引起的扣件反力，并将其作用于轨道板扣件点上，即可模拟列车对轨道-路基结构的作用力。

以 CRTSⅡ型板式无砟轨道结构为例，取列车轴重 170 kN，速度 350 km/h，周期约为 0.257 s，相邻车厢的两个相邻转向架经过时，可由有限元模型计算得到单个扣件的反力时程，见图 13。

模型试验中，当每个作动器通过传力装置向相邻两对扣件点传递荷载时，输入作动器的荷载时程应为其连接的两对扣件点反力时程的叠加。为获得作动器的加载时程，应将扣件反力时程分别向前、向后偏移时间差 $\Delta t/2$($\Delta t=l/v$，l 为扣件点间距，v 为列车运行速度)，并将两个时程曲线叠加再乘以倍数 2，即获得作动器加载时程曲线，见图 13。

通过有限元计算获得的时程曲线有许多突兀的峰值与锐角，结合模型试验中采用的 MTS 伺服加载试验机对加载函数输入的要求，根据时程曲线的变化规律与周期特性，采用三阶傅里叶级数拟合，设 t 为时间，$F(t)$ 为作动器的作用力方程，其表达式为：

$$F(t)=a_0+a_1\cos\omega_t+b_1\sin\omega_t+a_2\cos 2\omega_t+b_2\sin 2\omega_t+a_3\cos 3\omega_t+b_3\sin 3\omega_t \tag{1}$$

拟合得到傅里叶级数中的各系数分别为：$\omega=78.37$，$a_0=57.2$，$a_1=-46.6$，$b_1=22.9$，$a_2=-18.7$，$b_2=25.1$，$a_3=-3.45$，$b_3=-23.2$。复相关系数 $R_2=0.99$，拟合后作动器加载时程曲线见图 14。

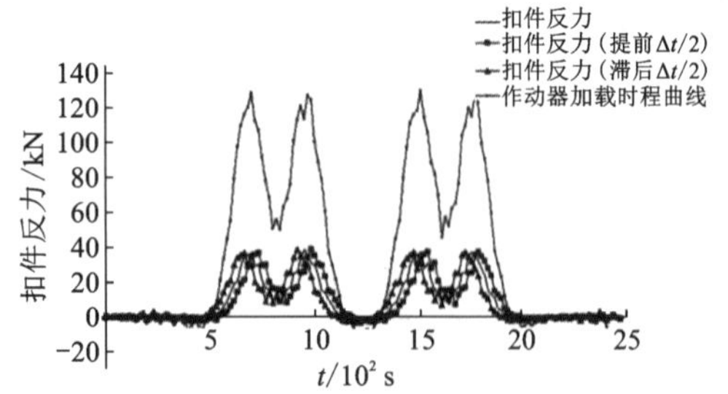

图 13　扣件反力时程曲线及作动器加载时程曲线

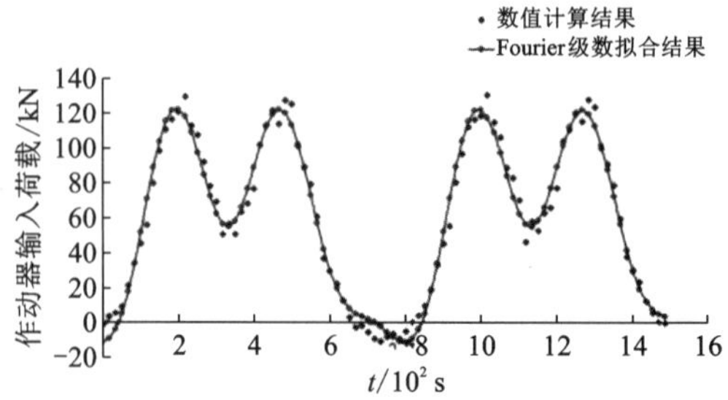

图 14　拟合后的作动器加载时程曲线

考虑到列车荷载的周期性，得到当 CRH380 型动车组以时速 350 km/h 经过 CRTSⅡ型板式无砟轨道时，相邻的两个作动器输入时程曲线见图 15，此曲线考虑了相邻车厢相邻转向架不同轮对列车振动荷载之间的叠加效应。

采用同样的处理方法，通过有限元计算、叠加及三阶傅里叶变换可获得不同速度、不同轴重作用下的作动器输入时程曲线。

当 5 个作动器联动加载时，作动器输入命令曲线和作动器下方扣件点反力的合力曲线见图 16。

从图16中可以看出，输入作动器的命令曲线与作动器下方扣件点合力曲线能较好地吻合，说明加载装置能很好地模拟列车振动荷载。

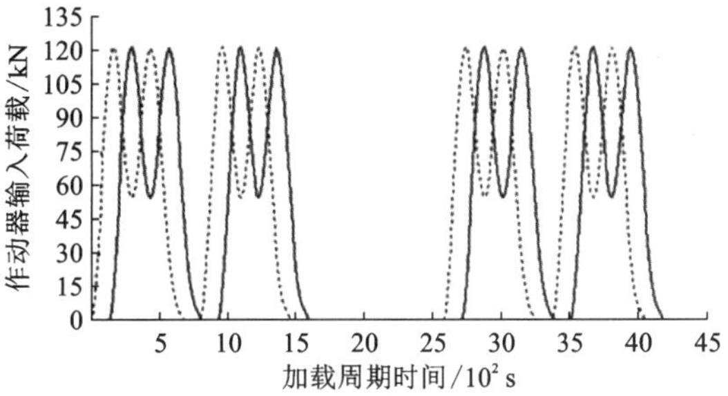

图15 时速350 km/h相邻的作动器输入时程曲线

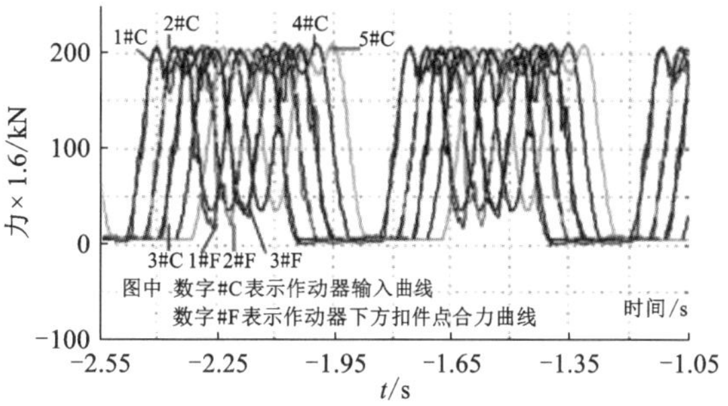

图16 作动器输入命令曲线及实测扣件点合力曲线

4 结论

(1)针对高速铁路轨道-路基实尺试验模型提出了列车振动荷载模拟装置，该装置由反力架、作动器及分配梁系统组成。沿线路方向共布置5个作动器，由作动器联动对扣件点进行加载可模拟不同速度、不同轴重下列车作用于轨道板上的列车振动荷载。试验结果表明，本文的加载装置能很好地模拟列车荷载。

(2)参照高速铁路轨道-路基实尺试验模型建立了三维有限模型，以运行速度为350 km/h的CRH380型动车组、CRTS Ⅱ型无砟轨道作为研究对象，分别在钢轨上施加列车移动荷载和在扣件点上施加作动器产生的荷载，对比了由这两种加载方式产生的竖向动应力和竖向动位移，结果表明：利用作动器加载产生的动力响应与列车移动荷载产生的动力响应差异较小，采用多个作动器联动加载能够较好地模拟列车荷载引起的路基动力响应，作动器加载方案具备可操作性。

(3)以轴重为170 kN的CRH380型动车组在CRTS Ⅱ型轨道板上以350 km/h运行为例，建立当相邻车厢的两个相邻转向架经过轨道时单个扣件点的反力时程，通过叠加后建立了作动器输出时程曲线，结合MTS伺服加载试验机对输入时程曲线的要求和分配梁体系统的传力特性，采用傅里叶变换得到了作动器的加载时程曲线，为后续的研究提供了动力荷载函数。

参考文献

[1] 聂志红. 高速铁路轨道路基竖向动力响应研究[D]. 长沙：中南大学，2005.

[2] OKUMURA K K. Statistial analysis of field data of railway noise and vibration collected in an urban area[J]. Applled Acoustics, 1991, 33(4): 263-80.

[3] TAKEMIYA H. Substructure simulation of inhomogeneous track and layered ground dynamic interaction under train passage [J]. Journal of Engineering Mechanics, 2005, 131(7): 699-711.

[4] 李子春. 轨道结构垂向荷载传递与路基附加动应力特性的研究[D]. 北京：铁道部科学研究院，2002.

[5] XU J, ZHANG J S, HUANG Y. The analysis of servo loading effect in high-speed railway[C]. ICRE 2010-International Conference on Railway Engineering, 2010, 8: 350-355.

[6] 苏谦，蔡英. 高速铁路级配碎石基床表层不同厚度动态大模型试验研究[J]. 铁道标准设计，2001，21(8)：2-4.

[7] 卿启湘. 高速铁路无碴轨道-软岩路基系统动力特性研究[D]. 长沙：中南大学，2005.

[8] 蔡英，曹新文. 重复加载下路基填土的临界动应力和永久变形初探[J]. 西南交通大学学报，2007，37(2)：48-49.

[9] 詹永祥，蒋关鲁，牛国辉，等. 高速铁路无碴轨道桩板结构路基模型试验研究[J]. 西南交通大学学报，2007，42(4)：400-403.

[10] 冯立臣，蒋关鲁，王志猛，等. 客运专线土质路基无砟轨道基床动态特性的模型试验研究[J]. 铁道建筑，2008(8)：78-81.

[11] 刘晶波，谷音，杜义欣. 一致黏弹性人工边界及黏弹性边界单元[J]. 岩土工程学报，2006，28(9)：1070-1075.

石灰改良膨胀土无侧限抗压强度试验

陈爱军[1,2]，张家生[2]，刘　君[1]

1. 湖南工程学院建筑工程学院，湖南湘潭，411108
2. 中南大学土木建筑学院，湖南长沙，410075

摘要： 结合广西南友公路膨胀土路堤试验段，开展石灰改良膨胀土无侧限抗压强度试验。结果表明：素膨胀土试件浸水后全部崩解，该区膨胀土的水稳性很差；部分养护 7 d 和 14 d 的石灰改良土试件也在浸水时崩解，主要是由于养护龄期较短，改良土中产生的 $CaCO_3$ 较少导致联结作用较弱，改良土无侧限抗压强度采用养护 28 d 龄期的强度值较合适；掺灰率和养护龄期对改良土无侧限抗压强度的影响较大，且石灰改良土存在最优掺灰率，无侧限抗压强度与养护龄期在养护初期表现为线性增大关系。

关键词： 膨胀土；石灰改良；崩解；无侧限抗压强度

广西是我国膨胀土分布较为广泛的地区，尤以南宁—宁明一带的膨胀土较为典型，南友公路通过该地区时需要处治大量的膨胀土，开挖量达 500 多万 m^3 且成片连续分布，其典型地质剖面从上至下可分为 3 层：第 1 层为高液限黏土；第 2 层为灰白色膨胀土；第 3 层为灰黑色膨胀泥岩。其中第 2 层灰白色膨胀土天然含水量为 28%~35%，CBR 为 1.1%~1.4%，CBR 浸水膨胀量为 11.5%~14.5%，厚度为 4~6 m，这层土由于天然含水量大、强度低且遇水膨胀显著的特点，对公路工程的危害最大，如果全部废除将大大增加工程造价且带来难以恢复的生态影响，而用石灰改良膨胀土被认为是一种行之有效的处治措施。

在石灰改良膨胀土的室内试验研究方面，表征改良土的强度指标有抗剪强度、CBR 值及无侧限抗压强度等，前人对改良土的抗剪强度和 CBR 值研究较多，而针对石灰改良膨胀土的无侧限抗压强度研究较少。在国外，Nalbantoglu 等[1-4]利用室内无侧限抗压强度试验分别研究了橄榄油废渣、石灰、石膏、稻壳粉、氯化钙对世界各地区膨胀土的改良效果；在国内，严国全等[5-18]分别探讨了安徽、江苏、湖北、河南、陕西、内蒙古、四川等地区的膨胀土掺石灰或粉煤灰后不同养护条件和掺灰率对无侧限抗压强度的影响。而广西作为我国典型的膨胀土地区却少有学者对本地区膨胀土的无侧限抗压强度进行研究。因此，笔者以广西南友公路膨胀土为研究对象，探讨掺灰率和养护龄期对石灰改良宁明灰白色膨胀土的无侧限抗压强度的影响，通过室内试验分析获得其无侧限抗压强度的影响因素和变化规律，为膨胀土地区公路及铁路工程的修建提供了借鉴。

1　试验方案设计及方法

1.1　试验用土及石灰

人工挖孔桩灌注期间，桩间土失稳主要经历灌注孔护壁破坏、桩间土压缩变形、邻近也桩混凝土护壁脱节或砌体护壁掉块等 3 个阶段。试验用膨胀土样取自南友公路 K134+400，取土深度 3 m，呈灰白色，其比重 2.67，液限 65.5%，塑限 33.5%，塑性指数 32%，缩限 18.1%，<2 μm 胶粒含量 54%，最大干密度 1.83 g/cm³，最佳含水量 14.6%。该灰白色膨胀土塑性指数高、胶粒含量大，说明其比表面积大、活性大，对水的敏感性强。虽然灰白色膨胀土的自由膨胀率只有 56%，但其 CBR 浸水膨胀量高达 14.5%，无荷膨胀量和 50 kPa 下的膨胀量分别为 27.5%和 4.9%，线缩率和体缩率分别为 5.7%和 8.5%，重塑土样的膨胀性和收缩性都较大；同时，灰白色膨胀土的 CBR 值只有 1.4%，三轴剪切试验和直剪试验的 c 和 φ 值都较小（表 1），表明重塑土样的强度较普通黏土小得多。结合现有膨胀土胀缩等级的判别方法，可综合判定为中等膨胀土。

陈爱军，张家生，刘君. 石灰改良膨胀土无侧限抗压强度试验[J]. 桂林理工大学学报，2011，31(1)：91-95.

表 1 膨胀土强度指标

CBR 试验		三轴剪切试验(饱和)		直剪试验(饱和快剪)	
CBR 值/%	膨胀量/%	c/kPa	φ/(°)	c/kPa	φ/(°)
1.4	14.5	32.9	14	61.7	12

试验用石灰为宁明当地农民烧制的生石灰，然后在室内粉碎过 1 mm 筛后密封待用，生石灰的有效 CaO+MgO 含量为 75.3%，其中 CaO 含量为 72.5%，属于钙质Ⅲ级生石灰。

1.2 试验方法

1.2.1 击实试验

根据《公路工程无机结合料稳定材料试验规程》(JTG E51—2009)，采用重型击实试验标准，通过击实试验确定不同掺灰率改良土的最优含水率和最大干密度。不同掺灰率改良土的击实试验结果见表 2。

表 2 不同掺灰量的击实试验结果

石灰含量/%	0	3	5	7	9
最佳含水率/%	14.6	13.5	12.7	12.4	12.2
最大干密度/($g \cdot cm^{-3}$)	1.83	1.80	1.76	1.73	1.71

1.2.2 无侧限抗压强度试验

为研究不同掺灰率和养护龄期对改良土无侧限抗压强度的影响，试验按 3%、5%、7%、9%不同掺灰率制件，每种改良土根据击实试验得到的最大干密度和最佳含水量制样，每组 3 个平行试样，养护龄期分别为 7 d、14 d、28 d，养护期最后一天浸水 1 d。

无侧限抗压试件均制作成直径和高度均为 5 cm 的圆柱体。具体制作方法是先将土样用木锤锤散，自然风干后过 5 mm 筛密封 1 d 以上，待风干土含水量均匀后测其含水量，然后根据每种改良土混合料的最佳含水量计算所需掺水量，把水加入风干土样中拌匀并用塑料袋密封一昼夜，使土颗粒含水量一致，最后把计算所需的生石灰掺到土中拌和均匀，使得改良土混合料含水量为最佳含水量的±0.5%。制件时采用千斤顶静压成型，然后放到脱模器上将试件顶出并将试件用塑料袋密封放入恒温恒湿箱进行规定龄期养护。

养护最后一天浸水 1 d，取出擦去表面可见水，用路强仪进行试压。一般情况下每种改良土无侧限抗压强度值取 3 块试件的平均值，当某个试样的测量值与平均值偏差较大且超过±12%时，则该试样的测量值无效，按余下试样的平均值取值，如 1 组余下试样不足 2 个，则该组试验重做。改良土的无侧限抗压强度试验结果见表 3。

表 3 不同掺灰率改良土的无侧限抗压强度 MPa

养护时间/d	试件编号	掺灰率/%				
		0	3	5	7	9
7	1#	崩解	崩解	崩解	0.3447	0.5065
	2#				0.4110	0.4641
	3#				0.3580	0.4815
14	1#	崩解	崩解	0.6961	0.4641	0.4774
	2#			0.6762	0.4763	0.5967
	3#			0.6835	0.4508	0.5034

续表3

养护时间/d	试件编号	掺灰率/%				
		0	3	5	7	9
28	1#	崩解	0.4682	0.7028	0.6854	0.5569
	2#		0.4773	0.7293	0.5834	0.6762
	3#		0.4641	0.7558	0.6762	0.6188

2 试验结果分析

2.1 素土的无侧限抗压强度

在试验过程中，素膨胀土试件在泡水后 1 h 内逐渐崩解，原因是试件吸水膨胀且强度极低。综合分析以前对素膨胀土的无侧限抗压强度的研究，慕现杰等[6-7, 9-10, 12]得到了素膨胀土的无侧限抗压强度试验数据，严国全等[5, 13]发现素土浸水后很快崩解，这可能与各个地区特定地质条件下膨胀土的特性有关，包括膨胀土的黏土矿物成分、物理化学性质、粒度成分和胀缩等级。所以宁明灰白色膨胀土只能采用保温保湿不浸水的无侧限抗压强度。因此，在设计膨胀土路堤时，必须考虑膨胀土水稳性较差的特性，采用基底换填砂卵石、好土或土工格栅包边、路床封闭的措施限制外界水分浸入膨胀土，提高膨胀土路堤的稳定性。

2.1 改良土试件崩解原因分析

根据试验观察，除了素膨胀土试样浸水崩解之外，养护 7 d 和 14 d 的掺灰 3%改良土以及养护 7 d 的掺灰 5%改良土试件在浸水时发生完全崩解或坍散进而不能进行试压，崩解速率与养护龄期和掺灰率有关系，掺灰量越少、养护龄期越短越容易崩解，崩解试件见图 1。

图 1 崩解的改良土试样

从膨胀土掺灰改良机理分析，膨胀土掺灰后主要发生了离子交换作用、结晶作用、火山灰作用和碳酸化作用：离子交换作用主要降低膨胀土的塑性和膨胀性，主要在掺灰 24 h 内发生，促使膨胀土黏性降低逐渐“砂化”，但对膨胀土的强度并无明显改善；结晶作用生成熟石灰结晶网格；火山灰作用生成含水的硅酸钙和铝酸钙碳酸化作用生成坚硬的 $CaCO_3$。这 3 种作用才是提高改良土板体性、强度和稳定性的决定因素，且随着时间的增长缓慢发生。据李生林[19]对改良土微观结构的研究，改良土的 $CaCO_3$ 形成长短粗细不等的棒状物、针状物以及网状物，它们将黏土颗粒联结起来或者包裹起来形成集聚粒，这种包裹或联结作用对改良土的强度提升和稳定改善性十分重要，而且与时间有关，越是后期，这种作用越明显。实际上，试件浸水崩解主要是由于膨胀土土颗粒之间的联结作用较弱导致，这种联结作用与抗剪强度和 CBR 值还是有一定的区别：$CaCO_3$ 的联结作用是形成改良土强度和稳定性的基础，而抗剪强度和 CBR 值只是改良土强度特征的表现，改良土试件浸水崩解主要是由试件的稳定性（或者说板体性）不足造成的。因此，上述掺灰 3%和 5%改良土在养护龄期较短时发生崩解，但在养护龄期较长时其无侧限抗压强度是较高的。从某种程度理解，无侧限抗压强度并不仅仅表征土体的强度，更大程度上体现出黏土的水稳定性。

而且，素膨胀土试件浸水崩解是因为膨胀土遇水膨胀软化、强度极低所致，而掺灰率为 3%和 5%的改良土的强度和胀缩性较素膨胀土均有了很大的改善[20]，根据文献[19]的试验数据，素膨胀土直剪试验的 c 值为 61.7 kPa、φ 值为 12°，而掺灰 3%和 5%的改良土 c、φ 值分别为 30.2 kPa、51°和 81.9 kPa、53°。就 CBR 值而言，掺灰 3%和 5%的改良土分别达到了 33.2%和 47.9%，比素膨胀土的 1.4%增加了 30~40 倍，如此高强度的试件还遇水崩解，是因为抗剪强度和 CBR 值主要测试试件的有侧限抗压强度，并不能完全表征试件的水稳性，而无侧限抗压强度指标是表明试件在具有一定水稳性的基础上所体现的无侧限抗压强度。

2.3 掺灰率对改良土无侧限抗压强度的影响

除了养护 7 d 和 14 d 的掺灰 3%改良土以及养护 7 d 的掺灰 5%改良土崩解外，其他改良土试件均得到了无侧限抗压强度，由其掺灰率与无侧限抗压强度关系见图 2，养护 28 d 的全部改良土试件均没有出现崩解，曲线完整，其无侧限抗压强度在掺灰率为 5%时出现峰值，掺灰率超过 5%时，强度随掺灰率的增大反而稍有减小，养护 14 d 的改良土试件掺灰率超过 5%后无侧限抗压强度也有所降低，这说明过多的掺灰并不能明显提高改良土的强度，这与文献[1，9，11-12，14]的研究结果是一致的，只是峰值对应的掺灰率不一样，这是由于各个地区膨胀土的特性所造成的。

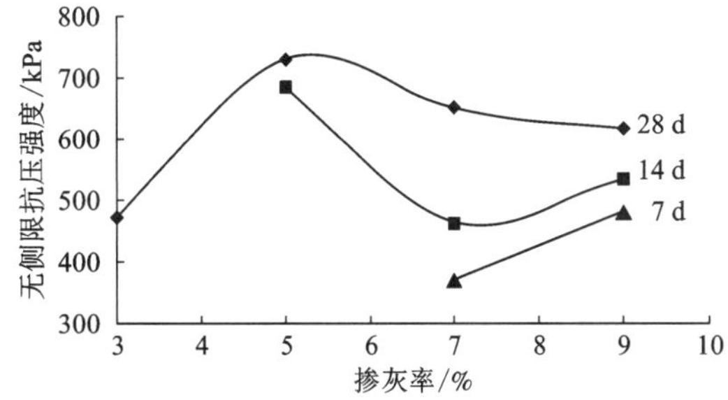

图 2 改良土无侧限抗压强度与掺灰率的关系

通过对石灰改良膨胀土机理的研究发现，石灰土混合料中存在两种相反的作用：一种作用是使土颗粒联结起来，主要包括石灰与土发生的离子交换作用、结晶作用、火山灰反应和碳酸化反应，促使混合料强度增加、稳定性提高；另一种作用是由于石灰土还存在一部分未参加反应的消石灰，它会削弱土颗粒之间的联结；当掺灰率较小时，混合料中残留的消石灰很少，增加的掺灰量主要加强土颗粒之间的连结，这种联结作用超过消石灰的消弱作用，所以石灰改良土的强度随掺灰率的增加而增大；当掺灰量较大时，混合料中残留的消石灰越来越多，它产生的削弱作用超过石灰加强土颗粒之间的联结作用，因此改良土的强度随掺灰量的增加而减小。

2.4 养护龄期对改良土无侧限抗压强度的影响

不同掺灰率改良土的无侧限抗压强度试件分别养护 7 d、14 d 和 28 d，由其强度与养护龄期的关系见图 3，掺灰 3%的改良土只有养护 28 d 的试件进行了试压，掺灰 5%的改良土有养护 14 和 28 d 的试件进行了试压，掺灰 7%和 9%的改良土试验曲线完整，而且在这段时间内无侧限抗压强度是随时间的增长线性增大的，采用直线进行拟合，相关性系数 R^2 均大于 0.999，相关性非常好。试验周期继续增长，这种线性关系可能不会延续下去，试件的强度会慢慢趋向一个稳定值。在养护初期，灰土间迅速发生离子交换作用，但结晶作用、火山灰作用和碳酸化作用较为缓慢，掺灰 9%的石灰土在此期间参与反应的熟石灰数量相对于掺灰 7%的石灰土要多一些，所以掺灰 9%改良土的无侧限抗压强度要比掺灰 7%改良土的强度大；随养护龄期的增长，掺灰 9%改良土中未参加反应的熟石灰相对于掺灰 7%改良土中要更多，这部分未参加反应的熟石灰的存在削弱了土粒之间的联结，因此在养护后期掺灰 7%石灰土的强度要比掺灰 9%改良土大，因此，掺灰 9%石灰土和掺灰 7%石灰土试验曲线就出现了交叉。综上所述，为得到有效的无侧限抗压强度，石灰改良膨胀土无侧限抗压强度试件室内标准养护龄期由 7 d 改为 28 d 更合理。

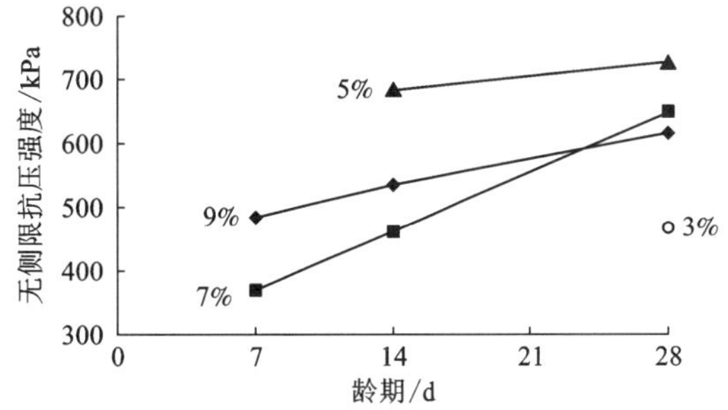

图 3 无侧限抗压强度与龄期关系

3 结论

(1)素膨胀土试样浸水全部崩解，这是由于膨胀土浸水软化特性决定的，采用浸水无侧限抗压强度评价膨胀土的强度并不合适，相对而言，膨胀土的强度指标采用抗剪强度和 CBR 值评价更合适。

(2)掺灰 3%的改良土试件在养护 7 d、14 d 后浸水崩解，无法进行抗压试验；掺灰 5%的改良土试件也在养护 7 d 后浸水坍散。试件崩解的原因是养护龄期太短，石灰改良土中碳酸化作用产生的 $CaCO_3$ 较少，少量的 $CaCO_3$ 对土颗粒的联结作用较弱，使得试件的稳定性不足而崩解。

(3)养护 28 d 的各掺灰率的改良土试件都没有崩解，掺灰 7%和 9%的各养护龄期的石灰土试件也没有崩解，这说明掺灰率和养护龄期都会影响改良土的水稳定性，《公路工程无机结合料稳定材料试验规程》(JTGE 51—2009)规定石灰改良土试件需养护6 d浸水1 d后再试压，这种试验方法并不适用于石灰改良膨胀土的无侧限抗压强度测定，不适用于宁明地区的灰白色膨胀土。因此，石灰改良膨胀土建议采用养护28 d且最后1 d浸水的无侧限抗压强度。

(4)掺灰率和养护龄期都对无侧限抗压强度有影响；超过5%的掺灰率对石灰改良土的强度增长没有明显作用；养护龄期越长，强度增长越多，在养护初期无侧限抗压强度与养护龄期表现为正线性相关。

以上试验数据和结论只是针对广西地区膨胀土，由于各地区膨胀土的环境和地质条件不同，由此造成的工程性状也不一样，因此本文的研究结论不宜在其他膨胀土地区直接应用。

参考文献

[1] NALBANTOGLU Z, TAWFIQ S. Evaluation of the effectiveness of olive cake residue as an expansive soil stabilizer[J]. Environ. Geol., 2006, 50: 803-807.

[2] YILMAZ, I, CIVELEKOGLU B. Gypsum: An additive for stabilization of swelling clay soils[J]. Applied Clay Science, 2009, 44: 166-172.

[3] SHARMA R S, PHANIKUMAR B R, RAO B V. Engineering behavior of a remolded expansive clay blended with lime, calcium chloride, and rice-huskash[J]. Journal of Materials in Civil Engineering, 2008, 20(8): 509-513.

[4] MURTY V R, PRAVEEN G V. Use of chemically stabilized soil as cushion material below light weight structures founded on expansive soils[J]. Journal of Materials in Civil Engineering, 2008, 20(5): 392-396.

[5] 严国全，许仁安，何兆益.成都龙泉驿地区膨胀土特性及处治研究[J].重庆交通学院学报，2004，23(2)：102-106.

[6] 慕现杰，张小平.干湿循环条件下膨胀土力学性能试验研究[J].岩石力学，2008，28(S)：580-582.

[7] 高传伟.合宁客运专线石灰改良膨胀土路基试验研究[J].铁道工程学报，2007，12(S)：55-59.

[8] 顾中华，高广运，崔可锐.合徐高速公路沿线地区膨胀土最优掺灰率试验研究[J].岩土工程技术，2003(5)：286-288.

[9] 查甫生，刘松玉，杜延军.石灰-粉煤灰改良膨胀土试验[J].东南大学学报，2007，37(2).339-344.

[10] 余湘娟，王媛.掺石灰处理膨胀土路基填料的试验研究[J].公路，2000(1)：13-16.

[11] 李小青，张耀庭，邹冰川.铁路路基膨胀土填料的石灰改良试验研究[J].铁道工程学报，2006(6)：24-28.

[12] 宋亚，方诗圣，梁昌望，等.合肥滨湖新区膨胀土石灰改性室内试验研究[J].安徽建筑，2008(2)：129-130.

[13] 解松芳，郭跃华，江涛，等.石灰改良膨胀土试验研究[J].内蒙古农业大学学报，2008，29(4)：180-182.

[14] 郑祖华，杨梅.膨胀土石灰改性后的力学性质的试验研究[J].路基工程，2000(3)：32-35.

[15] 惠会清，胡同康，王新东.石灰、粉煤灰改良膨胀土性质机理[J].长安大学学报，2006，26(2)：34-37.

[16] 王新征.膨胀土路基石灰改良试验研究[J].安徽建筑，2009，25(11)：70-72.

[17] 崔伟，李华銮，穆乃敏.石灰改性膨胀土工程性质的试验研究[J].岩土力学，2003，24(4)：606-609.

[18] 郭爱国，孔令伟，胡明鉴，等.石灰改性膨胀土施工最佳含水率确定方法探讨[J].岩土力学，2007，28(3)：517-521.

[19] 李生林.膨胀土掺灰改良的微观监测与改良机理的分析[C].北京：人民交通出版社，2004：50-60.

[20] 陈爱军.南友公路膨胀土路堤石灰改良的试验研究[D].长沙：长沙理工大学，2004：30-32.

改良粗粒土填料大型三轴试验

石　熊[1]，张家生[1]，孟　飞[1]，邓国栋[1]，刘　蓓[2]

1. 中南大学土木工程学院，湖南长沙，410075

2. 中铁第五勘察设计院集团有限公司，北京，102600

摘要： 为了解路基填料级配改良后的物理力学特性，向素土中掺加不同比例的碎石，制成四种不同颗粒级配的改良填料，采用大型三轴剪切仪对素土和复合砾进行三轴剪切试验。试验结果表明粗粒含量较高的试料在低围压下出现剪胀现象，在高围压下出现剪缩现象；在低围压下，随着粗颗粒含量升高，试样的体变由剪缩趋势逐渐转为剪胀趋势；应用邓肯-张模型(Duncan-Chang)并求得其参数，结果表明试样的黏聚力 c、内摩擦角 φ 及切线弹性模量 E_t 随着粗粒含量的增加而增大；对邓肯-张模型的适用性进行分析，结果表明邓肯-张模型不能很好地反映粗粒土填料的变形特性；在试验基础上提出了轴向应变与侧向应变的二次函数关系，建立了体积应变与轴向应变的函数方程，并对试样的三轴试验体积应变以及切线泊松比进行了预测。

关键词： 填料；复合砾；级配改良；大型三轴实验；Duncan-Chang 模型

铁路路基填料承受着列车长期作用产生的动应力，随着列车运营速度的提高，铁路施工对路基填料的工程性质提出了更高的要求。我国《铁路路基设计规范》(TB 1001—2016)中将填料分为 A、B、C、D、E 五组[1]。对于高速铁路路基填料的选用，《高速铁路设计规范(试行)》(TB 10621—2009)[2]中规定：基床底层应采用 A、B 组填料或改良土；基床以下路堤宜选用 A、B 组填料和 C 组碎石、砾石类填料。但在现场填筑中发现，填筑后的颗粒级配不同的粗粒土填料工程性质差异极大。因此，有必要对不符合填筑要求的填料进行改良，并对改良后路基填料的物理力学特性和工程性质进行研究。国内外学者对高速铁路路基填料的物理力学性质做了大量的研究工作，王晓明[3]通过往河卵石填料中掺细粒土和粉煤灰的方式改善填料级配，并对改善前后填料的工程力学性质进行研究；程展林等[4]通过实验以及各种模型分析了堆石坝碾压堆石料的应力-应变特性与体变特性；张忠等[5-8]对填料的力学性质进行了较为全面的研究。

邓肯-张模型[9]以其简单实用和多年积累的经验，得到了广泛应用并为工程界所熟悉，但其对粗粒土体变特性的预测和描述往往与实际情况不相符合，且不能反映粗粒土的剪胀性[10-11]。许多学者对此进行了大量的研究工作，程展林等[12-14]分析了邓肯-张模型、Rowe 剪胀模型[15]、三参数 K-G 模型对堆石料的适用性，并提出了改进模型；张嘎等[16]通过大型三轴试验研究了邓肯-张模型对粗粒土的适用性，表明模型难以描述粗颗粒土的体变特性，基于试验结果提出了改进模型。

然而试验往往以较小尺寸仪器通过相似模拟的办法测定粗粒土的力学特性，使得试验结果与实际真实性质之间存在一定差异[17]。Frassonl 等[18]利用大型(直径为 100～130 cm)、小型(直径为 30 cm)尺寸的三轴仪、固结仪，采用相似级配处理试样，所得试验成果相近。即当试样直径达到 30 cm，即可认为试验结果与实际相符。本文采用大型三轴剪切仪，对素土和复合砾强度变形特性进行了实验研究，分析其应力-应变特性、体变特性，并对邓肯-张模型的适用性进行分析。在试验的基础上，提出了轴向应变与侧向应变的关系式，式中参数均可由常规三轴试验确定，并利用此关系式对三轴试验中试样的体积应变和切线泊松比进行了预测。

1　改良方案

向素土中掺加不等量的碎石，制成不同颗粒级配的改良填料。为使四种改良填料的颗粒级配具有一定

石熊，张家生，孟飞，等. 改良粗粒土填料大型三轴试验[J]. 中南大学学报(自然科学版)，2015，46(2)：645-652.

的代表性，素土与碎石的比例分别取为4：1、3：2、2：3、1：4，命名为复合砾1、复合砾2、复合砾3和复合砾4。掺加的碎石由5~10 mm、10~20 mm、20~40 mm三种粒径范围按1：2：1的质量比混合而成。碎石为人工开采料，规则的块状颗粒较多，针状、片状颗粒少。素土及碎石的物理参数见表1。

图1为素土与四种复合砾的颗粒级配曲线，可见五种试料覆盖了较大的颗粒级配范围。表2列出了五种试料的粗颗粒含量、黏粒含量、不均匀系数 C_u、曲率系数 C_c 等参数，并根据铁路路基设计规范，由上述参数对五种试料进行了二级定名及填料分组。

表1　素土及碎石物理参数

素土	相对密度	液限	塑限
	2.64	28	16.9
碎石	密度/$(g\cdot cm^{-3})$	洛杉矶磨耗率/%	硫酸钠溶液浸泡损失率/%
	2.58	11.5	1.5

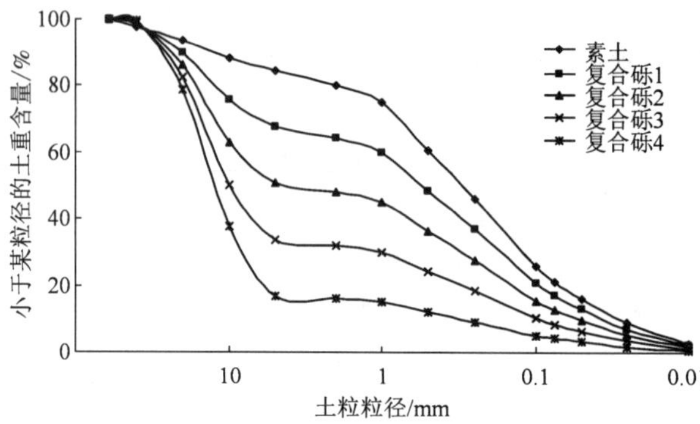

图1　五种试料的颗粒级配曲线

表2　五种试料定名及填料分组

试料	≥2 mm颗粒含量/%	黏粒含量/%	C_u	C_c	级配评价	二级定名	填料分组
素土	19.8	21.2	17	1.07	良好	土质中砂	B组
复合砾1	35.8	17.0	29	0.85	不良	土质砾砂	B组
复合砾2	51.9	12.7	175	0.20	不良	级配不好的含土细角砾	B组
复合砾3	67.9	8.5	136	0.87	不良	级配不好的含土细角砾	B组
复合砾4	84.0	4.2	48	15.19	不良	级配不好的细角砾	B组

2　大型三轴实验

为研究素土与四种复合砾强度、变形特性，采用四川大学华西岩土仪器研究所研制的SZ30-4型大型三轴剪切仪对五种试料进行了三轴剪切试验。试样直径28.8 cm，高60 cm，压实系数0.95。每组试样分别在四个围压进行固结排水剪切，根据高速铁路路基基床底层、路基本体内应力的大小[10]，围压分别取100 kPa、200 kPa、300 kPa、400 kPa。

2.1　应力-应变特性

按照试验方案对五种试料分别在100 kPa、200 kPa、300 kPa、400 kPa围压下进行大型三轴剪切试验，试验中所有试样均未出现应变软化现象。复合砾4由于粗颗粒含量高，剪切试验完成后试样松散，难以观察最终的破坏形式，其他四组试样中均未观察到明显的滑裂破坏面。主应力差与轴向应变关系曲线如图2所示。

图2表明，不同组试样间的主应力差-轴向应变关系曲线差异明显，随着粗粒含量的增加，曲线逐渐上移，轴向应变等于0.15时对应的破坏主应力差$(\sigma_1-\sigma_3)_f$逐渐增大。试验结果表明试样的剪切强度与粗粒含量之间有明显的正相关性。

从土体强度产生的原因分析，在粗粒土中，细粒含量高时，土体的强度主要由细颗粒之间的化学胶结力及滑动摩擦力组成，此时滑动面的粗糙度低，同应力下摩擦力较小。随着粗粒含量的增加，细颗粒间的化学胶结力减少，但由于粗颗粒间的镶嵌、咬合作用产生的颗粒间作用力增加，试样的抗剪强度增大，并

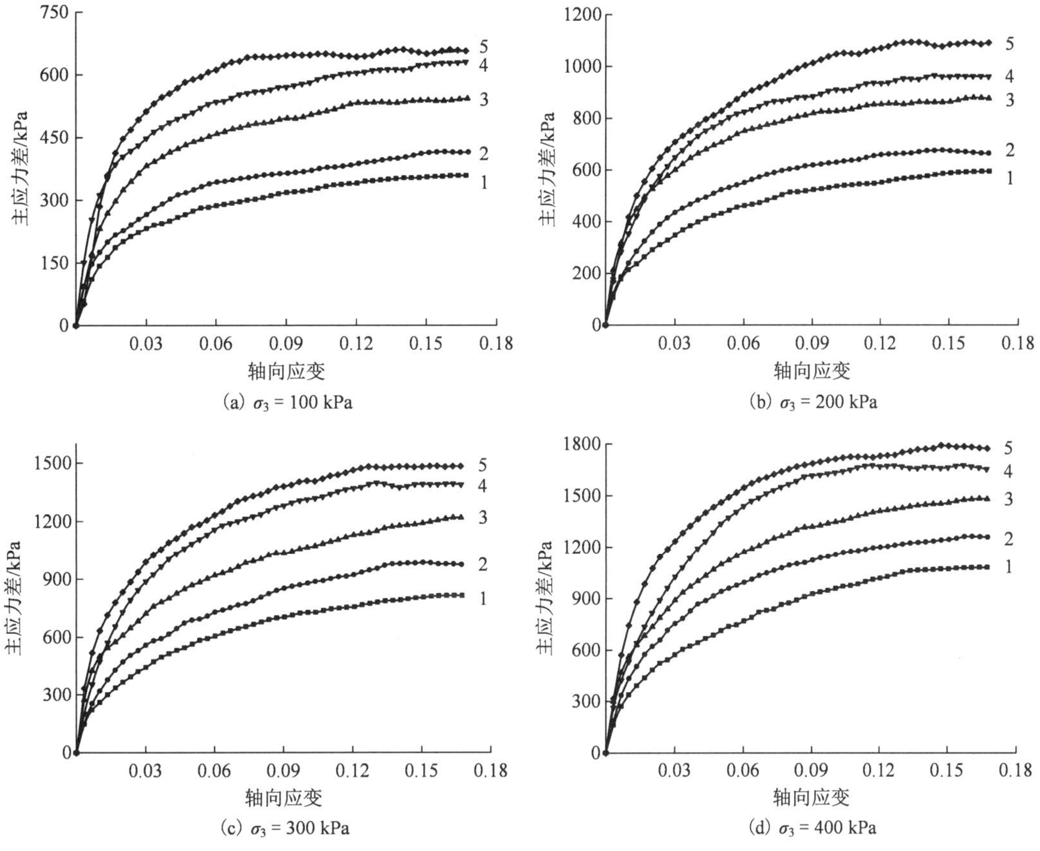

1—素土；2—复合砾 1；3—复合砾 2；4—复合砾 3；5—复合砾 4。

图 2 主应力差-轴向应变关系曲线

体现在抗剪强度指标黏聚力 c 与内摩擦角 φ 上，试验结果也反映出了这一趋势。

2.2 变形特性

不同围压条件下五组试样的体积应变 ε_v 和轴向应变 ε_1 关系曲线见图 3，其中：ε_1 以压缩为正，σ_3 以膨胀为正，ε_v 以减小为正。

图 3 表明，对于复合砾 2、复合砾 3、复合砾 4，当围压较低时，试样的体积应变出现剪胀趋势，随着围压的增大，逐渐向剪缩趋势转变。这是由于当粗粒含量高时，土体间形成连续的粗颗粒骨架，在低围压下，粗颗粒主要发生翻转滚动，体变表现为剪胀趋势；随着围压增大，粗颗粒翻转滚动时所受到的约束力增大，颗粒破碎现象逐渐明显，体变转为剪缩趋势；当细颗粒含量高时，粗颗粒被细颗粒包裹，粗颗粒间的直接

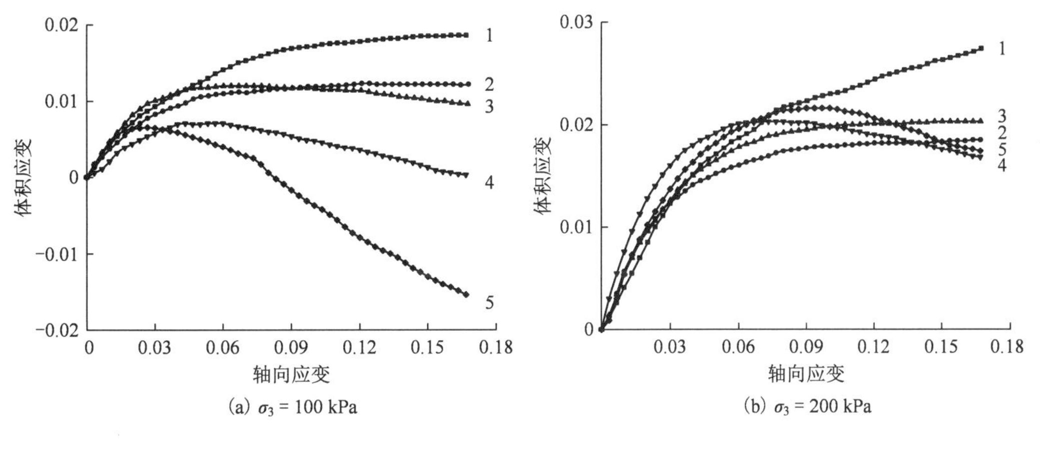

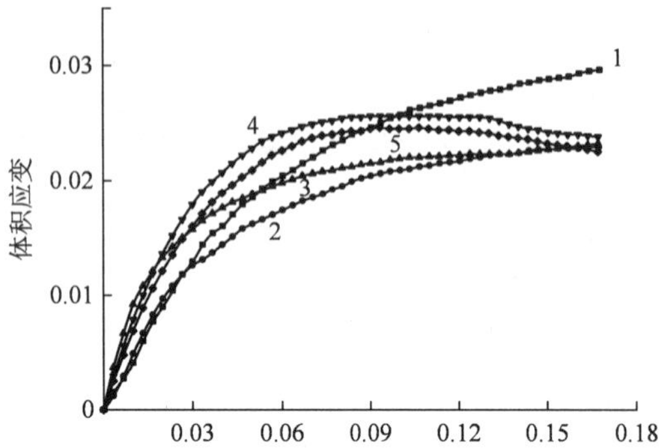

(c) σ_3 = 300 kPa

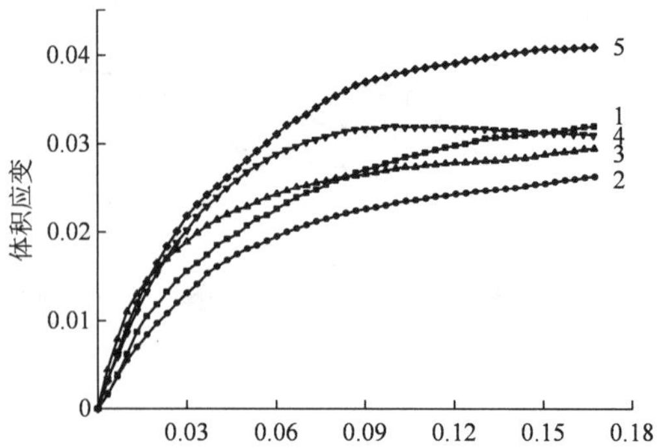

(d) σ_3 = 400 kPa

1—素土；2—复合砾 1；3—复合砾 2；4—复合砾 3；5—复合砾 4。

图 3 体积应变-轴向应变关系曲线

接触较少，在剪切过程中难以出现翻转滚动现象，因此试样逐渐被压密，表现出剪缩变形。

同时，不同组试样的体变特性有明显差异。由图 3(a)可以看出，当围压较低时，随着粗颗粒含量增大，试样的体变由剪缩趋势逐渐转为剪胀趋势，体变规律与试料的颗粒级配有明显的相关性。由于不同试料在同等低围压下的体变特性不同，且体变的剪缩趋势随围压增大而增强的速率存在差别，在高围压下不同组试样间的体积应变差异难以直接观察到明显规律，如图 3(b)~(d)所示。

3 邓肯-张模型的适用性分析

在土体的各种本构模型中，Duncan-Chang 非线性弹性模型由于物理意义明确，参数易于确定，在岩土工程中得到了广泛的应用。通过对五组试料进行适用性分析得出的五组试料的 Duncan-Chang 模型参数如表 3 所示。由表 3 可以得出土体的黏聚力 c、内摩擦角 φ 随粗颗粒含量的升高而逐渐增大。在确定初始弹性模量 E_i 的指标 K、n 中，K 随粗颗粒含量的升高而增大，n 的变化无明显规律。对于不同的试料，破坏比 R_f 的值差别不大，五组试料的平均值约为 0.87。$E-\nu$ 和 $E-K$ 模型用以确定泊松比的主要参数 F、G、K_b、m 中，F、G、K_b 随粗颗粒含量的升高总体上呈增大趋势，m 的变化无明显规律。

表 3 五组试料的 Duncan-Chang 模型参数

试料	c/kPa	φ/(°)	K	n	F	G	R_f	D	K_b	m
素土	30.31	32.88	175.93	0.48	0.14	0.34	0.84	2.11	73.31	0.29
复合砾 1	32.54	35.73	220.64	0.57	0.13	0.36	0.86	2.07	99.69	0.35
复合砾 2	59.78	37.33	351.70	0.46	0.21	0.34	0.88	2.74	128.95	0.15
复合砾 3	64.13	39.74	430.79	0.42	0.36	0.38	0.88	2.98	223.07	-0.32
复合砾 4	67.39	41.03	459.46	0.58	0.36	0.39	0.89	2.94	213.40	-0.14

注：c 为黏聚力；φ 为内摩擦角；K、n 为确定初始弹性模量 E_i 时的指标；F、G、D、K_b、m 是 $E-\nu$ 和 $E-K$ 模型用以确定泊松比的主要参数；R_f 为破坏比。

当剪切过程中体变无剪胀趋势时，$E-K$ 模型中 $\varepsilon_1/\varepsilon_v$ 与 ε_1 的线性关系比 $E-\nu$ 模型中 $\varepsilon_3/\varepsilon_1$ 与 ε_3 的线性关系更加明显。复合砾 2、复合砾 3、复合砾 4 在低围压下体变出现剪胀趋势，此时 $E-\nu$ 模型中 $\varepsilon_3/\varepsilon_1$ 与 ε_3 的线性关系仍不明显，$E-K$ 模型中 $\varepsilon_1/\varepsilon_v$ 与 ε_1 也明显偏离线性关系，特别是复合砾 4，在剪切过程中体变零点附近的 $\varepsilon_1/\varepsilon_v$ 由正无穷跳跃至负无穷。对于低围压下有剪胀趋势的复合砾 2、复合砾 3、复合砾 4，$E-\nu$ 模型中初始切线泊松比 ν_i 与 $\lg(\sigma_3/p_a)$ 的线性关系明显优于 $E-K$ 模型中初始切线体积模量

$\lg(K_i/p_a)$与$\lg(\sigma_3/p_a)$的线性关系。而对于素土及复合砾1，两种模型无明显差异。从应用E-ν模型和E-K模型的效果来看，两种模型对于本次试验中的五组试料的适用性均不理想，且难以用于定量描述试料体变性质随级配改变而变化的规律。

4 改进模型

4.1 $\varepsilon_1 \sim \varepsilon_3$ 函数关系改进

试验结果分析表明随着轴向应变ε_1的发展，主应力差$(\sigma_1-\sigma_3)_f$趋于稳定，但体积应变和侧向应变仍在继续发展，${\varepsilon_1}^2$与ε_3具有明显的抛物线关系，可以采用常数项为0的抛物线方程拟合轴向应变与侧向应变之间的函数关系见式(1)：

$$\varepsilon_1^2 = M\varepsilon_3^2 + N\varepsilon_3 \tag{1}$$

试验参数M、N可通过${\varepsilon_1}^2$与ε_3的拟合求得，复合砾3在不同围岩条件下的拟合曲线如图4如示。得到不同围压下参数M、N的值见表4。

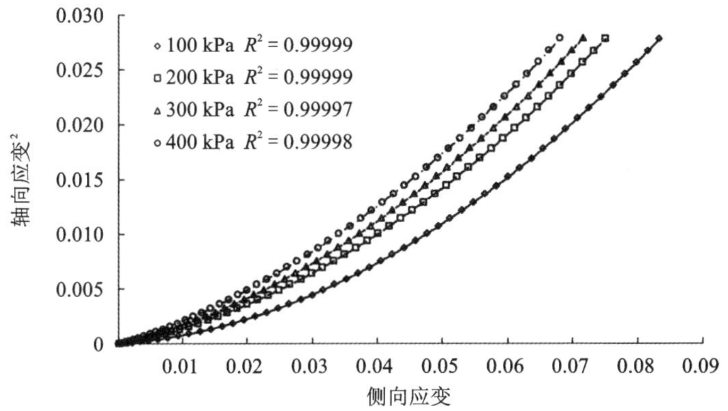

图4 复合砾3 ε_1^2-ε_3 拟合曲线

表4 复合砾3非线性拟合参数

围压/kPa	100	200	300	400
M	3.476	3.477	3.505	3.420
N	0.044	0.110	0.138	0.176

由图4可以看出，式(1)可以较准确地拟合试验得到的轴向应变和侧向应变数据。通过表4可看出，在不同围压下，参数M值变化不大，可取不同围压下的平均值作为该土样的M值；参数N值随围压的增大而逐渐增大，经分析，N与$\lg(\sigma_3/p_a)$呈线性关系，关系式如下：

$$N = F\lg(\sigma_3/p_a) + E \tag{2}$$

图5为N与$\lg(\sigma_3/p_a)$的拟合曲线，可见两者之间呈线性关系。由图即可得填料参数F和E的值。

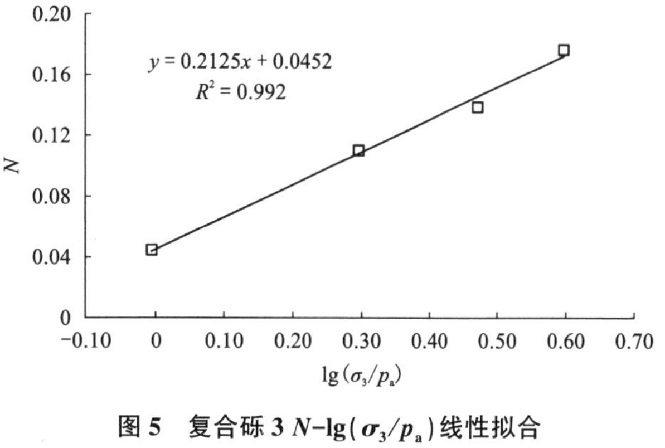

图5 复合砾3 N-$\lg(\sigma_3/p_a)$线性拟合

对于一定的围压σ_3与轴向应变ε_1，可由式(1)求得相应的侧向应变ε_3，得到试样在不同围压下的体积应变表达式：

$$\varepsilon_v = \varepsilon_1 + 2\varepsilon_3 = \varepsilon_1 + (N - \sqrt{N^2 + 4M\varepsilon_1^2})/M = \varepsilon_1 + \left[E + F\lg\frac{\sigma_3}{p_a} - \sqrt{\left(E + F\lg\frac{\sigma_3}{p_a}\right)^2 + 4M\varepsilon_1^2}\right]/M \tag{3}$$

通过侧向应变ε_3与轴向应变ε_1的关系式(1)，可得出切线泊松比表达式：

$$\nu_t = \frac{d\varepsilon_3}{d\varepsilon_1} = \frac{\varepsilon_1}{\sqrt{M\varepsilon_1^2 + 0.25N^2}} = \frac{1}{\sqrt{M + \left(\frac{E + F\lg(\sigma_3/p_a)}{2\varepsilon_1}\right)^2}} \tag{4}$$

4.2 模型验证

依据文献[19]中承德中密砂的三轴试验数据进行相应的分析，得出 $M=2.807$，$E=0.012$，$F=0.016$。图 6 以曲线描绘了模型预测的体积应变与轴向应变及切线泊松比与轴向应变的曲线并以离散点将相应的三轴试验数据绘于其旁。

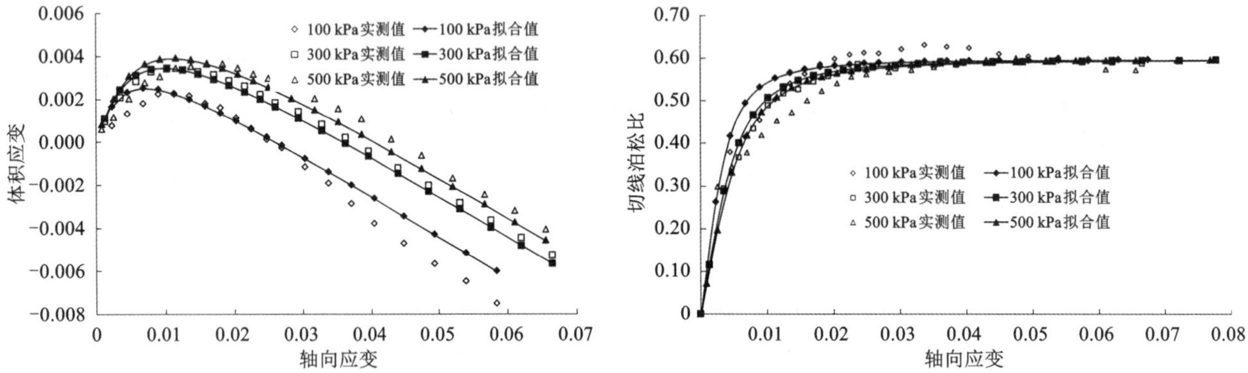

图 6　承德中密砂三轴试验数据及预测曲线

由图 6 可以得出，通过模型计算得到的体积应变及切线泊松比曲线与试验结果吻合较好，证明了该改进模型的合理性，能较好地描述粗粒土的体积应变特性。

4.3 体积应变及切线泊松比预测

通过对五组试样的轴向应变与侧向应变函数关系的拟合，得出的各试样参数 M、E 和 F 值如表 5 所示。

表 5　试样模型参数

参数	素土	复合砾 1	复合砾 2	复合砾 3	复合砾 4
M	4.447	4.171	3.940	3.469	3.435
E	0.061	0.051	0.058	0.045	0.045
F	0.084	0.071	0.105	0.212	0.228

根据试验得出的各土样的参数 M、E 和 F，即可预测试样在不同围压下体积应变与轴向应变以及切线泊松比与轴向应变的曲线，预测曲线与实测数据对比分析的结果如图 7 所示。

通过对比，可以看出所推导的体积应变曲线及切线泊松比曲线与试验结果吻合较好，能够较好地反映粗粒土随着应力水平升高逐渐由剪缩转为剪胀，以及在低围压时剪胀、高围压时剪缩的体积应变特性。这说明改进模型能较为合理地描述粗粒土的体积应变特性。

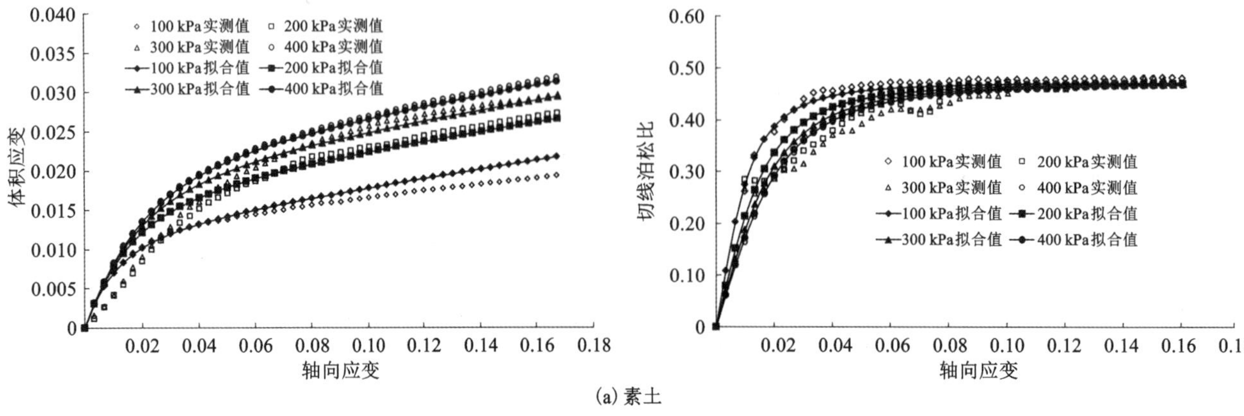

(a) 素土

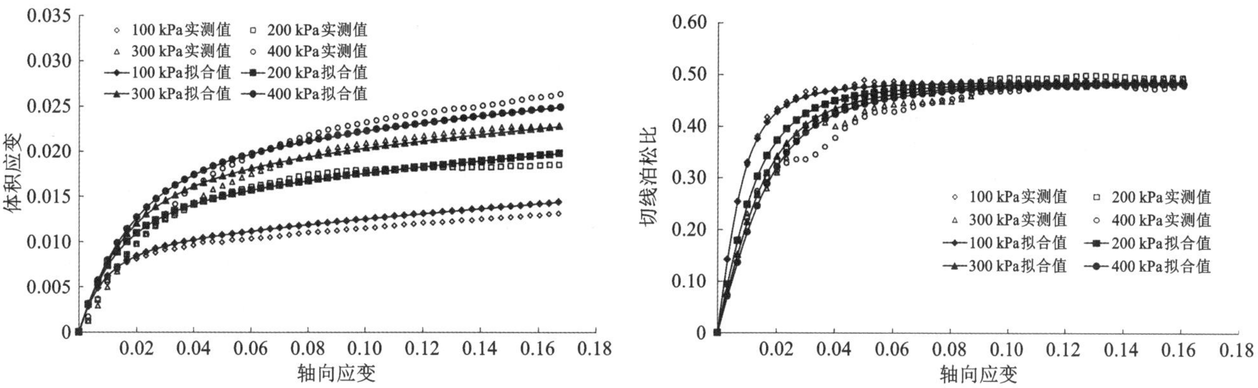

(b) 复合砾1

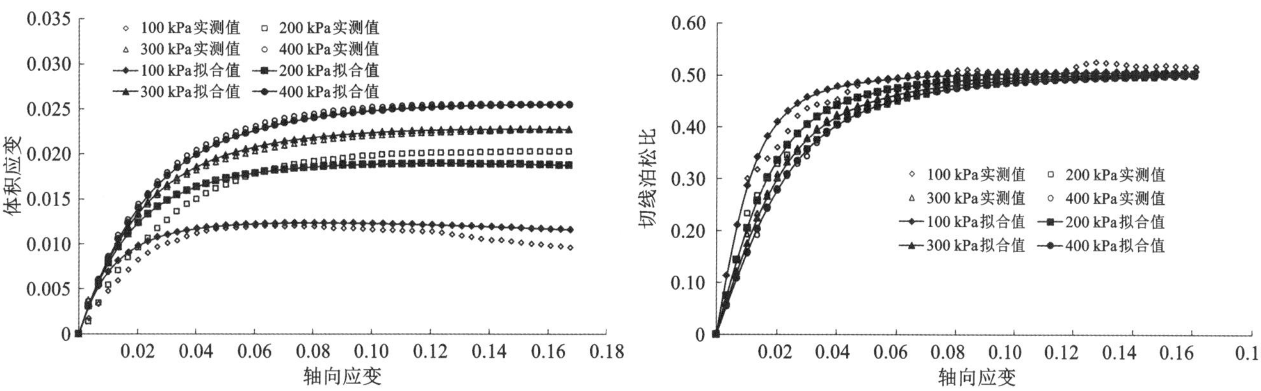

(c) 复合砾2

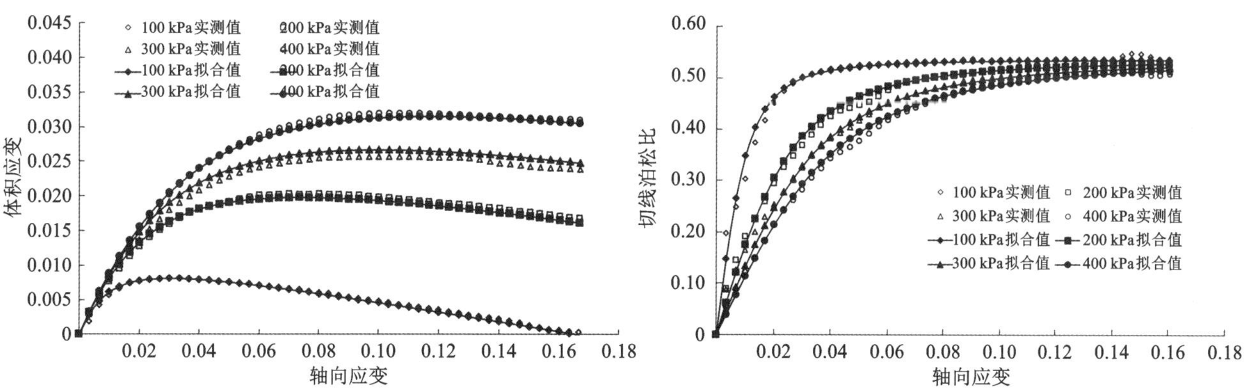

(d) 复合砾3

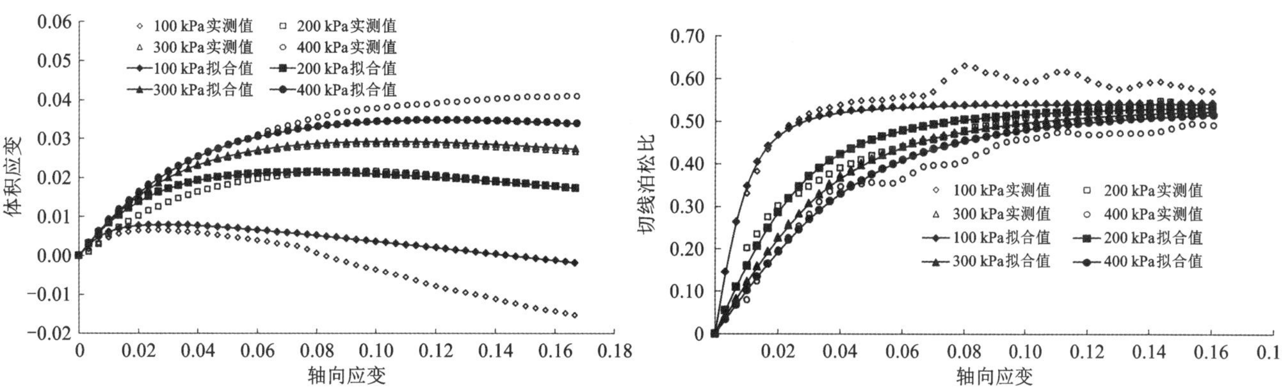

(e) 复合砾4

图7　不同试样体积应变与切线泊松比拟合曲线

5 结论

(1)在三轴剪切试验中，粗颗粒含量较高的复合砾2、复合砾3、复合砾4等试样在低围压下体变出现剪胀趋势，随着围压的升高，体变逐渐向剪缩趋势转变。

(2)当围压较低时，随着粗颗粒含量增大，试样的体变由剪缩趋势转为剪胀趋势，体变规律与试料的颗粒级配有明显的相关性。由于不同试料在同等低围压下的体变特性不同，且体变的剪缩趋势随围压升高而增强的速率快慢有所差别，高围压下不同组试样间的体积应变差异难以直接观察到明显规律。

(3)在五组试料的级配范围内，试样的抗剪强度与粗颗粒含量之间有明显的正相关性。结果表明黏聚力 c 与内摩擦角 φ 随粗颗粒含量的增高而增大。

(4)利用三轴试验结果对邓肯-张模型的适用性进行分析研究，结果表明邓肯-张模型中 E-ν 模型和 E-K 模型均不能很好地反映路基填料的变形特性。

(5)在试验的基础上，本文提出了 ε_1 与 ε_3 的二次函数关系，建立了粗粒土的体积应变方程与轴向应变的函数方程，并对试样的三轴试验体积应变数据进行了预测。结果表明改进模型能较为合理地描述粗粒土的体积应变特性。

参考文献

[1] 国家铁路局. 铁路路基设计规范(TB 10001—2005)[S]. 北京：中国铁道出版社，2005：12-17.

[2] 国家铁路局. 高速铁路设计规范(试行)(TB 10621—2009)[S]. 北京：中国铁道出版社，2009：32-33.

[3] 王晓明. 客运专线路基填料改良试验研究[J]. 铁道工程学报，2010(3)：23-27.

[4] 程展林，余建平，丁红顺. 水布垭面板堆石坝填料应力应变关系试验研究[J]. 长江科学院院报，1999，16(1)：29-32.

[5] 张忠. 水泥改良土填料试验研究初探[J]. 国防交通工程与技术，2010，8(4)：18-20.

[6] WANG R G, GUO R G. A simple constitutive model for granular soils: modified stress-dilatancy approach[J]. Computers and Geotechnics, 1998, 22(2): 109-113.

[7] 郭庆国. 粗粒土的工程特性及应用[M]. 北京：黄河水利出版社，1999.

[8] 陈宏伟. 粗粒土压实试验研究[D]. 陕西：长安大学公路学院，2004：22-40.

[9] DUNCAN J M, CHANG C Y. Nonlinear analysis of stress and strain in soils[J]. Journal of the Geotechnical Engineering Division, American Society of Civil Engineering, 1970, 96(5): 1629-1653.

[10] 孟飞，张家生，胡奇凡，等. 粗粒土体变规律大型三轴试验研究[J]. 水利水电技术，2013，44(6)：139-146.

[11] 陈晓斌. 红砂岩粗粒土剪胀效应大型三轴试验研究[J]. 岩石力学与工程学报，2010，29(增1)：3145-3149.

[12] 程展林，姜景山，丁红顺，等. 粗粒土非线性剪胀模型研究[J]. 岩土工程学报，2010，32(3)：460-467.

[13] 程展林，丁红顺，吴良平. 粗粒土试验研究[J]. 岩土工程学报，2007，29(8)：1151-1158.

[14] 程展林，陈鸥，左永振，等. 再论粗粒土剪胀性模型[J]. 长江科学院院报，2011，28(6)：39-49.

[15] ROWE P W. The relation between the shear strength of sands in triaxial compression, plane strain and direct shear[J]. Geotechnique, 1969, 19(1): 75-86.

[16] 张嘎，张建民. 粗颗粒土的应力应变特性及其数学描述研究[J]. 岩土力学，2004，25(10)：1587-1591.

[17] 李翀，何昌荣，王琛，等. 粗粒料大型三轴试验的尺寸效应研究[J]. 岩土力学，2008，29(Z1)：563-566.

[18] A Frassonl, U Hegg, P P Rossi. Large-scale Laboratory Tests for the Mechanical Characterization of granular materials for Embankment Dam, 1982.

[19] 李广信. 高等土力学[M]. 北京：清华大学出版社，2004.

裂隙岩体高压压水试验研究

蒯 波

中国水电顾问集团中南勘测设计研究院，湖南长沙，410014

摘要：裂隙岩体渗透特性往往由于裂隙发育的随机性而难以准确描述，现场高压压水试验通过研究压力 P–流量 Q 关系曲线来了解裂隙岩体宏观渗透特性。某抽水蓄能电站高压岔管部位岩体存在较大规模的断层及影响带，为配合工程处理设计，本文采用现场高压压水试验对断层(含影响带)、断层周围岩体的透水性及渗透变形特性进行评价。现场试验的结果表明裂隙的张开扩展是裂隙岩体渗透变形的主要形式，也是 P–Q 曲线类型非线性的主要原因。为对试验过程和成果进一步量化，采用等效连续介质模型和三维有限元数值模拟技术对试验进行模拟。对比分析成果可见，P–Q 曲线基本吻合，采用现场试验与数值计算相结合的方法可以较好地对裂隙岩体的宏观渗透性进行分析评价。

关键词：裂隙岩体；高压压水试验；水力劈裂；等效连续介质模型；宏观渗透性

1 概述

钻孔压水试验是一种在钻孔中进行的原位渗透试验，其主要目的是测定岩体的透水性，为评价岩体的渗透性能和制定防渗措施提供基本资料[1]。其可以定性地了解地下不同部位岩体的相对渗透性和裂隙发育程度，为评定岩层的完整性和透水程度、论证水工建筑物地基和库区岩层的渗透情况、地下洞室围岩稳定性以及制定相应防渗处理措施的提供依据[2]。

随着水利水电工程规模的加大，常规压水(最大水压力 1.0 MPa)试验已不能满足评价岩体在高水头作用下的渗透特性和渗控措施设计的要求。从 20 世纪 80 年代后期开始，一些水利水电工程开展了对钻孔高压压水试验的研究工作。根据目前掌握的情况，国内已有十几个水利工程开展了钻孔高压压水试验工作，但其成果大多限于对现场试验成果的分析研究。本文尝试从研究 P–Q 曲线入手，采用现场试验与数值模拟相结合的方法对裂隙岩体的宏观渗透性进行分析评价。

2 裂隙岩体渗流理论

裂隙岩体的透水性与裂隙宽度、裂隙的数量及其空间分布密切相关。在研究裂隙岩体地下水运动问题时，可以忽略岩块(结构体)的渗透性。裂隙介质可以按连续介质和不连续介质来处理，连续介质与不连续介质的区分，和研究问题的尺度大小有关系。根据具体情况，潘家铮提出了 4 种岩体模型：①近似不透水岩体；②带状透水岩体；③正交各向异性透水岩体；④一般性的各向异性透水岩体。其中①、②类岩体模型相对比较简单，对于③、④类岩体模型，当每组裂隙数量较为稀少时，可采用离散网络模型研究岩体地下水运动问题；当每组裂隙数量很多时，一般都把裂隙岩体假想为连续介质，认为水在裂隙内的流动速度变为假想的连续地充满整个岩体的流动速度，按连续介质模型分析渗流问题。

2.1 网络裂隙介质模型

Ломизе 在 1951 年就开始了单个裂隙水流运动的试验研究，根据大量的试验成果，得到了单个裂隙水流流量的立方定律：

$$q = \frac{gb^3J}{12v} \tag{1}$$

式中：g 为重力加速度；J 为裂隙平面的水力坡降；b 为裂隙的宽度；v 为水的运动黏滞系数。

蒯波. 裂隙岩体高压压水试验研究[J]. 西部探矿工程，2008，20(11)：28-32.

上述理论公式适用于裂隙表面光滑情况，Ломизе 和 Louis 得到了光滑和粗糙状态下裂隙的线性流(层流)和非线性流(紊流)的流量计算公式及过渡临界状态的雷诺数。

当岩体结构相对完整、裂隙数量很少时，可将岩体视为离散网络裂隙介质模型。在查清每条裂隙的几何及力学要素基础上，可根据单个裂隙内水流的基本方程，按岩体是不连续介质来分析其渗透问题。

2.2 等效连续介质模型

2.2.1 渗流运动方程

在工程实际问题中，岩体受到地质构造作用往往会形成多组裂隙，每个裂隙组的数量一般也较多，这时可以把裂隙岩体假想为一种连续介质。水在裂隙中的流动变为假想的连续地充满整个岩体的流动速度。为表示裂隙介质内渗透性各向异性的特点，Ferrandon 首先提出了渗透系数张量的概念。其后，Snow 和 Pomn 提出了裂隙岩体的渗透系数张量，裂隙岩体的渗透系数张量是建立在单裂隙水流运动规律基础上的。

对于一组裂隙发育的情况，通过三维矢量运算，可得到下式：

$$\vec{\boldsymbol{v}}_{\mathrm{e}} = K\vec{\boldsymbol{J}} \tag{2}$$

式中：$\vec{\boldsymbol{v}}_{\mathrm{e}}$ 为当量渗流速度矢量；K 为渗透系数张量；$\vec{\boldsymbol{J}}$ 为水力坡降矢量。

该式表明具有一组裂隙的岩体作为等效连续介质时，渗流场内渗流速度 $\vec{\boldsymbol{v}}_{\mathrm{e}}$、力坡降 $\vec{\boldsymbol{J}}$ 和裂隙组产状(走向、倾向、倾角)、裂隙宽度及间距之间的关系。当岩体发育有几组不同产状的裂隙时，同理可得：

$$\vec{\boldsymbol{v}}_{\mathrm{e}} = \sum_{i=1}^{n} \vec{\boldsymbol{v}}_{\mathrm{e}} = -\sum_{i=1}^{n} K\vec{\boldsymbol{J}} = -K\vec{\boldsymbol{J}} \tag{3}$$

式中：i 为第 i 组裂隙的编号；n 为岩体中裂隙发育的总组数。

2.2.2 连续性方程

通过对微元的分析，将运动方程代入，得到三维问题下的连续性方程：

$$\nabla(K\nabla H) = \mu_{\mathrm{s}}\frac{\partial H}{\partial t} \tag{4}$$

式中：∇为 Hamilton 算子；K 为渗透系数张量；μ_{s} 为储水率。

各向异性岩体的渗透系数张量用矩阵表达为：

$$\boldsymbol{K}_{ij} = \begin{bmatrix} K_{xx} & K_{xy} & K_{xz} \\ K_{yx} & K_{yy} & K_{yz} \\ K_{zx} & K_{zy} & K_{zz} \end{bmatrix}$$

由矩阵论可知，上式必定存在正交矩阵 $\boldsymbol{P}$ 使得：

$$\boldsymbol{K}_{ij} \sim \boldsymbol{P}^{-1}k_{ij}\boldsymbol{P} = \mathrm{diag}(K_1, K_2, K_3) \tag{5}$$

连续性方程展开为：

$$K_1\frac{\partial^2 H}{\partial_{x^2}} + K_2\frac{\partial^2 H}{\partial_{y^2}} + K_3\frac{\partial^2 H}{\partial_{z^2}} = \mu_{\mathrm{s}}\frac{\partial H}{\partial t} \tag{6}$$

式中：K_1、K_2、K_3 为主渗透系数，对应方向为渗流主轴方向。

3 工程实例

3.1 工程概况

某抽水蓄能电站引水高压岔管洞室埋深 215 m 左右，高压岔管紧邻 F15 断层。F15 断层在①、②引水隧洞下平段揭露，在紧靠③、④机引水高压岔管分岔点位置斜穿通过，距①、②机引水高压岔管仅 14 m。断层带为碎裂岩充填，局部夹泥，夹泥厚度最大宽度 2 cm 左右。此外尚分布与洞轴线小角度相交的 NWW 向节理裂隙和斜穿洞室的 NE 向结构面。在高压内水作用下混凝土岔管可能产生开裂，高压内水将直接作用在断层及周围岩体上，极有可能产生水力劈裂等渗透破坏而导致围岩失稳，必须对其进行工程处理。

3.2 高压压水试验设计

高压压水试验重点针对断层带进行，并兼顾断层带周边岩体，即高压压水试验段的布置既包括断层

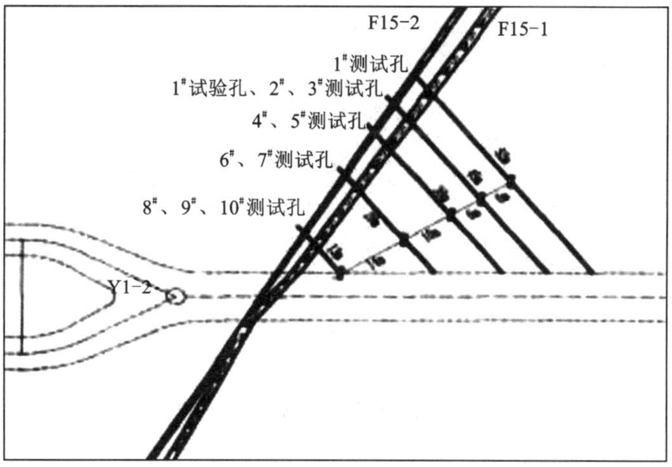

图 1　某抽水蓄能电站高压压水试验平面布置示意图

段，又要包括岩体段。试验布置模拟电站引水隧洞一洞运行、一洞放空的最不利工况。试验设计最大压力为 5.5 MPa，水压力采用从低至高、分级循环施加的方式。

本次试验包括 1 孔 2 段高压压水试验(其中 1 段横跨断层带，1 段布置于断层上盘岩体内)，先进行岩体段的压水试验，再用地质钻机钻孔穿透断层进行断层带压水试验。试验孔与测试孔共同组成本次高压压水试验加卸载及测试系统，试验孔用于施加水头并记录压力、流量值；测试孔内安装渗压计或多点位移计，用于测定渗透水压力和洞壁围岩变形情况。

3.3　现场高压压水试验成果与分析

3.3.1　岩体段高压压水试验成果

如图 2、图 3 中所示，在 A(P=3.8 MPa)点以前，流量-压力关系曲线为过原点的直线，反映裂隙岩体中渗水的主要流态为层流，流量与压力表现为线性关系。在 A 点以后，流量与压力关系表现出明显的非线性。根据临界雷诺数判断，此时的水流仍然为层流。非线性表现的主要原因不是流态的变化(层流向紊流的过渡)，而是裂隙结构面状态产生了变化，岩体裂隙在水压力作用下产生了张开扩展，导致了岩体的渗透性急剧增大。如加卸载曲线图 3 所示，A 点和 B 点之间形成了一个封闭区域，其原因在于加压钻孔附近的裂隙面由于水压力较大产生了塑性变形(张开)，而较远处结构面的变形属于弹性阶段，在水压力退回到 A 点后，原张开裂隙面闭合，压力与流量重新表现为线性关系。

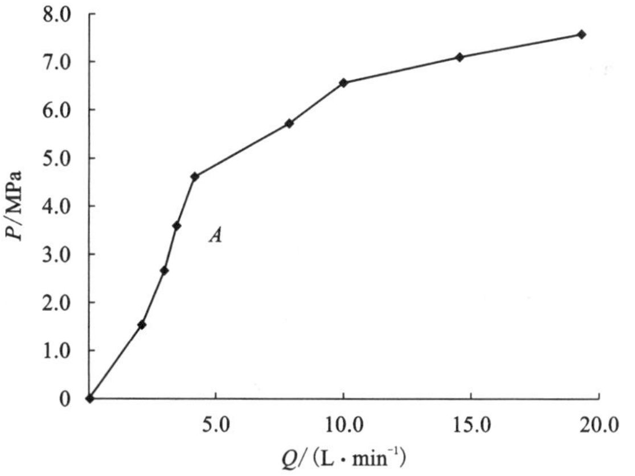

图 2　岩体段高压压水试验流量与压力关系曲线(加载工况)

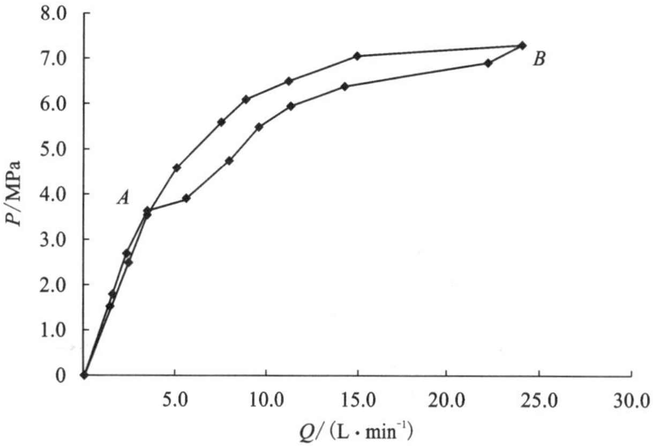

图 3　岩体段高压压水试验流量与压力关系曲线(加卸载工况)

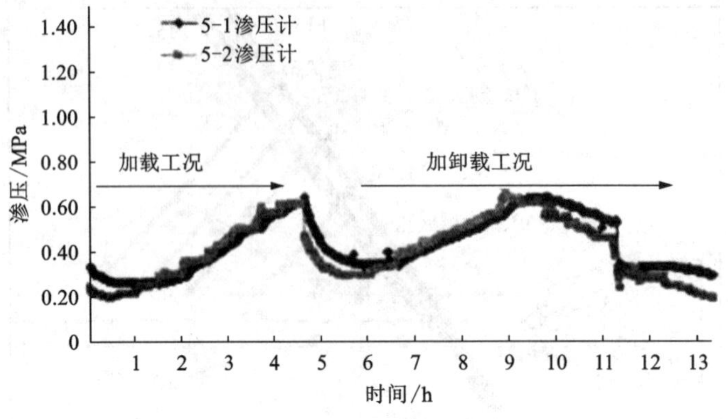

图 4　岩体段高压压水试验渗压监测曲线

3.3.2　断层带高压压水试验成果

图 5、图 6 表明断层带高压压水试验的流量-压力关系曲线相对岩体段表现出一定的线性特征，加载曲线与卸载曲线基本重合。由于此时的渗流场包括断层与裂隙岩体两种渗流介质，因此 $P-Q$ 曲线为两种介质渗透特性的综合反映。从渗透介质特性及关系曲线综合判断，在试验压力区间内，断层带没有产生大范围的渗透变形破坏。关系曲线的奇异部分可认为是断层带的局部物质经历了填充物的冲蚀、充填的过程。

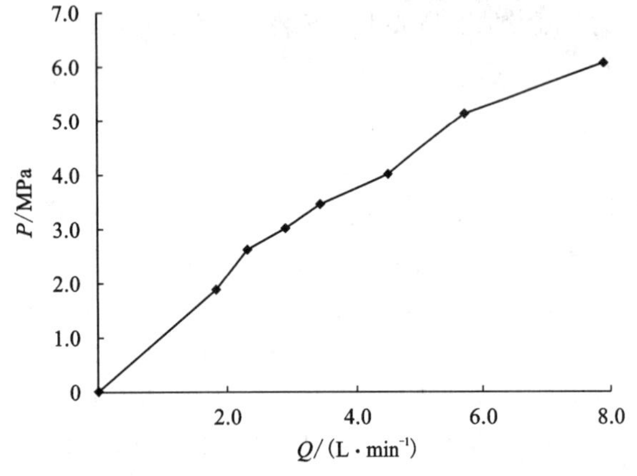

图 5　断层带高压压水试验流量与压力关系曲线(加载工况)

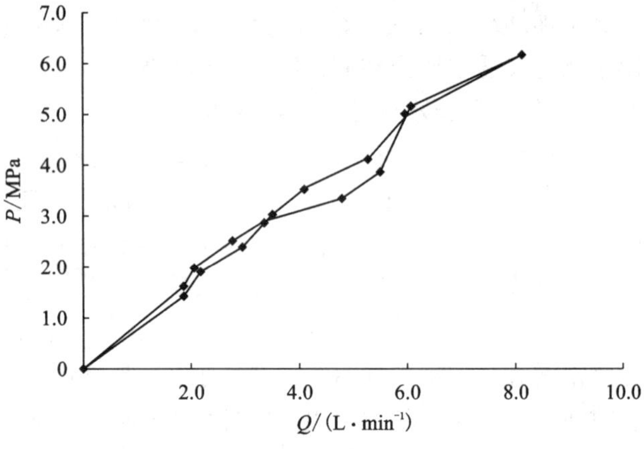

图 6　断层带高压压水试验流量与压力关系曲线(加卸载工况)

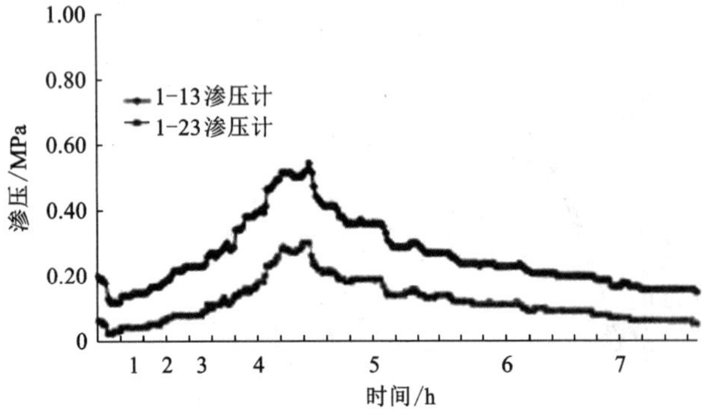

图 7　断层带高压压水试验渗压监测曲线

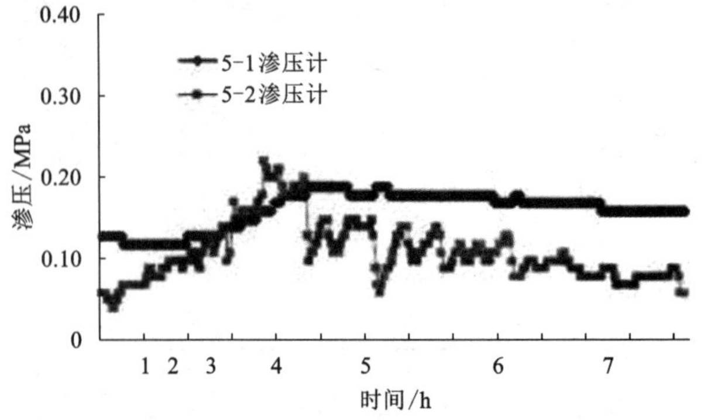

图 8　断层带高压压水试验渗压监测曲线

3.3.3 试验成果分析

根据压水试验规范所得岩体渗透系数见表1。其中岩体段的流量-压力关系曲线由于非线性显著，所以给出的是不同区间的渗透系数值。对于裂隙岩体来说，渗流主要发生在结构面所形成的裂隙网络中，用离散网络裂隙模型来描述是比较合适的，其渗流变形破坏形式也主要以裂隙面张开度变化为主，即在一定的条件下发生水力劈裂。根据本次试验成果，可把流量-压力关系曲线的比例极限(图3中A点，3.8 MPa)作为裂隙岩体发生水力劈裂的临界值。断层破碎带由于裂隙极为发育，可等效为连续介质，渗透变形破坏以局部填充物的冲蚀、再填充为主，没有明显的水力劈裂现象发生。

表1 断层和岩体渗透系数压水试验建议值

压力区间/MPa	岩体段渗透系数/(cm·s^{-1})	断层带渗透系数/(cm·s^{-1})
<3.8	2.0×10^{-6}	2.0×10^{-6}
3.8~5.5	3.5×10^{-6}	2.0×10^{-6}
>5.5	5.0×10^{-6}	2.0×10^{-6}

Hubbert等认为，无论液体是否渗入岩体中，水力劈裂开裂面总是垂直于最小主应力方向，当水压力值大于最小主应力值时，水力劈裂现象才会发生。根据该工程部位水压致裂法地应力测试成果，岔管处地应力属以自重应力为主的中等应力场，σ_1、σ_2、σ_3分别为6.52 MPa、4.75 MPa、3.52 MPa。裂隙的岩体的水力劈裂临界值为3.8 MPa，略大于最小主应力值。

4 现场高压压水试验三维有限元数值模拟

4.1 控制方程与边界条件

采用Galerkin法得到的连续介质渗流场有限元方程如下：

$$[\boldsymbol{A}]\{\boldsymbol{H}\}+[\boldsymbol{B}]\left\{\frac{\mathrm{d}\boldsymbol{H}}{\mathrm{d}t}\right\}=\{\boldsymbol{F}\} \tag{7}$$

式中：$[\boldsymbol{A}]$、$[\boldsymbol{B}]$、$\{\boldsymbol{F}\}$为已知条件构成的系数矩阵；$\{\boldsymbol{H}\}$为未知节点水头矩阵，导数矩阵可用差商代替。

加压孔孔壁各点为第一类边界条件，即各点在每一时刻的水头都是已知的，其余边界均为自由边界。

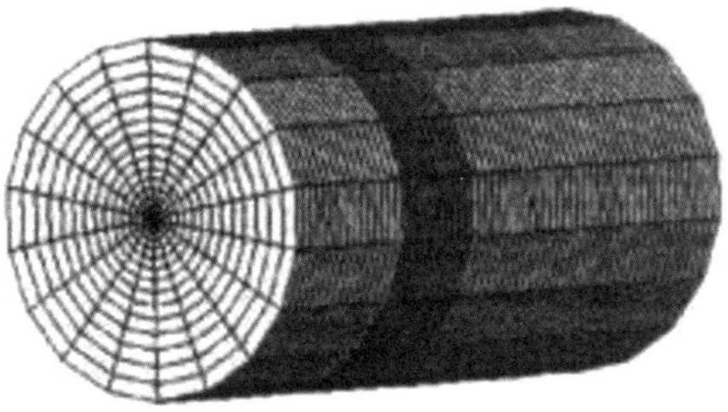

图9 断层高压压水试验模拟三维有限元模型

4.2 数值模拟结果与分析

图10为不考虑裂隙岩体渗流非线性特征的数值模拟结果，图11为考虑裂隙岩体渗流非线性特征的模拟结果，可见当考虑裂隙岩体非线性特征时，计算值与试验值两者相对较为吻合。在实际工程中，裂隙岩体应采用网络裂隙介质模型，分析时应考虑裂隙渗流场与应力场耦合。裂隙面渗流与应力的耦合特性不仅与水流运动规律有关，而且与其力学变形性质有关，但目前分析方法大多停留在经验公式阶段，缺乏足够的理论支持。

因此，在采用连续介质模型情况下，充分考虑裂隙岩体宏观所表现的非线性渗流特性来进行数值分析，其精度对于估计裂隙的岩体的渗透性来说仍然是可以满足工程需求的。

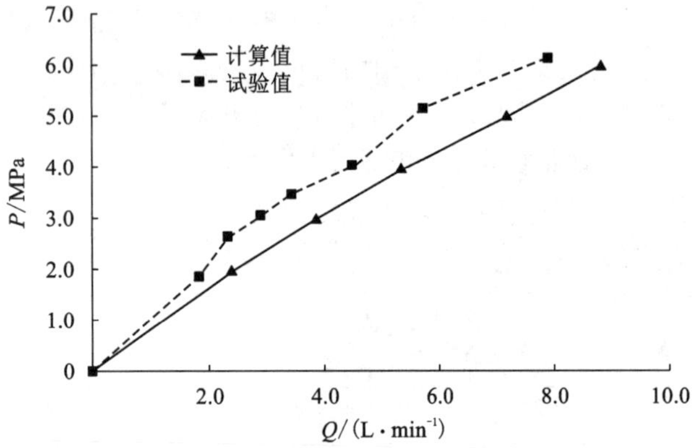

图 10　试验数值模拟成果图(1)

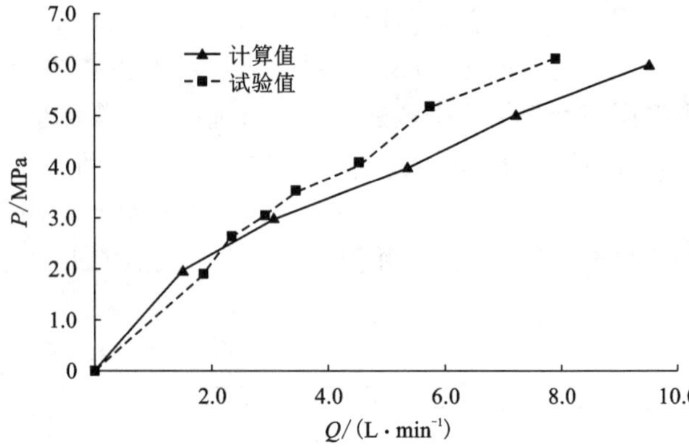

图 11　试验数值模拟成果图(2)

5　结束语

(1)本工程的高压压水试验中，裂隙岩体由于发生水力劈裂等现象使 $P-Q$ 曲线表现出明显的非线性特征，而断层破碎带裂隙极为发育，宏观表现出近似土类的渗透特征，在高压水作用下无明显的渗透破坏发生。

(2)进行数值分析时，本文采用连续等效介质模型，考虑裂隙岩体的渗流非线性特征，对于估计裂隙岩体的渗透性来说是可行的。

(3)对于裂隙岩体而言，网络裂隙模型结合渗流应力耦合分析在模拟岩体局部渗流特性时无疑是最合适的，但裂隙渗流与应力耦合分析所需的裂隙面力学变形性质理论研究则是获得精确数值解的关键。

参考文献

[1]　张世殊. 溪洛渡水电站坝基岩体钻孔常规压水与高压压水试验成比较[J]. 岩石力学与工程学报, 2002, 21(3): 385-387.

[2]　魏宁, 李金都, 傅旭东. 钻孔高压压水试验的模拟[J]. 岩石力学与工程学报, 2006, 25(5): 1037-1038.

[3]　周志方, 王锦国. 裂隙介质水动力学[M]. 北京: 中国水利水电出版社, 2004.

[4]　薛禹群. 地下水动力学原理[M]. 北京: 地质出版社, 1986.

[5]　蒋中明, 等. 黑麋峰抽水蓄能电站高压岔管区 F15 断裂带高压压水试验研究专题报告[R]. 2007.

软弱路基土体三轴蠕变试验及蠕变模型研究

徐　进[1]，张家生[1]，赵同顺[2]，黄林冲[3]

1. 中南大学土木工程学院，湖南长沙，410075
2. 中国矿业大学土木建筑学院，北京，100083
3. 中山大学工学院，广东广州，510275

摘要：采用相同面积置换率的微小砂桩模拟地基处理效果，对地基处理后的路基土进行三轴蠕变试验。依据路基土三轴蠕变试验，本文提出一个基于双曲线函数核的黏塑性元件模型，描述路基土的非线性黏塑性蠕变特征。与 Burges 元件模型串联建立非线性黏弹塑性蠕变本构模型，将模型扩展到三维状态并确定模型参数。研究结果表明，应力水平是影响地基土蠕变变形的主要因素，应力水平 $S=0.6$ 为路基土体线性黏弹性蠕变和非线性黏弹塑性蠕变的临界值。当 $S<0.6$ 时，路基土体土表现出线性黏弹性蠕变特征；当 $S>0.6$ 时，表现出非线性黏弹塑性蠕变特征。

关键词：路基土体；非线性蠕变模型；蠕变特性；蠕变试验

蠕变模型可以分为线性蠕变模型和非线性蠕变模型。许多学者对非线性蠕变模型进行了研究，如：韦立德等[1]根据岩石黏聚力在蠕变中的作用提出了一个新的 SO 非线性元件模型，建立了新的一维黏弹塑性本构模型；金丰年等[2]基于试验结果，结合传统线性黏弹性模型的分析，提出了非线性黏弹性模型；邓荣贵等[3]根据岩石加速蠕变阶段的力学特性，提出了一种非牛顿流体黏滞阻尼元件，将该阻尼元件与描述岩石减速蠕变和等速蠕变特性的传统模型结合，构成了新的综合蠕变力学模型；王来贵等[4]以改进的西原正夫模型为基础，利用岩石全程应力-应变曲线与蠕变方程中参数的对应关系，建立了参数非线性蠕变模型；徐卫亚等[5]将提出的非线性黏塑性体与五元件线性黏弹性模型串联，建立一个新的岩石非线件黏弹塑性蠕变模型(河海模型)。在软土非线性蠕变模型研究中，Leoni 等[6-7]提出了各向异性的蠕变模型，蠕变模型和参数的识别是蠕变学中的两大研究主题。夏才初等[8]根据岩石在不同应力水平下的加卸载蠕变试验曲线，对元件组合模型进行识别并确定其参数。孙钧[7]对此也在早期有过研究，采用上述方法建立了不同的蠕变本构模型并确定了模型参数。此外，Cogan 等[9-11]针对不同类型的土开展了大量的蠕变试验研究，Mukai 等[12]改进了蠕变测试仪。在此，本文采用 GDS 三轴试验仪对软土地基处理后的路基土体进行三轴蠕变试验，研究路基土体蠕变工程性质，通过试验确定蠕变模型的参数。

1　三轴蠕变试验

1.1　蠕变试验设计

本工程位于广州市大学城，属于城市主干道级别道路(Ⅰ级)，路面宽度为 24 m。场地处于珠江入海口的低丘陵地带，依据工程勘察报告，地层条件从上到下依次为耕土、淤泥质软土、粉质黏土、黏土和基岩。本试验对 k8+000～k10+300 路段软土路基进行挤密砂桩地基处理，主要是加固粉质黏土和淤泥质土。为了研究路基处理后的地基蠕变变形及考虑蠕变的路基沉降计算，对地基处理后的路基土体进行三轴蠕变试验研究。结合实际情况，对粉质黏土和淤泥质黏土进行试验，土体物理力学性能见表 1。

徐进，张家生，赵同顺，等. 软弱路基土体三轴蠕变试验及蠕变模型研究[J]. 中南大学学报(自然科学版)，2011，42(10)：3136-3142.

表 1　土样的物理力学性能

土样编号	含水量*/%	重度/(kN·m^{-3})	黏聚力/kPa	内摩擦角/(°)	压缩模量/MPa
A	50.3	18.5	15.0	21.0	3.8
B	86.1	17.6	3.5	8.5	2.5

注：含水量*指质量分数。

试样直径×高为 39.1 mm×50.0 mm。为了模拟现场的砂桩地基处理效果，土样按与地基处理面积相等置换率插入微小砂桩。微小砂桩实施方法为先在土样中打孔，然后灌入中粗砂填满土样中的小孔，最后适当夯实，试验土样如图 1 所示。

每组土样进行 3 种不同围压的 6 个应力水平试验，土样的蠕变试验方案见表 2。蠕变试验在 GDS 三轴试验仪上进行，采用分级加载方式。

表 2　土样蠕变试验方案　　kPa

试验应力水平 S	围压 1	围压 2	围压 3
0.1	50	100	150
0.2	50	100	150
0.4	50	100	150
0.6	50	100	150
0.8	50	100	150
0.9	50	100	150

注：$S=(\sigma_1-\sigma_3)/(\sigma_1-\sigma_3)_f$；$(\sigma_1-\sigma_3)_f$ 为三轴试验破坏主应力水平；$(\sigma_1-\sigma_3)$ 为主应力水平。

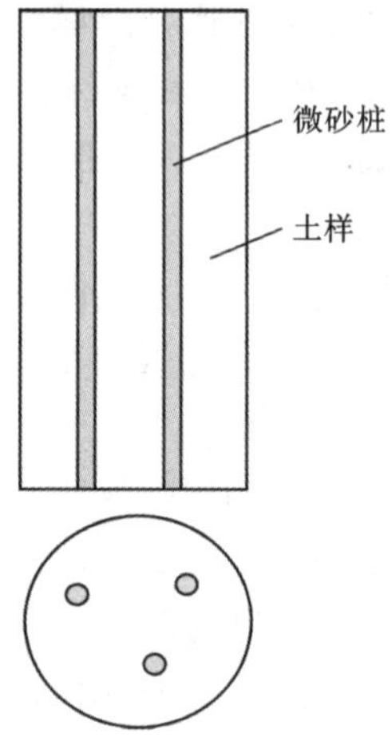

图 1　地基土试验土样

1.2　蠕变试验分析

路基土体蠕变试验曲线见图 2～图 7。其中：围压为 50 kPa 时路基土体蠕变曲线见图 2～图 3；围压为 100 kPa 时路基土体蠕变曲线见图 4～图 5；围压为 150 kPa 时，路基土体蠕变曲线见图 6～图 7。

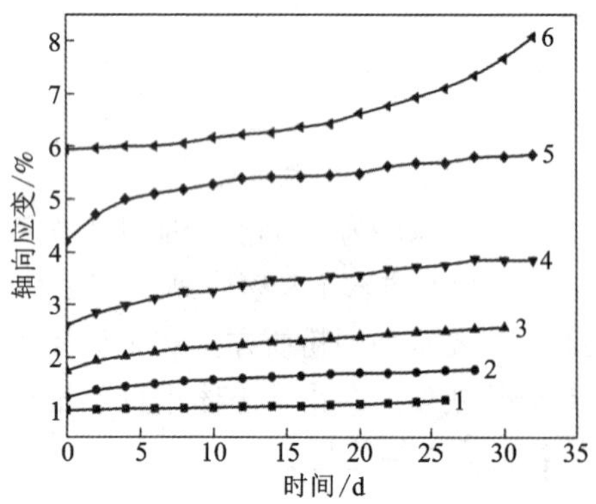

S：1—0.1；2—0.2；3—0.4；4—0.6；5—0.8；6—0.9。

图 2　50 kPa 围压下 A-1 蠕变试验曲线

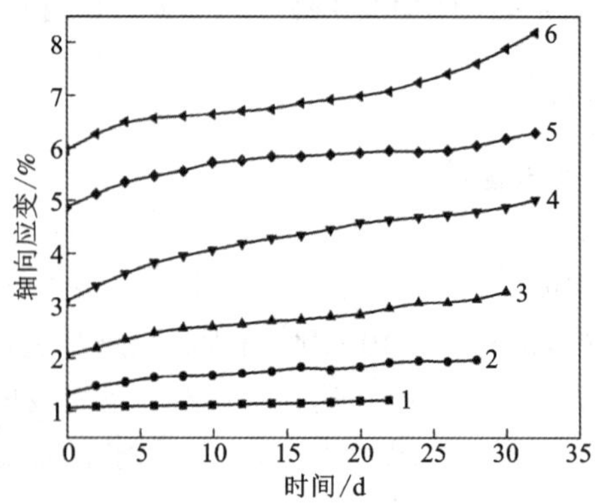

S：1—0.1；2—0.2；3—0.4；4—0.6；5—0.8；6—0.9。

图 3　50 kPa 围压下 B-1 蠕变试验曲线

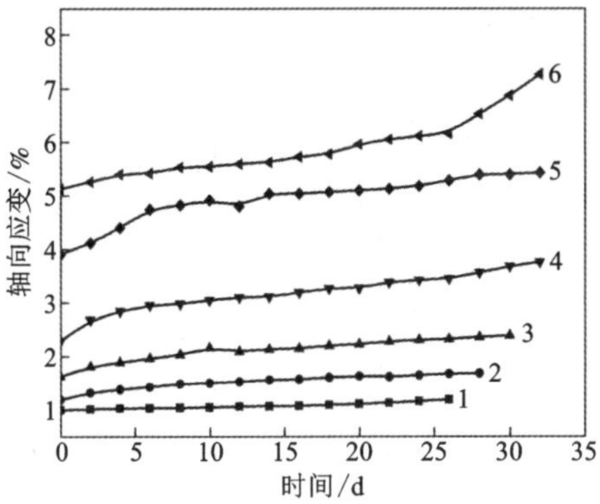

S：1—0.1；2—0.2；3—0.4；4—0.6；5—0.8；6—0.9。

图 4　100 kPa 围压下 A-2 蠕变试验曲线

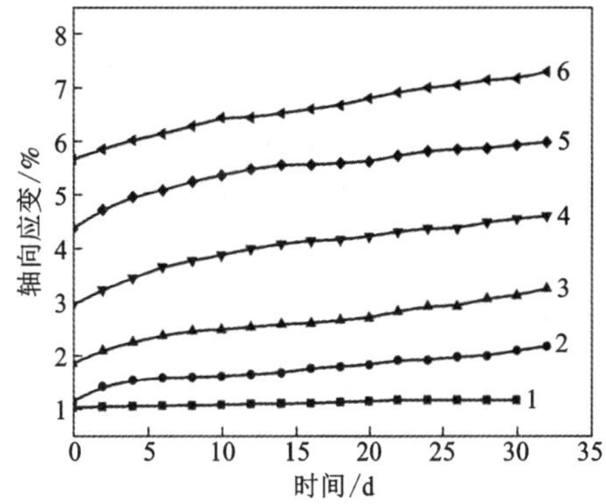

S：1—0.1；2—0.2；3—0.4；4—0.6；5—0.8；6—0.9。

图 5　100 kPa 围压下 B-2 蠕变试验曲线

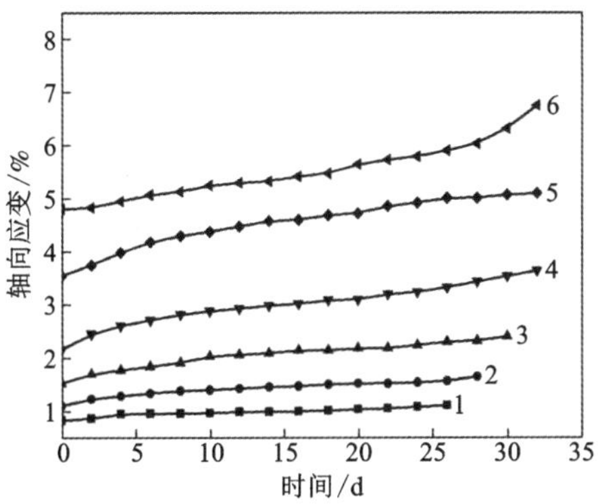

S：1—0.1；2—0.2；3—0.4；4—0.6；5—0.8；6—0.9。

图 6　150 kPa 围压下 A-3 蠕变试验曲线

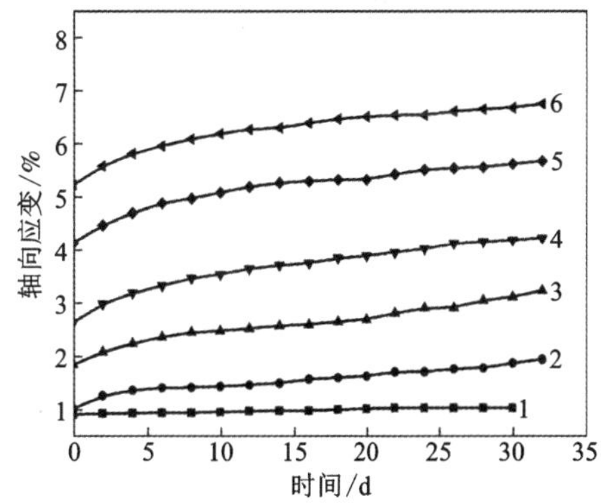

S：1—0.1；2—0.2；3—0.4；4—0.6；5—0.8；6—0.9。

图 7　150 kPa 围压下 B-3 蠕变试验曲线

由图 2~图 7 可知：在较低的应力水平下($S\leqslant 0.4$)，轴向应变曲线表现出相同的趋势，具有初始应变，前期蠕变发展快速，后期蠕变逐步减缓并呈稳定增长趋势，即只有衰减阶段和稳定阶段，并且趋向平缓，蠕变变形收敛，土体表现出明显的线性黏弹性；在中等应力水平下($0.4<S\leqslant 0.6$)，轴向应变曲线虽然也有类似的规律，但是，蠕变变形量增大，具有蠕变速率衰减阶段和蠕变速率稳定阶段，蠕变变形没有明显的收敛趋势，曲线斜率稳定，部分曲线表现出黏塑性特征；在较高的应力水平下($S>0.6$)，轴向应变曲线与前面的蠕变曲线差别较大，出现了加速蠕变阶段，表现为非线性黏塑性变形特征。

2　蠕变模型分析

2.1　蠕变模型

依据路基土体蠕变试验结果，本文提出一个基于双曲线型的非线性黏性元件模型，并将其与塑性元件并联，模型力学结构如图 8 所示。

在恒定的应力 σ_0 下蠕变方程为：

$$\varepsilon(t)=\frac{H(\sigma_0-\sigma_s)}{\eta_3}\cdot\frac{t}{a+bt} \tag{1}$$

式中：a 和 b 为蠕变参数，由试验确定；$H(\sigma_0-\sigma_s)$ 为对应的某个屈服准则，如下式所示：

$$H(\sigma_0-\sigma_s)=\begin{cases}0,\ \sigma_0\leqslant\sigma_s\\ \sigma_0-\sigma_s,\ \sigma_0>\sigma_s\end{cases} \tag{2}$$

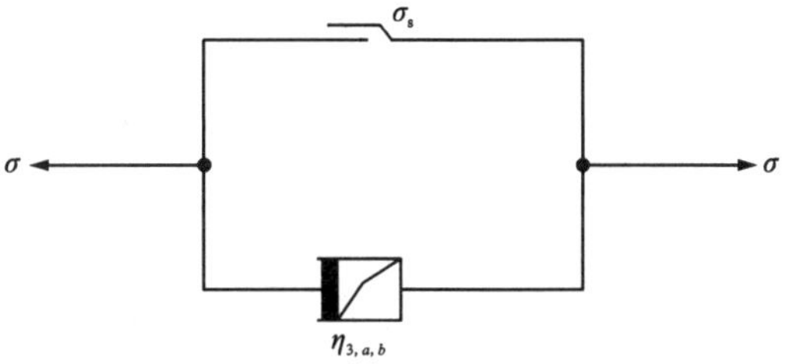

图 8　非线性黏塑性体

把非线性黏塑性模型与Burgers模型串联建立一个非线性黏弹塑性蠕变模型(EPRM)，就能描述路基土体整个蠕变变形，其力学模型如图9所示。

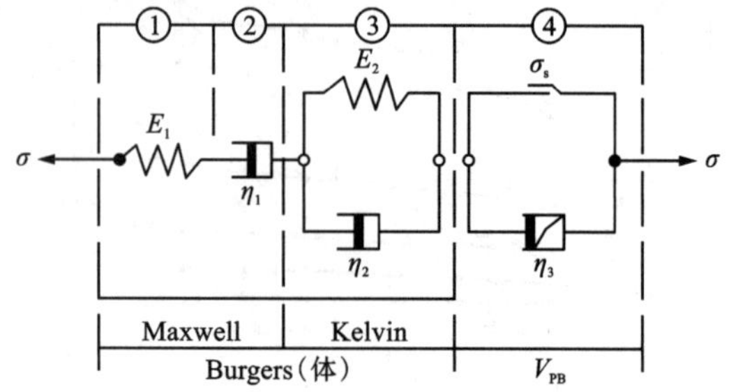

图9　EPRM蠕变模型

该模型由①、②、③和④ 4个部分组成。当土体屈服前，$\sigma<\sigma_s$，模型就只有①、②和③部分(见图9)作用，此时，EPRM模型退化为Burgers模型。

当土体屈服时，$\sigma\geqslant\sigma_s$，模型有①、②、③和④部分作用，此时，EPRM模型各个元件的状态为：

$$\begin{cases}\sigma_1=E_1\varepsilon_1\\ \sigma_2=\eta_1\dot{\varepsilon}_1\\ \sigma_3=E_2\varepsilon_3+\eta_2\dot{\varepsilon}_3\\ \sigma_4=\dfrac{\eta_3\dot{\varepsilon}_4}{a/(a+bt)^2}+\sigma_s\\ \sigma=\sigma_1=\sigma_2=\sigma_3=\sigma_4\\ \varepsilon=\varepsilon_1+\varepsilon_2+\varepsilon_3+\varepsilon_4\end{cases}\tag{3}$$

同样，令微分算子$D=\delta/\delta_t$，得到：

$$\varepsilon_1=\frac{D\sigma}{DE_1}$$

$$\varepsilon_2=\frac{\sigma}{D\eta_1}$$

$$\varepsilon_3=\frac{\sigma}{E_2+D\eta_2}$$

$$\varepsilon_4=\frac{a(\sigma-\sigma_s)}{D\eta_3(a+bt)^2}$$

最后，由$\varepsilon=\varepsilon_1+\varepsilon_2+\varepsilon_3+\varepsilon_4$得到EPRM蠕变模型的本构方程为：

$$\begin{aligned}E_2\dot{\varepsilon}(t)+\eta_2\ddot{\varepsilon}(t)=&\frac{E_2}{\eta_1}\sigma(t)+\left(\frac{E_2\eta_1+E_1\eta_2+E_1\eta_1}{E_1\eta_1}\right)\dot{\sigma}+\\&\frac{\eta_2}{E_1}\ddot{\sigma}-\frac{2\eta_2(a^2b+ab^2t)(\sigma-\sigma_s)}{\eta_3(a+bt)^4}+\frac{a\eta_2(a+bt)^2}{\eta_3(a+bt)^4}\dot{\sigma}\end{aligned}\tag{4}$$

式中：ε为总应变；σ为总应力；σ_s为屈服应力；ε_1、ε_2、ε_3和ε_4为各个部分对应的应变；σ_1、σ_2、σ_3和σ_4为各个部分对应的应力；E_1和E_2为弹性参数；η_1、η_2和η_3为黏性参数。

2.2　蠕变特性分析

在$t=0$时，EPRM模型各个元件处于自然状态，满足如下关系：

$$\begin{cases}\dot{\varepsilon}_i(0)=\ddot{\varepsilon}_i(0)=0\\ \dot{\sigma}_i(0)=\ddot{\sigma}_i(0)=0\end{cases}\tag{5}$$

其中：$i=1$、2、3、4。在恒定应力σ_0下，该EPRM蠕变模型的蠕变方程分为两种情况。

当$\sigma_0<\sigma_s$时，土体未进入屈服状态，EPRM模型退化为Burgers模型。引入Heaviside单位函数和Dirac脉冲函数$\delta(t)$：

$$H(t)=\begin{cases}0,\ t<0\\1,\ t\geqslant 0\end{cases}\Rightarrow\xrightarrow{\text{Laplace}}\frac{1}{s}$$

$$\dot{H}(t)=\delta(t)\Rightarrow\xrightarrow{\text{Laplace}}1$$

式中：s为Laplace相函数的自变量。得$\sigma=\sigma_0H(t)$代入式(3)并进行Laplace变换，得到：

$$\begin{cases}\hat{\varepsilon}_1=\dfrac{\sigma_0}{E_1 s}\\ \hat{\dot{\varepsilon}}_2=s\hat{\varepsilon}_2=\dfrac{\sigma_0}{\eta_1 s}\Rightarrow\hat{\varepsilon}_2=\dfrac{\sigma_0}{\eta_1 s^2}\\ \dfrac{\sigma_0}{s}=E_2\hat{\varepsilon}_3+\eta_2 s\hat{\varepsilon}_3\Rightarrow\hat{\varepsilon}_3=\dfrac{\sigma_0}{s(E_2+\eta_2 s)}\end{cases}\tag{6}$$

最后得到：

$$\hat{\varepsilon}=\frac{\sigma_0}{s}+\frac{\sigma_0}{\eta_1 s^2}+\frac{\sigma_0}{s(E_2+\eta_2 s)}\tag{7}$$

对式(7)进行 Laplace 逆变换，即得 EPRM 蠕变方程：

$$\varepsilon(t)=\sigma_0\left\{\frac{1}{E_1}+\frac{1}{E_2}\left[1-\exp\left(-\frac{E_2}{\eta_2}t\right)\right]\right\}+\frac{\sigma_0}{\eta_1}t\tag{8}$$

此时，蠕变柔度 $J(t)$ 表达时为：

$$J(t)=\left\{\frac{1}{E_1}+\frac{1}{E_2}\left[1-\exp\left(-\frac{E_2}{\eta_2}t\right)\right]\right\}+\frac{1}{\eta_1}t\tag{9}$$

对蠕变方程(7)式求一阶导数和二阶导数得：

$$\dot{\varepsilon}(t)=\frac{\sigma_0}{\eta_2}\exp\left(-\frac{E_2}{\eta_2}t\right)+\frac{\sigma_0}{\eta_1}\tag{10}$$

$$\ddot{\varepsilon}(t)=\frac{\sigma_0 E_2}{\eta_2^2}\exp\left(-\frac{E_2}{\eta_2}t\right)\tag{11}$$

由式(10)和式(11)可见，蠕变方程的一阶导数 $\dot{\varepsilon}(t)>0$，二阶导数 $\ddot{\varepsilon}(t)<0$，说明蠕变速率随着时间的增加而减小，最后趋于 0，反映了材料的衰减蠕变阶段和稳态蠕变阶段。

当 $\sigma_0\geqslant\sigma_s$ 时，土体进入屈服状态，EPRM 模型为非线性黏弹塑性蠕变模型，把 $\sigma=\sigma_0 H(t)$ 代入式(3)并进行 Laplace 变换得到：

$$\begin{cases}\hat{\varepsilon}_1=\dfrac{\sigma_0}{E_1 s}\\ \hat{\dot{\varepsilon}}_2=s\hat{\varepsilon}_2=\dfrac{\sigma_0}{\eta_1 s}\Rightarrow\hat{\varepsilon}_2=\dfrac{\sigma_0}{\eta_1 s^2}\\ \dfrac{\sigma_0}{s}=E_2\hat{\varepsilon}_3+\eta_2 s\hat{\varepsilon}_3\Rightarrow\hat{\varepsilon}_3=\dfrac{\sigma_0}{s(E_2+\eta_2 s)}\\ \hat{\varepsilon}_4=\dfrac{a}{(a+bt)^2\eta_3}\cdot\left(\dfrac{\sigma_0}{s^2}-\dfrac{\sigma_s}{s}\right)\end{cases}\tag{12}$$

$$\hat{\varepsilon}=\hat{\varepsilon}_1+\hat{\varepsilon}_2+\hat{\varepsilon}_3+\hat{\varepsilon}_4=\frac{\sigma_0}{E_1 s}+\frac{\sigma_0}{\eta_1 s^2}+\frac{\sigma_0}{s(E_2+\eta_2 s)}+\frac{a}{(a+bt)^2\eta_3}\cdot\left(\frac{\sigma_0}{s^2}-\frac{\sigma_s}{s}\right)\tag{13}$$

对式(13)进行 Laplace 逆变换则得到了蠕变方程表达式：

$$\varepsilon(t)=\sigma_0\left\{\frac{1}{E_1}+\frac{1}{E_2}\left[1-\exp\left(-\frac{E_2}{\eta_2}t\right)\right]\right\}+\frac{\sigma_0}{\eta_1}t+\frac{(\sigma_0-\sigma_s)}{\eta_3}\cdot\frac{t}{a+bt}\tag{14}$$

对式(14)取一阶和二阶导数得：

$$\dot{\varepsilon}(t)=\frac{\sigma_0}{\eta_2}\exp\left(-\frac{E_2}{\eta_2}t\right)+\frac{\sigma_0}{\eta_1}+\frac{(\sigma_0-\sigma_s)}{\eta_3}\cdot\frac{a}{(a+bt)^2}\tag{15}$$

$$\ddot{\varepsilon}(t)=-\frac{\sigma_0 E_2}{\eta_2^2}\exp\left(-\frac{E_2}{\eta_2}t\right)-\frac{(\sigma_0-\sigma_s)}{\eta_3}\cdot\frac{2(ab+bt^2)}{(a+bt)^4}\tag{16}$$

分析式(15)和式(16)得知：当$a>0$时，$\dot{\varepsilon}(t)>0$。但是，$\ddot{\varepsilon}(t)$的符号不能确定，$\ddot{\varepsilon}(t)$的符号可能大于0、等于0或者小于0，正好反映了蠕变曲线的3个阶段：衰减蠕变、稳态蠕变和加速蠕变阶段，如图10所示。

当蠕变处于AB阶段时(图10中①)：$\dot{\varepsilon}(t)>0$，$\ddot{\varepsilon}(t)>0$；当处于BC阶段时(图10中②)：$\dot{\varepsilon}(t)>0$，$\ddot{\varepsilon}(t)=0$；当处于CD阶段时(图10中③)：$\dot{\varepsilon}(t)>0$，$\ddot{\varepsilon}(t)>0$。说明EPRM模型能描述路基土体的全蠕变过程。

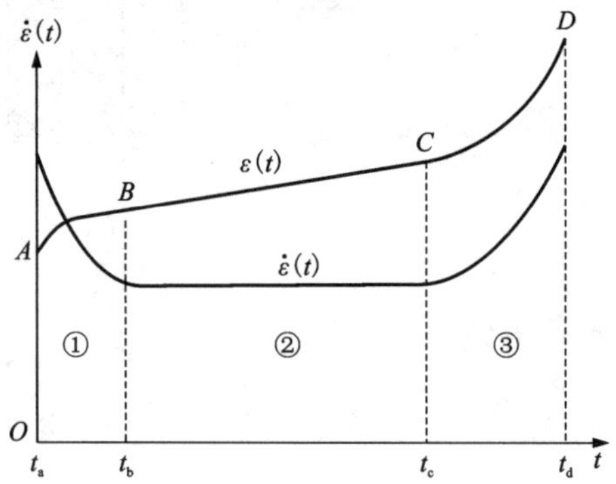

图10　EPRM蠕变模型蠕变曲线

3　蠕变模型参数确定

蠕变本构模型总共有6个参数有待识别，采用改进后的最小二乘拟合算法[13-14]，依据蠕变试验曲线进行拟合得到蠕变本构模型参数，见表3。

表3　路基土体蠕变本构模型参数

土层	p/kPa	E_1/MPa	E_2/MPa	η_1/(MPa·d^{-1})	η_2/(MPa·d^{-1})	η_3/(MPa·d^{-1})	a	b
粉质黏土	50	120.4	59.9	889.0	84.7e^5	1201.3	0.51	0.14
	100	180.4	78.1	1062.7	100.0e^5	1527.7	0.74	0.26
	150	201.5	98.1	1585.0	148.3e^5	1951.0	0.74	0.33
淤泥质黏土	50	97.0	51.3	726.7	76.3e^5	1292.7	0.34	0.15
	100	107.7	54.5	802.3	80.3e^5	1381.7	0.31	0.16
	150	116.0	58.8	837.8	86.0e^5	1500.7	0.32	0.16

注：p为试验围压；E_1和E_2分别为①和③号元件的弹性参数；η_1、η_2和η_3分别为②、③和④号元件的黏滞系数；a和b为试验参数。

依据力学理论将如下的符号进行对调，即可拓展三维状态下EPRM模型的蠕变方程为：

$$\begin{cases}\sigma_{ij}\Leftrightarrow S_{ij}\\ \varepsilon_{ij}\Leftrightarrow e_{ij}\\ E_i\Leftrightarrow 2G_i\\ \eta_i\Leftrightarrow 2H_i\end{cases} \tag{17}$$

式中：$i=1,2,3,\cdots$。

当$\sigma_0<\sigma_s$时：

$$\{e_{ij}(t)\}=\left\{\left[\frac{1}{2G_1}+\frac{1}{2G_2}\left(1-\exp\left(-\frac{G_2}{H_2}t\right)\right)\right]+\frac{t}{2H_1}\right\}\cdot\{S_{ij}\} \tag{18}$$

当$\sigma_0\geqslant\sigma_s$时：

$$\{e_{ij}(t)\}=\left\{\left[\frac{1}{2G_1}+\frac{1}{2G_2}\left(1-\exp\left(-\frac{G_2}{H_2}t\right)\right)\right]+\frac{t}{2H_1}\right\}\cdot\{S_{ij}\}+\frac{t}{2H_3(a+bt)}\cdot\left\langle\frac{F}{F_0}\right\rangle\cdot\frac{\partial Q}{\partial\{S_{ij}\}} \tag{19}$$

式中：$\{\varepsilon(t)\}=\{\varepsilon_x(t),\varepsilon_y(t),\varepsilon_z(t),\gamma_{xy}(t),\gamma_{yz}(t),\gamma_{xz}(t)\}$；$S_{ij}$为应力偏量张量；$e_{ij}$为应变偏量张量；$H_i$为三维黏滞系数；$\{\sigma\}=\{\sigma_x,\sigma_y,\sigma_z,\sigma_{xy},\sigma_{yz},\sigma_{xz}\}$；$G_i$为$G_i=\dfrac{E_i}{2(1+v)}$；$F$为材料的屈服函数，由各屈服准则确定，$F_0$为材料屈服准则对应常数。对于Mohor-Coulomb准则，$F_0=c\cdot\cos\varphi$；对于Drucker-Prager准则，$F_0=\dfrac{6c\cdot\cos\varphi}{\sqrt{3}(\sqrt{3}-\sin\varphi)}$；当$F>0$时，$\left\langle\dfrac{F}{F_0}\right\rangle=\dfrac{F}{F_0}$；当$F<0$时，$\left\langle\dfrac{F}{F_0}\right\rangle=0$；$Q$为塑性势函数，对于关联流动法则，$Q=F$。

三维蠕变模型 EPRM 的参数见表 4。

表 4 路基土体三维蠕变模型参数值

土层	p/kPa	G_1/MPa	G_2/MPa	H_1/(MPa·d^{-1})	H_2/(MPa·d^{-1})	H_3/(MPa·d^{-1})	a	b
粉质黏土	50	240.6	119.8	1778.0	169.3e^5	2402.7	0.51	0.14
	100	1.0	156.2	2125.3	200.0e^5	3055.3	0.74	0.26
	150	1.5	196.2	3170.0	296.7e^5	3902.0	0.74	0.33
淤泥质黏土	50	1.5	102.5	1453.4	152.7e^5	2585.3	0.34	0.15
	100	0.7	108.9	1604.6	160.7e^5	2763.3	0.31	0.16
	150	0.6	117.5	1675.7	172.0e^5	3001.3	0.32	0.16

注：p 为试验围压；G_1 和 G_2 分别为①和③号元件的剪切模量；H_1、H_2 和 H_3 分别为②、③和④号元件的黏滞系数；a 和 b 为试验参数。

4 结论

(1)应力水平 S 是影响路基土体土蠕变的重要因素，$S=0.6$ 是一个临界值。试验表明：当 $S<0.6$ 时，路基土体表现出线性黏弹性蠕变特征；当 $S>0.6$ 时，表现出非线性黏弹塑性蠕变特征。

(2)提出了一个基于双曲线函数核的黏性蠕变元件，并与塑性元件并联建立黏塑性元件模型(PRM)，描述了路基土体的非线性黏塑性蠕变特征和加速蠕变阶段。

(3)将 PRM 与 Burges 元件模型串联建立非线性黏弹塑性蠕变模型(EPRM)，将模型扩展到三维状态，通过试验确定了模型参数。该模型为考虑流变的路基沉降计算提供了依据。

参考文献

[1] 韦立德，徐卫亚，朱珍德，等. 岩石黏弹塑性模型研究[J]. 岩土力学，2002，23(5)：583-586.

[2] 金丰年，范华林. 岩石的非线性蠕变损伤模型及其应用研究[J]. 解放军大学学报，2000，1(3)：1-5.

[3] 邓荣贵，朱德培，张倬元，等. 一种新的岩石蠕变模型[J]. 岩石力学与工程学报，2001，20(6)：780-784.

[4] 王来贵，何峰，刘向峰，等. 岩石试件非线性蠕变模型及其稳定性分析[J]. 岩石力学与工程学报，2004，23(10)：1640-1642.

[5] 徐卫亚，杨圣奇，褚卫江. 岩石非线性黏弹塑性蠕变模型及其应用[J]. 岩石力学与工程学报，2006，25(3)：430-447.

[6] LEONI M，KARSTUNEN M，VERMEER P A. Anisotropic creep model for soft soils[J]. Geotechnique，2008，58(3)：215-226.

[7] 孙钧. 岩土材料蠕变模型及其工程应用[M]. 北京：建筑工业出版社，1999：10-28.

[8] 夏才初，孙钧. 蠕变试验中蠕变模型辨识及参数确定[J]. 同济大学学报，1996，24(5)：498-503.

[9] COGAN J. Triaxial creep tests of opohonga limestone and ophir shale[J]. International Journal of Rock Mechanics and Mining Sciences & Geomechanics Abstracts，1976，13(1)：1-10.

[10] DI PRISCO C，IMPOSIMATO S，VARDOULAKIS I. Mechanical modelling of drained creep triaxial tests on loose sand[J]. Geotechnique，2000，50(1)：73-82.

[11] WIJEWEERA H，JOSHI R C. Creep behavior of fine-grained frozen soils[J]. Canadian Geotechnical Journal，1991，28(4)：489-502.

[12] MUKAI S，KOMATSU Y，UEDA D，et al. Development of triaxial tension creep test machine[J]. Journal of the Society of Materials Science，1997，46(12)：1374-1380.

[13] 许宏发，陈新万. 多项式回归间接求解岩石蠕变力学参数的方法[J]. 有色金属，1994，46(4)：19-22.

[14] 李青麒. 软岩蠕变参数的曲线拟合计算方法[J]. 岩石力学与工程学报，1998，17(5)：559-564.

基于荷载试验的桥梁结构检测评估

徐贵辉，张家生

中南大学土木工程学院，湖南长沙，410075

摘要：通过对杨家湾大桥进行静动载现场试验研究，从而判断桥梁整体结构的刚度、承载能力及动力特性，为同类桥梁设计及试验积累技术资料。

关键词：桥梁检测；静载试验；动载试验项目安全；质量管理

随着交通建设的发展，桥梁在交通工程中的重要性与日俱增。频繁的承载(甚至超载)作用，再加上人为外力及天然灾害(如地震、台风、洪水等)的侵袭，造成了桥梁损坏和局部破坏。为了保证桥梁的正常运营，有必要通过桥梁现场荷载试验对桥梁结构工作状态进行直接测试，以此确定桥梁的实际承载能力。

桥梁荷载试验分为静载试验和动载试验。静载试验是对桥梁结构工作状态进行直接测试的一种鉴定手段。静载试验是测量桥梁在各种静力荷载工况下的各个控制截面的应力-应变及结构的变形，从而确定结构的实际工作性能与设计期望值是否相符，它是检验结构强度、刚度及其他性能最直接、最有效的方法。动载试验是利用某种激振方法激起桥梁结构的振动，然后测定其固有频率、阻尼比、振型、动力冲击系数等参数，从而判断桥梁结构的整体刚度和行车性能。动载试验往往是结合静载试验使用。

本文以杨家湾大桥为例，进行静动载现场试验，并对该桥的实际承载能力进行评估。

1 工程概述

杨家湾大桥为单跨石砌拱桥，单跨跨径 70 m，全桥长 122 m，桥面纵坡 3%，横坡 2%，桥面宽度 8.5 m。桥梁设计荷载标准为汽车-20 级，验算荷载为挂车-100 级，按 2 车道设计标准。桥下部结构采用重力式桥台，基础为天然基础。该桥建于 1997 年，在各种综合因素影响下，其主要受力结构出现多处结构缺陷和病害，主拱圈严重开裂，桥面下沉。为了解该桥梁结构是否安全，本文通过桥梁结构荷载试验和计算分析，对桥梁结构承载性能进行评定。

2 试验方案

2.1 桥梁的结构分析和承载力的计算

1)计算方法和模型

采用 Midas 软件建立了空间梁单元有限元模型，考虑拱上结构共同作用(带腹拱计算)和轴向效应(弹性压缩影响不再单独计算或修正)，有限元计算模型如图 1 所示，共 121 单元，115 个节点。根据桥梁实际情况，在考虑腹拱共同作用计算时，腹拱采用全固结模式。

2)结构承载力评价

(1)结构刚度。按《公路桥涵施工技术规范》(JTG/T 3650—2020)规定："按规定的汽车荷载(不计冲击力)计算的拱桥上部结构在一个桥跨范围内的正负挠度的最大绝对值之和不大于 $L/1000$。"该桥在汽车-20 级荷载作用下的正挠度的最大值为 12.41 mm，负挠度的最大值为 7.60 mm，正负挠度绝对值之和为 20.01 mm，小于允许值 70 mm，故由挠度检算结果可知，该桥具有较好的刚度，满足规范要求。

(2)主拱圈强度验算。部分计入荷载组合系数的荷载效应最不利组合的设计值与主拱圈结构抗力效应的设计值的比较表见表 1。

徐贵辉，张家生. 基于荷载试验的桥梁结构检测评估[J]. 大众科技，2009，11(10)：68，75-76.

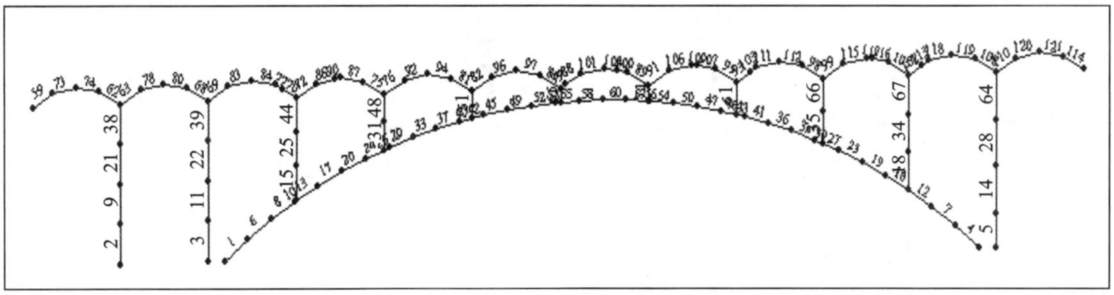

图 1 有限元计算模型

表 1 部分计入荷载组合系数的荷载效应最不利组合的设计值与主拱圈结构抗力效应的设计值的比较表

荷载效应组合		系数	荷载效应最不利组合设计值/kN			主拱圈抗力效应设计值/kN		
			拱脚	1/8 跨	1/4 跨	拱脚	1/8 跨	1/4 跨
组合Ⅰ	恒+汽 M_{max}	1.0	35371	23713	22215	24857	30075	31149
	恒+汽 M_{min}		27002	33384	30875	31215	27494	28719
组合Ⅱ	恒+汽 M_{max}+温升	0.8	28458	19199	18321	22910	30430	30984
	恒+汽 M_{max}+温降		28173	18795	17352	26280	29756	31210
	恒+汽 M_{min}+温升		21763	26936	25066	30744	27968	28717
	恒+汽 M_{min}+温降		21478	26532	24420	31006	27109	28721
组合Ⅲ	恒+挂 M_{max}	0.8	28427	18910	17849	24625	30426	31214
	恒+挂 M_{min}		21359	26755	24836	30806	27266	28580

通过比较发现拱脚、1/8 跨、1/4 跨截面的荷载效应最不利组合设计值大于结构抗力效应设计值，表明结构处于不安全状态，且在现场也发现有石块被压碎的病害。因此主拱圈结构的刚度不能满足规范要求。

2.2 静载试验

依据《大跨径混凝土桥梁的试验方法》规定，根据静力试验荷载效率要求及主要控制面得出设计弯矩值，再考虑加载车辆的特性，计划选用 4 辆 300 kN 的后 8 轮车进行分级加载，但是由于该大桥已存在明显结构缺陷，所以加载时需小心慎重。当本级试验荷载下变形较大，桥梁结构出现危险信号时，应该立即终止加载，所以实际上以 2 辆车(加载吨位共 67 t)终止加载。根据杨家湾大桥在荷载作用下的变形及受力特性，静力加载项目采用 4 个控制截面进行了 4 个加载工况静载试验，试验工况和控制截面如图 2 所示。

2.3 动载试验

桥梁结构的动力特性(振型、频率和阻尼比)是桥梁承载力特定的重要参数，同时也是识别桥梁结构工作性能和桥梁动力分析的重要参数。桥梁动载试验采用高精度的测量振动仪器测定、记录并分析桥梁结构在车辆动力荷载作用下的结构动力响应，包括振动频率、振幅和振型等物理量。动载试验中振动信号由哈尔滨工程力学研究所生产的 941B 型超低频拾振器测量，由相应的多通道放大器放大后，经北京东方振动与噪声技术研究所生产的 INV306 大型智能信号数据采集与处理系统进行采集、记录，然后经过 DASP 软件进行数据处理和分析。动荷载试验中振动信号采集系统工作框图如图 3 所示。

依据规范和实际情况，该大桥动载试验主要内容包括以下两个方面：

(1)桥梁脉动试验：桥梁的自振频率。

(2)车桥振动试验：桥梁结构随行车速度和位置变化的动力响应，包括动挠度和冲击系数，同时采用余波分析得到桥梁的振型和自振频率。

为测得汽车在动荷载激励作用下的动挠度和结构脉动试验时的结构振动加速度，试验跨沿 $L/4$、

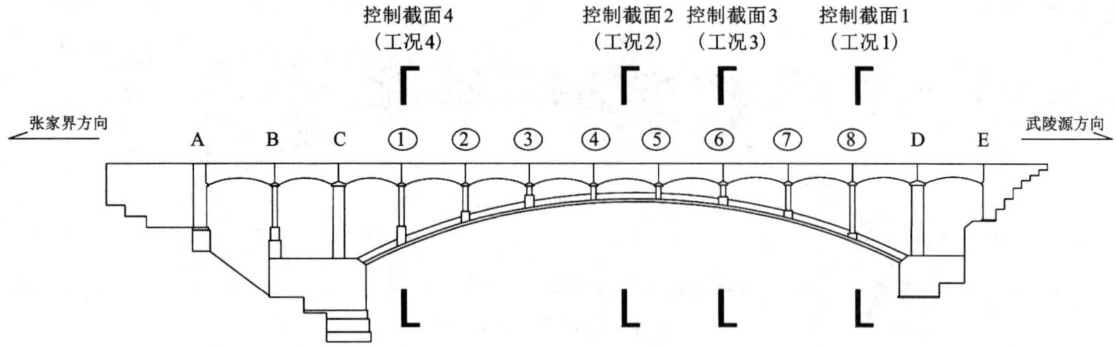

图 2　试验工况和控制截面

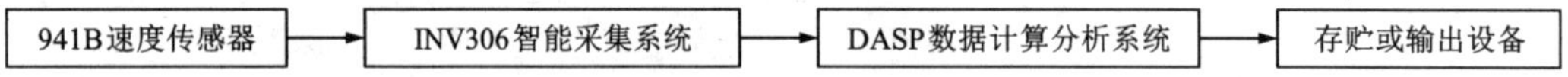

图 3　信号采集系统图

$L/2$ 和 $3L/4$ 跨径布置垂直向及横向水平 941B 型拾振传感器，布置三个测点，每个各测点布置垂直向及水平向各一个传感器，共计六个传感器。

3　测试结果及结果分析

本次静载试验各工况下主拱圈立柱对应主要测点的静挠度检验系数见表 2。静载试验卸载后的残余应变值及残余应变对最大实测应变百分比部分结果见表 3。动载试验振动频率实测值与计算值的对比见表 4。动载试验时行车激振测点动挠度峰值见表 5。

表 2　静挠度检验系数

工况	项目								
工况 1	测点编号	①	②	③	④	⑤	⑥	⑦	⑧
	校验系数	1.82	1.10	0.82	0.42	11.23	5.51	3.13	3.56
工况 2	测点编号	①	②	③	④	⑤	⑥	⑦	⑧
	校验系数	0.32	3.06	3.51	1.83	2.18	7.38	3.47	—
工况 3	测点编号	①	②	③	④	⑤	⑥	⑦	⑧
	校验系数	1.31	0.31	0.17	12.72	1.75	1.38	2.24	8.21
工况 4	测点编号	①	②	③	④	⑤	⑥	⑦	⑧
	校验系数	0.77	0.72	1.39	1.79	0.07	0.05	0.16	0.30

表 3　部分残余应变值及残余应变对最大实测应变百分比部分结果

测点编号	工况 1 残余应变百分比			工况 2 残余应变百分比			工况 3 残余应变百分比		
	最大实测应变/με	残余应变/με	残余应变百分含量/%	最大实测应变/με	残余应变/με	残余应变百分含量/%	最大实测应变/με	残余应变/με	残余应变百分含量/%
YB1	−149	−49	32.9	71	21	29.5	−32	−11	34.4
YB4	−162	−75	46.3	70	23	32.8	−25	−7	28.0
YB5	30	7	23.3	−35	−5	14.3	−9	−1	11.1

续表3

测点编号	工况1残余应变百分比			工况2残余应变百分比			工况3残余应变百分比		
	最大实测应变/με	残余应变/με	残余应变百分含量/%	最大实测应变/με	残余应变/με	残余应变百分含量/%	最大实测应变/με	残余应变/με	残余应变百分含量/%
YB7	26	8	30.8	67	13	19.4	92	23	25.0
YB10	-45	-15	33.3	32	12	37.5	68	26	38.2

表4 振动频率实测值与计算值 Hz

阶数	理论计算值	脉动法实测值	余波法实测值	振型描述
1	1.57	1.34	1.25	横向一阶对称弯曲
2	1.96	1.85	1.91	竖向一阶反对称弯曲
3	2.95	2.90	2.81	竖向二阶对称弯曲
4	4.59	3.36	3.57	横向二阶反对称弯曲

表5 行车激振测点动挠度峰值 mm

试验类型	试验编号	试验车速度/(km·h^{-1})	桥面动扰度/mm		
			$L/4$(1测点)	$L/2$(2测点)	$3L/4$(3测点)
单车激励	X1	10	4.23	6.09	0.32
	X2	10	3.83	5.80	0.59
	X3	20	4.29	7.45	1.49
	X4	20	4.20	6.73	2.48
	X5	30	7.63	8.05	1.83
	X6	30	6.56	7.40	1.02
	X7	40	5.85	7.20	0.73
	X8	40	6.70	7.22	0.742

桥梁承载能力用实测结构校验系数 η 来评定，η 为试验的实测值与理论值的应力或挠度之比，它反映结构的实际工作状态。表2中各测点挠度检验系数为1.0~5.5之间，主要测点挠度校验系数大于1.0，不能满足规范规定的最大值(<1.10)，说明桥梁结构刚度不能满足设计要求，实际承载能力不能达到设计要求。

残余变形(特别是残余挠度)是运营桥梁结构的重要指标。正常运营的桥梁，应无残余挠度，突然出现残余挠度，说明该桥受到严重损伤或截面进入弹塑性。相对残余应变按下式计算：

$$S'_p = \frac{S_p}{S_t} \times 100\% = \frac{S_u - S_i}{S_l - S_i}$$

其中：S_i 为加载前的应变测值；S_l 为加载达到稳定时应变测值；S_u 为卸载后达到稳定时应变测值。S_p/S_t 越小说明结构越接近弹性工作状态。一般要求 S_p/S_t 值应小于20%。表3中大多数测点残余应变与总应变最大百分比大于20%，不能满足规范要求，说明桥梁在静载作用下变形恢复能力较差，桥梁已经不在弹性状态下工作，主拱圈荷载-应变曲线表现出明显的非弹性线性。

首先采用有限元结构分析程序Midas进行计算和模态分析，然后利用脉动时程信号和行车余波信号分析得到实测模态参数，将实测结果与理论值进行比较，可以评估结构的刚度特性。一般要求试验实测的桥梁频率要大于理论建模分析得到的频率，这是由于实际建模中忽略了横隔梁和桥面铺装等的刚度贡献，而实际上两者均增大了桥梁的刚度。表 4 中桥梁实测振动频率小于理论计算频率，实测振型与计算振型一致，可以得出桥梁结构在动荷载作用下刚度不能满足设计要求，桥梁结构在动荷载作用下刚度较小，抵抗动态变形能力较小，结构存在安全隐患。

冲击系数的大小综合反映了桥跨结构的受力性能、桥面平整度及运行车辆的动力性能、车速等因素的影响。因此冲击系数往往成为确定车辆荷载对桥梁动力作用的重要参数。根据跑车时中跨跨中的竖向振幅和以中跨跨中为最不利加载截面加载时中跨跨中的静挠度，可以计算出桥梁的冲击系数。冲击系数 $u=(A_i-A_0)/A_0$。其中：A_i 为各车速下的中跨跨中的竖向最大振幅；A_0 为各车速下中跨跨中的静挠度。分析表 5 数据可知，桥面动挠度与车行速度之间存在着如下关系：开始时随着车速的增加，动挠度增幅较快；随着车速的进一步增加，动挠度增幅逐渐变缓，最后趋于稳定。单车行车荷载作用下，主拱圈跨中位置测点最大动挠度为 8.05 mm，相对应荷载条件下跨中静挠度值 6.07 mm，动力冲击系数 $u=0.3$。实测冲击系数大于理论计算冲击系数，并且大于理论计算值，由此可知桥梁面平整度下降。

4 结论

该桥静载试验时，在试验荷载未达到设计试验荷载的情况下，实测结构校验系数和相对残余应变等重要评定参数都不能满足规范要求，说明该桥的主体结构严重受损，导致该桥的承载能力和桥梁刚度下降较大。该桥动载试验时，实测振动频率小于理论计算频率，桥梁结构动力性能较差；实测冲击系数大于理论计算冲击系数，桥梁面平整度下降。

综合所述，该桥结构的静动载试验均不合格，承载能力大幅度下降。技术评定为五类桥梁，存在着严重的安全隐患，必须马上采取相关措施，以防交通意外。

参考文献

[1] 刘自明.桥梁工程检测手册[M].北京：人民交通出版社，2001.
[2] 宋一凡.桥梁荷载试验与结构评定[M].北京：人民交通出版社，2002.
[3] 崔国宏，沈东强，高丽，等.新保安大桥成桥静动载试验研究[J].铁道建筑，2007，8：5-7.
[4] 苏超云，李德建.湘江北大桥动载试验结构状况研究[J].科学咨询，2008，11：55.

超高压旋喷注浆法在卵石地层的应用试验研究

胡奇凡，张继清

中国铁路设计集团有限公司，天津，300142

摘要：为解决超深富水卵石地层的止水加固难题，在北京某在建工程基坑中的富水密实卵石地层中开展了超高压旋喷注浆法加固现场试验，由地面垂直实施数组咬合或单一的超高压旋喷试验桩，在基坑开挖过程中对超高压旋喷试验桩的成桩直径、桩体强度、桩间咬合、咬合体强度及渗透系数进行现场测量和试验测定。研究结果表明：(1)超高压旋喷注浆法在超深富水密实卵石地层中能形成1.5 m以上直径的加固桩体，试验最大直径2.6 m；(2)超高压旋喷桩间能形成完整咬合体，旋喷桩及桩间咬合体平均强度达10 MPa，渗透系数达10^{-8} cm/s级别，能实现卵石地层的加固或注浆止水；(3)超高压旋喷注浆技术在超深富水卵砾石地层是适用的，技术可行，可以作为超深富水卵砾石地层加固和注浆止水的辅助工法加以推广应用。

关键词：超高压旋喷注浆；卵砾石地层；注浆加固；试验研究

1 前言

地层注浆技术在土建工程上应用广泛，根据注浆原理的不同大致分为静压注浆技术和高压喷射注浆技术，其中静压注浆又可分为压密注浆、渗透注浆和劈裂注浆[1]，高压喷射注浆可分为旋转喷射注浆、摆动喷射注浆和定向喷射注浆。根据压力不同，高压喷射注浆还分为普通高压喷射注浆和超高压喷射注浆(浆液压力40 MPa以上)。

超高压旋喷注浆技术具有加固深度深、成桩直径大、加固体效果好等诸多优势，在工程上得到越来越广泛的应用。但是，该技术在国内外均主要应用于粉土、粉质黏土、粉细砂、细砂等细颗粒地层，在卵砾石地层中的应用十分有限，缺少相关试验研究，无可供工程实际参考的成果。因此，开展超高压旋喷注浆技术在卵砾石地层中的应用研究具有重要的现实意义。

2 超高压喷射注浆技术

超高压喷射注浆技术始创于日本[2-3]，它是在化学注浆法的基础上，采用高压水、空气射流切割技术而发展起来的。通过钻机引孔，把带有喷嘴的多重管高压喷射管插至土层的预定位置后，以高压设备使水、空气、浆液成为高压射流，从喷嘴中喷射出来冲击破坏土体。部分细小的土料随着浆液冒出水面，其余土粒在喷射流的冲击力、离心力和重力等作用下，与浆液搅拌混合，并按一定的浆土比例有规律地重新排列。浆液凝固后，便在土中形成一个固结体，从而提高土层的强度参数，减小土体的渗透系数，达到地层加固和注浆止水的目的。超高压喷射注浆工作原理大致如图1所示。

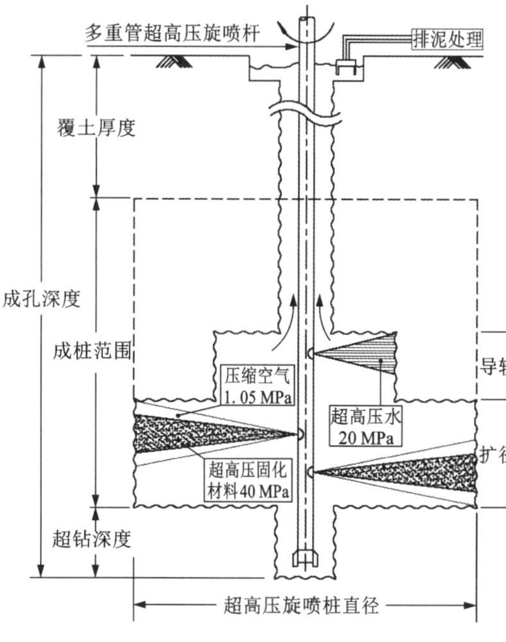

图1 超高压喷射注浆工作原理示意图

胡奇凡，张继清. 超高压旋喷注浆法在卵石地层的应用试验研究[J]. 铁道工程学报，2017，34(12)：13-17.

3 试桩设计及实施

3.1 试验场地及桩位

选取北京某在建轨道交通工程区间风井基坑作为试验场地，该场地地层界面平缓，分层清晰，在基坑开挖范围内均匀分布约 9.72 m 厚密实卵砾石地层，其中约 2.5 m 位于地下水位以下。根据地勘资料显示，基坑底以下，除高程+8.0 上下存在约 1.5 m 粉质黏土及细中砂地层外，其余主要为卵石⑤、⑦、⑨层。超高压旋喷桩平面及剖面设计、地层剖面情况等详见图 2、图 3，地层主要相关地质参数详见表 1。

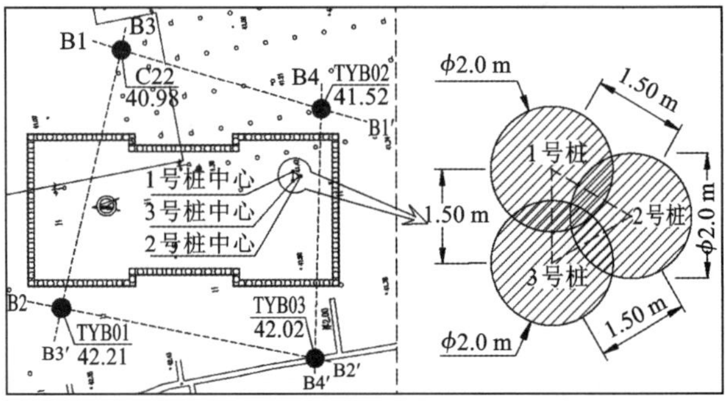

图 2 试验场地桩位布置及地质钻孔布置平面图

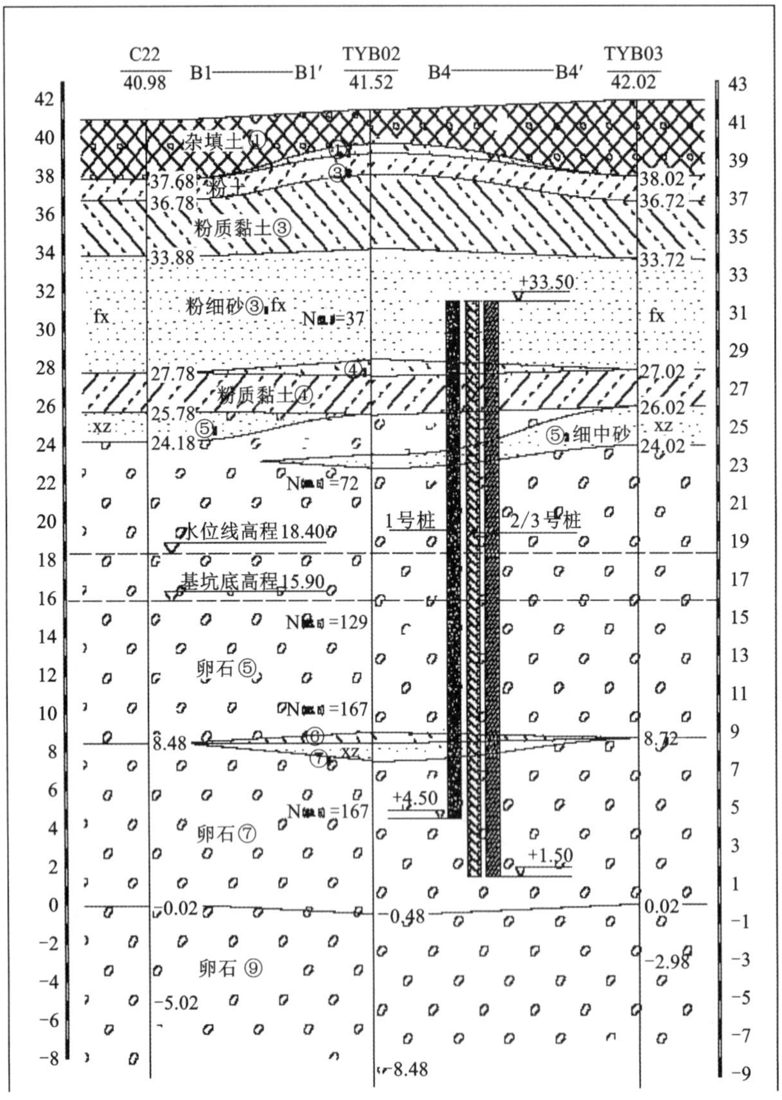

图 3 试验场地地层剖面图(横向桩位仅示意)

表 1　地层主要相关地质参数简表

序号	土层	密实度	湿度	标贯(N63.5)	渗透系数/(cm·s^{-1})	备注
1	①杂填土	松~稍密	稍湿			
2	③2 粉土	中密~密实	湿		2.3×10^{-4}	中~较硬，黏聚力 20 kPa
3	③粉质黏土		很湿	平均 18、最大 25	2.3×10^{-5}	中~较硬，黏聚力 25 kPa
4	③3 粉细沙	中密~密实	湿~饱和	平均 27、最大 37	6.9×10^{-3}	中~较硬
5	④粉质黏土		很湿	平均 25、最大 32	2.3×10^{-5}	中~较硬，黏聚力 31.1 kPa
6	⑤2 细中砂	中密~密实	湿~饱和	平均 37、最大 55	6.9×10^{-3}	较硬
7	⑤卵石	密实	湿~饱和	重型动探(N63.5) 平均 92、最大 165	1.39×10^{-2}	硬，级配连续，一般粒径 2~6 cm，最大>15 cm，中粗砂充填约 35%
8	⑦卵石	密实	饱和	平均 124、最大 220	0.23	硬，级配连续，一般粒径 4~8 cm，最大>15 cm，中粗砂充填 35%~40%
9	⑨卵石	密实	饱和	平均 144、最大 250	0.28	硬，亚圆形为主，一般粒径 4~8 cm，最大>15 cm，细砂充填 35%~40%

3.2　加固体设计及实施

三根试验桩设计桩径均拟定为 2.0 m，桩中心距 1.5 m，两两搭接咬合 0.5 m(详见图 2)。

超高压旋喷桩加固深度为地面以下 8.0~40.0 m，绝对高程 1.5~33.5 m，有效加固桩长 32 m，约 1/2 加固体位于地下水位以下(详见图 3)，试验桩施工参数详见表 2。

表 2　试验桩施工参数表

桩号	高程/m	主要土层	空气压力/MPa	水 流速/(L·min^{-1})	水 压力/MPa	浆液 流速/(L·min^{-1})	浆液 压力/MPa	浆液 水灰比	喷射 转速/(r·min^{-1})	喷射 提速
1 号桩	4.5~25.5	卵石⑤、⑦层	0.7~0.9	80	30~34	100	36~38	1∶1	2	2.5 cm/40 s
	25.5~33.5	粉细砂③3 层								2.5 cm/35 s
2 号桩	1.5~25.5	卵石⑤层、⑦层	0.7~0.9	65	29~34	86	40~48	1∶1	2~3	2.5 cm/45 s
	25.5~33.5	粉细砂③3 层					36			2.5 cm/40 s
3 号桩	1.5~10.5	卵石⑤层、⑦层	0.7~0.9	68	30~34	88.4	40~44	1∶1	3	2.5 cm/45 s
	10.5~33.5	卵石⑤层、粉细砂③3 层					30~37			2.5 cm/45 s

4　试桩结果及分析

4.1　加固体有效直径及分析

基坑开挖过程中揭示的加固体直径如图 4 所示。根据桩径统计结果并结合现场施工实际判断，3 号桩受施工中断时间过长及引孔尺寸不合理等因素影响，超高压气流及浆液流未能有效打开周边地层，未达到加固效果，1 号桩、2 号桩在常规粉细砂、粉质黏土、密实富水卵砾石地层均能有效地对周边地层进行加固，加固体间均能形成完整的咬合体。图 5 为部分现场开挖揭示的加固体照片。

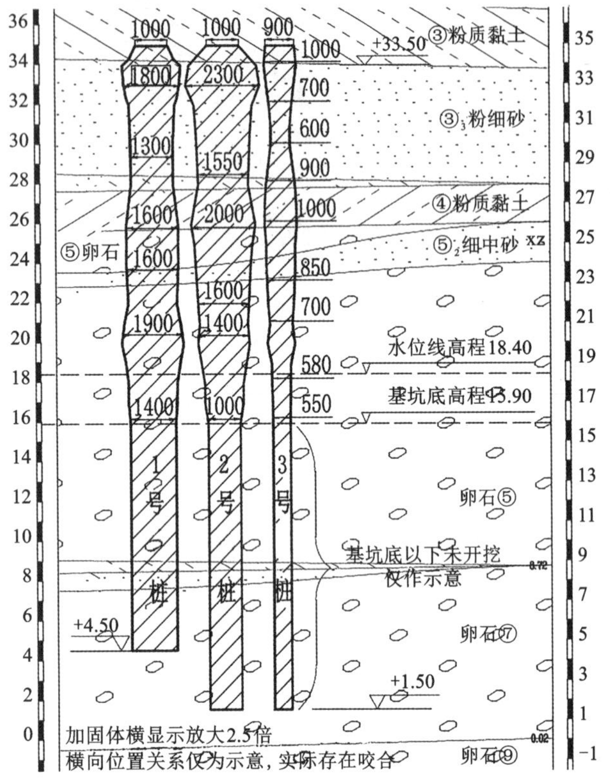

图 4　旋喷桩直径纵剖面图(水平位置不代表咬合情况)

图 5　加固体现场开挖揭示情况

4.2　加固体强度及抗渗性能分析

本次试验在细砂层不同高程取样三组，黏土层取样一组，卵石层在不同高程取样两组，共取芯样 108 个，结合芯样的完整性，最终从不同地层各取一组(9 个芯样)试样进行强度和抗渗性能实验室分析，试验结果见表 3、表 4。

根据试验结果，结合现场实际情况，超高压旋喷加固体的强度和抗渗性能总结如下：

(1)粉细砂层、粉质黏土层芯样抗压强度差异相对较小，刨除粉细砂中的个别最大值 37.2 MPa 和粉质黏土中的个别最大值 24.4 MPa 外，其余均在 10 MPa 至 20 MPa 之间，波动幅度不大，强度适中。

(2)卵石层芯样抗压强度较粉细砂层和粉质黏土层整体有明显提高，结合现场取样过程，卵石层取样明细困难，芯样易断，易缺棱角，强度较高。卵石地层芯样抗压强度差异较大，究其原因一是卵石地层大颗粒分布存在自身的不均匀现象，导致细颗粒置换后，粗颗粒骨架分布不均，取得芯样存在天然的差异；二是卵石地层试样取芯难度较大，芯样在钻取过程中有不同程度的扰动或损伤，进而影响试件的强度。

(3)超高压浆液能有效打开密实卵石、卵砾石地层，置换出细颗粒成分，并与粗颗粒搅拌后形成高强度的胶结体；超高压旋喷桩之间能形成有效的咬合体，咬合体强度可达到 20 MPa 以上。

(4)综合各土层，超高压旋喷加固体渗透系数最大为 5.197×10^{-8} cm/s（试样 26-2-4），两桩咬合体渗透系数最大为 7.215×10^{-8} cm/s（试样 30.5-12-2），其中超深富水密实卵石地层中，加固体单桩渗透系数最大 4.090×10^{-8} cm/s(试样 23.5-1-3)，咬合部位渗透系数最大仅为 2.835×10^{-8} cm/s(试样 23.5-23-2)，均达到了工程施工不渗水的标准，可以作为止水帷幕使用。

表 3 超高压旋喷注浆加固体无侧限抗压强度实验结果

序号	地层	取样高程/m	取样部位	试样个数	抗压强度最大值/MPa	抗压强度最小值/MPa	抗压强度平均值/MPa
1	粉细砂层	32.5~28.5	距圆心 800 mm	9	37.2	9.3	14.4
2	粉质黏土层	26	距圆心 800 mm、1、2 号桩咬合部位	9	24.4	7.9	12.91
3	卵砾石层	23.5~20.5	距圆心 800 mm	9	48.9	8.0	27.21

表 4 超高压旋喷注浆加固体抗渗系数表

序号	试样编号	所处地层	取芯位置	平均渗透系数/(cm·s^{-1})	序号	试样编号	所处地层	取芯位置	平均渗透系数/(cm·s^{-1})	序号	试样编号	所处地层	取芯位置	平均渗透系数/(cm·s^{-1})
1	32.5-1-2	粉细砂	距圆心 800 mm	4.734×10^{-8}	7	26.0-1-3	粉质黏土层	距圆心 800 mm	1.503×10^{-8}	13	23.5-1-3	卵石层	距圆心 800 mm	4.090×10^{-8}
2	32.5-2-4		距圆心 800 mm	2.106×10^{-8}	8	26.0-2-2		距圆心 800 mm	4.357×10^{-8}	14	23.5-1-4		距圆心 800 mm	3.342×10^{-8}
3	28.5-1-3		距圆心 800 mm	1.744×10^{-8}	9	26.0-2-4		距圆心 800 mm	5.197×10^{-8}	15	23.5-2-3		距圆心 800 mm	2.333×10^{-8}
4	32.5-12-1		1、2 桩咬合	1.901×10^{-8}	10	26.0-3-3		距圆心 800 mm	1.623×10^{-8}	16	23.5-3-3		距圆心 800 mm	3.604×10^{-8}
5	32.5-13-2		1、3 桩咬合	3.435×10^{-8}	11	26.0-12-1		1、2 桩咬合	1.771×10^{-8}	17	23.5-12-1		1、2 桩咬合	1.810×10^{-8}
6	30.5-12-2		1、2 桩咬合	7.215×10^{-8}	12	26.0-13-2		1、3 桩咬合	5.348×10^{-8}	18	23.5-23-2		2、3 桩咬合	2.835×10^{-8}

5 验证性试验结果简述

相比上海、天津、南京、武汉等地，北京地层相对较硬，砂层、卵石层密实度高，该土层中超高压旋喷注浆施工参数没有参考依据，均在探索中实施，通过现场开挖揭示的加固体效果，三根桩直径较设计值有不同程度减小，分析认为有施工参数、气温、设备故障等诸多方面原因，但整体达到了试验预想效果。为了进一确认超高压旋喷注浆技术在密实卵砾石地层的适用性，总结该技术在密实卵砾石地层实施的关键参数，试验人员于 2015 年 4 月份在北京某在建工程基坑内，专门针对类似的典型密实富水卵石⑤层再次试验，分别设计了四桩咬合、三桩咬合、单独成桩等三种情况。旋喷桩位设计方案详见图 6，加固范围为基坑底以上 5 m 至基坑底以下 1 m，桩体在水位以下，桩顶距地面约 22 m。旋喷桩现场开挖情况见图 7。

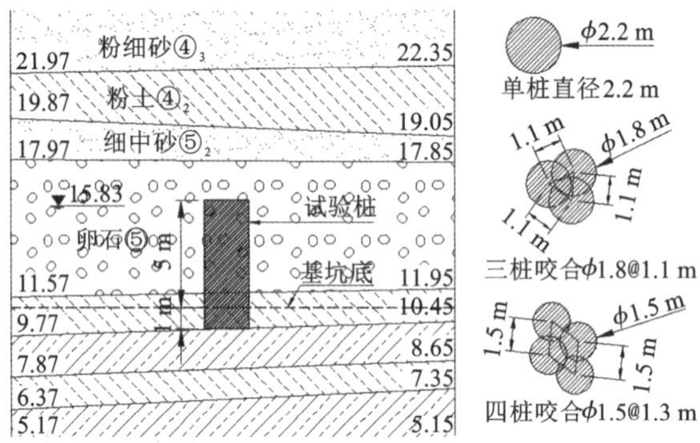

图 6 第二次试验旋喷桩设计方案示意图

图 7 第二次试验旋喷桩现场开挖照片

在首次试验的总结基础上，合理优化了施工参数及施工工艺，第二次试验成桩效果整体提升。在富水密实卵石⑤层中，超高压旋喷桩直径均达到或超过了预设值，成桩直径均匀，单桩桩径最大 2.6 m，桩体质量均匀、密实，形状规则、完整。桩间咬合密实，衔接牢固，咬合体强度及抗渗性与单桩基本无差异，进一步表明咬合部位质地的均匀和密实。本次验证性试验结果再次表明，在合理设定施工参数及施工工艺条件下，超高压旋喷注浆加固法在密实富水卵砾石地层同样适用，能形成规模可观、质量可靠、强度高、抗渗强的加固体。

6 结论及展望

6.1 结论

(1)超高压旋喷注浆加固法在细颗粒地层(粉土、风质黏土、粉细砂、细砂、细中砂)和粗颗粒地层(卵砾石层、中粗砂层)同样适用，该技术在富水密实卵砾石地层同样能形成规模可观、质量可靠、强度高、抗渗强的加固体，加固直径可以达到 2.6 m，适当降低喷嘴提速及转速，有效加固直径原则上可以继续加大。

(2)粗颗粒和细颗粒地层的加固体强度平均能达到 10 MPa，卵砾石地层中加固体强度较常规粉细砂、粉质黏土等细颗粒地层的加固体强度可提高两倍以上，加固效果明显，能有效提高地层的承载力、强度和整体稳定性。

(3)在粗颗粒和细颗粒地层中，合理设定施工参数，加固体间均能形成有效咬合，咬合体强度可达 20 MPa 以上，抗渗系数达 10^{-8} 级别，完全达到工程施工不透水地层标准，因此，超高压旋喷注浆技术可应用于包含富水密实卵砾石地层在内的所有第四级沉积层地层的注浆加固和止水帷幕施工。

6.2 展望

受本次试验的条件所限，试验所揭示的深度仅约 28 m，超高压旋喷注浆法在更大深度的富水卵砾石地层的适用性没能充分验证，相应的旋喷浆液配置、引孔设备及工艺等有待进一步探索研究。

参考文献

[1] 吴徽，王中奎，隋吉军. 注浆技术应用与发展[J]. 辽宁交通科技，2004(10)：82-84.

[2] 张帆. 二种先进的高压喷射注浆工艺[J]. 岩土工程学报，2010，32(S2)：405-409.

[3] 胡晓虎，川田充，中西康晴，等. RJP 高压旋喷工法及其在日本的工程应用[J]. 岩土工程学报，2010，32(S2)：410-413.

超细粉煤灰对再生集料混凝土性能影响的试验研究

周小壮

中南大学土木工程学院，湖南长沙，410075

摘要：在利用废弃混凝土破碎得到再生集料的基础上，试验研究了再生集料掺量和粉煤灰取代量对再生集料混凝土性能的影响。初步探讨了超细粉煤灰影响再生集料混凝土性能的原因，优选了再生集料和超细粉煤灰的最优取代比例。

关键词：再生集料；超细粉煤灰；坍落度；抗折强度；抗压强度

虽然再生集料混凝土(RAC)具有显著的社会、经济和环保效益，但其工作性能和力学性能都比相同配比的普通混凝土要差。超细粉煤灰是一种燃煤电厂的废弃物，将其应用于再生集料混凝土中将使粉煤灰再生集料混凝土的绿色度高于粉煤灰混凝土和再生混凝土，因而研究超细粉煤灰对再生混凝土性能的影响意义重大。本文通过再生粗集料取代率、超细粉煤灰取代率对再生混凝土工作性能和力学性能影响规律的探讨，配制出了工作性能好、力学性能优良的粉煤灰再生混凝土，同时初步探讨了超细粉煤灰对再生混凝土性能改善的原因，为粉煤灰再生混凝土的工程应用提供了技术保障[5-8]。

1 原材料及试验方法

1.1 原材料

水泥：韶峰42.5级普通硅酸盐水泥，其物理力学性能见表1。

超细粉煤灰(UFA)：湘潭电力粉煤灰有限责任公司生产的电收尘气流分选超细粉煤灰，比表面积为650 m^2/kg，其需水量比为90%。

再生粗集料(RA)：长益高速路面维修改造时废弃的混凝土，先破碎成中等尺度的碎块，然后用颚式破碎机破碎成所要求的粒径，级配合格，为5~31.5 mm的连续级配，其相关性能见表2~表4。

天然粗集料(NG)：长沙市郊莲花乡产石灰石，级配合格，为5~31.5 mm的连续级配，其性能见表2。

砂：湘江河砂，表观密度为2600 kg/m^3，级配合格，符合Ⅱ区要求，细度模数 $Mx=2.63$。

水：自来水。

表1 水泥的物理力学性质

细度/%	凝结时间(h : m)		抗折强度/MPa		抗压强度/MPa	
	初凝	终凝	3 d	28 d	3 d	28 d
1.7	2 : 29	3 : 10	5.48	8.72	23.8	44.2

表2 再生粗集料和天然粗集料的性能

编号	表观密度/($kg \cdot m^{-3}$)	堆积密度/($kg \cdot m^{-3}$)	空隙率/%	含泥量/%	压碎指标/%	
					干燥	饱水
RA	2530	1430	43.5	0.8	16.0	18.4
NG	2650	1630	38.5	0.6	8.5	—

周小壮. 超细粉煤灰对再生集料混凝土性能影响的试验研究[J]. 粉煤灰，2007，19(6)：3-5，9.

表 3 再生粗集料和天然粗集料的吸水率 %

编号	15 min	30 min	60 min	90 min	24 h
RA	2.7	3.8	4.6	4.8	5.2
NG	—	—	—	—	0.9

表 4 再生粗集料和天然粗集料的吸水率 %

筛孔径/mm	第一组	分计筛余/%	累计筛余/%	第二组	分计筛余/%	累计筛余/%	平均累计筛余/%
31.5	0	0.0	0.0	0	0.0	0.0	0.0
26.5	59	0.8	0.8	185	2.6	2.6	1.7
19	2323	33.2	34.0	2899	41.4	44.0	39.0
16	973	13.9	47.9	1100	15.7	59.7	53.8
9.5	1700	24.3	72.2	1671	23.9	83.6	77.9
4.75	1055	15.1	87.3	680	9.7	93.3	90.3
2.36	423	6.0	93.3	230	3.3	96.6	95.0
底盘	467	6.7	100.0	235	3.4	100.0	100.0

符合 5~31.5 mm 的连续级配。

1.2 试验方法

试件在试验室制作，采用 50 L 搅拌机搅拌，振动台振动成型，在标准条件下养护至一定龄期后进行试验。

2 试验方案

2.1 基准配合比设计

基准混凝土配合比按照 C40 进行设计，混凝土坍落度目标值为 30~50 mm，配合比设计步骤如下：

(1)试配强度

$$f_{cu.o}=f_{cu.k}+1.645\times 5=40+8.225=48.2\ \mathrm{MPa}$$

(2)计算水灰比

$$(W/C)_{抗压}=0.46f_{ce}/(f_{cu.o}+0.0322f_{ce})=0.46\times 44.2/(48.2+0.0322\times 44.2)=0.41$$

考虑到耐久性对混凝土最大水灰比的要求，通过计算所得的$(W/C)_{抗压}$小于耐久性所要求的水灰比值，所以选择水灰比 0.41 进行下一步计算。

(3)用水量查表确定为 185 升

(4)水泥用量

$$m_c=m_w/(W/C)=185/0.41=451\ \mathrm{kg}$$

同时确定的水泥用量应满足耐久性要求的最小水泥用量，查表可知满足耐久性要求。

(5)砂率

对于最大粒径为 31.5 mm 的碎石配置的混凝土，砂率可选为 30%。

(6)砂石材料用量(采用绝对体积法计算)

$$\frac{451}{3.14}+\frac{m_s}{2.6}+\frac{m_g}{2.65}+185+10\times 1=1000$$

$$\frac{m_s}{m_s+m_g}=0.3$$

2.2 试验方案

试验主要研究再生粗集料掺量和粉煤灰取代量对再生粗集料混凝土性能的影响。在粉煤灰掺量为20%时，再生粗集料掺量分别为0、50%、80%和100%；在再生粗集料掺量为80%时，超细粉煤灰掺量分别为0、10%、20%、30%和50%。计算得到的再生粗集料混凝土试验配合比见表5。

表5 再生粗集料混凝土试验配合比 kg/m^3

<table>
<tr><td colspan="7">超细粉煤灰掺量为20%，再生粗集料掺量不同</td></tr>
<tr><td>水泥</td><td>超细粉煤灰</td><td colspan="2">再生粗集料</td><td>碎石</td><td>砂</td><td>水</td></tr>
<tr><td rowspan="4">361</td><td rowspan="4">90</td><td>0</td><td>0</td><td>1220</td><td rowspan="4">523</td><td rowspan="4">185</td></tr>
<tr><td>50%</td><td>610</td><td>610</td></tr>
<tr><td>80%</td><td>976</td><td>244</td></tr>
<tr><td>100%</td><td>1220</td><td>0</td></tr>
<tr><td colspan="7">再生粗集料掺量为80%，超细粉煤灰掺量不同</td></tr>
<tr><td>水泥</td><td colspan="2">超细粉煤灰</td><td>再生粗集料</td><td>碎石</td><td>砂</td><td>水</td></tr>
<tr><td>452</td><td>0</td><td>0</td><td rowspan="5">976</td><td rowspan="5">244</td><td rowspan="5">523</td><td rowspan="5">185</td></tr>
<tr><td>406</td><td>10%</td><td>45</td></tr>
<tr><td>361</td><td>20%</td><td>90</td></tr>
<tr><td>316</td><td>30%</td><td>135</td></tr>
<tr><td>225.5</td><td>50%</td><td>225.5</td></tr>
</table>

3 试验结果及分析

本次试验共设计8组配合比，分2批进行。第1批固定超细粉煤灰掺量为20%，变化RA取代率；第2批固定再生粗集料取代率为80%，变化UFA掺量。8组混凝土的力学性能试验结果见表6。

表6 再生粗集料混凝土力学性能试验结果

试验编号	UFA取代率/%	RA取代率/%	2 d/MPa 抗压	2 d/MPa 抗折	14 d/MPa 抗压	14 d/MPa 抗折
1	20	0	23.3	1.25	37.7	1.87
2	20	50	25.4	1.27	41.5	1.95
3	20	80	23.5	1.07	37.7	1.72
4	20	100	17.9	0.82	31.8	1.44
5	0	80	25.4	1.59	37.7	2.07
6	10	80	28.6	1.36	39.7	1.82
7	30	80	21.2	1.04	23.0	1.43
8	50	80	13.7	0.63	26.1	1.25

3.1 UFA掺量对再生粗集料混凝土坍落度的影响

固定胶凝材料用量451 kg/m^{3}和再生粗集料掺量80%时，不同UFA掺量混凝土的坍落度变化见图1。当UFA掺量分别为0、10%、20%、30%和50%时，再生混凝土的坍落度分别从20 mm增加到30 mm、40 mm、45 mm和50 mm，超细粉煤灰能增加混凝土的流动性。

3.2 RA 掺量对再生粗集料混凝土坍落度的影响

不同 RA 掺量混凝土的坍落度变化见图 2。当 RA 掺量分别为 0、50%、80%和 100%时，再生混凝土的坍落度分别从 60 mm 减小到 50 mm、40 mm 和 25 mm。

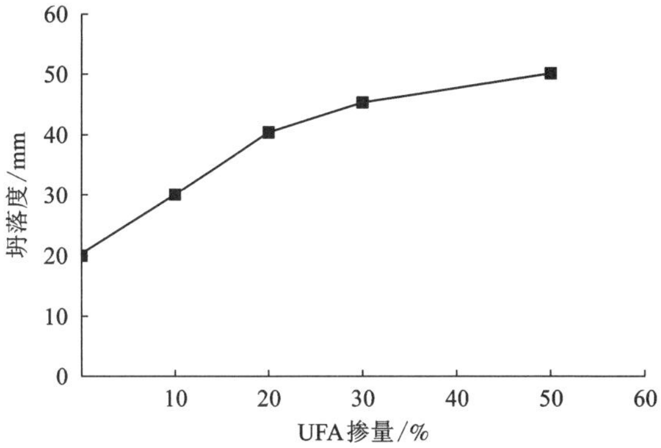

图 1 UFA 掺量对再生粗集料混凝土坍落度的影响

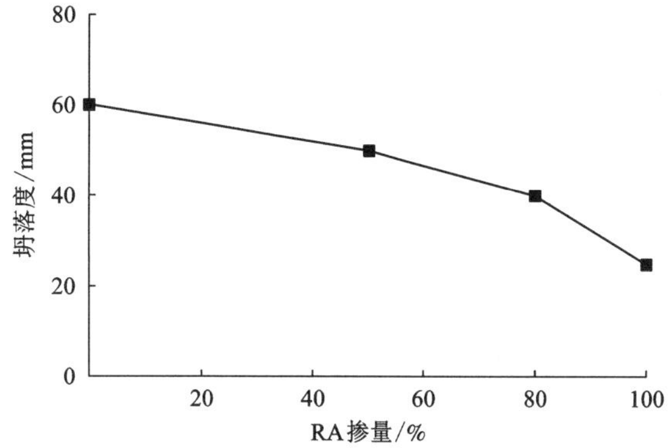

图 2 RA 掺量对再生粗集料混凝土坍落度的影响

3.3 表观密度

再生粗集料的表观密度小于天然粗集料，从而导致再生混凝土的表观密度较同配合比采用天然集料配制的基准混凝土的要小。如图 3 所示，随着再生粗集料掺量的增加，再生混凝土的表观密度降低。

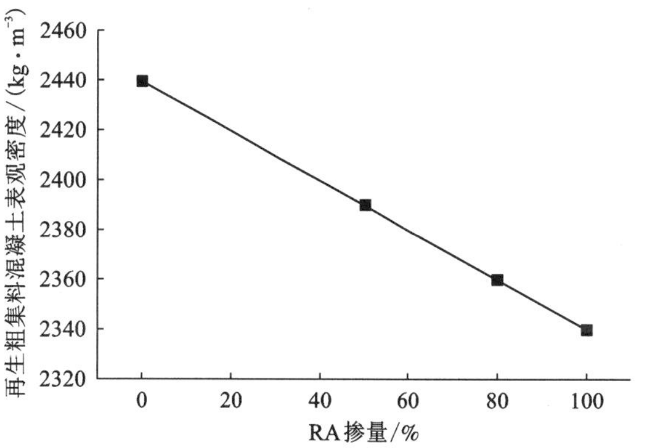

图 3 不同 RA 掺量再生集料混凝土的表观密度

3.4 超细粉煤灰对再生粗集料混凝土强度的影响

再生粗集料取代比例为 80%时，不同超细粉煤灰掺量对再生粗集料混凝土抗压、抗折强度的影响见图 4 和图 5 所示。

如图 4 所示，随着超细粉煤灰掺量的增加，水泥含量相应减少，硬化混凝土的抗压强度有明显的变化。2 d 龄期时，掺 10% UFA 的再生粗集料混凝土抗压强度最高，掺 20% UFA 的再生粗集料混凝土抗压强度稍低于不掺 UFA 的再生粗集料混凝土，继续增加 UFA 掺量，再生粗集料混凝土抗压强度则显著降低。14 d 龄期、超细粉煤灰取代率不大于 20%时，再生粗集料混凝土的抗压强度与不掺 UFA 的再生集料混凝土相接近，超细粉煤灰取代率继续增加，则其抗压强度降低显著。

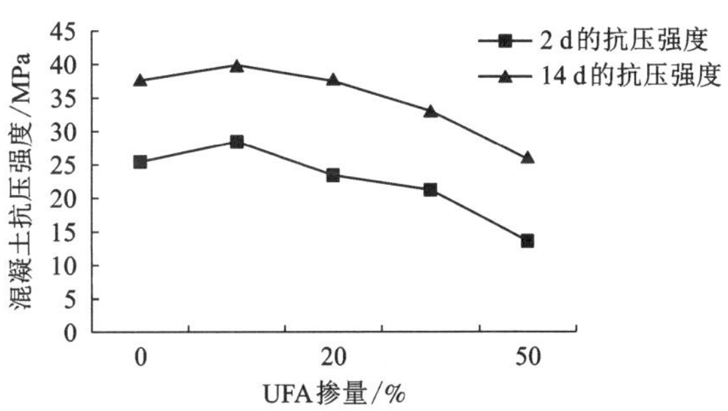

图 4 UFA 掺量对再生粗集料混凝土抗压强度的影响

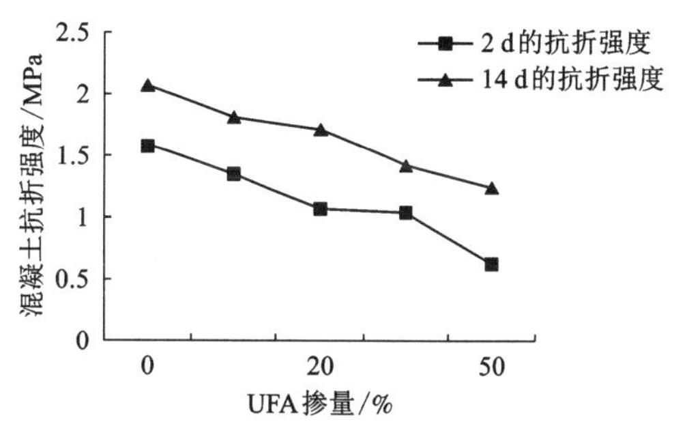

图 5 UFA 掺量对再生粗集料混凝土抗折强度的影响

由图 5 可知，再生粗集料混凝土 2 d 和 14 d 的抗折强度随超细粉煤灰取代率的增加而降低，但 14 d 龄期时，降低的趋势稍有减小，UFA 掺量为 20%的再生粗集料混凝土抗折强度减小的趋势会更小。

掺入超细粉煤灰后再生粗集料混凝土的抗折强度降低，抗压强度在 UFA 掺量不大于 20%时接近。综合考虑再生粗集料混凝土的抗压强度和抗折强度，UFA 的掺量以不超过 20%为宜。

3.5 RA 掺量对再生粗集料混凝土强度的影响

超细粉煤灰取代比例为 20%时，不同 RA 掺量对再生粗集料混凝土抗压、抗折强度的影响见图 6 和图 7 所示。

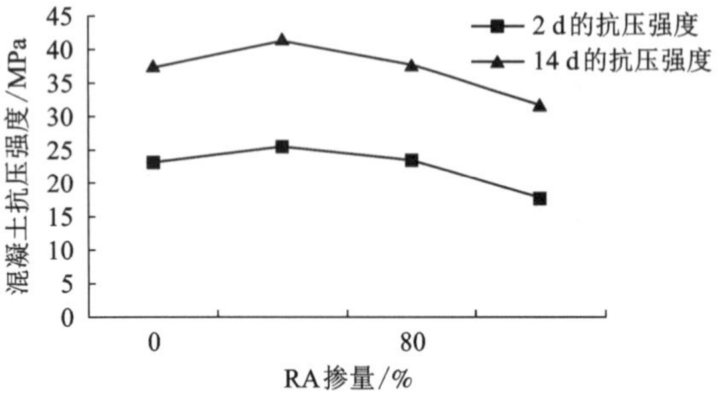

图 6 RA 掺量对再生粗集料混凝土抗压强度的影响

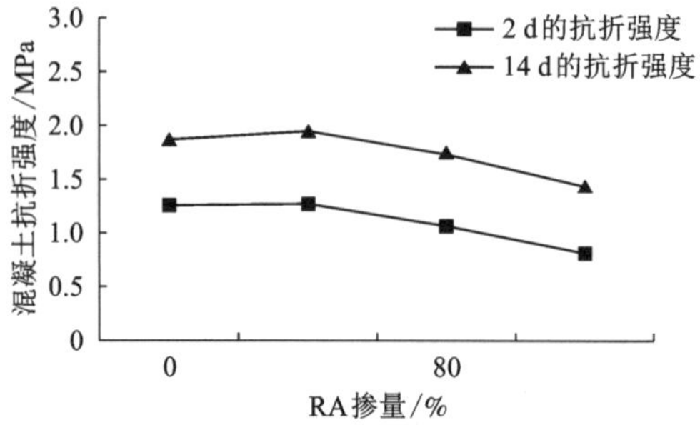

图 7 RA 掺量对再生粗集料混凝土抗折强度的影响

如图 6 和图 7 所示，RA 取代率不大于 50%时，粉煤灰再生混凝土的抗压强度随 RA 取代率的增大而减大；而当 RA 取代率为 80%时，粉煤灰再生混凝土的抗压强度稍低于不掺 RA 的基准混凝土，RA 取代率为 100%时，抗压强度显著降低。RA 取代率对粉煤灰再生混凝土抗压、抗折强度的影响规律相类似。

大量未掺粉煤灰的再生粗集料混凝土试验研究表明[5-7]，由于再生粗集料属于低品质集料，无论在早期还是后期，随着再生粗集料掺量的增加，混凝土强度会逐渐降低，日本 BCSJ 中再生混凝土的抗压强度比普通混凝土降低 14%~32%。若再生粗集料取代率控制在 30%以内时，则强度降低不多，其适宜的 RA 取代率均小于 40%。由试验结果可知，粉煤灰再生混凝土最优的 RA 取代率为 50%，考虑到最大限度地利用再生粗集料，其取代率应不大于 80%。

4 结论

(1)再生粗集料混凝土的坍落度随着超细粉煤灰掺量的增加而增加，而随着 RA 掺量的增加，再生粗集料混凝土的坍落度减小，说明 UFA 的掺入对改善再生集料混凝土的和易性效果显著。

(2)由于再生粗集料的表观密度比较小，随再生粗集料掺量的增加，再生粗集料混凝土的表观密度显著降低。

(3)在用水量不变，再生粗集料为 80%的条件下，超细粉煤灰取代率不大于 20%时，14 d 龄期再生粗集料混凝土的抗压强度与不掺 UFA 的再生粗集料混凝土接近，而抗折强度有所下降。

(4)在用水量不变，UFA 掺量为 20%的条件下，RA 取代率为 50%时，再生粗集料混凝土的抗压和抗折强度最高，RA 取代率为 80%时与天然粗集料混凝土接近。

(5)粉煤灰再生粗集料混凝土最优的 RA 取代率为 50%，考虑到最大限度地利用再生粗集料，其取代率应不大于 80%，粉煤灰掺量宜不大于 20%。

参考文献

[1] 周士琼. 土木工程材料[M]. 北京：中国铁道出版社，2004.
[2] 王伯泉. 关于再生资源产业化的探讨[J]. 再生资源研究，1994(4)：4-6.
[3] 杨子江. 废弃混凝土的开发利用[J]. 再生资源研究，2003(5)：33-35.
[4] 孙增寿，朱缨，张浩华. 建筑废弃混凝土再生利用的分析与研究[J]. 河南科学，2003(4)：486-489.
[5] 肖建庄，李佳彬，兰阳. 再生混凝土技术研究最新进展与评述[J]. 混凝土，2003(10)：17-20，57.
[6] 邢振贤，周曰农. 再生混凝土的基本性能研究[J]. 华北水利水电学院学报，1998(2)：30-32.
[7] 张亚梅，秦鸿根，孙伟，等. 再生混凝土配合比设计初探[J]. 混凝土与水泥制品，2002(1)：7-9.
[8] 加贺秀治. 再生骨料[M]. 隋庆海，译. 国外建材科技.

交通荷载作用下公路路基动力响应研究

王　佳，张家生，孟　飞，宋良良

中南大学土木工程学院，湖南长沙，410075

摘要：针对双向四车道高速公路路基路面结构形式，本文建立有限元模型，施加三维一致黏弹性人工边界，并基于车辆动力分析理论，对模型施加交通荷载，从而获得了路基的动力响应参数。计算结果表明：标准轴载作用下，路基内 3 m 深度处，竖向动应力衰减率达 80%，路基内竖向动应力的影响深度为 3 m 左右；路基顶面的竖向动应力随着距车轮外缘距离的增大迅速降低，2 m 范围内衰减约 90%，竖向动位移衰减约 60%，交通荷载对路基的影响宽度为 6 m 左右。

关键词：交通荷载；动力响应；有限元；公路路基

交通荷载作用下公路路基路面结构的动力响应是公路工程领域普遍关心的问题。我国现行的公路路基路面结构设计规范均基于静力学理论，将车辆的动荷载进行静力等效后，求解路面弯沉、面层底面拉应力、基层底面拉应力等值，作为设计控制指标[1]。当路面状况良好，车辆轴重较小时，这种设计方法有其合理性。然而，在高速、重载、高交通等级特别是经过长期运营后路面不平整的情况下，拟静力荷载与实际交通荷载间的差异较大，这就要求设计人员提出更加合理的设计方法。

目前国内外学者已进行了一定的工作。张昀青[2]基于 Duhamel 积分，给出了移动荷载作用下半无限体中任一点的动力响应在时域、频域内的解析表达式；钟阳等[3]将路面不平整度的功率谱密度函数作为输入，利用随机振动的方法分析了行驶车辆作用于路面的随机动压力；Lu 等[4-6]从解析解和有限元数值解方面，研究了车辆水平向及竖向荷载对路面结构的影响；卢正等[7-8]研究了公路路基路面结构的动力响应，并提出了动强度和动变形控制的路基设计方法；单景松等[9]通过有限元分析，研究了移动荷载作用下路面结构的动力响应。徐毅[10]通过现场试验及循环三轴试验，对交通荷载对路基动力作用的问题进行了研究；王暄[11]和陈剑等[12]通过有限元计算，分析了交通荷载作用下公路路基的动力响应规律。

目前，对于交通荷载作用下路基结构动力响应的研究仍然较少。本文建立高速公路的动力分析有限元模型，并基于车辆动力分析理论，对模型施加模拟的交通荷载，从而对路基路面结构的动力响应进行计算，在此基础上探讨了主要动力响应参数的分布规律。

1　模型建立与交通荷载模拟

针对常见的水泥混凝土路面、双向四车道高速公路结构形式，本文基于成熟的有限元计算软件 ANSYS 建立了动力分析有限元模型。考虑车辆荷载的影响范围，为减小计算规模，取一侧的双车道建立计算模型。车道宽度 3.60 m，紧急停车带宽度为 2.40 m，中央绿化带半宽取 0.75 m，模型断面尺寸如图 1 所示。

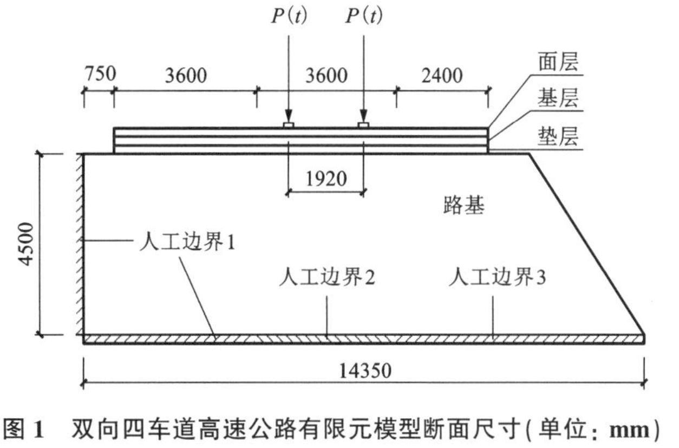

图 1　双向四车道高速公路有限元模型断面尺寸（单位：mm）

1.1　结构单元选择及计算参数

根据动力作用下混凝土板的受力变形特点，采用基于弹性模型的八节点实体单元 solid65 模拟混凝土面层。

王佳，张家生，孟飞，等. 交通荷载作用下公路路基动力响应研究[J]. 路基工程，2013(2)：7-10，14.

国内外关于公路的动力观测及分析表明，路基土体动应变的量级仅为 10^{-4}，此时土颗粒间的黏结几乎没有破坏，土骨架的变形能够恢复。因此在动力分析中，可忽略土体的塑性累积变形，采用恒定阻尼比，用黏弹性模型模拟土体的动力特性。基层、垫层及路基土体采用八节点实体单元 solid45 模拟。模型中主要材料的计算参数见表 1。

表 1　有限元模型计算参数

项目	弹性模量/GPa	泊松比	密度/(kg·m^{-3})	阻尼比	高度/cm
水泥砼路面	35.00	0.20	2700		25
基层	0.46	0.27	2400	0.028	20
垫层	0.39	0.28	2200	0.032	20
路基	0.04	0.28	2100	0.038	450

1.2　人工边界的施加

在计算车辆或轨道结构的动力问题时，应考虑路基在水平方向及深度方向是无限延伸的。因此在数值计算中，正确模拟地基的无限性质是精确模拟路基动力反应的关键之一。在有限元数值模拟中常用的方法是设置人工边界。本文利用文献[13]中的等效黏弹性边界单元，对路基模型设置黏弹性人工边界。等效黏弹性人工边界单元的弹性模量、泊松比、阻尼比按式(1)~式(3)计算。

$$\widetilde{E} = \alpha_N h \frac{G(1+\widetilde{v})(1-2\widetilde{v})}{R(1-\widetilde{v})} \tag{1}$$

$$\widetilde{v} = \begin{cases} \dfrac{\alpha_N/\alpha_T - 2}{2(\alpha_N/\alpha_T - 1)}, & \alpha_N/\alpha_r \geqslant 2 \\ 0, & \text{其他} \end{cases} \tag{2}$$

$$\widetilde{\eta} = \frac{\rho R}{3G}\left(2\frac{c_s}{\alpha_T} + \frac{c_p}{\alpha_N}\right) \tag{3}$$

式中：h 为等效人工边界单元的厚度；R 为振源至人工边界点的距离；c_s 和 c_p 分别为介质的 S 波和 P 波波速；G 为介质剪切模量；ρ 为介质质量密度；α_T 与 α_N 分别为切向与法向黏弹性人工边界修正系数。此种人工边界设置方法的可靠性已在若干三维动力问题中得到验证，并用于土-结构相互作用的动力分析中，其精度可满足工程要求[14]。

若将轮载中心位置视为振源，则模型边界面距振源位置差异较大，故将边界面分为三部分，设置不同的参数。等效边界单元厚度取 0.2 m，α_T 与 α_N 分别取 0.5、1.0，计算得到人工边界单元的参数见表 2，建立的有限元模型如图 2 所示。

表 2　等效黏弹性人工边界单元参数

人工边界	距振源距离 R/m	弹性模量 /MPa	泊松比	阻尼比
1	6.6	2.84	0	0.0583
2	5.2	3.61	0	0.0459
3	7.2	2.60	0	0.0636

图 2　路基路面结构有限元模型

1.3　交通荷载的模拟

车辆在路面上行驶时，一方面由于车辆本身是一个多自由度的振动系统，另一方面由于路面不平顺等多种不确定因素的存在，车辆对路面施加的荷载带有很强的随机性，在数值模拟中如何模拟车辆荷载也成为一个难点问题。

文献[11]基于三轴六轮组的东风重型货车(EQI166G2)，建立了该车型的二分之一卡车模型。汽车行驶时，路面不平导致车轮产生垂直方向的位移，将现场实测获得的高速公路路面不平度时程曲线作为激励施加于车辆模型中，便可解得车辆动荷载的时程曲线。计算得车速20 m/s时的后轮组的动荷载时程曲线如图3所示。

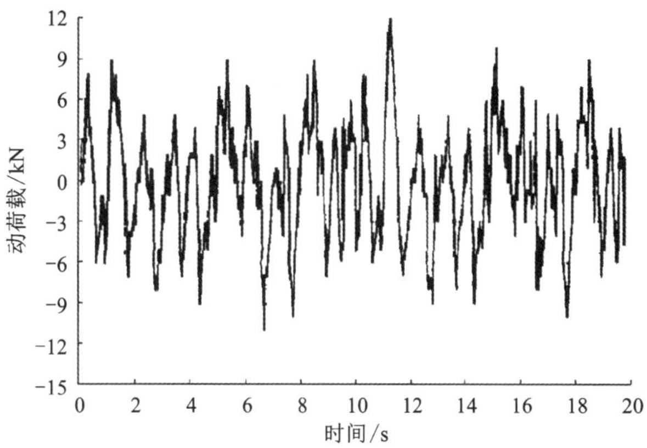

图3　后轮组动荷载时程曲线

该动荷载时程曲线经快速Fourier变换后可得到动态响应幅频曲线，其频谱响应的主频范围在0至50 Hz之间，且幅值随频率升高而迅速降低。

参考上述结论及现场实测资料可知，采用单一频率的正弦波动荷载模拟车辆动轮荷载有一定的局限性。文献[15]在铁路路基动力响应研究中，考虑轨道不平顺、车辆扁疤等影响，采用在机车静载上增加两个正弦函数项表示不同激振因素的影响。为更真实地反映车辆动荷载的特点，本文参考其处理方法采用下式模拟交通荷载：

$$p(t)=p_0+k_1p_0\sin(\omega_1t)+k_2p_0\sin(\omega_2t) \tag{4}$$

式中：p_0为汽车静荷载；w_1、w_2分别为动的振动圆频率；k_1、k_2为两个主频的动荷载分担系数且k_1+k_2k为车辆的动力放大系数，其中包含了路面不平顺及车辆自身的振动特性。

本文计算中仅考虑后两轴的作用，取p_0为标准轴载下的静压强，轮胎着地压力取轮胎内压为0.7 MPa，双轮着地面积取0.0713 m^2，其分布面积取30 cm×24 cm。为便于计算，轮距取1.92 m，轴距取1.20 m，荷载作用位置如图4所示。w_1、w_2分别为主频4 Hz和10 Hz对应的圆频率，参考文献[3]的研究成果，车速为72 km/h时，动荷载放大系数取0.28，相应的取$k_1=0.10$、$k_2=0.18$。

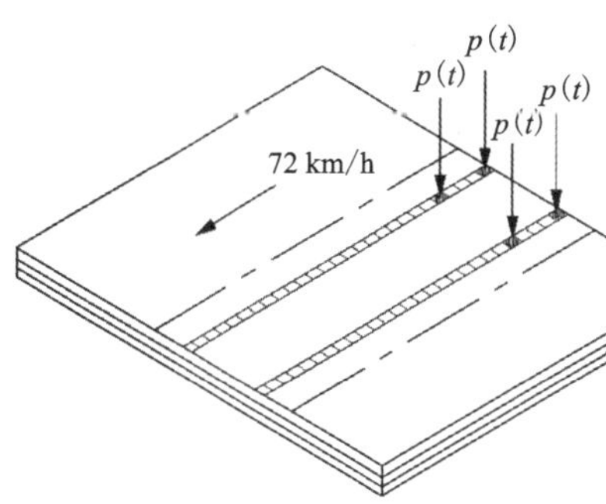

图4　车辆动荷载作用示意图

2　计算结果

将上述参数及荷载输入有限元模型，计算可得到交通荷载作用下路基路面结构的动应力、动位移等数值。

图5为计算得到的模型中部路基内不同深度的竖向动应力时程曲线，水平位置位于车辆荷载中央。图6为车辆荷载中央位置路基动应力幅值衰减率随深度的变化曲线。从图5、图6看出，不同深度的时程曲线均呈单峰，且随着深度的增加，时程曲线的峰值迅速减小，出现明显的衰减。在3 m深度处，动应力衰减率已达80%，可以认为标准轴载的动应力影响深度为3 m左右。

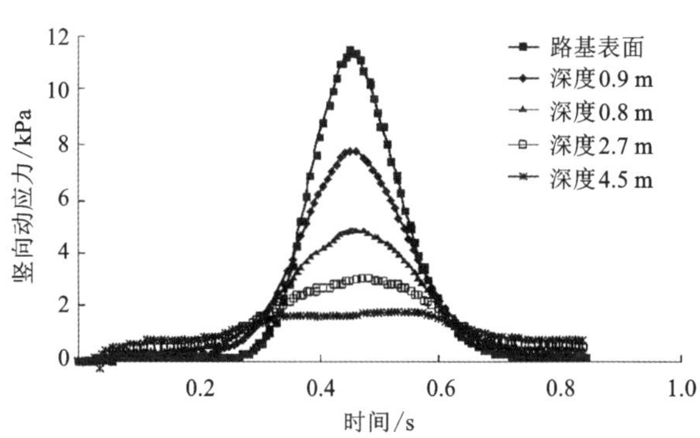

图5　不同深度竖向动应力时程曲线

车辆动荷载在线路横向的影响范围是研究者普遍关心的问题。图7描绘了距车辆轮载外缘不同距离时，路基内部竖向动应力幅值随深度的变化曲线。

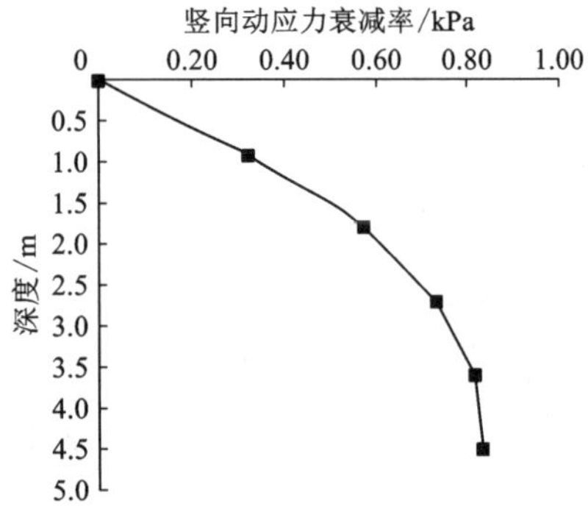

图 6　路基内竖向动应力幅值衰减率曲线

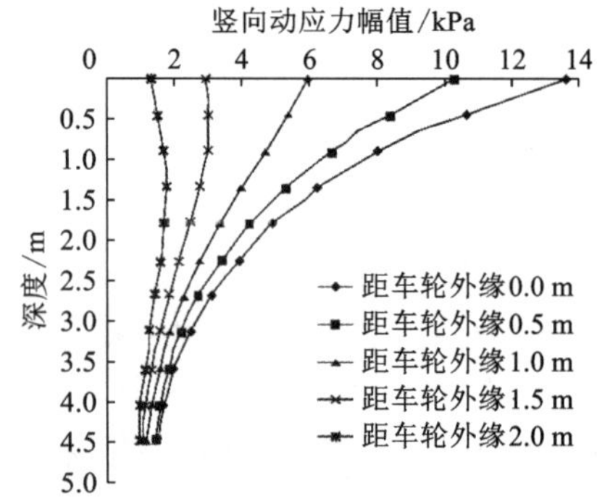

图 7　不同水平位置竖向动应力幅值变化曲线

如图 7 所示，路基顶面的竖向动应力幅值随着距离的增大迅速降低，由车轮下方的 136 kPa 降低至 2 m 外的 1.3 kPa，衰减约 90%。

图 8 为路基不同深度处竖向动应力幅值沿水平距离的变化曲线，两对车辆荷载的水平位置分别位于 4.44 m 和 6.36 m 处。如图 8 所示：在路基表面，竖向动应力幅值呈现马鞍状双峰分布，最大值出现在车辆轮载下方，为 13.6 kPa；随着深度增加，竖向动应力幅值迅速衰减，同时由于动应力在路基中的扩散作用，动应力分布规律逐渐由双峰分布变为单峰分布。可以认为标准轴载时，车辆动荷载的影响范围为轮载两侧各外延 200 m，即标准荷载的动应力影响宽度为 6.00 m 左右。

图 9 为距车轮外缘不同位置时，路基内不同水平位置的竖向动位移幅值变化曲线。如图 9 所示，车轮外缘附近路基的竖向动位移幅值为 0.18 mm，2.0 m 距离外，竖动位移幅值衰减值为 0.07 mm，衰减约 60%。

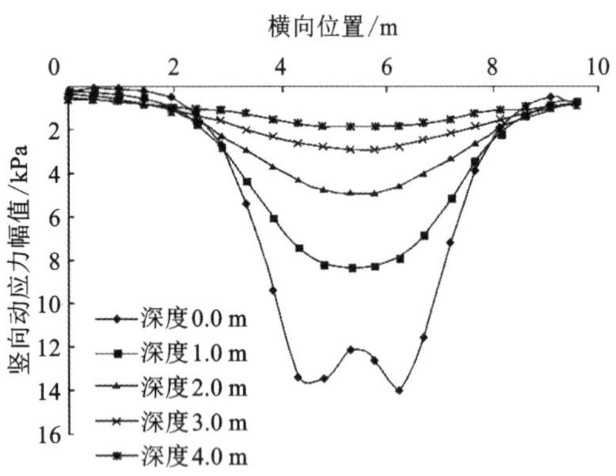

图 8　不同深度竖向动应力幅值变化曲线

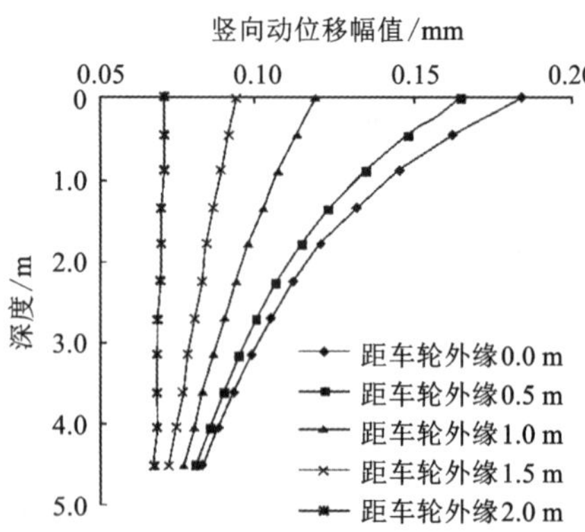

图 9　不同水平位置竖向动位移幅值变化曲线

图 10 为路基不同深度竖向动位移幅值沿水平位置的变化曲线，如图 10 所示，竖向动位移在路面结构层中的衰减较小，由路面处的 0.21 mm 减至路基处的 0.19 mm。车辆动荷载影响范围在 3.0~90 m，宽度 6.0 m 左右。

为验证有限元模型的准确性，将有限元的动应力计算结果与常张(常德—张家界)高速公路的现场试验结果进行对比[11]。试验工点 K25+820 路段处于常张高速沅水大桥路桥过渡段尾端，属高填方路段路堤(填高 22.8 m)，填料为湘西部地区典型的红砂岩风化土，逐层压实填筑。试验车辆为三轴 10 轮的“东风”重型普通货车(EQ1166G2)。由于现场测试中仅在路基表面埋设了动应力测试元器件，故仅对比此处的动应力数据，如图 11 所示。从图 11 看出计算结果与实测数据较为吻合。

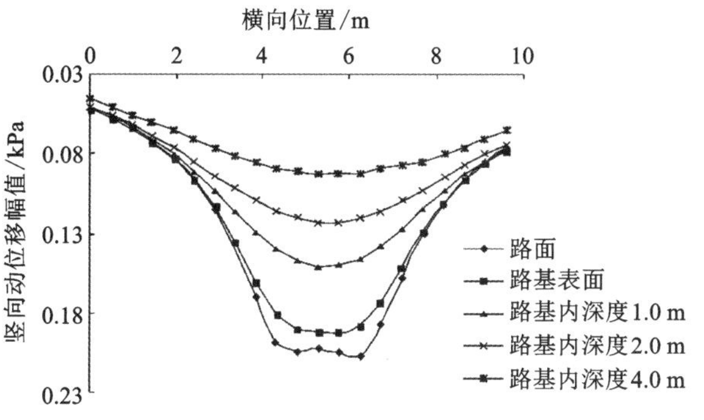

图 10 不同深度竖向动位移幅值变化曲线

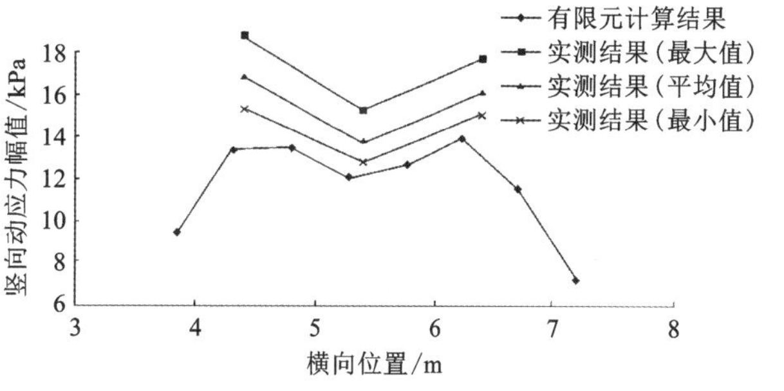

图 11 计算结果与实测数据对比

3 结论

(1)基于二分之一车辆模型，施加实测的路面不平整曲线作为位移激励，获得了其轮载时程曲线；对轮载时程曲线进行频谱分析，得到其主频范围从而提出了模拟交通荷载的方法。

(2)在标准轴载作用下，路基内 3 m 深度处动应力衰减率已达 80%以上，路基内动应力的影响深度为 3 m 左右。

(3)路基顶面的竖向动应力幅值随着距车轮外缘距离的增大迅速降低，2 m 范围内衰减约 90%，竖向动位移衰减约 60%，交通荷载对路基的影响范围为 6 m 左右。

参考文献

[1] 中交公路规划设计院有限公司. 公路水泥混凝土路面设计规范(JTG D40—2011)[S]. 北京：人民交通出版社，2011.

[2] 张昀青. 移动荷载作用下半无限体的动力响应解[J]. 岩土力学，2004，25(6)：955-957.

[3] 钟阳，王哲人，张肖宁. 不平整路面上行驶的车对路面随机动压力的分析[J]. 中国公路学报，1992，5(2)：40-43.

[4] Sun Lu，Deng Xuejun. Predicting dynamic vertical load caused by vehicle-pavement interaction[J]. Journal of Transportation Engineering ASCE，1998，124(5)：144-148.

[5] 邓学钧，李昶. 水平荷载作用下的路面结构应力[J]. 岩土工程学报，2002，24(4)：427-431.

[6] 邓学钧. 车辆地面结构系统动力学研究[J]. 东南大学学报：自然科学版，2002，32(3)：474-479.

[7] 卢正. 交通荷载作用下公路结构动力响应及路基动强度设计方法研究[D]. 武汉：中国科学院武汉岩土力学研究所，2009.

[8] 卢正，姚海林，吴万平，等. 高速公路路基结构分析及动变形设计方法[J]. 岩土力学，2010，31(9)：2907-2912.

[9] 单景松，黄晓明，廖公云. 移动荷载下路面结构应力响应分析[J]. 公路交通科技，2007，24(1)：10-13.

[10] 徐毅. 交通荷载对高速公路路基影的试验研究[D]. 南京：河海大学，2006.

[11] 王暄. 随机荷载作用下柔性路面结构及路动力响应研究[D]. 长沙：中南大学，2006.

[12] 陈剑，苏跃宏. 交通荷载作用下公路路基动力特性的数值模拟研究[J]. 公路交通科技，2011，28(5)：44-48.

[13] 谷音，刘晶波，杜义欣. 三维一致黏弹性人工边界及等效黏弹性边界单元[J]. 工程力学，2007，24(12)：31-37.

[14] 刘晶波，李彬. 三维黏弹性静-动力统一人工边界[J]. 中国科学 E 辑，2005，35(9)：966-980.

[15] 胡萍. 高速铁路无轨道密集过渡段路基动力试验与仿真分析[D]. 长沙：中南大学，2010.

粗粒土体变规律大型三轴试验研究

孟　飞[1]，张家生[1]，胡奇凡[2]，陈晓斌[1]，王启云[1]

1. 中南大学土木工程学院，湖南长沙，410075

2. 铁道第三勘察设计院集团有限公司，天津，300251

摘要：本文采用粗粒土大型三轴剪切仪，对饱和粗粒土进行固结排水剪切试验，提出了拟合三轴剪切试验中轴向应变与侧向应变的函数方程，利用此关系式对三轴试验中试样的体积应变进行了预测。预测结果表明，改进模型能合理地描述粗粒土的体积应变规律，尤其是高围压下剪缩、低围压下剪胀的特性。由体积应变方程导出以轴向应变为自变量的切线泊松比表达式，通过与邓肯-张模型及由数值方法求得的切线泊松比对比，讨论了该表达式的合理性。

关键词：粗粒土；大型三轴试验；剪胀；体积应变

1　引言

随着路基工程、堆石坝工程的发展，作为工程主体的粗粒土的力学性质及本构模型成为工程实践中的重要问题。Duncan 和 Chang[1]提出的非线性弹性模型得到了广泛应用并为工程界所熟悉。$E-\nu$ 模型及 $E-K$ 模型对粗粒土体积应变特性的预测往往存在较大偏差，且不能反映粗粒土的剪胀性。

为建立适用于粗粒土的应力-应变关系，国内外学者进行了大量工作。Lade 与 Duncan[2]对砂土进行了真三轴试验，并以不相关联流动法则为基础，提出一个弹塑性模型；Wang 和 Guo[3-4]考虑粗粒土中粗颗粒的骨架作用，通过三轴试验研究了粗粒土的应力-应变特性和剪胀特性，提出了一个塑性本构模型；郭庆国[5]基于粗粒土在土石坝工程中的应用，进行了大量压实特性及应力-应变特性试验，将邓肯张模型及其改进模型应用于粗粒土研究中；张嘎等[6]讨论了邓肯张模型对粗粒土的适用性，针对常规三轴试验中粗粒土的体积应变特性提出了一个改进模型；程展林等[7-9]分析了邓肯张模型、Rowe 剪胀模型[10]、三参数 $K-G$ 模型对堆石料的适用性，并提出了改进模型；徐明和宋二祥[11]以由机动摩擦角控制的 Mohr-Coulomb 准则作为屈服准则，提出了一个能够反映粗粒土剪胀和剪缩特性的应变硬化模型。McDowell 等[12]和 Salim 等[13]则通过颗粒破碎与荷载、颗粒粒径的关系，从颗粒破碎耗能角度出发，提出了考虑土体剪胀性的本构模型；刘萌成等[14]提出了堆石料塑性体积应变关系以及剪胀率表达式，并导出了堆石料剪胀剪缩转化的判断准则；陈晓斌[15]利用大型三轴试验获得红砂岩粗粒土的应力-应变关系，并应用 Rowe 剪胀模型进行了研究。

本文在粗粒土大型三轴剪切试验的基础上，提出了拟合三轴剪切试验中轴向应变与侧向应变的关系式，其中的参数均可由常规三轴试验确定，利用此关系式对三轴试验中试样的体积应变及切线泊松比进行了预测。

2　粗粒土大型三轴试验

采用四川大学华西岩土研究所研制的 SZ30-4 大型三轴剪切仪，对多种粗粒土材料进行了固结排水三轴剪切试验，取其中一组典型试样进行分析。

该组试样直径 30 cm，高 60 cm，分 5 层装料击实，试样为土石混合料。原土料为土质中砂，相对密度为 2.64。碎石为人工开采料，外观规则，针片状颗粒少，密度为 2.58 g/cm^3，洛杉矶磨耗率为 11.5%，硫酸钠浸泡损失率 1.5%。试料的基本性质指标见表 1。制样时控制压实度为 0.95，干密度为 2.098 g/cm^3。

孟飞，张家生，胡奇凡，等. 粗粒土体变规律大型三轴试验研究[J]. 水利水电技术，2013，44(6)：139-142，146.

抽气饱和使试样饱和度达到0.95以上后，进行各向等压固结，排水剪切，剪切速率为0.4 mm/min。试样在四个围压下进行固结排水剪切，分别为100 kPa、200 kPa、300 kPa、400 kPa。

表1 试样基本性质指标

项目	≥5 mm 颗粒含量/%	最大粒径/mm	不均匀系数 C_u	曲率系数 C_c	最大干密度/(g·cm^{-3})	最优含水率/%
指标	66.2	60	136	0.87	2.208	5.12

通过三轴试验得到不同围压下试样的主应力差-轴向应变数据以及体积应变-轴向应变数据如图1和图2所示。由图1和图2可以看出，对于本组试样，粗粒土的抗剪强度随着围压的增大而增大，未表现出明显的应变软化。主应力差 $\sigma_1-\sigma_3$ 与轴向应变 ε_1 的双曲线关系较为明显。试样的体积应变随轴向应变的增加逐渐由剪缩转为剪胀，且随着围压的增加，剪胀趋势逐渐减小。

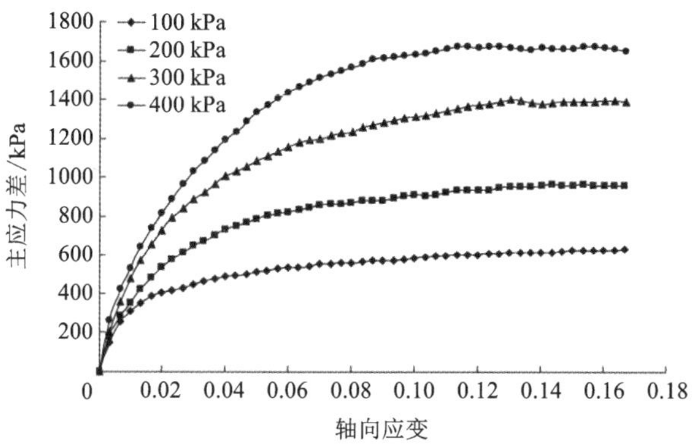

图1 主应力差-轴向应变关系

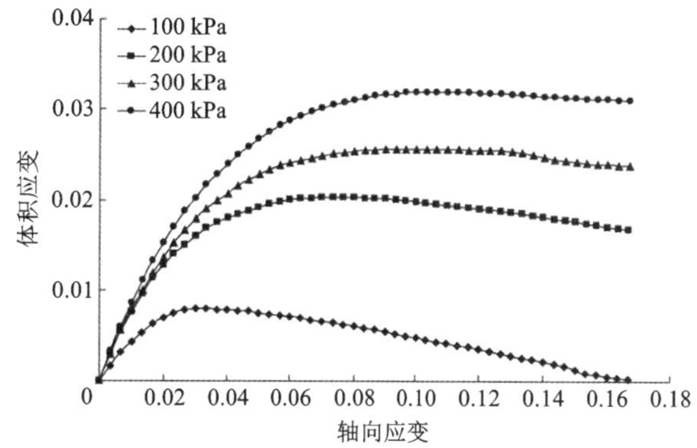

图2 体积应变-轴向应变关系

3 改进模型

根据粗粒土的三轴试验结果，随着轴向应变的发展，主应力差 $\sigma_1-\sigma_3$ 逐渐趋于稳定，而体积应变仍在继续发展。剪切过程中的侧向应变-轴向应变曲线如图3所示，可见两者之间有明显的函数相关性。

通过对试验结果的分析，本文认为可以采用下式来拟合常规三轴压缩试验中的轴向应变与侧向应变数据：

$$\varepsilon_1^2 = L\varepsilon_3^2 + T\varepsilon_3 \tag{1}$$

式中：ε_1 为轴向应变；ε_3 为侧向应变；L、T 均为试验常数，可由过原点的抛物线方程对 ε_1^2 与 ε_3 进行拟合求出。

对试验数据进行二次拟合，结果如图4所示。由图4可以看出，式(1)可较准确地拟合试验获得的轴向应变与侧向应变数据，本次试验中各试样的拟合曲线复相关系数 R^2 均大于0.9999。

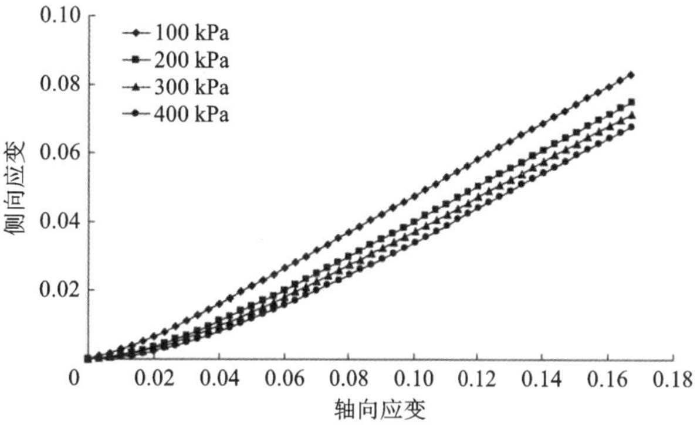

图3 侧向应变-轴向应变关系曲线

对试验结果的分析表明，在不同围压下，参数 L 的值变化不大，四个围压下的值依次为3.478、3.477、3.505、3.420，可取不同围压下的平均值作为模型参数；参数 T 随围压增大而增大，与 $\lg(\sigma_3/P_a)$ 呈线性关系(图5)，可用下述关系式表示：

$$T = m\lg(\sigma_3/P_a) + n \tag{2}$$

式中：σ_3 为围压；P_a 为标准大气压；m、n 为试验常数。

如图 5 所示，拟合不同围压下的参数 T 与 $\lg(\sigma_3/P_a)$，可得试验土样的体积应变参数。本组试样的三个参数分别为 $L=3.470$，$m=0.213$，$n=0.045$，量纲均为 1。

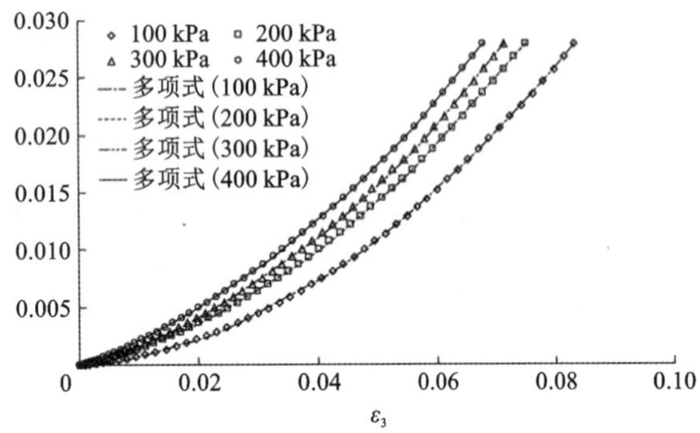

图 4　$\varepsilon_1^2-\varepsilon_3$ 的过原点的抛物线拟合

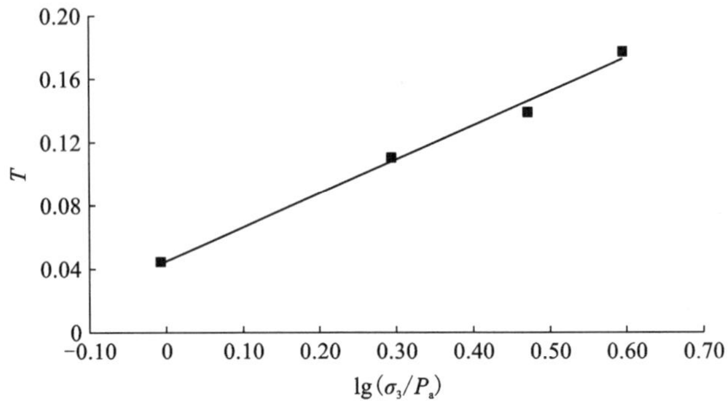

图 5　参数 T 与 $\lg(\sigma_3/P_a)$ 的线性拟合

4　讨论

4.1　体积应变

对于给定的轴向应变 ε_1，可由式(1)求得相应的侧向应变 ε_3，再通过体积应变公式 $\varepsilon_v=\varepsilon_1+2\varepsilon_3$，即可求得试样在不同围压下的体积应变-轴向应变预测曲线。设 ε_1 以压缩为正，ε_v 以减小为正，体积应变表达式可写为：

$$\varepsilon_v = \varepsilon_1 + (T - \sqrt{T^2 + 4L\varepsilon_1^2})/L \tag{3}$$

以轴向应变为横坐标，体积应变为纵坐标，由式(3)求得试验土样的 $\varepsilon_v-\varepsilon_1$ 预测曲线如图 6 所示，实测得到的 $\varepsilon_v-\varepsilon_1$ 数据以散点表示于图 6 中。

对文献[16]中承德中密砂的三轴试验数据进行相应分析，计算得到三个参数分别为 $L=2.807$，$m=0.016$，$n=0.012$。图 7 中以曲线描绘了模型预测的 $\varepsilon_v-\varepsilon_1$ 关系曲线，并以离散点将相应的三轴试验 $\varepsilon_v-\varepsilon_1$ 数据绘于其旁。

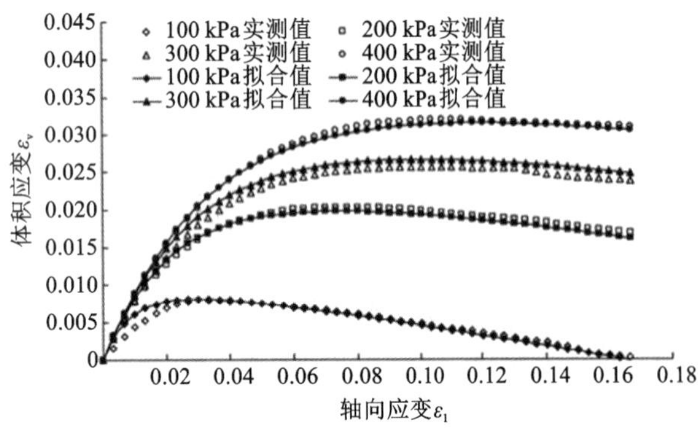

图 6　试样体积应变预测曲线

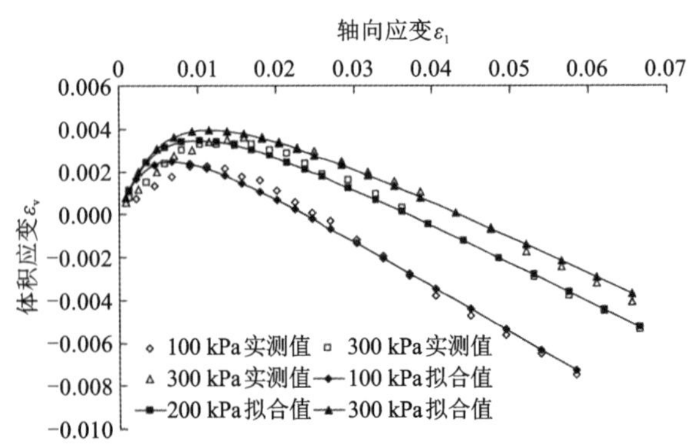

图 7　承德中密砂三轴试验数据及预测曲线

从图 6 和图 7 可以看出，计算得到的体积应变曲线与试验结果吻合较好，能够较好地反映粗粒土随着应力水平升高逐渐由剪缩转为剪胀，以及在低围压时剪胀、高围压时剪缩的体积应变特性。

4.2　切线泊松比

粗粒土三轴压缩试验下的体积应变规律，同样可通过切线泊松比 v_t 来分析，图 8 给出了不同围压下试样分别利用邓肯-张 $E-\nu$ 和 $E-K$ 模型计算得到的泊松比。两种模型计算得到的泊松比随应力水平的升高而增大，且随围压的增大而减小。但在应用 $E-\nu$ 模型处理数据时，其双曲线假设并不完全适用[6]；而 $E-K$ 模型的泊松比小于 0.5，无法反映粗粒土三轴剪切试验中的剪胀特性，且应力水平较低时，$E-K$ 模型求得的切线泊松比很小，在高围压时出现了小于零的情况。

基于轴向应变和侧向应变的拟合函数式(1)，以轴向应变为自变量，可导出切线泊松比表达式。对式(1)求导，得：

$$v_t = \frac{d\varepsilon_3}{d\varepsilon_1} = \frac{\varepsilon_1}{\sqrt{L\varepsilon_1^2 + 0.25T^2}} \tag{4}$$

式中：L、T 为试验参数，不同围压下的参数 T 也不相同。

利用上文得到的参数 L、m、n，求得的不同围压下试验土样的切线泊松比变化曲线如图 9 所示。

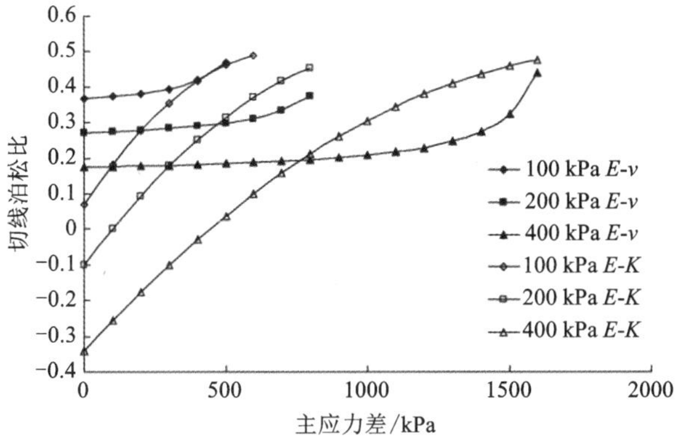

图 8 邓肯–张 $E-\nu$、$E-K$ 模型切线泊松比

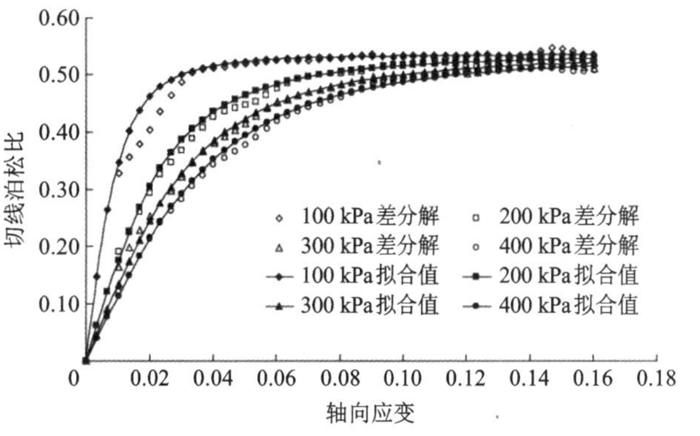

图 9 由式(4)求得的切线泊松比

利用试验中测得的侧向应变与体积应变关系数据，利用差分方法求得侧向应变–轴向应变关系曲线的斜率，即试样的切线泊松比(图 9)，可见与模型拟合值吻合良好。

由图 9 可以看出，式(4)计算得到的 v_t 随着围压 σ_3 的上升逐渐减小，随应力水平的升高而逐渐增大，这两点规律与 $E-\nu$ 及 $E-K$ 模型相似。但有以下新的特点：(1)初始切线泊松比恒为零，不会出现 $E-K$ 模型中初始切线泊松比小于零的情况。土样开始压缩时，轴向变形主要来自土体内孔隙的闭合，并不会引起侧向变形，因此初始泊松比等于零是合理的。(2)式(4)的计算结果表明，低围压时 ν_t 的增加比高围压时更为迅速，直至切线泊松比大于 0.5，试样发生剪胀，这与粗粒土三轴剪切试验中，低围压试样在小的轴向应变时即发生剪胀的规律吻合。(3)由图 9 可以看出，轴向应变较大时，不同围压下的 v_t 趋于同一值，这是由于 $\varepsilon_1 \to \infty$ 时，由式(4)可得 $\lim\limits_{\varepsilon_1 \to \infty} v_t = 1/\sqrt{L}$，即 $v_t = 1/\sqrt{L}$ 是式(4)的水平渐近线，对于同一组土样，不同围压下的切线泊松比随轴向应变的增加趋向 $1/\sqrt{L}$。由上述分析可知，三轴剪切过程中 $v_t < 1/\sqrt{L}$，根据剪胀的定义，当 $1/\sqrt{L} \leqslant 0.5$，即 $L \geqslant 4$ 时，土样在任何围压下的三轴剪切试验中都不会发生剪胀现象，$L=4$ 可作为土样有无剪胀性的判断准则。

5 结论

(1)基于粗粒土大型三轴试验的结果，提出了 ε_1^2 与 ε_3 的二次函数关系方程，建立了新的体积应变模型，该模型共含三个参数 L、m、n，均可由常规三轴压缩试验确定。

(2)建立了体积应变与轴向应变的函数方程，并对两种粗粒土的三轴试验体积应变数据进行了预测。结果表明，改进模型能较为合理地描述粗粒土的体积应变特性，尤其是在高围压下剪缩、在低围压下剪胀的特性。

(3)以轴向应变为自变量，导出了切线泊松比的计算方程，其特点是初始泊松比为 0，且以 $v_t = 1/\sqrt{L}$ 为水平渐近线。通过分析认为，$L=4$ 可作为土样有无剪胀性的判断准则。与邓肯–张 $E-\nu$、$E-K$ 模型及由数值方法求得的切线泊松比曲线对比表明，新的切线泊松比表达式更为合理。

参考文献

[1] DUNCAN J M, CHANG C Y. Nonlinear Analysis of stress and strain in soils[J]. Journal of the Geotechnical Engineering Division, Amer-ican Society of Civil Engineering, 1970, 96(5): 1629-1653.

[2] LADE P V, DUNCAN J M. Elastoplastic stress-strain theory for co-hesionless soil[J]. Journal of the Geotechnical Engineering Divi-sion, American Society of Civil Engineering, 1975, 101(10): 1037-1053.

[3] WANG R G, GUO R G. A simple constitutive model for granular soils: modified stress-dilatancy approach[J]. Computers and Geotechnics, 1998, 22(2): 109-113.

[4] WANG R G, GUO R G. A pressure and density dependent dilatan-cy model for granular materials[J]. Soils and Foundations, 1999, 39(6): 1-12.

[5] 郭庆国. 粗粒土的工程特性及应用[M]. 郑州: 黄河水利出版社, 1999.

[6] 张嘎, 张建民. 粗颗粒土的应力应变特性及其数学描述研究[J]. 岩土力学, 2004, 25(10): 1587-1591.

[7] 程展林, 姜景山, 丁红顺, 等. 粗粒土非线性剪胀模型研究[J]. 岩土工程学报, 2010, 32(3): 460-467.

[8] 程展林, 丁红顺, 吴良平. 粗粒土试验研究[J]. 岩土工程学报, 2007, 29(8): 1151-1158.

[9] 程展林, 陈鸥, 左永振, 等. 再论粗粒土剪胀性模型[J]. 长江科学院院报, 2011, 28(6): 39-49.

[10] ROWE P W. The relation between the shear strength of sands in tri-axial compression, plane strain and direct shear[J]. Geotechnique, 1969, 19(1): 75-86.

[11] 徐明, 宋二祥. 粗粒土的一种应变硬化模型[J]. 岩土力学, 2010, 31(9): 2967-2972.

[12] MCDOWELL G R, NAKATA Y, HYODO M. On the plastic hardening of sand[J]. Geotechnique, 2002, 52(5): 349-358.

[13] SALIM W, INDRARATNA B. A new elastoplastic constitutive model for coarse granular aggregates incorporating particle breakage[J]. Cana-dian Geotechnical Journal, 2004, 41(4): 657-671.

[14] 刘萌成, 高玉峰, 刘汉龙. 堆石料剪胀特性大型三轴试验研究[J]. 岩土工程学报, 2008, 30(2): 205-211.

[15] 陈晓斌. 红砂岩粗粒土剪胀效应大型三轴试验研究[J]. 岩石力学与工程学报, 2010, 29(增1): 3145-3149.

[16] 李广信. 高等土力学[M]. 北京: 清华大学出版社, 2004.

高速铁路粗粒土填料动力参数试验研究

邓国栋[1]，张家生[1]，王启云[2]，石 熊[1]，王 佳[1]

1. 中南大学土木工程学院，湖南长沙，410075

2. 福建工程学院土木工程学院，福建福州，350118

摘要：采用大型动三轴仪对高速铁路路基粗粒土填料进行试验研究，分析应力水平、固结围压、振动频率以及振动次数对动弹性模量和阻尼比的影响。结果表明：粗粒土填料的动应力与动应变的关系可采用双曲线本构模型来描述；随着动应变的增加，动弹性模量减小，阻尼比增加。粗粒土填料的动弹性模量衰减主要集中在应变小于0.075%的范围内，阻尼比的增加主要集中在应变小于0.015%的范围内；随着固结围压的增大，动弹性模量增大，阻尼比增加。围压对动弹性模量的影响主要集中在应变小于0.01%的范围内，对阻尼比的影响主要集中在应变大于0.01%的范围内；随着加载频率的增大，动弹性模量增大，阻尼比增加。频率对动弹性模量的影响主要集中在应变小于0.075%的范围内，对阻尼比的影响主要集中在应变大于0.015%的范围内。低频时阻尼比增加的幅度大于高频时阻尼比增加的幅度；随着振动次数的增加，动弹性模量减小。在动应力水平较低时，振动次数对粗粒土填料动弹性模量的影响较小；在动应力水平较高时，振动次数越大，粗粒土填料动弹性模量的衰减量越大。

关键词：粗粒土；动弹性模量；阻尼比；大型三轴试验

1 引言

粗粒土优良的工程特性，在高速铁路建设中被广泛用作路基填料。当土的应变幅值为10^{-6}~10^{-4}，土表现为近似弹性；当土的应变幅值为10^{-4}~10^{-2}，土表现出弹塑性；而当土应变更大时，土体往往发生破坏、液化等现象，因此土的动力特性与其应变有非常明显的关系[1]。国外 Evans 等[2]、Rollins 等[3]，国内陈晓斌等[4]、王随原等[5]、孟飞等[6]、覃革续[7]对粗粒土动力参数进行了大量的试验研究。国内外针对高速铁路路基的实测资料及有关的动态分析表明[8]，高速铁路路基土体动应变量级约为10^{-4}，此时动弹性模量和阻尼比是路基动力响应分析中不可或缺的两个计算参数。然而，目前关于粗粒土填料的研究多集中在动静强度与变形特性上，在动荷载作用下的动弹性模量和阻尼特性的研究成果并不多见，且研究对象主要为大坝堆石料，高速铁路粗粒土路基填料的动力参数有待进一步深入研究。基于此，本文利用大型动三轴仪对高速铁路粗粒土填料进行试验研究。

2 填料基本性质

本次试验采用的初始粗粒土填料取自长沙市南郊公园附近。初始填料呈棕黄色、散粒状，大颗粒形状基本接近立方体，磨圆程度较高，最大土颗粒粒径为40~60 mm，最小土颗粒粒径小于0.5 mm，填料中粒径分布不均匀，初步判断该填料为砂类土。通过对初始填料进行粗颗粒筛分试验和细颗粒密度计算试验，得到的初始填料的级配曲线见图1。

颗粒分析结果表明土样不均匀系数$C_u=17$，曲率系数$C_c=0.91$，根据规范[9]，初始填料为含土细砂，级配不良，属于C组填料。为了得到合格的路基填料，采用碎石对初始填料进行了改良，改良后的填料级配曲线如图1所示。改良后的填料不均匀系数$C_u=135$，曲率系数$C_c=0.87$。根据规范[9]，改良后填料为细角砾土，属于B组填料，可以用作高速铁路路基填料。对其进行了击实试验和大型静三轴剪切试验。击实试验采用重型Z3型击实仪，通过击实试验得到填料的最大干密度和最优含水率见表1。采用SZ30-4型

邓国栋，张家生，王启云，等. 高速铁路粗粒土填料动力参数试验研究[J]. 铁道科学与工程学报，2014，11(2)：76-83.

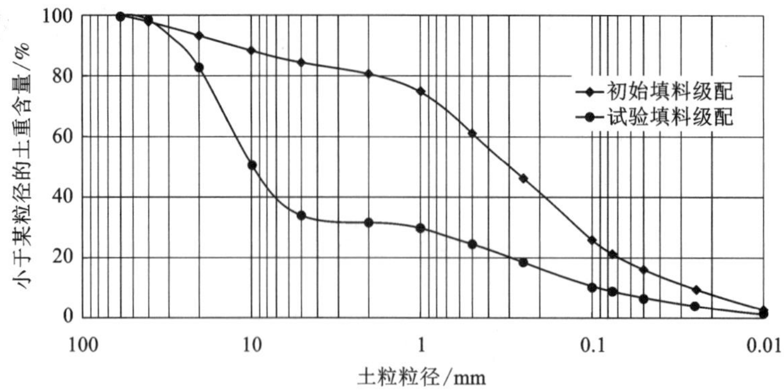

图 1　粗粒土填料级配曲线

大型三轴剪切仪对填料的静力强度指标进行了测试，依据摩尔-库仑强度理论得到黏聚力与内摩擦角见表 1。

表 1　填料物理力学性质指标

粗颗粒含量/%	大于 2 mm 颗粒含量/%	$\rho_{dmax}/(g \cdot cm^{-3})$	ω_{opt}/%	C/kPa	φ/(°)
91.4	67.8	2.208	5.11	64.13	39.74

3　试验方案

3.1　试验仪器

本文采用三轴试验对粗粒土动弹性模量与阻尼比进行试验研究，试验设备为 TAJ-2000 大型动静三轴试验仪，该试验仪主要由三轴仪、油压源系统、电控系统三大部分组成。试样直径为 300 mm，高度为 600 mm。试验仪中的测量系统可以测试随时间变化的轴向压力、围压力、孔隙水压力、土样轴向应变及体积应变。围压是通过将串联水缸内的水注入动三轴仪压力室来测定，轴向动荷载是由轴向伺服压力系统提供。

3.2　试验参数与内容

试验加载频率取 5 Hz，同时选择频率为 1 Hz 和 3 Hz 进行对比试验，探讨不同荷载频率对粗粒土动弹性模量和阻尼比的影响。试验填料压实度为 0.97，进行固结不排水试验；试验采用等压固结；动应力幅值取为固结应力的 0.2、0.3、0.4、0.5、0.6、0.7、0.8……，逐级加载。试验过程中围压采用 200 kPa、300 kPa 和 400 kPa。由上述条件控制的粗粒土填料的动弹模阻尼特性试验具体内容见表 2。

表 2　动弹模阻尼试验方案

固结围压/kPa	固结比	加载频率 f/Hz	动应力幅值(固结围压倍数)
200	1	1, 3, 5	0.2, 0.3, 0.4, 0.5, 0.6, 0.7, 0.8…
300	1	1, 3, 5	0.2, 0.3, 0.4, 0.5, 0.6, 0.7, 0.8…
400	1	1, 3, 5	0.2, 0.3, 0.4, 0.5, 0.6, 0.7, 0.8…

4　试验结果分析

4.1　加载时程曲线

图 2 为围压为 400 kPa、振动频率为 1 Hz 的动应力时程曲线，图 3 为对应的动应变时程曲线。

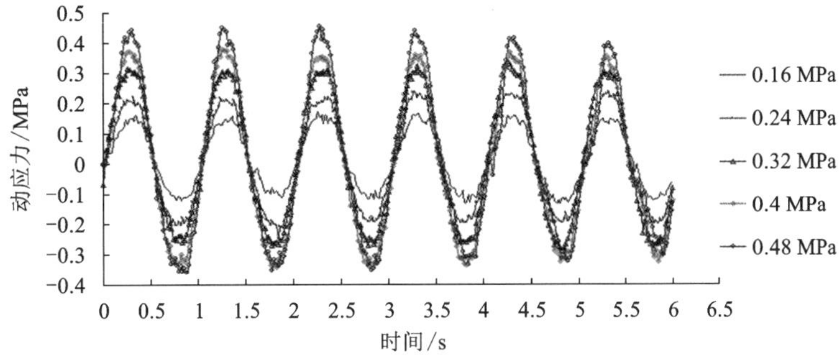

图 2　典型的动应力时程曲线

如图 3 所示，当动应力幅值较小时，随着振动周次的增加，动应变幅值基本保持不变；当动应力幅值较大时，随着振动周次的增加，动应变幅值逐渐呈线性增大，动应变幅值曲线呈喇叭形增大。

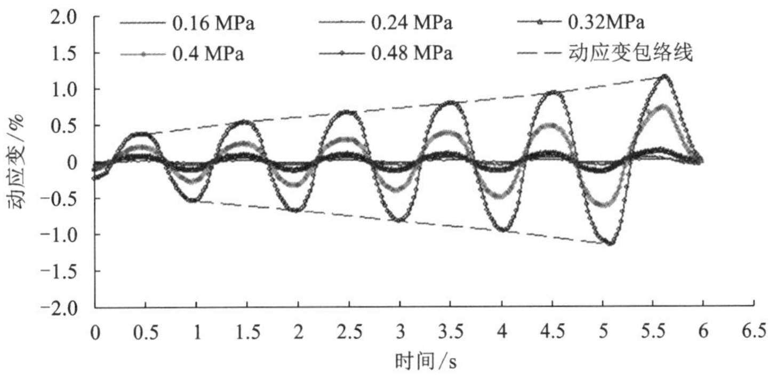

图 3　典型的动应变时程曲线

比较图 2 与图 3 可知，当动应力幅值较小时，振动产生的动应变幅值也很小，试样受到的影响很小，即使振动周次增大，对土体的结构仍旧影响不大，土体的强度和刚度也基本不变；而当动应力幅值较大时，振动产生的动应变幅值也很大，随着振动周次的增加，土作为散体材料内部的微裂缝不断地扩展，动应变幅值曲线呈喇叭形增大，试样出现大变形，使得土体的强度和刚度等力学性能下降，承载力迅速降低，动应力幅值曲线呈喇叭形缩小。因此，振动周次是动三轴试验中非常重要的一个影响因素。

4.2　动应力-动应变曲线

通过大型动静三轴仪进行动弹性模量和阻尼比试验，取每级动荷载作用下第三个循环的动应力-动应变曲线为该级动应力下的滞回圈，并取滞回圈顶点对应的数据，可以得到动应力幅值 σ_d 和相应动应变 ε_d，由此得到粗粒土填料的动应力-动应变关系曲线，如图 4 所示。

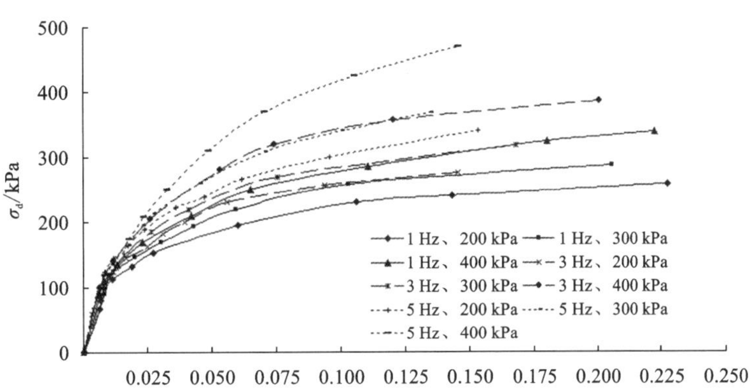

图 4　粗粒土填料动应力-动应变曲线

由图 4 可知，在动应变小于 0.015%时，动应力-动应变曲线较陡，两者基本呈线性关系，说明土体呈近似弹性特性；随着动应变的增加，动应力-动应变关系曲线逐渐趋于平缓，当动应变大于 0.05%时，粗粒土已经进入塑性发展阶段，在塑性变形后期即使微小的动应力也可使土体产生很大的变形。从图 4 中还可看出，在动应变较小时(ε_d<0.025%)，不同加载频率、不同固结围压下的动应力-动应变曲线基本重合，而在动应变较大时(ε_d>0.025%)，不同加载频率、不同固结围压下的动应力-动应变曲线才逐渐发散。分析表明，固结围压和加载频率对动应力与动应变关系曲线的影响主要集中在较大动应变的情况下。在加载频率相同时，随着围压的增加动应力-动应变关系曲线逐步偏向应力轴，说明动强度随围压增大而增大。在围压相同时，随着频率的增加，动应力-动应变关系曲线逐步偏向应力轴，说明动强度随频率增大而增大。

上述分析表明，粗粒土 B 组填料在周期振动荷载作用下的动应力-动应变关系具有明显的非线性特征。因弹塑性本构关系目前常用于研究土体一次或循环受力过程中的应力-应变特性，分析土体的弹性变形及塑性变形，而此处主要用来分析路基填料弹性模量随着循环次数累积的衰减规律，即分析路基在运营期间力学特性的变化，故此处拟合采用 MATLAB 中的 curve fitting 工具箱，采用双曲线模型[见式(1)]对动应力与动应变关系曲线进行拟合，拟合结果见表 3。

$$\sigma_d = \frac{\varepsilon_d}{a + b\varepsilon_d} \tag{1}$$

式中：ε_d 为弹性动应变；σ_d 为动应力；a、b 为与土性相关的参数。

表 3　不同试验条件下双曲线模型参数

频率/Hz	围压/kPa	a	b	R^2	最大动弹模 E_{dmax}/MPa
1	200	0.00156	2.5776	0.953	641
1	300	0.00135	2.5302	0.955	740
1	400	0.00127	2.0004	0.96	787
3	200	0.00098	2.917	0.981	1020
3	300	0.00088	2.5524	0.982	1136
3	400	0.00082	2.2196	0.989	1220
5	200	0.00094	2.7087	0.979	1061
5	300	0.00074	2.4168	0.981	1351
5	400	0.00068	1.966	0.972	1471

表 3 说明采用双曲线能较好地描述粗粒土填料的动应力与动应变关系。

目前土的动本构模型有很多，可归纳为黏弹性、弹塑性和内时动本构模型等三类[10]。这些本构模型用不同的方法、从不同的角度给出了动应力-动应变关系定量计算方法。通过上述分析可知，粗粒土填料的动应力-动应变关系符合黏弹性模型中的双曲线模型，这一模型是由 Hardin 等[11]人提出，即等效线弹性模型(Hardin-Drnevich 等效线性模型)。等效黏弹性线性模型[11]不寻求动应力动应变滞回曲线的具体数学表达式，而采用等效动弹性模量 E_d 和等效阻尼比 λ 两个参数来反映土的动应力-动应变关系的非线性和滞后性。等效动弹性模量 E_d 和等效阻尼比 λ 可表示为关于动应变幅的函数，即 $E_d=E(\varepsilon_d)$ 和 $\lambda=\lambda(\varepsilon_d)$。该模型概念明确、应用方便，已得到广泛的应用。

根据动三轴试验获得的动弹性模量-动应变的关系曲线和阻尼比-动应变的关系曲线，可采用等效线性模型分析动应变水平、围压、加载频率及振动次数对高速铁路路基粗粒土 B 组填料的动弹模量与阻尼比的影响。

4.3　等效弹性模量

根据等效黏弹性线性模型，动弹性模量为滞回圈两顶端的斜率，即：

$$E_d = \sigma_d / \varepsilon_d \tag{2}$$

式中：ε_d、σ_d 分别表示轴向动应变和轴向动应力。

在周期循环荷载作用下，土的动应力-动应变的骨干曲线为双曲线形，即：

$$\sigma_d = \frac{\varepsilon_d}{\dfrac{1}{E_{dmax}} + \dfrac{\varepsilon_d}{\sigma_{dmax}}} \tag{3}$$

式中：E_{dmax}、σ_{dmax} 分别为轴向最大动弹性模量和轴向最大动应力。

引入参考应变 $\varepsilon_r = \sigma_{dmax}/E_{dmax}$ 后，得到动弹性模量函数关系式如下：

$$E_d = \frac{E_{dmax}}{1 + \varepsilon_d/\varepsilon_r} \tag{4}$$

可见，只要根据试验曲线确定了 E_{dmax}、σ_{dmax}，利用上式可以求得不同轴向动应变 ε_d 下的 E_d。

比较式(1)和式(2)可知，$E_{dmax} = 1/a$，$\sigma_{dmax} = 1/b$，求得的最大动弹性模量见表 3。

采用式(4)求出不同应变下的动弹性模量见图 5。

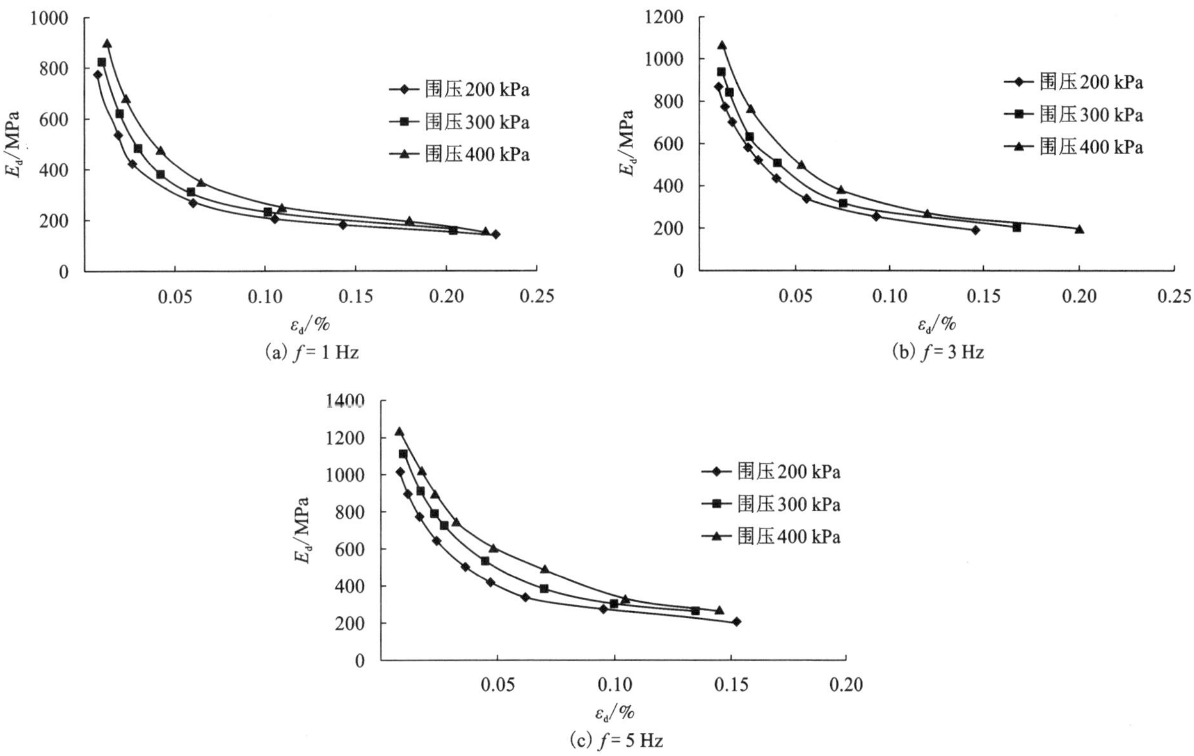

图 5　不同围压下动弹性模量与动应变关系曲线

4.4　等效阻尼比

土的阻尼比为实际的阻尼系数 c 与临界阻尼系数 c_{cr} 的比值[12]：

$$\lambda = \frac{c}{c_{cr}} = \frac{1}{4\pi}\psi \tag{5}$$

式(3-5)中能量损失数 ψ 为：

$$\psi = \frac{\Delta W}{W} \tag{6}$$

故有：

$$\lambda = \frac{1}{4\pi}\frac{\Delta W}{W} \tag{7}$$

式中：W 表示加载周期内作用的总能量；ΔW 表示加载周期内损失的能量。

研究表明，一个加载周期内动荷载产生的总能量 W 等于由原点到最大幅值点(ε_d，σ_d)连线下的直角三角形面积 A_T，一个加载周期内土体损耗的能量 ΔW 近似地等于由滞回曲线所包围的面积 A_0[11]。

ΔW、W 可表示为：

$$\Delta W = A_0 = \pi c \omega \varepsilon_d^2 \tag{8}$$

$$W = \frac{1}{2}\sigma_d \varepsilon_d = A_T \tag{9}$$

于是，式(5)可以表示为：

$$\lambda = \frac{1}{4\pi}\frac{A_0}{A_T} = \frac{1}{4\pi} \times \frac{\text{滞回圈的面积}}{\text{三角形 } OAA' \text{ 的面积}} \tag{10}$$

式(10)为动三轴试验中确定阻尼比的基本关系式。利用其求出对应不同应变 ε_d 的阻尼比 λ，作出 λ-ε_d 曲线，得到阻尼比函数 $\lambda=\lambda(\varepsilon_d)$的表达式。

研究表明[13]，对于黏弹性模式的动应力-动应变关系是一个椭圆曲线。本次试验得到的典型滞回圈如图 6 所示。

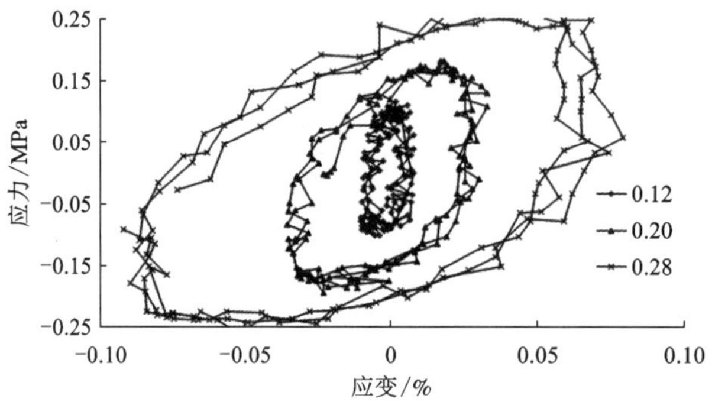

图 6　粗粒土填料动三轴试验典型滞回圈

通过式(10)可求得阻尼比 λ，不同围压下阻尼比与动应变关系曲线如图 7 所示。

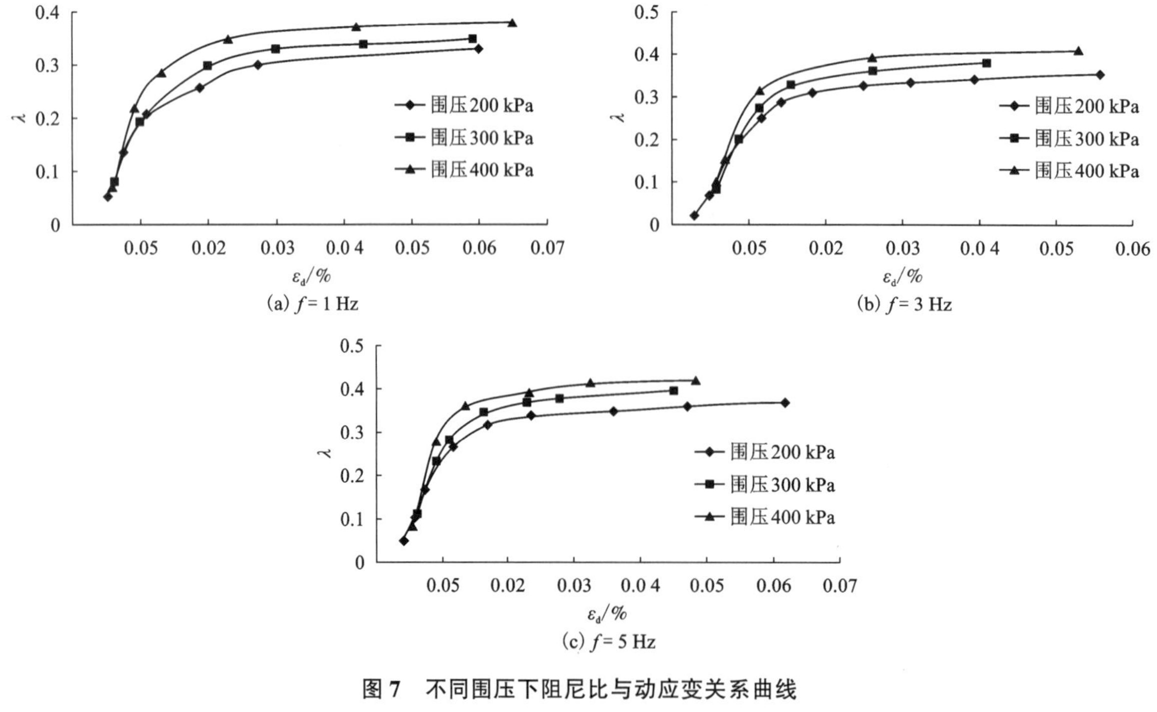

图 7　不同围压下阻尼比与动应变关系曲线

试验结果表明，当动应力-动应变水平较低时，动三轴仪记录的数据非常离散，且滞回圈的面积较小，此时阻尼比计算误差很大；当动应力-动应变水平较高时，动三轴仪记录的数据离散性小，滞回圈的面积较大，阻尼比的计算结果一般较为准确。当动应变大于0.015%时，阻尼比与动应变的关系曲线呈平缓上升趋势，可取其渐近常数作为最大阻尼比 λ_{max}，结果见表4。

表4　粗粒土填料的最大阻尼比

频率	围压		
	200 kPa	300 kPa	400 kPa
1 Hz	0.35	0.37	0.38
3 Hz	0.37	0.39	0.41
5 Hz	0.38	0.39	0.42

5　动弹性模量与阻尼比影响因素分析

影响土的动弹性模量及阻尼比的因素有很多[13-14]。本节主要分析动应变、围压、加荷频率及加载循环次数对粗粒土B组填料的动弹性模量和阻尼比的影响。

5.1　应变水平

从图4可以看出，在相同的加载条件下，E_d 随 ε_d 的增大而减小，不同试验条件下的 E_d-ε_d 曲线具有相似的衰减趋势和变化特征。根据动应变大小可以将 E_d-ε_d 曲线分成2个阶段：(1)陡降段。在这个阶段，E_d 随着 ε_d 的增加而急剧减小，塑性应变随之逐渐增大，这时土体逐渐由弹性状态转变为塑性状态；(2)缓慢下降阶段。当 ε_d>0.075%时，动弹性模量与动应变关系曲线逐渐趋于平缓，这个阶段以塑性变形为主，动弹性模量的值逐渐趋于稳定。

从图7可以看出，ε_d 对 λ 影响也非常显著。在相同的加载条件下，随着 ε_d 增大，土体消耗能量越多，阻尼比 λ 增加。在 ε_d≤0.015%时，阻尼比 λ 随 ε_d 增加而迅速增长，随着动应变继续增大，曲线逐渐趋于平缓，阻尼比达到最大值。这种规律反映了粗粒土的动应力-动应变关系符合非线性和滞后性的一般规律。

5.2　固结围压

从图5可以看出，在相同的动应变、加载频率条件下，E_d 随围压的增大而增大。这是因为围压越大，土颗粒之间接触越充分，土体结构越紧密，试样的刚度得到有效的提高，延缓了土体塑性应变的发展。动应变 ε_d 达到0.1%后，E_d-ε_d 曲线逐渐趋于稳定并接近，不同围压下 E_d 之间的差别越来越小，说明大应变条件下围压对 E_d 的影响程度逐渐降低，土体进入塑性状态，此时围压对 E_d 的影响可以忽略。分析表明，围压对填料的 E_d 的影响主要在动应变低于0.1%的范围内，围压越大，动弹性模量越大。

从图7可以看出，在相同的动应变、加载频率条件下，粗粒土阻尼比 λ 随围压的增加而增大。这与黏性土、砂类土的研究成果不同。随着围压的增大，含大量碎石的粗粒土中的粗颗粒之间的孔隙壁法向压力增大，动摩擦力随之增大，在动荷载作用下颗粒间相互摩擦引起的能量耗散增加，因此阻尼比随着围压的升高而增大。在动应变较小时，不同围压下的 λ-ε_d 基本重合，随着动应变的增加，λ-ε_d 曲线逐渐呈发散状。分析表明，动应变较小时(ε_d≤0.01%)，围压对 λ 的影响较小；动应变较大时(ε_d>0.01%)，围压对 λ 影响较大。粗粒土填料的阻尼比增大主要集中在 ε_d≤0.01%的范围内。

5.3　加载频率

从图5可以看出，在相同的固结围压下，当粗粒土填料的 ε_d 相同时，随着加载频率的增加，动变形越不能充分展开，E_d 增大。在曲线陡降阶段，即动应变较小时，E_d 衰减较快，该段在同一动应变下，不同频率对应的 E_d 相差较大，说明振动频率对 E_d 的影响不容忽视；当 ε_d 达到0.01%后，同一围压、不同频率的 E_d-ε_d 曲线基本重合，动弹模 E_d 变化不大，并逐渐趋于稳定。分析表明，ε_d 小于0.075%时，频率对 E_d 影响较大；ε_d 大于 0.075%时，频率对模 E_d 影响较小。

从图 7 可以看出，在相同的固结围压下，不论振动频率的大小，粗粒土 λ 随 ε_d 的增加呈逐渐增加的趋势。不同振动频率的 $\lambda-\varepsilon_d$ 曲线由上到下依次为 $f=5$ Hz、$f=3$ Hz 和 $f=1$ Hz，其中 $f=5$ Hz 和 $f=3$ Hz 的 $\lambda-\varepsilon_d$ 曲线十分接近，而 $f=1$ Hz 的 $\lambda-\varepsilon_d$ 曲线与前两者差别较大，说明在相同的动应变条件下，粗粒土 λ 随着振动频率的增大而增加。但是在频率较低(1~3 Hz)时，随着频率的增加，ε_d 增加幅度较大，在频率较高(3~5 Hz)时，随着频率的增加 ε_d 增加幅度相对较小。在动应变较小时，不同频率下的 $\lambda-\varepsilon_d$ 基本重合，随着动应变的增加，$\lambda-\varepsilon_d$ 曲线逐渐呈发散状。分析表明，动应变小于 0.015%时，频率对 λ 影响较小；动应变大于 0.015%时，频率对 λ 影响较大。在相同的动应变下，随着频率的增加，低频时阻尼比增加的幅度大于高频时阻尼比增加的幅度。

5.4 振动次数

粗粒土是由散体颗粒材料聚集而成，其内部存在很多微裂缝和孔隙。在动荷载作用下，微裂缝和孔隙会不断闭合或张开。随着动荷载振动次数增加，粗粒土中微裂缝和孔隙会继续扩展并增大，使得其刚度和强度等力学性能下降，最终导致土出现结构性破坏。因此振动周次是循环荷载作用下粗粒土动力特性的一个重要影响因素。

土在循环振动荷载作用下，动弹性模量 E_d 将随着振动次数 N 的增加而降低，称为土的应变软化。动弹性模量应变软化的程度由软化指数 δ 表示[12]：

$$\delta = E_{d,N}/E_{d,1} \tag{11}$$

式中：$E_{d,1}$ 和 $E_{d,N}$ 分别为第 1 次循环与第 N 次循环的动弹性模量。

本节以围压为 400 kPa、振动频率分别为 1 Hz、3 Hz、5 Hz 的 $E_d-\delta$ 关系曲线为例，分析振动次数 N 对粗粒土填料动弹性模量 E_d 的影响规律。按式(11)计算得到软化指数 δ，并绘制 δ 与振动次数 N 的关系曲线，如图 8 所示。

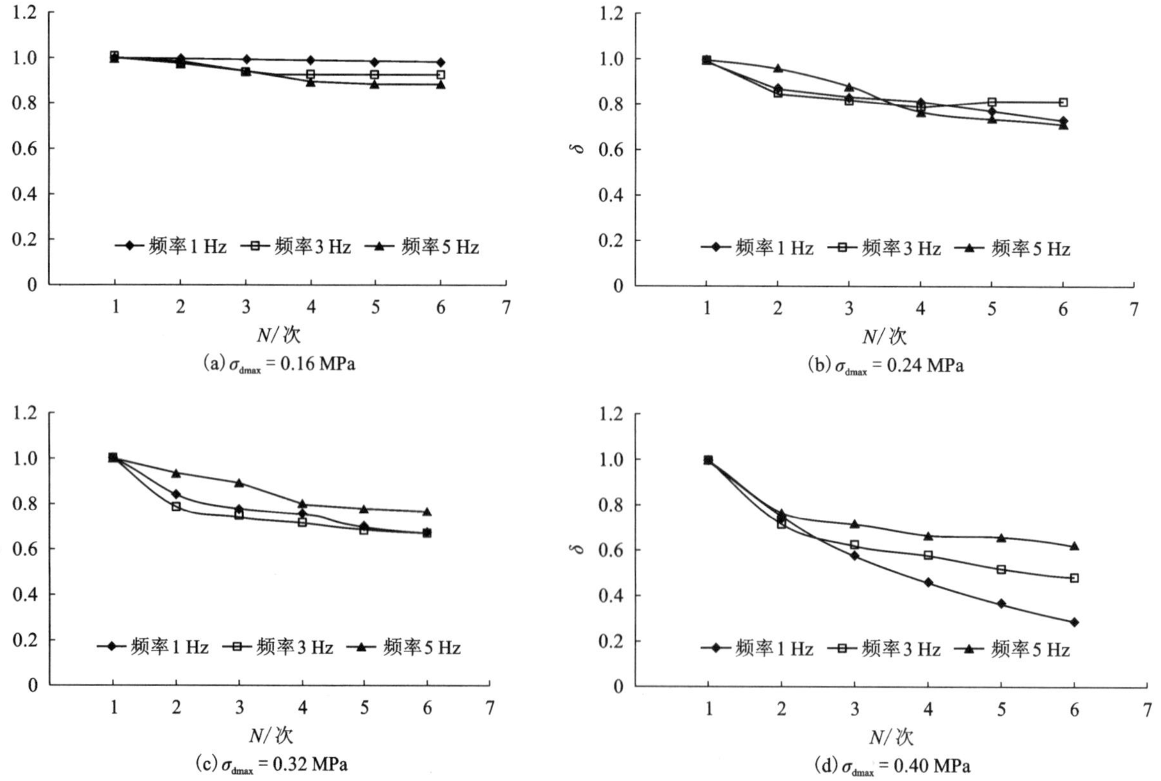

(a) $\sigma_{dmax}=0.16$ MPa　(b) $\sigma_{dmax}=0.24$ MPa　(c) $\sigma_{dmax}=0.32$ MPa　(d) $\sigma_{dmax}=0.40$ MPa

图 8　不同动应力下软化指数 δ 与振动次数 N 关系曲线

从图 8 可以看出，当动应力水平较低（$\sigma_{dmax} \leq 0.24$ MPa）时，$\delta-N$ 曲线发展较平缓，变化幅度不大，不同振动频率的 $\delta-N$ 曲线较接近，δ 接近 1，说明此时加载次数对动弹性模量的影响不大；随着动应力水平提高，$\delta-N$ 曲线越来越陡，下降幅度越来越大。不同振动频率的 $\delta-N$ 发展曲线差别很大，下降幅度各不相同，频率越小，$\delta-N$ 发展曲线下降越明显，说明在动应力较大时，随着振动次数 N 不断增大，粗粒土 E_d 呈减小的趋势，且振动频率越低，E_d 衰减得越明显，土体受到的振动影响越强烈，强度和刚度等力学性能大幅下降，土体破坏越快。分析表明，在动应力水平较低时，振动次数对粗粒土填料的动弹性模量影响较小；在动应力水平较高的条件下，振动次数越大，E_d 越小，这样就加剧了土体变形；在振动次数相同的情况下，振动频率越低，土体变形越容易开展，表现为动应变越大，E_d 越小，土体更容易达到破坏。

6 结论

（1）粗粒土填料的动应力与动应变的关系可采用双曲线本构模型来描述。

（2）随着动应变的增加，动弹性模量减小，阻尼比增加。粗粒土填料的动弹性模量衰减主要集中在动应变小于 0.075%的范围内，阻尼比的增加主要集中在动应变小于 0.015%的范围内。

（3）随着固结围压的增大，动弹性模量增大，阻尼比增加。围压对动弹性模量的影响主要集中在应变小于 0.01%的范围内，对阻尼比的影响主要集中在动应变大于 0.01%的范围内。

（4）随着加载频率的增大，动弹性模量增大，阻尼比增加。频率对动弹性模量的影响主要集中在动应变小于 0.075%的范围内，对阻尼比的影响主要集中在应变大于 0.015%的范围内。低频时阻尼比增加的幅度大于高频时阻尼比增加的幅度。

（5）随着振动次数的增加，动弹性模量减小。在动应力水平较低时，振动次数对粗粒土填料动弹性模量的影响较小；在动应力水平较高时，振动次数越大，粗粒土填料动弹性模量的衰减量越大。

参考文献

[1] 杨尧. 客运专线铁路基床填料动静三轴试验研究[D]. 成都：西南交通大学，2009.

[2] EVANS M D, ZHOU S. Liquefaction behavior of sand-gravel composites[J]. Journal of Geotechnical Engineering, ASCE, 1995, 121(3): 287-298.

[3] ROLLINS K M, EVANS M D, et al. Shear modules and damping relationships for gravels[J]. Journal of Ceotechnical and Geoenvironmental Engineering, ASCE, 1998, 124(5): 396-405.

[4] 陈晓斌，张家生，唐孟雄，等. 大型三轴流变试验轴压及围压装置与应用[J]. 铁道科学与工程学报，2008，5(4)：32-37.

[5] 王随原，罗志刚. 级配碎石动态回弹模量实验研究[J]. 地下空间与工程学报，2010，6(4)：735-746.

[6] 孟飞，唐堂，刘蓓. 不同类型无砟轨道路基动力响应研究[J]. 铁道科学与工程学报，2011，8(4)：32-37. 19-23.

[7] 覃革续. 粗粒土工程特性的试验研究[D]. 大连：大连理工大学，2003.

[8] 王其昌. 高速铁路土木工程[M]. 成都：西南交通大学出版社，1999.

[9] 国家铁路局. 铁路路基设计规范(TB 10001—2016)[S]. 北京：中国铁道出版社，2016.

[10] 中华人民共和国交通运输部. 公路土工试验规程(SL 3430—2020)[S]. 北京：中国标准出版社，2020.

[11] HARDIN B O, DRNEVICH V P. Shear modulus and damping in soils: design equations and curves[J]. Journal of the Soil Mechanics and Foundation Division, ASCE, 1972, 98(7): 667-692.

[12] IDRISS I M, DOBRY R, SINGH R D. Nonlinear behavior of soft clays during cyclic loading[J]. Journal of Soil Mechanics and Foundation, 1978, 104(12): 1427-1447.

[13] 吴世明. 土动力学[M]. 北京：中国建筑工业出版社，2000.

[14] 吴世明，徐攸在. 土动力学现状与发展[J]. 岩土工程学报，1998，20(3)：125-130.

饱和尾矿砂动强度特性试验结果与分析

陈敬松[1]，张家生[2]，孙希望[2]

1. 同济大学地下建筑与工程系，上海，200092
2. 中南大学土木工程学院，湖南长沙，410075

摘要：本文通过对饱和尾矿砂的动三轴液化试验，研究了尾矿砂在往返加荷条件下的动强度特性。对试验结果进行分析可得：动应力幅值对试样的轴向动应变影响显著；动剪应力随固结围压增加而增加，但固结围压对动剪应力比的影响不大；固结应力比对饱和砂土液化或动强度的影响不是单一的增大或减小，在同一密度、同一固结围压条件下均显示出固结应力比为1.5时的动剪应力比大于固结应力比为1.0和2.0时的动剪应力比；密度对尾粉砂的抗液化强度影响很大，因此可以通过提高尾矿料的密实度来增大尾矿坝的抗震性能。

关键词：动三轴试验；动剪应力比；固结应力比；固结围压；抗震性能

尾矿砂是矿石经机械破碎，再经选矿后的尾矿浆由管道输送至尾矿池内的沉积物[1]。一般来说尾矿坝中的尾矿砂孔隙大而密度较小，且未经过风化和变质作用，虽然颗粒很细，却是低塑性的，在动荷载作用下极易发生液化从而丧失强度。因此，对尾矿砂的动强度及其动力特性的研究具有较大的理论意义及实际应用价值。

1 试验方法和破坏标准

试验采用北京市新技术应用研究所生产的DDS-70型微机控制电磁式振动三轴试验系统。试样直径为39.1 mm、高为80 mm的圆柱体试件，试验振动频率为1~10 Hz。

尾矿砂分5层击实，将击实成形的试样装入动三轴仪的压力室内，按现场实际情况要求的应力状态进行固结。按固结稳定标准判断试样固结完成后，进行不排水动力三轴试验[2, 3]。

试验所用的尾矿砂来自太和铁矿尾矿库。该尾矿库中的尾矿砂大致可分为尾细砂和尾粉砂两种。尾细砂主要分布在表层的放矿口附近，尾粉砂分布于整个库区，约占尾矿砂的80%。为了全面地了解尾矿砂的动强度特征，本文动强度试验将尾矿砂分别制备成两种不同干密度的试样，尾粉砂制备成干密度分别为1.923 g/cm^{3}和1.864 g/cm^{3}的两种试样；尾细砂制备成干密度分别为1.923 g/cm^{3}和1.819 g/cm^{3}的两种试样。对不同密度的4种试样进行固结应力比K_c分别为1.0、1.5、2.0，围压σ'_{3c}分别为100 kPa、200 kPa、300 kPa的共36组试验。本文以动强度相对较低且分布广的尾粉砂为研究对象。试验中的尾粉砂的颗粒组成和基本物理性质指标见表1、表2。

表1 尾粉砂颗粒组成

不同粒径(mm)下的质量分数/%									特征值		
>2	2~0.5	0.5~0.25	0.25~0.075	0.075~0.05	0.05~0.01	0.01~0.005	0.005~0.002	<0.002	d_{50}	C_u	C_c
1.2	8.7	15.8	47.7	12.3	8.6	2.0	1.3	2.4	0.150	7.49	1.41

陈敬松，张家生，孙希望. 饱和尾矿砂动强度特性试验结果与分析[J]. 水利学报，2006，37(5)：603-607.

表 2 尾粉砂的物理性质

天然孔隙比 e	质量密度 ρ /(g·cm^{-3})	最大干密度 ρ_{dmax} /(g·cm^{-3})	比重 G_S	天然含水量 W/%	液限 W_L /%	塑限 W_P /%	塑性指数 I_P	液性指数 I_L
0.72	2.24	1.95	3.32	14.5	37.0	24.5	12.5	0.59

现今一般定义土的动强度为一定振动次数 N_f(一定时间)下使土体达到某一破坏标准所需的动应力幅值。因此，土的动强度与振动次数和破坏标准密切相关。破坏标准有孔隙水压力和变形两类[4]，孔隙水压力标准又有极限平衡标准 $U_d=U_{cr}$(U_{cr} 为临界孔隙水压力)和液化标准 $U_d=\sigma'_{3c}$两种变形标准，可根据实际工程设计的需要选用2.5%、5.0%或10.0%。由于在偏压固结试验中孔隙水压力有可能最终不能达到围压，所以本文采用变形破坏标准 $\varepsilon_d=5.0\%$等压固结($K_c=1$)时取双幅动应变；偏压固结($K_c\neq1$)时取残余变形和弹性变形之和，即峰值应变。

2 应变及孔隙水压力时程曲线

尾粉砂在不同固结应力比 K_c 和不同密度时典型的应力及孔隙水压力时程曲线分别见图 1~图 3。

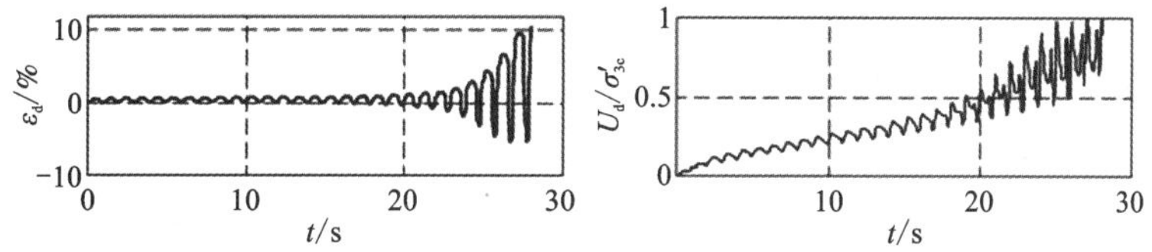

图 1 固结比 $K_c=1.0$ 时的 $\rho_d=1.923$ g/cm^3 尾粉砂的轴向应变 ε_d 和动孔压 U_d 的时程曲线

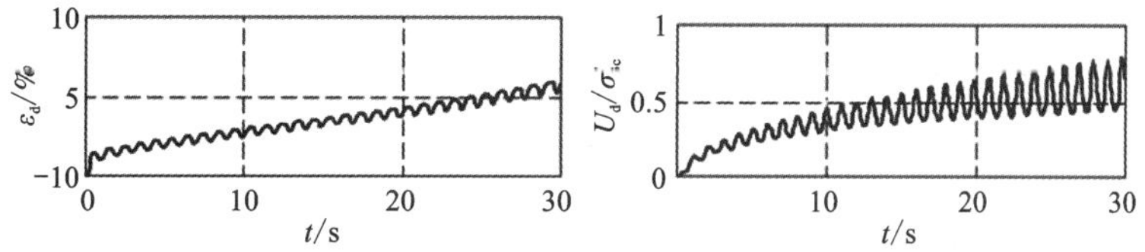

图 2 固结比 $K_c=1.5$ 时的 $\rho_d=1.923$ g/cm^3 尾粉砂的轴向应变 ε_d 和动孔压 U_d 的时程曲线

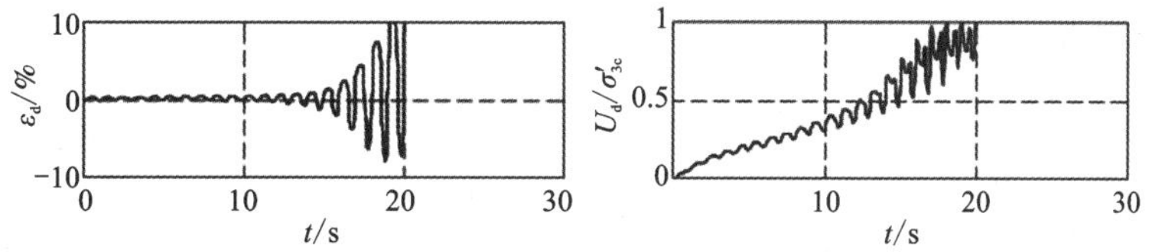

图 3 固结比 $K_c=1.0$ 时的 $\rho_d=1.864$ g/cm^3 尾粉砂的轴向应变 ε_d 和动孔压 U_d 的时程曲线

由图 1~图 3 及试验数据分析可知尾粉砂在循环荷载作用下，其应变及孔隙水压力有以下特点：

(1)$K_c=1.0$ 时，$\rho_d=1.923$ g/cm^3 的尾粉砂随着循环次数的增多，轴向应变以中心线为基准近似呈喇叭状展开，呈圆锥形。在加荷的前几周，孔隙水压力逐渐增加，增幅较稳定，此时轴向应变增长缓慢。在加荷的后几周，孔隙水压力急剧增加，最终可以达到围压值，此时应变发展迅速，很快达到破坏，孔隙水压力与应变几乎同时达到破坏标准。

(2)$K_c=1.5$ 时，$\rho_d=1.923$ g/cm^3 的尾粉砂随着循环次数的增多，轴向应变逐渐展开变形，且增幅较稳定，残余应变随加荷周数的增多而增大。在试验开始后，孔隙水压力增长快，然后增长速率减缓，并且逐步稳定下来，即使在轴向应变达到5%时，孔隙水压力亦只能达到有效围压的75%左右。

(3)$K_c=1.0$ 时，$\rho_d=1.864$ g/cm^3 尾粉砂的应变时程曲线与 $\rho_d=1.923$ g/cm^3 尾矿粉砂类似，随着循环

次数的增多，轴向应变以中心线为基准近似呈喇叭状展开，呈圆锥形。但两者的孔隙水压力时程曲线有一定的区别，在加荷的前几周，$\rho_d = 1.864\ g/cm^3$ 的尾粉砂孔隙水压力逐渐增加，但上升速率较 $\rho_d = 1.923\ g/cm^3$ 的尾粉砂快。在加荷的后几周，孔隙水压力急剧增加，且最终达到围压值，应变发展迅速。

由以上的试验结果可见，固结比和密度对于孔隙水压力的增长和应变的发展都具有显著的影响。

3 动强度试验结果及分析

动强度是指动荷载作用 N 周以后达到某一指定破坏应变或孔隙水压力上升至某个程度时的动应力幅值(或动剪应力)，通常绘成动剪应力比 $R_\sigma(R_\sigma=\tau_d/\sigma'_{3c})$ 与振次 lg N_f 关系曲线，即动抗剪强度曲线。其中：$\tau_d=\sigma_d/2$ 为试样 45°面上的动剪应力；σ_d 为轴向动应力幅；N_f 为达到某一破坏标准的振动周次[5]。影响土动强度的因素主要有土性、静应力状态和动应力三个方面。

动三轴试验确定的是等效的等幅荷载，而实际的地震荷载是随机荷载，使用等效破坏振次 N_f 将两种荷载联系起来，N_f 主要与地震震级有关。N=12、20 周对应于震级 7.0、7.5 的特征周次[6]。$\rho_d=1.864\ g/cm^3$ 和 $1.923\ g/cm^3$ 的尾粉砂在各特征周次达到破坏标准时的动剪应力比 R_σ 汇总结果见表 3。

表 3　尾矿砂特征振次时的动剪应力比 R_σ

$\rho_d/(g\cdot cm^{-3})$	K_c	σ'_{3c}					
		1.0	1.5	2.0	1.0	1.5	2.0
1.864	100 kPa	0.260	0.464	0.410	0.252	0.444	0.375
	200 kPa	0.275	0.427	0.377	0.269	0.398	0.350
	300 kPa	0.288	0.426	0.363	0.278	0.408	0.341
1.923	100 kPa	0.436	0.586	0.435	0.425	0.562	0.403
	200 kPa	0.392	0.507	0.432	0.382	0.485	0.417
	300 kPa	0.382	0.530	0.456	0.376	0.513	0.437

3.1 动应力 σ_d 对土动强度的影响

图 4 为 $\rho_d=1.864\ g/cm^3$ 的尾粉砂在围压为 100 kPa、固结应力比为 2.0 时的动应变 ε_d 和振次 lg N 曲线。

从图 4 可知，在同一围压和同一固结应力比及相同振次 N 时，试样的轴向动应变 ε_d 随着动应力 σ_d[或动剪应力比 $R_\sigma=\sigma_d/(2\sigma'_{3c})$]增大而增大，即施加的动荷载幅值越大，达到同一应变所需的振动次数愈少，固结应力比 K_c=1.0、1.5 时亦是如此。从图 4 中还可观察到，当动应力幅值足够大时，动应变的上升速度非常快，振动的前 2 周~4 周迅速达到 ε_d=2.5%变形，图中 3 条曲线呈明显上扬的趋势。对一些施加动应力 σ_d 较小的试样进行分析可以发现，若施加的动荷载过小，变形随振动次数的增加变化很小。由此可见动应力 σ_d(或动剪应力比对土的动强度有较大影响。)

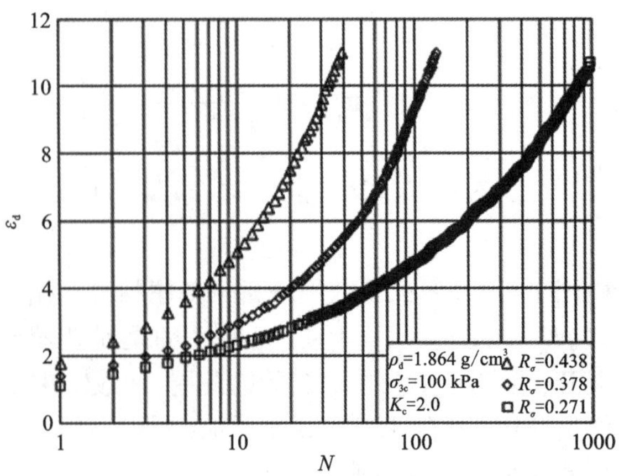

图 4　不同剪应力比时的动应变和振次关系曲线

3.2 固结围压 σ'_{3c} 对土动强度的影响

当循环周数一定时，固结围压愈大，产生破坏所需的动剪应力就越大；当固结围压一定时，动剪应力愈大，发生破坏所需的循环周数就越少。动剪力 τ_d 随固结围压的增大而增大，这一性质同静力剪切一样，固结压力愈大，抗剪强度愈高。图 5 和图 6 分别为 $K_c=1.0$、1.5 时，试样在不同围压 σ'_{3c} 下的动剪应力比 τ_d/σ'_{3c} 和振次 N_f 关系曲线。从两图中可以看出，在等压固结 $K_c=1.0$ 和偏压固结 $K_c=1.5$ 条件下，用 σ'_{3c} 来整理均不能归一化为一条曲线，τ_d/σ'_{3c} 与 N_f 关系曲线均随 σ'_{3c} 而变化，且无明显的规律。这可能是受细粒含量及其应力状态的影响。虽然 $\tau_d/\sigma'_{3c}-N_f$ 曲线不具有良好的归一性，但在振次 N_f 相同时，不同围压下的动剪应力比 R_σ 相差并不是很大。由表 3 中数据也可以看出，在同一固结应力比 K_c 时，固结围压对动剪应力比的影响均不超过 0.1，说明固结围压对动剪应力比影响不大。在对 $\rho_d=1.864\ g/cm^3$ 的尾粉砂（$K_c=2.0$）、$\rho_d=1.923\ g/cm^3$ 的尾粉砂和尾细砂进行分析时，得到了同样相似的规律。

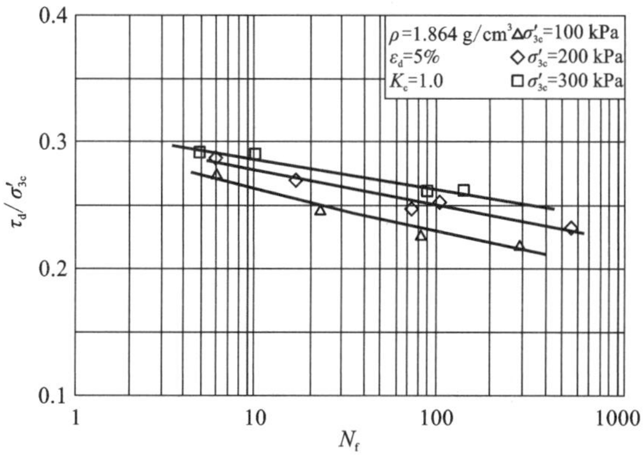

图 5 $K_c=1.0$，不同 σ'_{3c} 条件下动剪应力比和振次关系曲线

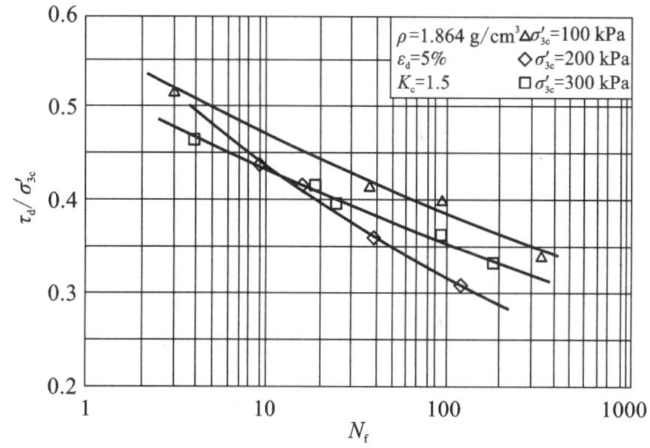

图 6 $K_c=1.5$，不同 σ'_{3c} 条件下动剪应力比和振次关系曲线

3.3 固结应力比 K_c 对土动强度的影响

初始剪应力（即固结应力比 K_c）对砂土的动强度和液化剪应力的影响至今没有完全明确的结论。有初始剪应力与无初始剪应力相比，动强度和液化剪应力可能增大，也可能减小，这与试样的密度、初始剪应力和周期剪应力的大小及规定的破坏应变值有关。初始剪应力的大小对饱和砂土液化或动强度的影响不是单一的增大或减小。较松散砂土先是随着 K_c 的增大而增大，而后又随着 K_c 的增大而减小，较密实砂土总是随着 K_c 的增大而增大，中等密实砂土则因所定的轴向应变而不同，可能增大也可能减小。

图 7 为 $\sigma'_{3c}=100$ kPa，不同 K_c 条件下，$\rho_d=1.864\ g/cm^3$ 的尾粉砂动剪应力比 τ_d/σ'_{3c} 和振次 N_f 关系曲线。由图 7 可知，动剪应力比 R_σ 并不随 K_c 单一的增大或减小。在相同振次 N_f 时，$K_c=1.5$ 时尾粉砂的抗液化强度要比 $K_c=1.0$、2.0 时大。由表 3 中的数据同样可以发现，在同一密度、同一固结围压条件下均显示出了 $K_c=1.5$ 时的 R_σ 大于 $K_c=1.0$、2.0 时的 R_σ。其中 $\rho_d=1.864\ g/cm^3$ 的尾粉砂在 $\sigma'_{3c}=100$ kPa 的条件下，$K_c=1.5$ 时的 R_σ 比 $K_c=1.0$ 时的 R_σ 超过 0.2。由此可见，K_c 对尾粉砂的抗液化强度影响很大，且抗液化强度并不随 K_c 单一的增大或减小。这可能是因为 $K_c=1.0$ 时初始剪应力为零，土粒骨架处于某种平衡状态。周期荷载作用使尾粉砂主应力方向发生 90°偏转，土粒骨架易于滑动，孔隙水压力较易升高。$K_c=1.5$ 时初始剪应力不为零，该剪应力使土粒骨架变形趋于更稳定状态，周期荷载作用也未必使主应力反向，变形速率和幅度都有所减小，孔隙水压力上升减慢，动剪应力比 R$_\sigma$ 增加。但 R_σ 不是随 K_c 增大而无限制地增加，$K_c=2.0$ 时，σ'_{1c} 与 σ'_{3c} 差值越大，静力固结时摩尔圆的直径越大，离摩尔-库仑强度包线的纵距离就越短，即使施加较小的周期性荷载也会很快地出现变形或破坏。

3.4 密度 ρ_d 对动强度的影响

图 8 为在相同固结围压 $\sigma'_{3c}=100$ kPa 条件下，不同固结应力比 K_c 时的动剪应力比 τ_d/σ'_{3c} 和振次 N_f 关系曲线。从图 8 可以看出，$\rho_d=1.923\ g/cm^3$ 的尾粉砂的抗液化强度远大于 $\rho_d=1.864\ g/cm^3$ 的尾粉砂的抗液化强度，由此可见，密度越大，动强度越大。由表 3 中的数据可以发现，当干密度 $\rho_d=1.864\ g/cm^3$ 提高到 $\rho_d=1.923\ g/cm^3$ 时，动剪应力比 R_σ 都有不同程度的提高。因此，提高尾矿砂的密实度能够很有效地增

强尾矿坝的抗震性能。

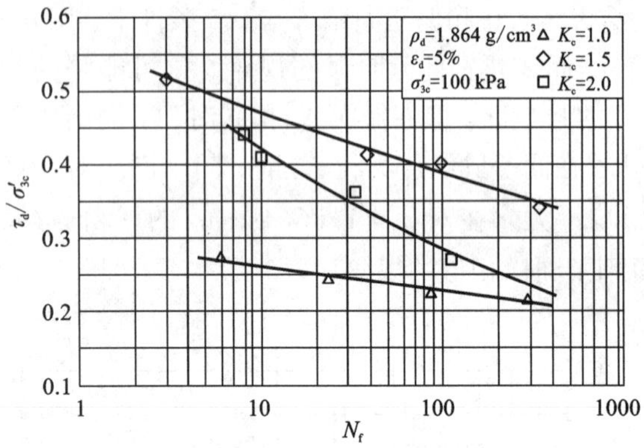

图 7　不同 K_c 条件下尾粉砂动剪应力比和振次关系曲线

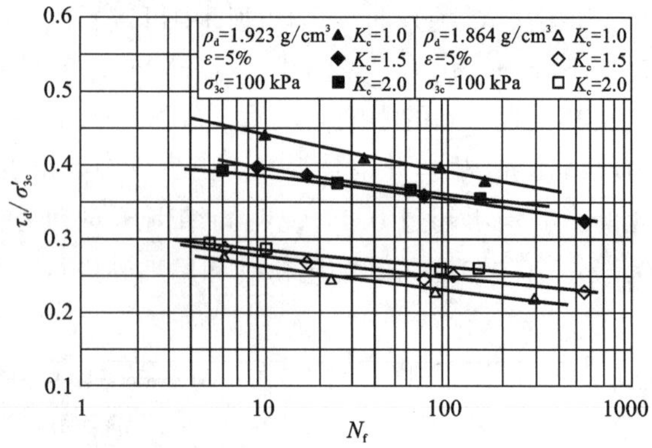

图 8　两种密度下不同 K_c 条件下尾粉砂动剪应力比和振次关系曲线

4　结论

通过对太和铁矿尾粉砂的动三轴液化试验结果进行分析，可以得到以下几点结论：

(1) 等压固结 $K_c = 1.0$ 时，尾粉砂随着循环次数的增多，轴向应变以中心线为基准近似呈喇叭状展开，呈圆锥形。但 $\rho_d = 1.864$ g/cm³ 的尾粉砂孔隙水压力上升速度比 $\rho_d = 1.923$ g/cm³ 的尾粉砂快。$K_c = 1.5$ 时，$\rho_d = 1.923$ g/cm³ 的尾粉砂随着循环次数的增多，轴向应变逐渐展开变形。即使在轴向应变达到 5%时，孔隙水压力也达不到有效围压，只能达到有效围压的 75%左右。

(2) 无论是等压还是偏压固结施加的动应力幅值对试样的轴向动应变 ε_d 影响都显著。动应力幅值足够大时动应变上升速率非常快；若施加一个较小的动荷载无论振动多少次变形都难以开展。

(3) 固结围压 σ'_{3c} 对动强度影响很大，固结压力愈大，抗剪强度愈高。但固结围压 σ'_{3c} 对动剪应力比 R_σ 影响不大。

(4) 固结应力比 K_c 对饱和砂土液化或动强度的影响很大，但不是单一的增大或减小。

(5) 密度对尾粉砂的动强度有较大影响，密度越大动强度越大。因此，可以通过提高尾矿砂的密实度来增大尾矿坝的振振性能。

参考文献

[1] 谢定义. 土动力学[M]. 西安：西安交通大学出版社，1988.

[2] 钱家欢，殷宗泽. 土工原理与计算[M]. 北京：中国水利水电出版社，1996.

[3] 刘颖，谢君斐. 土动力学[M]. 北京：地震出版社，1989.

[4] 黄永林. 南京砂的液化与判别[J]. 世界地震工程，2001(4)：69-74.

[5] 阮元成，郭新. 饱和尾矿料动力变形特性的试验研究[J]. 水利学报，2003(4)：24-29.

高速铁路粗粒土路基沉降特性试验研究

何　欢

中榕规划设计有限公司，湖南长沙，410000

摘要：为研究高速铁路粗粒土路基长期沉降特性，建立无砟轨道路基实尺模型，并用单点沉降计对其各个结构层的变形进行长期观测。分析结果表明粗粒土填料的流变变形对路基填筑完成后的沉降有重要贡献。根据试验得到的路基沉降特性，本文选用三维状态下的 Kelvin 模型构建相应的沉降预测函数，结果表明三维状态下的 Kelvin 模型的计算预测结果与实际情况吻合度高，为高速铁路路基沉降预测问题提供参考。

关键词：高速铁路；路基；模型试验；流变

我国积极有效地推进高速铁路的建设以满足国内客货运输需求的不断增长。为保障列车安全、高速、平稳舒适运行，减少养护维修工作量，高速铁路对路基工后沉降的控制较为严苛。德国规定在线路通车运营后，路基沉降量每年不应超过 2 mm，并且工后总沉降不应大于 10 mm。法国提出路基工后沉降应小于 20 mm，并且在高速列车运行之前，路基沉降应完全稳定。我国规范规定无砟轨道路基工后沉降应该符合扣件调整能力和线路竖曲线圆顺的要求，路基工后沉降值不能大于 15 mm[1]。但是扣件的调整能力非常有限，所以只有严格控制路基的工后沉降量才能保证无砟轨道的正常使用[2]。目前，控制路基变形和工后沉降作为一项重大课题，亟待攻克。

为节省高速铁路建造成本，在路基填筑过程中，一般就地取材，稍加改良后投入工程使用。我国铁路路基设计规范中规定粗粒土是指粒径在 0.075 mm 至 60 mm 之间的颗粒的含量大于 50%的土石混合料[3]。粗粒土在自然界中有广泛的分布，便于取用，并且具有诸多优良的工程性质，比如抗剪强度高、压实性好等，因而被广泛用于高速铁路路基的填筑[4]。然而，粗粒土的物理力学特性与工程特征较为复杂，与细粒土相比，其工程性质差异较大。目前，高速铁路路基工后沉降的研究大多以软土路基为研究对象[5-7]，而粗粒土填方路基沉降方面的研究相对比较匮乏，其沉降原因和变化规律还有待于进一步深入仔细地研究[8]。

本文依托室内无砟轨道路基模型，用单点沉降计对其进行长期观测，分析其沉降特性，提出并验证三维状态下的 Kelvin 模型的沉降预测法。

1　室内路基模型

参照京沪高铁无砟轨道路基设计本试验模型，为节省试验空间，在模型槽内填筑路基实尺模型。模型槽长×宽×高为 16 m×13 m×4 m。模型槽壁为厚度 1.5 m 的钢筋混凝土结构，槽壁下方设置有人工挖孔桩基础。路基总的厚度为 4.7 m，其中基床表层为 0.4 m，基床底层填筑高度 2.3 m，路基本体填筑高度为 2.0 m。基床表层顶面宽 6 m。路基两侧边坡按 1∶1.5 进行放坡。路基断面如图 1 所示。

改良后的填料的不均匀系数为 135，曲率系数为 0.87[9]。基床表层填料采用级配碎石，其不均匀系数为 31.3，曲率系数为 1.5。级配碎石和改良填料的级配曲线如图 2 所示。

采用分层填铺、碾压的方式进行路基填筑。每一层碾压完成后，及时用仪器跟踪检测填筑质量指标，判定是否满足要求。不合格者，重新进行碾压，直至合格。碾压后再次检测，确认合格后，方可进行后续工作。

沉降测试采用 JMDL-4710A 型单点沉降计，量程为 100 mm，精度为 0.3 mm，灵敏度为 0.01 mm。采用 JMZX-3001 型综合测试仪采集数据。单点沉降计布设在三个主要测试断面内，如图 3 所示。

何欢. 高速铁路粗粒土路基沉降特性试验研究[J]. 西南公路，2015(4)：77-81.

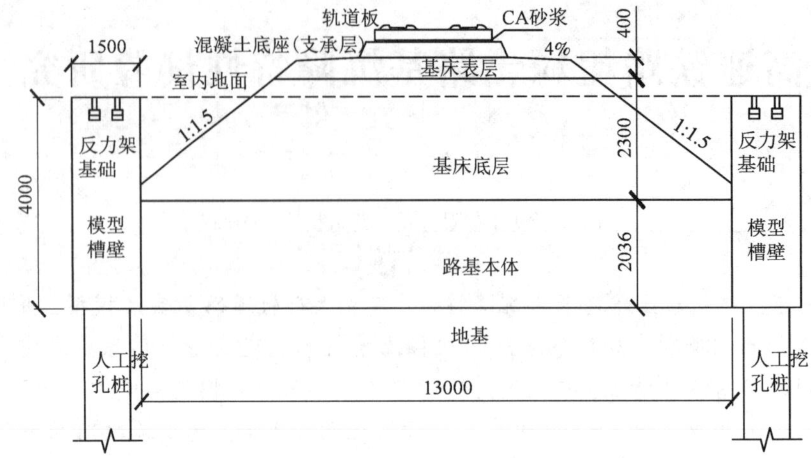

图 1　路基模型横断面图(单位：mm)

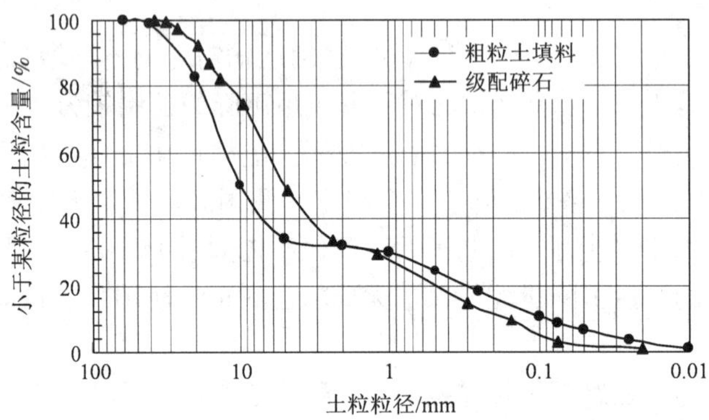

图 2　级配碎石和改良填料的级配曲线

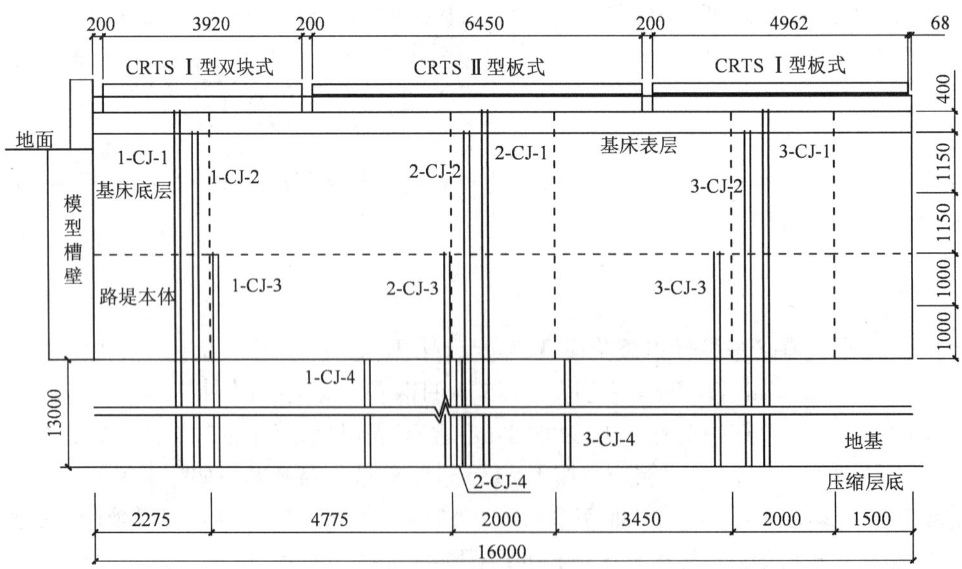

图 3　单点沉降计布置纵向剖面图(单位：mm)

2　沉降观测分析与处理

根据单点沉降计采集到的路基模型中沉降数据，绘制各单点沉降计在不同阶段的变形曲线，以及差值计算后得到的路基及各结构层的变形曲线，如图 4 所示。

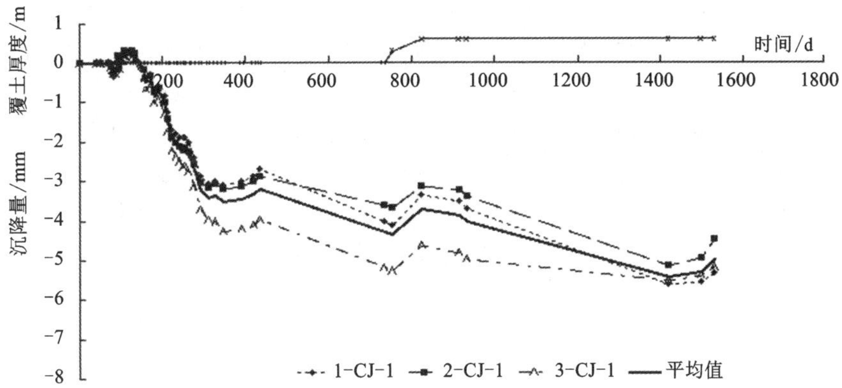

(a) 1号单点沉降计实测曲线

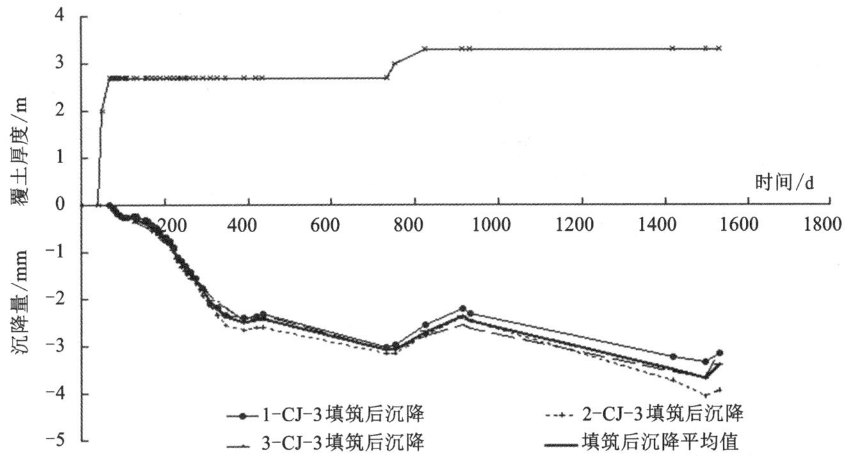

(b) 3号单点沉降计实测曲线

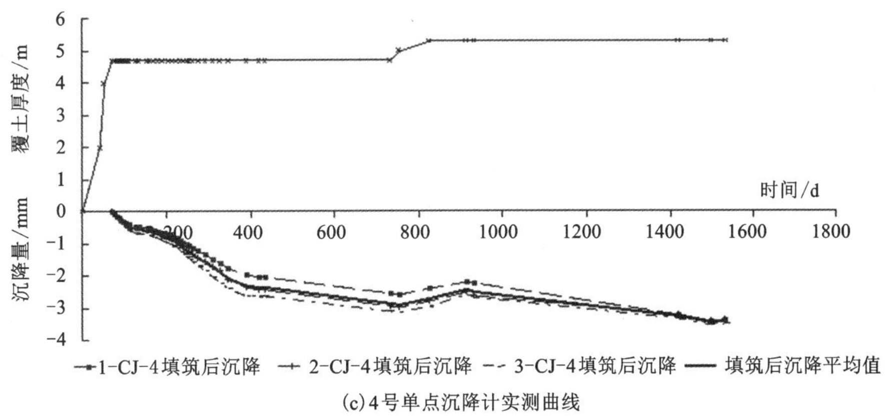

(c) 4号单点沉降计实测曲线

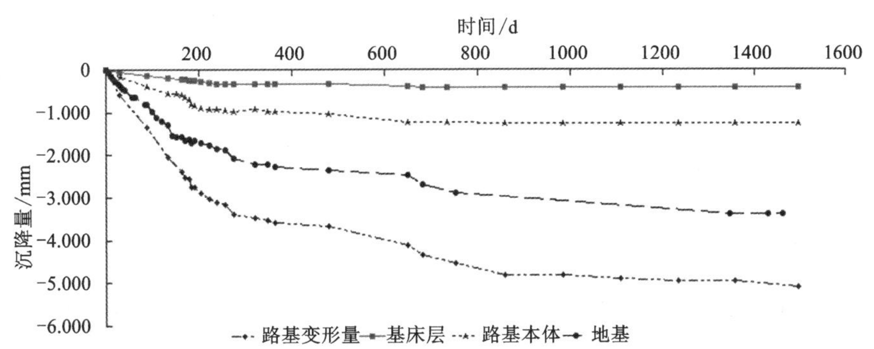

(d) 路基及其各个结构层变形曲线

图4

从图4中可以看出，随着时间的推移，不同位置的单点沉降计的数值总体呈现出增大的趋势，并逐步趋于稳定。相比之下，1号单点沉降计(基床表层处)在不同断面处采集到的数据差异偏大，可能是因为沉降计距离路基顶面较近，受到外界的干扰较为强烈。值得一提的是，位于地基上部的单点沉降计在观测至100~135 d、395~440 d、750~800 d附近均出现沉降回弹现象，而这三个时间段正好在冬季，因此沉降回弹现象很可能是因为测试仪器受到温度的影响而产生系统误差。

对各个单点沉降计收集到的数据进行分析，认为本路基模型沉降变形主要由三部分组成：瞬时压缩与固结变形、外力作用下沉降及流变沉降。进一步分析后发现填料的流变变形对路基工后沉降贡献较大，故本文重点研究路基各个结构层的流变变形。

3 路基沉降分析预测

在粗粒土填方路基的静置期，路基的主固结沉降能较快完成，所以路基沉降可认为是粗粒土流变所产生[10]。选择合理的流变本构模型对计算预测粗粒土流变变形很重要。路基结构在静置期间只受自重作用，蠕变应力小于屈服应力，所以路基填料流变按黏弹性流变考虑。黏弹性土质材料的土体可视为由一部分纯弹性质点和一部分纯黏性质点组成。几个比较典型的黏弹性性质的流变本构模型有麦克斯韦(Maxwell)模型、开尔文(Kelvin)模型、三参量模型(voigit模型)、伯格斯(Burgers)模型等。由实测数据可知，粗粒土填方路基流变呈现出衰减蠕变和稳定蠕变的特征。用Kelvin模型能较好地拟合实测数据。

Kelvin模型是由一个虎克弹簧和一个牛顿体并联而成。弹簧和黏滞体是并联，则由元件并联约定可得到以下关系式：$\sigma=\sigma_1+\sigma_2$；$\varepsilon=\varepsilon_1=\varepsilon_2$。

由上式可得Kelvin模型的一维本构方程为

$$\sigma = E\varepsilon + \eta\dot{\varepsilon} \tag{1}$$

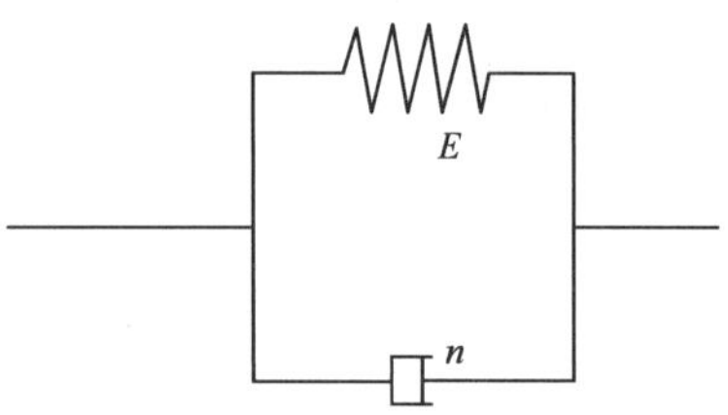

图5 开尔文模型

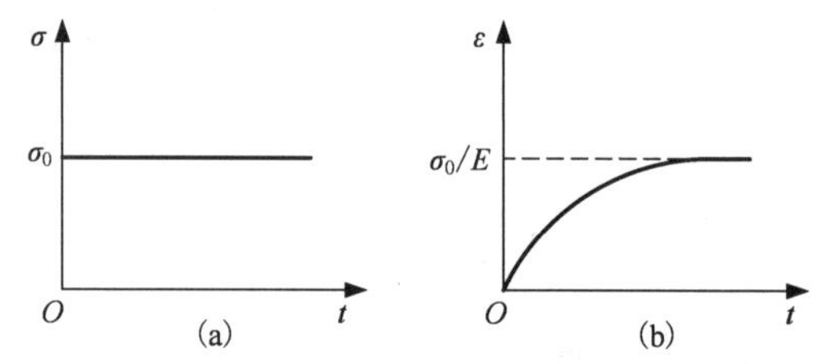

图6 开尔文模型应力与应变时程曲线

假设路基某结构层厚度为h，填筑材料均质单一，该结构层的流变变形可表示为：

$$s = \int_0^h \varepsilon(t)\mathrm{d}h = \int_0^h \frac{\sigma_0}{E}(1 - \mathrm{e}^{-\frac{E}{\eta}t})\mathrm{d}h = \frac{\sigma_1 h + 0.5\gamma h^2}{E}(1 - \mathrm{e}^{-\frac{E}{\eta}t}) \tag{2}$$

式中：σ_1为计算结构层表面应力，即上覆土自重应力，MPa；γ为结构层重度，kN/m^3；E为结构层弹性模量，MPa；η为结构层黏滞系数，MPa·d。

在工程实际中，路基土体处于三维应力状态，采用简化的一维应力状态的流变计算公式来确定路基各结构层及总体的沉降值的方法并不严密。为导出三维应力状态下的土体蠕变方程，采用以下的基本假定[11]：一是在静水应力作用下，土体的体积变形在受力的瞬时完成，并且不随时间的延续而变化；二是假定土体的流变主要是偏应力作用下土颗粒骨架的细微调整，泊松比保持不变。

由弹性理论可知，弹性本构关系的一维形式为$\sigma=E_0\varepsilon$，而三维张量形式为

$$\begin{aligned} S_{ij} &= 2G_0 \mathrm{e}_{ij} \\ \sigma_{ij} &= 3K\varepsilon_{ii} \end{aligned} \tag{3}$$

式中：S_{ij}、e_{ij}、σ_{ij}、ε_{ii}分别为应力偏量、应变偏量及应力-应变第一不变量的张量形式，即

$$S_{ij} = \sigma_{ij} - \sigma_{\mathrm{m}}\delta_{ij} = \begin{bmatrix} \sigma_x - \sigma_{\mathrm{m}} & \tau_{xy} & \tau_{xz} \\ \tau_{yx} & \sigma_y - \sigma_{\mathrm{m}} & \tau_{yz} \\ \tau_{zx} & \tau_{zy} & \sigma_z - \sigma_{\mathrm{m}} \end{bmatrix} \quad i,j = x,y,z$$

$$e_{ij}=\varepsilon_{ij}-\varepsilon_{m}\delta_{ij}=\begin{bmatrix}\varepsilon_x-\varepsilon_m & 0.5\gamma_{xy} & 0.5\gamma_{xz}\\ 0.5\gamma_{yx} & \varepsilon_y-\varepsilon_m & 0.5\gamma_{yz}\\ 0.5\gamma_{zx} & 0.5\gamma_{zy} & \varepsilon_z-\varepsilon_m\end{bmatrix}\quad i,j=x,y,z$$

$$\sigma_{ii}=\sigma_1+\sigma_2+\sigma_3=\sigma_x+\sigma_y+\sigma_z=3\sigma_m$$

$$\varepsilon_{ii}=\varepsilon_1+\varepsilon_2+\varepsilon_3=\varepsilon_x+\varepsilon_y+\varepsilon_z=3\varepsilon_m$$

式中：K 为体积模量，$K=\dfrac{E_0}{3(1-2\mu)}$；G_0 为剪切模量，$G_0=\dfrac{E_0}{2(1+\mu)}$。

在多维应力状态下，流变模型不容易用形象化的物理元件来表达，但是流变方程可以利用一维模型，采用数学力学理论，类比直接得出[12, 13]。将以下符号进行对调。$\sigma_{ij}\Leftrightarrow S_{ij}$，$\varepsilon_{ij}\Leftrightarrow \mathrm{e}_{ij}$，$E_i\Leftrightarrow 2G_i$，$\eta_i\Leftrightarrow 2H_i$，可得三维流变方程为

$$\mathrm{e}_{ij}=\frac{S_{ij}}{2G_i}\left[1-\exp\left(-\frac{2G_i}{2H_i}t\right)\right]\tag{4}$$

路基竖向应力为自重应力。高速铁路长度方向很长，可以视该方向没有变形，三维模型可以简化为平面应变问题。在宽度方向上，土层之间的摩擦力及土颗粒之间的黏聚力等与静止土压力相平衡，可以近似认为宽度方向没有变形。地基层可近似认为侧向受限，只有竖向的变形。所以 $\sigma_1=\sigma_0+\gamma h$，$\sigma_2=\sigma_3=k_0\sigma_1$，$k_0$ 为静止土压力系数。代入上式可得竖向应变的表达式为：

$$\varepsilon_{zz}=\mathrm{e}_{zz}+\frac{1}{3}\frac{\sigma_{\mathrm{I}}}{3K}=\frac{\sigma_{\mathrm{I}}}{9K}+\frac{\sigma_{\mathrm{II}}}{3G}\left[1-\exp\left(-\frac{G}{H}t\right)\right]\tag{5}$$

其中：$\sigma_{\mathrm{I}}=\sigma_1+2\sigma_3$；$\sigma_{\mathrm{II}}=\sigma_1-\sigma_3$，代入上式整理得：

$$\varepsilon(t)=\frac{(1+2k_0)G+3K(1-k_0)}{9KG}\sigma_1-\frac{(1-k_0)}{3G}\sigma_1\exp\left(-\frac{G}{H}t\right)\tag{6}$$

对式(6)积分，注意到 $\sigma_1=\sigma_0+\gamma h$，其中 σ_0 为地基层顶面处的应力，可得地基结构层蠕变变形的计算公式，如下：

$$S(t)=\left[\frac{(1+2k_0)G+3K(1-k_0)}{9KG}-\frac{(1-k_0)}{3G}\exp\left(-\frac{G}{H}t\right)\right]\cdot\left(\sigma_0h+\frac{1}{2}\gamma h^2\right)\tag{7}$$

对于基床层和路基本体而言，其宽度方向没有约束，可认为该方向主应力为零，所以 $\sigma_1=\sigma_0+\gamma h$，$\sigma_2=\mu\sigma_1$，$\sigma_3=0$，其余推导过程与地基层的一样，可得基床层和路基本体层的蠕变变形公式如下所示：

$$S(t)=\left[\frac{1+\mu}{9K}+\frac{2-\mu}{6G}+\frac{(\mu-2)}{6G}\exp\left(-\frac{G}{H}t\right)\right]\cdot\left(\sigma_0h+\frac{1}{2}\gamma h^2\right)\tag{8}$$

采用模式搜索与最小二乘法编程计算，结合沉降-时间数据，分析求得路基三维流变参数。最后得到三维应力状态下土体流变参数，如表 1 所示。

表 1　三维应力状态下路基变形预测模型参数

路基结构层	流变模型参数				
	G/MPa	H/(MPa · d)	K/MPa	R^2	最终沉降/mm
基床(表层与底层)	51.54	9249	151.6	0.97	-0.42
路基本体	35.81	7371	105.3	0.97	-1.28
地基	11.64	3189	85.4	0.97	-3.40

流变模型预测基床层、路基本体层和地基层的最终变形量分别为 0.42 mm、1.28 mm 和 3.40 mm，路基总的蠕变变形量为 5.10 mm。为验证流变计算模型在轨道路基模型中的适应性，将流变计算模型理论曲线与后续的测试曲线进行对比，结果如图 7 所示。

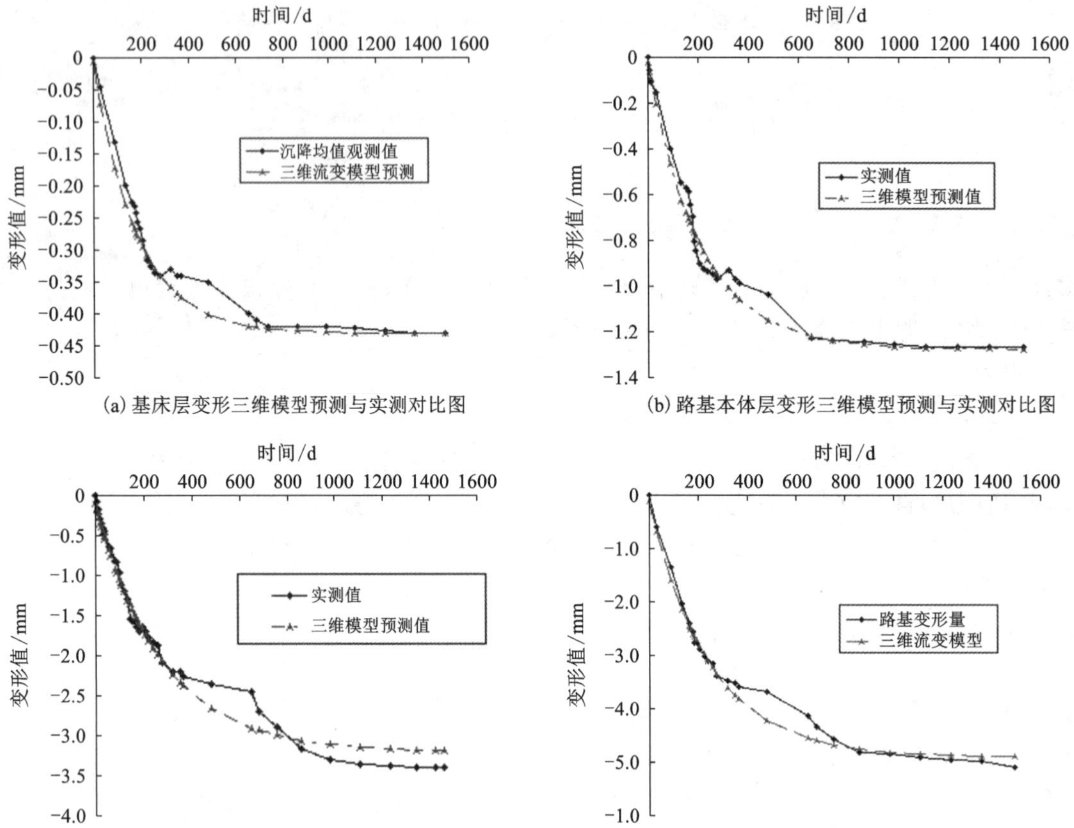

(a) 基床层变形三维模型预测与实测对比图

(b) 路基本体层变形三维模型预测与实测对比图

(c) 地基层变形三维模型预测与实测对比图

(d) 三维流变模型计算得到的路基变形与实测对比图

图 7

从图 7 中可知，路基各结构层的变形速率一开始比较大，然后逐渐减小，最后趋近于零。蠕变变形特性呈现出典型的衰减蠕变和稳定蠕变的特征。通过与实测的变形观测数据对比分析，可以看出三维应力状态开尔文流变模型计算得到的路基各结构层变形值更为可靠，数据拟合度在 0.97 以上。

流变模型在 $t=500$ d 附近时计算路基各个结构层的变形数值比实际数值偏大，原因可能是冬季低温导致单点沉降计工作性能受到影响，采集的数据出现一定的偏差。对于地基层，实测的变形值-时间曲线在 $t=700$ d 时出现明显的折点，这是因为混凝土支撑层的浇筑和轨道板的铺设所带来的附加应力打破了地基层蠕变基本稳定的状态。在新的工况下，地基层的蠕变变形有所增大，并在轨道板铺设一年后基本稳定。流变模型建模时没有考虑地基层附加应力的增加导致蠕变变形的进一步发展，所以后期变形计算值偏小。

分析图 7 可知，本文采取的三维应力状态下的流变模型对分析和预测路基变形是适用的，且计算得到的相关流变参数比较合理，能较好地反映路基模型填料的流变特性。

4 结论

(1)土体流变变形对路基的工后沉降有一定的贡献，在路基设计、施工、运营时，要考虑路基流变变形。

(2)为贴近实际情况，结合弹性理论和 Kelvin 模型，推导得到三维应力状态下粗粒土的流变变形计算模型，利用位移反分析得到相关参数。经过验证，三维 Kelvin 模型能很好地反映路基的变形规律，且计算值的精确度很高。

本文未考虑列车动荷载的反复作用所带来的路基损伤和累积变形，动静耦合作用下的路基沉降问题有待于进一步研究。

参考文献

[1] 中华人民共和国铁道部. 高速铁路设计规范(TB 10020—2009)[S]. 北京: 中国铁道部出版社, 2010.

[2] 陈善雄, 王星运, 许锡昌, 等. 铁路客运专线路基沉降预测的新方法[J]. 岩土力学, 2010, 31(2): 478-482+488.

[3] 中华人民共和国铁道部. 铁路路基设计规范(TB 10001—2005)[S]. 北京: 中国铁道部出版社, 2005.

[4] 胡奇凡. 高速铁路路基填料改良试验研究[D]. 长沙: 中南大学, 2011.

[5] 王伟, 卢廷浩, 王晓妮. 软土路基线性加载沉降曲线的研究[J]. 岩土力学, 2006, 27(5): 791-794.

[6] 赵明华, 刘煜, 曹文贵. 软土路基沉降变权重组合 S 型曲线预测方法研究[J]. 岩土力学, 2005, 26(9): 1443-1447.

[7] 居俊, 刘志彬. 约束型变权重组合预测软土路基沉降量[J]. 施工技术, 2010, 39(z): 315-317.

[8] 王启云, 张家生, 孟飞. 高速铁路粗粒土路基沉降特征及预测研究[J]. 铁道标准设计, 2014, 58(8): 12-17.

[9] 石熊, 张家生, 孟飞, 等. 改良粗粒土填料大型三轴试验[J]. 中南大学学报(自然科学版), 2015, 46(2): 645-652.

[10] Das B M. Advanced soil mechanics. New York: Mcgraw-Hill Book Company, 1983.

[11] 孙钧. 岩土材料流变及其工程应用[M]. 北京: 中国建筑工业出版社, 1999.

[12] 徐进, 张家生, 赵同顺, 等. 软弱路基土体三轴蠕变试验及蠕变模型研究[J]. 中南大学学报(自然科学版), 2011, 42(10): 3136-3142.

[13] 王宏贵, 魏丽敏, 赫晓光. 根据长期单向压缩试验结果确定三维流变模型参数[J]. 岩土工程学报, 2006, 28(5): 669-673.

Effect of ultrasonic power and casting speed on solidification structure of 7050 aluminum alloy ingot in ultrasonic field

ZHANG Lihua[1, 2], YU Jun[1, 2], ZHANG Xiaoming[1, 2]

1. Key Laboratory of Modern Complex Equipment Design and Extreme Manufacturing, Ministry of Education, Central South University, Changsha 410083, China
2. School of Mechanical and Electrical Engineering, Central South University, Changsha 410083, China

Abstract: With the experiment and finite element simulation, the influences of power ultrasonic on the solidification structure of 7050 aluminum alloy ingot in semi-continuous casting were researched, and the effects of casting speed on solidification structure in ultrasonic field were also analyzed. The experiment and simulation results show that the solidification structure of the ingot is homogeneously distributed, and its grain size is obviously refined at ultrasonic power of 240 W. The average grain sizes, which can be seen from the Leica microscope, are less than 100 μm. When the casting speed is 45-50 mm/min, the best grain refinement is obtained.

Keywords: 7050 aluminum alloy; Ultrasonic power; Casting speed; Semi-continuous casting; Solidification structure

1 Introduction

The high-alloy aluminum alloy 7050 is a light structural material that is widely used in aviation manufacturing. With the high-speed development of modern aeronautics and astronautics, many researchers in the world attach great importance to the preparing methods of high-alloy aluminum alloy. The process of casting is widely used in the preparation of aluminum products. Direct chill is a prevailing semi-continuous casting method in the production of aluminum alloy ingots[1-6]. The difficulties in the casting process of high-strength aluminum alloy are as follows: due to the spatial scale effects and non-uniform casting environment, the temperature field and melt flow field of the solidification region are unevenly distributed; the internal stress in large ingot is out of limit and the solidification structure distributes very irregularly in the space. The situation is more serious for the production of high-alloy aluminum ingot. The development of an advanced melting and casting technology for smelting homogeneous and flawless high-quality ingot is a prerequisite to produce large-scale and high-performance components. How to get homogeneous and fine grains, and how to suppress the initiation and growth of crack through the regulation of ultrasonic field in the casting process are always concerned by the scholars at home and abroad.

ESKIN[7-8], and PAN et al[9] began to study the fine-grained ultrasonic technology from the 20th century. Many experimental researches were also done by domestic scholars, such as LI and MOMONO[10], ZHAO and MU[11], and LI et al[12]. The results show that, the microstructure and mechanical properties of castings can be improved by the ultrasonic cavitation effect[13-14]. In order to suppress the cracking tendency of the large-scale and high-alloy aluminum ingot in the process of semi-continuous casting, the solidification process can be controlled by the imposition of ultrasonic field, and a reasonable technological regulation is expected[15]. After that, the grain size is refined, the segregation is reduced, and the initiation and growth of the crack are inhibited and prevented. In this

ZHANG Lihua, YU Jun, ZHANG Xiaoming. Effect of ultrasonic power and casting speed on solidification structure of 7050 aluminum alloy ingot in ultrasonic field[J]. Journal of Central South University of Technology, 2010, 17(3): 431-436.

work, the influences of casting parameters, such as ultrasonic power and casting speed, on the solidification structure of 7050 aluminum alloy ingot in semi-continuous casting were investigated.

2 Experimental

2.1 Schemes

After melting the high-purity aluminum, the middle alloy with a certain proportion was added one by one. The 7050 aluminum alloy was configured when it was melted. The ultrasonic generator was composed of a piezoelectric ceramic transducer (PZT), a ladder-shaped horn and a titanium instrument stroke. Its work-end diameter was 50 mm. The experimental ultrasonic power was 2 kW (adjustable) and its frequency was 20 kHz. The diameter of aluminum alloy ingot was 300 mm. The casting length was 2 m. The thermocouple was placed at 75 mm away from the edge of the mold in order to test the change of melt temperature. The initial melt depth was set up to 150 mm. The ultrasonic device was put on the top of the mold. The insertion depth of ultrasonic horn was 20 mm. The constant flow calorimetry method was used to calibrate the actual output power of the ultrasonic vibration, and the result was 240 W. Fig. 1 shows the schematic diagram of experiment apparatus.

At the beginning of the experiment, the thermocouple was used to test the pouring temperature in launder and melt temperature in crystallizer. The results were 680 and 660 ℃, respectively. The ultrasonic vibration was added into the melt after the ingot length reached about 350 mm. The casting speed was changed in the rest part of the experiment. Four 20 mm-thick cross-sections were chosen from d300 mm round ingot: one from the non-ultrasonic effect part, the other three from the ultrasonic effect part, by which the casting speeds were 40, 45 and 50 mm/min, respectively. Two small pieces were selected from the middle and edge parts from each separately cross-section to grind, do chemical polishing and corrosion. Leica microscope was used to observe its solidification microstructure.

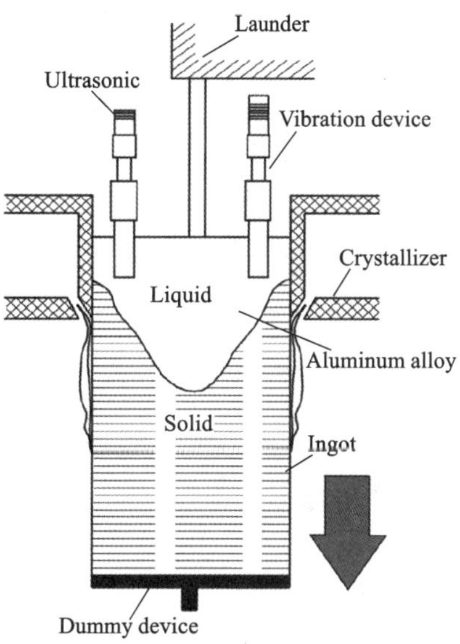

Fig. 1 Schematic diagram of experiment apparatus

2.2 Materials

ICP-AES method was used to detect the components of the experimental materials. The chemical composition is shown in Table 1. The components of alloy are accorded with the requirements of 7050 aluminum alloy.

Table 1 Chemical composition of 7050 aluminum alloy (mass fraction, %)

Zn	Cu	Mg	Fe	Cr
6.00	2.15	2.30	0.10	0.04
Mn	Si	Zr	Ti	Al
0.10	0.03	0.11	0.03	Bal.

2.3 Results and discussion

The effect of ultrasonic vibration on the solidification microstructures of round ingot is shown in Fig. 2. In the ultrasonic effect area, the impact of casting speed on solidification microstructures is shown in Fig. 3.

The internal and external microstructures of the round ingot are smaller under the effect of ultrasonic compared with the non-ultrasonic vibration part. The distributions of microstructures of the round ingot are more homogeneous

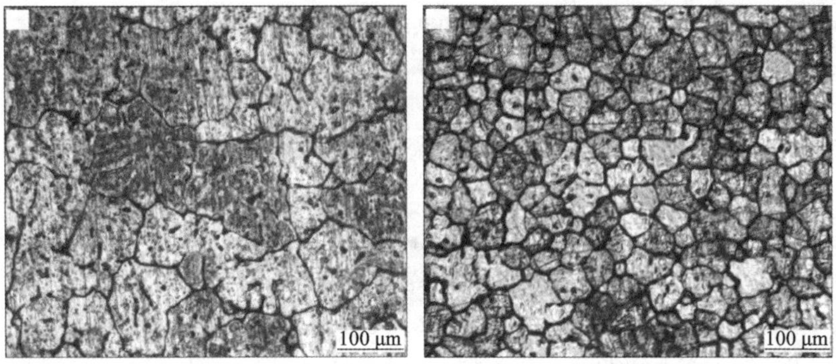

(a) $P = 0$ W (b) $P = 240$ W

Fig. 2 Solidification microstructures of *d*300 mm round ingot at different ultrasonic powers

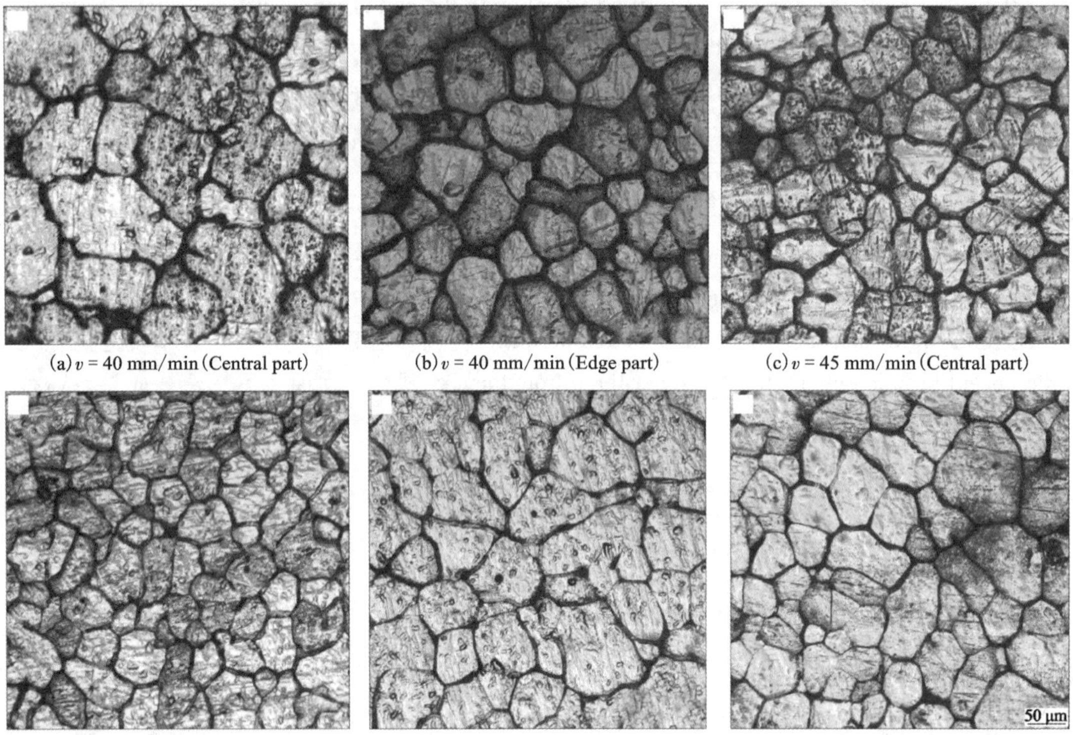

(a) $v = 40$ mm/min (Central part) (b) $v = 40$ mm/min (Edge part) (c) $v = 45$ mm/min (Central part)

(d) $v = 45$ mm/min (Edge part) (e) $v = 50$ mm/min (Central part) (f) $v = 50$ mm/min (Edge part)

Fig. 3 Solidification microstructures at ultrasonic power of 240 W and different casting speeds

(as shown in Figs. 2 and 3) and the average grain size is less than 100 μm. The grain refinement effect of ultrasonic power on the microstructures is indicated in the experimental results. The reason is probably that the dendritic crystals are broken by the ultrasonic cavitations. On the one hand, the fragmentation can effectively inhibit the formation of coarse grains; on the other hand, a large number of small broken dendritic crystals, which are produced by the fragmentation, become the new nuclei. As a result, the nucleation rate is improved and more small grains are formed. At the same time, the small broken dendrites spread to all parts of the cast ingot with the help of ultrasonic stirring. The nucleation of the ingot is promoted, and then more homogeneous microstructures are formed.

As can be seen from Table 2, with the increase of casting speed, the grain sizes of central ingot become smaller and those of the edge parts get larger. This phenomenon may be influenced by the liquid cave shape and the effect scope of ultrasonic field. As a result, with the increase in casting speed, the liquid cave becomes deeper and the liquid-solid interface will come down. Then the broken dendrites, which are produced by the ultrasonic cavitations, are away from the high-temperature melt (the sprue gate is located at the upper middle of the casting mold). The re-melting is prevented, which is propitious to the preservation of broken dendrites and the enhancement of nucleation. It is worth noticing that, as the effect scope of ultrasonic field in melt is limited, if the casting speed is too fast, the corresponding effect time by ultrasonic will be shortened. As a result, the effect of melt mixing is insufficient and the substantive nucleation and effective diffuse in the middle of the ingot are unable to form. This may lead to great difference in solidification structure between the central and edge parts of the ingot, even affect the grain refinement.

Table 2 Average grain sizes of ingot at different casting speeds

Casting speed/($mm \cdot min^{-1}$)	Average grain size of ingot centre/μm	Average grain size of ingot edge/μm
40	98	76
45	79	80
50	72	88

3 Simulation

3.1 Simulation parameters

As the symmetry of the model structure was taken into consideration in the model building, the simulation model was chosen from a quarter of the ingot and mould. The diameter of mould was 300 mm, and the height was 200 mm. The initial melt height was 100 mm. The melt surface was 20 mm under the top of the mold, and the upper surface of the dummy head was 80 mm above the bottom of the mold. The pouring temperature was set to 680 ℃. The first cooling water intensity was 500 W/($m^2 \cdot K$), and the second one was 2 kW/($m^2 \cdot K$). The casting speeds were 40, 45, 50 and 55 mm/min, respectively.

Some parameters of the 7050 aluminum alloy were: its Poisson ratio was 0.33; liquidus temperature was 635 ℃ and solidus temperature was 524 ℃. The remaining boundary conditions were set by the Mile algorithm, which was chosen from the semi-continuous casting module in software ProCAST. After putting the composition of alloy into the software, the thermal physical parameters of 7050 aluminum alloy were calculated from the thermodynamic database. Two of them are shown in Figs. 4 and 5. It can be seen that the enthalpy of 7050 aluminum alloy increased with increasing temperature, but the thermal conductivity decreased when the temperature was 450-650 ℃ and increased at other temperatures. The change of enthalpy was used to dispose the release process of the solidification latent heat in the simulation process.

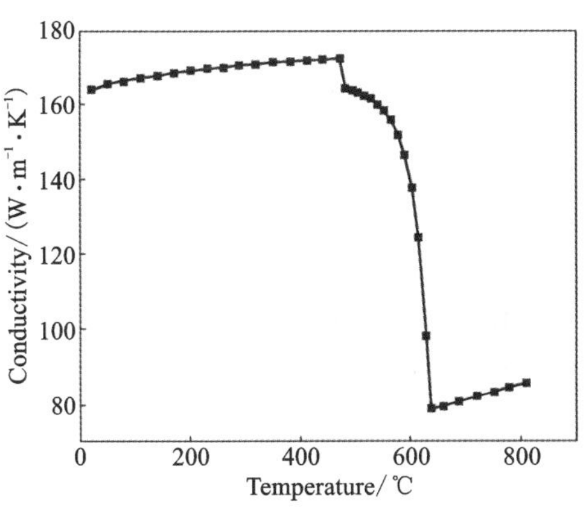

Fig. 4 Thermal conductivity of 7050 aluminum alloy

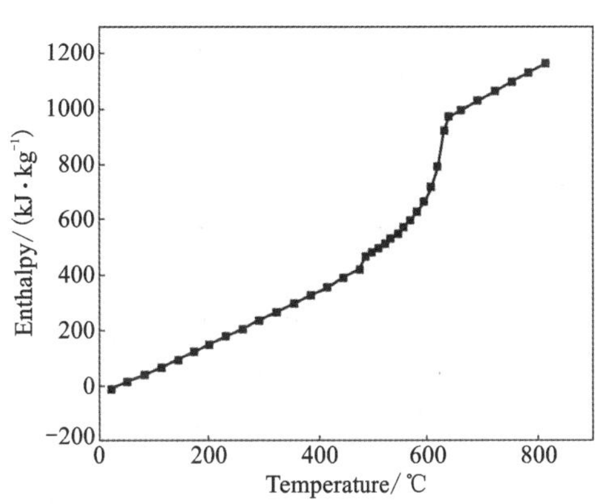

Fig. 5 Enthalpy of 7050 aluminum alloy

3.2 Simulation finite element theory

As the actual effect of ultrasonic cavitation on the solidification structure is hard to simulate at present, the following assumptions and treatments were used in the simulation process: (1) all of the cross-sections in the liquid cave area were affected by the ultrasonic, and the attenuation effect did not exist; (2) the ultrasonic power was included in the cavitation threshold of ultrasonic in the aluminum alloy melt; (3) the impact of grain refiner on the ingot structure was neglected; and (4) the stirring action of acoustic streaming on the aluminum alloy melt was ignored. The simulation research of solidification structures under ultrasonic field was implemented by modifying the nucleation distribution parameters in ProCAST. As shown in Fig. 6, the calculation model of grain density was used to calculate the grain structure feature in the solidification process, and the Gaussian continuous nucleation model founded by Rappaz was taken as the grain nucleation model.

The nucleation density of grain at a certain undercooling was calculated by[16]:

$$n(\Delta T) = \int_0^{\Delta T} \frac{n_{max}}{\sqrt{2\pi}\Delta T_\sigma} \exp\left[-\frac{(\Delta T - \Delta T_n)^2}{2\Delta T_\sigma^2}\right] d(\Delta T) \tag{1}$$

where ΔT is the nucleation undercooling; n is the grain density; n_{max} is the initial nucleation parameter of primary dendrite phase, namely the maximum nucleation density of Gaussian distribution; ΔT_σ is the secondary nucleation parameter of primary dendrite phase, namely the standard deviation of Gaussian distribution; ΔT_n is the third nucleation parameter of primary dendrite phase, namely the average undercooling of Gaussian distribution. Eq. (2) can be obtained from Eq. (1):

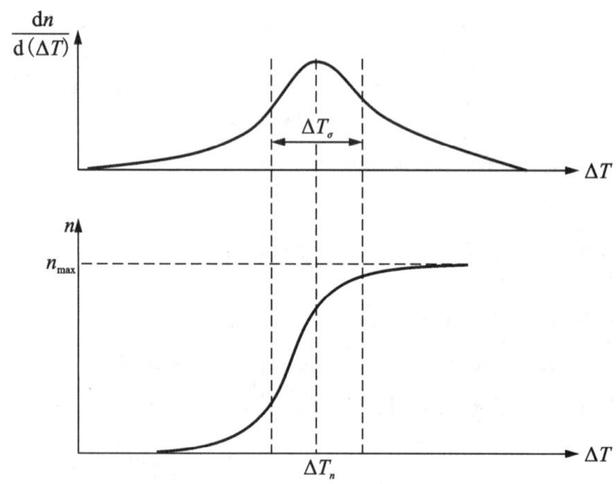

Fig. 6 Distribution of nucleation parameters

$$\ln(\Delta n) - \ln[\Delta(\Delta T)] = \ln n_{max} - \ln\sqrt{2\pi} - \ln(\Delta T_\sigma) - \frac{(\Delta T - \Delta T_n)^2}{2\Delta T_\sigma^2} \tag{2}$$

The nucleation distribution parameters of aluminum alloy were obtained from the parameter database of ProCAST, and the nucleation density of different nucleation undercooling in ultrasonic field was measured in the experiment, as shown in Table 3.

Table 3 Grain density of 7050 aluminum alloy at different nucleation undercooling

Ultrasonic power/W	ΔT/K	n/mm^{-3}
135	3	0.1
170	6	30
200	12	110
240	15	240

An equation was obtained after putting the data in Table 3 into Eq. (2). As shown in Table 4, the nucleation distribution parameters ΔT_n, n_{max} and ΔT_σ of the aluminum alloy, which were formed in the ultrasonic field, were calculated after Eq. (2) was solved.

Table 4 Nucleation parameters of 7050 aluminum alloy

Ultrasonic power/W	n_{max}/cm^{-2}	$\Delta T_{\sigma}/K$	$\Delta T_{n}/K$
0	500	2	10
240	51600	2	6

3.3 Simulation results and analysis

The simulation results show that, under the effect of power ultrasonic of 240 W, the inside and outside ingot microstructures become more homogeneous. The microstructure distribution of the ingot is shown in Fig. 7.

As can be seen from Fig. 8, the average grain sizes of the ingot are between 800 and 1700 μm in the absence of ultrasonic. But the average sizes are between 80 and 115 μm under the effect of power ultrasonic of 240 W. From the middle to the edge of the ingot, the grain size decreases. The sizes at the edge of the ingot are the smallest. This is because the nucleation of a melt is mainly affected by the supercooling degree. As the attenuation of ultrasonic field in the melt is neglected, the actual undercooling is more effective and the grain size is the smallest in edge part of the melt.

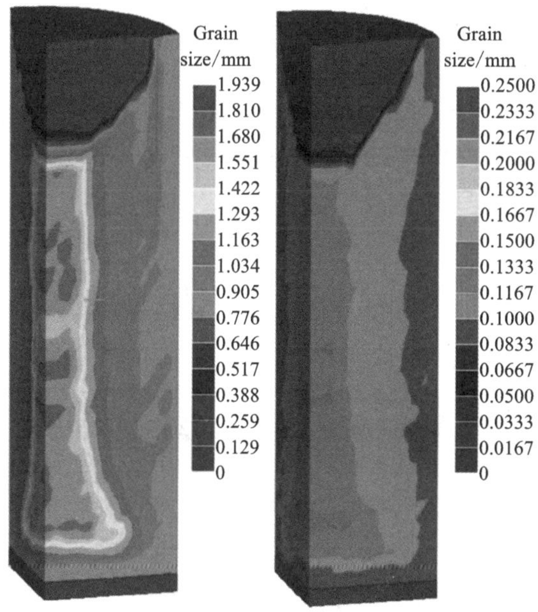

(a) 0 W (b) 240 W

Fig. 7 Microstructure distribution of ingot at different ultrasonic powers

The effect of casting speed in ultrasonic field on the grain size distribution of the ingot is shown in Fig. 9. From Fig. 9, it can be seen that when the casting speed is 45-50 mm/min (at this point the depth of liquid cave is about 192 mm), the grain sizes in central part of the ingot are much smaller. But when the speed is too slow (about 40 mm/min), the central ingot sizes are much larger. In the experimental part, the grain sizes in the central part are also smaller than those in the edge part when the casting speed is 45-50 mm/min (Table 2). This is influenced by the liquid cave shape and the affecting scope of ultrasonic field. The simulation results are basically consistent with the experimental results, showing the credibility of the simulation data.

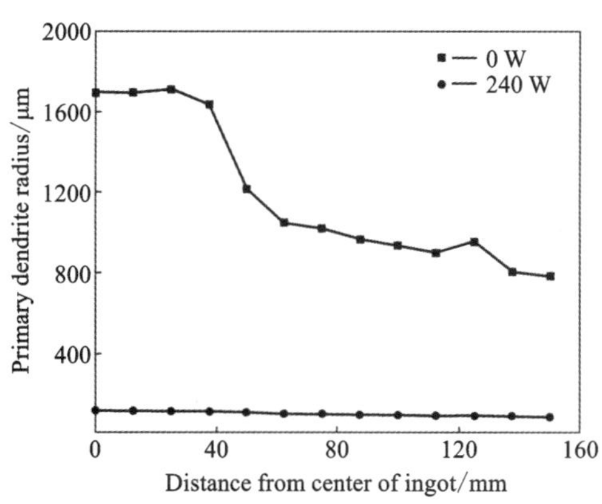

Fig. 8 Effect of ultrasonic power on ingot grain refinement

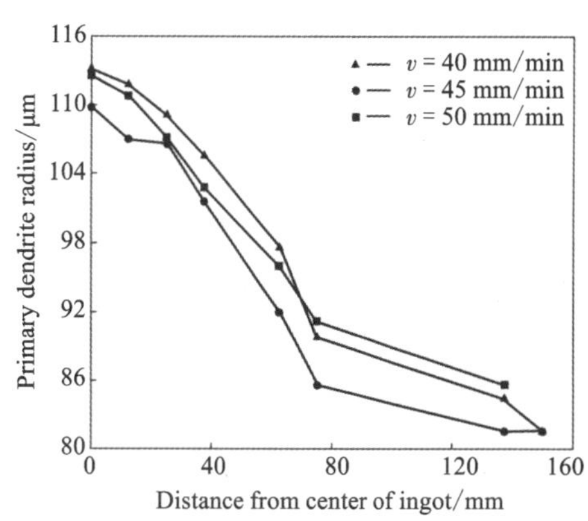

Fig. 9 Effect of casting speed on grain sizes in ultrasonic field

4 Conclusions

(1) The experimental results show that, the solidification structure of 7050 aluminum alloy melt is obviously refined and its distribution is more homogeneous after adding the ultrasonic field in the process of semi-continuous casting. The average grain sizes are less than 100 μm by the imposition of ultrasonic field.

(2) By setting the impact of effective undercooling on the nucleation rate in ultrasonic field, the effect of ultrasonic on the solidification structure of the ingot is approximately simulated. With the comparison of the simulation and experiment results, the average grain size difference is less than 5 μm. So the simulation results are creditable.

(3) The change of casting speed in ultrasonic field has a great influence on the homogeneity of the solidification structure. The experiment and simulation results prove that when the casting speed is 45-50 mm/min, that is, when the liquid cave depth is about 192 mm, the ultrasonic grain refinement is the best and the ingot solidification structure is the most uniform.

References

[1] ZHANG L, SHEN H F, RONG Y M, et al. Numerical simulation on solidification and thermal stress of continuous casting billet in mold based on meshless methods[J]. Materials Science and Engineering A, 2007, 466(1/2): 71-78.

[2] LE Q C, GUO S J, ZHAO Z H, et al. Numerical simulation of electromagnetic DC casting of magnesium alloys[J]. Journal of Materials Processing Technology, 2007, 183(2/3): 194-201.

[3] ZHANG H T, NAGAUMIB H, YUBO Z, et al. Coupled modeling of electromagnetic field, fluid flow, heat transfer and solidification during low frequency electromagnetic casting of 7XXX aluminum alloys: Part Ⅰ. Development of a mathematical model and comparison with experimental results[J]. Materials Science and Engineering A, 2007, 448(1/2): 189-203.

[4] ZHANG H T, NAGAUMIB H, CUI J Z. Coupled modeling of electromagnetic field, fluid flow, heat transfer and solidification during low frequency electromagnetic casting of 7XXX aluminum alloys: Part Ⅱ. The effects of electromagnetic parameters on casting processes[J]. Materials Science and Engineering A, 2007, 448(1/2): 177-188.

[5] VERTNIKA R, ZALOZNIKB M, SARLER B. Solution of transient direct-chill aluminum billet casting problem with simultaneous material and interphase moving boundaries by a meshless method[J]. Engineering Analysis with Boundary Elements, 2006, 30(10): 847-855.

[6] DU Q, ESKIN D G, KATGERMAN L. The effect of ramping casting speed and casting temperature on temperature distribution and melt flow patterns in the sump of a DC cast billet[J]. Materials Science and Engineering A, 2005, 413/414: 144-150.

[7] ESKIN G I. Ultrasonic treatment of molten aluminum[M]. Moscow: Metallurgiya, 1985: 1-10.

[8] ESKIN G I. Ultrasonic treatment of light alloy melts[M]. Amsterdam: Gordon & Breach, 1998: 1-5.

[9] PAN J, YOSHIDA M, SASAKI G. Ultrasonic insert casting of aluminum alloy[J]. Scripta Materialia, 2000, 43(2): 155-159.

[10] LI J W, MOMONO T. Effect of starting temperature of ultrasonic application on the structure of Al-Cu alloy ingots[J]. Foundry Technology, 2004, 25(4): 248-251.

[11] ZHAO Z X, MU G H. Effect of ultrasonic on the structure and properties of casting alloy[J]. Foundry, 1996, 18(3): 21-25. (in Chinese)

[12] LI Y L, LI B M, LIU Y T, et al. Effects of high-intensity ultrasonic on structures and properties of Al-Si alloys[J]. The Chinese Journal of Nonferrous Metals, 1999, 9(4): 719-722. (in Chinese)

[13] LI J W, MOMONO T, FU Y, et al. Effect of ultrasonic stirring on temperature distribution and grain refinement in Al-1.65%Si alloy melt[J]. Transactions of Nonferrous Metals Society of China, 2007, 17(4): 691-697.

[14] GAO X P, LI X T, QIE X W, et al. Effect of ultrasonic field on the structures and mechanical properties of horizontal

continuous casting ingots of Al-1%Si alloy[J]. Acta Metallurgica Sinica, 2007, 43(1): 17-22. (in Chinese)

[15] HU S C, MA W C, DU L. Thermal contact conductance at continuous roll-casting interface[J]. Journal of Central South University of Technology, 2007, 14(3): 374-379.

[16] RAPPAZ M, GANDIN C A. Probabilistic modeling of microstructure formation in solidification processes[J]. Acta Metall, 1993, 41(2): 345-360.

尾矿料的力学性试验研究

谢　欣，张家生，刘聪聪

中南大学土木建筑学院，湖南长沙，410075

摘要：对湖北的金山店铁矿的尾矿料进行了力学性试验研究，并对其结果进行了详细分析和讨论，得出了提高堆坝稳定的有效途径是改善尾矿坝的排水条件的结论。

关键词：尾矿料；压缩性；渗透；剪切强度

尾矿是矿山的废料，由于尾矿坝建造方法的不同，尾矿或沉积在尾矿库里、或作为坝体的一部分。我国现今尾矿坝的地基大部分是位于水下的尾矿料，由于许多坝的排水系统不完善，尾矿料基本上处于饱和状态且比较疏松。由于尾矿料的颗粒组成、矿物成分等因素的影响，饱和尾矿料具有结构不稳定性，和天然土料相比，其物理、力学特性都有显著差异，用尾矿料充填的地基土层天然地基少黏性土层完全不同。试验研究了饱和尾矿料的压缩性和抗剪强度。

1　试验方法

实验所选用的锡冶山尾矿库中的尾矿料由粉砂、粉土和粉黏（尾粉质黏土）三类尾矿组成，其粒径偏小，级配良好，连续级配分布均匀，抗震液化性能较好。

1.1　尾矿料的压缩性试验

尾矿压缩变形是在中压固结仪上进行检测的。将试样装入固结仪中施加垂直压力分别为 50 kPa、100 kPa、200 kPa、300 kPa 和 400 kPa，每级荷载稳定后才能施加下级荷载，稳定标准为每小时的变形量<0.01 mm。该方法的试样侧限只有在垂直方向上发生压缩变形，是一种一维的变形情况。但在实际工程中只有当受荷面积很大、受压土层相对受荷面积很薄时，才是相当的。

1.2　尾矿料的渗透性

渗透试验采用变水头试验方法。渗透系数 K_{20} 表示标准温度为 20 ℃时的渗透系数，因为在达西定理中，渗透系数受水的密度和动力黏滞系数的影响。当土力学在通常的温度和压力范围内，水的密度变化很小，可以看作常数，而温度对水黏滞性的影响，可通过修正为标准值予以消除。

2　试验结果及分析

2.1　尾矿料压缩性试验结果及分析

试验研究了尾矿料在 0~400 kPa 压力下的压缩系数和模量，同时提供各级压力下的孔隙比。试验结果见表 1；并绘制了如图 1 所示的各类尾矿土的综合压缩曲线图。

表 1　固结压缩变形试验结果

土类名称	各级荷载(MPa)下的孔隙比 e						压缩系数	压缩模量
	0	50	100	200	300	400	α_{v1-2}/MPa	E_{s1-2}/MPa
尾粉砂	0.852	0.783	0.771	0.753	0.741	0.732	0.175	12.0
尾粉土	0.884	0.796	0.779	0.758	0.744	0.732	0.217	10.3
尾粉黏	1.059	0.971	0.936	0.884	0.847	0.816	0.521	4.2

注：尾粉黏为尾粉质黏土的简称。

谢欣，张家生，刘聪聪. 尾矿料的力学性试验研究[J]. 矿业工程，2006，4(5)：61-62.

由试验结果可知：①尾粉砂、尾粉土和尾粉黏的压缩系数 α_{v1-2} 由小到大，压缩模量 E_{s1-2} 由大到小；②按照《建筑地基基础设计规范》(GB 50007—2011)规定的 α_{v1-2} 评价土的压缩性，尾粉砂和尾粉土都属于中压缩性土，尾粉黏属于高压缩性土。

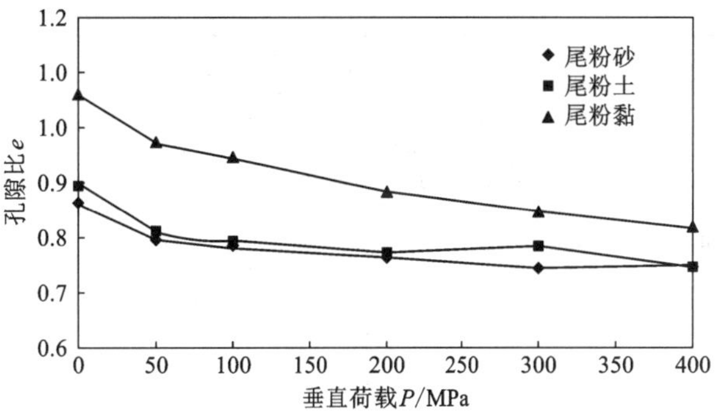

图 1　各类尾矿土的综合压缩曲线图

从图 1 可知：①尾粉黏压缩曲线比尾粉砂和尾粉土要陡一些，其压缩系数要大一些，说明其压缩性随矿料变细而增大；随着固结压力增大，e-P 曲线变缓，说明在堆积坝后期，在上覆堆积尾矿的自重下，若排水畅通，则变形稳定，颗粒越粗，固结系数越大，且稳定越快；②尾粉砂和尾粉土的综合压缩曲线基本重合，说明变形特性基本相同。

2.2　尾矿料渗透性试验结果及分析

由于试验所选用的尾矿料为砂类土，在试样饱和和渗透过程中，渗透水流带动试样中部分黏土颗粒流动沉积在试样表层，其黏土颗粒的多少与黏粒含量、孔隙中流道大小、水头差有关，因此测得的渗透系数比实际偏小。

试验结果如表 2 所示，从表 2 中可以看出：①尾粉料的渗透系数相差比较大，量级为 10^{-7} ~ 10^{-3}，这主要是尾粉土与尾粉黏的互层多，受细颗粒的影响所致；②由于尾矿库的夹层多而薄，尤其是锡矿山尾矿库放矿无规律、地点不固定、矿浆漫布干滩、薄层有时只有几毫米厚，故所测得的渗透系数与实际的有一定差别。

表 2　渗透性试验结果

土类名称	尾粉砂	尾粉土	尾粉黏
渗透系数	1.20×10^{-3}	1.70×10^{-5}	6.80×10^{-7}

2.3　尾矿料抗剪性试验结果及分析

试验研究了直剪和三轴两种情况下尾矿料的抗剪性能(直剪试验仪器 Ø = 6.18，三轴试验仪器 Ø = 3.91)，试验结果如表 3 所示。由此可知：

直剪试验的内摩擦角比三轴剪切的都要大一些，原因是直剪试验不能控制剪切过程中的排水，虽然剪切速度比较快，但对于砂性土排水的速度也比较快。

尾粉砂和尾粉土的固结排水剪切的内摩擦角基本相同，但尾粉土有 24 kPa 的凝聚力。由于直剪试验不能严格控制排水条件，而尾矿料的排水较快，故快剪强度值略低于固结快剪强度值。

尾粉黏直剪试验的快剪和三轴试验的 uu 试验强度指标基本相等，直剪试验的固结快剪和三轴试验的 cu 试验的强度指标基本相等。

尾矿泥虽然颗粒细、密度小、含水量高、排水性能较差，但经排水固结后仍有一定有效强度。因此，尾矿坝关键是设法改善堆坝的排水条件，降低浸润线，以利坝坡稳定。

表 3　抗剪强度试验结果

土类名称	直剪试验				三轴试验					
	快剪		固结快剪		不固结不排水		固结不排水		固结排水	
	C_q	φ_q	C_{cq}	φ_{cq}	C_{uu}	φ_{uu}	C_{cu}	φ_{cu}	C_{cd}	φ_{cd}
尾粉砂	20	33.1	13	35.1	31	24.7	0	31.6	2	34.1
尾粉土	13	31.0	21	32.2	3	26.9	16	28.9	24	34.0

续表3

土类名称	直剪试验				三轴试验					
	快剪		固结快剪		不固结不排水		固结不排水		固结排水	
	C_q	φ_q	C_{cq}	φ_{cq}	C_{uu}	φ_{uu}	C_{cu}	φ_{cu}	C_{cd}	φ_{cd}
尾粉黏	20	12.2	27	18.7	18	13.1	46	17.4	22	28.4

注：黏聚力(C)的单位为 kPa；类摩擦角(φ)的单位为(°)。

3 结语

(1)尾矿料压缩性随矿粒由粗变细，逐渐由低压缩性过渡到中、高压缩性，其固结速率也明显降低。三轴 C_{cu} 剪有效强度与 C_{cd} 基本一致，在 26°~35°之间，强度较高，凝聚力较低。尾矿泥虽然颗粒较细，但排水固结后的有效强度仍有 26.9°，因此改善堆坝积水条件是提高边坡稳定的有效途径。

(2)在所试验压力范围内，尾矿料的渗透系数在(1×10^{-7}~1×10^{-3}) cm/s 之间变化，颗粒越细，孔隙比越小，其渗透系数越小，破坏比降越大。

(3)尾矿料~lg K 有良好的线性关系，因此就尾矿料而言，采用西田建议的公式计算渗透系数与实测值吻合较好。

参考文献

[1] 黄文熙.土的工程性质[M].北京：水利电力出版社，1983.

[2] 华东水利学院土力学教研室.土工原理与计算：上册[M].北京：水利电力出版社，1982.

[3] 保华富，张光科，龚涛.尾矿料试验研究[J].四川联合大学学报，1999.

生石灰改良过湿土的试验研究

刘聪聪[1]，张家生[1,2]

1. 中南大学土木工程学院，湖南长沙，410075
2. 中南大学教育部重载铁路工程结构重点实验室，湖南长沙，410075

摘要： 通过界限含水量试验、击实试验、掺生石灰后含水量损失试验研究了不同的石灰掺入量对石灰土的液限、塑限、最大干密度 ρ_{dmax}、最优含水量 ω_{op} 及掺生石灰后含水量损失的影响，并确定了该过湿土改良中石灰的最佳掺入量。

关键词： 过湿土；石灰土；界限含水量试验；击实试验

过湿土含水量高，承载力低，稳定性差，容易变形。施工时常出现“弹簧”现象，无法压实；竣工后，在行车荷载作用下，极易导致路基路面沉陷、变形、失稳等。按现行路基设计施工规范，过湿土无法满足施工要求(含水量大于最佳含水量5%以上)，往往只能做弃方处理[1]。

文中通过界限含水量试验、重型击实试验、掺生石灰后含水量损失试验研究了不同石灰配比的石灰土液限、塑限、最大干密度、最优含水量及掺生石灰后含水量损失的变化规律，并确定了该路基填料改良中石灰的最佳掺入量。

1　试验原料和试验方法

1.1　试验原料

(1)土样。通过颗粒分析试验(比重计法)得到该土为灰色含砂低液限粉土，其主要物理力学指标见表1。由表1可见，该土为含水量高的过湿土，需经改良处理后方可作为路堤的填料。

表1　土的物理力学指标

含水量 ω/%	液限 ω_l/%	塑限 ω_p/%	塑性指标 I_p/%	最佳含水率 ω_{op}/%	最大干密度 ρ_{dmax}/(g·cm^{-3})
26.0	39.6	23.8	15.8	15.9	1.810

(2)石灰。通过石灰化学分析(简易测定法)得到其有效CaO和MgO含量为71.8%(超过50%)，属Ⅲ级灰。

1.2　界限含水量试验

(1)石灰与风干土的质量比分别为4%、6%、8%、10%、12%。

(2)试验方案：风干土、石灰分别过孔径为0.5 mm的筛，按以上配比搅拌均匀，然后按《公路土工试验规程》(JTJ 051—1993)的规定，利用液塑限联合测定仪，测定土的液限、塑限。

1.3　击实试验

(1)击实类型为重型击实。

(2)试验方案：风干土按4%、6%、8%、10%、12%配比分别掺入石灰，先将干土和生石灰拌匀，再加水拌和，使试样充分浸润，然后击实。

1.4　掺灰后含水量损失

为了测试生石灰对过湿土的减水效果，按原状土含水量(26%)制备土样，在密闭的塑料袋内焖料6 h~

刘聪聪，张家生. 生石灰改良过湿土的试验研究[J]. 山西建筑，2006，32(19)：145-146.

8 h，往各份土样中按4%、6%、8%、10%、12%配比分别掺入石灰并拌匀，敞口让其充分反应，最后测其含水量[2]。

2 试验结果

2.1 界限含水率试验

液塑限联合测定仪测定不同石灰掺量的石灰土的液限、塑限，试验结果见表2。

表2 界限含水率试验

石灰掺量 α/%	液限 ω_l/%	塑限 ω_p/%	塑性指标 I_p/%
0	39.6	23.8	15.8
4	47.5	29.5	18.0
6	48.0	26.0	22.0
8	46.0	31.5	14.5
10	48.0	27.0	21.0
12	47.5	28.0	19.5

2.2 击实试验

击实试验按《公路土工试验规程》(JTJ 051—93)进行，试验结果见表3。

表3 击实试验结果

石灰掺量 α/%	最佳含水率 ω_{op}/%	最大干密度 ρ_{dmax}/(g·cm^{-3})
0	15.9	1.810
4	17.0	1.799
6	17.6	1.786
8	18.0	1.768
10	18.5	1.723
12	18.9	1.708

2.3 掺石灰后含水量损失试验结果

掺石灰后含水量损失试验结果见表4。

表4 掺石灰后含水量损失试验结果

石灰掺量 α/%	0	4	6	8	10	12
掺灰后的含水量/%	26.0	23.0	21.7	20.5	19.3	18.1

3 试验结果分析

(1)从表2中可以看出，石灰掺入量在0%~12%变化时，液限为39.6%~47.5%，塑限为23.8%~28.0%。其中当掺灰量为8%时，塑限变化最大，塑性指数 I_p 最小。

(2)从表3中可以看出，过湿土中掺入石灰后，最大干密度降低，而最佳含水量升高；随着石灰掺量的增大，最大干密度逐渐降低，最佳含水量逐渐升高。

(3)从表4中可以看出，过湿土中掺入生石灰后，含水量降低；随着石灰掺量的增大，含水量逐渐降低。石灰掺量每增加2%，含水量降低1.2%左右。

(4)通过掺灰后的含水量和击实的最佳含水量比较，掺灰后的含水量和该掺入量的石灰土击实的最佳含水量差距在2%以内为可选的石灰掺入量。根据经济合理原则，确定了改良该过湿土的最佳石灰配比为9%。

过湿土中掺入生石灰，其含水量降低主要有以下几个方面的原因[1]：

(1)生石灰掺入土中后，直接使土中的干料增加，从而使土中的含水量降低。

(2)生石灰掺入过湿土中后，生石灰中的有效钙(CaO)与土中的水分发生化学反应生成氢氧化钙，反应过程中固体成分增加，水分减少。

(3)生石灰掺入土中后，过湿土水分蒸发引起水分减少。这种水分蒸发产生于两方面的作用：一是拌和、焖料过程中水分的自然蒸发；二是生石灰化学反应过程中释放出大量热量，加速水分蒸发，这种蒸发对过湿土含水量的减少影响更大。为了研究土工格栅的刚度、层数对CTSG力学响应的影响规律，便于材料选型，本文采用离散元模拟了不同刚度及层数土工格栅加筋试件的三点抗弯试验，分析了土工格栅对CTSG抗剪强度的增强机理及变形破坏机制。

4 结语

通过对生石灰改良过湿土的试验研究，得出如下结论：

(1)生石灰的掺入能有效改善过湿土的物理力学性质，使其满足路基填料的要求；针对潮湿地区土壤天然含水量高、稠度低、难以压实的特点，采用生石灰粉处理是比较合适的。

(2)生石灰加入土中后，石灰土的最大干密度降低，最佳含水量升高，击实曲线明显变得平缓，可使石灰土在一个较宽的含水量范围内达到要求的压实度，从而有利于施工中控制含水量。

(3)过湿土掺入生石灰后，塑限、最优含水量显著增加，说明在同样的含水量条件下，掺石灰土较未掺石灰土更容易从塑性状态进入半固结状态，易于压实，从而达到施工中控制的压实度。

(4)在施工现场，水分蒸发要受到空气、温度、阳光、风力、湿度以及施工现场所处的地理位置等的影响，这些影响又是随时变化的，要准确估计水分蒸发程度是非常困难或不现实的[4]。受限于实验室的试验条件，掺灰后的含水量损失与温度、湿度等因素的关系有待进一步研究与探讨。

参考文献

[1] 文飞国.过湿土处治技术研究[D].西安：长安大学，2004：1-2.

[2] 申红平，张奎鸿，熊安华.采用外掺剂处理上海地区过湿土路基的应用研究[C]//沪杭高速公路(上海段)学术论文集.

[3] 文飞国.过湿土处治技术研究[D].西安：长安大学，2004：25-27.

[4] 李俊，叶国弘.生石灰粉处理过湿土的掺量计算[J].华东公路，2002(4)：80-81.

辽西花岗岩水-岩耦合力学特性试验研究

张树光，刘佳琦，陈培培，孙　闯，王友涛

辽宁工程技术大学土木与交通学院，辽宁阜新，123000

摘要：为了研究水-岩耦合作用对辽西花岗岩力学性质的影响，采用 MTS-815 岩石力学试验系统，通过对花岗岩试样施加不同的围压和孔隙水压力，对其变形破坏过程进行试验研究，分析水-岩耦合作用下辽西花岗岩的有效峰值强度、扩容现象、残余强度、峰后强度及其参数的演化规律。研究结果表明，有效峰值强度折减系数随孔隙水压力增大近似呈线性增长，但变化斜率随着围压增大而逐渐减小。在围压较小时孔隙水压对有效强度折减系数有明显的影响，在围压较大而孔隙水压较小时，施加应力压缩孔隙喉道抑制了孔隙水压对试样的作用。扩容起点是致密岩体水-岩耦合作用增强的特征点，围压使得试样的扩容起点发生滞后，而孔隙水压力使得扩容起点提前发生，扩容现象与水-岩耦合作用相互促进。水-岩耦合作用下试样的残余强度为对应状态峰值强度的 21%~35%，Hoek-Brown 常数随着围压的增大呈非线性增长，其值为 3.5~5.0。峰后段试样的似内摩擦角变化不大，似黏聚力随着应变软化参数的增加有逐渐减小的趋势，而相同应变软化参数对应的似黏聚力则随着孔隙水压力的增大而减小，且似黏聚力、孔隙水压和应变软化参数间的关系可用 3 次样条曲面描述。

关键词：岩石力学；力学特性；水-岩耦合；力学特性；试验研究

1　引言

深部地下工程岩体普遍受到高地应力、地下水和扰动等多重作用，使其工程力学性质更加复杂多样。水-岩耦合是水和岩石(或岩体)在外界环境中发生化学、力学等作用的过程，由于水-岩耦合问题涉及物质形态、化学成分和力学特性，水-岩耦合作用过程也变得相当复杂，考虑水-岩耦合作用对复杂岩石工程的影响也是基本问题。

自 Terzaghi[1] 提出土体的有效应力原理以来，岩石水-岩耦合作用过程中有效应力问题的研究也逐渐深入；Biot[2] 通过引入修正系数(Biot 系数)对 Terzaghi 提出的有效应力原理进行了修正；在此基础上，卢应发等[3] 利用水压力卸载对孔隙介质材料力学特性影响较小的特点，提出了以水压力卸载试验确定各向异性 Biot 系数理论和试验方法及相应力学参数的观点。岩石变形过程中的渗透性与变形破坏形式密切相关[4]，Xiao 等[5-7] 研究了裂隙岩体的应力-渗流耦合作用，采用等效多孔介质模型研究了裂隙岩体水-岩耦合问题。

在地下工程中，由于砂岩具有良好的渗透性和空隙率，其水-岩耦合问题的研究相对较多。李佳伟等[8] 对砂板岩岩体力学特性的高空隙水压效应进行了试验研究得到了砂板岩岩体力学特性的高空隙水压力效应，建立了主要力学参数预测模型；Schulze 等[9] 研究了砂岩在发生扩容之前和发生扩容变形之后 2 个阶段的强度和变形特性，并以损伤理论解释了岩石扩容前后的力学特性；刘新荣等[10] 研究了受库水循环浸泡作用后砂岩的强度减弱规律。

对于低渗透和低孔隙率的花岗岩而言，水-岩耦合作用的影响也得到了广泛关注。郤保平等[11] 建立热力耦合作用下花岗岩流变模型，推导出可描述高温条件下花岗岩的流变本构方程；申林方等[12] 通过开展单裂隙花岗岩在恒定三轴应力及化学溶液渗透压作用下的试验，研究了单裂隙岩石在应力-渗流-化学耦合环境下的综合响应机制；张志镇等[13] 对不同高温下花岗岩的力学性质进行了研究，分析了 2 种情况下单轴抗压强度、弹性模量、纵波波速、剪切滑移应变等性质随温度的变化规律。

在探究水-岩耦合作用对岩体物理力学性质的影响方面，刘建军和刘先贵[14] 研究了有效应力对低渗透

张树光，刘佳琦，陈培培，等. 辽西花岗岩水-岩耦合力学特性试验研究[J]. 岩石力学与工程学报，2015，34(3)：520-527.

多孔介质孔隙度、渗透率的影响；Yuan 和 Harrison[15]以单位体积岩体为研究对象，研究了岩石力学特性及水力学特性与围压的关系，建立了水-岩耦合作用下，岩石的部分力学特性弱化的力学模型；贺玉龙和杨立中[16]研究了温度和有效应力对砂岩渗透率的影响机制；李根等[17]系统论述了水-岩耦合变形破坏过程的分析模型和数值计算阐述了有限单元法处理裂纹的思路；白国良等[18]基于 Biot 固结理论建立了等效连续介质水-岩耦合数学模型并进行了数值模拟分析。

目前，水-岩耦合作用下岩体工程力学性质的研究主要集中在砂岩和软弱岩体，针对花岗岩在热力耦合作用下花岗岩流变模型、应力-渗流-化学耦合作用、高温条件下的力学性质等方面的研究已经开展，但在三峡水闸边坡的坝基、深部矿井围岩、高放废物处治等工程中，受到深部高地应力和高渗透水压的作用，花岗岩的物理渗透性和水-岩耦合作用不再被忽略。本文通过对花岗岩试样施加不同的围压和孔隙水压力，研究了水-岩耦合作用下花岗岩的有效峰值强度、扩容现象、残余强度、峰后强度和参数等力学特性的变化规律。

2　花岗岩岩样的基本物理力学性质

阜盘高速公路海棠山隧道所在地区为低山丘陵地貌，山势陡峭为深埋隧道，穿越岩层有地下水分布。在隧道开挖过程中，选取含水区段整体性好的大块砰石，在实验室采用岩芯提取器钻取直径为 50 mm 的圆柱状岩芯，再采用岩石切片机和岩石磨平机加工成高 100 mm 的岩石试样。试样岩性为花岗片麻岩，外观呈花白色、无明显层理，无肉眼可见的微裂隙和层理(见图 1)。通过对采集的试样进行基本物理力学性质测试得到，其单轴抗压强度为 84.59 MPa、平均密度为 2.946 g/cm^3、平均孔隙率为 3.874%、平均吸水率为 0.686%，渗透率试验结果见表 1。

图 1　花岗岩试样

表 1　花岗岩试样渗透率试验结果

试件两端孔压差/MPa	压力水头/m	渗透率/(10^{-6} cm^2)	渗透系数/(10^{-10} cm·s^{-1})
0.5	51.08	1.079	2.391
4.5	459.70	3.290	2.994
7.5	766.17	5.471	4.179

在无孔隙水压条件下，分别施加 10 MPa、20 MPa、30 MPa 和 40 MPa 的围压，采用 MTS-815 岩石力学试验系统进行了花岗岩试样的三轴压缩试验，获得的三轴压缩压缩试验结果见图 2。

从试验结果来看，花岗岩试样结构致密，在未加载状态下渗透性的初始值均较小，岩体的强度较高，峰前段和峰后段的变形发展规律基本一致，且围压对峰值强度作用明显。

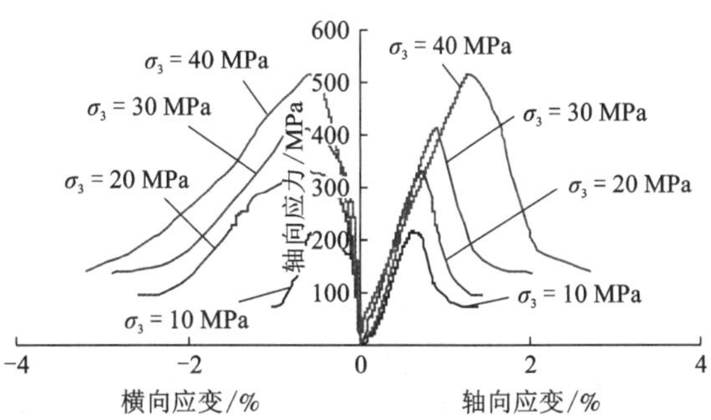

图 2　花岗岩试样的三轴压缩曲线

3　水-岩耦合三轴压缩试验

为了研究试样在不同围压和孔隙压作用下的力学特性，进行了水-岩耦合状态下花岗岩试样的三轴压缩试验，采用的围压分别为 10 MPa、20 MPa、30 MPa 和 40 MPa。当围压为 10 MPa 时，施加的孔隙水压力为 2.5 MPa、4.5 MPa、7.0 MPa 和 9.0 MPa，得到的应力-应变曲线见图 3(a)；其他围压条件下施加的孔隙水压力为 4.5 MPa、9.0 MPa、14.0 MPa 和 19.0 MPa，得到的应力-应变曲线见图 3(b)～(d)。

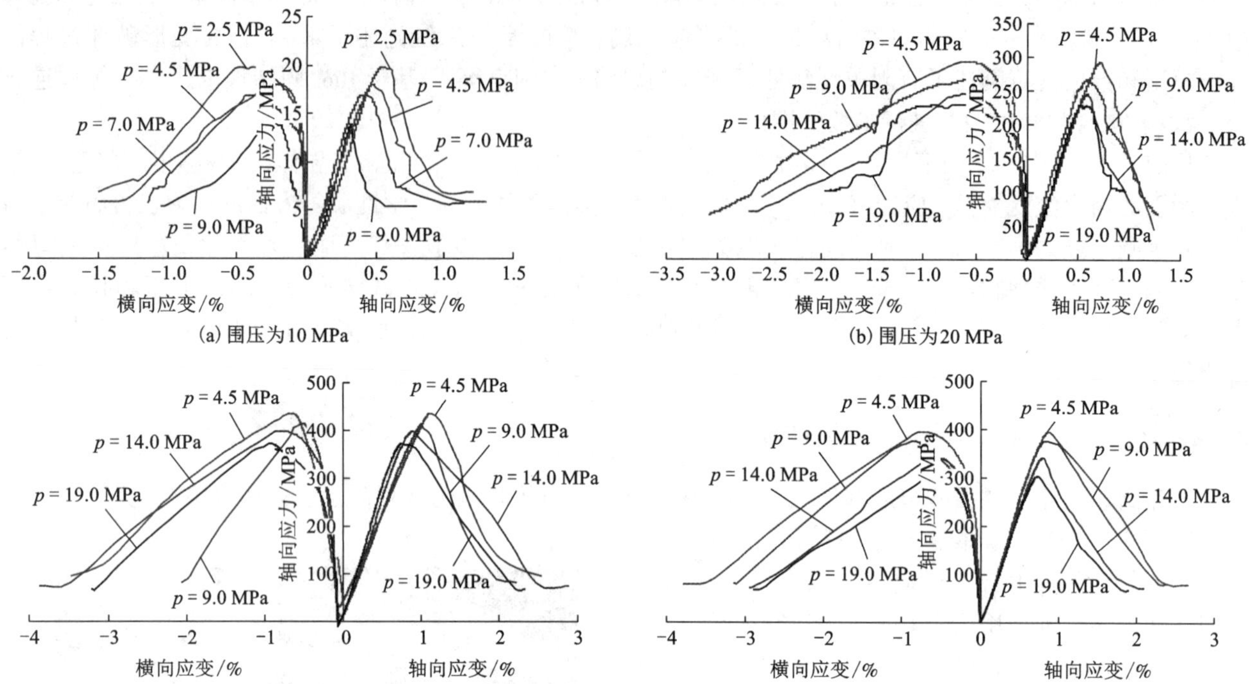

(a) 围压为10 MPa　(b) 围压为20 MPa　(c) 围压为30 MPa　(d) 围压为40 MPa

图 3　不同围压和孔隙水压条件下试样的应力-应变曲线

对孔隙率和渗透性小的花岗岩试件在无孔隙水压作用和孔隙水压作用下的三轴压缩试验结果(见图 2)进行对比，发现压密阶段和弹性变形阶段的应力-应变曲线普遍表现为发展过程相对较长，变形过程变得相对平滑且变形量明显增大；在不同围压条件下施加不同孔隙水压时的应力-应变曲线均表现为近似重合，说明施加孔隙水压的作用效果尚不明显；随着围压的增加，弹性变形阶段在试样进入扩容阶段后，随着其内部裂隙的形成、扩展和贯通，孔隙水压作用于试样内部，变形破坏过程中的水-岩耦合作用逐步显现，对有效峰值强度、残余强度和峰后强度有明显影响。

4　水-岩耦合作用下试样的力学特性

4.1　有效应力

孔隙水压力 p 对岩石强度特性影响复杂，可以采用有效应力来进行表征，有效应力系数是有效应力确定的重要因素[19]。国内外众多学者开展了水-岩耦合作用下岩石渗透性的试验研究，进一步获得基于渗透率的岩体有效应力系数[2, 20]。渗透率有效应力[21]可简化表示为：

$$\sigma^{e} = \sigma - k\sigma^{p} \tag{1}$$

式中：σ^{e} 为渗透率有效应力，MPa；k 为渗透率有效应力系数(量纲一的量)；σ 为施加控制应力，MPa；σ^{p} 为孔隙水压，MPa。

但国内外学者经过大量的研究表明，岩石渗透率有效应力具有非线性特征，有效应力系数的取值并非常数，其影响因素较为复杂。对于本文中具有低渗透性质的花岗岩而言，由于孔隙在压密阶段和弹性变形阶段并未贯通，空隙流体通过孔隙喉道作用于岩体，导致此时孔隙压力的作用并不明显，这与图 3 的试验现象相吻合；在裂纹形成与扩展阶段，有效应力系数随着孔隙率的变化而发生改变，难以实时获取有效应力系数。按照李传亮等[22]的研究结果，对无明显层理的花岗岩，轴向和径向有效应力系数取为近似相等，有效应力为：

$$\sigma^{e} = \sigma - 0.5(\varphi + \varphi_{c})\sigma^{p} \tag{2}$$

式中：φ 为孔隙率；φ_{c} 为反应多孔介质胶结程度的参数，胶结程度越高则 $\varphi_{c} \to \varphi$，胶结程度越低则 $\varphi_{c} \to 1$，

对于花岗岩，$\varphi_c = 9\varphi$。由此获得花岗岩的有效应力为 $\sigma^e = \sigma - 5\varphi\sigma^p$（计算结果见表 2）。

表 2 不同围压和孔隙水压条件下的有效峰值强度和扩容起点处的体积应变

围压/MPa	孔隙水压力/MPa	有效围压/MPa	有效峰值强度/MPa	扩容起点处体积应变/10^{-2}
10	0.0	10.0	218.6	0.22
	2.5	9.5	197.9	0.274
	4.5	9.1	181.4	0.361
	7.0	8.6	164.3	0.385
	9.0	8.3	138.9	0.436
20	0.0	20.0	322.7	0.279
	4.5	19.1	293.9	0.184
	9.0	18.3	260.0	0.223
	14.0	17.3	244.0	0.215
	19.0	16.3	225.9	0.345
30	0.0	30.0	436.7	0.169
	4.5	29.1	372.2	0.184
	9.0	28.3	352.5	0.192
	14.0	27.3	337.0	0.201
	19.0	26.3	320.9	0.315
40	0.0	40.0	528.4	0.085
	4.5	39.1	486.6	0.126
	9.0	38.3	462.2	0.148
	14.0	37.3	449.0	0.152
	19.0	36.3	441.1	0.141

4.2 有效峰值强度

孔隙水压力对有效峰值强度的影响引入有效应力折减系数 K 进行表征：

$$K = \frac{1 - \sigma_{1\max}^{e}}{\sigma_{1\max}^{0}} \tag{3}$$

式中：$\sigma_{1\max}^{e}$ 为岩石有效峰值强度，MPa；$\sigma_{1\max}^{0}$ 为孔隙水压为 0 时岩石的三轴压缩峰值强度，MPa。

针对围压为 10 MPa、20 MPa、30 MPa 和 40 MPa 时，分别计算其有效峰值折减系数（见图 4），通过孔隙水压力和有效峰值强度折减系数之间的关系可以看出有效峰值强度折减系数与孔隙水压呈正相关，与围压则呈负相关。在围压保持不变的情况下，有效峰值强度折减系数随着孔隙水压力的增大近似呈线性增大；随着围压的增大，有效峰值强度折减系数的斜率逐渐减小。

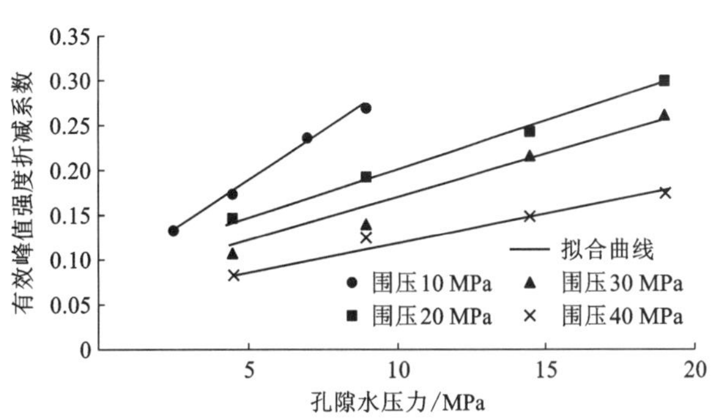

图 4 孔隙水压力和有效峰值强度折减系数关系

从围压和孔隙水压对试件的综合作用效果来看，围压较小时孔隙水压对强度折减系数的影响较明显，说明孔隙水压对试样内部裂纹尖端的劈裂作用逐步显现，促进了裂纹的扩展、演化和贯通，有效峰值-折减加剧。当围压较大孔隙水压相对较小时，孔隙水压的作用被削弱，而施加的轴向应力和围压对喉道的压缩作用明显，使得岩样的孔隙度减小、喉道变窄，有效峰值-折减系数值与拟合直线偏高或偏低的现象在一定程度上反映了孔隙水压的作用。在相同围压状态下，随着孔隙水压的增大，压差逐渐缩小导致围压作用削弱，但有效峰值-折减系数的变化相对平稳，有效峰值-折减系数值与拟合直线吻合度较好。

由此可见，花岗岩的峰值强度折减系数与孔隙水压力、围压的关系都能正确地反映花岗岩的有效峰值强度与孔隙水压力、围压的变化关系，所以可以使用有效峰值强度折减系数来表征孔隙水压力对有效峰值强度的折减。

4.3 扩容现象

在体积应变与应力的关系曲线中，Alkan 等[23]定义屈服阶段中体积由压缩变为膨胀的转折点为压缩-扩容边界条件。这里类似地将体积应变 θ 和轴向应力 σ_1 关系曲线中体积应变最大值点定义为扩容起点，不同围压和孔隙水压力条件下扩容起点处的体积应变见表 2。

花岗岩在较高围压和孔隙水压力共同作用下有扩容现象发生，但是在不同水-岩耦合条件下岩石的扩容现象不相同(见图 5)。在围压为 10 MPa、20 MPa 时，扩容起点百分比随着孔隙水压力的增大有减小现象，在围压为 30 MPa、40 MPa 时，随着孔隙水压力的增大，扩容起点呈现无规律的提前现象。

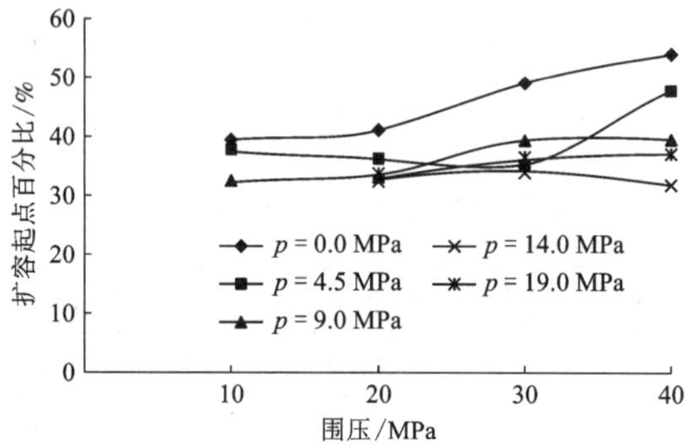

图 5 花岗岩围压与扩容起点百分比关系

在孔隙水压力为 0.0 MPa、4.5 MPa 和 9.0 MPa 时，花岗岩扩容起点随着围压的增大呈现滞后现象，扩容起点百分比随着围压的增大而增大。在孔隙水压力为 14 MPa 时，扩容起点百分比随着围压的增大稍有减小，在孔隙水压力为 19 MPa 时，扩容起点百分比又随着围压的增大而增大。

4.4 残余强度

岩石三轴试验加载过程中，在应力达到最大值后残余强度开始下降，但是下降到一定程度会发现岩石应变快速增长但是应力却基本保持不变，即此时岩石处于残余强度阶段。残余强度可以表征岩石在破坏后的强度特性，依据 Hoek-Brown 强度准则，岩石强度的基本形式[24]为：

$$\sigma_1 = \sigma_3 + (m\sigma_c\sigma_3 + s\sigma_c^2)^{\frac{1}{2}} \tag{4}$$

式中：σ_1 为岩体破坏时的最大主应力，MPa；σ_3 为最小主应力，MPa；σ_c 为未扰动岩体的单轴抗压强度，MPa；m 为岩体的 Hoek-Brown 常数；s 为与岩体特性有关的材料常数(取值范围 0~1)。

在水-岩耦合条件下，将式(4)中的应力用有效应力代换，即有效轴向应力和有效围压，残余强度对应的 s 值为 0[25]。根据孔隙水压为 0 时的试验结果推算试样的 m 值(见表 3)，然后将不同孔隙水压力对应的有效应力和 m 值代入式(4)计算其水-岩耦合条件下的残余强度(见图 6)。

表 3 不同围压时的 m 值

围压/MPa	m 值
10	3.5567
20	4.2375
30	4.4846
40	4.8793

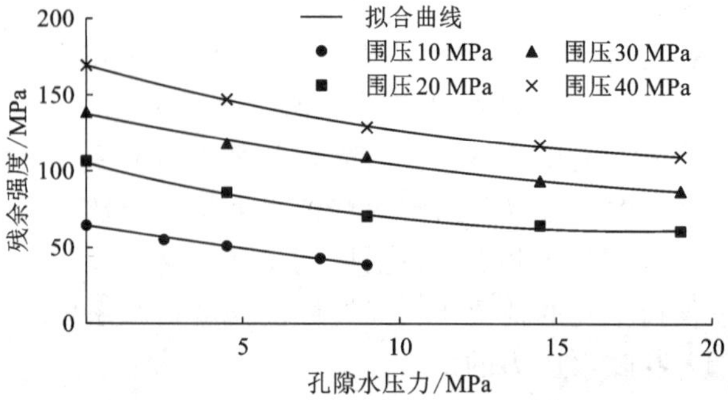

图 6 残余强度和孔隙水压力的关系

水-岩耦合作用下试样的残余强度为对应情况峰值强度的 21%~35%，所获得的结果很好地体现了实际情况中围压对残余强度的增强作用和孔隙水压力对残余强度的弱化作用。m 值随着围压的增大呈非线性增长，其值为 3.5~5.0，这与陈庆敏等[25]中确定的 m 值取值范围(0.001~25)也相吻合。

4.5 峰后强度及其参数

依据峰后岩石任意一点应力状态均满足 Mohr-Coulomb 极限破坏条件的假设，峰后阶段不同的卸载点对应不同的应力且为塑性变形，可以用应变软化参数定性表述岩石峰后应变软化发展[26]。应变软化参数可以用等效塑性应变或者第一塑性主应变表示。试验结果表明，花岗岩试样在第一主应力和第三主应力方向上的卸载路径是不同的，所以选用第一塑性主应变 ε_1^p 为应变软化参数，岩石峰后应变软化阶段任意点的强度计算模型为

$$\sigma_1 = \frac{1 + \sin\bar{\varphi}}{1 - \sin\bar{\varphi}}\sigma_3 + \frac{2\bar{c}\cos\bar{\varphi}}{1 - \sin\bar{\varphi}} \tag{5}$$

式中：$\bar{c}$、$\bar{\varphi}$ 分别为岩石的似黏聚力和似内摩擦角。

将相同应变软化参数对应的应力和围压进行拟合，得到花岗岩不同峰后阶段的强度切线，拟合结果如图 7 所示。

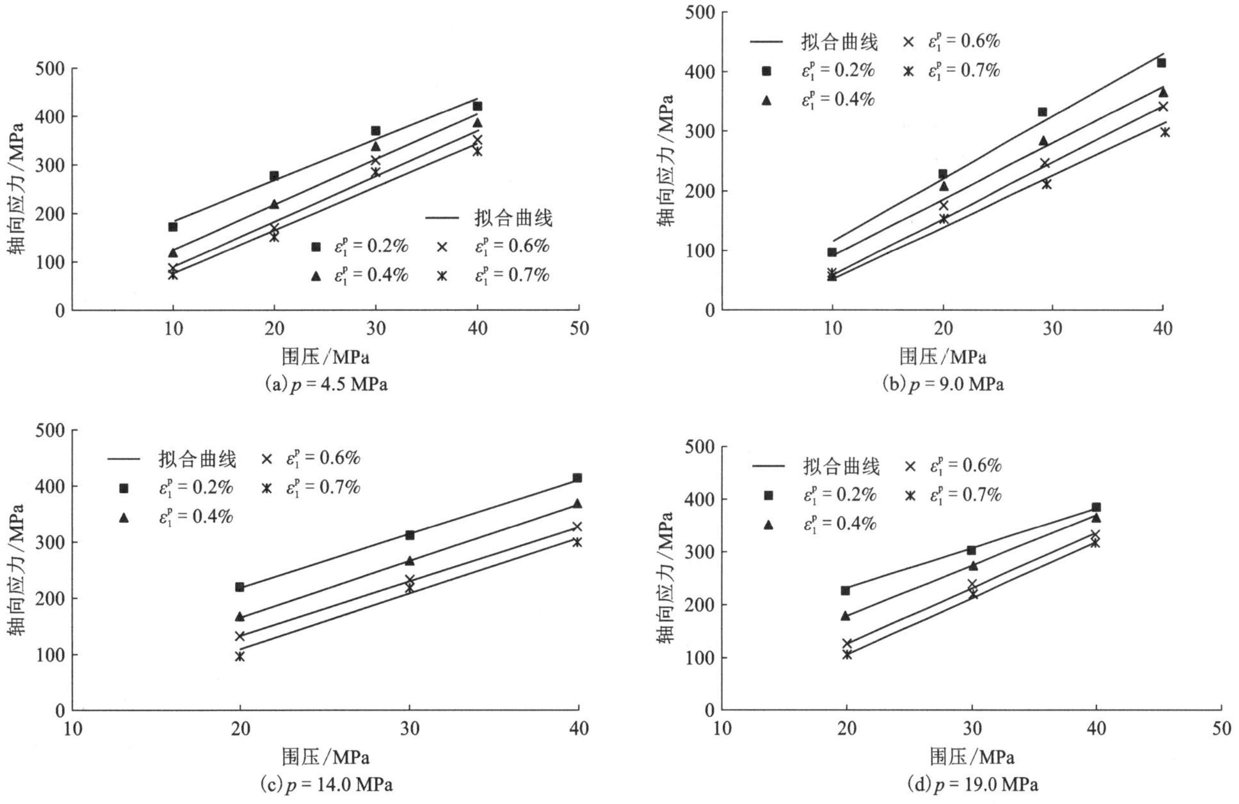

图 7 花岗岩试样的峰后强度

如图 7 所示，试样峰后强度随着软化参数的增大呈减小趋势，峰后强度在低围压状态下相对离散，在 14 MPa 和 19 MPa 两种高围压状态下随围压升高近似呈线性增长。依据不同应变软化参数对应的岩石极限应力状态，可以求取岩石的似内摩擦角 $\bar{\varphi}$ 和似黏聚力 $\bar{c}$，计算结果见表 4。

表 4 试样的似黏聚力和似内摩擦角

孔隙水压/MPa	$\varepsilon_1^p=0.2\%$		$\varepsilon_1^p=0.4\%$		$\varepsilon_1^p=0.6\%$		$\varepsilon_1^p=0.7\%$	
	$\bar{c}$/MPa	$\bar{\varphi}$/(°)	$\bar{c}$/MPa	$\bar{\varphi}$/(°)	$\bar{c}$/MPa	$\bar{\varphi}$/(°)	$\bar{c}$/MPa	$\bar{\varphi}$/(°)
0.00	20.39	51.37	17.67	49.98	3.79	52.68	1.17	52.64
4.50	16.78	52.67	5.53	52.83	1.23	53.23	1.06	53.73
9.00	10.72	55.99	9.11	50.22	0.43	20.72	0.73	53.91
14.00	8.98	54.23	2.76	54.98	0.00	54.31	0.00	53.51
19.00	7.29	51.06	2.26	54.05	2.17	55.46	0.00	55.78

从表 4 可以看出，试样的似黏聚力 $\bar{c}$ 随着塑性应变和孔隙水压力增加呈现减小趋势，除去孔隙水压力 $p=9$ MPa、$\varepsilon_1^p=0.6\%$时的一个离散点，不同孔隙水压力条件下应变软化各阶段的似内摩擦角 $\bar{\varphi}$ 没有很大变化，计算其平均值为 53.15°，与平均值的最大相对误差为-5.96%。峰后应变软化阶段的似黏聚力 $\bar{c}$ 与孔隙水压力和应变软化参数均有关系，用三次样条曲面对三者关系的拟合结果见图 8。

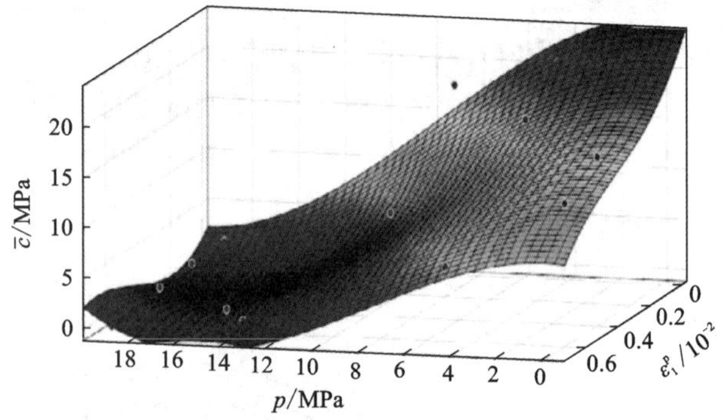

图 8 似黏聚力与孔隙水压力、应变软化参数的关系

回归后的拟合函数为

$$\bar{c}=X\begin{bmatrix}0.0000 & 0.00000 & 0.0000 & 1.9200\\ 0.0000 & 0.00000 & 0.6981 & 0.5189\\ 0.0000 & 0.03902 & 1.8000 & -9.1240\\ -0.9729 & 0.51890 & -2.2560 & 6.3980\end{bmatrix}Y \tag{6}$$

式中：

$$X=\{(\varepsilon_1^p)^3 \quad (\varepsilon_1^p)^2 \quad (\varepsilon_1^p)^1 \quad (\varepsilon_1^p)^0\}$$
$$Y=\{p^3 \quad p^2 \quad p^1 \quad p^0\}$$

5 结论

围压对花岗岩的有效峰值强度、残余强度和峰后强度均有不同程度的增强作用，这与其他学者的研究结果一致，水-岩耦合作用对花岗岩力学性质的影响还体现在：

(1)有效峰值强度折减系数随孔隙水压力的增大近似呈线性增大，但随着围压增大其变化斜率逐渐减小；在围压较小时，孔隙水压对有效峰值强度折减系数有明显影响，在围压较大而孔隙水压相对较小时，施加应力压缩孔隙喉道抑制了孔隙水压对试样的作用。

(2)试样扩容是致密岩体水-岩耦合作用显现的特征点，围压使得试样的扩容起点发生滞后，而孔隙水压力使得扩容起点提前发生；扩容有助于孔隙通道形成进而促进水岩耦合作用，孔隙水压则促进了裂纹的扩展、演化和贯通。

(3)水-岩耦合作用下试样的残余强度为对应情况峰值强度的 21%~35%，试样的 Hoek-Brown 常数随着围压的增大呈非线性增长，其值为 3.5~5.0。

(4)在应力-应变曲线的峰后段，试样的似内摩擦角变化不大，似黏聚力随着应变软化参数增加有减小的趋势，而应变软化参数相同时对应的似黏聚力则随着孔隙水压力增大而减小，且似黏聚力、孔隙水压和应变软化参数间的关系可用三次样条曲面进行描述。

参考文献

[1] TERZAGHI K. The shearing resistance of saturated soils and the angle between the planes of shear[C]//Proceedings of the 1st International Conference of Soil Mechanics and Foundation Engineering. Cambridge: [s. n.], 1936: 54-56.

[2] BIOT M A. Generalized theory of three-dimensional consolidation[J]. Journal of Applied Physics, 1941, 12(2): 155-164.

[3] 卢应发，孙慧，李建林，等.水-岩石相互作用力学参数的探讨[J].岩石力学与工程学报，2009，28(10)：1995-2005.

[4] 朱珍德，张爱军，徐卫亚.脆性岩石全应力-应变过程渗流特性试验研究[J].岩土力学，2002，23(5)：555-559.

[5] XIAO Y X, LEE C F, WANG S J. Assessment of an equivalent porous medium for coupled stress and fluid flow in fractured rock [J]. International Journal of Rock Mechanics and Mining Sciences, 1999, 36(7): 871-881.

[6] 王连国，缪协兴.岩石渗透率与应力、应变关系的尖点突变模型[J].岩石力学与工程学报，2005，24(23)：4210-4214.

[7] 陈卫忠，杨建平，杨家岭，等.裂隙岩体应力渗流耦合模型在压力隧洞工程中的应用[J].岩石力学与工程学报，2006，25(12)：2384-2391.

[8] 李佳伟，徐进，王璐，等.砂板岩岩体力学特性的水岩耦合试验研究[J].岩土工程学报，2013，35(3)：599-604.

[9] SCHULZE O, POPP T, KERN H. Development of damage and permeability in deforming rock salt[J]. Engineering Geology, 2001, 61(2/3): 163-180.

[10] 刘新荣，傅晏，王永新，等.(库)水-岩作用下砂岩抗剪强度劣化规律的试验研究[J].岩土工程学报，2008，30(9)：1298-1302.

[11] 郤保平，赵阳升，万志军，等.热力耦合作用下花岗岩流变模型的本构关系研究[J].岩石力学与工程学报，2009，28(5)：956-967.

[12] 申林方，冯夏庭，潘鹏志，等.单裂隙花岗岩在应力-渗流-化学耦合作用下的试验研究[J].岩石力学与工程学报，2010，29(7)：1379-1388.

[13] 张志镇，高峰，徐小丽.花岗岩力学特性的温度效应试验研究[J].岩土力学，2011，32(8)：2346-2352.

[14] 刘建军，刘先贵.有效压力对低渗透多孔介质孔隙度、渗透率的影响[J].地质力学学报，2001，7(1)：41-44.

[15] YUAN S C, HARRISON J P. Development of a hydro mechnical local degradation approach and its application to modelling fluid flow during progressive fracturing of heterogeneous rocks[J]. International Journal of RockMechanics andMing Sciences, 2005, 42(8): 961-984.

[16] 贺玉龙，杨立中.温度和有效应力对砂岩渗透率的影响机制研究[J].岩石力学与工程学报，2005，24(14)：2420-2427.

[17] 李根，唐春安，李连崇.水岩耦合变形破坏过程及机理研究进展[J].力学进展，2012，42(5)：593-619.

[18] 白国良，梁冰，李树志.采动影响下等效连续介质水岩耦合数学模型及应用[J].煤炭学报，2009，34(4)：461-465.

[19] 乔丽苹，王者超，李术才.基于 Tight gas 致密砂岩储层渗透率的有效应力特性研究[J].岩石力学与工程学报，2011，30(3)：599-604.

[20] BERNABE Y. The effective pressure law for permeability in Chelmsford granite and Barre granite[J]. International Journal of Rock Mechanics and Mining Sciences and Geomechanics Abstracts, 1986, 23(3): 267-275.

[21] 丁艳艳，李闽，肖文联.围压对低渗砂岩渗透率有效应力系数的影响[J].地球物理学进展，2012，27(2)：696-701.

[22] 李传亮，孔祥言，杜志敏，等.多孔介质的流变模型研究[J].力学学报，2003，35(2)：230-234.

[23] ALKAN H, CINAR Y, PUSCH G. Rock salt dilatancy boundaryfrom combined acoustic emission and triaxial compression tests [J]. International Journal of Rock Mechnacis and Mining Sciences, 2007, 44(1): 108-119.

[24] HOEK E, BROWN E T. Underground excavations in rock[M]. London: Institution of Mining and Metallurgy, 1980: 23-25.

[25] 陈庆敏，张农，赵海云，等.岩石残余强度与变形特性的试验研究[J].中国矿业大学学报，1997，26(3)：42-45.

[26] 陆银龙，王连国，杨峰，等.软弱岩石峰后应变软化力学特性研究[J].岩石力学与工程学报，2010，29(3)：640-648.

颗粒粒径对粗粒土-混凝土接触面剪切特性影响试验研究

成　浩[1]，王　晅[1,2]，张家生[1,2]，吴昭奕[3]

1. 中南大学土木工程学院，湖南长沙，410075
2. 中南大学高速铁路建造技术国家工程实验室，湖南长沙，410075
3. 广东明源勘测设计公司，广东河源，517000

摘要： 为研究颗粒粒径对粗粒土与混凝结构接触面剪切力学特性的影响，进行 3 种不同粒径范围(2.36~4.75 mm、4.75~9.5 mm、13.6~16 mm)均匀粒径组粗粒土与 2 种不同混凝土接触面(光滑和粗糙)大型直剪试验，研究粗粒土粒径对接触面剪切强度的影响规律。试验结果表明：随粒径的增大，接触面剪切应力-剪切位移曲线从剪切软化型逐渐向剪切硬化型发展。光滑接触面剪切强度随粗粒土平均粒径的增大几乎呈线性增大趋势；而粗糙接触面剪切强度在平均粒径达到 7.13 mm 后，其增大速率逐渐变小。相同法向应力下粗糙接触面剪切强度明显高于光滑接触面。摩尔库仑强度指标分析表明：粒径的增大显著提高了接触面的表观黏聚力；但对接触面内摩擦角的影响不明显。

关键词： 接触面；颗粒粒径；粗粒；大型直剪试验

土与结构接触面是土与结构之间应力和变形相互传递的重要媒介，在岩土工程领域普遍存在，例如土体与桩基、混凝土面板与垫层料、土与基础结构等[1-2]。明确接触面上的力学特性、剪切破坏模式及其影响因素对研究土与结构物相互作用问题显得尤为重要。粗粒土凭借其良好的工程特性被广泛应用于土木工程建设中，因而粗粒土与结构接触面也广泛存在于岩土工程领域。目前已有的土与结构接触面研究多是针对砂土或黏性土，对于粗粒土与结构接触面的研究较少。彭凯等[3]研究了不同水泥浆含量的泥皮对粗粒土与混凝土接触面特性的影响。Kim 等[4]进行了不同级配粗粒土与格栅界面直剪试验，并分析了颗粒破碎对界面剪切强度的影响。马刚等[5]基于三维变形体离散单元法对粗粒土与结构接触面特性进行了数值模拟，从宏观和微观两个层面分析粗糙度对接触面特性的影响机制。张建民等[6-8]研制了大型三维直剪仪，系统地探讨了粗糙度、不同法向边界条件及复杂加载路径等因素对粗粒土与结构接触面剪切强度与变形的影响。

已有的研究表明，颗粒粒径大小对颗粒材料的剪切力学性质有着重要影响[9-10]，其对颗粒材料与结构接触面剪切特性的影响也引起了一些学者的关注。比如陆勇等[11]进行了均匀砂砾与不同粗糙度接触面的剪切试验，研究结构面相对形貌尺度对接触面剪切特性的影响，但是研究中并未考虑颗粒粒径的变化对试验结果的影响。Uesugi 等[12-13]系统研究了砂土的平均粒径、不均匀系数和结构面粗糙度对砂土与钢板接触面力学特性的影响规律，并提出了能衡量颗粒粒径与结构面粗糙度相对尺度大小的相对粗糙度指标。Vangla 等[14]通过直剪试验研究了砂土颗粒粒径与加筋材料对筋土界面剪切强度的影响，结果表明颗粒粒径与粗糙度的相对尺寸大小是影响界面强度的重要因素。但上述研究主要是针对砂土颗粒，而实际工程中的粗粒土颗粒粒径变化范围宽、粒径较大，对仪器的尺寸要求也更高。因而目前针对粒径变化对粗粒土与结构接触面剪切特性影响的研究较少。为此，本文进行了 3 种不同粒径范围(2.36~4.75 mm、4.75~9.5 mm、13.6~16 mm)的均匀粒径组粗粒土与两种不同混凝土接触面(光滑和粗糙)大型直剪试验研究，分析不同粒径条件下接触面剪切强度的大小及变化规律，并进一步从粒径级层面探讨粗粒土粒径的变化对光滑和粗糙接触面剪切强度的影响机制。

成浩，王晅，张家生，等. 颗粒粒径对粗粒土-混凝土接触面剪切特性影响试验研究[J]. 应用基础与工程科学学报，2018，26(1)：145-153.

1　试验设备与材料

1.1　试验设备

试验采用中南大学高速铁路国家工程实验室的大型界面直剪试验仪 TAW-800(图 1)，该直剪设备由上下剪切盒、液压动力系统、LVDT 位移传感器和计算机控制及数据采集系统组成，可以实现单向剪切、循环剪切等复杂应力路径的剪切试验。上、下剪切盒尺寸长×宽×高为 500 mm×500 mm×150 mm，试样竖向荷载通过刚性板施加，最大可达到 800 kN，剪切过程中下剪切盒固定，上剪切盒水平位移及刚性板的竖向位移由 LVDT 位移传感器测量，水平最大行程为 300 mm，位移精度可达 0.01 mm。试验过程中的剪切位移、竖向荷载及水平荷载由计算机自动记录并保存。文献[2]表明，直剪试验中剪切盒尺寸为土颗粒最大粒径的 8~10 倍时不会产生明显的尺寸效应，因此采用该直剪试验仪对最大粒径≤50 mm 的粗粒土试样进行剪切时，可消除尺寸效应对接触面试验结果的影响。

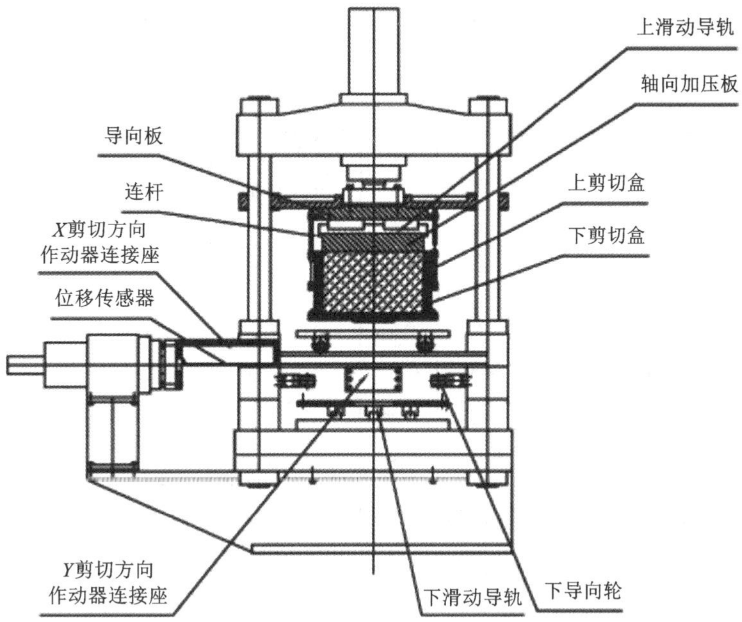

图 1　大型界面直剪试验仪示意图

1.2　试验材料

试验所用粗粒土为长沙地区某采石场人工开采碎石料，颗粒呈棱角型，颜色为深灰至浅灰色。为了更直观地研究粗粒土粒径大小对接触面剪切特性的影响规律，将粗粒土分别通过 2.36 mm、4.75 mm、13.6 mm、16 mm 孔径的筛，并剔除粒径小于 2.36 mm 和大于 16 mm 的土颗粒，得到 3 种不同粒径范围均匀粒径组粗粒土分别为 S1(2.36~4.75 mm)，S2(4.75~9.5 mm)，S3(13.6~16 mm)。不同粒径范围粗粒土如图 2 所示，各粗粒土试样基本物理参数见表 1。

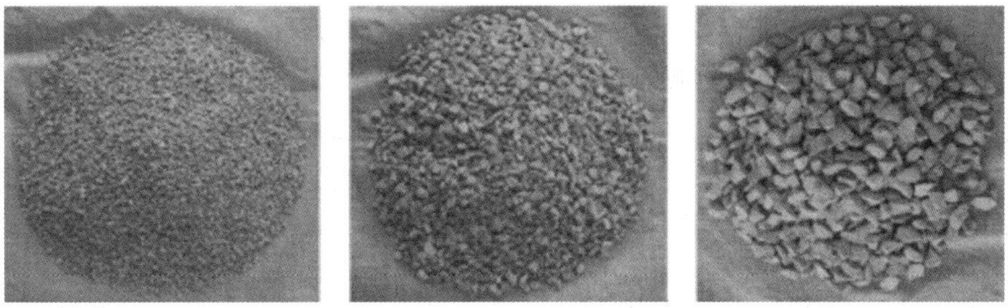

(a) 粗粒土S1　　(b) 粗粒土S2　　(c) 粗粒土S3

图 2　不同粒径范围均匀粒径组粗粒土

表 1　试样基本物理参数

试样编号	粒径范围/mm	平均粒径/mm	最大干密度/(g·cm^{-3})	相对密度
S1	2.36~4.75	3.55	1.92	2.75
S2	4.75~9.5	7.13	1.87	2.72
S3	13.6~16	14.8	1.81	2.73

试验混凝土试块采用 C35 素混凝土制成，试块尺寸为 570 mm(长)×560 mm(宽)×110 mm(高)。沿着剪切方向混凝土试块尺寸比上剪切盒长 70 mm，这样可以保证试验过程中土样与混凝土试块有效接触面积不变，避免因试样面积不断减小而引起的误差。为了测量粗糙度对接触面剪切特性的影响，分别预制了光滑和粗糙两种不同表面混凝土试块。光滑表面混凝土试块在预制时尽可能保证表面的平整度，并在试验前对表面进行打磨处理以形成光滑接触面；粗糙表面混凝土试块的预制采用了参考文献[7]中的方法，通过在混凝土表面预制规则的半圆形凹槽以形成粗糙接触面，其中半圆形凹槽的直径 d=10 mm，相邻凹槽间距为 30 mm。不同混凝土试块的俯视图和侧视图如图 3 所示。

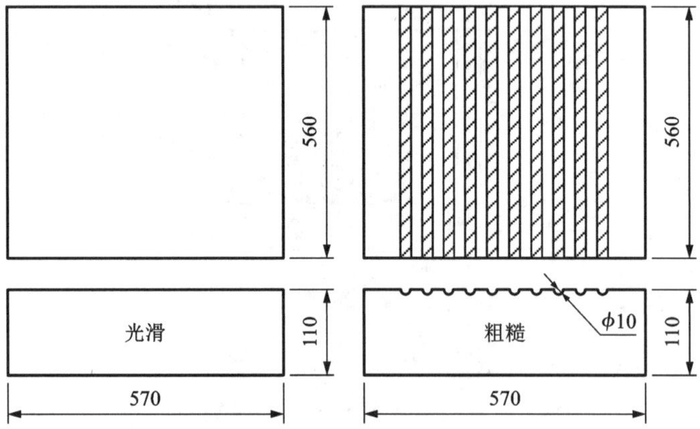

图 3　不同表面粗糙度混凝土试块(单位：mm)

1.3　试验方案

试验前先将直剪仪下剪切盒替换为混凝土试块，然后将土样分层装入上剪切盒中，按压实度为 80%的要求进行整平、刨毛、压实，试验中水平剪切速率设定为 1 mm/min。每组试样分别在法向应力为 50 kPa、100 kPa、150 kPa 和 300 kPa 下进行水平剪切，水平剪切位移达到 50 mm 时结束试验。本文开展了 3 种不同粒径范围单一粒径组粗粒土与两种混凝土结构接触面共 24 组大型直剪试验。

2　试验结果与分析

2.1　颗粒粒径对接触面剪切强度的影响

不同法向应力下粗粒土 S1、S2 和 S3 与不同接触面的剪切应力与剪切位移关系曲线如图 4~6 所示。

从图 4~图 6 中可以看出，剪切初始时接触面剪切应力随剪切位移的增加逐渐增大，不同法向应力与粒径下接触面剪切后期曲线的表现形式有着明显的差异。粗粒土 S1 与结构接触面剪切曲线后期呈现出软化特征，且法向应力越大软化现象越明显；而粗粒土 S3 与结构接触面剪切曲线后期则呈现出应变硬化特征，表明随粗粒土粒径的增大，接触面剪切应力与剪切位移曲线从应变软化型向应变硬化型发展。粗粒土 S1 与结构接触面的剪切曲线较为光滑，而粗粒土 S3 与结构接触面的剪切曲线则出现了明显波动。Li 等[15]和 Morgan[16]在进行颗粒材料的直剪试验中也发现了相同的现象，他们认为剪切曲线的波动与剪切过程中剪切带的体积变形(剪胀或剪缩)有关。从图 4~6 中可以看出，颗粒粒径和接触面粗糙度对剪切曲线波动的影响最为显著，法向应力的影响次之。随着颗粒粒径与粗糙度的增大，剪切曲线的波动幅度逐渐增大。

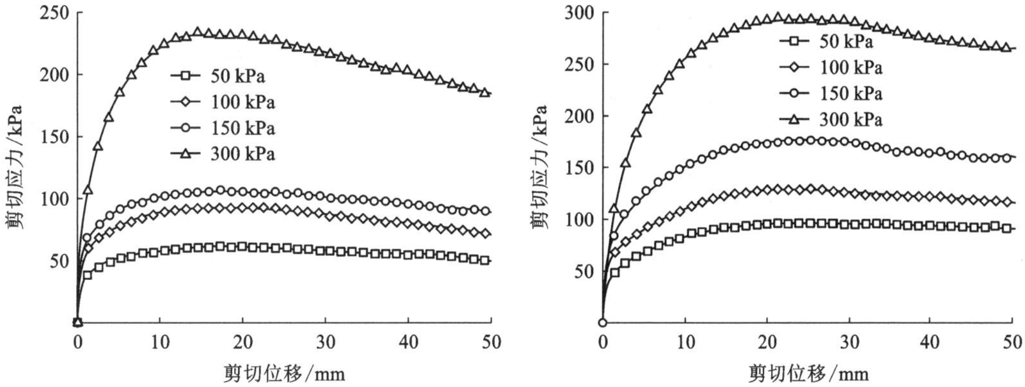

(a) 光滑接触面　　(b) 粗糙接触面

图 4　粗粒土 S1 与混凝土接触面剪切应力-剪切位移曲线

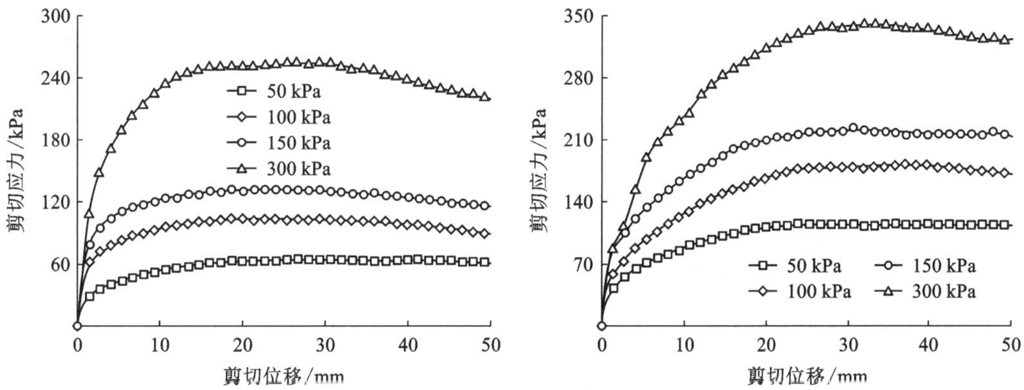

(a) 光滑接触面　　(b) 粗糙接触面

图 5　粗粒土 S2 与混凝土接触面剪切应力—剪切位移曲线

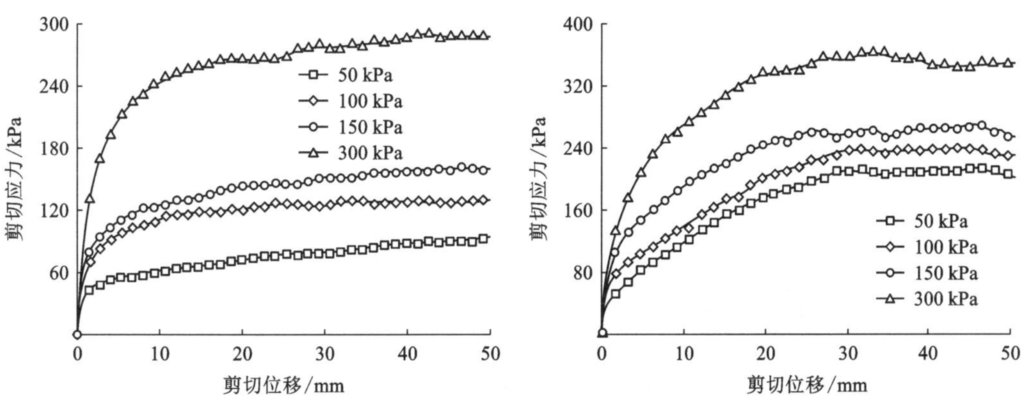

(a) 光滑接触面　　(b) 粗糙接触面

图 6　粗粒土 S3 与混凝土接触面剪切应力—剪切位移曲线

图 7 为不同法向应力下接触面剪切强度随粗粒土平均粒径的变化曲线。为了便于分析，对于剪切硬化型曲线，接触面剪切强度取为最大剪切位移处的剪切应力(剪切曲线有明显峰值的取峰值强度)。由图 7 可知，各法向应力下，光滑接触面剪切强度随颗粒粒径的增大几乎呈线性增大，法向应力分别为 50 kPa、100 kPa、150 kPa 和 300 kPa 时，光滑接触面剪切强度分别提高了 71.9%、39.7%、38.4%和 24.5%；而粗

糙接触面剪切强度随粒径的变化曲线存在明显的转折点，在平均粒径达到 7.13 mm(粗粒土 S2)后接触面剪切强度的增长速率逐渐变小。法向应力分别为 50 kPa、100 kPa、150 kPa 和 300 kPa 时，粗糙接触面剪切强度分别提高了 126.2%、77.9%、44.9%和 22.3%。图 8 给出了不同粒径土颗粒与粗糙结构面相互作用示意图，从图中可以看出，当颗粒较小时，在法向应力的作用下细小颗粒充填于接触面凹槽部分，接触面的剪切强度主要来源于克服颗粒与结构面之间滑移以及颗粒间的相互错动所需的剪阻力。随着颗粒粒径的增大，剪切过程中颗粒相互错动以及重新定向排列所需的剪阻力也随之增加，宏观表现为接触面剪切强度的增大。当颗粒粒径远大于接触面凹槽尺寸时，此时接触面的剪切强度受粗糙部分的影响减弱。光滑和粗糙接触面剪切强度变化曲线的不同表明接触面的剪切强度受颗粒粒径和结构表面粗糙度的共同影响[11, 13-14]。

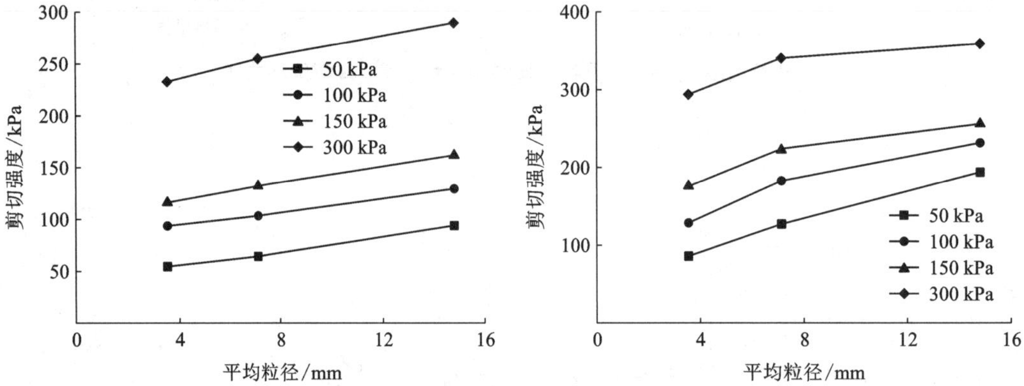

(a) 光滑接触面　(b) 粗糙接触面

图 7　接触面剪切强度与平均粒径关系曲线

从图 7 中还可以看出，相同条件下粗糙接触面的剪切强度明显高于光滑接触面。以法向应力为 100 kPa 时为例，粗粒土 S1、S2 和 S3 与粗糙接触面的剪切强度较光滑接触面分别提高 38.8%、75.5%与 76.7%。这是由于在接触表面粗糙的条件下，剪切过程中不仅存在剪切带内土颗粒与接触面的相对滑动，还伴随着嵌固于凹槽内土颗粒与结构表面附近土颗粒之间的错位、翻滚，这就导致实际剪切面不再是预设的直线，而是一个不断翻越嵌固于接触面凹槽部分的粗颗粒而形成的曲面，如图 9 中实线所示。因此粗糙接触面与光滑接触面相比，剪切过程中接触面附近土颗粒的位移不仅需要克服颗粒与结构表面相对滑移产生的剪阻力，还需要克服嵌固于粗糙结构表面的颗粒与剪切带内颗粒的相互咬合所产生的剪阻力，导致粗糙接触面剪切强度的显著增大。

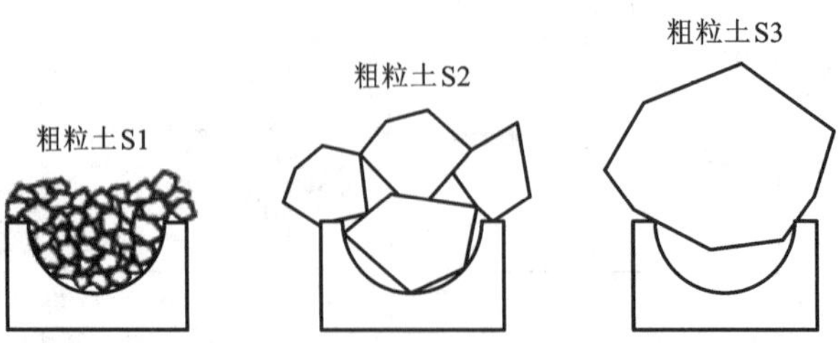

图 8　不同粒径土颗粒与粗糙结构面相互作用示意

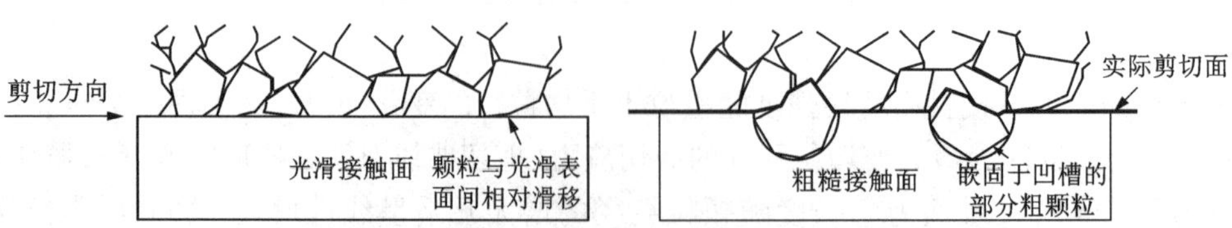

图 9　土颗粒与不同结构表面相互作用示意

2.2 颗粒粒径对接触面强度参数的影响

采用 Morh-Coulumb 强度公式对不同条件下接触面的剪切强度与法向应力关系进行描述，得到拟合结果如图 10 所示，不同条件下接触面强度参数统计结果见表 2。从图 10 中可以看出，接触面剪切强度与法向应力呈现良好的线性关系，拟合系数均在 0.994 以上。图 11 为接触面强度参数随平均粒径的变化曲线，从图中可以看出，随粗粒土粒径的增大，光滑和粗糙接触面的表观黏聚力分别提高了 181.7%和 244.1%，而光滑接触面的内摩擦角随粒径的增大仅提高了 8.2%，表明颗粒粒径的增大对接触面的表观黏聚力影响更为显著。

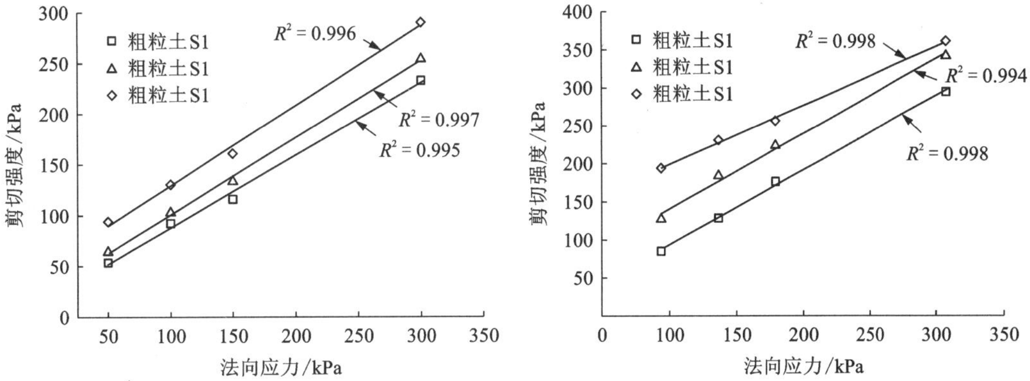

(a) 光滑接触面　　(b) 粗糙接触面

图 10　不同粒径下接触面剪切强度与法向应力关系曲线

表 2　接触面剪切强度指标

粗粒土编号	光滑接触面		粗糙接触面	
	表观黏聚力/kPa	内摩擦角/(°)	表观黏聚力/kPa	内摩擦角/(°)
S1	18.1	35.4	46.7	39.7
S2	25.7	37.2	92.7	40.0
S3	50.7	38.3	160.8	33.4

不同粒径下粗糙接触面的表观黏聚力明显高于光滑接触面，粗粒土 S1、S2 和 S3 与粗糙接触面的表观黏聚力比光滑接触面分别提高 159.6%、261.1%和 217.1%，马林[17]认为粗粒土的表观黏聚力表现为剪切面上不规则土颗粒之间互相交错镶嵌形成的咬合力或嵌固力。对于粗粒土与粗糙接触面而言，剪切过程中剪切带内土颗粒必须翻越或剪断嵌固于粗糙结构表面的颗粒，导致了接触面表观黏聚力的显著提高。光滑与粗糙接触面剪切强度的差异主要来源于两种接触面表观黏聚力的不同。

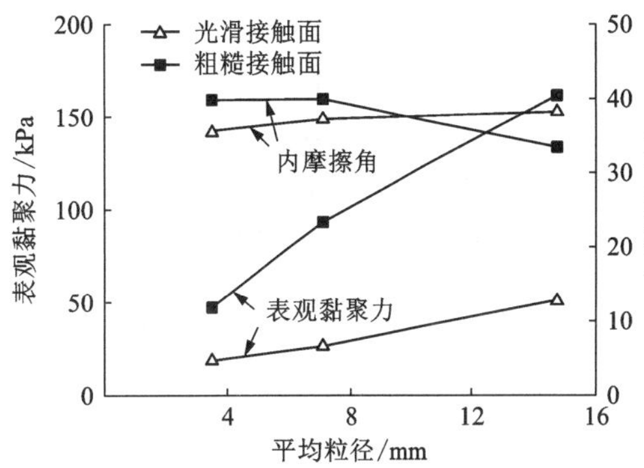

图 11　接触面强度参数随平均粒径变化曲线

3　结论

(1) 颗粒粒径对粗粒土与混凝土接触面剪切应力-剪切位移曲线形式具有显著影响，随着粒径的增大，剪切曲线从应变软化型逐渐向应变硬化型发展。随颗粒粒径和粗糙度的增大，接触面剪切曲线出现明显的波动。

(2)各法向应力下光滑接触面剪切强度随着粒径的增大几乎呈线性增大，粗糙接触面剪切强度在平均粒径达到 7.18 mm 后，其增大速率逐渐变小。由于剪切过程中部分土颗粒会嵌固于粗糙接触面的凹槽部分，导致了相同法向应力下粗糙接触面剪切强度明显高于光滑接触面。

(3)颗粒粒径对接触面表观黏聚力的影响更为显著，随粒径的增大光滑和粗糙接触面的表观黏聚力分别提高了 181.7%和 244.1%；其对接触面内摩擦角的影响较小。表观黏聚力的差异是导致粗糙接触面剪切强度明显高于光滑接触面的主要原因。

参考文献

[1] 宋克志，侯洪超，刘桂宾，等. 基于离散单元法的一类岩土工程土体破损的细观力学行为研究[J]. 应用基础与工程科学学报，2016，24(3)：618-631.

[2] CHEN X B, ZHANG J S, XIAO Y J, et al. Effect of roughness on shear behavior of red clay-concrete interface in large-scale direct shear tests[J]. Canadian Geotechnical Journal, 2015, 52(8): 1122-1135.

[3] 彭凯，朱俊高，张丹，等. 粗粒土与混凝土接触面特性单剪试验研究[J]. 岩石力学与工程学报，2010，29(9)：1893-1900.

[4] KIM D, HA S. Effects of particle size on the shear behavior of coarse grained Soils reinforced with geogrid[J]. Materials, 2014, 7(2): 963-979.

[5] 马刚. 粗粒土与结构接触面特性的离散-连续耦合数值研究[J]. 岩土力学，2012，33(11)：3454-3464.

[6] 张嘎，张建民. 大型土与结构接触面循环加载剪切仪的研制及应用[J]. 岩土工程学报，2003，25(2)：149-153.

[7] 张嘎，张建民. 粗粒土与结构接触面单调力学特性的试验研究[J]. 岩土工程学报，2004，26(1)：21-25.

[8] 张嘎，张建民. 循环荷载作用下粗粒土与结构接触面变形特性的试验研究[J]. 岩土工程学报，2004，26(2)：254-258.

[9] SITHARAM T G, NIMBKAR M S. Micromechanical modeling of granular materials: effect of particle size and gradation [J]. Geotechnical and Geological Engineering, 2000, 18(2): 91-117.

[10] 戴北冰，杨峻，周翠英. 颗粒大小对颗粒材料力学行为影响初探[J]. 岩土力学，2014，35(7)：1878-1885.

[11] 陆勇，周国庆，夏红春，等. 中、高压下粗粒土-结构接触面特性受结构面形貌尺度影响的试验研究[J]. 岩土力学，2013，34(12)：3491-3500.

[12] UESUGI M, KISHIDA H. Influential factors of friction between steel and dry sands[J]. Soils and Foundations, 1986, 26(2): 33-46.

[13] UESUGI M, KISHIDA H, TSUBAKIHARA Y. Behavior of sand particles in sand-steel friction[J]. Soils and Foundations, 1988, 28(1): 107-118.

[14] VANGLA P, GALI M L. Effect of particle size of sand and surface asperities of reinforcement on their interface shear behavior [J]. Geotexiles and Geomembranes, 2016, 44(3): 254-268.

[15] LI Y R, AYDIN A. Behavior of rounded granular materials in direct shear: Mechanisms and quantification of fluctuations [J]. Engineering Geology, 2016, 115(1): 96-104.

[16] MORGAN J K. Numerical simulations of granular shear zones using the distinct element method: 2. Effects of particle size distribution and interparticle friction on mechanical behavior[J]. Journal of Geophysical Research Atmospheres, 1999, 104 (B2): 2721-2732.

[17] 马林. 钙质土的剪切特性试验研究岩土力学[J]. 岩土力学，2016，37(S1)：309-316.

不同工况下沥青混合料黏弹性参数研究

彭东黎[1]，张家生[2]，龙　尧[2]

1. 湖南交通职业技术学院工程经济学院，湖南长沙，410132
2. 中南大学土木工程学院，湖南长沙，410075

摘要：本文通过 AC-20C 沥青混合料在不同工况下的室内车辙试验，采用循环应力下的沥青混合料本构模型，分析温度、荷载和作用时间对车辙和模型黏弹性参数的影响规律，为沥青混合料的设计提供参考。研究结果表明：通过正交分析，对车辙深度的影响因素中，温度的影响最大，作用时间次之，温度的影响程度分别是作用时间、荷载的 2 倍和 10 倍。温度、荷载和作用时间对于沥青混合料本构模型中的 4 个黏弹性参数(E_1、E_3、η_2、η_3)的影响各有不同：对参数 E_1 的影响，作用时间分别是温度和荷载所对应值的 1.6 倍和 4 倍；对参数 η_2 的影响，温度影响均为作用时间和荷载的 1.5 倍，而后两者的影响程度相当；对参数 E_3 的影响，温度和荷载影响基本相同，两者均是作用时间的 2.5 倍；对参数 η_3 的影响，荷载和作用时间对 η_3 的影响差别不大，荷载和作用时间分别是温度的 1.6 倍和 1.4 倍。通过温度和作用时间的共同作用分析，高温和长作用时间共同作用是车敏变形急剧增大的主要原因。

关键词：沥青混合料；黏弹性；本构模型；正交分析；车辙

沥青混合料具有特有的黏弹性力学特性和外界影响因素的多样性。沥青路面往往暴露在复杂多变的自然环境中，使得公路在运营期间，路面结构强度不断降低，在一定时间内抗车辙性能变化非常大。国外用于分析车辙变形的模型主要有 Sousa 的非线性黏弹性模型、Monismith 的层应变车辙模型和 F. Morea 基于沥青低剪切黏性的 LSV 模型；国内的主要有徐世法的“四单元五参数”预估模型、张肖宁的线黏弹性广义 Maxwell 模型、茅梅芬的基于重复荷载作用下车辙和荷载作用次数之间的数学模型等[1-6]。研究车辙变形的模型有很多，但是从黏弹性力学并结合外界影响因素的角度研究车辙变形的方法基本没有，所以本文从黏弹性力学的角度定量分析影响车辙形成的外因，探讨它们与沥青混合料黏弹性参数之间的关系，为沥青路面的设计提供参考。

1　导致沥青路面产生破坏的外部因素

影响路面永久变形的外部条件有很多，主要包括温度、荷载及荷载作用时间。由于沥青是一种成分比较复杂的无定形高分子化合物的混合物，其物理形态随温度的变化而发生显著变化。当沥青路面表面温度高于道路沥青的软化点温度时，在交通荷载的反复作用下将产生显著变形，其中部分变形不会随着卸载而消失，而是残余下来成为永久变形[7-8]。当荷载应力大于沥青混合料的蠕变极限强度时，沥青路面将产生不可恢复永久变形[9]。沥青混合料的蠕变强度越低，荷载应力越大，越容易形成蠕变变形。荷载作用时间与车速相关，低速的实质就是相当于增加了车辆作用时间。一般来说，行车速度越慢，蠕变时间则越长，更容易形成不可恢复的蠕变变形。

2　Burgers 模型的选择

在黏弹性材料的本构方程中，可以发现黏弹性材料的力学响应取决于松弛函数和蠕变柔量，而不同的模型具有不同的松弛函数和蠕变柔量，最简单的黏弹性模型由一个弹和一个阻尼器串联或并联而成，分别为 Maxwell 模型和 Kelvin 模型。但是这两个模型具有一定的局限性，而由这两个模型衍生出来的 Burgers 模型可以较好地描述黏弹性材料的蠕变与松弛特性[10-13]，作为沥青混合料的本构模型广泛地应用于道路工

彭东黎，张家生，龙尧. 不同工况下沥青混合料黏弹性参数研究[J]. 铁道科学与工程学报，2016，13(4)：689-696.

程领域。该模型中串联有单个弹性元件，所以其具有瞬时弹性。同时该模型中串联有黏性元件，本构方程中包含应变对时间的导数模型在无限大时刻的变形产生黏性流动，变形可无限发展，且应力能够完全松弛。变形包括3部分：弹性变形 ε_1、黏流 ε_2 和黏弹性变形 ε_3。E_1、E_2、η_2 和 η_3 为 Burgers 模型4个黏弹性参数，分别为弹性剪切模量、控制延迟弹性的模量、黏滞流动的速率和控制延迟弹性的速率。Burgers 模型如图1所示。其蠕变柔量 $J(t)$ 为：

$$J(t)=\frac{1}{E}+\frac{1}{\eta_2}+\frac{1}{E_3}(1-e^{-\frac{t}{\tau}}) \tag{1}$$

式中：$\tau=\eta_3/E_3$。

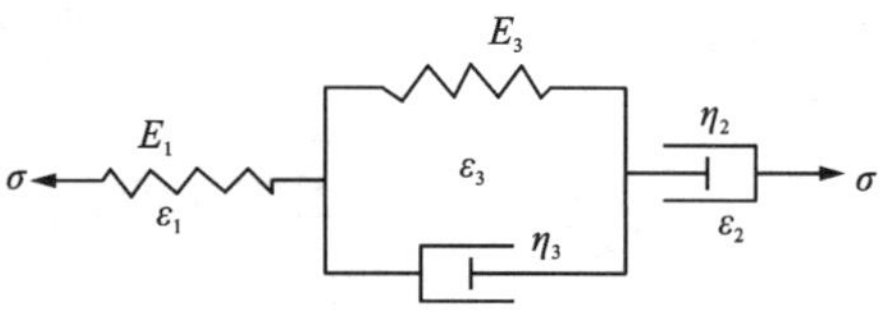

图1 Burgers 模型示意图

3 不同条件下沥青路面的力学参数分析

3.1 正交试验方法方案设计

3.1.1 影响因素的选择

由于沥青混合料的黏弹性性质，沥青路面在运营过程中，会受到车辆荷载、荷载作用时间和温度的影响。荷载应力越大，越容易形成蠕变变形。沥青黏度随荷载应力增大呈指数关系降低，因而变形量将随荷载应力增大而呈指数倍数关系增大；荷载作用时间与路面变形呈非线性关系，一般情况下荷载作用时间增大一倍，路面变形增大约1.4倍[7]。另外，根据时温等效换算原理，荷载的长时间作用将产生和高温条件同样的后果，长时间荷载的累积会使沥青混合料严重变形。当沥青路面的表面温度达到40 ℃以上，高于道路沥青的软化点温度时，在交通荷载的反复作用下，路面将产生显著变形，其中部分变形不会随着卸载而消失，而是残余下来成为永久变形。本文在进行黏弹性力学分析中主要考虑温度、荷载及荷载作用时间。

3.1.2 因素水平的确定

因素水平的确定，一般根据已有的经验或欲考察的变化幅度确定大致的范围，再从中选取范围的上下界和若干个中间插值作为因素水平。因素水平的确定应具有代表性，能客观反映实际和所要考察的情况。

为更好地考察每个因素的影响幅度，本文在研究时采用三因素三水平正交设计表。从实际情况考虑，温度考察范围为30~60 ℃、荷载范围为0.7~1.4 MPa。另外车辙试验速度为42次/min时，轮迹带上某点被作用一次时间为0.130 s；速度为28次/min时，作用时间为0.196 s；速度为14次/min时，作用时间为0.388 s，所以时间考察范围为0.130~0.388 s。见表1。

表1 因素水平

水平 A	温度/℃	B 荷载/MPa	C 作用时间/s
1	30	0.7	0.130
2	45	1.1	0.196
3	60	1.4	0.388

3.2 计算方法的选择

在分析外界因素对沥青混合料黏弹性性能影响时，采用室内车辙试验进行模拟，考核指标为车辙深度(RD)，然后差分进化算法(differential evolution, DE)反算 Burgers 模型中的参数。差分进化算法是 Rainer 和 Kenneth Price 提出的一种在连续空间采用浮点矢量编码进行随机搜索的优化算法。其特点是：受控参数少，实施随机、并行、直接的全局搜索，易于理解和实现，目前被广大学者所采用[14-15]。

3.2.1 广义胡克定理应力-应变关系

根据广义胡克定理，对于各向同性材料，在小变形条件下，正应力引起线应变，剪应力引起相应的剪应变。三向应力状态下应力与应变的张量关系为：

$$\varepsilon_{ij} = \frac{1+u}{E}\sigma_{ij} - \frac{u}{E}\delta_{ij}\sigma_{ij} \quad (i,\ j = x,\ y,\ z) \tag{2}$$

式中：δ_{ij} 为克罗内克符号。

沥青混合料车辙试件固定在钢质试模中，试件侧向完全限制，在 X 轴和 Y 轴方向的应变为 0，可推导出：

$$\sigma_x = \sigma_y = K\sigma_z = \frac{u}{1-u}\sigma_z \tag{3}$$

由式(2)~(3)，可得：

$$\varepsilon_z = \frac{1}{E}[\sigma_z - \mu(K\sigma_z + K\sigma_z)] = (1-2\mu K)\frac{\sigma_z}{E} \tag{4}$$

由玻尔兹曼原理，得：

$$\varepsilon(t) = J(0)\sigma(t) + \int_0^t \sigma(\gamma)\frac{\mathrm{d}J(t-\gamma)}{\mathrm{d}(t-\gamma)}\mathrm{d}\gamma \tag{5}$$

由式(4)~(5)，得：

$$\varepsilon(t) = 1 - 2\mu K\left[\sigma_0 J(t) + \int_0^t J(t-\gamma)\frac{\mathrm{d}\sigma(\gamma)}{\mathrm{d}\gamma}\mathrm{d}\gamma\right] \tag{6}$$

3.2.2 循环应力作用下单层车辙板永久变形响应

车辙试件所受的荷载为矩形荷载，考虑到车辙试验数据采集是在轮载作用时间下，最后得到在荷载有效作用时间下蠕变公式为[11, 16]：

$$\begin{aligned}\varepsilon(t) &= (1-2\mu K)\left\{\frac{\sigma_0}{E_1} + \frac{\sigma_0}{\eta_2}[t + (t_0 - T)n] + \frac{\sigma_0}{E_3}\left[\frac{(\mathrm{e}^{t_0/\tau} - 1)(1 - \mathrm{e}^{(nT)/\tau})}{(1 - \mathrm{e}^{T/\tau})\mathrm{e}^{t/T}} + (1 - \mathrm{e}^{(nT-t)/\tau})\right]\right\} \\ &= (1-2\mu K)\left\{\frac{\sigma_0}{E_1} + \frac{\sigma_0 t_0}{\eta_2 T}T + \frac{\sigma_0}{E_3}\left[\frac{(\mathrm{e}^{t_0/\tau} - 1)(1 - \mathrm{e}^{t/\tau})}{(1 - \mathrm{e}^{T/\tau})\mathrm{e}^{t/\tau}}\right]\right\}\end{aligned} \tag{7}$$

根据应力分布扩散角法，确定沥青混合料的扩散角，一般取值为45°。由应力扩散原理，对于矩形试件计算公式如下[17]：

$$\sigma_{\mathrm{h}} = \frac{ab\sigma_0}{(a + 2h\tan\theta)(b + 2h\tan\theta)} \tag{8}$$

利用阶跃荷载原理和积分型本构方程，最后推导出车辙深度与各黏弹性参数的关系如下：

$$H = 26.45 \cdot \left(1 - \frac{2u^2}{1-u}\right) \cdot \left[\frac{1}{E_1} + 0.087\frac{t}{\eta_2} + \frac{(\mathrm{e}^{t_0/\tau} - 1)(1 - \mathrm{e}^{t/\tau})}{E_3(1 - \mathrm{e}^{T/\tau})\mathrm{e}^{t/\tau}}\right] \cdot \sigma_0 \tag{9}$$

式中：μ 为泊松比；E_1、E_3、η_2 和 η_3 为 Burger 模型 4 个黏弹性参数；σ_0 为轮压，MPa；t_0 为某点碾压一次时荷载有效作用时间，s；T 为车轮行走一次作用时间，s；t 为某一时刻，s；H 为车辙深度，mm。

3.3 室内试验

3.3.1 试验仪器

本实验采用新型车辙试验仪，该新型车辙试验仪具有结构简单使用方便，速度、温度和载荷可调节，试验全过程的车辙变形数据可记录等优点，适用于研究沥青混合料抗车辙性能的室内车辙试验。

3.3.2 混合料类型

研究表明，沥青混合料层的最大剪应力出现在路表以下 5~10 cm 处，车也主要发生在此深度，也就是通常说的中面层。除此之外，在三层路面结构中，中面层的车辙贡献率大于上、下两个面层。在国内，中面层混合料普遍使用的类型是 AC-20。本次试验采用的沥青混合料为 AC-20C，沥青采用重交 A-70 型号。沥青混合料级配曲线及沥青性质见图 2 和表 2。

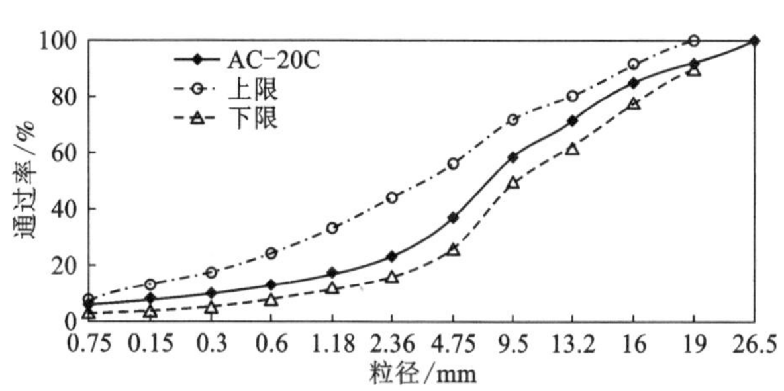

图 2 沥青混合料 AC-20C 级配曲线

表 2　沥青及混合料性质

设计指标	沥青 A-70	混合料 AC-20C
密度/(g·cm^{-3})	1.050	2.551
针入度(0.1 mm)	66	
软化点/℃	48	
最佳沥青用量/%	4.2	
孔隙率/%		3.7

3.4　计算结果及分析

首先通过室内车辙试验得到试验结果 RD，然后将式(9)嵌入 1stOpt 软件中，接着采用改进差分进化法进行反算，最后得到 Burgers 模型 4 个参数 E_1、E_3、η_2 和 η_3。温度 60 ℃、荷载 1.4 MPa、作用时间 0.196 s 的拟合曲线如图 3 所示。其中横坐标为时间，纵坐标为车辙深度。

从图 3 可以看出，拟合曲线和实测数据相关度较好，相关系数为 $R^2=0.998$，说明该本构模型能够较好地描述车辙变形的过程，而且采用改进差分法进行拟合的曲线相关性较好，可以用来对黏弹性参数进行迭代反算。正交试验中的车辙深度及黏弹性参数计算结果见表 3。

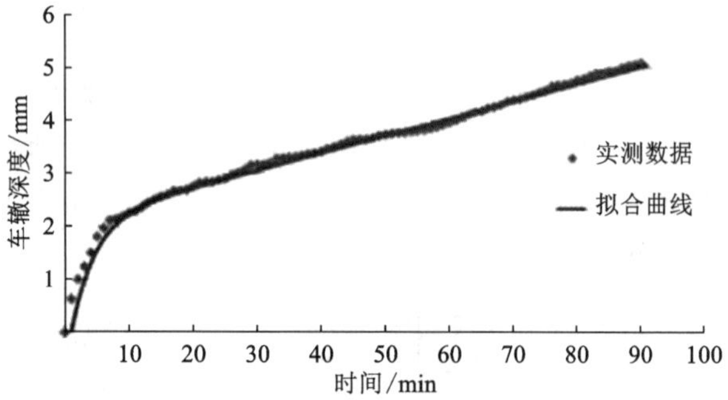

图 3　曲线拟合图

表 3　车辙正交试验及计算结果

因子水平	温度/℃	荷载/MPa	作用时间/s	试验参数				
				RD/mm	E_1/Pa	η_2/(Pa·min)	E_3/MPa	η_3/(Pa·min)
1	30	0.7	0.130	0.8689	1.35×10^9	3.58×10^9	2.27×10^7	6.49×10^7
2	30	1.1	0.196	1.1676	4.94×10^8	6.08×10^9	2.57×10^7	9.66×10^7
3	30	1.4	0.388	2.3031	9.30×10^7	6.36×10^9	2.55×10^7	2.02×10^8
4	45	0.7	0.196	1.9986	8.26×10^7	8.65×10^{10}	3.78×10^7	1.01×10^9
5	45	1.1	0.388	3.5534	2.12×10^8	2.51×10^9	1.56×10^7	1.36×10^8
6	45	1.4	0.130	2.3343	3.12×10^8	3.31×10^9	2.66×10^7	1.34×10^8
7	60	0.7	0.388	7.0268	2.50×10^7	6.30×10^8	2.48×10^7	1.02×10^9
8	60	1.1	0.130	3.7132	2.73×10^8	6.76×10^8	1.43×10^7	4.41×10^7
9	60	1.4	0.196	5.1171	8.73×10^8	9.37×10^8	1.17×10^7	4.20×10^7

3.4.1　直观分析

根据表 4 中的结果，对相对极差与各因素之间的关系进行分析，见图 4。极差 R 的相对变化是以第一个值为 1，其余值除以第一个值得到，作为数据纵坐标。根据图 4 分析了温度荷载和作用时间三因素对车辙深度 RD 和 Burgers 四参数 E_1、E_3、η_2 和 η_3 的影响。

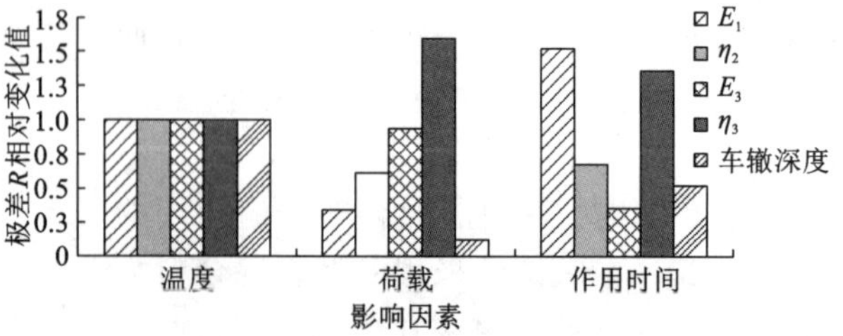

图 4　各影响因素极差变化

表 4 正交试验分析结果

评定指标	因素	T_1	T_2	T_3	R
车辙深度/mm	温度	4.339	7.886	15.857	11.517
	荷载	9.894	8.434	9.754	1.460
	作用时间	6.916	8.283	12.883	5.967
E_1 对数值/Pa	温度	9.287	8.783	9.069	0.504
	荷载	9.164	8.991	9.107	0.173
	作用时间	9.287	9.161	8.519	0.768
η_2 对数值/(Pa·min)	温度	10.205	10.965	9.351	1.614
	荷载	10.958	9.967	10.026	0.991
	作用时间	9.879	10.971	9.978	1.092
E_3 对数值/Pa	温度	7.869	7.903	7.706	0.197
	荷载	7.931	7.745	7.805	0.186
	作用时间	7.803	7.876	7.819	0.073
η_3 对数值/(Pa·min)	温度	8.561	9.107	9.044	0.547
	荷载	9.321	8.442	8.577	0.879
	作用时间	8.386	9.060	9.133	0.747

注：①T 为对应的累加值，R 为极差；②黏弹性参数 E_1、η_2、E_3 和 η_3 采用 10 为底的对数值；③平均相关性为 0.99。

总的来说，各因素对车辙深度的影响中，温度大于作用时间，而作用时间大于荷载。车辙深度极差变化曲线中，温度的极差变化分别是作用时间和荷载的 2 倍和 10 倍，作用时间是荷载的 4 倍。因此降低沥青混合料的温度敏感性、提高高温稳定性、减少荷载作用时间是抵抗变形最有效的途径。

从图中同样可以看出，温度、荷载作用时间三个因素对 Burgers 模型的四参数的影响各不相同。

①对参数 E_1 的影响：作用时间>温度>荷载。其中作用时间的极差相对变化值分别是温度和荷载所对应值的 1.6 倍和 4 倍。因此要想增加 E_1 值，主要是减少作用时间，其次是降低温度，最后才是减小荷载。

②对参数 η_2 的影响：温度影响最大，其中作用时间和荷载对 η_2 的影响基本相同，温度影响均为作用时间和荷载的 1.5 倍。因此，为了保持沥青混合料的较大的黏度，提高温度稳定性，主要通过降低路面温度的方法。

③对参数 E_3 的影响：温度>荷载>作用时间。温度和荷载对 E_3 的影响基本相同，而作用时间对其的影响相对较小，温度和荷载的影响程度均为作用时间的 2.5 倍，这说明 E_3 对作用时间不是太敏感。要增加对 E_3 值的影响，可以考虑减小温度和荷载。

④对参数 η_3 的影响：荷载>作用时间>温度。其中温度的影响最小，荷载和作用时间的极差变化值分别是温度所对应值的 1.6 倍和 1.4 倍。荷载和作用时间对 η_3 值的影响差别不大。

3.4.2 敏感性分析

根据正交试验分析结果表 4，绘制出车辙深度、E_1、E_3、η_2 和 η_3 参数相对变化与各影响因素增长水平之间的关系图(见图 5~9)分析结果如下。

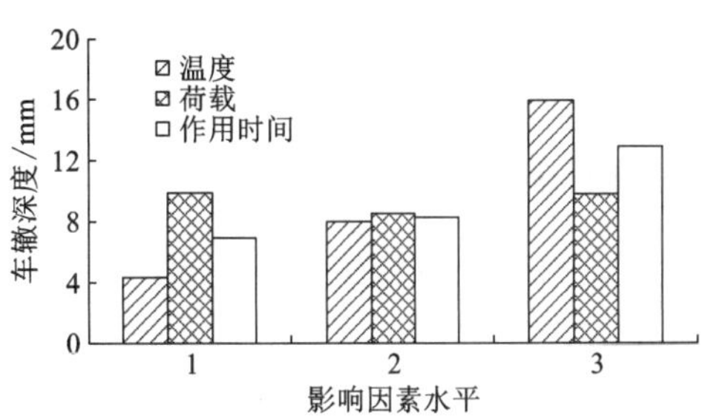

图 5 各影响因素水平与车辙深度关系

图 5 表明，随着各影响因素水平的增长，车辙深度总体上是增加的。其中，温度对车辙深度的影响变化最为明显，作用时间的影响程度相比温度要小很多，而荷载影响程度变化最小。温度和作用时间随着因素水平的提高，

其影响程度也不断提高，后期影响程度明显大于前期。当温度超过 45 ℃（沥青软化点）后，车辙深度变化率增大。如果要减少车辙深度，首先应控制沥青混合料温度不超过软化点或者提高沥青软化点；其次，作用时间不宜过长，即保持较快的车速。同时，从图中可以看出，车辙随荷载因素水平的增加出现先减后增的现象，这主要跟因素的组合作用有关，即在 1.1 MPa 荷载条件下没有极端温度和作用时间的组合。

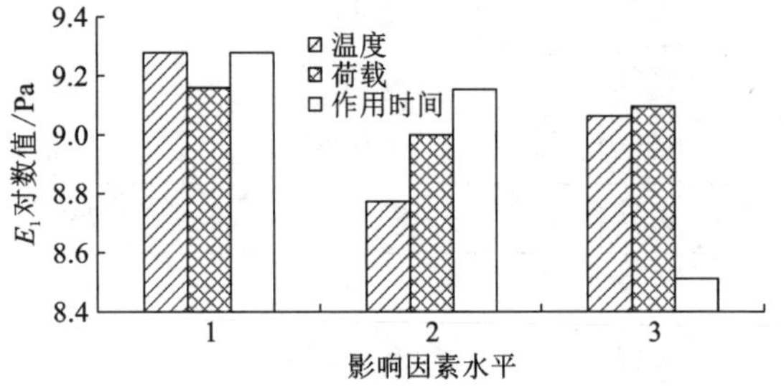

图 6　各影响因素水平与 E_1 对数值关系

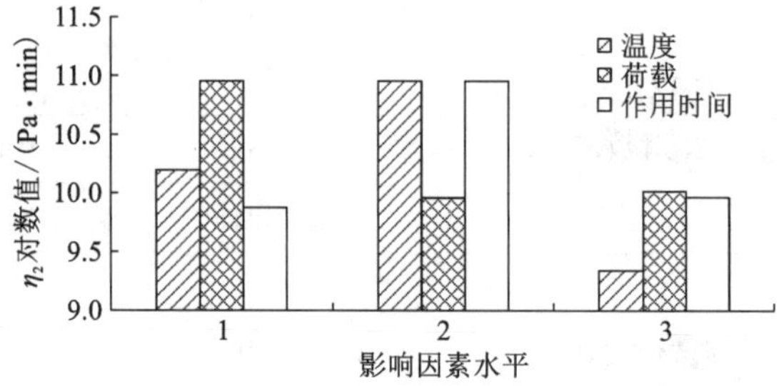

图 7　各影响因素水平与 η_2 对数值关系

图 6 表明，E_1 对数值的相对变化受作用时间的影响最为明显，前期变化比较小，后期变化幅度较大。温度影响线变化呈 V 字形，在 45 ℃前 E_1 对数值小，超过该温度值后大。荷载对 E_1 对数值的影响最小，整体上持平，变化幅度为 9.2~9.0 Pa。所以要使 E_1 对数值增大，主要是减少作用时间。

图 7 表明，温度和作用时间对 η_2 对数值的影响程度基本一致，温度影响变化程度稍大于作用时间，荷载的影响程度在因素水平较小时，变化幅度大，而在因素水平较大时则变化较小。η_2 对数值在温度为 45 ℃和作用时间为 0.196 s 时达到峰值，随后迅速减小，所以合理控制好温度和作用时间能够增加沥青混合料的黏性，提高沥青混合料的高温稳定性。

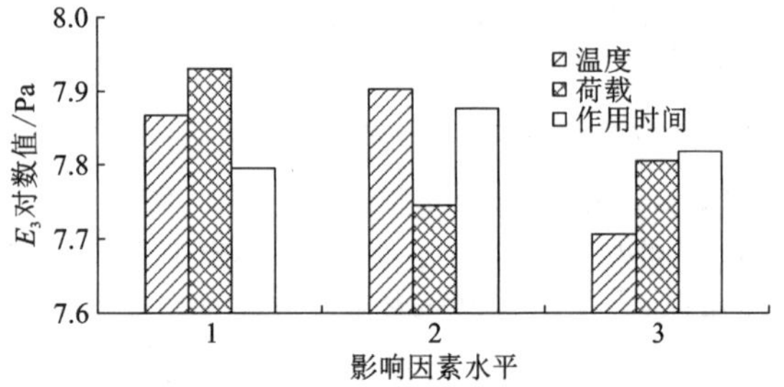

图 8　各影响因素水平与 E_3 对数值关系

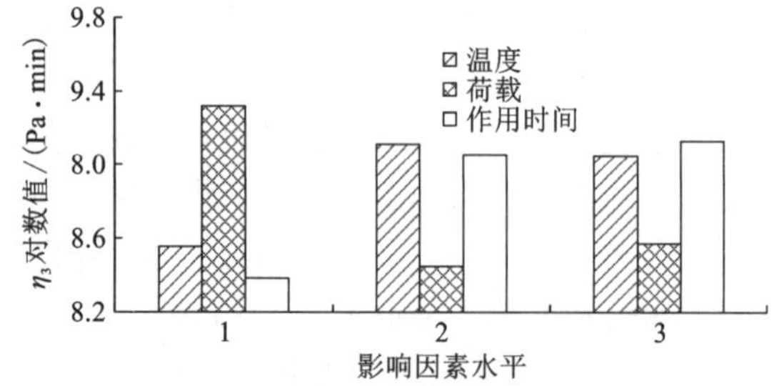

图 9　各影响因素水平与 η_3 对数值关系

图 8 表明，对于 E_3 对数值的影响：温度和荷载影响程度变化幅度较大，作用时间的影响程度变化幅度较小，在 7.8~7.9 Pa 范围内变化。温度影响程度在因素水平较小时变化幅度较小，反之则大，而荷载影响程度较温度相反。作用时间的影响变化幅度不大。E_3 对数值在温度为 45 ℃和作用时间为 0.196 s 时达到峰值，而随着荷载的增加总体上是减小的。

图 9 表明，荷载的影响程度最明显，在因素水平较小时变化最为显著，因素水平较大时则变化幅度较小。当荷载增加至 1.1 MPa 时，对数值降至最小值，而在温度为 45 ℃和作用时间为 0.196 s 时，η_3 对数值增至最大。温度和荷载影响线类似，都是在因素水平较小时变化幅度较大，反之则变化幅度小。

4　影响因素共同作用分析

外界影响因素对车辙变形的影响往往是耦合作用，而温度和作用时间相对荷载对车辙变形的影响较大，因此本文针对温度和作用时间对车辙变形的影响进行共同作用分析，如图 10 所示。

从图 10 可以看出，随着温度和作用时间的增加，车辙深度有不同程度的增加。其中温度方向的增幅要大于作用时间方向的增幅，高温下的增幅要大于低温下的增幅，但是长作用时间和短作用时间增幅差别不大。同时，高温和长作用时间的耦合作用最明显，车辙变形深度最大达 7.0368 mm。而低温和短作用时间下的车辙变形深度只有 0.8689 mm，前者是后者的 8 倍。所以避免高温和长作用时间这种极端恶劣条件的共同作用，特别是避免高温，能有效减小车辙变形。

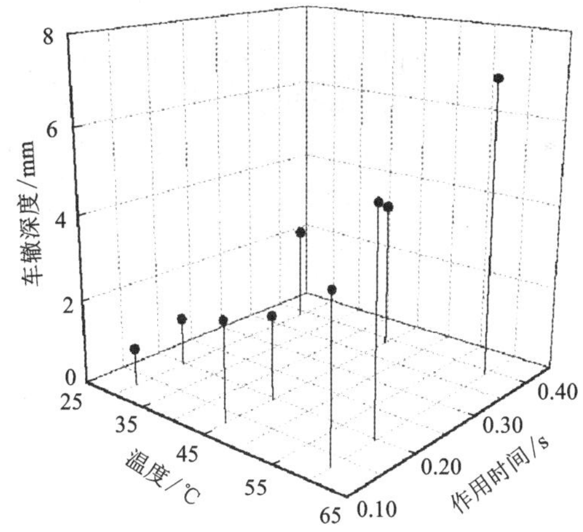

图 10 车辙深度与温度和作用时间的关系

5 结论

(1)由 Burgers 模型推导出的单层沥青混合料车辙模型能够较好地模拟沥青混合料的黏弹性性能，通过多元外界条件下的车辙试验结果，能够反算得到不同外界条件下该模型的四个黏弹性参数，从而进一步分析不同外界影响因素与该模型黏弹性参数之间的关系。

(2)从正交试验分析结果表(表 4)表中可以得出：车辙深度极差变化曲线中，温度的影响大于作用时间，作用时间大于荷载。对参数 E_1 的影响：作用时间大于温度，温度大于荷载。对参数 η_2 的影响，作用时间和荷载对 η_2 的影响基本相同，温度影响最大。对参数 E_3 的影响：温度和荷载影响基本相同，作用时间影响最小。对参数 η_3 的影响温度影响最小，荷载和作用时间的极差变化值分别是温度所对应值的 1.6 倍和 14 倍。因此，降低沥青混合料的温度敏感性，减少作用时间，提高车速，是抵抗车辙变形最有效的途径。相比而言，荷载对车辙的影响较小。

(3)在敏感性分析中，车辙主要是受温度和作用时间的影响，特别是当温度超过软化点后，影响程度明显加剧，对温度最为敏感。参数 E_1 对数值的相对变化受作用时间的影响最为明显；η_2 对数值在温度为 45 ℃和作用时间为 0.196 s 时达到峰值，随后迅速减小；E_3 对数值在温度为 45 ℃和作用时间为 0.196 s 时达到峰值，而随着荷载的增加，总体上是减小的；η_3 对数值受荷载影响程度最为明显。

4)从影响因素共同作用结果分析来看，极端外界因素的共同作用是造成车辙变形的主要原因，因此要避免高温和长作用时间的共同作用。

参考文献

[1] SOUSA. Permanent deformation of aggregate mixes[R]. Washington. DC: Strategic. Highway. Research. Program, National Research Program Council, Report. NO. SHRP-415, 1994.

[2] MONISMITH C L, MCLEAN D B. Design considerations for asphalt pavements[M]. Berkley: Berkley University of California, 1971.

[3] MOREA F, ZERBINO R, AGNUSDEI J. Wheel tracking rutting performance estimation based on bitumen Low Shear Viscosity (ISCV), loading and temperature conditions Mater Struct, 2014, 47: 683-92.

[4] 徐世法. 沥青路面的黏弹性力学分析与车辙预估[D]. 上海：同济大学，1988.

[5] 詹小丽，张肖宁，王端宜，等. 改性沥青非线性黏弹性本构关系研究及应用[J]. 工程力学，2009，26(4)：187-191.

[6] 茅梅芬. 半刚性基层上沥青路面车辙研究[J]. 华东公路，1995，26(3)：45-49.

[7] 杨挺青. 黏弹性力学[M]. 武汉：华中理工大学出版社，1990.

[8] 郑建龙. 沥青路面温度收缩开裂的热黏弹特性研究[D]. 西安：长安大学，2001.

[9] 刘立新. 沥青混合料黏弹性力学及材料学原理[M]. 北京：人民交通出版社，2006.

[10] LIU Y, FENG S R, HU X G. Dicrete element simulation of asphalt mastics based on burgers model[J]. Journal of Southwest Jiaotong University, 2007, 15(1): 20-27.

[11] 龙尧，谢品，王德群，等. 基于 Burgers 模型的沥青混合料室内车辙试验黏弹性分析[J]. 中外公路，2011，31(5)：30-34.

[12] 康永刚，张秀娥. 基于 Burgers 模型的岩石非定常蠕变模型[J]. 岩土力学，2011，32(增 1)：424-427.

[13] LAI H L, MA C F. A new lattice Boltzmann model for solving the coupled viscous Burgers' equation[J]. Physica A, 2014, 395: 445-457.

[14] RAINER S, PRICE K. Differential evolution-a simple and efficient heuristic for global optimization over Continuous Spaces [J]. Journal of Global Optimization, 1997, 11(4): 341-359.

[15] PRICE K. Different evolution a fast and simple numerical optimizer[C]//1996 Biennial Conference of the North American Fuzzy Information Processing Society. New York: [S. n.], 1996: 524-527.

[16] 龙尧. 青混合料车辙实验及黏弹性分析[D]. 长沙: 长沙理工大学, 2010.

[17] 高大钊, 袁聚云. 质学与力学[M]. 北京: 人民文通出版社, 2003: 56-94.

主筋锈蚀对钢筋混凝土梁承载特性的影响

刘会颖[1]，张家生[1]，孟　飞[1]，周正祥[2]

1. 中南大学土木工程学院，湖南长沙，410075

2. 上海市政工程设计研究总院(集团)有限公司，上海，200092

摘要：基于适当的钢筋、混凝土本构关系以及锈蚀钢筋和混凝土的黏结滑移模型，建立有限元模型，对5根不同主筋锈蚀率的钢筋混凝土梁进行承载特性分析，获得了梁中点处的荷载-挠度关系、受力筋的应变分布以及钢筋与混凝土之间的滑移分布。研究结果表明：随着受力筋锈蚀率的增大，钢筋混凝土梁的极限承载力降低，延性下降，受力筋的最大拉应变和伸长量逐渐增加，钢筋和混凝土之间的滑移量也大幅增加。

关键词：钢筋混凝土梁；锈蚀；极限承载力；黏结滑移；黏结力

钢筋锈蚀是导致钢筋混凝土结构寿命减少、承载能力下降的重要原因之一，已经引起了普遍关注[1-5]。研究钢筋锈蚀对构件承载力的影响是研究混凝土结构耐久性的关键问题。目前，研究锈蚀钢筋混凝土构件承载力所采用的方法主要是试验研究和数值模拟分析。国内外研究者已对锈蚀后的钢筋混凝土构件的力学性能进行了大量试验。易伟建等[6]对锈蚀钢筋混凝土梁的疲劳性能进行了试验研究；张伟平等[7]对28根自然锈蚀钢筋试件进行了轴向拉伸疲劳试验；余志武等[8]进行了加速锈蚀钢-混凝土组合梁的性能试验研究；王小惠[9]采用外加电流对位于柱拉、压区、不同局部长度的钢筋混凝土柱内的纵向钢筋进行了快速锈蚀试验，对局部区段锈蚀的钢筋混凝土柱承载力进行了试验研究；袁迎曙等[10-11]等进行了锈蚀试件的室内试验研究，试件包括实验室条件下快速钢筋锈蚀试件以及从已有结构上拆除的自然锈蚀的钢筋混凝土构件。影响锈蚀钢筋混凝土梁承载力的因素很多，而进行试验研究的条件有限，试验过程中不能充分考虑各种因素，试验研究花费巨大，周期较长。因此，有必要对锈蚀钢筋混凝土梁的力学性能进行有限元仿真模拟分析，从而得到不同锈蚀率对钢筋混凝土梁承载力的影响。杨明[12]采用有限元对锈蚀钢筋混凝土的受弯性能进行了分析；孙彬等[13]对锈蚀钢筋混凝土进行了非线性有限元分析；曾力等[14]对部分锈蚀钢筋混凝土结构动力特性进行了数值分析。现有的数值模拟研究主要分析混凝土构件的极限承载力的变化，对于内在的原因及锈蚀对混凝土构件的其他不利影响探讨较少。本文通过有限元分析软件ANSYS，采用适当的材料本构关系和黏结滑移模型，对5根不同主筋锈蚀率的钢筋混凝土梁进行有限元分析，探讨主筋锈蚀对钢筋混凝土梁极限承载力、钢筋的受力变形，以及钢筋与混凝土之间黏结滑移的影响，并分析其内在原因。

1　有限元模型的建立

1.1　梁的几何尺寸及配筋

数值模型包括5根混凝土梁，梁的长度为3600 mm，梁截面宽150 mm，高300 mm，混凝土强度等级为C25。受力筋为HRB335级，直径20 mm，共2根；架立筋为HPB235级，直径12 mm，共2根；箍筋为HPB235级，直径8 mm，间距150 mm；混凝土保护层厚度为25 mm。梁的尺寸及截面配筋如图1所示。梁的加载方式采用中点处单点加载，简支支座距梁端均为0.1 m。对于此种加载方式，架立筋、箍筋对梁承载力的贡献相对较小，因此计算中仅考虑受力筋的锈蚀。5根梁的编号为L1、L2、L3、L4和L5，受力筋面积锈蚀率分别为0、3%、6%、9%和12%。

1.2　材料的本构模型及参数

锈蚀钢筋的屈服拉应力采用的退化模型如下[15]：

刘会颖，张家生，孟飞，等.主筋锈蚀对钢筋混凝土梁承载特性的影响[J].铁道科学与工程学报，2014，11(4)：26-31.

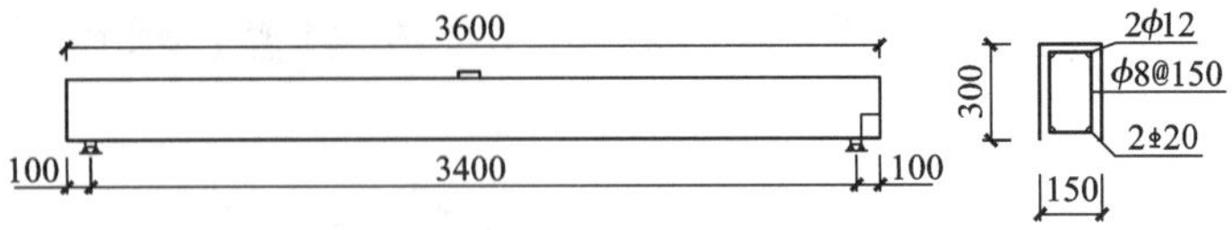

图 1　梁的几何尺寸及配筋(单位: mm)

$$f_{yc} = \frac{(1 - 1.077\eta)}{(1 - \eta)} f_{y0} \tag{1}$$

式中: f_{y0} 和 f_{yc} 分别为钢筋锈蚀前和锈蚀后的屈服强度, 未锈蚀受力筋的屈服强度为 335 MPa, 架立筋、箍筋的屈服强度为 235 MPa; η 为钢筋锈蚀的面积损失率。钢筋的应力-应变关系采用双折线模型, 屈服时拉应变为 0.001675, 并忽略钢筋锈蚀率过大时钢筋无屈服台阶的情况, 锈蚀钢筋的荷载-应变曲线如图 2 所示。

混凝土采用多线性随动强化本构模型, 应力-应变关系采用 Sansz 公式[16]:

$$\sigma = k_3 f_c \frac{A(\varepsilon/\varepsilon_0) + (D-1)(\varepsilon/\varepsilon_0)^2}{1 + (A-2)(\varepsilon/\varepsilon_0) + D(\varepsilon/\varepsilon_0)^2} f_{y0} \tag{2}$$

式中: f_c 为混凝土的轴心受压强度, 取 16.7 MPa; ε 为应变; ε_0 为初始应变值, 取 0.002; k_3、D 和 A 为模型参数, 分别取 1、5 和 1.738。混凝土的应力-应变关系如图 3 所示。混凝土的强度采用 W-W 模型, 张裂缝的剪应力传递系数为 0.7, 闭合裂缝的剪应力传递系数为 1.0, 单轴抗拉强度为 1.78 MPa, 单轴抗压强度为 16.7 MPa。

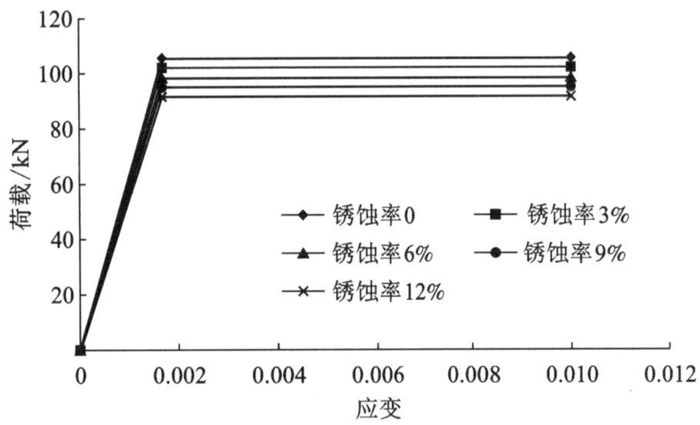

图 2　不同锈蚀率下主筋的本构关系

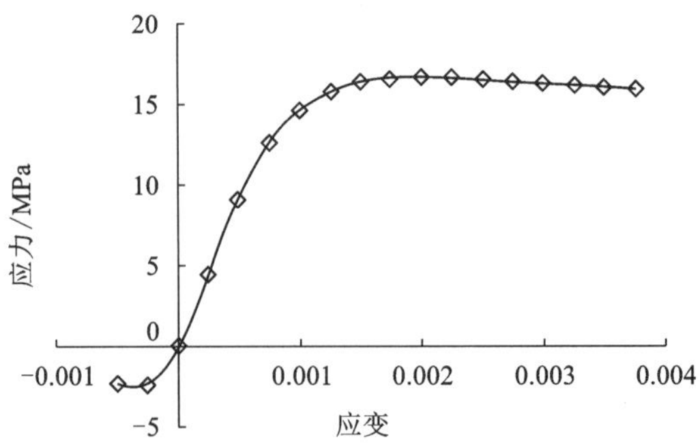

图 3　混凝土本构关系

锈蚀钢筋与混凝土之间的黏结滑移本构关系如下[17]:

$$\tau = \beta\tau_0 \tag{3}$$

$$\tau_0 = (61.5S - 3140S^3 - 4780S^4) f_{t,s} \cdot \sqrt{c/d} \tag{4}$$

$$\beta = \begin{cases} 1 + 0.562\eta - 0.3375\eta^2 + 0.055625\eta^3 - 0.003\eta^4, & \eta \leqslant 7\% \\ 2.0786\eta^{-1.0369}, & \eta \geqslant 7\% \end{cases} \tag{5}$$

式中: τ 为锈蚀钢筋与混凝土之间的黏结力; β 为黏结强度降低系数; τ_0 为未锈蚀钢筋与混凝土之间的黏结强度; S 为滑移量; $f_{t,s}$ 为混凝土的劈裂抗拉强度, 取 $f_{t,s} = 0.19 f_{cu}^{0.75}$; c 为保护层厚度; d 为钢筋直径; η 为钢筋锈蚀率。锈蚀钢筋与混凝土之间的黏结力见图 4。

钢筋和混凝土之间的滑移量一定时, 随着锈蚀率的增大, 两者之间的黏结力减小。锈蚀率小于 3%时, 黏结力减小幅度不大, 但锈蚀率为 3%~12%时, 黏结力迅速减小。

1.3 模型建立

钢筋锈蚀后，与混凝土的黏结特性会发生较大变化。为分析其黏结性能对梁承载力的影响，采用分离式有限元模型研究。混凝土采用八节点实体单元 Solid65，箍筋、架立筋采用杆单元 Link8。为提高计算精度，受力筋采用实体单元 Solid45，通过在钢筋与混凝土单元之间设置非线性弹簧单元 Combin39 模拟二者的黏结特性。钢筋与混凝土之间的接触关系设置为法向不分离，侧向可以滑动。

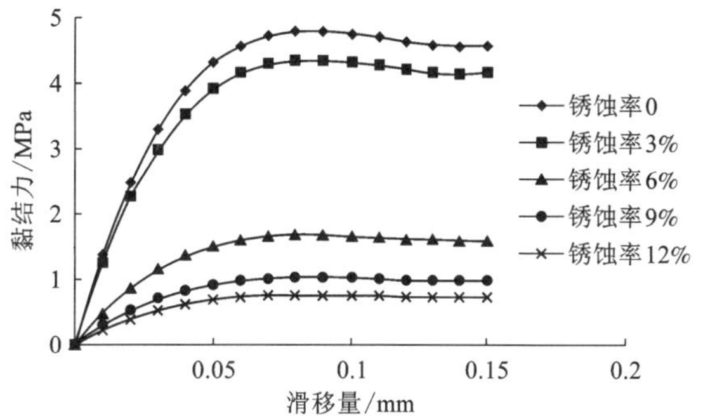

图 4 锈蚀钢筋和混凝土的黏结滑移模型

因为试件双向对称，所以建立梁的 1/4 模型来进行分析，以节省计算资源，如图 5 所示。为避免加载处及约束处出现应力集中引起收敛困难，影响计算结果，在加载处及简支约束处建立小块混凝土模型，并简化为弹性本构关系，以利于计算收敛。模型在支座处设置竖向位移约束，在加载处施加相应的竖向位移或载荷，并在对称面上施加对称约束。最终建立的有限元模型如图 5~6 所示。

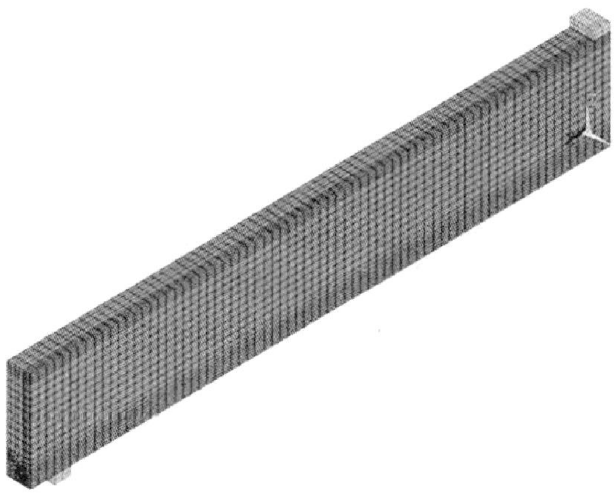

图 5 梁的有限元模型(1/4)

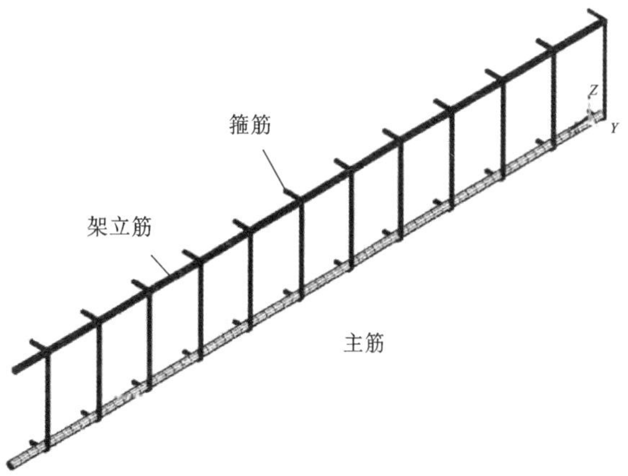

图 6 钢筋的有限元模型

2 计算结果分析

运用 ANSYS 进行非线性分析时，打开自动时间步长及线性搜索，加大平衡迭代次数至 40 次，放松收敛容差，并考虑混凝土开裂后的应力松弛，以利于计算收敛，最终得到受力筋面积锈蚀率分别为 0、3%、6%、9%和 12%时的计算结果。为验证有限元模型的合理性，通过理论计算得到未锈蚀的钢筋混凝土梁极限承载力为 57.87 kN，而有限元计算结果为 60.94 kN，两者误差为 5.3%，在容许范围之内，表明该有限元模型可以反映混凝土梁的实际受力特性。

2.1 混凝土梁承载特性分析

不同锈蚀率下梁的荷载-挠度曲线如图 7 所示。由图 7 可见，随着锈蚀率的增大，结构承载力和延性均发生退化。在锈蚀率为 3%时，结构有明显的屈服点，当锈蚀率继续增大时，梁的屈服点退化，同时刚度发生明显的下降。这说明钢筋锈蚀程度对梁的承载力有明显的影响，且随锈蚀程度增大，梁承载力变小。不同锈蚀率下钢筋混凝土梁的极限承载力变化如图 8 所示。锈蚀率为 3%时，梁的极限承载力为 60.94 kN，锈蚀率达到 12%时，其极限承载力为 46.76 kN，下降了 32%。

结构承载力下降的原因主要来自两个方面：①钢筋截面积的减少以及钢筋屈服强度的降低，导致钢筋的抗拉能力下降。②钢筋与混凝土之间黏结性能的退化，使钢筋不能够充分发挥其效用，钢筋混凝土构件的承载力在锈蚀严重时出现大幅下降。

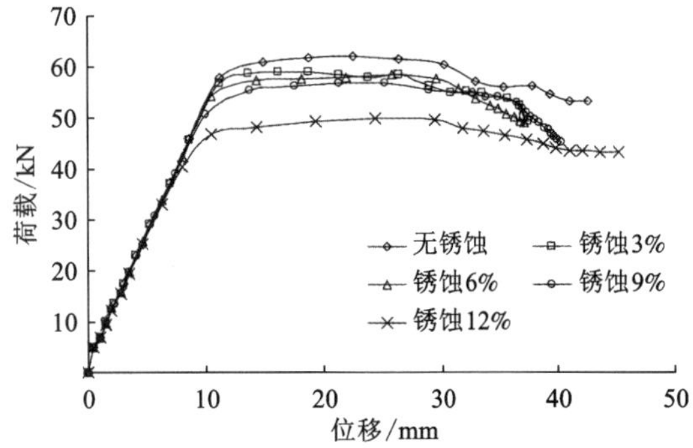

图 7　L1~L5 荷载-挠度曲线

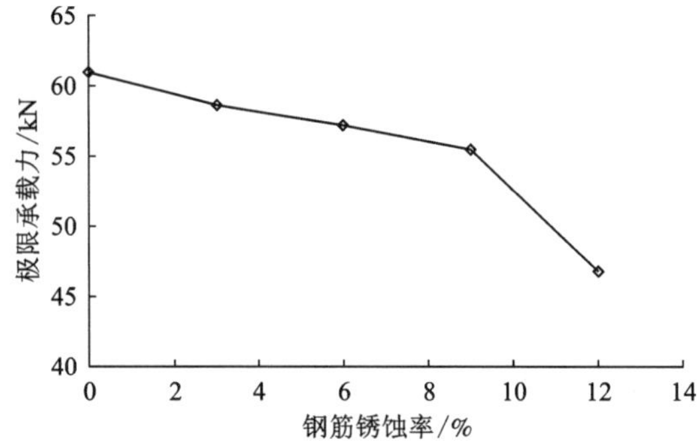

图 8　不同锈蚀率下的极限承载力变化曲线

2.2　钢筋受力变形

对于一般的混凝土梁，荷载分项系数为 1.2~1.4。为分析正常工作状态下的钢筋应力分布，对于极限承载力 40~65 kN 的混凝土梁，在其中心施加 33 kN 的荷载(此时混凝土梁处于带裂缝正常工作的状态)，并通过有限元计算得到钢筋的应变分布如图 9 所示。

由图 9 可知，锈蚀后纵向受拉钢筋的应变随着锈蚀率的增大而逐渐增大，梁中点处的最大拉应变分别为 9.43×10^{-4}、9.76×10^{-4}、1.00×10^{-3}、1.04×10^{-3}、1.08×10^{-3}，表明在相同荷载作用下，随着锈蚀率的增大，钢筋混凝土梁受力筋有效面积变小，纵向伸长量变大，钢筋应力也相应变大。所以，在相同荷载作用下，钢筋锈蚀率大的梁更容易屈服或者被破坏。

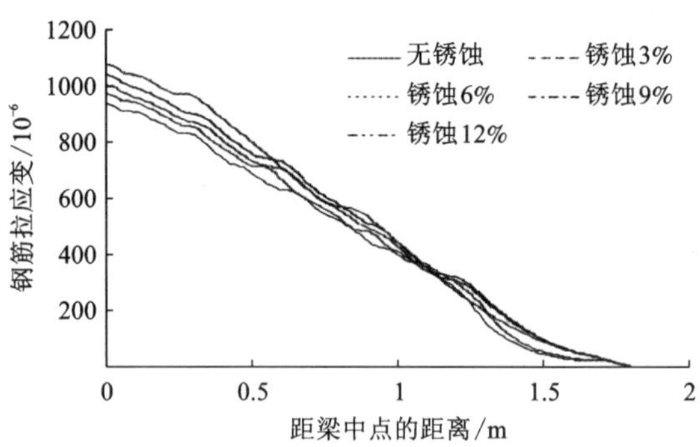

图 9　L1~L5 主筋应变曲线(33 kN)

2.3　钢筋与混凝土之间的滑移量

为了进一步分析钢筋锈蚀对钢筋与混凝土之间黏结滑移的影响，在有限元模型上施加 6 kN 的荷载(此时混凝土梁处于弹性工作阶段，钢筋与混凝土之间的黏结滑移分布较为规律，便于对比分析)，计算得到混凝土梁内钢筋与混凝土之间的相对滑移量的分布，如图 10 所示。

由图 10 可知，随着锈蚀率的增加，钢筋与混凝土之间的最大相对滑移量逐渐增大。其中当锈蚀率由 0 增大至 3% 时，最大相对滑移量由 0.00029 mm 增大到 0.00032 mm，增幅较小；当锈蚀率由 3% 增大至 12% 时，最大相对滑移量由 0.00032 mm 增大到 0.00179 mm，增幅较大。锈蚀率为 12%时的最大相对滑移量达到了未锈蚀时的 6.2 倍。可见，钢筋锈蚀对于钢筋与混凝土之间的相对滑移量的影响不容忽视。

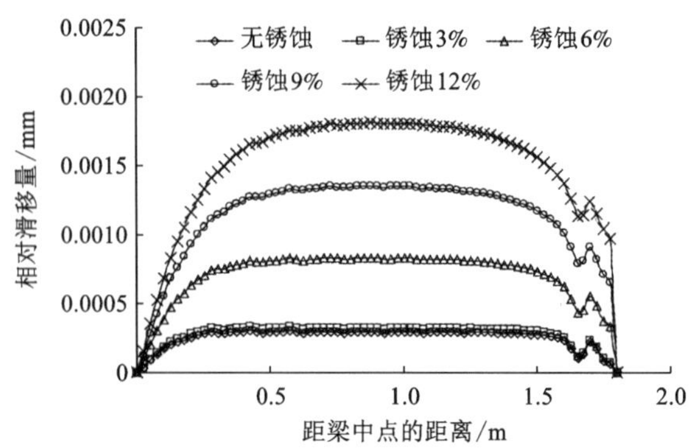

图 10　L0~L4 钢筋与混凝土之间的滑移分布(6 kN)

钢筋锈蚀后，钢筋与混凝土界面上生成的疏松锈层破坏了钢筋表面与混凝土之间的胶着力，降低了钢筋与混凝土之间的摩擦力。而钢筋与混凝土之间的黏结是保证钢筋与混凝土两种材料共同工作的前提。结合图 4 及图 10 可知，锈蚀率的增加导致钢筋与混凝土之间的黏结力降低，滑移量增大，钢筋混凝土梁的承载力减小。而对于承受动荷载的混凝土构件，滑移量的迅速增大可能会导致钢筋-混凝土界面的过早失效，使得混凝土的疲劳寿命及承载力迅速降低。

3 结论

(1)钢筋锈蚀对钢筋混凝土梁的极限承载力有较明显的影响。随着钢筋锈蚀率的增大，钢筋混凝土梁的承载力及延性均发生退化，极限承载力下降明显，破坏形式可能由延性破坏转为脆性破坏。锈蚀率达到12%时，极限承载力下降32%。

(2)钢筋锈蚀对钢筋的力学性能有较大的影响。随着锈蚀率的增大，钢筋有效受力面积越来越小，导致相同荷载下钢筋应变和应力越来越大。

(3)钢筋锈蚀对钢筋与混凝土之间的相对滑移也有不利影响。随着锈蚀率的增加，钢筋与混凝土之间的相对滑移量迅速增大，锈蚀率为12%时的相对滑移量可达未锈蚀时的6.2倍。

参考文献

[1] 伍雪南，徐为，孙勇，等. 考虑黏结滑移的锈蚀钢筋混凝土梁数值模拟研究[J]. 工业建筑，2012，42(增刊)：126-129.

[2] 史庆轩，李小健，牛荻涛. 钢筋锈蚀前后混凝土偏心受压构件承载力试验研究[J]. 西安建筑科技大学学报，1999，31(3)：218-221.

[3] 张伟平，顾祥林，金贤玉，等. 混凝土中钢筋锈蚀机理及锈蚀钢筋力学性能研究[J]. 建筑结构学报，2008(增刊1)：327-332.

[4] CABRERA J G，GHODDOUSSI P. The effect of reinforcement corrosion on the strength of the steel/concrete bond[C]//Proceedings of the International Conference From Research to Practise-Bond in Concrete. Riga：Riga Technical University，1992(3)：15-17.

[5] 彭利英，卫军，班霞. 钢筋锈蚀对空心板连接铰缝受力性能影响分析[J]. 铁道科学与工程学报，2011，8(2)：12-16.

[6] 易伟建，孙晓东. 锈蚀钢筋混凝土梁疲劳性能试验研究[J]. 土木工程学报，2007，40(3)：6-10.

[7] 张伟平，李士彬，顾祥林，等. 自然锈蚀钢筋的轴向拉伸疲劳试验[J]. 中国公路学报，2009，22(2)：53-58.

[8] 余志武，匡亚川，龚匡晖，等. 加速锈蚀钢-混凝土组合梁的性能试验研究[J]. 铁道科学与工程学报，2010，7(3)：1-5.

[9] 王小惠. 局部区段锈蚀的钢筋混凝土柱承载力试验研究[J]. 上海交通大学学报，2009，43(6)：999-1004.

[10] 袁迎曙，张鑫森，姬永生. 人工气候与恒电流通电法加速锈蚀钢筋混凝土梁的结构性能比较研究[J]. 土木工程学报，2006，39(3)：42-46.

[11] 张伟平，王晓刚，顾祥林，等. 加速锈蚀与自然锈蚀钢筋混凝土梁受力性能比较分析[J]. 东南大学学报，2006，36(增刊2)：139-144.

[12] 杨明. 锈蚀钢筋混凝土梁受弯性能有限元分析[J]. 金陵科技学院学报，2008，24(2)：38-42.

[13] 孙彬，牛荻涛，王庆霖. 锈蚀钢筋混凝土压弯构件非线性有限元分析[J]. 西安建筑科技大学学报，2005，37(3)：326-331.

[14] 曾力，郭院成，张彬. 部分锈蚀钢筋混凝土结构动力特性的数值分析[J]. 世界地震工程，2009，25(1)：12-15.

[15] 姜邵飞，王鹏，吴兆旗. 钢-混凝土组合梁疲劳性能的有限元分析[J]. 沈阳建筑大学学报，2009，25(1)：111-114.

[16] 牛荻涛，卢梅，王庆霖. 锈蚀钢筋混凝土梁正截面受弯承载力计算方法研究[J]. 建筑结构，2002，32(10)：14-17.

[17] 徐善华. 混凝土结构退化模型与耐久性评估[D]. 西安：西安建筑科技大学，2003.

分级加载下铁路路基粗粒土动力特性研究

李扬波[1]，张家生[1,2]，朱志辉[1,2]，王　晅[1,2]，石　熊[1]

1. 中南大学土木工程学院，湖南长沙，410075
2. 中南大学高速铁路建造技术国家工程实验室，湖南长沙，410075

摘要：利用大型动三轴试验仪对铁路路基粗粒土填料开展分级加载的循环三轴试验，分析围压、加载频率对粗粒土动应力-动应变关系、动弹模及阻尼比等动力特性的影响。试验结果表明：随着围压或频率的增加，土体的动强度、动弹性模量和阻尼比均增大；动应变较小时频率或围压对阻尼比的影响较小，动应变较大时频率或围压对阻尼比影响较大。在试验基础上建立基于 Hardin-Drnevich 骨架曲线和符合广义 Masing 准则的粗粒土非线性动本构模型，并在 ABAQUS 中 UMAT 二次开发平台编制相应的子程序。通过与试验结果比较，验证了粗粒土非线性动本构模型的正确性。

关键词：粗粒土；大型动三轴试验；动弹性模量；阻尼比；二次开发

我国铁路建设发展迅速，高速铁路通车里程已居世界第一。在列车动力荷载作用下，铁路路基会产生沉降变形和翻浆冒泥等病害，影响铁路的安全运营。因此研究铁路路基填料在列车荷载作用下的动力特性对保障路基安全服役性能具有重要意义。Suiker 等[1]研究了道砟及底砟的力学特性，得出循环荷载作用下试样的强度和刚度相对于静力试验会显著增加。Bian[2]研究了围压和动力幅值对道砟及底砟的轴向应变和体积应变等特性的影响。Trinh 等[3]研究了含水率和饱和度对法国老铁路结构下受污染道砟层粗粒土试样的力学特性的影响，并建立了一个可考虑应力水平、循环次数和土体含水率等因素的本构模型。冷伍明等[4]研究了动应力幅值、含水率以及围压对粗粒土累计变形规律的影响，并提出了粗粒土动力变形稳定界限及判别标准。以上研究大多是针对铁路路基填料的静力特性及动力稳定性，关于动强度等动力特性方面的研究较少。路基中动应力传递规律对铁路路基设计具有重要指导意义，实测方式[5]是研究路基中动应力分布规律的主要手段，但现场实测具有受外界影响因素多、成本高昂和测点数目少等局限性，很难真实反映路基中动应力的时空变化规律。要正确评估列车荷载作用下路基中的动应力，有必要通过试验方法对铁路路基填料在动力荷载作用下的动弹性模量等动力特性的变化规律开展研究。岩土材料在动力荷载作用下表现出非线性和滞后性等动力特性，动弹性模量和阻尼比是反映土体非线性和滞后性的首要参数。土体动弹性模量和阻尼比研究已取得较丰硕的成果，如 Hardin 等[6]研究了粗粒土的最大剪切模量以及剪切模量随剪应变变化关系。Enomoto 等[7]研究了未扰动级配良好粗粒土强度、变形特征及小应变特性。Cabalar[8]分析了砂土细粒含量与砂土动孔隙水压、动剪切模量和阻尼比等动力特性的关系。张希栋等[9]通过动三轴试验研究了黄土在双向动荷载作用下剪切模量影响因素，并采用修正 Hardin 模型描述了动剪切模量与动剪应变关系。陈乐求等[10]研究了干湿循环作用对化学改良泥质板岩粗粒土动弹性模量和阻尼比等力学特征参数的影响。粗粒土填料的动弹性模量和阻尼比是进行铁路路基动力响应分析的重要参数，对铁路路基设计具有重要意义，而目前关于铁路路基粗粒土填料动弹性模量及阻尼比等动力特性的研究较少，不能满足铁路路基动力设计的需求。土的非线性动力本构模型是反映土体动力特性的最基本关系[11]，然而商业软件中缺少土体动力本构模型，无法合理反映动力荷载作用下土体动力特性，在商业软件中对动力本构模型进行二次开发，是解决该问题的有效途径[11-13]。铁路路基粗粒土填料动力本构模型研究较少，特别是模拟铁路路基动力响应时，通常使用 Drucker-Prager 等静力本构[14-15]，与列车荷载作用下土体实际动力响应特征相差较大。综上所述，目前对列车荷载作用下路基粗粒土填料动力响应规律的认识仍较模糊，有待进一步研究。本文以铁路路基粗粒土填料为试验材料，通过大型动三轴试验仪，分析围压、荷载频率

李扬波，张家生，朱志辉，等. 分级加载下铁路路基粗粒土动力特性研究[J]. 铁道科学与工程学报，2019，16(3)：620-628.

对粗粒土动应力-动应变关系、动弹性模量以及阻尼比等动力特性的影响。基于试验结果建立基于Hardin-Drnevich骨架曲线和符合广义Masing准则的粗粒土非线性动本构模型，并在ABAQUS中编制了相应的粗粒土非线性动本构模型子程序。

1 试验方案

1.1 试验仪器及试验材料

采用TAJ-2000大型动静三轴试验仪对粗粒土试样开展动力特性试验，该仪器由主机、油压源系统以及电控系统组成，主机构造如图1所示。该仪器能实现应变控制、应变速率控制和应力控制3种控制方式，能施加环向和轴向动静力荷载。数据采集系统能采集动应力、动应变、动孔隙水压力以及体变等数据。试样尺寸为直径300 mm、高600 mm。

试验所用原始粗粒土填料为长沙市南郊公园附近的细角砾土，粗颗粒为青灰色砂岩，采用碎石对原始填料进行改良，按50∶50的质量比配成试验土样，符合《铁路路基设计规范》[16]中规定的粗粒土B组填料。通过筛分试验，获得试样的级配曲线如图2所示，试样最大粒径约为60 mm，由DJ30-5重型电动击实仪进行击实试验，获得试样的物理指标如表1所示。

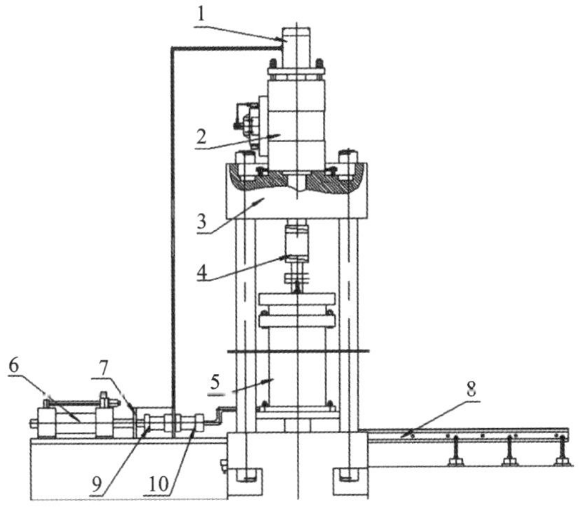

1—串联水缸；2—轴向液压缸；3—机架；4—负荷传感器；5—三轴压力室；6—侧向液压缸；7—侧向水缸；8—导航；9—反压液压缸；10—反压水缸。

图1 试验加载系统

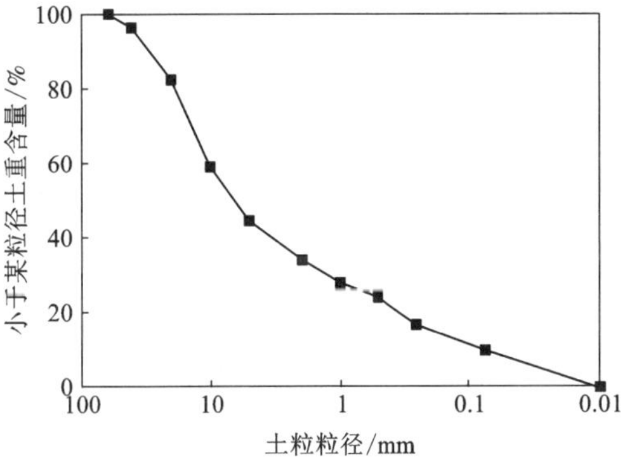

图2 试样级配曲线

表1 试样的物理参数

曲率系数 C_c	不均匀系数 C_u	最大干密度/(g·cm^{-3})	最优含水率/%
0.87	135	2.208	5.11

1.2 试验方案

试验严格按照《铁路工程土工试验规范》中相关规定开展[17]，试验分为制样、饱和、固结和加载4个步骤。根据相关规定[16]，压实系数控制在0.97，为保证压实效果，分5层对试验土样进行击实，每层击实后对表面进行刮毛；试样采用真空抽气法从下而上进行饱和，当上部出水20 min后，改用水头饱和法进行饱和，当孔压力系数达到0.95后饱和完成；采用双向排水等压固结，逐级对试样施加轴向和侧向压力直至达到固结围压，同时监测试样的排水量，固结完成的标志为试样在30 min内排水量小于15 mL；为研究不同动应力幅值下试样的动力特性，采用应力控制式加载方法，每个试样进行分级加载试验，每级加载试验施加相同幅值的循环荷载6次，试验时逐级改变动荷载幅值，初始动荷载幅值取围压的0.1倍，然后每级动荷载幅值增加围压的 0.1 倍，如图 3 所示，当应变波形明显发散时结束加载。

铁路路基动应力实测数据表明[4]，在列车荷载作用下路基动应力呈现明显的周期效应，因此本次试验采用正弦波循环荷载加载。列车荷载作用对路基影响最大的频率等于列车运行速度除以车厢长度，取每节车厢长度为 25 m，本试验加载频率取 1 Hz、3 Hz 和 5 Hz，分别对应列车运行速度为 90 km/h、270 km/h 和 450 km/h 对路基的作用频率。试验围压分别为 200 kPa，300 kPa 和 400 kPa，考虑到列车荷载作用在路基的时间很短暂，采用不排水三轴试验，共开展九组试验。

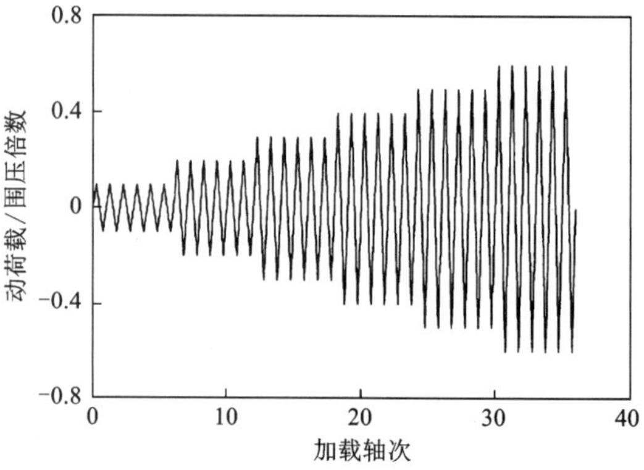

图 3　试验加载曲线

2　试验结果分析

2.1　骨架曲线

试验得到试样在不同幅值动力荷载作用下动应力-动应变滞回曲线，取动应力-动应变滞回曲线顶点处对应的动应力和动应变，得到反映动应力-动应变非线性的骨架曲线，计算时统一取每级动荷载幅值下第三个循环的动应力-动应变滞回曲线为依据。图 4 所示为相同围压下加载频率对试样骨架曲线的影响。

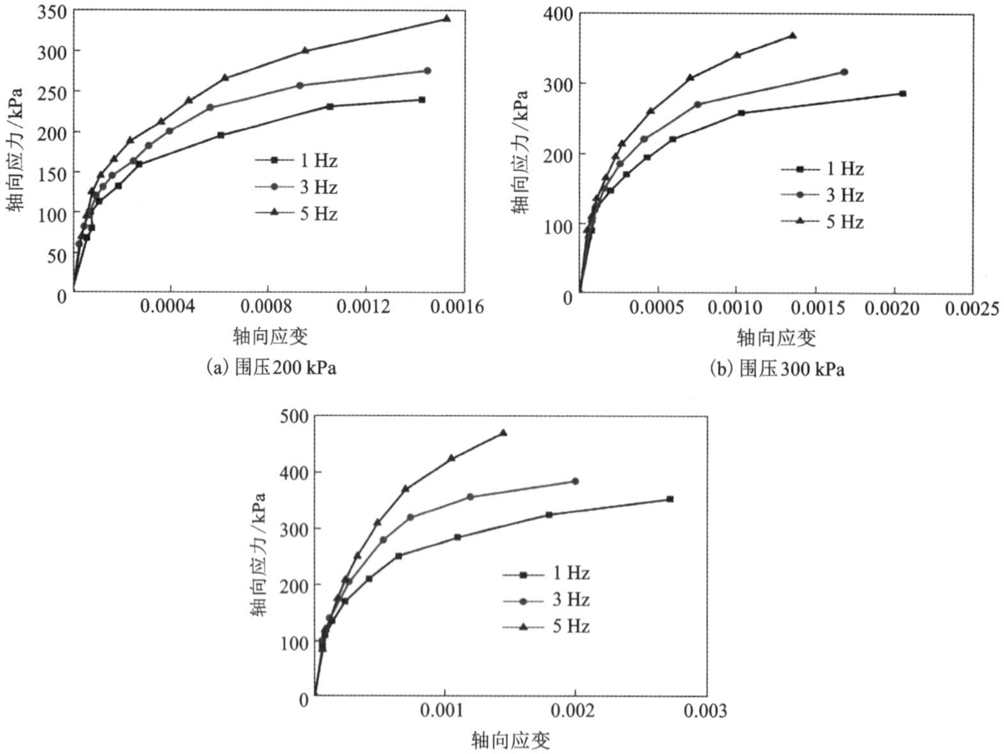

图 4　骨架曲线

由图 4 可知，粗粒土试样动应力-动应变关系呈现出明显的非线性特征，且具有应变硬化的趋势。当动应变较小时，试样动应力-动应变近似为线性关系，即在此应变量级下，试样呈现出近似弹性特性；随着动应变的增大，土体非线性特征越来越明显。从图 4 中可知，围压一定时，加载频率越大，试样的动应力-动应变骨架曲线就越高，说明在相同围压下，试样的动强度随着加载频率的增加而增加，粗粒土试样骨架曲线的变化规律与频率呈正相关。粗粒土试样压实度要求较高，但颗粒之间仍然存在孔隙，SUN 等[18]指出不同频率荷载作用下不同粒径颗粒的响应程度不同，较细的颗粒在较高频率荷载的作用下更易产生响应而进行重新排列，在不引起颗粒破碎的情况下粗粒土试样强度主要与土颗粒间的重新排列有关[19]。因此，在较高频率荷载作用下，细颗粒能更好的填充在大颗粒之间的孔隙中，使颗粒排列更密实，从而提高土体强度，即试样的动强度随着加载频率的增加而增加。

2.2 动弹性模量

在动荷载作用下，土体内部产生的动应力和动应变响应均为时间的函数，而其弹性模量在动荷载作用下不是固定的，动弹性模量取每级荷载下动应力-动应变滞回圈顶点与原点连线的斜率，表达式为：

$$E_d = \frac{\sigma_d}{\varepsilon_d} \tag{1}$$

式中：σ_d 和 ε_d 分别为各时刻对应的动应力和动应变。

通过式(1)求得不同动应变下试样的动弹性模量，如图5所示。可知，动应变较小时，动弹性模量随着动应变的增大急剧减小，该阶段土体由弹性状态逐渐向弹塑性状态转变；随着动应变的增大，动弹性模量衰减变慢，因为该阶段土体以塑性变形为主，动弹性模量逐渐趋于稳定。图5(a)为围压等于300 kPa时，不同加载频率条件下粗粒土试样动弹性模量随动应变变化规律。可知在相同围压下，粗粒土试样的动弹性模量随着作用荷载频率的增大而增大。图5(b)所示为荷载频率等于3 Hz时，不同围压下粗粒土试样动弹性模量随动应变变化规律，可知在相同作用频率下，粗粒土试样的动弹性模量随着围压的增大而增大，围压增大导致试样土体颗粒接触更紧密，试样刚度增大，即试样的动弹性模量随着围压的增大而增大。由此可知，粗粒土试样的动弹性模量与频率和围压均呈正相关。

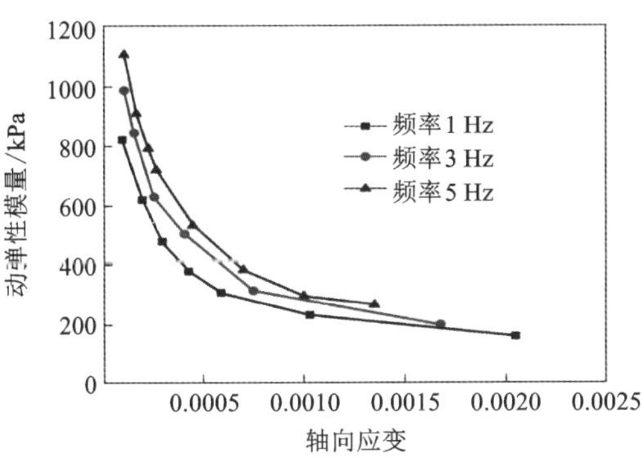

(a) 围压300 kPa

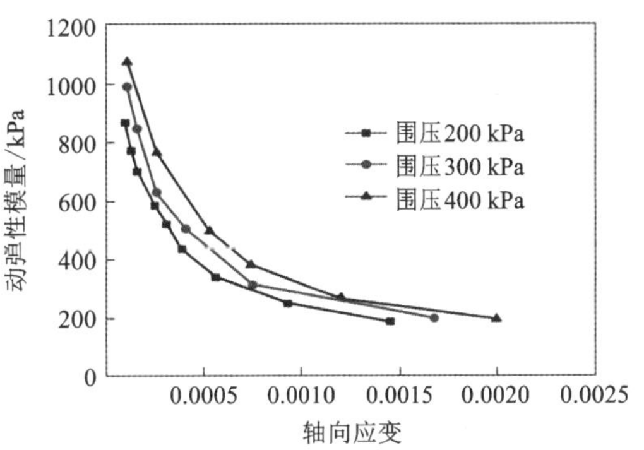

(b) 荷载频率3 Hz

图5 动弹性模量与动应变关系曲线

2.3 阻尼比

在周期荷载作用下，土体发生变形时内部阻力消耗能量的性质可用阻尼比反映，其体现了土体动应变相对于动应力的滞后特性，是反映土体动力特性的重要指标。土体的阻尼比可用如下公式表示：

$$\lambda = \frac{1}{4\pi} \frac{\Delta W}{W} \tag{2}$$

其中：ΔW 为一个周期内损耗的能量；W 为作用的总能量。如图6所示，土体损耗能量可用滞回曲线所围面积的1/4表示，而1个周期内动荷载作用的总能量等于原点到最大幅值点连线下的三角形面积，即图6中阴影部分面积。

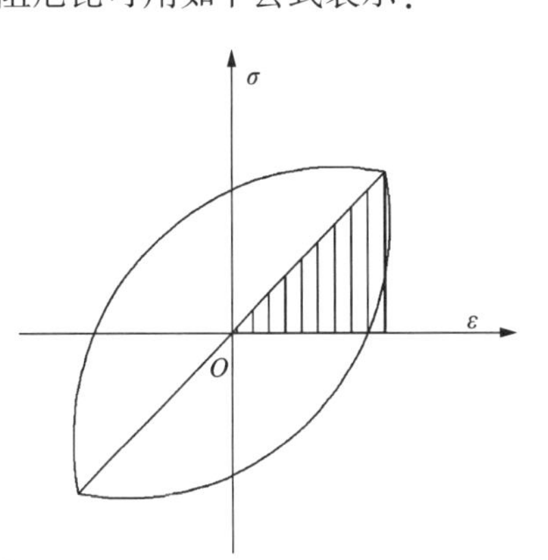

图6 滞回曲线

利用式(2)可求得粗粒土试样不同动应变下的阻尼比，如图7所示。可知在动应变位于10^{-4}~10^{-3}范围内粗粒土试样的阻尼比随动应变增大而增大，非线性特征明显。在该应变范围内阻尼比呈现急剧增长-缓慢增长-趋于平缓的过程，即在动应变较小时，阻尼比随着动应变的增大而急剧增大，随着动应变继续增大，阻尼比增长逐渐变慢，最后趋于平缓。随着动应变的增大，即随着动力加载幅值的增大，土体结构逐渐发生破坏，土颗粒间产生相互翻越、错动和滚爬等行为，导致动力波在穿越土体时消耗更大能量，最终表现为阻尼比随着动应变的增大而增大。图 7(a)所示为围压相同时加载频率对试样阻尼比与轴向应变关系曲线的影响。可知相同应变下试样的阻尼比随着加载频率增大而增大，在动应变较小时，频率对阻尼比的影响较小，动应变较大时，频率对阻尼比的影响较大。图 7(b)所示为加载频率相同时围压对试样阻尼比与轴向应变关系曲线的影响。动应变较小时，围压对粗粒土试样阻尼比的影响不明显，但动应变较大时，粗粒土试样的阻尼比呈现出随着围压增大而增大的趋势。

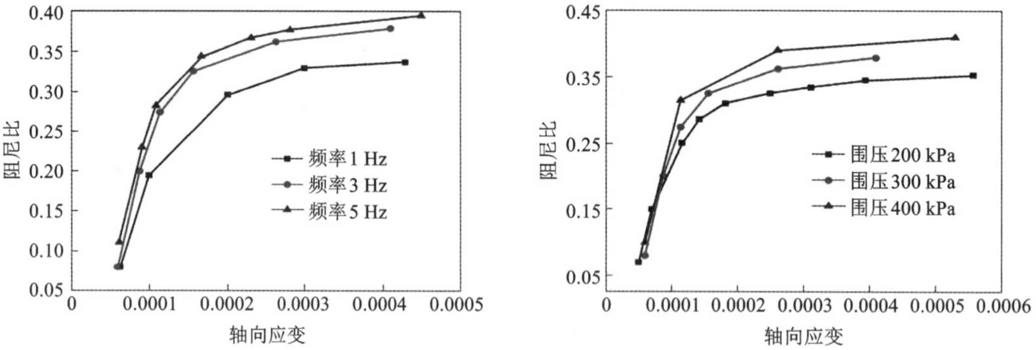

(a) 围压300 kPa　　(b) 频率3 Hz

图 7　阻尼比-轴向应变曲线

3　粗粒土动本构模型

3.1　粗粒土动本构及二次开发

由图 4 可知，粗粒土试样动应力-动应变骨架曲线近似为双曲线，因此采用如式(3)所示的 Hardin-Drnevich 双曲线模型对粗粒土动应力-动应变骨架曲线进行描述：

$$\sigma_d = \frac{\varepsilon_d}{\frac{1}{E_{max}} + \frac{\varepsilon_d}{\sigma_{max}}} \tag{3}$$

式中：E_{max} 为轴向最大动弹性模量；σ_{max} 为轴向最大动应力。

弹性压缩模量和弹性剪切模量可由下式进行转换：

$$\gamma = \varepsilon(1 + \mu) \tag{4}$$

$$\tau = \frac{1}{2}\sigma \tag{5}$$

$$G = \frac{E}{2(1 + \mu)} \tag{6}$$

则 Hardin-Drnevich 双曲线模型可写成：

$$\tau_d = \frac{G_0 \gamma_d}{1 + \gamma_d / \gamma_r} \tag{7}$$

式中：τ_d 为动剪应力；γ_r 为参考剪应变；γ_d 为动剪应变；G_0 为初始剪切模量。

初始剪切模量 G_0 为[20]：

$$G_0 = KP_a\left(\frac{\sigma'}{P_a}\right) \tag{8}$$

式中：P_a 为大气压力；k 和 n 为试验参数；σ'为平均有效主应力。

参考剪应变表达式为：

$$\gamma_r = \frac{\tau_y}{G_0} \tag{9}$$

τ_y 可由摩尔-库仑破坏理论求得：

$$\tau_y = \frac{1}{2}\cos\varphi\left[\sigma_1 - \sigma_3 + \frac{2c\cos\varphi + (\sin\varphi - 1)(\sigma_{1c} + \sigma_{3c})}{1 - \sin\varphi}\right] \tag{10}$$

式中：σ_1 和 σ_3 均为主应力；c 为黏聚力；φ 为内摩擦角；σ_{1c} 为轴向固结压力；σ_{3c} 为侧向固结压力。

Masing 准则认为骨架曲线和滞回曲线中加载曲线及卸载曲线的形状均一致，而动应力-动应变滞回曲线坐标比尺是骨架曲线的 2 倍，且剪切模量在加卸载转变后的瞬时等于初始最大剪切模量 G_0，则粗粒土非线性动本构滞回曲线的表达式为：

$$\frac{\tau \pm \tau_d}{\tau_y} = \frac{\gamma \pm \gamma_d}{\gamma_y}\Big/\left(1 + \left|\frac{\gamma - \gamma_d}{2\gamma_y}\right|\right) \tag{11}$$

根据式(7)对等号两边同时对应变 γ 求偏导，可得在骨架曲线上任意时刻对应的剪切模量为：

$$G_d = \frac{\partial\tau}{\partial y} = G_0/(1 + \gamma_d/\gamma_r)^2 \tag{12}$$

同理，通过对式(11)等号两边同时对应变 γ 求偏导，则任意时刻下滞回曲线上的剪切模量可表示为：

$$G_d = \frac{\partial\tau}{\partial y} = G_0\Big/\left(1 + \left|\frac{\gamma_d \pm \gamma_{dm}}{2\gamma_r}\right|\right)^2 \tag{13}$$

式中：γ_{dm} 为滞回曲线加卸载转折点对应的剪应变。

如式(13)所示，加卸载的判断将影响剪切模量的取值，在对土体开展三维动力非线性分析时，可采用八面体应力-应变关系表示土的应力-应变关系[12]，本文选择以八面体剪应变来判定土体的加卸载状况：

$$\gamma_0 = \frac{\sqrt{2}}{3}\sqrt{(\varepsilon_1 - \varepsilon_3)^2 + (\varepsilon_2 - \varepsilon_3)^2 + (\varepsilon_3 - \varepsilon_1)^2} \tag{14}$$

式中：γ_0 为八面体剪应变；ε_1、ε_2 和 ε_3 均为主应变。

则发生加载或者卸载的判断方式为：

$$\gamma_0\Delta\gamma_0 < 0 \tag{15}$$

式中：$\Delta\gamma_0$ 为任意时刻增量下的土体应变增量；γ_0 表示当前八面体剪应变。

土的三维黏弹性模型为：

$$\sigma_{ii} = K\varepsilon_V + 2G\varepsilon_{ii} + \eta_k\dot{\varepsilon}_V + 2\eta G\dot{\varepsilon}_{ii} \tag{16}$$

$$\sigma_{ij} = G\gamma_{ij} + \eta_G\dot{\gamma}_{ij} \quad (i, j = 1, 2, 3 \text{ 且 } i \neq j) \tag{17}$$

式中：K 为土体体积模量；G 为剪切模量；η_K 为体积黏滞系数；η_G 为剪切黏滞系数；ε_V 为体积应变；ε_{ij} 为应变偏量。

采用中心差分法推导雅克比矩阵，其通项表达式如下：

$$\dot{f}_{t+\frac{1}{2}\Delta t} = \frac{\Delta f}{\Delta t} \tag{18}$$

$$f_{t+\frac{1}{2}\Delta t} = f_t + \frac{\Delta f}{2} \tag{19}$$

式中：t 为时间，s；f 为任意可导函数。

将式(16)结合中心差分法写成增量形式：

$$\frac{\Delta t}{2}\Delta\sigma_{ii} = \left(\frac{\Delta t}{2}K + \eta_k\right)\varepsilon_V + (\mu\Delta t + 2\eta_G)\Delta\varepsilon_{ii} + (K\varepsilon_V + 2G\varepsilon_{ii} - \sigma_{ii})\Delta t \tag{20}$$

两边分别对 $\Delta\varepsilon_{ii}$ 和 $\Delta\varepsilon_{jj}$ 求偏导，得：

$$\frac{\partial\Delta\sigma_{ii}}{\partial\Delta\varepsilon_{ii}} = K + 2G + \frac{2(\eta_k + 2\eta_G)}{\Delta t} \tag{21}$$

$$\frac{\partial\Delta\sigma_{ii}}{\partial\Delta\varepsilon_{ii}} = K + \frac{2\eta_k}{\Delta t} \tag{22}$$

同理对式(17)进行变换，可得：

$$\frac{\partial \Delta \sigma_{ii}}{\partial \Delta \varepsilon_{ii}} = G + \frac{2\eta_G}{\Delta t} \tag{23}$$

由此可得到雅克比矩阵。根据以上分析，在 ABAQUS 中的 UMAT 二次开发平台上编写了粗粒土非线性动本构模型子程序。

3.2 程序验证

为验证本文开发的粗粒土非线性动本构模型子程序的正确性，将其应用在图 8 所示的数值模型中，与试验结果进行比较。模型直径 300 mm，高 600 mm，加载时在上部施加分级循环动力荷载，加载方式与三轴试验加载方式一致。由式(7)可知粗粒土非线性动本构模型包含 2 个试验参数，其中初始剪切模量 G_0 取值如表 2 所示，参考剪应变 γ_r 在围压为 200 kPa、300 kPa 和 400 kPa 时的取值分别 0.00035、0.0004 和 0.00043。

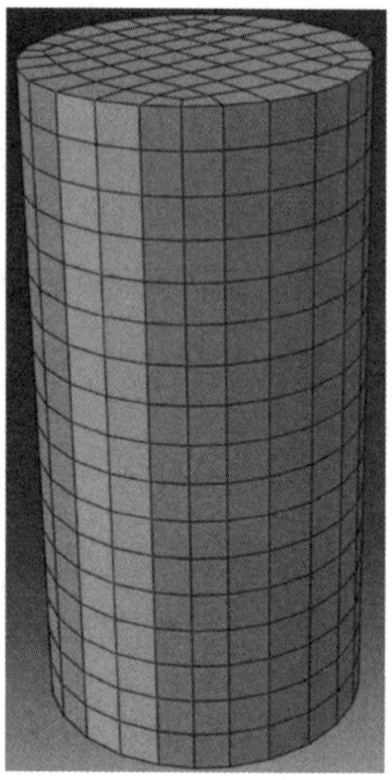

图 8　数值模型

表 2　初始剪切模量　MPa

频率/Hz	围压/kPa		
	200	300	400
1	252	304	333
3	321	348	397
5	333	410	459

图 9 所示为试验数据与数值模拟结果得到的动弹性模量对比。由图 9 可知本文模拟结果与试验结果吻合较好，粗粒土非线性动本构模型能较好地模拟弹性模量随轴向应变的变化趋势，说明本文开发的粗粒土非线性动本构模型可较好地反映动力荷载作用下粗粒土填料的非线性特征。表明本文所开发粗粒土非线性动本构模型的正确性，可为列车重复荷载作用下铁路路基动力响应数值模拟提供动力本构模型。

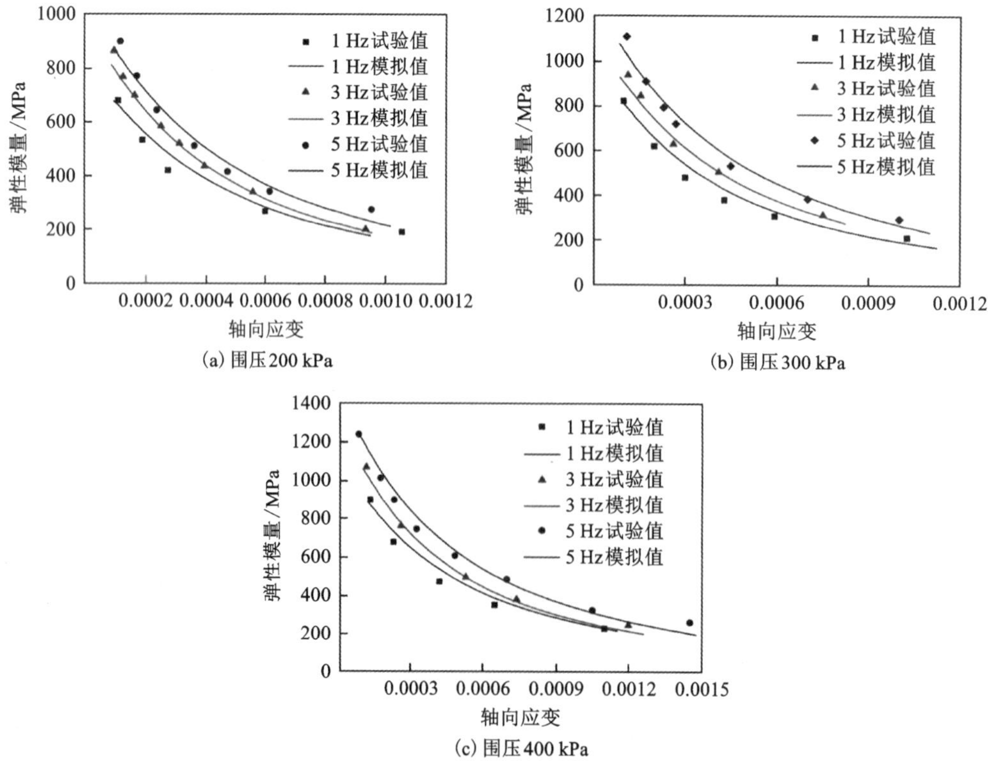

图 9　动弹性模量计算值与试验值对比

4 结论

(1)粗粒土试样的动应力-动应变骨架曲线呈现出非线性特征，且具有应变硬化的趋势；频率越大，试样的骨架曲线就越高，即试样的动强度越大。

(2)粗粒土试样的动弹性模量随着荷载作用频率的增加而增加，随着围压的增大而增大，粗粒土试样的动弹性模量与频率和围压均呈正相关。

(3)粗粒土试样的阻尼比随着加载频率增大而增大。在动应变较小时，频率和围压对阻尼比的影响较小；动应变较大时，频率和围压对阻尼比的影响较大。

(4)推导了三维空间下基于 Hardin-Drnevich 骨架曲线和符合广义 Masing 准则的粗粒土非线性动本构模型，并开发了相应的子程序。通过试验结果比较，验证了该本构模型的正确性，试图为列车荷载作用下铁路路基动力响应数值模拟提供合理的动力本构模型。

参考文献

[1] SUIKER A A, SELIG E T, FRENKEL R. Static and cyclic triaxial testing of ballast and subballast[J]. Journal of Geotechnical and Geoenvironmental Engineering (ASCE), 2005, 131(6): 771-782.

[2] BIAN. Cyclic and postcyclic triaxial testing of ballast and subballast[J]. Journal of Materials in Civil Engineering (ASCE), 2016, 28(7): 1-11.

[3] TRINH V N, TANG A M, CUI Y, et al. Mechanical characterisation of the fouled ballast in ancient railway track substructure by large-scale triaxial tests[J]. Soils and Foundations, 2012, 52(3): 511-523.

[4] 冷伍明，刘文劼，赵春彦，等. 重载铁路路基压实粗颗粒土填料动力破坏规律试验研究[J]. 岩土力学，2015，36(3)：640-646.

[5] 郭志广，魏丽敏，何群，等. 武广高速铁路无砟轨道路基动力响应试验研究[J]. 振动与冲击，2013，32(14)：148-152.

[6] HARDIN B O, KALINSKI M E. Estimating the shear modulus of gravelly soils [J]. Journal of Geotechnical and Geoenvironmental Engineering (ASCE), 2005, 131(7): 867-875.

[7] ENOMOTO T, HASSAN QURESHI O, SATO T, et al. Strength and deformation characteristics and small strain properties of undisturbed gravelly soils[J]. Soils and Foundations, 2013, 53(6): 951-965.

[8] CABALAR A F. Applications of the oedometer, triaxial and resonant column tests to the study of micaceous sands[J]. Engineering Geology, 2010, 112(1/4): 21-28.

[9] 张希栋，骆亚生. 双向动荷载下黄土的动剪切模量特性研究[J]. 岩土力学，2015，36(9)：2591-2598.

[10] 陈乐求，陈俊桦，张家生. 干湿循环作用下水泥改良泥质板岩粗粒土动力特性[J]. 湖南大学学报(自然科学版)，2017，44(9)：107-113.

[11] 张如林，楼梦麟. 基于达维坚科夫骨架曲线的软土非线性动力本构模型研究[J]. 岩土力学，2012，33(9)：2588-2594.

[12] 胡勤，戚承志. Ramberg-Osgood 土动力非线性模型在 ABAQUS 软件上的开发及应用[J]. 岩土力学，2012，33(4)：1268-1274.

[13] 邹炎，景立平，崔杰，等. 基于 Hardin 曲线的土体边界面本构模型在 ADINA 软件中的实现[J]. 岩土力学，2015，36(1)：75-82.

[14] 薛富春，张建民. 移动荷载作用下高速铁路路基动应力的空间分布[J]. 铁道学报，2016，38(1)：86-91.

[15] 杜衍庆，白明洲，倪守睿. 列车相向运行对双线无砟轨道高速铁路路基动应力响应分析[J]. 北京工业大学学报，2014，40(4)：580-585.

[16] 铁路路基设计规范：TB 10001—2016[S]. 2016.

[17] 铁路工程土工试验规程：TB 10102—2010[S]. 2010.

[18] SUN Q D, INDRARATNA B, NIMBALKAR S. Deformation and degradation mechanisms of railway ballast under high frequency cyclic loading[J]. Journal of Geotechnical and Geoenvironmental Engineering, 2016, 142(1): 1-12.

[19] 蔡袁强，赵莉，曹志刚，等. 不同频率循环荷载下公路路基粗粒填料长期动力特性试验研究[J]. 岩石力学与工程学报，2017，36(5)：1238-1246.

[20] 谢定义. 土动力学[M]. 北京：高等教育出版社，2011.

风化红砂岩残积土路基瞬态饱和区动态水压力特征试验研究

丁 瑜[1]，陈晓斌[1,2]，张家生[1,2]，贾 羽[1]

1. 中南大学土木工程学院，长沙，410075

2. 重载铁路工程结构教育部重点实验室，长沙，410075

摘要：连续降雨条件下，风化红砂岩残积土路基瞬态饱和区动态水压力特征是深刻认识反复翻浆冒泥病害机理的关键。采用不排水动三轴试验，模拟路基瞬态饱和区列车加载频率和连续降雨条件下排水边界条件，开展路基瞬态饱和区动态水压力特征试验研究。分析了细颗粒含量对风化红砂岩残积土路基瞬态饱和区动态水压力的影响，揭示了路基瞬态饱和区细颗粒含量临界值约为25%。当细颗粒含量小于25%时，动态水压力随细颗粒含量的增加而增大；当细颗粒含量大于25%时，动态水压力随细颗粒含量的增加而减小。引入等效粒间孔隙比的概念，解释了细颗粒含量临界值的微观机理和物理意义。基于试验构建了考虑细颗粒含量的风化红砂岩残积土路基瞬态饱和区动态水压力经验模型，分析了模型参数随细颗粒含量变化的敏感性。该模型有助于工程技术人员预测连续降雨条件下铁路路基瞬态饱和区动态水压力。

关键词：风化红砂岩残积土；铁路路基；瞬态饱和区；动态水压力；细颗粒含量

1 引言

风化红砂岩残积土在南方多雨地区分布广泛，是南方地区铁路沿线丰富的天然潜在路基填料[1-4]。连续降雨后，在封闭失效的基床表层下部容易形成瞬态饱和区，如图1(a)所示。列车激励下(加载挤压、卸载抽吸)会在瞬态饱和区产生动态水压力，从而驱动路基填料中细颗粒迁移至道砟顶面，引发路基反复翻浆冒泥病害，如图1(b)所示。

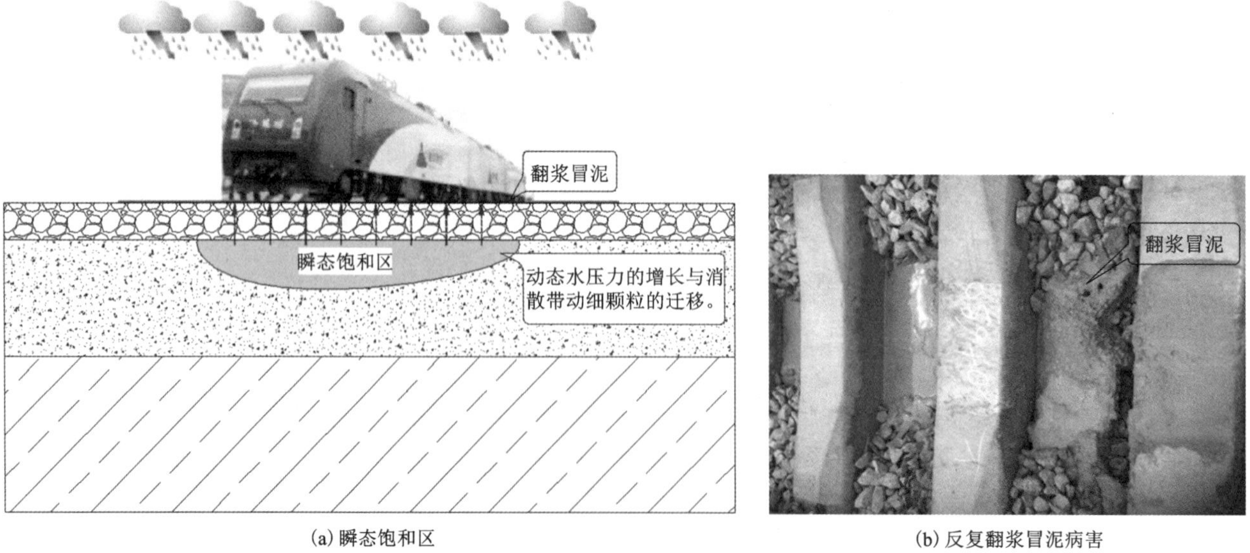

(a) 瞬态饱和区　　(b) 反复翻浆冒泥病害

图1 瞬态饱和区和翻浆冒泥病害

丁瑜，陈晓斌，张家生，等. 风化红砂岩残积土路基瞬态饱和区动态水压力特征试验研究[J]. 岩土力学，2019，40(12)：4740-4750，4758.

不少研究认为：列车荷载下的动态水压力是路基翻浆冒泥的内因之一[5-6]，认识瞬态饱和区动态水压力特征有助于认识铁路路基反复翻浆冒泥病害。周忠国[7]指出在列车荷载作用下，动态水压力的上升和消散造成了大量的细粒流失，导致了翻浆冒泥等病害的产生。倪宏革等[8]提到动态水压力的加大是形成泥浆上冒的主要原因。Alobaidi 等[9-11]认为翻浆冒泥是由交通荷载导致的动态水压力作用下细颗粒向上迁移的现象。Sew Eng[12]认为基床翻浆冒泥可能是滞留在路基与道床层交界面的水在列车反复动荷载作用下软化和冲刷路基面细颗粒引起的。Duong 等[13-14]在室内进行物理模型试验时，也发现动态水压力的消散带动了细颗粒的迁移。同时，工程实践也表明：路基瞬态饱和区滞水，能直接导致降雨后路基翻浆。多次反复翻浆冒泥后，路基瞬态饱和区的土体级配组成退化为以粗颗粒为主、夹有少量细颗粒组分。目前关于列车荷载下的瞬态饱和区动态水压力特征的认识尚不清楚，特别是关于细颗粒含量对动态水压力的影响认识不够。工程实践表明，研究铁路路基瞬态饱和区动态水压力特征具有重要现实意义。

细颗粒含量的变化(增加或者减少)直接改变土体的微观结构，将导致土体力学特性的改变。已有试验研究也发现，细颗粒含量的变化将影响粗颗粒土的动态水压力的变化。Polito 等[15]对含粉土的饱和砂土进行循环三轴试验，结果表明：粉土含量低时，对土体液化强度几乎没影响；当粉土的含量较高时，显著影响土体的液化强度，此时砂土类型以及含量几乎不影响土体的液化强度。朱建群等[16]对含无塑性粉粒的砂土进行了三轴固结不排水试验，结果显示：粉粒含量通过颗粒组成和结构对粉砂强度和变形产生重要影响。王艳丽等[17]对不同细粒含量砂土进行了不排水动三轴液化试验，发现细粒含量对砂土孔压发展影响较大。刘雪珠等[18]对三种黏粒含量(5%、10%和 15%)的南京粉细砂进行了液化试验研究，得出黏粒含量对南京粉细砂的抗液化强度影响很大的结论。国内外不少学者针对细粒含量对土体液化强度、土体变形、动孔压等特性的研究取得了显著成果。然而，专门针对重载列车荷载激励下，反复翻浆冒泥的路基瞬态饱和区的动态水压力特征的研究尚未开展，特别是多雨地区风化红砂岩残积土瞬态饱和区的动态水压力特征研究。本试验针对多雨地区风化红砂岩残积土路基瞬态饱和区反复翻浆冒泥后的土体组成开展研究，参考 Thevanayagam 等[19-20]提出的方法：将粒径小于 0.075 mm 的颗粒定义为细颗粒组；将粒径大于 0.075 mm 的颗粒定义为粗颗粒组。本文用中砂模拟其粗颗粒组分，用红黏土模拟其细颗粒组分，采用动三轴试验仪模拟重载列车激励，开展路基瞬态饱和区动态水压力特征试验研究。通过试验，分析细颗粒含量影响下的瞬态饱和区动态水压力特征，构建动态水压力模型。试验研究成果将有利于提高工程技术人员对南方多雨地区重载列车激励下风化红砂岩残积土路基瞬态饱和区动态水压力特征的认识，有助于翻浆冒泥路基病害的治理。本文进而提出新型路基结构，以便更加合理利用南方多雨地区广泛分布风化红砂岩残积土资源。

2　试验材料和试验方案

2.1　试验材料

筛选粒径在 0.075~2 mm 范围内的中砂模拟风化红砂岩残积土路基瞬态饱和区反复翻浆冒泥后粗颗粒组分，筛选粒径<0.075 mm 红黏土模拟其细颗粒组分。按照《铁路工程土工试验规程》[21]对经过筛分处理后的中砂以及红黏土进行了基本物理力学参数的测定以及颗粒级配分析。中砂和红黏土的物理力学性质指标如表 1 所示，中砂的级配曲线见图 2 示。

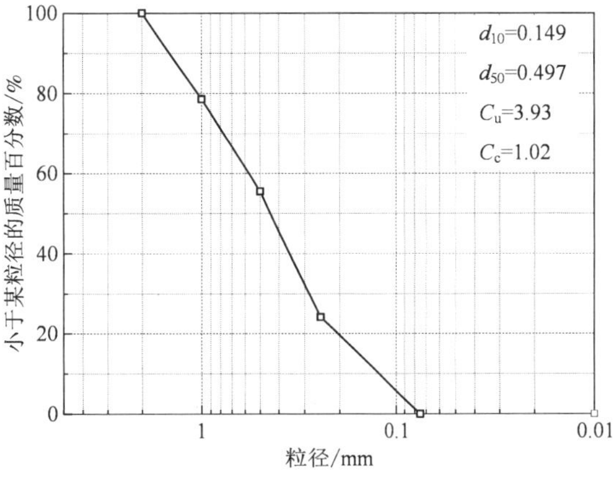

图 2　中砂级配曲线

表 1　土体的基本物理力学参数

试验土	最优含水率/%	最大干密度/(g · cm^{-3})	液限/%	塑限/%	黏聚力/kPa	内摩擦角/(°)
中砂	—	1.90	—	—	0.1	27.1
红黏土	16.2	1.83	24.5	19.66	46.2	38.4

试验把不同质量百分数含量的红黏土与中砂配置成混合土，用于模拟风化红砂岩残积土路基瞬态饱和区反复翻浆冒泥后土体。为分析细颗粒含量影响下的瞬态饱和区动态水压力特征，按照红黏土含量f_c(f_c为细颗粒质量百分比)为0%、5%、10%、15%、20%、25%、30%、40%共制备8组试样(分别用$f_c=0$、$f_c=5$、$f_c=10$、$f_c=15$、$f_c=20$、$f_c=25$、$f_c=30$、$f_c=40$表示)。按照《铁路工程土工试验规程》[21]对重塑土进行了基本物理力学参数的测定以及颗粒级配分析。每一组重塑土取三个土样进行测定，各物理力学性质指标取三个土样的平均值。重塑土的物理力学性质指标如表2所示，级配曲线见图3。

表2 重塑土的基本物理力学参数

编号	土粒密度/(g·cm^{-3})	最大干密度/(g·cm^{-3})	孔隙比 e	黏聚力/kPa	内摩擦角/(°)
$f_c=5$	2.56	1.80	0.516	2.3	30.10
$f_c=10$	2.57	1.84	0.511	4.5	28.09
$f_c=15$	2.58	1.88	0.505	7.6	25.45
$f_c=20$	2.59	1.90	0.492	10.2	24.52
$f_c=25$	2.59	1.91	0.488	12.7	22.36
$f_c=30$	2.58	1.91	0.485	15.3	26.81
$f_c=40$	2.58	1.92	0.482	20.5	30.12

2.2 试样制备

2.2.1 试样制备

试样尺寸(直径×高)39.1 mm×80 mm，制样过程严格按照《铁路工程土工试验规程》[21]进行。试样制备前人工筛选0.075~2 mm范围内的砂颗粒(为消除尺寸效应对试验结果的影响，剔除粒径大于2 mm的颗粒)以及<0.075 mm的红黏土颗粒，人工配制不同细颗粒含量的重塑土并制备本试验试样。试样制备过程中控制重塑土的级配在铁路路基B组填料范围，同时，参考《铁路路基设计规范》(TB 10001—2016)[22]中规定的基床层填料的压实标准，控制试样的压实系数为0.95。根据试样的压实系数以及含水率等确定试样的质量，采用击实法分五层进行制样，每层刮毛，以保证试样均质，各层之间接触良好。

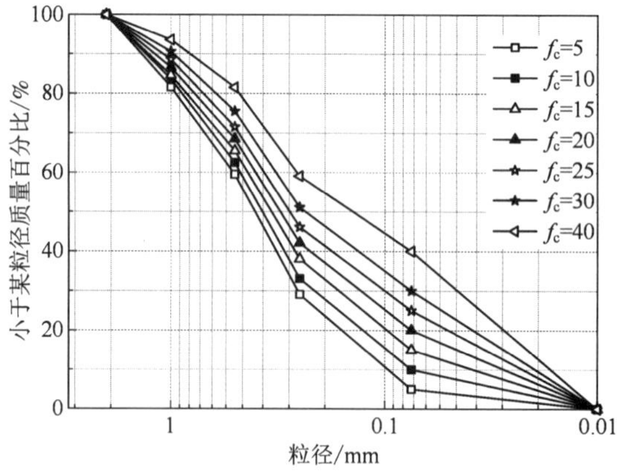

图3 重塑土的级配曲线

2.2.2 试样饱和

试样成型后，放置在真空饱和器里进行无气水饱和，饱和24 h后备用。

2.2.3 试样固结和孔压试验

所有试样均进行等压固结(即$K_c=1.0$)，当孔压消散为零、排水量不再增长时认为试样固结完毕。关闭排水阀门，施加动荷载，给定频率，开始试验。

试验结束标准采用双向标准控制，即：应变达到10%或者孔围压比达到1时，试验自动停止。

2.3 试验方法

2.3.1 试验仪器

本试验采用DDS-70微机控制电磁式振动三轴试验系统。该仪器可以提供试验所必需的波形和频率，实现各种自动控制功能、数据采集和处理，将振动过程中产生的力、动态水压力及位移的值记录下来，并绘制各种曲线及提供成果报告。

2.3.2 试验方案

砂土材料在铁路中常被用作基床层填料。基床层的厚度为2.5 m，围压 σ_3 取50 kPa时可代表重载铁路基床层土体的应力状态。

根据列车荷载的特点，振动波形选用正弦波(如图4)。依据国家铁路局科学研究院实测数据[23]，轴重为19.6~22.5 t的列车对路基面产生的最大动应力在35 kPa至185 kPa之间，本文选取动应力为50 kPa。

重载列车荷载作用产生的频率与列车速度、列车长度、车辆定距、转向架等多个因素有关。重载列车荷载产生的频率 f 按下式计算：

$$f = v/l \tag{1}$$

式中：v 为列车速度；l 为车辆定距。

参考文献[24]中列举了常见重载列车车型参数。考虑到目前国内重载铁路运行速度多低于100 km/h[25]、加载频率多在0.5~9 Hz范围内[24-29]，而本试验主要研究细颗粒组分对路基瞬态饱和区动态水压力特征的影响，因此取用低加载频率，分别为1 Hz、3 Hz、5 Hz。

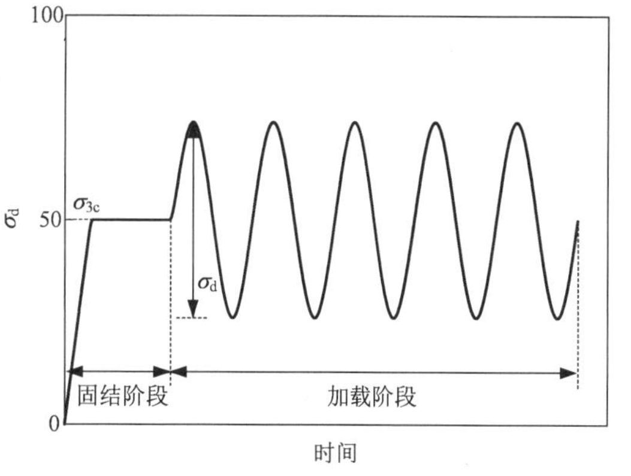

图4 荷载波形图

排水条件是影响路基动态水压力特性的重要因素。本文研究的连续降雨条件下，路基瞬态饱和区动态水压力的演化特征。重载列车荷载作用下，路基瞬态饱和区中水产生的压力来不及消散，因此试验采用不排水条件。本试验方案见表3。

表3 试验方案

编号	细颗粒含量 f_c/%	围压/kPa	动应力/kPa	频率/Hz	排水条件
$f_c=0$	—	50	50	1、3、5	不排水
$f_c=5$	5	50	50	1、3、5	不排水
$f_c=10$	10	50	50	1、3、5	不排水
$f_c=15$	15	50	50	1、3、5	不排水
$f_c=20$	20	50	50	1、3、5	不排水
$f_c=25$	25	50	50	1、3、5	不排水
$f_c=30$	30	50	50	1、3、5	不排水
$f_c=40$	40	50	50	1、3、5	不排水

3 试验结果分析与讨论

3.1 细颗粒含量影响分析

不同荷载频率下不同细颗粒含量试样的动态水压力比随振次比的变化曲线总体趋势基本一致，限于篇幅，只列出部分典型曲线如图5所示，其加载频率为5 Hz。

从图5可以看出：不同细颗粒含量试样的动态水压力发展过程相似，并且动态水压力比随振次比的增长过程分为三个阶段。以细颗粒含量为25%为例：阶段Ⅰ，当振次比小于0.15时，动态水压力比随振次比呈近似线性增加；阶段Ⅱ，当振次比为0.15~0.60时，动态水压力比随振次比呈非线性增加；阶段Ⅲ，当

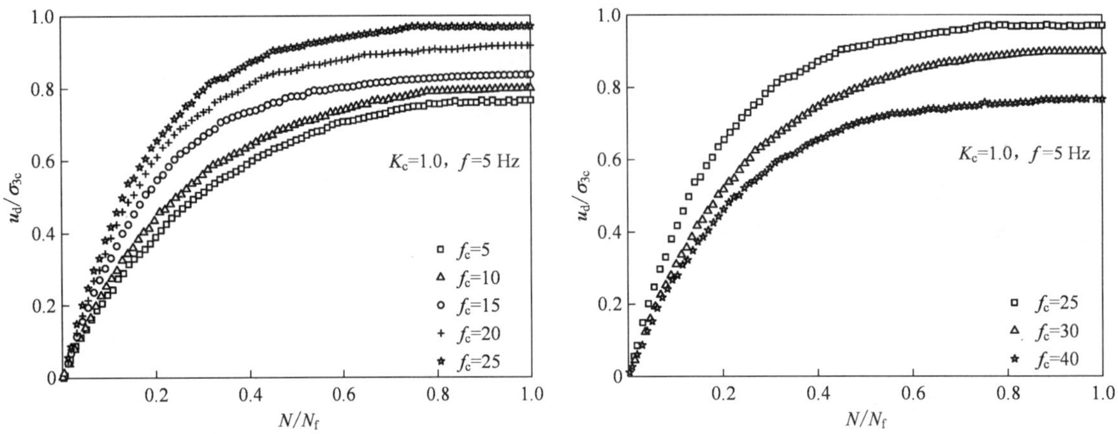

(a)细颗粒含量小于25%　　(b)细颗粒含量大于25%

图 5　不同细颗粒含量试样的 u_d/σ_{3c} 与 N/N_f 变化曲线

振次比大于 0.60 时，动态水压力增长缓慢直至趋于稳定值。

振次比一定的情况下，不同细颗粒含量试样的动态水压力比随着细颗粒含量的增加而增加，在细颗粒含量为 25%时，动态水压力比最大；当细颗粒含量继续增加，动态水压力比反而随着细颗粒含量的增加而减少。

图 6(a)是加载频率为 5 Hz 条件下动态水压力比稳定时对应的振次比随细颗粒含量的变化曲线，图 6(b)是加载频率为 5 Hz 时动态水压力比随细颗粒含量的变化曲线。

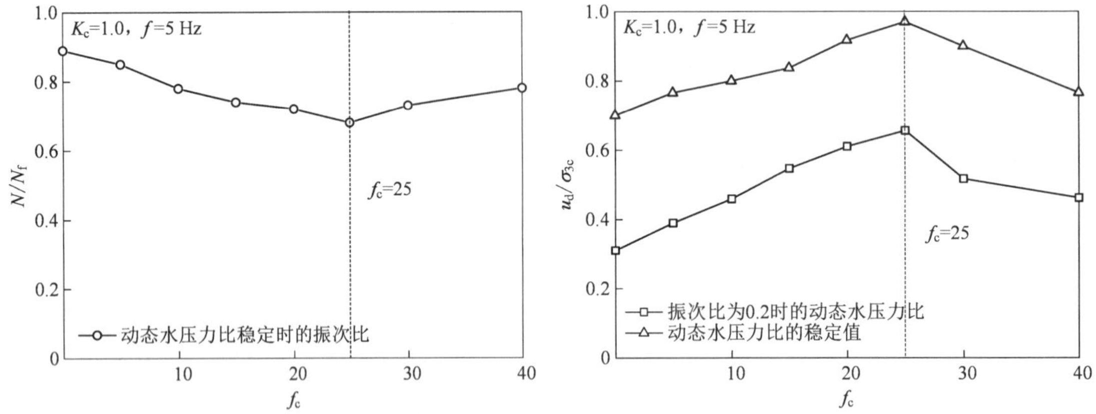

(a) N/N_f与细颗粒含量变化曲线　　(b) u_d/σ_{3c}与细颗粒含量变化曲线

图 6　N/N_f、u_d/σ_{3c} 与细颗粒含量变化曲线

图 6 显示其他条件一定时，不同细颗粒含量试样的动态水压力达到稳定的时间随着细颗粒含量的增加而缩短，在细颗粒含量为 25%时，动态水压力达到稳定的时间最短；当细颗粒含量继续增加，动态水压力达到稳定的时间随着细颗粒含量的增加而延长。

不同细颗粒含量试样的动态水压力比的稳定值随着细颗粒含量的增加而增加，在细颗粒含量为 25%时，动态水压力比的稳定值最大；当细颗粒含量继续增加，动态水压力比的稳定值随着细颗粒含量的增加而减少。细颗粒含量为 25%时的动态水压力比稳定值分别是细颗粒含量 5%和 40%时动态水压力比稳定值的 1.17 倍和 1.20 倍。

试验结果表明，细颗粒含量对风化红砂岩残积土路基瞬态饱和区的动态水压力的演化特征具有显著影响，并且存在一个临界值。当风化红砂岩残积土中细颗粒含量为临界值时，动态水压力无论是增长量还是最终的稳定值都会达到最大。这与文献[30-32]所得试验结论具有相似性。本次试验中所用材料的细颗粒含量临界值在25%左右。

3.2 微观机理讨论

图7为土体的微观结构示意图。细颗粒的加入改变了土体原有粗颗粒的接触方式以及孔隙的大小。当细颗粒含量小于临界值时，土体的结构以粗颗粒接触为主，细颗粒对骨架不起积极作用，其微观结构如图7(a)所示。随着细颗粒含量增加至临界值附近时，粗颗粒之间的接触逐渐减少，细颗粒起到润滑作用，土体结构逐渐趋于不稳定状态，其微观结构如图7(b)所示。此时土体中的细颗粒尚不能起到土体骨架的作用，反而使土体中起骨架作用的粗颗粒含量降低。在外荷载作用下更易产生较大的动态水压力[33-35]。随着细颗粒含量的继续增加，土体中的粗颗粒不再直接接触，而是被细颗粒包裹，土体骨架逐渐由细颗粒主导，土体的结构逐渐趋于稳定状态，其微观结构如图7(c)所示。

依据图7，本试验结果揭示：当细颗粒含量小于25%时，反复翻浆冒泥后路基瞬态饱和区土体属于粗颗粒骨架主导型，细颗粒对骨架不起积极作用；当细颗粒含量在25%时，构成土体骨架的粗颗粒减少，存在于粗颗粒接触点上的细颗粒对土体结构起到润滑作用，使土体骨架处于不稳定状态；当细颗粒含量大于25%时，反复翻浆冒泥后路基瞬态饱和区土体属于细颗粒骨架主导型，粗颗粒对骨架不起积极作用。

为了解释含细颗粒土体的力学行为，1977年，Kenney[36]提出了骨架孔隙比的概念。图8为本试验的不同细颗粒含量下风化红砂岩残积土的两相示意图。

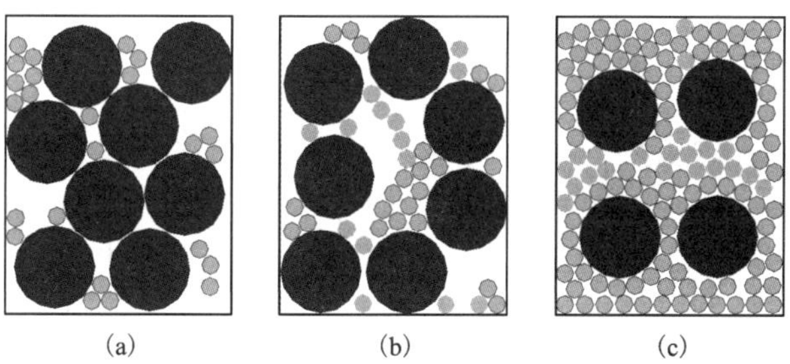

图7 不同细颗粒含量土体的微观结构示意图[19]

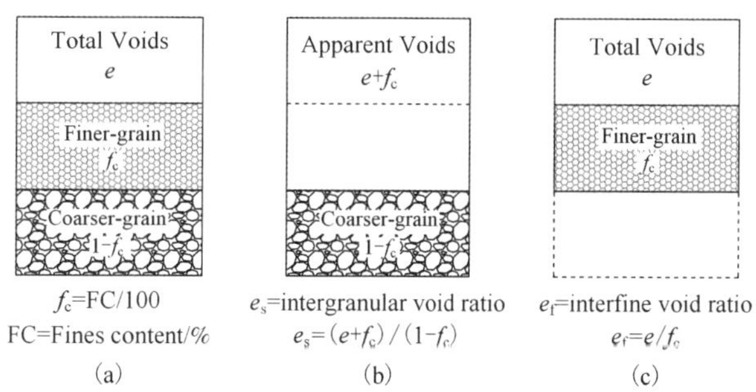

图8 不同细颗粒含量风化红砂岩残积土的两相示意图[20]

为了更好地解释细颗粒含量变化对动态水压力的影响，Thevanayagam[19]引入表征细颗粒对土体骨架构成起积极作用的因子 b 和表征粗颗粒对土体强度起增强作用的程度 m，提出了等效粒间孔隙比的概念：

$$(e_s)_{eq} = \frac{e + (1 - b)f_c}{1 - (1 - b)f_c} \tag{2}$$

$$(e_f)_{eq} = \frac{e}{f_c + \dfrac{1 - f_c}{R_d^m}} \tag{3}$$

式中：$(e_s)_{eq}$ 为等效粗颗粒间孔隙比；$(e_f)_{eq}$ 为等效细颗粒间孔隙比；e 为孔隙比；f_c 为细颗粒质量分数；m 为表征粗颗粒形状和细颗粒填充的程度的参数($0<m<1$)，参考Thevanayagam等[19]的假定，取 $m=0.2$；b 为对土体骨架构积极作用的细颗粒比例($0<b<1$)，参考Ni等[37]的试验，取 $b=0.25$；R_d 为粒径不均匀程度，其计算公式为：

$$R_d = \frac{D_{50-\text{sand}}}{d_{50-\text{fine}}} \tag{4}$$

式中：$D_{50-\text{sand}}$ 为粗颗粒组的平均粒径；$d_{50-\text{fine}}$ 为细颗粒组的平均粒径。

图9是依据本试验土样绘制的等效粗颗粒间孔隙比 $(e_s)_{eq}$、等效细颗粒间孔隙比 $(e_f)_{eq}$ 与细颗粒含量的关系曲线。

从图9可以看出：在细颗粒含量小于25%时，土体的等效粗颗粒间孔隙比小于等效细颗粒间孔隙比，且等效粗颗粒间孔隙比随着细颗粒含量的增加逐渐增大。在细颗粒含量大于25%时，土体的等效细颗粒间孔隙比小于等效粗颗粒间孔隙比，且随着细颗粒含量的增加，等效细颗粒间孔隙比逐渐减小。图9显示试验土样的临界细颗粒含量约为25%。综上，采用等效粒间孔隙比的概念可以准确地解释反复翻浆冒泥后路基瞬态饱和区土体临界细颗粒含量存在的合理性。

3.3 低频率荷载影响

不同荷载频率作用下试样的动态水压力比随振次比的变化关系曲线如图10所示。

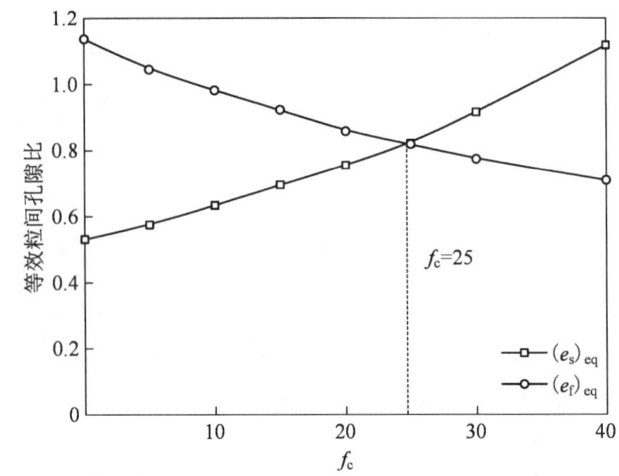

图9 $(e_s)_{eq}$、$(e_f)_{eq}$ 与细颗粒含量的关系曲线

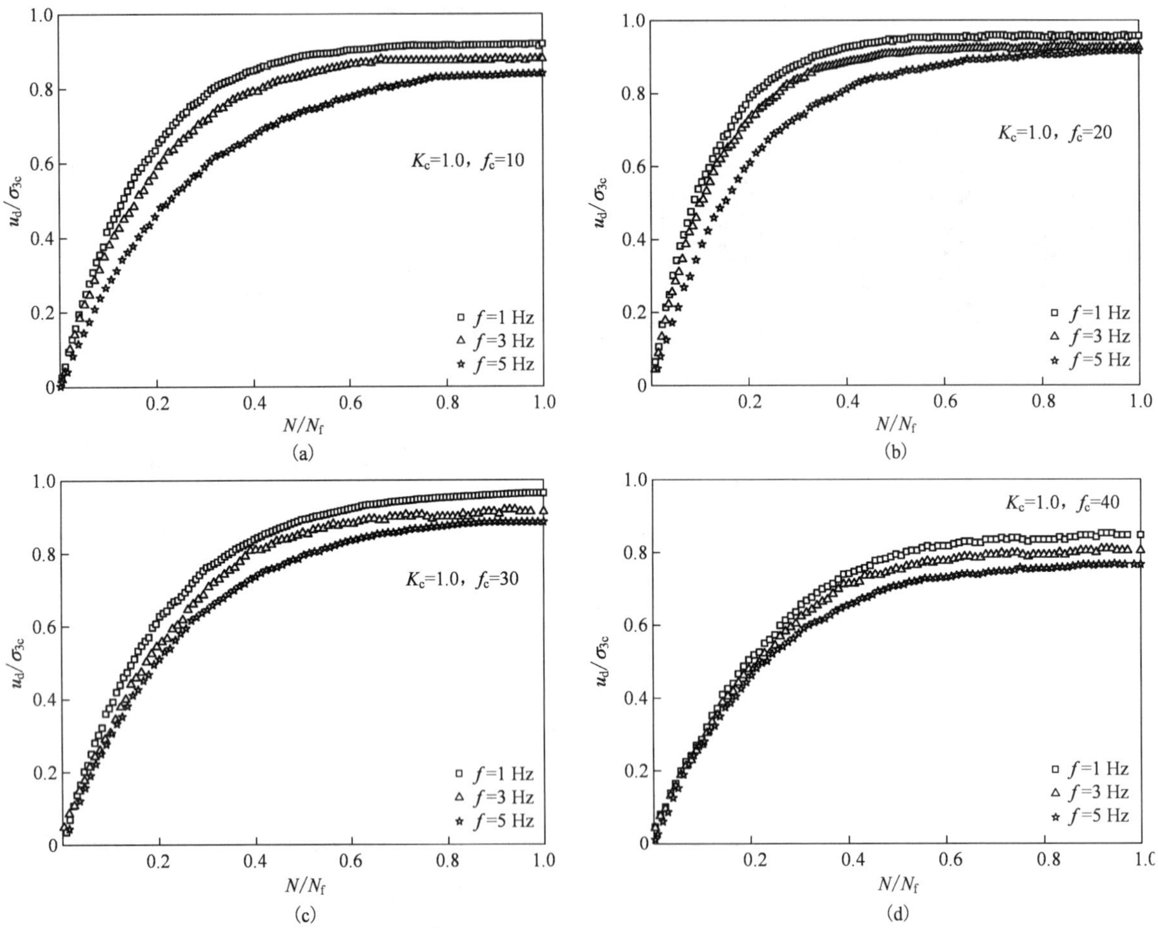

图10 不同荷载频率的 u_d/σ_{3c} 与 N/N_f 变化曲线

图10可以看出：振次比一定的情况下，风化红砂岩残积土动态水压力比随着荷载频率的增加而减小。本文得到的试验结果与王鑫等[38]、吴豪等[39]、张茹等[40]、郑刚等[41]、黄珏皓等[42]的试验结果相似。

4 动态水压力模型分析

学者们针对砂土以及黏土在动荷载作用下的动态水压力的变化规律提出了较多实用模型[43-45]。本文选用曾长女等[46]提出的动态水压力模型的公式：

$$\frac{u_d}{\sigma_{3c}} = a \times (1 - e^{-b\frac{N}{N_f}}) \tag{5}$$

式中：u_d 为不排水条件下振动次数为 N 时的动态水压力；σ_{3c} 为有效围压；N 为试验过程中循环振动荷载的振动次数；N_f 为液化时的振动次数；a、b 为考虑细颗粒组含量影响的试验参数。

采用式(5)对不同细颗粒含量值的风化红砂岩残积土的动态水压力试验曲线进行拟合，拟合结果见图 11。

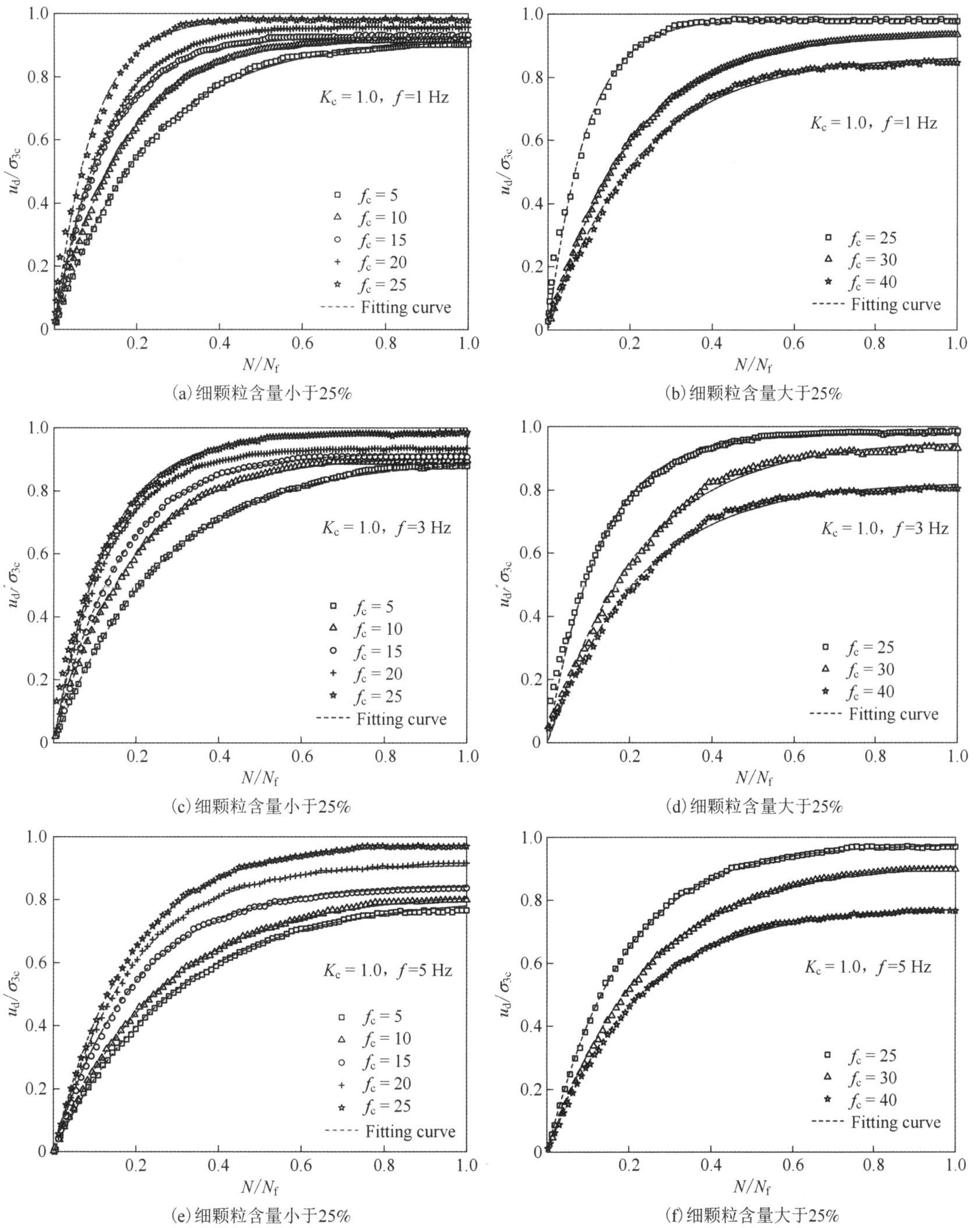

图 11　动态水压力试验拟合曲线

通过回归分析，得到了式(5)中 a、b 参数值，见表 4。

表 4　动态水压力模型参数值

围压/kPa	频率/Hz	f_c	a	b	相关系数
50	1	5	0.919	4.534	0.995
		10	0.925	6.052	0.995
		15	0.927	7.367	0.992
		20	0.959	7.695	0.993
		25	0.984	8.095	0.994
		30	0.973	6.688	0.996
		40	0.870	4.907	0.981
50	3	5	0.8371	3.399	0.996
		10	0.8722	4.222	0.987
		15	0.8456	5.125	0.995
		20	0.8828	5.338	0.989
		25	0.8781	5.453	0.992
		30	0.8721	4.894	0.992
		40	0.8274	3.317	0.998
50	5	5	0.837	3.399	0.993
		10	0.876	4.222	0.999
		15	0.846	5.125	0.992
		20	0.883	5.338	0.994
		25	0.878	5.453	0.991
		30	0.872	4.894	0.998
		40	0.857	3.317	0.996

依据表 4 结果，绘制了参数 a、b 随细颗粒含量的变化图，见图 12 所示。

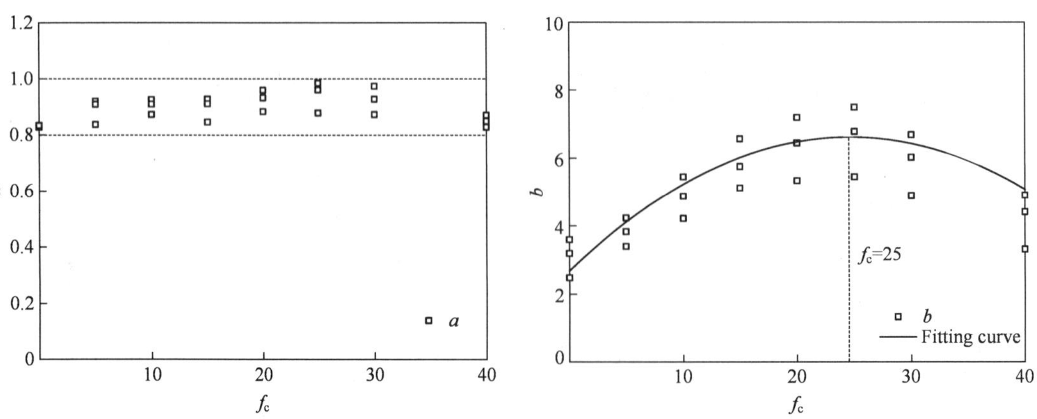

(a) 参数a　　(b) 参数b

图 12　参数 a、b 随细颗粒含量的变化曲线

图 12(a) 表明随着细颗粒含量值的增加，试验参数 a 并无明显的变化。图 12(b) 显示细颗粒含量对动

态水压力发展的影响，可以通过参数值 b 的变化来描述：当细颗粒含量小于25%时，参数值 b 先呈现出非线性增加；当细颗粒含量大于25%时，参数值 b 呈现出非线性减小；细颗粒含量25%是参数值 b 变化的转折点。由此，可以构建参数值 b 与 f_c 的非线性回归模型，建立 b 与 f_c 的二次函数关系式：

$$b = (-8f_c^2 + 350f_c + 2910) \times 10^{-3} \tag{6}$$

将构建的二次函数关系式(6)代入动态水压力模型式(5)得到考虑细颗粒含量的反复翻浆冒泥后路基瞬态饱和区动态水压力经验模型，见式(7)。

$$\frac{u_d}{\sigma_{3c}} = a \times [1 - e^{(-8f_c^2+350f_c+2910)\frac{N}{N_f}\times 10^{-3}}] \tag{7}$$

该经验模型有利于工程技术人员对于翻浆冒泥路基病害机理的理解，但仅适应于连续降雨条件、低频率激励下对路基瞬态饱和区动态水压力特征的预测。

5 结论

本文通过室内动三轴试验，研究了连续降雨时不同细颗粒含量风化红砂岩残积土路基瞬态饱和区在低频率激励下的动态水压力特征，得到如下结论：

(1)细颗粒含量对风化红砂岩残积土路基瞬态饱和区动态水压力的影响，存在一个临界细颗粒含量值，本文试验所采用材料的临界细颗粒含量值为25%左右。引入的等效粒间孔隙比概念，解释了细颗粒含量临界值存在的微观机理。

(2)低荷载频率(1~5 Hz)范围内，风化红砂岩残积土路基瞬态饱和区动态水压力的增长随着频率的增加呈现递减的趋势。

(3)基于试验结论，构建了考虑细颗粒含量的风化红砂岩残积土路基瞬态饱和区动态水压力经验模型，分析了模型参数随细颗粒含量变化的敏感性。该经验模型有助于工程技术人员预测连续降雨条件下风化红砂岩残积土路基瞬态饱和区动态水压力特征。

参考文献

[1] 李剑，陈善雄，姜领发，等.应力历史对重塑红黏土动力特性影响的试验研究[J].岩土工程学报，2014，36(9)：1657-1665.

[2] 王章琼，高云，沈雷，等.石灰改性红砂岩残积土工程性质试验研究[J].工程地质学报，2018(2)：416-421.

[3] 苏承东，付义胜.红砂岩三轴压缩变形与强度特征的试验研究[J].岩石力学与工程学报，2014(S1)：3164-3169.

[4] 王鹏，许金余，方新宇，等.红砂岩吸水软化及冻融循环力学特性劣化[J].岩土力学，2018，39(6).

[5] 聂如松，冷伍明，粟雨，等.基床翻浆冒泥土的物理力学性质[J].西南交通大学学报，2018，53(2)：286-295.

[6] 周海.膨胀土(岩)地区常见铁路路基病害及整治研究[J].路基工程，2014(1)：44-48.

[7] 周忠国.高铁CRTS-I型无砟轨道路基翻浆病害整治技术研究[J].上海铁道科技，2012，4：73-75.

[8] 倪宏革，张令诺，周庆坡.兖石铁路基床翻浆冒泥产生机理与整治对策[J].铁道建筑，2007，2：61-63.

[9] ALOBAIDI I，HOARE D J. Mechanisms of pumping at the subgrade-subbase interface of highway pavements[J]. Geosynthetics International，1999，6(4)：241-259.

[10] ALOBAIDI I，HOARE D J. The role of geotextile reinforcement in the control of pumping at the subgrade-subbase interface of highway pavements[J]. Geosynthetics International，1998，5(6)：619-636.

[11] ALOBAIDI I，HOARE D J. Qualitative criteria for anti-pumping geocomposites[J]. Geotextiles and Geomembranes，1998，16(4)：221-245.

[12] SEW ENG A W. Novel monitoring system to diagnose rail track foundation problems[D]. Cambridge MA：Massachusetts Institute of Technology，2004.

[13] DUONG T V，CUI Y J，TANG A M，et al. Physical model for studying the migration of fine particles in the railway substructure[J]. Geotechnical Testing Journal，2014，5：895-906.

[14] DUONG T V，CUI Y J，TANG A M，et al. Investigating the mud pumping and interlayer creation phenomena in railway sub-

structure[J]. Engineering Geology, 2014, 171: 45-58.

[15] POLITO C P, MARTIN Ⅱ J R. Effects of nonplastic fines on the liquefaction resistance of sands[J]. Journal of Geotechnical and Geoenvironmental Engineering, 2001, 127(5): 408-415.

[16] 朱建群, 孔令伟, 钟方杰, 等. 粉粒含量对砂土强度特性的影响[J]. 岩土工程学报, 2007, 11(29): 1647-1652.

[17] 王艳丽, 饶锡保, 潘家军, 等. 细粒含量对饱和砂土动孔压演化特性的影响[J]. 土木建筑与环境工程, 2011, 33(3): 52-55.

[18] 刘雪珠, 陈国兴. 黏粒含量对南京粉细砂液化影响的试验研究[J]. 地震工程与工程振动, 2003, 23(6): 150-155.

[19] THEVANAYAGAM S, SHENTHAN T, MOHAN S, et al. Undrained fragility of clean sands, silty sands, and sandy silts [J]. Journal of Geotechnical and Geoenvironmental Engineering, 2002, 128(10): 849-859.

[20] THEVANAYAGAM S. Effect of fines and confining stress on undrained shear strength of silty sands[J]. Journal of Geotechnical and Geoenvironmental Engineering, 1998, 124(6): 479-491.

[21] 国家铁路局. 铁路工程土工试验规程(TB 10102—2010)[S]. 北京: 中国铁道出版社, 2010.

[22] 国家铁路局. 铁路路基设计规范(TB 10001—2016)[S]. 北京: 中国铁道出版社, 2016.

[23] 李子春. 轨道结构垂向荷载传递与路基附加动应力特性的研究[D]. 北京: 国家铁路局科学研究院, 2000: 4-5.

[24] 冷伍明, 梅慧浩, 聂如松, 等. 重载铁路路基足尺模型试验研究[J]. 振动与冲击, 2018, 37(4): 1-6.

[25] 饶有权, 杨奇, 聂如松. 重载铁路路基低液限粉土动力变形特性试验研究[J]. 铁道科学与工程学报, 2018, 15(7): 1714-1724.

[26] 冷伍明, 周文权, 聂如松, 等. 重载铁路粗粒土填料动力特性及累积变形分析[J]. 岩土力学, 2016, 37(3): 728-736.

[27] 刘振楠. 循环荷载下重载铁路路基累积动应变分析[J]. 铁道工程学报, 2018(3): 7-11.

[28] 吴秋军, 李自强, 于丽, 等. 重载铁路隧道基底结构长期动力特性试验研究[J]. 振动与冲击, 2017, 36(10): 127-133.

[29] 李自强, 徐湉源, 吴秋军, 等. 破碎围岩重载铁路隧道基底结构动力特性现场试验研究[J]. 岩土力学, 2018, 39(3): 949-956.

[30] PORCINO D D, DIANO V. The influence of non-plastic fines on pore water pressure generation and undrained shear strength of sand-silt mixtures[J]. Soil Dynamics and Earthquake Engineering, 2017, 101: 311-321.

[31] BELKHATIR M, SCHANZ T, AHMED ARAB. Experimental Study on the Pore Water Pressure Generation Characteristics of Saturated Silty Sands[J]. Arabian Journal for Science and Engineering, 2014, 39(8): 6055-6067.

[32] KARIM M E, ALAM M J. Effect of non-plastic silt content on the liquefaction behavior of sand-silt mixture[J]. Soil Dynamics & Earthquake Engineering, 2014, 65: 142-150.

[33] XENAKI V C, ATHANASOPOULOS G A. Liquefaction resistance of sand-mixtures: An experimental investigation of the effect of fines[J]. Soil Dynamics and Earthquake Engineering, 2003, 23(3): 1-12.

[34] POLITO C P. The effects of non-plastic and plastic fines on the liquefaction of sandy soils[D]. Virginia, USA: Virginia Polytechnic Institute and State University, 1999.

[35] KUERBIS R, NEGUSSEY D, VAID Y P. Effect of gradation and fines content on the undrained response of sand[C]// Proceedings of Hydraulic Fill Structures. [S. l.]: Geotechnical Special Publication(ASCE), 1988: 330-345.

[36] KENNEY T C. Residual strength of mineral mixtures[C]. In Proceedings of Ninth Conference on Soil Mechanics and Foundation Engineering, 1977, 1: 155-160.

[37] NI Q, TAN T S, DASARI G, et al. Contribution of fines to the compressive strength of mixed soils[J]. Geotechnique, 2004, 54(9): 561-569.

[38] 王鑫, 沈扬, 王保光, 等. 列车荷载下考虑频率影响的软黏土破坏标准研究[J]. 岩土工程学报, 2017, 39(s1): 32-37.

[39] 吴豪, 邓全胜, 张国栋, 等. 振动频率对重塑粉质黏土动力响应特性的影响[J]. 三峡大学学报(自然科学版), 2018(2): 41-44.

[40] 张茹, 涂扬举, 费文平, 等. 振动频率对饱和黏性土动力特性的影响[J]. 岩土力学, 2006, 27(5): 699-704.

[41] 郑刚, 霍海峰, 雷华阳, 等. 振动频率对饱和黏土动力特性的影响[J]. 天津大学学报(自然科学与工程技术版), 2013, 46(1): 38-43.

[42] 黄珏皓, 陈健, 柯文汇, 等. 双向激振循环荷载和振动频率共同作用下饱和软黏土孔压试验研究[J]. 岩土工程学报, 2017, 39(2): 71-74.

[43] SEED H B, LYSMER J, MARTIN P P. Pore-water pressure changes during soil liquefaction[J]. Journal of Geotechnical Engineering Division: American Society of Civil Engineering, 1976, 4(4): 323-346.

[44] ISHIHARA K, KOSEKI J. Discussion on the cyclic shear strength of fines-containing sands [C]//Proceedings of 11 th International Conference on Soil Mechanics Foundations and Engineering, Brazil: Rio De Janeiro, 1989: 101-106.
[45] MARTIN G R, FINN W D L, SEED H B. Fundamentals of liquefaction under cyclic loading[J]. Journal of Geotechnical and Geoenvironmental Engineering, 1976, 102: 423-438.
[46] ZHANG J M, XIE D Y. Practical algorithm for increasing pore water pressure in saturated sand vibration [J]. Journal of Hydraulic Engineering, 1991(8): 45-51.
[47] 曾长女, 刘汉龙, 周云东. 饱和粉土粉粒含量影响的动孔压发展规律试验研究[J]. 防灾减灾工程学报, 2006, 5(26): 180-184.

铁路路基降雨入渗过程中水-气两相渗流特性研究

贾 羽[1]，王 晅[1,2]，丁 瑜[1]，张家生[1,2]，陈晓斌[1,2]

1. 中南大学土木工程学院，湖南长沙，410075

2. 高速铁路建造技术国家工程研究中心，湖南长沙，410075

摘要：降雨入渗过程中铁路路基填料内水、气两相渗流特性对其服役性能具有显著的影响。在以往的研究中通常假定孔隙气压力恒等于大气压力，而忽略了孔隙气压力变化对水流运动的影响。本文基于水-气两相渗流理论，建立了孔隙气压力的影响下，路基降雨入渗过程中的水-气两相渗流数学模型。参照高速铁路典型路基横断面结构，针对路基各层填料水力特性，利用多物理场仿真软件 COMSOL Multiphysics® 中的 PDE 模块对上述数学模型求解计算，结果表明：降雨入渗的主要影响区域是基床表层，特大暴雨持续 9 h 左右，基床表层基本全部处于饱和状态；而基床底层、路基本体、地基层填料由于渗透性较差，降雨过程中水分很难直接迅速地渗入，通常在基床表层与基床底层界面处产生水分淤积。降雨入渗初期，由于渗入路基内部的水对原孔隙内气体的挤压作用，孔隙气压力逐渐增大，随着降雨时间的增加，受挤压的气体逐渐向下消散，孔隙气压力逐渐减小至接近大气压力值。孔隙气压力的增加会对路基内水流的运动产生阻滞作用，使得路基内孔隙水压力的增长变缓甚至略有减小，因此，在求解路基降雨入渗的问题时，不能忽略土体内受压空气对水流运动的阻滞作用。

关键词：铁路路基；降雨入渗；水-气两相渗流；数值计算

铁路路基作为列车和轨道结构的支承体，直接暴露在大气环境下，易受到降雨入渗的长期作用[1-2]。通常情况下，路基填料是处于非饱和状态的，降雨入渗到路基中，路基孔隙内的水和气体发生流动，因此，降雨入渗的实质是路基内部的水-气两相渗流过程。

以往的岩土工程非饱和渗流计算通常认为孔隙气压恒等于大气压力，忽略了孔隙气压力变化对水渗流特性的影响。如，Kim 等[3]研究了降雨过程中土体的水-力耦合行为对非饱和土边坡稳定性的影响，计算过程中，将孔隙气压力假定为大气压力。Yang 等[4]在 Richards 方程的基础上，建立了降雨入渗过程中边坡的水-力耦合分析模型。Hamdhan 等[5]分析了土体水力参数和降雨强度对边坡稳定性的影响，计算过程中假定孔隙气压力等于大气压力。

大量试验证实，非饱和土体中孔隙气压力的变化对孔隙水渗流特性具有显著的阻滞作用[6,7]。因此，为了更好的模拟非饱和土体中水的渗流规律，国内外学者开始利用水-气两相渗流理论进行研究。Liu 等[8]基于水-气两相渗流理论，建立了边坡降雨入渗过程中非饱和渗流模型。Cho[9]采用水-气两相渗流理论分析方法，研究了强降雨引起的空气与水流相互作用对非饱和土边坡力学稳定性的影响，结果表明：由于雨水置换了非饱和带内的空气，孔隙气压力逐渐增加；孔隙气压力的增加对水的流动产生了显著的延迟效应。孙冬梅等[10,11]基于多孔介质中水-气两相渗流理论建立了土体水-气两相渗流的数学模型，利用该模型模拟非饱和土质边坡的降雨入渗过程。

上述研究多是针对降雨入渗对边坡稳定性的影响，边坡多是某种特定类型的土体，而路基属于层状结构物，每层填料的类型以及物理力学性质都有很大的差异。因此，有必要针对降雨入渗对路基各层结构水-气两相渗流特性进行研究。本文基于水-气两相渗流理论，建立了水-气两相渗流数学模型；利用该模型研究了铁路路基在特大暴雨条件下水-气两相渗流规律，探讨了降雨入渗对路基各层结构孔隙水压力以及孔隙气压力的影响。

贾羽，王晅，丁瑜，等. 铁路路基降雨入渗过程中水-气两相渗流特性研究[J]. 铁道科学与工程学报，2022，19(11)：3225-3234.

1 路基降雨入渗过程中水-气两相渗流数学模型的建立

1.1 基本假设

（1）路基填料具有多孔介质性质，是由固相（s）、液相（水，w）及气相（空气，a）组成的三相体，且孔隙间具有连通性。

（2）孔隙内水的流动以及气体的流动是由其各自的压力梯度引起的，并且均遵从 Darcy 定律[12]。

（3）不考虑水和气体之间的物质交换。

1.2 水-气两相渗流的控制方程

考虑水-气两相渗流时，多孔介质内水相的质量守恒方程以及气相的质量守恒方程[12]可以表示为：

$$\frac{\partial}{\partial t}(\varphi S_w \rho_w) + \mathrm{div}(\rho_w \boldsymbol{u}_w) = q_w \tag{1}$$

$$\frac{\partial}{\partial t}(\varphi S_a \rho_a) + \mathrm{div}(\rho_a \boldsymbol{u}_a) = q_a \tag{2}$$

式中：φ 为多孔介质的孔隙率；S_w 和 S_a 分别为水相和气相的饱和度；ρ_w 和 ρ_a 分别为水相和气相的密度，kg/m^3；q_w 和 q_a 分别为水相和气相的源（汇）项，kg/m^3；$\boldsymbol{u}_w$ 和 $\boldsymbol{u}_a$ 分别为水相和气相的渗流速度矢量，m/s，并且分别满足 Darcy 定律[13]：

$$\boldsymbol{u}_w = -\frac{kk_{rw}}{\mu_w}(\nabla p_w - \rho_w \boldsymbol{g}) \tag{3}$$

$$\boldsymbol{u}_a = -\frac{kk_{ra}}{\mu_a}(\nabla p_a - \rho_a \boldsymbol{g}) \tag{4}$$

式中：k 为多孔介质的绝对渗透率，m^2；k_{rw} 和 k_{ra} 分别为水相和气相的相对渗透率，$0 \leqslant k_{rw}(k_{ra}) \leqslant 1$；$\mu_w$ 和 μ_a 分别为水相和气相的动力黏滞系数，$N \cdot s/m^2$；p_w 和 p_a 分别为水相和气相的孔隙压力，Pa；$\boldsymbol{g}$ 为重力加速度矢量，N/kg。

考虑水相以及气相的压缩性，其密度可以分别表示为：

$$\frac{1}{\rho_w}\frac{\partial \rho_w}{\partial t} = C_w \frac{\partial p_w}{\partial t} \tag{5}$$

$$\frac{1}{\rho_a}\frac{\partial \rho_a}{\partial t} = C_a \frac{\partial p_a}{\partial t} \tag{6}$$

式中：C_w 和 C_a 分别为水相和气相的体积压缩系数，Pa^{-1}。

将式（3）和式（5）代入式（1），式（4）和式（6）代入式（2）分别得到水-气两相渗流的控制方程，为：

$$\varphi \rho_w \frac{\partial S_w}{\partial t} + \varphi S_w \rho_w C_w \frac{\partial p_w}{\partial t} + \mathrm{div}\left[-\rho_w \frac{kk_{rw}}{\mu_w}(\nabla p_w - \rho_w \boldsymbol{g})\right] = q_w \tag{7}$$

$$\varphi \rho_a \frac{\partial S_a}{\partial t} + \varphi S_a \rho_a C_a \frac{\partial p_a}{\partial t} + \mathrm{div}\left[-\rho_a \frac{kk_{ra}}{\mu_a}(\nabla p_a - \rho_a \boldsymbol{g})\right] = q_a \tag{8}$$

1.3 辅助方程

上一节得到的水-气两相渗流的基本控制方程中有四个基本未知量（S_w、p_w、S_a、p_a），要求解结果，还需要一些辅助方程。

（1）水-气两相流饱和度方程：

$$S_w + S_a = 1 \tag{9}$$

（2）基质吸力-饱和度关系曲线：

$$p_c = p_a - p_w = p_c(S_w) \tag{10}$$

式中：p_c 为基质吸力（Pa），是饱和度的函数。

本文采用 Van Genuchten 模型[14]表征土体基质吸力-饱和度关系曲线：

$$S_e = \left[\frac{1}{1+(\alpha p_c)^n}\right]^m \tag{11}$$

式中：m、n 为拟合参数，并且满足 $m=1-1/n$；α 为拟合参数；S_e 为有效水饱和度，定义为：

$$S_e = \frac{S_w - S_{wr}}{S_{ws} - S_{wr}} \tag{12}$$

式中：S_{wr} 为残余水饱和度；S_{ws} 为饱和水饱和度。

(3)相对渗透率-饱和度关系曲线

表征水相和气相的相对渗透率-饱和度关系曲线分别采用 Van Genuchten-Mualem 模型[15]和 Brook-Corey 模型[16]：

$$k_{rw} = \sqrt{S_e}\{1-[1-(S_e)^{1/m}]^m\}^2 \tag{13}$$

$$k_{ra} = (1-S_e)^2(1-S_e^2) \tag{14}$$

由式(7)、式(11)、式(12)、式(13)可得水相渗流的控制方程，由式(8)、式(9)、式(11)、式(12)、式(14)可得气相的渗流控制方程，分别为：

$$a\varphi\rho_w\frac{\partial(p_a-p_w)}{\partial t} + \varphi S_w\rho_w C_w\frac{\partial p_w}{\partial t} + \mathrm{div}\left[-\rho_w\frac{kk_{rw}}{\mu_w}(\nabla p_w - \rho_w \boldsymbol{g})\right] = q_w \tag{15}$$

$$-a\varphi\rho_a\frac{\partial(p_a-p_w)}{\partial t} + \varphi S_a\rho_a C_a\frac{\partial p_a}{\partial t} + \mathrm{div}\left[-\rho_a\frac{kk_{ra}}{\mu_a}(\nabla p_a - \rho_a \boldsymbol{g})\right] = q_a \tag{16}$$

式中：

$$a = -mn\alpha(S_{ws}-S_{wr})[1+(\alpha p_a - \alpha p_w)^n]^{-m-1}(\alpha p_a - \alpha p_w)n-1$$

1.4 边界条件和初始条件

上述数学模型是高度非线性的，在求解的过程中需要给定边界条件和初始条件。求解时，将孔隙水压力 p_w、孔隙气压力 p_a 作为基本变量。

边界条件：通常有第一类边界条件，也称为 dirichlet boundary；还有第二类边界条件，也称为 neumann boundary。

第一类边界条件可以表示为：

$p_w = \bar{p}_w$ on Γ_{p_w}；

$p_a = \bar{p}_a$ on Γ_{p_a}。

第二类边界条件可以表示为：

$q_w = -v_{ws}\cdot n$ on Γ_{q_w}；

$q_a = -v_{as}\cdot n$ on Γ_{q_a}。

初始条件：$t=0$ 时，应满足以下条件：$p_w = p_w^0$，$p_a = p_a^0$。

1.5 数学模型的求解

利用多物理场仿真软件 COMSOL Multiphysics® 对上述模型进行求解，采用 Galerkin 法对偏微分方程组离散化，使用内置非线性微分代数方程求解器作为时间积分器，控制方程组中的时间项离散采用欧拉向后差分法。将上述数学模型写入 PDE 模块中，系数分别为：

$$\boldsymbol{d}_a = \begin{bmatrix} \varphi S_w\rho_w C_w - a\varphi\rho_w & a\varphi\rho_w \\ a\varphi\rho_a & \varphi S_a\rho_a C_a - a\varphi\rho_a \end{bmatrix}$$

$$\boldsymbol{\Gamma}_w = \begin{bmatrix} -\rho_w\dfrac{kk_{rw}}{\mu_w}p_{wx} \\ -\rho_w\dfrac{kk_{rw}}{\mu_w}(p_{wy} - \rho_w g) \end{bmatrix}$$

$$\boldsymbol{\Gamma}_a = \begin{bmatrix} -\rho_a \dfrac{kk_{ra}}{\mu_a} p_{ax} \\ -\rho_a \dfrac{kk_{ra}}{\mu_a}(p_{ay} - \rho_a g) \end{bmatrix}$$

$$\boldsymbol{f} = \begin{bmatrix} q_w \\ q_a \end{bmatrix}$$

2 模型验证

2.1 Liakopoulos 排水试验

Liakopoulos[17]排水试验曾得到众多学者的广泛验证和模拟[18-21]，本节采用上一节建立的水-气两相渗流数学模型对 Liakopoulos 排水实验进行模拟，以验证数学模型的正确性。

Liakopoulos 排水试验采用的是 Del Monte 砂，试样尺寸为：高度 1 m、直径 0.1 m，如图 1 所示。试样底部安装高渗透性透水石，侧面为不透水圆筒。试验开始前，试样上部有稳定水流供应，整个砂柱处于完全饱和状态。试验开始时，切断试样上部的供水，砂柱内的水在重力作用下逐渐从下部排出。试验过程中，记录砂柱内部的孔隙水压力以及砂柱底部排水速率等数据。

2.2 Liakopoulos 排水实验的数值计算模型

数值计算模型如图 1 所示，模型计算采用的物理参数如表 1 所示。

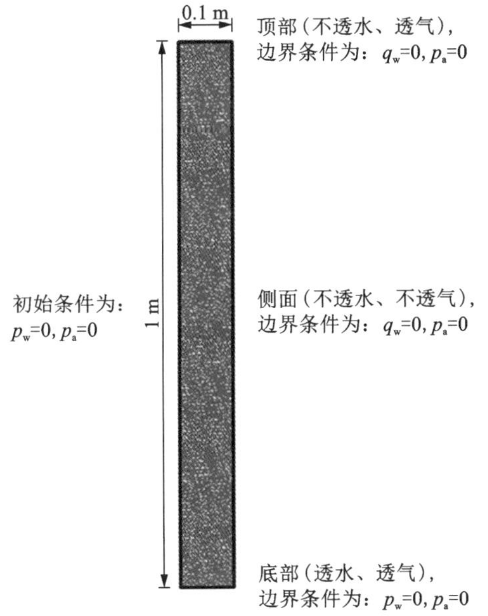

图 1 Liakopoulos 排水试验示意图

表 1 数值计算物理参数表[22, 23]

参数名	数值
水密度 $\rho_w/(kg \cdot m^{-3})$	1000
气密度 $\rho_a/(kg \cdot m^{-3})$	1.25
水的动力黏度 $\mu_w/(Pa \cdot s)$	1×10^{-3}
气的动力黏度 $\mu_a/(Pa \cdot s)$	1.8×10^{-5}
孔隙率 φ	0.2975
绝对渗透率 k/m^2	4.5×10^{-13}
水的体积压缩系数 C_w/Pa^{-1}	5×10^{-10}
气的体积压缩系数 C_a/Pa^{-1}	1×10^{-5}
VG 模型参数 α	5×10^{-5}
VG 模型参数 m	0.36
VG 模型参数 n	1.56
残余水饱和度 S_{wr}	0.27
饱和水饱和度 S_{ws}	1.0

本文在计算中以标准大气压力值作为计算参考值，孔隙水压力和孔隙气压力均采用相对压力值。根据 Liakopoulos 排水试验，数值模型计算采用的初始条件为 $p_w=0$、$p_a=0$。边界条件定义为：①试样上部为不透水、透气边界，即 $q_w=0$、$p_a=0$；②试样底部为排水、透气边界，即 $p_w=0$、$p_a=0$；③试样侧面为不透水、不透气边界，即 $q_w=0$、$q_a=0$。

2.3 计算结果的验证分析

单相渗流以及水-气两相渗流模型计算得出的砂柱不同高度处孔隙水压力演化曲线如图 2 所示。

水-气两相渗流计算模型得出的砂柱底部孔隙水渗流速度演化曲线如图 3 所示。

从图 2 中看出：①随着时间的增长，孔隙水压力非线性减小：前期减小的速率较大，中期减小的速率逐渐变缓，后期孔隙水压力逐渐趋于定值；并且高度越高，孔隙水压力的值越小。②单相渗流计算模型中，假设孔隙器压力恒定为零，考虑到其变化对孔隙水压力的影响，同一时间，单相渗流计算得到的孔隙水压力变化更迅速，与单相渗流计算结果相比，水-气两相渗流计算结果与实测数据吻合更好，尤其是在 $t<$ 40 min 内。这说明在进行非饱和渗流计算时，应该考虑孔隙气压力对孔隙水压力变化的影响。

从图 3 中看出：①随着时间的增加，砂柱底部孔隙水渗流速度先快速减小，后缓慢减小。②与试验数据相比，模型计算值在初期(即 $t<40$ min)与试验数据吻合较好。随着时间的增加，计算值与试验数据存在一定的误差。

综合分析图 2~3 可知，本文的水-气两相渗流数学模型可以很好地预测非饱和渗流过程。

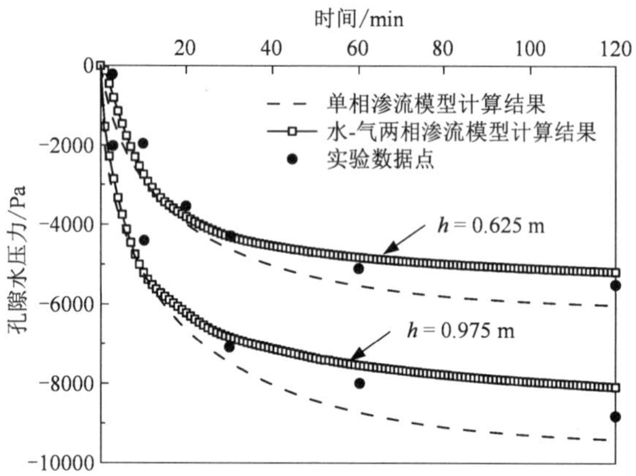

图 2　两个不同高度处孔隙水压力演化曲线图

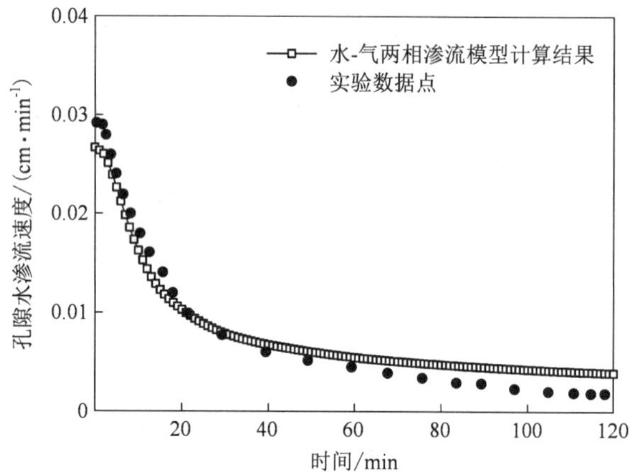

图 3　砂柱底部孔隙水渗流速度演化曲线图

3　路基降雨入渗过程中水-气两相渗流特性分析

3.1　有限元模型

根据我国《高速铁路设计规范》(TB 10621—2014)[24]，参照京沪高速铁路路基横断面结构，建立如图 4 所示的二维路基降雨入渗计算模型。路基结构从上至下依次为：基床表层(厚度 0.4 m)、基床底层(厚度 2.3 m)、路基本体(厚度 2.0 m)以及地基(厚度 5.0 m)。基床表层和基床底层的边坡坡度为 1∶1.5。设置的四个观测点用于分析路基不同位置处的渗流特性，如图 4 所示。模型采用自由三角形网格，共划分了 6251 个网格，平均单元质量 0.92。

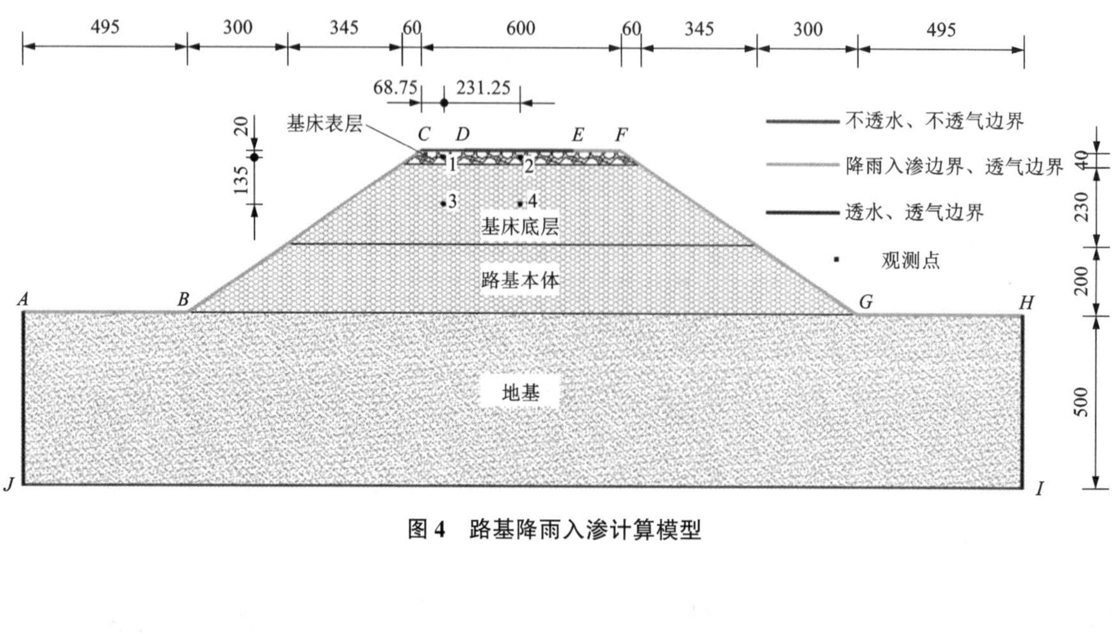

图 4　路基降雨入渗计算模型

3.2 路基各层填料力学参数

基床表层填料为级配碎石，基床底层填料和路基本体填料为改良粗颗粒土，地基土为低液限粉土。模型计算所采用的物理参数如表 2 所示。

表 2 数值计算物理参数表[2, 22, 23, 25]

参数名	数值
水密度 ρ_w/(kg·m^{-3})	1000
气密度 ρ_a/(kg·m^{-3})	1.25
水的动力黏度 μ_w/(Pa·s)	1×10^{-3}
气的动力黏度 μ_a/(Pa·s)	1.8×10^{-5}
孔隙率 φ(级配碎石)	0.44
孔隙率 φ(改良粗颗粒土)	0.27
孔隙率 φ(低液限粉土)	0.23
绝对渗透率 k/m^2(级配碎石)	1.0×10^{-11}
绝对渗透率 k/m^2(改良粗粒土)	1.0×10^{-12}
绝对渗透率 k/m^2(低液限粉土)	2.0×10^{-14}
水的体积压缩系数 C_w/Pa^{-1}	5×10^{-10}
气的体积压缩系数 C_a/Pa^{-1}	1×10^{-5}
VG 模型参数 α(级配碎石)	8.08×10^{-4}
VG 模型参数 α(改良粗粒土)	9.39×10^{-3}
VG 模型参数 α(低液限粉土)	2.30×10^{-5}
VG 模型参数 m(级配碎石)	0.398
VG 模型参数 m(改良粗颗粒土)	0.153
VG 模型参数 m(低液限粉土)	0.174
VG 模型参数 n(级配碎石)	1.66
VG 模型参数 n(改良粗颗粒土)	1.18
VG 模型参数 n(低液限粉土)	1.21
残余水饱和度 S_{wr}(级配碎石)	0.05
残余水饱和度 S_{wr}(改良粗颗粒土)	0.004
残余水饱和度 S_{wr}(低液限粉土)	0.001
饱和水饱和度 S_{ws}(级配碎石)	1.0
饱和水饱和度 S_{ws}(改良粗颗粒土)	1.0
饱和水饱和度 S_{ws}(低液限粉土)	1.0
初始水饱和度 S_{w0}(级配碎石)	0.43
初始水饱和度 S_{w0}(改良粗颗粒土)	0.51
初始水饱和度 S_{w0}(低液限粉土)	0.68
标准大气压 p_{atm}/Pa	1.01×10^{5}

3.3 初始条件和边界条件

假定在计算过程中不考虑地下水的影响，路基模型计算的初始条件为：p_w 根据每种填料的初始水饱和度计算，$p_a=0$。

路基模型计算的边界条件如图 4 所示。由于基床表层上混凝土支撑层的覆盖作用，DE 设置为不透水、不透气边界，地基下表面 IJ 也设置为不透水、不透气边界，上表面 ABCD 以及 EFGH 为降雨入渗边界以及透气边界，其余为透水、透气边界。

路基降雨入渗的过程与降雨强度和土体的渗透性能相关[26]。假设降雨强度为 $\varepsilon(t)$，边坡坡面外法线方向为 $\boldsymbol{n}=(n_x, n_y, n_z)$，当降雨强度小于土体渗透系数时，认为雨水全部入渗，此时的降雨入渗条件简化为流量边界条件。那么，边坡坡面上雨水实际入渗量 $q_s(t)$ 与降雨强度的关系满足[27, 28]：

$$q_s(t)=\varepsilon(t)n_z \tag{17}$$

当降雨强度大于土体渗透系数时，雨水在土体表面形成积水（积水水头不高）或形成表面径流，此时可将降雨入渗条件简化为压力条件。

本文计算过程中模拟特大暴雨情况的降雨强度为 3.47×10^{-6} m/s（300 mm/24 h），降雨持续时间为 9 h[29]。

3.4 计算结果与分析

3.4.1 路基降雨入渗过程中孔隙水压力的变化

图 5 显示了水–气两相渗流模型计算得到的不同降雨时间路基内孔隙水压力分布云图。从图中可见，

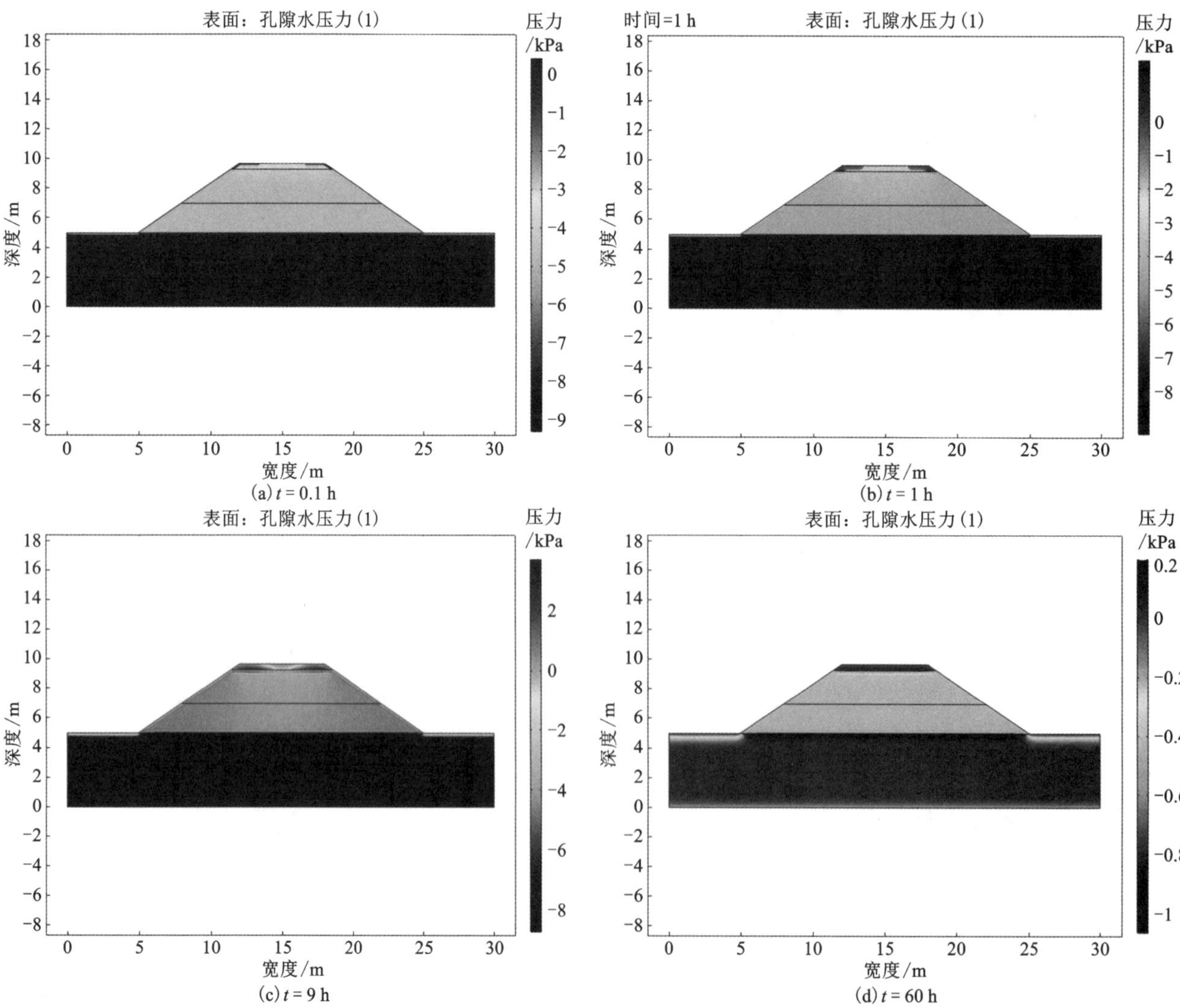

(a) $t=0.1$ h (b) $t=1$ h (c) $t=9$ h (d) $t=60$ h

图 5 不同降雨时间路基内孔隙水压力分布云图

在降雨初期[图5(a)]，基床表层两侧上表面以及基床表层边坡处因为降雨的入渗，孔隙水压力最先增大为正值，说明此处达到饱和状态。随着降雨的进行[图5(b)]，基床表层两侧入渗的水分逐渐向基床表层下部以及中间部位渗流，使基床表层下部以及中间部位的孔隙水压力逐渐增大达到饱和状态。当降雨进行至9 h左右时[图5(c)]，基床表层两侧下部的饱和区域基本贯通，基床表层已基本处于饱和状态，此时基床表层和基床底层界面处滞留水分。若此时遇到在列车荷载的反复作用，则界面处填料中的细颗粒会被软化进而形成泥浆，易产生翻浆冒泥等路基病害。随着降雨的继续，路基内部的饱和区域逐渐向下延展，由于基床底层、路基本体以及地基等处填料的渗透率只有基床表层的1/100甚至更小，雨水入渗速率变缓慢，直至计算结束[图5(d)]，基床底层、路基本体以及地基两侧降雨入渗边界只有很小厚度范围内处于饱和状态。这也说明，降雨过程中水分很难直接迅速地渗入基床底层、路基本体以及地基内部。

图6显示了路基内不同观测点处(图4)孔隙水压力演化图。由图6可知：观测点1处随着降雨时间的增加由负孔隙水压力逐渐增加至正孔隙水压力，$t=2$ h左右达到饱和状态，随着时间的继续增长，孔隙水压力先逐渐增大后缓慢减小；观测点2处的孔隙水压力变化趋势与1处相似，$t=20$ h左右达到饱和状态。在雨水还没有入渗到观测点3和观测点4时，两处的孔隙水压力由于孔隙气压力的影响(如图8所示)呈先增大后减小的变化趋势[9]。

3.4.2 路基降雨入渗过程中孔隙气压力的变化

图7显示了不同降雨时间路基内孔隙气压力分布云图。在降雨初期，随着基床表层两侧以及基床表层边坡降雨的入渗，挤压土体孔隙内的气体受制，基床表层的孔隙气压力增大，随着时间的增长，受挤压的孔隙气体逐渐向下消散，基床表层的孔隙气压力逐渐减小。由于地基处填料的渗透率很小，雨水入渗速率缓慢，其孔隙气压力变化缓慢，直至计算结束，地基两侧边界处的孔隙气压力尚未消散完全。

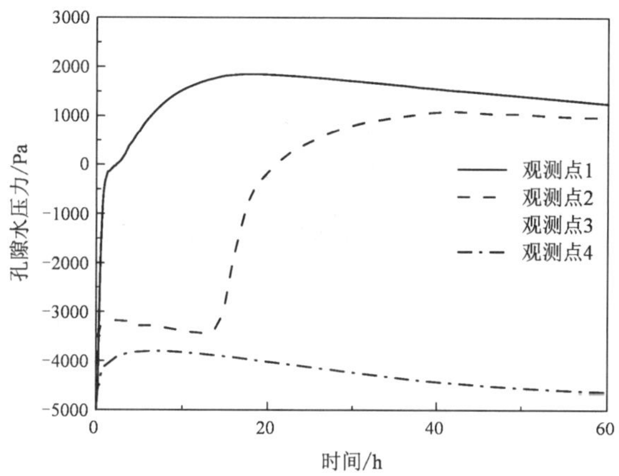

图6 路基内不同观测点处孔隙水压力演化图

图8显示了路基内不同观测点处(图4)孔隙气压力演化图。由图8可知，四个观测点处的孔隙气压力的变化规律基本一致：随着降雨时间的增加，孔隙气压力由于入渗雨水的挤压作用首先呈现增长的趋势；随着受挤压的孔隙气体逐渐向下扩散，孔隙气压力逐渐减小直至趋近于大气压力。结合图6中观测点2处3~15 h内孔隙水压力产生下降的趋势，说明孔隙气压力的增大对水流的运动存在一定阻滞作用。

4 结论

(1)Liakopoulos排水试验的数值结果表明，本文提出的水-气两相渗流数学模型能够很好地预测非饱和渗流过程中土体内部孔隙水压力、孔隙水渗流速度的变化规律。

(2)路基降雨入渗的主要影响区域是基床表层，特大暴雨持续9 h左右，基床表层基本全部处于饱和状态；由于基床底层、路基本体、地基层的渗透性较小，降雨过程中水分很难直接迅速地渗入，在基床表层与基床底层界面处通常产生水分淤积。在列车荷载作用下，该处填料易软化形成泥浆，产生翻浆冒泥病害。

(3)降雨入渗初期，水分入渗对孔隙内原有气体挤压，使孔隙气压力逐渐增大，随着降雨时间的增加，受挤压的气体逐渐向下消散，孔隙气压力逐渐减小至接近大气压力值。

本研究的主要目的是探讨路基降雨入渗过程中的水-气两相渗流特性，然而，路基在列车荷载作用下的动力特性、路基长期的变形沉降以及外界温度变化等因素对路基降雨入渗的影响还有待进一步的研究。

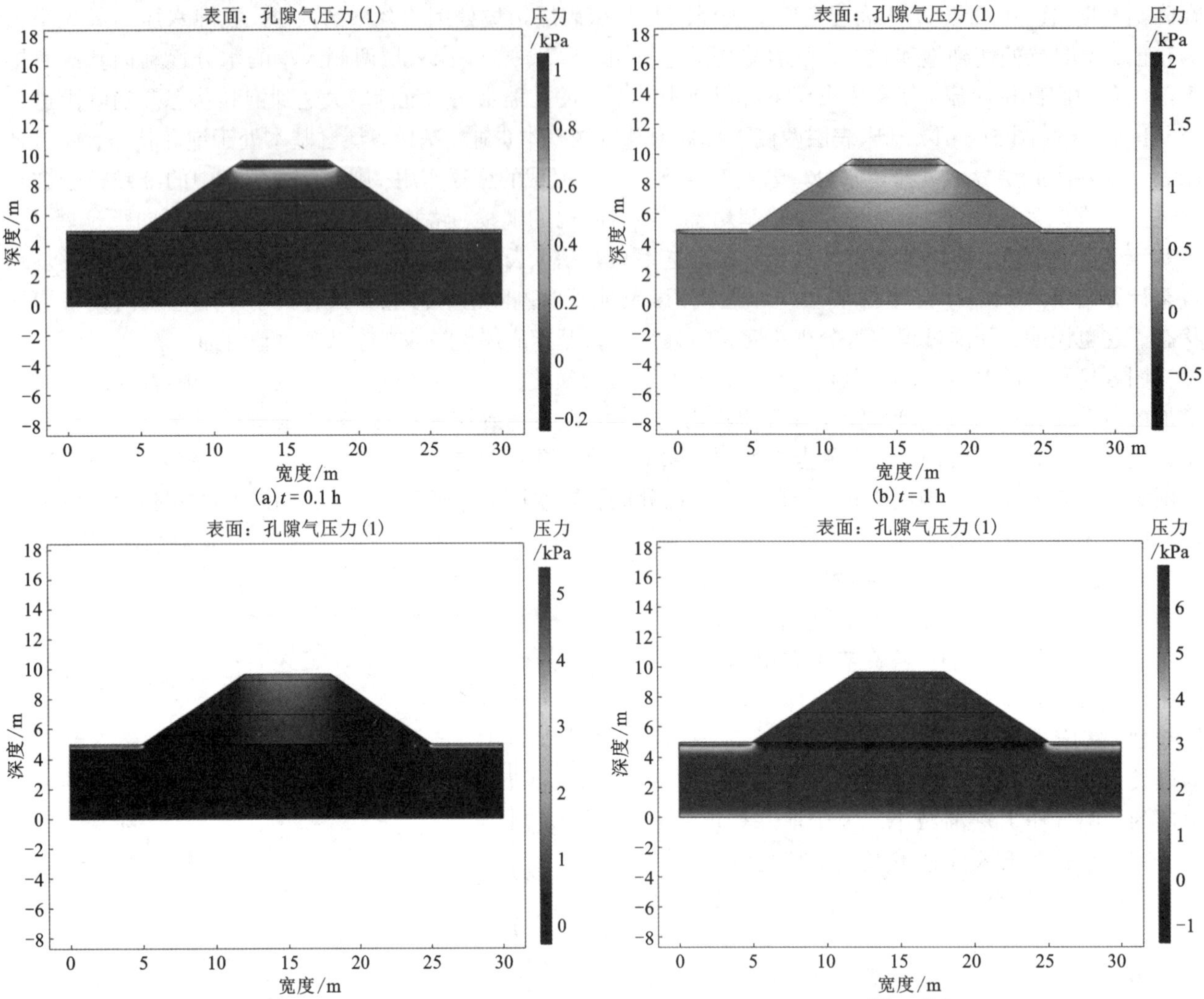

(a) $t=0.1$ h　(b) $t=1$ h　(c) $t=9$ h　(d) $t=60$ h

图 7　不同降雨时间路基内孔隙气压力分布云图

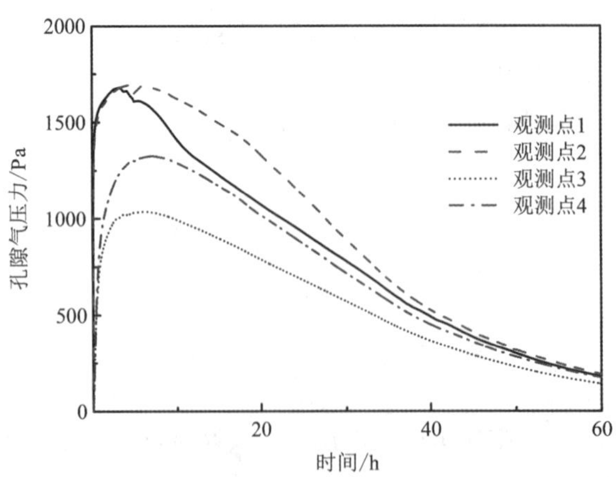

图 8　路基内不同观测点处孔隙气压力演化图

参考文献

[1] CHEN R P, CHEN J M, WANG H L. Recent research on the track-subgrade of high-speed railways[J]. Journal of Zhejiang University, SCIENCE A(Applied Physics & Engineering), 2014, 15(12): 1034-1038.

[2] 黎瀚文，张璐璐，冯世进，等.复杂大气环境作用下高铁路基水分迁移响应[J].岩土力学，2018，39(07)：2574-2582.
[3] KIM Y，JEONG S，KIM J. Coupled infiltration model of unsaturated porous media for steady rainfall[J]. Soils and Foundations，2016，56(6)：1071-1081.
[4] YANG K H，UZUOKA R，THUO J N，et al. Coupled hydro-mechanical analysis of two unstable unsaturated slopes subject to rainfall infiltration[J]. Engineering Geology，2017，216：13-30.
[5] HAMDHAN I N，SCHWEIGER H F. Slope stability analysis of unsaturated soil with fully coupled flow-deformation analysis [C]. Schweiger IAMG 2011，Salzburg，Austria，2011：1133-1150.
[6] TOUMA J，VAUCLIN M. Experimental and numerical analysis of two-phase infiltration in a partially saturated soil[J]. Transport in Porous Media，1986，1(1)：27-55.
[7] WEIR G J，KISSLING W M. The influence of airflow on the vertical infiltration of water into soil[J]. Water Resource Research，1992，28：2765-2772.
[8] LIU G，TONG F G，TIAN B. A finite element model for simulating surface runoff and unsaturated seepage flow in the shallow subsurface[J]. Hydrological Processes，2019(6)：3378-3390.
[9] Cho S E. Stability analysis of unsaturated soil slopes considering water-air flow caused by rainfall infiltration[J]. Engineering Geology，2016，211：184-197.
[10] 孙冬梅，朱岳明，张明进.降雨入渗过程的水-气二相流模型研究[J].水利学报，2007，38(2)：150-156.
[11] 孙冬梅，朱岳明，张明进.非饱和带水-气二相流数值模拟研究[J].岩土工程学报，2007，29(4)：560-565.
[12] 王晓冬.渗流力学基础[M].北京：石油工业出版社，2006.
[13] DARCY H. Les fontaines publiques de la ville de Dijon[M]. Paris：1856.
[14] GENUCHTEN M T V. Closed-form equation for predicting the hydraulic conductivity of unsaturated soils[J]. Soil Science Society of America Journal，1980，44(5)：892-898.
[15] MUALEM Y. A new model for predicting the hydraulic conductivity of unsaturated porous media[J]. Water Resources Research，1976，12(3)：513-522.
[16] BROOKS R H，COREY A T. Properties of porous media affecting fluid flow[J]. Journal of the Irrigation and Drainage Division，1966，92(2)：61-88.
[17] LIAKOPOULOS A C. Transient flow through unsaturated porous media[D]. Berkeley：University of California，1965.
[18] NAGEL F，MESCHKE G. An elasto-plastic three phase model for partially saturated soil for the finite element simulation of compressed air support in tunnelling[J]. International Journal for Numerical and Analytical Methods in Geomechanics，2010，34(6)：605-625.
[19] EHLERS W，GRAF T，AMMANN M. Deformation and localization analysis of partially saturated soil[J]. Computer Methods in Applied Mechanics and Engineering，2004，193(27-29)：2885-2910.
[20] SCHREFLER B A，SCOTTA R. A fully coupled dynamic model for two-phase fluid flow in deformable porous media[J]. Computer Methods in Applied Mechanics and Engineering，2001，190(24-25)：3223-3246.
[21] SCHREFLER B A，ZHAN X Y，SIMONI L. A coupled model for water flow，airflow and heat flow in deformable porous media [J]. International Journal of Numerical Methods for Heat & Fluid Flow，1995，5(6)：531-547.
[22] HU R，CHEN Y F，ZHOU C B. Modeling of coupled deformation，water flow and gas transport in soil slopes subjected to rain infiltration[J]. Science in China Series E：Technological Sciences，2011，54(10)：2561-2575.
[23] 杨戒.基于随机场的非饱和土固-液-气三相耦合分析[D].成都：成都理工大学，2019.
[24] 国家铁路局.高速铁路设计规范(TB 10621—2014)[S].北京：中国铁道出版社，2014.
[25] CHEN R P，WANG H L，HONG P Y，et al. Effects of degree of compaction and fines content of the subgrade bottom layer on moisture migration in the substructure of high-speed railways[C]. Proceedings of the Institution of Mechanical Engineers，Part F：Journal of Rail and Rapid Transit，2017，0(0)：1-14.
[26] 张芳枝.非饱和土性状及其边坡稳定性[M].北京：中国水利水电出版社，2011.
[27] ZHONG W，TAN Z，WANG X，et al. Numerical simulation of stability analyzing for unsaturated slope with rainfall infiltration [J]. Journal of Networks，2014，9(5)：1215-1222.
[28] 刘小平.非饱和土路基水作用机理及其迁移特性研究[D].长沙：湖南大学，2008.
[29] 肖源杰，陈刘欣，卢小永，等.降雨入渗下铁路路基含水率分布及影响分析[J].铁道工程学报，2020，37(7)：7-12.

Investigation of the static and dynamic characteristics of TDA-subballast mixtures

ZHANG Jiasheng, YANG Ningyu, CHEN Xiaobin, HU Hang, WANG Xiang, ZHANG Junqi

Department of Civil Engineering, Central South University, Changsha 410075, P. R. China.

Abstract: TDA (tire-derived aggregate) has great potential in ballasted railway engineering due to its excellent wear resistance and vibration absorption capacity. Thus, engineering insight into the effect that TDA has on the static and dynamic behavior of TDA-subballast mixtures is in high demand. In this investigation, different size ratios and shapes of TDA were used, and a series of large-scale monotonic and cyclic triaxial tests with different confining pressures and tire contents were conducted to evaluate the mechanical properties of the TDA-subballast mixtures. The experimental results indicate that TDA leads to a decrease in the stiffness, shear dilatancy, and modulus of resilience and an increase in the energy dissipation capacity of the mixtures. Then, the equivalent intergranular void ratio e_{eq} is introduced to further evaluate the contribution of TDA granules to the shear behaviors of mixtures. A series of equations were established to discuss the evolution of the peak deviatoric stress, energy dissipation, and resilient modulus with e_{eq}. Furthermore, based on the test indexes, the performance of mixtures with different TDA shapes and contents was comprehensively evaluated, and the optimal volumetric content of tires was found to be approximately 20%. The test results further promote the application of TDA in railway engineering and the effective use of waste tires.

Keywords: TDA-subballast mixtures; Large-scale triaxial tests; Static and dynamic characteristics

1 Introduction

In the background of environmental protection and resource depletion, tire-derived aggregate (TDA) has great potential due to its excellent engineering properties (low unit weight, strong linear elastic deformation ability, good durability, and high energy dissipation) (Esmaeili et al., 2016; Li et al., 2016). In early investigations, the application of TDA in civil engineering was considered for retaining walls (Humphrey et al., 1992; Lee et al., 1999), buried pipes (Marto et al., 2013), soft foundations (Bandyopadhyay et al., 2015; Komak Panah and Khoshay, 2015), etc. Recently, numerous investigations have been conducted to explore the application of TDA in railway engineering (Esmaeili et al., 2020; Indraratna et al., 2018). In railway construction, the ballast bed and subballast layer are designed to transfer the dynamic load to the subgrade and enable water drainage and energy dissipation from the track (Qi et al., 2018). The subballast layer also prevents ballast and subgrade soil from penetrating each other. Considering the working environment of subballst (avoid direct sunlight), due to the unique mechanical properties (high damping, low unit weight, great coefficient of friction, etc.) and the increasing supply of TDA, blending subballast with TDA has become a potential way to improve the engineering properties of railway structure (Hidalgo Signes et al., 2016).

Many investigations have focused on the properties of granular soils mixed with TDA. Anastasiadis et al. (2012) and Senetakis et al. (2012) quantitatively analyzed the promotional effect of adding rubber on the damping ratio of the mixture. Esmaeili et al. (2017, 2018, 2020) conducted a large number of experimental studies on granular rubber ballast mixtures and confirmed that an increase in rubber content leads to a decrease in stiffness and

ZHANG Jiasheng, YANG Ningyu, CHEN Xiaobin, et al. Investigation of the static and dynamic characteristics of TDA-subballast mixtures[J]. Transportation Geotechnics, 2022, 32: 100676.

an increase in the damping ratio of the mixture (Fathali et al., 2017). Signes et al. (2016) found that the increase in rubber content reduced the vibration in rubber subballast mixtures caused by harmonic loads. However, previous investigations did not evaluate the properties of the TDA-subballast mixtures considering both static and dynamic characteristics, and the effects of TDA shape and size were not studied quantitatively, which proved that they have a great influence on the properties of soft-rigid mixtures (Zhang et al., 2020b).

To fill this gap, a series of large-scale monotonic and cyclic triaxial tests are conducted to investigate the improvement in the performance of pure subballast by adding different types of TDA under the most unfavorable conditions of heavy-haul railways. The results of the monotonic triaxial tests, including the stress-strain behavior, shear strength, and volumetric strain behavior, are quantified, and a new calculation method of b (which denotes the portion of the granular TDA that contributes to the solid matrix stiffness) is proposed. Then, the evolution of the cumulative deformation, resilient modulus, damping ratio, and energy dissipation of the mixture is analyzed. Finally, based on the analysis of the mechanical indexes obtained from the comprehensive tests, the optimal tire content (TC) is evaluated. This investigation further promotes the application of TDA in railway engineering and the effective use of waste tires.

2 Laboratory testing program

2.1 Materials

Subballast samples were taken from the Liuyang section of the Menghua heavy-haul railway in Changsha, China. The subballast combines well-graded sand and gravel [as shown in Fig. 1(a)], which satisfies the standard ASTM D2488. Moreover, as shown in Fig. 1 (b), to investigate the influence of TDA type on TDA-subballast mixture performance, TDA is categorized into TDA granules and TDA chips, and this study uses two sizes of TDA granules. Thus, the TDA-subballast mixtures in this study are divided into large TDA granules-subballast (LTS), small TDA granules-subballast (STS), and TDA chips-subballast (TCS). All the TDA was obtained through shredding waste tires produced by the Chaoyang tire factory. The particle size distribution (PSD) curves of the studied subballast and TDA are shown in Fig. 2, and the dry method was used to sieve the oven-dried subballast and air-dried TDA. The specific gravity of the subballast and TDA are 2.76 and 1.24, respectively. The coefficient of nonuniformity C_u and coefficient of curvature C_c are adopted to quantitatively describe the grading curve. C_u reflects the uniformity of particles in the soil, and C_c describes the smoothness of the grading curve. The definitions of C_u and C_c are as follows:

$$C_u = \frac{d_{60}}{d_{10}} \tag{1}$$

$$C_c = \frac{d_{30}^2}{d_{60}d_{10}} \tag{2}$$

where d_{10}, d_{30}, and d_{60} represent the particle sizes corresponding to 10%, 30%, and 60% of the ordinate on the grading curve. From equations (1) and (2), C_u and C_c of the subballast are 24.2 and 2.12, respectively.

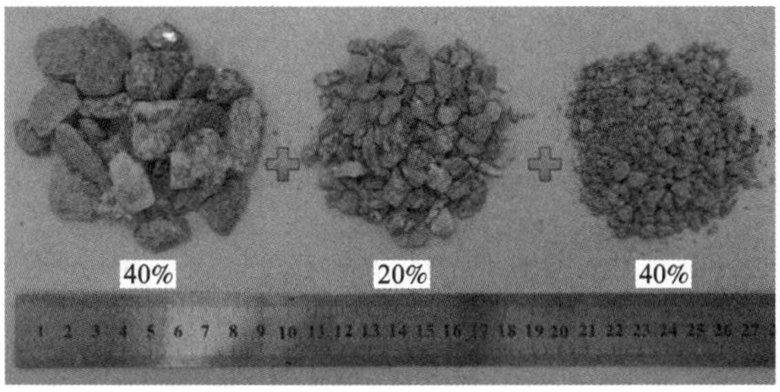

(a) Subballast

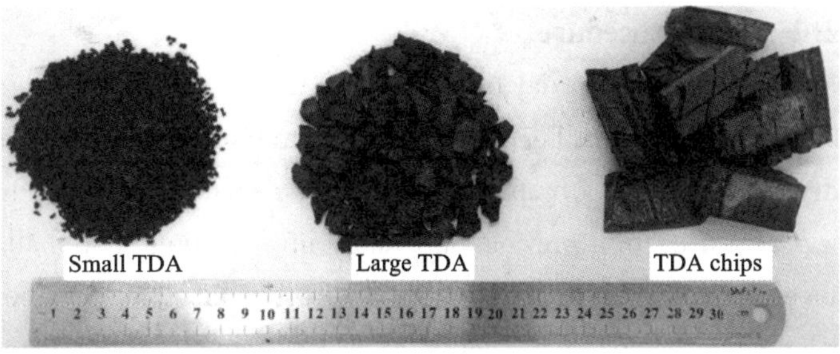

(b) TDA

Fig. 1 Photographs of tested materials

Considering the optimal TC of TDA-soil mixtures obtained by previous investigations, Sol-Sánchez et al. (2015) suggested that the optimum TC in ballast-TDA mixtures is 10% by volume; Fathali et al. (2017) reported that the optimum TDA mass content is 10% (approximately equivalent to 22% by volume) based on the balance of damping and settlement. Thus, five volumetric TCs (0%, 10%, 20%, 30%, and 100%) are selected for this investigation.

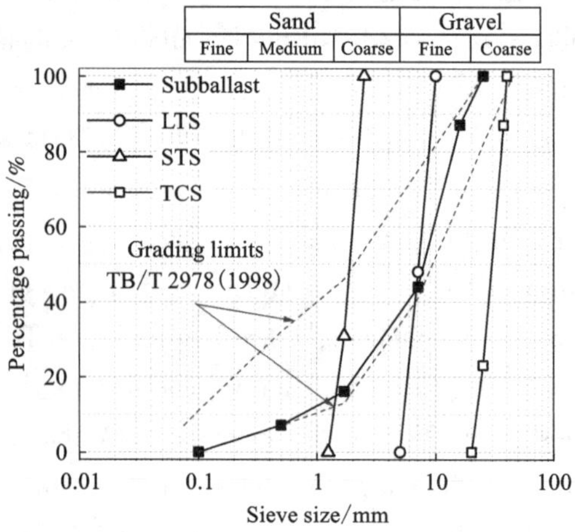

Fig. 2 PSD curves of the subballast and TDA

To obtain the maximum dry density of the samples with different types of TDA and different TCs, the maximum dry density test is conducted by surface vibration compaction. Fig. 3(a) illustrates the maximum dry density of all the mixtures. An increase in tire content leads to an approximately linear decrease in the maximum dry density of the mixture, and the mixtures with different sizes of TDA exhibit remarkably similar trends. Moreover, the smaller the TDA particles are, the greater the maximum dry density of the mixtures. This phenomenon indicates that the dispersed TDA particles make the mixture difficult to compact. To quantify the ability of the subballast particles to prevent crushing, the Los Angeles abrasion test is conducted to measure the breakage of coarse aggregate according to ASTM C535 (ASTM 2012). The test results are shown in Fig. 3(b). The addition of TDA reduces the value of LA (the mass ratio of coarse subballast before and after the test). With increasing tire content, the wear resistance of the subballast obviously increases due to the excellent damping capacity of the TDA. The wear resistance of the mixture increases with decreasing TDA size because when the TDA particles are small, the TDA is more evenly distributed around the subballast particles and better protects them.

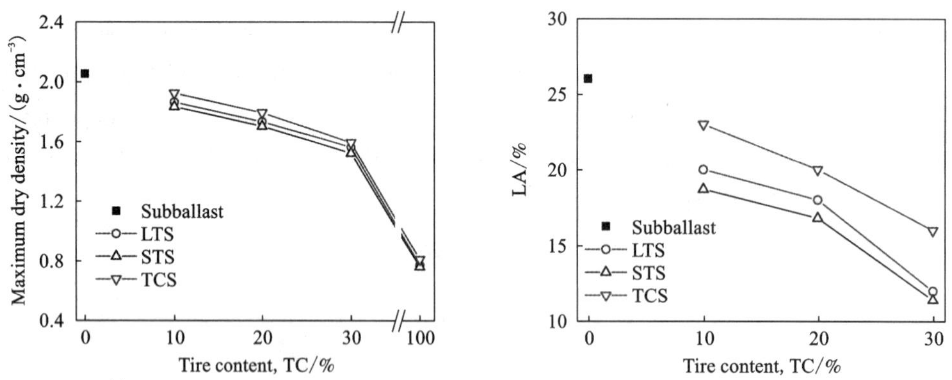

(a) Evolution of maximum dry density (b) Wear rate of subballast with TC

Fig. 3 Test results of the maximum dry density test and Los Angeles abrasion test

2.2 Test procedure

Large-scale triaxial testing was performed to investigate the static and dynamic characteristics of the TDA-subballast mixtures. For the sample preparation stage, the straightforward compaction degree (defined as the target dry density divided by the maximum dry density) was used to quantify the relative compaction level; this method was also used in a previous laboratory investigation of subballast (Qi et al., 2018). All the samples tested in this investigation were prepared with a target compaction degree of 90%. Note that the monotonic triaxial test also adopted a compaction energy of 5 kJ (equal to the compaction energy of pure subballast compacted to a 90% compaction degree) in the preparation process to analyze the effect of compaction. The specimens were compacted in five layers and were 300 mm in diameter and 600 mm high. The maximum particle size of the materials is 20.0 mm; thus, the ratio of the specimen diameter (300 mm) to the maximum particle size is much larger than the ratio of 6 : 1 suggested by Indraratna et al. (1994) and Zhang et al. (2020). In this test, the main confining pressure (σ_c = 50 kPa) was used to simulate the field conditions of a heavy-haul railway subballast layer according to previous investigations (Indraratna et al., 1998; Qian, 2014), and other values (σ_c = 100 kPa and 150 kPa) were used to investigate the effect of confining pressure. Notably, the confining pressure caused by the membrane (the thickness and Young's modulus of membranes are 2 mm and 1100 kPa, respectively) was ignored because the error in deviator stress due to the membrane does not exceed 5% (ASTM, 2011). The details of each specimen are summarized in Table 1. The abbreviation "TS0-50" represents pure subballast under a confining pressure of 50 kPa, and "LTS0.1-50" represents mixtures with a large TDA content of 10% (volume content) under a confining pressure of 50 kPa. A series of drained monotonic and cyclic triaxial tests were carried out according to ASTM D7181 and ASTM D5311/D5311M, respectively, following three stages: saturation, consolidation, and shearing. During the shearing stage, monotonic shearing was conducted with a constant strain rate of 0.1 mm/min to ensure that fully drained conditions were maintained during shearing, and shearing was completed when 15% axial strain was achieved.

Table 1 Test strategy and basic geotechnical properties of the specimens

Material	TC/%	TDA type	Triaxial test strategy	σ_c/kPa	Preshear void ratio	Compaction control mode
TS0-50	0	—	Monotonic and cyclic	50	0.328	Compaction degree of 90%
TS0-100			Monotonic and cyclic	100	0.324	
TS0-150			Monotonic	150	0.322	
LTS0.1-50	10	Large TDA granules	Monotonic and cyclic	50	0.358	
LTS0.1-100			Monotonic and cyclic	100	0.354	
LTS0.1-150			Monotonic	150	0.344	
LTS0.2-50	20		Monotonic and cyclic	50	0.367	
LTS0.2-100			Monotonic and cyclic	100	0.359	
LTS0.2-150			Monotonic	150	0.347	
LTS0.3-50	30		Monotonic and cyclic	50	0.393	Compaction degree of 90%/ Compaction energy of 5 kJ
LTS0.3-100			Monotonic and cyclic	100	0.380	
LTS0.3-150			Monotonic	150	0.366	
LTS1.0-150	100		Monotonic	150	0.610	Compaction degree of 90%
STS0.1-50	10	Small TDA granules	Monotonic and cyclic	50	0.327	
STS0.2-50	20		Monotonic and cyclic	50	0.377	
STS0.3-50	30		Monotonic and cyclic	50	0.406	Compaction degree of 90%/ Compaction energy of 5 kJ
TCS0.1-50	10	TDA chip	Monotonic and cyclic	50	0.296	Compaction degree of 90%
TCS0.2-50	20		Monotonic and cyclic	50	0.322	
TCS0.3-50	30		Monotonic and cyclic	50	0.355	Compaction degree of 90%/ Compaction energy of 5 kJ

For cyclic triaxial testing, as shown in Fig. 4, the amplitude (σ_d) and frequency adopted in the tests were equal to 200 kPa and 1 Hz, respectively, and an additional vertical stress σ_P = 20 kPa was applied to simulate the dead weight of the track. σ_d = 200 kPa was selected to investigate the properties of the materials under the most unfavorable loading conditions. The cyclic loading parameters were quite close to the field tests reported by Liu and Xiao (2010) and Bian et al. (2016) based on the track-ground analysis model. Bian et al. (2016) indicated that ballast will reach a stable stage after approximately 10000 cycles of loading. Thus, cyclic axial loading was applied 20000 times.

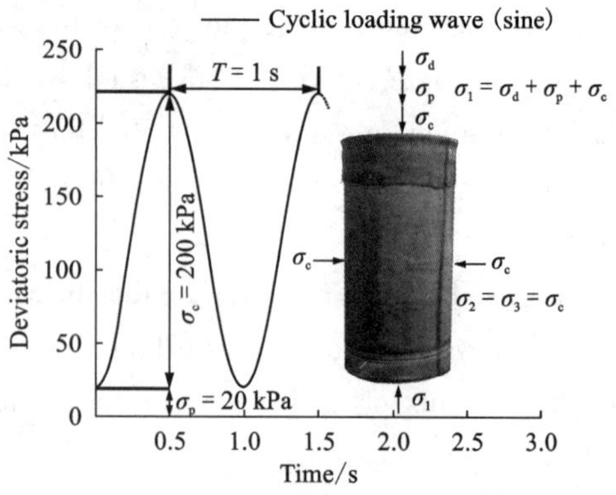

Fig. 4 Applied amplitude and frequency

3 Results of the monotonic triaxial tests

3.1 Stress-strain behavior

To further analyze the results of the monotonic triaxial tests, the axial strain ε_1, deviatoric stress q, average effective stress p, and stress ratio η are defined as follows:

$$\varepsilon_1 = \frac{h_0 - h}{h_0} \tag{3}$$

$$q = \frac{h\bar{f}}{V} \tag{4}$$

$$p = \sigma_c + q/3 \tag{5}$$

$$\eta = \frac{q}{p} \tag{6}$$

where h_0 and h are the height of the sample before shearing (after consolidation) and at present, respectively; V is the current volume of the sample; $\bar{f}$ is defined as the load on the loading plate; and σ_c is the confining pressure.

Fig. 5 illustrates the evolution of η with shear. Notably, the axial strain of pure TDA cannot approach 15% because of the large deformation in the consolidation stage. The η of the TDA-subballast mixture increases rapidly to a peak value with shear and then decreases to a plateau. Moreover, the samples of pure TDA show good elasticity, namely, η tends to linearly increase during the shearing process for these samples.

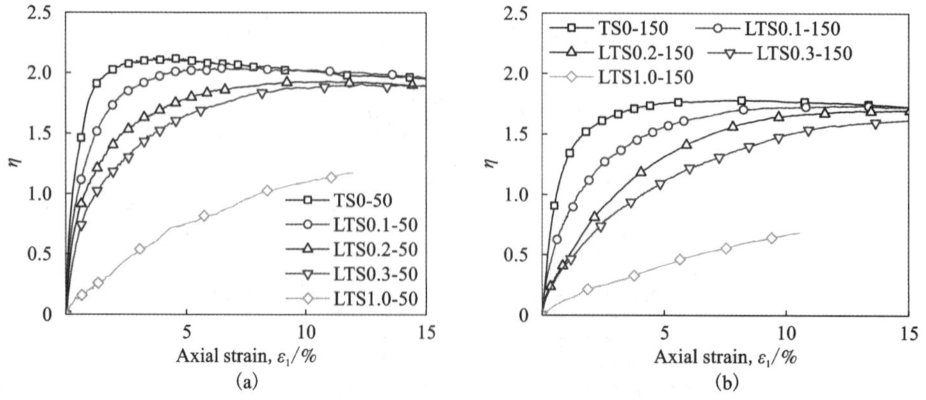

Fig. 5 Effect of tire content on the stress curves of the mixtures under (a) 50 kPa of confining pressure and (b) 150 kPa of confining pressure

Fig. 5(a) illustrates that an increase in TC leads to a delayed and indistinct stress peak. This phenomenon indicates that the stress-strain behavior changes from a brittle response to a predominantly ductile response with increasing rubber in the skeleton of the mixtures. Similar observations have been reported by Zornberg et al. (2004) for mixtures of sand and TDA. The stress-strain relationships of the mixtures change from a strain softening type to a strain hardening type. This phenomenon is due to weakening of the contacts between particles; the positions of the particles can more easily change to reduce the stress concentration.

Comparing Fig. 5(a) and Fig. 5(b), with increasing confining pressure, the stress peak is delayed and gradually disappears. The reasons for this phenomenon are as follows: one is that with the increase in particle contact stress, the instability of the pores increases (Zhang et al., 2020a); the other is that the surface unevenness of particles decreases under the condition of high local stress, resulting in a decrease in the friction coefficient. Previous investigations can confirm these mechanisms, as Harkness et al. (2016) used the discrete element method (DEM) to simulate the shear behavior of ballast under different confining pressures by reducing the friction coefficient.

Fig. 6 illustrates the effect of the TDA type on the stress-strain relationship of a mixture. Comparing the LTS and STS samples, the particle size ratio has little effect on η. This result is different from previous study of soft-rigid mixtures conducted by Zhang et al. (2021a). The reason for the difference is that the subballast in this investigation is well graded, and the phenomenon of the TDA filling the pores in the subballast is not obvious because all the TDA particles are relatively large compared with the fine particles in the subballast. According to previous investigation (Zhang et al., 2020b), when TDA particles are relatively large, the TDA size has little influence on a TDA-soil mixture with a low TC. However, the shape of the TDA (granules or chips) has a great influence on the stress-strain behavior of the mixture. Compared with the addition of TDA granules, the addition of TDA chips leads to a larger η during the whole shearing process because the TDA chips can exert additional tension on the surrounding subballast particles to restrain their movement through friction (Zhang et al., 2021b). With increasing TC, the stress-strain relationships of the mixtures with different TDA types change from strain softening relationships to strain hardening relationships.

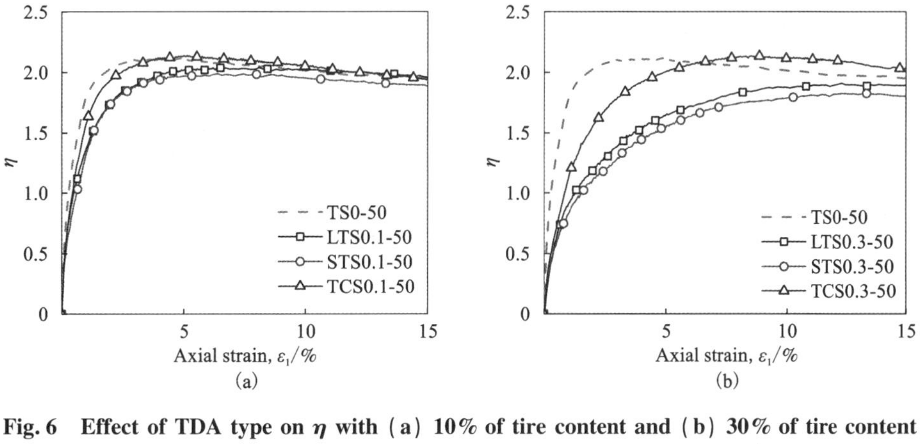

Fig. 6 Effect of TDA type on η with (a) 10% of tire content and (b) 30% of tire content

Two compaction indexes, a compaction degree of 0.9 and compaction energy of 5 kJ, are adopted to investigate the effect of compaction. For LTS, the degree of compaction controlled by compaction energy is as follows: a TC of 10% corresponds to 92%, a TC of 20% corresponds to 97%, and a TC of 30% corresponds to 103%. The degree of compaction of the sample with a TC of 30% is higher than 100% because the rubber is highly sensitive to the stress, and the high gravity stress caused by the height of the triaxial specimen (600 mm) makes the mixture more compact. In addition, to better observe the difference, the η of samples with a 30% TC is analyzed. Fig. 7 illustrates the stress-strain curves with different compaction indexes. In general, the initial stiffness of the sample controlled by the degree of compaction is smaller than that controlled by the compaction energy, and the strain corresponding to the peak stress ratio is larger because the sample controlled by the compaction energy is denser.

3.2 Shear strength

The peak stress ratios η_p of all the samples are summarized in Fig. 8. The abbreviation "LTS-150" in Fig. 8 represents mixtures with different TCs under a confining pressure of 150 kPa. The strength of the subballast decreases with the addition of TDA granules, and the decrease is highly dependent on the confining pressure. The addition of TDA chips increases the strength of the subballast, and the increase in the peak stress ratio with a TC of 10% is the most obvious among the samples tested. In addition, compared with the strength of the LTS and STS, that of the TCS varies little with TC. This is because compared with the subballast material, TDA has a relatively low elastic modulus and high friction coefficient. Adding a deformable material to a high-rigidity material will lead to a decrease in interlocking between particles. Thus, the addition of TDA granules decreases the strength of the subballast. However, adding chip-like materials with high friction to a granular material with low friction will increase the sliding resistance between particles (Zhang et al., 2021b). Regarding the effect of the compaction control indexes, the peak strength of LTS and STS increases with sample density, but the peak strength of TCS changes only slightly.

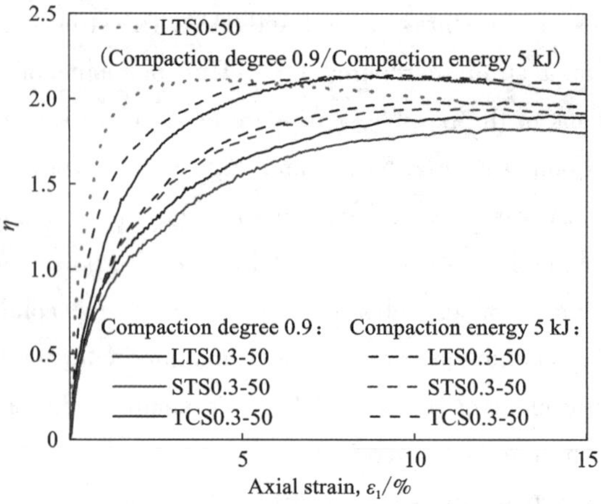

Fig. 7 Effect of the compaction control indexes on η

To better analyze the effect of TDA size and content, the contribution of TDA to the solid matrix stiffness is introduced. The contribution of TDA is considered to be small (Senetakis et al., 2012; Senetakis and Anastasiadis, 2015). Thus, the TDA granules that do not contribute to the solid matrix stiffness are associated with voids, and the other TDA granules are considered to actively contribute to the solid matrix stiffness (Ding et al., 2021). The contribution of TDA granules to the soil stiffness can be characterized by equivalent intergranular void ratio e_{eq} theory (Anastasiadis et al., 2012a), which is similar to the concept used for silt-sand mixtures. The parameter e_{eq} is given by equation (7):

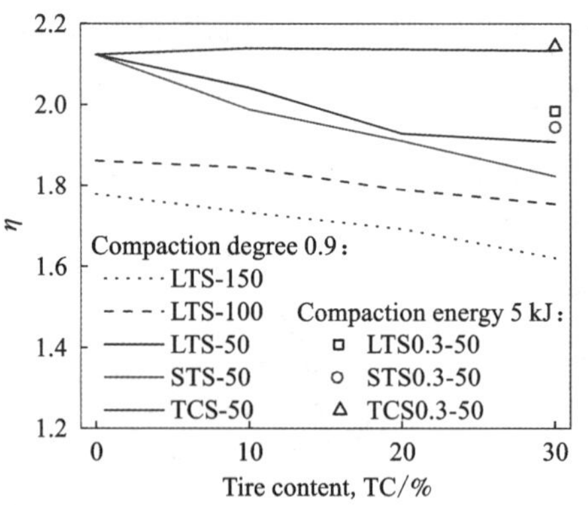

Fig. 8 Summary of η

$$e_{eq} = \frac{V_V + (1-b)V_{GR}}{V_S + bV_{GR}} = \frac{e + (1-b)\mathcal{X}}{1-(1-b)\mathcal{X}} \tag{7}$$

where $\mathcal{X}$ is the granulated rubber volume content, e is the void ratio, and b denotes the portion of TDA granules that contributes to the solid matrix stiffness, with $0<b<1$. V_V, V_S and V_{GR} are the volumes of voids, subballast and granulated rubber, respectively.

Regarding the value of b (Porcino and Diano, 2017), previous scholars conducted many experiments to define empirical formulas to determine the value of b. Obviously, the value of b is between 0 and 1 and is highly related to the contribution of rigid particles and rubber particles to the external force. The contribution coefficient C_k of specific contact type k to shear strength can be expressed as follows (Gong and Liu, 2017):

$$C_k = \frac{q_k/p}{q/p} = \frac{\sigma_1^k - \sigma_3^k}{\sigma_1 - \sigma_3} \times 100\% \tag{8}$$

$$\sigma_{ij}^{k} = \frac{1}{v} \sum f_{i}^{k} d_{j}^{k} \tag{9}$$

where v is the volume of the assembly, f^{k} is the contact force at a given contact of contact type k and d^{k} is the branch vector joining the centers of the two particles in contact.

Thus, the following formula was proposed to convert contribution C_k into b:

$$b = \frac{(C_{SS} + 0.5 \cdot C_{SR})/X}{(C_{RR} + 0.5 \cdot C_{SR})/(1 - X)} \tag{10}$$

where C_{SS} is the contribution between soft particles, C_{SR} is the contribution between soft particles and rigid particles, and C_{RR} is the contribution between rigid particles. X is the content of soft particles.

However, it is difficult to understand the spatial structure and force chain of a sample based on experiments. Thus, the results of discrete element modeling on soft-rigid mixtures reported by Zhang et al. (2021) have been used to explore the value of b. Fig. 9 illustrates the values of b for mixtures of soft and rigid particles with different particle size ratios and contents according to Equation (10). The size ratio has a much greater effect on the value of b than the soft content. Moreover, the calculated values of b tend toward 0 when the soft particles are much smaller than the rigid particles. Consistent with the viewpoint from Senetakis et al. (2012), small soft particles can be regarded as voids among rigid particles. In addition, when the sizes of the two particles are similar, b is the largest. This phenomenon is consistent with the investigation by Rahman et al. (2009). Notably, previous scholars mainly analyzed the case in which the rubber particles were smaller than the soil particles, but the influence of the size ratio on b was studied within a wider range in this investigation.

To obtain the b value of TDA-subballast mixtures, the ratio of the maximum size of rubber particles to the maximum size of subballast particles is used to describe the size ratio. A constant b-value was found for coarse-fine mixtures when fine content is less than or equal to 30% (Porcino and Diano, 2017); thus, 30% of the soft content is selected to determine the value of b. Consequently, for LTS and STS, the b values are 0.38 and 0.85, respectively. For TCS, the value of b does not conform to Equation (10) due to the influence of the TDA shape.

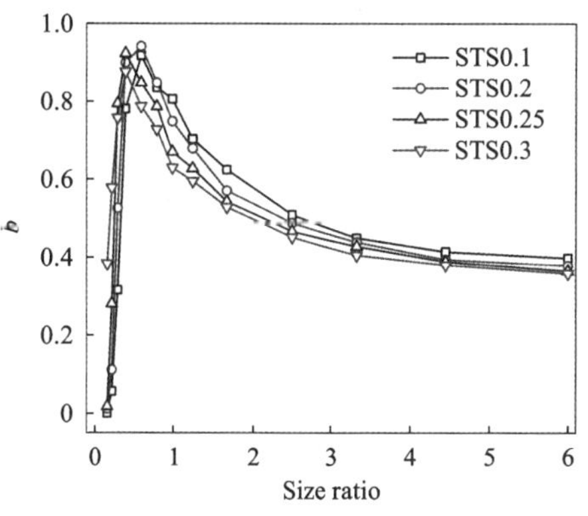

Fig. 9 Converted b based on DEM simulations

Fig. 10 illustrates the peak deviatoric stress versus the equivalent intergranular void ratio. The peak deviatoric stress decreases in the form of a power function as the equivalent intergranular void ratio increases:

$$q_{p} = h \cdot e_{eq}^{m} + n \tag{11}$$

where h, m, and n are testing parameters.

Equation (11) was used to fit the peak deviatoric stress and the equivalent intergranular void ratio, and the resulting testing parameters and the correlation coefficients are shown in Fig. 10. The correlation coefficients are all greater than 0.95, indicating good fitting results. The relationship in Equation (11) has been suggested in previous studies on sand-rubber mixtures (Ding et al., 2021), and this investigation indicates the applicability of this relationship in TDA-subballast mixtures. At the same time, the calculation method of b based on the DEM

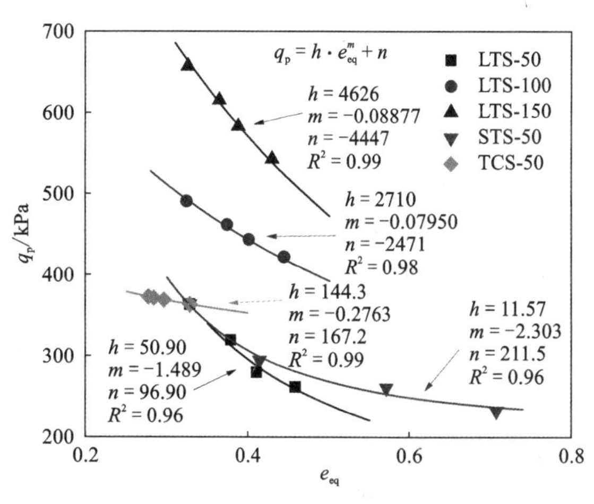

Fig. 10 Variations in the peak deviatoric stress versus e_{eq}

has good applicability in monotonic testing.

According to the Mohr-Coulomb yielding criteria, the internal friction angle (φ) and the cohesion (c) of LTS are obtained for different TCs. Fig. 11 shows the effect of TC on the φ and apparent c. With increasing TC, φ increases slightly, while the apparent c decreases greatly. The value of φ increases because the friction coefficient of the subballast is less than that of the TDA; thus, the average friction coefficient increases with the addition of TDA. The apparent c decreases because the addition of TDA leads to an increase in the range of movement of the rigid particles, thus reducing interlocking between particles.

The initial stiffness results of all the samples are summarized in Fig. 12. In general, an increase in confining pressure leads to a decrease in the initial modulus. Moreover, the addition of TDA will certainly lead to a decrease in the initial stiffness, but the decrease is highly dependent on the confining pressure, and the greater the confining pressure is, the more obvious this decrease. According to the assumption of Senetakis and Anastasiadis (2015), some TDA particles can be regarded as voids, and an increase in confining pressure leads to the instability of pores. Therefore, for mixtures with the same TC, the larger the confining pressure is, the more obvious the initial decrease in stiffness. For TCS, the stiffness and TC show a strong positive linear relationship. For the influence of the size ratio, the larger the TDA particles are, the greater the initial stiffness, which is consistent with the findings from Lopera et al. (2016). The reason for this trend is that small TDA easily integrates into the surrounding voids. However, with large TDA, there are not enough voids, so the TDA particles are forced to provide more support. In addition, the initial stiffness of the TCS is significantly greater than that of the LTS and STS under the same conditions because the TDA chips can better restrain the surrounding soil particles and make them less likely to slip.

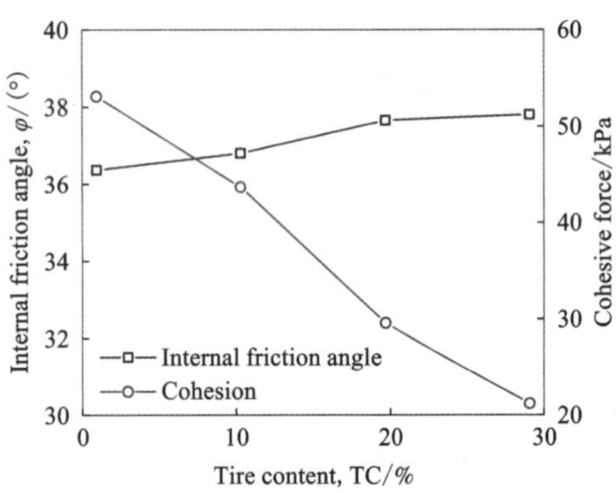

Fig. 11 Evolution of the internal friction angle and cohesive force with TC

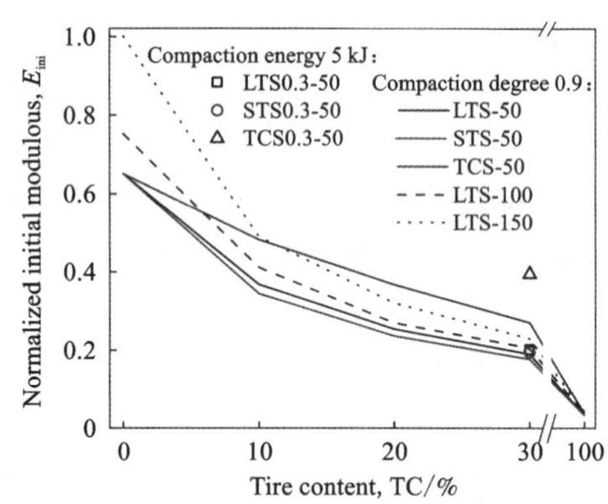

Fig. 12 Summary of the initial modulus results

3.3 Volumetric strain behavior

In pure subballast, the particles slip and rotate with shear, resulting in the volume of the sample changing, and the deformation of the particles itself can be ignored. For the TDA-subballast mixture, the change in the sample volume may also be caused by the TDA particles deforming and squeezing into the surrounding pores. Therefore, it is important to extract and analyze the volumetric strain characteristics of the mixture. The volumetric strain ε_v is defined as follows:

$$\varepsilon_v = \frac{V_0 - V}{V_0} \tag{12}$$

where V_0 and V are the volume of the sample before shearing (after consolidation) and at present, respectively.

Fig. 13 illustrates the volumetric strains of mixtures with different TCs under different confining pressures. A positive volumetric strain denotes shrinkage, and a negative volumetric strain denotes expansion. Except for the pure

TDA sample, the samples first undergo slight contraction and then quickly expand to a stable volume. The increases in confining pressure and TC have similar effects on the volumetric strain of the mixtures. For example, the curves of LT0.2-100 and LT0.1-150 are highly similar. In addition, increases in confining pressure and TC will lead to an increase in shear shrinkage and a decrease in shear dilatancy, and the axial strain corresponding to the transformation state (the state in which volumetric strain reaches the minimum value) increases.

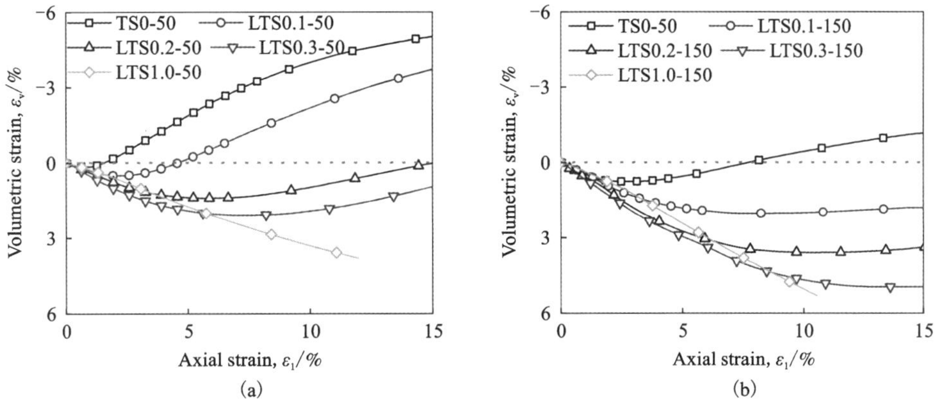

Fig. 13 Effect of tire content on volumetric strain under (a) 50 kPa of confining pressure and (b) 150 kPa of confining pressure

Notably, in the initial stage of shearing, the shrinkage of the pure TDA sample is lower than that of samples with TCs of 20% and 30% because the structure of the TDA-subballast mixture is relatively stable, and the deformed TDA is better embedded into the pores in the initial state. During the loading process, a higher bulk modulus of TDA hinders the shrinkage of the volume.

Fig. 14 illustrates the evolution of volumetric strain with shear for samples with different types of TDA at the same TC. The size of the TDA has little effect on the deformation of the sample because the gradation of the subballast is excellent, and there are no pores that are large enough to be filled by the TDA particles. The TDA shape has a great influence on the deformation of the mixture, and the dilatancy of TCS is much greater than that of LTS and STS. This phenomenon is due to the binding of the TDA chips to the surrounding soil particles, which makes it difficult for the soil particles to move.

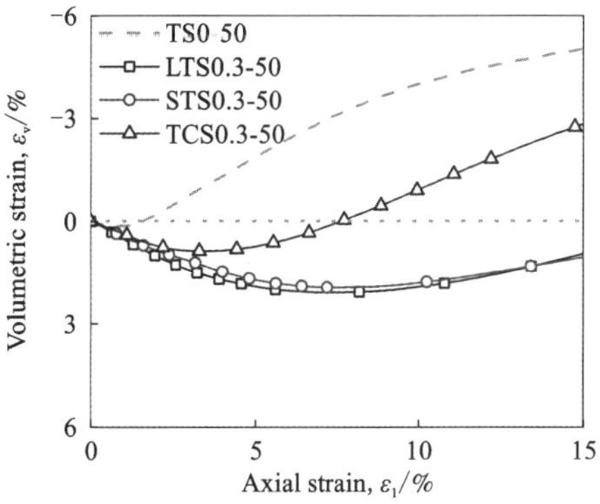

Fig. 14 Effect of TDA type on volumetric strain

4 Results of the cyclic triaxial tests

The dynamic triaxial tests in this investigation were conducted to measure the performance of the mixture under the most unfavorable loading conditions. The changes in the train vibration energy absorbed by the ballast layer can be divided into the following four parts (Qi et al., 2018): First, this energy makes the ballast particles slide and roll, resulting in some plastic deformation. Second, this energy is transformed into internal energy via frictional contact between particles. Third, energy is released by particle breakage (which is also a source of plastic deformation). Fourth, energy is dissipated during the elastic deformation of the subballast particles. Therefore, energy transmission during the cyclic triaxial tests is analyzed. Considering that pure TDA is not suitable for real heavy-load conditions, its dynamic characteristics are not analyzed.

The hysteresis loops observed from the cyclic triaxial test results can be used to measure the dynamic characteristics of the TDA-subballast mixtures. In this investigation, two relevant indexes of the hysteresis loop are introduced: the dissipative energy W_D and dynamic resilient modulus M_R. W_D represents the amount of energy dissipated under cyclic loading and is equal to the area enclosed by the hysteresis loop (Sol-Sánchez et al., 2015). In addition, M_R is introduced to measure the recovery ability of a mixture after compression (Hidalgo Signes et al., 2015; Qi et al., 2018). The calculation methods of the hysteresis loop-related indexes are shown in Fig. 15(a).

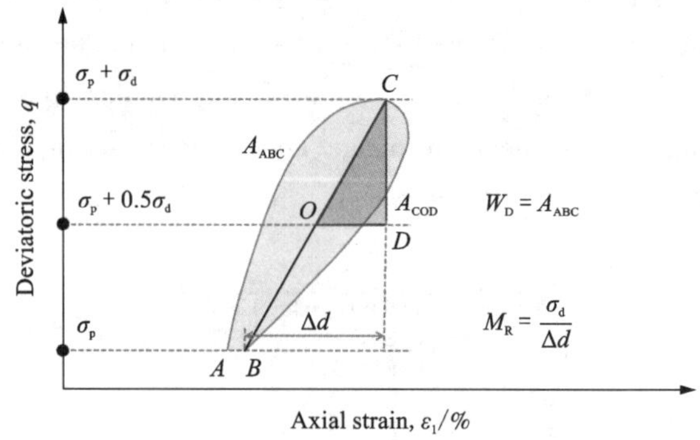

Fig. 15 Relevant indexes of a hysteresis loop

Fig. 16(a) illustrates the hysteresis loops of mixtures with different TCs when the number of cycles $N=10000$. With the increase in TC, the hysteresis loop gradually inclines to the right, indicating that the rebound deformation increases gradually, which is due to the increase in the elastic deformation ability of the mixture due to the addition of TDA; moreover, the area of the hysteresis loop gradually increases. Fig. 16(b) shows the hysteresis loops of a mixture at $N=10$, $N=100$, $N=1000$, $N=10000$ and $N=20000$. With an increasing number of cycles, the hysteresis loop of the mixture gradually closes, and the dynamic stress amplitude remains basically stable. The shapes of the hysteresis loops at $N=10000$ and $N=20000$ are similar, indicating that when $N>10000$, the sample reaches a relatively stable state. With the increase in the number of cycles, the ε_1 of the hysteresis loops of a sample increases, but the growth rate decreases gradually.

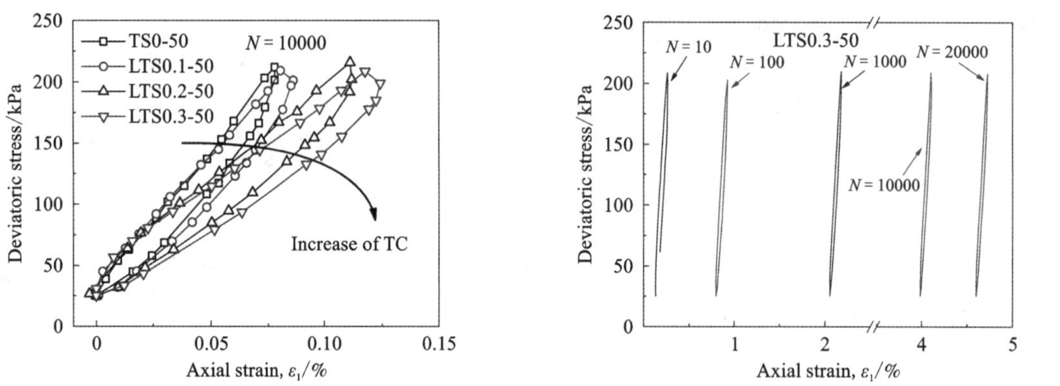

(a) Variation in hysteresis curves with different TCs when $N=10000$ (b) Variation in hysteresis curves with the number of cycles

Fig. 16 Hysteresis loops in different states

4.1 Energy dissipation

The energy dissipation capacity of the subballast layer is significant. The vibration energy generated by a train is input into the subballast layer, part of which is absorbed by the subballast layer, and the other part is output from the subballast layer to the surface of the subgrade. The increase in the energy dissipation capacity of the ballast layer can significantly increase the durability of the track structure (Sol-Sánchez et al., 2015).

Fig. 17 illustrates the evolution of the energy dissipation capacity W_D with the number of loading cycles. W_D drops rapidly to a plateau with cyclic loading. This phenomenon shows that the energy dissipation capacity of the mixture is highly dependent on its degree of compaction. Consistent with the variation in the hysteresis loop shown in Fig. 16, a sample becomes denser with compaction, which leads to a smaller opening of the hysteresis loop and narrower hysteresis loop. In essence, the energy dissipation capacity of the mixture decreases with the number of cycles because its plastic deformation decreases.

Fig. 17 (b) summarizes the average energy dissipation of each sample over the last 1000 cycles. With increasing confining pressure, the energy dissipation capacity increases. This is because a sample becomes denser under a higher confining pressure; then, the number of contact points between particles increases. Furthermore, an increase in the number of contact points can greatly influence the energy dissipation capacity of a material (Itasca, 1999). In addition, an increase in TC improves the energy dissipation capacity of a mixture for two reasons. First, TDA has an excellent energy dissipation capacity and is far stronger than conventional geotechnical materials. An increase in TC also leads to an increase in the number of contact points between the TDA and subballast. Regarding the effect of the particle size ratio, the larger the rubber particles are, the greater the number of contact points between the rubber and ballast (Itasca, 1999). This is also the reason that the energy dissipation capacity of LTS is higher than that of STS under the same conditions.

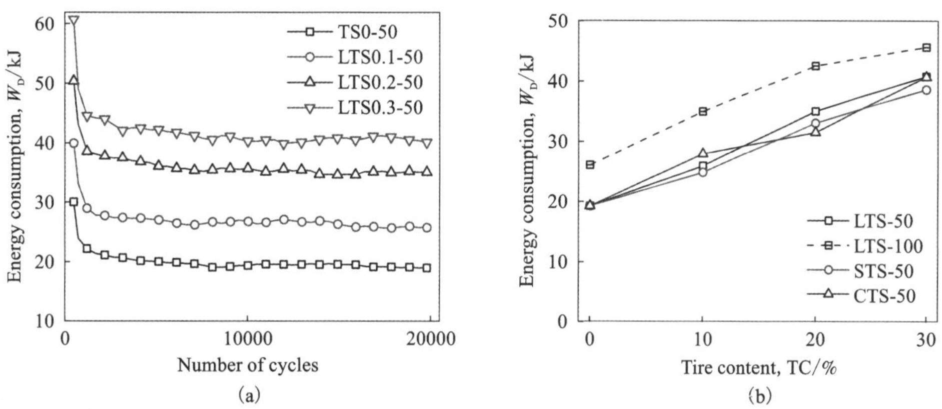

Fig. 17 Evolutions of energy dissipation W_D with (a) number of cycles and (b) tire content

Fig. 18(a) illustrates the evolution of W_D with e_{eq}. The energy dissipation increases linearly with the equivalent intergranular void ratio, as shown in Equation (13):

$$W_D = k \cdot e_{eq} + l \tag{13}$$

where k and l are the empirical parameters. To explore the applicability of the established relationship between W_D and e_{eq}, previous studies of the W_D of soft-rigid mixtures are investigated. With the known initial porosity of the sample and the particle size ratio of the TDA and subballast particles, the values of b were calculated from Fig. 9. As shown in Fig. 18, W_D increases linearly with e_{eq} in the investigation of Qi, which also proves the reliability of the calculation to determine b.

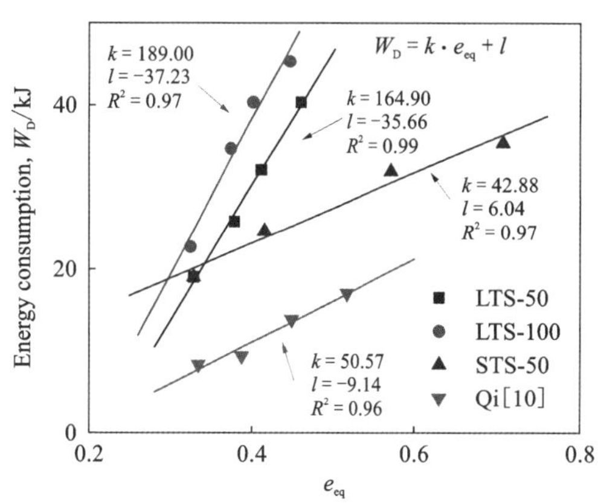

Fig. 18 Evolution of energy dissipation with e_{eq}

A large part of the energy input into the subballast layer is dissipated by the resilient deformation of the subballast (Qi et al., 2018), and the resilient deformation can be quantified by the resilient modulus M_R. Fig. 19 illustrates the evolution of the resilient modulus with cyclic loading. As shown in Fig. 19(a), M_R increases rapidly with a decreasing gradient in the initial state and then tends to be stable. The initial rapid increase in the resilient modulus is due to the compaction of the sample in the initial state, which indicates that the resilient modulus is strongly related to the compactness of the sample. This phenomenon indicates that the resilient modulus of a mixture tends to be stable after the mixture bears a long-term train load.

For a subballast layer that bears a cyclic load for a long time, its stable resilient modulus is of great significance to the design of ballast beds. Thus, the average resilient modulus of each sample over the last 1000 cycles is analyzed, as shown in Fig. 19(b). The resilient modulus is clearly dependent on the confining pressure, as shown in Fig. 19(b). The larger the confining pressure is, the greater the resilient modulus. Moreover, the resilient modulus of all the samples decreases with increasing TC. This phenomenon also shows that an increase in TC leads to a decrease in the stiffness and an increase in the compressibility of a mixture under the same load conditions. Interestingly, the effects of the TDA type on stiffness are different under monotonic and cyclic loading. Under monotonic loading, the effect of the TDA size is such that the smaller the TDA particles are, the lower the stiffness of the mixture. For the effect of the TDA shape, the additional tension force provided by the TDA chips results in a significantly greater stiffness than that of the mixture with TDA granules. Under cyclic loading, the larger the TDA is, the smaller the resilient modulus. Moreover, for the effect of the TDA shape, the tensile force provided by the TDA chips is not obvious, and the instability of TDA is amplified.

To explore the relationship between M_R and e_{eq}, the M_R of the mixture is normalized by the corresponding M_R of pure subballast and expressed as M'_R. The empirical model for M'_R can be developed as represented by Equation (14).

$$M'_R = s \cdot \exp(-t \cdot e_{eq}) \tag{14}$$

where s and t are the material parameters.

Fig. 19(c) illustrates the evolution of the normalized resilient modulus M'_R with e_{eq}. The correlation coefficients are all greater than 0.95, indicating good fitting. To verify the rationality of Equation (14), it is used to fit the experimental data of the previous investigation by Qi et al. (2018). The results again prove the reliability of the empirical model.

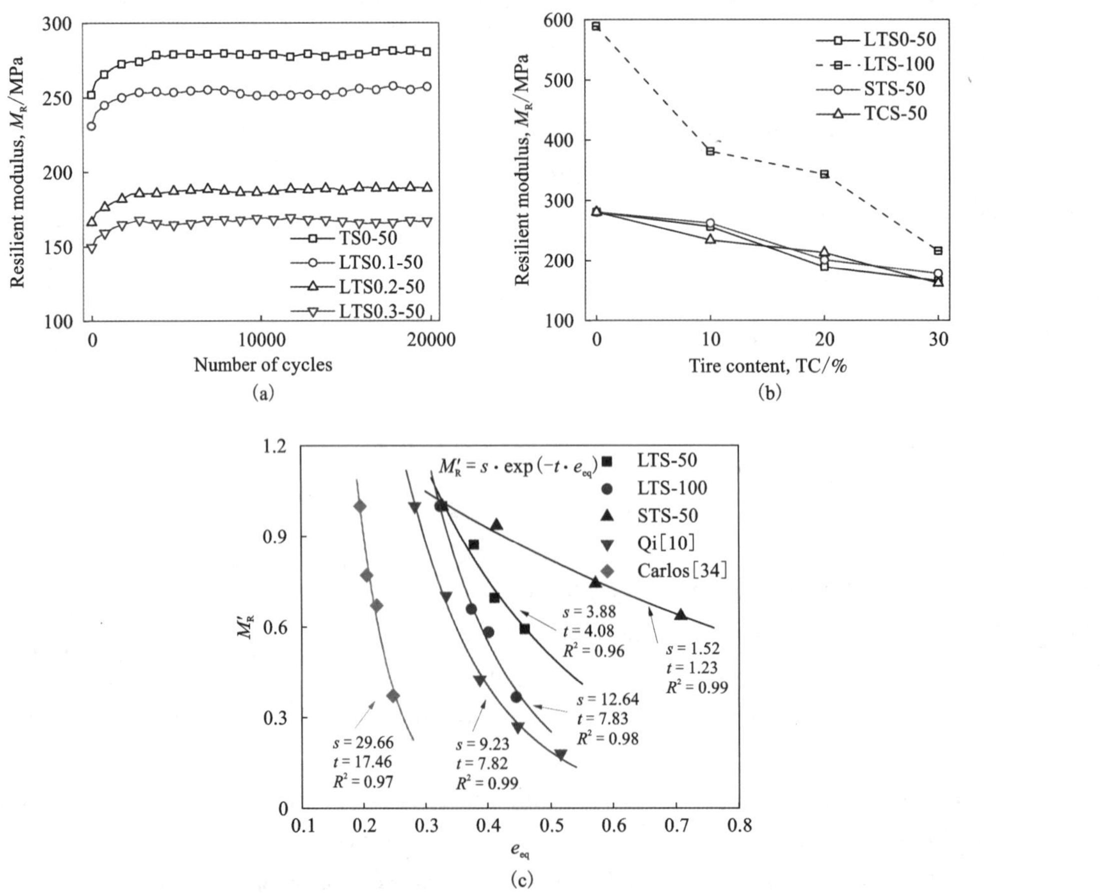

Fig. 19 Evolution of the resilient modulus with (a) number of cycles, (b) tire content and (c) e_{eq}

4.2 Cumulative deformation

Teixeira et al. (2006) suggested that the settlement of the ballast layer is an important parameter with which to evaluate the safety of tracks. Fig. 20 illustrates the evolution of the cumulative axial strain and volumetric strain with the number of cycles at a confining pressure of 50 kPa. As shown in Fig. 20(a), the increase in the cumulative axial strain of all the samples corresponds to the critical mode. When the number of cycles is less than 1000, the samples are rapidly compacted, and the cumulative axial strain increases rapidly. Then, the cumulative axial strain increases at a decreasing rate, but there is no obvious stability. As shown in Fig. 20(b), the cumulative volumetric strain decreases at a decreasing rate. In terms of the evolution of cumulative axial strain and volumetric strain, all the samples may be continuously compacted, and the strain of the samples tends to become stable, but stability can only be reached after many cycles of vibration. Interestingly, the cumulative axial strain of LTS0.1-50 is larger than that of LTS0.2-50, and this counterintuitive situation does not appear in cumulative volumetric strain. This non-monotonic effect of TDA on cumulative axial strain is also found in the previous investigation (Sol-Sάnchez et al., 2015).

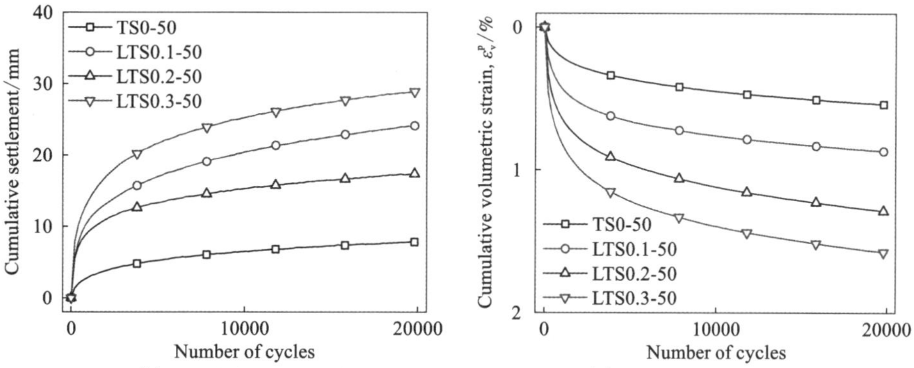

(a) Cumulative axial strain (b) Cumulative volumetric strain

Fig. 20 Evolution of cumulative deformation with the number of cycles

Fig. 21 summarizes the cumulative axial strain and volumetric strain results of all the samples after 20000 cycles. As shown in Fig. 21(a), with increasing confining pressure, the cumulative axial strain of a sample under the same cyclic load decreases. Interestingly, under a confining pressure of 50 kPa, all the cumulative axial strains have an inflection point. This phenomenon indicates that the inflection points are not exceptions. The cumulative axial strain of the sample with a TC of 20% is obviously less than the cumulative axial strains of the samples with TCs of 10% and 30%. This phenomenon disappears under a confining pressure of 100 kPa, which indicates that the influence of TDA on the cumulative axial strain of subballast is related to the confining pressure. Moreover, the addition of a low content (less than 20%) of TDA chips will not increase the cumulative axial strain of subballast, while the addition of TDA granules greatly increases the cumulative axial strain of subballast. Fig. 21 (b) illustrates the final cumulative volumetric strain results of the samples. The increase in confining pressure leads to a decrease in cumulative volumetric strain. This phenomenon indicates that the initial compaction state of the sample depends on the confining pressure. The higher the confining pressure is, the denser the sample with the same compaction coefficient. An increase in TC leads to an increase in compactability.

After comparing some typical formulas of cumulative axial strain for traditional soils (Fathali et al., 2017; Suiker, 2002; Zhou et al., 2014), it can be estimated by a power function as follows:

$$\varepsilon_a = \varepsilon_{a1} + a \cdot N^b \tag{15}$$

where ε_a is the axial strain of the subballast under the action of the Nth cyclic load, ε_{a1} is the axial strain of the subballast after the first vibration, b is the empirical coefficient, and N is the number of cycles.

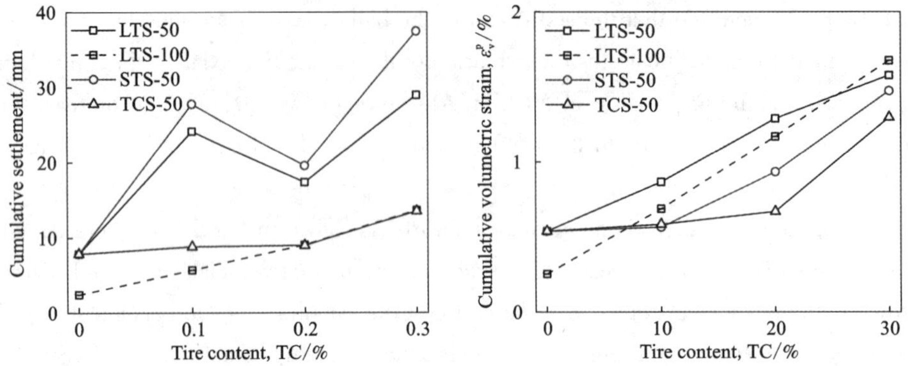

(a) Cumulative axial strain

(b) Cumulative volumetric strain

Fig. 21 Cumulative deformation after 20000 cycles

Fig. 22 illustrates the fitting results of cumulative axial strain. Equation (15) can accurately fit the evolution of the cumulative axial strain of the TDA-subballast mixture with cyclic loading. Therefore, the deformation model of Equation (15) has good applicability to TDA-subballast mixtures, which is helpful to predict the cumulative axial strain of the mixtures.

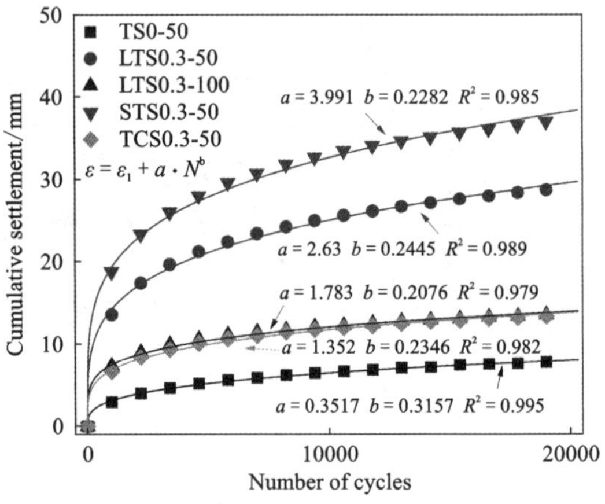

Fig. 22 Fitting of cumulative axial strain

4.3 Discussion of the optimum tire content

Analysis of the mechanical properties of the TDA-subballast mixtures under monotonic and cyclic loads indicates that the content and type of TDA will greatly affect the mechanical properties of a mixture. Generally, the addition of TDA will lead to a decrease in the stiffness of the mixtures, and the energy dissipation capacity of the mixtures will be greatly increased. Moreover, the addition of TDA increases the wear resistance and overall permeability of subballast (Indraratna et al., 2018). The potential application scenario of such a mixture is in the subballast layer, and the addition of TDA has both advantages and disadvantages in terms of mechanical properties. Therefore, the optimal TC of TDA-subballast mixtures is significant. A simple scoring mechanism is used in this investigation to quantify performance for a comprehensive evaluation.

There are many factors to consider in the design of a subballast layer, so the weight of each characteristic of subballast should be determined first. The recognized independent key factors in the design of a subballast layer are summarized as follows:

(1) The cumulative deformation of the ballast layer has a great impact on traffic safety and railway maintenance costs (Teixeira et al., 2006).

(2) The energy dissipation capacity of the subballast layer has a great impact on the durability of the subgrade and superstructure (Indraratna et al., 2018).

(3) The strength, stiffness, and wear resistance (Fathali et al., 2017; Indraratna et al., 2018; Sol-Sánchez et al., 2015) of subballast should be considered, especially in heavy-haul railways.

According to the above summary, the dynamic characteristics should be the primary consideration in the design of a subballast layer. Therefore, this study assumes that the weight of the dynamic characteristics is 80% and that the weight of the static characteristics is 20%. For the dynamic characteristics, the cumulative settlement ε_a

accounts for 60%, the energy dissipation capacity W_D accounts for 30%, and the wear resistance LA accounts for 10%. For the static characteristics, the strength (peak stress ratio η) accounts for 50%, and the stiffness (initial modulus E_{ini}) accounts for 50%.

To evaluate the properties of TDA-subballast mixtures, it is assumed that the score of each index of the pure subballast is 1, and the performance of mixtures is measured relative to that of the pure subballast. Thus, to ensure the rationality of the relative values, the specific values of all the indexes of the mixture are normalized by the corresponding index values of pure subballast. For example, the peak stress ratio of pure subballast at 50 kPa is 2.12, so the peak strength of the mixture with 10% large TDA is 2.04/2.12. The scoring principle can be summarized as follows:

$$S = 0.8 \times \left(\frac{0.6}{\varepsilon_a} + 0.3W_D + \frac{0.1}{LA}\right) + 0.2 \times (0.5\eta + 0.5E_{ini}) \tag{16}$$

Because of the difference in railway transportation capacity (axle load) in different regions, the limited conditions of the subballast layer, such as the maximum allowable settlement, are not considered in the evaluation. The score of mixtures under the main confining pressure (σ_c = 50 kPa) is analyzed, as summarized in Fig. 23. In the TC range of 0-30%, the higher the content of TDA granules in the mixture is, the higher the score, but most scores are less than the score of the corresponding samples of pure subballast. The TCS is better than the LTS and STS, mainly because the static characteristics of the TCS are more favorable than those of the LTS and STS. In addition, the TCS score first increases and then decreases with TC, and the optimal content is 20%. Regarding the effect of the size ratio, the larger the TDA particles are, the higher the score of the mixtures.

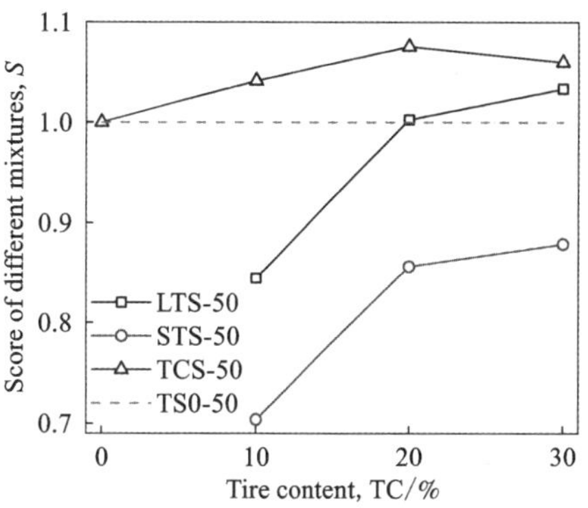

Fig. 23 Score of different mixtures

5 Conclusion

By performing large-scale monotonic and cyclic triaxial tests, the static and dynamic characteristics of a TDA-subballast mixture are analyzed. Based on the concept of the equivalent intergranular void ratio, empirical formulas of the mechanical indexes of TDA-subballast mixtures are proposed. Moreover, evaluation criteria for the optimal content of TDA-subballast mixtures are established. This investigation presents a detailed examination of the geotechnical properties of these materials for later application. The results can be summarized as follows:

(1) Undermonotonic loading, the addition of TDA to the subballast leads to a decrease in the stiffness, shear dilatancy, and cohesion of the samples but an increase in the internal friction angle. The addition of TDA chips increases the strength of subballast, but adding TDA granules has the opposite effect. Moreover, the effect of increasing confining pressure is similar to that of increasing TDA content.

(2) Undercyclic loading, with increasing tire content in TDA-subballast mixtures, the energy dissipation capacity and the cumulative volume strain increase, but the resilient modulus decreases. Moreover, there is an inflection point (20% TDA volumetric content) for cumulative axial strain when the confining pressure is equal to 50 kPa, and the inflection point disappears at a 100 kPa confining pressure. The larger TDA particles lead to an increase in energy dissipation and a decrease in resilient modulus. However, the difference of the TDA chip and granule on the dynamic parameters is not obvious.

(3) The concept of the equivalent intergranular void ratio is introduced to a TDA-subballast mixture in this investigation, and a new calculation method of b is proposed. Then, the relationships of static and dynamic indexes

with the equivalent intergranular void ratio are established by the test results.

(4) According to the proposed score principle, TDA chips significantly improved the properties of the mixtures, and the optimum tire content was concluded to be approximately 20%.

Acknowledgments

The study was supported by the National Natural Science Foundation of China under grant number CNNSF 51978674. The author would like to express appreciation for the financial assistance.

Reference

[1] ANASTASIADIS A, SENETAKIS K, PITILAKIS K. Small-strain shear modulus and damping ratio of sand-rubber and gravel-rubber mixtures[J]. Geotech. Geol. Eng., 2012a: 30. https://doi.org/10.1007/s10706-011-9473-2.

[2] ANASTASIADIS A, SENETAKIS K, PITILAKIS K, et al. Dynamic behavior of sand/rubber mixtures. Part I: Effect of rubber content and duration of confinement on small-strain shear modulus and damping ratio[J]. ASTM Spec. Tech. Publ. 1540 STP, 2012b: 221-247. https://doi.org/10.1520/JAI103680.

[3] ASTM, 2011. Method for consolidated drained triaxial compression test for soils, ASTM D7181-11.

[4] BANDYOPADHYAY S, SENGUPTA A, REDDY G R. Performance of sand and shredded rubber tire mixture as a natural base isolator for earthquake protection[J]. Earthq. Eng. Eng. Vib., 2015, 14: 683-693. https://doi.org/10.1007/s11803-015-0053-y.

[5] BIAN X, JIANG J, JIN W, et al. Cyclic and postcyclic triaxial testing of ballast and subballast[J]. J. Mater. Civ. Eng., 2016, 28: 04016032. https://doi.org/10.1061/(asce)mt.1943-5533.0001523.

[6] DING Y, ZHANG J, CHEN X, et al. Experimental investigation on static and dynamic characteristics of granulated rubber-sand mixtures as a new railway subgrade filler[J]. Constr. Build. Mater., 2021: 273. https://doi.org/10.1016/j.conbuildmat.2020.121955.

[7] ESMAEILI M, AELA P, HOSSEINI A. Experimental assessment of cyclic behavior of sand-fouled ballast mixed with tire derived aggregates. Soil Dyn. Earthq. Eng., 2017: 98. https://doi.org/10.1016/j.soildyn.2017.03.033.

[8] ESMAEILI M, ATAEI S, SIAHKOUHI M. A case study of dynamic behaviour ofshort span concrete slab bridge reinforced by tire-derived aggregates as sub-ballast[J]. Int. J. Rail Transp., 2020, 8: 80-98. https://doi.org/10.1080/23248378.2019.1613938.

[9] ESMAEILI M, EBRAHIMI H, SAMENI M K. Experimental and numerical investigation of the dynamic behavior of ballasted track containing ballast mixed with TDA[J]. Proc. Inst. Mech. Eng. Part F J. Rail Rapid Transit, 2018: 232. https://doi.org/10.1177/0954409716664937.

[10] ESMAEILI M, ZAKERI J A, EBRAHIMI H, et al. Experimental study on dynamic properties of railway ballast mixed with tire derived aggregate by modal shaker test[J]. Adv. Mech. Eng., 2016, 8: 1-13. https://doi.org/10.1177/1687814016640245.

[11] FATHALI M, NEJAD F M, ESMAEILI M. Influence of tire-derived aggregates on the properties of railway ballast material [J]. J. Mater. Civ. Eng., 2017, 29. https://doi.org/10.1061/(asce)mt.1943-5533.0001702.

[12] GONG J, LIU J. Effect of aspect ratio on triaxial compression of multi-sphere ellipsoid assemblies simulated using a discrete element method[J]. Particuology, 2017, 32. https://doi.org/10.1016/j.partic.2016.07.007.

[13] HARKNESS J, ZERVOS A, LE PEN L, et al. Discrete element simulation of railway ballast: modelling cell pressure effects in triaxial tests[J]. Granul. Matter, 2016, 18. https://doi.org/10.1007/s10035-016-0660-y.

[14] HIDALGO S C, MARTíNEZ F P, MEDEL P E, et al. Analysis of the vibration alleviation of a new railway sub-ballast layer with waste tyre rubber. Mater. Struct., 2016, 50: 102. https://doi.org/10.1617/s11527-016-0951-0.

[15] HIDALGO S C, MARTíNEZ F P, MEDEL P E, et al. Characterisation of an unbound granular mixture with waste tyre rubber for subballast layers[J]. Mater. Struct. Constr., 2015, 48: 3847-3861. https://doi.org/10.1617/s11527-014-0443-z.

[16] HUMPHREY S T, CRIBBS M, CHEAREGRAT H, et al. Tire chips as lightweight backfill for retaining walls[J]. Dep. Civ. Environ. Eng. Univ. Maine, Orno, 1992.

[17] INDRARATNA B, GASSON I, CHOWDHURY R N. Utilization of compacted coal tailings as a structural fill[J]. Can.

Geotech. J. , 1994, 31: 614-623. https://doi. org/10. 1139/t94-074.

[18] INDRARATNA B, IONESCU D, CHRISTIE H D. Shear behavior of railway ballast based on large-scale triaxial tests[J]. J. Geotech. Geoenvironmental Eng, 1998, 124: 439-449. https://doi. org/10. 1061/(asce)1090-0241(1998)124: 5(439).

[19] INDRARATNA B, QI Y, HEITOR A. Evaluating the properties of mixtures of steel furnace slag, coal wash, and rubber crumbs used as subballast [J]. J. Mater. Civ. Eng. , 2018, 30: 04017251. https://doi. org/10. 1061/(asce) mt. 1943-5533. 0002108.

[20] ITASCA C G. PFC 3D-User manual, 1999.

[21] KOMAK P A, KHOSHAY A H. A new seismic isolation system: Sleeved-pile with soil-rubber mixture[J]. Int. J. Civ. Eng. , 2015, 13: 124-132. https://doi. org/10. 22068/IJCE. 13. 2. 124.

[22] LEE J H, SALGADO R, BERNAL A, et al. Shredded tires and rubber-sand as lightweight backfill [J]. J. Geotech. Geoenvironmental Eng. , 1999, 125: 132-141. https://doi. org/10. 1061/(asce)1090-0241(1999)125: 2(132).

[23] LI B, HUANG M, ZENG X. Dynamic behavior and liquefaction analysis of recycled-rubber sand mixtures [J]. J. Mater. Civ. Eng. , 2016, 28: 04016122. https://doi. org/10. 1061/(asce) mt. 1943-5533. 0001629.

[24] LIU J, XIAO J. Experimental study on the stability of railroad silt subgrade with increasing train speed [J]. J. Geotech. Geoenvironmental Eng. , 2010, 136: 833-841. https://doi. org/10. 1061/(asce)gt. 1943-5606. 0000282.

[25] LOPERA PEREZ J C, KWOK C Y, SENETAKIS K. Effect of rubber size on the behaviour of sand-rubber mixtures: A numerical investigation[J]. Comput. Geotech. , 2016, 80: 199-214. https://doi. org/10. 1016/j. compgeo. 2016. 07. 005.

[26] MARTO A, LATIFI N, MORADI R, et al. Shear properties of sand-tire chips mixtures[J]. Electron. J. Geotech. Eng. , 2013, 18B: 325-334.

[27] PORCINO D D, DIANO V. The influence of non-plastic fines on pore water pressure generation and undrained shear strength of sand-silt mixtures[J]. Soil Dyn. Earthq. Eng. , 2017, 101: 311-321. https://doi. org/10. 1016/j. soildyn. 2017. 07. 015.

[28] QI Y, INDRARATNA B, HEITOR A, et al. Effect of rubber crumbs on the cyclic behavior of steel furnace slag and coal wash mixtures[J]. J. Geotech. Geoenvironmental Eng. , 2018, 144: 04017107. https://doi. org/10. 1061/(asce) gt. 1943-5606. 0001827.

[29] QIAN Y. Integrated computational and experimental framework for the assessment of railroad ballast life-cycle behavior. 2014: 208.

[30] RAHMAN M M, LO S R, GNANENDRAN C T. Reply to the discussion by wanatowski and chu on "on equivalent granular void ratio and steady state behaviour of loose sand with fines" [J]. Can. Geotech. J. , 2009, 46: 483-486. https://doi. org/10. 1139/T09-025.

[31] SENETAKIS K, ANASTASIADIS A. Effects of state of test sample, specimen geometry and sample preparation on dynamic properties of rubber-sand mixtures[J]. Geosynth. Int. , 2015, 22: 301-310. https://doi. org/10. 1680/gein. 15. 00013.

[32] SENETAKIS K, ANASTASIADIS A, PITILAKIS K. Dynamic properties of dry sand/rubber (SRM) and gravel/rubber (GRM) mixtures in a wide range of shearing strain amplitudes[J]. Soil Dyn. Earthq. Eng. , 2012, 33. https://doi. org/10. 1016/j. soildyn. 2011. 10. 003.

[33] SOL-SÁNCHEZ M, THOM N H, MORENO-NAVARRO F, et al. A study into the use of crumb rubber in railway ballast [J]. Constr. Build. Mater. , 2015, 75: 19-24. https://doi. org/10. 1016/j. conbuildmat. 2014. 10. 045.

[34] SUIKER A S J. The mechanical behaviour of ballasted railway tracks[M]. Delft University Press, 2002.

[35] TEIXEIRA P F, LÓPEZ-PITA A, CASAS C, et al. Improvements in high-speed ballasted track design: Benefits of bituminous subballast layers[J]. Transp. Res. Rec. , 2006, 1943: 43-49. https://doi. org/10. 3141/1943-06.

[36] ZHANG J, WANG X, YIN Z Y, et al. DEM modeling of large-scale triaxial test of rock clasts considering realistic particle shapes and flexible membrane boundary[J]. Eng. Geol. , 2020a: 279. https://doi. org/10. 1016/j. enggeo. 2020. 105871.

[37] ZHANG J Q, CHEN X, ZHANG J S, et al. DEM investigation of macro-and micro-mechanical properties of rigid-grain and soft-chip mixtures[J]. Particuology, 2021a: 55. https://doi. org/10. 1016/j. partic. 2020. 06. 002.

[38] ZHANG J Q, CHEN X, ZHANG J S, et al. DEM investigation of macro-and micro-mechanical properties of rigid-grain and soft-chipmixtures[J]. Particuology, 2021b, 55: 128-139. https://doi. org/10. 1016/j. partic. 2020. 06. 002.

[39] ZHANG J Q, CHEN X, ZHANG J S, et al. Microscopic investigation of the packing features of soft-rigid particle mixtures using the discrete element method[J]. Adv. Powder Technol. , 2020b, 31: 2951-2963. https://doi. org/10. 1016/j. apt. 2020. 05. 019.

[40] ZHOU W Q, LENG W M, CAI D G, et al. Analysis on characteristics of critical dynamic stress and accumulative deformation of coarse-grained soil subgrade filling under cyclic loading[J]. Tiedao Xuebao/Journal China Railw. Soc., 2014, 36. https://doi.org/10.3969/j.issn.1001-8360.2014.12.014.

[41] ZORNBERG J G, CABRAL A R, VIRATJANDR C. Behaviour of tire shred-sand mixtures[J]. Can. Geotech. J., 2004, 41: 227-241. https://doi.org/10.1139/t03-086.

Numerical investigation on the dynamic erosion behavior in fluidic oscillators with periodic oscillating jet

TANG Lubo[1,2], ZHANG Shaohe[1,2], ZHANG Xinxin[1,2], PENG Jianming[3], SHABIR Usman[1,2]

1. Key Laboratory of Ministry of Education on Metallogenic Prediction of Nonferrous Metals and Geological Environment Monitoring, Central South University, Changsha 410075, China
2. School of Geosciences and Info-Physics, Central South University, Changsha 410075, China
3. Key Laboratory of Drilling and Exploitation Technology in Complex Conditions, Ministry of Natural Resources, Changchun 130026, China

Abstract: Fluidic oscillators (FOs) containing no moving parts have received extensive attention in recent decades. Applications with FOs in some complex conditions are generally characterized by high-speed jet of particle-laden flow periodically switching in two parallel channels, which make FOs prone to erosion issues. In this work, computational fluid dynamics (CFD) and discrete phase model (DPM) were applied to model the liquid-solid flow in FOs. The dynamic erosion behavior in FOs with periodic oscillating jet were numerically investigated. It was observed that three primary erosion locations were in the vicinity of nozzle, splitter, and vents. The effect of flow rate, particle size, and solid content on the erosion at these locations was evaluated. It was found that the maximum erosion location does not remain the same, but changes with the fluid and particle parameters. The erosion amount of splitter and vents fluctuates in a cyclical manner due to the periodic oscillation of the supply jet. Additional erosion occurs in the start-up process of a vertical feedback oscillator, while the curved feedback oscillator shows better performance in this respect and results in fewer erosion in one jet-oscillation cycle. In general, this work may help enrich the understanding of the erosion mechanism in FOs with liquid-solid two-phase flows. It may also provide important references for improving the service life of FOs in complex conditions.

Keywords: Erosion; CFD; Fluidic oscillators; Liquid-solid flow; Oscillation

1 Introduction

Fluidic oscillators (FOs) are considered to be able to create a self-induced and self-sustained periodic oscillating jet without requiring any movable or deformable parts[1,2]. Like other fluidic elements, they are generally compact, robust, and reliable, exhibiting resistance to the extremely harsh environment[3]. Due to the elegant and simple mechanism, FOs have been extensively studied and verified their reliability for use in flow meters[4,5], mixing or separation of chemicals[6], sensors[7], micro/nanobubble generation[8], heat and mass transfer enhancement[9], memory and control devices[10], and combustion[11]. Furthermore, FOs have also strengthened their presence in the field of oil and gas industries in recent decades. Representative applications include axial vibratory tools for friction-reducing in directional well intervention operations[12-14], fluidic down-the-hole (DTH) hammer drilling tools for drilling in hard formations[15,16], fluidic oscillation technique for near-wellbore stimulation and cleaning[17]. Under these operating conditions, erosion phenomena are commonly encountered in the bottom-hole complex conditions since the drilling mud loaded with solid particles is accelerated in the nozzle of FO where a high-speed jet of particle-laden flow is formed, resulting in intense impacts of particles

TANG Lubo, ZHANG Shaohe, ZHANG Xinxin, et al. Numerical investigation of the dynamic erosion behavior in fluidic oscillators with a periodic oscillating jet[J]. Powder Technology, 2022, 395: 634-644.

striking the wall materials[12, 18].

Erosion is a focused issue in various industries[19, 20], which may cause rupture and failure of equipment, decrease work efficiency, increase financial losses, and seriously affect safe operation[21, 22]. Numerical simulation, as a cost-effective approach, has been extensively employed and played an important role in erosion study. Parsi et al.[23] presented a review of solid particle erosion modeling for oil and gas wells and pipeline applications. A series of important parameters and erosion models for predicting solid particle erosion were discussed. And they proposed that CFD technology is a comprehensive and powerful tool for erosion study. By using CFD technology, He et al.[24] investigated the influence of particle size, solid content, and jet velocity on the anti-erosion property of a fluidic amplifier. Peng and Cao[25] studied the influence of different parameters on the erosion rate in the pipe bend by using CFD analysis. The relationship between the Stokes number and the dynamic movement of the maximum erosion was also discussed. Wang et al.[26] established a mathematical model to investigate the erosion phenomenon in the elbows which takes the particle-fluid interaction into account. The effect of bend orientation, particle properties on the erosion process, and the relationship between the secondary flows and the particle trajectories were studied. By using CFD analysis, Zhu and Li[27] simulated the anti-erosion effect of a trapezoidal rib, which acts as a sacrificial element on the different locations of a 90° elbow. Zeng et al.[28] employed a Computational Fluid Dynamics-Discrete Element Method (CFD-DEM) approach to investigate the erosion phenomenon of sulfur-particle-laden gas in a 90° elbow. The influence of particle shapes on erosion was considered.

Most previous research on erosion phenomenon focused on steady or quasi-steady calculations. However, fluid flow in an FO is quite complex and characterized by its oscillating feature. The investigation regarding erosion behavior coupled with the periodic oscillating jet is rarely reported. He et al.[24] investigated the erosion behavior in an FO, the simulation was carried out in a steady-state and the characteristics of periodic oscillation were ignored. As a result, the particle-laden flow only randomly enters one of the output channels, the erosion process did not match well with the real situation. In our current work, we aim at investigating the erosion behavior of particle-laden flow coupled with the periodic oscillating jet in FOs. CFD transient analysis approach is employed to reveal the complex erosion behavior in an FO with different fluid and particle parameters. Furthermore, the influence of these parameters on the periodic oscillation is studied.

2 Description of fluidic oscillators and fluidic DTH hammer

Because of the no-moving-part designs, the structure of fluidic oscillators can be deceptively simple, yet their working mechanisms are completely different and the internal interactions are quite complex, which involves wall attachment, jet turbulence, separation bubble growth, and secondary vortex[29]. Various designs of fluidic oscillators have been proposed by previous researchers[30-33], different classification methods were formed[32, 34]. According to whether there are attachment walls, fluidic oscillators were classified as two primary types, i.e., jet-interaction oscillators and wall-attachment oscillators. With the lack of attachment walls, jet-interaction oscillators utilize the interaction of a jet or jets within a chamber which leads to a sweeping jet at the exit. The classic sub-category is the feedback-free fluidic oscillator [shown in Fig. 1(d)][33]. Wall-attachment fluidic oscillators generally have two symmetrical attachment walls; the supply jet periodically attaches and enters the corresponding output channel. This kind of fluidic oscillators has attracted extensive concern and has been widely used. The canonical examples are the relaxation oscillator with a single loop [shown in Fig. 1(a)], the negative feedback oscillator with two loops [shown in Fig. 1(b)], and the resonance-channel fluidic oscillator [shown in Fig. 1(c)]. Apart from these, one of the successful designs is the vertical-feedback oscillator (V-FO), which is shown in Fig. 1(e). An obvious feature of V-FO is the introduction of vents and the non-coplanar setting of feedback loops, which makes the fluidic oscillator insensitive to jet-switching[35]. This feature makes the attached jet more stable and reduces the pressure drop of the system. V-FOs are commonly used as a heart part of fluidic

DTH hammers. As shown in Fig. 2, a fluidic DTH hammer mainly consists of a V-FO, a cylinder, a mass block, a bit, and a piston that divides the cylinder into the rear and front chamber. To improve the performance of the fluidic DTH hammer, Zhang et al. [36] presented a novel FO, as shown in Fig. 1(f). The obvious difference between this device and V-FO is the shape of the feedback loops. Here we called it the curved-feedback oscillator (C-FO) in this paper. The C-FO was investigated in the same way with V-FO for comparison.

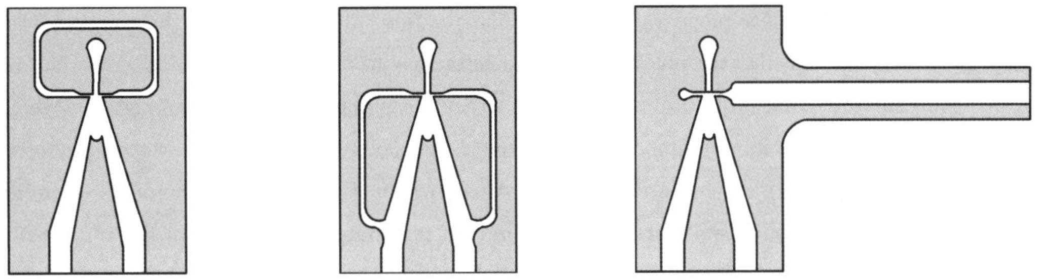

(a) Relaxation bistable oscillator (b) Negative feedback bistable oscillator (c) Resonance-channel fluidic oscillator

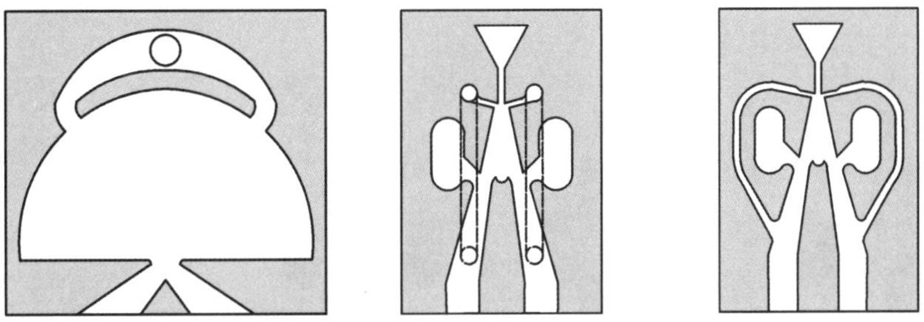

(d) Feedback-free fluidic oscillator (e) Vertical feedback oscillator (f) Curved feedback oscillator

Fig. 1 Five types of fluidic oscillators

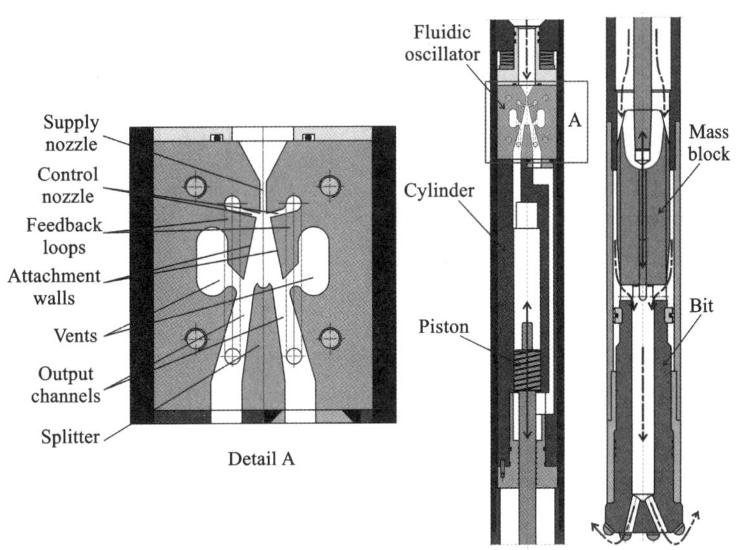

Fig. 2 A schematic of the fluidic DTH hammer and the fluidic oscillator[35]

The switching process of the supply jet in the fluidic DTH hammer is interesting. When the piston reaches one of its stopping ends, large pressure pulsation is produced in the cylinder chamber. A part of the pressure pulsation propagates along the output channel and feedback loop to the control nozzle, triggers the supply jet to switch to the other side, which impels the piston to reach the other stopping ends, so far, half a cycle has completed. Then the switching process is continued in the same way. The repetition of the switching process provides power for the piston to move forth and back and generates periodic impacts on the bit.

However, it is worth noting that the initiation process of fluidic DTH hammer is not as straightforward as imagined. As discussed by Zhang et al. [36], the two requirements of blocked load instability and load stability should be simultaneously met. Because the start location of the piston is at the bottom of the cylinder, as shown in Fig. 2. According to the Coanda effect[37], the supply jet will randomly attach to one attachment wall. Supposing the supply jet attaches to the left side and enters the rear chamber, there is not sufficient force and pressure in the front chamber to impel the piston to move backward. In this situation, the switching of the supply jet is based on the blocked load instability. When the supply jet randomly attaches to the right side, it does not mean that the piston can be easily moved backward, unless the attached jet is stable and strong enough to overcome the load resistance caused by the inertia of the impact body. That is to say, the bottom of two output channels can be regarded as being blocked during the initiation process. As shown in Fig. 3, typical moments of fluid flow and the jet-switching process within fluidic oscillators are presented. In this state, coupling with the impact body is absent, fluid flow in the fluidic oscillator is featured with high oscillation frequency. Large quantities of particles frequently impact the wall materials, which makes erosion study an important concern in the initiation stage of fluidic DTH hammer.

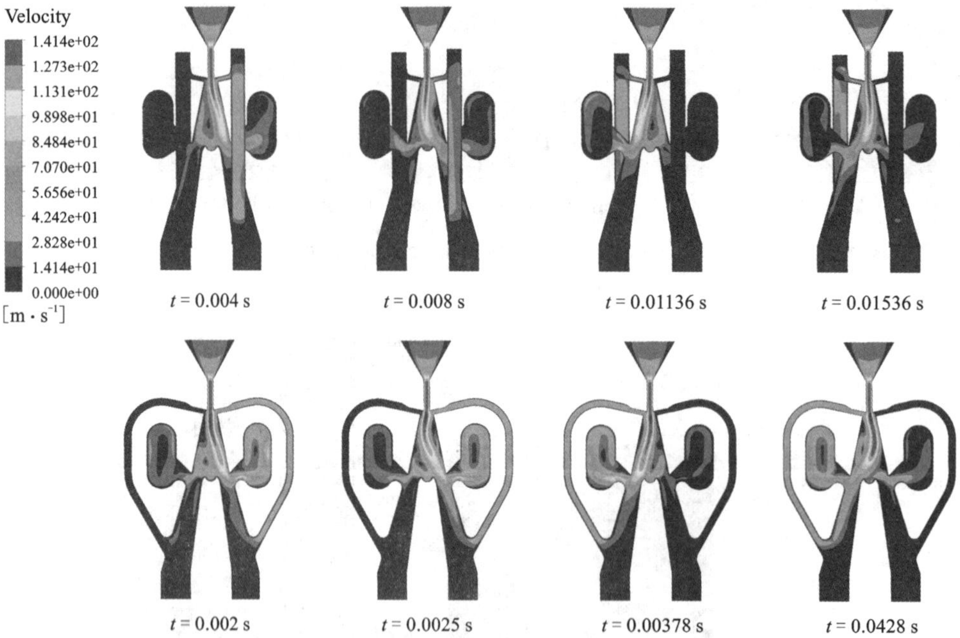

Fig. 3 Typical moments of fluid flow and jet-switching process within V-FO and C-FO

3 Numerical simulations

3.1 Erosion model

Various methods of predicting erosion rates have been suggested by many scholars, typically including the Finnie erosion model[38, 39], Oka erosion model[40, 41], and McLaury erosion model[42].

Oka et al. [40, 41] developed an erosion model that can be utilized under any impact conditions and for many types of material. This model considers more influencing factors than other models, such as impact velocity, angle, particle size, particle size property, material hardness, and material type. Oka erosion model in CFD is expressed as:

$$E = E_{90}\left(\frac{V}{V_{\mathrm{ref}}}\right)^{k_2}\left(\frac{d}{d_{\mathrm{ref}}}\right)^{k_3} f(\gamma) \tag{1}$$

$$f(\gamma) = (\sin\gamma)^{n_1}[1 + Hv(1 - \sin\gamma)]^{n_2} \tag{2}$$

where E_{90} is the reference erosion ratio at 90° impact angle, V is the particle impact velocity, V_{ref} is the reference velocity, d and d_{ref} is the particle diameter and particle reference diameter, respectively, k_2 and k_3 is the velocity and diameter exponents, respectively, $f(\gamma)$ is the impact angle function, Hv is the material hardness, n_1 and n_2 are exponents determined by the material hardness and other impact conditions such as particle properties.

The Finnie erosion model[38, 39] is one of the simplest and earliest models. The model based on micro-cutting theory is applicable for solid particles with sharped corner impacting on ideal plastic materials. This model in CFD is expressed as:

$$E = kV_p^n f(\gamma) \tag{3}$$

where k is a model constant based on the particle and wall material interaction, V_p is the particle impact velocity. $f(\gamma)$ is a dimensionless function of the impact angle, which is defined by:

$$f(\gamma) = \begin{cases} \frac{1}{3}\cos^2\gamma & \text{for } \gamma > 18.5° \\ \sin(2\gamma) - 3\sin^2\gamma & \text{for } \gamma \leqslant 18.5° \end{cases} \tag{4}$$

The McLaury erosion model[42] has primarily been used to simulate erosion rates in slurry erosion. This equation includes the influence of material properties, particle shape, particle impact velocity, and angle on erosion rate, which is determined by:

$$E = AV^n f(\gamma) \tag{5}$$

$$A = FBh^k \tag{6}$$

$$f(\gamma) = \begin{cases} b^2\gamma + c\gamma & \text{for } \gamma \leqslant \gamma_{lim} \\ x\cos^2\gamma\sin\omega\gamma + y\sin^2(\gamma) + z & \text{for } \gamma > \gamma_{lim} \end{cases} \tag{7}$$

where F is the empirical constant, V is the particle impact velocity, Bh is the Brinell's hardness number of wall material, the value of velocity exponent k is determined by the material. The b, c, x, y, z are empirical constants, depending on the target material.

3.2 Particle impact and rebound behavior

Momentum loss of particles occurs when particles impact the target wall which will affect the rebound angle and velocity of particles. To ensure the accuracy of erosion location, the particle-wall rebound model is employed to control the particle trajectory. Grant and Tabakoff[43] and Forder et al.[44] respectively developed a particle-wall rebound model which are commonly used now.

The model proposed by Grant and Tabakoff is given by:

$$e_n = 0.993 - 0.0307\theta + 4.75\times10^{-4}\theta^2 - 2.61\times10^{-6}\theta^3 \tag{8}$$

$$e_t = 0.988 - 0.0289\theta + 6.43\times10^{-4}\theta^2 - 3.56\times10^{-6}\theta^3 \tag{9}$$

And the model proposed by Forder et al. is given by:

$$e_n = 0.988 - 0.0136\theta + 5.79\times10^{-5}\theta^2 - 1.28\times10^{-7}\theta^3 + 2.51\times10^{-9}\theta^4 \tag{10}$$

$$e_t = 1 - 0.0136\theta + 2.56\times10^{-4}\theta^2 - 1.12\times10^{-6}\theta^3 + 2.60\times10^{-9}\theta^4 - 3.56\times10^{-11}\theta^5 \tag{11}$$

where e_n and e_t are the restitution coefficients for normal and tangential velocity components which show the change in particle velocity after collision, and the θ is the particle incidence radian.

3.3 Model validation

By using the array electrodes, Zeng et al.[45] investigated the erosion behavior of solid particles in fluid on elbow pipes. To select the appropriate erosion model used in this paper, their experimental data is employed to verify the above erosion model with different particle-wall rebound models. According to the same verification work of Peng et al.[25] and Su and Guo[46], the grid model of total 1, 654, 616 cells was used in this work.

The above erosion models with different particle-wall rebound models were simulated, and the results are shown in Fig. 4. It was demonstrated that the particle-wall rebound model developed by Grant and Tabakoff generally had more accurate simulation results. And as for erosion models, the Finnie erosion model and the McLaury erosion model both over-predicted the erosion rate, Oka erosion model was in the best agreement with the experimental data. Besides, due to the complexity of flow field and particle trajectory in fluidic oscillators, the Oka erosion model which considers many influencing factors may be more suitable. Hence, the Oka erosion model with the Grant and Tabakoff particle-wall rebound model will be used in the following numerical simulation study.

3.4 Methodology of simulation

Investigating the erosion phenomenon with the help of CFD technologies has been widely used and the CFD results were in great agreement with experimental data[42, 47]. In recent years, DEM was also used to model erosion problems, and it was generally coupled with CFD (CFD-DEM)[48, 49]. The obvious feature of CFD-DEM is that the particle-particle interactions are fully considered, which can track the movement of each particle more accurately. In the contrast, particle-particle collisions were neglected in CFD, but it has been shown to be valid at low particle flux. Furthermore, CFD is a simple and robust method to investigate the effect of various parameters on erosion rate and predict the areas likely to be susceptible to erosion[23, 50]. In our research, low-solid-concentration drilling mud is regarded as dilute flow, collisions of particles can be almost ignored. Besides, considering the excessive time cost of CFD-DEM, CFD technology is employed. The behavior of particles which are considered as a discrete phase model (DPM) is simulated by a Lagrangian approach[26, 51], and flow field simulation of continuous fluid is simulated by an Eulerian approach[52, 53].

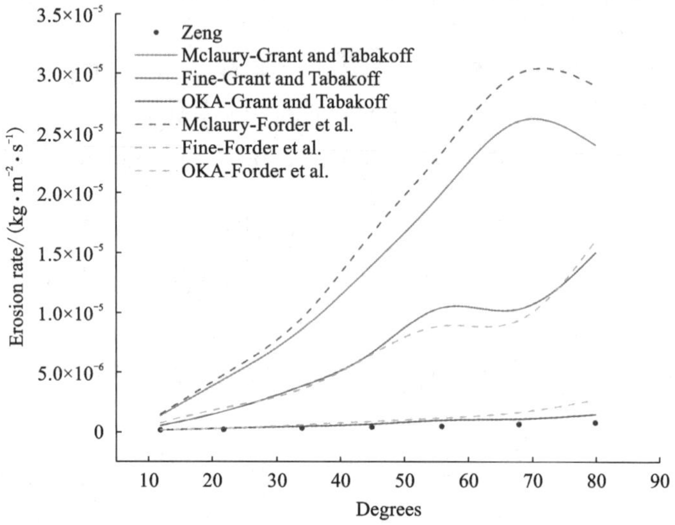

Fig. 4 Comparison of simulated and experimental erosion rates for the three erosion models with different particle-wall rebound models

3.5 Computational domains and boundary conditions

Both 2D and 3D computation CFD models are employed for investigating the performance of fluidic oscillators and the scrutiny of erosion, and there are many successful cases[15, 54]. In this paper, due to the purpose of simulating the erosion phenomenon at different locations of fluidic oscillators, the nonplanar vents of V-FO and C-FO, and the complex coupling effect between particles and fluid, the 2D grid is not suitable for this study and the more elaborated 3D grid is used.

The computational domains of the fluidic oscillator with the 3D grid of V-FO and C-FO are shown in Fig. 5. Considering the acceptable computational time and the satisfactory model accuracy, medium grids were chosen from three different mesh densities with mesh sizes varying from 15000 to 45000. And there are 28878 cells in the V-FO grid and 29490 cells in the C-FO grid.

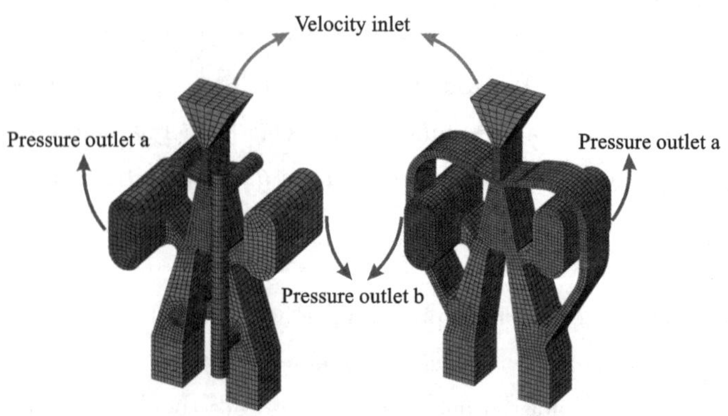

Fig. 5 Typical 3D grid models of the computational domains and the boundary condition types

As displayed in Fig. 5, a velocity inlet boundary was adopted at the inlet of the nozzle. Two pressure outlet boundaries were set to atmospheric pressure at the outer surface of two vents. Besides, the no-slip boundary conditions were adopted for all the walls. The wall material of the fluidic oscillator was defined as stainless steel, the particle was SiO_2 with a density of 2800 kg/m^3, and the fluid material was water.

3.6 Solving strategies

To better simulate the attachment and detachment process of the supply jet, the transient computation was used. According to previous simulation studies of the flow field of the fluidic hammer, the time step of 1E−4s was a suitable value, which could capture the detail process of jet switching, and the time cost was acceptable. However, after introducing particles into the flow, convergence problems occurred, ultimately, the time step was adjusted to 5E−6s after a few attempts.

The flow field in fluidic oscillators is quite complicated, and there are vortices in the interaction cavity which are closely connected with the stability of the jet deflection. To model the turbulent flow in fluidic oscillators, the Realizable-based $\kappa-\varepsilon$ turbulence model has been proved to be a successful application in many cases[55, 56].

The PISO (Pressure Implicit Split Operator) algorithm was used to deal with the coupling of velocity and pressure. The PRESTO (pressure staggered option) was used for calculating pressure because of the high accuracy for predicting the highly swirling flow characteristics prevailing inside the FOs[57]. And the QUICK (Quadratic Upstream Interpolation for Convective Kinetics) scheme was employed for momentum equations, turbulent kinetic energy, and turbulent dissipation rate.

4 Results and discussion

The prediction of erosion locations in fluidic oscillators is presented in Fig. 6. It was demonstrated that erosion phenomena mainly occurred in three regions, Ⅰ and Ⅳ, Ⅱ and Ⅴ, Ⅲ, and Ⅵ. They respectively correspond to the vicinity of nozzle, vents, and splitter (shown in Fig. 2). This situation is in good agreement with actual cases in the drilling practice[24]. In this section, we focus on these three parts, systematically analyzing the dynamic erosion behavior caused by the switching jet with various parameters.

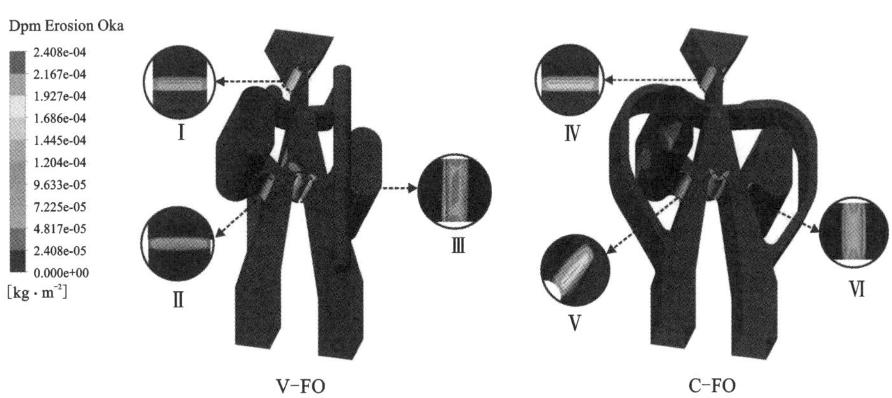

Fig. 6 Prediction of erosion location in V-FO and C-FO

4.1 Effect of volume flow rate on erosion behavior

Some groups of cases at different erosion locations, namely Ⅰ, Ⅱ, Ⅲ, Ⅴ, and Ⅵ, corresponding to the locations displayed in Fig. 6, are analyzed. Erosion amount at locations Ⅰ and Ⅳ are almost identical and thus categorized into one case. In this group shown in Fig. 7, particle size and solid content are 2 μm and 0.5%, respectively. The volume flow rates are 50 L/min, 75 L/min, 100 L/min, 150 L/min, and 200 L/min. It is indicated that as the volume flow rate increases, the erosion amount becomes larger. This may be attributed to the increased velocity, which produces more momentum and aggravates the collision between particles and the wall. It can be found that the variation trends of these data are consistent with the exponential function.

It is demonstrated that the erosion amount at splitter in V-FO is larger than that in C-FO, on the contrary, the erosion amount at vents in C-FO is larger than V-FO. And the same phenomenon appears in each subsequent simulation, which implies the universality of this phenomenon. This may because the switching frequency of C-FO is higher than that of V-FO, consequently, the impact time of particle-laden flow on the splitter of V-FO is longer than that of C-FO, which intensifies the erosion level. Besides, the attached supply jet of C-FO exhibits lower curvature than that of V-FO (shown in Fig. 3), which means that the wall-attaching point of the supply jet of C-FO is closer to the vents and result in more noticeable erosion. Fig. 7 also shows that the maximum erosion location occurs at the nozzle, erosions at vents and splitter are relatively weaker.

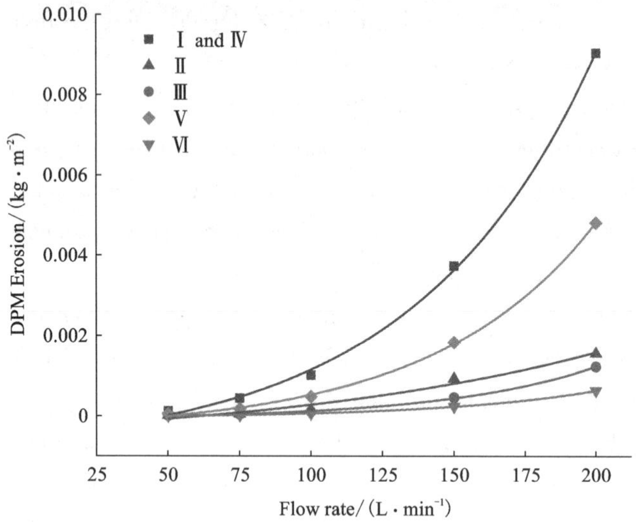

Fig. 7 Effect of flow rate on erosion

4.2 Effect of particle size on erosion behavior

A group of cases with different particle sizes have been investigated and the results are displayed in Fig. 8. The solid content and the volume flow rate are 0.5%, and 100 L/min, respectively. Particle sizes are 2 μm, 4 μm, 6 μm, 8 μm, 20 μm, and 40 μm. Fig. 8 shows that the erosion amount at the nozzle and vents of V-FO and C-FO nearly exponentially descends with the particle size. The reason may be that when the solid concentration is kept constant, as the particle diameter decreases, the number of particles increases, which increases the erosion frequency. In addition, with the increase of particle size, the capacity of fluid to carry particles decreases. This will decrease the frequency and intensity of interactions between particles and the metal surface. As a result, the erosion amount shows a downward trend with the increase of particle size. However, the erosion behavior at the splitter shows a converse phenomenon. We can find that the erosion amount at splitter shows the trend of linear growth. This may due to that jetting flow has a lower entrainment effect for large size particles, more particles directly impact the splitter without bending to the attachment walls. In addition, the erosion angle of the splitter is relatively large, the particle-laden flow impacts on it, which make the splitter more susceptible to erosion. As a result, although the velocity of particles decreases with the increase of particle size, the erosion amount increases.

As for the maximum erosion location, in V-FO, when the particle size is less than 16.7 μm, the maximum erosion location occurs at the nozzle, and when the particle size is larger than this value, the maximum erosion location occurs at the splitter. There is also a

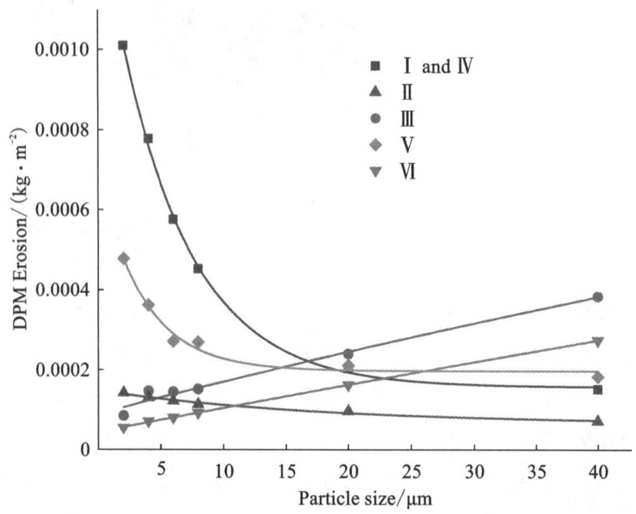

Fig. 8 Effect of particle size on erosion

turning point, 4.7 μm, when particle size is larger than it, the minimum erosion location changes from the splitter to the vents. And for C-FO, when particle size is less than 19.1 μm, the maximum erosion location occurs at the nozzle. As the particle size increases, the maximum erosion location begins to occur at the vents, and when the particle size is larger than 26.0 μm, the maximum erosion location occurs at the splitter. In addition, when the particle size is larger than 22.8 μm, the nozzle exhibits lower erosion.

4.3 Effect of solid content on erosion characteristics

In this group of cases, the particle size and volume flow rate are 2 μm 100 L/min, respectively. The solid contents are 0.5%, 1%, 1.5%, 2%, 2.5%, and 5%. As shown in Fig. 9, it is demonstrated that the erosion amount at nozzle and splitter varies linearly with solid content. This implies that the number of particles will linearly change the erosion amount in a certain range. However, Fig. 10 indicates that the erosion trend of vents is different. Erosion amount almost increases linearly at first, and then gradually decreases. This can be explained that the increased solid content has a negative effect on jet switching. When solid content increases to a certain value, many particles accumulate at the output channel and the entrance of vents. As shown in Fig. 11, the jet deflects to the left output channel, and quite a number of particles are accumulated at the left output channel and the entrance of the left vents. These stagnant particles retard the collision of subsequent particles on the vents. And in this group, the maximum erosion location occurs at the splitter. Furthermore, Fig. 11 also shows that the maximum particle concentration occurs at the control nozzle, which may affect jet switching and cause some erosion.

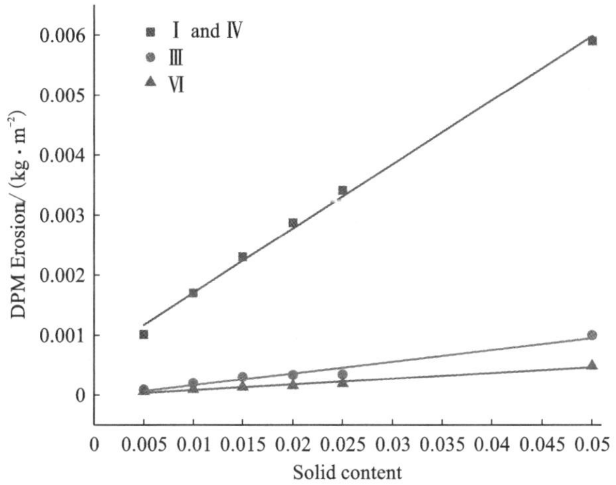

Fig. 9 Effect of solid content on I, IV, III, and VI erosion

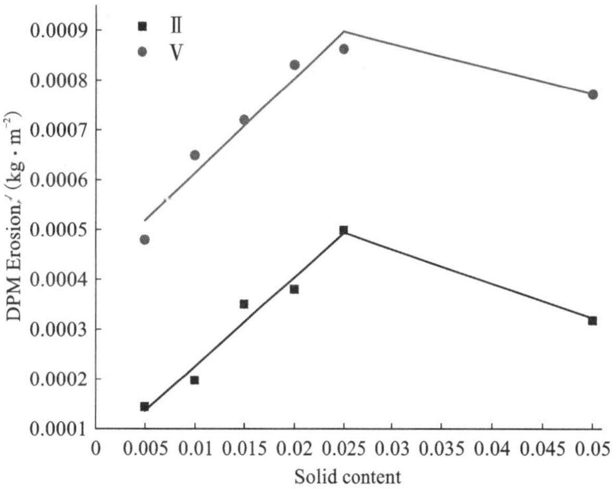

Fig. 10 Effect of solid content on II and V erosion

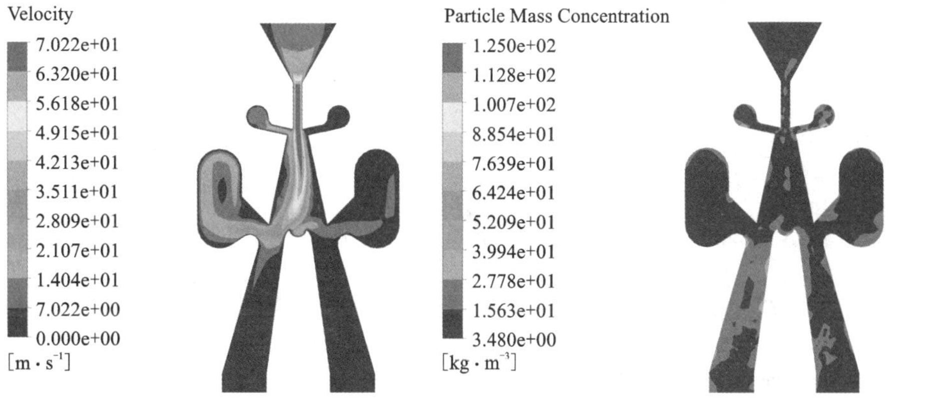

Fig. 11 Schematic of the jet which entering the left output channel and corresponding particle accumulation

4.4 Effect of fluid parameters on periodic oscillation characteristics

A distinct feature of our study may be the periodic oscillation of switching jet. The influence of fluid and particle parameters on switching frequency was investigated in this group of cases. Fig. 12 presents the normalized spectrum of pressure signals obtained by the Fast Fourier Transform (FFT). the abscissa value of the first high peak is the switching frequency of the impact body[58], and the frequency varies linearly with flow rate. Note that the spectrum is also rich in higher-frequency harmonics (clearly seen in the second and fourth harmonics). Fig. 13 presents that particle size has little effect on frequency, and the frequency decreases slightly with the increase of particle diameter. Fig. 14 indicates that frequency exponentially decreases with the increase of solid content. These behaviors can be explained that the faster velocity and lower particle content are beneficial to jet switching. And the increase of particle diameter in a certain range will only cause a small obstacle to the switching.

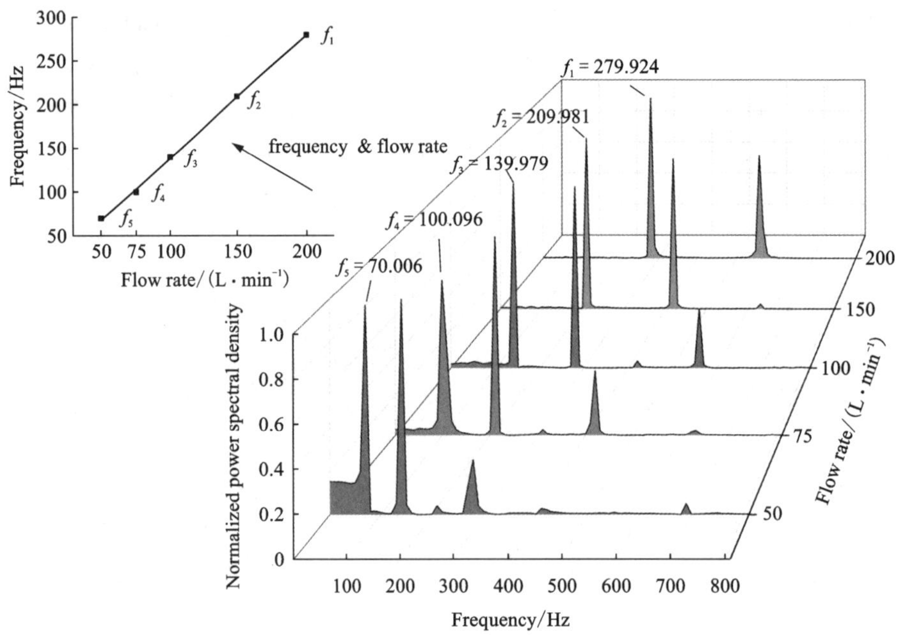

Fig. 12 Spectrum of pressure signals, and the linear relationship between frequency and flow rate

Immediately apparent in spectra cascade are the high peaks of organized motions: the basic frequency is the switching frequency of the FOs

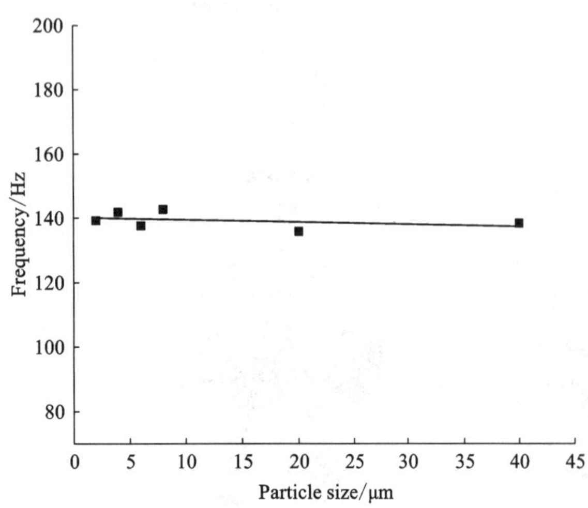

Fig. 13 Effect of particle size on oscillation characteristics

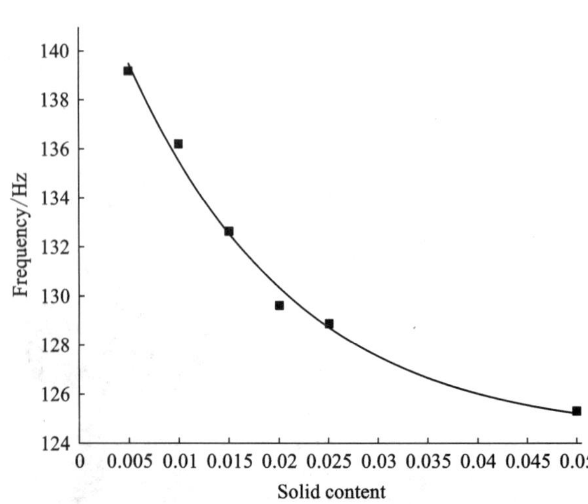

Fig. 14 Effect of solid content on oscillation characteristics

4.5 Effect of periodic oscillation on erosion characteristics

In this group of cases, we investigated the effect of periodic oscillation on erosion behavior. We take the erosion amount of the particle-laden flow firstly attaching to the wall as period 0. As shown in Fig. 15, the erosion amount of the three regions in C-FO is nearly linearly varied with oscillation cycles. It implies that the jet-switching process is rapidly stabilized with little time delay. But in Fig. 16, the erosion amount of nozzle and splitter in the first period is not linear with other periods. The increased erosion amount E_{I} and E_{III} may be caused by the instability of the start-up process, which takes longer time and cause more erosion. By comparing Figs. 15 and 16, we can also find that the erosion amount in one oscillation cycle of C-FO is smaller than that of V-FO, which is due to the higher oscillation frequency of C-FO.

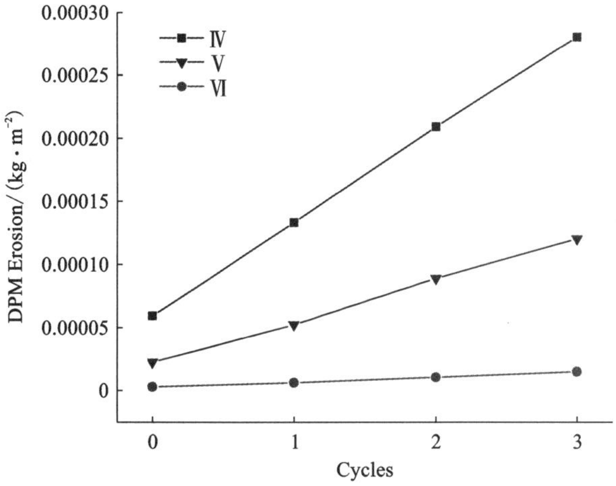

Fig. 15 Effect of the number of oscillation cycles on C-FO erosion

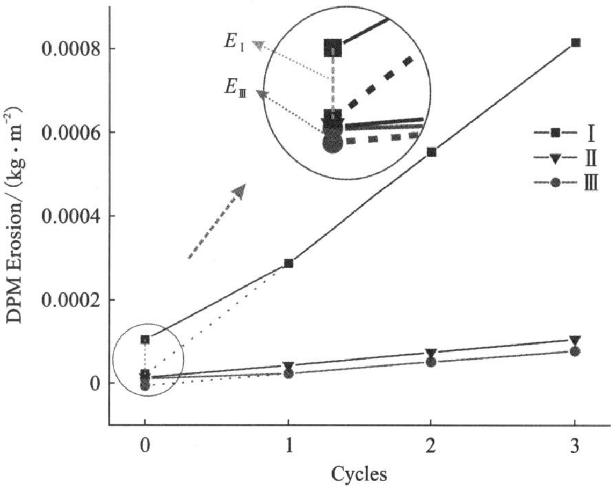

Fig. 16 Effect of the number of oscillation cycles on V-FO erosion

To further analyze the findings, we evaluated the erosion amount of nozzle, splitter, and vents changing with time. The group with the particle size of 2 μm, the flow rate of 100 L/min, solid content of 0.5% was selected, and the results were displayed in Fig. 17. It can be found that the erosion amount of the nozzle is nearly linearly varied with time. This may be attributed to the continuous impacts of particle-laden fluid on it. As for the splitter and vents, where the particle-laden fluid periodically impacts, the erosion amount firstly increases and then levels off, and this behavior is repeated. The reason is that when the jet acts on the side of the splitter and the vents where the erosion was monitored, the erosion amount increases significantly; when the jet switches to the other side, the erosion amount stagnates with very small growth. As shown in Fig. 17, the fluctuation cycles of Ⅴ and Ⅵ are exactly the same, which is consistent with the oscillation cycle. And the increased erosion amount of every cycle of Ⅴ (E_1) and Ⅵ (E_2) is almost equal, which implies that the erosion amount increases linearly with the oscillation cycle shown in Fig. 15. It can be also observed that the variation trends of erosion of Ⅴ and Ⅵ with time are not synchronous which is related to the dynamic behavior of oscillating jet sweeping in the oscillator in a certain sequence.

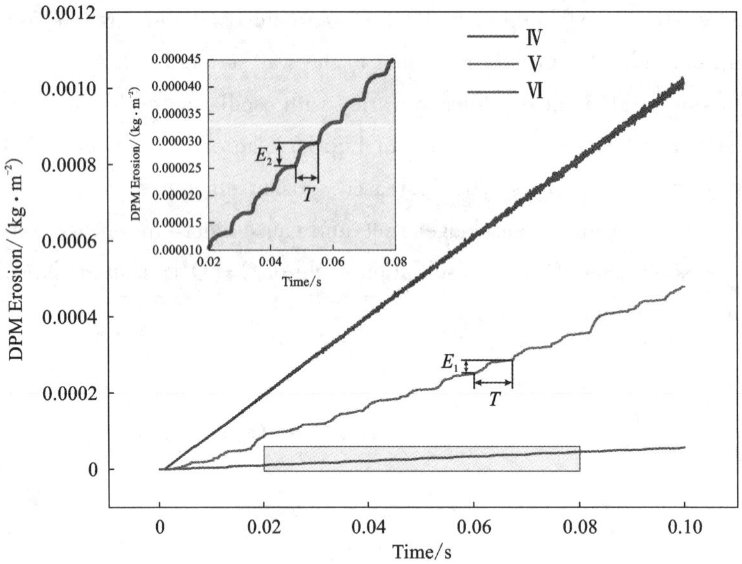

Fig. 17　Erosion amount of C−FO changes with time

5　Conclusions

By using CFD technology, extensive numerical simulations were carried out to investigate the dynamic erosion behavior in FOs. The particle-laden fluid with periodic oscillation is well simulated. The following findings are obtained:

(1) The three primary erosion locations at the fluidic oscillators are in the vicinity of nozzle, splitter, and vents. The maximum erosion location does not remain the same, but changes with the fluid and particle parameters. This finding may explain some erosion phenomena in the field applications. Enhancing the local anti-erosion performance of these locations may be an effective approach to extend the service life of FOs.

(2) Flow rate, particle size, and solid content exhibit different impacts on the erosion behavior of the three main erosion locations. The variation trend of erosion amount can be linear, exponential, or even non-monotonic.

(3) Within a certain range of particle size, the oscillation frequency nearly keeps constant, while the oscillation frequency decreases exponentially with the solid content.

(4) The oscillating jet in V−FO is not so stable as that of C−FO. In particular, the unstable start-up process of V−FO results in additional erosion. Erosion behavior in FOs shows periodic characteristics, and the erosion amount in each oscillation cycle is almost constant.

Acknowledgments

The authors would like to acknowledge the support of the National Natural Science Foundation of China (Grant No. 41872186), and the Natural Science Foundation of Hunan Province (Grant No. 2019JJ50798). The authors are also grateful to the reviewers for their helpful advice.

References

[1]　NAKAYAMA A, KUWAHARA F, KAMIYA Y. A two-dimensional numerical procedure for a three dimensional internal flow through a complex passage with a small depth (its application to numerical analysis of fluidic oscillators) [J]. Int. J.

Numer. Methods Heat Fluid Flow. 2005(15): 863-871. https://doi. org/10. 1108/09615530510625129.

[2] WANG H, BECK S B M, PRIESTMAN G H, et al. Fluidic pressure pulse transmitting flowmeter[J]. Chem. Eng. Res. Des. 1997(75): 381-391. https://doi. org/10. 1205/026387697523840.

[3] ZHANG X, PENG J, CHEN J, et al. The effect of actuator parameters on the performance of a liquid-jet hammer associated with its jet behavior[J]. Proc. Inst. Mech. Eng. Part C-J. Eng. Mech. Eng. Sci. 2017(231): 2610-2620. https://doi. org/10. 1177/0954406216685350.

[4] MENG X, XU C, YU H. Feedback fluidic flowmeters with curved attachment walls[J]. Flow Meas. Instrum. 2013(30): 154-159. https://doi. org/10. 1016/j. flowmeasinst. 2013. 02. 006.

[5] MARTINELLI M, VIKTOROV V. A mini fluidic oscillating flowmeter[J]. Flow Meas. Instrum. 2011(22): 537-543. https://doi. org/10. 1016/j. flowmeasinst. 2011. 10. 004.

[6] JEON M K, KIM J, NOH J, et al. Design and characterization of a passive recycle micromixer[J]. J. Micromech. Microeng. 2005(15): 346-350. https://doi. org/10. 1088/0960-1317/15/2/014.

[7] LEE G, KUO T, WU W. A novel micromachined flow sensor using periodic flapping motion of a planar jet impinging on a V-shaped plate[J]. Exp. Therm. Fluid Sci. 2002(26): 435-444. https://doi. org/10. 1016/S0894-1777(02)00155-3.

[8] ZIMMERMAN W B, ZANDI M, BANDULASENA H C H, et al. Design of an airlift loop bioreactor and pilot scales studies with fluidic oscillator induced microbubbles for growth of a microalgae Dunaliella salina[J]. Appl. Energy. 2011(88): 3357-3369. https://doi. org/10. 1016/j. apenergy. 2011. 02. 013.

[9] TESAŘ V. Enhancing impinging jet heat and mass transfer by fluidically generated flow pulsation[J]. Chem. Eng. Res. Des. 2008(87): 181-192. https://doi. org/10. 1016/j. cherd. 2008. 08. 003.

[10] GROISMAN A, ENZELBERGER M, QUAKE S R. Microfluidic Memory and Control Devices[J]. Science. 2003(300): 955-958. https://doi. org/10. 1126/science. 1083694.

[11] GUYOT D, PASCHEREIT C O, RAGHU S. Active Combustion Control Using a Fluidic Oscillator for Asymmetric Fuel Flow Modulation[J]. Int. J. Flow Control. 2008(1): 155-166. https://doi. org/10. 1260/175682509788913335.

[12] CASTANEDA J C, SCHNEIDER C E, BRUNSKILL D. Coiled tubing milling operations: successful application of an innovative variable water hammer extended-reach BHA to improve end load efficiencies of a PDM in horizontal wells[C]. SPE/ICoTA Coiled Tubing & Well Intervention Conference and Exhibition, Society of Petroleum Engineers, The Woodlands, Texas, USA, 2011. https://doi. org/10. 2118/143346-MS.

[13] LIVESCU S, CRAIG S, AITKEN B. Fluid-hammer effects on coiled tubing friction in extended-reach wells[J]. SPE J. 2017(22): 365-373. SPE-179100-PA https://doi. org/10. 2118/179100-PA.

[14] MCINTOSH T, BAROS K J, GERVAIS J G, et al. A Vibratory Tool Study on Extended Reach Horizontals During Coiled Tubing Drillout in the Eagle Ford Shale[C]. SPE/ICoTA Coiled Tubing and Well Intervention Conference and Exhibition, Society of Petroleum Engineers, Houston, Texas, USA, 2016. https://doi. org/10. 2118/179087-MS.

[15] PENG J, ZHANG Q, LI G, et al. Effect of geometric parameters of the bistable fluidic amplifier in the liquid-jet hammer on its threshold flow velocity[J]. Comput. Fluids. 2013(82): 38-49. https://doi. org/10. 1016/j. compfluid. 2013. 05. 002.

[16] ZHANG X, ZHANG S, LUO Y, et al. Experimental study and analysis on a fluidic hammer: an innovative rotary-percussion drilling tool[J]. J. Pet. Sci. Eng. 2018(173): 362-370. https://doi. org/10. 1016/j. petrol. 2018. 10. 020.

[17] WEBB E D, SCHULTZ R L, HOWARD R G, et al. Next generation fluidic oscillator[J]. SPE/ICoTA Coiled Tubing Conference & Exhibition, The Woodlands, Texas, USA, 2006. https://doi. org/10. 2118/99855-MS.

[18] ZHANG X, PENG J, YIN K, et al. A high-energy liquid-jet hammer with specially designed backward stroke end buffer structure[J]. J. Vibroeng. 2016(18): 4935-4948. https://doi. org/10. 21595/jve. 2016. 17068.

[19] BANAKERMANI M R, NADERAN H, SAFFARAVVAL M. An investigation of erosion prediction for 15° to 90° elbows by numerical simulation of gas-solid flow[J]. Powder Technol. 2018(334): 9-26. https://doi. org/10. 1016/j. powtec. 2018. 04. 033.

[20] SEDREZ T A, DECKER R K, SILVA M K D, et al. Experiments and CFD-based erosion modeling for gas-solids flow in cyclones[J]. Powder Technol. 2017(311): 120-131. https://doi. org/10. 1016/j. powtec. 2016. 12. 059.

[21] LIN N, ARABNEJAD H, SHIRAZI S A, et al. Experimental study of particle size, shape and particle flow rate on Erosion of stainless steel[J]. Powder Technol. 2018(336): 70-79. https://doi. org/10. 1016/j. powtec. 2018. 05. 039.

[22] ZHENG C, LIU Y, QIN J, et al. Experimental study on the erosion behavior of WC-based high-velocity oxygen-fuel

spray coating[J]. Powder Technol. 2017(318): 383-389. https://doi. org/10. 1016/j. powtec. 2017. 06. 022.

[23] PARSI M, NAJMI K, NAJAFIFARD F, et al. A comprehensive review of solid particle erosion modeling for oil and gas wells and pipelines applications[J]. J. Nat. Gas Sci. Eng. 2014(21): 850-873. https://doi. org/10. 1016/j. jngse. 2014. 10. 001.

[24] HE J, ZHANG P, YIN Q, et al. Study of drilling muds on the anti-erosion property of a fluidic amplifier in directional drilling [J]. Fract. Struct. Integr. 2015(34): 564-573. https://doi. org/10. 3221/IGF-ESIS. 34. 62.

[25] PENG W, CAO X. Numerical simulation of solid particle erosion in pipe bends for liquid-solid flow[J]. Powder Technol. 2016(294): 266-279. https://doi. org/10. 1016/j. powtec. 2016. 02. 030.

[26] WANG K, LI X, WANG Y, et al. Numerical investigation of the erosion behavior in elbows of petroleum pipelines[J]. Powder Technol. 2017(314): 490-499. https://doi. org/10. 1016/j. powtec. 2016. 12. 083.

[27] ZHU H, LI S. Numerical analysis of mitigating elbow erosion with a rib[J]. Powder Technol. 2018(330): 445-460. https://doi. org/10. 1016/j. powtec. 2018. 02. 046.

[28] ZENG D, ZHANG E, DING Y, et al. Investigation of erosion behaviors of sulfur-particle-laden gas flow in an elbow via a CFD-DEM coupling method[J]. Powder Technol. 2018(329): 115-128. https://doi. org/10. 1016/j. powtec. 2018. 01. 056.

[29] MCDONOUGH J R, LAW R, KRAEMER J, et al. Effect of geometrical parameters on flow-switching frequencies in 3D printed fluidic oscillators containing different liquids[J]. Chem. Eng. Res. Des. 2017(117): 228-239. https://doi. org/10. 1016/j. cherd. 2016. 10. 034.

[30] GREGORY J, TOMAC M N. A review of fluidic oscillator development and application for flow control[C]. 43rd AIAA Fluid Dynamics Conference, San Diego, California, USA, 2013.

[31] WARREN R W. Negative feedback oscillator[J]. US Patent 3, 158, 166 A(1964).

[32] TESAŘ V. Taxonomic trees of fluidic oscillators[C]. EPJ Web of Conferences, 2017(143).

[33] RAGHU S. Feedback-free fluidic oscillator and method[J]. US Patent 6, 2001, 253, 782 B1.

[34] YANG J, CHEN C, TSAI K, et al. A novel fluidic oscillator incorporating step-shaped attachment walls[J]. Sens. Actuator A-Phys. 2007(135): 476-483. https://doi. org/10. 1016/j. sna. 2006. 09. 016.

[35] ZHANG X, PENG J, GE D, et al. Performance study of a fluidic hammer controlled by an output-fed bistable fluidic oscillator [J]. Appl. Sci. -Basel. 2016(6): 305. https://doi. org/10. 3390/app6100305.

[36] ZHANG X, ZHANG S, PENG J, et al. A fluidic oscillator with concave attachment walls and shorter splitter distance for fluidic DTH hammers[J]. Sens. Actuator A-Phys. 2018(270): 127-135. https://doi. org/10. 1016/j. sna. 2017. 12. 043.

[37] COANDNA H, CLICHY F. Device for deflecting a stream of elastic fluid projected into an elastic fluid[J]. US Patents, 1936, 2, 052: 869.

[38] FINNIE I. Erosion of surfaces by solid particles[J]. Wear. 1960(3): 87-103. https://doi. org/10. 1016/0043-1648(60)90055-7.

[39] FINNIE I. Some reflections on the past and future of erosion[J]. Wear. 1995, 1-10: 186-187. https://doi. org/10. 1016/0043-1648(95)07188-1.

[40] OKA Y, OKAMURA K, YOSHIDA T. Practical estimation of erosion damage caused by solid particle impact: Part 1: Effects of impact parameters on a predictive equation[J]. Wear. 2005(259): 95-101. https://doi. org/10. 1016/j. wear. 2005. 01. 039.

[41] OKA Y, YOSHIDA T. Practical estimation of erosion damage caused by solid particle impact: Part 2: Mechanical properties of materials directly associated with erosion damage[J]. Wear. 2005(259): 102-109. https://doi. org/10. 1016/j. wear. 2005. 01. 040.

[42] CHEN X, MCLAURY B S, SHIRAZI S A. Application and experimental validation of a computational fluid dynamics (CFD)-based erosion prediction model in elbows and plugged tees[J]. Comput. Fluids. 2004(33): 1251-1272. https://doi. org/10. 1016/j. compfluid. 2004. 02. 003.

[43] GRANT G, TABAKOFF W. Erosion prediction in turbomachinery resulting from environmental solid particles[J]. J. Aircr. 1975(12): 471-478. https://doi. org/10. 2514/3. 59826.

[44] FORDER A, THEW M, HARRISON D. A numerical investigation of solid particle erosion experienced within oilfield control valves[J]. Wear. 1998(216): 184-193. https://doi. org/10. 1016/S0043-1648(97)00217-2.

[45] ZENG L, ZHANG G, GUO X P. Erosion-corrosion at different locations of X65 carbon steel elbow[J]. Corrosion Sci. 2014(85): 318-330. https://doi. org/10. 1016/j. corsci. 2014. 04. 045.

[46] SU J, GUO Z. The Applicability of Erosion Models Based on Erosion Equations[J]. China Rural Water Hydropower. 2019(4):

104-109. https://doi. org/10. 3969/j. issn. 1007-2284. 2019. 04. 022.

[47] SHINDE S M, KAWADEKAR D M, PATIL P A, et al. Analysis of micro and nano particle erosion by analytical, numerical and experimental methods: A review [J]. J. Mech. Sci. Technol. 2019 (33): 2319-2329. https://doi. org/10. 1007/s12206-019-0431-x.

[48] XU L, ZHANG Q, ZHENG J, et al. Numerical prediction of erosion in elbow based on CFD-DEM simulation[J]. Powder Technol. 2016(302): 236-246. https://doi. org/10. 1016/j. powtec. 2016. 08. 050.

[49] FAROKHIPOUR A, MANSOORI Z, RASTEH A, et al. Study of erosion prediction of turbulent gas-solid flow in plugged tees via CFD-DEM[J]. Powder Technol. 2019(352): 136-150. https://doi. org/10. 1016/j. powtec. 2019. 04. 058.

[50] GNANAVELU A, KAPUR N, NEVILLE A, et al. An integrated methodology for predicting material wear rates due to erosion [J]. Wear. 2009(267): 1935-1944. https://doi. org/10. 1016/j. wear. 2009. 05. 001.

[51] KOSINSKI P, HOFFMANN A C. Extension of the hard-sphere particle-wall collision model to account for particle deposition [J]. Phys. Rev. E. 2009(79): 061302. https://doi. org/10. 1103/PhysRevE. 79. 061302.

[52] PEREIRA G C, DE SOUZA F J, MARTINS D A D M. Numerical prediction of the erosion due to particles in elbows[J]. Powder Technol. 2014(261): 105-117. https://doi. org/10. 1016/j. jngse. 2016. 02. 008.

[53] SONG X, PARK J H, KIM S, et al. Performance comparison and erosion prediction of jet pumps by using a numerical method [J]. Math. Comput. Model. 2013(57): 245-253. https://doi. org/10. 1016/j. mcm. 2011. 06. 040.

[54] WANG C Y, ZOU J, FU X, et al. Study on hydrodynamic vibration in fluidic flowmeter[J]. J. Zhejiang Univ. -SCI A. 2007, 8: 1422-1428. https://doi. org/10. 1631/jzus. 2007. a1422.

[55] ZENG D, ZHANG E, DING Y, et al. Investigation of erosion behaviors of sulfur-particle-laden gas flow in an elbow via a CFD-DEM coupling method[J]. Powder Technol. 2018(329): 115-128. https://doi. org/10. 1016/j. powtec. 2018. 01. 056.

[56] ZHANG L, YUAN Z, QI Z, et al. CFD-based study of the abrasive flow characteristics within constrained flow passage in polishing of complex titanium alloy surfaces [J]. Powder Technol. 2018 (333): 209-218. https://doi. org/10. 1016/j. powtec. 2018. 04. 046.

[57] MOUSAVIAN S M, NAJAFI A F. Numerical simulations of gas-liquid-solid flows in a hydrocyclone separator[J]. Arch. Appl. Mech. 2009(79): 395-409. https://doi. org/10. 1007/s00419-008-0237-2.

[58] TESAŘ V, JILEK M. Integral Fluidic Generator of Microbubbles [C]. Colloquium Fluid Dynamics, Prague, Czech Republic, 2013.

弃渣混合料与混凝土接触面剪切力学特性

朱武俊[1]，王　晅[1,2]，张家生[1,2]，陈晓斌[1,2]，成　浩[3]，王永倩[1]，李　度[1]

1. 中南大学土木工程学院，湖南长沙，410075

2. 高速铁路建造技术国家工程研究中心(中南大学)，湖南长沙，410075

3. 佛山市交通科技有限公司，广东佛山，528300

摘要：为厘清粗糙度、含石量、法向应力对灰质岩弃渣混合料与混凝土接触面剪切力学特性的影响，本文采用新型大型直剪仪对4种含石量的灰质岩弃渣混合料和5种粗糙度的混凝土面板分别在不同法向应力条件下进行系列接触面剪切试验，探究粗糙度、含石量、法向应力变化对接触面剪切强度的影响规律，揭示三者与接触面剪切力学特性的内在关联及接触面抗剪强度机理。结果表明：相同法向应力条件下，随粗糙度的增加，接触面抗剪强度呈现先增加后减小的趋势，且粗糙接触面能显著提高接触面的剪胀程度，但随法向应力的增加，粗糙度对接触面抗剪强度和法向变形的影响均减弱。相同法向应力条件下，随含石量的增加，接触面抗剪强度的变化规律与法向应力的大小密切相关。同时，试验数据分析表明接触面抗剪强度与Mohr-Coulomb强度准则高度吻合，且粗糙度和含石量对接触面表观黏聚力的影响相较于对接触面内摩擦角的影响更为显著。合理的粗糙度和含石量能较大程度地提高弃渣混合料与混凝土接触面的抗剪强度。

关键词：接触面；剪切力学特性；粗糙度；含石量；灰质岩弃渣混合料

石灰岩广泛分布在我国南方特别是西南地区，在线路隧道及地下洞室开挖过程中会产生大量的灰质岩弃渣。大多数灰质岩弃渣具有强度高、变形小、性质稳定等特点，被广泛运用在路基、山区站场、厂坪等填方工程中。灰质岩弃渣混合料与刚性混凝土结构接触面相互作用是一种典型问题，例如，在灰质岩弃渣填方区，支挡结构与周围土体的相互作用、桩土相互作用等[1]。大量研究表明，土体与结构接触面常常是工程中的薄弱面，关系到工程结构的安全稳定及长期服役性能[2]。因此，深入研究灰质岩弃渣混合料与混凝土接触面的剪切力学特性十分必要。

土与结构接触面的相互作用一直是岩土领域的研究热点。土体和结构面板作为接触面的两个组成部分，必然对接触面的剪切特性具有显著的影响，因此，接触面土体性质和结构面板表面形貌特征备受关注。Potyondy[3]早在1961年通过一系列接触面直剪试验，研究了土与不同结构接触面的剪切特性。为描述接触面粗糙度对接触面剪切特性的影响，Uesugi等[4]首次提出了相对粗糙度 R_n 的概念。Chen等[5]发现随接触面粗糙度的增加，接触面抗剪强度逐渐增加，且接触面的剪切破坏面逐渐由土体与混凝土面板接触界面处向土体内部移动。Li等[6]指出随着接触面粗糙度的增加，接触面扰动范围、土颗粒的运动和再分布显著增加，导致接触面抗剪强度和剪切变形明显增大。Martinez等[7]对砂土与不同类型粗糙钢板接触面进行剪切试验，首次提出非堵塞粗糙结构面板能增加接触面的被动阻力，可使接触面剪切强度高于土体剪切强度。Zhou等[8]探讨了土体颗粒粒径和接触面粗糙度对砂土与接触面剪切特性的影响，并提出了“有效界面”的概念。Stutz等[9]受蛇皮鳞片的启发，通过设置砂土与不同长高比的楔形体结构面板剪切试验，发现接触面的剪切具有摩擦各向异性。Rui等[10]认为接触面的抗剪强度增加是由于粗糙结构面板能显著提高土颗粒与结构面板间的相互作用。Nasrin等[11]认为接触面抗剪强度由颗粒联锁、剪胀作用、颗粒重排列、颗粒摩擦和破碎影响。Feng等[12]发现增加接触面法向刚度能有效提高粗粒土与钢板接触面的抗剪强度。Cen等[1]通过研究土石混合料与岩石接触面的剪切特性发现，随含石量的增加，接触面的抗剪强度和内摩擦角均增加，但接触面的黏聚力减小。杨忠平等[13]通过大型直剪仪研究了接触面粗糙度对填方体与下伏基岩接触面剪切特性的影响，指出接触面的抗剪强度随粗糙度的增加而增加。

朱武俊，王晅，张家生，等. 弃渣混合料与混凝土接触面剪切力学特性[J]. 哈尔滨工业大学学报，2023，55(2)：98-107.

综上，不少学者已开展对土体类型和接触面粗糙度对接触面剪切力学特性的影响较多的研究，但对区别于常规土石混合料的无黏性灰质岩弃渣混合料与混凝土结构接触面的剪切力学特性的研究尚缺少足够的报道。由于生态保护的要求，工程建设对弃渣资源化利用的需求日益增加，而由于弃渣混合料往往具有离散性大、级配复杂等特点，目前对其与刚性结构接触面的研究仍有不足，特别是在接触面粗糙度与弃渣混合料含石量对灰质岩弃渣混合料与混凝土接触面剪切力学特性的影响及抗剪强度机理的研究上还未清晰，亟须深入研究。鉴于此，本文通过大型直剪仪进行了一系列灰质岩弃渣混合料与混凝土接触面的剪切试验，研究了接触面粗糙度、灰质岩弃渣混合料含石量、法向应力对接触面剪切力学特性的影响及接触面的抗剪强度机理。

1 试验材料与方案

1.1 试验设备

试验采用 TAW-800 大型直剪系统，如图 1 所示。该直剪系统由数据采集系统、伺服控制系统、加载系统、测量系统组成，上下剪切盒尺寸长×宽×高为 500 mm×500 mm×150 mm。竖向加载系统和水平加载系统的最大轴力分别为 800 kN 和 400 kN，水平剪切最大行程为 300 mm。

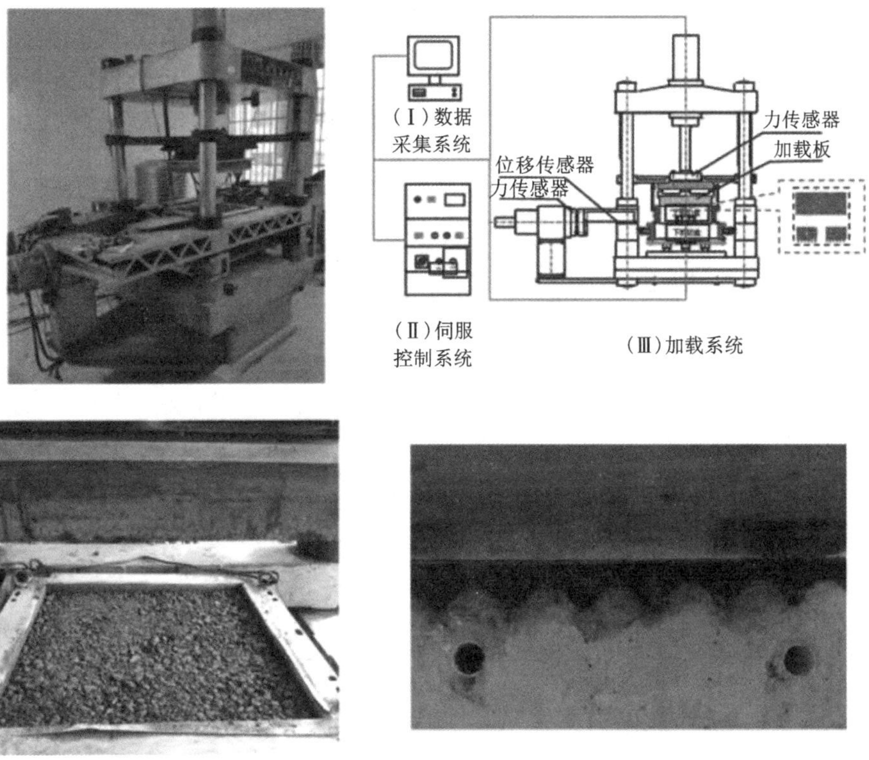

图 1　TAW-800 大型直剪系统示意图

1.2 试验材料

土样取自某在建高铁隧道弃渣，岩性为白云质石灰岩，经过人工破碎分选后形成灰质岩弃渣混合料，用于路基填料，其颗粒粒径范围为 0~40 mm，其中粒径小于 0.1 mm 的颗粒质量分数约为 5%，如图 2 所示。由 X 射线衍射仪（XRD）分析得到其成分组成如表 1 所示。为消除尺寸效应，根据《土工试验方法标准》（GB/T 50123—2019）规定，剪切盒高度与最大颗粒粒径之比不应小于 4，因此选择试样的最大粒径为 20 mm，采用等量替代法对原始级配进行相应的缩尺。

表 1　试验土样矿物成分含量

矿物成分	方解石	白云石	石英	钾长石	黄铁矿	菱铁矿	其他
w/%	66.5	24.8	2.4	0.9	2.5	1.4	1.5

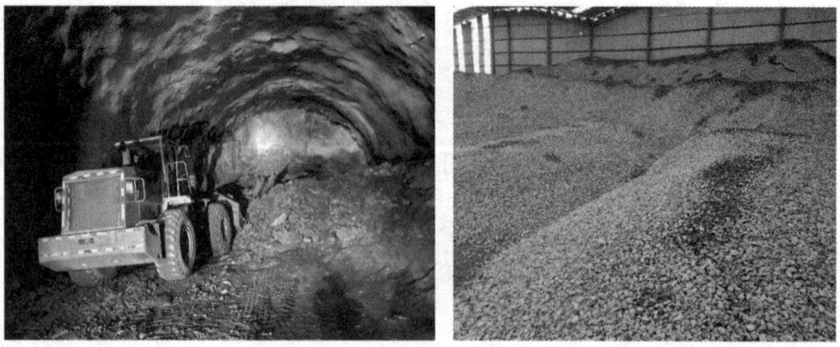

图 2　白云质石灰岩弃渣

目前，在土石混合料的研究中普遍将 5 mm 作为土与石的分界粒径[14]，因此，本试验取 5 mm 作为土石阀值。灰质岩弃渣混合料的含石量定义为 w，计算公式为

$$w = \frac{m_r}{m} \times 100\% \tag{1}$$

式中：m_r 为试样中粒径大于 5 mm 的土颗粒总质量，kg；m 为试样总质量，kg。

同时，相关研究表明，当含石量在 25%～70%时，土石混合料的性质取决于土体与块石之间的相互作用[15]。为研究含石量对灰质岩弃渣混合料与混凝土接触面剪切力学特性的影响，试验设置四组含石量分别为 25%、40%、55%、70%的试样，采用改变土石比例的方法进行配置，级配曲线和试样最大干密度如图 3、图 4 所示，各组土样的基本物理性质如表 2 所示。

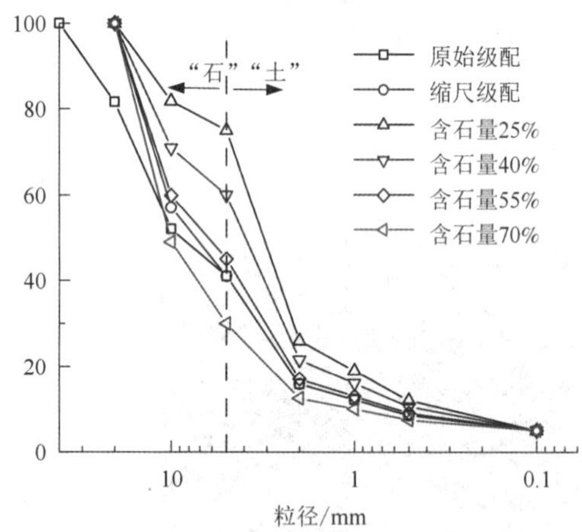

图 3　试样级配曲线图

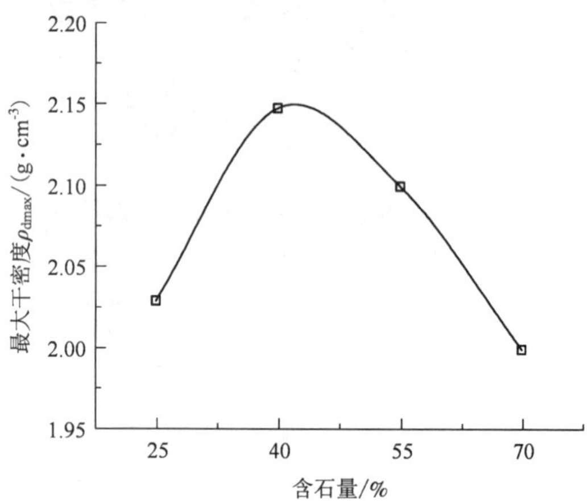

图 4　试样最大干密度图

表 2　土样基本物理参数

含石量	颗粒相对密度	$\rho_d/(g \cdot cm^{-3})$		C_u	C_c	d_{50}/mm
		ρ_{dmax}	ρ_{dmin}			
25%	2.71	2.03	1.73	12.67	4.25	3.10
40%	2.72	2.15	1.81	12.75	2.82	3.90
55%	2.72	2.10	1.73	16.83	1.59	6.30
70%	2.71	2.00	1.63	11.60	2.24	10.20

试验所用的混凝土结构面板采用 C40 混凝土浇筑而成，为保证剪切面的面积不变，且保证足够大剪切

位移，混凝土结构面板尺寸设置长×宽×高为 570 mm×570 mm×115 mm。Dove 等[16]的研究表明，建筑物结构表面的形状多近似为三角形或梯形，本试验采用梯形结构面板模拟实际结构表面，如图 5 所示，其表面尺寸参数见表 3。

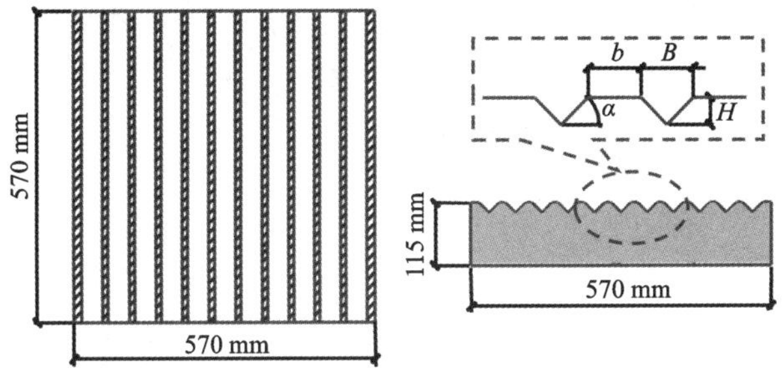

图 5 混凝土板图

表 3 混凝土板表面几何参数

混凝土板编号	峰谷距 H/mm	槽宽 B/mm	倾角 α/(°)	槽顶宽 b/mm
Ⅰ	0	0	—	—
Ⅱ	5	10	45	10
Ⅲ	10	20	45	10
Ⅳ	20	40	45	10
Ⅴ	30	60	45	10

目前，关于接触面粗糙度的量化表征并不统一，主要方法有最大峰谷距法、灌砂法、相对粗糙度法、平均峰谷距法、分维法等[5, 17, 18]。研究表明，接触面粗糙度不仅与结构表面的形貌特征有关，且与颗粒粒径和结构表面形貌相对尺度相关[7, 19, 20]，为此本试验采用 Uesugi[4]提出的能够反映接触面形貌特征和颗粒大小的相对粗糙度 R_n 来描述接触面粗糙度，R_n 计算公式如式(2)所示：

$$R_n = H/d_{50} \tag{2}$$

式中：H 为结构面板峰谷距，mm；d_{50} 为试验试样的平均粒径，mm。

试验采用含石量为 55%土样和不同峰谷距的混凝土板研究粗糙度的影响，含石量 55%土样的平均粒径 d_{50}=6.3 mm。由公式(2)可得相对粗糙度 R_n 分别为 0、0.79、1.59、3.17、4.76。为区分接触面的类型，本文将 R_n=0 时的接触面称为“光滑接触面”，此时的混凝土板称为光滑结构面板，将 R_n>0 时的接触面称为“粗糙接触面”，此时的混凝土板称为粗糙结构面板。

1.3 试验步骤及方案

为研究含石量和粗糙度对灰质岩弃渣混合料与混凝土接触面剪切特性的影响，将直剪系统下剪切盒替换为混凝土面板。试样含水率取采样时土样的天然含水率 4.6%，将配制好的混合料进行闷料养护 24 h 后分三层装入上剪切盒，并进行人工压实，控制试验的压实度为 90%，对各层土接触面进行凿毛处理，防止层面效应。每组试样分别在 50 kPa、100 kPa、200 kPa、400 kPa 条件下分别进行试验。参考相关学者[21]在接触面剪切试验中对剪切速率的设置，本文取剪切速率设置为 1 mm/min，剪切位移取试样长度的 10%，设置为 50 mm，试验方案如表 4 所示。

表 4 试验方案

编号	含石量	混凝土板	法向应力/kPa	组数
T1	25%、40%、55%、70%	Ⅲ	50、100、200、400	16 组
T2	55%	Ⅰ、Ⅱ、Ⅳ、Ⅴ	50、100、200、400	16 组

2 试验结果与分析

2.1 粗糙度对接触面剪切力学特性的影响

2.1.1 接触面剪切强度特性分析

为方便描述，文中将土体与混凝土面板相互作用区域称为接触面，将土体与混凝土面板接触的面称为接触界面或界面。

图 6 分别为粗糙度 R_n=0、0.79、1.59、3.17、4.76 时，接触面剪切应力–剪切位移关系曲线。由

图 6 可知，粗糙度对接触面剪切应力-剪切位移曲线影响较为明显，光滑接触面时，剪切应力-剪切位移曲线呈现“理想弹塑性”特征；而粗糙接触面时，剪切应力-剪切位移曲线表现为应变硬化或微软化特征。光滑接触面的剪切应力在较小剪切位移时达到稳定状态，而粗糙接触面剪切应力达到相对稳定状态所需的剪切位移明显大于光滑接触面所需的剪切位移，即粗糙度接触面能提高接触面的塑性变形能力。这是由于光滑接触面的剪切强度主要依赖于土体与接触界面的摩擦，随剪切的进行，土体与接触界面的摩擦作用很快达到相对稳定状态，表现为滑移破坏特征，而在粗糙接触面中，粗糙结构面板对接触界面上方土体具有一定的扰动作用。在剪切过程中，土颗粒随之发生爬升、旋转、互锁等，到达相对稳定状态所需的剪切位移更大，接触面剪切特性宏观表现为接触面塑性变形能力增加。

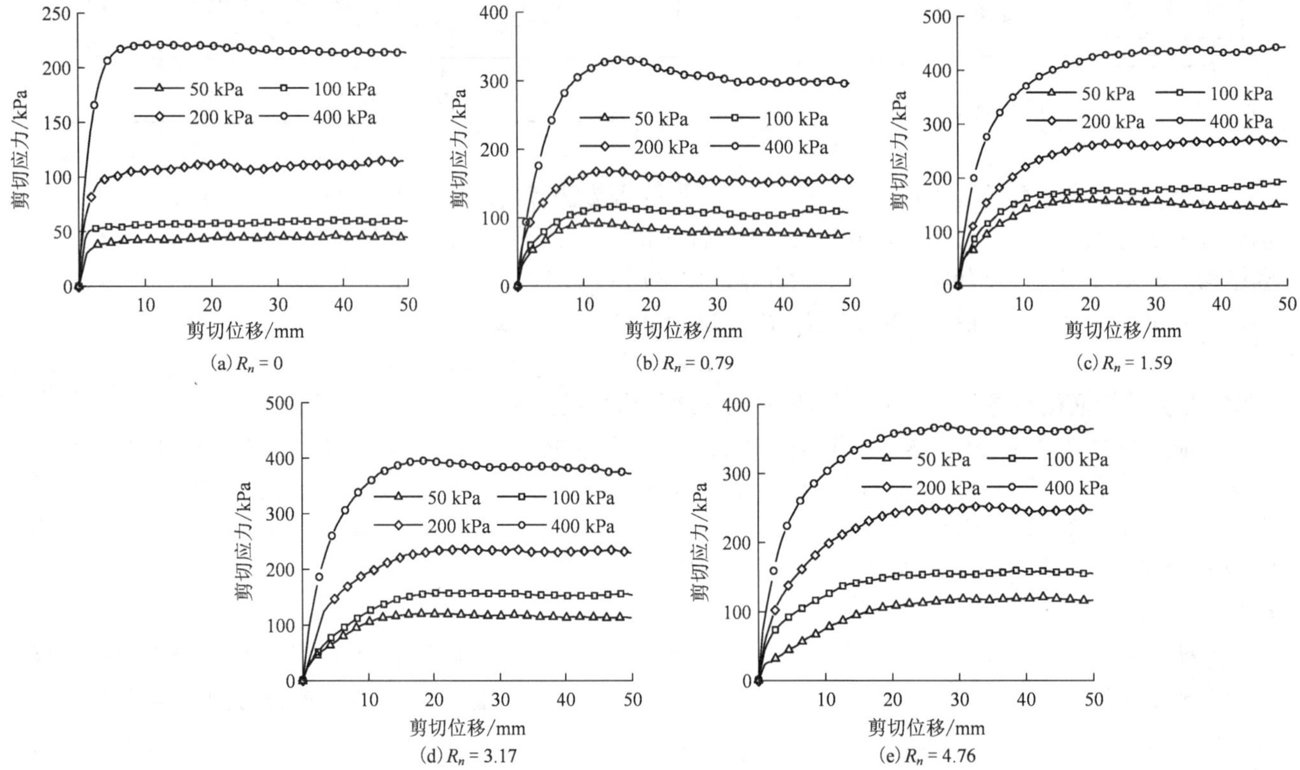

图 6　不同粗糙度条件下接触面剪切应力-剪切位移曲线

2.1.2　接触面法向变形特性分析

Pra-ai 等[22]指出在常法向应力边界条件下，接触面的法向位移可由试样的法向位移替代。本文采用试样的法向位移变化规律反映接触面的法向变形规律，法向位移以体积压缩为正，体积膨胀为负。

图 7 为不同粗糙度条件下接触面的法向位移-剪切位移曲线，由图 7 可以得出，在不同粗糙度条件下，接触面在初始变形阶段均为体缩，且初始剪缩量随法向应力的增加而增加。这是由于在初始剪切阶段，试样孔隙较大，分布不均匀，随剪切位移和法向应力的增加，根据孔隙均匀化原理[23]，大孔隙逐渐减小，接触界面附近土体孔隙逐渐均匀化，宏观上表现为法向位移增加，且随法向应力增大，土颗粒接触更加紧密，导致剪缩更明显。光滑接触面时，接触面法向变形随剪切位移的增加呈现先剪缩后趋于稳定的趋势，且最终剪缩量随法向应力的增加而增加。例如，在 50 kPa、100 kPa、200 kPa、400 kPa 时的最终法向位移为 0.47 mm、0.57 mm、1.34 mm、1.44 mm；而粗糙接触面时，试样的法向变形趋势均为先减缩后剪胀，最后逐渐趋于稳定，剪胀量随法向应力的增加而减小。随法向应力的增加，试样最终法向变形逐渐由剪胀向剪缩发展。这是因为在光滑接触面上剪切时，接触面为滑移破坏，试样的法向变形以法向应力对试样的压缩为主，而当接触面为粗糙接触面时，结构面板与土颗粒相互作用，导致土颗粒之间、土颗粒与结构面板之间均会发生错动、滑移、翻滚等位移变动，导致接触界面附近的土体孔隙比增加，发生剪胀变形。而法向

应力对土颗粒的位变约束具有较大的影响，低法向应力对土颗粒位变约束较小，试样剪胀明显；高法向应力对土颗粒位变约束更强，对剪胀有抑制的作用。接触面剪切变形示意图，如图 8 所示。

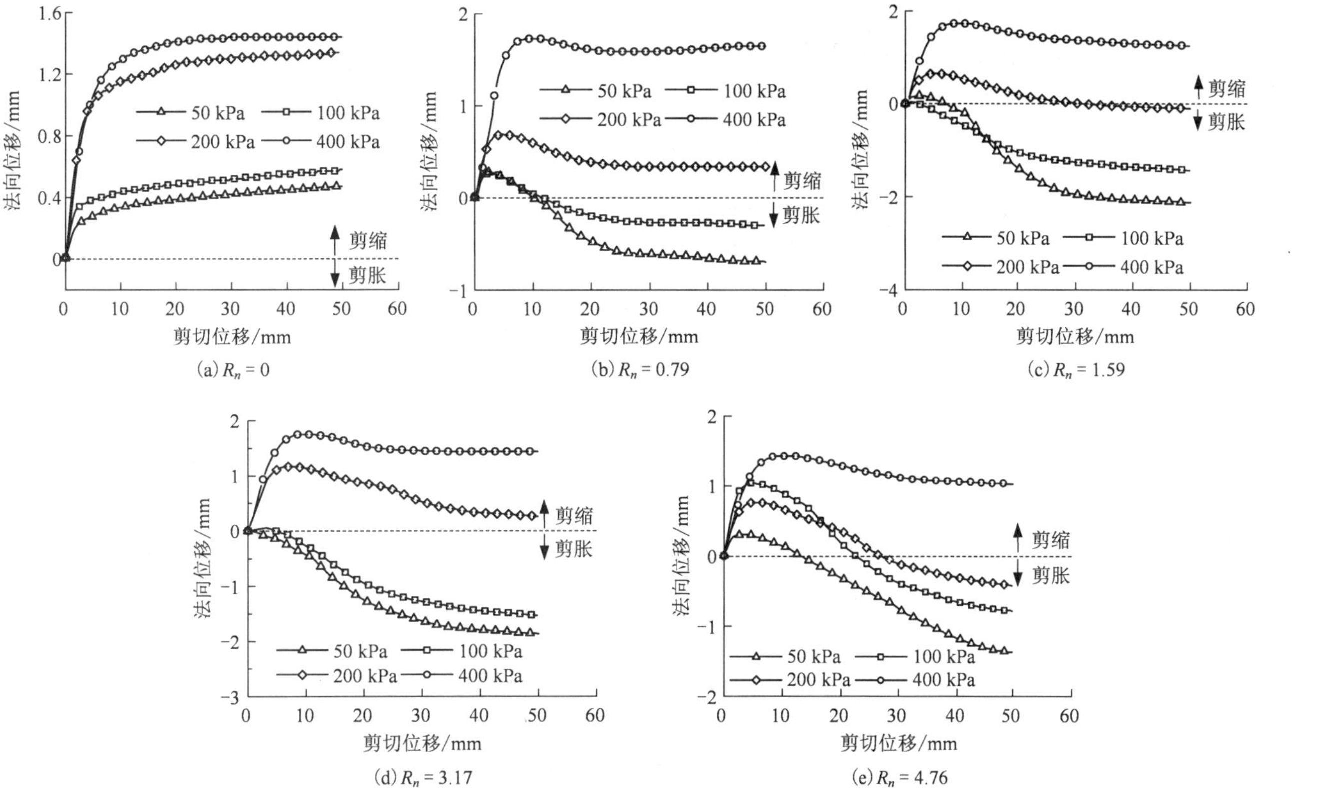

图 7　不同粗糙度条件下接触面法向位移–剪切位移曲线

2.2 含石量对接触面剪切力学特性的影响

2.2.1 接触面剪切强度特性分析

图 9 分别为含石量 $w=25\%$、40%、55%、70%时接触面剪切应力–剪切位移曲线。由图 9 可得，不同含石量条件下的剪切应力–剪切位移曲线特征较为相似，主要分为三个部分：初始弹性阶段、塑性增长阶段、残余稳定阶段。在初始弹性阶段，剪切应力均随剪切位移的增加而急剧增加，且接触面初始剪切刚度均随法向应力的增加而增加。这是由于，在试样剪切装样过程中，只对试样进行了法向压实，导致试样不够密实，孔隙较大且分布不均匀。随着剪切位移的增加，试样内部孔隙迅速减小，剪切强度迅速增加，且随法向应力的增加，土颗粒之间接触更加密实，抵抗剪切的能力更强，初始剪切刚度增加。

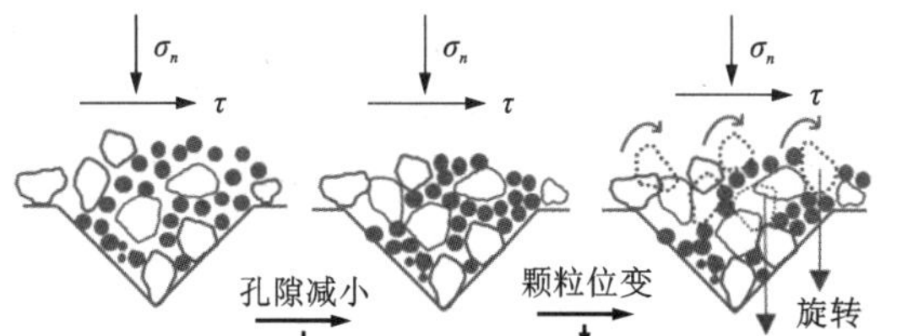

图 8　接触面剪切变形示意图

在塑性增长阶段，随着剪切的进行，接触面剪切应力的增长速度逐渐减小至达到峰值抗剪强度。这一阶段主要存在两种剪切机制的共同作用[24]，一是由于土颗粒与结构面板的相互作用，土颗粒产生旋转、翻越、咬合等剪胀现象；二是由于颗粒的位变，接触界面附近土体结构发生变化。从抗剪强度产生机理的角度分析，接触界面附近土颗粒的咬合、翻转、嵌固能有效提高接触面的抗剪强度，而颗粒的相对位变使接触界面附近土体发生一定的剪胀现象，导致接触面土体空隙率变大，从而土颗粒相互作用减弱，抗剪强度发生一定的削弱，这两种因素相互影响，共同决定接触面的抗剪强度。颗粒的咬合导致的接触面强度增强作用逐渐减弱，土体结构变化导致的接触面强度弱化现象逐渐增强，受上述两种因素的影响，接触面的抗剪强度增长逐渐减小，直至接触面的抗剪强度达到峰值。

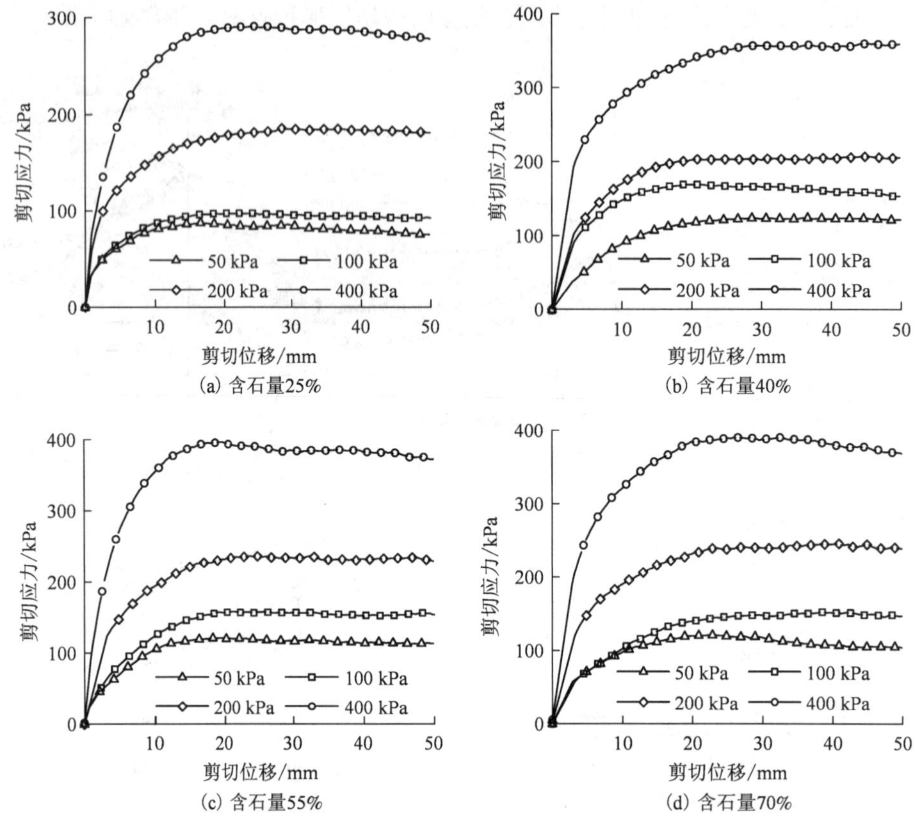

图 9　不同含石量条件下接触面剪切应力-剪切位移曲线

残余稳定阶段，在较大剪切位移下，接触面剪切强度在峰值强度后出现短暂轻微的应变软(硬)化，随后剪切应力趋于稳定。这是由于接触面达到峰值强度后，接触界面附近的土体被破坏，接触面出现“颗粒流动”特征，宏观表现为接触面剪切应力趋于稳定。

2.2.2　*接触面法向变形特性分析*

图 10 为不同含石量条件下，接触面法向位移-剪切位移曲线。由图 10 可得不同含石量条件下的接触面法向位移-剪切位移曲线特征较为相似，接触面法向变形趋势均为先剪缩后剪胀，最后趋于稳定。这是由于接触面的变形主要由外部荷载对试样的压缩作用和颗粒相对位变导致的剪胀作用共同控制。其中，试样初始剪切阶段，外部荷载产生的压缩作用显著，导致试样发生剪缩现象。而随着剪切位移的进一步增加，结构面板和接触界面附近土颗粒的相互作用，引起颗粒的旋转、爬升、咬合等相对位变，接触界面附近土体剪胀作用逐渐增强。当二者的影响相互抵消时，宏观表现为“相变状态”，即剪胀比为 0。随着剪切位移的增加，剪胀作用逐渐增强，接触面发生剪胀变形，当剪切位移较大时，剪切带逐渐形成稳定的剪切带，接触界面附近土体结构性消失，表现出流动特征，宏观表现为法向变形趋于稳定。法向应力对接触面的法向变形具有较大的影响，随法向应力的增加，接触面的法向变形逐渐由剪胀向剪缩转化。例如，含石量为 55%时，在 50 kPa、100 kPa、200 kPa、400 kPa 时的最终法向位移分别为-1.21 mm、-0.86 mm、0.25 mm、1.44 mm，表明法向应力对土颗粒的“剪胀运动”具有一定的抑制作用。

3　接触面抗剪强度及参数分析

3.1　接触面抗剪强度分析

根据《土工试验方法标准》(GB/T 50123—2019)规定，抗剪强度应取峰值强度或稳定值，剪切应力无明显峰值时，取剪切位移达到试样直径的 1/15～1/10 时的剪切应力为抗剪强度。通过对不同工况条件下的试验结果进行统计，得到不同粗糙度和不同含石量条件下接触面的抗剪强度，并进行摩尔-库仑线性拟合，拟

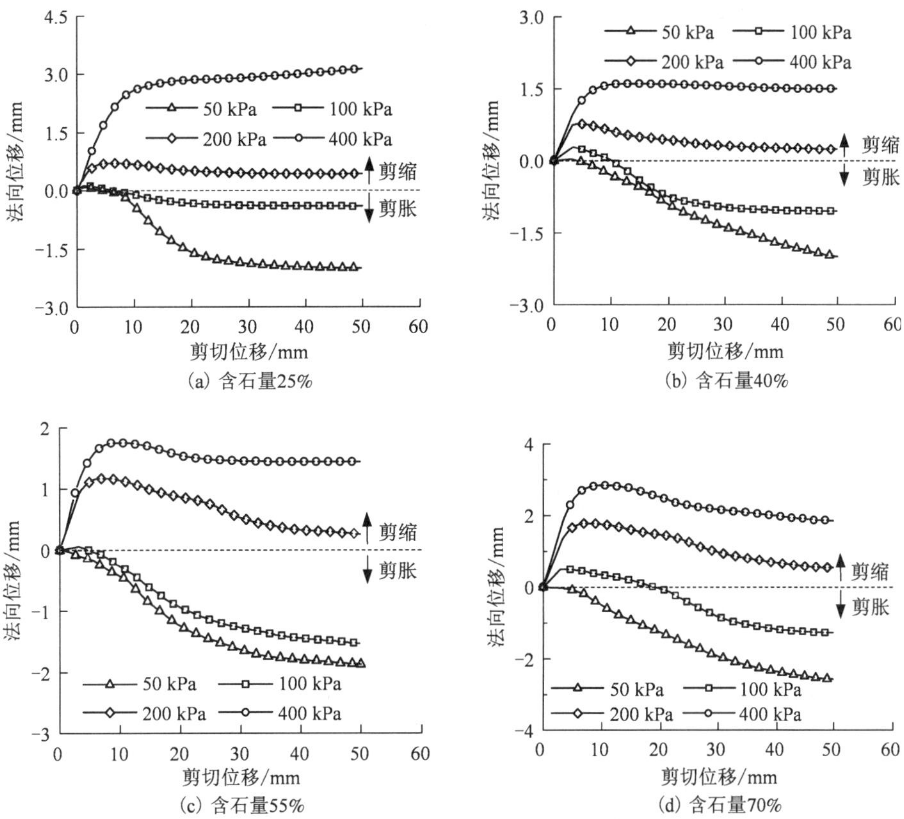

图 10 不同含石量条件下接触面法向位移-剪切位移曲线

合结果如表 5、表 6 所示。由表 5、表 6 可知，拟合相关系数均在 0.98 以上，表明接触面的抗剪强度符合摩尔-库仑强度准则。

表 5 不同粗糙度条件下的接触面抗剪强度

粗糙度	法向应力/kPa				拟合系数
	50	100	200	400	R^2
0	46.6	61.04	114.8	221.32	0.99
0.79	92.08	116.2	167.88	330.72	0.98
1.59	160.12	193.48	271.48	442.6	0.99
3.17	121.16	158.28	237.44	396.44	0.99
4.76	121.34	159.56	252.64	368.92	0.98

表 6 不同含石量条件下的抗剪强度

含石量	法向应力/kPa				相关系数
	50	100	200	400	R^2
25%	87.52	97.6	185.616	290.736	0.98
40%	123.76	169.04	207.24	359.48	0.98
55%	121.16	158.28	237.44	396.44	0.99
70%	121	152.4	245.72	389.92	0.99

不同法向应力条件下，接触面抗剪强度随粗糙度增加的变化规律曲线，如图 11 所示。由图 11 可知，不同粗糙度条件下，接触面抗剪强度均随法向应力的增加而增加。在相同法向应力条件下，接触面抗剪强度随粗糙度的增加呈现先增加后减小的趋势，在粗糙度 $R_n=1.59$ 时达到最大。但随法向应力的增加，粗糙度对接触面抗剪强度的强化作用逐渐减弱，例如，在粗糙度 $R_n=1.59$ 时，相较于光滑接触面，在 50 kPa、100 kPa、200 kPa、400 kPa 时接触面的抗剪强度增长率分别为 243.6%、216.9%、136.5%、99.9%。

图 12 为不同法向应力条件下，接触面抗剪强度随含石量增加的变化规律曲线，由图 12 可以看出，接触面抗剪强度随含石量的变化规律受法向应力的影响较大。在较低法向应力(50 kPa、100 kPa)、含石量为 40%时，抗剪强度达到最大；在 200 kPa 条件下，抗剪强度随含石量的增加而增加，在含石量为 70%时达到

最大；而在较高法向应力 400 kPa 时，接触面抗剪强度在含石量为 55%时达到最大。

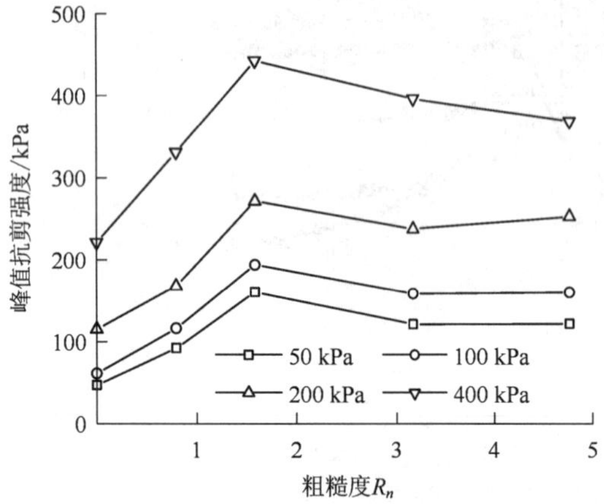

图 11　接触面抗剪强度随粗糙度的变化规律曲线

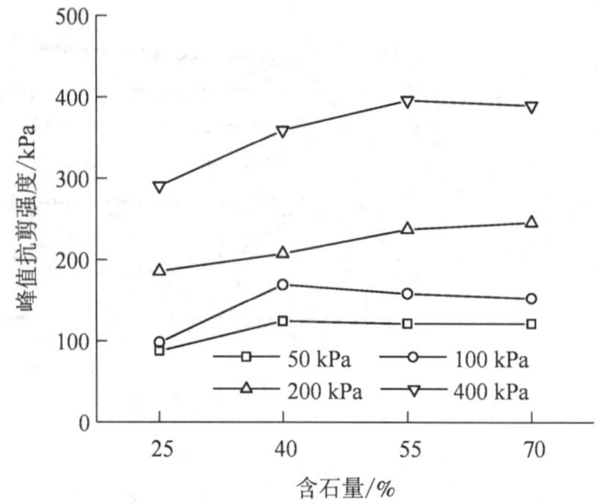

图 12　接触面强度随含石量的变化规律曲线

3.2　接触面抗剪强度参数分析

3.2.1　粗糙度对抗剪强度参数的影响分析

图 13 为接触面表观黏聚力和内摩擦角随粗糙度增加的变化情况，由图 13 可得，相较于光滑接触面，粗糙接触面的表观黏聚力 c 急剧增加，而在粗糙接触面上表观黏聚力 c 规律不明显，呈现波动特征。在光滑接触面中，接触面为滑移破坏，土颗粒之间的相对位移较小，接触面主要由土颗粒与混凝土结构面板的滑移摩阻力承担。而在粗糙接触面中，由于混凝土面板"锯齿"对土样的扰动作用，土颗粒不断地调整位置，发生剧烈咬合嵌固作用，产生"被动阻力"[2]，导致表观黏聚力急剧增加。当"锯齿"深度相对于土颗粒粒径较大时，土颗粒易"凹陷"在凹槽底部，如图 14 所示，与原凹槽和接触界面附近的土体形成"有效界面"[1]，导致实际粗糙度发生变化，表观黏聚力变化规律不明显。

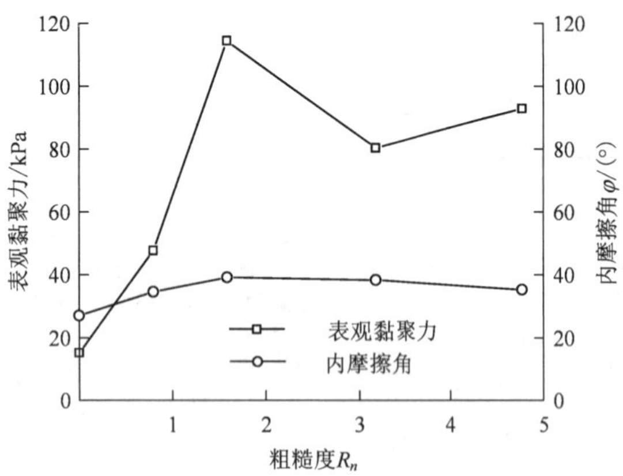

图 13　接触面抗剪强度参数随粗糙度增加的变化规律曲线

图 14　土颗粒填充图

相对于光滑接触面，粗糙接触面的内摩擦角显著增大，在 R_n=0.79、1.59、3.17、4.76 时，接触面内摩擦角分别增大了 27.8%、44.7%、41.4%、30.5%，且接触面的内摩擦角随粗糙度的增加呈现先增大后减小的趋势。

3.2.2　含石量对抗剪强度参数的影响分析

由图 16 为接触面表观黏聚力和内摩擦角随含石量增加的变化规律，可以得出随含石量的增加，接触面表观黏聚力呈现先增加后减小并在一定范围内波动，含石量为 40%时达到最大。接触面内摩擦角总体呈现随含石量的增加逐渐增长的趋势。由于试样中不同含石量的接触面试验均是在相同粗糙度条件下进行，因此，接触面表观黏聚力和内摩擦角的变化主要是由于接触界面上方土颗粒间的咬合嵌固、相对滑移程度不同产生的。试验土样随着含石量的变化，级配也发生了相应的改变，对其颗粒和孔隙的分布产生了较大的影响。如图4所示，本试验采用土样的最大干密度随含石量的变化呈现先增长后减小的趋势，在含石量为40%时，土样的最大干密度最大，土颗粒之间的接触更加紧密，在接触面剪切中，土颗粒之间的相互作用更加剧烈，表现为表观黏聚力在含石量为40%达到最大，而随含石量的继续增加，颗粒破碎增加、接触面土体密实度减小，导致接触面表观黏聚力减小并在一定范围内波动。同时随含石量的增长，土样的粗颗粒越多，其颗粒之间的摩擦作用更加凸显，粗颗粒与接触面之间的有效接触摩擦也相对增加，因此接触面内摩擦角随含石量的增加而增加。

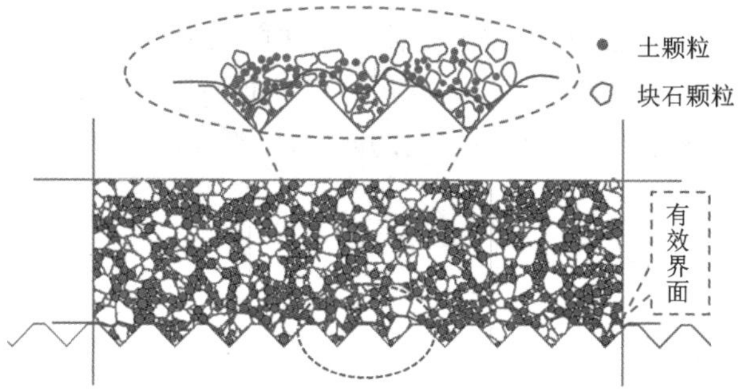

图15 “有效界面”示意图

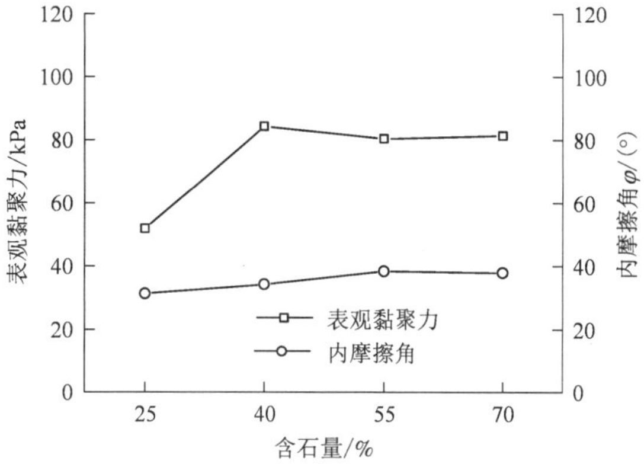

图16 接触面强度参数随含石量增加的变化规律曲线

4 接触面抗剪强度机理分析

综合Frost[25]、Tang[26]、Martinez[7]、Kang[27]等人对接触面强度机理的研究，可认为接触面的抗剪强度主要由两个部分组成：一是被动阻力(τ_{AP})是由于混凝土结构面板的存在，土体颗粒与接触面板之间的摩擦、咬合等相互作用及结构面板对土体扰动作用产生的剪切阻力；二是内阻力(τ_{IF})是接触面内部土体，相互嵌固、翻转、咬合等相互作用产生的抗剪强度，接触面剪切强度机理示意图如图17所示。

相关学者对被动阻力τ_{AP}的确定方法存在一定的差异，本文采用Kang等[27]对被动阻力τ_{AP}的确定方法，取接触面的被动阻力τ_{AP}为接触面强度包络线与纵坐标轴的截距，即接触面的表观黏聚力，如图18所示。内阻力摩擦角φ_{IF}可按公式(3)计算

$$\varphi_{IF}=\tan^{-1}\left(\frac{\tau-\tau_{AP}}{\sigma_n}\right) \tag{3}$$

式中：φ_{IF}为内阻力摩擦角，(°)；τ为接触面峰值强度；τ_{AP}为被动阻力，kPa；σ_n为法向应力。

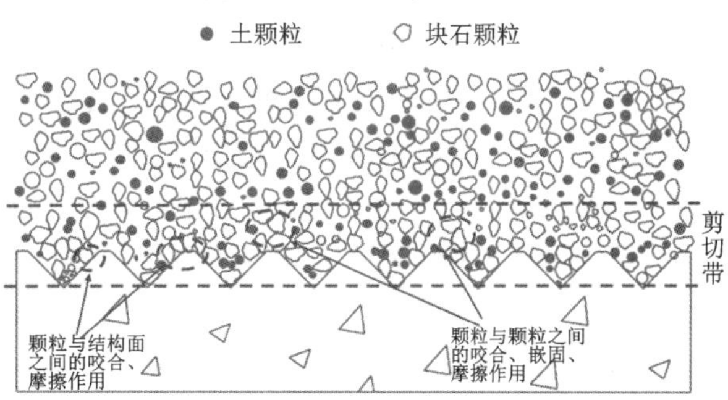

图17 接触面剪切强度机理示意图

图19为接触面内阻力摩擦角φ_{IF}随粗糙度R_n增加的变化规律，由图19可得，随粗糙度的增加，接触面内阻力摩擦角φ_{IF}呈现先增大后减小的趋势。表明随着粗糙度的增加，混凝土结构面板对土体产生的扰动作用增大，使接触面内部土颗粒的滚动、滑移等相互作用逐渐增强，加剧了颗粒之间的摩擦效应，宏观上表现为内阻力摩擦角增加。而随着粗糙度的进一步增加，土颗粒对凹槽的填充作用，导致结构面板对土体的调动作用减小，导致内阻力摩擦角φ_IF和被动阻力均有不同程度的减小，同时也说明接触面存在最优粗糙度，使接触面抗剪强度达到最大。

通过对接触面内阻力摩擦角和被动阻力的分析，可发现相对于光滑接触面，粗糙接触面能较大程度地提高接触面的内阻力摩擦角φ_{IF}和被动阻力τ_{AP}。由此分析粗糙结构面板对接触面抗剪强度的提高主要源于两个方面：①粗糙接触面增大了土颗粒与结构面板之间的接触面积，提高了颗粒与结构面板之间的摩擦、咬合作用；②粗糙结构面板的凹槽能有效地调动接触界面上方土颗粒的相互作用，提高颗粒之间的摩

擦、咬合效应，从而起到增大接触面抗剪强度的作用。然而，由于粗糙结构面板凹槽的“耕犁”作用导致接触界面上方土体相对松散，削弱了接触面强度，因此粗糙结构面板对接触面抗剪强度的提高作用有限，存在最优粗糙度使粗糙结构面板对接触面强度的提高达到最大。此时土体与结构面板形成的“有效界面”能最大程度地产生土颗粒之间的嵌固、咬合作用，使接触面的抗剪强度达到最大值。

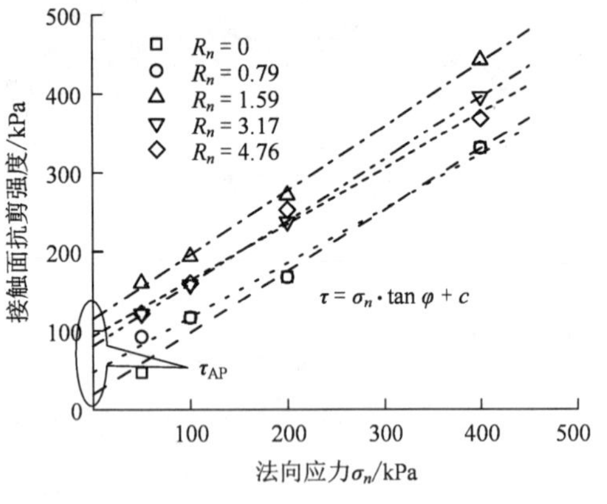

图 18　接触面抗剪强度包络线

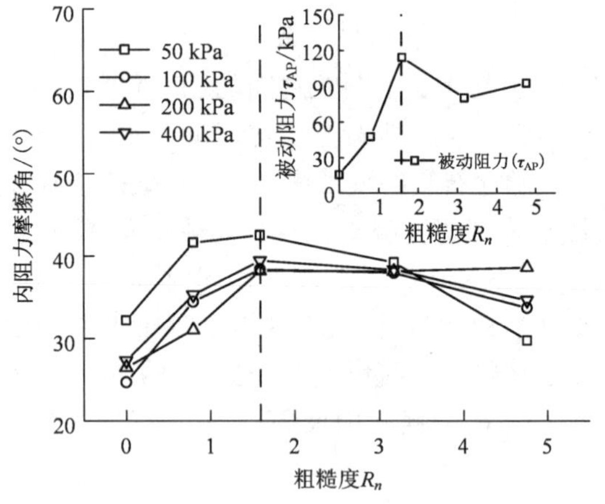

图 19　内阻力摩擦角随粗糙度的变化规律

5　结论

通过对灰质岩弃渣混合料与混凝土接触面的剪切试验，分析粗糙度、含石量、法向应力对接触面剪切力学特性的影响及接触面剪切强度机理，得出以下结论：

（1）相同法向应力条件下，光滑接触面表现为滑移破坏特征，而粗糙接触面表现为应变硬化或微软化破坏特征。随粗糙度的增加，接触面抗剪强度呈先增大后减小的趋势，存在最优粗糙度使接触面的强度达到最大。由于凹槽的“调动作用”，粗糙接触面能显著地增强接触面的塑性变形能力和剪胀性。但随法向应力的增加，粗糙度对接触面抗剪强度的强化作用和对接触面的剪胀作用均减弱。

（2）接触面抗剪强度随含石量变化的规律受法向应力的影响较大。在较低法向应力下，接触面抗剪强度随含石量的增加而呈现先增加后减小的趋势，在40%时达到最大；在较高法向应力下，变化规律不明显。不同含石量条件下，接触面法向变形趋势均为先剪缩后剪胀，且随法向应力的增加，接触面最终法向位移越大，剪缩现象越明显。

（3）接触面的抗剪强度符合摩尔-库仑强度准则，随粗糙度的增加，接触面的表观黏聚力先增加后呈现波动特征，接触面内摩擦角呈现先增加后减小的趋势；随含石量的增加，接触面表观黏聚力呈现先增加后趋于稳定的趋势，接触面内摩擦角随含石量的增加而逐渐增加，但变化幅度较小。粗糙度和含石量对接触面表观黏聚力的影响相较于对接触面内摩擦角的影响更为显著。

参考文献

[1] CEN D F, HUANG D, REN F. Shear deformation and strength of the interphase between the soil-rock mixture and the benched bedrock slope surface[J]. Acta Geotechnica, 2017, 12(2): 1-23.

[2] KOU H L, DIAO W Z, ZHANG W C, et al. Experimental study of interface shearing between calcareous sand and steel plate considering surface roughness and particle size[J]. Applied Ocean Research, 2021, 107(8): 102490.

[3] POTYONDY J G. Skin friction between various soils and construction materials[J]. Géotechnique, 1961, 11(4): 339.

[4] UESUGI M, ENGINEERING H K O G. Frictional resistance at yield between dry sand and mild steel[J]. Soils & Foundations, 1986, 26(4): 139.

[5] CHEN X B, ZHANG J S, XIAO Y J, et al. Effect of roughness on shear behavior of red clay-concrete interface in large-scale

direct shear tests[J]. Canadian Geotechnical Journal, 2015, 52(8): 1122. DOI: 10. 1139/cgj-2014-0399.

[6] LI Y H, LV M F, GUO Y C, et al. Effects of the soil water content and relative roughness on the shear strength of silt and steel plate interface[J]. Measurement, 2021, 174: 109003.

[7] MARTINEZ A, Frost J D. The influence of surface roughness form on the strength of sand-structure interfaces [J]. Géotechnique Letters, 2017, 7(1): 1.

[8] WANG H L, ZHOU W H, YIN Z H, et al. Effect of grain size distribution of sandy soil on shearing behaviors at soil-structure interface[J]. Journal of Materials in Civil Engineering, 2019, 31(10): 4019238.

[9] STUTZ H H, MARTINEZ A. Directionally dependent strength and dilatancy behavior of soil-structure interfaces [J]. Acta Geotechnica, 2021(16): 2805.

[10] RUI S J, WANG L Z, GUO Z, et al. Cyclic behavior of interface shear between carbonate sand and steel[J]. Acta Geotechnica, 2021, 16(1): 189.

[11] NASRIN V, KAZEM F, ABOUZAR S. Sand-sand and sand-steel interface grain-scale behavior under shearing [J]. Transportation Geotechnics, 2021, 30: 100636.

[12] FENG D K, ZHANG J M, HOU W J. Role of normal stiffness in 3D cyclic behavior of gravel-steel interface from large-scale direct shear tests[J]. Acta Geotechnica, 2020, 16(1): 151.

[13] 杨忠平, 蒋源文, 李诗琪, 等. 土石混合体—基岩界面剪切力学特性试验研究[J]. 岩土工程学报, 2020, 42(10): 1947..

[14] MEDLEY, EDMUND W. [Geological Society of America Special Papers] Mélanges: Processes of formation and societal significance volume 480 || Geopractitioner approaches to working with antisocial mélanges [J]. 2011, 10. 1130/9780813724805: 261, 261-277.

[15] 徐文杰, 胡瑞林. 土石混合体概念、分类及意义[J]. 水文地质工程地质, 2009, 36(04): 50.

[16] DOVE J E, JARRETT J B. Behavior of dilative sand interfaces in a geotribology framework[J]. Journal of Geotechnical & Geoenvironmental Engineering, 2002, 128(1): 25.

[17] 金子豪, 杨奇, 陈琛, 等. 粗糙度对混凝土-砂土接触面力学特性的影响试验研究[J]. 岩石力学与工程学报, 2018, 37(3): 754.

[18] ZHOU W H, JING X Y, YIN Z Y, et al. Effects of particle sphericity and initial fabric on the shearing behavior of soil-rough structural interface[J]. Acta Geotechnica, 2019(14): 1669.

[19] SU L J, ZHOU W H, CHEN W B, et al. Effects of relative roughness and mean particle size on the shear strength of sand-steel interface[J]. Measurement, 2018: S1542368214.

[20] SAMANTA M, PUNETHA P, SHARMA M. Effect of roughness on interface shear behavior of sand with steel and concrete surface[J]. Geomechanics & Engineering, 2018, 14(4): 387.

[21] 成浩, 王晅, 张家生, 等. 考虑粗糙度影响的不同土与混凝土界面大型直剪试验研究[J]. 工程科学与技术, 2019, 51(5): 117.

[22] PRA-AI S, BOULON M. Soil-structure cyclic direct shear tests: a new interpretation of the direct shear experiment and its application to a series of cyclic tests[J]. Acta Geotechnica, 2017, 12(1): 107.

[23] 沈珠江. 理论土力学[M]. 北京: 中国水利水电出版社, 2000.

[24] 迟明杰. 砂土的剪胀性及本构模型的研究[D]. 北京: 北京交通大学, 2008.

[25] FROST J D, DEJONG J T. In situ assessment of role of surface roughness on interface response[J]. Journal of Geotechnical & Geoenvironmental Engineering, 2005, 131(4): 498.

[26] TANG C S, LI J, WANG D Y. Interfacial shear strength of fiber reinforced soil[J]. Geotextiles & Geomembranes, 2010, 28(1): 54.

[27] KANG X, LEI H, CHEN R P. Examination of interface asperity and particle shape on the mechanical behavior of soil-structure interfaces using 3D printed models[J]. KSCE Journal of Civil Engineering, 2020, 25(2): 386.

TDA 与底砟混合物耗能特性试验研究

陈晓斌[1,2]，吕　金[1]，丁　瑜[1]，朱　禹[1]，张俊麒[1]，肖源杰[1,2]，魏丽敏[1,2]

1. 中南大学土木工程学院，湖南长沙，410075

2. 中南大学教育部重载铁路工程结构重点实验室，湖南长沙，410075

摘要：废旧汽车轮胎颗粒(TDA)加入底砟材料中可以有效减少铁路道床振动与底砟颗粒的磨耗。为探究 TDA 体积分数对 TDA 与底砟混合物磨耗性能以及减振耗能特性的影响，确定最优 TDA 体积分数，对 TDA 与底砟混合物进行洛杉矶磨耗试验以及大型动三轴试验。研究结果表明：①TDA 的加入能够吸收一定的能量，增加混合物的弹性，进而减小了混合物的洛杉矶磨耗率，添加体积分数为 10%的 TDA 可使混合物的洛杉矶磨耗率减小约 21.5%。②随着 TDA 体积分数的增加，混合物的轴向应变和体积应变均呈增大的趋势；混合物的轴向应变随振动次数的发展规律符合对数模型；混合物的回弹模量随着 TDA 体积分数的上升而下降。③混合物的耗散能随着 TDA 体积分数的增加呈增加的变化趋势，TDA 体积分数为 10%的混合物的耗散能稳定值比纯净底砟的耗散能稳定值提高了约 29.5%。满足底砟层变形和刚度要求的最优 TDA 体积分数为 10%左右，此时，TDA 与底砟混合物的变形、刚度均能满足要求，颗粒破碎程度显著减小，减振耗能效果显著提高。

关键词：TDA 与底砟混合物；TDA 体积分数；轴向应变；体积应变；耗散能；回弹模量

随着大轴重、高牵引量重载列车的快速发展，道床所承受的动荷载强度和疲劳作用更大[1-4]，过大的动应力加速了道砟颗粒的磨耗粉化，磨耗形成的细小颗粒在水的作用下易形成道床脏污，进而削弱了道床的弹性、降低了道床的排水性能，导致行车安全性和舒适性下降。与此同时，随着环保意识的强化，废旧汽车轮胎颗粒(tire derived aggregate，TDA)已应用于土木工程领域。相比于传统的土工材料，TDA 具有质量轻、弹性变形能力强、剪切模量低、能量吸收能力优良等特点[5-6]。有学者将 TDA 直接加入到底砟材料中，用来减小铁路道床振动与底砟颗粒的磨耗，由此形成 TDA 与底砟混合料。

HIDALGO SIGNES 等[7]通过现场试验研究了底砟与 TDA 混合物的振动特性，评估混合物对列车引起的道床振动减弱效果，结果表明：TDA 含量越高，由车辆荷载引起的道床振动减轻越明显。MARTÍNEZ FERNÁNDEZ 等[8]在现场建立了三条三十米长的试验段，探究了底砟与 TDA 混合物的动力响应，结果表明：随着 TDA 含量的增加，加速度峰值明显减小，体现了 TDA 的减振效应。此外学者们在实验室也开展了一些道砟与 TDA 混合物的土工试验。ESMAEILI 等[9-11]将 TDA 与道砟混合，对混合料的动力性质进行了室内试验，研究表明：道砟与 TDA 混合料的刚度随 TDA 含量的增加有明显的减小，而阻尼比有明显的增大。SOL-SÁNCHEZ 等[12]通过道砟箱动力试验探究 TDA 与道砟混合物的动力性质，其结果表明：TDA 的加入减少了道砟的颗粒破碎，降低了道砟的刚度，提升了道砟的阻尼比。Qi 等[13-14]通过循环三轴试验研究了 TDA 含量对钢渣和煤矸石混合物应变、回弹模量、阻尼比以及剪切模量等的影响，结果表明：TDA 的加入增加了混合物的轴向应变、体积应变、阻尼比以及能量吸收能力，减小了混合物的回弹模量和剪切模量。

以上研究表明：道床中加入 TDA 可以增加道床的弹性，从而减弱道砟颗粒破碎的程度，降低基床层的动力响应。但是目前 TDA 在道砟中的应用主要集中于现场试验，在实验室中受限于道砟的尺寸和试验仪器，呈现的结果不具有一致性，且对其在动力作用下应力-应变关系、回弹模量、耗散能等特性缺乏统一有效的结论。为此，本文采用能真实模拟底砟材料实际受力状态的大型三轴仪开展 TDA 与底砟混合物耗能性质的研究，旨在探究 TDA 与底砟混合物的磨耗性能以及减振耗能特性，确定最优 TDA 体积分数，为 TDA 与底砟混合物的实际工程应用提供借鉴。

陈晓斌，吕金，丁瑜，等. TDA 与底砟混合物耗能特性试验研究[J]. 中南大学学报(自然科学版)，2022，53(2)：569-578.

1 试验材料与方法

1.1 试验材料

试验材料有级配碎石(重载铁路底砟层材料)和废旧汽车轮胎颗粒，试验材料照片如图1所示。底砟材料购于长沙某矿石厂，主要成分为花岗岩，大部分颗粒棱角分明，近似立方体，硬度较大。TDA 购于长沙某汽车修理厂，其内部钢丝被剔除，加工成碎颗粒状。

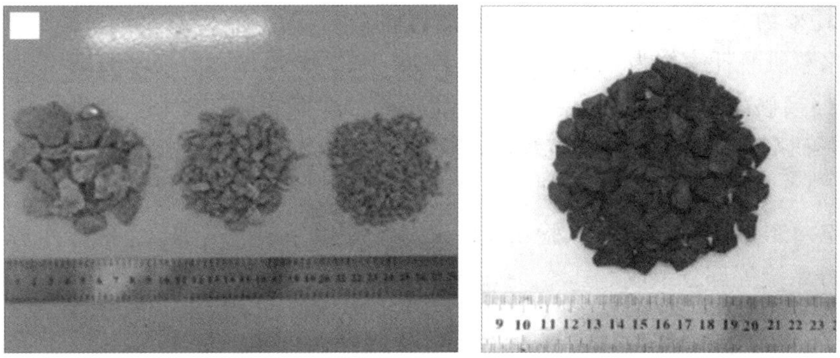

(a) 底砟　　(b) TDA

图 1　试验材料照片

试验材料的物理力学参数见表1，各试样的级配曲线见图2。图中，d_{10}、d_{30}、d_{50} 和 d_{60} 分别为累积质量分数为10%、30%、50%和60%时对应的粒径；C_u 为不均匀系数；C_c 为曲率系数。从图2可见：底砟粒径范围为0.1~25.0 mm，不均匀系数为24.2，曲率系数为2.12，属于级配良好的粗颗粒骨料，级配曲线符合《铁路碎石道床底砟》(TB/T 2897—1998)的级配要求。TDA 粒径范围为7~9 mm，颗粒相对密度为1.33。

表 1　试验材料的物理力学参数

试验材料	最大干密度/(g·cm^{-3})	土粒相对密度	孔隙比	洛杉矶磨耗率/%
底砟(TC0)	2.08	2.67	0.60	25.6
TDA	—	1.33	—	—

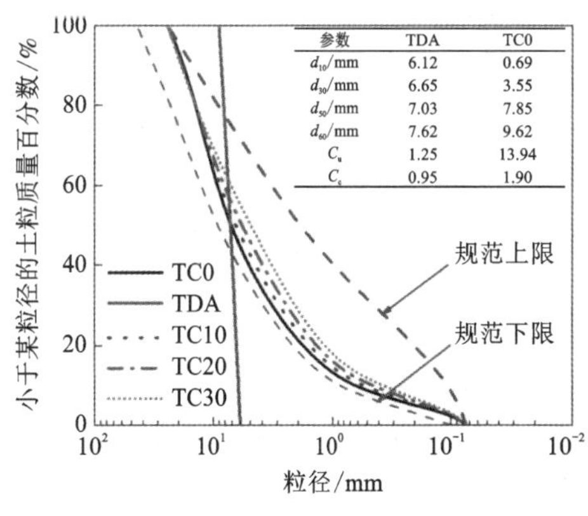

图 2　试验材料的级配曲线

为研究 TDA 掺量对底砟材料耗能特性的影响，配制 TDA 体积分数分别为10%、20%和30%的3种 TDA 与底砟混合物试样，各试样编号及其物理参数见表2。

表 2　TDA 与底砟混合物的物理力学参数

试样编号	TDA 体积分数/%	最大干密度/(g·cm^{-3})	孔隙比	洛杉矶磨耗率/%
TC10	10	1.89	0.65	20.1
TC20	20	1.72	0.64	17.4
TC30	30	1.54	0.74	11.2

为分析 TDA 体积分数对底砟颗粒磨耗性能的影响，进行了洛杉矶磨耗试验。试验结束后，按照式(1)计算洛杉矶磨耗率：

$$L_A = \frac{m_1 - m_2}{m_1} \times 100\% \tag{1}$$

式中：L_A 为洛杉矶磨耗率；m_1 为试样磨耗前的质量，g；m_2 为试样磨耗后粒径大于 1.7 mm 的颗粒质量，g。

混合物洛杉矶磨耗率随 TDA 体积分数的变化见表 2。从表 2 可以看出：随着 TDA 体积分数的增加，其磨耗指数迅速下降，其关系近似线性。纯底砟的洛杉矶磨耗率约为 25.6%；当 TDA 的体积分数为 10%时，混合物的洛杉矶磨耗率约为 20.1%，比纯底砟的洛杉矶磨耗率下降了 21.5%；而当 TDA 的体积分数为 30%时，混合物的洛杉矶磨耗率约为 11.2%，下降了 56.3%。分析原因认为：TDA 作为一种弹性元件，与底砟颗粒之间为柔性接触，TDA 的加入能够吸收一定能量，增加底砟的弹性，降低底砟与底砟之间的刚性碰撞，从而使其洛杉矶磨耗率降低，在一定程度上抑制了底砟之间的颗粒破碎。

1.2 试验仪器

试验采用 DXSZ-150 大型动静三轴试验仪，该仪器主要由主机、三轴仪、液压水源和轴压油源、电控系统、计算机及软件系统等部分组成。

1.3 试验方法

1.3.1 试验方案

INDRARATNA 等[15]指出道床围压为 1~240 kPa，Yu[16]的研究认为道床围压为 20~200 kPa，本文设定围压为 50 kPa。选用正弦波加载方式以模拟循环列车荷载的作用，研究表明，列车荷载引起的有砟道床振动频率为 0.1~20 Hz 之间，以 1~2 Hz 为主[17-21]，因此，本文设定加载频率为 1 Hz。另外，BIAN 等[22]指出列车荷载作用在轨枕和道床接触面处的最大动应力与列车轴重、行驶速度、轨枕长度以及轨枕宽度等因素有关，对于轴质量为 25 t、以 80 km/h 运行的重载列车，其轨枕和道床接触面上的最大动应力约为 200 kPa。因此，本文设定动荷载幅值为 200 kPa，动力循环次数为 20000 次。此外，轨道上部结构具有一定的质量，且该质量不能以循环荷载的方式施加，因此，在试样轴向额外施加 25 kPa 的预载。每组试样进行三组平行试验，结果取平均值。

1.3.2 试样制备

试样的直径×高为 300 mm×600 mm，试样采用击实法制备。首先，在清洗干净的压力室底座上固定厚度约为 2 cm 的橡皮膜，保证橡皮膜不漏气、不渗水。然后将对开半圆制样筒安装好，并将橡皮膜贴紧制样筒。最后，根据不同试验工况以及 TDA 底砟混合物的最大干密度和压实度计算得到每组试样需要的 TDA 质量和底砟质量，将配置好的材料均匀混合，分 5 次加入制样筒中击实。击实过程中应尽量控制相同的击实能量，每层的击实次数保持一致；在进行下一层压实之前，要将上一层已经压好的土样刨毛，以保证各层之间的接触良好。

制备好的试样采用真空抽气饱和以及冲水饱和相结合的方式进行饱和，当孔压系数≥0.98 时，试样饱和完成。

按照设定的围压进行试样固结，固结过程中打开上下排水管，当 30 min 内试样排水量不超过 15 mL 时，即可认为试样固结完成，固结完成后关闭上下排水阀门开始进行试验。

2 试验结果分析

列车运行过程中产生的能量一部分被底砟层吸收，另一部分传递至路基结构层。被底砟层吸收的能量一部分转化为底砟的轴向应变和体积应变，另一部分以底砟颗粒间的摩擦耗能和回弹变形的形式被耗散[23-24]。为此，本文基于能量传播角度，通过大型动三轴试验分析 TDA 体积分数对底砟材料轴向应变和体积应变、动应力-动应变滞回曲线、回弹模量以及耗散能的影响规律。

2.1 轴向应变和体积应变

TDA 与底砟混合物轴向应变随振动次数 N 的变化曲线如图 3 所示。从图 3 可以看出：在 $N<200$ 时，试样处于初期压密状态，小颗粒填充在大颗粒孔隙中，轴向应变增长速率较大，此时试样产生的变形基本是

塑性变形。当 N>200 时，试样达到了一定的密实状态，轴向应变的增长速率逐渐降低，此时试样的变形由压密和剪切共同产生。

当 N>5000 时，轴向应变的增长速率达到稳定状态，之后，试样轴向应变以该速率继续增大直到试验结束。随着 TDA 体积分数增加，TDA 与底砟混合物轴向应变逐渐增大，且增长速率亦随之增大。这是因为 TDA 的刚度较小，变形较大，当 TDA 体积分数较高时，混合物刚度降低明显，因此产生较大的轴向应变。

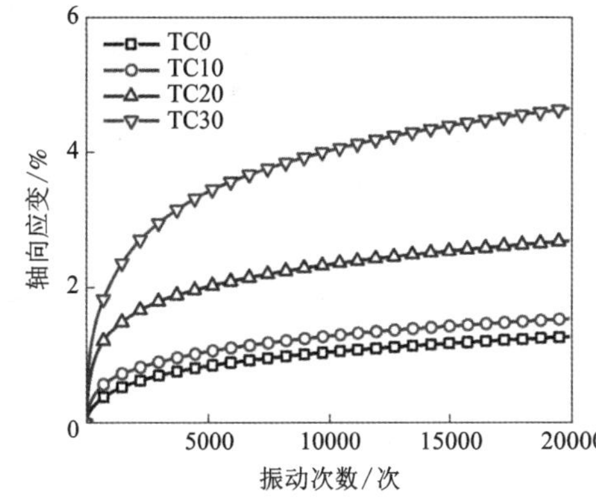

图 3　TDA 与底砟混合物轴向应变随振动次数变化曲线

道砟轴向变形随振动次数变化形式为对数型，其关系式[25]为：

$$\varepsilon = \varepsilon_1 + b\lg N \tag{2}$$

式中：ε 为第 N 次循环荷载作用下的道砟轴向应变；ε_1 为第一次振动后道砟的轴向应变；b 为经验系数。

利用式(2)对各组试样的轴向应变与振动次数变化曲线进行回归分析，得到的拟合参数以及相关系数见表 3。从表 3 可以看出，对数模型能较好地反映 TDA 与底砟混合物轴向应变随振动次数的发展规律。

体积应变反映了试样在循环加载过程中的稳定性状况。TDA 与底砟混合物体积应变随振动次数 N 的变化曲线如图 4 所示。从图 4 可以看出，随着振动次数增加，不同 TDA 体积分数试样的体积应变均表现为减少。当 N<3000 次时，试样体应变增 长迅速，当 N 达到 10000 次时，体积应变的增长速率减小，表明试样在此时基本达到了密实状态。随着 TDA 体积分数增加，试样的体积变形逐渐增大，这同样是由于 TDA 的加入增强了试样的变形能力。

表 3　各组试样的轴向应变与振动次数变化曲线拟合参数

参数	TC0	TC10	TC20	TC30
ε_1	8.69×10^{-4}	1.42×10^{-3}	3.37×10^{-3}	5.02×10^{-3}
b	6.12×10^{-3}	6.74×10^{-3}	1.02×10^{-2}	1.91×10^{-2}
R^2	0.988	0.976	0.994	0.996

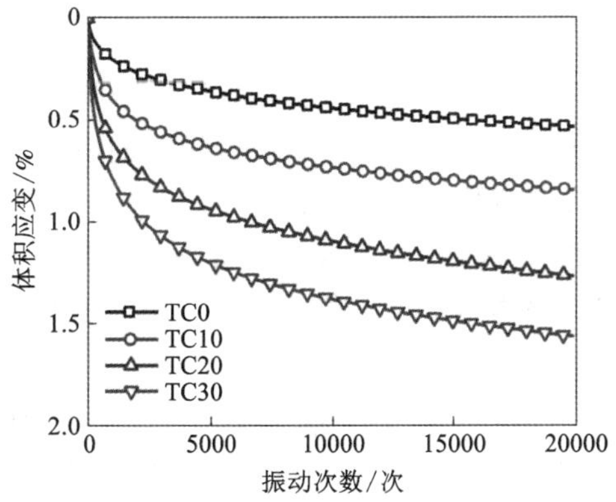

图 4　试样体积应变随振动次数变化曲线

2.2　动应力-动应变滞回曲线分析

将一个振动周期内的动应力随动应变变化的曲线绘制成图，即可得到动应力-动应变滞回曲线。图 5 所示为振动次数 N 分别为 10、100、1000、10000 和 20000 时不同试样的动应力-动应变滞回曲线。从图 5 可知：试样的动应力-动应变滞回曲线均近似呈梭形，当 $N\leqslant10$ 时，振动初期滞回曲线的高度均略小于后期振动产生的滞回曲线的高度，说明此时试样受到的动应力并没有达到设定的动应力幅值，振动初期试样处于不稳定状态。此时，不同 TDA 体积分数试样的动应力-动应变滞回曲线均没有闭合，试样的塑性应变较大，这是由于试样的初始孔隙率较大，当振动开始时，试样迅速被压密，产生较大的塑性变形。随着振动次数的增加，TDA 与底砟混合物的动应力-动应变滞回曲线逐渐闭合，动应力幅值基本保持稳定，当 N 为 10000 和 20000 时，滞回曲线基本重合，说明 N>10000 时，试样达到相对稳定状态。从滞回曲线移动的距离来看，随振动次数增加，试样轴向应变逐渐增大，但增长速率逐渐降低。

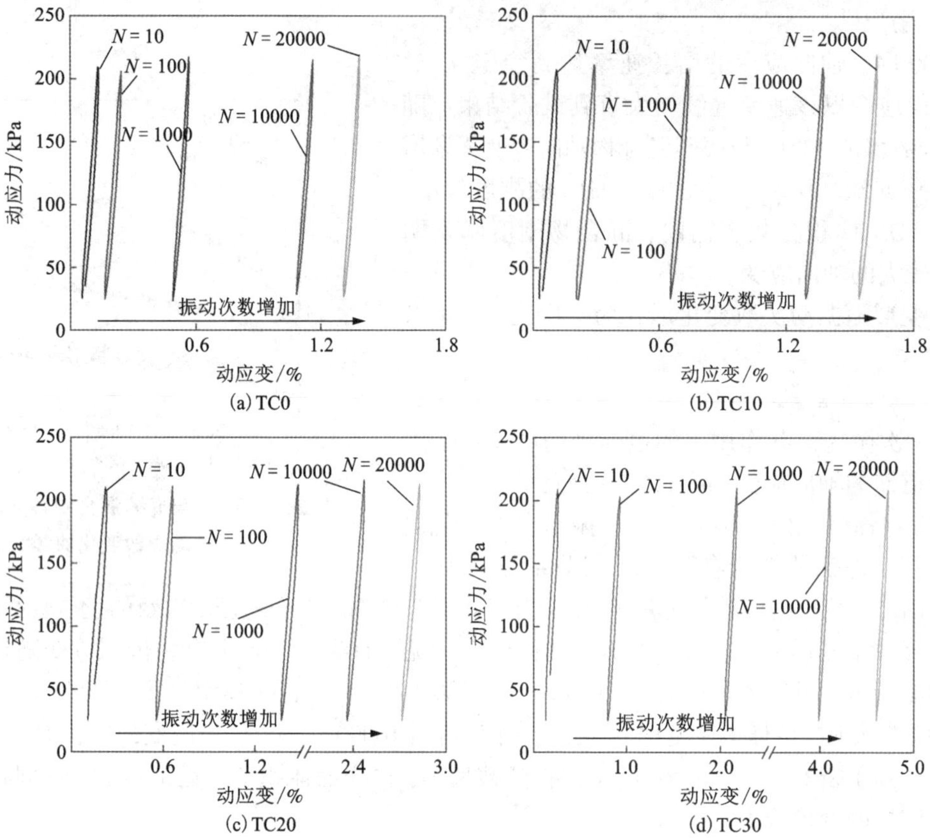

图5　不同振动次数下试样动应力-动应变滞回曲线

为了分析TDA体积分数对混合物滞回曲线形状的影响，将不同TDA体积分数的试样在10000振动次数下的滞回曲线顶点移动至同一点。当$N=10000$时，试样滞回曲线随TDA体积分数变化如图6所示。从图6可以看出：随着TDA体积分数增加，动应力-动应变滞回圈逐渐向横坐标轴倾斜，说明其回弹变形逐渐增大，这是由于TDA的加入使混合物的弹性变形能力提升。随着TDA体积分数增加，滞回圈逐渐变得圆润，并且滞回圈的面积逐渐增大，说明其耗散能增大，反映其能量吸收能力的提升。

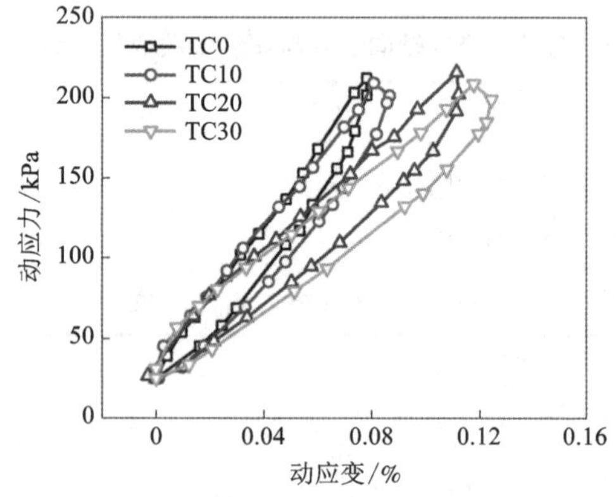

图6　$N=10000$时试样滞回曲线随TDA体积分数变化

2.3　TDA与底砟混合物回弹模量分析

循环荷载作用下物体产生的弹性应变和塑性应变如图7所示。TDA与底砟混合物在循环荷载下产生的轴向应变由可恢复的弹性应变ε^{r}和不可恢复的塑性应变ε^{p}组成。回弹模量定义为：

$$M_{R}=\frac{q_{cy}}{\varepsilon^{r}} \tag{3}$$

式中：M_R为回弹模量，MPa；q_{cy}为动力试验中施加的动应力，N。

TDA与底砟混合物回弹模量随振动次数N的变化曲线如图8所示。由于底砟颗粒在动荷载作用下发生颗粒间的错动，试验得到的回弹模量会有一定的波动，但能看到清晰的变化规律。TDA与底砟混合物回弹模量随振动次数的变化可以分为两个阶段：第一阶段，振动导致试样密实度提升，回弹模量随振动次数逐渐上升；第二阶段，当试样达到一定的密实度后，回弹模量保持不变或有缓慢增加。

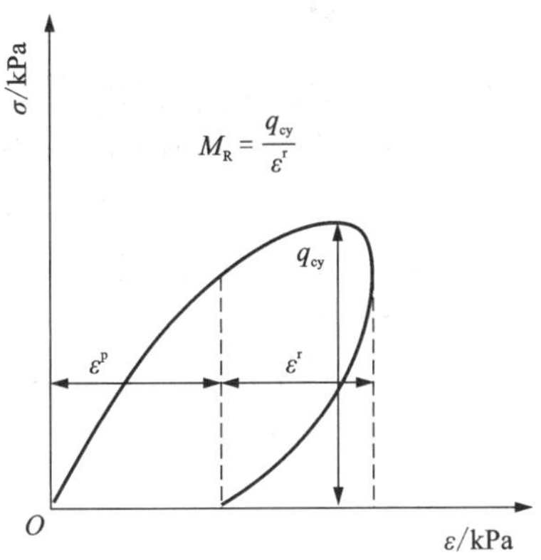

图 7　循环荷载作用下产生的弹性应变和塑性应变

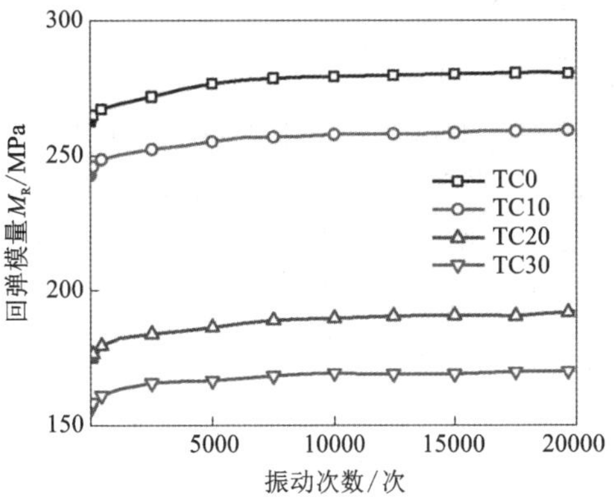

图 8　TDA 与底砟混合物回弹模量随振动次数变化曲线

回弹模量随振动次数的变化情况可以反映 TDA 与底砟混合物的变形机制。虽然试样是以 90%的压实度制样，但试样内部仍有较大的孔隙。加载初期，在轴向荷载作用下，颗粒发生旋转和重排列，部分颗粒填充在大颗粒之间的孔隙中，此时发生的应变主要是塑性应变。随着循环的发展，试样逐渐变得密实，颗粒移动减少，变形主要产生于颗粒之间的接触变形，回弹变形逐渐稳定，试样主要表现出弹性的动力响应。随着 TDA 体积分数增加，TDA 与底砟混合物的回弹模量下降，这是由于振动荷载作用下 TDA 发生的变形几乎都是弹性变形，导致试样回弹变形增大，回弹模量降低。

从上述研究可以看出，TDA 与底砟混合物经过列车荷载长期作用后，回弹模量基本上趋于一种稳定的状态，对于长期承受循环荷载的底砟层，确定其稳定后的回弹模量对道床的设计具有重要的意义。本文以循环次数为 20000 次时的回弹模量为其最终回弹模量。TDA 与底砟混合物最终回弹模量随 TDA 体积分数变化曲线如图 9 所示。从图 9 可以看出：TDA 与底砟混合物的最终回弹模量随着 TDA 体积分数的增加迅速下降，TDA 体积分数为 10%～20%时，回弹模量降低最为显著。

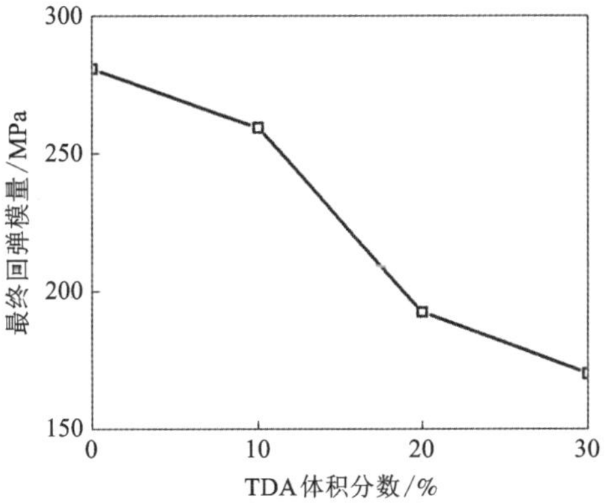

图 9　TDA 与底砟混合物最终回弹模量随 TDA 体积分数变化曲线

2.4　TDA 与底砟混合物能量耗散分析

由动三轴试验得到的动应力-动应变滞回曲线计算土体的耗散能。耗散能表示动荷载作用下能量耗散的性质，近似等于滞回曲线围成的面积。

TDA 与底砟混合物耗散能随振动次数变化曲线如图 10 所示。从图 10 可以看出：随振动次数增加，耗散能逐渐降低，在 $N<100$ 时，衰减明显，随后缓慢降低并在 $N>10000$ 时基本趋于稳定值。这是由于随着振动次数增加，试样的稳定性逐渐提升，颗粒之间的排布更加紧密，能量波在传播过程中衰减的程度降低，耗散能也基本不再变化。随着 TDA 体积分数增加，TDA 与底砟混合物的耗散能逐渐上升：底砟材料 TC0 的耗散能稳定值约为 19.89 J/m³，TC10 耗散能稳定值约为 25.75 J/m³，比 TC0 的提高了约 29.5%；TC20 的耗散能稳定值约为 34.45 J/m³，提高了约 73.2%；TC30 的耗散能稳定值约为 40.54 J/m³，提高了约 103.8%。上述结果说明在底砟中加入一定量的 TDA 能显著提升底砟的能量耗散性质。

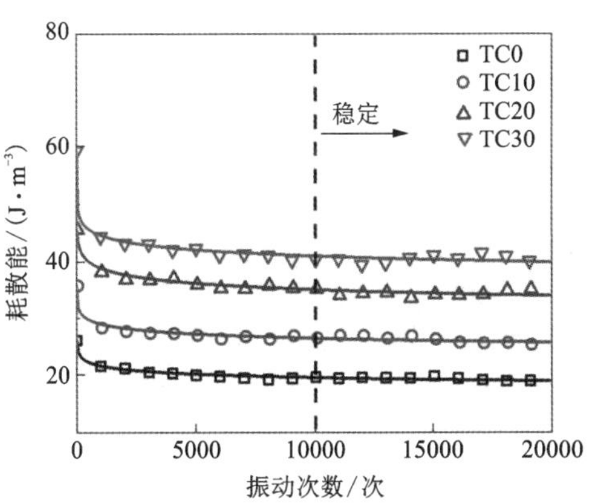

图 10　TDA 与底砟混合物耗散能随振动次数变化曲线

3 配比优化与讨论

以上分析可以看出，在底砟中加入 TDA 可以使底砟层有更好的能量耗散能力，能降低底砟的颗粒破碎。但是加入 TDA 后，由于 TDA 的低刚度和高弹性变形使底砟的回弹模量降低，在循环荷载作用下变形增大，若在有砟轨道中使用 TDA，需要确定既不影响轨道正常使用又能发挥 TDA 优势的最优含量。

根据文献和规范[12, 26]，评估底砟材料性能的参数及其允许取值范围见表 4。轴向应变和回弹模量降低率随 TDA 体积分数变化如图 11 所示。从图 11 可以看出：若满足底砟层变形和刚度需求，TDA 体积分数不能超过 13%。TDA 体积分数超过 13%时，混合物的轴向应变将超过 2%，此时不能满足有砟轨道底砟层变形需求。本试验中，满足底砟层变形和刚度要求的 TDA 最优体积分数为 10%，相比于纯底砟材料，TC10 的能量耗散能力增强，颗粒破碎程度降低，参数变化情况如表 5 所示。

表 4 用于评估底砟的参数和其允许范围

性能	参数允许范围	参考文献
颗粒级配	满足规范需求	TB/T 2897—1998
颗粒破碎	L_A<50%	TB/T 2897—1998
刚度	模量降低率<20%	SOL-SÁNCHEZ 等[12]
变形	$\varepsilon\leqslant2\%$	TEIXEIRA 等[26]

表 5 TC10 试样参数与底砟参数对比

参数	底砟	TC10
耗散能/($J\cdot m^{-3}$)	18.98	25.75
磨耗率 L_A/%	25.60	20.10
回弹模量 M_R/MPa	281	259
轴向应变 ε/%	1.28	1.54

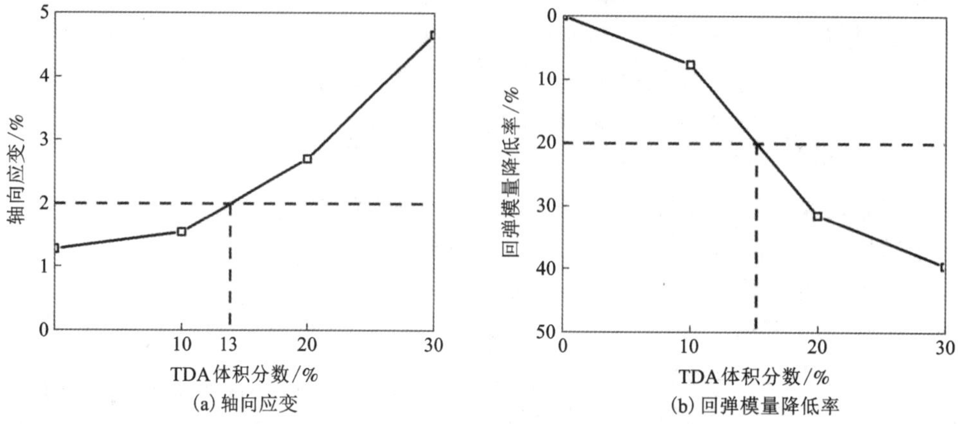

图 11 轴向应变和回弹模量降低率随 TDA 体积分数变化

4 结论

(1)随着 TDA 体积分数增加，TDA 与底砟混合物的洛杉矶磨耗率 L_A 近似呈线性减小，相比于纯底砟材料，TDA 体积分数为 10%的混合物的 L_A 下降了 21.5%，TDA 体积分数为 30%的混合物的 L_A 降了 56.3%。这表明了 TDA 的加入能够吸收一定的能量，增加混合物的弹性，进而抑制底砟的颗粒破碎。

(2)随着 TDA 体积分数增加，混合物的轴向应变和体积应变增大，并且 TDA 与底砟混合物的轴向应变随振动次数的发展规律符合对数模型。TDA 与底砟混合物的回弹模量随着 TDA 体积分数的增加而下降。

(3)相较于纯净底砟的耗散能稳定值，体积分数为 10%的混合物的耗散能稳定值提高了约 29.5%；体积分数为 30%的混合物的耗散能稳定值提高了约 103.8%。说明 TDA 的加入能显著提升混合物的能量耗散能力。

(4)满足底砟层变形和刚度要求的最优 TDA 体积分数为 10%左右，此时，TDA 与底砟混合物的变形、刚度均能满足要求，并且能够有效抑制底砟的颗粒破碎，具有良好的减振耗能效果。

参考文献

[1] 邱延峻，方明镜，张晓靖，等. 高速铁路无砟轨道路基结构适应性动力分析[J]. 西南交通大学学报，2011，46(2)：183-188.

[2] 肖军华，张德，王延海，等. 基于 DEM-FDM 耦合的普通铁路碎石道床-土质基床界面接触应力分析[J]. 工程力学，2018，35(9)：170-179.

[3] 尹紫红，朱波，邵国霞，等. 铁路超重货物作用下的轨道路基响应[J]. 吉林大学学报(工学版)，2017，47(5)：1446-1452.

[4] 朱江江. 重载铁路软质岩填料路基工程特性试验研究[D]. 成都：西南交通大学，2019：11-13.

[5] SENETAKIS K，ANASTASIADIS A，PITILAKIS K. Dynamic properties of dry sand/rubber (SRM) and gravel/rubber (GRM) mixtures in a wide range of shearing strain amplitudes[J]. Soil Dynamics and Earthquake Engineering，2012，33(1)：38-53.

[6] MASHIRI M S，VINOD J S，SHEIKH M N，et al. Shear strength and dilatancy behaviour of sand-tyre chip mixtures[J]. Soils and Foundations，2015，55(3)：517-528.

[7] HIDALGO SIGNES C，MARTÍNEZ FERNÁNDEZ P，MEDEL PERALLÓN E，et al. Analysis of the vibration alleviation of a new railway sub-ballast layer with waste tyre rubber[J]. Materials and Structures，2016，50(2)：1-13.

[8] MARTÍNEZ FERNÁNDEZ P，HIDALGO SIGNES C，VILLALBA SANCHÍS I，et al. Real scale evaluation of vibration mitigation of sub-ballast layers with added tyre-derived aggregate [J]. Construction and Building Materials，2018，169：335-346.

[9] ESMAEILI M，EBRAHIMI H，SAMENI M K. Experimental and numerical investigation of the dynamic behavior of ballasted track containing ballast mixed with TDA[J]. Proceedings of the Institution of Mechanical Engineers，Part F：Journal of Rail and Rapid Transit，2018，232(1)：297-314.

[10] ESMAEILI M，ZAKERI J A，EBRAHIMI H，et al. Experimental study on dynamic properties of railway ballast mixed with tire derived aggregate by modal shaker test[J]. Advances in Mechanical Engineering，2016，8(5)：1687814016640245.

[11] ESMAEILI M，REZAEI N. In situ impact testing of a light-rail ballasted track with tyre-derived aggregate subballast layer [J]. International Journal of Pavement Engineering，2016，17(2)：176-188.

[12] SOL-SÁNCHEZ M，THOM N H，MORENO-NAVARRO F，et al. A study into the use of crumb rubber in railway ballast [J]. Construction and Building Materials，2015，75：19-24.

[13] QI Y J，INDRARATNA B，HEITOR A，et al. Effect of rubber crumbs on the cyclic behavior of steel furnace slag and coal wash mixtures[J]. Journal of Geotechnical and Geoenvironmental Engineering，2018，144(2)：04017107.

[14] INDRARATNA B，QI Y J，HEITOR A. Evaluating the properties of mixtures of steel furnace slag，coal wash，and rubber crumbs used as subballast[J]. Journal of Materials in Civil Engineering，2018，30(1)：04017251.

[15] INDRARATNA B，IONESCU D，CHRISTIE H D. Shear behavior of railway ballast based on large-scale triaxial tests[J]. Journal of Geotechnical and Geoenvironmental Engineering，1998，124(5)：439-449.

[16] YU Q. Integrated computational and experimental framework for the assessment of railroad ballast life-cycle behavior[D]. Champaign：University of Illinois at Urbana-Champaign，2015：1-40.

[17] 聂如松，梅慧浩，冷伍明，等. 重载铁路过渡段路基动力响应特性试验研究[J]. 土木工程学报，2019，52(5)：101-115.

[18] 程翀. 高速铁路非平顺无砟轨道动力响应研究[D]. 杭州：浙江大学，2015：154-155.

[19] 饶有权，杨奇，聂如松. 重载铁路路基低液限粉土动力变形特性试验研究[J]. 铁道科学与工程学报，2018，15(7)：1714-1721.

[20] 冷伍明，梅慧浩，聂如松，等. 重载铁路路基足尺模型试验研究[J]. 振动与冲击，2018，37(4)：1-6.

[21] 吴秋军，李自强，于丽，等. 重载铁路隧道基底结构长期动力特性试验研究[J]. 振动与冲击，2017，36(10)：127-133.

[22] BIAN X C，JIANG J Q，JIN W F，et al. Cyclic and postcyclic triaxial testing of ballast and subballast[J]. Journal of Materials in Civil Engineering，2016，28(7)：04016032.

[23] LI B，HUANG M S，ZENG X W. Dynamic behavior and liquefaction analysis of recycled-rubber sand mixtures[J]. Journal of Materials in Civil Engineering，2016，28(11)：04016122.

[24] CHANEY R C, DEMARS K R, FENG Z Y, et al. Dynamic properties of granulated rubber/sand mixtures[J]. Geotechnical Testing Journal, 2000, 23(3): 338.
[25] SUIKER A S J. The Mechanical behaviour of ballasted railway tracks[M]. Delft: Delft University Press, 2002: 140-145
[26] TEIXEIRA P F, LÓPEZ-PITA A, CASAS C, et al. Improvements in high-speed ballasted track design[J]. Transportation Research Record: Journal of the Transportation Research Board, 2006, 1943(1): 43-49.

颗粒形状对砂土力学特性的影响研究

张 宇[1]，王 晅[1,2]，张家生[1,2]，丁 瑜[1]，闫 鹏[3]，李 度[1]

1. 中南大学土木工程学院，湖南长沙，410075

2. 中南大学高速铁路建造技术国家工程研究中心，湖南长沙，410075

3. 山东省公路工程技术研究中心有限公司，山东济南，250220

摘要： 为了探讨砂土不同颗粒的形状特征对砂土力学特性的影响规律，建立考虑砂土颗粒形状影响的砂土强度计算公式模型。本文依据已有研究，选取了三个描述砂土颗粒形状特征的参数（球度 S、长宽比 AR 和凸度 C），运用 Image-pro plus 软件对砂土和玻璃珠的形状轮廓进行了二值化处理，得到了标准砂和玻璃珠的颗粒形状量化结果。之后，通过引入整体颗粒形状参数 O_R 对从不同角度描述颗粒形状特征的三个参数进行了整合表示，并配置了五种具有不同整体颗粒形状参数的砂土试样进行了不同围压条件下的常规三轴压缩试验。试验结果表明：颗粒形状特征的差异对砂土力学特性会产生较大的影响，具体表现在随着砂土整体颗粒形状参数 O_R 的增大，其内摩擦角不断减少；此外，随着整体颗粒形状参数 O_R 的减少，砂土的剪切软化程度逐渐降低，达到峰值强度后下降速率变慢。同时，本文基于砂土试样三轴压缩试验结果，并结合现有关于砂土峰值内摩擦角理论计算模型的研究成果，通过引入整体颗粒形状参数 O_R，建立了考虑整体颗粒形状参数 O_R 影响的砂土峰值内摩擦角计算公式。最后，配置了两种不同整体颗粒形状参数的试验砂土，并在与之前砂土试样同样的试验条件下进行了常规三轴压缩试验，并运用本文所建模型对试验结果进行预测，结果表明本文所建模型具有良好的适用性。

关键词： 颗粒形状参数；砂土；力学特性；内摩擦角

1 引言

砂土作为一种被广泛应用的颗粒材料，影响其力学特性的因素一直以来都是土木工程领域研究的重要课题之一[1-5]。由于砂土自身良好的工程特性，其在实际工程建设中的应用十分广泛，而砂土自身物理特性对其力学强度有着较大影响，其中砂土颗粒形状是影响砂土自身特性的一个重要因素。由于实际工程情况的复杂性，不同工程中砂土的颗粒形状会有较大的区别，对工程设计和施工会产生较大影响。而在目前实际岩土工程设计和建设中所采用的理论计算模型中，较少考虑砂土颗粒形状对计算结果的影响[6]。因此，研究砂土颗粒形状特征对其自身物理力学性质的影响具有重要的工程意义。

目前，不少学者对于颗粒形状对砂土力学特性的影响的研究取得了丰富的成果。刘清秉等[6]通过对颗粒形状差异较大的石英砂进行常规的力学试验，讨论了颗粒形状对堆积密度、剪切特性等的影响，Miskin 等[7]指出，颗粒形状决定了颗粒材料的排列方式和相互作用，特定的颗粒形状往往意味着选择了特定的力学响应，赵书辉[8]等通过颗粒扫描设备和室内直剪试验研究了粗砂的不同颗粒形状特征（长宽比、扁平度、磨圆度以及球度）对其相关抗剪切强度参数的影响，Santamarina 等[9]指出砂土颗粒形状会影响土体的宏观力学性能，并给出了相关颗粒形状的描述指标，Afzali-Nejad 等[10]通过对粒径分布相同的角粒细砂和玻璃珠与土工织物接触面进行剪切试验，研究了颗粒形状对接触面剪切强度和剪胀特性的影响，Been 等[11]指出，土体临界内摩擦角的数值大小主要受土颗粒的形状、级配和矿物成分等物理因素的影响，Guo 等[12]对两种不同砂土进行了常规三轴压缩试验，结果表明不同的颗粒形状对砂土的峰值摩擦角有着显著的影响，分析认为这是由于不同的颗粒形状引起了颗粒间不同的锁定作用，华文俊等[13]通过离散元软件 PFC 研究了砂土颗粒几何形状参数对砂土堆积体强度特性的影响。黄博等[14]通过引入颗粒形状特征的修正系数，

张宇，王晅，张家生，等. 颗粒形状对砂土力学特性的影响研究[J]. 铁道科学与工程学报，2022，19(11)：3256-3265.

从而推导出了砂土等效剪切模量和宏观剪切波速度公式，罗岚[15]等通过在不同竖向荷载条件下的弯曲元试验，并将颗粒形状参数引入 Hertz-Mindlin 模型，推导出了砂土剪切模量的计算公式，Wu Kai 等[16]通过对玻璃珠的三轴压缩试验，研究了颗粒形状对砂土力学特性的影响，并根据试验结果建立了不同试验条件下的砂土摩擦角和膨胀角计算公式。

目前，关于砂土颗粒形状对砂土力学特性的影响的研究大多是分析单一形状特征，鲜有关于颗粒整体形状特征量化的确定方法及其对砂土力学特性影响的研究。鉴于以上情况和砂土材料的特殊性以及分布和使用的广泛性，研究颗粒形状对砂土力学特性影响具有重要的理论和工程意义。为此，本文采用室内试验和理论分析相结合的方法，开展了砂土三轴试验，研究了颗粒形状对砂土力学强度的影响。在此基础上引入颗粒形状定量分析参数，得到了整体颗粒形状参数 O_R。同时，在既有研究[17]的基础上，考虑整体颗粒形状特征的影响，引入整体颗粒形状参数 O_R，建立了能够反映颗粒形状影响的砂土力学强度参数计算模型。对实际工程的设计和建造具有一定的工程意义。

2 试验材料与方法

2.1 试验设备

本次试验采用 TSZ-1 全自动三轴仪对砂土进行常规三轴压缩试验(如图 1 所示)。该仪器主要由主机系统、围压反压控制系统、软件与数据采集系统和传感器测量系统等构成，能够实现不同围压条件下的三轴压缩试验，且可以对实验过程中试样所受应力及其对应的应变等数据实时记录。

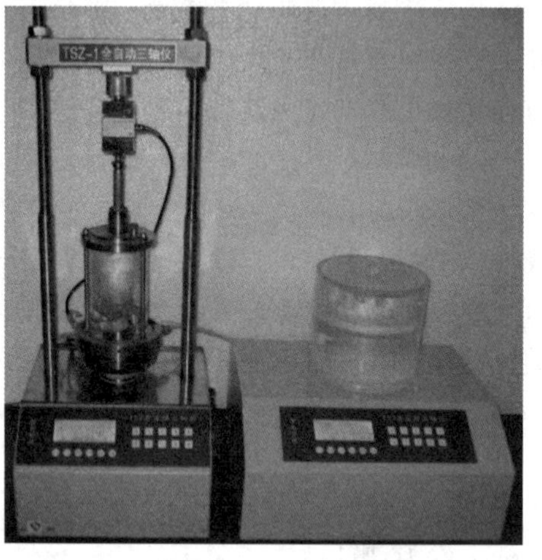

图 1 TSZ-1 全自动三轴仪

2.2 试验材料

参照 YANG J 等[18]学者的研究，本文基于三个简化的颗粒形状参数：球度 S、长宽比 AR、凸度 C，取三者的算术平均值作为一种新的形状指数，即颗粒形状参数 O_R。本文通过 AOSVI 电子测量显微镜拍摄所选的试验材料(玻璃珠和标准砂)的颗粒轮廓，并运用 Image-pro plus 软件进行二值化图像处理，得到了标准砂和玻璃珠的颗粒形状量化结果(如图 2~图 4 所示)。分析可知，标准砂颗粒各形状参数的分布范围较大，说明标准砂颗粒整体轮廓偏离圆球形程度较高，颗粒棱角特征明显，形状极不规则；而玻璃珠颗粒的各形状参数的分布范围均较小，且长宽比、凸度和球度三个参数的数值均十分接近 1，表明玻璃珠的形状十分规则，接近标准圆球体。由此可见，采用标准砂和玻璃珠进行混合得到具有不同颗粒形状参数的试样是可行的。由于本研究主要是研究颗粒形状特征对砂土力学特性的影响，选取的材料(玻璃

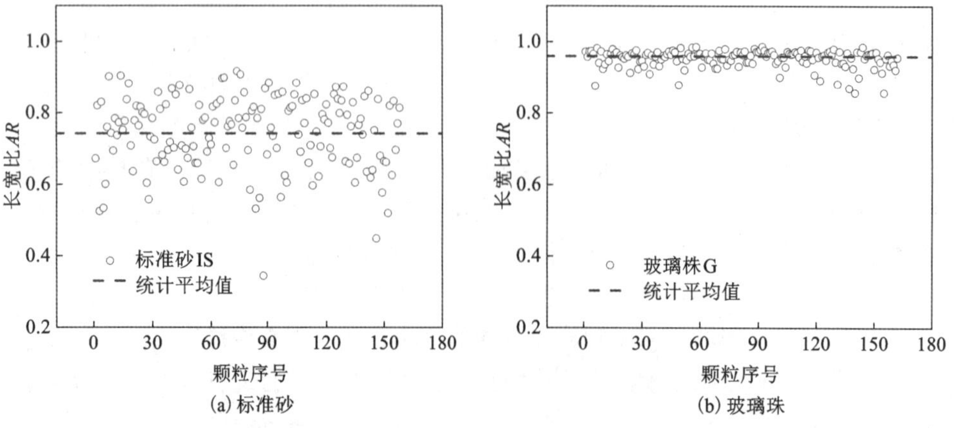

图 2 标准砂 IS 和玻璃珠 G 的长宽比 AR 量化结果

珠和标准砂砂)是粒径为 0.5~1.0 mm 的级配均匀混合物进行试验，其级配曲线如图 5 所示。本文按照标准砂 IS 和商用玻璃珠 G 按照质量比(标准砂的质量占混合物总质量的百分比)0%、25%、50%、75%、100%混合制作了 5 组试样(照片如图 6 所示)：IS0G100、IS25G75、IS50G50、IS75G25 和 IS100G0。

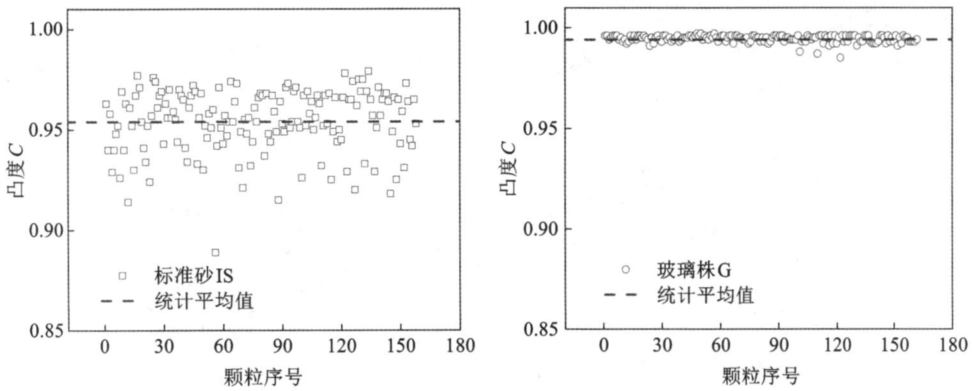

(a) 标准砂　　(b) 玻璃珠

图 3　标准砂 IS 和玻璃珠 G 的凸度 C 量化结果

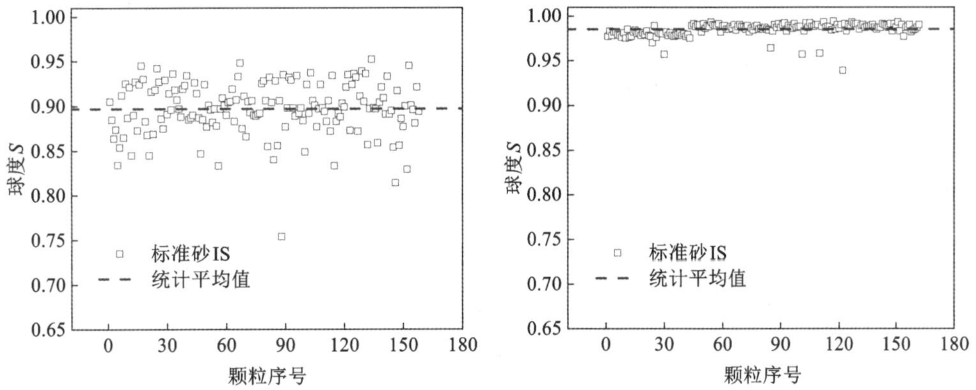

(a) 标准砂　　(b) 玻璃珠

图 4　标准砂 IS 和玻璃珠 G 的球度 S 量化结果

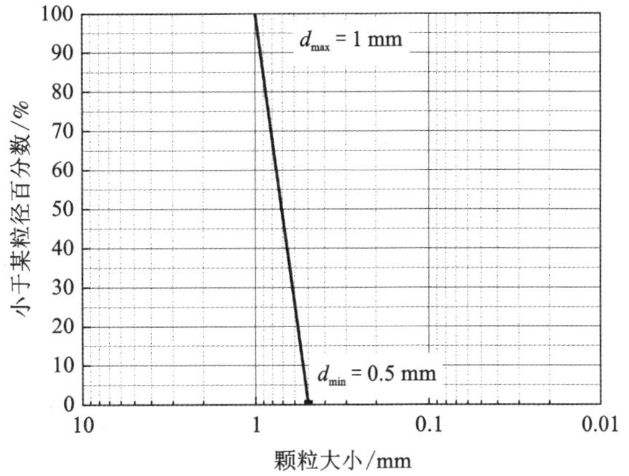

图 5　试样级配曲线图

(a) IS0G100　(b) IS25G75　(c) IS50G50　(d) IS75G25　(e) IS100G0

图6　5组试样的显微照片

依据《铁路工程土工试验规程》(TB 10102—2023)[19]对配置的五组具有不同整体颗粒形状参数的试样进行常规土工试验、重型击实试验以及显微镜扫描试验，得到了各试样主要的物理力学参数，见表1。

表1　各试样的物理力学参数

试验材料	颗粒形状参数 O_R	颗粒密度 ρ_s /(g·cm^{-3})	最大干密度 ρ_{max} /(g·cm^{-3})	最小干密度 ρ_{min} /(g·cm^{-3})	最大孔隙比 e_{max}	最小孔隙比 e_{min}	Δe
IS0G100	0.980	2.46	1.59	1.50	0.638	0.550	0.088
IS25G75	0.951	2.51	1.60	1.45	0.730	0.569	0.161
IS50G50	0.922	2.54	1.60	1.43	0.772	0.585	0.187
IS75G25	0.893	2.57	1.58	1.41	0.829	0.627	0.202
IS100G0	0.864	2.61	1.57	1.40	0.864	0.658	0.206

2.3　试验方案

为了研究砂土材料在涉及排水和孔压问题下的强度特性，本文选取五种不同整体颗粒形状参数(0.980、0.951、0.922、0.893、0.864)的试样分别在不同围压(50 kPa、100 kPa、200 kPa、300 kPa、400 kPa、600 kPa)条件下，进行三轴固结不排水剪切试验(CU)，得到试样所受的总应力，并研究分析颗粒形状对砂土强度特性的影响规律，试验共计30组。具体试验方案如表2所示。

表2　试验方案

试验材料	围压 σ_3/kPa	相对密实度 D_r	试验类型	加载速率/(mm·min^{-1})	试验组数
IS0G100、IS25G75、IS50G50、IS75G25、IS100G0	50、100、200、300、400、600	0.6	CU	0.08	30

2.4　试样制备

试样的尺寸(直径×高)为39.1 mm×80 mm，试样采用击实法制备并采用水头饱和法在仪器上进行饱和。首先在清洗干净的压力室底座上固定的厚度约为 2 cm 橡皮膜并放入透水石，保证橡皮膜不漏气、不渗水。接下来根据计算得到的试样所需的混合物质量，将配制好的材料分三次加入装有水的对开模中，当模内装满砂样后，开启量水管阀门，使量水管内水面低于试样中心位置下约 20 cm 处，以产生负压。然后让试样在 20 kPa 的围压下进行饱和，当同一时间间隔内量管流出的水量与固结排水管内的水量相等时，认为试样饱和完毕。最后让试样在设定的围压下进行固结，固结完成后对试样进行试验。图 7 给出了不同整体颗粒状状参数的试样在 600 kPa 围压条件下破坏时的照片。

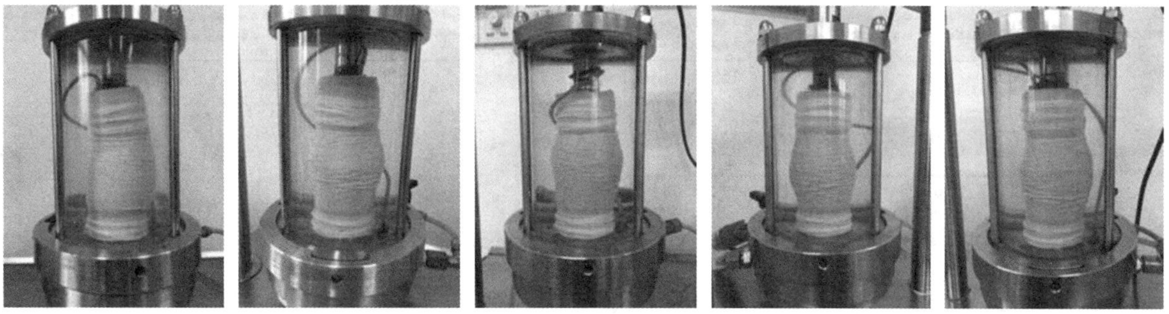

(a) IS0G100　(b) IS25G75　(c) IS50G50　(d) IS750G25　(e) IS100G0

图 7　600 kPa 围压下三轴压缩试验剪切破坏后的试样

3　试验结果分析

3.1　应力–应变关系曲线

通过不同整体颗粒形状参数的砂土在不同围压下的三轴压缩试验，得到了不同偏应力与轴向应变的关系曲线，如图 8 所示。结果显示，在不同围压条件下，各组试样的偏应力随着应变的增加迅速增长至峰值。随后，应变持续增大的过程中均呈现出一定程度的软化现象，且颗粒形状越规则，法向应力越大，软化程度相对越高，但总体软化程度较低。同时，同一围压条件下，砂土的峰值强度随整体颗粒形状参数的降低而增加，且最大增加幅度高达 50%（$O_R=0.980$ 和 $O_R=0.864$ 试样在 600 kPa 围压条件下）。随着试验的持续进行，应力随着应变增加的变化越来越小，最终趋于一个稳定值。

在高围压状态下，IS0G100 的试样（$O_R=0.980$）的软化程度相较于其他试样较高，随着整体颗粒参数 O_R 的降低，试样剪切中的软化程度均有相应的降低。从图上可以明显看出，纯玻璃珠试样 IS0G100（$O_R=0.980$）的软化程度明显高于纯标准砂试样 IS100G0（$O_R=0.864$），分析认为主要是由于玻璃珠试样形状规则，孔隙分布更为均匀，颗粒之间的咬合更不稳定，咬合力下降，剪切过程中 O_R 达到峰值状态后，其颗粒重组更为困难，表现为强度下降快，软化现象更为明显，这也与文[20]中研究结果一致。

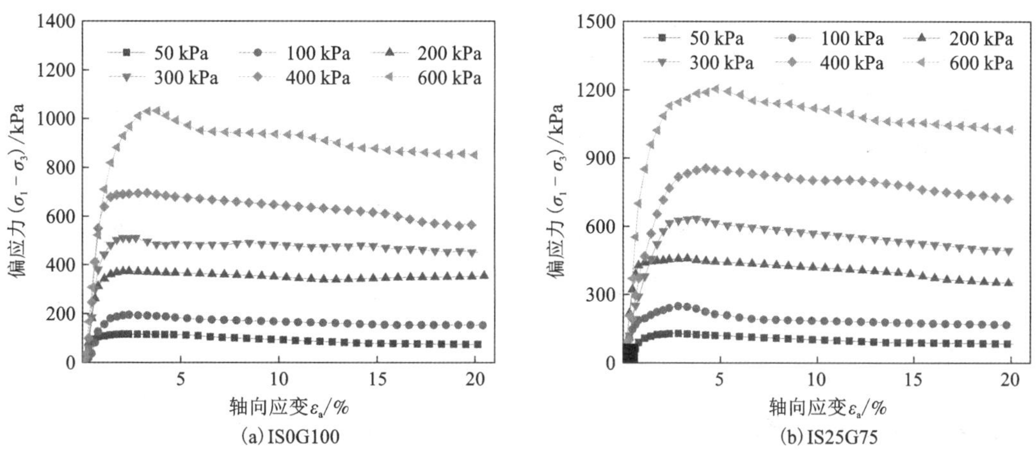

(a) IS0G100　(b) IS25G75

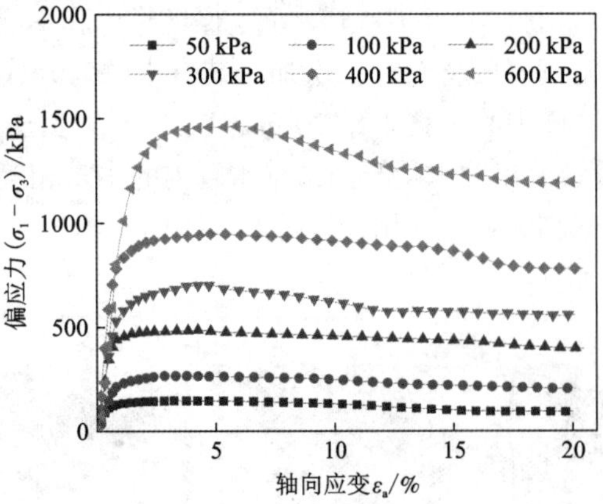

(c) IS50G50

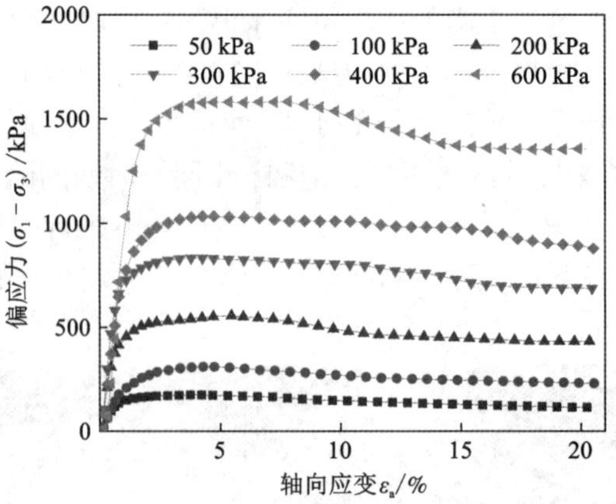

(d) IS75G25

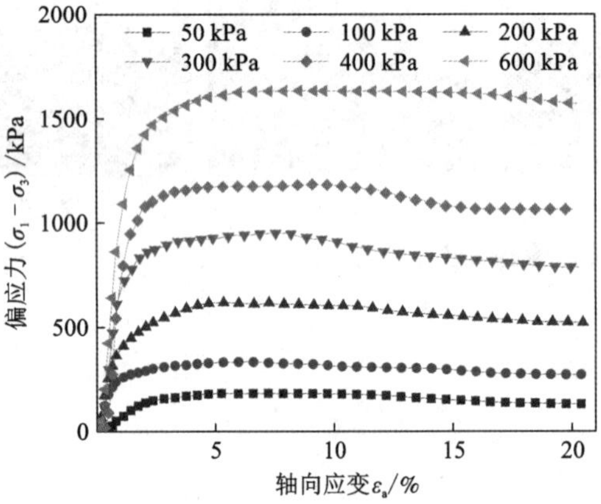

(e) IS100G0

图 8　各试样在不同围压下的应力-应变曲线

3.2　砂土的力学特性参数

3.2.1　峰值内摩擦角

内摩擦角是衡量土体力学强度特性的重要指标之一，而峰值内摩擦角 φ_P 是指根据应力-应变曲线确定的峰值状态对应的土体内摩擦角[17]。为了得到不同试验工况和条件下的峰值内摩擦角，本文根据 Bolton 等[17]提出的峰值内摩擦角的计算公式，结合三轴压缩试验得到的应力-应变曲线，分别绘制出了各试样的峰值内摩擦角随颗粒形状参数的变化曲线和峰值内摩擦角随围压的变化曲线，如图 9、图 10 所示。

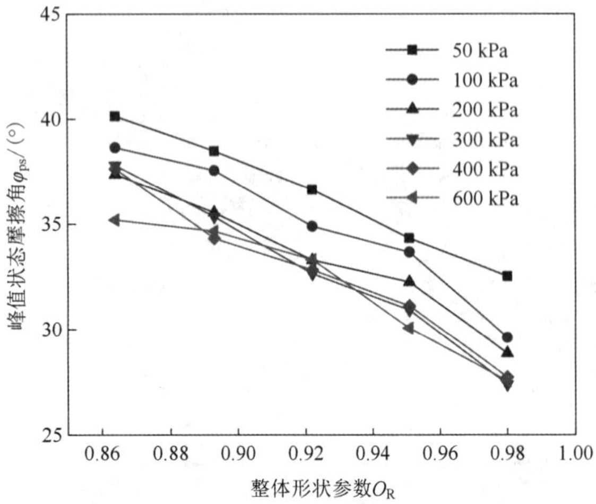

图 9　峰值状态内摩擦角随整体形状参数的变化

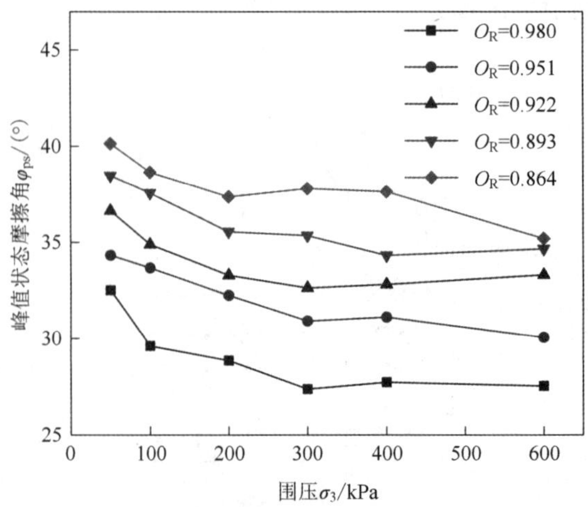

图 10　峰值状态内摩擦角随围压的变化

由图9可以看出，在同一围压下，峰值内摩擦角随 O_R 的增大而不断减小，且不同围压下峰值内摩擦角的下降速率较为接近，分析认为这一现象与偏应力-应变响应有关。随着 O_R 的增大，颗粒逐渐由复杂、多样的不规则形状变为形状单一的规则球形，导致颗粒间的咬合力不断减小，从而内摩擦角也不断减小。此外，如图10所示，在不同 O_R 条件下，围压的增大也使峰值内摩擦角不断减小。

3.2.2 临界状态内摩擦角

临界内摩擦角 φ_{cs} 是指应力-应变曲线临界状态对应的内摩擦角[17]，根据试验结果及Bolton等提出的临界内摩擦角的计算公式，得到了各试样在不同工况下的临界内摩擦角值，并绘制出了各试样的临界内摩擦角随 O_R 的变化曲线(图11)、临界内摩擦角随围压的变化曲线(图12)。如图11所示，随着 O_R 的增加，临界内摩擦角呈现出线性减小的趋势，即颗粒形状越规则，其临界内摩擦角越小。这是由于颗粒形状越规则，剪切后期颗粒间的滑动摩擦力越小，相应的临界内摩擦角就越小[8]。另外，由图12可以看出，不同 O_R 条件下，随围压的变化临界内摩擦角稍有波动，其标准偏差量分别为0.49、0.55、0.59、0.46、0.22，其数值变化幅度较小，因此本文采用不同应力条件下的平均值表示其临界内摩擦角。

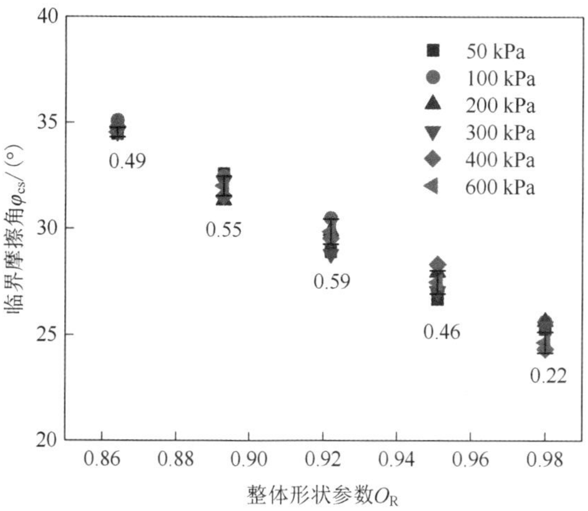

图11 临界内摩擦角随颗粒形状参数的变化

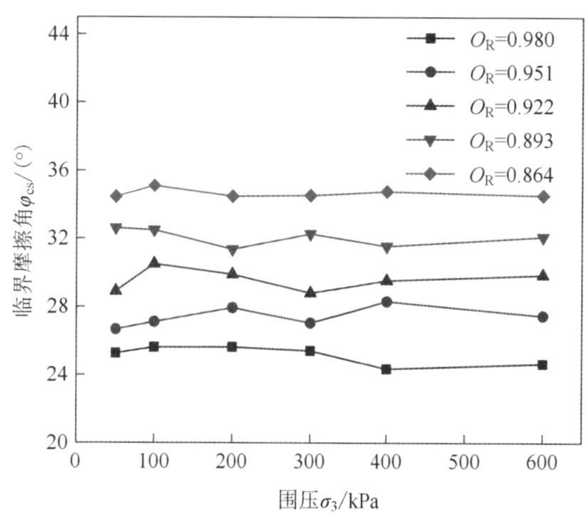

图12 临界内摩擦角随围压的变化

由图12可以看出，同一 O_R 条件下，试样的临界内摩擦角几乎没有变化，且已有研究表明[21, 22]，临界内摩擦角随试验条件和试样初始状态的变化很小，可作为材料的固有属性。Been等[11]指出，临界内摩擦角的数值主要受土颗粒的形状、级配和矿物成分等物理因素的影响。本文试验所用五组试样的矿物成分和级配十分相近，因此可以假定其临界内摩擦角的差异主要由颗粒形状特征的不同所致。对图11中临界内摩擦角和形状参数进行线性拟合，如图13所示，得到两者之间的关系为：

$$\varphi_{cs} = 104.36 - 80.86O_R \tag{1}$$

式(1)较为合理地描述了颗粒形状对临界内摩擦角的影响，拟合度为0.997。该式表明，颗粒越规则，颗粒形状系数越大，其临界状态抗剪强度越低。

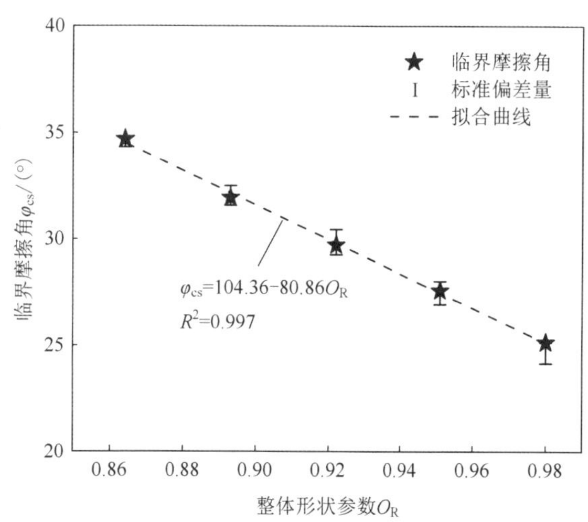

图13 整体形状参数与临界内摩擦角关系拟合图

3.3 考虑颗粒形状影响的砂土峰值内摩擦角计算公式

Bolton通过对大量砂样的平面应变和三轴试验数据进行分析，提出了一个砂土的经验应力-剪胀方程，该计算公式可以对砂土的剪胀强度与密实度、应力水平的关系进行量化。该经验公式如下所示：

$$\varphi_p - \varphi_{cs} = 3I_R \tag{2}$$

$$I_R = D_r(Q - \ln P_f) - 1 \tag{3}$$

式中：φ_p 为峰值状态内摩擦角，(°)；φ_{cs} 为临界状态内摩擦角；I_R 为剪胀性指标；D_r 为相对密实度；P_f 为三轴压缩剪切破坏时的平均有效应力其计算公式为：

$$P_f = (\sigma_1 + 2\sigma_3)/3$$

公式中 Q 为常数且取值与砂土类型有关，根据 Bolton[17] 总结的几种类型砂土的 Q 值(见表3)，结合本文中标准砂和玻璃混合物的特征，确定 Q 值取为 10。将 P_f 与式(3)代入式(2)可得：

$$\varphi_p = A - BO_R + 3[D_r(10 - \ln P_f) - 1] \tag{4}$$

式中：A、B 分别为与颗粒自身的矿物成分和粒径有关的系数，由式(1)可知 $A=104.36$；$B=80.86$。因此可得砂土峰值内摩擦角的计算公式为：

$$\varphi_p = 104.36 - 80.86O_R + 3[D_r(10 - \ln P_f) - 1] \tag{5}$$

表 3　不同类型砂土的 Q 值

砂土类型	Q 值
Quartz and feldspar	10
Limestone	8
Anthracite	7
Chalk	5.5

3.4　模型验证

为了验证本文提出的考虑颗粒形状参数影响的峰值内摩擦角理论计算模型的合理性，配制了 IS40G60(O_R=0.934)和 IS60G40(O_R=0.910)两种不同整体颗粒形状参数的试样，在相同试验条件下进行了三轴压缩试验。试验所得数据以及本文理论计算模型的预测数据如表 4 所示。由表 4 可知，本文提出的考虑颗粒形状参数的峰值内摩擦角理论计算模型的预测值与实际三轴压缩试验所得值的误差均不超过 4%，因此可以认为本文提出的理论计算模型可以较为精确地预测砂土的峰值强度。

表 4　模型预测值与试验值的相对误差

试验材料	形状参数 O_R	围压 σ_3 /kPa	平均有效应力 P_f/kPa	峰值内摩擦角预测值/(°)	峰值内摩擦角试验值/(°)	相对误差/%	相对误差平均值/%
IS40G60	0.934	50	96.85	35.61	35.92	-0.86	1.99
		100	186.64	34.42	33.27	3.46	
		200	358.36	33.25	32.88	1.13	
		300	525.06	32.56	31.95	1.91	
		400	703.45	32.04	32.29	-0.77	
		600	1052.93	31.31	32.55	-3.81	

续表4

试验材料	形状参数 O_R	围压 σ_3 /kPa	平均有效应力 P_f/kPa	峰值内摩擦角预测值/(°)	峰值内摩擦角试验值/(°)	相对误差/%	相对误差平均值/%
IS60G40	0.910	50	101.57	37.46	37.13	0.89	1.91
		100	195.10	36.28	36.94	-1.79	
		200	371.42	35.12	34.19	2.72	
		300	550.34	34.42	33.68	2.20	
		400	727.22	33.91	33.42	1.47	
		600	1103.33	33.16	33.96	-2.36	

4 结论

砂土颗粒形状特征作为砂土材料的重要物理属性，对砂土的强度特性具有重要影响。本文从颗粒形状特征的表征出发，从不同颗粒形状特征层面对颗粒形状进行了量化分析，结合已有研究成果，选取了较为合理的形状特征描述方法对砂土材料颗粒形状进行分类，并对砂土进行了三轴压缩试验，分析了颗粒形状对砂土强度特性的影响，还提出了考虑颗粒形状影响的峰值内摩擦角计算公式，得到的主要结论如下：

(1)从砂土的应力-应变曲线可以看出砂土压缩过程中存在着软化现象，在高围压(600 kPa)状态条件下，砂土的软化程度随整体颗粒形状参数的减小不断降低，且其变化趋势相比于其他围压条件较为显著。

(2)砂土自身峰值强度随整体颗粒形状参数的变化幅度高达50%，其原因是随着整体颗粒形状参数的增大，颗粒形状越来越规则，颗粒间的咬合力不断减小从而会导致峰值状态内摩擦角和临界状态内摩擦角的减小，这表明砂土的抗剪强度随着颗粒规则程度的提高而不断降低。

(3)试验表明临界内摩擦角属于砂土材料的固有属性。在矿物成分和级配相同的条件下，临界内摩擦角的大小很大程度上取决于砂土颗粒形状，且与整体颗粒形状参数 O_R 之间存在一定关系。基于试验结果和现有理论模型，得到了考虑整体颗粒形状参数的砂土峰值内摩擦角理论计算经验公式。

参考文献

[1] 石熊，张家生，刘蓓，等.红黏土与混凝土接触面剪切特性试验研究[J].中南大学学报(自然科学版).2015，46(05)：1826-1831.

[2] VANGLA P，GALI M L. Effect of particle size of sand and surface asperities of reinforcement on their interface shear behaviour[J]. Geotextiles and geomembranes. 2016，44(3)：254-268.

[3] 成浩，王晅，张家生，等.粗糙度对红黏土与混凝土接触面循环剪切特性的影响[J].华南理工大学学报(自然科学版).2018，46(04)：146-152.

[4] 成浩，王晅，张家生，等.颗粒粒度与级配对碎石料与结构接触面剪切特性的影响[J].中南大学学报(自然科学版)，2018，49(04)：925-932.

[5] 杨忠平，蒋源文，李诗琪，等.土石混合体—基岩界面剪切力学特性试验研究[J].岩土工程学报，2020，42(10)：1947-1954.

[6] 刘清秉，项伟，BUDHU M，等.砂土颗粒形状量化及其对力学指标的影响分析[J].岩土力学，2011，32(S1)：190-197.

[7] MISKIN M Z，JAEGER H M. Adapting granular materials through artificial evolution[J]. NATURE MATERIALS，2013，12(4)：326-331.

[8] 赵书辉，魏厚振，吴永洁，等.颗粒形状对粗砂直剪特性影响研究[J].土工基础，2020，34(06)：740-744.

[9] SANTAMARINA J C C G C. Soil behaviour the role of particle shape[J]. Proceedings of Skempton Conference on Advances in Geotechnical Engineering. London：Thomas Telford，2004.

[10] AFZALI-NEJAD A, LASHKARI A, SHOURIJEH P T. Influence of particle shape on the shear strength and dilation of sand-woven geotextile interfaces[J]. Geotextiles and geomembranes. 2017, 45(1): 54-66.

[11] BEEN K, JEFFERIES M G, HACHEY J. The critical state of sands[J]. Géotechnique, 1991, 41(3): 365-381.

[12] GUO P, SU X. Shear strength, interparticle locking, and dilatancy of granular materials[J]. Canadian Geotechnical Journal, 2007, 44(5): 579-591.

[13] 华文俊, 肖源杰, 王萌, 等. 级配与颗粒形状对复杂堆积体路基填料剪切性能影响的离散元模拟研究[J]. 中南大学学报(自然科学版), 2021, 52(07): 2332-2348.

[14] 黄博, 夏唐代, 周新民, 等. 基于微观尺度的砂土剪切波速度[J]. 中南大学学报(自然科学版), 2016, 47(06): 2001-2006.

[15] 罗岚, 夏唐代, 仇浩森. K_0 条件下颗粒形状特征对砂土剪切模量的影响[J]. 岩土力学, 2018, 39(10): 3695-3702.

[16] WU K, ABRIAK N, BECQUART F, et al. Shear mechanical behavior of model materials samples by experimental triaxial tests: case study of 4 mm diameter glass beads[J]. Granular matter, 2017, 19(4).

[17] BOLTON M D. The strength and dilatancy of sands[J]. Géotechnique, 1986, 36(1): 65-78.

[18] YANG J, LUO X D. Exploring the relationship between critical state and particle shape for granular materials[J]. JOURNAL OF THE MECHANICS AND PHYSICS OF SOLIDS, 2015, 84: 196-213.

[19] 国家铁路局. 铁路工程土工试验规程(TB 10102—2010)[S]. 2010.

[20] WEI L M, YANG J. On the role of grain shape in static liquefaction of sand-fines mixtures[J]. Geotechnique, 2014, 64(9): 740-745.

[21] ELIADORANI A, FANNIN R J, WILKINSON J M T. Shear strength of cohesionless soils at low stress[J]. Geotechnique, 2005: 467-478.

[22] YANG J, LUO X D. The critical state friction angle of granular materials: does it depend on grading? [J]. Acta Geotechnica, 2018, 13: 535-547.

Discrete element study on bending resistance of geogrid reinforced cement-treated sand

LUO Hao, WANG Xuan, ZHANG Yu, ZHANG JiaSheng

Department of Civil Engineering, Central South University, 68 Shaoshan South Road, Changsha, China.

Abstract: Cement-treated sand reinforced with geogrids (CTSG) has higher bending resistance and toughness than cement-treated sands (CTS). To explore the reinforcement mechanism of geogrids with different stiffness and layers on CTSG, three-point bending tests and numerical tests based on DEM are carried out on CTS specimens and CTSG specimens considering different reinforcement conditions. The results show that the geogrids and cement-treated sands have good cooperative working performance. Compared with CTS, CTSG specimens show better ductility, flexural strength and toughness. The increase of geogrid stiffness and geogrid layers promote the reinforcement effect. On the meso-level, different geogrid stiffness and layers affect the crack propagation speed and distributions of cracks due to anchorage action of geogrids, resulting in different reinforcement effects. Besides, the layers and stiffness of geogrids affect the evolution of internal force chain of CTSG specimens. Both the increase of geogrid layers and decrease of geogrid stiffness reduce the average internal force of geogrids and weaken the anisotropy of normal contact force of the specimens. The simulation results interpret the reinforcement mechanism of CTSG specimen from crack development and internal force evolution, which can support a mesoscopic supplement to laboratory tests.

Keywords: Cement-treated sand; Geogrid reinforcement; Three-point bending tests; Meso-mechanism

1 Introduction

Classic engineering materials such as cement-treated sand and concrete have high compressive strength but poor flexural and bending resistance, often requiring reinforcing materials with good tensile properties. On the other hand, with the increasing awareness of environmental protection and advances in production and construction technology, geogrids have been widely used in civil engineering projects[1]. Compared to other reinforcement materials, geogrids not only possess a higher specific strength (the ratio between strength of the material and its apparent density) but also have advantages such as green economy and corrosion resistance, which allow them to be used in thin cross-sectional layers like highway pavements or in corrosive environments with high ion concentrations[2]. In recent years, environmental protection requirements for infrastructure construction have been increasing, and the application of geogrids in constructions meet the requirements of green economy, making them suitable for existing infrastructure maintenance, ecological restoration and other fields. [2, 3]. Therefore, studying the flexural performance of geogrid-reinforced cement mortar materials has practical significance.

Currently, laboratory testing is the main method for studying the mechanical properties of geogrid-reinforced cement mortar materials. Based on a series of laboratory tests, researchers have found that geogrid reinforcement can effectively delay the propagation and development of micro-cracks[2, 4, 5], significantly improving the flexural capacity of the components. The position and type of external loads applied, as well as the location and number of layers determined by the geogrid reinforcement design[4-10], will significantly impact the overall

LUO Hao, WANG Xuan, ZHANG Yu, et al. Discrete element study on bending resistance of geogrid reinforced cement-treated sand[J]. Materials, 2023, 16(7): 2636.

performance of cement-treated sand reinforced with geogrids (CTSG). Some researchers have pointed out that matrix and reinforcement properties (including cement type, sand and gravel particle size distribution, geogrid type, etc.) are also important reference factors for engineering application design[7, 11]. Among them, stiffness, as an important physical parameter of materials, can significantly affect the overall properties of composite materials. However, in geogrid-reinforced cement mortar research, due to the difficulty in controlling stiffness variables in experiments, there are fewer quantitative analyses of geogrid stiffness factors.

Numerous laboratory tests have demonstrated the feasibility and advantages of geogrid-reinforced cement mortar[4-10], but laboratory tests still have their limitations. With the development of discrete element numerical simulation, researchers have used numerical experiments to compensate for the shortcomings of laboratory tests, such as difficulty in controlling variables and inability to conduct microscopic studies. The Discrete Element Method (DEM) was first proposed by Cundall and Strack in 1979 and has since been applied by many to study rock mechanics[12]. The results show that DEM can effectively simulate the crack generation and evolution process in the interlocking particles of rock material[13]. Similarly, concrete can also be considered a bonded particle material and can be studied through DEM simulations. Lee et al. used the DEM model to simulate rock failure behavior[14], while Xin Tan et al. simulated the failure process of recycled aggregate concrete and natural aggregate concrete using DEM, and identified the weak parts of the concrete specimens through the evolution of micro-cracks[15]. P. Wang et al. calibrated the DEM model parameters using uniaxial compression and Brazilian splitting tests and studied the crack propagation mechanism of concrete specimens[16]. It is evident that researchers are able to study the internal mechanisms that are difficult to observe in laboratory experiments by using numerical techniques to conduct research from the macro to micro level. Through DEM simulations of reinforced cement mortar with geogrids, the reinforcing mechanism of geogrids in cement mortar can be systematically analyzed from a microscopic perspective. However, there is currently limited research on DEM simulations of geogrid-reinforced cement mortar.

In summary, to enhancing understand CTSG structural in the macro and micro perspective, this paper establishes a discrete element numerical model of CTSG specimens based on data obtained from laboratory three-point bending tests, and analyzes the effects of geogrid stiffness and reinforcement layer number on the load deflection relationship, flexural strength, and toughness of CTSG. The microscopic analysis of different geogrid stiffness factors quantitatively is presented.

2 Laboratory test

2.1 Material and methods

The materials selected in the test mainly include sand (standard construction sand), cement (P. O cement) and triaxial geogrid (as shown in Fig. 1). The density of the geogrid used is 1350 kg/m^3 and the thickness is 3 mm. The schematic diagram of the working condition with different geogrid layers is shown in Fig 2.

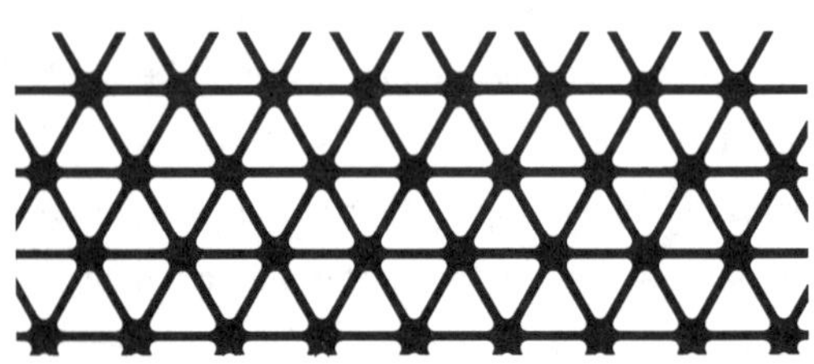

Fig. 1 Triaxial geogrid in laboratory test

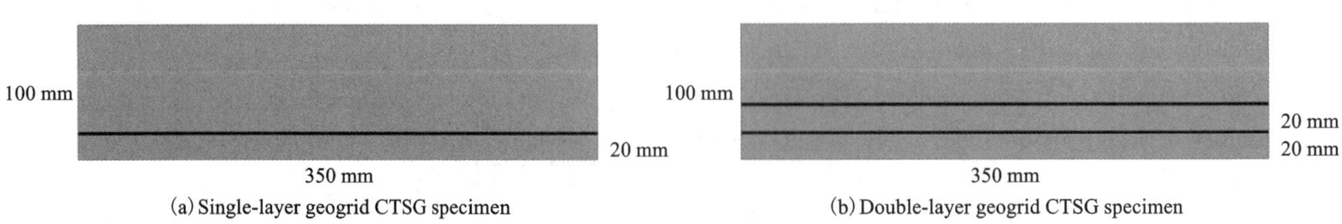

Fig. 2 Schematic diagram of cement-treated sand reinforced with geogrids in laboratory test

The laboratory bending test of CTSG specimens follows ASTM C1609/C1609M[17]. In order to ensure the correctness of the test results, each group of tests was repeated twice.

2.2 Results and discussion

In order to evaluate the mechanical properties of CTSG specimens, the flexural strength index f and toughness index are introduced according to ASTM C1609/C1609M-10[17]. The calculation formula of bending strength f is as follows:

$$f = \frac{PL}{bd^2} \tag{1}$$

where f is bending strength, kPa; P is the corresponding required load value, kN; L is the span length, m; b is the width of the specimen, m; d is the thickness of the specimen, m.

Toughness refers to the area enclosed by the deflection-load curve of the material, which can effectively reflect the energy absorption capacity and dynamic load resistance of the material. The calculation formula is as follows:

$$T_{x_1}^{D} = \int_0^{x_1} F(x)\,\mathrm{d}x \tag{2}$$

In the formula, $F(x)$ is load-deflection curve.

According to ASTM C1609/C1609M - 10[17], the first peak strength P_1 the key node are P_1 (the first obvious nonlinear point of the load-deflection curve, the corresponding load value is called P_1, and the corresponding deflection value is called δ_1, corresponding to the bending strength f_1) and deflection $L/150$ (corresponding to the residual strength f_2).

Fig. 3 shows the load-deflection curves of specimens with different reinforcement layers and summarizes the toughness and flexural strength under different working conditions. As can be seen from the figure, during the initial stage of loading (before the deflection reaches the first peak point P_1), the mechanical responses of the specimens under different working conditions are similar. The load both experience linear increases until the deflection increase to P_1, then the load drops rapidly from point P_1 onwards. However, the load of CTS specimen decreases sharply to 0 after P_1, while the load of CTSG specimens increase after decreasing, which illustrates that the reinforced specimens exhibit better bearing capacity. In addition, the bearing capacity of double-layer reinforced condition is better than that of single-layer reinforced condition. Comparing the bending strength index f under different geogrid layers, it can be seen that the bending strength f_1 changes slightly with the increase of the number of layers, while f_2 increases significantly. The CTS specimen, due to its quick fracturing, fails to demonstrate any toughness. For the geogrid-reinforced specimens, the rate of toughness increase (slope of the toughness-deflection curve) for the double-layer reinforced specimens is faster than that of the single-layer reinforced specimens.

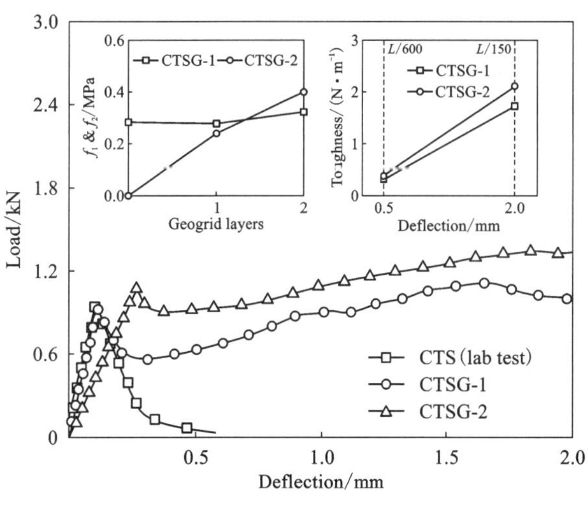

Fig. 3 The evolution of deflection with load and the variation of the bending strength and toughness in three-point bending tests

3 Simulated test

In order to investigate the influence of geogrid stiffness and layer number on the mechanical response of CTSG, this investigation uses discrete element software PFC^{2D} to simulate the three-point bending test of CTS and CTSG specimens with different geogrid stiffness and layer number, and analyzes the reinforcement mechanism and deformation failure mechanism of geogrid on the bending resistance of CTSG.

3.1 Numerical modeling

In order to ensure that the numerical test is consistent with the laboratory test, the numerical test needs to consider the cohesion of cement mortar, the tensile effect of the grid and the interaction between the mortar and the grid. There are two main modeling methods for discrete element simulation of bonding materials such as cement. One is to simplify the cement mortar into an aggregate of spherical particles, and consider its bonding through a parallel bonding contact model[18, 19]. The second is to simulate cohesion by generating cement particles bonding with sand particles[20]. Considering that the size of sand used in the test is small, the simulation efficiency using the second method is extremely low, thus, the first method is used in this simulation. In order to make the numerical model generate enough contact to ensure particle bonding, the matrix porosity is 4%. In order to prevent soil particles from passing through the gaps in the geogrid after it has been stretched, continuous bonded balls are adopted to simulate the geogrid with a certain amount of overlap between the bonded particles (the ratio of the spacing of center of adjacent balls to the ball diameter is 0.72).

The parallel bond model used in the simulation can transfer bending moment and resist rotation, as shown in Fig. 4(a). When the parallel bond between particles is broken, the model degrades into a linear contact model as shown in Fig. 4(b), allowing particles to rotate and slide relative to each other. Previous investigations[18, 19] have shown that the particle discrete element model based on the parallel bond model can reproduce various mechanical properties of concrete materials.

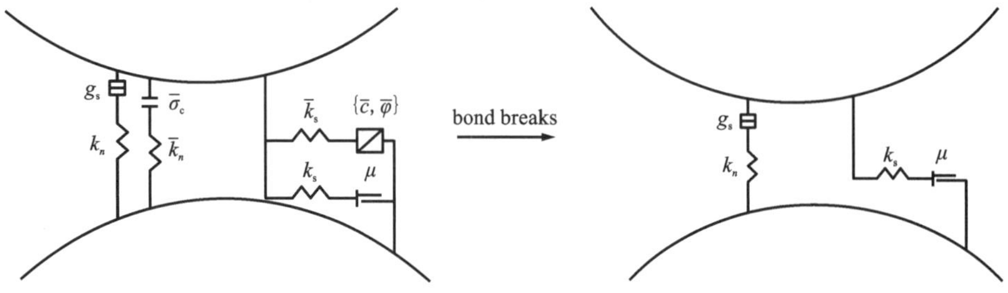

Fig. 4 Parallel bond model

The bond stress in the parallel bond model is determined by the correlation between force and displacement. This correlation is established by considering various parameters such as normal and tangential stiffness, tensile and shear strength, bond radius factor, etc. The force and force moment acting on the parallel bond can be denoted as F_i and M_i, respectively. These forces are made up of components that act in both normal and tangential directions, and can be represented as:

$$\bar{F}_i = \bar{F}_i^n + \bar{F}_i^s \tag{3}$$

$$\bar{M}_i = \bar{M}_i^n + \bar{M}_i^s \tag{4}$$

The vectors $\bar{F}_i^n$ and $\bar{M}_i^n$ represent normal force and moment, while $\bar{F}_i^s$ and $\bar{M}_i^s$ represent tangential force and moment, respectively. When the parallel bond is established, both F_i and M_i will be set to zero. The forces and moments caused by further relative displacement and rotation will be added to the current values. These forces and moments resulting from relative displacement and rotation can be expressed as:

$$\begin{cases}\Delta\overline{F}_i^n = -k^n A \Delta u_i^n \\ \Delta\overline{F}_i^s = -k^s A \Delta u_i^s \\ \Delta\overline{M}_i = -k^n I \Delta\theta_i\end{cases} \tag{5}$$

The variables used in the equation include $\Delta u_i = v_i \Delta t$, $\Delta\theta_i = \omega_i \Delta t$, $A = 2\overline{R}$, and $I = (2/3)\overline{R}^3$. $\Delta\overline{F}_i^n$ and $\Delta\overline{F}_i^s$ represent the increment of normal and tangential bonding force, respectively, while $\Delta\overline{M}_i$ represents force moment increment. k^n and k^s are the normal and tangential stiffness, respectively, and A is the bonding area. Δu_i^n and Δu_i^s are the displacement increments in the normal and tangential directions, respectively, and $\Delta\theta_i$ represents the relative rotation angle of contact particles. I represents the inertia moment of the bonding surface on the neutral axis, v_i is the relative velocity of contact particles, $\overline{R}$ is the contact bond radius, and Δt represents time steps. The parallel bond experiences maximum tensile stress and shear stress.

$$\overline{\sigma}_{i_{\max}} = \frac{\overline{F}_i^n}{A} + \frac{|\overline{M}_i^n|\overline{R}}{I} \tag{6}$$

$$\overline{\tau}_{i_{\max}} = \frac{|\overline{F}_i^n|}{A} \tag{7}$$

If the maximum tensile stress acting on the bond is greater than the ultimate tensile strength of the bond itself, the bond will break and produce tensile cracks. Similarly, if the maximum shear stress acting on the bond exceeds the ultimate shear strength of the bond itself, the bond will break and produce shear cracks.

The numerical test process is as follows: Firstly, a rectangular closed area is generated according to the actual size of 350 mm × 100 mm, and the particles are randomly placed according to the target porosity and particle size range (2-3 mm uniform gradation) of the specimen. In the process of specimen generation, the contact model between particles and wall is set as linear elastic model, and the friction coefficient between particles is set as 0, so as to ensure that the particles can be evenly and densely accumulated. The damping coefficient is 0. 7, and then the internal force balance is calculated. Based on the position of the geogrid during the test, single-layer and double-layer geogrids were generated by clumps. After calculating the balance, the geogrid was replaced by clusters, and the solving operation was completed until the unbalanced force ratio was less than 1e-5. According to the actual loading situation of the three-point loading test, the clump simulation loading rod and support point are created according to the response size and spacing, as shown in Fig. 5.

In order to reduce the influence of inertia force in the process of numerical simulation, the method of slowly increasing the loading speed is adopted when the simulated sample isloaded: after the loading rod contacts the specimen, it is slowly accelerated from 0 mm/min to a predetermined loading speed of 0. 05 mm/min through 50000 cycles. When the loading rod displacement is 2. 1 mm($>L/150$ mm), the loading ends.

In order to ensure the reliability of the numerical test results, the mesoscopic parameters of the discrete element model are calibrated based on the laboratory test results. According to the selection of the contact model above, firstly, the stiffness and parallel bond stiffness of cement mortar are calibrated according to the laboratory bending test results of CTS specimens, and then the stiffness and parallel bond stiffness of geogrid are calibrated based on this. The calibrated parameters of cement mortar and geogrid are applied to the bending simulation test of double-layer CTSG specimens. When the double-layer CTSG specimens can still well reflect the mechanical response in the laboratory test, the parameters are considered reasonable.

Fig. 6 is the comparison of simulation and test results. It can be seen from the figure that for CTS specimens and single-layer CTSG specimens, the simulation results can well match the load-deflection response of the test. For the double-layer CTSG specimen, the initial stiffness of the simulation results is greater than the test results (affected by the sample preparation deviation caused by multi-layer reinforcement and the simplified simulation),

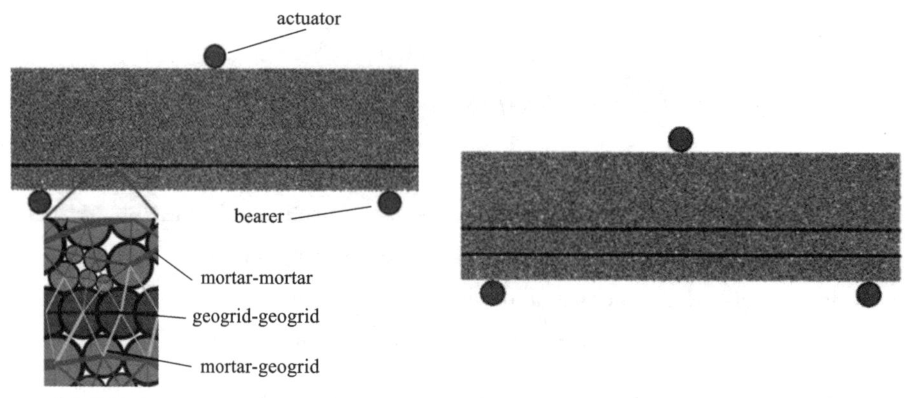

(a) Single-layer geogrid CTSG specimen (b) Double-layer geogrid CTSG specimen

Fig. 5 Model of three-point bending test in DEM simulation

while the peak strength and the mechanical properties after the peak are basically the same. It can be considered that the results of numerical simulation are similar to those of laboratory test, and the selected model parameters and simulation results are reliable.

Three different geogrids stiffness, which the values are normal[18, 19, 21, 22, 12-19], were selected for three-point bending test. The specific model parameters are shown in Table 1. The test scheme is shown in Table 2. The relationship between geogrid and mortar is simplified according to the method of Huang Mingping[23]. This method gives a parallel bond model between "geogrid-mortar" particles. The bond strength is the same as that of the bond between "mortar-mortar" particles, using the same mesoscopic parameters. The force produced by the particle interlocking between geogrid and mortar is considered by mortar particle embedding, and the horizontal displacement of geogrid particles is constrained by mortar. For the triaxial geogrid, the mechanical interlock force is the main factor, not the negative friction resistance caused by mortar shrinkage.

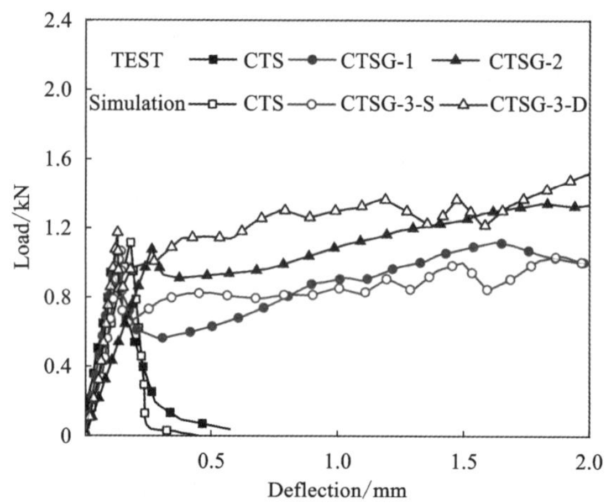

Fig. 6 Comparison of simulation and test results

Table 1 Numerical test model parameter table

Parameter	Cement mortar	Geogrid
Density/(kg · m^{-3})	2660	1350
Normal stiffness/(N · m^{-1})	5×10^{8}	1×10^{7}, 5×10^{7}, 1.0×10^{8}
Normal-tangential stiffness ratio/(N · m^{-1})	1.2	1.2
Parallel bond normal stiffness/(N · m^{-3})	2×10^{11}	1.2×10^{10}, 6×10^{10}, 1.2×10^{11}
Parallel bond tangential stiffness/(N · m^{-3})	1.67×10^{11}	1×10^{10}, 5×10^{10}, 1×10^{11}
Tensile strength/(N · m^{-2})	7×10^{5}	1×10^{8}
Cohesion/(N · m^{-2})	7×10^{5}	1×10^{8}

Table 2 Test plan

Specimen code	Geogrid stiffness/($N \cdot m^{-1}$)	Geogrid layers
CTS	—	—
CTSG-1-S	1×10^7	One-layer
CTSG-2-S	5×10^7	One-layer
CTSG-3-S	1×10^8	One-layer
CTSG-1-D	1×10^7	Double-layer
CTSG-2-D	5×10^7	Double-layer
CTSG-3-D	1×10^8	Double-layer

4 Results and discussion

Fig. 7 shows the load-deflection curves for single-layer CTSG specimens with different geogrid stiffness. It can be observed that the load measured from actuator quickly reaches the peak load P1 with the increase of deflection, after that, brittle failure occurs and the bearing capacity drops to 0. The peak load P1 of the CTSG specimen is close to that of the CTS specimen. With the increase of deflection, although the load on the CTSG specimen also decreases rapidly, the geogrid limits the further development of the cracks, so that the load decreases to a certain value and then increases slowly. The geogrid reinforcement can effectively prevent the specimen from undergoing brittle failure. Comparing with CTSG-1-S, the CTSG-3-S specimen has a smaller decrease in load after the peak value, and then the subsequent load increases faster. The value of the load drop and subsequent increase after the peak in CTSG-2-S is between the above two working conditions.

Fig. 8 shows the load-deflection curves for double-layer CTSG specimens with different geogrid stiffness. It can be seen from the figure that the load-deflection relationship of double-layer CTSG specimens changes with deflection and stiffness in a similar way to single-layer CTSG specimens. By comparing with Fig. 7, it can be found that increasing the number of layers can effectively limit the drop of load after the peak value and increase the load recovery rate in the load recovery stage under the same geogrid stiffness. For the CTSG-3-D specimen with the highest stiffness and the most reinforcement layers of geogrids, the load applied to the sample can be restored to above the peak point P_1 at a large deflection.

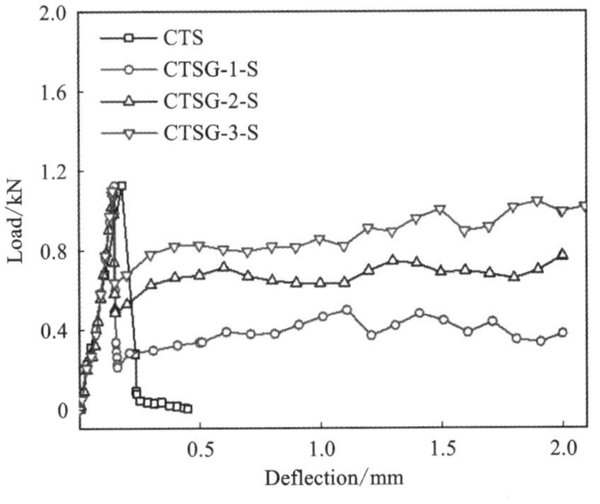

Fig. 7 Load-deflection diagram of single-layer geogrid CTSG

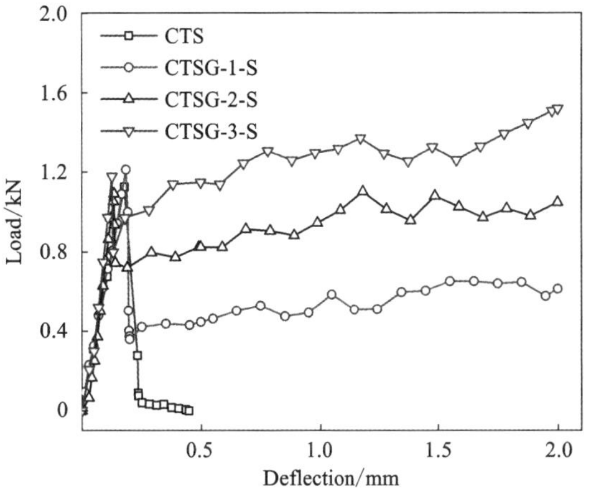

Fig. 8 Load-deflection diagram of double-layer geogrid CTSG

Fig. 9 shows the relationship between flexural strength and the number of reinforcement layers for CTSG specimens with different geogrid stiffness. It can be observed that the number of reinforcement layers and the geogrid stiffness have little effect on the first peak strength f_1, but a significant effect on the second peak strength f_2. The quantitative comparison of f_2 for each specimen indicates that for single-layer reinforcement specimens, the f_2 of CTSG-3-S is 184.84 kPa higher than that of CTSG-1-S and 67.87 kPa higher than that of CTSG-2-S; for double-layer reinforcement specimens, the f_2 of CTSG-3-D is 271.49 kPa higher than that of CTSG-1-D and 141.52 kPa higher than that of CTSG-2-D. The f_2 value increases significantly with the increase of geogrid stiffness, and the increase of the number of reinforcement layers will enhance the effect above resulting in a larger growth rate. This is because in the early stage of loading, the cement mortar of the specimen has not been cracked yet, and the geogrid and cement mortar undergo coordinated deformation under external forces. The load is mainly controlled by the cement mortar part which occupies a higher stiffness, leading to the similar f_1 values for different specimens. However, when the specimen reaches f_2, corresponding to a deflection of 2.0 mm or $L/150$, the cement mortar in the cross-section has cracked at this point. The geogrid plays its reinforcing role, and as a result, the stiffness and number of layers of the geogrid significantly affect the value of f_2.

Fig. 10(a) shows the deflection-toughness curve for CTSG specimens. It can be observed that the toughness values of the CTSG specimens under different conditions increase differently as the deflection of the specimens increases from $L/600$ to $L/150$. The specimens with higher stiffness of geogrid and more layers of reinforcement experience a greater increase in toughness. Fig. 10(b) shows the variation in toughness of the specimens at a deflection of $L/150$. It can be seen that increasing the number of geogrid layers and the stiffness of geogrid can improve the toughness of the CTSG specimens, and the growth rate of toughness varies with different reinforcement conditions. Compared to CTSG-1, the toughness of single-layer or double-layer CTSG specimens (CTSG-2) increased by 51.9% and 70.2%, respectively. Compared to CTSG-1, the toughness of single-layer or double-layer CTSG specimens (CTSG-3) increased by 88.6% and 131.4%, respectively. It is evident that increasing stiffness significantly enhances the toughness of CTSG, but the growth rate shows a decreasing trend. Compared to CTSG-1-S, the toughness of double-layer CTSG specimen (CTSG-1-D) is 39.1% higher, while the toughness of CTSG-3-D is 44.1% higher than that of CTSG-3-S. This indicates that increasing the number of reinforcements is more beneficial when the stiffness of geogrid is greater.

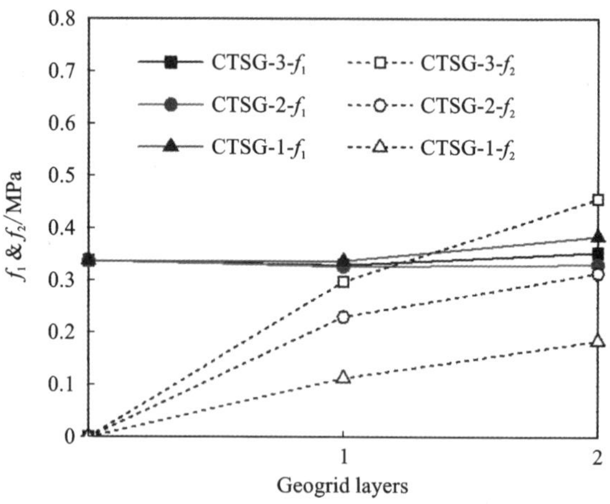

Fig. 9 Reinforced layers-bending strength f_1, f_2 (MPa)

Taking CTSG-2-S as an example, Fig. 11 displays an amplified view of the force chain at the crack tip of the specimen. The force chain in the box in Fig. 11(a) is complete, and its thickness is conspicuously greater than that of the surrounding particles. It is observed that the force chain between the cement particles at the crack tip is significantly greater than that of the surrounding particles, leading to stress concentration. Subsequently, as the loading progresses, the force chain in the box fractures, as shown in Fig. 11(b), causing the particle force chains in the box to fracture, and consequently extending the crack upwards.

It can be seen in Fig. 12, during the initial loading stage, the specimen remains uncracked, and the force chains between particles are relatively weak, with slightly larger transverse force chains across the bottom. At this stage, the forces between the geogrid particles and cement particles are relatively small, and exhibit a nearly independent relationship. As the loading progresses, the bond between the cement particles across the bottom is

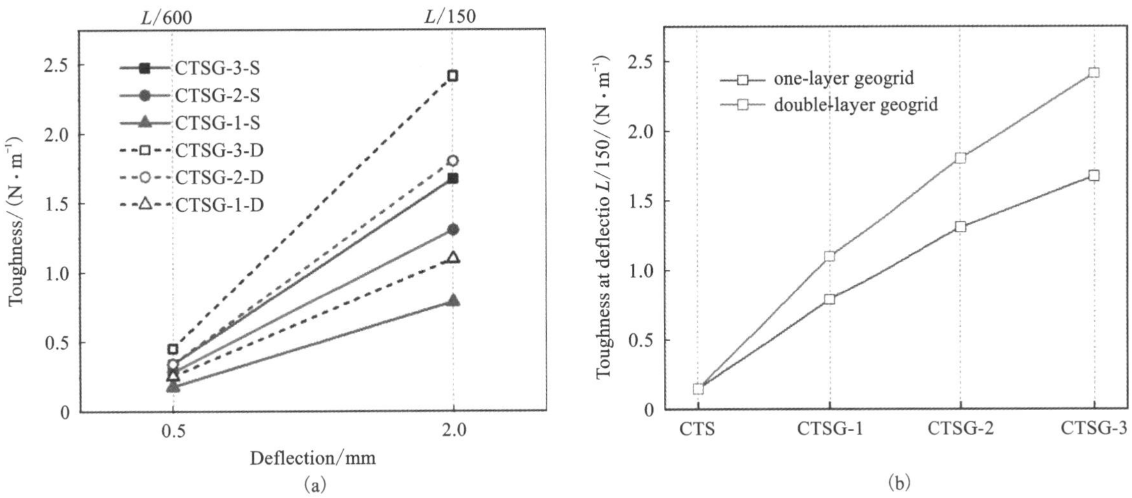

Fig. 10 The change of toughness of different specimens with deflection

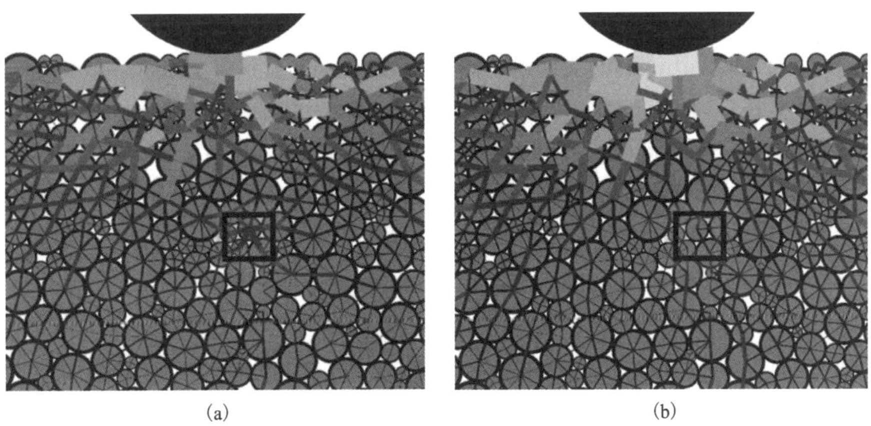

Fig. 11 Specimen crack tip force chain amplification diagram

broken, and cracks begin to appear. Subsequently, the geogrid particles and cement particles exhibit significant compressive stress, and crushed cement mortar can be observed on top of the geogrid at mid-span. With further loading, the area of the geogrid under stress increases, and more cracks are generated. Notably, there is a greater contact force between the cement particles at the end of the geogrid under tension.

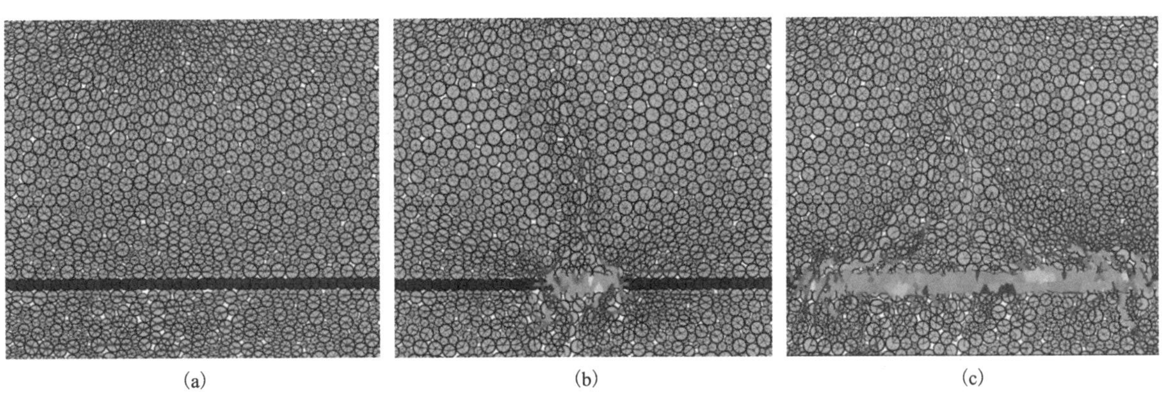

Fig. 12 Force chain diagram of CTSG specimen in bending process (local amplification near geogrid)

The distribution and evolution of cracks under different working conditions are different. This paper studies the bending response of CTSG specimens by analyzing the change in the number of cracks during the bending process. Fig. 13 shows the evolution of load and crack number with deflection. According to the two extreme points of the load-deflection curve, the bending failure process of the reinforced specimen can be divided into three stages: the pre-failure stage, the crack developemnt stage and the residual failure. In the pre-failure stage, the number of cracks remained small and the specimen was intact. At this time, the load increases linearly with the deflection. When the deformation reaches the first extreme point, the specimen cracks, the number of cracks increases suddenly, and the load decreases sharply. As the deflection continues to increase, the specimen enters the crack development stage, during which the bending cracking continues, the number of cracks increases steadily, and the load increases gradually. When the deflection reaches the second extreme point, the specimen is further destroyed. At this time, the number of cracks is basically stable, the bearing capacity of the specimen drops sharply.

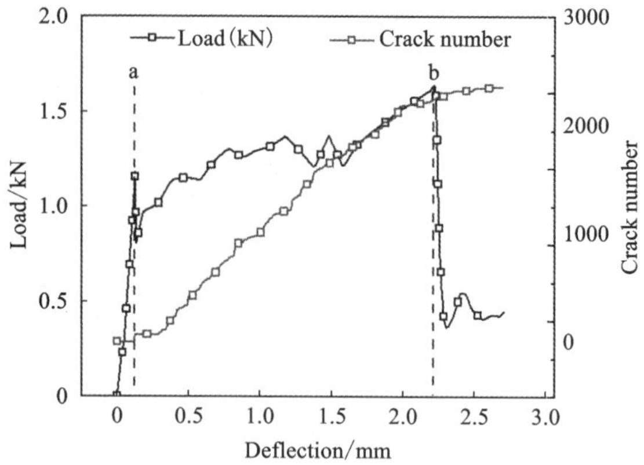

Fig. 13 Crack number and load-deflection diagram of CTSG-3-D specimen

In order to visually display the crack state of CTSG specimens and show the fracture path, this study uses red line segments to mark the crack surface. Fig. 14 shows the crack evolution process of several specimens. CTS specimen presented brittle failure. After the appearance of the crack, it rapidly develops and penetrates the cross-section, with single fracture. For the CTSG specimen, the crack path change from a single penetrating crack to multiple cracks at mid-span, and the range of crack distribution significantly expands, showing a triangular shape, and the failure mode exhibits ductile fracture. This is because the anchoring effect between the geogrid and the cement mortar, and the anchoring effect limits the upward development of the main crack and prevents the specimen from fracturing. As the test continues, the geogrid is subjected to greater tensile stress, and the tensile stress is transmitted to the cement mortar through the anchoring effect, which leads to more cracks in the cement mortar, resulting in the appearance of multiple cracks. Comparing Fig. 14(b-d), it can be seen that with the increase of the geogrid stiffness and number of layers, the range of crack distribution expands. This is because the increase in geogrid stiffness and number of layers can enhance the anchoring effect between the geogrid and the cement mortar, thereby strengthening the anchor effect.

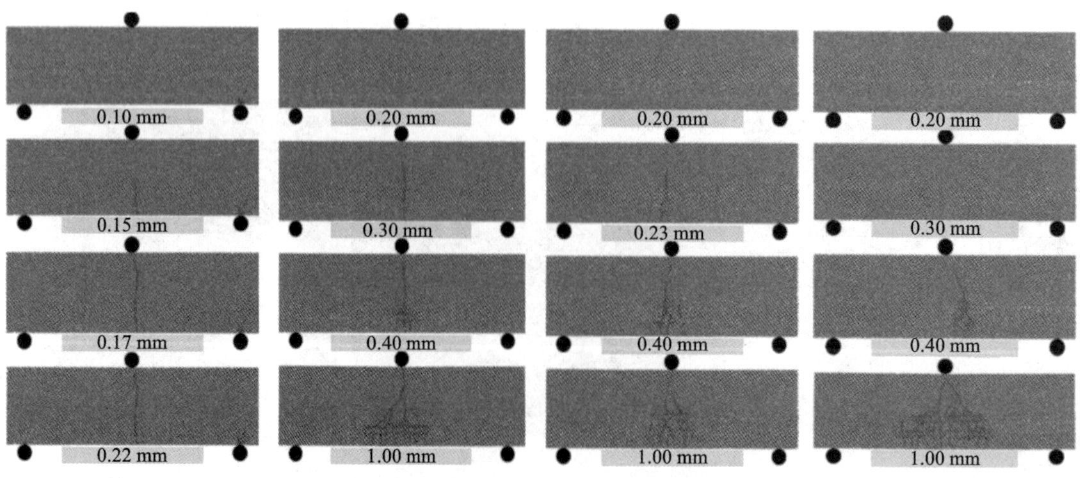

(a) CTS (b) CTSG-2-S (c) CTSG-2-D (d) CTSG-3-D

Fig. 14 Crack development of different specimens

Fig. 15 shows the variation of crack number with deflection. It can be observed from the figure that the number of cracks in the CTS specimens increases slightly in the early deflection stage and then remains unchanged, while the number of cracks in the CTSG specimens continues to increase during the bending process. This is because brittle failure occurs under small deflection in CTS specimen, and the crack development stops. In contrast, the CTSG specimens did not fail after cracking due to the anchoring effect between the geogrid and cement mortar. The geogrid transmits tensile force through anchorage, making the cement mortar participates in bearing until reaching the ultimate tensile strain, leading to failure and exhibiting a wider distribution of cracks. In addition, the higher the geogrid stiffness and the more the reinforcement layers, the faster the increase rate of crack number after cracking. This is because the geogrid with higher stiffness and more layers has a stronger bonding and anchoring effect, which can drive more cement mortar to participate in bearing. In summary, the geogrid changes the failure mode of the specimens through anchorage with mortar, and the stiffness and number of reinforcement layers of the geogrid affect the crack development rate and distribution pattern.

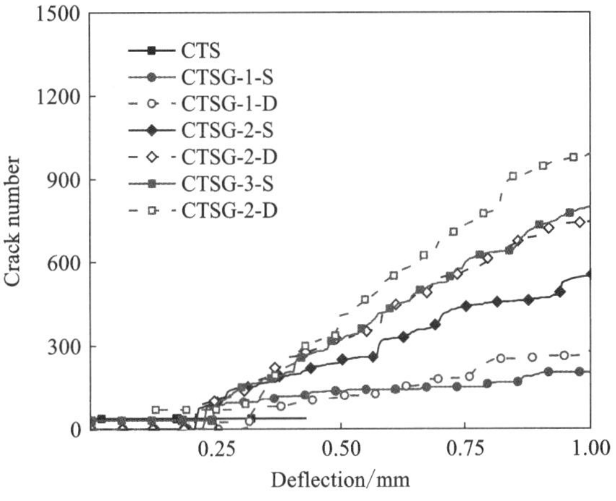

Fig. 15 The variation of the number of cracks with deflection in different working conditions

Fig. 16 shows the internal force of the specimens at different delfection level. The red lines represent tensile stresses, blue lines represent compressive stresses. The thickness of the line represents the value of the internal force, in which the thick represents large and the thin represents small. Fig. 16(a) shows the internal force diagram of the CTS specimen, which is in a state of tension at the bottom and compression at the top before cracking. After cracking, the internal force decreases significantly, and a red stress concentration zone appears at the crack tip. Under the action of this stress concentration, cracks continue to develop until the section is completely ruptured (the line thickness is affected by normalization after specimen failure). Fig. 16(b)-(d) show the internal force evolution of the CTSG specimens. Before cracking, the geogrid and cement mortar undergo coordinated deformation. Due to the lower stiffness of the geogrid, the tensile stress on the geogrid is relatively small. After cracking, the cement mortar in the crack fails, resulting in the geogrid experiencing a concentration of tensile stress. As a result, radial tensile stress lines can be observed connecting the surrounding cement mortar. As deflection increases, cracks continue to develop, causing the geogrid's tensile stress concentration range to expand to both sides, and the radial stress line to move towards both ends of the specimen. The radial stress lines are caused by the anchoring effect between the geogrid and cement mortar, which transmits tensile stress from the cement mortar to the mortar after cracking. As can be seen in Fig. 16(c)-(d), both layers of the geogrid in the double-layer CTSG beam specimens exhibit concentrated tensile stress, resulting in four radial stress line regions. It can be observed that the lower layer of the geogrid has a longer tensile stress concentration zone. This is attributed to the greater deformation of the lower layer of the geogrid under bending of the specimen, resulting in a greater tensile stress and a greater tensile stress transmitted to the surrounding mortar.

The average internal contact force (tension) of the geogrid at different deflections is quantified and normalized according to the internal forces of the CTSG-3-S specimen, as shown in Fig. 17. It can be seen from the figure that as the deflection of the specimen increases, the internal force tends to increase linearly. At the initial stage of loading, the value of geogrid forces in CTSG specimens with different stiffness and layers are similar, this is because the deformation of the geogrid is small, and the load is borne by the stiffer cement mortar. As the loading continues, the internal force of the geogrid starts to be stimulated. The internal force growth rate with larger

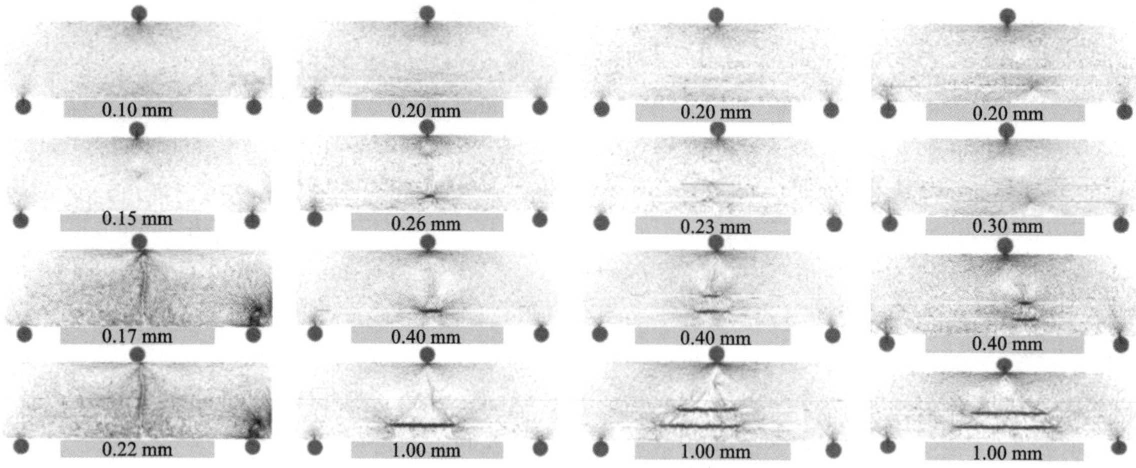

(a) CTS (b) CTSG-2-S (c) CTSG-2-D (d) CTSG-3-D

Fig. 16 The evolution of internal force with loading for different working condition

geogrid stiffness is a faster. The geogrid internal force of CTSG-3-D at a deflection of 1.0 mm is 26.1% smaller than that of CTSG-3-S, the geogrid internal force of CTSG-2-D is 9.8% smaller than that of CTSG-3-S, and the geogrid internal force of CTSG-1-D is 9.1% smaller than that of CTSG-1-S. This indicates that the average stress of the double-layer CTSG specimen is smaller than that of the single-layer CTSG specimen, and the larger the stiffness of the geogrid, the more significant this difference, mainly because the average position of the double-layer reinforced geogrid is closer to the compression zone.

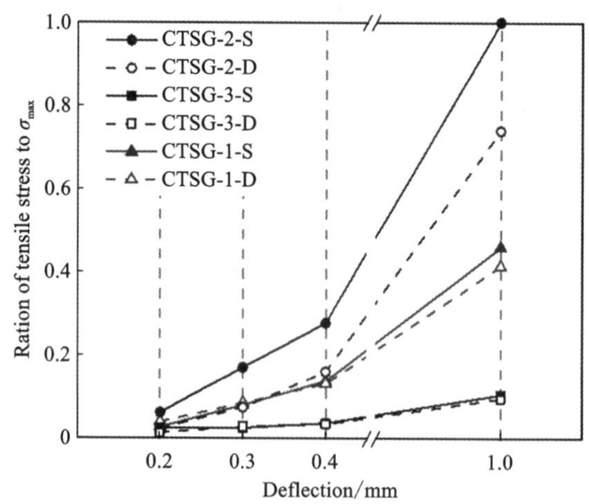

Fig. 17 Stress-deflection diagram of geogrid

To investigate the evolution of normal contact force chain in different specimens, diagrams of normal contact force chain under different loading conditions are plotted. The Fourier function proposed by Rothenburg[24] is used to describe the distribution and anisotropy of contact force chain.

$$f_n(\theta) = f_0\{1 + a_n\cos[2(\theta - \theta_n)]\} \tag{8}$$

In the equation, $f_n(\theta)$ represents the mean normal contact force in the angular interval, N; f_0 represents the mean value of all normal contact forces, N; a_n represents the Fourier fitting coefficient, and θ_n represents the main direction of anisotropy.

The data in the figures have been normalized using the maximum component of the normal contact force distribution when the deflection of CTSG-1-S reaches δ_1. δ_1 is the deflection corresponding to the first peak value point of each specimen. The dashed lines in the figures represent the Fourier fitting curves. As shown in Fig. 18, the normal contact force of each specimen has a similar distribution and all "peanut" shape. The normal contact force in the horizontal direction is significantly larger than that in the vertical direction, thereby resisting the tensile force generated by the bending moment on the lower side of the sample. The normal contact force distribution of the CTS and CTSG specimens are similar when the deflection of the specimen reaches the first cracking deflection δ_1, because the specimen has not yet cracked and the geogrid has little effect at this time. After the deflection of the CTS specimen reaches δ_1, the specimen is destroyed, the area surrounded by the normal contact force distribution diagram decreases rapidly, and it no longer changes with the increase of the deflection. Comparing CTSG-1-S and CTSG-3-S, when the stiffness of the geogrid is low, the normal contact force of the specimen reaches its maximum when the deflection is δ_1, and then the area surrounded by the normal contact force distribution graph is significantly reduced. With the further increase of the deflection, although the area increases, it still cannot reach its maximum value. Under high stiffness, the normal contact force of the specimen decreased after the deflection exceeds δ_1 but could be restored to a level higher than that at δ_1 due to stronger reinforcement effect.

The Fourier fitting coefficient a_n decreased with increasing geogrid stiffness, (means anisotropy of mortar decreasing). Comparing CTSG-3-S and CTSG-3-D, it can be seen that the contact force of double-layer reinforced specimen decreased smaller at cracking, and had a greater contact force value when deflection come to 2 mm. The Fourier fitting coefficient a_n of double-layer reinforced specimen increased, as the double-layered reinforcement increased the range of the mortar tensile area [as shown in Fig. 18(d)], resulting in a more significant increase in the contact force in the horizontal direction inside the mortar, enhancing the anisotropy.

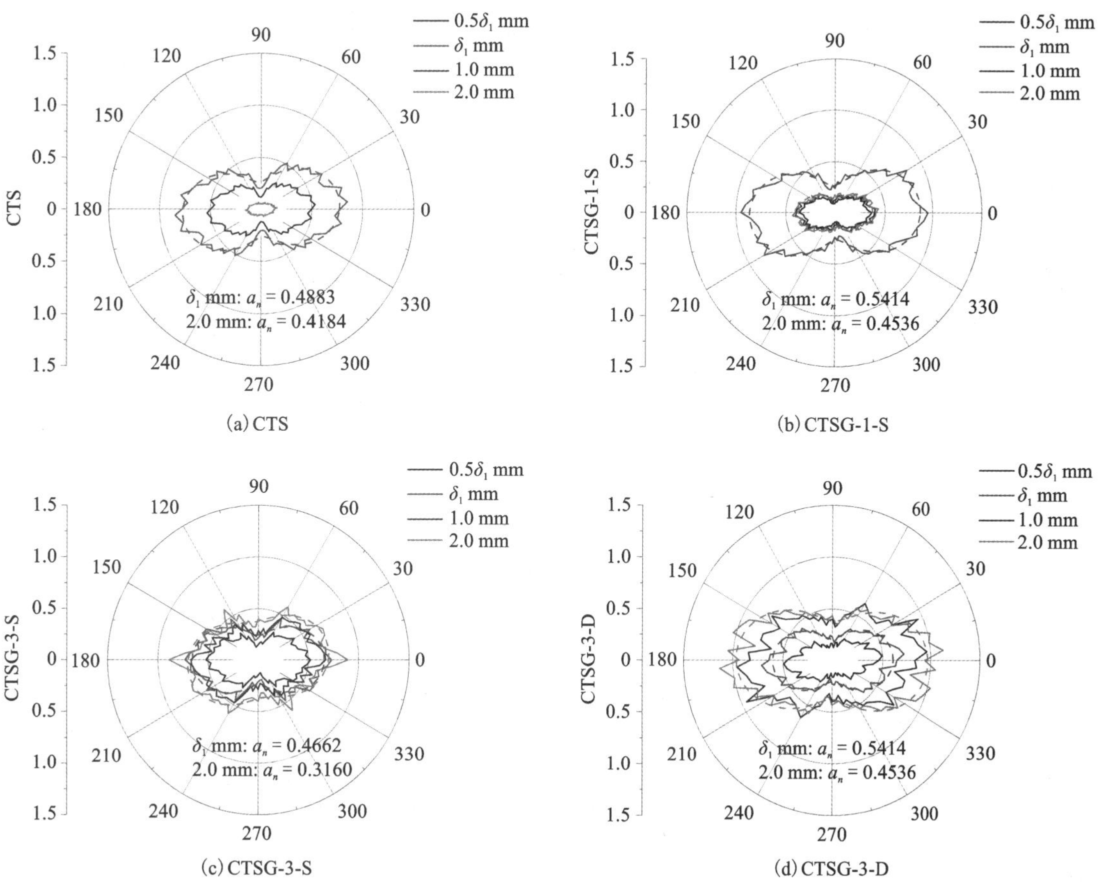

(a) CTS (b) CTSG-1-S (c) CTSG-3-S (d) CTSG-3-D

Fig. 18 Composition diagram of normal contact force chain

5 Conclusions

To investigate the influence of the number of layers and stiffness of geogrids on geogrid reinforced cement-treated sand reinforced with geogrids (CTSG) and analyze the mesoscopic mechanism of their impact on bending resistance, this study conducted laboratory three-point bending tests on CTSG specimens with different layers of geogrid reinforcement, and a series of DEM simulation tests are conducted to supplement the effect of geogrid stiffness. The experimental results compared the flexural response process and mesoscopic parameters evolution of CTSG under different conditions, leading to the following conclusions:

Geogrids can improve the flexural performance of CTSG, and the increase in geogrid stiffness and layers has a promoting effect on this improvement. The failure process of CTSG specimens can be divided into three stages: pre-fracture, crack development, and residual failure, exhibiting good ductility. Geogrid reinforcement can enhance the flexural strength and toughness of CTSG specimens. The increase in geogrid stiffness and layers can suppress the strength loss of the first peak strength, promote load recovery, and make the specimen more resilient.

Geogrids have a significant impact on the crack propagation rate and distribution of CTSG specimens. Once CTS specimens crack, the main crack quickly penetrates the cross-section, and the number of cracks is small when the specimen failures. After cracking, due to the anchoring effect of the geogrids in CTSG, the main crack develops slowly with the increase of deflection. At the same time, geogrids transmit tensile stresses to the surrounding mortar, causing the mortar to produce multiple fine triangular cracks in the area of tensile stress concentration. The increase in geogrid stiffness and layers can strengthen the anchorage effect and increase the crack distribution area and total number of cracks in the specimen.

There is a marginal effect of changing the number and stiffness of geogrids on the toughness improvement of CTSG specimens. The toughness growth rate of CTSG specimens decreases as the stiffness of the geogrids increases. The greater the stiffness of the geogrids, the greater the toughness growth rate of CTSG specimens when the number of reinforcements is increased. When the stiffness of the geogrid is low, improving the stiffness has a better effect on the toughness improvement of CTSG specimens, and the improvement of single-layer CTSG specimens is greater than that of double-layer CTSG specimens. When the stiffness of the geogrid is high, the benefit of increasing the number of reinforcements is higher. CTSG−1−D has a toughness value 39. 1% higher than CTSG−1−S, while CTSG−3−D has a toughness value 44. 1% higher than CTSG−3−S.

Increasing the number of layers of geogrid has a promoting effect on the anisotropy of the normal contact force inside the CTSG specimen, while increasing the stiffness of the geogrid shows an inhibitory effect. The reason may be that increasing the number of layers of geogrid will increase the tensile area of the specimen when it is bent, and the internal contact force of the mortar will increase more significantly in the horizontal direction, thereby enhancing the anisotropy.

References

[1] ZHANG Z, GUO X P. Review of geogrid and geotextile reinforced foundation[J]. Subgrade engineering, 2021: 8.

[2] HADI M, AL-HEDAD A. Flexural fatigue behaviour of geogrid reinforced concrete pavements [J]. ScienceDirect. Constr Build Mater, 249.

[3] LIU Y H, WANG L M. Effect of geogrid on basic mechanical properties of macroporous concrete[J]. Sichuan Building, 2021.

[4] SIVA CHIDAMBARAM R, AGARWAL P. Flexural and shear behavior of geogrid confined RC beams with steel fiber reinforced concrete[J]. Constr Build Mater, 2015, 78: 271−280. doi: 10. 1016/j. conbuildmat. 2015. 01. 021.

[5] HADI M N S, AL-HEDAD A S A. Flexural fatigue behaviour of geogrid reinforced concrete pavements[J]. Constr Build Mater, 2020, 249: 118762. doi: 10. 1016/j. conbuildmat. 2020. 118762.

[6] SIVA CHIDAMBARAM R, AGARWAL P. The confining effect of geo-grid on the mechanical properties of concrete specimens with steel fiber under compression and flexure[J]. Constr Build Mater, 2014, 71: 628−637. doi: 10. 1016/j. conbuildmat. 2014. 08. 059.

[7] Flexural Behavior of Concrete Beams Reinforced with Different Types of Geogrids.

[8] ABU-FARSAKH M Y, CHEN Q. Evaluation of geogrid base reinforcement in flexible pavement using cyclic plate load testing [J]. Int J Pavement Eng, 2011, 12: 275−288.

[9] ROCHANAVIBHATA U, JAMNONGWONG M, CHUENJAIDEE S, et al. Flexural Behavior of Compacted-Cement Sand Reinforced with Geogrid[J]. Key Engineering Materials, 2020, 856: 360 − 366. doi: 10. 4028/www. scientific. net/KEM. 856. 360.

[10] AL-HEDAD A A, HADI M N S. Effect of geogrid reinforcement on the flexural behaviour of concrete pavements[J]. Taylor & Francis, 2019.

[11] WANG L, ZHANG Y, LIU H B. Centrifugal model test of reinforced soil retaining wall under different reinforcement stiffness [J]. Journal of Yangtze River Academy of Sciences, 2018, 35: 7.

[12] CUNDALL P A, STRACK O D L. A discrete numerical model for granular assemblies[J]. Géotechnique 1980, 30: 331-336.

[13] LAN H, MARTIN C D, HU B. Effect of heterogeneity of brittle rock on micromechanical extensile behavior during compression loading[J]. Journal of Geophysical Research, 2010, 115: B1202.

[14] LEE H, JI H K, KIM K H, et al. Application of DEM model to breakage and liberation behaviour of recycled aggregates from impact-breakage of concrete waste[J]. Miner Eng, 2008, 21: 761-765.

[15] TAN X, LI W, ZHAO M, et al. Numerical discrete-element method investigation on failure process of recycled aggregate concrete[J]. J Mater Civil Eng, 2019, 31: 4018351-4018353.

[16] WANG P, GAO N, JI K, et al. DEM analysis on the role of aggregates on concrete strength[J]. Comput Geotech, 2020, 119: 103290. doi: 10. 1016/j. compgeo. 2019. 103290.

[17] COMMITTEE C. ASTM C1609/C1609M - 12 Standard Test Method for Flexural Performance of Fiber-Reinforced Concrete (Using Beam With Third-Point Loading), 2012.

[18] MIAO C, JIA Y, ZHANG J, et al. DEM simulation of the pullout behavior of geogrid-stabilized ballast with the optimization of the coordination between aperture size and particle diameter[J]. Constr Build Mater, 2020, 255: 119359.

[19] SONG Z, KONIETZKY H, HERBST M. Three-dimensional particle model based numerical simulation on multi-level compressive cyclic loading of concrete[J]. Constr Build Mater 2019, 225: 661-677.

[20] MOHAMMADINIA A, OSKOOEI P R, ARULRAJAH A. Discrete element modeling of cemented recycled concrete aggregates under unconfined and k_0 loading conditions [J]. Transp Geotech, 2021, 26: 100450. doi: https://doi. org/10. 1016/j. trgeo. 2020. 100450.

[21] CHEN J F, ZHENG X, LI H L. Two-dimensional discrete-continuous coupling simulation of reinforced soil retaining wall on soft soil foundation[J]. Journal of Civil Engineering, 2011: 4.

[22] CHEN C, DUAN Y D, RUI R. Research on single and double geogrid reinforced ballast based on pull-out test and discrete element simulation[J]. Geotechnical mechanics, 2021, 42: 10.

[23] HUANG P M, PAN X P, NIU Y W. Study on ultimate bearing capacity of reinforced concrete beams based on discrete element [J]. Engineering Mechanics, 2022, 39: 215-226. doi: 10. 6052/j. issn. 1000-4750. 2022. 01. 0042.

[24] HUA W J, XIAO Y J, WANG M. Discrete element simulation study on the influence of gradation and particle shape on the shear performance of subgrade filling with complex accumulation [J]. Journal of Central South University: Natural Science Edition, 2021.

Soil arching above buried flexible pipelines under cyclic loading

MA Chongqian, WANG Xuan, ZHANG Jiasheng, LUO Hao, ZHANG Yu

Department of Civil Engineering, Central South University, Changsha 410075, P. R. China.

Abstract: In this study, fully-instrumented laboratory tests were conducted to study the soil arching effects of flexible high-density polyethylene (HDPE) pipes under the action of backfill dead weight and cyclic loading. The influences of buried depth, groove width, and pipe diameter were examined closely. Combined with the lab test results, three-dimensional finite element models were established to reproduce the observed soil arch development in the pipe-soil system, and the results show that the initial width of the soil arch in the pipe-soil system is smaller than the pipe diameter under the self-weight of the backfill soil and that it develops outward with the increasing distance from the pipe top. Under cyclic loading, the soil above the pipeline forms a connected shear band, and the load is transmitted to the top of the pipe with less attenuation in the soil within the shear band. The soil arching effect did not play a role in protecting the pipeline in these experiments.

Keywords: HDPE pipe; Soil arch effect; Pipe top soil pressure; Incrementally cyclic loading

1 Introduction

In modern infrastructure construction new roads are built above buried pipelines, undoubtedly imposing additional dynamic loads on these pipelines that threaten their durability and safety[1, 2]. For rigid pipes such as concrete pipes, their stiffness is greater than that of the surrounding soil. Therefore, under load, the deformation of rigid pipes is less than that of the soil, which causes passive soil arching[3, 4]. However, for a flexible pipe, the same load causes the deformation of the flexible pipe to be greater than that of the surrounding soil, resulting in an active soil arch[5].

When the soil arches, soil stress is redistributed, and can even change the stress mode of the pipeline and the soil pressure on the top of the pipeline in particular. Since the vertical deformation of flexible pipeline is greater than the settlement of soil, Marston[6] proposed a formula for earth pressure on the top of buried pipelines, although it only considers the friction between filling soil and undisturbed soil. In fact, there is also stress redistribution that occurs between the pipeline and the fill. On the basis of Marston's theory, later studies[7-11] have improved descriptions of the sliding fracture surface, friction coefficient, and lateral earth pressure coefficient. The Canadian Highway Bridge Design Code (CHBDC)[12], AASHTO LRFD Bridge Design Specifications[13], and the Swedish Design Manual (SDM)[14] have been widely used for the design of buried flexible pipes, all of which take soil arching into account. Among them, the SDM method considers the influence of friction angle on the arching coefficient, and this is used to represent the soil arching effect. However, these codes do not consider factors such as trench width, backfill stiffness, and compaction load that also affect pipe-soil interaction.

Since Terzaghi[15] demonstrated the existence of soil arching using a trapdoor experiment, a large number of scholars have studied active soil arching in sand in particular[16-19]. These studies show that when the trapdoor moves downward, the load on the trapdoor decreases rapidly and reaches a minimum when the displacement is 1%-2% of the width of the trapdoor, which is called the maximum arching state. In granular materials, the reduction of load is affected by the size of the trapdoor, the depth of the covering layer, the

MA Chongqian, WANG Xuan, ZHANG Jiasheng, et al. Soil arching above buried flexible pipelines under cyclic loading[J].

friction angle and expansion angle of the granular material, and the relative displacement between the material and the trapdoor. In addition, centrifuges have been widely used to study the trapdoor problem under high stress levels. Costa et al.[20] studied the soil deformation mechanism in the movable gate test under high stress levels, and observed the influence of the presence of pipelines on the shear failure surface. The results show that the shear failure surface develops more completely under high stress levels and that the failure mechanism is significantly affected by soil density and stress level. Dewoolkar et al.[21] carried out the trapdoor experiment under axisymmetric conditions using a centrifuge in order to study the development of shear bands in soil, and pointed out that due to the change in stress level, the development angles of shear bands increase with height. Similarly, Iglesia et al.[22] studied the influence of overburden depth on the load on the trapdoor and found that the minimum load of the trapdoor is almost not affected by the depth of the overburden but that the final load is greatly affected by the depth of the overburden. This is because when the depth of covering soil is small ($<2D$, where D is the width of the trapdoor), the shear bands in the soil are not fully developed, and a stable soil arching effect cannot be maintained.

Burke and Elshafie[23, 24] used Particle Image Velocimetry (PIV) to observe the development of shear bands in soil and showed that the point of maximum arching a triangular failure zone corresponding to the formation of an apparent active failure wedge forms with proposed angles of $45° - \Phi_p$ to the vertical. Due to the complexity of the movable door test and the difficulty of observation, numerical simulation is also widely used in the study of load-displacement curves of the trapdoor, shear bands, failure zone, and soil arch development mode. Rui R et al.[25] developed a 2D DEM model based on a series of trapdoor tests to simulate the evolution of soil arching. The evolution mode of the soil arch was divided into three types according to the filling height, the width of the movable door, and the grain size: a triangular expanding pattern, a tower-shaped evolution pattern, and an equal settlement pattern. Pardo G. S. and Sáez E.[26] used the Hujeux and Mohr-Coulomb constitutive model to reproduce the trapdoor test, and obtained the distribution of displacement in the soil and the deflection and distribution of the major principal stress. Moreover, the Hujeux model is recommended for numerical simulation, because the model can better simulate the development of shear bands in soil. Osman et al.[27] used Finite Element (FE) methods to study the mechanism and conditions of maximum arching, focusing on the influence of soil dilatancy specifically. They compared the results of the nonassociative model with full soil strength parameters and the Mohr Column model with the associative flow rule and reduced strength parameters and found that the Mohr Column model underestimates the load on the trapdoor.

Scholars have done a lot of research on the soil arching, but there are few studies on the inclusions in soil, especially on the soil arching effect of buried pipelines. There is less understanding of the soil arching effect caused by flexible buried pipelines compared to rigid ones, and the development of shear bands and failure surfaces in soil is still unclear in general. Most of the research on pipelines focuses on the stress distribution around pipelines and pipeline deformation[28-34], and does not pay attention to the displacement and deformation of backfill soil, which directly affects the stress distribution around pipelines. Therefore, the main purposes of this study are to explore the soil arching effect of buried pipelines, to study the development characteristics of soil arching, and to evaluate the influence of cyclic loading on soil arching. In this study, we carried out a model box test of buried pipeline using a special model box that can change the groove width. A dynamic load was applied on the surface to study its influence, as well as groove width and buried depth on the development characteristics of soil arch. In addition, a FE model was established using the hypoplastic model to reproduce the development process of the observed soil arch.

2 Testing apparatus and materials

In order to study the soil arching of buried pipelines, we designed and manufactured the test system shown in

Fig. 1. The test system is composed of three parts: the loading system, the testing tank, and the data acquisition system.

2.1 Loading system

The loading system consists of hydraulic servo actuators mounted on the reaction frame. Actuators can apply static and dynamic loads up to 100 kN, and load frequency can reach 5 Hz. Pressure sensors and displacement sensors that can accurately record the load and displacement during loading were installed on the actuator. Monotonic loading was first performed for a fixed value, and then a harmonic load was applied.

2.2 Testing tank

The testing tank with variable groove width had a length of 1500 mm, a height of 900 mm, and a width of 1300 mm. The pipe was placed along the width direction of the test chamber, and the testing tank was welded by a high-strength steel plate with a thickness of 8 mm. Strengthening ribs were welded around the test chamber, and I-beams were also installed at the bottom of the test chamber to ensure that it did not deform during loading. In addition, due to the application of dynamic load, in order to prevent the reflection of the wave in the boundary affecting the test results, the test chamber was lined with a 10mm-thick rubber mat since rubber mats have good wave absorption.

The size of the buried pipeline in the length direction was much larger than in the other two directions. Therefore, some scholars regard a buried pipeline as a plane strain problem in the model box test, and apply a layer of polytetrachloroethylene inside the model box to reduce the friction between the fill and the boundary[35]. However, when the load is applied to the pipeline, the pipeline is no longer in a plane strain state, so the friction between the fill and the boundary should not be reduced. In order to ensure that the friction between the backfill and the boundary is consistent with the actual situation on site, sand particles were pasted on the inner side of the test box perpendicular to the pipeline. Importantly, the sand particles were only pasted within the groove range.

The distributing angle method[36] assumes that a load diffuses downward at a certain angle approximately equal to the critical friction angle of sand. The sand used in this study was an international standard sand: Toyoura Sand (see below for specific parameters), and the critical friction angle of Toyoura Sand is about 31°[37]. Therefore, the influence range of the load at a depth of 900 mm is 1080 mm, plus the width of the loading plate (200 mm) to make 1280 mm total, which is less than the width of the model box of 1300 mm. Thus, the boundary is outside the load influence range.

2.3 Data acquisition system

Instruments used in this study included earth pressure cells and linear variable differential transducers (LVDTs). Earth pressure box size was 12 mm × 4.2 mm (diameter × thickness) and the range of LVDTs was 0-10 mm. Earth pressure box and LVDTs signals were collected by the imc-SPARTAN signal acquisition system, with an the acquisition frequency of 10 Hz.

2.4 Sand backfill

Before the test, clay that had been obtained from a pipeline construction site was put in the test box. Specific parameters for the clay are shown in Table 1. For different tests, trenches of different widths were excavated in the clay, and Toyoura Sand was used to backfill the trenches. The parameters of the sand are shown in Table 2[37]. The sand rain method was used in the backfill process, and the relative density of the sand was controlled to 90%.

Table 1 Properties of clay and footing

	Unit weight/($kN \cdot m^{-3}$)	E_0/MPa	Angle of internal friction/(°)	Cohesion/kPa	Poisson's ratio
Clay	21.2	1.25	29	22	0.35
Footing	78.6	2.1E05	—	—	0.3

Table 2 Properties of Toyoura Sand

Coefficient of uniformity C_u	1.3
Mean particle size/mm	0.16
Maximum void ratio, e_{max}	0.977
Minimum void ratio, e_{min}	0.605
Specific gravity, G_s	2.64
Friction angle, φ/(degree)	31

LVDTs and earth pressure boxes were embedded during backfilling, with the first LVDT located below the pipe to measure the displacement of the pipe bottom and the second placed inside the pipe to measure the vertical deformation of the pipe. Earth pressure boxes were placed at buried depths of 20, 30, 40 and 50 cm, and three earth pressure boxes were also placed on each plane with a spacing of 10 cm. For convenience of expression, the vertical center plane of the pipeline is named VP1, the vertical plane 10 cm away is VP2, and the vertical plane 20 cm away is VP3. If the buried depth of the pipeline (H) were 40 cm, only earth pressure boxes were placed at buried depths of 20, 30 and 40 cm. If H is 30 cm, only earth pressure boxes were placed at buried depths of 20 and 30 cm. All earth pressure boxes and LVDTs were located below the loading plate midline. The layout of earth pressure box and LVDT is shown in Fig. 1.

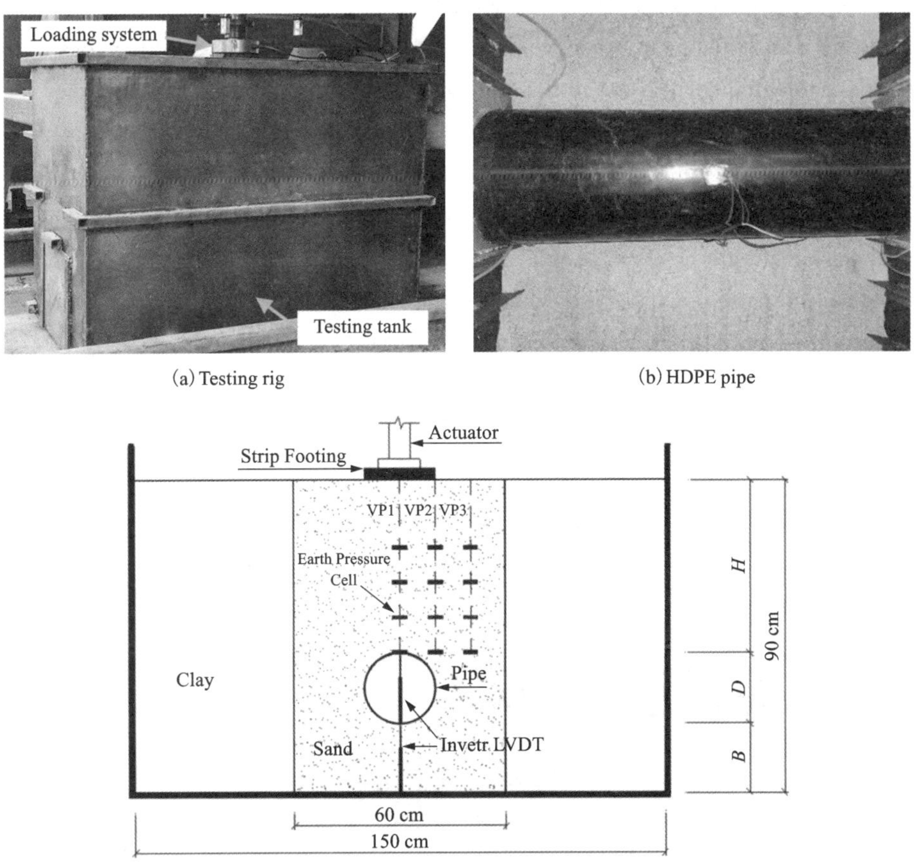

(a) Testing rig

(b) HDPE pipe

(c) Cross section of the test box

Fig. 1 Laboratory testing rig

2.5 HDPE pipe

The range of pipe diameters used in municipal engineering varies greatly, and it is impractical to select all pipe diameters for research. Therefore, the most commonly used pipe diameters (110 mm, 160 mm, 200 mm, and 250 mm) were selected for this study. The pipes were made of high-density polyethylene (HDPE) with lengths of 1250 mm, slightly less than the length of the test chamber, to prevent the pipeline and the test chamber wall coming into contact during the pipes' stress states. In addition, both ends of the pipe were sealed with plastic film to prevent sand from entering the pipe. The parameters of the HDPE pipe are shown in Table 3.

Table 3 Physical properties of the HDPE pipes

<table>
<tr><th>Pipe ID</th><th>Nominal diameter, D/mm</th><th>Inner wall thickness/mm</th><th>Elastic modulus/MPa</th><th>Poisson ratio</th><th>Nominal pressure/MPa</th></tr>
<tr><td>P1</td><td>110</td><td>4.6</td><td rowspan="4">1034</td><td rowspan="4">0.35</td><td>0.4</td></tr>
<tr><td>P2</td><td>160</td><td>6.9</td><td>0.4</td></tr>
<tr><td>P3</td><td>200</td><td>7.6</td><td>0.4</td></tr>
<tr><td>P4</td><td>250</td><td>8.8</td><td>0.4</td></tr>
</table>

2.6 Testing scheme and procedure

The main purpose of this study was to ascertain the influence of soil arching on pipeline stress during pipeline installation and service. We therefore paid more attention to the stress state of the pipeline when it is not damaged, so we had to ensure that the applied load would not cause damage to the pipeline. Before the test, we conducted a pre-test to determine the size of the load to use. AASHTO LRFD Bridge Design Specifications[13] stipulate that the safety of flexible pipes is controlled by vertical deformation. When the vertical deformation of the pipe is greater than $0.05D$ (D is the nominal diameter of the pipe), the pipe is considered to be damaged. Based on this standard, the ultimate load of the pipeline in this study was determined to be 280 kPa by pre-experiment (data are not presented). Therefore, 100 kPa, 150 kPa, and 200 kPa were selected as the load values of the three cyclic loading stages, with an amplitude of 10 kPa and a frequency of 1 Hz. The soil may be loose before loading, resulting in unstable soil pressure box data in the first loading stage, so 2000 cyclic loads were applied in the first loading stage. In the subsequent loading stage, the soil was relatively dense already, so only 1000 cyclic loads were applied. Fig. 2 shows the loading profile.

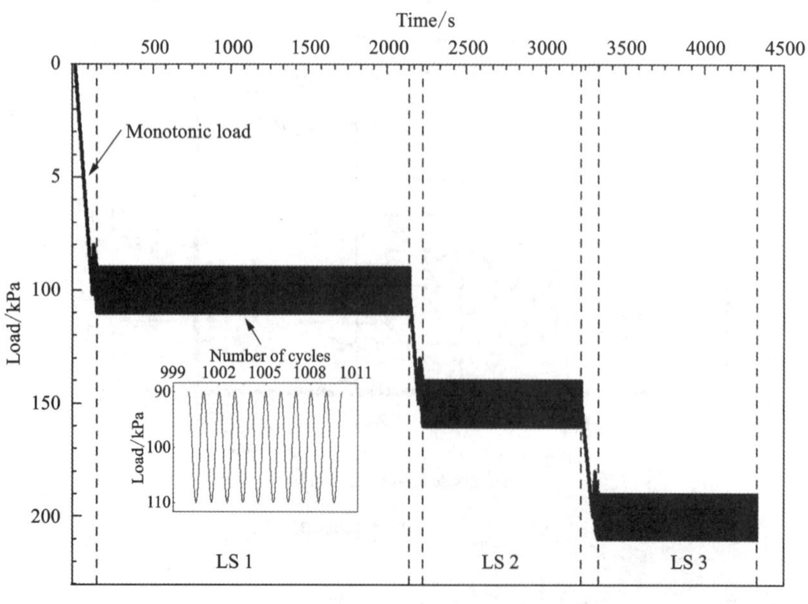

Fig. 2 Applied load profile

To achieve our study objectives we conducted 14 trials as shown in Table 4. Six series of tests were carried out, and tests of A, B and C were conducted to study the effects of backfill height (H), trench width (B) and pipe diameter (D) on soil arching. Tests of D and E were not placed in the pipeline, mainly to compare with the previous conditions.

Table 4 Testing programme

Test series	Tests	Pipelines used	Depth, H/mm	Groove width, B/mm
A	T1	P3	300	600
	T2		400	
	T3		500	
B	T4	P3	500	400
	T5			800
C	T6	P1	500	600
	T7	P2		
	T8	P4		
D	T9	—	500	400
	T10			600
	T11			800
E	T12	—	300	600
	T13		400	
F	T14 (Repetition of T3)	P3	500	600

3 Mechanistic-empirical model

The emergence of soil arching is accompanied by the development of shear bands in soil, stress transfer, and the generation of uneven displacement fields. In other words, these phenomena can effectively describe and measure soil arching, which is helpful when studying it. Although, these phenomena are difficult to observe accurately in field tests or model box tests, numerical simulation methods solve this problem well. Therefore, we attempted to develop a three-dimensional model to simulate the test process more realistically. The finite element package Abaqus v. 6. 14. was used for numerical simulation.

3.1 Constitutive model of sand

The moving door test for sand shows that the shear band angle is closely related to the dilatancy angle of the soil[21, 23, 24] and that the horizontal expansion of soil in the shear band prevents the downward movement of soil above the shear band, thus reducing the pressure on the movable door[38]. Therefore, a constitutive model that can accurately describe the dilatancy and shrinkage of sand is needed. The hypoplastic model is a good choice in this regard. The hypoplastic model is very suitable for simulating the nonlinear and inelastic behavior of dry granular soils. Typical soil properties such as dilatancy, shrinkage, and stiffness dependence on pressure and void ratio can be simulated. The hypoplastic model was originally developed by Kolymbas[39], then improved by von Wolffersdorff[40], and is now widely used. The model has the following general form:

$$\dot{T} = L : D + N\|D\| \tag{1}$$

where $\dot{T}$ is the stress increment, D is the strain increment, N is the second-order tensor, L is the fourth-order tensor, and N sand L are both functions of stress.

However, the above constitutive model cannot consider the influence of small strains, and the prediction quality of unloading and cyclic loading is poor. Under cyclic shear, there will be a "ratchet effect" that overestimates the cumulative strain. In order to simulate the soil response in a small strain range, Andrzej Niemunis A[41] introduced the concept of "intergranular strain" and improved the hypoplastic model. The improved model has 13 parameters, which are divided into large strain parameters and small strain parameters. Large strain parameters are: φ_c, h_s, n, e_{d0}, e_{i0}, e_{c0}, α, and β, and small strain parameters are: m_R, m_T, R, β_r, and χ. The hypoplastic model parameters of Toyoura Sand in the numerical model are the recommended values from Herle[42] and Hong Y[43], as shown in Table 5. The hypoplastic constitutive model in this paper is realized by UMAT subroutine through the secondary development structure of ABAQUS. The specific program and implementation method are shown in[44].

Table 5 Hypoplastic parameters of Toyoura Sand

Parameter	Description	Value	Unit
φ_c	Critical state friction angle	31	(°)
h_s	Granular hardness	2.6	(GPa)
n	Exponent	0.27	(-)
e_{d0}	Minimum void ratio	0.61	(-)
e_{i0}	Critical void ratio	1.10	(-)
e_{c0}	Maximum void ratio	0.98	(-)
α	Exponent	0.15	(-)
β	Exponent	4	(-)
m_R	Parameter controlling initial shear modulus upon 180° strain path reversal	8	(-)
m_T	Parameter controlling initial shear modulus upon 90° strain path reversal	4	(-)
R	Size of elastic range	2×10^{-5}	(-)
β_r	Parameter controlling degradation rate of stiffness with strain	0.15	(-)
χ	Parameter controlling degradation rate ofstiffness with strain	1.1	(-)

3.2 Pipe and soil modeling

The minimum value of D/t (diameter/thickness) of the pipeline used in this study was 23.12, and the thickness of the pipeline was smaller than the diameter of the pipe. Therefore, the stress change in the pipeline along the thickness direction can be ignored. In addition, the homogeneous shell element was used for the model of the pipeline, S4R was used as the calculation unit, and the soil in the model used the C3D8R calculation unit. In order to simulate the field construction filling process as much as possible, the "Model change" in ABAQUS was used to control the layered filling in the filling process, which reflects well the stress and deformation of each stage of the filling and the influence on the pipeline of the construction process.

3.3 Interaction

For flexible pipelines in sand, the vertical deformation of the pipeline can be large, and dry sand has no cohesion. Thus, relative displacement between the pipeline and the soil can easily occur. For this reason the pipeline-soil contact model was used to evaluate the interaction of the pipeline and soil, and this model can also consider the friction and separation of the contact surface. The contact between the outer surface of the PE pipeline and the surrounding soil was set as a limited-slip contact. For the normal action on the pipe-soil contact surface, "hard contact" was used for simulation. That is, the normal pressure that can be transmitted between the contact surfaces was not limited. When the contact pressure becomes zero, the two objects are separated at the contact surface. The tangential effect was simulated by Coulomb friction, and the friction coefficient was used to represent the friction characteristics of the contact surface.

The backfill in the groove produces downward displacement relative to the undisturbed soil under the action of self-weight and external load, and the friction between the backfill and the undisturbed soil leads to the redistribution of stress in the soil, which is also an important factor that causes soil arching. Therefore, the friction between the fill and the undisturbed soil cannot be ignored. This effect is considered by establishing a contact relationship between the backfill and the undisturbed soil. Similar to the contact relationship between the contact surface of the pipe and soil, the normal action between them was simulated by "hard contact", and the tangential action was simulated by Coulomb friction.

3.4 Applied loading

The method and size of load application were the same as those of the test itself: The load was not applied directly to the model. In the test chamber, the load was applied to the soil through the loading plate, and the force exerted by the loading plate on the soil was not uniform. In order to be consistent with the test, a footing with a length of 500 mm, a width of 200 mm, and a thickness of 25 mm was established above the model, and the load was applied to the base foot. The parameters of the base foot are shown in Table 1.

3.5 Boundary conditions

The model size was 1.5 m × 1.3 m × 0.9 m (length × width × height), and the groove size under different working conditions is shown in Table 6. The bottom of the model remained fixed in all directions ($U_x = U_y = U_z = 0$), and the upper surface of the soil was a free surface. The constraints imposed on the four vertical boundaries of the model limit its displacement along the normal direction, as shown in Fig. 3.

Table 6 Parameters of pipe and groove width used for parametric study

FE simulation scenarios	Models	Pipelines used	H/mm	Groove width/mm
A	M1	P3	300	600
	M2		400	
	M3		500	
B	M4	P3	500	400
	M5			800
C	M6	P1	500	600
	M7	P2		
	M8	P4		
D	M9	—	500	400
	M10			600
	M11			800
E	M12	—	300	600
	M13		400	

To prevent the reflection of vibration energy by a fixed boundary, which may cause errors in Abaqus dynamic analysis, the model used an infinite element boundary to simulate far-field infinite soil[45]. The boundary region was divided into grids by sweeping, and the sweeping direction was along the direction outside the boundary. The boundary unit type was then changed to CIN3D8R in the model's inp file. The infinite element boundary is shown in Fig. 3.

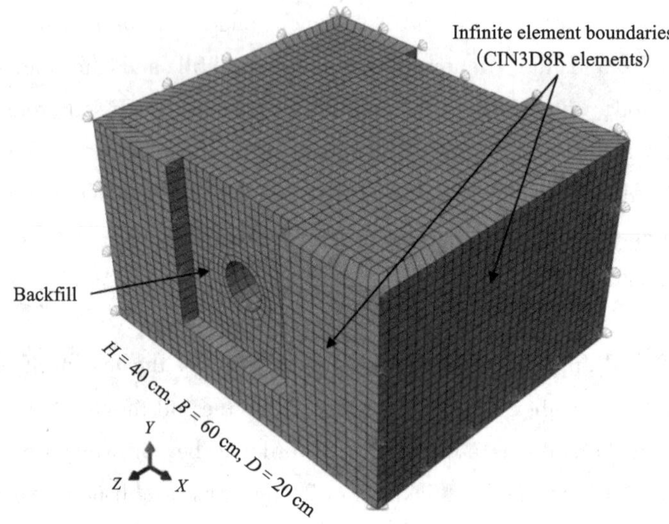

Fig. 3 The FE model of the test and the boundary conditions

3.6 Model validation

In order to ensure the rationality of each component model and its contact relationship, the FE simulation results of M3 under cyclic loading were compared to the experimental result of T3, including pipe top soil pressure and the vertical deformation of the pipe (ΔD), as shown in Fig. 4. The results obtained using the developed FE model agree well with the experimental data. In the first loading stage, the accuracy of the top soil pressure and (ΔD) reached 92.4% and 91.1%, respectively. This illustrates that the adopted techniques for modeling soil, pipeline and footing were reasonable and can accurately simulate the test system to yield reliable results.

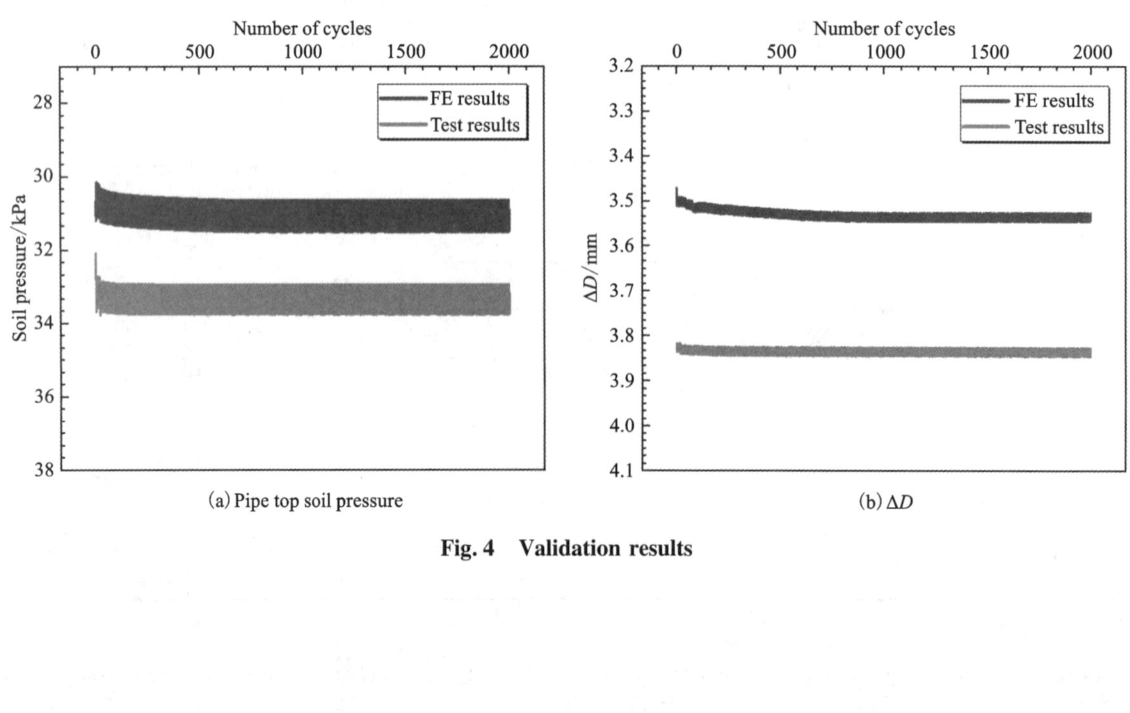

Fig. 4 Validation results

4 Repeatability

In order to ensure the accuracy of the test, T14 was performed as well. The test conditions of T14 were the same as T3. Fig. 5 shows that there was a good matching relationship between the two test results. Thus, we consider the sample preparation method and test results to be reliable.

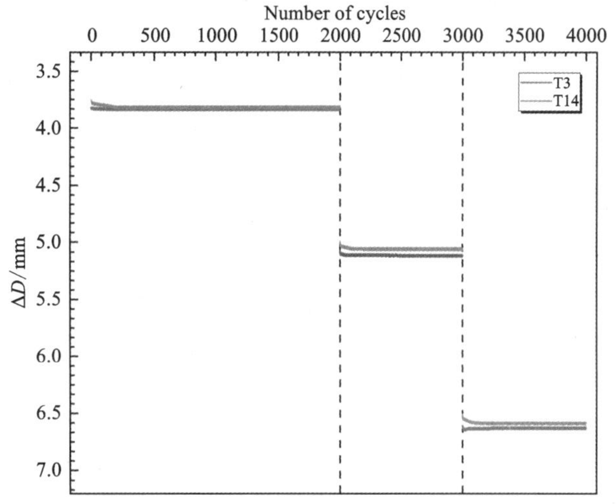

Fig. 5 Repeatability of buried pipes under repeated load conditions

5 Results and discussion

In this section, the effects of buried depth, groove width, and pipe diameter on the performance of the soil-pipe system are discussed. The distribution of soil pressure on the upper part of the pipe, the vertical deformation of the pipe, and the measurement results of the footing displacement are also introduced and discussed.

5.1 Soil arching under self-weight of fill

Taking T3 as an example, Fig. 6 shows the distribution of earth pressure at the top of the pipe. The theoretical earth pressure value and the earth pressure value in the pipeless conditions are also shown in the figure, and from them we can see that the earth pressure in the pipeless condition was less than the theoretical earth pressure. On VP1, the earth pressure at the depth of 20 cm was 3010Pa, which was 8.9% lower than the theoretical earth pressure. At 30 cm, 40 cm, and 50 cm, the earth pressure was 11.5%, 12.7%, and 13.8% lower than the theoretical earth pressure, respectively. The degree of reduction increased with the increase of burial depth. At the same time, on the same horizontal plane, the earth pressure without pipe decreased with the distance from the groove side wall. That is, the earth pressure at the center of the groove was the smallest. There also was a settlement difference between backfill and undisturbed soil, so the undisturbed soil had upward friction on the backfill. Moreover, with an increase in buried depth, the contact area between the two increased, and the friction force of undisturbed soil on the backfill soil also increased. Therefore, the difference between the measured earth pressure value and the theoretical earth pressure value at a larger buried depth was larger than that at a smaller buried depth.

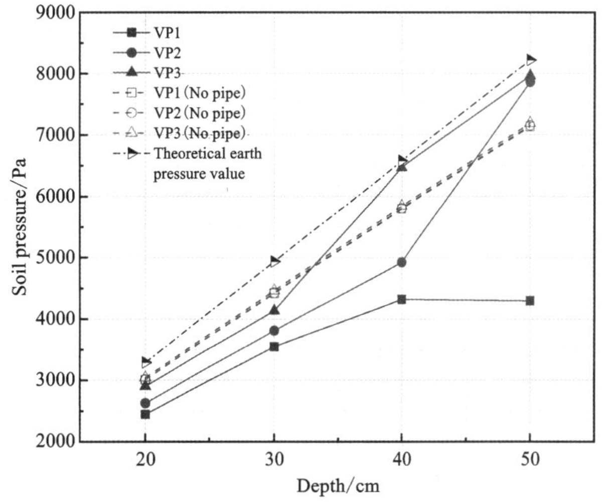

Fig. 6 Earth pressure at different positions above the pipeline

In addition to the stress transfer between the backfill soil and the undisturbed soil, the existence of the pipeline also caused stress transfer in the backfill soil, the soil arching effect[6]. For the case with the pipeline, the earth pressure on VP1 was further reduced compared to the case without the pipeline. The earth pressure values at each buried depth (from small to large) were 2440 Pa, 3547 Pa, 4321 Pa, and 4296 Pa, respectively, which were 25.7%, 28.2%, 35.4%, and 47.2% lower than the theoretical earth pressure value and 18.8%, 20.8%, 25.6%, and 39.8% lower than the earth pressure value without the pipeline, respectively.

On VP2, the soil pressure at buried depths of 20 cm and 30 cm was less than that without the pipe, but at 40 cm and 50 cm, the value was greater than that without the pipe. On VP3, except for the buried depth of 50 cm, the earth pressure values of other positions were less than those without the pipe. In addition, the earth pressure at different positions on the same horizontal plane was also different. The earth pressure on VP3 was the largest, followed by VP2, and the earth pressure at VP1 was the smallest. The earth pressure value increased with the distance from the center of the pipeline as well (VP1). This shows that the stress transfer occurred in the upper soil of the pipeline and that the range of the transfer area on the plane increased with the distance from the pipeline. Based on the results of the trapdoor test[26], the reduced pressure inside the "soil arch" is borne by the soil outside the shear band, which is the edge of the "soil arch". Therefore, the development range of a soil arch can be judged according to the soil pressure value everywhere.

In order to study the range and degree of the stress transfer area even further, the soil pressure value was normalized. That is, the measured soil pressure value with the pipeline was divided by the soil pressure value without the pipeline, resulting in what is called the soil arch coefficient[46], as shown in Fig. 7. At a buried depth of 50 cm (pipe top), the soil arch coefficients of VP2 and VP3 were 1.09 and 1.11, respectively, which indicates that the shear band was located between VP1 and VP2 on the horizontal plane and that the initial width of the soil arch is less than 20 cm, which is different from the results of the trapdoor test. In the trapdoor test, the initial width of the soil arch is equal to the width of the trapdoor[16-19]. A possible reason for this is that the vertical displacement at each point of the upper half cross section of the pipe is different. The displacement near the pipe top is much larger than that near the pipe side, while the displacement of the trapdoor is the same.

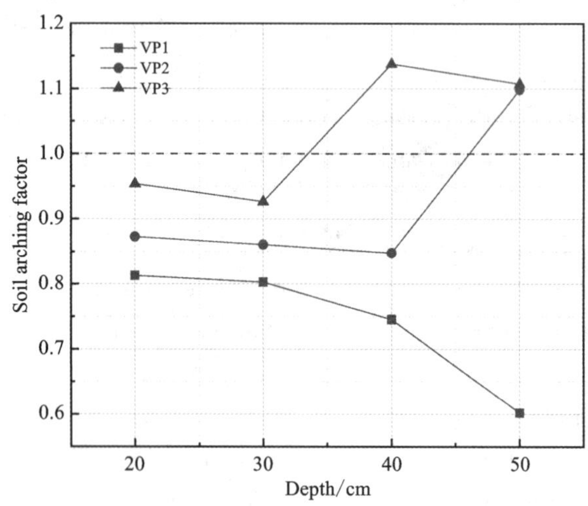

Fig. 7 Soil arch coefficient at different positions above the pipeline

The soil arching coefficients of VP2 and VP3 at the buried depth of 40 cm were 0.85 and 1.14, respectively, and the shear zone was located between VP2 and VP3. At the buried depths of 20 and 30 cm, the soil arch coefficients of the three planes were less than 1, and the outer side of VP3 was where the shear zone developed, so the soil arch width was greater than 40 cm. From the above results, we can see that unlike the soil arch in the trapdoor test, the soil arch in the pipe-soil system developed outward. That is, the width of the soil arch increased with the distance from the top of the pipe. The main reason for this is that the backfill in the pipe-soil system was layered, and the vertical displacement of the pipeline was the result of the earth pressure above it, meaning that the backfilling and pipeline deformation occurred simultaneously. The stability of a soil arch depends on whether it has enough buried depth. When a pipeline begins to deform, the thickness of the overburden may not be enough to support a stable soil arch, so the soil arch develops the unstable characteristic of outward development. Since the displacement of the trapdoor is the result of human action, and its displacement is not related to the buried depth. On VP1, the soil arch coefficient of each buried depth (from small to large) was 0.82, 0.80, 0.75, and 0.60, respectively. The soil arch coefficient decreased with buried depth, and the soil arch effect decreased with the distance from the pipe top.

5.2 The effects of dynamic load on the pipe-soil system

In this section, the experimental phenomena and results of pipe-soil system under dynamic load are introduced in detail by once again taking T3 as an example.

5.2.1 Footing settlement and pipe deformation

The trends in vertical deformation of pipeline (ΔD) and footing settlement (F_s) with cycle number are shown in Fig. 8. The figure shows that ΔD and F_s decreased with the number of cycles. However, ΔD reached stability after a small number of cycles (100 cycles at 20 kN), and F_s needed to undergo more cycles to reach stability (600 cycles at 20 kN). This indicates that the early process of reorientation of particles in the side fill of the pipe, causing local side fill stiffening, ceased relative rapidly and that the system reached an elastic stability. The reason for the continuous change in F_s is related to the restriction of soil surface[29].

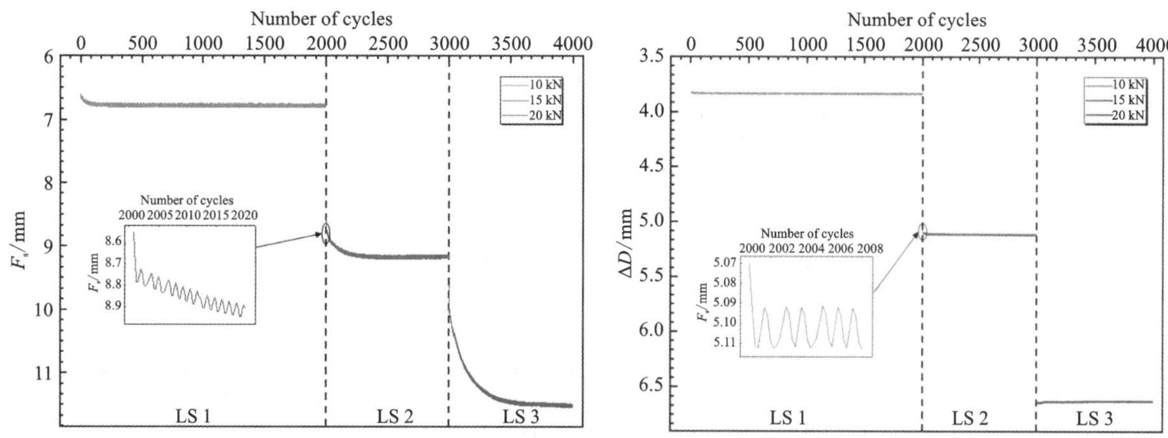

(a) ΔD (b) F_s

Fig. 8 Vertical deformation of pipe (ΔD) and foot settlement (F_s) of pipelines during cyclic loading

Elshesheny[47] assumed that the trapezoidal soil between the base foot and the pipeline was constant and occupied a specific volume. The volume of the soil between the base foot and the pipeline was determined according to F_s and ΔD, as shown in Fig. 9, and the soil densification was determined according to Formula 3.

$$\text{Densification degree}(\%) = \frac{(D_c - D_i)}{D_i} * 100 \tag{2}$$

where: D_c is the sand density at a certain cycle of the applied loading profile, and D_i is the sand density before applying the loading profile.

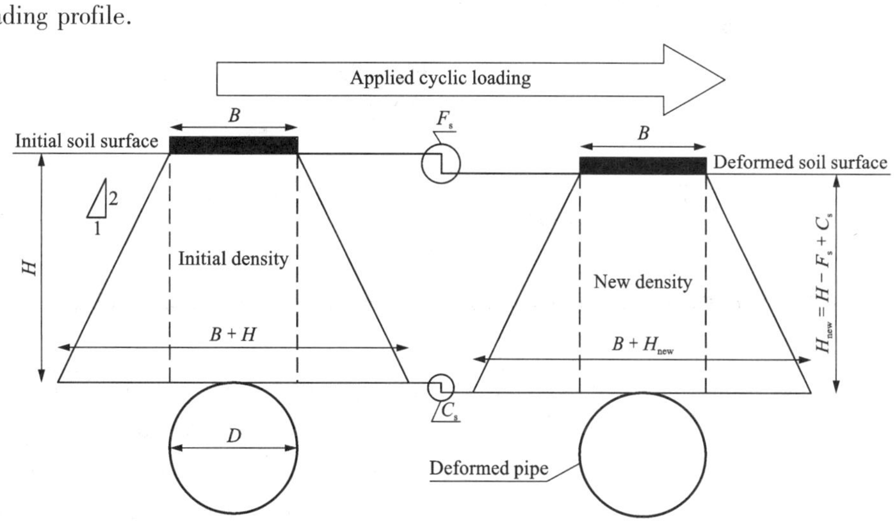

Fig. 9 Soil cover before and after cyclic loading (trapped trapezoidal volume variation)[47]

According to Formula 3, in the third loading stage, the density of the soil increased between 100-600 cycles, reaching 2.1% at 600 cycles. Although increase in soil density should lead to a decrease in ΔD[35], according to our test results, ΔD did not change significantly between 100 and 600. This shows that F_s was related more to the restriction of the soil surface with increased cycle times, rather than increased soil compactness. It is therefore unreasonable to determine the density of the soil by the definitions of ΔD and F_s.

5.2.2 Pressure distribution in the pipe-soil system

Fig. 10 shows the distribution of earth pressure above the pipeline under cyclic loading. Because the backfill soil was dense, the earth pressure only increased slightly at the beginning of each loading stage (about 100 cycles), and then rapidly stabilized. The soil pressure at VP1 and VP2 decreased with buried depth, but the maximum value of VP3 was not at the buried depth of 20 cm but rather the buried depth of 40 cm. Because the buried depths of 20 and 30 cm were shallow and far away from the center of the loading plate, the stress transmitted here was small.

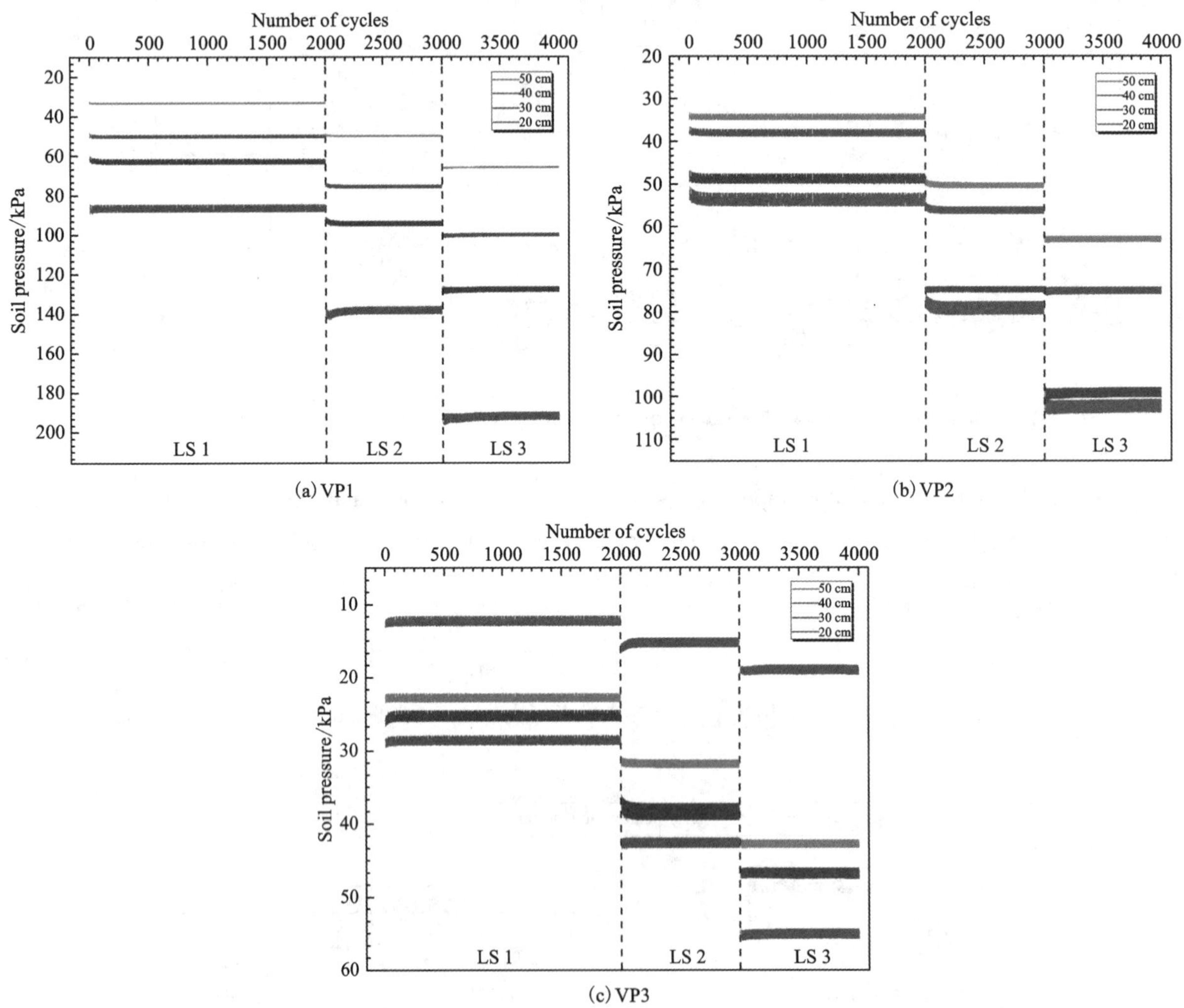

Fig. 10 Variation of earth pressure above the pipeline with the number of cycles

After the earth pressure value was stabilized, the measured pressure amplitude (excluding the self-weight of the soil) was divided by the corresponding load applied amplitude to obtain the load transfer rate (LTR) as shown in Fig. 11. The LTR of the case without piping is also plotted in the figure for comparison. We can see from the diagram that the existence of the pipeline caused the redistribution of stress in the soil above the pipeline. In the first loading stage, the LTR at each buried depth on VP1 was greater than that without the pipeline. Only the LTR at the depth of 50 cm on the VP2 was smaller than that without the pipeline. Additionally, the LTR of VP3 at buried depths of 20 and 50 cm was smaller than that without the pipeline. Under the action of dynamic load, the existence of the pipeline did not reduce the soil pressure on the upper part of the pipeline, and the applied load was transmitted to the pipeline with less attenuation. According to the DIC observation results in the movable door test[48], the existence of surface overload makes the shear band in the soil penetrate all the soil. We can thus infer that the existence of additional load causes the soil above the pipeline to form a connected shear band, where the load is borne more by the soil within the shear band, and the load decays slowly in this range. The load borne by the soil outside the shear band primarily comes from the friction between the soil inside and outside the shear band due to differential settlement, which only accounts for a small part of the total load. Therefore, the position of the shear can be determined by comparing the LTR of the cases with and without pipe.

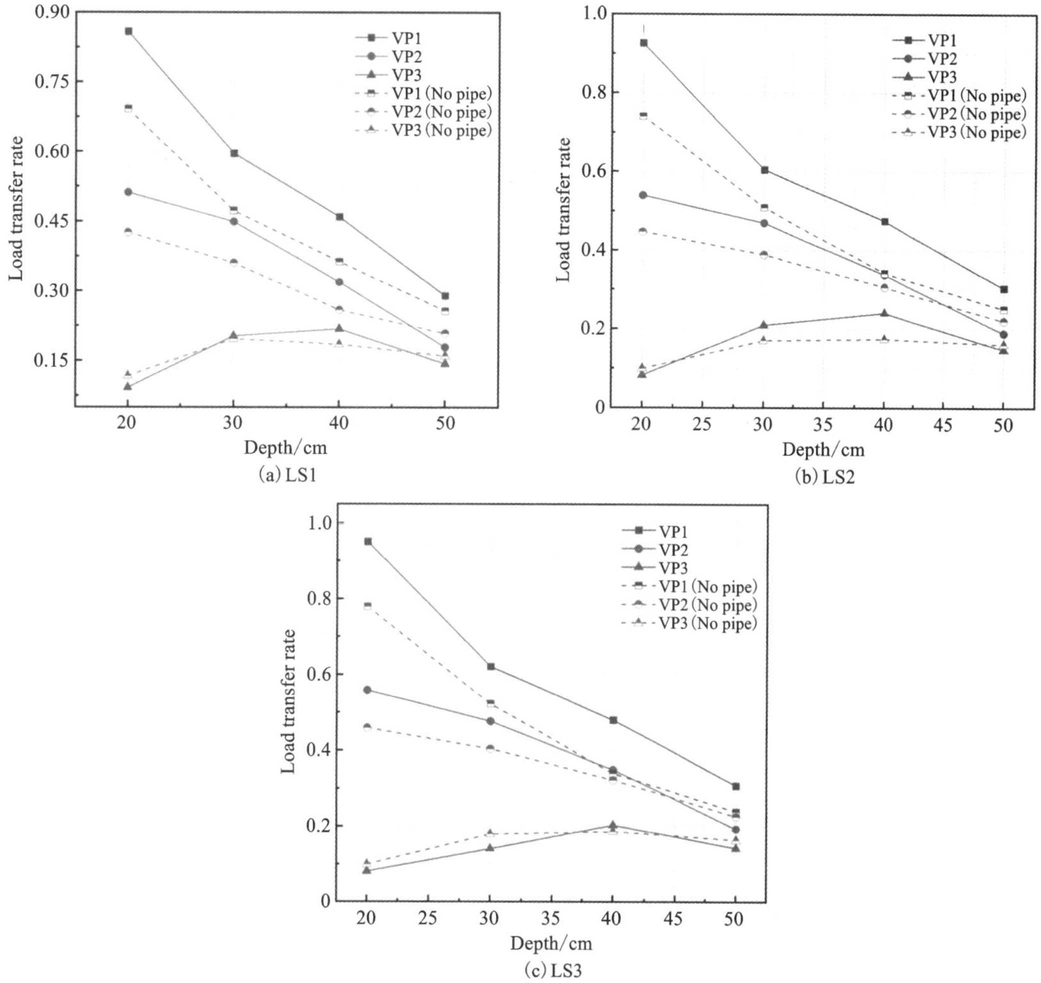

Fig. 11 The load transfer rate (LTR) at different positions above the pipe

Fig. 12 is the displacement diagram of the FE model. The maximum displacement rate of change in the soil is defined as the shear band[49], as shown in the imaginary line. Fig. 12(a) reflects well the development and shape of the shear band in the soil at the first loading stage. On the soil surface, the shear band was located between VP2 and VP3; at buried depths of 20 and 30 cm, the shear band was located outside VP3; and at the depth of 50 cm, the shear band was located between VP1 and VP2. The soil between the shear bands narrower at both ends (the top of the pipe and the surface of the filling) and wider in the middle as well. In the second and third loading stages, the LTR at each point on VP1 was larger than that in the first loading stage, and the LTR in the third stage was larger than that in the second stage. Furthermore, the LTR of each point on VP3 in the third loading stage was smaller than that of condition without a pipeline. As shown in Fig. 12(b) and (c), the increase in load reduced the area within the shear bands, which means that the additional load was borne by less soil, causing the LTR to increase accordingly. From the above analysis, we conclude that under the action of dynamic load, the presence of a pipeline does not reduce the soil pressure on the upper part of the pipeline but instead forms a shear band in the soil, and the load is directly transmitted to the pipeline with less attenuation.

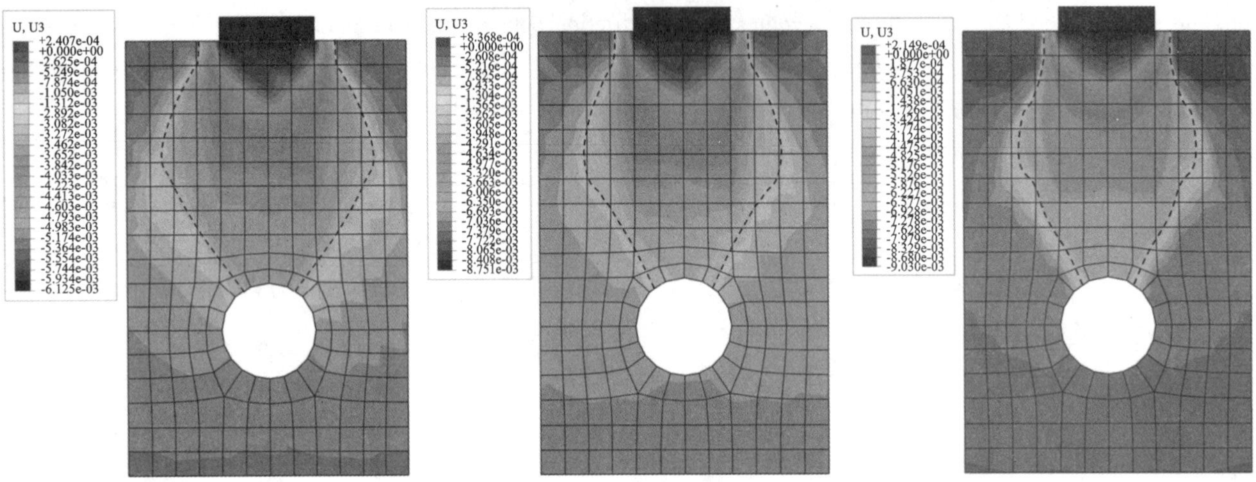

(a) LS1 (b) LS2 (c) LS3

Fig. 12 The displacement diagram of the FE model

Fig. 13 is the stress nephogram of the pipe-soil system and the nonpipe case in the third loading stage. We can see from the figure that the pressure in the pipe-soil system was more concentrated than that in the nonpipe condition, which is consistent with the test data. In addition, since the lateral deformation of the pipeline was limited by the soil on the pipe side, the soil pressure on the pipe side was large, which is consistent with the test results of Arockiasamy M, Chaallal O et al.[50, 51]. The soil pressure at the bottom of the pipe was small, and the displacement of the pipe bottom observed during the test was 0.075 mm, which was very small compared to the vertical deformation of the pipe (see Table 7). The earth pressure transferred below the pipeline was borne mostly by the soil near the side wall of the trench.

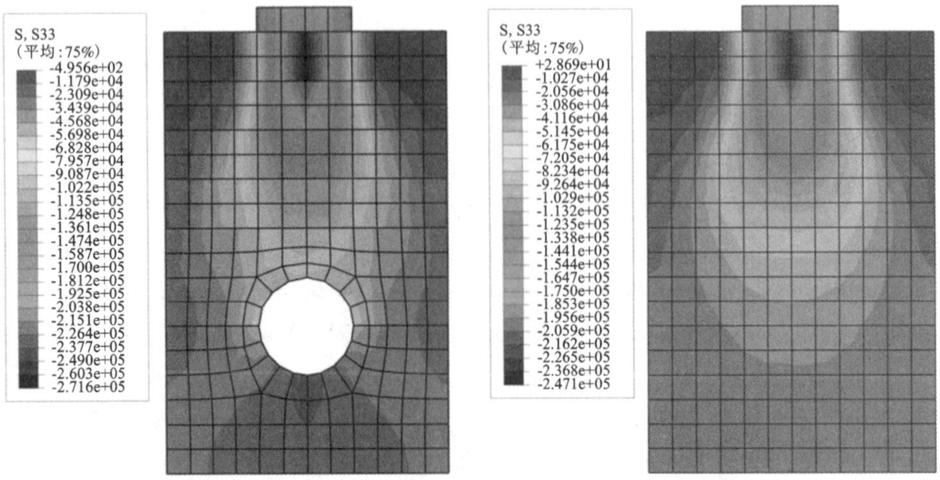

(a) (b)

Fig. 13 The stress nephogram of (a) the pipe-soil system and (b) the nonpipe case

Table 7 The ΔD, F_s, and bottom displacement of pipeline in different working conditions

Tests	ΔD/mm			F_s/mm			Pipe bottom displacement/mm		
	LS 1	LS 2	LS 3	LS 1	LS 2	LS 3	LS 1	LS 2	LS 3
T1	5.54	7.23	8.81	8.95	9.25	10.55	0.018	0.024	0.026
T2	4.53	5.88	7.55	8.32	11.47	13.51	0.012	0.019	0.021
T3	3.84	5.12	6.63	6.81	9.18	11.53	0.010	0.015	0.017
T4	4.24	4.74	6.03	6.34	8.15	10.89	0.013	0.018	0.021
T5	3.52	4.95	6.21	6.52	8.46	11.37	0.008	0.013	0.015
T6	2.44	3.28	3.92	5.22	7.15	8.66	0.006	0.011	0.013
T7	3.25	4.53	5.79	6.25	8.64	10.75	0.011	0.015	0.019
T8	4.52	5.87	8.79	7.58	9.71	12.79	0.016	0.021	0.023
T14	3.81	5.06	6.58	7.13	9.31	10.83	0.012	0.016	0.018

5.3 The influence of various factors on the pipe-soil system under dynamic load

5.3.1 Depth

Fig. 14 shows the distribution of earth pressure at the top of the pipe at different buried depths. Importantly, the earth pressure in the figure is the amplitude of the last loading cycle and does not include the self-weight stress of the soil. In the first loading stage, the pressure transmitted to the top of the pipe reached 56.3 kPa in T1 (H=30 cm), and the pressure value decreased with an increase in buried depth. In T2 (H=40 cm) and T3 (H=50 cm), the pressure values decreased to 42.3 kPa and 33.2 kPa, which were 24.9% and 41.1% lower than those of T1, respectively. In the second loading stage, T2, and T3 decreased by 26.1% and 42.9% compared to T1, and in the third loading stage, these reductions were 28.2% and 46.3%, respectively. An increase in buried depth allows more soil to bear the applied load, and simultaneously increases the length of the shear band, which increases the friction between the soil both inside and outside the shear band. In the third loading stage, when the load is large, the reduction in the top pressure is particularly evident. Additionally, among the three loading stages, T1 had the smallest earth pressure at the buried depth of 30 cm on VP1, and T2 had the smallest earth pressure at the buried depth of 40 cm. These two positions were the tube top positions of T1 and T2, respectively.

Taking the second loading stage as an example, the effect of buried depth on the location of the shear band is illustrated in Fig. 15. The earth pressure on VP1 in the three tests was greater than that of the nonpipe case, and the earth pressure of T1 at the depth of 20 cm on VP2 was greater than that of the nonpipe case. Furthermore, the pressure on VP3 was less than that of the nonpipe case, which indicates that the shear band in T1 was always between VP1 and VP2. The pressure of T2 and T3 at 30 and 40 cm buried depths on VP3 was greater than that of the nonpipe case, however, so the shear band developed to the outside of VP3 at these two places, which also shows that the width of the soil surrounded by the shear band of T2 and T3 was greater than that of T1.

The FE model displacement diagram shown in Fig. 15 intuitively reflects this phenomenon. We can see from the figure that the reduction in the buried depth of the pipeline reduced the width between the two shear bands, and the load was more concentrated downward. This is also the reason why the earth pressure in the shear zone increased with the decrease in the buried depth of the pipe except at the top of the pipe in the shear zone. The earth pressure on the top of the pipe in these three tests was greater than the earth pressure at the same position in the pipeless case. The stress transfer caused by the uneven settlement between the soil below the footing and the adjacent soil did not completely eliminate the stress concentration caused by the decrease in the volume of the soil bearing the load, however. Under the action of surface overload, the soil arching effect in the soil above the

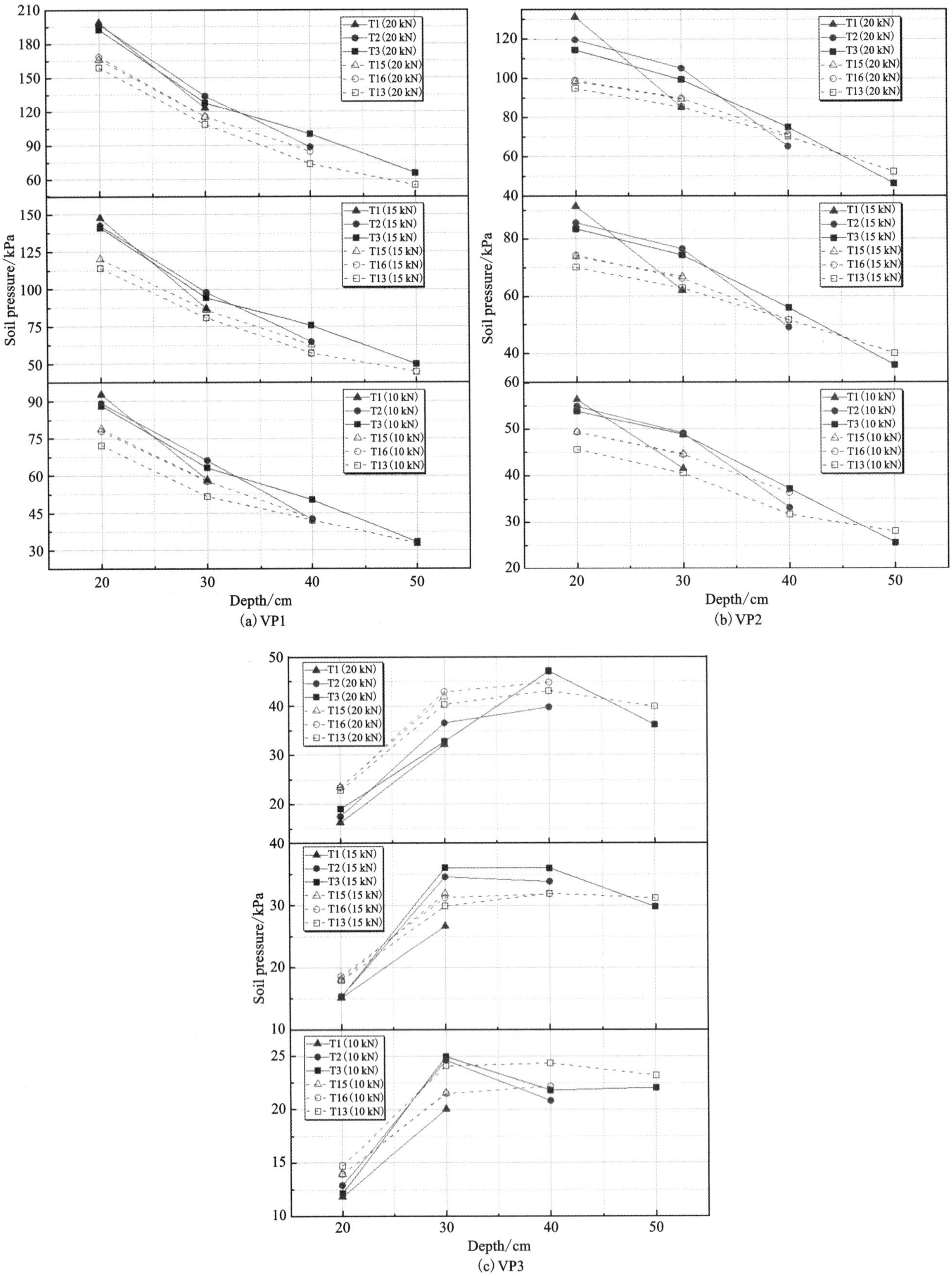

Fig. 14 The soil pressure at different positions above the pipe

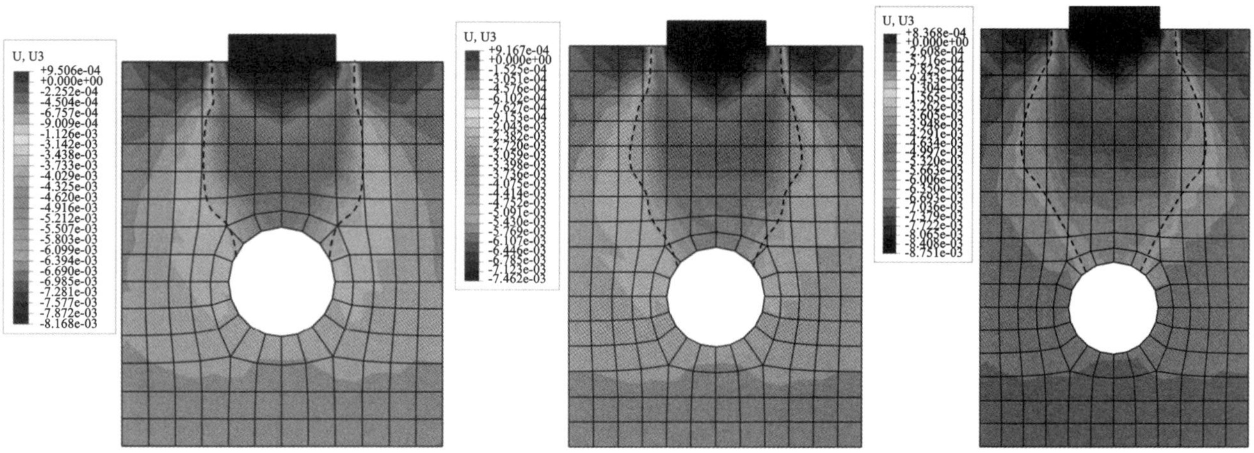

(a) H = 30 cm　　(b) H = 40 cm　　(c) H = 50 cm

Fig. 15 The displacement diagram of the FE model

pipeline did not protect the pipeline well.

5.3.2 Groove width

Fig. 16 shows the influence of groove width on soil pressure distribution. In the first loading stage, the earth pressure on the top of the pipe in T4 (B=400 mm) was the largest, reaching 35.2 kPa, and as the groove width increased, the pressure transmitted to the top of the pipe decreased. In T3 (B=600 mm) and T5 (B=800 mm), the pressure values decreased to 33.1 kPa and 32.1 kPa, which were 6.1% and 8.9% lower than T3, respectively. However, in the second loading stage, the minimum earth pressure on the top of the pipe appeared in T4, at 42.4 kPa, which was 14.9% and 9.5% lower than that of T3 and T5 respectively. A similar situation occurred in the third loading stage. The pipe-soil pressure of T4 was 56.8 kPa, which was 13.6% and 9.6% lower than that of T3 and T5, respectively. In the second and third loading stages, grooves with a width of 400 mm protected the pipe better than grooves of 600 mm or 800 mm.

In the first loading stage, the earth pressure values of T4 on VP3 were smaller than those of the nonpipe case, so the shear zone did not develop to VP3. In the second and third loading stages, the earth pressure of T4 at 30 and 40 cm buried depth on VP3 was greater than that of the nonpipe case, and the shear zone developed to the groove side wall (VP3). The shear band in T4 did not decrease with an increase in load as described in 5.2.2 but instead developed upward along the trench side wall in the second and third loading stages. Due to the differences in stress and deformation between the backfill and undisturbed soil, the contact surface between them was a shear weak surface, and under large stress, a large settlement difference occurs between backfill and undisturbed soil at this weak surface. In the second and third loading stages, the stress at the side wall of the trench exceeded the shear strength of the contact surface. There was a significant settlement difference between the backfill and the undisturbed soil, and the shear zone developed upward along the side wall of the trench.

The displacement diagram of the FE model shown in Fig. 17 illustrates the development of these shear bands. In addition, in the second loading stage, the pressure of T4 on VP3 with buried depths of 30 and 40 cm was 39.8 kPa and 47.9 kPa, respectively, which was 10.8% and 18.6% higher than that of T3, and 20.9% and 19.8% higher than that of T5. A similar phenomenon occurred in the third loading stage. The settlement difference between the undisturbed soil and backfill soil led to the full development of the friction force between the two, and the pressure acting on the backfill soil was transferred to the undisturbed soil via this force. Therefore, the earth pressure value of T4 at the second and third loading stages was smaller than that of T3 and T5.

For T3 and T5, in all three loading stages the soil area between the shear bands increased with groove width,

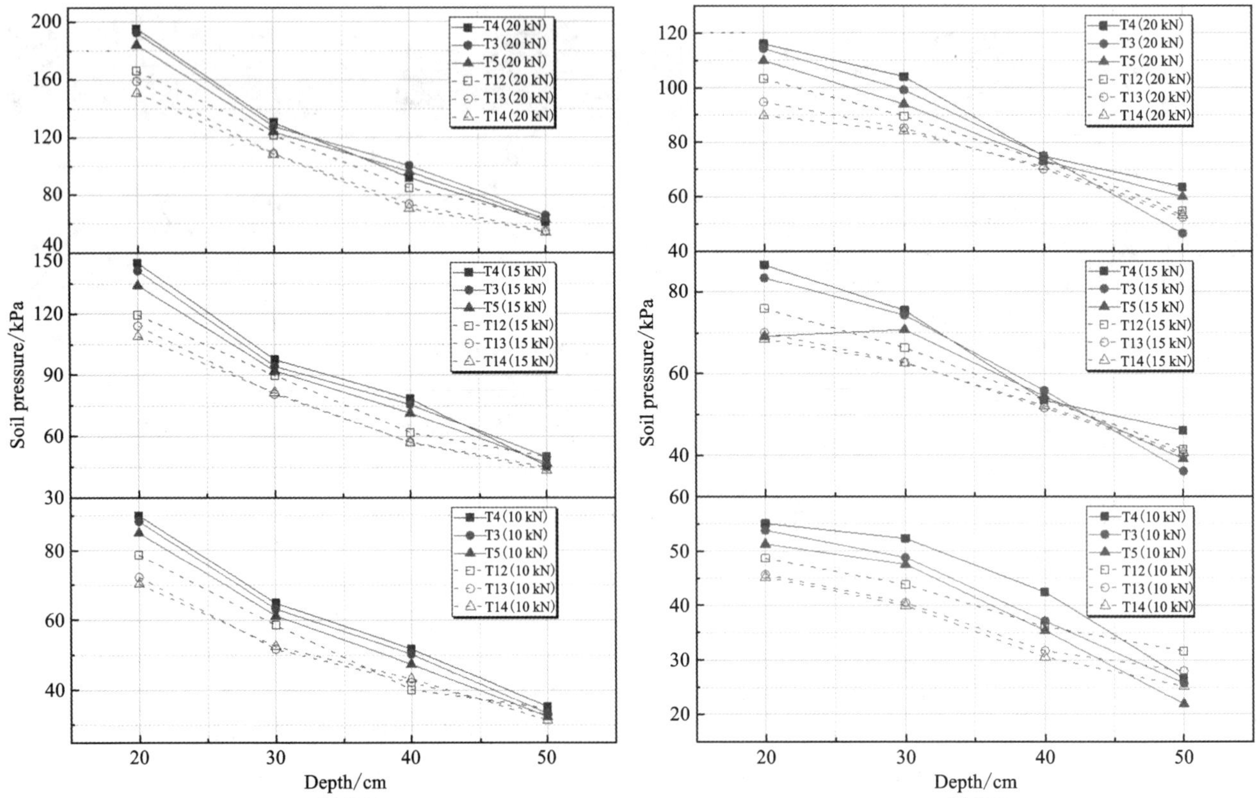

(a) VP1 (b) VP2

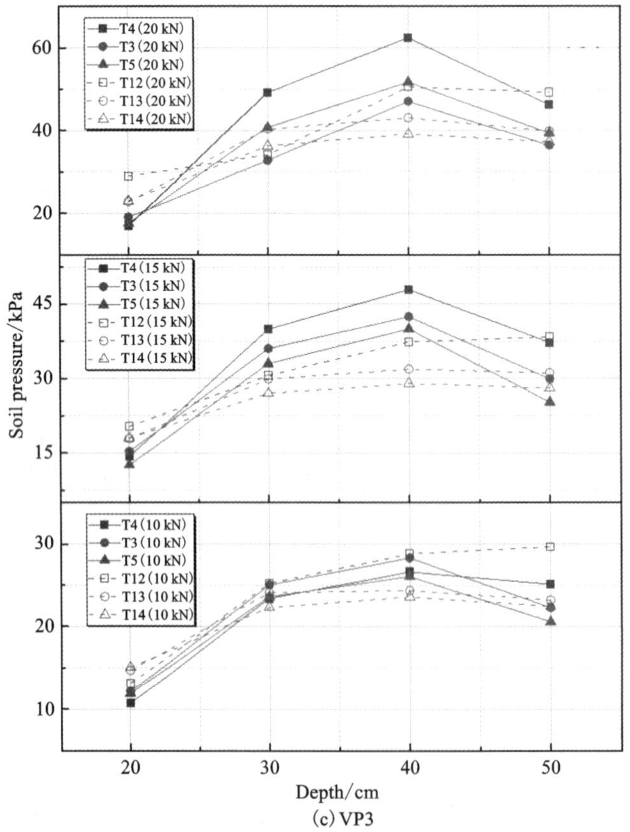

(c) VP3

Fig. 16 The soil pressure at different positions above the pipe

as shown in Fig. 17. The pressure in the shear band decreased with increasing groove width.

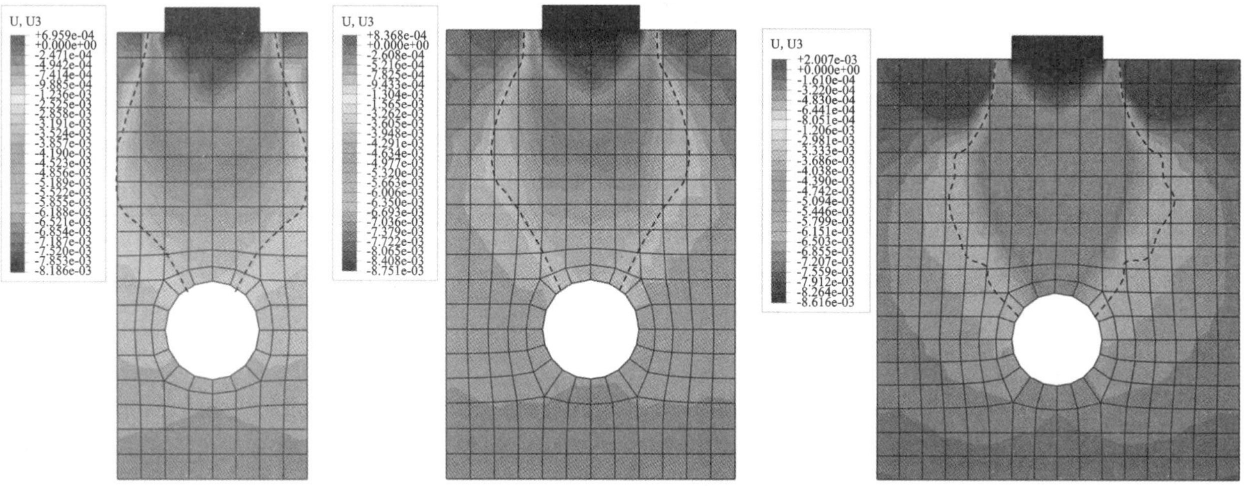

(a) $B = 40$ cm (b) $B = 60$ cm (c) $B = 80$ cm

Fig. 17 The displacement diagram of the FE model

5.3.3 Pipe diameter

Fig. 18 shows the earth pressure data above the pipe due to the change in pipe diameter. In the first loading stage, the maximum earth pressure on the top of the pipe appeared in T6 ($D = 110$ mm) and was 39.1 kPa. With an increase in pipe diameter, the pressure transmitted to the top of the pipe decreased. The pressure of T7 ($D = 160$ mm), T3 ($D = 200$ mm), and T8 (D = 250 mm) decreased to 36.1 kPa, 33.2 kPa, and 29.2 kPa respectively, which were 7.7%, 15.1%, and 25.4% lower than that of T6. A similar situation occurred in the second loading stage. The top earth pressure of T6 was 60.1 kPa, and the pressure of T7, T3, and T8 decreased by 8.9%, 17.2%, and 21.7% respectively compared to T6. However, in the third loading stage, the top earth pressure of T8 was no longer the minimum value, and the top earth pressure of other working conditions decreased with an increase in pipe diameter.

According to the earth pressure data in Fig. 18, in the third loading stage the shear band of T3 at a depth of 40 cm developed to the outside of VP3, but the shear band of T6 with a larger diameter than T3 was located between VP2 and VP3. In addition, the soil area surrounded by the shear band in T6 was smaller than that in T3. We can also see from Table 7 that in the three loading stages, the settlement increment (F_{si}) of the footings were 0, 1, and 2 respectively and that the vertical deformation increments (ΔD_i) of the pipeline were 0, 1, and 2 respectively. In the third loading stage, F_{si} was almost equal to ΔD_i, and the shear band in T6 seemed to develop steeply upward from the pipe side to the footing edge.

For the rest of the conditions, according to the comparison of the earth pressure data with and without the pipe as shown in Fig. 18 and the displacement diagram of the FE model in Fig. 19, we can see that the width of the soil between the shear bands increased with pipe diameter. The diameter of the pipe directly affected the initial width of the soil between the shear bands at the top of the pipe and further affected the lateral development of the shear band. Therefore, the width of the soil between the shear bands above the larger diameter pipe was larger, and the soil pressure in the shear band was smaller.

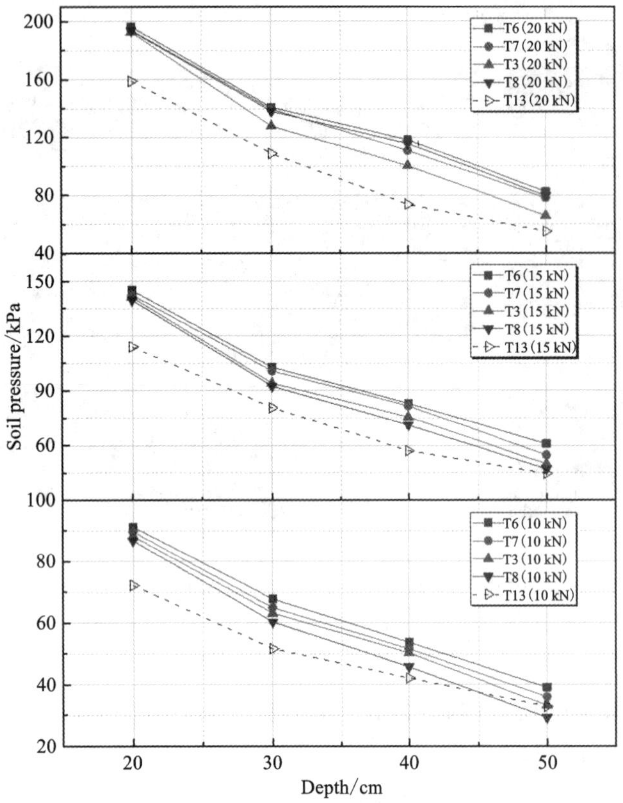

(a) VP1

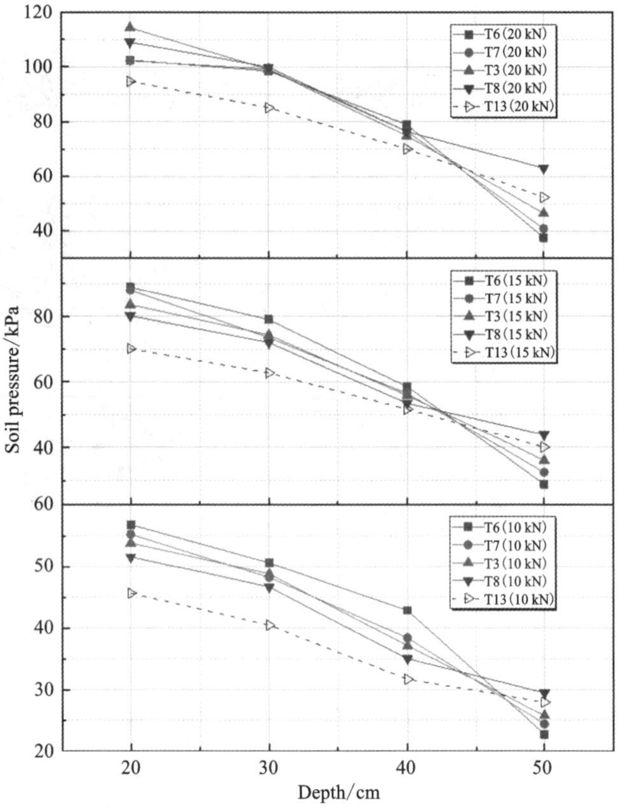

(b) VP2

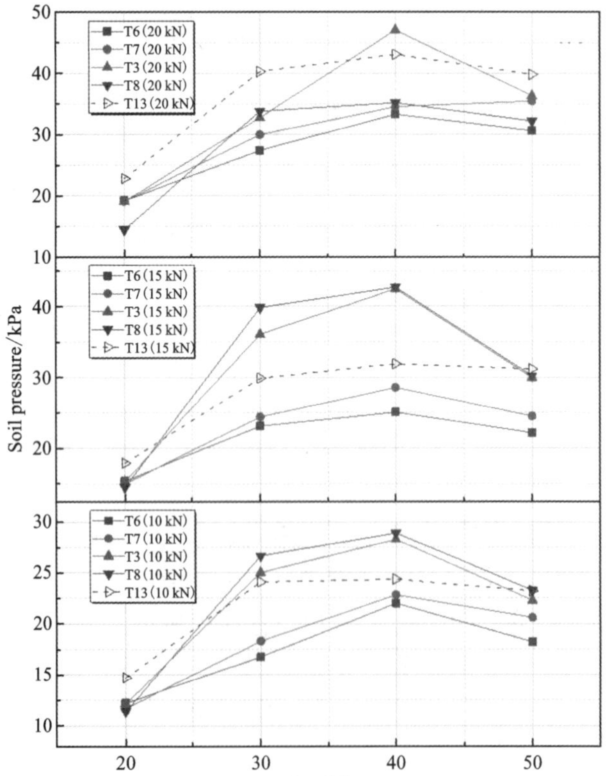

(c) VP3

Fig. 18　The soil pressure at different positions above the pipe

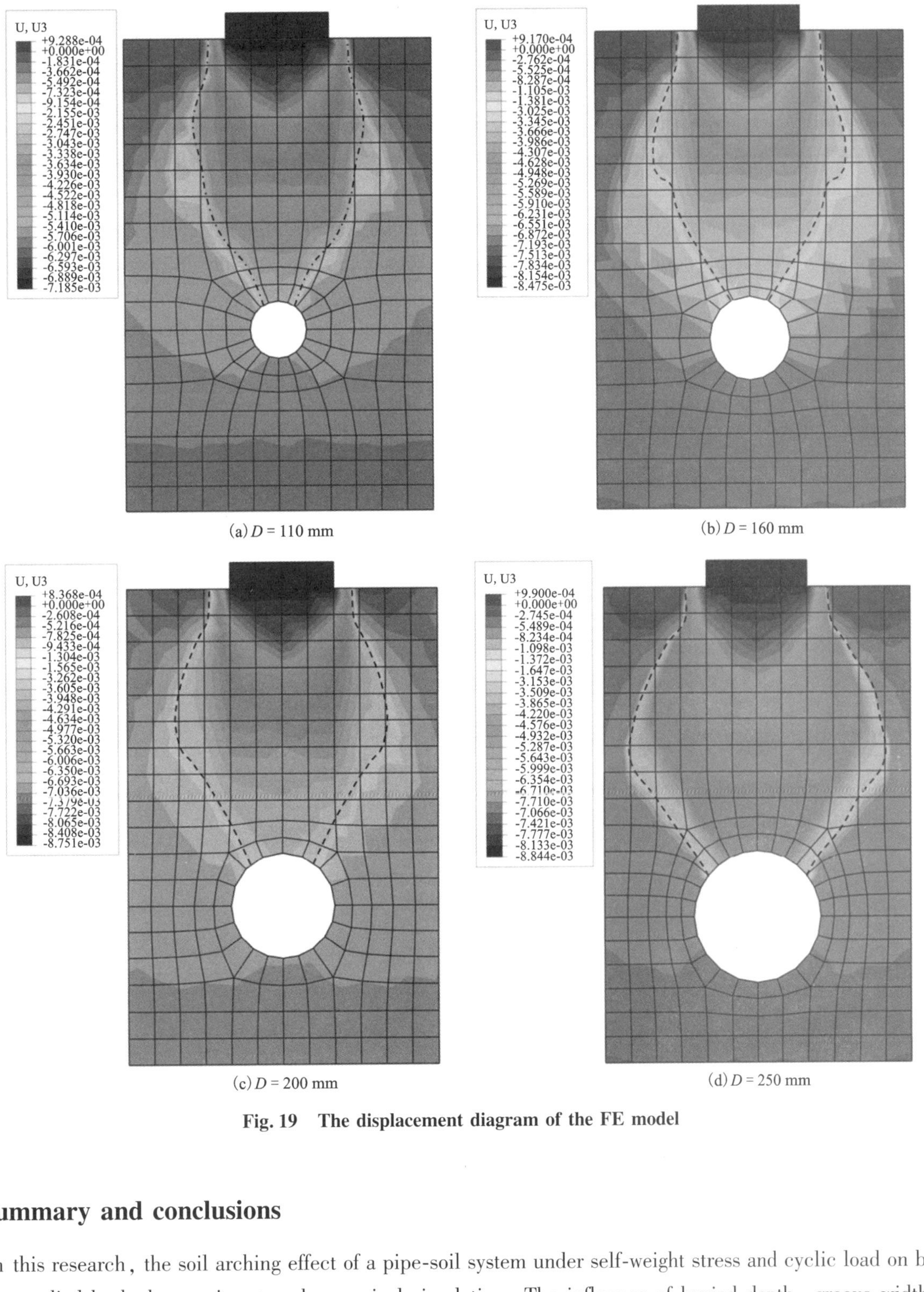

(a) $D = 110$ mm (b) $D = 160$ mm (c) $D = 200$ mm (d) $D = 250$ mm

Fig. 19 The displacement diagram of the FE model

6 Summary and conclusions

In this research, the soil arching effect of a pipe-soil system under self-weight stress and cyclic load on backfill soil was studied by both experiment and numerical simulation. The influence of buried depth, groove width, and pipe diameter on soil arching were examined in detail, and the results lead us to the following conclusions.

(1) Under the action of the self-weight of the backfill, the initial width of the soil arch in the pipe-soil system was smaller than the pipe diameter, and the soil arch developed outward with the distance from the pipe top.

(2) Under cyclic loading, the settlement value of the base foot in T3 needed to go through 600 cycles to achieve stability, but the vertical deformation value of the pipe top reached a stable state after only 100 cycles. The

displacement of the pipe bottom was far less than the settlement of the base and the vertical deformation of the pipe top.

(3) The applied load made the soil above the pipeline form a shear band through the soil, and the load was transmitted to the top of the pipe with less attenuation in the soil within the shear band. The soil arching effect in the soil above the pipeline did not play a role in protecting the pipeline, the earth pressure at the bottom of the pipe was small, and the earth pressure transmitted to the bottom of the pipe was mostly borne by the soil near the side wall of the groove.

(4) The pressure transmitted to the top of the pipe is affected by the parameters of the pipe and the embedding conditions. The buried depth of the pipeline determines the length of the shear band. The increase of the length of the shear band increases the friction between the soil inside and outside the shear band, and the external load is more transferred to the soil outside the shear band. The diameter of the pipe affects the initial width of the soil between the shear bands, thus affecting the lateral development of the shear band. The groove width is another key factor affecting the lateral development of the shear band.

Acknowledgments

The authors thank AiMi Academic Services (www. aimieditor. com) for English language editing and review services.

Funding

This research did not receive any specific grant from funding agencies in the public, commercial, or not-for-profit sectors.

Data availability statement

Due to the sensitive nature of the questions asked in this study, survey respondents were assured raw data would remain confidential and would not be shared.

References

[1] U. S. Department of Transportation. Pipeline Failure Investigation Reports | PHMSA 2018. https: //www. phmsa. dot. gov/safety-reports/pipeline-failure-investigation-reports.

[2] MOSADEGH A, NIKRAZ H. Buried pipe response subjected to traffic load experimental and numerical investigations[J]. International Journal of GEOMATE 2017, 13: 1-8. https: //doi. org/10. 21660/2017. 39. 91957.

[3] PETER J M, CHAPMAN D, MOORE I D, et al. Impact of soil erosion voids on reinforced concrete pipe responses to surface loads[J]. Tunnelling and Underground Space Technology, 2018, 82: 111-124. https: //doi. org/10. 1016/J. TUST. 2018. 08. 003.

[4] YOUNG M F. Effect of Free-Stream Velocity Vector and Aspect Ratio on the Output of a Free-Standing Circular Disk Heat Flux Gage[J]. J Heat Transfer, 1984, 106: 229-33. https: //doi. org/10. 1115/1. 3246640.

[5] EZZELDIN I, EL NAGGAR H. Earth pressure distribution around flexible arch pipes[J]. Eng Struct, 2021: 237. https: //doi. org/10. 1016/J. ENGSTRUCT. 2021. 112226.

[6] MARSTON A. The theory of loads on pipe in ditches and tests of cement and clay drain tile and sewer pipe[J]. Bulletin, 1913: 31.

[7] REN-PENG C, CHEN Y M, LING D S. Analysis of vertical pressure on buried pipeline with case study[J]. Journal of Zhejiang University-SCIENCE A, 2000, 1: 4 2000; 1: 414-20. https: //doi. org/10. 1631/JZUS. 2000. 0414.

[8] SPANGLER M G. Protection of underground structures by arch action associated with the imperfect ditch method of construction [J]. Proceedings of the Symposium on Soil-Structure Interaction University of Arizona, Tucson, Arizona, 1964: 531-46.

[9] MEYERHOF G G, ADAMS J I. The Ultimate Uplift Capacity of Foundations[J]. Canadian Geotechnical Journal, 1968, 5: 225-244. https://doi.org/10.1139/T68-024.

[10] REN-PENG C, CHEN Y M, LING D S. Analysis of vertical pressure on buried pipeline with case study[J]. Journal of Zhejiang University-SCIENCE A, 2000, 1: 4; 2000, 1: 414-420. https://doi.org/10.1631/JZUS.2000.0414.

[11] MCGRATH T J. Calculating Loads on Buried Culverts Based on Pipe Hoop Stiffness: Https://DoiOrg/103141/1656-10, 1999: 73-9. https://doi.org/10.3141/1656-10.

[12] Canadian Highway Bridge Design Code. CAN/CSA-S6-19-Canadian Standards Association (CSA) [S]. Mississauga, Ontario, 2019.

[13] American Association of State Highway and Transportation Officials. AASHTO LRFD bridge design specifications (second edition)[S]. Sec. 12, Washington (D. C.), 2012.

[14] PETTERSSON L, SUNDQUIST H. Design of soil-steel composite bridges. TRITA-BKN Rep. No. 112, 5th Edition, Dept. of Architectural and Civil Engineering, Royal Institute of Technology, KTH, Stockholm, Sweden, 2014.

[15] TERZAGHI K. Stress distribution in dry and in saturated sand above a yielding trapdoor[ ]. First International Conference on Soil Mechanics and Foundation Engineering, 1936: 307-311.

[16] EVANS C H. An examination of arching in granular soils[M]. Dept. of Civil Engineering, MIT, 1983.

[17] MCNULTY J. An Experimental Study of Arching in Sand, 1965.

[18] MEYERHOF DRG. A study of the trap-door problem in a granular mass: discussion[J]. Canadian Geotechnical Journal, 1969, 6: 15. https://doi.org/10.1139/T69-002.

[19] TANAKA T, SAKAI T. Progressive failure and scale effect of trap-door problems with granular materials[J]. SOILS AND FOUNDATIONS, 1993, 33: 11-22. https://doi.org/10.3208/SANDF1972.33.11.

[20] COSTA Y D, ZORNBERG J G, BUENO B S, et al. Failure Mechanisms in Sand over a Deep Active Trapdoor[J]. Journal of Geotechnical and Geoenvironmental Engineering, 2009, 135: 1741-1753. https://doi.org/10.1061/(ASCE)GT.1943-5606.0000134.

[21] DEWOOLKAR M M, SANTICHAIANANT K, KO H Y. Centrifuge Modeling of Granular Soil Response Over Active Circular Trapdoors[J]. Soils and Foundations, 2007, 47: 931-945. https://doi.org/10.3208/SANDF.47.931.

[22] IGLESIA G R, EINSTEIN H H, WHITMAN R V. Investigation of Soil Arching with Centrifuge Tests[J]. Journal of Geotechnical and Geoenvironmental Engineering, 2014: 140. https://doi.org/10.1061/(ASCE)GT.1943-5606.0000998.

[23] DA SILVA BURKE T S, ELSHAFIE M Z E B. Arching in granular soils: Experimental observations of deformation mechanisms [J]. Geotechnique, 2021, 71: 866-878. https://doi.org/10.1680/JGEOT.19.P.174.

[24] DA SILVA BURKE T S, ELSHAFIE M Z E B. Arching in granular soils: Limit state equilibrium[J]. Geotechnique, 2021, 71: 700-13. https://doi.org/10.1680/JGEOT.19.P.175.

[25] RUI R, VAN TOL F, XIA X L, et al. Evolution of soil arching; 2D DEM simulations[J]. Comput Geotech, 2016, 73: 199-209. https://doi.org/10.1016/J.COMPGEO.2015.12.006.

[26] PARDO G S, SÁEZ E. Experimental and numerical study of arching soil effect in coarse sand[J]. Comput Geotech, 2014, 57: 75-84. https://doi.org/10.1016/J.COMPGEO.2014.01.005.

[27] OSMAN A S, JACOBSZ S W. Analysis of maximum arching conditions in active plane-strain trapdoors in sand[J]. Comput Geotech, 2019: 113. https://doi.org/10.1016/J.COMPGEO.2019.05.004.

[28] KHATRI D K, HAN J, PARSONS R L, et al. Performance of Buried Steel-Reinforced High-Density Polyethylene (SRHDPE) Pipes in a Shallow Cover under a Test Truck Load in a Full-Scale Field Test[J]. Pipelines 2016: Out of Sight, Out of Mind, Not Out of Risk-Proceedings of the Pipelines 2016 Conference, 2016: 1312-24. https://doi.org/10.1061/9780784479957.122.

[29] MOGHADDAS TAFRESHI S N, KHALAJ O. Laboratory tests of small-diameter HDPE pipes buried in reinforced sand under repeated-load[J]. Geotextiles and Geomembranes, 2008, 26: 145-163. https://doi.org/10.1016/J.GEOTEXMEM.2007.06.002.

[30] FARAGHER E, FLEMING P R, ROGERS C D F. Analysis of repeated-load field testing of buried plastic pipes[J]. J Transp Eng, 2000, 126: 271-277. https://doi.org/10.1061/(ASCE)0733-947X(2000)126:3(271).

[31] RAKITIN B, XU M. Centrifuge modeling of large-diameter underground pipes subjected to heavy traffic loads[J]. Canadian Geotechnical Journal, 2014, 51: 353-368. https://doi.org/10.1139/CGJ-2013-0253.

[32] PETER J M, CHAPMAN D, MOORE I D, et al. Impact of soil erosion voids on reinforced concrete pipe responses to surface loads[J]. Tunnelling and Underground Space Technology, 2018, 82: 111-24. https://doi.org/10.1016/J.TUST.2018.08.003.

[33] LAY G R, BRACHMAN R W I. Full-scale physical testing of a buried reinforced concrete pipe under axle load[J]. Canadian Geotechnical Journal, 2014, 51: 394-408. https://doi.org/10.1139/CGJ-2012-0256.

[34] GILLEY C W, GABRIEL L H, STANDLEY R S. Field test of 72 in. -diameter cast-in-place nonreinforced concrete pipe[J]. J Transp Eng, 1992, 118: 1-19. https://doi.org/10.1061/(ASCE)0733-947X(1992)118:1(1).

[35] MOGHADDAS TAFRESHI S N, KHALAJ O. Laboratory tests of small-diameter HDPE pipes buried in reinforced sand under repeated-load[J]. Geotextiles and Geomembranes, 2008, 26: 145-163. https://doi.org/10.1016/J.GEOTEXMEM.2007.06.002.

[36] CHINA INDUSTRY STANDARDS COMPILATION GROUP. Pipeline structure design code for water supply and drainage engineering[S]. Ministry of Construction of the People's Republic of China, 2004.

[37] BELLOTTI R, BENOÎT J, FRETTI C, et al. Stiffness of Toyoura Sand from Dilatometer Tests[J]. Journal of Geotechnical and Geoenvironmental Engineering, 1997, 123: 836-846. https://doi.org/10.1061/(ASCE)1090-0241(1997)123:9(836).

[38] AQOUB K, MOHAMED M, SHEEHAN T. Analysis of sequential active and passive arching in granular soils[J]. International Journal of Geotechnical Engineering, 2021, 15: 598-607. https://doi.org/10.1080/19386362.2018.1473195.

[39] KOLYMBAS D. A rate-dependent constitutive equation for soils[J]. Mech Res Commun, 1977, 4: 367-72. https://doi.org/10.1016/0093-6413(77)90056-8.

[40] VON WOLFFERSDORFF. A hypoplastic relation for granular materials with a predefined limit state surface[J]. Mech Cohesive-frictional Mater, 1996.

[41] NIEMUNIS A, HERLE I. Hypoplastic model for cohesionless soils with elastic strain range[J]. Mechanics of Cohesive-Frictional Materials, 1997, 2: 279-299. https://doi.org/https://doi.org/10.1002/(SICI)1099-1484(199710)2:4<279:AID-CFM29>3.0.CO;2-8.

[42] HERLE I, GUDEHUS G. Determination of parameters of a hypoplastic constitutive model from properties of grain assemblies[J]. Mechanics of Cohesive-Frictional Materials, 1999, 4: 461-486. https://doi.org/https://doi.org/10.1002/(SICI)1099-1484(199909)4:5<461::AID-CFM71>3.0.CO;2-P.

[43] HONG Y, KOO C H, ZHOU C, et al. Small Strain Path-Dependent Stiffness of Toyoura Sand: Laboratory Measurement and Numerical Implementation[J]. International Journal of Geomechanics, 2017, 17: 04016036. https://doi.org/10.1061/(ASCE)GM.1943-5622.0000664.

[44] GUDEHUS G, AMOROSI A, GENS A, et al. The soilmodels. info project[J]. Int J Numer Anal Methods Geomech, 2008, 32: 1571-1572. https://doi.org/https://doi.org/10.1002/nag.675.

[45] YUN C B, KIM D K, KIM J M. Analytical frequency-dependent infinite elements for soil-structure interaction analysis in two-dimensional medium[J]. Eng Struct, 2000, 22: 258-271. https://doi.org/10.1016/S0141-0296(98)00070-4.

[46] BARBATO M. Performance of buried pipe installation[D]. Louisiana: Louisiana State University, 2010. https://rosap.ntl.bts.gov/view/dot/20492.

[47] ELSHESHENY A, MOHAMED M, SHEEHAN T. Buried flexible pipes behaviour in unreinforced and reinforced soils under cyclic loading[J]. Geosynth Int, 2019, 26: 184-205. https://doi.org/10.1680/JGEIN.18.00046.

[48] KHATAMI H, DENG A, JAKSA M. The arching effect in rubber-sand mixtures[J]. Geosynth Int, 2020, 27: 432-450. https://doi.org/10.1680/JGEIN.20.00007.

[49] KHATAMI H, DENG A, JAKSA M. Mapping soil arching-induced shear and volumetric strains in dense sands[J]. Transportation Geotechnics, 2021: 28. https://doi.org/10.1016/J.TRGEO.2021.100547.

[50] AROCKIASAMY M, CHAALLAL O, LIMPETEEPRAKARN T. Full-Scale Field Tests on Flexible Pipes under Live Load Application[J]. Journal of Performance of Constructed Facilities, 2006, 20: 21-27. https://doi.org/10.1061/(ASCE)0887-3828(2006)20:1(21).

[51] CHAALLAL O, ASCE M, AROCKIASAMY M, et al. Field Test Performance of Buried Flexible Pipes under Live Truck Loads[J]. Journal of Performance of Constructed Facilities, 2014, 29: 04014124. https://doi.org/10.1061/(ASCE)CF.1943-5509.0000624.

Permanent deformation behavior of coarse-grained residual subsoil under large amplitude loading cycles

CHEN Xiaobin[1], CHEN Liguo[2], ZHANG Jiasheng[3]

1. School of Civil Engineering, Key Laboratory of Heavy-Haul Railway Engineering Structures, Central South University, 22 South Shaoshan Road, 410075 Changsha, Hunan, China
2. School of Civil Engineering, Central South University, 22 South Shaoshan Road, 410075 Changsha, Hunan, China
3. School of Civil Engineering, National Engineering Laboratory for High-Speed Railway Construction, Central South University, 22 South Shaoshan Road, 410075 Changsha, Hunan, China

Abstract: Traffic-load-induced deformations in a subgrade occur due to long-term loading and unloading cycles. Residual soils with coarse-grained gradation have been extensively used as subgrade soil in the mountainous region of China. It is of practical value to study the permanent deformation behavior of coarse-grained residual soils subjected to different cyclic stress ratios (CSRs) under their optimal moisture content conditions. This paper presents an experimental investigation of the effect of the CSR on the accumulative deformation behavior of a residual soil as well as field tests on the traffic-load-influenced depths in a case subgrade. A series of large-scale monotonic triaxial (TX) tests and large-scale cyclic TX tests, wherein 50000 loading cycles were applied, were conducted under optimal moisture content conditions. An increasing CSR increases the breakage of the coarse-grained particles. The values of the particle breakage under monotonic loading conditions are compared to corresponding values under cyclic loading conditions using the Hardin relative breakage index. For the cyclic TX tests, the long-term cyclic loading produces a >1.5 times greater Hardin breakage index compared to the values obtained from monotonic TX tests. The obtained experimental results show that an increasing CSR increases the cumulative strain but, in contrast, decreases the resilient modulus. The CSR primarily shapes the strain-stress curves obtained from the cyclic TX tests. Based on the laboratory results, a cumulative strain prediction formula, as well as a formula for the prediction of the steady resilient modulus, was established. The field tests were also involved in the case study on accumulative deformation prediction. Consequently, the traffic-load-influenced depths were identified, and an empirical method for predicting traffic-load-induced deformation was established for this residual soil subgrade. The magnitude of the CSR, the number of traffic-loading cycles, and the in situ conining pressure are considered in the empirical method. Good agreement between the predicted deformation and the measured deformation indicates the feasibility of this method. The intensity of dynamic stresses on the subgrade surface and the attenuation law of the dynamic stresses along with the subgrade depth were also discussed. The findings are expected to improve our understanding of the permanent deformation behavior of coarse-grained residual soil under optimal moisture content conditions when subjected to long-term traffic loading.

Keywords: Cyclic loading; Coarse-grained subsoil; Residual soil; Traffic-influenced depth; Accumulative deformation; Large-scale TX

1 Introduction

Residual soil is widely distributed, especially in the mountainous regions of the Hunan Province of

CHEN Xiaobin, CHEN Liguo, ZHANG Jiasheng. Permanent deformation behavior of coarse-grained residual subsoil under large amplitude loading cycles[C]//Advances in Environmental Vibration and Transportation Geodynamics. Singapore: Springer, 2020: 251-283.

China[1, 2]. Blight and Leong[3] noted that residual soil is a soil-like material, derived from the weathering and decomposition of rock fragments that have not been transported from its original location. Therefore, the properties of residual soil depend on the properties of the parent rock and the weathering conditions. The tested local residual soil derives from local red mud-stone and has been extensively used as the subsoils of expressways under optimal moisture content conditions. The local red mudstone belongs to soft rock, which commonly has uniaxial compressive strengths of less than 15 MPa and a density of less than 2. 65 g/cm^3. When naturally weathered, this mudstone breaks into blocky flakes and eventually into residual coarse-grained soil, which is often used as fills when constructing embankments in mountainous regions in China. As expected, the subgrade of an expressway subjected to traffic-loading cycles results in unwanted deformation. Due to its coarse-grained gradation and the insufficient studies on this local residual subsoil, the long-term deformation of red mudstone residual subsoil remains unknown. It is therefore of great practical relevance to investigate the cyclic deformation behavior of the local residual subsoil under optimal moisture content conditions.

The literature includes numerous studies on soils subjected to cyclic loading, including[4-16] small-scale cyclic triaxial (TX) tests have become a common testing setup for investigating the cyclic behaviors of fine-grained soils under saturated conditions[17-20]. Several permanent strain prediction methods have been proposed for fine-grained subsoil. For instance, Li and Selig[21] improved the documented methods in the literature for predicting the cumulative deformation of fine-grained subgrade soil under cyclic loads. Chai and Miura[5] developed an empirical equation for the permanent strain evaluation of sensitive clay subsoil; they found that the traffic-load-influenced depth was approximately 6 m. Hatanaka et al. [22] presented the results of a series of laboratory tests on in situ sandy soils to investigate the accumulative deformation. Cui et al. [6] analyzed the critical cyclic stress ratio (CSR) for alluvial silt subsoil based on in situ tests to simulate the permanent deformation of traffic-load-induced depths. Guo et al. [23] studied the long-term deformation behavior of saturated soft clays using a type of undrained cyclic loading test, and an empirical formula for permanent strain as a function of the number of cycles, cyclic stress amplitude and conining pressure were established. Wichtmann and Triantafyllidis[24] focused on the accumulative deformation due to the stress relaxation of average effective stresses when cyclic loading was applied under undrained TX conditions. Empirical methods used to determine long-term cyclic load-induced deformation have been established using the cumulative shear strain of fine-grained soils in their saturated conditions.

Due to the different gradation forms of fine-grained soils, the properties of coarse-grained soils have become an interest of researchers. Studies have been conducted on the properties of coarse-grained soils using large-scale laboratory tests and full-scale field tests[25-32]. Pitman et al. [29] investigated the effect of the coarse grain content on soil porosity. Vallejo and Mawby[31] studied the shear strength at different coarse grain contents using large-scale TX tests. Lade et al. [28] investigated the effect of the coarse grain content on the collapsibility of a granular mixture. Elias and Titi[33] investigated the correlations between the resilient modulus and the basic properties of various Wisconsin coarse-grained subgrade soils using repeated load TX testing. Dash and Sitharam[26] investigated the stress-strain relationships of coarse-grained soil, the critical state characteristics of which were the focus of Bandini and Pham[25]. Trani and Indraratna[34] estimated the limitation of the Kozeny-Carman formula by computing the parameters of hydraulic conductivity for fully saturated granular materials. Zhao and Zhang[32] conducted drained and undrained TX tests on several widely graded soils with different coarse contents at low conining stresses. They found that the soil microstructure changes from a fine-controlled structure to a coarse-controlled structure beyond a critical coarse content of ~70%. Ban and Park[35] conducted repeated-load resilient modulus-deformation tests on coarse-grained subgrade soils mixed with various stabilizers to investigate the strength and deformation characteristics of modified soil mixtures. The large-scale cyclic setups were also used to investigate and model coarse-grained granular materials and residual soils[36-38]. The loading-induced deformation of coarse-grained subsoil has been highlighted by several laboratory studies and numerical simulations[39-41]. Karg and Haegeman[42] presented an experimental investigation of strain accumulation in granular soils due to dynamic loading during long-term cyclic loading, therein illustrating the parameters that influence strain accumulation. Craciun and Lo[43] presented a cyclic TX testing system and associated experimental techniques that overcome the challenges of testing unbound granular base materials as unsaturated soils. Considering the stress state, the void ratio, and the dynamic loading amplitude, Karg et al. [44] proposed a cumulative deformation model for granular non-cohesive soils at small strain levels. Trinh et al. [13] studied the mechanical behavior of fouled ballasts in the laboratory using a large-scale TX cell. Each specimen was reconstituted to a dry density of 2.01 kg/m^3 at three water contents (4%, 6% and 12%) corresponding to saturation degrees of 32%, 48% and 100%, respectively. The authors set up a constitutive model for permanent deformation that accounts for the stress level, the number of cycles, and the soil water content. The deformation behavior of coarse-grained materials depends on their grading, and the deformation of coarse-grained granular materials is the result of densification/dilation, distortion, and attrition[45]. A number of deformation prediction methods have been proposed for coarse-grained soil and granular materials, namely empirical equation methods, numerical methods, and equivalent static loading methods. Most empirical equations have been derived based on an empirical relation between permanent deformations (or strains) and the number of load cycles at a particular stress state (i. e., [46-49]. Among them, the power equation proposed by Monismithetal[50] and the model developed by Li and Selig[21] have been widely used for cohesive soil under repeated loading. Most empirical functions are limited in terms of predicting cumulative deformation under a given conining pressure because the model parameters ignore the influence of the conining pressure on the cumulative strain. The conining pressure strongly influences the permanent deformation of specimens in TX tests. Moreover, most of the tested coarse-grained materials are in saturated conditions. A challenge could be encountered when the documented methods are used to predict the permanent deformation of residual subsoil under optimal moisture content conditions.

Although few empirical methods and numerical methods have been proposed to predict the permanent deformation behavior of fine-grained soils, an ideal standard for extended usage has yet to be developed due to the variations in soil properties (i. e., the gradation and the moisture content). Most such soils are saturated clay, silty sands, or silty clay. Commonly, the numbers of loading cycles in the TX are very limited, i. e., thelimitednumber ofcycles was no more than 1000. A large number of loading cycles are particularly important for the deformation behavior of subsoils on site. Wichtmann and Triantafyllidis[24] found that a high cyclic loading (large number of cycles, i. e., N 1000) may lead to strain accumulation or stress relaxation in the soil even though the strain amplitude is small. Local red mudstone residual soil has been extensively used as subsoils under optimal moisture content conditions, and its gradation is far different from that of fine-grained subsoils. However, studies on the deformation behavior of residual subsoils subjected to long-term cyclic loading have not been suficiently documented. The use of the sedocumented methods to predict the permanent deformation of residual subsoil under optimal moisture content conditions is not acceptable. It has been documented that the cyclic cumulative deformation behaviors of subsoils in the TX tests are influenced by the CSR, conining pressure, loading frequency, number of loading cycles, loading history, drainage conditions[23]. Among them, the CSR, number of loading cycles, and conining pressure are typically dominant. It is of practical value to evaluate the influences of the CSR and the conining pressure on the particle breakage, resilient modulus and cumulative deformation of the tested residual soils when each specimen is subjected to 50000 loading cycles. To address this insufficiency, this paper first presents an experimental investigation of the effects of the CSR on the deformation behavior of local coarse-grained residual subsoil. To further understand the deformation behavior of this subsoil, monotonic and long-term cyclic TX tests were conducted using large-scale specimens (300 mm in diameter and 600 mm in height). The usage of large-scale specimens attempts to reduce the discrete behavior caused by the use of large particles[51]. Each specimen is tested under optimal moisture content conditions. In the following section, the materials and test method are detailed, followed by the results and analysis. The cyclic permanent strain of the tested soils was compared under different CSRs. The values of particle breakage under the monotonic loading condition are compared to corresponding values for the cyclic loading condition calculated using the Hardin relative breakage index. Furthermore, this paper presents the results of a ield test to determine the signi icant traffic-load-influenced depth for subgrade filled with coarse-grained residual soils. An empirical method for predicting traffic-load-induced deformation is established for a subgrade constructed with residual soil, and the predicted deformation of the case subgrade is compared to the deformation predicted by other methods. The findings are expected to improve our understanding of the permanent deformation behavior of coarse-grained residual soil under optimal moisture content conditions when the soil is subjected to long-term traffic loading.

2 Materials and testing methods

2.1 Testing materials

The tested soils were taken from the top layer of a subgrade constructed with coarse-grained residual soil, as observed in Fig. 1(a). The residual soil is light red and is produced from the weathering and decomposition of red mudstone (parent rock). The parent rock is very soft and has a uniaxial compressive strength of 6.2 MPa under dry conditions and a uniaxial compressive strength of 3.6 MPa under saturated conditions. Its main chemical compounds are SiO_2, Al_2O_3, and Fe_2O_3. The grain size distribution (GSD) of the residual soil is plotted in Fig. 1(b), and the soil's basic physical parameters are summarized in Table 1. The median grain size diameter (d_{50}) is 6.33 mm, and the uniformity coefficient (Cu) is 33, indicating well-graded subsoil. This soil can be classified as GP-GC according to the Unified Soil Classification. The void ratio is 0.56, corresponding to a relative density of 74%. The optimal moisture content and maximum dry density were obtained using the standard Proctor compaction test (ASTM, D1557).

(a) Red residual soil

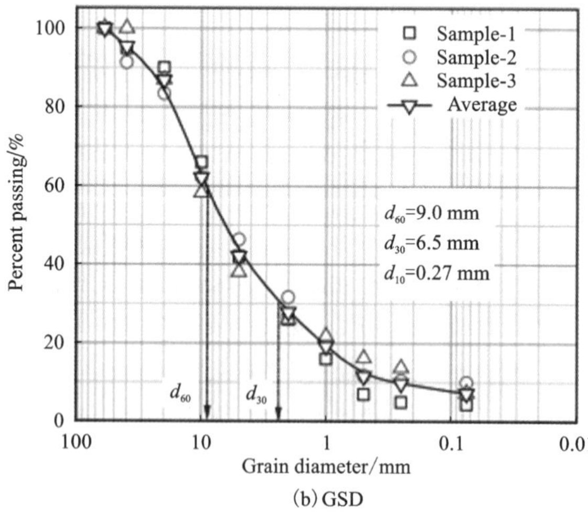

(b) GSD

Fig. 1 Red residual soil and GSD

Table 1 Basic physical parameters of tested soil

Bulk density /(g·cm^{-3})	Moisture content /%	Max dry density /(g·cm^{-3})	Optimum moisture content /%	Liquid limit (Fines)/%	Plastic limit (Fines)/%
1.99	7.1	1.94	8.9	27.0	18.5

2.2 Testing apparatus

The utilized apparatus is a large-scale TX testing setup [shown in Fig. 2(a)], with a high control and measuring precision. The setup is an electromechanical monotonic and cyclic loading TX testing setup, and the stress controlling unit supplies the cyclic loading under different frequencies. The apparatus complies with the standard procedures of ASTM D7181-11[52], ASTM D5311-92[53], and ASTM D3999-91[54]. The basic parameters of the apparatus are detailed in Table 2.

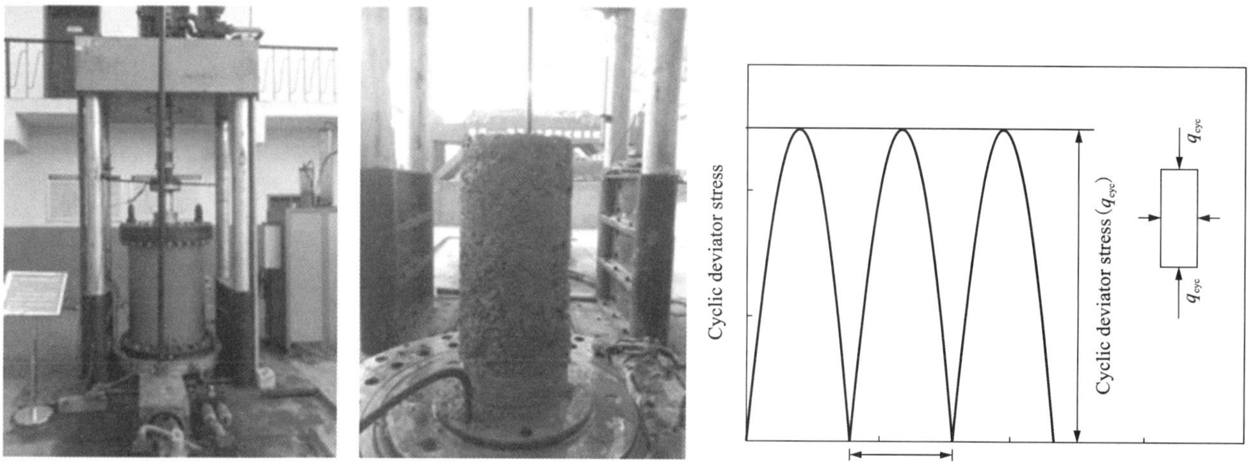

(a) Testing apparatus (b) Large scale specimen (c) Cyclic loading wave

Fig. 2 Testing apparatus and cyclic loading wave

Table 2 Parameters of large-scale TX testing apparatus

Parameters	Value
Axial force/kN	0-150
Axial force accuracy/%	<0.05% of full scale
Axial displacement range/mm	120
Axial displacement accuracy	0.1 mm (i.e., <0.01% strain)
Conining pressure range/MPa	0-1.0
Conining pressure accuracy	<0.05% of full scale
Drained volumetric accuracy	0.5 mm^3(i.e., <0.01% volumetric strain)
Frequency of cyclic loading/Hz	0-15
Dimension of specimen	300 mm 根 600 mm

2.3 Testing methodology

Each specimen is 300 mm in diameter and 600 mm in height (i.e., an aspect ratio of 2.0), as shown in Fig. 2(b). This satisies the widely accepted suggestion proposed by Varadarajan et al.[51], who suggested that the grain's diameter should not be greater than 1/6-1/10 of the specimen diameter. The relative compaction degree of each specimen is set as 96% to satisfy the in situ compaction degree requirements. During specimen compaction, the residual soil was poured into a cylindrical steel mold in five layers. The residual soil was then compacted layer by layer to achieve the target density. Each layer was compacted to a target dry density, namely 1.86 g/cm^3, to obtain a relative compaction degree of 96%. All the specimens were compacted and tested under optimum moisture content conditions. Then, each specimen was isotropically consolidated under a given conining pressure. Finally, a strain-controlled monotonic load or a principal stress-controlled cyclic load was applied to the specimen under undrained conditions. Because each specimen retains the optimal moisture content before and after the test, there are no saturation and drainage procedures performed during the TX testing. The testing method applied during the monotonic TX test was generally consistent with ASTM D7181-11, and the procedures applied during the cyclic loading tests were generally consistent with ASTM D5311-92[53]. In the monotonic TX test, the rate of shear displacement was 0.1 mm/min. Table 3 summarizes the monotonic TX testing programs.

Table 3 Undrained monotonic TX tests and peak shear strength q_f

Specimens	Conining pressure/kPa	Static failure deviator stress $(\sigma_1-\sigma_3)_f$/kPa	Relative compaction degree/%
T1	25	175.6	96
T2	50	333.4	96
T3	100	496.6	96
T4	200	695.0	96

In the cyclic TX tests, the stresses were controlled by the different CSRs, which are defined in Eq. (1).

$$CSR = q_{cyc}/q_f \tag{1}$$

where q_{cyc} is the cyclic deviator stress and q_f is the undrained peak shear strength of the monotonic TX test. A semi-sinusoidal wave type with a constant frequency of 5 Hz was applied to each partially saturated specimen, as shown in Fig. 2(c). The 50000 long-term cycles were applied to each specimen unless its strain exceeded 5% (the monotonic loading failure state). Seven CSRs were applied under 50, 100, and 200 kPa conining pressures. The testing programs for the long-term cyclic loading TX tests are summarized in Table 4.

Table 4 Cyclic loading TX testing programs

Specimens	Conining pressure/kPa	Cyclic stress ratio (CRS)	Loading cycles (n)	Drainage conditions
C1-7	50	0.1, 0.2, 0.3, 0.4, 0.5, 0.6, 0.8	三 50000	Undrained
C8-14	100	0.1, 0.2, 0.3, 0.4, 0.5, 0.6, 0.8	三 50000	Undrained
C15-21	200	0.1, 0.2, 0.3, 0.4, 0.5, 0.6, 0.8	三 50000	Undrained

In addition, both pre-and post-testing sieve analyses were performed for each specimen in the TX tests. To evaluate the particle breakage due to the compaction of a specimen, three specimens were sieved prior to the TX tests. An average particle breakage index (PBI) was obtained, and the results showed that the average particle breakage due to compaction was 1.9%. This value was subsequently sub-tracted from the breakage index for the specimens produced by the long-term cyclic loading TX tests.

3 Results and discussion

3.1 Testing results

Fig. 3(a) presents the monotonic TX results in the form of deviator stress and axial strain. Fig. 3(b) presents the monotonic TX results in the form of deviator stress and the mean effective stress. All the stresses are effective stresses because no pore water pressure was produced during the testing. Fig. 3 (a) shows that the stress-strain curves exhibit a similarity under different conining pressures. Generally, the deviatoric stress increases to a peak at an axial strain of 3%-5%, followed by a slow decline to a steady value. The experimental results indicate that the specimen fails when the axial strain exceeds 5%. The increasing conining pressure increases the peak deviatoric stress as well as the residual deviatoric stress in the steady state. This peak deviatoric stress is called the undrained peak shear strength of the monotonic TX test: q_f. The peak shear strength of each specimen is summarized in Table 4. Fig. 3(b) plots the linear Mohr-Coulomb envelope of the mean effective stress versus the deviator stress coordinate system. When the conining pressure is relatively low, a nonlinearity is observed in the Mohr-Coulomb envelope for the coarse-grained soil. For example, the peak deviator stress does not sit on the linear Mohr-Coulomb envelope when the conining pressure is 25 kPa. This is consistent with the finding of Trani and Indraratna[34], who believed that the shearing dilation of coarse-grained granular soil accounts for the nonlinearity of the Mohr-Coulomb envelope. Using the linear envelop, the cohesion force of the tested residual soil is identified as 86 kPa, and the friction angle is found to be 24°.

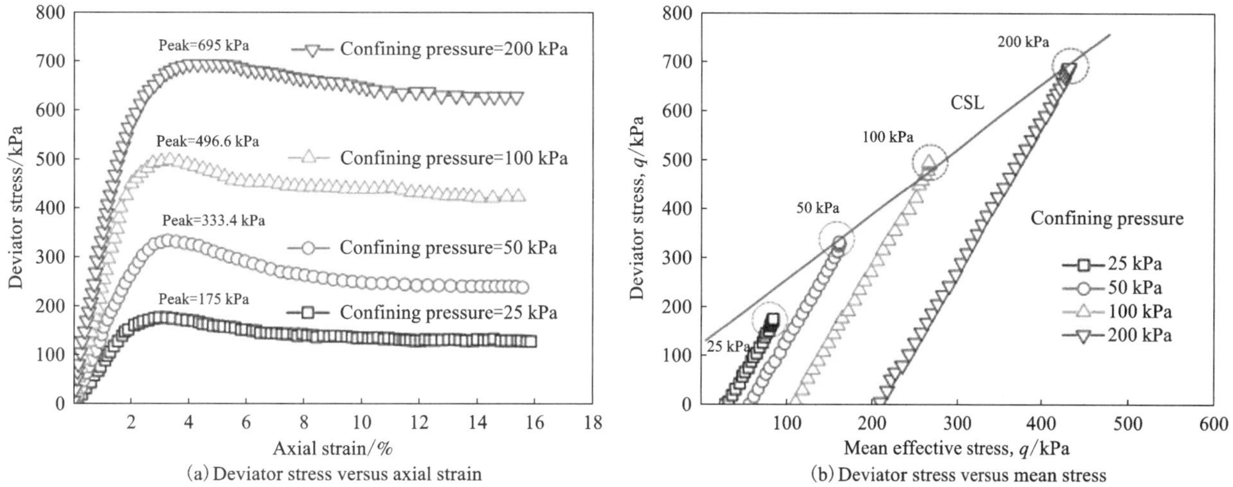

Fig. 3 Results of monotonic tests

A total of 21 specimens were successfully tested under cyclic loading in undrained conditions. The similarity of the changing pattern between the accumulative strain and the resilient modulus was observed during testing. Fig. 4(a) presents a typical axial stress-loading cycle curve for specimen C12. The initial conining pressure is 100 kPa, and the CRS is 0.5 (the cyclic deviator stress = 156 kPa). Fig. 4(a) shows that the permanent axial strain dramatically increases as the number of loading cycle increases to 3000 cycles, and then, the axial strain continues to slowly increase with a decreasing accumulation rate. The cumulative axial strain increases from 0% to 0.85% in the first 3000 loading cycles, followed by a marginal increase of 0.35% within the next 47000 loading cycles. The cumulative strain produced in a single loading cycle decreases with increasing number of loading cycles. This illustrates that the inclination of the stress-strain hysteretic loops decreases with increasing number of loading cycles. Fig. 4(b) draws typical variations in the resilient modulus with increasing loading cycles. The resilient modulus, M_R, is defined as follows in this study:

$$M_R = \frac{q_{cyc}}{\varepsilon_{a;r}} \tag{2}$$

where q_{cyc} is the cyclic deviator stress and $\varepsilon_{a;r}$ is the resilient portion of the axial strain. Fig. 4(b) shows that the resilient modulus decreases with increasing number of loading cycles. The resilient modulus decreases dramatically in the first few thousand loading cycles, followed by a slow decline to a steady state beyond 30000 cycles.

3.2 Particle breakage index

During cyclic TX testing, the similarity of the changing pattern of the grain size distribution curve is observed under different conining pressures. Typical pre-and post-cyclic loading test grain size distribution curves are shown in Fig. 5(a) under a conining pressure of 50 kPa. The post-test grain distribution curve is similar to the pre-

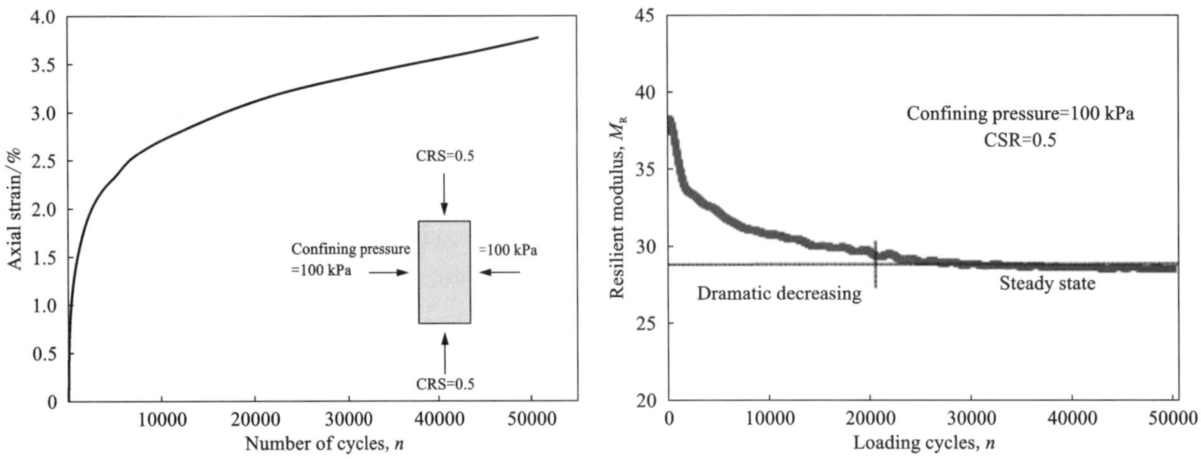

(a) Permanent axial strain (b) Variation of resilient modulus

Fig. 4 Typical results of specimen C12

test curve at lower CSRs, whereas it deviates from the pre-test curve at higher CSRs. The initial medium grain size, d_{50}, of the tested specimen is 6.3 mm. After cyclic testing, d_{50} of the specimen is 5.1, 4.6, 4.2, 3.6, 3.1, 2.6, and 1.9 mm for CSRs of 0.1, 0.2, 0.3, 0.4, 0.5, 0.6, and 0.8, respectively. The increase in CSR decreases the medium grain size of the residual soil, indicating that greater particle breakage occurs at higher CSRs. The degree of particle breakage can be defined by the difference between the pre-and post-test grain distribution curves. Several methods are used to quantify particle breakage (e.g., [55-58]. Of these, the relative PBI technique developed by Hardin[55] is widely accepted as being able to adequately integrate particle breakage over a wide size fraction:

$$B_{\mathrm{f}} = \frac{B_{\mathrm{p}i} - B_{\mathrm{pf}}}{B_{\mathrm{p}i}} \tag{3}$$

where B_{r} is the relative breakage index; B_{p} is the breakage potential, which is deined as the area formed by three lines, namely the grain size distribution curve, a horizontal line passing 100% iner, and a vertical line passing # 200 sieve [i.e., the shaded area in Fig. 5(a)]; $B_{\mathrm{p}i}$ is the pre-test breakage potential; B_{pf} is the post-test breakage potential; and the value of $B_{\mathrm{pi}}-B_{\mathrm{pf}}$ represents the total breakage. Fig. 5(b) presents the change in the breakage index as a function of CSR under different conining pressures. The figure indicates that an increase in CSR results in an increase in PBI, accompanied by a larger accumulative axial strain. Fig. 5(b) also indicates that at lower CSR (CSR=0.1 and 0.2), corresponding to low cumulative strain levels, the PBI is relatively low; in contrast, at higher CSR (CSR = 0.6 and 0.8), the PBI is relatively high. The maximum PBI under a 200 kPa conining pressure is 5.0%, 6.6%, 7.9%, 8.8%, 11.8%, 13.4% and 15.1% for CSRs of 0.1, 0.2, 0.3, 0.4, 0.5, 0.6, and 0.8, respectively. Under higher CSRs, a greater cyclic deviator stress is applied to the specimen. Consequently, a greater effective cyclic stress is produced on the coarse grains in the tested soil matrix, resulting in a high concentration of contact stresses at particle contacts. As a result, the particles are likely to be crushed or broken, as evidenced by the increase in the PBI.

Fig. 5(b) presents the PBI versus conining pressure for both the monotonic TX tests and the cyclic TX tests. The PBI in the monotonic TX test is 4.6, 5.6, and 7.5 under 50, 100, and 200 kPa conining pressures, respectively. Generally, the increasing conining pressure results in an increasing PBI. Fig. 5(b) shows that the PBI resulting from cyclic loading is greater than the PBI produced by monotonic loading when the CSR is larger than 0.3. For the cyclic TX tests, the long-term cyclic load results in a >1.5 times greater Hardin breakage index compared to the values obtained from the monotonic TX test. This demonstrates that the cyclic loading results

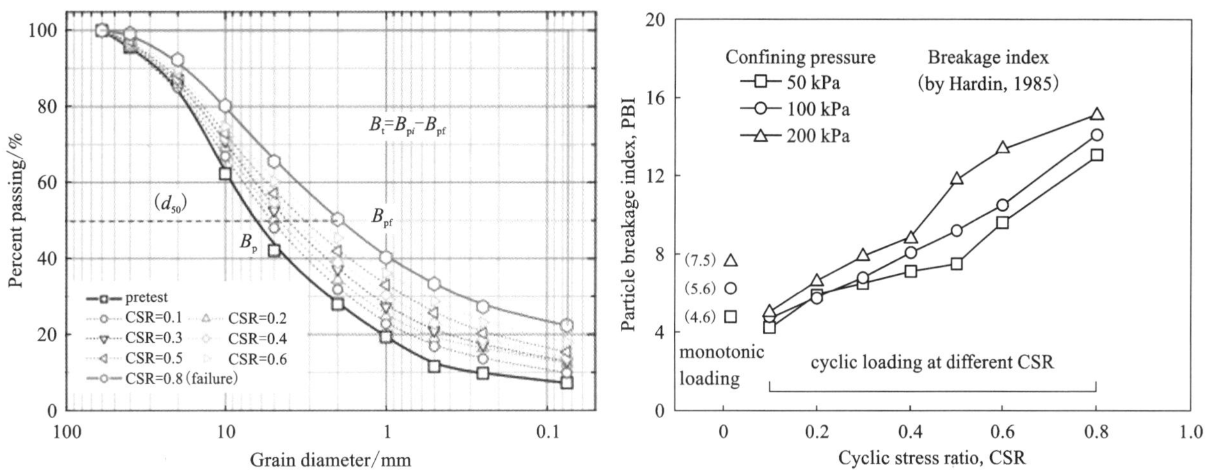

(a) Typical grain size distribution (b) PBI versus conining pressure

Fig. 5 Particle breakage in cyclic loading TX test

in a greater deviation of the GSD from the pre-test conditions compared to the monotonic TX test. Because of the long-term cyclic loading, the concentration of stresses has sufficient time to progressively crush particles, which accounts for why particle breakage occurs even under low pressures. This means that the coarse grains in the residual soil are more easily crumbled when they are subjected to dynamic loading. Compared to the influence of the CRS, the influence of the conining pressure on the PBI is marginal.

3.3 Resilient modulus prediction

The resilient modulus, M_R, is a key parameter for the analysis and design of a subgrade subjected to traffic loads. Fig. 6(a) presents a typical resilient modulus, M_R, varying with the number of loading cycles under different CSRs when the conining pressure is 50 kPa. Generally, the resilient modulus decreases with increasing number of cycles for all CSRs. Fig. 6(a) shows that the resilient modulus is a function of the loading cycles, n. When n is smaller than 100, the resilient modulus remains stable. When n falls in the range of 100-20000, the resilient modulus decreases with increasing number of loading cycles, including a dramatic decreasing phase within the first several thousands of cycles. When n is greater than 20000, the resilient modulus remains steady again. After 50000 loading cycles, the steady resilient modulus represents the minimum resilient modulus of the tested soil subjected to long-term cyclic loading. The decreasing resilient modulus is likely due to the coarse-grained particle breakage, which in turn results in the rearrangement of the soil fabric. Fig. 6(a) also shows that the effect of the CSR on the resilient modulus is apparent. The resilient modulus decreases with increasing CSR although under different rates of decrease. When the CSR exceeds 0.4, the decreasing rate of the resilient modulus is smaller than the decreasing rate of the resilient modulus under CSRs of 0.1, 0.2, and 0.3. As an illustration, when the number of loading cycles is 10, the resilient modulus is 55.6, 47.3, 45.5, 43.9, and 38.6 MPa, corresponding to CSRs of 0.1, 0.2, 0.3, 0.4, and 0.5; when the number of loading cycles is 50000, the resilient modulus is 42.42, 35.88, 34.51, 29.856, and 28.55 MPa, corresponding to CSRs of 0.1, 0.2, 0.3, 0.4, and 0.5.

Fig. 6(b) plots the resilient modulus as a function of the conining pressure when the CSR is 0.5. It is found that the resilient modulus is a function of the conining pressure. Fig. 6(b) shows that, when the conining pressure is 50 kPa, the resilient modulus starts to decrease at the first few hundreds of cycles with a smaller decreasing rate and is followed by a further smaller decreasing rate. When the conining pressure is 200 kPa, a dramatic decreasing of the resilient modulus occurs at the first few thousands of cycles, which is followed by a greater decreasing rate. This also occurs when the conining pressure is 100 kPa. When the CSR obtains a certain value, the resilient modulus increases with increasing conining pressure due to the better coninement applied to the specimens. This is consistent with the results of [1, 48, 59, 60]. Lekarp et al. [48] found that the resilient modulus of granular materials increases with increasing conining pressure and/or bulk stress and increases slightly with the deviator stress. The deformation behavior is characterized as stress hardening. Palmeira et al. [61] analyzed the results of large-scale cyclic and monotonic loading tests of unreinforced and geosynthetic-reinforced unpaved roads. They found that a better coninement leads to an increasing resilient modulus and decreasing axial cumulative strain of the tested soil in the cyclic TX test.

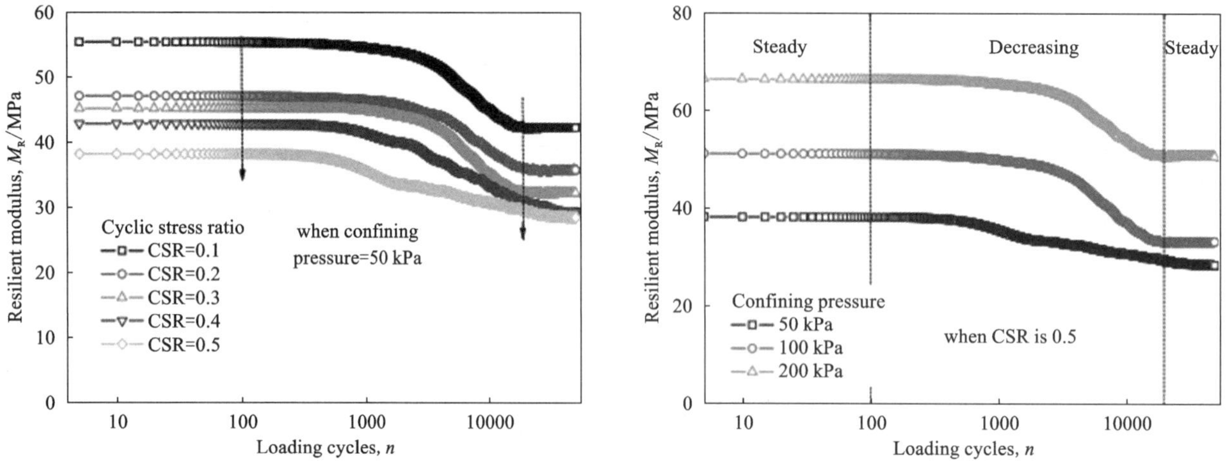

(a) Under different CSR　　(b) Under different conining pressure

Fig. 6　Resilient modulus varying with the loading cycles

The resilient modulus nonlinearly decreases with increasing CSR. The experimental finding is consistent with those results obtained by several authors, including Chen et al. [62], Xiao and Tutumluer [63], Guo et al. [23], and Frost et al. [64]. Among them, Chen et al. [62] found that the resilient modulus of lignosulfonate-treated sandy silt decreased with increasing CSR and increasing number of cycles. Xiao and Tutumluer [63] observed that the resilient moduli of unbound aggregate materials increase with increasing stress states (stress hardening), especially under conining pressure/bulk stress. Guo et al. [23] found that the normalized steady resilient modulus of saturated soft clay decreases with increasing CSR until reaching a constant value. The same results were also observed by Frost et al. [64] based on cyclic TX tests on clay and silty clay after 1000 loading cycles. Because the resilient modulus is remarkably influenced by the conining pressure, the steady resilient modulus is normalized as

$$M'_R = M_R/(p\sigma_3/p_a) \tag{4}$$

where σ_3 is the conining pressure and p_a is atmospheric pressure, i. e., 101. 3 kPa. Fig. 7 presents the normalized steady resilient modulus under different CSRs. Fig. 7 shows that the normalized resilient modulus falls on a single nonlinear curve irrespective of conining pressure. An empirical formula is proposed for the nonlinearity between the normalized steady resilient modulus and the CSR:

$$M'_R = k_1(1 + \text{CSR})^{k_2} \tag{5}$$

Combining Eqs. (2), (4), (5) can be rewritten as

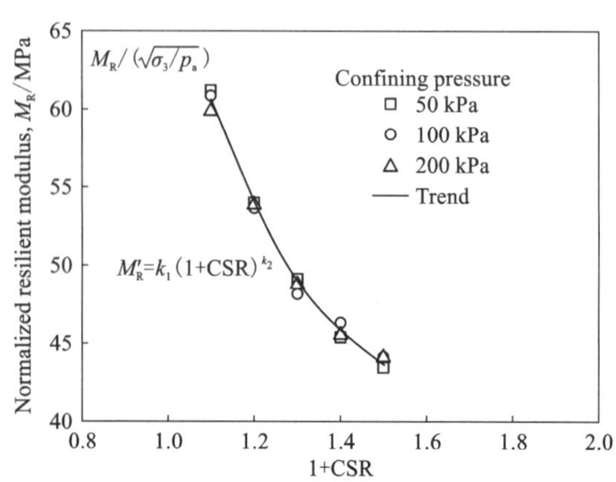

Fig. 7　Normalized steady resilient modulus versus (1+CSR)

$$M_R = k_1 \sqrt{\frac{\sigma_3}{p_a}} \left(1 + \frac{q_{cyc}}{q_f}\right)^{k_2} \tag{6}$$

where k_1 and k_2 are parameters that can be identified using multiple regression analyses. Based on the experimental results, with a regression coefficient of 0. 96, k_1 is found to be 67, and k_2 is found to be −1. 2. The proposed formula is specific to the tested coarse-grained residual soil or soils with similar gradation because the properties of a soil dominantly depend on its gradation.

3. 4 Deformation behaviors

3. 4. 1 Influence of CSR

Fig. 8 presents the variation in cumulative axle strain with CSR under different conining pressures. The VSR varies in the range of 0. 1-0. 8, and the maximum number of loading cycles is 50000. Fig. 8 shows that the increasing CRS increases the axial strain and that the CSR shapes the curves showing the relationship between the cumulative strain and the number of loading cycles. Using an example of a 50 kPa conining pressure, the final axial strain is 0. 42%, 0. 80%, 1. 20%, 1. 98%, and 3. 50% after 50000 cycles, corresponding to CSRs of 0. 1, 0. 2, 0. 3, 0. 4, and 0. 5. A rapid deformation is produced after the first few thousands of cycles under a lower CSR, and the later load cycling accumulates substantially less permanent strain after each set of 1000 cycles. The specimen remained stable when it was subjected to a lower CSR, namely CSR<0. 5. When the CSR is lower than 0. 5, the cumulative strain rapidly increases during the initial phase (first few thousands of cycles), followed by an increasing phase with a lower strain cumulative rate. A substantially rapidly increase in cumulative axial strain occurs at the first few hundred of loading cycles under a higher CSR. When the CSR is greater than 0. 6, the cumulative strain dramatically increases and exceeds the failure cumulative strain (5%, the monotonic loading failure state) after several thousands of cycles. For example, the cumulative axial strain reaches 5% after 2750 loading cycles when the sample is subjected to a CSR of 0. 8 under a 50 kPa conining pressure. A critical CSR is identified from the curves in Fig. 8. The critical CSRs of the tested specimens fall in the small range of 0. 5-0. 6. Three stages of cumulative strain are observed when the CSR is greater than the critical CSR, namely the primary (stable) stage, the secondary (transitional) stage, and the tertiary (failure) stage, as observed in Fig. 8(b). When the CSR is lower than 0. 4, the deformation behavior of the specimen exhibits the primary (stable) stage; when the CSR falls in 0. 5-0. 6, the deformation behavior of the specimen exhibits the primary stage and the secondary stage; and when the CSR is greater than 0. 6, the deformation behavior of the specimen exhibits the primary stage, the secondary stage, and the tertiary stage. The primary stage is characterized by a decreasing rate of cumulative axial strain and a relatively small permanent strain magnitude, which most likely results from the abrasion of the coarse-grained particles. Under a lower CSR, the PBI is relatively low, as observed in Fig. 5(b). In the secondary stage, cumulative axial strain linearly accumulates at a constant rate likely due to the rearrangement of the coarse-grained particles in the soil fabric. In the tertiary stage, the cumulative axial strain accumulates at an increasing rate, and failure occurs in the first few thousands of loading cycles. The tertiary stage is accompanied by a higher PBI, as evidenced by Fig. 5(b). The traffic loading produces a dynamic soil stress in the subgrade and consequently produces cumulative deformation in the form of long-term settlement. The critical CSR is expected to be used to control the long-term settlement of a subgrade in an acceptable stage. When the magnitude of the dynamic stress in the subgrade is smaller than the CSR of the subsoil, the traffic-load-induced settlement remains in a stable and acceptable stage. When the magnitude of the dynamic stress in the subgrade exceeds the critical stress ratio of the subsoil, the traffic-load-induced settlement is found in an unstable and unacceptable stage.

3. 4. 2 Influence of confining pressure

Fig. 9(a) presents a comparison of the cumulative strain with three different conining pressures: 50, 100, and 200 kPa. All three specimens were tested under a CSR of 0. 4. The comparison illustrates that the increase in conining pressure leads to an increasing cumulative strain at a given CSR. For instance, the final axial strain is

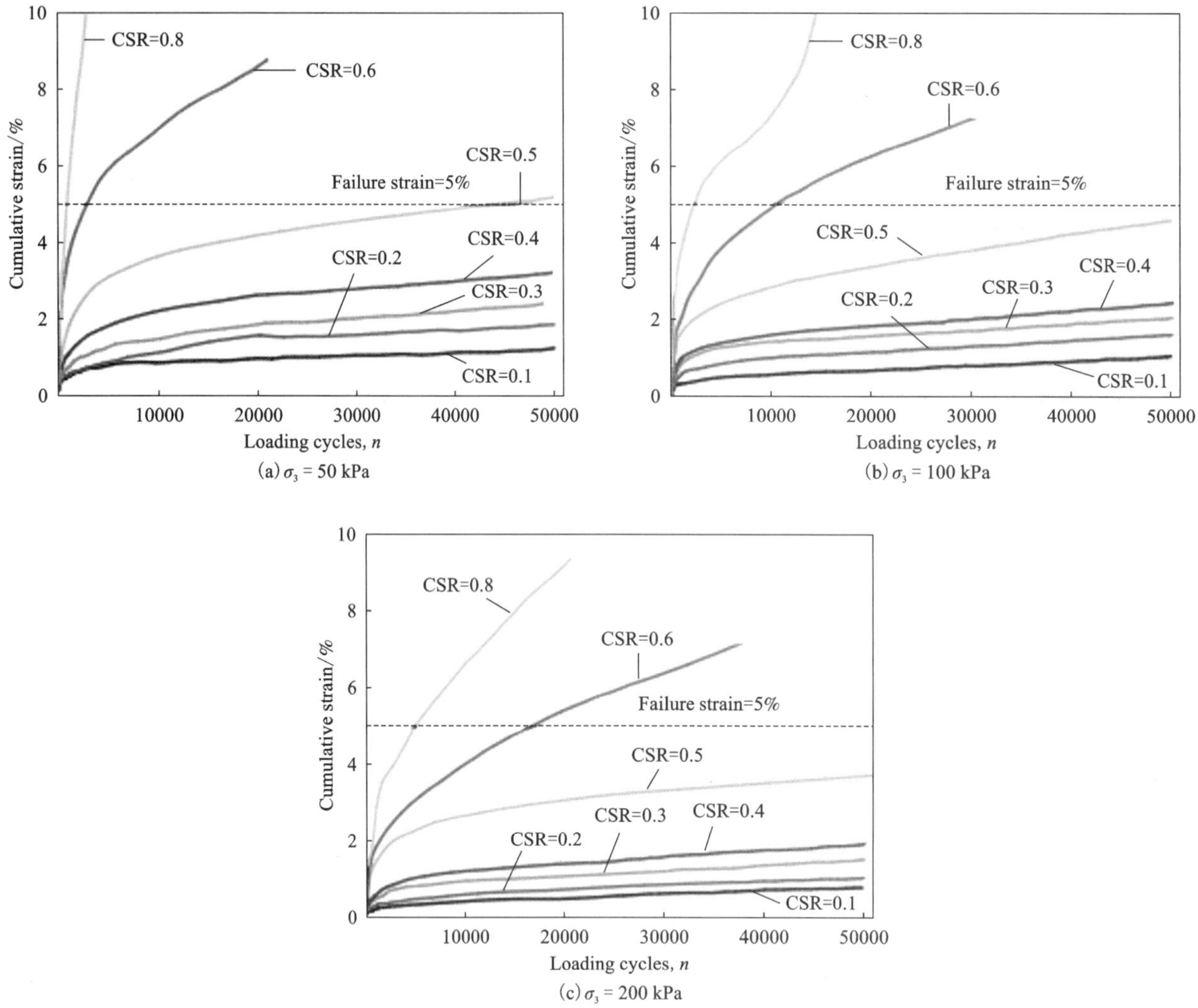

Fig. 8 Relationship between permanent strain and loading cycles

5.2%, 4.6% and 3.7% under coning pressures of 50, 100, and 200 kPa. It is observed that a larger cumulative strain is produced under lower coning pressure due to the weak coninement applied to the tested soil. When the applied coning pressure is lower, namely 50 kPa, the coninement of the specimen is relatively weak. Hence, the cumulative strain produced by cyclic loading is relatively high. When the coning pressure is higher, namely 200 kPa, the coninement of a similar specimen is relatively strong, and the cumulative strain of the specimen is relatively low.

Fig. 9(b) presents a comparison of the number of cycles at failure under different coning pressures. Fig. 9(b) shows that an increasing CSR decreases the number of cycles at failure and that an increase in coning pressure results in a rapid increase in the number of loading cycles at failure. When the CSR is 0.6, the numbers of loading cycles at failure are 2884, 10543, and 16672, corresponding to 50, 100, and 200 kPa coning pressures; when the CSR is 0.8, the numbers of loading cycles at failure are 1059, 2305, and 5058.

3.4.3 Modeling of cumulative strain

The cumulative deformation depends not only on the soil properties as a function of void ratio, moisture content, and gradation but also on the cyclic preloading history. It is of practical significance to be able to predict the permanent deformation of subsoil produced by traffic loading. Based on repeated loading tests, various models have been documented for the cumulative deformation prediction of fine saturated soil or granular

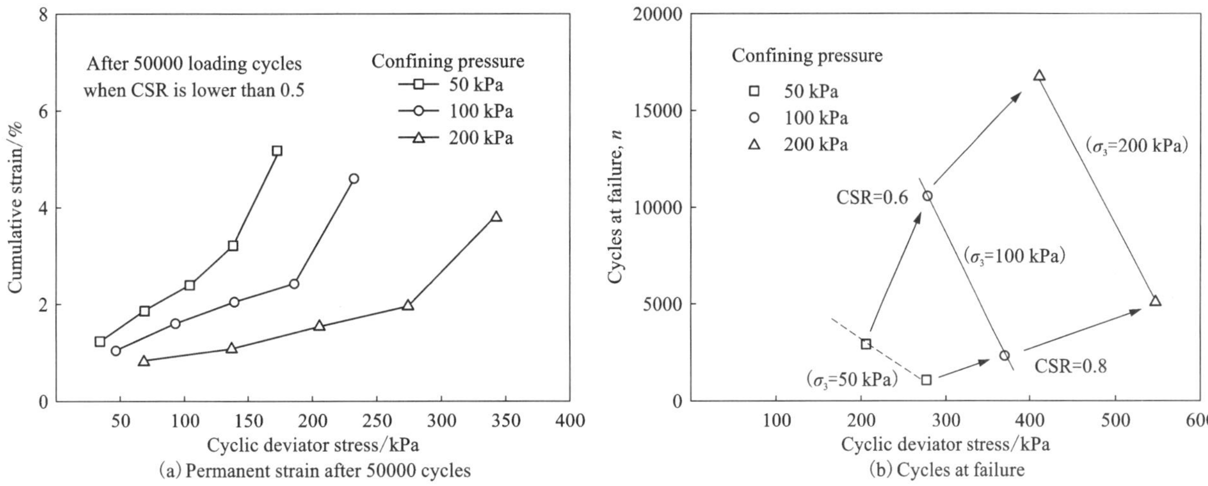

(a) Permanent strain after 50000 cycles (b) Cycles at failure

Fig. 9 Cycles at failure under different conining pressure

soil, including Barksdale[46], Monismith et al.[50], Li and Selig[21], and Lekarp et al.[48]. Among them, power law functions and logarithmic functions are the most widely used, i. e., the power equation proposed by Monismith et al:

$$\varepsilon_{\mathrm{p}} = a\left(\frac{\sigma_{\mathrm{d}}}{\sigma_{\mathrm{sf}}}\right)^{\mathrm{m}} N^{\mathrm{b}} \tag{7}$$

$$\Delta s = \int_0^h \varepsilon_{\mathrm{p}} \mathrm{d}t \tag{8}$$

where ε_{p} is the cumulative strain; N is the number of repeated cycles; σ_{d} is the dynamic soil deviator stress caused by traffic loading; σ_{sf} is the static deviator stress at failure; a, b, and m are parameters that are dependent on the subsoil; Δs is the deformation caused by traffic loading at an influenced depth; and h is the traffic-load-influenced depth. The majority of those empirical functions are limited in terms of characterizing the cumulative deformation behavior under a given conining pressure because the model parameters ignore the influence of the conining pressure on the cumulative strain. To address this limitation, a specific model needs to be setup for the tested subsoil. In this paper, the accumulative strain is normalized as

$$\varepsilon'_{\mathrm{p}} = \varepsilon_{\mathrm{p}} \cdot \sqrt{4}\,\frac{\sigma_3}{p_{\mathrm{a}}} \tag{9}$$

where σ_3 is the conining pressure, ε_{p} is the cumulative axial strain, ε is the normalized strain, and p_{a} is atmospheric pressure, namely 101. 3 kPa. Fig. 10 (a) plots the normalized strain, ε, versus the number of loading cycles when the CSR is less than 0. 6 (primary and secondary strain phases only). Fig. 10(a) shows that the normalized strain linearly increases logarithmically with the number of loading cycles. The linearity between log ε and $\log_n$[denoted by the dashed line in Fig. 10(a)] is observed irrespective of the CSR. A linear formula is setup to it the linearity as in Eq.[45].

$$\log \varepsilon'_{\mathrm{p}} = a + b\log_n \tag{10}$$

where a and b are parameters that are identified using multiple regression analyses of the cyclic load TX test data. The good agreement between the measured data and the predicted data is observed with a correlation coefficient of 0. 94. Fig. 10(b) shows the parameters versus the CSR. It is apparent that the parameter a increases linearly with increasing CSR, as does the parameter b. Hence, the parameters a and b are rewritten as linear functions as follows:

$$a = c + d \cdot \mathrm{CSR} \tag{11}$$

$$b = e + f \cdot \mathrm{CSR} \tag{12}$$

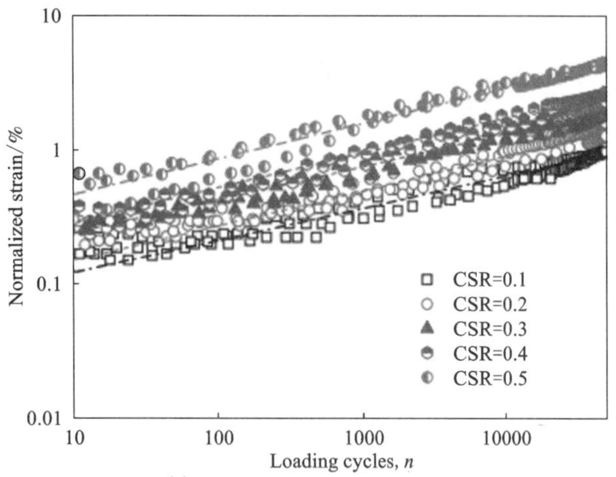

(a) Normalized strain versus loading cycles

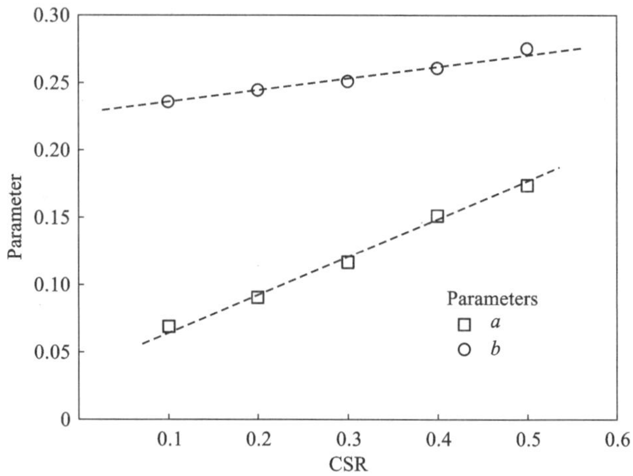

(b) Parameters versus CSRs

Fig. 10 Normalized axial strain under different CSRs

Using multiple regression analyses, c is found to be 0.035, d is found to be 0.29, e is found to be 0.23, and f is found to be 0.07. Consequently, Eq. (9) is rewritten as:

$$\varepsilon_p = \left(0.035 + 0.29 \frac{q_{cyc}}{q_f}\right) \cdot \left(\frac{\sigma_3}{p_a}\right)^{-1/4} \cdot n^{\left(0.29+0.07\frac{q_{cyc}}{q_f}\right)} \tag{13}$$

The proposed formulation of the cumulative strain is specific to soils with a similar gradation under similar loading conditions because the regression parameters obtained from the itting cyclic TX tests vary with the soil gradation, soil properties, loading conditions, and moisture content.

4 Case study of deformation prediction

4.1 Field-testing programs

A highway subgrade is selected as the case study for the deformation prediction, and the subsoil is the tested residual soil. The field tests were used to investigate the dynamic soil attenuation of the subgrade. The highway (the Changzhang highway) was constructed in 2007 and has a total length of 159.35 km. This four-lane highway has a designed speed of 120 km/h. The expected service life of the pavement is 20 years, yielding a total of 1.2×10^7 cycles of equivalent standard traffic loading (Ministry of transportation of the People's Republic of China, Specifications of cement pavement design for highway, 2002 JTG D40-2002 and Specifications for design of highway asphalt pavement, JTG D5010-2006). This indicates that the annual average number of loading cycles is 600000. Each traffic load is a standard axle load of 100 kN.

The height of the subgrade is 18 m. The composite pavement has five structural layers: The surface pavement is a 150-mm-thick standard hot mix asphalt (HMA); the upper-base course is a 160-mm-thick concrete base blended with 5% cement (by weight); the middle-base course is a 160-mm-thick granular soil base blended with 4% cement (by weight); the subbase is a layer of 180-mm-thick aggregates blended with 4% cement (by weight); and the underlying subsoil is red mudstone residual soil. The basic mechanical parameters of the pavement are listed in Table 5. A total of 14 dynamic soil stress gauges (PS1-14) and 2 settlement meters (S1-2) were installed in the case subgrade. Fig. 11 (a) shows the positions of each soil stress gauge and deflection meter. Each of the dynamic soil stress gauges was calibrated using the tested residual subsoil. The peak dynamic stresses produced by loading using a testing truck were obtained by a data acquisition system before the highway was opened to traffic. Subsequently, the profiles of the truck-induced dynamic stresses were built up as the stress attenuation law along the depth of the case subgrade. Then, the traffic-load-influenced depth was determined using the dynamic soil attenuation law for the case subgrade. The testing truck was a freight truck, which repeatedly drove over the dynamic soil stress gauges, as observed in Fig. 11(b). The maximum axle load was 66, 105, and 157 kN, and the testing speed was 60, 80, and 100 km/h. The long-term traffic-induced deformations of this case subgrade were measured by settlement meters (S1-2) after the highway was opened to traffic.

Table 5 Basic mechanical parameters of composite pavement

Pavement layers	Friction angle /(°)	Cohesion force /kPa	Bulk density /(g · cm^{-3})	Compressive strength /MPa	Poisson's ratio	Young's modulus /MPa
HMA surface	na	na	2.5	na	0.35	1400
Upper-base	60	350	2.4	5.0	0.25	1200
Middle-base	40	250	2.4	5.0	0.25	800
Subbase	40	250	2.2	4.5	0.25	800

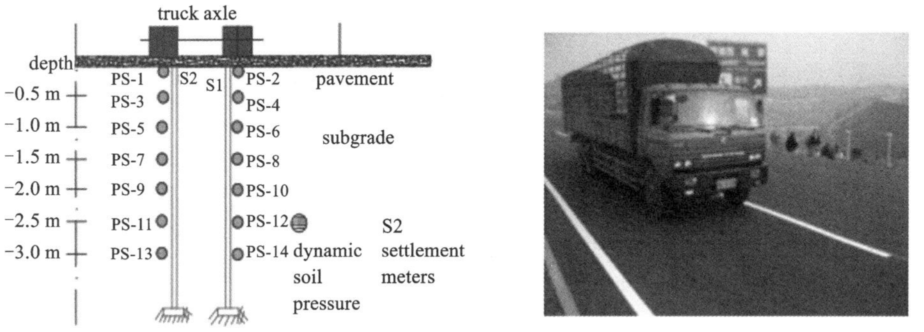

(a) Instrumentation of sensors (b) Testing truck

Fig. 11 Instruction of dynamic soil pressure

4.2 Traffic-influenced depth

Fig. 12 presents the obtained peak dynamic soil stresses along the depth of the subgrade under different axle loads. Each dynamic soil stress is the average of two peak dynamic soil stresses at the same depth. Fig. 12 shows that the increasing axle load results in increasing dynamic soil stresses; however, the rate of increase decreases with depth. For example, at the subgrade surface, the range of the peak dynamic stress falls in the range of 20-25 kPa when the axle load is 66 kN; the peak dynamic stress falls in the range of 28-37 kPa when the axle load is 105 kN; and the peak dynamic stress falls in the range of 38-45 kPa when the axle load is 157 kN. At a depth of −3.0 m, the peak dynamic soil stresses remain at 4.6, 5.3, and 6.4 kPa for axel loads of 66, 107, and 157 kN. The experimental data show that the dynamic stress attenuation dramatically decreases along the depth in the subgrade. Comparing the peak dynamic stresses, it is observed that the influence of the truck speed on the dynamic soil stress is minimal. This agrees with the laboratory results of Indraratna et al.[65] on unbounded aggregate subsoil. They found that the effect of the loading frequency on the dynamic response is marginal when the dynamic loading frequency is less than 40 Hz.

To better understand the attenuation of dynamic soil stresses along the depth, the peak dynamic soil stress is normalized by the peak dynamic stress at the subgrade surface. Fig. 13 plots the normalized peak dynamic stress along the depth when the speed is 100 km/h. Fig. 13 shows that the normalized dynamic stress rapidly decreases when the depth is less than 1.5 m, followed by a slow decreasing for depths from −1.5 to −3.0 m. The normalized dynamic stress decreases from 1.0 to 0.3 when the depth increases from 0 to 1.5 m. The normalized dynamic stress

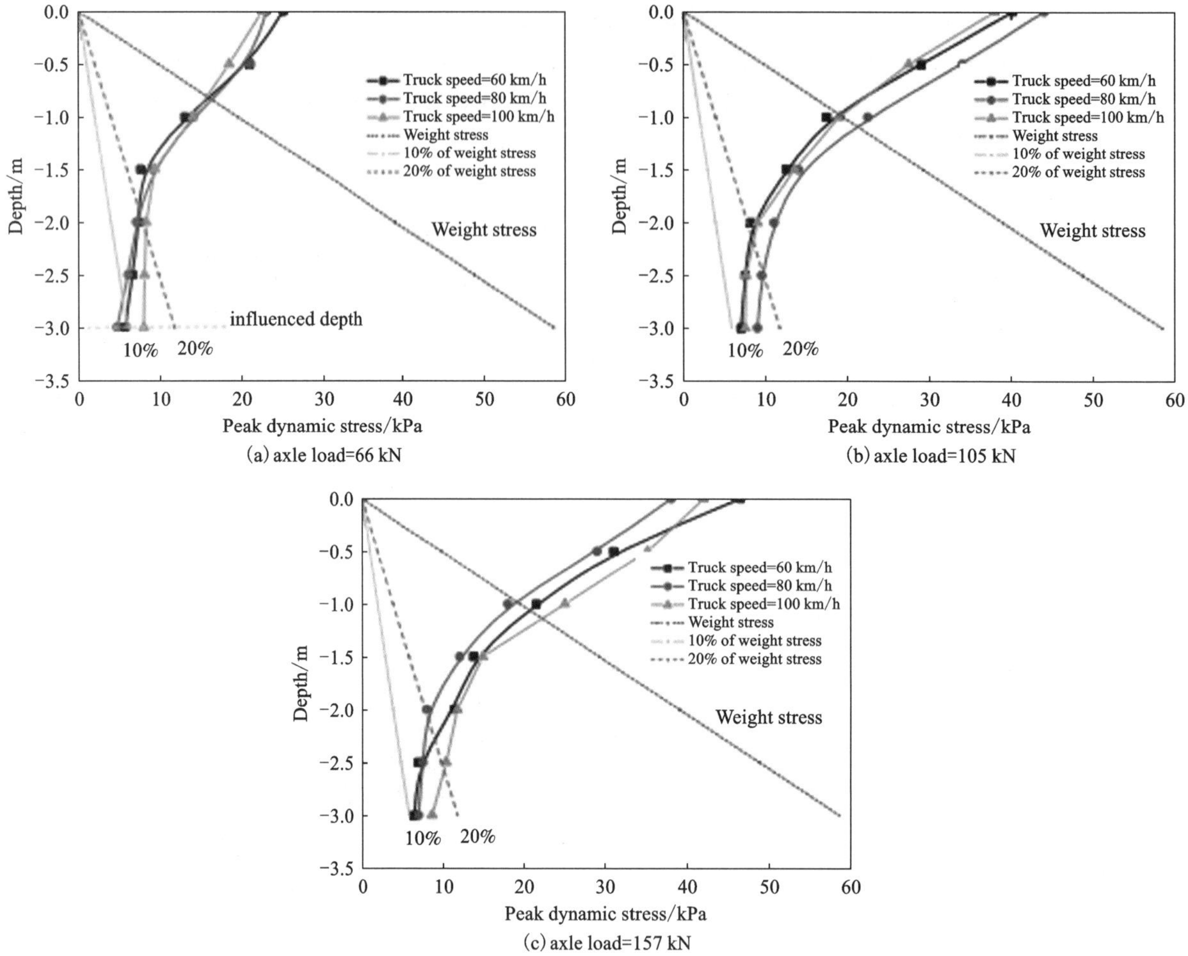

Fig. 12 Variation of peak dynamic pressure

decrease from 0. 3 to 0. 1 when the depth increases from 1. 5 to 3. 0 m. Huang et al. [66] found that the traffic-load-induced deformation is marginal when the dynamic stress is smaller than 10% of the weight stress. In this paper, the traffic-load-influenced depth of the tested subgrade is determined when the normalized dynamic stress is greater than 10%. Based on the field test results, Table 6 summarizes the traffic-load-influenced depth of the tested subgrade subjected to different axle loads. Table 6 shows that the increasing of the traffic axle load slightly increases the traffic-influenced depth; however, the influence of the speed remains limited. The significant traffic-load-influenced depths in this case subgrade are determined to be 2. 7, 2. 8, and 3. 0 m when the axle loads are 66, 105, and 157 kN, respectively. The traffic-induced deformation prediction is limited to the traffic-load-influenced depth in the case study.

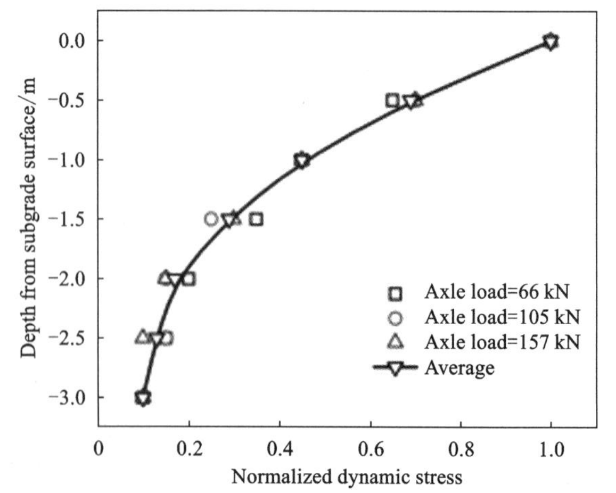

Fig. 13 Normalized dynamic stress along depth in subgrade

Table 6 Traffic-load-influenced depth in tested subgrade

Speed/($km \cdot h^{-1}$)	Traffic-load-influenced depth/m		
	Axle load = 66 kN	Axle load = 105 kN	Axle load = 157 kN
60	2.65	2.78	2.93
80	2.66	2.83	2.95
100	2.69	2.82	3.00

4.3 Deformation prediction

Equation (12) is used to predict the deformation as a function of the traffic-load-induced depth as follows:

$$S_d = \int_0^{h_d} \left[(0.035 + 0.29 \cdot \mathrm{CSR}) \cdot \left(\frac{\sigma_3}{p_a} \right)^{-1/4} \cdot n^{(0.23+0.07 \cdot \mathrm{CSR})} \right] dz \tag{14}$$

where S_d is the accumulative deformation; h_d is the traffic-load-induced depth of the subgrade, observed in Table 6; n is the total accumulation of traffic cycles, which is set as 600000 cycles per year; σ_3 is the soil pressure, which is calculated using the theory of soil pressure at rest; and CSR is the ratio between the measured peak dynamic soil stress and the critical shear strength calculated using Mohr-Coulomb theory.

Fig. 14 presents the predicted accumulative deformation five years after the highway was opened to traffic. The predicted deformations were compared with the measured settlement. The measured settlement during the construction period is ascribed to the weight of the subsoil and pavement, and the measured settlement remains steady before the highway was opened to traffic. During the construction period, the total subgrade settlement was 103 mm. Fig. 14 shows that three deformation stages were found in the measured settlement deformation history. After the highway was opened to traffic, the measured settlement quickly increases during the first several hundreds of days, followed by accumulation with a constant rate in the first thousand days. Beyond the first thousand days, the settlement remains nearly steady. Compared with the predicted settlement under different axle loads, only two deformation stages were found to be exhibited by the predicted traffic-load-induced settlements. Fig. 14 shows that the predicted deformation dramatically increases during the first hundred days, followed by a slightly increasing deformation at a constant rate. As expected, the increasing axle load increases the predicted settlement because of the increasing CSR. The traffic-load-induced deformations are 62, 73, and 87 mm for axle loads of 66, 105, and 157 kN after 5 years of being open to traffic. A good agreement is generally observed between the predicted deformation and the measured deformation. The detailed comparison shows that the predicted settlement under 66 kN axle load is slightly lower than the measured value, and the predicted settlement under the 157 kN axle load is slightly higher than the measured value. In the first year, a better agreement is observed between the measured settlement and the predicted settlement under the 157 kN axle load. Later, a better agreement is observed between the measured settlement and the predicted settlement under the 105 kN axle load. This indicates the feasibility of the proposed method for traffic-induced deformation prediction when applied to coarse-grained residual subsoil. It must be emphasized that the proposed method is based on a case subgrade

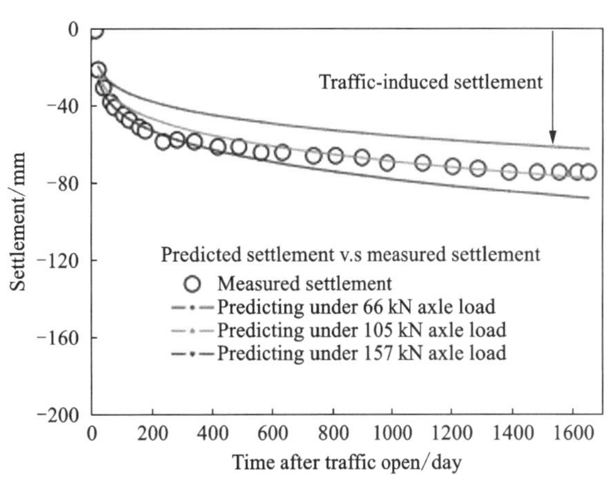

Fig. 14 Predicted deformation versus measured deformation

where the stress state was below the critical state and where the subsoil has a similar gradation as the tested soil.

5 Conclusions

An experimental investigation of the deformation behavior of coarse-grained residual soil under optimal moisture content conditions is presented in this paper. The laboratory tests consisted of large-scale monotonic TX tests of four specimens and long-term cyclic TX tests of 21 specimens subjected to 50000 loading cycles. A series of field tests were also used to determine the traffic-load-influenced depth in the case study. Considering the CSRs and conining pressures, the effects of particle breakage on the deformation behavior of residual soil were analyzed. The resilient modulus and cumulative strain of the tested samples were also evaluated under different CSRs and conining pressures. Based on these tests, the following conclusions specific to the tested residual soil (i. e. , similar gradation as the tested residual soil) can be drawn:

(1) An increasing CSR increases the cumulative strain while, in contrasting, decreasing the resilient modulus. Considering the cyclic stress amplitude and conining pressure, an empirical formula for the steady resilient modulus was established. The predicted steady modulus using this formula is in good agreement with the testing results. Additionally, a prediction formula for the cumulative strain independence of the cyclic stress amplitude, number of loading cycles, and conining pressure was established. The agreement between the predicted strain and the tested strain indicates the feasibility of this prediction formula for cumulative strain prediction.

(2) The obtained results suggest that increasing the CSR and number of load cycles beneficially influences particle breakage as well as increases the conining pressure. The PBI under cyclic loading is generally 1. 5 times greater than the PBI under monotonic loading. The higher CSR results in three cumulative strain stages accompanied by an increasing PBI, i. e. , the primary stage, the secondary stage, and the tertiary stage.

(3) The field tests provide the intensity of dynamic stresses on the subgrade surface and the attenuation law of the dynamic stresses along the subgrade depth. The influence of the truck speed on the traffic-load-influenced depth is minimal. An increasing axle load results in increasing dynamic soil stresses and traffic-load-influenced depth in the subgrade. The traffic-load-influenced depth varies with increasing axle load. In the case study, the traffic-load-influenced depths were 2. 7, 2. 8, and 3. 0 m corresponding to axle loads of 66, 105, and 157 kN.

(4) An empirical method for predicting traffic-load-induced deformation is established for subgrades constructed with residual soil. The method considers the magnitude of the CSR, the number of traffic-load applications, and the conining pressure on site. The method is used to predict the permanent traffic-load-induced deformation of a case subgrade after being opened to traffic.

Acknowledgments

This project was financially supported by the Chinese National Natural Science Foundation (under grant No. 51378514) and the authors would like to express their sincere gratitude. The authors are grateful for the open cooperation with the research team of CEE, the University of Illinois at Urbana-Champaign.

References

[1] CHEN X, ZHANG J, LI Z. Shear behaviour of a geogrid-reinforced coarse-grained soil based on large-scale triaxial tests [J]. Geotext Geomembr, 2014, 42(4): 312-328.

[2] LIU D W, XIONG C R. Experimental study on properties of red sandstone for road applications[J]. CentL South Highw Eng, 2003, 28(4): 27-32.

[3] BLIGHT G E, LEONG E C. Mechanics of residual soils[M]. CRC Press, 2012.

[4] CETIN K O, BILGE H T. Cyclic large strain and induced pore pressure models for saturated clean sands[J]. J Geotech

Geoenvironmental Eng, 2012, 138(3): 309-323.

[5] CHAI J C, MIURA N. Traffic-load-induced permanent deformation of road on soft subsoil[J]. J Geotech Geoenvironmental Eng, 2002, 128(11): 907-916.

[6] CUI X, ZHANG N, GAO Z. In situ tests simulating traffic-load-induced settlement of alluvial silt subsoil[J]. Soil Dyn Earthq Eng, 2014, 58(3): 10-20.

[7] FERNANDO E. Analysis procedure for load-zoning pavements[J]. Transp Res Rec, 2003, 1860: 117-125.

[8] HSU C C, VUCETIC M. Threshold shearstrain for cyclic pore-water pressure in cohesive soils[J]. J Geotech Geoenvironmental Eng, 2006, 132(10): 1325-1335.

[9] HU A F, ZHANG X D, JIA Y S. Research on the permanent settlement of saturated soft subsoil[J]. Adv Soil Dyn Found Eng (ASCE), 2014: 168-177.

[10] HU Y Y. Long-term settlement of soft subsoil clay under rectangular or semi-sinusoidal repeated loading of low amplitude [J]. Can Geotech J, 2010, 47: 1259-1270.

[11] KOHGO Y. A cyclic plasticity model for unsaturated geo-materials: unsaturated soils[M]//Theoretical and numerical advances in unsaturated soil mechanics, 2010: 647-653.

[12] TANG L, CHEN H, ZHANG S, et al. Determination of traffic-load-influenced depths in clayey subsoil based on the shakedown concept[J]. Soil Dyn Earthq Eng, 2015, 77(10): 182-191.

[13] TRINH V N, TANG A M, CUI Y J, et al. Mechanical characterisation of the fouled ballast in ancient railway track substructure by large-scale triaxial tests[J]. Soils Found, 2012, 52(3): 511-523.

[14] TSUKAMOTO Y, ISHIHARA K, NAKAZAWA H, et al. Resistance of partly saturated sand to liquefaction with reference to longitudinal and shear wave velocities[J]. Soils Found, 2002, 42(6): 93-104.

[15] TSUKAMOTO Y, ISHIHARA K, UMEDA K, et al. Cyclic resistance of clean sand improved by silicate-based permeation grouting[J]. Soils Found, 2006, 46(2): 233-245.

[16] XENAKI V C, ATHANASOPOULOS G A. Dynamic properties and liquefaction resistance of two soil materials in an earth ill dam—laboratory test results[J]. Soil Dyn Earthq Eng, 2008, 28(8): 605-620.

[17] BIGLARI M, JAFARI M K, SHAIEE A, et al. Shear modulus and damping ratio of unsaturated kaolin measured by new suction-controlled cyclic triaxial device[J]. Geotech Test J, 2011, 34(5): 525-536.

[18] CAI Y Q, GU C A, WANG J, et al. One-way cyclic triaxial behavior of saturated clay: comparison between constant and variable conining pressure[J]. J Geotech Geoenvironmental Eng, 2013, 139(5): 797-809.

[19] HSIAO D H, PHAN V T A, HSIEH Y T, et al. Engineering behavior and correlated parameters from obtained results of sand-silt mixtures[J]. Soil Dyn Earthq Eng, 2015, 77: 137-151.

[20] TSUKAMOTO Y, KAWABE S, MATSUMOTO J, et al. Cyclic resistance of two unsaturated silty sands against soil liquefaction [J]. Soils Found, 2014, 54(6): 1094-1103.

[21] LI D, SELIG E T. Cumulative plastic deformation for fine-grained subgrade soils[J]. J Geotech Eng, 1996, 122(12): 1006-1013.

[22] HATANAKA M, ABE A, MASUDA T. Effect of degree of saturation on the liquefaction strength of in-situ sandy soils[M]// Proceedings of recent development of geotechnical and geo-environmental engineering in Asia, 2006: 59-62.

[23] GUO L, WANG J, CAI Y, et al. Undrained deformation behavior of saturated soft clay under long-term cyclic loading[J]. Soil Dyn Earthq Eng, 2013, 50: 28-37.

[24] WICHTMANN T, TRIANTAFYLLIDIS T. Stress attractors predicted by a high-cycle accumulation model confirmed by undrained cyclic triaxial tests[J]. Soil Dyn Earthq Eng, 2015, 69: 125-137.

[25] BANDINI P, PHAM H V. Bearing capacity of embedded strip footings in two-layered clay soils[J]. Geo-Front ASCE 2011, 2011: 332-341.

[26] DASH H K, SITHARAM T G. Undrained montonic response of the sand-silt mixtures: effect of nonplastic ines[J]. Geotech Geol Eng, 2009, 27: 501-517.

[27] INDRARATNA B, HUSSAINI S K K, VINOD J S. The lateral displacement response of geogrid-reinforced ballast under cyclic loading[J]. Geotext Geomembr, 2013, 39: 20-29.

[28] LADE P V, LIGGIO C D, YAMAMURO J A. Effects of nonplastic ines on minimum and maximum void ratios of sand[J]. Geotech Test J, 1998, 21: 336-347.

[29] PITMAN T D, ROBERTSON P K, SEGO D C. Influence of ines on the collapse of loose sands[J]. Can Geotech J, 1994, 31: 728-739.

[30] SAXENA K R, ANJAIAH B, Indian Geotechnical Society Hyderabad Chapter, Institution of Engineers (India), A. P. State Centre Geomech 81. In: Symposium on engineering behaviour of coarse grained soils, boulders & rocks, 21-23 Dec 1981, Hyderabad, A. P., India, Meerut, Sarita Prakashan.

[31] VALLEJO L E, MAWBY R. Porosity influence on the shear strength of granular material-claymixtures[J]. Eng Geol, 2000, 58: 125-136.

[32] ZHAO H F, ZHANG L M. Behaviour of coarse widely graded soils under low conining pressures[J]. J Geotech Geoenviron Eng, 2013, 139: 35-48.

[33] ELIAS M B, TITI H H. Evaluation of resilient modulus model parameters for mechanistic-empirical pavement design[J]. Geol Prop Earth Mater 2006, 2006(1967): 89-100.

[34] TRANI L D O, INDRARATNA B. The use of particle size distribution by surface area method in predicting the saturated hydraulic conductivity of graded granular soils[J]. Geotechnique, 2010, 60(12): 957-962.

[35] BAN H, PARK S W. Characteristics of modified soil-aggregate system and their application in pavements[J]. KSCE J Civil Eng, 2014, 18(6): 1672-1678.

[36] ISHIKAWA T, ZHANG Y, TOKORO T, et al. Medium-size triaxial apparatus for unsaturated granular subbase course materials [J]. Soils Found, 2014, 54(1): 67-80.

[37] LENARTA S, KOSEKI J, MIYASHITA Y, et al. Large-scale triaxial tests of dense gravel material at low conining pressures. Soils Found, 2014, 54(1): 45-55.

[38] NAIR A M, LATHA G M. Taming of large diameter triaxial setup[J]. Geomech Eng, 2012, 4(4): 251-262.

[39] INDRARATNA B, KHABBAZ H, SALIM W, et al. Geotechnical properties of ballast and the role of geosynthetics in rail track stabilization[J]. J Ground Improv, 2006, 10(3): 91-102.

[40] MISHRA D, QIAN Y, KAZMEE H, et al. Investigation of geogrid reinforced railroad ballast behavior using large-scale triaxial testing and discrete element modeling[J]. Transp Res Rec J Transp Res Board, 2014(2462): 98-108. (Transportation Research Board of the National Academies, Washington)

[41] TUTUMLUER E, HUANG H, HASHASH Y M A, et al. Aggregate shape effects on ballast tamping and railroad track lateral stability[M]//Proceedings of the AREMA annual conference, Louisville, Kentucky, USA, 2006(9): 17-20.

[42] KARG C, HAEGEMAN W. Elasto-plastic long-term behavior of granular soils: Experimental investigation[J]. Soil Dyn Earthq Eng, 2009, 29(1): 155-172.

[43] CRACIUN O, LO S C R. Matric suction measurement in stre. 2010.

[44] KARG C, FRANCOIS S, HAEGEMAN W, et al. Elasto-plastic long-term behavior of granular soils: modelling and experimental validation[J]. Soil Dyn Earthq Eng, 2010, 30(8): 635-646.

[45] CASINI F, VIGGIANI G M B, SPRINGMAN S M. Breakage of an artificial crushable material under loading [J]. Granular Matter, 2013, 15(5): 661-673.

[46] BARKSDALE R D. Laboratory evaluation of rutting in base course materials [M]//Proceedings of the 3rd international conference on asphalt pavements, University of Michigan, Ann Arbor, 1972: 161-174.

[47] BROWN S F, CHAN F. Reduced rutting in unbound granular pavement layers through improved grading design [M]// Proceedings of the institution of civil engineers, Transport, 1996, 117: 40-49.

[48] LEKARP F, ISACSSON U, DAWSON A. State of the art II: permanent strain response of unbound aggregates[J]. ASCE J Transp Eng, 2000, 126(1): 76-83.

[49] THOM N H, BROWN S F. The effect of grading and density on the mechanical properties of a crushed dolomitic limestone [M]//Proceedings of the 14 th ARRB conference, 1988, 7: 94-100.

[50] MONISMITH C L, OGAWA N, FREEME C R. Permanent deformation characteristics of subgrade soils due to repeated loading [J]. Transp Res Rec 537; Transportation Research Board, National Research Council, Washington, 1975: 1-17.

[51] VARADARAJAN A, SHARMA K G, VENKATACHALAM K, et al. Testing and modeling two rockill materials[J]. J Geotech Geoenvironmental Eng, 2003, 129(3): 206-218.

[52] ASTM D7181-11. Method for consolidated drained triaxial compression test for soils, 2011.

[53] ASTM D5311-92. Standard test method for load controlled cyclic triaxial strength of soil, 1996.

[54] ASTM D3999–91. Standard test methods for the determination of the modulus and damping properties of soils using the cyclic triaxial apparatus, 2003.

[55] HARDIN B O. Crushing of soil particles[J]. J Geotech Engrg, 1985, 111: 1177–1192.

[56] LESLIE D D. Large-scale triaxial tests on gravelly soils[C]. Proceedings of the 2nd Panamerican conference on soil mechanics and foundation engineering, Brazil, 1963, 1: 181–202.

[57] LESLIE D D. Shear strength of rockill[J]. Phys Prop Eng; Study no 526, South Pacific Division, Corps of Engineers Laboratory, Sausalito, Calif., 1975, 10: 124.

[58] MARSAL R J. Discussion of Shear strength[C]. Proceedings of the 6 th international conference on soil mechanics and foundation engineering, Montreal, 1965, 3: 310–316.

[59] PALMEIRA E M. Soil-geosynthetic interaction: modelling and analysis[J]. Geotext Geomembr, 2009, 27: 368–390.

[60] TUTUMLUER E, HUANG H, BIAN X. Geogrid-aggregate interlock mechanism investigated through aggregate imaging-based discrete element modeling approach[J]. Int J Geomech, 2012, 12(4): 391–398.

[61] PALMEIRA E M. Soil-geosynthetic interaction: modelling and analysis[J]. Geotext Geomembr, 2009, 27(5): 368–390.

[62] CHEN C, INDRARATNA B, MCDOWELL G, et al. Discrete element modelling of lateral displacement of a granular assembly under cyclic loading[J]. Comput Geotech, 2015, 69: 474–484.

[63] XIAO Y, TUTUMLUER E. Performance-based evaluation of unbound aggregates affecting mechanistic response and performance of flexible pavements[D]. University of Illinois at Urbana-Champaign, 2014, Urbana, Illinois, 2014.

[64] FROST M W, FLEMING P R, ROGERS C D F. Cyclic triaxial tests on clay subgrades for analytical pavement design[J]. J Transp Eng-ASCE, 2004, 130(3): 378–386.

[65] INDRARATNA B, THAKUR P K, VINOD J S. Experimental and numerical study of railway ballast behavior under cyclic loading[J]. Int J Geomech, 2010, 10(4): 136–144.

[66] HUANG Q, LING J. Methodology study on deining subgrade's working area[J]. J Tongji Univ(Nat Sci), 2011, 39(4): 551–555.

重载铁路基床表层级配碎石填料组构系数应用与分析

陈晓斌[1,2]，喻昭晟[1,2]，光 超[1,2]，张家生[1,2]，董 亮[3]

1. 中南大学土木工程学院，湖南长沙，410075
2. 中南大学教育部重载铁路工程结构重点实验室，湖南长沙，410075
3. 中国铁道科学研究院，北京，100081

摘要：传统级配曲线不能直观展现级配碎石填料内部物理组构信息，重载铁路基床表层级配碎石填料设计缺少实用的优化目标参数。引入对数几率回归函数将传统积分级配曲线进行了转换，定义了能直观展现碎石填料内部物理组构信息的组构系数概念。基于对数几率回归函数级配曲线方程，推导了组构系数的数学表达式，并分析了参数的敏感性。进而将组构系数作为优化目标，提出了重载铁路基床表层级配碎石填料的组构系数优化方法。通过重载铁路基床表层级配碎石填料击实试验、渗透性试验、大型直剪试验以及对其他工程材料的应用，验证了组构系数方法的可行性。应用研究表明：组构系数 R 能够定量描述材料组构信息；重载铁路基床表层级配碎石填料的最优组构系数值 R 为 21.17~22.28。

关键词：级配碎石；组构系数；级配优化；基床表层；重载铁路

1 引言

级配良好的碎石具有合理的物理组构，由此能产生较好的物理力学性能，这个观点得到了很多实验验证。田平[1]发现级配碎石的级配对其力学性能的影响非常显著。李罡等[2]通过三轴试验发现，颗粒级配会影响材料的宏观力学特性，产生不同的临界状态和破坏模式。Wood 等[3]通过离散元的方法揭示了颗粒临界状态对于级配的依赖性，提出了随着级配的变化，寻找新颗粒临界状态的方法。范兴华[4]从级配碎石的强度形成机理出发，研究了最大粒径 31.5 mm 级配碎石的级配设计和使用性能。因为级配碎石具有很好的力学性能和较好的水稳性，所以成为我国重载铁路基床表层的填料，并纳入我国《重载铁路设计规范》[5]。规范中确定了基床表层使用的级配碎石的颗粒组成范围，如图 1 所示。

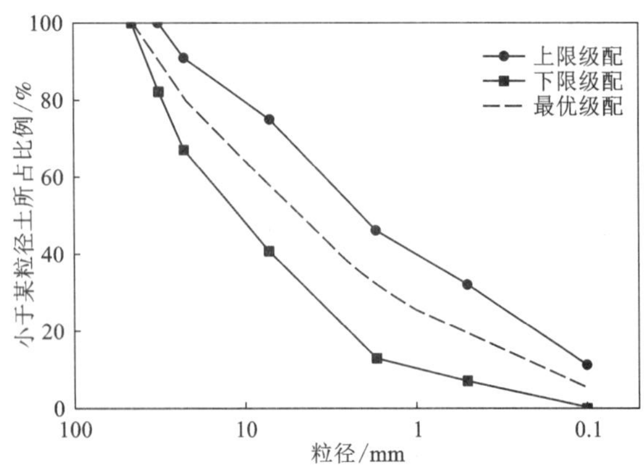

图 1　重载铁路基床表层碎石填料级配范围

图 1 显示基床表层碎石颗粒组成在一个范围内，该范围内存在最优物理组构，基床表层碎石填料仍有进一步优化的需求。传统级配曲线的特征值只能定量地描述级配分布的宽度和连续性，并不能表述更多关于粗颗粒填料的内部组构信息。重载铁路基床表层级配碎石填料设计缺少实用的优化目标函数。实践中，重载铁路基床表层级配碎石优化设计中存在困难：级配设计经验倾向性明显。为在重载铁路基床表层碎石填料级配范围内进一步追求最优物理组构，需要一个重载铁路基床表层碎石填料内部组构的概念。近年来，为了寻找粗颗粒填料最优组构，学者们采取不同的方法进行了相关研究。Talbot 等[6]基于分形理论提出了土的级配方程并用于描述级配曲线。赵婷婷等[7]采用不同粒径范围内颗粒数为测量数的分形模型来研究不同缩尺方法得到的级配曲线特性，并建立了颗粒分形维数和力学特性指标之间的关系。朱晟等[8]综合大量堆石料现场检测资料的研究发现，分形维数可以更为客观地反映

陈晓斌，喻昭晟，光超，等. 重载铁路基床表层级配碎石填料组构系数应用与分析[J]. 岩土力学，2020，41(9)：3031-3040.

堆石料级配的平均特性。Tutumluer 等[9]引入一个称为“砾石砂比(G/S)”的新级配参数，并发现该参数控制材料的抗剪强度性能较强。Xiao 等[10]利用该参数作为定量指标，基于试验方法优化了填料的强度和排水特性。上述研究中虽然在粗颗粒填料优化级配方面开展了一系列试验研究工作，但是缺乏能够清晰表达内部组构的概念和优化目标函数，特别是针对重载铁路基床表层碎石填料级配优化的研究不足。为了弥补上述不足，本文首先考虑粗颗粒填料的内部结构，基于级配曲线的对数几率回归模型，提出了碎石填料组构系数 R 的概念，并且推导了数学表达式。接着，将组构系数概念作为优化目标函数，用于重载铁路基床表层级配碎石的级配优化设计。研究成果可为重载铁路基床表层级配碎石的级配优化设计提供方法及参考。

2 组构系数与数学模型

2.1 级配曲线转换

依据丁建源[11]引入的基于对数几率回归方程，定义级配碎石累计质量分数为：

$$P(d)=\frac{m}{m_0} \tag{1}$$

式中：$P(d)$ 为累计质量分数；m 为粒径不大于 d 的级配碎石质量；m_0 为级配碎石总质量。经过丁建源[11]推导，对式(1)进行微分得：

$$\mathrm{d}m=m_0\mathrm{d}P(d) \tag{2}$$

级配碎石的质量体积关系为：

$$\mathrm{d}m=\rho\cdot V(d)\mathrm{d}N \tag{3}$$

根据分形理论有：

$$\frac{N}{N_0}=\frac{d_{\min}^{-D}-d^{-D}}{d_{\min}^{-D}-d_{\max}^{-D}} \tag{4}$$

式中：N 为粒径不大于 d 的颗粒数量；N_0 为颗粒总数；D 为分形维数。

对式(4)微分有：

$$\mathrm{d}N=\frac{N_0\cdot D\cdot d^{-1-D}}{d_{\min}^{-D}-d_{\max}^{-D}}\cdot\mathrm{d}d \tag{5}$$

将式(4)、式(5)代入式(3)中，并结合式(2)整理可得：

$$\mathrm{d}P(d)=\frac{\rho\cdot k_{\mathrm{v}}\cdot N_0\cdot D\cdot d^{-1-D}}{m_0\cdot(d_{\min}^{-D}-d_{\max}^{-D})}\cdot d^3\cdot\mathrm{d}d \tag{6}$$

对式(6)进行积分，并根据边界条件 $P(d_{\min})=0$ 和 $P(d_{\max})=1$，可得出级配碎石的质量累计百分数为：

$$P(d)=\frac{d_{\min}^{3-D}-d^{3-D}}{d_{\min}^{3-D}-d_{\max}^{3-D}} \tag{7}$$

当级配碎石的颗粒最小粒径与最大粒径之比足够小，小至可忽略不计时，$d_{\min}^{3-D}$ 趋近于 0，那么式(7)可以简化为：

$$P(d)=\left(\frac{d}{d_{\max}}\right)^{3-D} \tag{8}$$

再对粒径做归一化处理，定义 x 为相对粒径：

$$x=\frac{d}{d_{\max}} \tag{9}$$

结合式(8)与式(9)可得级配碎石的累计质量分数 P：

$$P=x^{3-D}=x^k \tag{10}$$

式中：k 为对数几率方程的系数。

如此，可基于对数几率回归方程，得到颗粒的相对粒径 x 和累计质量分数 P 的关系：

$$\ln\left(\frac{P}{1-P}\right)=\alpha+\beta x \tag{11}$$

求解式(11)，可得到级配碎石的 $P\sim x$ 型级配方程：

$$P=\frac{e^{\alpha+\beta x}}{1+e^{\alpha+\beta x}} \tag{12}$$

式中：α 控制着级配曲线的截距；β 跟级配曲线最大斜率有关，反映曲线的斜率。从数学意义上来看，参数 α、β 共同控制着级配曲线的形状变化，它们是级配曲线本身所具有的特性，每一条曲线都对应着一组(α、β)。对式(12)分别求一、二阶导数可得到：

$$\frac{dP}{dx}=\frac{e^{\alpha+\beta x}\beta}{[1+e^{\alpha+\beta x}]^2}=P(1-P)\beta \tag{13}$$

$$\frac{d^2P}{dx^2}=(1-2P)P(1-P)\beta^2 \tag{14}$$

令 $\frac{d^2P}{dx^2}=0$，可得 $P=0.5$ 为级配曲线的拐点，且此处斜率最大。将 $P=0.5$ 代入式(12)中可得参数 α、β 与 $(x)_{P=0.5}$ 之间的关系：

$$(x)_{P=0.5}=-\frac{\alpha}{\beta} \tag{15}$$

根据式(12)可将传统级配积分曲线转化成基于对数几率回归模型级配曲线。图 2 为《重载铁路设计规范》规定的级配曲线范围在 $P\sim x$ 坐标空间的表现。

根据式(11)，《重载铁路设计规范》规定的基床表层碎石填料级配范围可以转换为参数 α、β 的范围，满足式(16)：

$$\alpha_{下限}+\beta_{下限}x\leqslant\alpha+\beta x\leqslant\alpha_{上限}+\beta_{上限}x \tag{16}$$

式中：$\alpha_{上限}$ 为级配上限对应的参数 α；$\beta_{上限}$ 为级配上限对应的参数 β；$\alpha_{下限}$ 为级配下限对应的参数 α；$\beta_{下限}$ 为级配下限对应的参数 β。

式(16)表示的范围如图 3 所示。

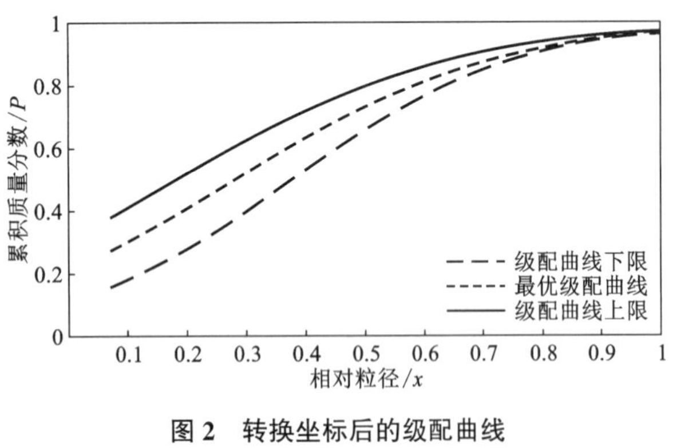

图 2　转换坐标后的级配曲线

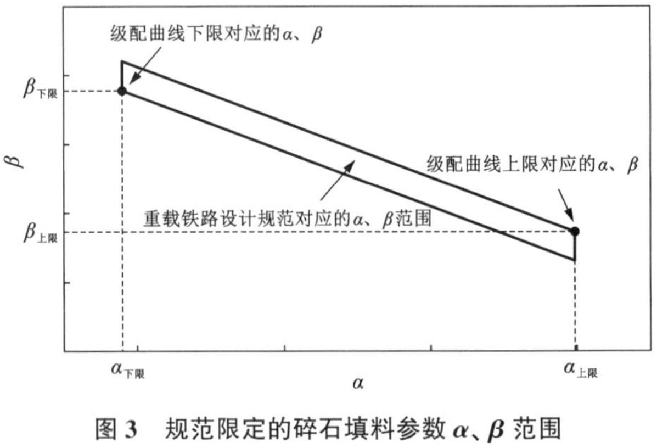

图 3　规范限定的碎石填料参数 α、β 范围

2.2　组构系数推导

传统级配曲线利用曲率系数 C_c 和不均匀系数 C_u 作为定量评价指标如下：

$$C_c=\frac{d_{30}d_{30}}{d_{60}d_{10}} \tag{17}$$

$$C_u=\frac{d_{60}}{d_{10}} \tag{18}$$

式中：d_{10}、d_{30}、d_{60} 指过筛质量分别为 10%、30%、60%时的特征粒径。

显然，当级配曲线上(d_{10}, 0.1)、(d_{30}, 0.3)、(d_{60}, 0.6)这三个点确定时，即 C_c、C_u 确定时，并不能唯一地确定一条级配曲线。并且在 C_c、C_u 相同的条件下，形成的不同级配还可能导致较大的性能差异。因

为 C_c、C_u 只考虑了级配曲线的 3 个特征粒径，没有包含级配曲线的整体变化信息，故不能准确评价一个级配的优劣性。

为了综合考虑特征粒径与级配曲线变化趋势，即级配内部组构信息。采用粗细颗粒分界粒径 d_i 为特征粒径，再采用文献[24]方法，对级配曲线求定积分，以考虑级配曲线变化趋势。最后基于 $P \sim x$ 级配曲线，定义了能直观展现碎石填料内部物理组构信息的组构系数 R，其几何定义如图 4 所示。

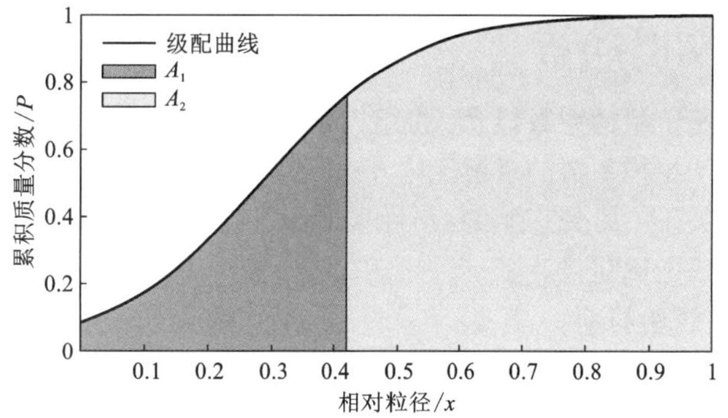

图 4 组构系数示意图

根据图 4，在级配曲线中，以 x_i（$x_i = d_i/d_{max}$，d_{max} 为级配碎石最大粒径，d_i 为粗细颗粒的分界点）作为间断点将 S 型级配曲线分为细粒组（$x<x_i$）和粗粒组（$x>x_i$）两部分。对于 d_i 的取值，水泥混凝土一般以 4.75 mm 作为粗细集料的分界粒径，沥青混凝土则以 2.36 mm 为分界，反滤料以 5 mm 作为粗细颗粒的分界粒径。对于级配碎石，郭国庆[14]将 5 mm 作为区分粒径，通过统计发现不同材料的分界粒径与最大粒径的比值在（0.06，0.2）范围内。分界粒径 d_i 取 5 mm，其与最大粒径之比为 0.158，在合理范围内。同时，司洪洋[15]指出级配碎石以 5 mm 为界的粗细颗粒可以构成最优比例关系，使得级配碎石的干容重达到最大，在实际工程中过 5 mm 筛的工序简单，可以获得非常好的工程实用性，故采取 $d_i = 5$ mm。

分界点 x_i 将级配曲线下方面积分为 A_1 和 A_2。很明显，A_1 是 S 型级配曲线从 x_{min}（$x_{min} = d_{min}/d_{max}$，$d_{min}$ 为级配碎石最小粒径）到 x_i 积分所形成的面积。A_2 是 S 型级配曲线 x_i 到 x_{max}（$x_{max} = d_{max}/d_{max}$）积分所形成的面积。$A_1$、$A_2$ 同时包含细粒组与粗粒组的特征粒径信息和级配曲线形状信息，即填料内部物理组构信息。定义 R 为 A_2、A_1 之比，如下：

$$R = \frac{A_2}{A_1} \tag{19}$$

当特征粒径 d_i 确定时，R 越大表示粗粒组含量越多，R 越小表示粗粒组含量越小。当粗、细粒组相对含量一定时，R 越大表示粗粒组粒径分布越广，R 越小表示粗粒组粒径分布越窄。应用中，通过式(20)和式(21)可方便地求得 A_1 和 A_2 的取值为：

$$A_1 = \int_{x_{min}}^{x_i} P\mathrm{d}x = \frac{1}{\beta}\ln\left(\frac{e^{\alpha+\beta \cdot x_i}+1}{e^{\alpha+\beta \cdot x_{min}}+1}\right) \tag{20}$$

$$A_2 = \int_{x_i}^{x_{max}} P\mathrm{d}x = \frac{1}{\beta}\ln\left(\frac{e^{\alpha+\beta \cdot x_{max}}+1}{e^{\alpha+\beta \cdot x_i}+1}\right) \tag{21}$$

根据式(20)和式(21)，R 可由式(22)计算得：

$$R = \frac{\ln\left(\dfrac{e^{\alpha+\beta \cdot x_{max}}+1}{e^{\alpha+\beta \cdot x_i}+1}\right)}{\ln\left(\dfrac{e^{\alpha+\beta \cdot x_i}+1}{e^{\alpha+\beta \cdot x_{min}}+1}\right)} \tag{22}$$

由于 A_1、A_2 是关于参数 α、β 的函数，故 R 也是关于 α、β 的函数。R 一定时，α、β 满足式(22)所示函数关系，如图 5 所示。

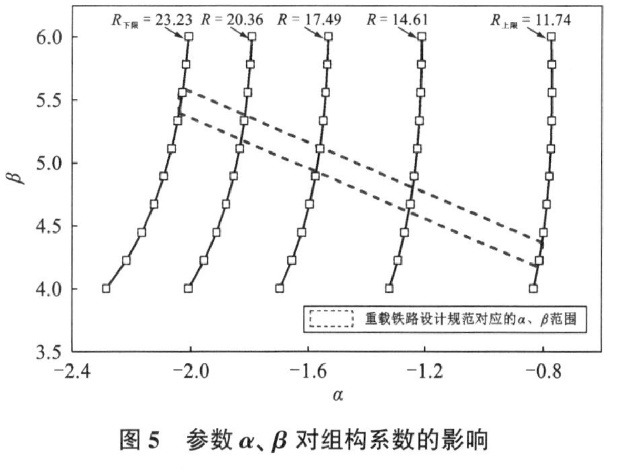

图 5 参数 α、β 对组构系数的影响

图 5 中，$R_{下限}$为级配曲线下限对应的 R 值，$R_{上限}$为级配曲线上限对应的 R 值。随着 α 值增

大，R 值减小；随着 β 值增加，R 值增大。虽然 R 不能唯一地确定一个级配曲线，但是与传统参数 C_c、C_u 不同，R 限定了粗、细粒组的相对关系。根据 R 得到的一簇级配曲线在性质上是相似的，并且 α、β 满足式(22)函数关系，是连续变化的。在重载铁路基床表层碎石填料规范限定范围内，α、β 近似线性关系。

3 应用与分析

基于组构系数概念，将组构系数作为优化目标，用于重载铁路基床表层碎石填料级配优化设计，提出了基于组构系数的级配优化方法。其方法如下：首先，基于实验数据，建立组构系数 R 与材料物理性质之间的关系；其次，确定材料性质最优参数 R 的范围以及其对应参数 α、β 的范围；最后，根据最优级配范围进行级配优化设计。

3.1 试验材料

在重载铁路基床表层碎石填料级配范围内，通过击实试验、常水头渗透实验和大型直剪试验，开展将组构系数作为优化目标的应用与分析。材料为长沙郊区的机制石灰岩级配碎石，颗粒呈棱角型，颜色为深灰色，岩体比重为 2.66，如图 6 所示。

配制了 10 种试样，用于击实试验、常水头渗透实验和大型直剪试验。各试样的级配见图 7，对应的组构系数及参数见表 1。

图 6　机制石灰岩级配碎石

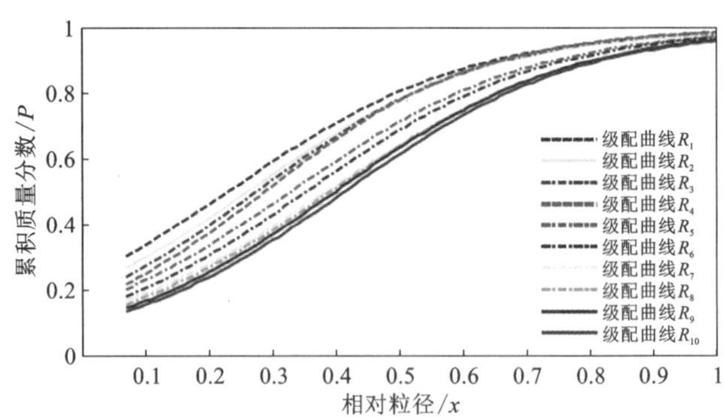

图 7　实验试样的级配组成

表 1　试验材料的组构系数及参数

级配指标	组构系数									
	R_1	R_2	R_3	R_4	R_5	R_6	R_7	R_8	R_9	R_{10}
α	−1.21	−1.39	−1.55	−1.7	−1.84	−1.91	−1.98	−2.06	−2.17	−2.25
β	4.13	5.1	4.66	5.32	6.07	6.01	5.98	5.74	5.23	5.1
R	14.14	16.09	17.24	19.21	21.17	22.08	23.03	24.05	25.11	26.08

3.2 最大干密度优化应用分析

采用 ZX3 重型击实试验仪得到最大干密度(ρ_{max})，组构系数与最大干密度关系见表 2。

表 2　级配碎石的组构系数与最大干密度

级配指标	组构系数									
	R_1	R_2	R_3	R_4	R_5	R_6	R_7	R_8	R_9	R_{10}
R	14.14	16.09	17.24	19.21	21.17	22.08	23.03	24.05	25.11	26.08
ρ_{max} /(g·cm^{-3})	2.013	2.045	2.101	2.192	2.334	2.360	2.323	2.224	2.129	2.032

表 2 可以看出最大干密度随着组构系数的增加先增大后减小，极值点 $R=21.17\sim22.08$。这是由于当细颗粒过多时，级配碎石中以小颗粒为主，大颗粒悬浮在小颗粒中，质量较轻；而当粗颗粒过多时，它们之间形成的空隙没有足够多的细颗粒去填充，使得级配碎石的空隙比较大。这两种情况都会造成级配碎石的最大干密度较小。随着组构系数的逐步增加，当到达临界值时，级配碎石会达到一种骨架密实结构，在这种状态下，粗颗粒直接接触并形成骨架结构，它们之间形成的空隙有足够多的细颗粒填充其中，整个级配碎石结构呈现骨架密实状态。采用表 2 中最优的五组试样进行后续分析，如图 8 所示。

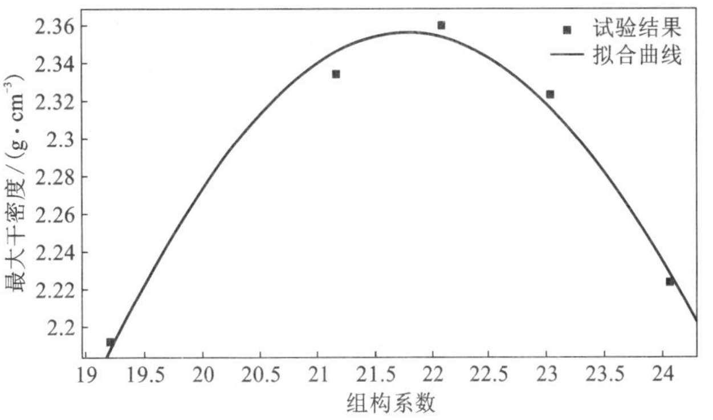

图 8 组构系数与最大干密度关系

利用高斯函数进行拟合，建立包含组构系数 R 的目标函数为：

$$\rho_{\max} = 2.355e^{-\left(\frac{R-21.8}{9.578}\right)^2} \tag{25}$$

求级配碎石组构目标函数最优解，确定级配碎石组构的最优解对应的参数 α、β，得到最优解组构系数 R 为 21.8。最优干密度理论值为 2.355 g/cm^3，试验值为 2.36 g/cm^3。计算值与试验值较吻合，说明将组构系数作为优化目标的方法可行。

3.3 渗透系数应用分析

采用 TST-70 型渗透仪进行渗透试验，采用常水头试验法测定级配碎石的渗透系数，每一组级配碎石均做 3 组试验，取其平均值作为试验结果，如图 9 所示。

从图 9 中可以看出随着组构系数的增大，渗透系数先从 0.0078 cm/s 急剧减小，然后缓慢减小，达到最小值点 0.0049 cm/s 后缓慢增加，再急剧增大到 0.0069 cm/s。渗透系数变化的原因是随着组构系数逐步增加到临界值，土体颗粒会达到一种骨架密实结构，在这种状态下，粗颗粒相互支撑嵌挤形成骨架，细颗粒填充于骨架留下的空隙当中，使得整个级配碎石结构呈现最密实状态，试样的孔隙比最小，渗透性最小。

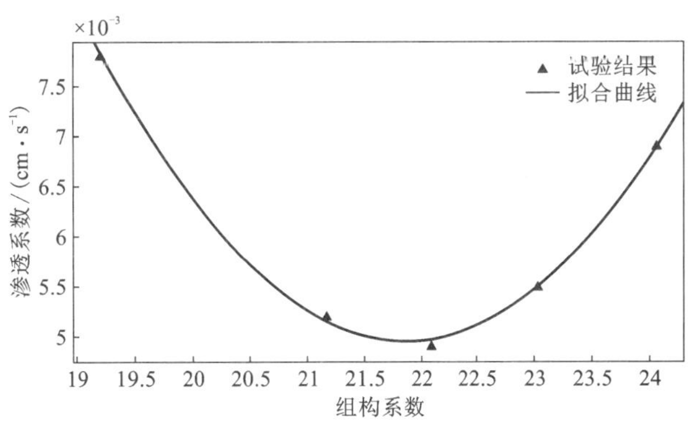

图 9 组构系数与渗透系数关系

基于试验结论，利用高斯函数进行拟合，建立组构系数 R 与渗透系数的目标函数关系：

$$k = 0.00041R^2 - 0.01781R + 0.2 \tag{26}$$

利用数学方法求级配碎石组构目标函数最优解，得到最优解组构 R 系数为 21.87。应用结果表明最优渗透系数理论值为 0.0049 cm/s，试验值为 0.0078 cm/s，计算值与试验值接近，说明将组构系数作为优化目标的方法可行。

3.4 剪切实验应用分析

采用大型直剪试验仪 TAJ-800 完成了 20 组大型直剪实验。试样的长宽高尺寸为 700 mm×500 mm×300 mm，压实度要求 95%，实验仪器及土样如图 10 所示，实验方案见表 3。

图 11 为不同组构系数的级配碎石在 4 种法向应力下的应力-应变关系。

(a) 实验仪器

(b) 实验土样

图 10 直剪实验仪器与实验土样

表 3 大型直剪实验方案表

试样编号	组构系数	法向应力/kPa	剪切速率/(mm · min^{-1})
R_4	19.21	50, 100, 150, 200	1
R_5	21.17	50, 100, 150, 200	1
R_6	22.08	50, 100, 150, 200	1
R_7	23.03	50, 100, 150, 200	1
R_8	24.05	50, 100, 150, 200	1

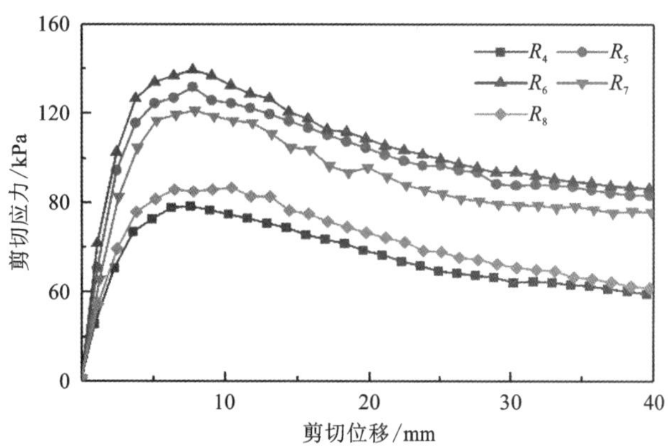

(a) 50 kPa

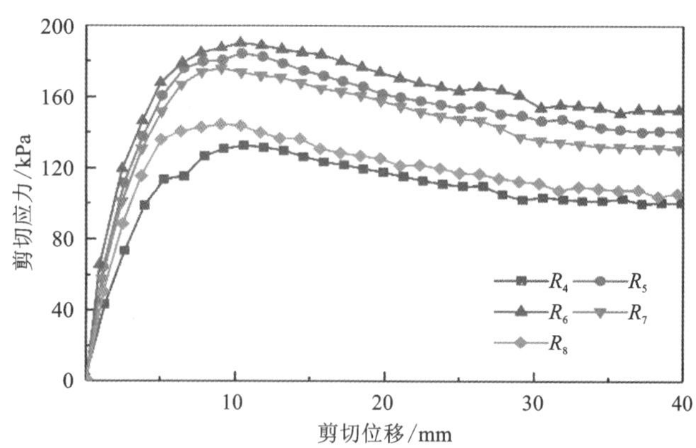

(b) 100 kPa

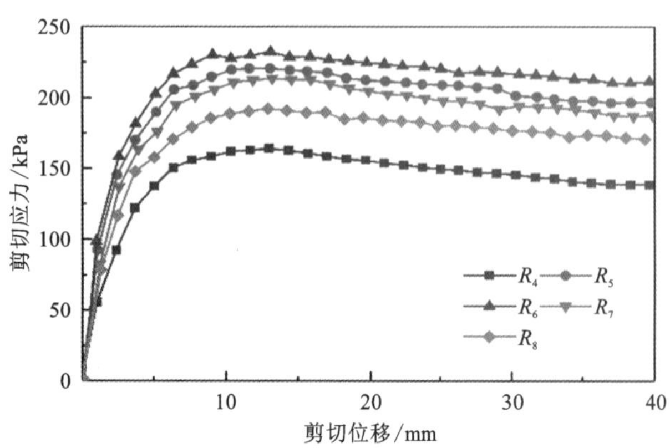

(c) 150 kPa

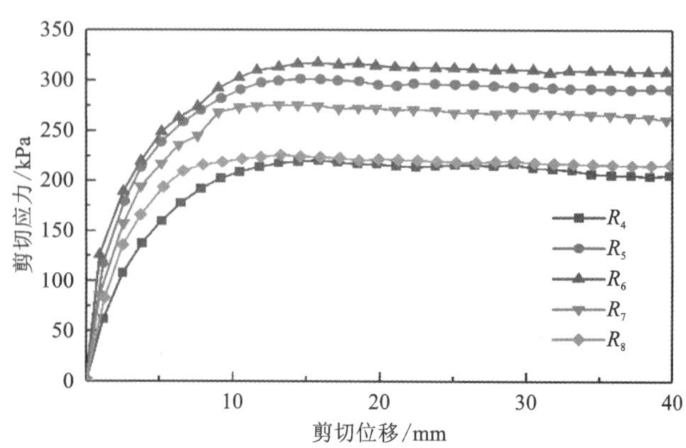

(d) 200 kPa

图 11 级配碎石剪应力-剪切位移曲线

图11显示随着组构系数增加，试样剪切峰值强度先增加后减小，峰值强度随着组构系数的变化存在明显的极值点。表4为不同组构系数下法向应力与峰值强度统计值。

表4 剪切峰值强度值实验结果

试样	组构系数	法向应力/kPa			
		50	100	150	200
R_4	19.21	78.32	132.68	164.12	220.26
R_5	21.17	131.68	184.88	220.24	301.37
R_6	22.08	139.36	190.20	231.32	317.52
R_7	23.03	121.16	175.88	223.84	275.42
R_8	24.05	87.92	144.68	192.12	225.62

由表4可知，当法向应力为100 kPa时，峰值强度先从132.68 kPa急剧增加，然后缓慢增加到峰值点190.2 kPa，随后开始缓慢减小、再急剧减小到144.68 kPa。峰值强度变化的原因是随着组构系数逐步增加到临界值，粗细颗粒含量会达到一种骨架密实结构，粗颗粒相互支撑嵌挤形成骨架，细颗粒填充于骨架留下的空隙当中，使得整个级配碎石结构呈现最密实状态，级配碎石之间的咬合力和内摩擦最大，所以级配碎石的峰值强度也最大。

基于实验结论，组构系数 R 与峰值强度有着良好函数关系，如图12。

对实验结果同样采用高斯函数拟合，建立组构系数与峰值强度的目标函数关系得：

$$\tau = 319.8e^{-\left(\frac{R-21.79}{5.821}\right)^2} \tag{27}$$

利用数学方法求级配碎石组构目标函数最优解，对其求导可得极值点为(21.81, 190.1)，级配碎石的剪切强度在组构系数 $R=21.81$ 处达到最大值190.1 kPa，说明组构系数用于基床表层级配碎石组构优化的方法可行。

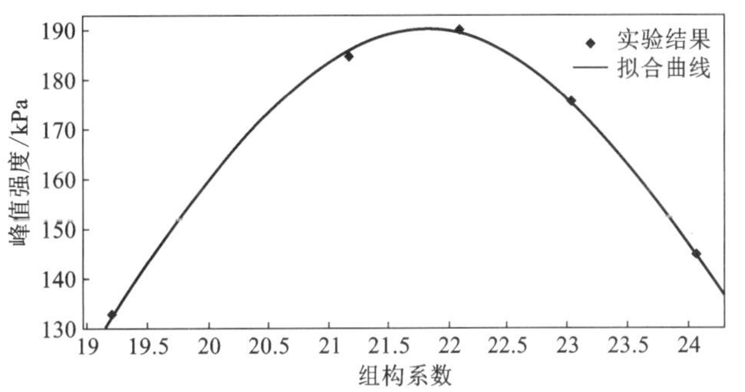

图12 典型组构系数与峰值强度关系

4 讨论

4.1 组构系数优化方法的适用性验证

根据以上试验结果，确定了重载铁路基床表层碎石填料组构系数的最优值为 $R_5 \sim R_6$ (21.17~22.28)。综合考虑最优组构系数 R 和规范限定的 α、β 范围，可得最优 α、β 范围如图13所示。

本文为验证最优级配范围是否适用于其他材料开展了进一步论证。吴二鲁等[24]整理了国内外土石坝工程中的几种堆石料、过渡料和反滤料级配曲线，将其转化为 $P\sim x$ 坐标下的级配曲线，参数 α、β 见表5，级配曲线见图14，表5中级配参数与最优参数范围对比见图15。

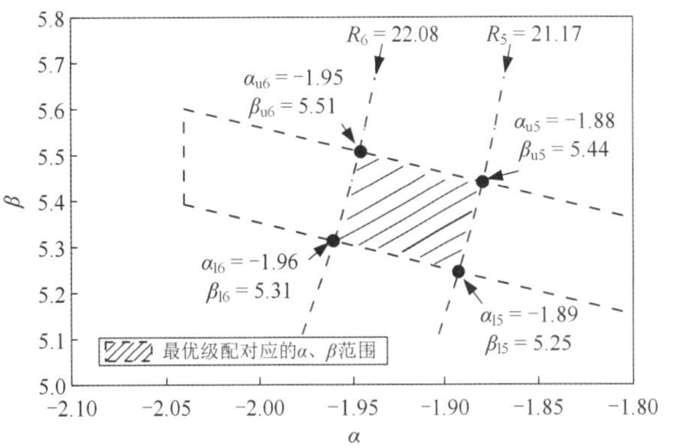

图13 最优级配参数 α、β 范围

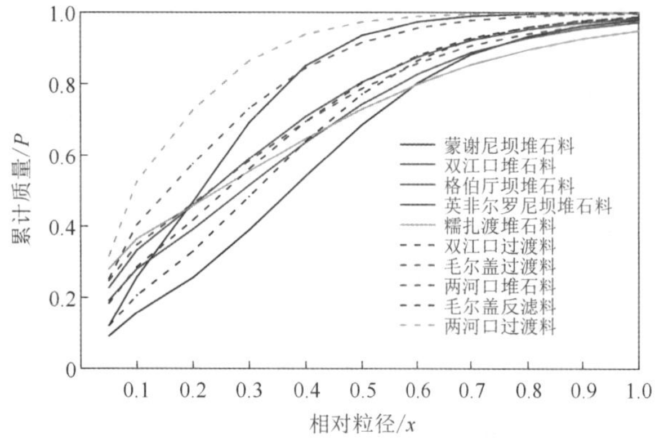

图 14　文献[24]整理材料的 $P\sim x$ 坐标上的级配曲线

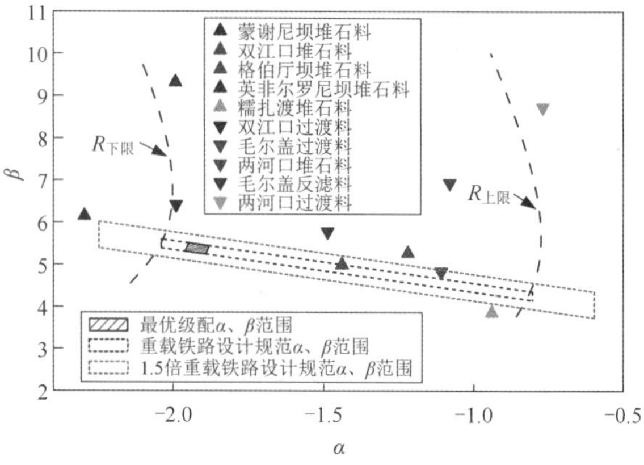

图 15　文献[24]整理材料的级配参数 α、β 分布

表 5　文献[24]整理材料的组构系数及参数

级配指标	组构系数									
	蒙谢尼坝堆石料	双江口堆石料	伯格厅坝堆石料	英非尔罗尼坝堆石料	糯扎渡堆石料	双江口过渡料	毛尔盖过渡料	两河口堆石料	毛尔盖反滤料	两河口过渡料
α	−2.30	−1.44	−1.22	−1.99	−0.94	−1.99	−1.11	−1.08	−1.49	−0.77
β	6.15	4.99	5.27	9.32	3.86	6.41	4.83	6.93	5.78	8.73
R	28.00	16.70	14.65	22.11	12.36	23.60	13.86	13.60	17.48	11.20

根据图 15，除了蒙谢尼坝堆石料和两河口过渡料以外，其他材料 R 值均在重载铁路基床表层碎石填料规范要求的 R 值范围之内，这证明了组构系数 R 作为反映材料优劣性的参数具有普遍适用性。

根据图 15 还可以发现，双江口堆石料满足重载铁路基床表层碎石填料规范的规定要求。毛尔盖反滤料、格伯厅坝堆石料、毛尔盖过渡料、糯扎渡堆石料的 α、β 值较为接近重载铁路规范限定的 α、β，其中双江口过渡料最接近最优级配范围。规范限定的 α、β 范围与文献[24]中材料存在一定的差异，主要因为提出的最优级配范围是基于《重载铁路设计规范》中的基床表层碎石填料的级配要求，与文献[24]中材料的设计要求不尽相同。文献[24]中大部分材料的 α、β 分布与重载铁路规范 α、β 范围比较吻合，也一定程度上证明了级配优化方法的适用性。

4.2　组构系数的细观解释

随着 R 的增加，级配碎石的物理组构将出现三种类型：悬浮密实型组构、骨架密实型和骨架空隙型组构，如图 16 所示。

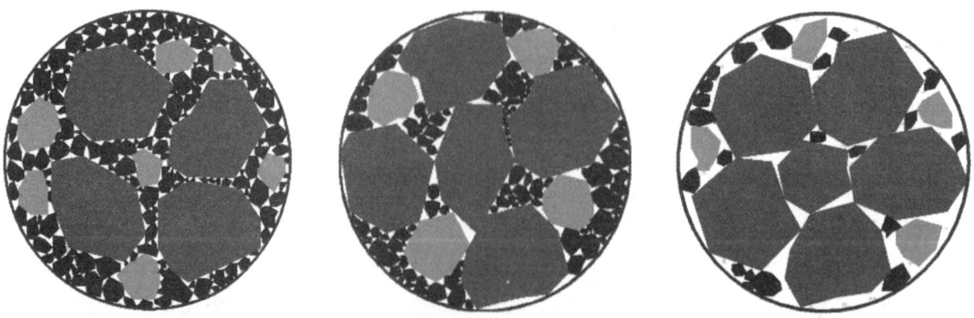

(a) 悬浮密实型组构　(b) 骨架密实型组构　(c) 骨架空隙型组构

图 16　三种级配碎石组构类型

根据图16，随着粗粒含量增加，碎石的结构首先由悬浮密实型向骨架密实型转变，再向骨架空隙型转变。其中骨架密实型是级配碎石的最佳结构状态。但是，现行《重载铁路设计规范》级配碎石的级配设计只要求级配曲线满足相关特征值的要求即可。满足规定范围的不同级配曲线会使级配碎石形成不同的结构类型，产生较大的物理性质差异。而本文提出的组构系数考虑了粗、细粒组的相对含量，符合级配优化方法的细观原理，比传统级配优化方法更为合理。

5　结论

(1)定义了组构系数概念，能够定量描述级配碎石粗细颗粒组构比值，能表述更多关于粗颗粒填料的内部组构信息。基于级配曲线的对数几率回归模型，构建了组构系数及其数学表达式。分析了 α、β 参数的敏感性，结果表明：α 越大 R 越小，β 越大 R 越大。R 可直观反映重载铁路基床表层碎石填料内部组构状态，可分别对应悬浮密实型、骨架密实型和骨架空隙型。

(2)基于组构系数形成了重载铁路基床表层级配碎石填料优化方法，并通过击实试验、渗透性试验、大型直剪实验以及对文献[24]中材料的应用，验证了该方法的可行性。该方法概念明确，应用简单，具有良好的工程实用性。

(3)确定了《重载铁路设计规范》要求的基床表层碎石填料组构系数 $R=11.74\sim23.23$，组构系数的最优值 $R=21.17\sim22.28$，该值可为重载铁路基床表层级配碎石的级配优化设计提供参考。

参考文献

[1]　田平.级配碎石基层材料及最佳级配[J].交通标准化，2005(11)：83-86.

[2]　李罡，刘映晶，尹振宇，等.粒状材料临界状态的颗粒级配效应[J].岩土工程学报，2014，36(3)：452-457.

[3]　WOOD D M，MAEDA K. Changing grading of soil：Effect on critical states[J]. Acta Geotechnica，2008，3(1)：3-14.

[4]　范兴华.级配碎石的级配研究[J].北方交通，2007(8)：16-19.

[5]　中华人民共和国铁道部.重载铁路设计规范(试用版)[S].北京：中国铁道出版社，2010.

[6]　TALBOT A N，RICHART F E. The strength of concrete-its relation to the cement，aggregates and water[J]. Illinois Univ Eng Exp Sta Bulletin，1923，137：1-118.

[7]　赵婷婷，周伟，常晓林，等.堆石料缩尺方法的分形特性及缩尺效应研究[J].岩土力学，2015，36(4)：187-195.

[8]　朱晟，邓石德，宁志远，等.基于分形理论的堆石料级配设计方法[J].岩土工程学报，2017，39(6)：1151-1155.

[9]　TUTUMLUER E，OZER H，HOU W，et al. Sustainable aggregates production：green applications for aggregate by-products [R]. Illinois：Illinois Department of Transportation，2015.

[10]　XIAO Y J，CHEN L X，ZHANG Z，et al. Laboratory validation of a gradation design concept for sustainable applications of unbound granular materials in pavement construction[J]. Construction and Building Materials，129(2016)：125-139.

[11]　丁建源，陈晓斌，张家生，等.基于对数几率回归模型的粗颗粒土颗粒破碎过程演化研究.岩土力学，2019，40(4)：1465-1473.

[12]　孙君实，相彪.反滤料级配设计的思考[J].岩土工程学报. 2011，33(8)：1153-1158.

[13]　交通部公路科学研究所.公路工程集料试验规程：JTG E42—2005[S].北京：人民交通出版社，2005.

[14]　郭庆国.关于粗粒土工程特性及其分类的探讨[J].水利水电技术，1979(6)：53-57.

[15]　司洪洋.粗颗粒土石料的定名与粗度系数[J].水利水运工程学报，1981(1).

[16]　孔宪京，宁凡伟，刘京茂，等.应力路径和干湿状态对堆石料颗粒破碎的影响研究[J].岩土力学，2019，40(6)：2059-2065.

[17]　王龙，马松林，等.土石混合料的结构分类[J].哈尔滨建筑大学学报，2000，33(6)：129-132.

[18]　郭庆国.粗颗粒土的工程特性与应用[M].郑州：黄河水利出版社，1998.

[19]　潘泓.级配对级配碎石力学性能影响试验分析[J].北方交通，2008(5)：67-70.

[20]　石熊，张家生，刘蓓，等.高速铁路粗粒土填料级配改良试验[J].中南大学学报(自然科学版)，2014，45(11)：3964-3969.

[21]　吴莹，马刚，周伟，等.基于分形理论的堆石料级配优化研究[J].岩土力学，2016，37(07)：1977-1985.

[22] 陈坚，罗强，张良，等.高速铁路基床表层级配碎石填料土体结构类型试验分析[J].铁道学报，2015，37(11)：82-88.
[23] 朱俊高，郭万里，王元龙，等.连续级配土的级配方程及其适用性研究[J].岩土工程学报，2015，37(10)：1931-1936.
[24] 吴二鲁，朱俊高，郭万里，等.基于级配方程的粗粒料压实特性试验研究[J].岩土力学，2020(1)：1-7.

03

技术创新篇

均匀设计在岩土工程中的应用

梅松华，盛 谦[1]，冯夏庭[1]

1. 中国科学院武汉岩土力学研究所，湖北武汉，430071

2. 河北大学机械与建筑工程学院，河北保定，071002

摘要：介绍了均匀设计特点以及使用均匀设计表应注意的事项。均匀设计考虑试验点在试验范围内的均匀分布，利用均匀设计可以选到偏差更小的点，大大减少试验次数而获得较好的试验效果，因而适合于多因素多水平试验，并对非线性模型有较好的估计，这些特点使它适合于岩土工程领域。通过一个工程实例说明均匀设计在岩土工程领域的应用。最后，指出均匀设计应注意的问题，不能片面追求过少的试验次数，要注意关键因素的选择和试验范围的确定。

关键词：岩土力学；均匀设计；均匀设计表；反演；偏差

1 引言

人们在生产实践和科学研究中，经常需要做大量试验来探索某些规律，以达到预期的目标。选优法与正交设计是生产实践中广为流传的两种试验设计方法。选优法是单变量的最优调试法，它假定处理的实际问题中只有一个因素起作用。正交设计的基础是拉丁方理论与群论，可以用来安排多因素的试验。但随着计算机及其他高新技术的快速发展，科学试验越来越复杂，也越来越昂贵，不仅要求尽可能减少试验次数，且要使试验更加准确、具有推理性。生产的需求促成了一种新的试验设计技术——均匀设计方法。

王元、方开泰把华罗庚等发展的数论方法应用于试验设计，于 1978 年提出了均匀设计方法，其数学原理是数论中的一致分布理论，只考虑试验点在试验范围内的均匀分布，忽略整齐可比性。对于有 x 个因素，每个因素有 n 个水平的试验，其选取的试验点仅有 n 个，因此能大幅度降低试验工作量，又能全面控制所有可能出现的试验组合。

均匀设计方法属于“伪蒙特卡罗方法”的范畴[1]。从统计学的观点看，伪随机数就是一个均匀分布的样本，而均匀设计正是要从中找出一些小样本。由于这些样本比正交设计所对应的样本要均匀些，所以用它来安排试验会得到比较好的效果。

均匀设计方法是我国独创的一种具有重要意义的科学试验方法，是交叉学科的典范。其应用范围目前涉及航天、船舶、化学、土木工程、力学、仿真与石化等领域，并在国内广泛应用于军事工程、医药工业、化学工业、纺织工业、冶金工业、电子工业等诸多领域，取得了显著的成效[1, 2]。

本文通过三峡永久船闸高边坡岩体力学参数三维反分析来说明均匀设计在岩土工程领域的应用，并提出了均匀设计方法应注意的一些问题。

2 均匀设计与正交设计的比较

均匀设计方法出现以前，正交设计在工农业生产中已经广泛应用，并取得良好效果。基于推广均匀设计方法的考虑，作为一种新的试验设计方法，人们会自然而然地拿正交设计与均匀设计相比较。通过与正交设计进行均匀性、最优性的比较[3, 4]发现：

(1) 试验数相同情况下，均匀设计比正交设计的均匀性好得多。在大多数情况下，特别是模型比较复杂时，均匀设计方法的试验次数少、均匀性好，并对非线性模型有较好的估计。对线性模型，均匀设计有较好的均匀性和较少的试验次数。

梅松华，盛谦，冯夏庭. 均匀设计在岩土工程中的应用[J]. 岩石力学与工程学报，2004，23(16)：2694-2697.

(2)水平数相同或偏差相近时，均匀设计的试验次数相较于正交设计有绝对的优势。虽然均匀设计失去了正交设计的整齐可比性，但在选点方面比正交设计具有更大的灵活性。也就是说，它更加注重均匀性，利用均匀设计的均匀分散性可以选到偏差更小的点；更重要的是，试验次数由 n^2 减少到 n。因此，均匀设计的试验次数随水平的增加而具有连续性；正交设计有“跳跃性”，从而在实践中大大降低了成本，适合多因素多水平试验。

(3)正交设计的数据分析程式简单，直观分析可以得出试验指标随每个水平变化的规律；均匀设计的数据可用回归分析、最优化和关联度分析等方法来处理，一般要用计算机，有时也可以根据优化原则从试验点中挑选一个最优指标，虽然粗糙但却非常有效，适合缺少计算工具的情况。

均匀设计的这些特点使它适合岩土工程领域。首先，岩土工程中存在大量的非线性关系；其次，对模型未知的工程问题，可以利用均匀设计方法进行优化设计。

3 均匀设计表的使用

均匀设计采用偏差作为均匀性评价指标，偏差的大小对应均匀性的优劣，常用的均匀设计可以查均匀设计表获得。每个均匀设计表有一个代号 $U_n^*(n^m)$ 或 $U_n(n^m)$，其中 U 表示均匀设计；n 表示水平数或试验次数；m 表示该表最多可安排的因素数量。U 的右上角加“ * ”和不加“ * ”代表两种不同类型的均匀设计表，通常加“ * ”的均匀设计表具有更好的均匀性，应优先选用。均匀设计表的列是不平等的，每次试验选取的列与试验因素的数目密切相关。因此，每个均匀设计表都有一个供参考的使用表。适合相同因素的均匀设计表通常不止一个，人们可以根据使用表挑选既满足自己试验因素要求的、均匀性好的(也就是偏差小的)，同时又是试验次数相对较少的均匀设计表[2]。

4 工程实例

近年来，随着均匀设计理论的日趋成熟，均匀设计方法逐渐被岩土工程领域的研究人员采用，如进行计算机试验设计、反分析、配料设计、参数优化等研究[3-11]。以下通过三峡永久船闸高边坡岩体力学参数三维位移反分析来说明均匀设计方法在岩土工程领域的应用。

4.1 计算条件

计算区域包括三峡永久船闸二、三闸室，区域内有全强风化、弱风化、微新岩体及 F_{215}，f_5 断层，主要反演卸荷变形区和损伤松动区的黏聚力 c、摩擦因数 f 与弹性模量 E，其他区域介质的 c、f, E 与地应力场不参与反演。反演的初始数据为进入闸室开挖后的几个阶段由于开挖引起的位移增量。通过模拟边坡施工过程，分 11 步开挖进行反演分析。

4.2 样本构造

根据历年来在三峡船闸区的试验资料和二维反演分析结果，将微新岩体损伤松动区和卸荷变形区的弹性模量 E 及其强度参数(f, c)考虑为均匀试验设计的 6 个因素，取值范围见表 1。在样本“试验”阶段，将每个参数区间等分为 10 个水平，查均匀设计表 $U_{10}^*(10^8)$ 得正分析的参数组合方案(表 2)。表 3 中列出了不参与反演的岩体物理力学参数。

表 1 反演参数取值范围

微新岩体损伤松动区			微新岩体卸荷变形区		
E/GPa	f	c/MPa	E/GPa	f	c/MPa
8.0~12.5	1.0~1.45	0.85~1.30	16.0~20.5	1.35~1.62	1.25~1.70

表 2 均匀设计试验方案

方案	损伤松动区			卸荷变形区		
	E/GPa	f	c/MPa	E/GPa	f	c/MPa
1	8.0	1.05	0.95	18.0	1.53	1.70
2	8.5	1.15	1.10	20.5	1.41	1.65
3	9.0	1.25	1.25	17.5	1.62	1.60
4	9.5	1.35	0.85	20.0	1.50	1.55
5	10.0	1.45	1.00	17.0	1.38	1.50
6	10.5	1.00	1.15	19.5	1.59	1.45
7	11.0	1.10	1.30	16.5	1.47	1.40
8	11.5	1.20	0.9	19.0	1.35	1.35
9	12.0	1.30	1.05	16.0	1.56	1.30
10	12.5	1.40	1.20	18.5	1.44	1.25

表 3 未参与反演的岩体计算参数

岩性	E/GPa	f	c/MPa	$\gamma/(\mathrm{kN\cdot m^{-3}})$	μ	R_t/MPa
全强风化	0.3	0.7	0.1	25.0	0.32	0.2
弱风化	10.0	1.3	1.0	26.5	0.24	1.0
微新未扰动区	33.0	1.8	1.8	27.0	0.22	1.5
微新开挖损伤区				27.0	0.22	1.0
微新卸荷松动区				27.0	0.23	1.2

4.3 反分析目标函数

用优化方法进行位移反分析的实质就是寻找一组待反演的参数使其与相应的位移值和实测位移值逼近的方法。对于实际工程的设计和施工来说，这种逼近追求的是总体上的最优效果，因此，目标函数通常取为以下形式，为：

$$F(x)=\min\sum_{i=1}^{n}\left[f_i(X)-u_i\right]^2 \tag{1}$$

式中：$X=\{x_1, x_2, \cdots, x_m\}$，$x_m$ 为待反演的岩体参数，如弹性模量 E、黏聚力 c、摩擦因数 f 等；m 为待反演的岩体参数个数；$f_i(X)$ 为岩体在第 i 个量测点上发生的位移量的计算值；u_i 为相应的位移量的实测值；n 为位移量测点的总数。

4.4 反演分析结果

为了反演分析的需要均匀取进入闸室开挖以后至闸底的观测时段的位移增量。用于反演的测点有剖面 13-13 的 TP/BM46GP01，TP/BM47GP01、TP/BM49GP01，TP/BM67GP01，剖面 17-17 的 TP/BM27GP02、TP/BM28GP02、TP/BM29GP02、TP/BM98GP02、TP/BM10GP01、TP/BM11GP01、TP/BM71GP01，剖面 20-20 的 TP/BM13GP01、TP/BM14GP01、TP/BM72GP01、TP/BM34GP02、TP/BM36GP02、TP/BM99GP02，共 17 个测点。

对于表 2 中每一组试验组合，做正分析计算。将以上 17 个测点处的 x 方向(垂直于船闸轴线的水平方向)位移计算值和实测值代入式(1)得出 10 个计算方案的目标函数值，如图 1 所示，由此分析得到的岩体参数见表 4。

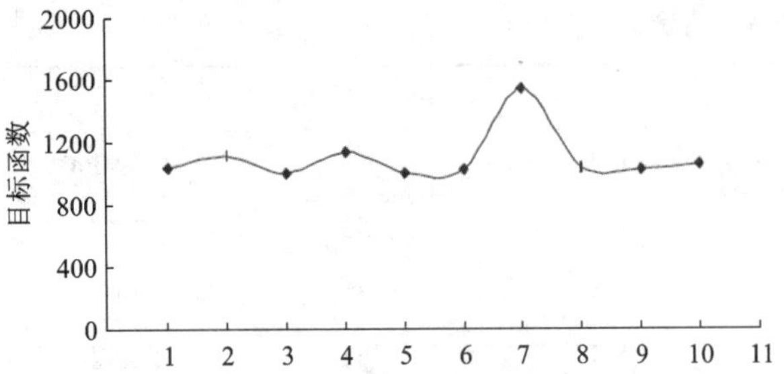

图 1 位移目标函数值

表 4 反演结果

损伤松动区			卸荷变形区		
E/GPa	f	c/MPa	E/GPa	f	c/MPa
9.0	1.25	1.25	17.5	1.62	1.6

4.5 反演参数正分析

用反演得出的参数正向计算出位移和主要测点实测位移值的比较见图 2，从图 2 看，结果是比较令人满意的。

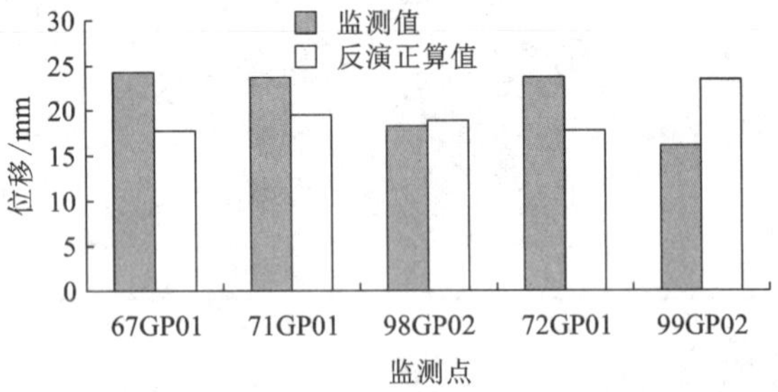

图 2 主要测点处位移监测值与反演参数正算值比较

5 结语

虽然均匀设计能够通过少量试验获得较好的效果，但试验终究是手段，解决问题才是真正的目的，不能舍本逐末，片面追求过少的试验次数，一般的试验次数至少应是因素数的 3 倍。另外，试验成功的关键在于选择合适的因素和有关的试验范围，特别是重要因素的选择。

每一项科学理论都是在实践中不断发展和完善的，均匀设计也不例外。研究发现：如果均匀性测度取得适当，常用的正交设计均可通过均匀设计来获得。此外，人们还提出了正交表型均匀 LH 设计等方法，这些方法是对均匀设计方法的补充和完善，只有通过实践才能检验其正确性并发挥更大的效益[12-14]。

参考文献

[1] 方开泰. 均匀设计与均匀设计表[M]. 北京：科学出版社，1994.

[2] 毛东森. 均匀设计及其在化学化工中的应用[J]. 化工进展，1997(5)：16-19.

[3] 盛谦，丁秀丽，冯夏庭，等. 三峡船闸高边坡考虑开挖卸荷效应的位移反分析[J]. 岩石力学与工程学报，2000，19(Z1)：987-993.

[4] 刘永才. 均匀设计及其应用[J]. 战术导弹技术，2002(1)：58-61.

[5] 李青云，蒋顺清，孙厚才，等. 用均匀设计优选三峡围堰柔性材料配合比[J]. 长江科学院院报，1996，13(3)：31-34.

[6] LIANG Y Z, FANG K T, XU Q S. Uniform design and its applications in chemistry and chemical engineering[J]. Chemometrics and Intelligent Laboratory Systems, 2001, 58(1): 43-57.

[7] ZHANG L, LIANG Y Z, JIANG J H, et al. Uniform design applied to nonlinear multivariate calibration by ANN[J]. Analytica Chimica Acta, 1998, 370(1): 65-77.

[8] 陈江义，阳培，苏智剑. 均匀设计技术在机械设计中的应用[J]. 郑州工业大学学报，2000，22(1)：84-86.

[9] 刘忠根，张登良，李世杰. 均匀设计在 SMA 骨料级配设计中的应用[J]. 长安大学学报(自然科学版)，2003，23(1)：1-6.

[10] 韩茂祥，章渭基. 均匀试验设计在参数设计中应用初探[J]. 战术导弹技术，2001，4(1)：38-44.

[11] 徐洪泉，沈世镒. 基于计算机试验的均匀设计[J]. 高校应用数学学报，1998，13A(2)：167-174.

[12] FANG K T, QIN H. Note on construction of nearly uniform designs with large number of runs [J]. Statistics & Probability Letters, 2003, 61(2): 215-224.

[13] 张润楚，马长兴. 正交表型均匀 LH 设计和抽样[J]. 应用概率统计，2001，17(3)：243-254.

[14] 孙先仿，范跃祖. 基于正交表的准均匀设计[J]. 科技通报，1996，12(4)：204-206.

软土地基桥台前移原因分析与综合处理方法

赵利民

中南大学土木建筑学院，湖南长沙，410075

摘要： 软土地基上修建高路堤桥台时，软土层会因压密下沉产生塑性流动，使桥台桩基承受附加水平压力而发生前移，若对此不采取有效措施，常会引发严重的桥台病害等问题，综合分析了土地软基桥台前移的成因，探讨了软土路堤影响桥台桩基的几个关键问题，对防止桥台前移的一般工程处理办法进行了评述，提出了控制深厚软土地基高桥台前移综合处理措施的设计计算步骤，这对软土地基桥台的设计、施工有一定的参考价值。

关键词： 软土；高桥台；附加水平力；桥台前移；技术措施

1 软土地基桥台前移的成因与危害

国内外经验和教训表明，在软土地基上建桥台时，特别是高路堤桥台，除一般的设计计算外，还必须考虑软土层因压密下沉产生塑性流动引起桥台附加水平力，使桥台产生水平位移的影响(图1)，这种现象叫作软土地基的侧移，也叫作桥台前移。过大的桥台前移将造成支座、伸缩装置、背墙或梁局部受压变形甚至破坏[1-3]。当事先进行台背填土时，桥前移将造成跨距缩短而无法安装预制梁。一旦发生了桥台前移，即使清除台背填土，位移也不能恢复[4-5]。据国外文献报道的某桥梁和高架桥工程的观测资料中，均反映了桥台和桩基由于承受土体侧向变形而产生了很大偏移，导致桩发生破坏[6-7]。据国内有关文献记载：杭甬高速公路3.15 km软土地基试验路段共2座中桥、3座小桥，其中有2座中桥和1座小桥因软土地基发生较大侧向位移使桥台出现了较为严重的病害；浙江省在其他公路建设项目中，类似上述因软土地基侧向位移而引发桩柱式桥台出现质量病害的情况也时有发生[8]。这些病害严重危及桥梁的结构安全。因此，在进行软土地基桥台设计，就要认真研究可能出现的前移问题，采取有效措施，防患于未然是非常有必要的。

引起桥台前移的主要因素有：

(1)桥台高度(台背填土)。

(2)软土地基的厚度、强度及其埋置深度。

(3)桥台和基础的形式及其桥台的顺桥向长度等。

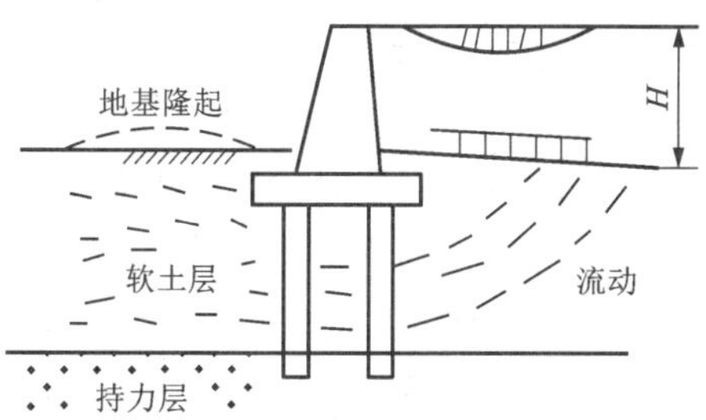

图1 桥头软土地基塑性流动

理论和实践结果都证明，在台后填土荷载的作用下，桥台地基或多或少都将发生侧向位移。若地基好，侧向位移小；若地基差，如软土地基，其侧向水平位移较大。但地基中若有桩基的存在，地基侧向位移的形态将改变。因为桩基是有较大刚性的构件，当地基侧向位移时，必将遇到桩基的阻碍，这对地基来说，使侧向位移在桩基附近有所减小；对桩基来说，其本身将承受与地基侧向位移同向的水平力。这个水平力就是桥梁台后填土因侧向位移对桩基产生的附加水平力。

从附加水平力的概念可知，它有以下特性：

(1)具有运动力的特性。理论上讲，地基一旦发生水平位移，桩基便产生附加水平力，且大小也由地基水平位移所决定，地基的水平位移越大越快，其值相对越大。

(2)水平力同桩基阻碍水平位移的面积及桩基本身的刚性有关，桩径越大，阻碍面积相对越大，水平

赵利民. 软土地基桥台前移原因分析与综合处理方法[J]. 铁道科学与工程学报，2006，3(4)：54-58.

力也越大。

(3)水平力的方向和地基水平位移的方向一致。

2 路基填土影响桥台桩基的关键问题

2.1 软土路基填土对桥台桩基影响的时效

国外有关桥梁和高架桥工程的现场监测资料揭示，桥台及其桩基由于承受土体侧向变形很可能产生较大偏移。其中，某工程在施工完成 2 a 后，土体仍在产生很大的侧向变形，导致桩被破坏。这也说明软土地基上，桥头路基填土对邻近桥台桩基的影响不仅发生在填筑施工期，而且发生在施工期后相当长的一段时间内，台后路基填土和下卧软土的蠕变性对桥台桩的侧向影响也是不容忽视的。

现场观测资料和离心模型试验获得的桩顶偏移随路堤沉降变化的历时曲线表明：桩身的侧向偏移主要发生在路堤初始不排水情况下，随着路堤填土、下卧软土孔隙水压力的消散和路堤沉降量的增大，桩身偏移逐渐减小。桩顶偏移量的 70%发生在路堤不排水阶段，余下的 30%发生在随后的路堤固结排水阶段中，相应路堤沉降量的 25%~30%发生在不排水阶段。也就是说，桩身的侧向偏移主要发生在路堤初始不排水情况下，随着路基软土孔隙水压力的消散和路堤沉降量的增大，桩身偏移逐渐减小。因此，在实际工程中，若条件许可，可以采取先超载预压排水固结，待路基沉降和水平位移稳定以后，再修建桥台桩基础的方法。

2.2 路基填土对桥头桩基的影响距离与范围

在既有建筑物旁进行土堤填筑试验的结果显示：当桩距离土堤坡脚大于软土层厚度约 4 倍时，土堤填筑对桩的影响可忽略不计。

离心模型试验证实：

(1)附近路堤超载作用下，桩帽处和桥台翼墙产生了很大的侧向位移，而沉降很小，可以忽略不计，但如此大的侧向位移超出了桥梁正常使用的范围。

(2)在路堤填筑过程中，后排桩(远离路堤的那排桩)的最大弯矩比相应前排桩(靠近路堤的那排桩)稍微大一些，随着路堤的填筑，后排桩和前排桩的最大弯矩分别以 30%和 15%的速度递增。

(3)剪应力传递发生在软土和路堤的交界面，由此引起桩帽处侧向荷载的增加，从而造成桩水平位移增加。

现场试验与观测发现：桩身最大弯矩发生在桩头附近或软、硬土分界面附近，最大弯矩的具体位置取决于软土层的厚度和有无斜桩的存在以及斜桩的个数；桩顶位移和桩身最大弯矩与路堤填筑高度及下卧软土的不排水抗剪强度有关，还与软土层厚度、软土压缩模量及桩身抗弯刚度有关。

2.3 软土强度与临界填土高度

国外某大学曾对建在 13.5 m 厚的软黏土上的桥台桩基进行了现场监测，分别测定了 6 根桩的侧向位移以及桥台的沉降和侧向位移，结论表明，当桥台翼墙的沉降达 55 mm 时，桥台朝路堤方向位移；当路堤荷载超过下卧软土的不排水抗剪强度 S_u 的 3 倍时，桥台产生了明显的侧向位移。

在填土荷载较小时，桩帽侧向位移和桩身最大弯矩随荷载的增加以较小幅度线性增长；当填土荷载较大时，桩帽侧向位移和桩身最大弯矩以较大的幅度增长，如图 2 所示。发生明显侧移的下卧软土临塑荷载近似为 $3S_u$(不排水抗剪强度)。

根据上述现象，若已知软土地基强度，则保障桥台不产生明显侧向位移的最大填土高度(临界填土高度)H_{cr} 为：

$$H_{cr}=\frac{3S_u}{\gamma_h} \tag{1}$$

式中：S_u 为软土地基的不排水抗剪强度；γ_h 为填土路堤的重度。

研究表明，当桥台结构的稳定安全系数小于 1.5 时，在桥台桩设计中必须考虑桥头路基填土产生的附加水平侧压力。有研究者还建议，当路堤荷载小于 $3S_u$(对应的安全系数为 1.7)时，桩上侧向土压力可忽略不计。

另外，现场观测和试验表明，先行修筑的桥台桩基对桥头路基填筑速率十分敏感，加快填土，基桩挠

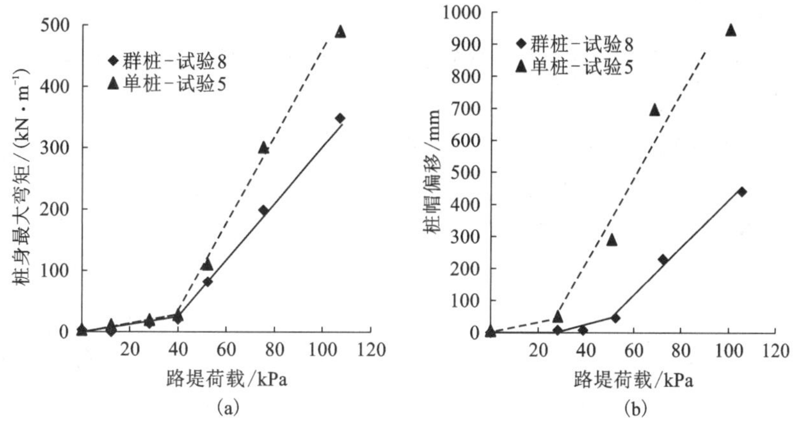

图 2　桩的反应与填土荷载的关系

度变化随即加剧；减缓填土，变化立即缓和。因此，在进行桥头路基填筑时，为了减小填土对桩基的不利影响，必须严格控制填筑速率。

桥台前移的判定是以填土的稳定系数为基础，并考虑到台后填土高、基础的埋置深度、软土层厚度、软土地基的强度、顺桥向桥台基础长度、基础形式等因素，引入 3 个修正系数，确定桥台前移的判断系数 I，为：

$$I = u_1 \cdot u_2 \cdot u_3 \cdot \frac{\gamma H}{c} \tag{2}$$

式中：$u_1=D/L$，为软土层厚度比修正系数，D 为软土层厚度，L 为桩长；$u_2=b/B$，为基础实体阻力修正系数，b 为桩的累积宽度(即 B 方向桩的排数与桩径之积)，B 为承台宽度；$u_3=D/A$，为桥台长度修正系数，A 为承台长度；当 $u_3 \geqslant 3.0$ 时，取 $u_3=3.0$；$\gamma H/c$ 为稳定系数，H 为路堤填土高度，c 为软土层的黏聚力，kPa；γ 为填土的容重，kN/m^3。

上述有关符号见图 3。I 是以填土的稳定系数($\gamma H/c$)为基础，用 u_1、u_2、u_3 3 个系数进行修正的前移判断系数。u_1、u_2 的值在 0～1.0，当 $u_3 \geqslant 3.0$ 时，取 $u_3=3.0$。当 $I<1.5$ 时，桥台无移动危险；$I \geqslant 1.5$ 时，桥台有移动危险。

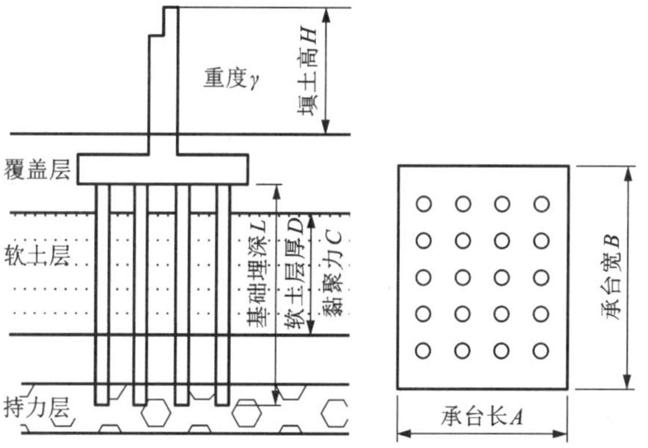

图 3　桥台基础示意图

3　防止桥台前移的技术措施

有关文献[1, 3, 7, 9]介绍的几种防止桥台前移的技术措施可以归结为：地基改良法、减轻荷载法和基础体阻力法。

3.1　地基改良法

改善桥台处原有地基的物理力学性质，增强地基的抗滑性能，主要有以下几种方法：

(1)排水砂桩法。在桥台所处位置内设置排水砂柱桩，在砂桩顶部设砂砾垫层，在台后填土时可做加载填土处理，以保证桥头沉降的要求，由于排水砂桩的设置使原有地基滑动面的大部分面积都在砂桩的影响范围内，防止了地基的滑动，增强了桥台的稳定性，有效地抑制了桥台的前移。

(2)塑料板排水法。在原有软土地基处设置塑料板上面设排水砂砾层，将原有软土地基中水分排出，改善地基状况，增强地基的稳定，同时可以配合加载填土或真空预压，以满足桥头沉降要求，桥台台后填土较高时可配合土工布以满足稳定要求。

(3)地基改良的方法很多，除了上述两种外，还有水泥土搅拌桩、混凝土或钢筋混凝土刚性桩等。

3.2 减轻荷载法

通过对桥台高度和桥台形式的调节，达到减轻荷载，减少台后土压力，减小由于填土使地基产生滑动的下滑力，具体有以下几种形式：

(1)低填土方式。如图4所示，通过桥梁沿路线方向的纵坡来调节桥台的高度，通过每一孔的降坡 $\Delta h=Li$ 来达到低桥台低填土的方式，降低了台后土压力，有效地防止了桥台前移。

(2)溜坡方式。如图5所示，在桥台所在处原有地基上做一平坡并放坡，要求施工时分层碾压，达到路基要求的标准。之后在抬高后的平面上施工桥台，以各种方式降低台高，达到预期的要求。

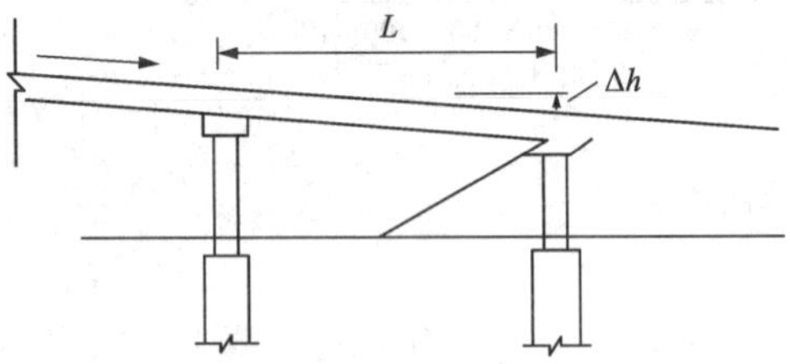

图4 低填土方式

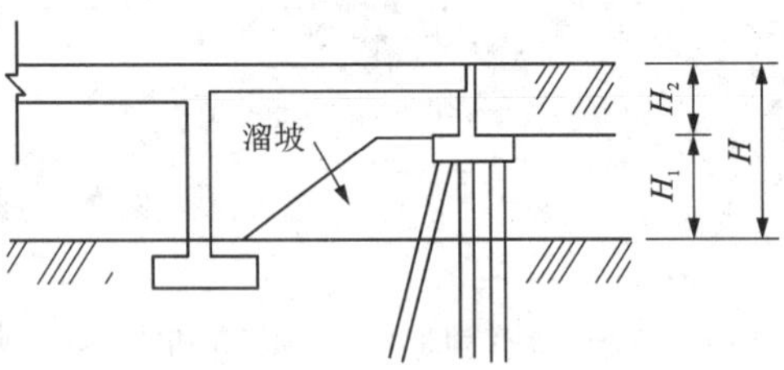

图5 溜坡方式

(3)箱形或多箱形。桥台结构采用箱形或多箱形，减小了台后土压力，滑动土体受到抑制，采用箱形桥台，由于内部是空的，所以自重较小，且作用在地基上的面积较大，所以受力情况较好，多箱形桥台长度一般≤20 m。

(4)台后设置混凝土群桩。在台后软土层的深度内设钢筋混凝土桩，在其顶面用混凝土板连成一体，使软土层滑动流动线在混凝土桩和混凝土板的整体处受到阻碍，无法正常通过，保证了桥台受力的安全性，如果在原桥处施工新桥时，也可以利用原桥的废桩来充当本土中的混凝土桩，效果基本相同。

3.3 基础体阻力法

在基础处采取各种措施，利用在基础处产生的阻力来抵消桥台的水平力，具体有以下几种方法：

(1)增加桩根数。增加桥台基础的桩数，使桩基础的整体性增强，抵抗水平推力的能力增大，使桥台的相对位移减小，但费用较高。

(2)墩台之间设置支撑。墩台及墩承台处设置支撑梁，直接抵抗水平推力，在支撑梁设的最后一个墩的桩基础抵抗水动的抵消力桩，使整体抵消水平力的剩余力在此处抵消，此种方法应用较多。

在一般情况下，桥台前移多发生在台背填土施工中及刚完工之后，因此，在正确设计的同时还要采取适当的施工方法与之配合，能在很大程度上减少前移，常用的2种措施是：

(1)缓慢填土。台背填土应缓慢进行，避免快速施工。

(2)合理的施工顺序，一般在构筑桥台之前宜先尽早做好台背填土以外的路基填土。

4 综合处理方法与计算步骤

以上从几个方面对防止桥台前移的方法进行了简单评述，所给方法大都有一定的适应条件，如单独使用地基改良法时，只适用于软土层厚度不大或台背填土不高的情况；又如墩台之间设置支撑的方法，显然只适用于桥跨不大的情况。

下面介绍本课题组研究提出的控制深厚软土地基上高路堤桥台侧移的综合处理技术措施：排水固结联合斜桩方法。

在原有软土地基处设置塑料排水板，上面设排水砂砾层，并填土预压或采取真空预压，将原有软土地基中水分排出，提高软土地基强度，增强桥台路基的抗滑性。如果排水板设置长度超出台后一定范围(超出最危险滑动面3~5 m)，由于排水固结同样可以使台后软土地基强度增加，同时可以减小作用在桩上的附加水平力。但总有一些附加水平力传递过来作用到桥台的桩基上，因此可以适当设置斜桩来抵抗水平力，减小水平位移。

采取这种方法宜按下述程序进行计算以确定设计参数[5]：

第 1 步：计算不采取任何措施时桥台前移的判断系数 I 和稳定性。

计算不采取任何措施时桥台前移的判断系数 I 和稳定系数 K。桥台前移的判断系数 I 可按式(2)计算；稳定系数 K 的计算可按边坡稳定性分析的常用方法进行，如可采用毕肖普法。通过计算得到 I 和 K，若 $I>1.5$ 或 $K<1$，则桥台前移的可能性很大，必须采取措施防止桥台前移。

若在上述稳定系数计算中，最危险滑动面稳定系数 $K<1$，还需找出 $K=1$ 的最深滑动面位置，以此作为确定塑料排水板加固深度的参考标准。根据笔者的经验，塑料排水板加固深度宜超过 $K=1$ 的滑动面深度 2~3 m。若 $K=1$ 的滑动面超出了软土层的底层，则塑料排水板加固深度宜超过软土层底层深度 1~3 m。

第 2 步：排水固结后的稳定性计算。

软土地基中设置塑料排水板后，联合填土预压或真空预压，软土压密，水排出，固结度增大，强度增加，桥台路基的稳定性增加。此阶段需要确定什么时候卸除填土或停止真空预压，以便开始桥台基础的施工。这需要根据固结度与强度增长的关系，计算出最危险滑动面的稳定系数 K，至少 $K>1$ 时才能卸土或停止真空预压。当然理论计算值 K 只能用于一般工程，对于重要工程，应通过现场监测来客观确定。

第 3 步：地基加固和设置斜桩后的计算比较。

理论计算结果表明，如果不对软土地基进行处理，桥台基础增设斜桩对减小水平位移虽有一定的效果，但减小的幅度不大，特别是对强度低、软土厚的地基，增设斜桩后水平位移仍然会很大，这主要是因为位于桩上部的软土层是影响桩水平位移最关键和最重要因素之一，而未加固的软土对桩身起不到约束作用。但是若对软土进行加固后增设斜桩，由于软土加固后，能大大提高地基的水平抗力，使桩身上部得到有效约束，水平位移迅速减小。因此，对深厚软土地基桥台，宜先进行地基加固后再增设斜桩。

5 结论和建议

(1)在软基上建桥时，特别是软土层比较厚、桥台比较高时，对桥台侧移必须引起足够认识，必须采取有效措施，防患于未然。

(2)综合分析了软土地基上高桥台产生侧移的主要原因，探讨了路堤填土影响桥台桩基的几个关键问题。对防止桥台前移的一般性处理方法进行了介绍和简单评述，提出了一种控制深厚软土地基上高桥台前移的技术措施和设计计算步骤，对深厚软土地基高桥台的设计和施工具有一定的参考价值。

参考文献

[1] 蔡国军，刘松玉. 软基上桥头路基填筑对桥台桩的影响研究综述[J]. 岩石力学与工程学报，2004，23(12)：2072-2077.

[2] 冷伍明，赵健，何群. 路堤下软土地基承载力的计算研究[J]. 土木工程学报，2005，38(4)：120-124.

[3] 宋殿国，孙东，宋殿美. 防止桥台前移的技术措施综述[J]. 东北公路，1998，21(2)：73-75.

[4] 铁道部第三勘测设计院. 铁路桥涵地基和基础设计规范：TB 10002.5—99[S]. 北京：中国铁道出版社，1999.

[5] 何群，冷伍明，魏丽敏，等. 固结度与加载方式对软土抗剪强度的影响[J]. 公路交通科技，2005，22(1)：29-32.

[6] STEWART D P，JEWELL R J，RANDOLPH M F. Design of piled bridge abutments on soft clay for loading from lateral soil movements[J]. Geotechnique，1994(2)：277-296.

[7] ELLIS E A，SPRINGMAN S M. Full-height piled bridge abutments constructed on soft clay[J]. Geotechnique，2001，51(1)：3-14.

[8] 铁道部第四勘测设计院，长沙铁道学院，西南交通大学. 高速铁路深层软土地基上桥梁基础合理形式及设计研究报告[R]. 1998.

[9] 孙显立. 二灰混凝土桩防止桥台前移的设计计算[J]. 云南交通科技，2000，16(3)：19-22.

浅淡路基边坡植被防护技术及应用

黄镇南

中南大学土木建筑学院，湖南长沙，410075

摘要：介绍几种新型的边坡植被防护技术，其中较详细地介绍了三维土工网垫植被防护和挂网喷射植被混凝土防护。

关键词：路基；边坡；植被；防护

工程建设的开发和实施、大量的人为开山和筑堤，严重破坏了原有自然生态植被，造成了大量裸露的土壤坡面，在大气降水作用下，容易引起边坡的冲刷和土体塌落，造成水土流失、沟渠及河道涌塞、环境污染等人为灾害。随着人们环保意识的增强和审美观念的加强，植被防护已经成为边坡防护工程的主要类型，越来越受到社会各界的重视。笔者根据多年的工程建设、施工管理实践经验，对路基边坡的植被防护技术谈点见解，以供参考。

1 边坡植被防护种类

所谓植被防护，就是指在稳定、裸露的路基边坡上，通过一定的工程措施，使边坡达到种植草或灌木的条件，形成人造植被。

1.1 既有边坡的植被防护技术

20 世纪 90 年代前，我国的路基边坡植被防护是以坡面防护工程措施的形式而进行实施的。故仅在土质边坡防护上，采用坡面种植草皮或在较高的土质路基坡面上所设置的浆砌支撑骨架内铺草皮，而石质路基边坡则采用其他的工程措施，如浆砌片石护坡、挂网喷锚等防护技术。

1.2 几种新型的边坡植被防护技术

20 世纪 90 年代后，随着人们环保意识的增强和审美观念的加强，植被防护技术和材料的不断发展，边坡的植被防护不仅是一项工程措施，而且要以环保达标为目的。这里介绍几种植被防护技术：

1.2.1 液压喷播植草

液压喷播植草防护技术是利用液态播种原理，将草籽、肥料、黏合剂、纸浆、保水剂、土壤改良剂和色素按一定比例配制，通过机械喷播到修理完毕的边坡坡面上；在已喷播完毕的坡面上覆盖一层无纺布，保持坡面湿润，以保护草籽发芽生长；通过一段时间的养护，使边坡坡面形成植被防护。其缺点是早期边坡抗冲刷能力弱，对石质边坡的植被防护效果无法保持。

1.2.2 三维土工网垫植被防护

1）三维土工网垫物理性能

三维土工网垫是一种以热塑树脂为原料，采用科学配方，经挤出、拉伸、焊接、收缩等一系列工艺而制成的两层或多层、表面呈凹凸不平网包的层状结构孔网的土工合成材料；其材质疏松柔韧，具有一定的弹性和强度，网孔有较大的容土空间，抗风和抗水冲蚀力强。

2）三维土工网垫植被施工工艺流程（图 1）

3）三维土工网垫施工方法

三维土工网垫施工方法主要分为两种，现场铺设网垫植草（图 2）和预制网垫草皮铺设（图 3）。

三维土工网垫植被防护具有施工工期短、效率高、效果好等优点，并具有美化路容、保护环境的作用，特别是在新填土质路堤上，其防止边坡冲刷和水土流失的效果更佳，但对石质路堑边坡防护的耐久性较差。

黄镇南. 浅淡路基边坡植被防护技术及应用[J]. 铁道建筑，2004，44(12)：57-59.

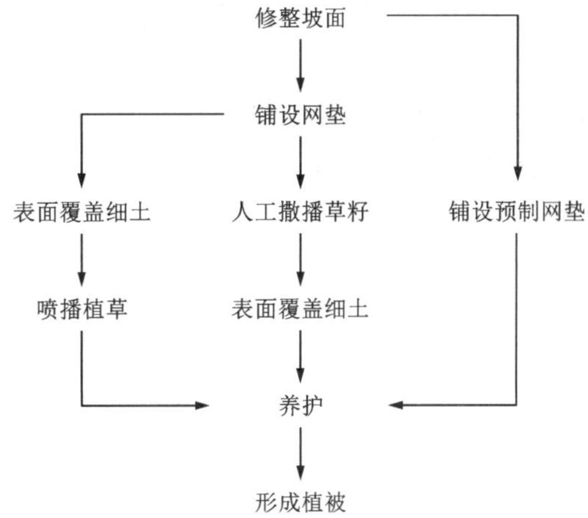

图 1　三维土工网垫植被施工工艺流程

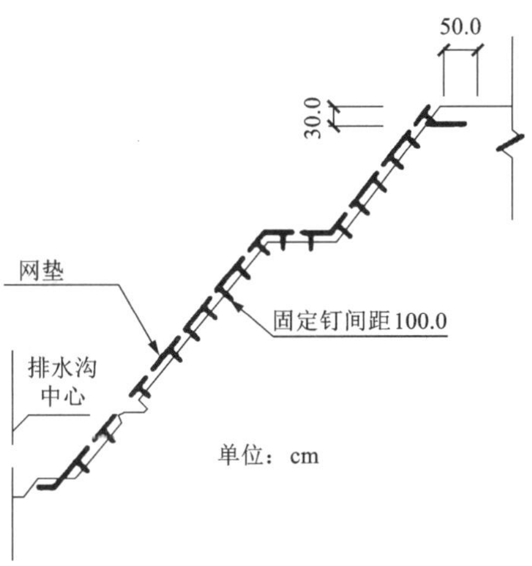

图 2　边坡播草防护示意图

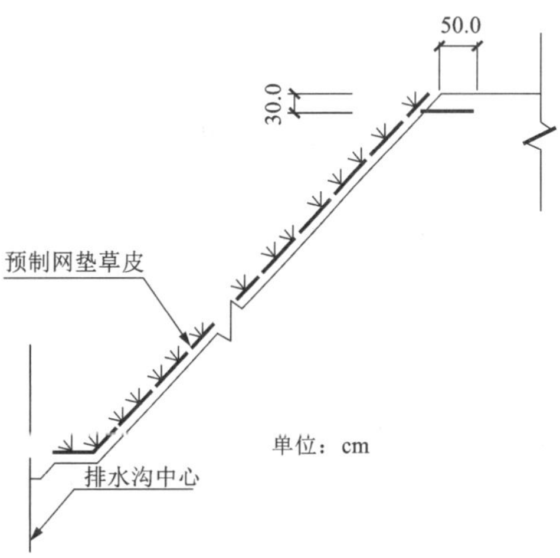

图 3　边坡铺网垫草皮防护示意图

1.2.3　挂网喷射植被混凝土防护岩质路堑

1)原理与作用

挂网喷射混凝土的施工原理与挂网喷射混凝土相同，不同的是喷射材料有差异。网喷混凝土仅对堑坡起防护作用；网喷植被混凝土的作用既能起到堑坡防护作用，又能起到绿化作用。其断面形式见图 4。

2)施工工艺流程

施工流程为：清理坡面→安装锚杆→固定植生带→铺设铁丝网→喷射植被混凝土→喷播植草→覆盖无纺布→形成植被。

3)关键工序与施工方法

挂网喷射植被混凝土护坡的关键工序是固定植生带和喷射植被混凝土，其他工序目前都很成熟，以下我们仅对关键工序进行说明：①固定植生带。植生带是由土工布、木糠、细砂组成。即将木糠、细砂搅拌均匀，外侧用土工布包裹成条状再安装到铁丝网下，沿坡面正面从下往上每间隔 1 m 布置一条植生带，起到蓄水导水的作用。②喷射植被混凝土。这里所指的植被混凝土仅是名义上的混凝土名称，实际上是按一定的配比掺入水泥的有机混合物基材，其主要材料由植生砂壤土、水泥、锯末、有机肥、复合肥组成，其中植生土、锯末及有机肥须经过筛选(筛网网孔尺寸为 1.8~2.0 mm)。各种材料的重量配合比可根据实际使用的植生土和有机肥的情况进行配制。由于各地土壤情况不同，现场施工时应先进行多组配比试验，选择最佳配比进行实施。

喷射时应从正面自下而上进行，凹凸部分及死角部位要喷射充分，喷射的平均厚度为 8~10 cm，其中铁丝网上要保持有 3~5 cm 的覆盖层。施工时要根据边坡的岩性，合理调整喷射厚度，以保证有足够的植被厚度可满足草坪生长所需的充足养料和水分。

堑坡植被形成后，发达的根系可通过有机合成植被而深入到岩体的节理和裂隙中去，以达到永久护坡和美化环境的目的。该方法符合现行环保要求和现代边坡防护理论，尤其对节理较为发育或易风化的岩质堑坡绿化效果更佳。

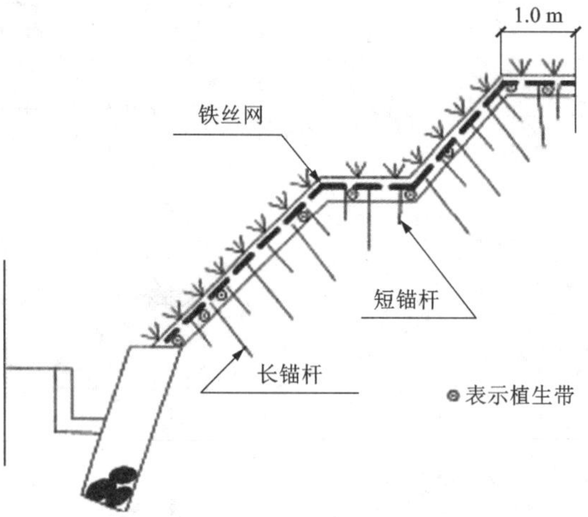

图 4　挂网喷射植被混凝土横断面示意图

2　边坡植被防护技术的应用

种植草皮和喷播植草有一定的局限性，但对比较矮的土质边坡或小规模的工程建设来说，投资少、见效快，还是可以优先选用的。对于规模较大的工程建设，如铁路、高速公路等，土质边坡的植被防护宜优先采用三维土工网垫植草结合局部的种植草皮和喷播植草技术来做边坡植被防护。如京九铁路龙(川)至东(莞东)复线建设工程，在土质边坡的植被防护上，采用以三维土工网垫植草为主，辅以种植草皮和喷播植草的植被防护技术。从工程效果看，取得很明显的成效，既往铁路路基施工引起的水土流失、农田污染问题得到了很好的控制，绿化效果显著。

岩质路堑由于缺少植物生长土壤，采用一般的植被防护技术见效甚微。挂网喷射植被混凝土的防护技术，是目前填补这一缺陷的最有效方法。它既能起到堑坡的防护作用，又能达到环保绿化的要求。我国目前虽未广泛应用，但从京九铁路龙东段复线建设工程的试验效果评价来看，其效果显著，值得推广应用。各种边坡植被防护技术的应用，应视工程规模、工程所在地的地质状况、气候条件、环境条件，结合环保要求合理使用，以避免造成浪费。一般可以按照如下原则应用：

(1)填土高度<3 m 的堤坡，可以采用种植草皮或喷播植草的防护技术。

(2)填土高度 3~10 m 的堤坡，宜采用三维土工网垫结合喷播植草防护技术。

(3)填土高度>10 m 的堤坡，宜采用浆砌支撑骨架结合坡面喷播植草防护技术。

(4)高度<3 m 的土质堑坡，可以采用喷播植草防护技术。

(5)高度 3~10 m 的土质堑坡，宜采用铺设预制三维土工网垫草皮防护技术。

(6)高度>10 m 的土质堑坡，宜采用浆砌支撑骨架结合喷播植草或骨架内铺设预制三维网垫草皮防护技术。

(7)节理较为发育或易风化的岩质堑坡，可以采用挂网喷射植被混凝土防护技术。

要注意的是筋材须布置在单元界面处。计算中将沥青细石混凝土路面层与土工布包封加强的水泥粉煤灰与碎石下卧层视为线弹性材料，其余土层视为非线性弹性材料，采用邓肯张非线性弹性模型。

采用式(1)计算筋材的等效附加力，为突出所研究的问题，减少计算机时间，令 $a=1.0$。计算表明：①当 $n<0.4$ 时，计算结果出现异常；而当 $n>0.7$ 时，计算结果不敏感，n 为 0.5~0.7 较合适。②在孔压消散过程中，筋材作用的发挥不断减弱。③边界条件与荷载分布方式对筋材作用的发挥有重要影响，$n=0.6$ 时的计算值与实测沉降值对比见图 5。

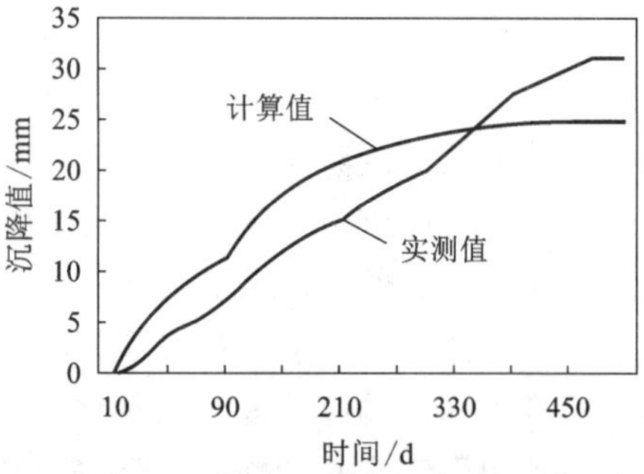

图 5　计算值与实测沉降值对比

由图 5 可知：在计算时段的前期，计算值与实测沉降值速率几乎一致；在计算时段后期，计算值趋于稳定而实测值仍有发展，最终实测值比计算值大 24%。

3 结论与建议

(1)筋材在其周围土体产生的附加应力分布是不均匀的，本方法中筋材的作用在宏观上等效为节点力，从而不需考虑附加应力的分布特性。在可忽略筋材膜作用的情况下，采用本法计算加筋土可行。

(2)使用本法计算时，只考虑筋材而不考虑土体，也不需引进新的本构模型，但由于土体及土工材料的多样性与复杂性，影响附加力的因素较多，因此等效附加力的计算参数宜通过反演计算获得。

(3)式(1)中的参数 n 存在最优范围值。

(4)加筋土等效附加力计算法还有一些不足，如筋材节点等效附加力与单元尺寸关系、筋材非线性弹性模量下的等效附加力计算等，尚需进一步研究。

参考文献

[1] 介玉新，李广信. 加筋土数值计算的等效附加应力法[J]. 岩土工程学报，1999(9)：614-616.

[2] 徐立新. 土工织物加筋垫层的复合分析[D]. 杭州：浙江大学，1990.

盾构斜穿既有地铁线路施工技术研究

邓统辉

深圳市地铁集团有限公司，深圳，518000

摘要：随着城市地铁建设渐入规模，越来越多的地铁建设将面临多次穿越既有地铁线路的问题，这是新线建设工程中等级最高的风险之一。本文选取了深圳地铁2号线斜穿地铁1号线这个案例，研究了盾构下穿过程中采用的施工技术，分析了下穿过程中监控量测数据，总结出了盾构下穿过程的关键技术。本文可以为以后的地铁穿越提供借鉴。

关键词：盾构；下穿；斜穿；既有线

在城市地铁隧道施工过程中，往往会遇到需要穿越既有隧道的工程难点。由于新线施工会不可避免地引起既有线的沉降，而地铁运营又对既有线的轨道变形有非常严格的控制标准，因此这类下穿问题对既有线路的安全形成了严峻的考验，成为地铁建设工程中等级最高的风险。本文下穿工程采取控制盾构掘进参数、二次注浆及信息化监测等手段顺利地实现了盾构的穿越。

1　工程概况

（1）本工程盾构始发井-大剧院站区段将以20°～23°的平面夹角下穿运营中的地铁1号线科学馆—大剧院暗挖区间。两线路重叠范围为：左线70.485 m，右线73.844 m。下穿范围如图1所示。

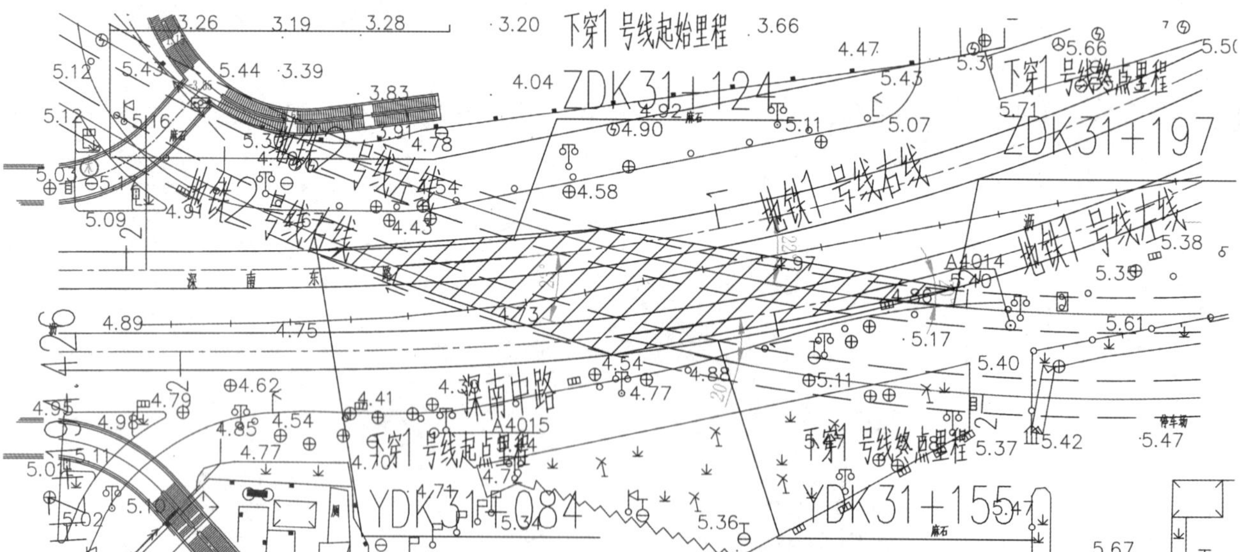

图1　燕大区段下穿地铁1号线范围平面图

（2）根据详勘报告与补勘资料，盾构始发井-大剧院站区段下穿地铁1号线范围隧道拱顶埋深为20.2～23.6 m，上部覆土依次为<1-1>素填土、<5-2-3>中砂、<5-2-2>细砂、<8-4>砾质黏性土、<9-1>全风化花岗岩。下穿范围隧道洞身处于<9-1>全风化花岗岩、<9-2-1>强风化花岗岩、<9-3>中风化花岗岩均有存在的复合地层中。

邓统辉. 盾构斜穿既有地铁线路施工技术[J]. 铁道建筑，2013，53(9)：54-56.

2 工程技术难点分析

(1)下穿区段距离 1 号线既有线较近，左线间距 1.71 m，右线间距 2.48 m，下穿开挖控制不好，可能引起塌方及下沉。

(2)下穿区段位于曲线段，在外界条件复杂的情况下，盾构容易偏移，要注意纠偏措施。

(3)根据地质补勘资料，上软下硬花岗岩地层具备以下特征：上部强风化花岗岩风化程度十分强烈，裂隙发育，岩芯主要呈土状，自稳能力很差；中风化花岗岩风化程度较弱，石英含量高，原岩结构完整，岩芯主要呈硬岩状，抗压强度较高(无侧限抗压强度为 70~90 MPa)，完整性好(*RQD* 值为 60%~80%)；软、硬岩之间为明显的岩土分界线，且存在含水量丰富的破碎带。以往施工经验显示，该地层掘进过程中土仓压力起伏较大，停机时经常发生因切口上方土体坍塌或地下水大量涌入导致土仓压力大幅上涨的情况。这些情况将导致地层持续失水、自稳性不断降低，最终可能直接导致上部软岩的坍塌，对地铁 1 号线造成严重影响。

(4)隧道下穿方向，为斜交方向，开挖重叠面积较大，容易引起下沉，且下穿部位位于曲线段，纠偏可能对下穿的安全性造成影响。

3 施工技术

盾构推进根据试验段的经验设定掘进参数，下穿 1 号线推进过程中根据地表监测结果以及 1 号线洞内自动化监测数据对掘进参数随时调整优化，采取一切措施控制土体沉降和位移，确保地铁 1 号线的运营安全。

(1)土仓压力

理论土仓压力值为 1.6~2.2 bar，推进过程中应控制土仓压力在 1.6~1.8 bar，并根据出土情况与监测结果进行适当优化。推进过程中需保持土仓压力长期处于平稳状态，起伏不宜大于±0.2 bar。

(2)推进速度

掘进速度应根据地质情况、土仓压力、刀盘扭矩合理设置，尽量保持平稳，减少对周边土体的扰动影响。推进过程中严禁出现为提高推进速度而随意降低土仓压力的行为。

(3)刀盘转速

为避免转速过低造成刀盘切削下部硬岩时贯入度过高，推进过程中应控制刀盘转速在 1.7~2.0 r/min。刀盘工作压力上限设置为 200 bar，防止刀具产生过大的冲击荷载。

(4)出土量控制

每掘进 1 环进尺的理论出土量为：$V=L\times\pi d^2/4=46.4\ \text{m}^3$，根据试验段施工经验和监测数据反馈显示，取松散系数 $k=1.5$ 是比较合理的。故每掘进 1 环进尺的出土量应控制在 70 m^3 以下。在推进过程中现场土木技术人员应对可能出土超量的情况必须进行预判和分析，第一时间汇报现场领导小组。

(5)同步注浆

下穿 1 号线过程中同步注浆量原则上控制在 7~9 m^3/环，注浆压力应控制在 2.5~3.0 bar，控制注浆速度至千斤顶行程达到 1700 mm 时注完，并保证 4 根注浆管同时工作。

推进过程中现场土木技术员负责根据每一掘进循环的进尺情况及监测数据对注浆参数及时调整，确保同步注浆的质量。若存在盾尾漏浆严重时需在对应管片脱出盾尾后及时进行二次注浆。

(6)二次注浆

为控制土体后续沉降，推进过程中应根据监测数据对脱出盾尾的管片进行二次注浆，使隧道周围土体彻底固结，确保地铁 1 号线运营安全。

①二次注浆施工工艺

下穿 1 号线区段采用特殊管片，除封顶块以外每块管片均增设 2 个注浆孔，所有增设注浆孔在管片进场前均已破掉背后的混凝土，并在注浆孔内安设了单向逆止阀。需要二次注浆时无须开孔，选择好合适的注浆孔位(应优先选择 1 点、11 点的点位)后直接连接注浆接头、三通混合器、水泥浆管和水玻璃管即可。

注双液浆时，先注纯水泥浆液 1 min 后，打开水玻璃阀进行混合注入，终孔时应加大水玻璃的浓度。在一个孔注浆完结后应等待 5~10 min 后将该注浆头打开疏通查看注入效果，如果渗漏严重，应再次补注至渗水基本消失方可终孔，拆除注浆头并用双块水泥砂浆对注浆孔进行封堵，带上塑料螺栓并进行下一个孔位注浆。

②设置止水环

为提高同步注浆质量、避免已成环管片背后的地下水大量涌入土仓，应每隔 8~10 环对管片背后进行整环二次注浆，构成一个由凝固双液浆形成的止水环，截断管片背后来水。

(7)管片拼装

为防止土仓压力平衡被破坏，在盾构停机进行管片拼装时一次收回的千斤顶应尽可能地少，满足管片拼装即可。管片拼装过程中，操作手需加强对土仓压力的监控，出现土仓压力持续降低时应向土仓内补注泥浆直至达到设定压力。

(8)姿态控制

盾构进行姿态修正的过程中会对地层造成超挖和额外扰动，可能引起土体失稳和出土超量。在穿越段的掘进过程中，必须严格控制盾构机单位进尺的纠偏量至每环 10 mm 以内，推进时不急纠、不猛纠。当地质条件很差时，只要水平、垂直姿态偏差不超过±50 mm，推进时可不考虑设计轴线，保持当前姿态径直前行，尽量减少对地层的扰动，待地质条件好转后再进行缓慢纠偏。

(9)掘进参数设定

综上所述，下穿地铁 1 号线掘进参数设定如表 1 所示。

表 1　下穿 1 号线推进参数表

序号	项目	参数	备注
1	土仓压力(1#)	推进时 1.6~1.8 bar 停机时 1.8~2.0 bar	土压平衡模式，土仓压力起伏不宜大于±0.2 bar
2	刀盘工作压力上限	200 bar	
3	刀盘转速	1.7~2.0 r/min	
4	有效推力	≤500 T	
5	盾构姿态水平偏差	±50 mm	
6	盾构姿态垂直偏差	±50 mm	
7	每环姿态纠偏量	≤10 mm	即使姿态不好也需严格控制
8	推进速度	10~15 mm/min	尽量保持平稳
9	每环出土量	≤70 m^3	根据进尺量随时监控
10	同步注浆量	7~9 m^3/环	
11	同步注压力	2.0~3.0 bar	
12	泡沫混合液总流量	>70 L/min	经常检查泡沫原液实际用量
13	FER	12~14	根据顶部土压调整
14	泡沫原液比例	2.5%	

(10)上软下硬地层的处理

降低推力，调整掘进参数，以求得在现有刀具条件下的最佳掘进效果。应适当降低刀盘转速，掘进时应保持较高的土仓压力与掌子面的压力平衡。必须加强碴土改良，采取向土仓内加入泥浆(或膨润土)的方式，对砂层或其他软弱地层起到泥模作用，使土仓内高压空气不易逸出，可有效防止软弱地层坍塌。

4 监测项目

(1)监测内容

为了及时收集、反馈和分析周围环境及盾构在施工中的变形与隧道内力信息，本项目采取自动化监测的方式监测下穿过程中的既有隧道沉降。结构变形监测控制指标见表2。

表2 结构变形监测控制指标一览表 mm

项目	预警值	报警值	控制值
结构相对变形量	10.0	16.0	20.0

(2)监测数据分析

从图2中可以看出，隧道的沉降初期有上拱现象，而后下沉急剧增大，盾尾过后趋于稳定。最大下沉点出现在右2-7，9.6 mm。隧道最大沉降出现在道床上。最大下沉点小于预警值10 mm，说明施工是安全的。

隧道结构的裂缝与受损情况监测正常。

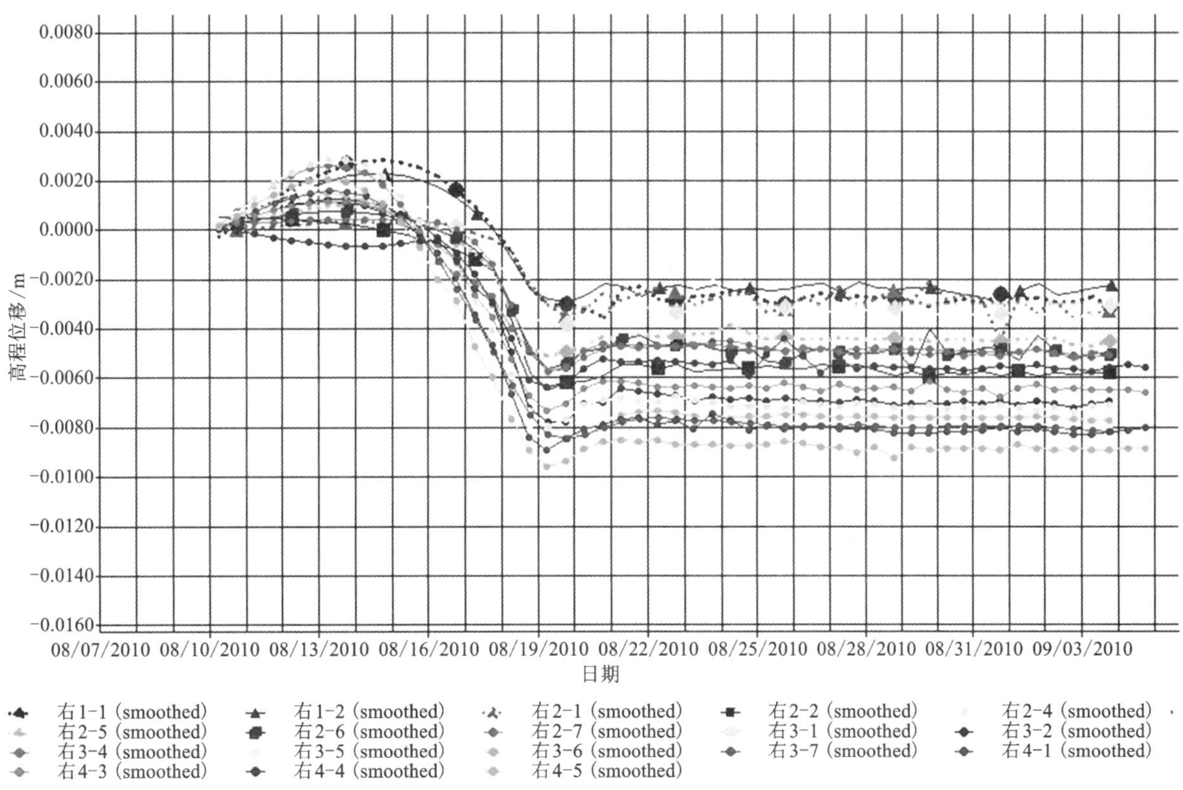

图2 下穿沉降曲线图

5 总结

通过深圳地铁2号线下穿1号线区间隧道的施工实践证明：

(1)采用同步注浆及二次注浆加固的方法，可以达到控制减少下穿隧道沉降变形及地表沉降的效果。注浆作为盾构施工的一个关键工序，必须严格按“确保注浆压力，兼顾注浆量”的双重保障原则，紧密结合施工监控量测的反馈信息，不断优化注浆压力的设定，注浆量一定要保证超过理论计算值，在实际平均注浆量的合理范围内波动。

(2)盾构下穿时优化施工参数，严格控制掘进参数，对保证下穿隧道的安全起着关键作用。保持推进速度及土仓压力平稳，控制刀盘转速为1.7~2.0 r/min，防止过大冲击荷载，控制出土量，每掘进1环进尺的出土量应控制在70 m^3 以下，曲线段“勤纠偏，小纠偏”，这些措施可以有效控制地层的弹塑性变形，保证下穿的顺利进行。

(3)在施工过程中，合理安排施工步序、强化现场监测和信息反馈是工程安全的保障。

参考文献

[1] 韩煊，刘赪炜，JAMIE R S. 隧道下穿既有线的案例分析与沉降分析方法[J]. 土木工程学报，2012，1(1)：134-141.

[2] 赵克生. 浅埋暗挖法地铁隧道超近距离下穿既有线技术[J]. 市政技术，2007，9(5)：358-362.

[3] 张宇. 软土地区近距离下穿隧道盾构施工对地表沉降及既有隧道变形影响分析[D]. 天津城市建设学院，2010，12.

[4] 陈德智. 盾构隧道近距离下穿既有运营隧道的施工技术[J]. 铁道建筑，2011(2)：67-69.

[5] 郑凯，马福东，石伟强. 复杂条件下盾构穿越既有线设计与施工技术[J]. 工程实践，35-38.

[6] 张永. 盾构下穿地铁线路地层加固技术[J]. 隧道/地下工程，2011(1)：99-108.

[7] 王国民. 盾构隧道下穿既有铁路防护的设计与施工[J]. 上海铁道科技，2006(6)：24-25.

关于铁路隧道工程中防排水施工技术

陈泽翼

中铁二十三局集团第四工程有限公司，四川成都，610031

摘要：我国经济的不断发展带动了铁路行业的发展。在铁路的施工过程中遇到了很多困难，需要提高铁路隧道施工质量，解决遇到的问题。铁路防排水施工中存在一些问题会导致排水性能下降。本文主要研究在防排水的施工中使用的主要技术。

关键词：铁路隧道；工程的施工；防排水

提高铁路隧道防水排水的性能刻不容缓，为了能够对其进行全面改善，就需要在施工的过程中采取先进的技术手段，这将为后期铁路运营安全提供一定的保障。因此，在施工中需要注意到这方面的控制及提高。

1 防水层的施工

1.1 准备

防水层的设置是本文探讨的重要问题，这一点也是铁路隧道防水排水探讨中非常重要的部分，所以在设置防水层的时候需要对基面进行完善的准备。基面在准备时要根据防水层的范围来设定大小，从而对防水层进行设置。在设置的时候，一定要对基面的施工质量进行全面的保证，一般都会对基面的平顺程度有所要求，因为之后的基面是相对平顺才能够保证后续的混凝土、砂浆等施工程序平顺，只有这样才能够尽可能地保障施工质量。

1.2 铺设十工布、防水板

初期支护沉降变形基本稳定，基面处理合格后就可以铺设土木布和防水板。土工布铺设要求平顺并与基面密贴，无隆起、无褶皱，保证相邻位置搭接宽度不小于 5 cm，施工的时候需要有专门的设备，比如使用简易的作业车进行铺设，一般会使用暗钉进行圈定，从而能够保证防水板焊接在固定土布的热熔垫圈之上，而热熔垫圈一般是采取井字形状进行布置。一般来讲其规格是：纵向间距 80 cm，环向间距 50 cm，边墙 80 cm，在进行具体设置时候还需要对纵向余量进行特别关注。在施工的时候保证材料的自然，防止因为其他的原因而产生褶皱，避免拉得过紧或出现大的鼓包。相邻防水板间搭接宽度不小于 15 cm，焊缝用双焊缝热熔自动焊接机焊接。防水板破损的地方采用圆形补丁进行补焊，上下两层防水板搭接要求下侧防水板设置于上层防水板外侧。防水层加土工布如图 1 所示。

2 施工缝防水处理

2.1 止水带安设

止水带的安设也是对其进行保护的一项重要措施，一般在具体的施工之中，纵向施工缝采用的是橡胶止水条和中埋橡胶止水带这两种防水措施，而环向施工缝采用的是外贴橡胶止水带和中埋橡胶止水带这两种防水措施。止水带的安设要在施工缝的位置准确定位、固定牢靠、线性顺直后，纵向止水带在两侧端头采用特制夹子，中间采用拉筋调直，保证止水带平顺和定位准确。二衬端头位置采用二衬台车端头模板加工成分段的“门折页”形式，利用“折

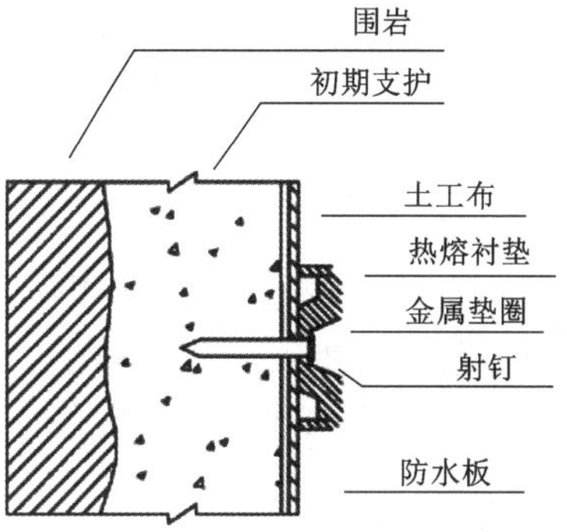

图 1 防水层加土工布

陈泽翼. 关于铁路隧道工程中防排水施工技术[J]. 工程建设，2017，49(3)：81-83.

页”将环向中埋止水带固定，避免施工过程中环向中埋止水带移位，影响防水质量。环向施工缝的止水带安设如图 2，纵向施工缝的止水带安设如图 3。

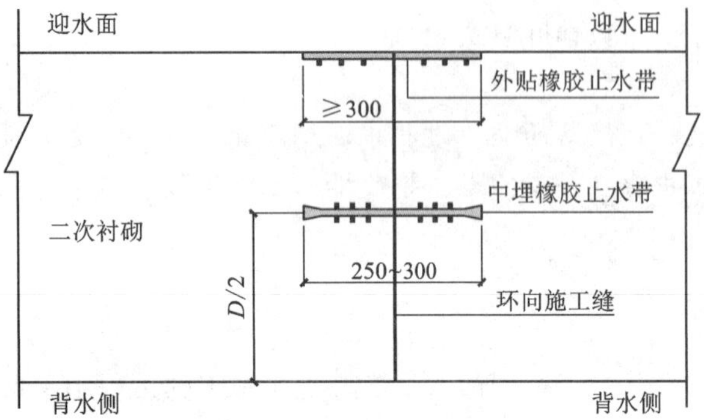

图 2　环向施工缝示意

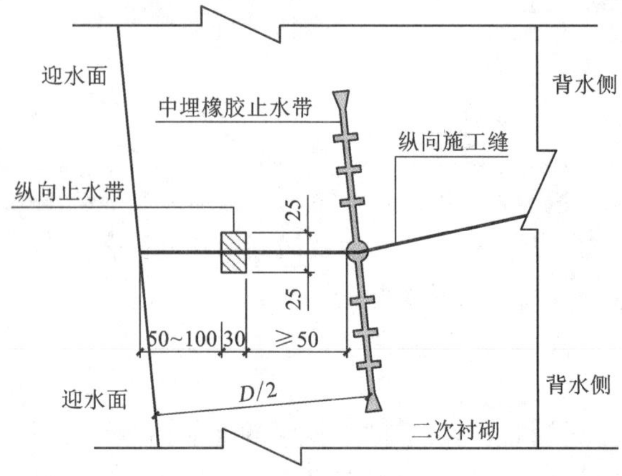

图 3　纵向施工缝示意

2.2　止水条安设

在混凝土浇筑前，根据止水条的尺寸预留止水条安装槽，安设前对预留槽进行清理，排除杂物，清洗干净，避免积水。保证止水条安装与槽底密贴，提高防水效果。

3　排水施工的技术要点

3.1　盲沟施工

盲沟的施工重点源于在排水的时候对水排放所需要管道的要求。在设置排水管道的时候，需要在喷射面和防水板之间设定一个特定的流水管道，管道的存在就是要进行水的排放，一般选择软式的透水管，软式的管道相对硬式的管道来说有很大的灵活性，可以对水渗入的情况进行控制。在控制水渗入的时候，需要进行管道的开放，管道开放之后，纵向的盲沟经水管可以将水排放到排水沟中。在设置排水盲沟的时候，需要对不同的管道进行明确区分，并对不同的盲沟进行定位，确定盲沟的位置之后，进行下一步的施工。每一个管道之间的距离应该控制好，建立管道系统，保证管道功能的发挥，同时需要减少因为管道破裂而造成的排水工程停工现象。这样一来，就可以提高管道的排水性能。

3.2　水沟

因为水沟施工一般都是采用混凝土浇筑的形式来完成的，所以为了能够提高其施工质量，就需要对混凝土的质量进行把控。另外还需要对水沟之中排水管的坡度进行设置，因为这个部分是决定水沟能否正常工作的先决要素，另外施工采用的混凝土配比也要符合铁路施工要求，全面保证后期铁路运营的安全。除此之外，在排水的时候，侧沟是提高水排放量的重要方式，所以侧沟的大小也是决定水在排放时候作用大小的关键因素。大多是将地下水进行汇集从而引入侧沟，这样就能够全面地减少因为水中的沉淀物而造成的堵塞问题。

3.3　水的排放

隧道中的水在地下进行汇集之后，并不能直接进行排放，因为这样排放的水污染性比较高。为了提高水的干净度，需要对排放出来的水进行沉降，沉降之后的水，因为减少了很多杂物的污染，所以在干净程度上已经比原来的水高了。排水的时候也要注意对水量的控制，防止出现不必要的污染。

4　防排水现状

隧道内的环境好坏决定铁路能否正常通过，在实际的工作之中，因为铁路隧道施工过程中存在很多的问题，例如隧道渗水问题和隧道涌水问题等。因为在隧道之中有水的存在，就会对隧道的正常使用有很大的影响，为了能够解决这些问题，就需要在施工中对隧道的防水和排水问题进行全面的处理，从而减少这类问题的出现，目前因为这类问题的出现已经对隧道施工造成了很大的影响。

5 结语

综上所述，如果想要全面地提高施工质量，不仅需要提高施工的材料和施工技术，还要提高施工人员的素质，所以需要从以下两方面入手：

(1)在选择材料的时候重视材料的质量检查，材料必须具有一定的证书才能证明其质量，如果选择了质量不达标的材料，就会影响施工的整体质量，从而影响了隧道防水和排水的能力。

(2)在施工的时候，需要提高现场管控的强度，但是在实际的施工中，因为管控不到位、在检查的时候不够精细，造成很多隐患和问题，从而影响铁路运营。

参考文献

[1] 王忠. 隧道防排水的施工方法的探讨[J]. 科技创新与应用，2012(16)：112-113.

[2] 朱国伟. 寒冷及严寒地区铁路隧道防排水设计探讨[J]. 铁道工程学报，2013(1)：49-53.

[3] 李金会，杨德，汪仲琦，等. 浅埋暗挖地铁车站隧道防排水施工技术[J]. 施工技术，2012，40(10)：90-92，100.

[4] 薛国虎. 茅坪山隧道防排水施工技术及应用[J]. 价值工程，2013，32(13)：119-120.

[5] 李晓步. 浅论隧道防排水施工中注意的几个要点[J]. 价值工程，2012，31(16)：58.

[6] 李尔平. 隧道防排水工程施工技术[J]. 水利科技与经济，2014(9)：147-148.

[7] 何以群. 隧道防排水设计常见问题探讨[J]. 福建建材，2014(9)：65-68.

[8] 赵月生，秘永和. 铁路隧道结构防排水问题的思考与探讨[J]. 铁道建筑技术，2012(2)：89-93.

高精度超声波测距系统

周 凯[1,2]，赵望达[1]，赵 迪[1]，刘 静[1]

1. 中南大学土建学院，湖南长沙，410075
2. 中南林业科技大学电信学院，湖南长沙，410004

摘要： 本设计硬件部分采用单片机 AT89C2051 做 CPU 主控制，电路主要由发射电路，接收电路和显示电路几部分组成。本文详细介绍了各部分电路的工作原理。本系统利用超声波传感器实现无接触式空气测距，并充分考虑到测量环境温度对超声波传递速度的影响，通过温度补偿的方法对传递速度予以校正，而且可以马上检测声波在现场的传播速度并被采纳，因此具有非常高的测量精度，能实时地将测量数据上传给 PC 机，具有硬件结构简单、工作可靠、测量误差小等特点，现该产品已经被上海造纸机械电控技术研究所采用，已用于造纸设备复卷机的旋转辊的位移检测上，实践证明效果很好，达到了他们所提出的各项指标。

关键词： 超声波；测距；单片机；温度补偿

1 引言

超声波是由机械振动产生的，可在不同介质中以不同的速度传播。由于超声波指向性强，能量消耗缓慢，在介质中传播的距离较远，因而超声波经常用于距离的测量，如测距仪和物位测量仪等都可以通过超声波来实现。超声测距是一种非接触式的检测方式。与其他方法相比，如电磁或光学的方法，它不受光线、被测对象颜色等影响，对于被测物处于黑暗、有灰尘、烟雾、电磁干扰、有毒等恶劣的环境下有一定的适应能力，因此在液位测量、机械手控制、车辆自动导航、物体识别等方面有广泛的应用。特别是应用于空气测距，由于空气中波速较慢，其回波信号中包含的沿传播方向上的结构信息很容易检测出来，具有很高的分辨力，因而其准确度也较其他方法高；而且超声波传感器具有结构简单、体积小、信号处理可靠等特点。利用超声波检测往往比较迅速、方便、计算简单、易于做到实时控制，并且在测量精度方面能达到工业实用的要求。

2 超声波传感器

2.1 超声波发生器

为了研究和利用超声波，人们已经设计和制成了许多超声波发生器。总体上讲，超声波发生器可以分为两大类：一类是用电气方式产生超声波；另一类是用机械方式产生超声波。电气方式包括压电型、磁致伸缩型和电动型等；机械方式有加尔统笛、液哨和气流旋笛等。它们所产生超声波的频率、功率和声波特性各不相同，因而用途也各不相同。目前较为常用的是压电式超声波发生器。

2.2 压电式超声波发生器原理

压电型超声波发生器的工作原理：它是借助压电晶体的谐振来工作的，即陶瓷的压电效应。压电型超声波发生器有两块压电晶片和一块共振板。当它的两电极加脉冲信号(触发脉冲)，若其频率等于晶片的固有频率时，压电晶片就会发生共振，并带动共振板振动，从而产生超声波。相反，电极间未加电压，则当共振板接收到回波信号时，将压迫两压电晶片振动，从而将机械能转换为电信号，此时的发生器就成了超声波接收器。

周凯，赵望达，赵迪，等. 高精度超声波测距系统[J]. 电子质量，2007(2)：11-15.

3 超声波测距原理

超声波测距的方法有多种，如相位检测法、声波幅值检测法和超声波渡越时间检测法等。相位检测法虽然精度高，但检测范围有限；声波幅值检测法易受反射波的影响。本仪器采用超声波渡越时间检测法，其原理为：检测从超声波发生器发出的超声波，经气体介质的传播到接收器的时间，即渡越时间。渡越时间与气体中的声速相乘，就是声波传输的距离。

超声波发生器向某一方向发生超声波，在发生时刻的同时单片机开始计时，超声波在空气中传播，途中碰到障碍物就立即返回来，超声波接收器收到反射波就立即停止计时。超声波在空气中的传播速度随温度变化，其对应值如表 1，根据计时器记录的时间 t，就可以计算出发射点距障碍物的距离 d，即 $d=vt/2$。

表 1　声速与温度关系表

温度/℃	−30	−20	−10	0	10	20	30	100
声速/(米·称$^{-1}$)	313	319	325	323	338	344	349	386

4 硬件模块的实现及工作原理

本系统由单片机 AT89C2051 控制，包括发射电路，接收放大电路，检波电路，整形电路和显示电路几部分组成，如图 1 所示。

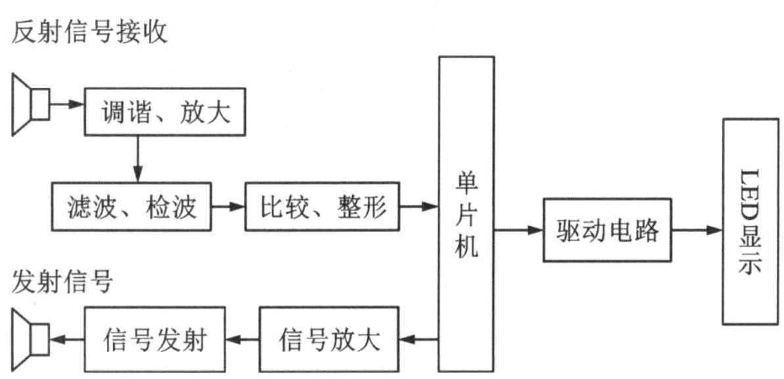

图 1

4.1 超声波发射电路

发射电路如图 2，信号由单片机 AT89C2051 的两个定时/计数口 T0(P3.4)和 T1(P3.5)正负交替发出一连串 40 kHZ 脉冲波。由 $T=1/f$，得 $f=25$ μs，所以发射的脉冲波正负

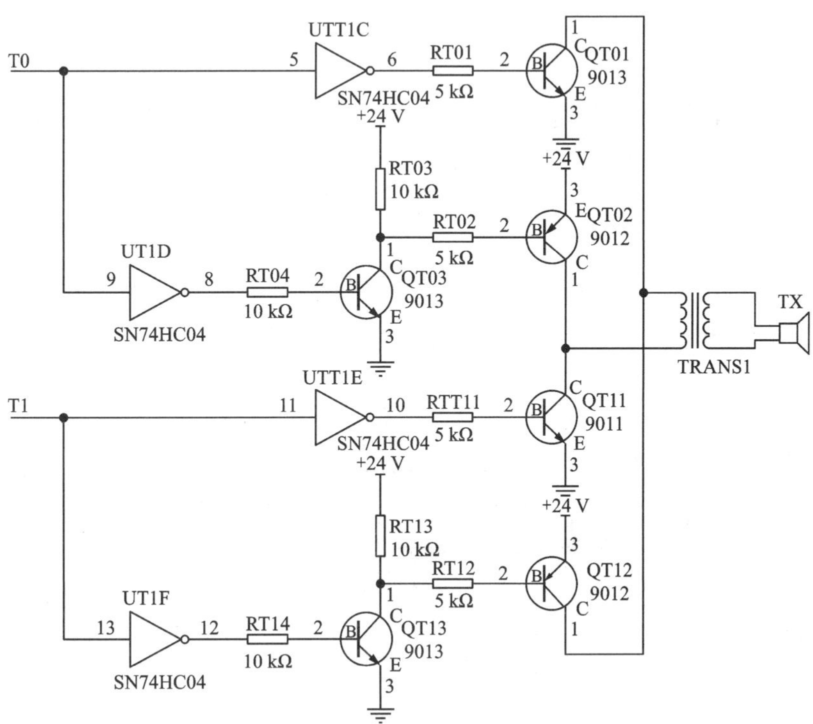

图 2

分别是 12 μs 和 13 μs。当 T0 为高电平，T1 为低电平时，上半部分电路工作，下半部分电路不导通，信号经三极管放大后，驱动变压器输出低电平信号，同理，当 T0 为高电平，T1 为低电平时，变压器输出高电平信号，这样，通过 T0、T1 的正负交替，发射电路发射出一连串 40 kHz 超声波。发射波形图如图 3。这里要注意一点：在 T0、T1 都是低电平时，会有一个中间状态，应避免输出烧坏三极管。

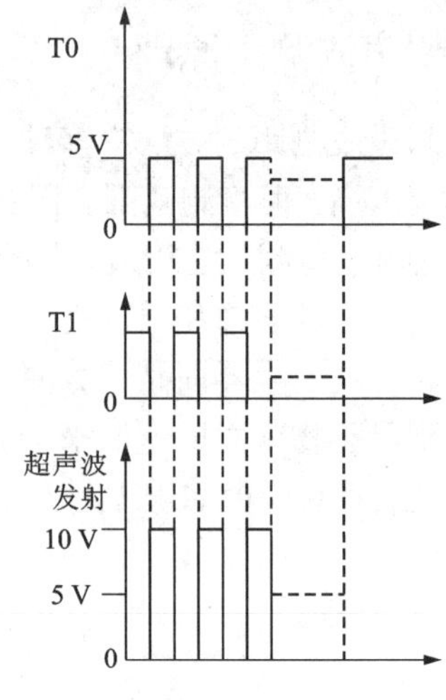

图 3

4.2 超声波接收放大电路

由于反射回来的超声波信号非常微弱，所以接收电路需要将其进行放大。接收电路如图 4 所示。接收到的信号先经 102 电容耦合，然后加到运算放大器 NE5532 上进行两级放大。第一级放大倍数为 RR5/RR2，为 16 倍，第二级放大倍数为 15 倍，两级放大的同相端都加了一个比较电压 2.5 V 和一个 104 电容，目的是去掉电源和反射信号共同作用的小毛刺纹波电压。

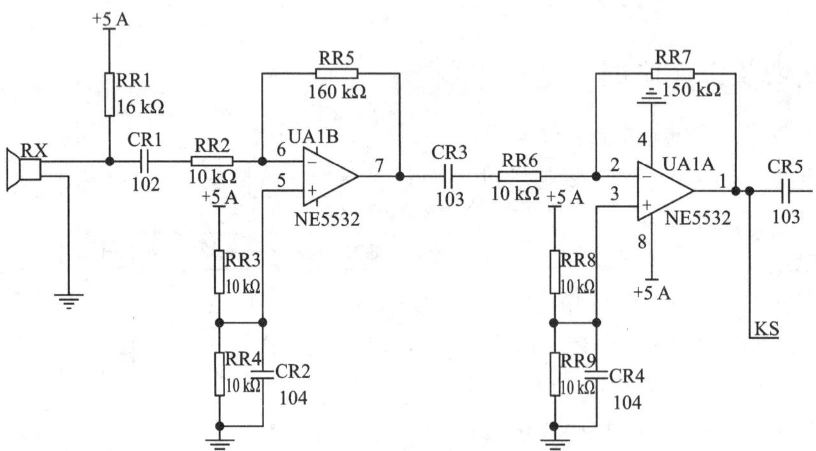

图 4

这里运算放大器采用 NE5532 不仅是因为其噪声低，频带宽，还因为与同类运放相比其共模抑制比 $K_{cmr}=100$ dB 较大，电源电压抑制比 $K_{svr}=100$ dB 较小，输入偏置电压 VIOS = 0.5 mA 较小，输入偏置电流 IIOS = 10 nA 较小，因而工作性能较好，并且价格不贵，易于做成产品推广。

4.3 检波电路

放大的信号通过检波电路得到解调后的信号，即把多个脉冲波解调成多个大脉冲波。这里使用的是 IN60 检波二极管，它的高频特性很好，输出的直流信号即两二极管之间电容电压，电路如图 5，(a)、(b)为检波前信号，(c)为检波后信号。

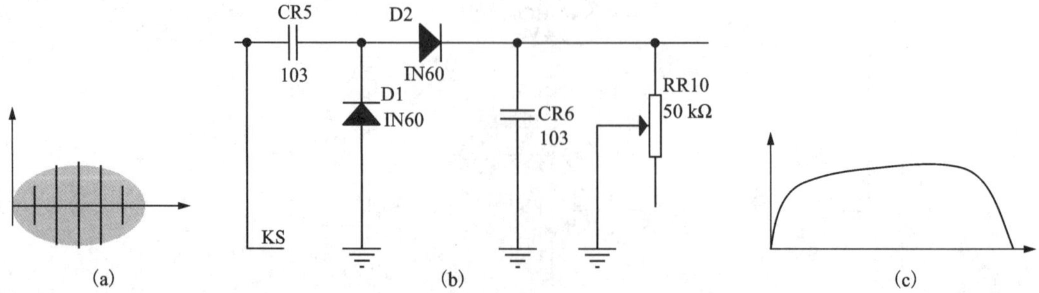

图 5

由于发射的超声波有部分可能未经反射就直接到超声波接收端，导致测量错误，这里 Ks 的作用就是为了屏蔽未经反射的干扰信号。本系统通过单片机对 Ks 的控制来控制检波电路工作，Ks 端为低电平，电路相当于开路，则检波电路不工作；Ks 为高电平，则检波电路工作。程序通过对 Ks 端高低电平的控制来控制检波电路的工作，从而控制整个接收电路。在信号发射后，延时一定的时间，开 Ks，检波电路开始工作，这样有效避免了因未经反射的信号引起的测量误差。

4.4 比较整形电路

如图 6，该电路是用来把反射信号转换为标准电平信号，通过整形把检波后得到的不标准的脉冲波整形为标准脉冲波。在这里是通过使用 LM324 中的一个运放用作比较器来实现的。检波器得到如图 7 信号 A，通过运放和一门限电压比较得到如图 7 信号 B，这里门限电压是用来去除检波后的背景噪声电压。整形后的信号送到单片机 INT0，INT1 口请求中断。

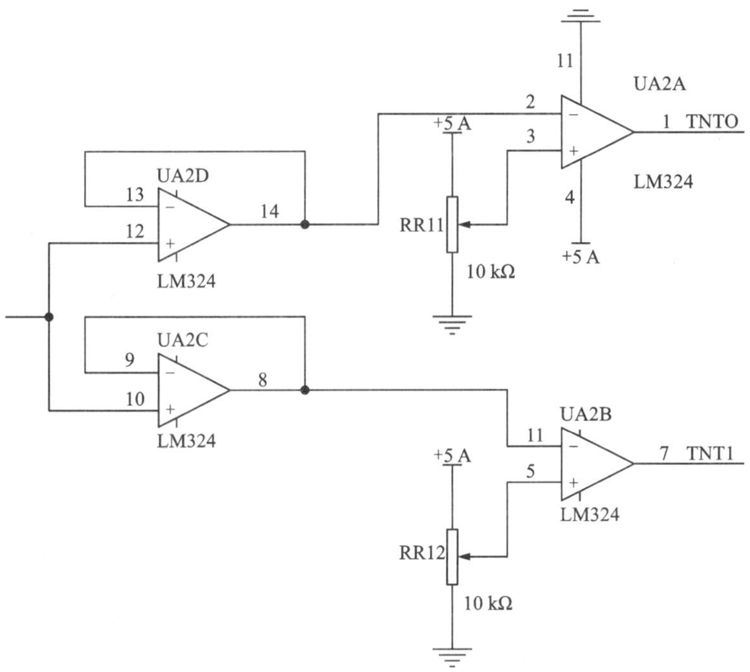

图 6

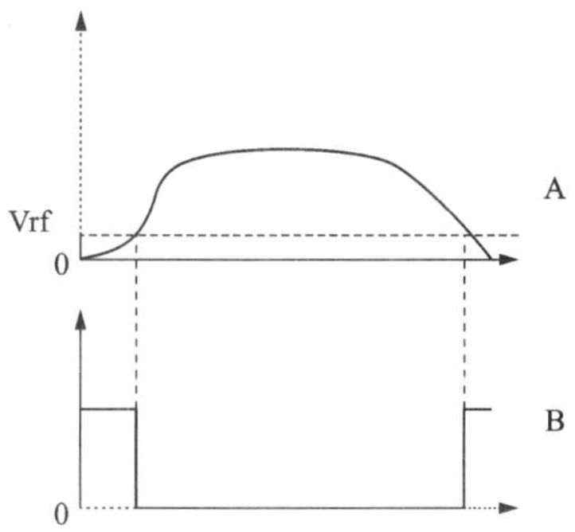

图 7

在比较电路前加了一个电压跟随器，目的是减小干扰。采用两个中断口的目的是把测量远近分开，使得测量准确度提高。因为近距离测量，反射波衰减少，控制 Ks 延迟时间也应相应减小，而远距离测量反射波衰减大，控制 Ks 延迟时间也要相应增大，所以，为了使远近测量分开，本系统采用程序控制，当检测到是近距离测量时，选用 INT0 口对应的比较电路；反之，选用 INT1 口对应的比较电路。

4.5 显示电路

本系统采用四位一体 LED 数码管显示所测距离值，如图 8。本系统采用七段译码器 74HC373 作为驱动，外接升压电阻。数码管采用动态扫描显示，动态扫描显示的好处是对 CPU 的 I/O 口要求较少，但对电路的干扰较大，注意 PCB 板的布线和对接收放大电源的稳定性要进行补偿处理，否则对其影响很大。这里使用的是共阴极的数码管，显示电平使用高电平有效。

5 修正误差

超声波在发射接收时，有部分超声波可能没有经过被测物体反射直接到接收端，导致测量有误，为避免这种错误，本系统通过对单片机所接 Ks 端编程实现。Ks 开始处于高电平，这时电路不接收信号，延时 3 ms 后变为低电平，此时才开始接收信号，也就是通过延时避免了这种错误。波形图如图 9 所示，A 为检波调整后的输出信号；B 为在 Ks 作用下的处理信号；C 为单片机发出的抑制信号；D 为最终送给单片机的

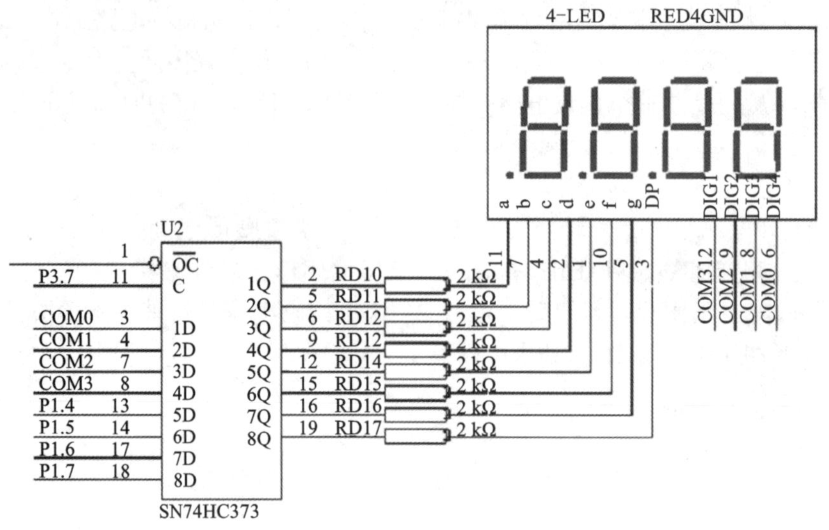

图 8

信号。检波电路收到第一个脉冲信号调整电路的输出由于信号 C 低电平(持续时间 1.5 ms)的存在而不能被单片机接收。

超声波在空气中传播的速度受温度影响，如表 1，为得到比较精确的测量结果，通过采用温度补偿的方法实现。即采用温度传感器(这里用 DS1820，该温度传感器自带 AD 转换，可直接使用)测得环境温度，通过软件编程查表的方法得出超声波传播实际速度，再由单片机计算出距离。

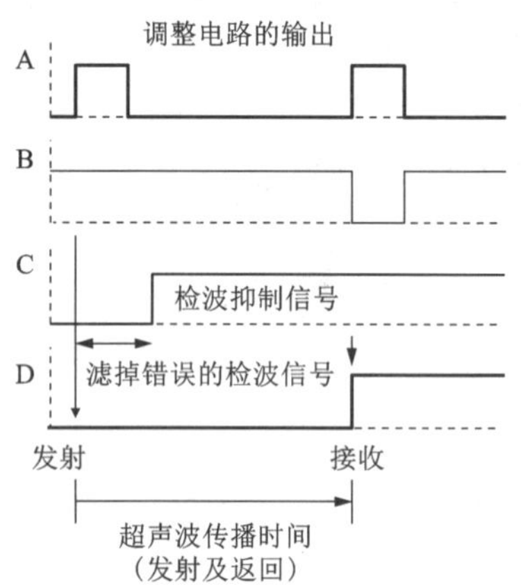

图 9

6 软件设计

软件程序上是依据发射一个超声波脉冲信号后收到物体反射回的脉冲信号通过计数器产生中断完成数据换算来得到测量的数据，同时 LED 显示部分平行执行。以上各段程序将被重复执行。图 10 所示为完整的测量时序。

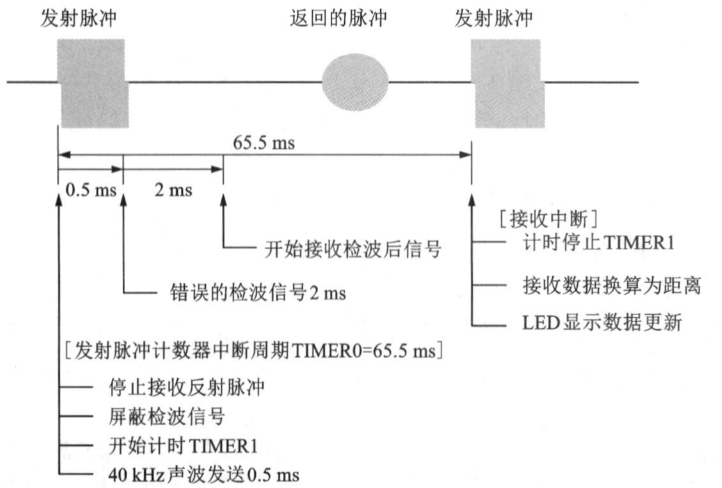

图 10

6.1 程序流程图

软件设计主要分为两大部分：主程序和服务子程序，服务子程序包括接收、显示、发射子程序（图 11 示、图 12 示）。

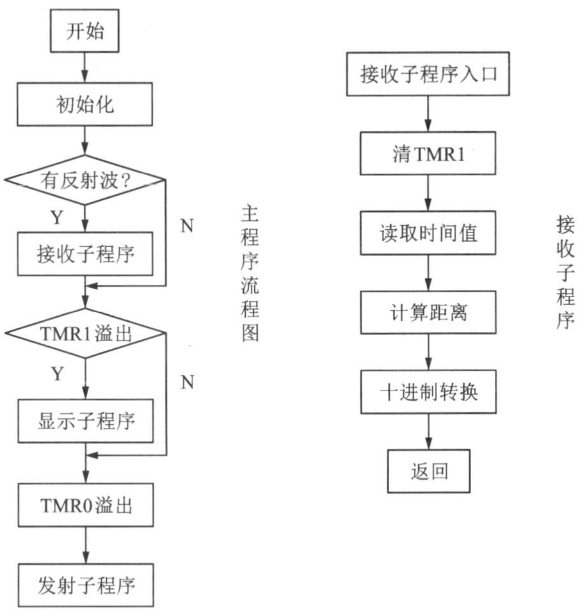

图 11

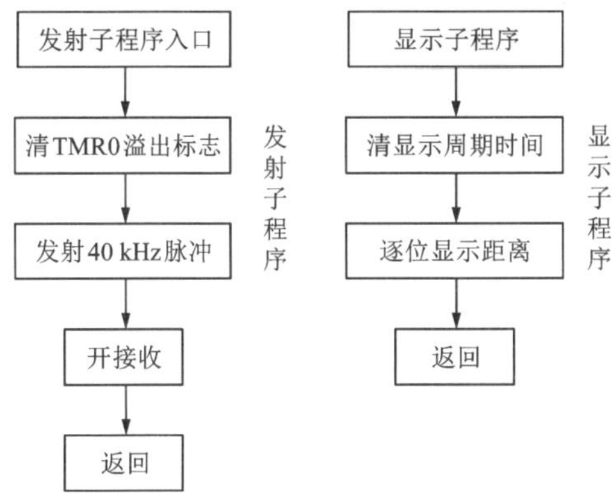

图 12

6.1.1 超声波发射周期定时器（TIMER0）

发射超声波的周期是依靠 TIMER0 来控制的，因为它是 16 位的定时/计数器（65535），在使用 12 MHz 的晶振时，由于 $T=1/f=1/[(12\times10^6)/12]=1$ μs，则一个机器周期是 1 μs，计数器每 65 ms 计数器溢出。

6.1.2 超声波接收周期定时器（TIMER1）

TIMER1 是用来计算脉冲往返数值的，在其初始化阶段应先置零。

6.1.3 LED 显示周期控制

显示周期设为 2 ms，每次在执行接收数据中断后被重新设置显示数据，并逐位显示。

7 结论

本系统经过反复调试，修改程序，达到了很好的效果，其主要特点如下：

（1）电源电压范围大，耗电量低，整体工作电源为 6 V 直流电源时，测得的电流仅为 26 mA。

（2）距离测量稳定，不漂移，能根据现场温度适时地修正超声波在空气中的速度。

（3）测量距离精度极高：在 3.0 m 范围内，测距仪和被测面都稳定的情况下，分辨率可达±1 mm。

（4）超声波速度自动校正：声速因空气温度、湿度、大气压力等因素的变化而变化，本测距系统能将现场实际的超声波速度（以 1000 mm 为标准距离）测量并读取存入内存作为测量基准，提高各种场合下的测量精度。

（5）温度测量范围：0~125 ℃，分辨率：0.1 ℃。

由于具有硬件结构简单、工作可靠、测量误差小，数值稳定等特点，并且能实时地将测量数据上传给 PC 机，现该系统已经被上海造纸机械电控技术研究所采用，已用于造纸设备复卷机的旋转辊的位移检测。

参考文献

[1] 李茂山.超声波测距原理及实践技术[J].实用测试技术，1994(1)：12-20.

[2] 金篆芷，王明时.现代传感器技术[M].北京：电子工业出版社，1995：331-335.

[3] 李刚，林凌，姜苇，等.51系列单片机系统设计与应用技巧[M].北京：航空航天大学出版社，2003.

[4] STILLER C，HIPP J，RÖSSIG C，et al. Multisensor obstacle detection and tracking[J]. Image and Vision Computing，2000(5)：389-396.

[5] FIGNEROA J F，LAMANCUSA J S. A method for accurate detection of time of arrival：analysis and design of an ultrasonic ranging system. J. Acoust. Soc. Am[J]. 1992，91(1)：486-494.

绿色施工中水回收利用问题

唐培倍

湖南省第六工程有限公司，湖南长沙，410000

摘要：基于绿色施工理念，对水回收利用问题做了简单的论述。在施工的过程中，通过建设临水系统，进行水资源回收与利用，加强施工现场水资源利用管理，以实现绿色施工。若能够在施工的过程中，实现雨水与废水回收再利用，对提高工程的经济效益，有着积极的作用。

关键词：绿色施工；回收利用；雨水收集技术；地下水回收技术

绿色施工的开展，企业并不是要投入成本加强力度，降低经济效益，相反通过转变管理观念，从技术与管理等方面入手，实现节约资源，能够获取更高的经济效益。绿色施工中采用水回收再利用技术、高空喷淋降尘技术等，提高水资源利用率，进而达到绿色施工的要求。

1 绿色施工理念

绿色施工和文明施工存在差异，绿色施工指的是在施工的过程中，以保证工程施工质量与安全等为前提，利用技术与管理方法，围绕环境保护与资源节约，加强水资源、土地资源的合理利用，实现施工成本控制，做好环境保护。绿色施工管理不仅包括文明施工的内容，还囊括了能源节约、新型材料的选择与利用等。

2 绿色施工中水资源分析

2.1 基坑水

就施工现场来说，存在的水资源主要包括市政水、基坑水（地下水）等，地下水水质较好，在施工的过程中可以利用水泵与水箱等装置，实现地下水的提取与利用，具有较强的利用价值。采取的回收利用技术包括抽取技术与沉淀技术，基于物理原理与化学原理，实现地下水回收利用[1]。

2.2 雨水资源

不同地区的降水量季节性变化相对较大，湖南地区年降水量在 1300~1500 mm 范围内，降雨集中在5—7 月份，因为雨水水质相对较好，可以进行回收再利用。通常雨水回收再利用的方式为建设集水坑，利用潜水泵进行抽取，使用临水供水水箱，通过沉淀处理应用于施工作业。

2.3 市政水

通常施工现场使用的水源多为市政水，对于此类水资源，进行水资源回收再利用，要从水资源节约与再利用方面入手，加强水资源利用管理。对于可回收的试验用水与清洗用水等，通过设置集水箱的方式，例如图 1 所示，进行回收利用，该水可以用于降尘处理与混合料制作等。除此之外，还需要加强水龙头漏水管理，减少水资源浪费，提高水资源利用率[2]。

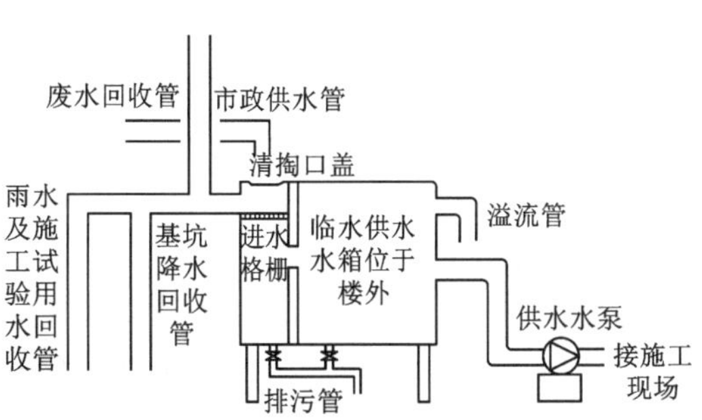

图 1 楼外水资源回收和临水供水水箱布设示意图

3 绿色施工中水回收利用策略

3.1 完善水回收利用工艺

绿色施工中水回收利用，是指将能够再利用的污水经过处理后达到相关水质标准。实现绿色施工水回

唐培倍. 绿色施工中水回收利用问题[J]. 低碳世界，2017(14)：176-177.

收再利用，主要包括以下流程：

（1）回收阶段。在施工现场，建设雨水与地下水收集池，实现雨水回收。

（2）预处理阶段。此阶段主要是利用栅格和调节池，进行污水处理，将污水中的固体杂质进行去除。

（3）主处理阶段。此环节是施工中水回收利用的关键环节，主要是为了去除污水内的溶解性有机物。

（4）后期处理阶段。污水回收后期处理阶段，主要是进行消毒处理，力求确保经过深度处理后的出水，能够达到中水回收标准[3]。

3.2 绿色施工中水回收利用处理技术

3.2.1 绿色施工中水收集技术

在进行雨水收集时，主要是利用雨漏管进行分散或者集中收集。对于屋面雨水利用，是将屋顶当做雨水收集利用系统，因为受到大气质量与屋面材料等因素的影响，难以确保水质，比如沥青油毡为主要污染源，因此在绿色施工的过程中，需要合理地选择施工材料，以减少雨水杂质。路面雨水利用，主要是把道路和广场等，作为雨水收集利用系统，因为交通量与路面卫生等的影响，会使得水质较差，因为要重点收集小区道路雨水和人行道雨水。绿地雨水指的是把绿地当做雨水收集利用系统，水质较好，但是雨水量较差，对于绿色施工来说经济效益不大，可以作为后期利用进行规划设计。

3.2.2 中水回收利用处理方法

绿色施工中水回收利用处理方法，主要包括以下技术：

（1）生物处理技术。此方法主要是利用微生物，来处理水中部分有机物，以确保中水可以达到相关标准。

（2）物理化学处理技术。此方法为组合技术，利用混凝沉淀技术，结合运用活性炭方法，对污水进行处理，以提升水质，使其能够达到利用标准。在实际应用中，成本相对较高，需要合理的规划设计，以确保绿色施工经济效益。

（3）膜处理技术。此方法占地面积相对较小，而且临水系统建设工程量较小，具有较强的去除率，能够极大程度上提升中水回收利用率。

3.3 绿色施工中水资源利用技术

绿色施工中回收水的利用，可以采取自动喷淋降尘技术，在塔吊上装设喷头，作为工地降尘处理工具，实现自动喷淋降尘处理。此技术原理较为简单，而且便于维护，能够解决工地扬尘与混凝土养护等问题，水源主要是回收水。通过在施工现场的回收水沉淀池内装设水泵，利用水泵送水，将水存储在塔吊的塔臂上，进行喷水降尘。利用高空喷淋系统进行除尘与混凝土养护作业，能够降低人工作业强度与成本，而且塔吊的覆盖面大，能够快速实现作业，具有较强的除尘效果与降温作用，为实现水资源再利用，提供了技术保障。

3.4 加强回收水利用管理

在绿色施工中实现污水回收后，为了避免水资源二次浪费，要加强中水利用管理。在施工前科学地计算前期用水量，明确绿化与降尘等的用水量，利用 $q=(P\times N_2\times N_3)/(t\times 8\times 3600)$ 来进行计算。譬如：某绿色施工现场高峰期人数 P 可以达到1000 人；N_2 为用水定额，取值为 20 L/(人 · d)；N_3 指的是用水不平均系数取值为 1.5；t 指的是工作台班数，取值为 2；因此绿化与降尘等的用水量为 20 m^3/d。

4 结束语

绿色施工中水回收再利用，需要利用水收集技术与处理方法等，合理的规划设计与利用，能够给施工单位节约施工成本，实现资源节约，达到绿色施工目标。

参考文献

[1] 贺润胜. 绿色施工中的水回收利用[J]. 山西建筑, 2012(36): 208-209.

[2] 黄潮松, 汪盛, 焦峰, 等. 施工现场水资源回收利用循环系统研究[J]. 施工技术, 2014(6): 92-95.

[3] 刘琳琳, 贺琳, 黄迪, 等. 浅析绿色建筑节水与水资源利用技术[J]. 资源节约与环保, 2016(2): 81-82.

DEM investigation of macro- and micro-mechanical properties of rigid-grain and soft-chip mixtures

ZHANG Junqi[1], CHEN Xiaobin[1], ZHANG Jiasheng[1], JITSANGIAM Peerapong[2], WANG Xiang[1]

1. Central South University, School of Civil Engineering, Changsha, Hunan, China

2. Chiang Mai University, Department of Civil Engineering, Chiang Mai, Thailand

Abstract: This study aims to investigate the macro-and micro-mechanical properties of rigid-grain and soft-chip mixtures (GCMs) through numerical simulation using the discrete element method (DEM). A novel framework for the discrete modeling of soft chips and rigid grains in conjunction with calibration processes was presented. Then, a series of numerical triaxial tests were performed on GCMs with 0%, 10%, 20%, and 30% volumetric chip contents. Simulation results demonstrated that an increment in chip content results in an increasing toughness of GCMs. With a rise in chip content, the peak of deviatoric stress is higher, and larger shear strain corresponding to the peak is observed. Additionally, larger chip content contributes to greater volume contraction and smaller dilations. Friction angles in both peak and residual state show significant increments with the increasing chip content. In view of the micro-scale mechanical features, strong contact force chains develop along the loading direction, resulting in considerable anisotropy in the peak and residual states. Moreover, with an increase in chip content, both the formation of the strong force chains and the rotation of grains decrease while the sliding percentage of grains increases. The tensile force is mobilized with shear, and a higher chip content leads to less mobilization of the tensile force. These findings would be useful for a better understanding of the internal structure of GCMs with different soft chip contents, especially in granular mixture mechanics and geomechanics.

Keywords: Rubber chip; Rigid-soft mixtures; Micro-mechanical properties; Triaxial test; Discrete element method.

1 Introduction

Mixtures of soft chips and rigid grains are ubiquitous in nature and industry. In terms of waste utilization, especially in backfilling of waste materials, soft materials in chip shape (such as crushed cloth, plastic bags, tire rubber, etc.) are often mixed directly with rigid grains (such as sand, gravel, steel furnace slag, etc.). For example, due to advantages of ductility and weight (Mashiri, Vinod, Sheikh, & Tsang, 2015), rubber chips have become popular backfill materials in civil engineering applications, including highway embankments, retaining walls, and buried pipes (Garga & O'Shaughnessy, 2000; Meles, Bayat, & Soleymani, 2013). In this context of depletion of resources and optimization of industrial processes and structures, the properties of rigid-grain and soft-chip mixtures (GCMs) are worthy of attention.

Many experiments have investigated the engineering properties of GCMs. Mashiri, Vinod, and Sheikh (2016) investigated the liquefaction potential of GCMs through consolidated undrained cyclic triaxial tests and found that the addition of rubber chips to sand can significantly reduce liquefaction potential. Shaking table model tests on GCMs (Bahadori & Farzalizadeh, 2016) showed that an increase in chip content leads to a decrease in shear modulus. Zornberg, Cabral, and Viratjandr (2004) conducted triaxial tests to assess the stress-strain behavior

ZHANG Junqi, CHEN Xiaobin, ZHANG Jiasheng, et al. DEM investigation of macro- and micro-mechanical properties of rigid-grain and soft-chip mixtures[J]. Particuology, 2021, 55: 128−139.

of GCMs and found that the axial strain at peak stress and volumetric contraction increase with increasing chip content. Jamshidi Chenari, Fatahi, Akhavan Maroufi, and Alaie (2017) conducted a 1D compression test to study the role of the rubber chip aspect ratio under constrained compression conditions and found that the aspect ratio has no effect on the mechanical behavior of GCMs. Both laboratory and field tests conducted by Yi, Meles, Nassiri, and Bayat (2015) to investigate the compressibility of GCMs with different tire types concluded that high initial void ratio, small grain size, and granular grain shape could cause high plastic strain.

Studies of GCMs have mainly focused on the macro-mechanical response of GCMs, with less attention paid to the microscale perspective to reliably explain their overall behavior. Interaction between soft chips and rigid grains could govern the overall behavior of GCMs under given loading conditions. Consequently, a lack of understanding of the microscopic perspective of chip-grain interactions may lead to misleading predictions of GCM responses under certain loading conditions in macro-laboratory scale tests. Furthermore, because of the lower stiffness of soft chips, they behave differently from traditional synthetic reinforcing earth materials such as geotextiles and geomembranes. For the above reasons, the discrete element method (DEM), a powerful tool in micro-mechanical studies, would be a viable option to micro-mechanically investigate GCMs through simulation tests.

This paper presented a novel approach for the modeling of soft-chips and rigid-grain mixture in conjunction with calibration processes, and the abstract GCMs were represented as the mixtures of sand and rubber chips in this study. A series of numerical triaxial tests based on DEM were conducted on mixtures with varying chip content. Numerical results were determined, including the resultant coordination number, the contribution of different contacts, sliding and rolling of grains, the nature of the contact force network, and tension in the soft chips. The outcomes of this study may provide a better understanding of the role of soft chips in GCMs.

2 DEM simulation

2.1 Materials and grain contacts

Spherical grains have a lower degree of interlocking which will blur the interaction between grains and chips. Thus, the ball, the basic grain element in PFC^{3D}(Itasca, 2014), is used to simulate the rigid grains. In this study, we take the fluvial sand as an example type of rigid grain in the simulated particle-chip mixture for two particular reasons. First, the grain size distribution of the chosen fluvial sand is quite narrow, as shown in Fig. 1(a). Thus, the grain size distribution of fluvial sand can be directly modeled in DEM simulation without any simplification. Then, the fluvial sand was modeled by ball and calibrated very carefully by J. C. Lopera Perez, Kwok, and Senetakis (2017b).

Deformable agglomerates (clusters) are employed for soft chips. Several unit balls are bonded together to represent a soft chip, and each ball can move independently. This approach has been deemed appropriate for modeling soft grains (Nezamabadi, Nguyen, Delenne, & Radjai, 2016). As shown in Fig. 1(b), the initial overlap factor OA (defined as the ratio of ball diameter and the center distance between two bonded balls) was 1.74 according to the balance of computational efficiency and the structure stability. Accordingly, the density of bonded balls was calculated as 981 kg/m^3 based on the realistic density of tested rubber chips (1380 kg/m^3) in this study. Moreover, we focus on soft chips with a single aspect ratio Length/Width = 2.84 and Width/Thickness = 7.1, as in Ajayi, Pen, Zervos, and Powrie (2017). The thickness of the soft chip (0.16 mm) was defined as half of D_{50}, and one numerical chip consists of 192 bonded unit balls.

Based on the above simulation method, there are four types of contacts in the simulation of a GCM: rigid grain-rigid grain (GG), rigid grain-soft chip (GC), soft chip-soft chip (CC) and unit ball-unit ball inside a soft chip (bond). As shown in Fig. 2(a), the Hertz-Mindlin contact model was selected to describe the behaviors of the GG, GC, and CC contacts because of the nonlinear force-displacement relationship of soft materials

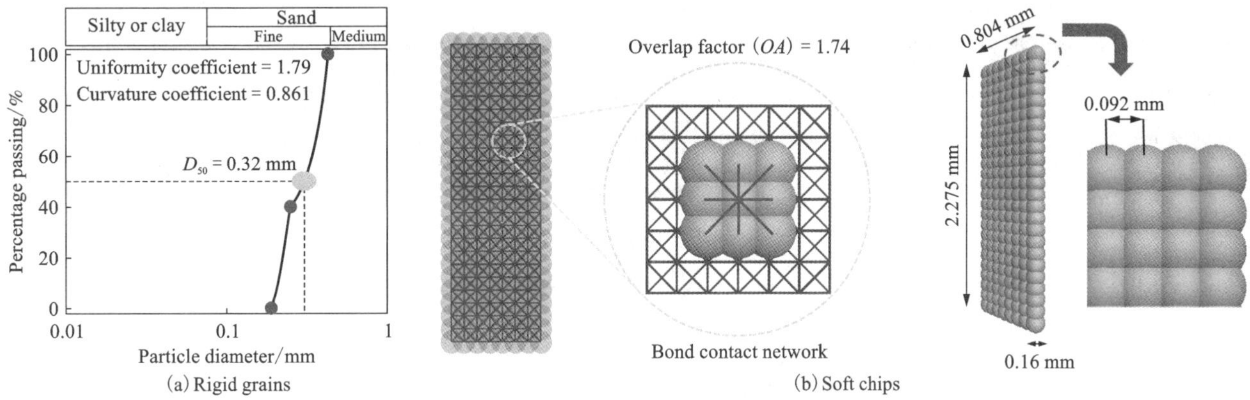

(a) Rigid grains (b) Soft chips

Fig. 1 Size of materials

under compression (Lin, Wang, Lu, Lin, & Tung, 2008), and this model has previously been demonstrated capable of reproducing many key features of soft-rigid mixtures (J. C. Lopera Perez, Kwok, & Senetakis, 2017a). The Hertz-Mindlin contacts cannot resist the bending moment and tensile force and will ultimately undergo deformation and slide (friction coefficient μ) under compression (Chung & Ooi, 2008). The normal contact force f_n and tangential contact force f_t between two grains are determined before sliding by:

$$f_n = \frac{2G}{3(1-\nu)}\widetilde{R}^{1/2}\delta_n^{3/2} \tag{1}$$

$$f_t = (f_t)_0 + \frac{2G * \widetilde{R}^{\frac{1}{2}}}{2-\nu}\left(\frac{2G * \widetilde{R}^{1/2}}{3-3\nu}\delta_n^{3/2}\right)^{1/3}\Delta\delta_t \tag{2}$$

where G is the shear modulus, ν is Poisson's ratio, $\widetilde{R}$ is the equivalent radius between two balls, defined as $\widetilde{R} = R_1R_2/(R_1+R_2)$. δ_n, δ_t are the normal and tangential overlap between two balls. $(f_t)_0$ is the initial tangential force.

In binary mixtures, the shear modulus and Poisson's ratio between different materials can be expressed as:

$$\nu = \frac{4\bar{G} - \bar{E}}{2\bar{G} - \bar{E}} \tag{3}$$

$$G = 2\bar{G}(2-\nu) \tag{4}$$

For a contact between ball 1 and ball 2, $\bar{E} = \left(\frac{1-\nu_1}{2G_1} + \frac{1-\nu_2}{2G_2}\right)^{-1}$ and $\bar{G} = \left(\frac{2-\nu_1}{G_1} + \frac{2-\nu_2}{G_2}\right)^{-1}$.

The thickness of soft chips is half of D_{50}, and the resistance to bending cannot be ignored. Thus, the linear parallel bond model is employed for interactions of interconnected unit balls inside the chips. The linear parallel bond model includes a bond component and a linear component, and the two components act in parallel. According to the assumption that soft chips show similar elastic behavior in both tension and compression under the stresses and strains of interest (Asadi, Mahboubi, & Thoeni, 2018), the stiffness of the linear component was set to zero. Thus, the linear parallel bond model was simplified. In other words, the linear component was deleted, and the retained bond component provided linear elastic behavior. Moreover, the tensile strength and shear strength of the bond model are sufficiently large in the current study to ensure that the soft chips do not experience failure (i.e., breakage) under common stresses and strains during triaxial testing (Asadi, Mahboubi, et al., 2018). The simplified linear parallel bond model was shown in Fig. 2(b), the force-displacement relationship can be expressed as:

$$f_n = k_n\delta_n = \bar{A}\,\bar{k}_n\delta_n \tag{5}$$

$$f_{\mathrm{t}} = k_{\mathrm{t}}\delta_{\mathrm{t}} = \bar{A}\,\bar{k}_{\mathrm{t}}\delta_{\mathrm{t}} \tag{6}$$

where $\bar{k}_n$ and $\bar{k}_{\mathrm{t}}$ are parallel bond normal stiffness and parallel bond tangential stiffness, respectively. $\bar{A}$ is the contact area between bonded grains and equals to $\pi\bar{R}^2$ ($\bar{R}$ is a quarter of D_{50} in this study). Moreover, the bending moment M_{b} and the twisting moment M_{t} are defined as:

$$M_{\mathrm{b}} = 0.25\pi\bar{R}^4\bar{k}_n\theta_{\mathrm{b}} \tag{7}$$

$$M_{\mathrm{t}} = 0.5\pi\bar{R}^4\bar{k}_{\mathrm{t}}\theta_t \tag{8}$$

where θ_{b} and θ_{t} are bend-rotation and twist-rotation, respectively.

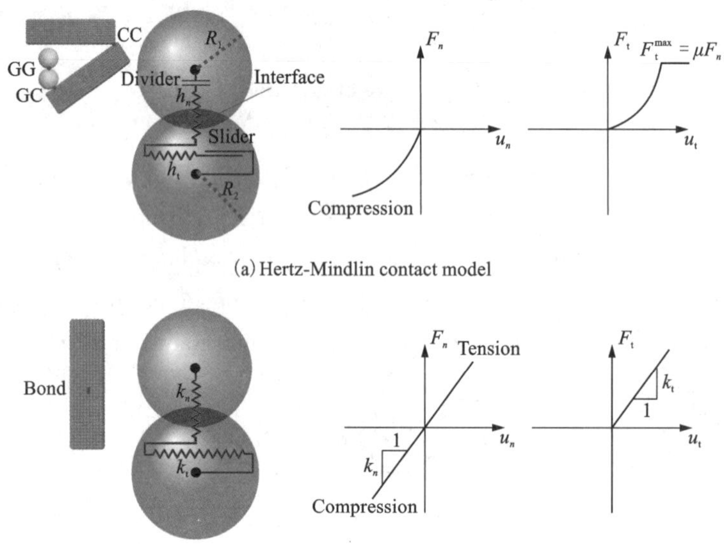

(a) Hertz-Mindlin contact model

(b) Simplified linear parallel bond model

Fig. 2 The contact models

2.2 Parameters and calibration processes

Calibration is an important step of simulation (Chehreghani, Noaparast, Rezai, & Shafaei, 2017; Müller & Tomas, 2014; Roessler & Katterfeld, 2019). There are three conventional ways in the calibration of DEM parameters, including direct calibration, abstract calibration, and accurate calibration.

- Direct calibration, all the model parameters are achieved from typical curves (e.g., the curve of deviatoric stress and axial strain in triaxial test). Although the process is easy, the inherent deviation of obtained model parameters are high. Thus, the direct calibration is usally used for models with few parameters (H. Gong, et al., 2019), or with too many parameters which can not be calibrate one by one (Asadi, Mahboubi, et al., 2018).

- Abstract calibration, the model parameters are only in the range of common value, and the materials in the model are regarded as abstract materials to reveal the common regularities of a kind of material. For example, Gong et al. (Gong & Liu, 2017b; Gong, Nie, Zhu, Liang, & Wang, 2019) adopted common parameters of soils which were in the range of reported parameters to investigate the behaviors of fine soil in coarse-fine mixtures with different fine content.

- Accurate calibration, which is a difficult way to obtain model parameters, requires a one-to-one match between each model parameter and each test. The allowable deviation of model parameters obtained from accurate calibration is very small (Li, Wang, Li, & Yuan, 2017). Except for the influence of randomness, the simulation results are accurate. Thus, the models, all the model parameters obtained from accurate calibration, can be used to predict the behaviors of assemblies. The purpose of this study is to illustrate the macro and micro characteristics of GCMs with different chip content, and almost no research on DEM simulation of GCMs has been reported. Thus, all the model parameters were calibrated carefully by using accurate calibration.

According to adopted models and test materials, three parameters of GC contacts (e.g., Shear modulus G_{PC}, Poisson's ratio ν_{PC} and friction coefficient μ_{PC}) can be calculated from the parameters of grains and chips. Thus, eight independent model parameters will profoundly affect the performances of mixtures, including bond parameters (e.g., $\bar{k}_n$ and $\bar{k}_t$), chip parameters (e.g., G_C, ν_C and μ_C) and grain parameters (e.g., G_P, ν_P and μ_P). There were many investigations about the calibration of sand, which was regarded as rigid grains. In consequence, the three grain parameters were proposed by J. Lopera Perez, Kwok, and Senetakis (2016) based on the small-strain shear modulus of fluvial sand ($G_P = 8\times10^9$ Pa, $\nu_P = 0.12$ and $\mu_P = 0.25$). Thus, the remaining five parameters (e.g., $\bar{k}_n$, $\bar{k}_t$, G_C, ν_C and μ_C) need to be calibrated.

The uncertainty of sample loading in laboratory triaxial test leads to the deviation of initial fabric in assemblies, and the cubic triaxial test with non-gravity was conducted to investigate the behaviors of GCMs from initial to a critical state. Thus, conventional triaxial tests are not suitable for calibration (Huang, Hanley, O'Sullivan, & Kwok, 2014). Instead of the triaxial test, tensile test, sliding test and penetration test were conducted to obtain bond parameters ($\bar{k}_n$ and $\bar{k}_t$), friction parameters (μ_C) and stiffness parameters (G_C and ν_C). Moreover, a suspension test was conducted to verify the calibration method of bond parameters. All the tested rubber chips in this study were cut from one rubber pad.

2.2.1 Calibration of bond parameters

As shown in Fig. 3(a), the tensile test of rubber chip was conducted by following the procedure suggested in ASTM D4482-11 (ASTM, 2011). As shown in Fig. 3(b), the simulation process of tensile testing that avoids the effect of the stress wave was:

- The top and bottom balls of a chip are bonded to walls with a high bond stiffness (1000 times of ball bond stiffness), and constant velocity is applied to the top wall.
- When the target strain is reached, the top wall is fixed until the unbalanced force ratio (ratio of the mean unbalanced force to the mean contact force) $<10^{-10}$.
- Record the tensile stress according to the contact force of the walls.

In the simulation of the tensile test, the shapes of chips are shown in Fig. 3(b) (drawn with $\bar{k}_n = 100\bar{k}_t$ or $\bar{k}_t = 100\bar{k}_n$). The width of chips expands when $\bar{k}_t \gg \bar{k}_n$, and shrinks when $\bar{k}_n \gg \bar{k}_t$. Thus, $\bar{k}_n \gg \bar{k}_t$ was selected to model the soft chips because of the deformation similarity between reality and simulation. The bending features of the rubber chip were then quantified by regarding the chip as a cantilever beam, and the displacement y of each bonded ball under external load P_f can be calculated by:

$$y = \frac{P_f x^2}{6EI}(3L - x) \tag{9}$$

where x is the x-coordinate of bonded balls. E is the Young's modulus of rubber chips (approximately equal to 7 MPa). I is the moment of inertia (defined as $W * D_p^3/12$, with D_p the diameter of bonded balls). L is the length of the rubber chip.

As shown in Fig. 3(c), the rotation of balls, which compose the right edge of the chip on the right side (black balls), was fixed. Then, a force, which calculated from P_f, was applied in the top balls and cycles to an unbalanced force ratio $<10^{-10}$. Compare the ball displacement between simulation and calculation and consider the variation of E, the values of $\bar{k}_n$ and $\bar{k}_t$ can be obtained. The applied force f of each ball can be expressed as:

$$f = P\frac{W}{N_W} \tag{10}$$

where N_W is the number of bonded balls in the section. In this study, $N_W = 8$.

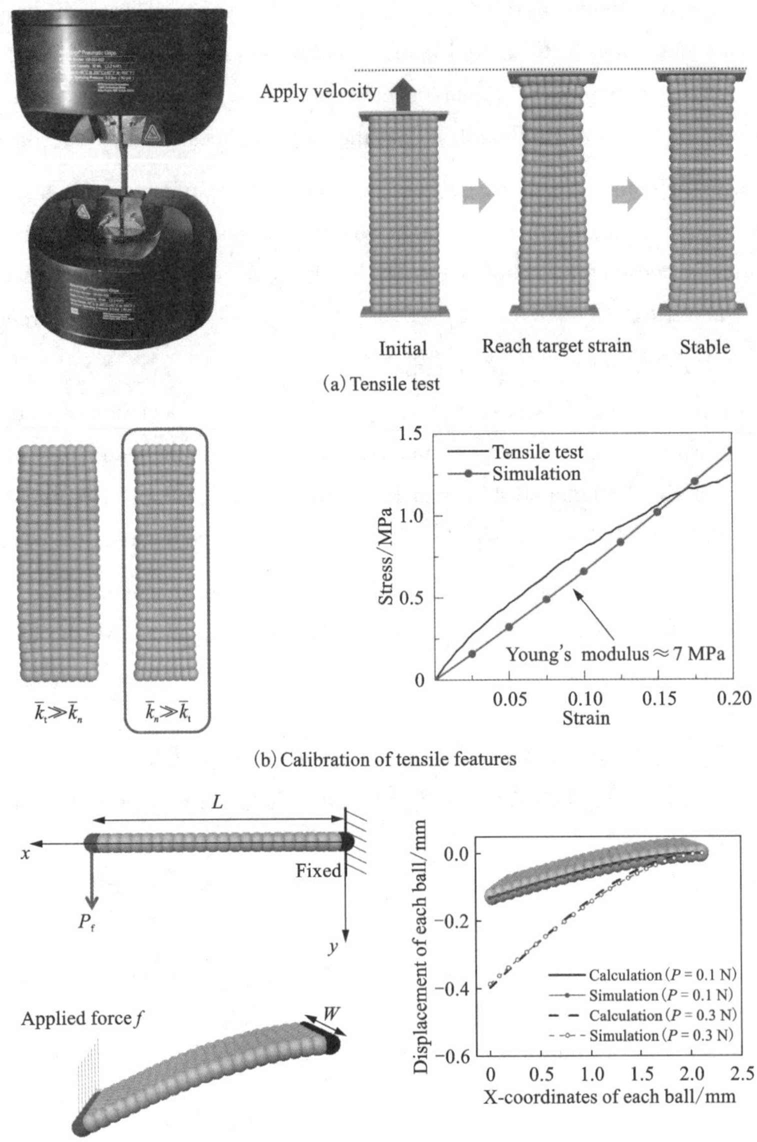

(a) Tensile test

(b) Calibration of tensile features

(c) Difference between calculation and simulation results in bending features

Fig. 3 Validation of chip model

As shown in Fig. 4, to verify the calibration method which obtained both $\bar{k}_n$ and $\bar{k}_t$ on the results of tensile test, a suspension test of rubber chip was conducted. One side (130 mm in length) of tested rubber chip stuck at a horizontal plane, and another side (390 mm in length) suspended under gravity. All the vertical displacements h_v of measurement points were recorded. Then, calculate the vertical displacements of the chip, which has the same dimension with the numerical chip. According to the deflection of a cantilever beam under gravity, the calculation can be expressed:

$$\frac{h_{v1}}{h_{v2}} = \frac{L_1^4 t_2^2}{L_2^4 t_1^2} \tag{11}$$

where L and t are the length and thickness of the suspended zone. The subscript 1 and 2 indicate the data from laboratory tests and numerical tests, respectively.

To illustrate the comparison clearer, all vertical displacements were normalized by the largest h_v in the numerical test. The deviation between the simulation and laboratory tests was small (Fig. 4), indicating that the calibration method is effective.

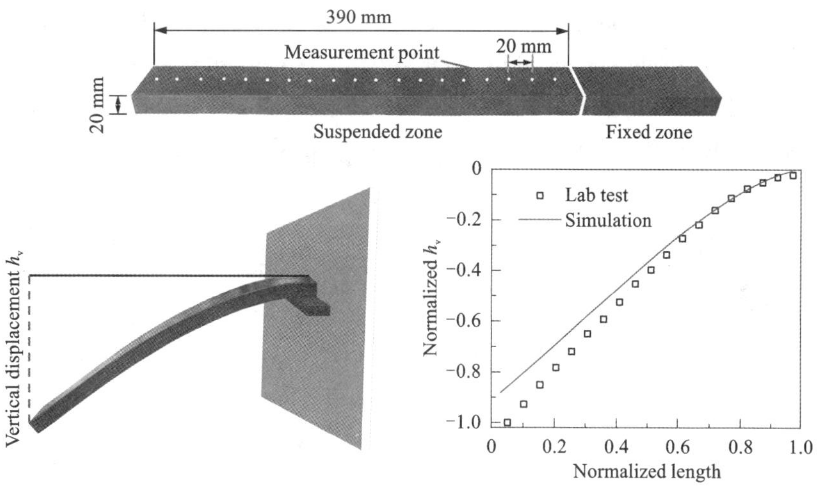

Fig. 4 Difference of results between laboratory test and simulation by using calibrated bond parameters

2.2.2 Calibration of friction coefficient

The sliding test was conducted to calibrate the friction coefficient of the rubber chip, as shown in Fig. 5. The rubber chip was fixed on a slope with the same incline angle. Then, place another rubber chip on the fixed chip. Gradually increase the incline angle and record the incline angle when the upper chip slipped off. The recorded incline angle was regarded as the friction angle of rubber chips. The sliding test was repeated twenty times, and the different pairs were randomly selected from ten chips.

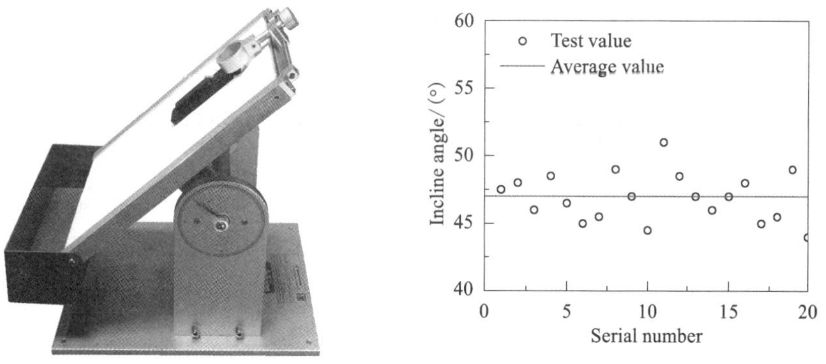

Fig. 5 Sliding test of rubber chip

The average friction angle of rubber chips was 46.9° ($\mu_C = 1.07$). The friction coefficient of GC contact can be calculated following Asadi, Thoeni, and Mahboubi (2018):

$$\mu_{PC} = \tan\left(\frac{\tan^{-1}(\mu_P) + \tan^{-1}(\mu_C)}{2}\right) \approx 0.59 \tag{12}$$

2.2.3 Calibration of shear modulus

Most of force-displacement law in DEM were deduced under small deformation. This is a key reason to calibrate the model parameters from the penetration test under large deformation. The Poisson's ratio of bonded balls is set to 0.45, according to J. C. Lopera Perez, et al. (2017b), which is consistent with the small volume compressibility of rubber. As shown in Fig. 6(a), a penetration test was conducted to calibrate the shear modulus of bonded balls. The ratio of ball diameter to chip thickness in the test was similar to the ratio of D_{50} to the thickness of soft chips in the simulation. Moreover, the force-displace curve in laboratory tests was converted according to the size of numerical chips. To simulate the penetration test, the steel ball was applied with a constant force, and the penetration depth was recorded. Consistent with actual steel, the shear modulus and Poisson's ratio of the steel ball were 8×10^{10} Pa and 0.3, respectively, identical to the fixed wall. To calibrate more accurately, two extreme contact schemes were considered. Finally, the shear modulus of rubber chips G_C was determined to 4.5×10^6, and the comparison between simulation and laboratory test was shown in Fig. 6(b).

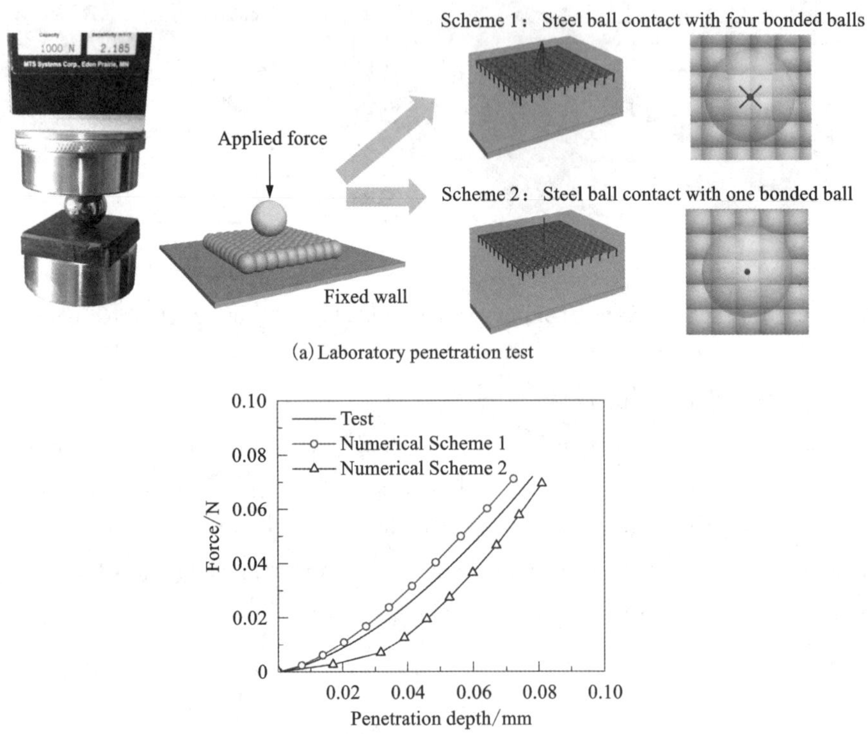

(a) Laboratory penetration test

(b) Results of calibration

Fig. 6 Calibrate of shear modulus of soft chip in different initial relative positions

Moreover, the damping factor is set to 0.7 based on the previous DEM simulation done by J. Gong, et al. (2019). They investigated the effect of damping factor on binary mixtures and concluded that the damping factor has a low impact on the numerical results under the quasi-static condition. All parameters in the DEM stimulation were listed in Table 1.

Table 1 Material properties used in the DEM simulation

	Parameter	Value
Properties of sand grains Hertz-Mindlin model	Shear modulus of rigid grains, G_P/Pa	8×10^9
	Poission' ratio of rigid grains, ν_P	0.12
	Friction coefficient of rigid grains, μ_P	0.25
	Density of rigid grains, ρ_P/(kg · m^{-3})	2600
Properties of bonded balls Hertz-Mindlin model	Shear modulus of soft chips, G_C/Pa	4.5×10^6
	Poission's ratio of soft chips, ν_C	0.45
	Friction coefficient of soft chips, μ_C	1.07
	Chip density, ρ_C/(kg · m^{-3})	981

Continuation of table 1

	Parameter	Value
Properties of bonds in chips Linear parallel bond model	Normal stiffness of parallel bond, $\bar{k}_n/(\mathrm{N\cdot m^{-3}})$	6.8×10^{10}
	Tangential stiffness of parallel bond, $\bar{k}_t/(\mathrm{N\cdot m^{-3}})$	1.5×10^{8}
Properties of walls Hertz-Mindlin model	Shear modulus of walls/Pa	8×10^{10}
	Poission's ratio of walls	0.3
	Friction between wall and other materials	0.0
Global parameter	Damping factor	0.7

2.3 Triaxial compression tests in DEM

Four assemblies of GCMs with different volumetric chip content (0%, 10%, 20%, and 30%), P, were subjected to triaxial compression tests following the suggestion of optimum soft content by Fathali, Nejad, and Esmaeili (2017). The simulation process is shown in Fig. 7(a) and can be divided into three steps, including generation, packing, and shearing. The detailed simulation processes are listed below:

In sample preparation, a six walls composed large cubic container is created, which can be divided into two loading walls and four other sidewalls. Then, the nonoverlapping particles and chips are randomly generated within the container according to the degradation. Temporarily, the friction coefficients of contacts are set to 0 to obtain isotropically dense assemblies, according to Gong and Liu (2017a).

For the packing process, to keep the shape of the box almost unchanged, the rigid walls move towards the center of the container with a constant velocity V_c until the measured confining stress is 0.1 times the designed confining pressure (σ_c = 100 kPa). Then, the assembly subjects to isotropic compression based on a conventional wall-servo mechanism (Gong & Liu, 2017a). The isotropic compression continues until the unbalanced force ratio (ratio of the mean unbalanced force to the mean contact force (Farhang & Mirghasemi, 2017) is less than 10^{-6}, and the deviation of the wall stress from 100 kPa was less than 0.1 kPa.

The shearing process begins after isotropic compression. The real intergrain friction coefficients are assigned to the assemblies. The loading walls move toward each other at a constant velocity, and the other four sidewalls move independently to provide the constant confining stress σ_c. The shearing process continues until the axial strain reached 50%.

In the simulation, all assemblies were performed under a lack of gravity because neglecting gravity allows for the easy identification of stress transmission (Shire, O'Sullivan, Hanley, & Fannin, 2014). Moreover, to obtain quasi-static behavior, the shear strain rate should be sufficiently low. Accordingly, a condition involving the inertia number I_{inertia} was introduced by Luding (2007):

$$I_{\text{inertia}} = \dot{\varepsilon}_1 \frac{d}{\sqrt{\sigma_c/\rho}} < 10^{-4} \tag{13}$$

where $\dot{\varepsilon}_1$ is the loading strain rate, d is D_{50}, and ρ is the density of grains. In this study, the shear velocity V_s is 0.05/s.

As shown in Fig. 7(b). The void ratio e (defined as the ratio of void volume to solid volume) of GCM demonstrate downward trend with increasing P. Moreover, the number of rigid grains in the assemblies ranged from 11937 (e.g., $P=0$) to 8336 (e.g., $P=0.3$. In this assembly, the number of chips equals to 150, contains 28800 bonded balls). Correspondingly, the average computational time of the assemblies required approximately 600 h using 10 cores (each with a 3.30 GHz Intel Xeon CPU) on a high-performance computer.

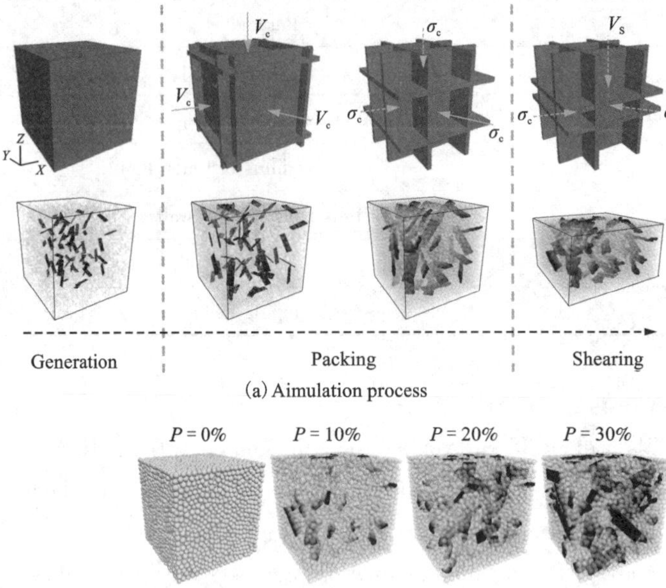

Number of particles:	11937	10693	9524	8336
Number of chips:	0	50	100	150
Void ratio e:	0.58	0.53	0.48	0.44

(b) Information of packed assemblies under confining pressure $\sigma_c = 100$ kPa

Fig. 7　Numerical assemblies

3　Macroscopic response

The mean effective stress p and deviatoric stress q in the triaxial tests can be defined as follows:

$$p = \frac{1}{3} I_1 \tag{14}$$

$$q = \sqrt{3J_2} \tag{15}$$

where $I_1 = \sigma_{ii}$ is the first invariant of the stress tensor σ_{ii} and $J_2 = \sigma'_{ij}\sigma'_{ij}/2$ is the second invariant of the deviatoric stress tensor σ_{ij}.

According to Christoffersen (1981), The macroscale stress tensor for the microscale quantities of the contact forces is as follows:

$$\sigma_{ij}^{k} = \frac{1}{V}\sum_{c \in N_k} f_i^{c} l_j^{c} \tag{16}$$

where f_i^c is the ith component of the contact force at contact c, l_j^c is the jth component of the contact vector at contact c, and V is the volume of the assembly. N_k is the number of contacts of type k, and the type in this study includes chip-to-chip contacts ($k = CC$), grain-to-chip contacts ($k = GC$), and grain-to-grain contacts ($k = GG$). The principal stress in direction i can be expressed as follows:

$$\sigma_i^{E} = \sigma_i^{PP} + \sigma_i^{PC} + \sigma_i^{CC} \tag{17}$$

The axial strain (i. e., ε_1) can be defined as follows because of the large deformation of assembly:

$$\varepsilon_1 = \ln \frac{h_0}{h} \tag{18}$$

where h_0 is the initial height, and h is the height of the top wall in the current state.

The volumetric strain is given as follows:

$$\varepsilon_v = \ln \frac{V_0}{V} \tag{19}$$

where V_0 is the volume of the assembly before shearing.

Fig. 8(a) shows the stress during the triaxial tests and demonstrates that all the curves first increase quickly to a peak and then gradually decrease to a plateau, similar to actual triaxial testing results of dense sand. With an increase in P, the curve of the mixture exhibits a slower drop in the post-peak stress and a decrease in initial tangent modulus. Moreover, the peak and residual stress ratio of the curves increase rapidly with increasing P, and the mixture toughness appears to increase.

Fig. 8(b) displays the shear-induced dilatancy. The assemblies undergo an initial slight contraction and then expand quickly to a stable value. With increasing P, the volumetric contraction of the assembly becomes more obvious. Low initial tangent modulus and high volumetric contraction are the main features found in GCMs (Mashiri, et al., 2015). Thus, the properties of mixtures changed from rigid to soft with increasing P. As reported by previous experimental investigations of soft-rigid mixtures, the additional soft materials will lead to the properties of mixtures changed from rigid to soft. However, the boundary between rigid properties and soft properties is not clear.

Fig. 8(c) illustrates the variation in the internal friction angle of GCM in this study. Both the internal friction angle in peak state φ_p and in critical state φ_c increase with increasing chip content P. According to the trend of curves, P has a greater impact on φ_c than φ_p. Moreover, φ_c has a stronger linear correlation with P compared to φ_p.

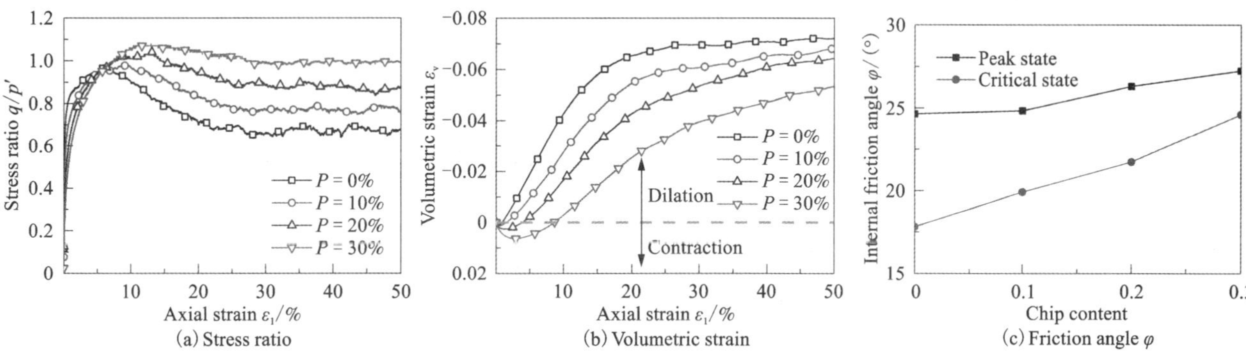

Fig. 8 Macroscopic typical curves

4 Microscopic quantities

The microscopic behaviors of the GCM are studied through a series of micro indexes, including the coordination number, contact type contribution, sliding percentage, grain rolling, contact force network, and chip tension.

To elucidate the interaction between rigid grains and soft chips, the rigid grains are divided into surrounding grains (the grains in contact with chips, subscript S) and non-surrounding grains (the grains not in contact with chips, subscript N). For example, $Z_{GG(S)}$ denotes the coordination number of surrounding grains for the GG contacts. The number of surrounding and non-surrounding grains are highly affected by the percentage of soft chips and large enough to analyze in the studied percentage of soft chips ($0 \leqslant P \leqslant 30\%$).

4.1 Coordination number

The coordination number Z (defined as the average number of neighboring objects for a specific object) is an essential index for investigating the internal structure of a mixture (Rothenburg & Kruyt, 2004). Note that Z_{GC} is the average neighboring grain number of chips.

As shown in Fig. 9(a), all the coordination number of GG contact Z_{GG} results first show dramatic exponential decay against axial strain and then become stable and exhibit a low plateau after the inflection point. This implies that the rearrangement of rigid grains was stable early, consistent with densely packed grains (Gong & Liu, 2017a). With increasing P, the speed of grain rearrangement reduced. In addition, the turning points of $Z_{GG(N)}$ occur earlier than those of $Z_{GG(S)}$, indicating that the surrounding grains require a larger axial strain to achieve a stable coordination number.

Fig. 9(b) displays the variation of coordination number of GC contact Z_{GC}. For all assemblies, Z_{GC} shows a decreasing trend versus shear strain, while the slope gradient decreases when ε_1 increases. This indicated that the interaction between the chips and surrounding grains (rearrangement and penetration) has been evident throughout the shearing process. Notably, constant interaction is demonstrated by the distortion of soft chips during shear.

The coordination number of CC contact Z_{CC} of all the assemblies [Fig. 9(c)] plateaus with small fluctuations during shearing, indicating that the shear process has little effect on the contacts between soft chips.

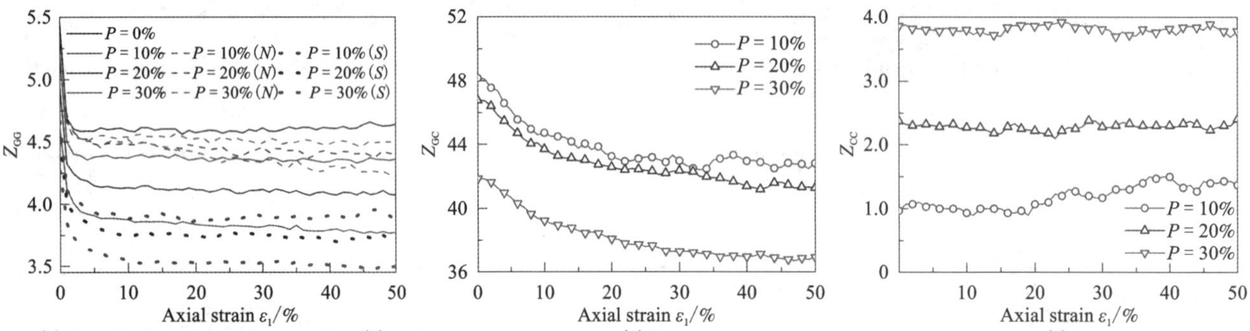

(a) Z_{GG} with clarification of surrounding (S) and non-surrounding (N) grains (b) Z_{GC} (c) Z_{CC}

Fig. 9 Coordination numbers

4.2 Contribution of different contacts

The contribution C_k of specific contact types k can help to explain the change in mixture skeleton (Minh, Cheng, & Thornton, 2014) and quantify the effect of different contact types on the resistance to the external load. Following Gong and Liu (2017a), the contribution of different contacts to peak shear strength can be expressed as follows:

$$C_k = \frac{q_k/p}{q/p} = \frac{\sigma_1^k - \sigma_3^k}{\sigma_1 - \sigma_3} \times 100\% \tag{20}$$

Fig. 10(a) illustrates the contribution of each contact type to the shear strength during shearing. C_{GG} decreases, and C_{GC} increases with a decreasing gradient during shearing, which indicates that the GC contacts become increasingly important with shearing. Moreover, for all assemblies, the contribution of CC contacts C_{CC} is always less than 0.01%, indicating that the CC contacts in GCM have a negligible effect on shear strength. As shown in Fig. 10(b), the contributions of different contact types have a linear relationship with P in both peak and critical state, indicating that the profits of increasing rubber chip for the strength do not decrease in the range of studied chip volumetric content ($P \leqslant 0.3$).

Compared to C_{GG} and C_{GC}, C_{CC} in the GCM is always low (less than 0.01%) and remains approximately unchanged. Thus, we do not analyze the CC contacts in the following section.

4.3 Sliding and rolling

Sliding and rolling are important parameters for understanding the limitations of soft chips in mixtures.

The percentage of sliding contacts S_k can be defined as follows:

$$S_k = \frac{N_s^k}{N_k} \tag{21}$$

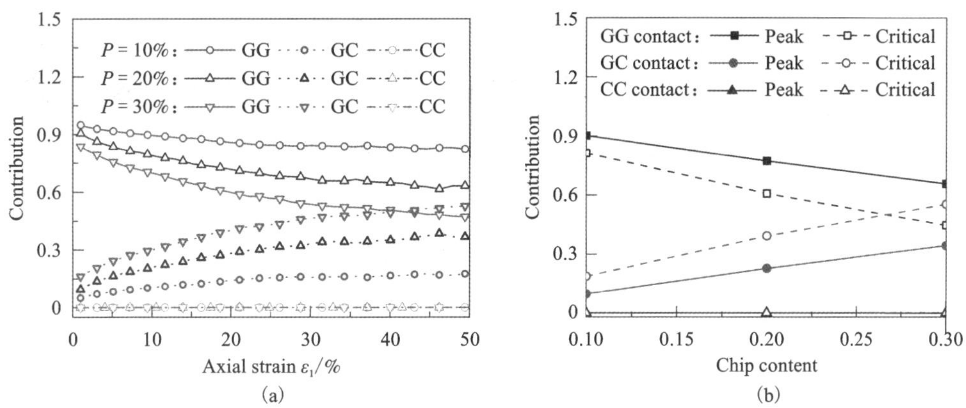

Fig. 10 Contribution of different contact types (a) versus axial strain and (b) chip content

where N_s^k is the number of sliding contacts of contact type k according to Coulomb's friction law.

The rolling of grains can be assessed by examining the average spin (angular velocity) of the grains (Wang, Deng, & Taheri, 2018). The average spin at time t is defined as follows:

$$\omega_{ave}(t) = \frac{\sum_{i=1}^{N_P} |\vec{\omega}_i|}{N_P} \tag{22}$$

where N_P is the number of grains and $\vec{\omega}_i$ is the angular spin of ith grain.

The average accumulated rolling displacement of rigid grains R can be quantified by integrating $\omega_{ave}(t)$ from the initial time t_0 to the current time t_1.

$$R = \int_{t_1}^{t_0} \omega(t)\, dt \tag{23}$$

As shown in Fig. 11(a), the sliding percentage of GC contacts along the interface of the chips and surrounding rigid grains (S_{GC}) shows a slight increase when ε_1 increases from 1% to 4% and then exhibits a slight decrease with shear. Moreover, GCMs with higher P values present larger S_{GC} values throughout the shearing process.

Fig. 11(b) displays the variations in S_{GG} versus the axial strain. S_{GG} sharply increases to a plateau and remains almost constant with small fluctuations during shearing. In addition, S_{GG} shows an obvious increase with increasing P. Fig. 11(c) illustrates similar results for $S_{GG(N)}$ of assemblies with $P = 0\%$ and $P = 30\%$, while a much larger sliding percentage occurs along the interface between the surrounding grains and non-surrounding grains. Moreover, for each case, S_{GG} is always larger than S_{GC}. The drop in the percentage of sliding contact means that the re-arrangement of grains is inhibited (Perez, Kwok, & Senetakis, 2018). Thus, these phenomena indicate that the soft chips limit the movement of surrounding grains, and contact sliding tends to occur along the interface between the surrounding grains and the non-surrounding grains. The microscopic constraint of sliding due to soft chips is one reason for the macroscopic contraction of GCMs.

The value of R highly correlates to the interval dt, but we didn't record $\omega(t)$ in every time step for the sake of computational efficiency. Thus, R was normalized by the corresponding maximum values. Fig. 12(a), which further illustrates the constraint due to chips, shows the normalized average accumulated rolling displacement of rigid grains R, plotted versus ε_1. R gradually increases with increasing strain, and GCMs with larger P show much smaller R values throughout the shear process. Fig. 12(b) shows that R values of the non-surrounding grains in a GCM ($P = 30\%$) are identical to those in a pure grain assembly, while the R values of the surrounding grains are much lower. Therefore, chips significantly constrain the rotation of the surrounding rigid grains.

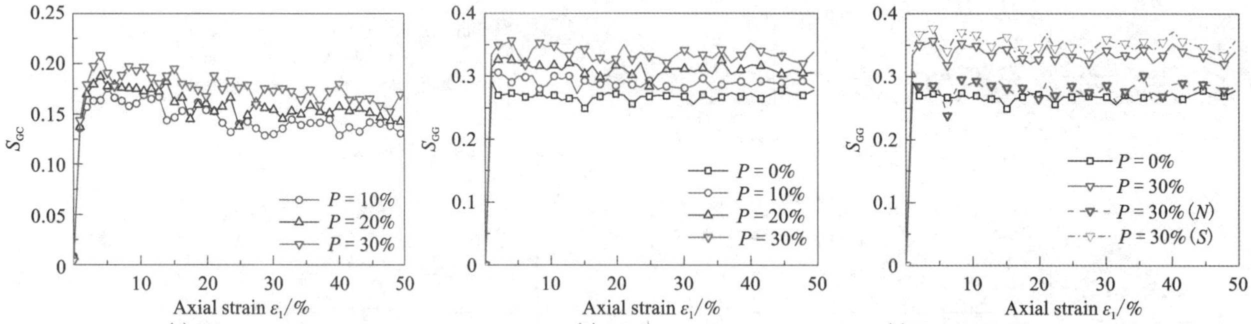

(a) GC contacts S_{GC} (b) GG contacts S_{GG} (c) S_{GG} in 30% chip content with clarification of surrounding (S) and non-surrounding (N) grains

Fig. 11 Percentage of sliding contact

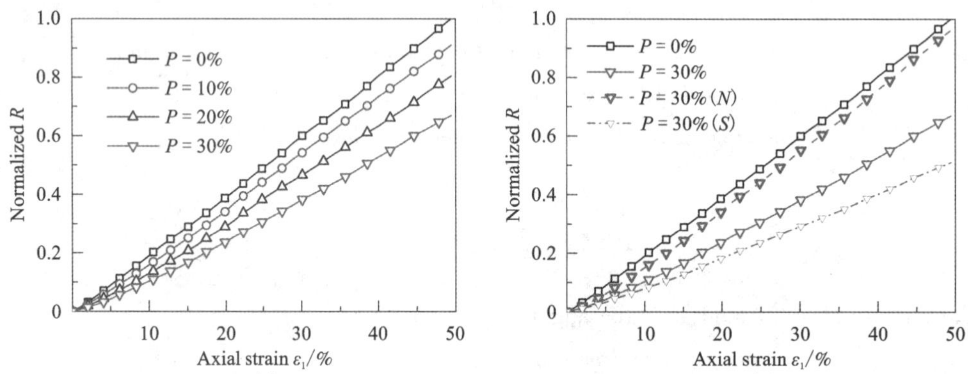

(a) (b)

Fig. 12 Average accumulated rolling displacement of the rigid grains R normalized by the corresponding maximum values (a) all assemblies (b) comparison of surrounding (S) and non-surrounding (N) grains

From the results of the percentage of sliding contact and the average accumulated rolling displacement, the chips limited the movement and rotation of the grains, and the constraint from chips to grain extends far from the chip-grain interface.

4.4 Contact force network

The contact force can be decomposed into a normal contact force F_n and a tangential contact force F_t. The contribution of F_n is quantified by the contact force ratio FR (defined as the ratio of mean normal contact force to mean tangential contact force). Fig. 13 plots the relationship between the FR and chip content P in the peak and critical states. FR of both GG and GC exhibit a negative linear relationship with P, which means that the tangential contact force has a larger contribution in GCM with increasing chip content. The FR of GC contact value is much smaller (half a percent) than the FR of GG contact. Therefore, the contribution of F_t in the GC contacts of the GCM cannot be neglected, and the chips provide greater friction to the surrounding grains at GC contacts. Interestingly, for a specific P, the FR of GG contact in the critical state is larger than that in the peak state, which means that the tangential contact force between rigid grains is more important in the critical state than in the peak state. As stated by Thornton (2000), the normal contact force has a more pronounced contribution to the deviatoric stress tensor than the tangential contact force in rigid grain assemblies. Thus, some previous investigations (Zhao & Zhou, 2017) neglected the tangential contact force F_t during the study of contact force networks. However, in GCMs, the tangential contact force F_t is an essential source of constraint from the chips.

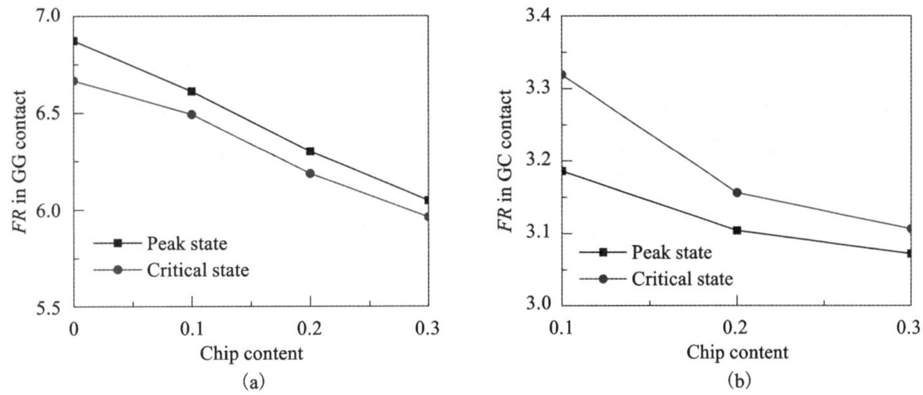

Fig. 13 The contact force ratio *FR* of (a) GG contacts and (b) GC contact

4.5 Mobilization of tension in chips

The total tensile force T and the number of tensile bonds N_T are quantified to illustrate the mobilization of the tension in chips during the shear process. The internal structure in simulated chips is different from the actual rubber chip. Thus, we only focus on the development of T and N_T instead of the value, and T and N_T are normalized by the corresponding maximum values. As shown in Fig. 14(a), T gradually increases with shearing, and the slope of the gradient decreases at the same time. T and the slope of the gradient increase with P at the same axial strain, demonstrating that more chips can provide a greater tensile force and that the tensile force is always mobilized with shearing. However, a higher P leads to less mobilization of the tensile force. The additional tensile force acts on the shear strength of the assemblies.

Fig. 14(b) displays the number of contact bonds in tension N_T versus axial strain. N_T gradually increases with the decreasing slope of the gradient and ultimately reaches a plateau. Interestingly, the mobilization of tensile force and tensile bonds does not occur at the same time. T increases during the whole shearing process, but N_T remains constant in the later period of shearing. Moreover, for all the assemblies, T and N_T increase after the peak state. Both T and N_T are highly related to the tangential contact force. Thus, the external friction forces will be transmitted from the grain-chip interface to the bonds and resisted by the tensile force that is mobilized inside the chips.

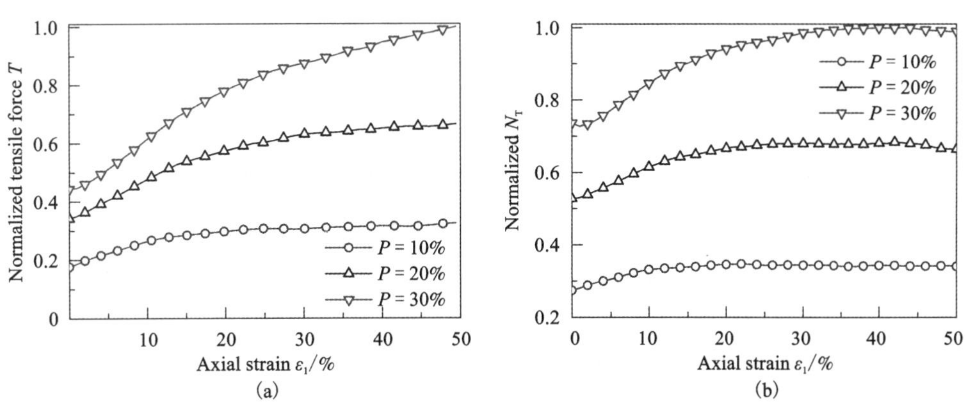

Fig. 14 Tensile features during shear (a) normalized average tensile force in each chip T and (b) normalized tension number N_T

5 Concluding remarks

A novel approach for the modeling of soft chips was proposed to investigate the interaction of soft chips in rigid grains. Four assemblies with different chip contents were then subjected to triaxial compression tests using the DEM. The mechanical behaviors of these assemblies from both macroscopic and microscopic points of view were examined, and the results can be summarized as follows:

(1) The bond parameters can be calibrated according to the Young's modulus and calculated deflection of the soft chip under external load.

(2) With increasing chip content P, the assemblies become tougher and volume contraction, and the friction angle is proportional to the chip content in the critical state. Moreover, the profits of increasing rubber chip for the strength does not decrease when $P \leqslant 0.3$.

(3) The tangential contact forces become more important with increasing P for both GG and GC contacts, and the tangential contact force between rigid grains is more important in the critical state than in the peak state.

(4) The soft chips enhance the grain-grain interaction by constraining the rotation of grains.

(5) The tensile force in the soft chip is mobilized with shear, and a higher chip content leads to less mobilization. Development differs for the tensile force and tensile bonds, and the number of tensile bonds plateaus before the tensile force does.

Acknowledgments

This research was supported by the Doctoral Fund of Central South University (Grant No.: 1053320170862), the National Natural Science Foundation of China (Grant No.: 51678575), and the science foundation of CARS (2019YJ026). The authors would like to express appreciation for the financial assistance.

References

[1] AJAYI O, PEN L L, ZERVOS A, et al. A behavioural framework for fibre-reinforced gravel[J]. Geotechnique, 2017, 67: 56-68. https://doi.org/10.1680/jgeot.16.P.023.

[2] ASADI M, MAHBOUBI A, THOENI K. Discrete modeling of sand-tire mixture considering grain-scale deformability[J]. Granular Matter, 2018, 20: 18. https://doi.org/10.1007/s10035-018-0791-4.

[3] ASADI M, THOENI K, MAHBOUBI A. An experimental and numerical study on the compressive behavior of sand-rubber particle mixtures[J]. Computers and Geotechnics, 2018, 104: 185-195. https://doi.org/10.1016/j.compgeo.2018.08.006.

[4] ASTM. Standard test method for rubber property-extension cycling fatigue. ASTM D4482, 2011.

[5] BAHADORI H, FARZALIZADEH R. Dynamic Properties of Saturated Sands Mixed with Tyre Powders and Tyre Shreds [J]. International Journal of Civil Engineering, 2016, 16: 395-408. https://doi.org/10.1007/s40999-016-0136-9.

[6] CHEHREGHANI S, NOAPARAST M, REZAI B, et al. Bonded-particle model calibration using response surface methodology [J]. Particuology, 2017, 32: 141-152. https://doi.org/10.1016/j.partic.2016.07.012.

[7] CHRISTOFFERSEN J. A micromechanical description of granule material behavior[J]. Journal of Applied Mechanics, 1981, 48: 339-344.

[8] CHUNG Y C, OOI J Y. A study of influence of gravity on bulk behaviour of particulate solid[J]. Particuology, 2008, 6: 467-474. https://doi.org/10.1016/j.partic.2008.07.017.

[9] FARHANG B, MIRGHASEMI A A. A study of principle stress rotation on granular soils using DEM simulation of hollow cylinder test[J]. Advanced Powder Technology, 2017, 28: 2052-2064. https://doi.org/10.1016/j.apt.2017.05.011.

[10] FATHALI M, NEJAD F M, ESMAEILI M.. Influence of tire-derived aggregates on the properties of railway ballast material [J]. Journal of Materials in Civil Engineering, 2017: 29. https://doi.org/10.1061/(asce)mt.1943-5533.0001702.

[11] GARGA V K, O'SHAUGHNESSY V. Tire-reinforced earthfill. Part 1: Construction of a test fill, performance, and retaining wall

design[J]. Canadian Geotechnical Journal, 2000, 37: 75-96. https://doi. org/10. 1139/t99-084.

[12] GONG H, SONG W, HUANG B, et al. Direct shear properties of railway ballast mixed with tire derived aggregates: Experimental and numerical investigations[J]. Construction and Building Materials, 2019, 200: 465-473. https://doi. org/10. 1016/j. conbuildmat. 2018. 11. 284.

[13] GONG J, LIU J. Effect of aspect ratio on triaxial compression of multi-sphere ellipsoid assemblies simulated using a discrete element method[J]. Particuology, 2017a, 32: 49-62. https://doi. org/https://doi. org/10. 1016/j. partic. 2016. 07. 007.

[14] GONG J, LIU J. Mechanical transitional behavior of binary mixtures via DEM: Effect of differences in contact-type friction coefficients[J]. Computers and Geotechnics, 2017b, 85: 1-14. https://doi. org/10. 1016/j. compgeo. 2016. 12. 009.

[15] GONG J, NIE Z, ZHU Y, et al.. Exploring the effects of particle shape and content of fines on the shear behavior of sand-fines mixtures via the DEM[J]. Computers and Geotechnics, 2019, 106: 161-176. https://doi. org/10. 1016/j. compgeo. 2018. 10. 021.

[16] HUANG X, HANLEY K J, O'SULLIVAN C, et al. Effect of sample size on the response of DEM samples with a realistic grading [J]. Particuology, 2014, 15: 107-115. https://doi. org/https://doi. org/10. 1016/j. partic. 2013. 07. 006.

[17] INDRARATNA B, QI Y, HEITOR A. Evaluating the Properties of Mixtures of Steel Furnace Slag, Coal Wash, and Rubber Crumbs Used as Subballast[J]. Journal of Materials in Civil Engineering, 2018: 30. https://doi. org/10. 1061/(asce) mt. 1943-5533. 0002108.

[18] ITASCA. User's manual for PFC3D[M]. Minneapolis, USA: Itasca Consulting Group, Inc, 2014.

[19] JAMSHIDI CHENARI R, FATAHI B, AKHAVAN MAROUFI M A, et al. An Experimental and Numerical Investigation into the Compressibility and Settlement of Sand Mixed with TDA[J]. Geotechnical and Geological Engineering, 2017, 35: 2401-2420. https://doi. org/10. 1007/s10706-017-0255-3.

[20] LI Z, WANG Y H, LI X, et al. Validation of discrete element method by simulating a 2D assembly of randomly packed elliptical rods[J]. Acta Geotechnica, 2017, 12: 541-557. https://doi. org/10. 1007/s11440-017-0542-4.

[21] LIN Y L, WANG D M, LU W M, et al. Compression and deformation of soft spherical particles[J]. Chemical Engineering Science, 2008, 63: 195-203. https://doi. org/https://doi. org/10. 1016/j. ces. 2007. 09. 028.

[22] LOPERA PEREZ J, KWOK F, SENETAKIS K. Investigation of the micro-mechanics of sand-rubber mixtures at very small strains[J]. Geosynthetics International, 2016, 24: 1-15. https://doi. org/10. 1680/jgein. 16. 00013.

[23] LOPERA PEREZ J C, KWOK C Y, SENETAKIS K. Effect of rubber content on the unstable behaviour of sand-rubber mixtures under static loading: a micro-mechanical study[J]. Géotechnique, 2017a: 1-14. https://doi. org/10. 1680/jgeot. 16. P. 149.

[24] LOPERA PEREZ J C, KWOK C Y, SENETAKIS K. Investigation of the micro-mechanics of sand-rubber mixtures at very small strains[J]. Geosynthetics International, 2017b, 24: 30-44. https://doi. org/10. 1680/jgein. 16. 00013.

[25] LUDING S. The Effect of Friction on Wide Shear Bands[J]. Particulate Science and Technology, 2007, 26: 33-42. https://doi. org/10. 1080/02726350701759167.

[26] MASHIRI M S, VINOD J S, SHEIKH M N. Liquefaction Potential and Dynamic Properties of Sand-Tyre Chip (STCh) Mixtures [J]. Geotechnical Testing Journal, 2016, 39: 69-79. https://doi. org/10. 1520/gtj20150031.

[27] MASHIRI M S, VINOD J S, SHEIKH M N, et al. Shear strength and dilatancy behaviour of sand-tyre chip mixtures[J]. Soils and Foundations, 2015, 55: 517-528. https://doi. org/10. 1016/j. sandf. 2015. 04. 004.

[28] MELES D, BAYAT A, SOLEYMANI H. Compression Behavior of Large-Sized Tire-Derived Aggregate for Embankment Application[J]. Journal of Materials in Civil Engineering, 2013, 25: 1285-1290. https://doi. org/10. 1061/(ASCE)MT. 1943-5533. 0000675.

[29] MINH N H, CHENG Y P, THORNTON C. Strong force networks in granular mixtures[J]. Granular Matter, 2014, 16: 69-78. https://doi. org/10. 1007/s10035-013-0455-3.

[30] MÜLLER P, TOMAS J. Simulation and calibration of granules using the discrete element method[J]. Particuology, 2014, 12: 40-43. https://doi. org/10. 1016/j. partic. 2013. 02. 012.

[31] NEZAMABADI S, NGUYEN T H, DELENNE J Y, et al. Modeling soft granular materials[J]. Granular Matter, 2016: 19. https://doi. org/10. 1007/s10035-016-0689-y.

[32] PEREZ J C L, KWOK C Y, SENETAKIS K. Effect of rubber content on the unstable behaviour of sand-rubber mixtures under static loading: a micro-mechanical study. 2018, 68: 561-574. https://doi. org/10. 1680/jgeot. 16. P. 149.

[33] REDDY S B, KRISHNA A M. Sand-scrap tyre chip mixtures for improving the dynamic behaviour of retaining walls[J].

International Journal of Geotechnical Engineering, 2019: 1-13. https://doi. org/10. 1080/19386362. 2019. 1652969.

[34] ROESSLER T, KATTERFELD A. DEM parameter calibration of cohesive bulk materials using a simple angle of repose test [J]. Particuology, 2019, 45: 105-115. https://doi. org/10. 1016/j. partic. 2018. 08. 005.

[35] ROTHENBURG L, KRUYT N P. Critical state and evolution of coordination number in simulated granular materials [J]. International Journal of Solids and Structures, 2004, 41: 5763-5774. https://doi. org/https://doi. org/10. 1016/j. ijsolstr. 2004. 06. 001.

[36] SHIRE T, O'SULLIVAN C, HANLEY K J, et al. Fabric and Effective Stress Distribution in Internally Unstable Soils [J]. Journal of Geotechnical and Geoenvironmental Engineering, 2014: 140. https://doi. org/10. 1061/(asce) gt. 1943-5606. 0001184.

[37] THORNTON C. Numerical simulations of deviatoric shear deformation of granular media [J]. Geotechnique, 2000, 50: 43-53. https://doi. org/10. 1680/geot. 2000. 50. 1. 43.

[38] WANG C, DENG A, TAHERI A. Three-dimensional discrete element modeling of direct shear test for granular rubber-sand [J]. Computers and Geotechnics, 2018, 97: 204-216. https://doi. org/10. 1016/j. compgeo. 2018. 01. 014.

[39] YI Y, MELES D, NASSIRI S, et al. On the compressibility of tire-derived aggregate: comparison of results from laboratory and field tests [J]. Canadian Geotechnical Journal, 2015, 52: 442-458. https://doi. org/10. 1139/cgj-2014-0110.

[40] ZHAO S, ZHOU X. Effects of particle asphericity on the macro-and micro-mechanical behaviors of granular assemblies [J]. Granular Matter, 2017: 19. https://doi. org/10. 1007/s10035-017-0725-6.

[41] ZORNBERG J G, CABRAL A R, VIRATJANDR C. Behaviour of tire shred-sand mixtures [J]. Canadian Geotechnical Journal, 2004, 41: 227-241. https://doi. org/10. 1139/t03-086.

04

工程实践篇

油罐地基充水预压处理稳定性分析方法

李 磊[1]，陈晓斌[1]，赵同顺[2]

1. 中南大学土木建筑学院，湖南长沙，410075

2. 中国矿业大学，北京，100083

摘要：介绍了一种评判在油罐地基充水预压地基处理中地基稳定性控制方法即应力路径法，并且结合工程实践进行了验证。在 p—q、p'—g' 平面中，油罐应力路径 TSP 有效应力路径 ESP 和 TSP 总应力路径随着充水荷载增加变化明显，应力路径反映了地基孔隙水压力长消情况和土体应力变化情况，随着充水荷载的增加，油罐地基安全系数逐渐减小，然后又增加，但是充水过程中安全系数 F_s 均大于 1，油罐地基是稳定的，基础中心下安全系数最小值 $F_s=1.09$。工程实践结果说明应力路径法在油罐地基充水预压地基处理中控制地基稳定性时，具有简单、直观和高效的优点。

关键词：充水预压；应力路径法；稳定性系数；破坏准则

应力路径法控制油罐地基稳定性的思路为：先进行原状土样的室内三轴试验，确定地基土体的破坏临界状态线，建立在应力路径曲线上表示的破坏准则，然后计算在加荷过程中土体内某点有效应力变化值。有效应力虽然不能直接求得，但可以通过计算总应力和实测孔隙水压力间接求得，将总应力、有效应力、孔隙水压力的变化绘制在应力平面或空间上，最后，根据建立起来的破坏准则求得油罐地基在充水预压加荷过程中稳定安全系数 F_S。

1 油罐地基应力有限元计算

本文采用非线性弹性 Duncan-Chang 土体本构模型，用有限元法求解油罐地基典型土体单元在加荷过程中的应力变化值。在 Duncan-Chang 非线性弹性模型中，杨氏模量 E_t、泊松比 v_t，做线性变量假设，Duncan-Chang 建议用分段线性函数表示[5]为：

$$E_t = k_1\delta_3^n(1 - R_f S_L)^2 \tag{1}$$

$$v_t = \frac{k_2 - k_3 \lg \delta_3}{\left[1 - \dfrac{k_4(\delta_1 - \delta_3)}{k_1\delta_3^n(1 + R_f S_L)^2}\right]} \tag{2}$$

式中：$S_L = \dfrac{1-\sin\varphi}{\cos c\varphi + \delta_3 \sin\varphi}\ \dfrac{\delta_1-\delta_3}{2}$ 为应力水平；k_1、k_2、k_3、k_4、R_f、c 和 φ 为计算参数，达西定律和渗流方程为：

$$\frac{\partial q_r}{\partial r} + \frac{q_r}{r} + \frac{\partial q_z}{\partial z} = \frac{\partial}{\partial_t}(\varepsilon_z + \varepsilon_r + \varepsilon_0) \tag{3}$$

$$q_r = -\frac{k_r}{\gamma_w}\frac{\partial u}{\partial r};\ q_z = -\frac{k_z}{\gamma_w}\frac{\partial u}{\partial z} \tag{4}$$

式中：k_r 和 k_z 分别为水平和竖向渗透系数。对式(3)和式(4)进行整理得：

$$\begin{aligned} L_1(U, V, u) &= 0 \\ L_2(U, V, u) &= 0 \\ L_3(U, V, u) &= 0 \end{aligned} \tag{5}$$

在给定边界及初始条件下，联立求解式(5)可以得到油罐地基土体任意一点的应力状态为：

李磊，陈晓斌，赵同顺. 油罐地基充水预压处理稳定性分析方法[J]. 铁道科学与工程学报，2006，3(2)：62-65.

$$\{\sigma'\} = \{\sigma'_r\sigma'_z\sigma'_\theta T_{rz}\} \tag{6}$$

在有限元计算中采用三角形平面应变等参元进行计算，接触单元采用等参元，位移边界条件如图 1 所示，荷载为各加载步计算的均布荷载。

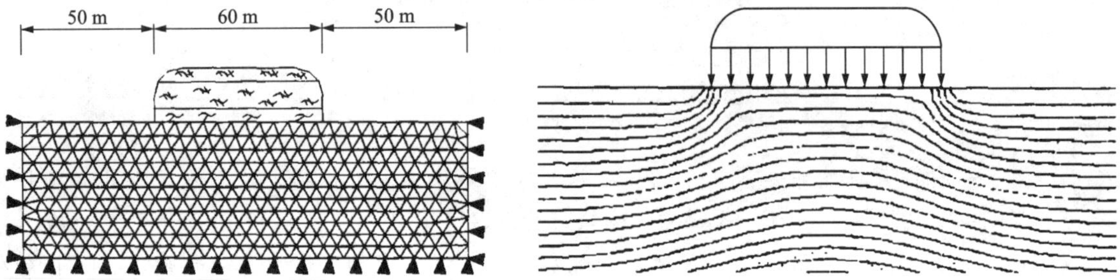

(a) 有限元网格划分　　(b) 竖向主应力分布

图 1　有限元计算模型

研究结果表明[4]，油罐地基最容易破坏的位置位于油罐中轴线附近和环墙位置，故在进行应力分析时，为减少计算量，可选取轴线位置和环墙下的典型土体单元进行分析，如这里选取 3 个典型测点进行分析。

2　油罐地基稳定性分析

2.1　p—g 平面上的应力路径

应力路径分为总应力路径 TSP 和有效应力路径 ESP，两者之差为孔隙水压力 u，通常把 TSP 和 ESP 放在同一个应力平面，以便比较，如图 3 所示。在二维平面问题中，应力路径通常在 p—g，p'—g' 平面中表示，所采用的转换坐标为：

$$p = \frac{1}{2}(\sigma_1 + \sigma_3) \quad 或 \quad p = \frac{1}{2}(\sigma'_1 + \sigma'_3) \tag{7}$$

$$p = \frac{1}{2}(\sigma_1 - \sigma_3) \quad 或 \quad p = \frac{1}{2}(\sigma'_1 - \sigma'_3) \tag{8}$$

2.2　油罐地基稳定性分析

对照原状土样试验把求得的油罐地基在加荷过程中典型土体单元应力路径曲线建立在应力平面上表示为破坏准则(k_f 线)，得出评价油罐地基稳定性指标，即地基稳定性安全系数 F_s，在二维应力状态下的应力路径法图解如图 2 所示。

图 2 中 TSP 线($TS'P$)表示总应力路径，ESP 线(ESP)表示有效应力路径，该线越接近线 k_f，地基稳定的安全系数越小，FF''线及 EE''线与 $p(p')$ 轴平行，由此可写安全系数计算公式[4]为：

$$F_s = \frac{\tau_f}{\tau} = \frac{\overline{FF''}}{\overline{EE''}} \quad 或 \quad F_s = \frac{u_f}{u} = \frac{\overline{FF''}}{\overline{EE'}} \tag{9}$$

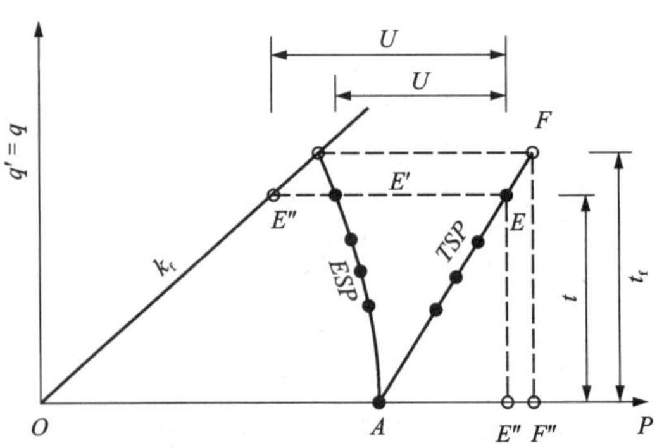

图 2　应力路径法图解

式(9)的意义为：实际的剪应力对应的是 $\overline{EE''}$，若增加到 $\overline{FF''}$时就被破坏；实际的孔隙水压力对应是 $\overline{EE''}$，若增加到 EE'时就破坏。以理论计算的应力增量(TSP 线)为基础，根据实测孔隙水压力作出 ESP 线，由此得出安全系数，2 个公式得出的系数不一定相等，取小值。

3　工程实例

本场地地基土主要为第四系滨海—浅海—河口相沉积的黏性土和粉性土层，场地土层按其性质划分为

12 层(含亚层), ①~⑤层, 地基土承载力低(70~90 kPa)、土质软弱、压缩模量低、厚度大(28 m), 对油罐来说, 该 5 层土是主要的地基土压缩层。①层土为近期人工吹填而成, 吹填时间在 10 ka 以上, 其厚度小且含水量高, 以粉质黏土为主在天然条件下排水固结非常缓慢。②层土为原天然地表硬壳层, 厚度较小, 下部含水量、孔隙比较高, 亦是不太好地基土层。③层土为粉土和粉质黏土, 厚度大(约 12 m), 含水量高、密度小、压缩性高。该层土内粉土和粉质黏土常以互层、夹层方式出现, 岩性变化较大从而导致土的物理力学性质变化较大, 表现为土的物理力学性质指标离散性大。该层土虽然软弱, 但由于以粉土为主, 且夹有薄层粉砂, 使其水平方向的渗透系数和固结系数均大于垂直方向的渗透系数和固结系数, 这有利于油罐地基土的排水固结。④层土含水量高达 45.3%, 密度为 1.76 g/cm^3, 孔隙比达到 1.271, 为本场地最软的地基土层之一, 其承载力仅为 70 kPa, 该层土厚度大, 渗透系数和固结系数低, 为不好的地基土层。

5 万 m^3 油罐直径为 60 m, 设计要求地基承载力为 250 kPa, 用碎石桩与塑料排水板处理软土地基后强度不满足要求, 要进一步提高复合地基承载力, 所以对地基进行分级充水预压加固。在施工过程中应用应力路径法对油罐地基的稳定性进行计算。以埋设在④层淤泥质黏土层的 3 个孔隙水压力观测点为典型测点, 见图 3, 地基中的①、②、③点分别位于油罐基础中心线下、油罐环墙下、距基础中心 15 m 处的④层淤泥质黏土层中。

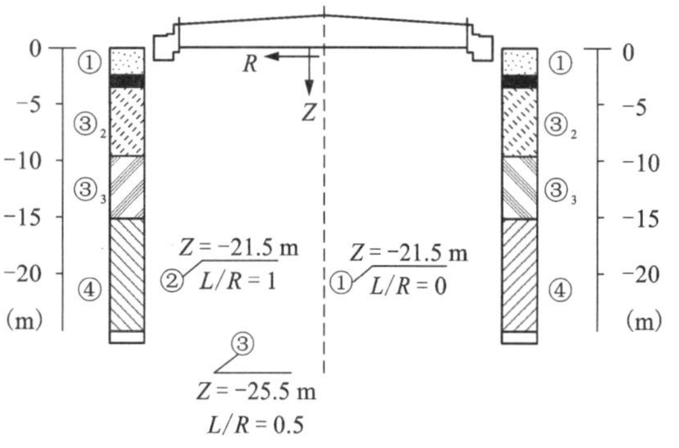

图 3　典型测点位置分布图

3.1　分级荷载下各典型测点应力路径

根据有限元计算模型, 可计算出油罐地基分级充水预压荷载下各观测点的主应力分量, 并现场测得孔隙水压力, 从而进行各个预压荷载级别下的地基稳定性系数计算, 见表 1。

表 1　各测点主应力及实测孔隙水压力　　kPa

荷载		34.41	58.19	77.97	98.37	114.25	131.49	150.29	182
观测点①	$\Delta\sigma_1$	27.53	46.55	62.38	78.70	91.40	105.19	120.23	145.60
	$\Delta\sigma_3$	7.91	13.38	17.93	22.63	26.28	30.24	34.57	41.86
	Δu	2.00	31.94	44.99	58.75	65.28	77.10	88.69	108.25
观测点②	$\Delta\sigma_1$	22.02	37.24	49.90	62.96	73.12	84.15	96.19	116.48
	$\Delta\sigma_3$	5.85	9.89	13.26	16.72	19.42	22.35	25.55	30.94
	Δu	9.60	27.57	42.98	57.50	63.50	75.95	88.03	107.20
观测点③	$\Delta\sigma_1$	12.39	20.95	28.07	35.41	41.13	47.34	54.10	65.52
	$\Delta\sigma_3$	6.88	11.64	15.59	19.67	22.85	26.30	30.06	36.4
	Δu	9.00	33.08	46.03	58.96	67.56	74.37	89.83	107.98

依据计算的主应力分量, 绘制充水加荷过程中的总应力路径线 *TSP*, 根据实测孔隙水压力作出有效应力路径线 *ESP*, 见图 4, 图 4 中 K_0 线根据现场原位侧压力系数做出, K_f'线从该层土室内固结排水三轴试验中得到。

从图 4 可以看出: 位于油罐地基中心处①点的孔隙水压力观测点 *ESP* 线距 K_f'线最近。说明孔隙水压力主要承受充水荷载, 土颗粒骨

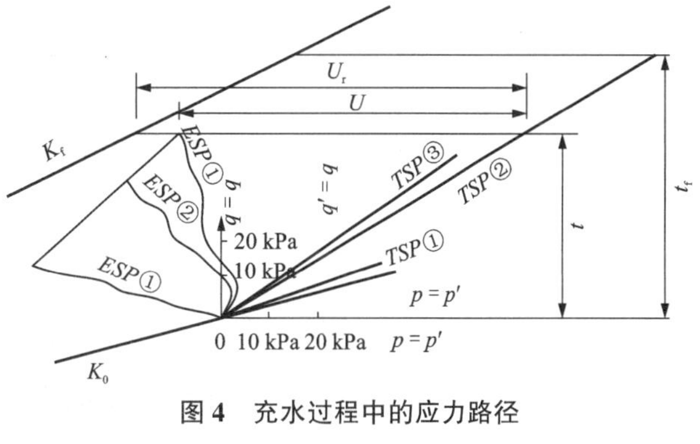

图 4　充水过程中的应力路径

架承受充水荷载的份额不大，认为该点是地基稳定危险点，应控制充水加荷速度。

3.2 油罐地基安全系数

在油罐地基充水加固过程中，随着充水的进程计算了典型测点的地基安全系数，地基中控制点安全系数的变化如图5~图8所示。

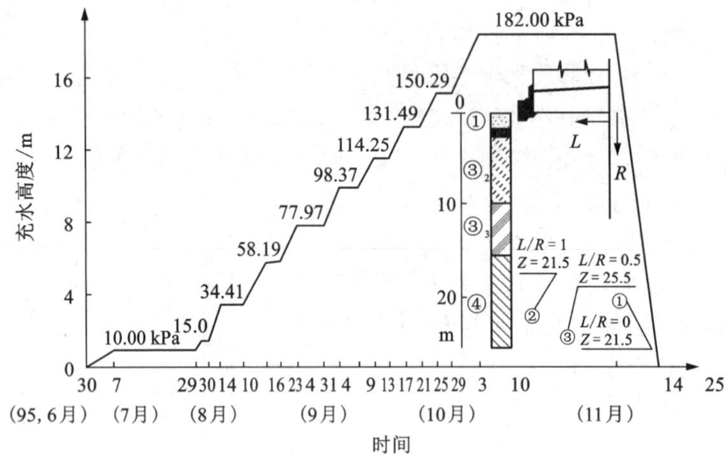

图5 油罐地基充水荷载增量

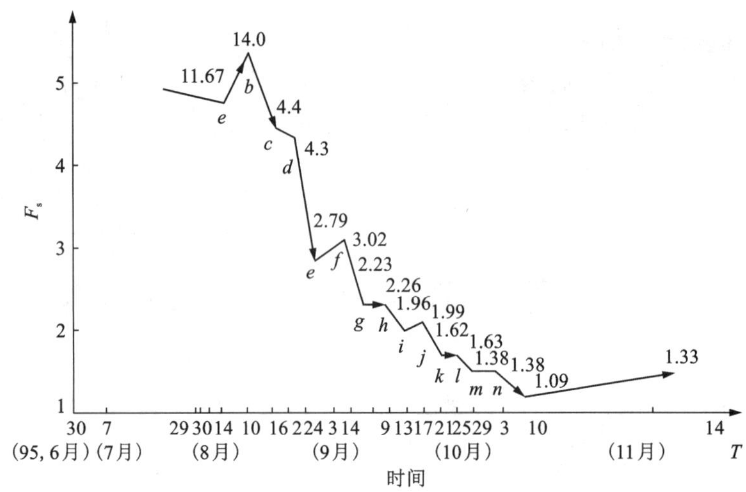

图6 ①号测点地基安全系数变化

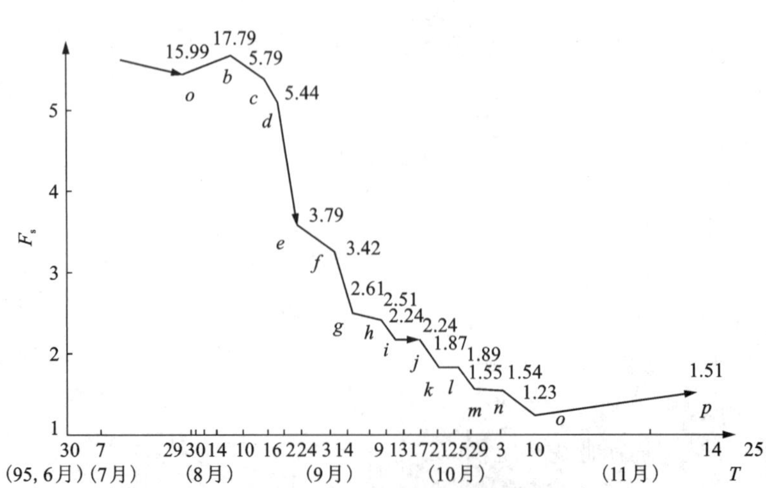

图7 ②号测点地基安全系数变化

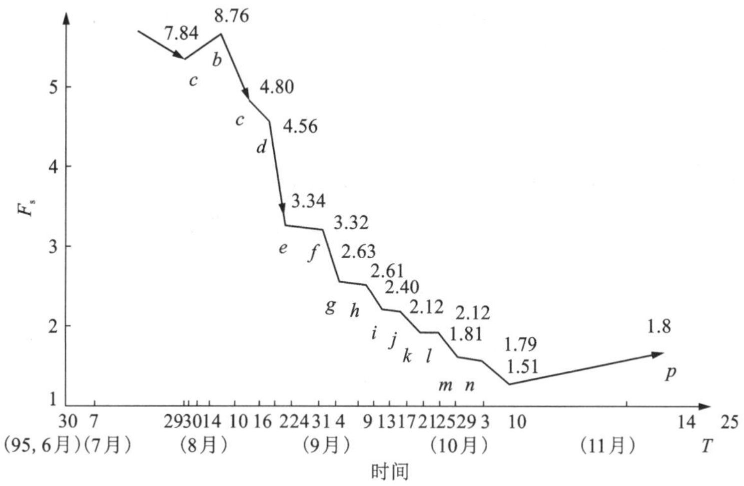

图8　③号测点地基安全系数变化

由图5~图8可见，用应力路径可以较清楚地表示地基在充水过程中安全系数的变化，充水过程中安全系数 F_s 均大于1，油罐地基稳定。相对其他2点来说，基础中心下的①号点安全系数最小（$F_s=1.09$），根据安全系数变化适当调整充水速度。

4　结论

（1）应力路径法作为现场监测控制油罐充水加荷手段十分方便，简单、直观，应力路径法作为现场控制地基稳定的方法可以在工程实际中推广应用。

（2）在 p—g 和 p'—g' 平面中，油罐应力路径ESP和TSP随着充水荷载增加变化明显，应力路径反映了地基孔隙水压力长消情况和土体应力变化情况。

（3）随着充水荷载的增加，油罐地基安全系数逐渐减小，最后又增加，但是充水过程中安全系数 F_s 均大于1，油罐地基是稳定的，基础中心下的①号点安全系数最小 $F_s=1.09$。

参考文献

[1]　陈生水，沈珠江，郦能惠. 复杂应力路径下无黏性土的弹塑性数值模拟[J]. 岩土工程学报，1995，17(2)：20-26.
[2]　徐至均. 大型油罐基础设计与地基处理[M]. 北京：中国石化出版社，2002.
[3]　HASHIGUSHI K. Constitutive equations of granular media with anisotropic hardening[J]. Numerial Methodsin Geomechanics (ed W Wittke), 1979.
[4]　赵同顺. 石油化工钢储罐地基充水预压监测规程：SH/T 3123—2001[S]. 北京：中国石化出版社，2002.
[5]　龚晓南. 土塑性力学[M]. 杭州：浙江大学出版社，1990.
[6]　郑颖人，沈珠江，龚晓南. 岩土塑性力学原理[M]. 北京：中国建筑工业出版社，2002.
[7]　张荣堂，陈守义. 减P路径下饱和软黏土应力应变性状的试验研究[J]. 岩土力学，23(5)：612-616.
[8]　NG C W. Stress paths in relation to deep excavations[J]. J Geotech and Geoenvir Engrg，125(5)：357-363.
[9]　赵同顺，周波. 大型油罐地基变形特性的研究[J]. 岩石力学与工程学报，2004，23(6)：1037-1043.
[10]　孙家瑛，王志新，戴亚英，等. 地聚合物灌浆材料在公路软土地基处理中的应用[J]. 铁道科学与工程学报，2005，2(2)：61-64.

基于实用效应的桥梁加固或拆除重建方案比选

谢福君[1,2]，张家生[1]

1. 中南大学土木工程学院，湖南长沙，410075

2. 衡阳市交通运输局，湖南衡阳，421001

摘要：已有的研究成果针对危旧桥方案比选阶段是否加固或拆除重建没有一个实用、统一的标准。为了更好地对危桥改造方案进行比选，基于实用效应对危桥改造的维修加固和拆除重建2种方案进行系统比较，得出基于实用效应的综合评估方法。具体做法是将一座桥梁按使用年限、线路交通量增长率、线路载重量增长率、桥梁所在地交通基础设施投资占财政收入的比例、维修养护精良度、对当地出行的影响度量化计分进行综合评估。基于此方法，对衡阳市范围内的危桥进行分析，最终确定危桥加固或拆除重建的方案。该方法可对危桥改造决策提供实际性指导。

关键词：实用效应；加固；拆除重建；比选

随着国民经济的不断发展，公路交通在国民经济中的作用和地位日益提升，人们对它的重视程度也越来越高。近年来，全国更是掀起了公路建设的大热潮，建设规模持续扩大，公路里程持续增长。到2017年底，全国公路总里程达477.35万km，比上年增加7.82万km。公路密度49.72 km/100 km^2，增加0.81 km/100 km^2。公路养护里程467.46万km，占公路总里程97.9%。全国公路桥梁达83.25万座、5225.62万m，比上年增加2.72万座、308.66万m，其中特大桥梁4646座、826.72万m，大桥91777座、2424.37万m。我国已成为仅次于美国的第二桥梁大国[1-3]（世界排名前十的大跨径悬索桥中国占5座；世界排名前十的大跨径斜拉桥中国占7座，其中前3位均在中国；世界排名前十的拱桥中国占6座）。公路桥梁是确保公路畅通的咽喉，其承载能力和通行能力是沟通全线的关键，直接影响着公路交通的经济效益和社会效益。“十五”“十一五”期间，我国公路桥梁建设所取得的成绩是有目共睹的，就数量和规模而言，已成为全世界的桥梁大国。但在大规模建设的背后，桥梁养护管理中的问题逐渐暴露出来。由表1和图1可以看出，2001—2005年，我国公路桥梁危桥数量控制在桥梁总量的5%以内；2006年无论是建设规模还是危桥数量都是一个飞跃，危桥数量占总量比值达到11.82%，2007年则达到历史最高峰17.30%。随着交通运输部计划从2008年起，力争用3年的时间完成大部分旧危桥改造任务决策的实施，危桥比例逐年下降1个百分点左右，预计到2020年危桥数量占总量比值将回落到2001年的水平。截至2009年，湖南省纳入危桥项目库的危桥高速公路有1座；普通公路有4332座、134610 m，其中4类危桥1878座、57950 m，5类危桥1417座、37350 m。衡阳市共有公路桥梁2838座、84762 m，其中国省干线192座、11835 m，县道200座、4932 m；农村公路桥梁2446座、67995 m，全市列入省危桥改造库320座、9015 m，其中3类桥108座、2547 m，4、5类桥212座、6468 m。伴随着危桥总数的增加，我国桥梁倒塌事故更是频繁发生。据媒体统计，2007—2015年，全国有多座桥梁倒塌，其中13座在建桥梁时发生事故，平均每年有7.4座“夺命桥”。事故如此频繁地发生，足以引起我们的重视，一方面它将影响我国公路的正常使用，另一方面更是对人身安全的严重威胁。可以说如何处理这些危桥，利用有限的资金产生最大的经济效益是目前急需解决的一项任务。近些年来，国内外众多学者对病、旧桥是加固还是拆除重建进行了多方面的研究，取得了一些成果[4-13]，各种加固新技术、新工艺、新材料也不断得到应用，但对旧危桥改造中是拆除重建还是加固维修没有实用性的比较分析。因此本文基于实用性对危旧桥拆除重建或加固维修进行综合评估，对当前大规模的危桥改造具有一定的指导作用。

谢福君，张家生. 基于实用效应的桥梁加固或拆除重建方案比选[J]. 铁道科学与工程学报，2019，16(7)：1714-1718.

表 1 2001—2015 年中国公路桥梁基本情况

年份	公路桥梁数量/座	危桥数量/座	危桥占比/%
2001	284117	10131	3.57
2002	299397	10804	3.61
2003	310773	10443	3.36
2004	321626	13303	4.14
2005	336648	14659	4.35
2006	533620	63094	11.82
2007	570016	98623	17.30
2008	594629	97795	16.45
2009	621907	95742	15.39
2010	658100	93525	14.21
2011	689400	90018	13.06
2012	713400	89103	12.49
2013	735300	83557	11.36
2014	757100	79956	10.56
2015	779200	76483	9.82

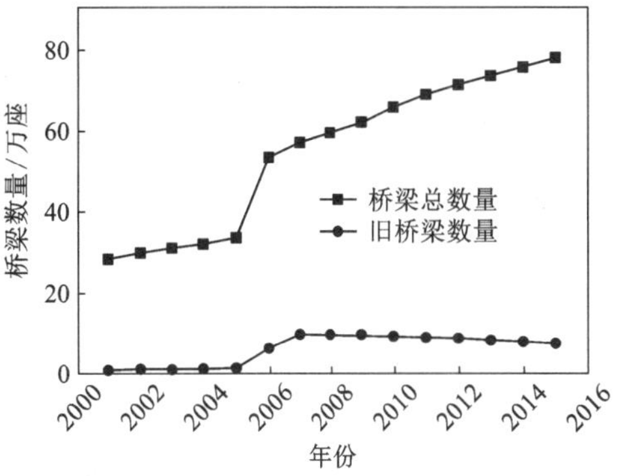

图 1 2001—2015 年中国公路桥梁基本情况

1 危桥加固重建方案比选概述

现役桥梁出现病害后是加固维修还是拆除重建，一直以来有许多学者进行过研究。主要有以下几种类型。

1.1 系数比较法

以加固寿命系数和加固费用系数为指标进行评判。当加固寿命系数 $n_2 = N_2$ 时，若加固费用系数 n_1 小于加固费用临界系数 N_1，则加固是经济合理的；若 $n_1 \geqslant N_1$，则加固是不经济的，应新建该部分。N_1 和 N_2 取值见表 2(以桥梁原设计寿命 50 a 为例说明)。系数比较法只适用于混凝土和预应力混凝土桥梁评判，对于特殊材料桥梁应综合评定分析。

表 2 加固技术经济确定原则表

运营时间/a	加固费用临界系数 N_1	加固寿命系数 N_2
0	0.7	1.0
10	0.6	0.8
20	0.5	0.6
30	0.4	0.4
40	0.3	0.2
50	0.1	0

这种评判方法操作性不强，由于我国管理养护数据资料不足，尤其是桥梁构件、部件技术经济资料严重欠缺，导致一些理论上严谨且可行的经济分析方法，在实际应用中十分困难或无法实现。本法中加固寿命系数和加固费用系数都无法准确进行计算。

1.2 结构可靠度法

结构可靠度是指工程结构在规定的时间内，在规定的条件下，完成预定功能的概率。“规定时间”是指结构进行可靠度分析时，结合结构使用期，考虑各种基本变量与时间的关系所取用的基准时间；“规定的条件”是指结构在正常设计、施工和使用的条件下，即不考虑人为过失的影响；“预定功能”是指正常施工和使用时，结构能承受可能出现的各种作用，同时具有良好的工作性能，有足够的耐久性能，以及在设计规定的偶然事件发生时和发生后，结构能够保持必需的整体稳定性。

可靠度概念中的“规定时间”是指结构设计基准期，一般大多数国家是 50 a，且有一个关系就是：“规定的时间越长，结构可靠度就越低。”目前，根据我国《公路桥涵设计通用规范》(JTJ D60—2015)中规定，公路桥梁结构的设计基准期为 100 a。基于可靠度的公路桥梁加固或拆除重建分析方法，主要考虑到设计参数中设计向量、目标函数和约束函数的随机性、模糊性和未确知性及材料和施工质量的不确定性，桥梁运营过程中混凝土等材料强度的退化、钢筋的锈蚀(氯离子的渗入)等，利用桥梁结构的目标可靠度或失效概率来描述更为科学和定量的安全可靠程度，实现安全、适用、耐久的设计要求；另外其还考虑到不同功能的失效概率和失效损失造成的失效损失期望、结构运行和维修费用等经济指标，考虑如何以最低的造价实现最佳的经济效益，实现经济、合理和美观的设计要求。以结构可靠度为控制参数，虽然能够处理桥梁结构中的随机不确定性，又能使安全与经济之间、近期投资与长远效益之间的矛盾得到最佳的协调，从而使公路桥梁设计方案在安全、适用、经济的条件下达到最佳优化。但是这种方法只能作定性分析，定量计算难度大，很多参数都是经验值，对于大规模旧危桥改造来说过于复杂，也不切合实际。

1.3 基于 ALARP 准则的 CPI/CPD 方法

结构风险评估中的 ALARP 准则，即英国国家健康和安全委员会 1999 年提出的 ALARP 风险决策准则。

对于桥梁技术状况为 1 类的桥梁结构，其相应的养护对策是日常保养，即为本系统所定义的可忽略区域；桥梁的技术状况为 4 类以下的，其对应的养护对策为改建或重建，即本系统所定义的不可接受区域；当桥梁结构处于 2~4 类时，即为本系统所定义的 ALARP 区域，该区域桥梁维修加固或拆除重建采用有无对比方法：即考虑维修后结构性能状态的改善与不考虑维修结构性能退化的费用比值 W 来确定，式(1)为：

$$W = \mathrm{CPI/CPD} = \frac{W_{\mathrm{R}} + \dfrac{W_m}{(1+i)^N + j}}{\dfrac{W_m}{(1+i)^N}} \tag{1}$$

式中：CPI 为桥梁结构维修加固性能改善所需的费用；CPD 为桥梁结构未经维修加固性能退化所需的费用；W_{R} 为桥梁结构维修加固所需费用；W_m 为桥梁结构改建或重建所需费用，按初始建设费 4 倍考虑；N 为桥梁结构不加固维修处理至技术状况不可接受区域的时间间隔值；j 为桥梁结构采取加固维修至技术状况不可接受所采取的延长值。

根据式(1)计算结果，当 $W \leqslant 0.5$ 时，桥梁拆除重建；当 $W > 0.5$ 时，桥梁加固维修。

基于 ALARP 准则的 CPI/CPD 方法计算抽象且很多参数是假定值，计算结果来判定桥梁拆除重建或加固维修比较勉强也不科学。

2 基于实用效应的综合评估方法

针对大规模旧危桥改造的现实，基于实用效应的综合评估方法是避免加固或拆除重建的比选而贻误时机采取的最直接的判别手段。事实证明，过度的理论分析在旧危桥改造上只是浪费时间，真正起作用的方法是桥梁服役时的实际效应，包括桥梁技术状况、使用状况、养护精良度及所在地区的经济发展情况等。

2.1 《公路桥梁技术状况评定标准》对桥梁技术状况评定的基本情况

《公路桥梁技术状况评定标准》是按不同桥型进行桥梁评定分类，并细化不同桥型的部件分类；根据不同桥梁的部件类型制定评定细则，将评定指标进行细分并提出了量化标准，提出了 5 类桥梁技术状况单项控制指标(见表 3)，改进了桥梁技术状况的评定模型。同时对各结构类型桥梁的主要部件和次要部件进行了明确划分；对桥梁主要部件和次要部件技术状况评定标度进行了细致的描述，此种评定方法更为科学。

表 3 桥梁总体技术状况评定等级表

技术状况评定等级	桥梁技术状况描述
1 类	全新状态，功能完好
2 类	有轻微缺损，对桥梁使用功能无影响
3 类	有中等缺损，尚能维持桥梁正常使用功能
4 类	主要构件有大的缺损，严重影响桥梁使用功能，或影响承载能力，不能保证正常使用
5 类	主要构件有严重缺损，不能正常使用，危及桥梁安全，桥梁处于危险状态

《公路桥梁养护管理工作制度》第 25 条规定：桥梁养护工程分为小修保养、中修、大修和改建。对技术状况为 1 类和 2 类桥梁应加强小修保养，防止出现明显病害。对技术状况为 3 类桥梁应及时进行中修，防止病害加快扩展，影响桥梁运营安全。对技术状况为 4 类和 5 类桥梁应及时采取管理措施，保证安全，并根据特殊桥梁检查结果和技术认证分析，安排大修或改建。在衡阳市范围内，除特殊情况外，3 类桥梁采用加固维修，4 类桥梁根据实用性在加固维修或拆除重建上进行比较，5 类桥梁采用拆除重建。

2.2 4 类桥梁的实用性改造方式分析

根据衡阳市的实际情况，4 类桥梁中的中、小桥梁全部拆除重建。特大桥采用加固维修，大桥在加固维修和拆除重建方案中采用综合评估法进行比选。

综合评估法是将一座桥梁按使用年限、线路交通量增长率、线路载重量增长率、桥梁所在地交通基础设施投资占财政收入的比例、对当地出行的影响度、养护精良度量化计分进行综合评估的方法。具体见表 4。

表 4 综合评估法评估准则

评估项目	评估权值	评判结果分析
1. 使用年限(20 分)	设计年限的 0~50%，按内插法确定分值为(0~20 分)	计分在 70~100 分桥梁拆除重建；计分在 0~70(不含 70 分)加固维修
2. 线路交通量增长率(10 分)	线路交通量增长率为 5%以内，计 5 分；2；增长率 5%~10%，计 8 分；增长率 10%以上，计 10 分	
3. 线路载重量增长率(10 分)	线路载重量增长率为 5%以内，计 5 分；增长率 5%~10%，计 8 分；增长率 10%以上，计 10 分	
4. 桥梁所在地交通基础设施投资占财政收入的比例(20 分)	占比 0~10%，按内插法确定计分(0~20 分)	
5. 对当地出行的影响度(当地百姓民意代表测定 100 人测评)(20 分)	0~100 人同意拆除重建，按内插法确定分值(0~20 分)	
6. 养护精良度(20 分)	按养护 10 级标准(好至差)，对应计分(2~20 分)	

根据综合评估方法确定的衡阳市 4 类危桥改造结果见表 5。

表 5 衡阳市 80 座 4 类危桥改造评分表

评估得分/分	桥梁数量/座
0~25	0
26~50	11
51~70	14
71~100	55

由表 5 并结合表 4 评估准则，可得：衡阳市 80 座 4 类桥梁中，有 25 座应维修加固，55 座应拆除重建。

3 结论

1）除 4 类桥梁外，根据《公路桥梁养护管理工作制度》（交公路发〔2007〕336 号）结合《公路桥梁技术状况评定标准》（JTG/T H21—2011）可以基本判定桥梁加固或拆除重建方案。

2）以相关规范评定的桥梁基本情况为依据，对 4 类桥梁的加固与重建采用实用性改造分析，可以在资金有效的前提下，最大效率、合理地对桥梁的加固改造提供指导。

3）当前最重要的是积累桥梁养护基础资料，重视养护基层管理，每一座桥梁的构件、部件都要有养护记录，准确地评定桥梁的技术状况也是当前桥梁养护管理决策的当务之急。

参考文献

[1] 浦恩辉. 国道 G214 线隔界河至德钦县城段公路方案比选[J]. 林业建设，2016(3)：70-74.

[2] 雷明. 怀郁高速公路山区段路线方案比选[J]. 广东公路交通，2016(3)：59-69.

[3] 温涛. 某大桥桥型方案比选[J]. 智能城市，2016(5)：46.

[4] 殷开荣. 浑南新区立交方案比选[J]. 北方交通，2014(1)：23-25.

[5] 田广予. 榆和高速公路左权枢纽方案比选[J]. 山西交通科技，2012(1)：44-46.

[6] GONG M. The plan to choose for Ganjing interchange in Guiyang Qingzhen expressway[J]. China Science and Technology Information, 2008(5)：69-72.

[7] 徐飙. 二元论方法在桥梁方案比选中的应用[J]. 黑龙江交通科技，2007(1)：68-70.

[8] 陈枝洪. 南江大桥方案比选[J]. 黑龙江交通科技，2007(8)：21-24.

[9] JANG J, CHOI S, HONG J. A method for resilient graph-based comparison of executable objects[J]. Acm Research in Applied Computation Symposium, 2012(10)：288-289.

[10] 成琛，沈成武，许亮. 用铰接板(梁)法计算有损伤桥梁的横向分布系数[J]. 武汉理工大学学报(交通科学与工程版)，2004(2)：47-51.

[11] JANG J, JUNG J, KIM B, et al. Resilient structural comparisonschemeforexecutableobjects[J]. Communication & Computing, 2014, 12(2)：1-5.

[12] 黄方勤，汪罗英. 钢筋混凝土 T 梁桥病害处理措施与加固设计[J]. 城市道桥与防洪，2012(5)：37-40.

[13] 何旭燕. 增大截面法加固钢筋混凝土 T 梁效果分析[J]. 铁道建筑，2009(3)：17-21.

宁乡胶木电瓷厂土体滑坡分析及治理

李兴成，张家生，刘宝琛

中南大学土木工程学院，湖南长沙，410075

摘要：以宁乡县胶木电瓷厂土体滑坡为例，对土体滑坡的稳定性及加固措施进行了分析，并着重分析了降雨对滑坡的影响，提出了综合治理措施。该土体滑坡于 1990 年采用弹性抗滑桩与疏水相结合的综合治理措施进行了综合治理，事实证明该坡体已经稳定。

关键词：滑坡；稳定性；弹性抗滑桩

1 概述

在 1988 年 8 月 21—28 日连续降雨（累计雨量达 236 mm）之后，宁乡县胶木电瓷厂西部土体边坡坡体上、下部地面出现裂缝。根据实际观测，该坡仅 8 月 28 日一天就移动 40 mm。1989 年 4 月 11 日至 13 日，连续降雨（累计雨量达 156 mm）之后，该坡发生较大移动，下部房屋出现裂缝。1990 年 6 月 11 日至 15 日，连续降雨（累计雨量达 164 mm）之后，上部地面出现大裂缝，该缝张开宽度达 150 mm。上部厂房及下部民房遭到不同程度的损害。

该滑坡范围为：长 70 m，高 17 m。尽管其范围不大，但由于该坡上方为工厂关键厂房，下方为民房（共 20 户）。故其滑坡所造成的影响非常大，直接影响着厂房以及住房的生命与财产的安全，如不及时治理，势必带来很大的损失。

2 工程地质情况

2.1 地质参数

根据探井勘查以及其他有关资料，坡体处工程地质情况如下：

地层自上而下为人工回填炉渣，人工填土，第四纪冲积亚黏土、灰土。具体地层结构如图 1 所示。

在收集了有关各方面资料的基础上，又在现场进行了原位土体推剪试验。土层的物理力学性质综合结果见表 1。

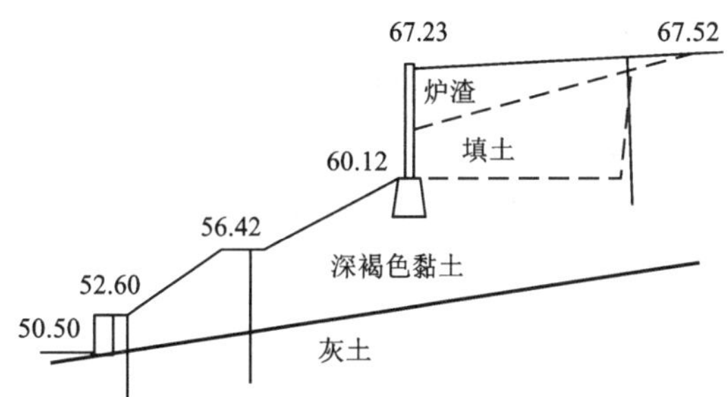

（所标数字为高程，单位：m）

图 1 地层结构示意图

表 1 冲积亚黏土的物理力学性质

天然含水量/%	天然容重/(kN·m^{-3})	相对密度	饱和度/%	孔隙比	流限/%
19	19.4	2.68	79	0.644	32.4

塑限/%	容许承载力/kPa	压缩模量/MPa	内摩擦角 φ/(°)		黏结力 C/kPa	
			自然含水	饱水	自然含水	饱水
20.1	300	10	37.2	24.9	7.3	5.1

李兴成，张家生，刘宝琛. 宁乡胶木电瓷厂土体滑坡分析及治理[J]. 土工基础，2003，17(3)：27-30.

2.2 滑坡主要特征

(1)该坡为土体坡，未见基岩出露。

(2)坡体上方地面裂缝为张开裂，其平面形状大致呈弧形。

(3)坡体下方地面裂缝为压缩型，裂缝分布在距坡脚 8 m 以内。

(4)坡体上未见明显的裂缝。

(5)坡体下方房屋墙体上裂缝均为张开型，且主要以垂直裂缝为主。

(6)坡底挡土墙破坏严重，明显移动，墙体整体前移约 10 cm。墙体基本断裂，断裂位置距坡底地面高 0.2 m 左右，上部错开并挤出。

3 影响滑坡的主要因素分析

影响土坡稳定性的因素很多，这些因素可分为自然因素与人为因素两方面。自然因素包括土体本身的力学性质、结构特性、土坡几何形状等，更主要的因素应该是降雨的影响。人为因素包括坡体上的建筑物、人工填土等。

3.1 自然因素对坡体稳定性的影响

土坡的稳定性可以由其安全系数反映，而土坡的安全系数定义为[1]：

$$F = \frac{\text{抗滑力}}{\text{下滑力}} = \frac{cL - \sum W_i \cos \alpha_i \mathrm{tg}\, \varphi}{\sum W_i \sin \alpha_i} \tag{1}$$

式中：c 为黏结力；φ 为内摩擦角；L 为滑动弧长度；W_i 为各条块重量；α_i 为各条块底部倾角。

由式(1)可见，坡体的稳定是与土体力学性质、结构特性、几何形状等因素密切相关的。

3.2 降雨对土坡稳定性的影响

滑坡多出现在暴雨或融雪季节，从该土坡发生滑动情况来看，所有的几次剧烈滑动，都是在连续降雨之后，因而降雨是影响土坡稳定的主要因素。降雨主要是通过以下两条途径影响土坡稳定性：

(1)降雨使得地下水位上升，其浮力导致了滑动面上的有效正应力减小从而降低了抗滑强度。

(2)降雨使得土体的含水量增加，从而导致土体的力学性质发生变化，最终导致抗滑强度的下降。

3.3 降雨与地下水位关系分析

降雨与地下水位的关系可以通过分析进行估计。对于均质层状结构的滑动区，可以认为地下水流型式为全层流动型。分析模型如图 2 所示。

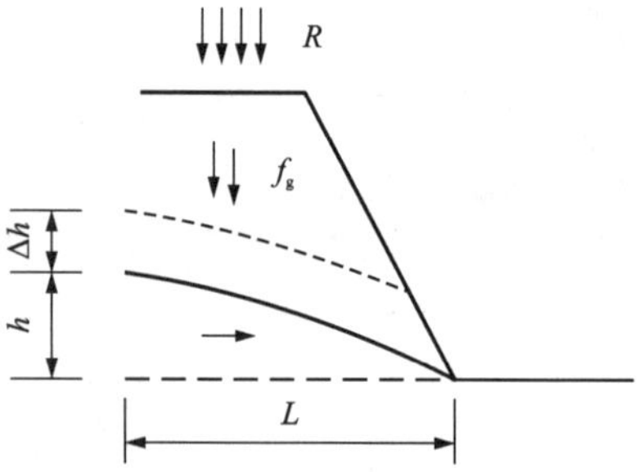

图 2 地下水流分析模型

由达西定律得：

$$q = khI \tag{2}$$

式中：q 为单位时间内流量；K 为渗透系数；I 为水力梯度(平均)；L 为样品长度。

地下水的流动连续方程为：

$$\frac{\mathrm{d}s}{\mathrm{d}t} = f_g - q \tag{3}$$

式中：s 为地下水贮量；f_g 有效降雨量，即渗入地下的雨量。地下水贮量的增量为：

$$\mathrm{d}s = L\hat{a}\mathrm{d}h \tag{4}$$

式中：$\hat{a}$ 为土体的孔隙率。

将式(2)和式(4)代入式(3)，有：

$$\beta L \frac{\mathrm{d}h}{\mathrm{d}t} = f_g - khI \tag{5}$$

解之得：

$$h = \frac{f_g}{\beta LK_1}(1 - e^{-k_1 t}) + h_0 e^{-k_1 t} \tag{6}$$

其中有：

$$K_1 = KI/\hat{a}L; f_g = \acute{a}RL_1 \tag{7}$$

式中：h_0 为初始地下水位；$\acute{a}$ 为降雨的有效渗入率；R 为单位时间内的降雨量；L_1 为汇水长度。

由式(6)可知，地下水位变化由两部分组成：一部分为降雨而引起的水位升高；另一部分为由于自然疏干而引起的地下水位下降。在不考虑降雨期间自然疏干的情况下，参照宁乡县气象局提供的降雨资料，估计了该坡三次滑动时地下水位升高的情况，其结果见表2。

表2　地下水位增长估计结果

序号	坡体滑动时间	降雨时间/d	降雨总量 $\acute{O}R$/mm	降雨强度 R/(mm·d^{-1})	估计地下水位升高/m	备注
1	1988年 8月28日	8月20日—28日 (共8 d)	236.3	29.5	4.57	I=0.17 K=0.0864 m/d
2	1989年 4月14日	4月11日—13日 (共3 d)	155.8	52.0	3.08	$\hat{a}$=0.05 L=36 m
3	1990年 6月15日	6月11日—15日 (共5 d)	163.4	32.7	3.20	L_1=72 m $\acute{a}$=0.5

由以上分析可知，降雨的有效渗透率直接影响着坡体内地下水位的升高，故此在治理滑坡过程中，地面排水是一个至关重要的治理环节。应尽力避免地面积水以及往坡体上排水，以减小降雨的渗透率与汇水长度。

3.4　滑坡原因

综合分析了该处滑坡产生的各项原因，可知造成该坡滑动的主要原因为：①土层结构：该坡土体下部地层为灰土层，其强度低且受水影响大，渗透性差。②降雨的影响。③人工填土：由于在坡体上进行了人为埋填，一方面给坡体增加了不利载荷，另一方面又改变了坡体几何形状，因而影响了坡体的稳定性。

4　坡体的稳定性分析

4.1　滑动弧的确定

土体滑坡的滑动面多为圆弧[2]，根据土体的力学参数，利用自编的计算机程序(条分法)，确定滑动圆弧，图3为典型剖面上的滑动弧确定结果。

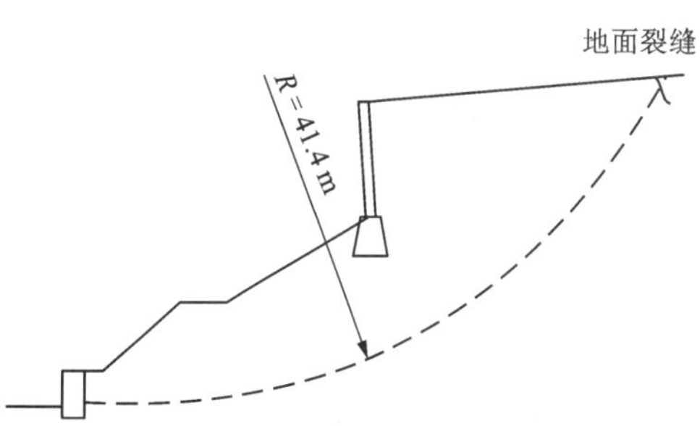

图3　滑动弧的确定结果

4.2　土坡的稳定性分析

分析结果见表3及表4。表4的含水条件对应于表2中的第3种情况。

表3　土坡典型剖面的稳定性分析结果(干边坡)

加固推力 F/(kN·m^{-1})	0	25	50	75	100	125	150	175	200
安全系数	1.25	1.31	1.34	1.39	1.45	—	—	—	—

表4　土坡典型剖面的稳定性分析结果(自然含水)

加固推力 F/(kN·m^{-1})	0	25	50	75	100	125	150	175	200
安全系数	1.08	1.10	1.14	1.16	1.19	1.23	1.254	1.283	1.311

由表 3 及表 4 可见，边坡的含水情况对其稳定性的影响是很大的，如果边坡能够保持疏干状态，该边坡是可以不进行加固。

5 治理方案

首先根据有关资料，确定治理后坡体应达到的安全系数，为 1.3。故此该边坡加固设施所需提供的水平推力应为 200 kN/m。根据这一要求，考虑并设计了几种治理方案，并进行了经济比较。

在进行加固方案设计时，所采用的设计原则如下：

(1) 挡土墙：设计均按有关规范进行。

(2) 刚性抗滑桩：截面为 2 m×3 m，设计中视桩后侧土体剩余抗滑力为 0，即所需加固推力均由刚性桩提供，从而进行桩的设计。

(3) 弹性桩：钻孔桩，钻孔直径 250 mm，内配两根 18 kg/m 旧钢轨，设计中假设：①桩周围土体为弹性介质，弹性抗力系数随深度呈线性变化；②桩与土体之间的位移是连续的，即：桩与土体相对位移为 0；③桩的外载荷呈抛物线分布，桩顶处载荷为 0。在这些假设条件下进行的弹性桩设计，尚需进行稳定性校核；稳定性校核包括两个方面：①桩周围土体仍需处于弹性状态；②桩下侧土体的剩余抗滑力要大于滑动面以上土体提供给桩的弹性抗力。如设计的弹性桩满足稳定条件，则认为设计是合理的。

现将各方案简述如下。

1) 方案Ⅰ

全长挡土墙，共长 75 m。基础深度不小于 1.5 m，底宽不小于 3.2 m，顶宽不小于 2 m。工程总造价 26.2 万元。

2) 方案Ⅱ

全长分两段治理，一段为挡土墙，墙长 50 m；一段为刚性抗滑桩加固，桩深 14 m，断面 2 m×3 m，桩内配筋，工程总造价为 29.4 万元。

3) 方案Ⅲ

全长为刚性抗滑桩，共 25 根，桩深 14 m，断面为 2 m×3 m，桩内配筋。工程总造价为 40.5 万元。

4) 方案Ⅳ

该方案为一段挡土墙，一段弹性抗滑桩加固，挡土墙段长 50 m，弹性桩共 34 根，直径 250 mm，桩内配两根 18 kg/m 旧钢轨。工程总造价为 24.2 万元。

5) 方案Ⅴ

全长弹性桩加固，共有弹性桩 99 根，其中 33 根深度为 14 m，66 根深度为 10 m，直径 250 mm，桩内配两根 18 kg/m 旧钢轨，工程总造价为 22.9 万元。

在所有方案中均考虑了水的处理，具体处理措施为：

(1) 垂直井集中排水，在坡体上开凿 3 个集中水井，在暴雨季节，雨量集中的情况下进行排水，采用小型电动潜水泵抽水。

(2) 如使用挡土墙加固，则在挡土墙上预留泄水孔。

(3) 坡体上、下方均施工排水设施，以避免坡面积水，并封闭地表裂缝。

6 结论语

该坡体于 1990 年底采用了方案Ⅴ进行了治理，经过近十年暴雨季节大降雨的考验，表明坡体已经稳定。事实证明，治理是成功的。

通过对该滑坡的分析与治理，可以得出以下结论：

(1) 对于土体边坡，降雨是影响其稳定性的主要因素。

(2) 对于滑坡治理必须首先治水。

(3) 弹性抗滑桩，由于其施工方便，工程造价较低，在工程中应大力推广。

参考文献

[1] HOEK E, BRAY J. 岩石边坡工程[M]. 卢世宗, 等译. 北京: 冶金工业出版社, 1983.

[2] HUANG Y H. 土坡稳定分析[M]. 包承纲, 王清友, 宋崑崙, 等译. 北京: 清华大学出版社, 1988.

[3] 刘宝琛, 张家生, 等. 宁乡县胶木电瓷厂西面滑坡的原因分析及治理方案设计[R]. 湖南: 冶金工业部长沙矿冶研究院, 1990.

大朝山水电站地下厂房岩锚梁施工的监理控制

刘学鹏

中南大学土木工程学院，湖南长沙，410075

摘要：岩锚梁的施工是地下厂房施工中的难点之一，本文介绍了监理工程师对大朝山水电站岩锚梁开挖及混凝土浇筑过程中所采取的确保工程质量和进度的控制措施。

关键词：大朝山水电站；地下厂房；岩锚梁；监理控制

1 概述

隧道大朝山水电站装机容量1350 MW。地下厂房开挖尺寸为237.9 m×26.4 m×61.29 m(L×B×H)。岩锚梁位于地下厂房开挖的第二层，上、下游梁各长208 m，梁上安装两台400 t桥机，最大轮压710 kN，与国内同类型工程相比，大朝山水电站地下厂房吊车荷载较大。岩锚梁体型及有关锚固参数见图1，主要工程量见表1。

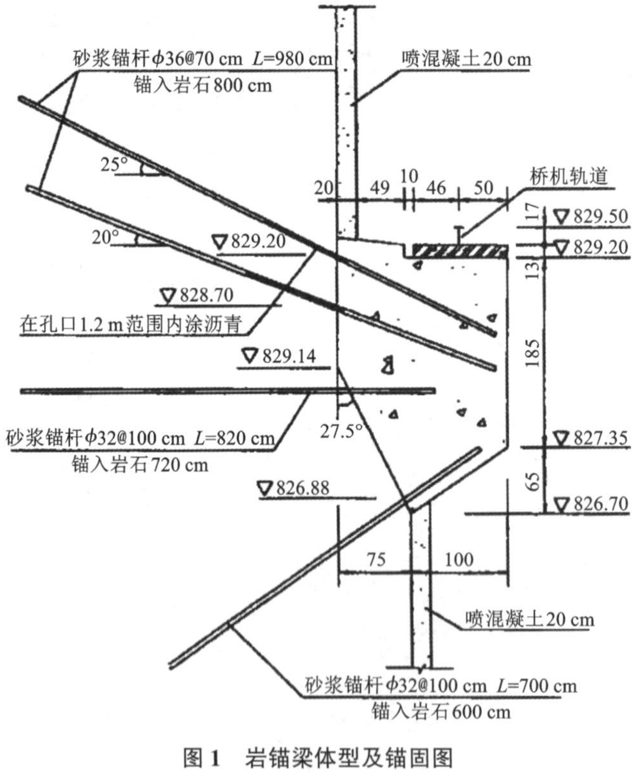

图1 岩锚梁体型及锚固图

表1 岩锚梁主要工程量表

序号	项目	技术参数	工程量
1	石方开挖	保护层，厚3.75 m、高8.50 m	12644 m^3
2	锚杆	ϕ36@ 70 cm，L=980 cm，锚入岩石800 cm	1186 根

刘学鹏. 大朝山水电站地下厂房岩锚梁施工的监理控制[J]. 云南水力发电，2004，20(2)：57-59.

续表1

序号	项目	技术参数	工程量
3	锚杆	ϕ32@ 100 cm，L=820 cm，锚入岩石 720 cm	420 根
4	锚杆	ϕ32@ 100 cm，L=700 cm，锚入岩石 600 cm	414 根
5	锚杆	泵送 C25	1984 m^3
6	锚杆	Ⅰ、Ⅱ级	160 t

大朝山水电站地下厂房区岩性为玄武岩、杏仁状玄武岩，岩石坚硬，大多呈块状结构。围岩以Ⅱ类为主、Ⅲ类次之、局部Ⅳ类。岩锚梁局部受 t_3 凝灰岩夹层、F_{168} 断层影响，节理发育，部分块体张开，工程地质条件较复杂。

2 工程特点和难点

大朝山水电站岩锚梁施工的质量和进度控制有以下特点和难点。

(1)地质条件较复杂。虽然厂区地质条件整体较好，但岩锚梁保护层开挖区域内因局部地段节理发育，块体失稳，尤其是受 F_{168} 断层及 t_3 凝灰岩等的影响，岩锚梁斜面开挖成型难度较大。

(2)开挖施工质量要求高。岩壁开挖质量是岩锚梁能否达到设计要求的关键因素，设计要求确保岩壁开挖成型，对开挖提出了很高的质量标准。一般情况下最大超挖不大于 17 cm，不允许欠挖；岩台斜面倾角要求更为严格，角度偏差要求控制在±3°以内。

(3)开挖工期紧，施工条件差。岩锚梁保护层开挖与主厂房Ⅱ层抽槽平行、进行洞内施工，环境差加上岩锚梁保护层开挖全部采用手风钻，钻孔设备生产效率较低。根据施工总进度来看岩锚梁保护层开挖工期仅 3.5 个月，这在同类工程中是比较先进的。

(4)混凝土分段多，施工难度大。岩锚梁混凝土根据结构布置和温度控制要求分段数目较多，跳段间隔且穿插在厂房下部，开挖施工过程中浇筑的混凝土质量要求高质量，进度控制难度大。

3 施工情况

3.1 保护层开挖

为了减少爆破对围岩影响，采取预留保护层的方法进行岩锚梁开挖。厂房开挖第二层时预留保护层厚度 3.75 m、高度 8.5 m(高程 824.5~833 m)。为了确保岩壁开挖质量，岩锚梁开挖施工之前，由项目监理部组织设代、勘代、专业监理和施工单位共同研究和比较了多种岩锚梁保护层开挖施工方案。在模型试验开挖的基础上，综合考虑到工程地质条件、施工人力和设备配置、工程质量和工期等方面的要求，确定保护层开挖分 4 序施工，利用手风钻钻孔，采用光面和预裂爆破技术，以保证施工质量和进度。保护层开挖分层次序见图 2。

第Ⅰ序：开挖高程 830.5~833 m，利用主厂房顶拱层边墙超挖，沿边墙设计边线以外 15 cm 布置预裂孔，孔距 35 cm，孔深 2.5 m，线装药密度 200~250 g/m。

第Ⅱ序：开挖高程 828.35~830.5 m，沿边墙设计线以外 7 cm 布置预裂孔，孔距 35 cm，孔深 2.15 m，线装药密度 200~250 g/m。爆破孔孔深 2.15~2.5 m，由里向外逐排加深到 2.5 m。

第Ⅲ序：开挖高程 824.5~828.35 m，沿高程 826.7 m 以下设计边墙线布置预裂孔，孔距 35 cm，孔深 3.85 m，线装药密度 200~250 g/m。

第Ⅳ序：岩台斜面开挖，沿高程 826.7 m 布置光爆孔，与水平面夹角为 62.5°，以细钢丝放样控制钻孔方向，光爆孔孔距 25 cm，孔深 1.65 m，线装药密度 120~150 g/m。

3.2 岩锚梁混凝土浇筑

岩锚梁混凝土顶宽 1.75 m、高度 2.5 m，混凝土设计标号为 C25 二级配，入仓温度要求控制在 18 ℃以内。为防止出现温度裂缝和考虑结构受力条件，设计要求分 31 段，其中上游 15 段、下游 16 段，采取跳仓

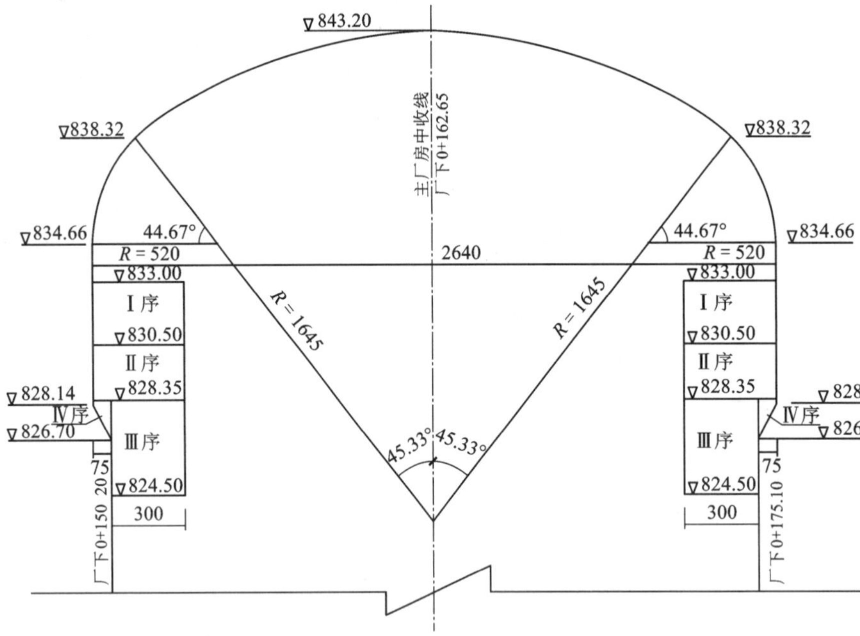

图 2　岩锚梁保护层开挖次序图

浇筑方法施工，实际分段长度 10.3~20.1 m。吊车梁混凝土仓位准备时，钢筋架立和模板支立利用在岩石内打插筋方法进行固定，混凝土采用搅拌车运输，泵送入仓。混凝土振捣采用插入式振捣器，分 5~6 层平仓振捣。混凝土浇筑后养护安排专人负责，采取流水养护方法。

4　监理控制

大朝山水电站地下厂房土建由中南勘测设计研究院和中国水利水电第九工程局联合组成的 DCS/C4 标项目监理部负责监理，业主同时聘请了地质、测量、监测、试验等专业监理共同进行质量和进度控制。在岩锚梁施工过程中，监理工程师采取了以下控制手段和方法。

4.1　“爆破许可证”制度

为了保证监理工程师对岩锚梁保护层开挖的有效控制，项目监理采取“爆破许可证”制度进行控制，具体的操作程序为：施工单位在钻孔放样后，现场监理工程师检查孔位布置和间距；钻孔完成后，监理工程师进行孔深和孔向检测，在钻孔符合爆破设计后同意装药；装药过程中，监理工程师检查其装药密度和起爆连线。以上各项检查均符合要求后，监理工程师签发《爆破许可证》，只有在得到监理工程师签发的《爆破许可证》后，施工单位方可进行爆破，否则视为违规施工。

4.2　地质超前预报

进行岩锚梁保护层开挖施工过程中，项目监理工程师除进行正常的巡视和工序检查外，每轮爆破后，还及时通知勘测代表和地质专业监理工程师到现场进行素描和地质鉴定。在进行地质鉴定过程中，根据出露围岩的实际情况和实际爆破效果，判断采用的爆破参数的合理性及对下一循环的地质情况做出预报，指导施工单位适当调整爆破参数。

4.3　对特殊地质段特殊对待

岩锚梁通过的地层局部受 t_3 凝灰岩夹层、F_{168} 断层影响，节理发育，部分裂隙张开，地质条件相对较差，这些是岩壁成型的难点所在。针对这些特殊地质段，监理工程师采取特殊对待的方法进行控制：在接近这些部位时，项目监理组织有关单位技术人员进行分析研究，确定有针对性的爆破方案；爆破完成后，项目监理及时组织有关单位技术人员到现场检查爆破效果和确定下一循环爆破参数；对张开的块体现场研究撬挖、加强支护措施，确保岩体稳定。

4.4 对悬吊锚杆重点控制

岩锚梁内悬吊锚杆是保证岩锚梁达到设计要求的承载能力和变形指标的关键。项目监理对悬吊锚杆的施工采取了以下重点控制措施：对钻孔放样、钻孔孔深和角度都要全部检查；注浆和插杆程序经工艺试验确定；对插杆和注浆以及锚杆拉拔试验进行全过程监理；部分锚杆采用物探检查。

4.5 混凝土浇筑控制方法

岩锚梁混凝土质量要求高，钢筋密集，施工难度大。为了确保工程质量，项目监理采取了以下控制方法：基岩面由项目监理组织设代、勘代、地质监理共同进行验收；在封闭模板之前先进行钢筋验收；模板内贴保丽板，外设防爆破飞石的保护炮被；混凝土浇筑全过程旁站，严格控制入仓温度，增加抽样频次，养护过程中专人负责巡视，严格控制已浇筑混凝土附近的爆破作业。

5 控制成果

5.1 开挖质量

岩壁段开挖成型后岩壁面规则：在一般地段，平均超挖 10.5 cm，最大超挖 21 cm，残孔率达到 91%。斜面(台)段开挖成型后岩壁面规则：在一般地段，平均超挖 13.5 cm，最大超挖 23 cm，残孔率达到 96%。同时在一般地段的岩壁和斜面岩台上无明显可见的爆破裂隙，爆破对围岩只有轻微扰动，经声波测试，影响范围小于 0.8 m。

5.2 混凝土浇筑质量

在岩锚梁混凝土施工过程中，试验专业监理对所有混凝土仓位进行了机口或现场取样，进行抗压强度试验，最小值为 29.9 MPa，最大值为 33.8 MPa，平均强度为 31.68 MPa，全部满足设计要求。

5.3 施工进度

监理工程师在控制好质量的同时，由于严格了各道工序验收，避免了不必要的返工，进度方面也取得了很好的成果：岩锚梁保护层开挖工期原定 3.5 个月，这已是国内同类型工程比较先进的水平，而实际上岩锚梁保护层开挖只花了 63 d，比计划工期提前了 50 d；岩锚梁混凝土虽然开始各项准备工序进度缓慢影响了浇筑进度，但经过监理工程师的监督也较计划工期有所提前。

6 体会

在大朝山水电站地下厂房岩锚梁施工质量和进度控制的监理实践中，笔者有以下几点体会：

(1)岩锚梁施工质量要求高、施工程序复杂，完善施工组织设计十分重要。同时，岩锚梁施工前，在附属洞室内进行了钻孔爆破试验和 1∶1 结构模型试验，这对验证设计指标、明确施工方案、确保工程质量是十分有利的。

(2)为了方便施工和保证开挖质量，每轮爆破后及时进行爆破效果分析和地质超前预报是十分有效的控制方法。

(3)岩锚梁施工质量控制点多，进度控制难度大，监理工程师必须对施工进行全过程监理，对关键工序进行旁站，同时要督促施工单位切实做好内部三级质量控制。

(4)为了了解悬吊锚杆施工质量及岩石受爆破振动影响的范围，监理工程师除加强全过程控制外，采取一些物探方法检测是十分有必要的。

耒宜高速公路路基下采煤空区对公路的影响分析

李 炜[1]，张家生[1]，郭郴生[2]

1. 中南大学土木建筑学院，湖南长沙，410075

2. 湖南天智交通建设咨询有限公司，湖南长沙，410001

摘要：路基下方存在的采煤空区影响高速公路的安全和运营.采煤空区坍塌引起的地表移动与变形是确定路基稳定性的主要依据，针对耒宜高速公路路基下的许家洞矿区采空区，应用随机介质理论，对其坍塌所产生的地表移动及变形进行了分析，提出了治理建议。

关键词：采空区；随机介质理论；地表移动；变形

耒宜高速公路是北京至珠海国道主干线的一部分，所经过的湘南地区是湖南省主要的采煤区。公路沿线分布许多煤矿及小煤窑，经过多年的开采，在高速公路沿线留下大量采煤巷道与采煤空区，在高速公路的建设及运营过程中，这些巷道和采煤空区随着时间的推移必将坍塌，引起地层的移动及变形，最终影响公路路基，对高速公路产生不利影响。

在采空区上方修筑高速公路或铁路，必须分析公路路基下采煤巷道和采煤空区对高速公路的影响程度，并对这种影响进行评价，为采煤空区治理方案的选择与确定提供依据。在此，就许家洞采空区对高速公路的影响进行讨论分析。

1 采空区概况

许家洞采空区位于湖南省郴州市苏仙区许家洞镇境内，主要由小煤窑胜利煤矿、东王煤矿采煤所形成。东王矿和胜利矿采用单斜井开拓，以巷道式和“开天眼”式采煤法开采，在高速公路路基下留下了万余方的采空区。

这里，主要针对东王矿采空区进行分析。东王矿井口位于该区域东北侧山坡上，井口高程+161.48 m，采用单斜井开拓，主斜井长约160 m，坡度32°，分别在+110.6 m和斜井井底(高程约+74 m)两水平各开拓了2条穿煤石门作为主运输巷道，形成了2个开采水平，但主要在+110.6 m水平开采和+110.6 m水平穿煤运输巷道分别穿过3层可采煤层，在每层煤中，沿煤层走向在2侧开挖了采煤巷道，由于煤层倾角较大，沿煤层开“天眼”，即沿煤层向上开挖约2 m×3 m的倾斜巷道，然后进行后退式采煤。东王矿水平运输巷道宽约2.2 m，高约2 m，另一种采煤方法是通过巷道采煤，巷道采用圆木支护或者不支护。因采矿所形成的采空区形态非常复杂，在该水平上，该矿已在高速公路路基以下采煤2万余吨。在井底水平，该矿在公路路基下方开挖了一条水平探煤巷道，未能找到煤层，随后沿远离高速公路方向采煤，开采煤炭数量有限。

东王矿因是私人小煤窑，没有正规的采掘图，也没有设计文件，经过调查，绘制的矿井采空区平面示意图如图1所示。

2 地表移动基本参数的反分析确定

煤矿采空区坍塌引起的路基变形可以由随机介质理论进行估算，该理论在我国煤矿地表移动预计中应用广泛[1]，目前已开发出实用的正、反分析计算程序[2]。采用随机介质理论时需要确定的地表移动基本参数有：主要影响范围角β，下沉盆地偏移角θ，下沉系数η和水平移动系数b。由于矿区未进行任何地表移动观测，所以，地表移动的基本参数只能采用邻近矿山的有关资料进行反分析和综合确定。

2.1 白山坪矿井试采工作面地表移动基本参数的反分析确定

白山坪矿井位于郴耒煤田白沙复式向斜中段西翼白山坪井田，矿井南翼濒临耒水，白垩系红层超覆于

李炜，张家生，郭郴生.耒宜高速公路路基下采煤空区对公路的影响分析[J].长沙铁道学院学报，2003，21(3)：25-29.

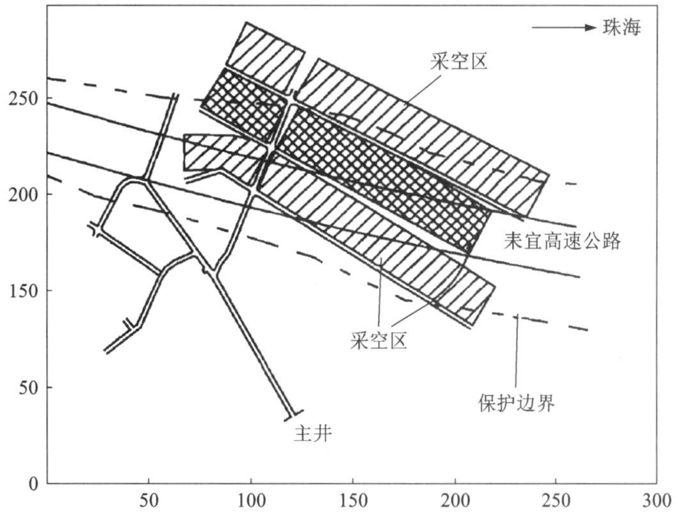

图 1　东王矿采空区平面位置示意图(单位：m)

煤系地层之上，并为地表水体和洪水位所淹没，曾被列为开采禁区。该矿井仅在北翼单翼开采，长期不能达到设计生产能力，为保证矿井生产的正常接替，白沙矿务局对白山坪矿井南翼进行了水体下采煤试验。

试采工作面为 1161 工作面，走向长 168 m，倾向宽 40~55 m，地层倾角 24°~32°，煤厚 1.45~10.2 m，开采厚度 2 m。全区地层出露有第四系、白垩系、三叠系统下大冶组和龙潭组地表水系发育。

为研究开采影响后地表的移动规律，在试采工作面上方沿走向和倾向分别布置了 A、B、C 和 D 共 4 条地表移动观测线。由于种种原因，A、B、D 3 条测线的测点均在地表下沉盆地稳定以前被破坏。故仅以 C 线的地表下沉实测值为基础[3]，通过反分析来确定地表移动基本参数

由于实测值并未给出水平移动，故无法确定水平移动系数，开采厚度 $M=2$ m，开采深度为 120 m 左右，开采走向长度 $L=147$ m，通过反分析，得出地表移动基本参数为：主要影响范围角正切 $\mathrm{tg}\,\beta=1.36$；主要影响范围角 $\beta=53.7°$，$\mathrm{tg}\,\beta=1.36$；下沉盆地偏移角 $\theta=82.9°$；下沉系数 $\mathrm{tg}\,\theta=0.54$。计算的地表下沉分布与实测结果对比情况如图 2 所示，计算结果与实测吻合较好，说明反分析确定的地表移动参数较合理。

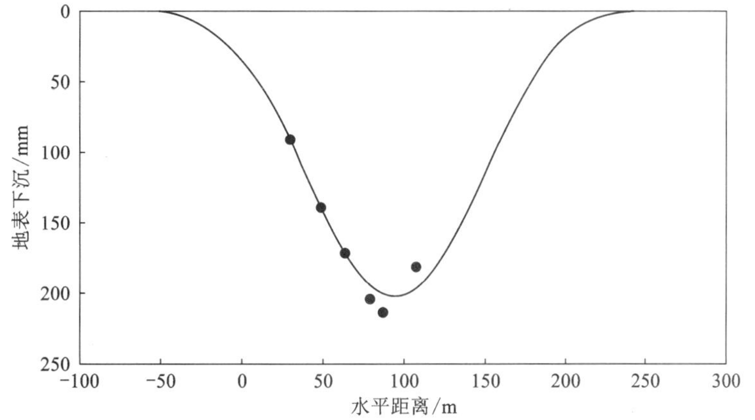

图 2　实测地表下沉结果与分析结果的比较

2.2　其他邻近矿山的地表移动参数

在长期的生产实践中，白沙矿务局马田煤矿建议的地表移动基本参数为：主要影响角的正切 $\mathrm{tg}\,\beta=1.8$；下沉系数 $\eta=0.7$；水平移动系数 $b=0.3$。

资兴矿务局唐洞煤矿在开采井筒煤柱时，进行地表移动和变形统计时，采用的地表移动基本参数与马

田煤矿相同。

2.3　地表移动及变形基本参数的综合确定

许家洞矿区与以上矿山所开采的煤层同属于湘南煤田，地层条件基本相似，采煤方法也相似，地表移动基本参数可以认为是基本相同的，因而，通过对湘南煤田白山坪煤矿、马田煤矿和唐洞煤矿的地表移动参数的分析，结合许家洞地段的实际条件，确定地表移动基本参数取值为：主要影响角的正切 $\tg\beta=1.6$；下沉系数 $\eta=0.6$；水平移动系数 $b=0.3$；下沉盆地偏移角 $\theta=80°\sim90°$。

3　高速公路的保护要求

地下采空区坍塌以后，将引起地层及地表的移动和变形，过大的地表移动和变形将对公路路基、路面产生危害。对于下沉，地表面的破坏主要发生在地面沉降不均匀的地段，即发生在地表倾斜变形较大的地段。对于地表变形，在地表水平移动拉伸带范围内，如果水平拉伸变形超过公路路面的极限值，路面将出现裂缝，从而可能导致路面渗水破坏；在压缩带范围内，如果压缩变形过大，路面将隆起。

为了保证高速公路的安全，因采空区垮落而引起的地表的沉降和变形应当在公路路基及路面所能承受的范围内，否则必须对采空区加以处理。但我国至今未对公路受开挖影响时所允许的路基、路面的变形值给出明确的规定。为了确保高速公路安全，必须对高速公路的保护做出要求。我国煤炭部门按地表变形划分了建筑物破坏保护等级，见表1[1]。

表1　建筑物破坏保护等级及其所允许的变形值

建筑物保护等级	允许变形值		
	倾斜/($mm\cdot m^{-1}$)	水平变形/($mm\cdot m^{-1}$)	曲率/($10^{-3}\cdot m^{-1}$)
Ⅰ	≤2.5	≤1.5	≤0.050
Ⅱ	≤5.0	≤3.0	≤0.083
Ⅲ	≤10.0	≤6.0	≤0.166
Ⅳ	≤15.0	≤9.0	≤0.250

耒宜高速公路系北京至珠海国道主干线的一部分，高速公路建成通车后，车流量大，一旦出现因路基塌陷而导致严重堵车甚至中断时，将产生重大的经济损失和极大的社会影响。因此，将耒宜高速公路按煤炭部门Ⅰ级保护标准进行保护，即：由于采空区坍塌所引起的高速公路路基、路面的变形中，倾斜变形不能超过2.5 mm/m，水平变形不能超过1.5 mm/m，曲率不能超过50×10^{-6}/m。这一要求是确定公路沿线必须加以处理的采空区深度以及确定公路沿线两侧煤矿开采边界的依据。

4　采空区对高速公路的影响分析

针对巷道采煤所形成的空区与“开天眼”采煤所形成的空区两种情况，分别应用随机介质理论进行分析。这里仅给出针对“开天眼”所形成的采空区的分析结果，这些空区坍塌后引起的地表移动及变形等值线结果分别见图3～图5，各图中横坐标和纵坐标表示地表位置，单位为m。

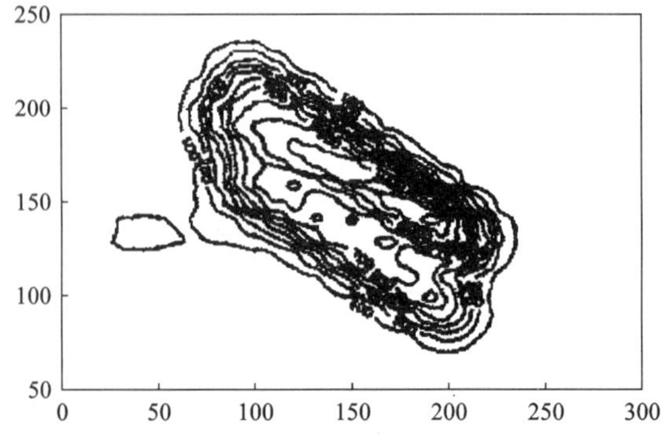

图3　地表下沉分布(单位：mm)

图3～图5表明，“开天眼”采煤所形成的采空区坍塌后可能引起高速公路路基的最大下沉达1000 mm，最大倾斜变形超过40 mm/m，最大曲率达2×10^{-3}/m，大大超过了表1中高速公路的允许变形值，巷道采煤所形成的空区坍塌可能引起的路基变形同

样超过了公路的允许变形值，因此必须对高速公路影响范围内的采空区进行有效处理才能保证耒宜高速公路的安全。

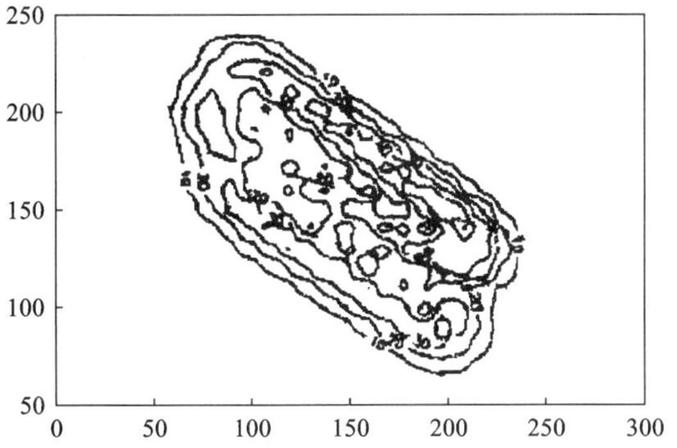

图 4　地表倾斜分布(单位：mm/m)

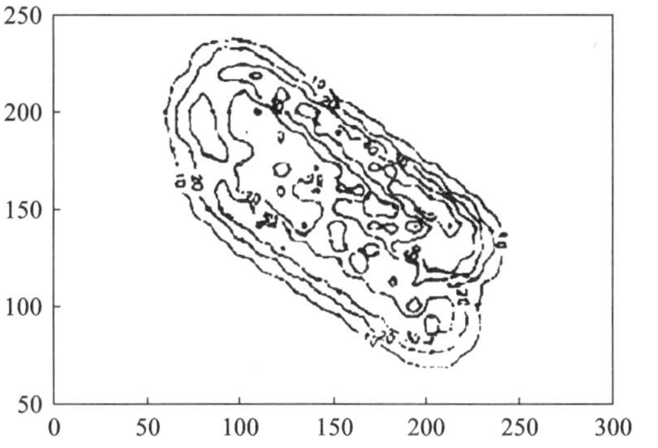

图 5　地表曲率分布(单位：10^{-6}/m)

5　结论

该地段的空区不论以何种情形存在，坍塌之后均会对地表造成较大损害；由空区坍塌所造成的地表变形超过了高速公路的保护要求；针对该地段的采煤空区，必须采取治理措施。

参考文献

[1]　LIU B C. Ground Surface Movements due to Underground Excavation in P. R. China[A]. Comprehensive Rock Engineering [C]. Pergamon Press, 1993, 4: 781-817.

[2]　张家生. 地表移动理论及数值分析方法研究[D]. 长沙：中南工业大学，1992.

[3]　湖南省煤炭科学研究所. 湖南省白沙矿务局白山坪矿井含水层及耒水洪水位淹没区下采煤试验总结报告[R]. 1987.

测量监控在莲花山公路隧道中的应用

喻浪平[1]，罗　云[2]

1. 中南大学土木建筑学院，湖南长沙，410075
2. 海口市市政工程维修公司

摘要：该文介绍测量监控在莲花山公路隧道中的应用及其成果。根据施工规范和设计文件结合项目的围岩情况制定测量监控的措施和方法，通过对测量所得数据进行分析、比较，为判定隧道围岩的稳定性提供了定量分析，结论给后续工作提供了数据依据。

关键词：莲花山公路隧道；测量监控；地表沉降；拱顶下沉；周边收敛

测量监控在隧道施工中起到一种指导施工、预见事故险情、保证施工质量的作用。其主要目的是：检查隧道施工阶段的隧道中线和净空断面的位置与尺寸是否符合设计要求。测量监控解决的问题是：在施工阶段使用各种测量仪器和工具对围岩变化情况及支护结构的工作状态进行测量，及时提供围岩稳定程度和支护结构可靠性的安全信息，作为调整和修改施工组织设计的依据。本文结合隧道现场测量监控在汕(头)—梅(州)高速公路清潭—北斗段(左线)莲花山隧道工程中的应用进行介绍。

1　工程概况

莲花山隧道全长 2902 m，穿越莲花山中低山区，山区地形完整，地下水量较小，岩层风化裂隙和地区性地表植被发育。洞身主要围岩为弱风化、微风化凝灰岩，具有强度较高、隧道洞形好、起爆率高的特点，是隧道工程施工的理想围岩。莲花山隧道按新奥法原理采用复合式衬砌，初期支护采用喷锚支护的方式进行施工。

2　隧道现场测量监控的内容与方法

根据莲花山隧道的围岩条件、支护类型和施工方法选择地表沉降、周边收敛、拱顶下沉等为主要测量项目。

2.1　地表沉降测量

(1)测量目的

莲花山隧道进口端 K87+200~K87+232 段为Ⅱ类围岩软弱破碎层，其稳定性差，而且覆盖层很薄，属浅埋段。判定隧道开挖施工对地面的影响程度和范围，以便指导隧道开挖施工和保证安全，因此必须进行地表沉降测量。

(2)测点布设

地表沉降测量的测点纵向沿隧道前进方向并根据覆盖层厚度进行布设(表 1)，横向与隧道前进方向垂直。莲花山隧道进口端 K87+200~K87+232 段覆盖层厚度 2~20 m，设 4 个测量断面，每个测量断面 7 个测点。

表 1　地表沉降测量的测点纵向布设间距

埋深 H 与隧道开挖宽度 B	测点间距/m
$2B<H$	20~50
$B<H<2B$	10~20
$H<B$	5~10

喻浪平，罗云. 测量监控在莲花山公路隧道中的应用[J]. 中外公路，2005，25(6)：89-91.

(3)测量频率

开挖面距测量断面前后小于 $2B$ 时，1~2 次/d；开挖面距测量断面前后小于 $5B$ 时，1 次/d；开挖面距测量断面前后大于 $5B$ 时，1 次/周。

(4)测量数据整理

浅埋隧道洞顶地表沉降观测应在隧道尚未开挖前就开始进行，以获得开挖过程的全位移曲线。莲花山隧道 K87+210 测量断面拱顶下沉测点的测量数据及地表沉降曲线分别见表 2、图 1。

表 2　拱顶下沉测点的测量数据记录

测量时间	测量值/m	沉降量/mm	沉降速率/(mm·d^{-1})
2002 年 1 月 28 日	15.325		
2002 年 2 月 8 日	15.306	19	1.73
2002 年 2 月 21 日	15.295	11	0.85
2002 年 2 月 26 日	15.293	2	0.33
2002 年 3 月 1 日	15.293	0	0

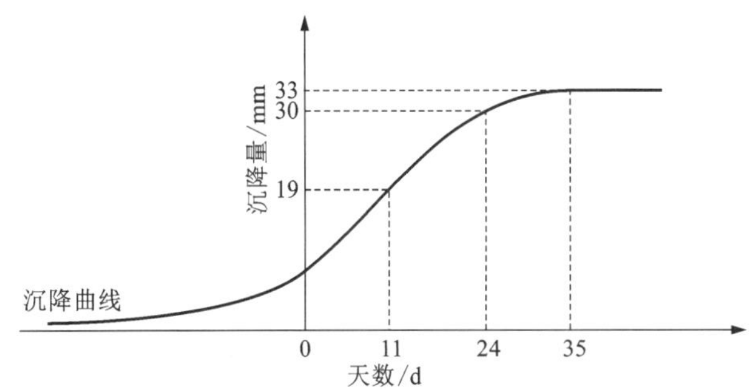

图 1　地表沉降量曲线

由沉降曲线图可以得知：在隧道开挖初期地表沉降量较大。为确保施工安全在隧道开挖施工过程中应遵循“短进尺、弱爆破、早支护、勤测量”的原则。

2.2　周边水平收敛测量及拱顶下沉测量

(1)测量目的

莲花山隧道按新奥法原理进行施工，周边水平收敛测量及拱顶下沉测量是施工的重要组成部分。通过现场测量监控掌握围岩和支护动态变化，便于进行日常施工管理；了解支护构件的作用和效果，确保隧道工程的安全性和经济性；将测量监控结果反馈于施工过程中，判别围岩稳定性以及进行位移分析，应用于整个隧道的施工过程中，为二次衬砌的施工提供依据。

(2)测点布设

每个断面测点的具体位置见图 2，每个断面设 4 个收敛桩。同一种围岩类别内 50 m 设一个测量断面，且保证每种围岩类别内不少于 2 个测量断面。注意测点的安设应能保证爆破后 24 h 内进行下一次爆破前，方便测量，并应安设在距掌子面 2 m 范围内。

(3)测量频率

测量频率见表 3。

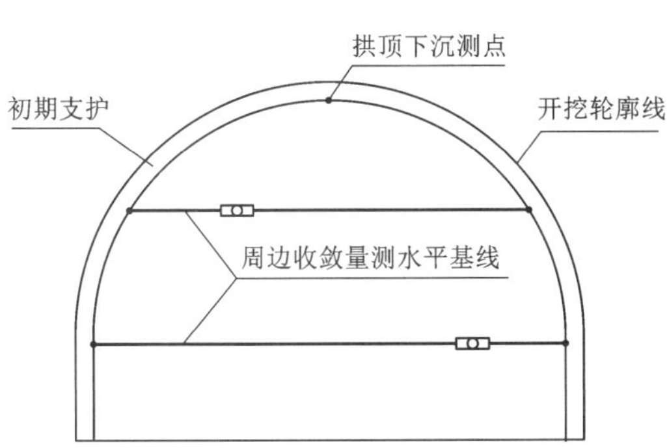

图 2　量测断面布置图

表 3　周边水平收敛测量及拱顶下沉测量频率

变形速度/(mm·d^{-1})	测量频率
>10	1~2 次/d
10~5	1 次/d
5~1	1 次/1 d
<1	1 次/周

(4)测量数据整理

以莲花山隧道 K87+202 测量断面的周边水平收敛测量及拱顶下沉测量数据为例。

①周边水平收敛测量数据见表4，其实测收敛曲线和收敛值函数回归曲线分别见图3、图4。

②拱顶下沉测量数据见表5，其拱顶下沉曲线和拱顶下沉函数回归曲线分别见图5、图6。

表4　K87+202断面周边水平收敛测量数据记录

测量时间	沉降量/mm	沉降速率/(mm·d^{-1})
第1天	2.25	2.25
第5天	5.73	0.87
第10天	7.20	0.29
第30天	8.28	0.05
第40天	8.68	0.04

表5　K87+202断面拱顶下沉测量数据记录

测量时间	沉降量/mm	沉降速率/(mm·d^{-1})
第1天	5	5
第10天	18	1.33
第20天	21	0.3
第40天	22	0.05

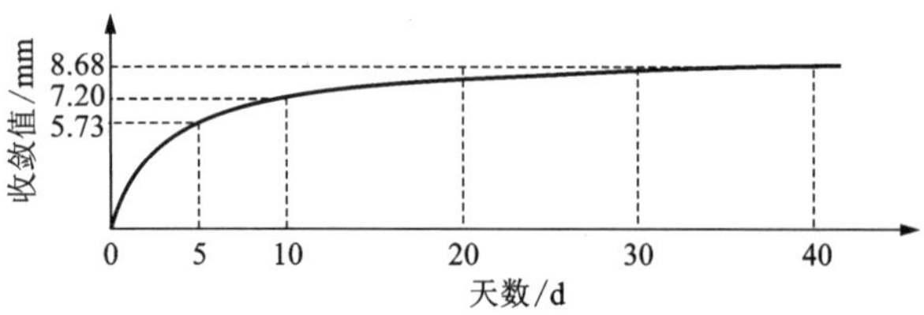

图3　实测收敛值曲线

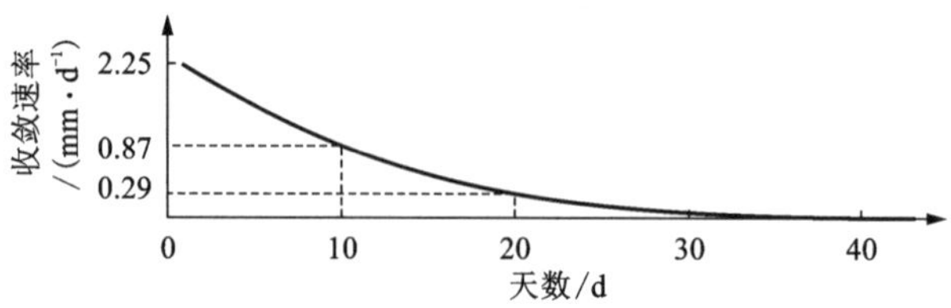

图4　收敛值函数回归曲线

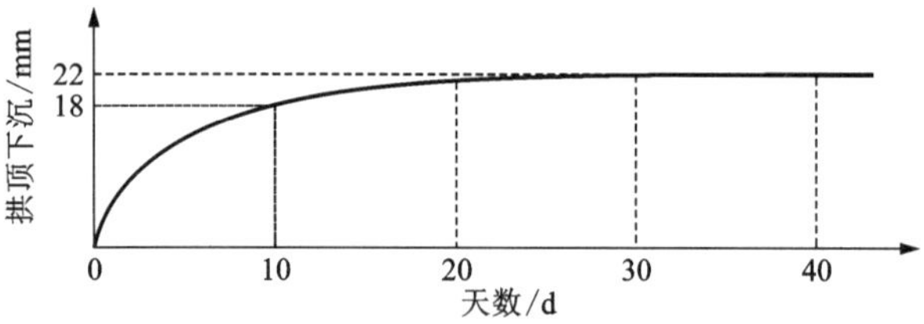

图5　拱顶下沉实测曲线

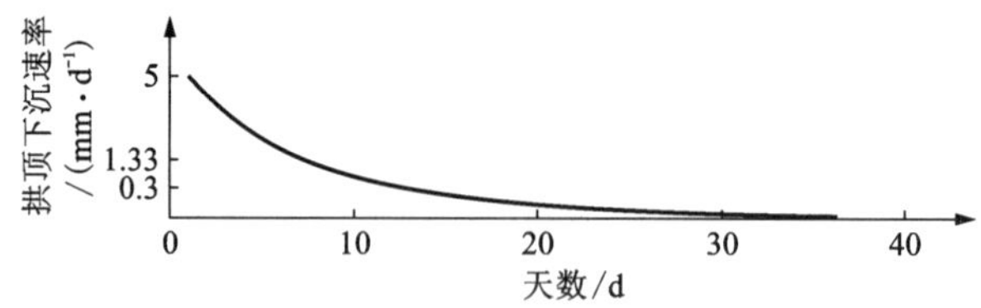

图6　拱顶下沉函数回归曲线

通过整理分析测量数据，K87+202测量断面周边水平收敛测量时间40 d，总收敛值8.68 mm，水平收敛速率0.04 mm/d；拱顶下沉测量时间47 d，总下沉量22.0 mm，下沉速率0.05 mm/d。可以判断隧道围岩和初期支护的位移变形已趋于稳定，符合二次衬砌的施工要求(周边收敛速率小于0.2 mm/d，拱顶下沉速率小于0.15 mm/d)。

3　结束语

测量监控的主要目的是服务施工，指导施工，改善施工，其测量方式是多种多样的。在莲花山隧道施工中，根据其围岩地质情况较好的特点，重点对拱顶下沉及周边收敛两个项目进行监控。数据分析结果对围岩稳定性判定、工序安排及保证质量等方面给予了有力的支持，达到了预期的目的。

隧道围岩地质情况是复杂多变的，在今后的施工中应该根据围岩地质情况对监控数据加以分类、总结，使其具有更广泛的指导意义，成为施工的有力保证。

溶洞上方路基基底位移分析

黄 瑛，张家生

中南大学土木建筑学院，湖南长沙，410075

摘要：结合工程实例，运用 FLAC^{3D}2.1 数值分析软件分析了溶洞上方条形基础基底的位移及溶洞顶板厚度和跨度对路基基底位移的影响，得出了溶洞顶板厚度和跨度与基底沉降关系曲线。路基基底位移随顶板厚度的增加而减小，溶洞模型尺寸大小为 12 m×1.2 m×10 m，厚度为 6 m 时路基基底位移为 4.30 cm，影响很小；路基基底位移随跨度的减小而减小，跨度为 10 m 时路基基底位移为 3.56 cm，影响很小，可以不计。

关键词：公路；路基；条形基础；基底位移；溶洞

在岩溶地区进行路基基础设计与施工时，需要特别注意基础下方溶洞的影响。溶洞地区的路基稳定性不仅与下卧地基承载力和地下水的活动有关，还与溶洞顶板厚度、围岩的特性、岩溶发育程度和溶洞顶板跨度等密切相关。正确分析在路基自重荷载条件下溶洞上方基础底面位移，对于路基稳定性评价非常重要。

在 20 世纪 80 年代，对岩溶地基的稳定性评价还没有定量的方法，多数根据基础荷载条件和地质因素进行综合分析，采用经验对比的方法作出定性判断。随着计算机的发展和软件的开发，对岩溶塌陷方面的数值模拟逐渐成为岩溶塌陷研究的发展趋势。黎斌通过有限元软件分析了在基础集中荷载下溶洞顶板临界距离与荷载和溶洞大小的关系；胡庆国通过有限元软件分析了在条形基础下地基极限承载力与溶洞顶板跨度和厚度的关系；阳军生通过有限元软件分析了圆形基础下地基极限承载力与溶洞高度、厚度、跨度及不同岩性之间的关系；李仁江通过有限差软件分进行了扩大基础下溶洞顶板的极限承载力研究。而以上研究中对恒定路基自重荷载下路基地面位移的研究较少。

本文采用黏土盖层的单一阻概化模型，以嘉宁(嘉兴—宁波)公路第三合同段 K21+590~690 段的岩溶勘察数据为依据，采用 FLAC^{3D} 软件分析长方体溶洞上方路基底面的竖向位移及溶洞上方路基底面位移与顶板厚度和溶洞跨度的关系。

1 计算模型

1.1 模型的建立

根据圣维南原理，取边界大于 3 倍以上洞径，坐标原点取在溶洞中心上方的地面，Z 轴垂直向下。采用的对称模型如图 1 所示。计算范围：$X=-30\sim30$ m；$Y=-30\sim30$ m；Z 轴长度根据顶板厚度变化。模型边界条件：底面为位移约束，左(右)、前(后)面为水平位移约束，地面为自由面。

1.2 计算方案的确定

本文分别考虑顶板厚度、溶洞跨度对路基稳定性的影响，不考虑溶洞填充的情况。对于顶板厚度对路基稳定性的影响，考虑顶板厚度为 1 m、2 m、3 m、4 m、5 m、6 m 和 7 m 7 种情况，溶洞模型尺寸大小为 12 m×1.2 m×10 m，各土层厚度和计算参数见表 1。对于溶洞跨度对路基稳定性的影响，考虑溶洞跨度为 16 m、14 m、12 m、10 m 和 8 m 5 种情况，顶板厚度取 4.0 m，溶洞高

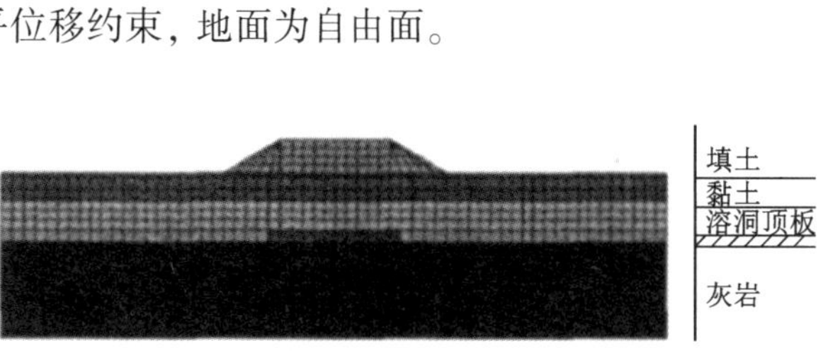

图 1 计算模型中各土层的分布

黄瑛，张家生. 溶洞上方路基基底位移分析[J]. 公路与汽运，2008(4)：124-126.

度与长度取 1.2 m 和 10 m，各土层厚度和计算参数见表 1。

表 1　计算模型及各土层物理力学参数

岩土名称	重度/(kN·m^{-3})	变形模量/MPa	泊松比	天然快剪		厚度/m
				内摩擦角/(°)	黏聚力/kPa	
路堤填土	19.0	10	0.20	38.0	240.0	3.36
黏土	19.0	16	0.30	15.0	22.0	2.30
溶洞顶板	22.1	120	0.25	21.0	23.0	4.00
灰岩	22.1	120	0.25	21.0	23.0	10.00

2　计算结果分析

本文只考虑在路堤自重荷载下路基位移与顶板厚度和溶洞跨度的关系。取溶洞纵向中心处的截面，在路基基底划分 20 个单元(见图 2)。

2.1　溶洞顶板厚度变化对路基位移的影响

不同溶洞顶板厚度下的基底位移计算结果及路基沉降纵向分布曲线分别见表 2、图 3。

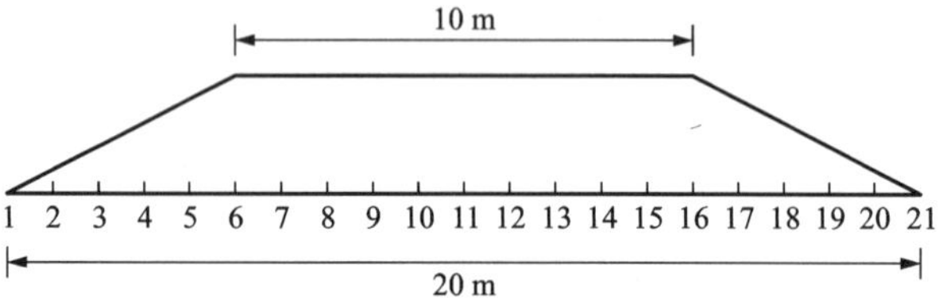

图 2　路基基底单元位置

表 2　不同溶洞顶板厚度下的基底位移　cm

单元位置	不同溶洞顶板厚度/m						
	1	2	3	4	5	6	7
1	0.69	0.59	0.50	0.41	0.32	0.23	0.14
2	0.11	0.02	-0.05	-0.12	-0.19	-0.27	-0.35
3	-0.47	-0.54	-0.61	-0.67	-0.71	-0.78	-0.85
4	-1.12	-1.16	-1.21	-1.25	-1.26	-1.31	-1.37
5	-2.21	-2.15	-2.16	-2.13	-2.08	-2.07	-2.08
6	-4.46	-3.98	-3.63	-3.34	-3.10	-2.94	-2.81
7	-6.53	-5.60	-4.91	-4.39	-4.00	-3.71	-3.46
8	-7.64	-6.39	-5.49	-4.89	-4.44	-4.10	-3.81
9	-8.05	-6.63	-5.69	-5.07	-4.61	-4.26	-3.97
10	-8.16	-6.68	-5.73	-5.11	-4.65	-4.30	-4.00
11	-8.16	-6.70	-5.74	-5.11	-4.65	-4.30	-4.00
12	-8.16	-6.68	-5.73	-5.11	-4.65	-4.30	-4.00
13	-8.05	-6.63	-5.69	-5.07	-4.61	-4.26	-3.97
14	-7.64	-6.39	-5.49	-4.89	-4.44	-4.10	-3.81
15	-6.53	-5.60	-4.91	-4.39	-4.00	-3.71	-3.46
16	-4.46	-3.98	-3.63	-3.34	-3.10	-2.94	-2.81

续表2

单元位置	不同溶洞顶板厚度/m						
	1	2	3	4	5	6	7
17	-2.21	-2.15	-2.16	-2.13	-2.08	-2.07	-2.08
18	-1.12	-1.16	-1.21	-1.25	-1.26	-1.31	-1.37
19	-0.47	-0.54	-0.61	-0.67	-0.71	-0.78	-0.85
20	0.11	0.02	-0.05	-0.12	-0.19	-0.27	-0.35
21	0.69	0.59	0.50	0.41	0.32	0.23	0.14

从计算结果可知，溶洞处理前，当溶洞顶板厚度为1 m、2 m、3 m、4 m、5 m、6 m、7 m时，基底最大沉降值分别为8.16 cm、6.70 cm、5.74 cm、5.11 cm、4.65 cm、4.30 cm、4.00 cm。如果以顶板厚度7 m作为比较，则溶洞顶板厚度每增加1 m，对应的基底位移依次增加104%、67.50%、43.50%、27.75%、16.25%、7.5%。由此可知，当溶洞顶板厚度超过6 m后，基底位移随溶洞顶板厚度的变化不显著。因溶洞未充填，顶板的下沉导致路基两边轻微隆起，顶板厚度越大，隆起的位移越小。路基其他位置处的沉降与溶洞顶板厚度的关系见图4。

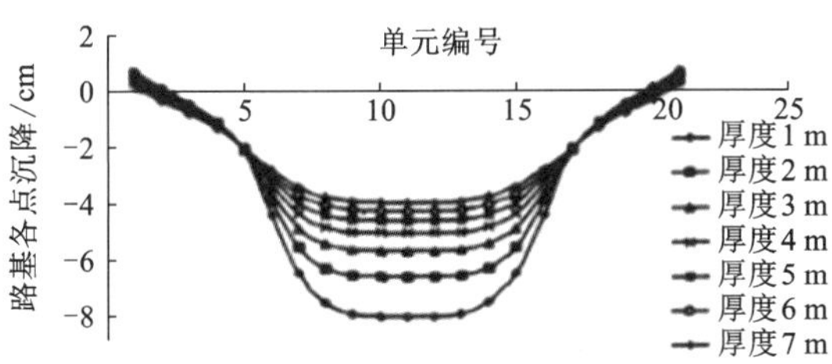

图3　不同溶洞顶板厚度与基底沉降

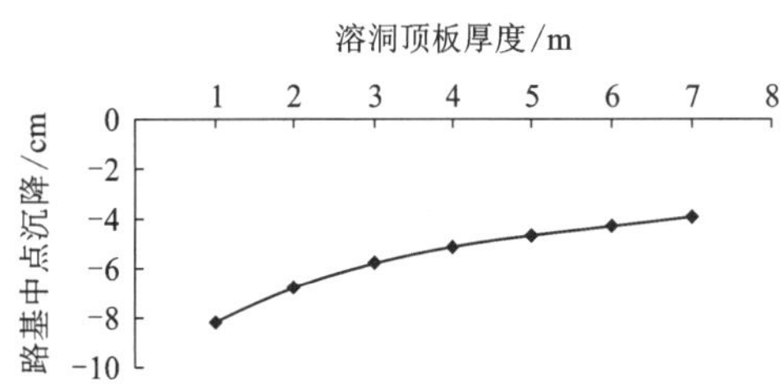

图4　溶洞顶板厚度与路基中点沉降的关系

2.2　溶洞跨度变化对路基位移的影响

不同溶洞跨度下的基底位移计算结果及路基沉降纵向分布曲线分别见表3、图5。

表3　不同溶洞跨度下的基底位移计算结果　cm

单元位置	不同溶洞跨度/m				
	16	14	12	10	8
1	0.01	0.22	0.35	0.30	0.21
2	-0.99	-0.44	-0.12	-0.01	0.03
3	-2.16	-1.12	-0.59	-0.32	-0.15
4	-3.41	-1.97	-1.10	-0.65	-0.34
5	-4.24	-3.15	-1.87	-1.03	-0.57
6	-4.65	-3.95	-2.83	-1.63	-0.86
7	-4.85	-4.40	-3.62	-2.42	-1.29
8	-4.93	-4.59	-4.03	-3.11	-1.90
9	-4.95	-4.65	-4.18	-3.43	-2.37
10	-4.96	-4.67	-4.23	-3.54	-2.55

续表3

单元位置	不同溶洞跨度/m				
	16	14	12	10	8
11	-4.96	-4.67	-4.23	-3.56	-2.58
12	-4.96	-4.67	-4.23	-3.54	-2.55
13	-4.95	-4.65	-4.18	-3.43	-2.37
14	-4.93	-4.59	-4.03	-3.11	-1.90
15	-4.85	-4.40	-3.62	-2.42	-1.29
16	-4.65	-3.95	-2.83	-1.63	-0.86
17	-4.24	-3.15	-1.87	-1.03	-0.57
18	-3.41	-1.97	-1.10	-0.65	-0.34
19	-2.16	-1.12	-0.59	-0.32	-0.15
20	-0.99	-0.44	-0.12	-0.01	0.03
21	0.01	0.22	0.35	0.30	0.21

计算结果表明，跨度为 16 m、14 m、12 m、10 m、8 m 时，对应的基底沉降分别为 4.96 cm、4.67 cm、4.23 cm、3.56 cm、2.58 cm。若以溶洞跨度 8 m 作为比较，溶洞跨度每增加 2 m，对应的基底位移依次增加 38.0%、18.8%，10.4%，6.2%。由此可知，当溶洞跨度超过 14 m 时，跨度变化对基底沉降的影响很少；跨度为 8 m 时对应的基底沉降很小。路基两边隆起的位移随着跨度的增加呈现先增后减的趋势，在跨度为 12 m 时出现峰值。不同跨度下对应的基底中点沉降见图 6。

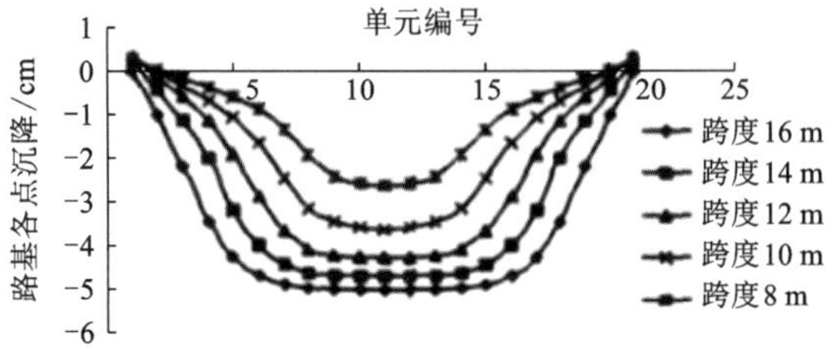

图 5　不同溶洞跨度与基底沉降的关系

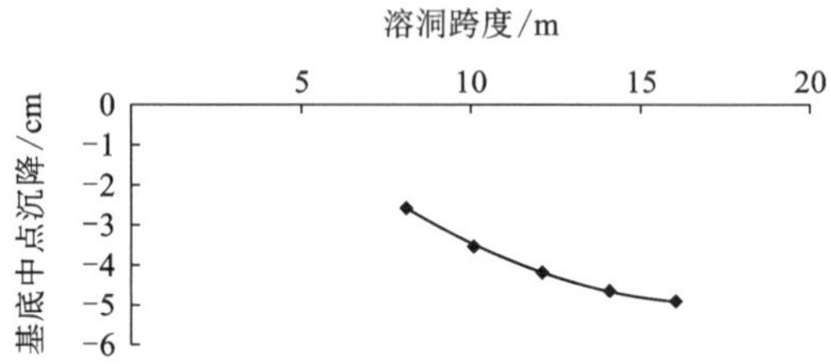

图 6　不同跨度与基底中点沉降的关系

3　结论

(1)在不考虑溶洞充填的情况下，路基两端有轻微隆起。本文考虑的是最不利情况，一般溶洞有充填物，隆起现象一般不会发生，不需要考虑。

(2)在只考虑路基自重作用、溶洞跨度为 12 m 的情况下，顶板厚度超过 6 m 时，溶洞对路基的稳定性影响很小，可以不采取工程处理措施；顶板厚度为 4 m、跨度小于 10 m 时，对路基稳定性影响很小，可以不采取工程处理措施。

(3)溶洞顶板厚度每增加 1 m，相应的基底位移减少 1.46 cm、0.96 cm、0.63 cm、0.46 cm、0.35 cm、0.3 cm；溶洞跨度每增加 2 m，相应的基底位移增加 0.98 cm、0.67 cm、0.44 cm、0.29 cm。由此可以看出，基底位移对溶洞顶板厚度更加敏感。

参考文献

[1]　朱浮声.地基基础设计与计算[M].北京：人民交通出版社，2005.

[2]　黎斌，范秋雁，秦凤荣.岩溶地区溶洞顶板稳定性分析[J].岩石力学与工程学报，2002，21(4)：532-536.

[3]　胡庆国，张可能，阳军生.溶洞上方条形基础地基极限承载力有限元分析[J].中南大学学报(自然科学版)，2005，36(4)：694-697.

[4]　阳军生，张军，张起森，等.溶洞上方圆形基础地基极限承载力有限元分析[J].岩石力学与工程学报，2005，24(2)：296-300.

[5]　李仁江，盛谦，张勇慧，等.溶洞顶板极限承载力研究[J].岩土力学，2007，28(8)：1621-1625，1630.

[6]　程星.岩溶塌陷机理及其预测与评价研究[M].北京：地质出版社，2006.

地理环境对高速公路特大型桥梁工程的影响

李一国[1]，徐　珂[2]，郭建光[1]，陈洋洋[1]

1. 河南省第二公路工程有限公司，河南郑州，457000
2. 河南财经政法大学，河南郑州，450046

摘要：不同的自然地理环境对高速公路桥梁工程施工技术有着不同的影响，在桥位所处自然环境较差的情况下，施工难度相应增大。在濮阳至湖北阳新高速公路特大型桥梁工程项目施工中，由于该地区符合高速路网规划，能够缓解该地区的交通紧张状态，同时对于构建地区高速交通骨架以及促进沿线资源开发和旅游事业的发展有着重要的作用，所以在濮阳市进行高速公路特大型桥梁工程项目建设的施工中，就需要优先考虑到该地区的自然地理环境，有利于项目工程的顺利施工。

关键词：大型桥梁工程；自然地理环境；桥梁结构安全

1　工程概述

阳新黄河大桥(二期工程)，起于一期工程终点，向南跨越北大堤，跨越省界，于菏泽市东高寨向东跨越黄河南大堤，止于黄河大桥南桥头，到达项目终点，路线全长 8.127 km，河南段长 4.864 km，山东段长 3.263 km。该工程构成了濮阳至湖北阳新高速公路濮阳段区域高速公路网主骨架，高速公路特大型桥梁工程建成后，不仅完善了地方道路网络系统，同时实现鲁、豫两省高速公路网络体系的融合，有利于带动沿线地区经济的快速发展。

采用高速公路技术标准设计，设计速度 120 km/h，采用双向六车道标准设计，路基宽 34.5 m；路线起点位于工可起点南 120 m、终点(K42+042.788)位于山东省菏泽市牡丹区李村镇东高寨东南，对接濮阳至湖北阳新高速公路东段；路线布设综合考虑沿线地形、水文、环保等多方面因素，采用的路面结构科学，桥梁便于施工，桥型方案合理。

2　桥梁项目工程所处地理环境因素

2.1　地形和地质

在濮阳至湖北阳新高速公路中，由于该位置处于黄河冲积的平原地带，使得该处地势比较平坦，同时从西南到东北有略微的倾斜，再加上长时间被黄河沉积、淤塞等原因，造就了濮阳地区有的地方比较平坦，有的地方属于沙丘、坑洼等地貌特征。在濮阳市的土壤地层中，大部分土质以砂类土、粉土、黏土为主，而在濮阳市土壤全新统中，底层的厚度为 25~40 m，上部为灰黄或者浅灰色的土质，由于结构疏松且含淤泥质，所以具备植物根系和虫孔，其中夹杂着砂土以及淤泥和有机质等[1]。而在上更新统中，底板埋深西北浅、东南深，底层厚度 40~50 m，且上部为浅黄色和棕黄色，并含有少量的钙核，轻度锈染、石英、长石等。在中更新统中，底层厚度 60~80 m，以棕黄、黄棕色黏土、细粉砂为主，其中富含有丰富的钙核与铁锰，矿物质主要有石英和少量暗色矿物。下更新统中，底层的厚度 130~150 m，岩性呈现红棕黏土、细中砂等，具有较强的硬度，同时夹杂有混粒结构，局部形成钙结砂等。

2.2　水文地质

在该项目濮阳段施工中，由于所经区域属于黄河水系，水文地质中以河流和黄河为主，项目工程地势相对低洼，水位一般为 3~11 m。该区域的地下浅水大部分来自黄河及其支流、大气降水等。因黄河水位受到污染，影响到该区域浅层地下水质。

李卫国，徐珂，郭建光，等. 地理环境对高速公路特大型桥梁工程的影响[J]. 黑龙江交通科技，2022，45(12)：76-78.

2.3 气候和气象

濮阳市属于温带半干旱气候区，属于明显的冬冷夏热气候环境，夏季有大量雨水，冬季干旱少雨雪，雨水分布不均，使得旱、涝灾害频繁。气温上，濮阳市年平均气温13 ℃，最低温度-2 ℃，最高温度27 ℃。降雨上，平均降雨量与全省其他地区相比，属于雨水偏少的地区。

3 自然环境对高速公路特大型桥梁工程的影响因素

3.1 气象因素影响

濮阳市位居温带干旱气候区域，属于明显的大陆性气候，四季分明，春季干旱多风，夏季炎热期雨水量较大，秋季晴朗且日照时间长，冬季天气干旱雨雪较少。一年中，除夏季因雨水期无法进行工程项目建设外，其他季节都比较适合项目建设[2]。

3.2 自然生态因素影响

濮阳地处黄河冲击平原区域，地面开阔且地势平坦，在高速公路大型桥梁项目工程的建设中，相关路线不会受到地形的影响限制。在对项目工程沿线地震烈度的界定中，可以通过对公路所在的区域进行强震区试验，尽量避开较大的断裂带，有利于将项目工程在施工中的破坏程度降低到最小。

3.3 水质因素影响

该项目工程区域的地下水主要来源于黄河水流，水源具有季节性。汛期时水量较大，枯水期因水位降低，沿线河流纵坡较缓。施工路线区域一般为黄河冲积平原，地表沉积和地质构造情况比较复杂，河道中的地质情况多变。施工中要注重桥梁的基础墩台型式，在埋置深度及附属倒流工程处理上应根据河流具体情况而定，可适当提高桥面的设计标高，以满足高速公路大型桥梁的通航净空要求。

3.4 对沿线土地资源的影响

高速公路大型桥梁项目工程建设中，在选择走廊带时，可在工程项目规划的基础上进一步详细研究，坚持节约用地、少占农田和保护林业资源的原则，合理选择高速公路大型桥梁的选线位置[3]。除此之外，还要征求当地政府部门的意见，充分结合当地政府部门的建设规划进行项目工程的设计与施工。

4 确保高速公路大桥梁结构安全和耐久性的措施

4.1 针对桥梁耐久性的设计措施

桥梁耐久性的设计原则，需要确保结构在使用寿命内安全可靠，并满足相关的功能要求，在对桥梁耐久性的设计中，要针对桥梁所处的环境特点进行调查研究，然后选择相应的耐久性标准和难易程度。在对桥梁加强养护中，需要对重要的结构和关键构件进行定期检查，及时发现问题并进行修复，确保桥梁的正常使用，在桥梁材料的选择上，混凝土作为主要材料必须严格控制。混凝土材料最大水胶比控制在0.5，最小水泥用量控制在300 kg/m^3，最低混凝土强度等级保持在C30，最大氯离子含量应在0.15%，最大含碱量宜在3 kg/m^3 左右即可。除此之外还需要加大钢筋混凝土的保护层厚度，以避免钢筋表层钝化膜被破坏，钢筋被锈蚀。加大钢筋混凝土保护层的厚度，是保护钢筋免于锈蚀，提高混凝土结构耐久性的最重要措施。

4.2 高速公路大桥桥位的选择要求

在选择桥位时：

(1)立足项目区生态脆弱的特点，将节约资源、生态保护置于优先地位。

(2)桥位的选择不但要符合黄河水利、水文等特点，还要充分考虑到黄河的综合治理以及防洪规划，避免对其带来的不利影响[4]。

(3)符合区域高速公路网规划及总体走向要求，并结合当地政府的规划情况，桥位的规划、设计，既有利于当地的对外开放，还能促进当地的经济发展，力求获得最佳的运输经济效益。

(4)桥位的选择充分利用了有利的河势、水文、地质等自然环境，为桥梁工程建设提供了较好的环境。

主要控制点：路线起点，黄河北岸大堤，主河槽，黄河南岸大堤，沿线乡镇、濮阳县和菏泽市规划区。在终点选择上，避开了穿越黄河湿地保护区、与1000 kV高压走廊交叉的位置。即该项目起于濮阳至湖北阳新高速公路濮阳段一期工程终点，桥头顺接一期工程，南跨黄河；路线终点(K42+042.788)位于山东省菏泽市牡丹区李村镇东高寨东南，对接濮阳至湖北阳新高速公路山东段，路线全长8.127 km。桥位选择K线，桥位距上游G106东明黄河大桥14.8 km，距下游规划S304黄河大桥12 km；AK线桥位距上游G106东明黄河大桥13 km，距下游规划S304黄河大桥13.8 km，同时满足两个桥位要求。黄河两岸大堤间距6.52 km，现状主河槽宽1.066 km，桥位和主河槽保持夹角垂直，与大堤采用立交形式跨越，於背区设置一个桥墩。同时对桥梁上游40 m、下游60 m长的两岸河道和迎水侧堤坡进行护砌，桥面排水应排至两岸堤防背水面。

4.3 水文计算

本项目为独立特大型桥梁工程，全长8.127 km，大桥跨径布置形式为(80+8×120+80) m+(80+8×120+80) m，全长2.24 km，主跨120 m，最大联长1.12 km。良好的水文计算，可以避免桥梁受到雨水的冲刷而造成的坍塌情况。鉴于黄河下游洪水主要由中游地区暴雨形成，洪水发生的时间为6—10月。黄河下游的设计洪水位多根据实测资料分析确定。

1)设计洪水位

表1　桥位断面水位计算结果

重现期	10年	300年	设防流量
洪峰流量/($m^3 \cdot s^{-1}$)	10000	17550	20000
重现期	10年	300年	设防流量
现状断面水位/m	59.96		60.97
2000年水位/m	60.45		61.52
2067年水位/m	63.93		65

2)壅水

黄河大桥修建后，桥前壅水分析见表2。

表2　桥前壅水分析计算

流量/($m^3 \cdot s^{-1}$)	20000
最大壅水高度/m	0.24
壅水影响范围/m	3692

3)浪高

桥位断面波浪高度为1.19 m；滩地冲刷净深度约10.5 m，河槽冲刷净深度约22.8 m。

4)冲刷

桥位断面冲刷包括自然演变冲刷、一般冲刷和局部冲刷，计算结果见表3。

表3　桥位断面冲刷计算结果

项目	20000 m^3/s 流量	
	河槽部分	河滩部分
桥位断面水位/m	60.97	60.97
河床自然演变冲刷深度/m	1.52	—

续表3

项目	20000 m³/s 流量	
	河槽部分	河滩部分
一般冲刷后最大水深/m	15.13	10.5
局部冲刷深度/m	9.44	5.3
冲刷后最大水深/m	26.09	15.80
冲刷后桥位断面最低点高程/m	34.88	45.17

根据水文计算，黄河特大桥濮阳段的梁底控制标高数据为：通航孔跨以通航净空控制的梁底标高不得低于71.93 m，滩地范围以设计水位控制的梁底标高不得低于66.93 m，黄河左岸和右岸大堤控制的标高中，梁底标高不得低于72.25 m。

4.4 针对地震因素采取的减震抗震措施

该项目所在区域设计基本地震动峰值加速度为0.20 g，抗震设防烈度为8°，设计地震分组为第一组，地震动反谱特征周期值为0.40 s[5-7]，根据《公路工程抗震规范》，设计中须考虑地震活动对路线和构造物的影响。根据现场测试波速资料结合区域资料，勘察场地类别为Ⅲ类，属抗震不利地段[8]。

在该桥梁设计中，充分考虑到地震对桥梁结构造成的影响，在强化防护、抗震措施方面：适当地加大盖梁的宽度，并采取落梁措施，同时对箱型墩桥墩及柱式墩盖梁设置横向挡块，并在梁体两侧设置相对应的缓冲减震装置。在对桥梁选用伸缩缝时，要考虑到地震作用下的梁端位移，并尽量选用减隔震支座，采用合理的限位装置，能够很好地防止结构相邻构件产生过大的相对位移，对高度大于7 m的柱式桥墩和排架桩墩设置横系梁时，要注意桥台的整体性结构设计。在桥梁耐久性设计方面：严格控制混凝土材料；适当加大钢筋的混凝土净保护层厚度；加强构造配筋，防止和控制混凝土裂缝；提高后张法预应力钢束管道压浆质量；加强防排水设计。

5 结论

通常在高速公路特大型桥梁项目工程中，必须要预先考虑到地区的环境因素，对相关地区的气候、水文、地势等方面进行勘察，将影响施工的因素尽量规避，从而可以确保桥梁施工得以顺利进行，使桥梁的实体质量和外观质量都可以取得最好的效果，对于促进当地经济发展起到了良好的推动作用。

参考文献

[1] 窦文林，安康月. 高速公路特大桥预应力连续梁桥悬臂施工控制研究[J]. 公路工程，2019，44(3)：112-116.

[2] 李力，冯永. 跨高速公路特大桥连续梁施工安全管理[J]. 工程技术研究，2020，5(7)：174-175.

[3] 李东昇. 山区高速公路特大桥梁高墩柱施工技术研究[J]. 住宅与房地产，2019(22)：207.

[4] 胡刚. 山区高速公路特大桥梁高墩柱施工技术[J]. 黑龙江交通科技，2019，42(9)：121-122.

[5] 国家质量监督检验检疫总局，国家标准化管理委员会. 中国地震动参数区划图：GB 18306—2015[S]. 北京：中国标准出版社，2015.

[6] 中华人民共和国住房和城乡建设部，中华人民共和国国家质量监督检验检疫总局. 建筑抗震设计规范：GB 50011—2010[S]. 北京：中国建筑工业出版社，2016.

[7] 中交路桥技术有限公司. 公路工程抗震规范. JTGB 02—2013[S]. 北京：人民交通出版社，2014.

[8] 罗运廷. 浅析高速公路桥梁施工的安全管理问题研究[J]. 黑龙江交通科技，2020，43(9)：213+215.

京沪高铁 CFG 复合地基沉降性状分析

陈　鼎

中南大学土木建筑学院，湖南长沙，410075

摘要：针对京沪高铁典型地质条件的 CFG 桩加固路段，采用 FLAC3D 有限差分程序，模拟路基的填筑过程，将桩和土按不同的材料考虑，计算 CFG 桩加固后路基的沉降，并与实测沉降比较，验证了计算模型的可行性。利用该模型分析了不同桩长、桩间距对沉降的影响，并根据其路基沉降量，得到了该路段 CFG 桩的合理桩长与桩距。

关键词：CFG 桩复合地基；FLAC3D；数值分析；沉降

CFG 桩即水泥粉煤灰碎石桩，是由水泥、粉煤灰、碎石、石屑或砂加适量的水搅拌形成高黏结强度的桩体，它是针对碎石桩承载特性的一些不足，加以改进而发展起来的[1,2]。相对于碎石桩，CFG 桩属于刚性桩，不仅可全桩长发挥桩的侧摩擦阻力，桩端落在好的土层也可很好地发挥桩端作用，避免了碎石桩由于桩体材料强度限制而使荷载传递深度受限的缺陷，可大幅提高地基的承载力并有效地控制地基的沉降。

近年来随着计算机技术的发展，数值仿真技术在复合地基中的研究得到了广泛应用[3-6]，所以本文就不同桩长、桩间距对路基沉降的影响进行数值模拟与分析。

1　工程概况

京沪高速铁路滁州段里程 DK937+580~695 段地基采用 CFG 桩加固处理，设计桩长 4 m，桩径 0.5 m，桩间距 1.8 m。根据设计资料，该断面附近地基地层情况由上往下依次为：素填土、粉质黏土、全风化千枚岩、强风化千枚岩、弱风化千枚岩。根据施工图设计要求，桩顶铺 0.6 m 厚的碎石垫层，内铺两层双向土工格栅。该路段路堤填筑高度为 5.55 m，路堤本体采用 A、B 组填料填筑，基床表层 0.4 m 采用级配碎石，如图 1 所示。

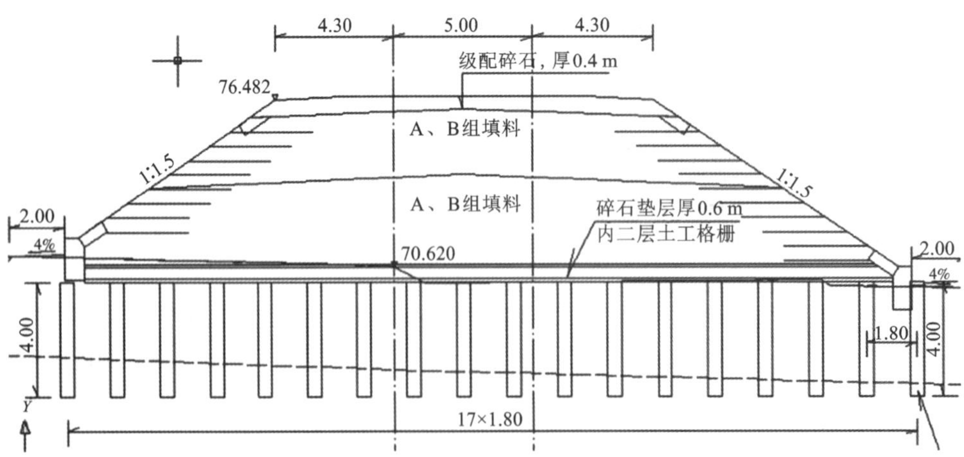

图 1　京沪高铁 DK937+680 路基设计剖面图

2　建立数值计算模型

本文采用有限差分程序 FALC3D 进行模拟分析。为使问题简化，在选择计算模型时假设同种材料为均

陈鼎，崔红琴，屈海军，等. 京沪高铁 CFG 复合地基沉降性状分析[J]. 铁道建筑，2010(4)：69-72.

匀、各向同性体，路堤和地基岩土采用摩尔—库仑弹塑性模型，桩体和土工格栅分别采用桩和土工格栅结构单元[7]。结合实验及参考文献[8]，计算参数如表 1 和表 2 所示。

表 1 DK937+680 剖面设计及计算参数

材料类型	厚度/m	重度/($kN \cdot m^{-3}$)	体积模量/MPa	剪切模量/MPa	内聚力/kPa	摩擦角/(°)	剪胀角/(°)
A、B 组料	5.55	19500	298	100	42	22	20
碎石垫褥层（级配碎石）	0.6 0.4	20000	420	195	20.5	30	15
素填土	0.6	18700	4	2	41	16	—
粉质黏土	3.9	19300	18	8	49	20	—
全风化千枚岩	1.1	18500	42	37	37	24.4	12
强风化千枚岩	1.4	20500	76	58	80	31	16
弱风化千枚岩	—	22500	222	195	40	37	18

表 2 CFG 桩和土工格栅的计算参数

	弹性模量/MPa	泊松比	法向及剪切耦合弹簧单位长度		
CFG 桩			刚度/MPa	内聚力/MPa	摩擦角/(°)
	1.5×10^{10}	0.3	1.3×10^{11}	5×10^{5}	20
	弹性模量/MPa	泊松比	耦合弹簧单位面积		
土工格栅			刚度/MPa	耦合弹簧内聚力/MPa	摩擦角/(°)
	2.6×10^{9}	0.33	2.3×10^{6}	0	29.2

考虑路基的对称性，取半幅地基和路基结构进行分析。计算范围：竖向取 15 m，大于加固体高度的两倍，横向取 31 m，超过路基底面宽度的两倍。边界约束条件为：在地基土的下部边界因远离桩体，荷载影响甚微，视为无位移的固定边界，中心对称面和侧面各节点限制水平位移，表面为自由边界，模型的网格划如图 2 所示。

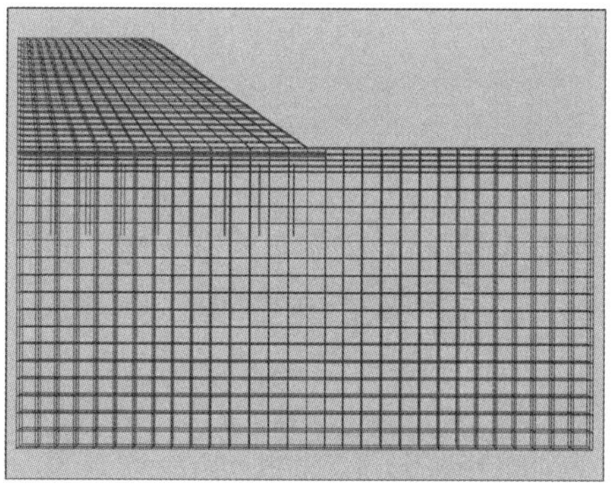

图 2 路基沉降分析模型网格单元划分图

3 CFG 桩对沉降的影响

3.1 计算与实测沉降对比

根据实际填筑状况，对路堤分层填筑的施工过程进行模拟，总填筑高度为 5.55 m，现场施工每层的填筑高度为 0.3 m。数值计算结果与现场实测数据对比如图 3 所示：从图中可以看出路基沉降的数值模拟结果比实测要略大一些，实测结果不断趋近于数值模拟结果，这是因为路基沉降实际上随时间推移会继续产生蠕变变形，而本次数值计算模型没有考虑时间效应，所计算出的沉降即为路基的最终沉降。尽管数值分析结果与现场实测数据存在一定的误差，但二者在最终数值上还是比较接近的。可见，本模型能很好地反映路基沉降的变化过程。

3.2 不同桩长对沉降的影响

CFG 桩复合地基桩长是控制路基沉降量主要的因素之一，桩越长地基的加固效果就会越好，而桩长过长从经济的角度考虑又是不合理的，所以要选定合适的桩长使其既能满足变形要求，且经济合理。实际设计资料中 CFG 桩桩间距 1.8 m，桩径为 0.5 m，现在分别选择桩长为 3 m，4 m，5 m，6 m 进行计算，分析路基的沉降变形情况。

图 4 为不同桩长路堤底面的沉降曲线，从中可以看出，随着桩长的增加路基的沉降在逐渐减小，同时两相邻桩长在同一位置处的沉降差值随桩长的增加而变小，即沉降曲线随着桩长的增加逐渐密集，说明随桩长的增加，沉降减小幅度也逐渐减小。因此，当要求沉降控制在一定范围内时，考虑到经济的因素，可以选取某一长度作为设计桩长。

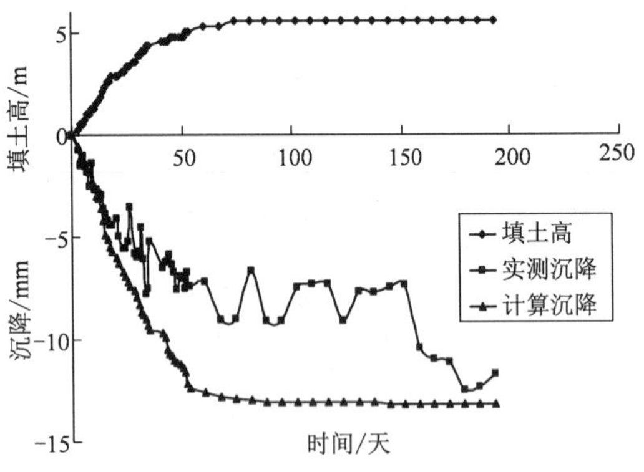

图 3　数值分析结果与现场实测数据对比

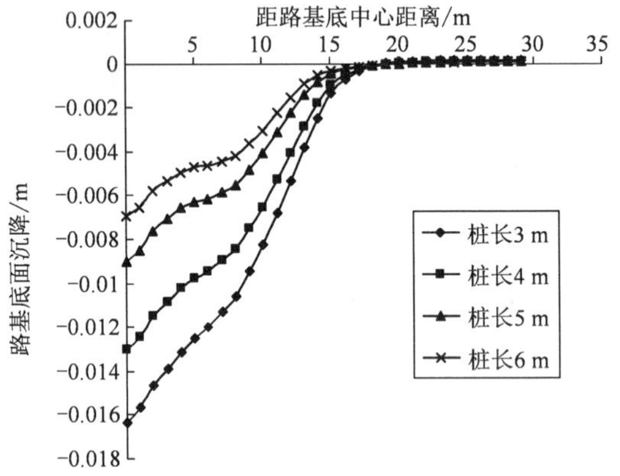

图 4　不同桩长路基底面的沉降曲线

图 5 为不同桩长路基中心面处沿深度分布的沉降曲线，图 5 显示路基的沉降量随桩长的增加而显著减小，说明桩长对路基沉降控制起着非常重要的作用。在深度 7 m 之后，不同桩长的沉降都基本一致，从地质资料来看，该处已达弱风化千枚岩层。

为了便于分析沉降随桩长的变化，图 6 给出了不同桩长在路基底面中心处的沉降变化曲线，可以看出，在桩长小于 5 m 比大于 5 m 的沉降变化斜率大。这是由于桩长 5 m 的桩端落在千枚岩层上，而桩长小于 5 m 的桩端均落在压缩性相对较大的粉质黏土上，所以，桩长小于 5 m 的沉降变化较桩长大于 5 m 的大。因此，在选择桩长的时候应综合考虑地质条件和经济效果，桩端尽量落在性质较好的土层上，把沉降控制在规定范围。

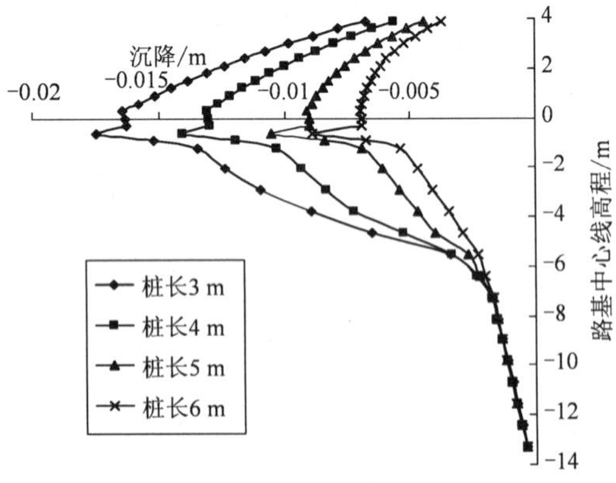

图 5　不同桩长路基中心面处沿深度分布的沉降曲线

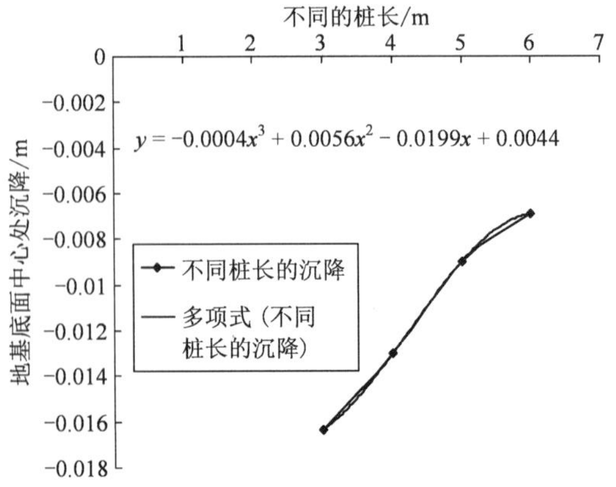

图 6　不同桩长在路基底面中心处的沉降变化曲线

采用三次多项式拟合沉降随桩长变化的趋势线，对拟合曲线求解二阶导数，进行单调性和增减性分析如下：

拟合曲线：$y=-0.0004x^3+0.0056x^2-0.0199x+0.0044$，$x>0$。

一阶导数：$y'=-0.0012x^2+0.0112x-0.0199$。

二阶导数：$y''=-0.0024x+0.0112$。

当二阶导数 $y''=0$ 时，可计算得到 $x=4.667$，说明当桩长大于 4.667 m 时，路基沉降随桩长增加速率减缓。在本文中，一阶导数 $y'(x=4)>0$，$y'(x=5)>0$，$y'(x=6)>0$，说明在区间(3，6)内，沉降值随桩长单调递减(即沉降随桩长增加而减少)，且拟合曲线拐点就在该区间中取值。结合本文所研究路段的地质情况，取合理桩长为 5 m，即桩端打入风化岩层顶面。

3.3 不同桩间距对沉降的影响

CFG 桩复合地基中，桩间距是控制沉降的又一重要因素。该施工段 CFG 桩在平面上的布置形式为矩形布置，桩直径为 500 mm，不同桩距的变化会影响复合地基的置换率，从而影响地基变形的性状。桩距太大不能发挥其控制沉降的作用，桩距太小一则不经济，二则增加施工难度。通常桩距取 3~5 倍桩径进行设计施工。在设计桩长为 4 m 的基础上，选取桩距分别为 1.4 m，1.6 m，1.8 m，2.0 m，2.2 m 进行路基沉降计算，分析桩距的变化对地基变形的影响。

图 7 为不同桩距路基底面的沉降曲线，图 8 为不同桩距的情况下，路基中心线处沿深度分布的沉降曲线，与桩长不同时的沉降情况相同，增加桩数之后，随着桩距的减小路基的沉降也随之减小，地基取到了良好的加固效果。但是，路基底面沉降曲线随着桩距的增加逐渐变得密集，说明沉降随桩距的减小，沉降减小幅度也在不断减小。同样地，从经济角度看存在某一桩距是比较合理的。

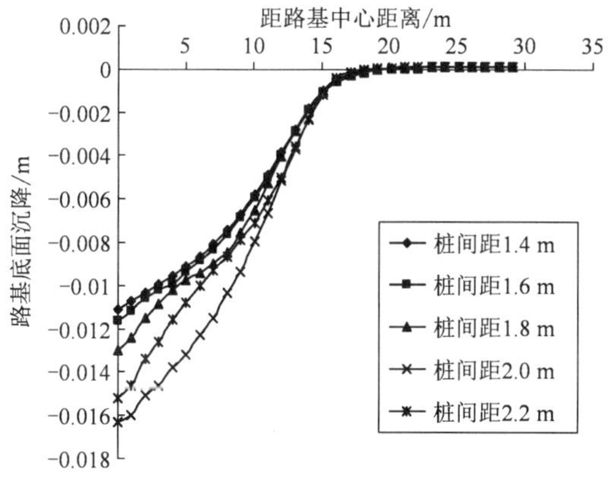

图 7 不同桩距的情况下路基底面的沉降曲线

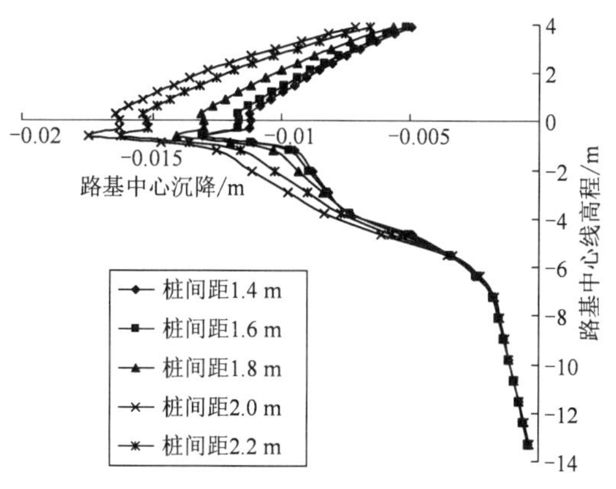

图 8 不同桩距路基中心线处沿深度分布的沉降曲线

图 9 为路基底中心处沉降量随桩间距变化曲线，采用二次多项式生成了沉降随桩长变化趋势拟合曲线：$y=-0.0172x^2+0.0499x-0.0474$，$x>0$。

由曲线的变化趋势可以看到，随着桩间距的减小，沉降也在逐渐减小，但是在桩间距小于 1.8 m 之后，沉降曲线的斜率逐渐减小，说明减小桩间距的效果在减弱。虽然桩距取值较小时，会明显小于在较大桩距时的沉降，但受施工限制而不可能把桩距设计得太小。因此，在桩距设计时，应综合考虑加固效果、施工与经济三方面因素，结合以上的计算分析，建议本路段 CFG 桩桩距取 1.8 m，这与实际设计的桩间距也是相吻合的。

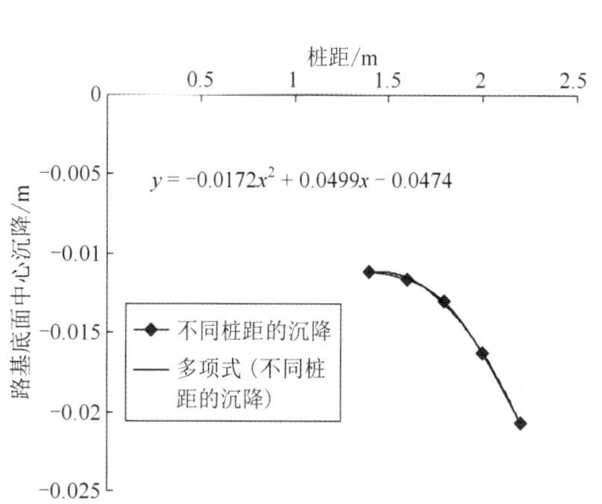

图 9 不同桩距在路基底面中心处的沉降变化曲线

4 结论

本文结合实际工程，借助 FLAC3D 软件建立数值模型，分析了 CFG 桩不同桩长、桩间距对复合地基的沉降影响，得出结论如下：

(1)数值模拟计算的路基分层填筑施工沉降，与实测沉降比较接近，说明该模型可以很好地模拟复合地基的沉降变化。

(2)通过该模型的计算得出：随着桩长的增长路基沉降不断减小，但是当桩端落到较好岩层里时，桩长的影响就较小了。在控制沉降的前提下，结合地质资料，考虑经济因素，确定桩的合理长度为 5 m。

(3)桩间距是控制 CFG 复合地基的置换率的因素之一，随着桩距的减小，桩距对沉降的影响效果减弱，本文建议桩距为 1.8 m。

数值计算方法虽然为复合地基变形计算提供了新的途径，但土与增强体之间本构关系的研究，远没达到普遍推广应用的成熟阶段。本文计算模型没有考虑土沉降的时间效应和土中水的影响。

参考文献

[1] 阎明礼，张东刚. CFG 桩复合地基技术及工程实践[M]. 2 版. 北京：中国水利水电出版社，2006.

[2] 龚晓南. 复合地基[M]. 杭州：浙江大学出版社，1992.

[3] 郝赢. 铁道工程[M]. 北京：中国铁道出版社，2004.

[4] 彭世江. CFG 桩复合地基计算与分析[D]. 成都：西南交通大学，2004.

[5] 白翔宇. CFG 桩复合地基变形试验研究[D]. 郑州：郑州大学，2006.

[6] 翟建华. CFG 桩复合地基工作机理及沉降计算方法研究[D]. 北京：中国地质大学，2006.

[7] Itasca Consulting Group, Inc. FLAC3D version 2. 1 manual[M]. America: Itasca Consulting Group, Inc. , 2002.

[8] 秦文权. 客运专线复合地基上无碴轨道路基沉降的控制与计算分析研究[D]. 长沙：中南大学，2008.

地质雷达在公路挡土墙无损检测中的应用

刘 蓓

中南大学土木工程学院，湖南长沙，410075

摘要：本文全面介绍了地质雷达在公路挡土墙无损检测的工作原理，以及地质雷达在挡土墙检测中的应用依据。结合工程实例，介绍地质雷达在公路挡土墙无损检测中野外作业、MALA雷达数据解译过程及对具有代表性的挡土墙稳定性的判定过程。结果表明，地质雷达检测技术能够快速、有效、准确地判定挡土墙的质量。

关键词：地质雷达；挡土墙；公路；检测评估

1 前言

挡土墙作为一种边坡防护与加固的有效措施，在我国公路建设中得到广泛应用[1]。由于施工控制不严格或地质条件复杂，会造成质量缺陷，形成质量隐患，并可能造成安全事故[2]。传统挡土墙质量检测方法为开孔或开槽取样检测，该方法不仅效率低，代表性差，偶然性大，而且破坏了墙体的整体性[3]。地质雷达无损检测技术能够在不破坏构筑物的前提下，对挡土墙的厚度、墙体的密实度、回填土密实度以及含水量等做出全面的检测和评价，对公路部门及时发现隐患，确保公路的安全畅通具有重要意义[4-5]。

2 工作原理

2.1 电磁波传播基本原理

地质雷达方法是利用发射天线向被检测体发射广谱、高频电磁波，当电磁波遇到电性(介电常数、电导率、磁导率)差异，因而，对电磁波具有不同的波阻抗，进入墙体的电磁波在穿过挡土墙体时，电磁波将发生折射、反射和绕射现象，同时介质对传播的电磁波也会产生吸收、滤波和散射作用。其传波路径、电磁场强度以及波形特征将随所通过介质的电性和几何形态而变化，因此，从接收到的雷达反射波、幅度及波形资料可以推断墙体的几何形态及其结构。由于两种介质的介电常数不同而使电磁波发生反射、折射和绕射，反射波、折射波和绕射波的传播遵循反射定律、折射定律和绕射定律，反射波和绕射波返回被检测体的表面由地质雷达的接收天线所接收，形成雷达反射和绕射图像[6](如图1)。

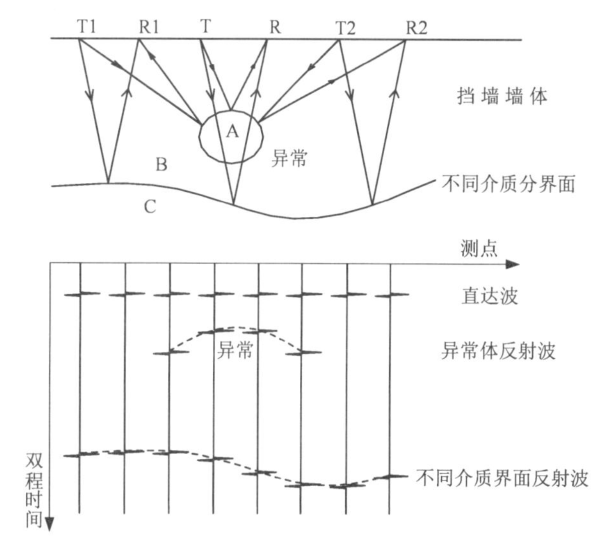

图1 地质雷达工作原理示意图

雷达图像包含了被检测体的丰富信息，重点研究达雷达时间(或深度)测线图上振幅强、波形稳定的特征波，识别测线的主要标志——反射波和干扰波，在此基础上，根据雷达时间(或深度)测线图上的反射波及绕射波组、能量强弱分布和双曲线等特征，对墙体厚度、空洞、不密实带等进行判释[7]。

刘蓓，陈晓斌，张洪彬，等. 地质雷达在公路挡土墙无损检测中的应用[J]. 广州建筑，2013，41(1)：27-31.

在探地雷达法勘探中，电磁波通常被近似为均匀平面波，其传播速度 v 与介质的相对介电常数 ε 有关[8]，即

$$v = \frac{c}{\sqrt{\varepsilon}} \tag{1}$$

$$D = v \times \frac{T}{2} \tag{2}$$

式中：v 为电磁波在介质中的传播速度，3×10^8 m/s；c 为电磁波在真空中的传播速度；ε 为介质的相对介电常数；T 为电磁波的双程旅行时间；D 为界面深度。

电磁波在不同介质界面处，发射强度与两介质的相对介电常数 ε 有关，如果以 K 来表示功率的反射系数，则该系数为[8]：

$$K = \frac{\sqrt{\varepsilon_2} - \sqrt{\varepsilon_1}}{\sqrt{\varepsilon_2} + \sqrt{\varepsilon_1}} \tag{3}$$

2.2　地质雷达检测挡土墙的依据

由式(3)可以得出，目标体与围岩相对介电常数 ε 差别大则反射系数也大，反射波的能量信号也就强，两者界面就明显，反之则信号就弱，两者界面就不明显。对于目前商品化的地质雷达来说，一般要求 $K>0.01$。

挡土墙中各传播介质的相对介电常数见表1。

表1　介质相对介电常数值

介质类型	相对介电常数(ε)
混凝土	6.0~8.0
浆砌片石	7.0~8.0
岩(土)体	9.0~16.0
水	81.0
空洞	1.0

根据式(3)可以得出：

(1)岩(土)体与混凝土或浆砌片石界面的反射系数为：

$$K = \frac{\sqrt{9} - \sqrt{8}}{\sqrt{9} + \sqrt{8}} = 0.03 > 0.01$$

(2)空洞与混凝土或浆砌片石界面的反射系数为：

$$K = \frac{\sqrt{6} - \sqrt{1}}{\sqrt{6} + \sqrt{1}} = 0.42 > 0.01$$

(3)水与岩(土)体界面的反射系数为：

$$K = \frac{\sqrt{81} - \sqrt{16}}{\sqrt{81} + \sqrt{16}} = 0.38 > 0.01$$

(4)空洞与岩(土)体界面的反射系数：

$$K = \frac{\sqrt{9} - \sqrt{1}}{\sqrt{9} + \sqrt{1}} = 0.5 > 0.01$$

由以上计算可以看出，所有界面的反射系数均大于0.01，即能明显找两者的界面，因此，能够判断挡土墙的几何尺寸、挡土墙墙体内的空洞缺陷，挡土墙后面回填的富含水性及空洞。地质雷达具备了检测挡

土墙各类缺陷的地球物理条件。

3 工程实例分析

3.1 数据采集

在地质雷达检测工作中，检测测线布置采用横断面(垂直线路方向)形式，原则上测线沿挡土墙纵向布置，测线间距 6~10 m，测线间距可视挡土墙的高度、墙体质量等情况现场适当调整，测线布置图见图 2。本次检测使用的瑞典 MALA 地球科学仪器公司生产的 RAMAC—X3M 工程探测型探地雷达及配备的 250 MHz 屏蔽天线，以连续扫描模式采集检测数据，为兼顾检测深度和精度的要求，测线采集记录长度为 139 ns，采样率为 462 样点数/扫描。检测工作开始前，对仪器进行了认真检查，确保工作期间仪器处于正常工作状态，见图 3。

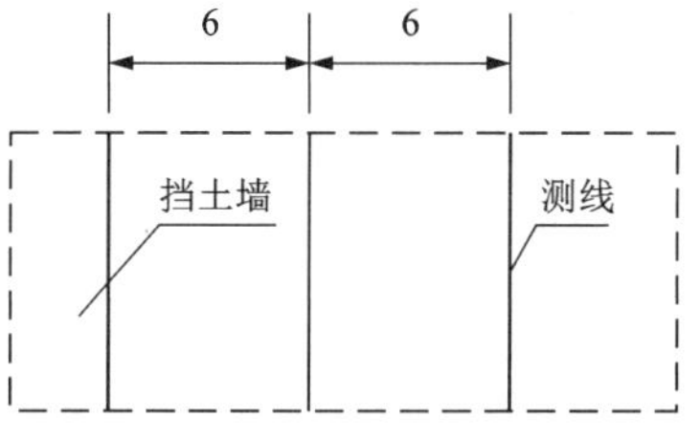

图 2 挡墙检测测线布置图

图 3 现场工作照片

3.2 数据处理分析过程

采用“REFLEXW”软件包对地质雷达原始数据进行处理。其处理流程为：数据传输→文件编辑→水平均衡→去除开始时间→能量衰减→去除直流漂移→背景去除→带通滤波→抽取平均道→滑动平均→输出雷达时间(或深度)测线图。将雷达时间(或深度)测线图作为资料解释的基本图件。

为验证检测数据的准确性和选择雷达参数的合理性，在检测过程中，选择不同墙厚、不同材质的挡土墙进行对比验证非常必要。为此，根据现场实际情况，分别选择里程 K3+280、K5+310、K5+420 处挡土墙进行了验证工作。现场量测各测点的墙体厚度和雷达检测厚度及误差对比结果见表 2。

表 2 雷达检测厚度与实测墙体厚度对比结果表

测线里程	测点位置	实测厚度/cm	检测厚度/cm	误差/%
K3+280	墙顶	68	65	4.41
K5+310	墙顶	75	73	2.74
K5+420	墙顶	70	68	2.85

经分析对比，检测误差主要来源于以下几个方面：

(1)读数误差(偶然误差)。在人机对话读取数据的过程中产生的误差，通过多次读数可以降低该误差。

(2)定位误差(偶然误差)。由于墙体表面凹凸不平，天线在移动过程中很难保持绝对的匀速，而在地质雷达图像处理过程中认为天线是匀速移动。

(3)电磁波在砂浆不饱和墙体中的速度误差(系统误差)。该误差是解释结果的最大影响因素。因为墙体砂浆不饱和，墙体内形成较多空隙，电磁波发生绕射，反射界面不清晰，增加了识别界面的难度，且电磁波的传播速度变化范围大，难以准确确定。而在砂浆饱和墙体中，介质相对单一，电磁波波速能较为准确求得。

根据以上分析，在实际雷达图像解释过程中，应用验证结果调整解释参数，降低了资料的定性及定量解释误差。

3.3 挡土墙判定结果

本次检测挡土墙的数量巨大，并不能一一叙述，在此，本文选取几个极具有代表性的挡土墙进行叙述分析。

图4为K2+900处的路堑挡土墙雷达检测图像。由图像可知，墙体和墙后岩土体的介质分界面明显，墙体内并无双曲线及块体图像存在，说明该墙体密实，墙体厚度可以明显看出；墙后岩土体内同样没有空洞及富水图像出现，岩土体密实；可以看出存在过滤层，但厚度不确定。此挡土墙可判定为稳定。

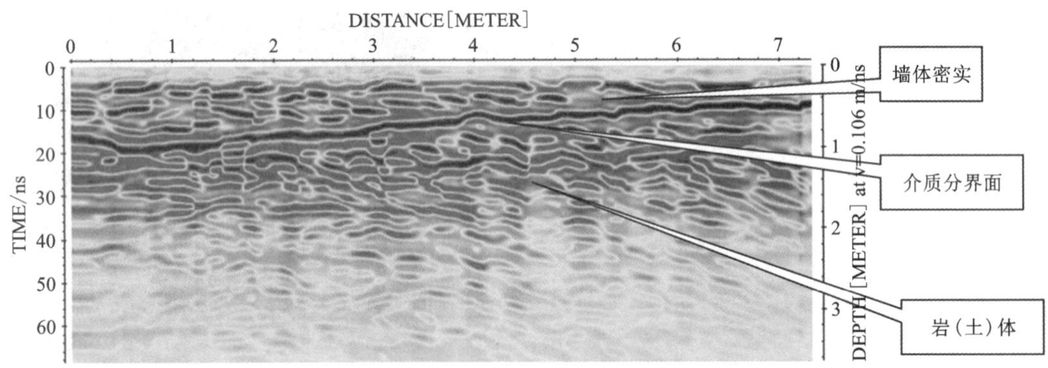

图4　K2+900路堑挡土墙横断面测线雷达检测图像

图5为K3+450处路堑挡土墙雷达检测图像。由图像可知，墙体和墙后岩土体的介质分界面较明显，可基本判断出墙体的厚度，墙体内无双曲线及块体图像的存在，可判定墙体密实；墙后岩土体内存在较明显双曲线图像，判定墙后岩土体内存在较大空洞，岩土体不密实；挡土墙过滤层不能确定。此挡土墙可判定为基本稳定。

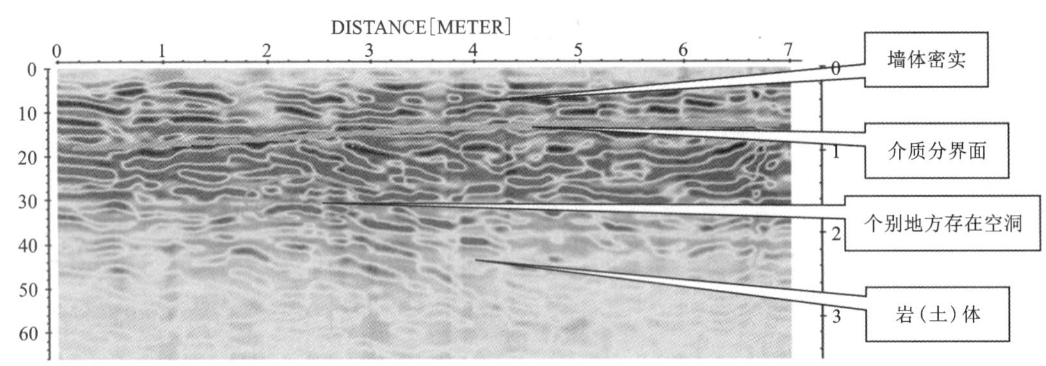

图5　K3+450路堑挡土墙横断面测线雷达检测图像

图6为K4+420处路堑挡土墙雷达检测图像。由图像可知，墙体和墙后岩土体的介质分界面不明显，不能明确挡土墙的厚度，墙体内存在块体及双曲线图像，可判定墙体内存在空洞，此墙体不密实；墙后岩土体同样存在双曲线图像，判定岩土体内存在空洞，墙后岩土体不密实；过滤层不存在。此挡土墙判定为不稳定。

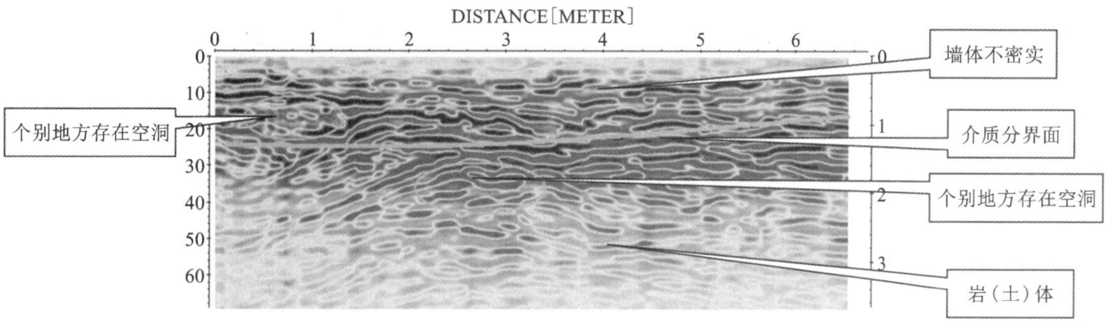

图 6　K4+420 路堑挡土墙横断面测线雷达检测图像

4　结论

(1)地质雷达对公路挡土墙的检测与传统开孔或开槽检测方法相比，具有不破坏结构物的整体性、检测方便、高效、成本低廉、不影响车辆的正常运营等优点，并且可以多方位、多角度检测，具有广泛的应用性。

(2)地质雷达检测能够准确全面地反映挡土墙的厚度，墙体及墙后岩土体的密实度，墙后岩土体的含水情况，并能确定挡土墙内是否设置反滤层，但反滤层的具体厚度不能确定。

(3)采用地质雷达检测公路挡土墙，不受时间、地点的限制，同时还能提供较为全面的挡土墙质量概况，并能对明显异常状况进行反复探测，能够准确、全面地掌握挡土墙病害情况，这对路基挡土墙的病害整治工作提供了指导性的意见。

参考文献

[1]　徐宏武，丛福祥，汪贵春. 挡土墙质量及病害无损检测应用研究[J]. 公路交通技术，2009(12)：39-44.

[2]　王灿为. 地质雷达技术在既有铁路挡墙质量检测评价中的应用[J]. 工程地球物理，2009(8)：62-64

[3]　朱鲁，张利民，翟培合，等. 地质雷达在铁路路基挡墙质量检测中的应用[J]. 山东科技大学学报，2007(4)：10-13.

[4]　冯彦谦，王银，王灿为. 探地雷达用于铁路挡土墙质量检测的研究[J]. 工程地球物理，2009(8)：74-76.

[5]　王天亮，朱兴权，岳祖润. 探地雷达在南昆铁路挡土墙完整性评价中的应用[J]. 石家庄铁道学院学报，2006(6)：98-101.

[6]　刘成军. 铁路路基挡土墙质量无损检测的研究[D]. 成都：西南交通大学，2001.

[7]　汪贵春. 挡墙质量无损检测技术应用研究[D]. 重庆：重庆交通大学，2009.

[8]　李大兴. 探地雷达方法与应用[M]. 北京：地质出版社，1994.

蒙库铁矿露天采场岩石边坡破坏模式分析

彭　状[1,2]

1. 中南大学土木工程学院，湖南长沙，410075

2. 长沙矿冶研究院有限责任公司，湖南长沙，410012

摘要：根据蒙库铁矿露天采场矿山地质资料以及岩体结构特征，采用赤平极射投影方法对该铁矿露天采场岩石边坡可能的边坡破坏模式进行了综合分析。结果表明，蒙库铁矿露天采场岩石边坡主要破坏模式有圆弧形破坏、楔形破坏、倾倒破坏、崩塌和溃屈等，其中楔形破坏、倾倒破坏、崩塌和溃屈均为台阶的局部破坏，对于整个露天采场的高陡边坡而言，圆弧形破坏应为其主要破坏模式。

关键词：破坏模式；赤平极射投影；岩石边坡

蒙库铁矿露天采场现已开采至1086平台，根据其初步设计方案，露天采坑坑底标高852 m，形成的高陡边坡最终坡高将达348 m，其中山坡露天11个台阶，最大开采高度120 m；凹陷露天19个台阶，最大开采高度228 m。边坡阶段高度12 m，并段后高度为24 m，清扫平台宽8 m，安全平台宽2 m，终了阶段坡面角约65°，最终边坡角46°～49°。

该铁矿边坡长度大、边坡高，边坡受冰雪融水、地下水、侵蚀、结构面及震动影响。随着边坡的高度不断增加，边坡稳定性将会显著降低。对矿山边坡工程地质进行调查，查明岩体结构特征，研究边坡破坏形式，进而进行边坡稳定性分析研究，确定合理的最终边坡角，已是刻不容缓的任务。

1　常见岩石边坡破坏模式

岩石边坡的破坏类型可分为崩塌、坐落、滑移、倾倒、溃屈(板裂)等。崩塌一般发生在高陡岩坡的前缘地段，尤其是坡顶裂隙发育的部位，由于风化、温差、冻融变化或者爆破震动、地震等原因，岩体与边坡分离滚落[1]。滑移是岩体在重力作用下，沿坡体内较深层软弱面产生整体滑动。岩石边坡滑坡的滑动模式一般有圆弧型滑动破坏、平面型滑动破坏、楔形滑动破坏、折线形滑动破坏等。岩石边坡实际的破坏模式非常复杂，除上述主要破坏模式外，还有各种复合型破坏模式，如崩塌与滑移组合、倾倒与滑移组合等[2]。根据以往的研究资料[3-5]，对于矿山露天采场岩石边坡，普遍存在的主要破坏模式有平面破坏、圆弧形破坏、楔形(双滑面)破坏、倾倒破坏等。

2　矿区工程地质及岩体结构

蒙库铁矿矿床岩性主要为厚层磁铁变粒岩夹斜长角闪岩、混合花岗岩，产状大部分地段相向，局部相同，北翼地层产状：180°～200°∠73°～85°；南翼产状：5°～45°∠68°～84°。直接影响边坡稳定性的为F3断层，F3断层位于铁木下尔衮向斜两翼近核部，走向290°～300°，倾角大于82°，近于直立。由四条同生角砾岩带组成，向南东分为两个分枝，延伸约10 km，北分支控制蒙库铁矿床的北东边界(向南西陡倾斜)，南分支控制蒙库铁矿床的南西边界(向北东陡倾斜)，是最重要的控岩控矿断裂的部分，沿F3两侧节理发育，密集成带，带宽10～80 m。由于断层位于矿床最边界部位，对矿山开采边坡不会产生大的影响。矿区节理发育，有相互垂直的剪节理290°～295°和20°～25°两组，其走向大体与矿体和地层走向相同；有石英脉充填的节理290°～310°和20°～30°两组，前组剪节理较发育[6]。

矿体围岩及边坡岩体主要组成是角闪斜长片麻岩类，少量大理岩、角闪变粒岩、黑云母变粒岩和磁铁变粒岩，矿体与围岩界线明显，常见围岩夹层。从各勘探线钻孔岩芯资料中得到岩石完整程度较高、完整

彭状. 蒙库铁矿露天采场岩石边坡破坏模式分析[J]. 矿冶工程，2013，33(4)：27-29.

程度极好的、好的和中等的岩石一般占到 79. 4%～93. 6%；差的岩石占 3. 7%～16. 5%；极差的岩石占 3. 2%～10. 5%。仅少数勘探线的岩石破碎程度较高，破碎所占比例较大。矿岩线裂隙率及线裂隙密度在上部发育程度高，下部发育程度低，向深部逐渐变小，岩体完整性由地表到地下由差变好。对矿体及近矿围岩不同深度的变化规律进行分析研究，不同岩性的 *RQD* 值、线裂隙率及线裂隙密度在不同深度的表现为：0～10 m 地表岩体较破碎，岩石的 *RQD* 值较小，完整性较差；10～20 m 浅部岩体，岩石破碎中等完整；20 m 以下深部岩体，完整性中等-完整性好。在变粒岩、不纯大理岩、角闪斜长片麻岩、角闪黑云母片岩、石榴石磁铁矿和钙铁辉石磁铁矿等岩性中，黑云母片岩的完整程度相应较低，属中等完整。其他 5 种岩性的岩石完整程度相应较高，属中等完整。由地表向深部岩体完整程度逐渐增大，除发育有构造破碎带以外，岩体完整程度均较高。总体来看，各勘探线揭示岩体浅部完整性较差，深部岩体较完整，工程地质条件良好，不良工程地质问题较少。

3　边坡破坏模式分析

3.1　采坑东段北帮边坡

台阶坡面倾向 220°，倾角 65°。底板岩性为角闪斜长片麻岩和黑云母角闪石英片岩。岩层总体较完整，局部完整性较差，风化程度较低，浅部属弱风化岩层。其中黑云母角闪石英片岩岩层厚度较小，仅数米，与矿体产状基本一致，延伸距离较远，岩层完整性较差，片理发育，岩石多呈块状，碎块状及碎屑状，地表及浅部岩石风化程度极高，岩石松软，易碎，由于距矿体很近，采掘时剥离对边坡不构成影响。角闪斜长片麻岩 Y1 总体走向 NWW，倾向 225°，倾角 77°，主控结构面倾向 225°，倾角 77°，延伸达 10 m 以上，走向与矿体走向一致。另三组结构面，L1 倾向 270°～285°，倾角 78°～85°，结构面延伸超过 10 m，局部密集；L2 倾向 251°，倾角 24°，结构面延伸 6～8 m，局部发育；L3 倾向为 105°，倾角 21°，结构面延伸 3～5 m，局部发育(图 1)。岩层 Y1 走向、倾向与采场边坡走向、坡向一致，主控结构面倾向与坡向基本一致，倾角较陡，边坡角小于主控结构面时，属基本稳定型边坡。上部风化较严重的台阶坡顶，由于岩性脆弱，可能发生小范围倾倒、崩塌破坏，或者发生溃屈(板裂)破坏；随着开采深度的增大，深部边坡稳定性受 L2、L3 结构面的共同影响，有可能发生楔形破坏。

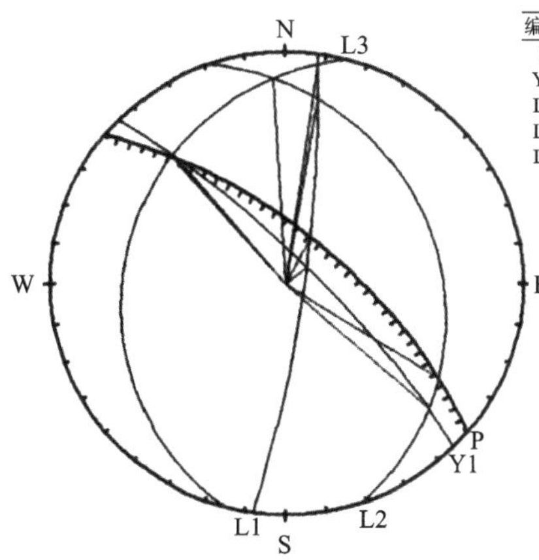

编号	结构面名称	倾向	倾角
P	坡面	220	65
Y1	岩层1	225	77
L1	裂隙1	278	81
L2	裂隙2	251	24
L3	裂隙3	105	21

组合交棱线	倾向	倾角
P-Y1	140	20
P-L1	207	64
P-L2	303	15
P-L3	139	18
Y1-L1	231	77
Y1-L2	312	12
Y1-L3	139	18
L1-L2	190	12
L1-L3	188	3
L2-L3	177	7

图 1　采坑东段北帮边坡产状赤平投影图

3.2　采坑东段南帮边坡

台阶坡面倾向 351°，倾角 65°。地表为第四系风成黄土层，土层厚度 1 m 至数米不等，局部可达 10 m 以上。风成黄土下部为残坡积层，含碎石较多，较疏松。下部为基岩，岩性为角闪斜长片麻岩。矿体顶板岩层角闪斜长片麻岩总体较完整，局部完整性较差，部分地段上部含 1～5 m 风化层，风化程度较高，属强风化岩层。岩石呈粉末及碎屑状，对开采边坡的稳定性有一定的影响。岩层稳定性主要受结构面影响。岩层 Y1 总体走向 NWW，倾向 225°，倾角 77°。另有三组结构面，L1 倾向为 120°，倾角 78°，结构面延伸

0.3~1.4 m，发育少；L2 倾向为 180°~210°，倾角为 78°~84°，结构面延伸 0.2~1 m，密度为 0.3~0.5 m 一条；L3 倾向为 324°，倾角 29°，结构面延伸 3~5 m，节理发育较少（图 2）。L1、L2 与坡向反向斜交，为基本稳定结构面；L3 与坡向斜交，不形成临空面，也基本稳定；受 L1、L3 结构面的共同影响，有发生楔形破坏的可能性；对于上部第四系及完整性较差的风化岩层，应降低坡角，防止发生圆弧滑动破坏。

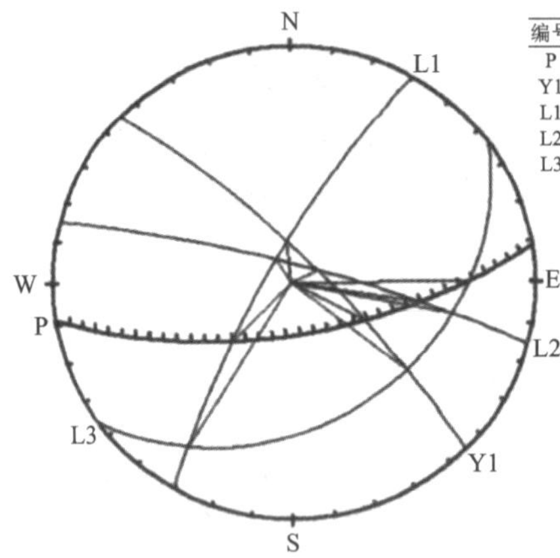

编号	结构面名称	倾向	倾角
P	坡面	351	65
Y1	岩层1	225	77
L1	裂隙1	120	78
L2	裂隙2	195	84
L3	裂隙3	324	29

组合交棱线	倾向	倾角
P-Y1	298	52
P-L1	45	51
P-L2	279	34
P-L3	270	18
Y1-L1	174	70
Y1-L2	245	76
Y1-L3	308	28
L1-L2	147	77
L1-L3	32	11
L2-L3	281	22

图 2　采坑东段南帮边坡产状赤平投影图

3.3　采坑西段北帮边坡

台阶坡面倾向 185°，倾角 65°。底板岩性为角闪斜长片麻岩，黑云母角闪石英片岩和磁铁变粒岩。地表及浅部岩层总体完整性较差，风化裂隙较为发育。岩石风化程度较低，浅部属弱风化岩层，深部为新鲜岩石。稳定性主要取决于结构面。黑云母角闪石英片岩岩层厚度较小，与矿体产状基本一致，延伸距离较远，岩层完整性较差，片理发育，岩石多呈块状及碎块状，地表及浅部岩石风化程度较高，岩石松软，敲击易碎，由于距矿体很近，采掘时可进行剥离。角闪斜长片麻岩 Y1 总体走向 NWW，倾向 225°，倾角 77°。发育有三组结构面，L1 倾向为 141°，倾角 88°，裂隙延伸 1~2 m，密度为 1 m 一条；L2 倾向为 95°，倾角 58°，裂隙延伸 4~4.5 m，密度约 1.2 m 一条；L3 倾向为 348°~257°，倾角 48°~86°，结构面延伸 1~3 m，密度数米一条，局部地段较密集（图 3）。岩层 Y1 走向，倾向与露天采场边坡走向、坡向一致，L1 近于直立，L3 与坡面反向斜交，属基本稳定结构面。L2 与边坡近于正交，也属基本稳定。受 Y1、L2 以及 L1、L3 结构面的共同影响，有发生楔形破坏的可能性。

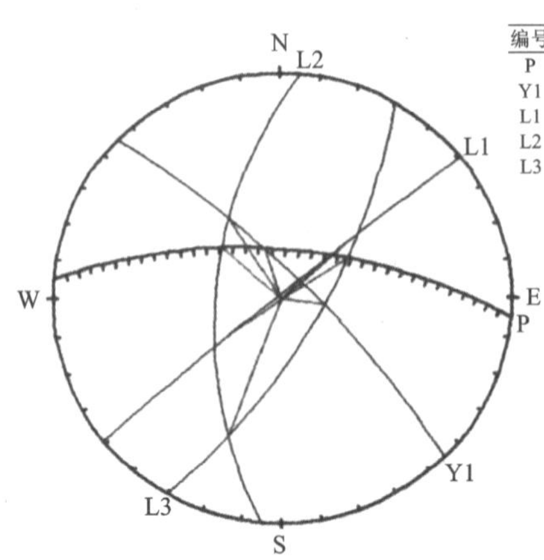

编号	结构面名称	倾向	倾角
P	坡面	220	65
Y1	岩层1	225	77
L1	裂隙1	278	81
L2	裂隙2	251	24
L3	裂隙3	105	21

组合交棱线	倾向	倾角
P-Y1	162	63
P-L1	228	58
P-L2	132	52
P-L3	238	52
Y1-L1	222	77
Y1-L2	148	44
Y1-L3	279	69
L1-L2	53	50
L1-L3	229	42
L2-L3	21	24

图 3　采坑西段北帮边坡产状赤平投影图

3.4　采坑西段北帮边坡

台阶坡面倾向 58°，倾角 65°。部分地段地表为第四系风成黄土层（均在北坡），土层厚度 1 m 至数米不等，部分地段为残坡积层，厚度不大，一般为0.5~3 m，含碎石较多，较疏松。下部为基岩，岩性为角闪斜长片麻岩。矿体顶板岩层角闪斜长片麻岩总体较完整，局部完整性很差，部分地段上部岩石1~3 m风化程度较高，属强风化岩层。199-201线的矿体风化程度也较高，强风化带厚度达10 m，节理裂隙发育较少，均为不平整面，对开采边坡的稳定性有一定的影响。岩层稳定性主要受结构面影响。岩层Y1总体走向NWW，倾向208°，倾角77°。有四组结构面，L1倾向为9°~22°，倾角36°~38°，结构面延伸1.5~4 m，发育少；L2倾向为77°~86°，倾角76°~89°，结构面延伸0.5~1.5 m，密度0.2~0.4 m一条；L3倾向为140°~158°，倾角62°~77°，结构面延伸1.5~3 m，发育较少；L4结构面产状为232°∠77°，延伸4~6 m，密度0.2~0.4 m一条，较发育(图4)。L2与坡面斜交，倾角较大，为稳定结构面；L3与坡面正交，属稳定结构面；L4为反坡向陡倾角的弱面，在该组结构面单独作用下可能发生台阶坡面的倾倒破坏；L3与L1斜交，且L3为倾角较大的陡立面，可能形成沿L1滑动的楔体破坏；对于上部第四系及完整性较差的风化岩层，应降低坡角，防止发生圆弧滑动破坏。

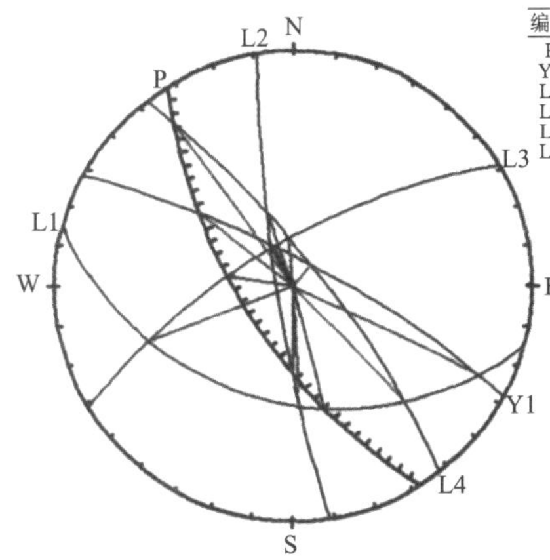

编号	结构面名称	倾向	倾角
P	坡面	58	65
Y1	岩层1	208	77
L1	裂隙1	15	37
L2	裂隙2	81	82
L3	裂隙3	149	69
L4	裂隙4	232	77

组合交棱线	倾向	倾角
P-Y1	128	36
P-L1	346	33
P-L2	0	49
P-L3	98	59
P-L4	144	9
Y1-L1	296	8
Y1-L2	151	67
Y1-L3	155	69
Y1-L4	220	77
L1-L2	357	36
L1-L3	69	24
L1-L4	317	22
L2-L3	150	69
L2-L4	160	53
L3-L4	175	67

图4　采坑西段南帮边坡产状赤平投影图

4　结论

根据矿山地质资料以及岩体结构特征，对蒙库铁矿18号采场边坡破坏模式进行了分析，结果表明，蒙库铁矿露天采场岩石边坡主要破坏模式有圆弧形破坏、楔形破坏、倾倒破坏、崩塌和溃屈等，其中楔形破坏、倾倒破坏、崩塌和溃屈均为台阶的局部破坏，对于整个露天采场的高陡边坡而言，圆弧形破坏应为其主要破坏模式。

参考文献

[1]　张永兴. 边坡工程学[M]. 北京：中国建筑工业出版社，2008.

[2]　熊传治. 岩石边坡工程[M]. 长沙：中南大学出版社，2010.

[3]　马博恒，张成孝. 仓上金矿露采边坡破坏模式分析[J]. 有色矿山，1993(3)：19-27.

[4]　曾芳金，金解放，钟文. 某露天矿边坡破坏模式研究[J]. 江西有色金属，2008(3)：7-10.

[5]　屈春来，乔兰，李远. 某深凹露天矿高陡边坡破坏模式分析[J]. 矿冶工程，2012(5)：4-6.

[6]　厦门紫金工程设计有限公司. 新疆富蕴蒙库铁矿10至22号矿体采矿工程初步设计[R]. 2010.

TSP203 系统在岩体分级中的应用研究

李　华，朱自强，李　键

中南大学信息物理工程学院，湖南长沙，410083

摘要：从工程岩体分级的发展状况出发，介绍了目前国内主要应用的三种岩体分类方法以及 TSP (tunnel seismic prediction) 203 系统所能提供的有用信息。通过比较各种岩体分级方法所考虑的基本参数，探讨其与 TSP203 系统相结合的可能性。最后通过实例验证了 TSP203 系统与国标《工程岩体分级标准》相结合的有效性。

关键词：TSP203 系统；国标；Q 系统；RMR (rock mass rating)；工程岩体分级

1　引言

随着国家现代化建设事业的发展，水利水电、铁道、交通、矿山、工业与民用建筑、国防等工程中，各种类型、不同用途的岩石工程日益增多。在工程建设的各阶段(规划、勘察、设计和施工)中，正确地对岩体的质量和稳定性作出评价，具有十分重要的意义。质量高、稳定性好的岩体，不需要或只需要很少的加固支护措施，并且施工安全、简便；质量差、稳定性不好的岩体，需要复杂、昂贵的加固支护等处理措施，常常在施工中带来预想不到的复杂情况。正确、及时地对工程建设涉及的岩体稳定性做出评价，是经济合理地进行岩体开挖和加固支护设计、快速安全施工，以及建筑物安全运行必不可少的条件。

虽然现在的岩体分级方法较多，但在国内岩石工程中应用较多的岩体分级方法只有国标《工程岩体分级标准》、Q 系统分级以及 RMR 分级三种[1-8]。而这三种方法的侧重点各不相同，都存在着一定的不足之处。本文将 TSP203 系统与岩体的分级相结合，试图能更加完善岩体分级方法，使其分级更加准确，为施工提供更科学的指导，尽量减少地质灾害的发生。

2　工程岩体分级的发展状况

国外工程岩体分级的研究经历了一个世纪的发展历史。20 世纪 30—40 年代，地下和地面工程岩体分级研究具有代表性的分级方法有苏联 Ф. M. 萨瓦连斯基分类、太沙基分类、И. B. 波波分类、H・H. 马斯洛夫分类。20 世纪 50—60 年代，有劳弗尔分类、苏联混凝土重力坝设计规范提出的坝基岩体分级、美国迪尔 RQD(rock quality designation)分级等，其分类特点多偏重单指标的定性或定量分类。进入 20 世纪 70 年代后，岩体的分类由定性向定量、由单因素(单指标)向多因素(或多指标)方向发展。具有代表性的地下工程岩体分类有威克海姆和贾克伯的岩石结构评价(RSR)分类、挪威土木研究所学者巴顿(Barton)提出的决定隧洞支护标准 6 项参数的岩体质量分类(Q 系统)、美国学者比尼威斯基(Bieniawski)提出的裂隙化岩体地质力学分类(RMR 法，或称岩体权值系统)。后两种分类方法在国外应用广泛，并与先进的新奥法施工技术相结合，随着时间发展也越来越完善。

我国对岩体质量评价研究开展的比较晚，主要有谷德振、黄鼎成(1979)的 Z 分类，王思敬等人(1980)弹性波指标 Za 分类，关宝树(1980)的围岩质量 Q 分类，杨子文(1982，1984)的 M 分类，陈德基(1983)块度模数 MK 分类，王石春等人(1980，1985)RMQ 分类，邢念信(1979，1984)坑道工程围岩分类，东北工学院(1984)围岩稳定性动态分级，长委的三峡 YZP 分类(1985)，水电部昆明勘测设计院(1988)提出大型水电站地下洞室围岩分类，王思敬(1990)岩体力学性能质量系数 Q 分类，《水利水电工程地质勘察规范》(1991)，工程岩体分级国家标准(1993)，曹永成，杜伯辉(1995)基于 RMR 体系修改的 CSMR 法，陈

李华，朱自强，李键. TSP203 系统在岩体分级中的应用研究[J]. 工程地球物理学报，2005，2(6)：449-453.

昌彦的岩体质量动、静态综合评价体系(1997)等。其中1994年颁布的中华人民共和国国家标准《工程岩体分级标准》，是在总结国内外各种岩体分级方法和大量工程实践的基础上提出的，属于国家最高层次的基础标准，适用于各行业、各种类型岩石工程的岩体分级，是制定各行各业岩体分级标准的基本依据。该标准的特点是突出岩石工程岩体的共性——岩体基本质量，分级是采用定性和定量相结合的方法，此方法有较强的科学性和实用性。因此，目前在国内岩石工程中应用的岩体分级方法主要有国标《工程岩体分级标准》、Q系统分级以及RMR分级[1-8]。

3 通过TSP203系统能获得有用数据

TSP(tunnel seismic prediction)是一种新颖、快速、有效、无损的反射地震技术。它是为隧道超前地质预报而专门设计的，可以在隧道施工、地下洞穴和地下墓穴开挖前提供帮助，其目的在于迅速超前地提供开挖周围及前方三维空间的工程地质预报。TSP和其他反射地震波方法一样，采用了回声测量原理(图1)。地震波在指定的震源点(通常在隧道的左边墙或右边墙，大约24个炮点布成一条直线)用小药量激发产生。地震波在岩石中以球面波形式传播。当地震波遇到岩石物性界面(即波阻抗差异界面，例如断层、岩石破碎带和岩性变化等)时，一部分地震信号反射回来，一部分信号透射进入前方介质。反射的地震信号将被高灵敏度的地震检波器接收，反射信号的旅行时间和反射界面的距离成正比，故能提供一种直接的测量。

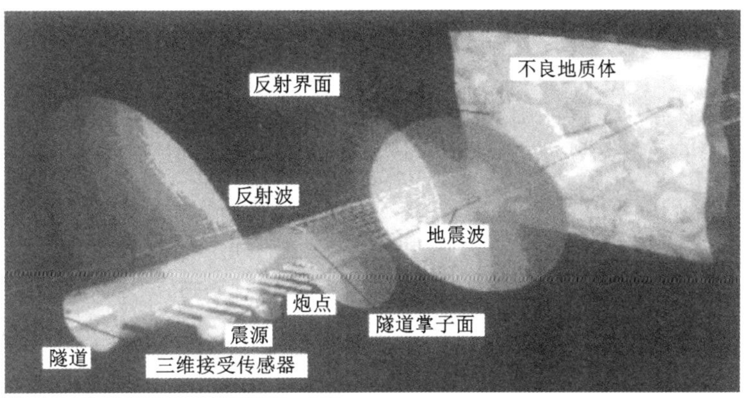

图1 TSP203系统隧道预报原理

采集的TSP数据，通过TSPwin软件进行处理。TSPwin软件处理流程包括11个主要步骤，即：数据设置→带通滤波→初至拾取→拾取处理→炮能量均衡→Q-估计→反射波提取→P-S波分离→速度分析→深度偏移→提取反射层。通过速度分析，可以将反射信号的传播时间转换为距离(深度)。处理结果：可以用与隧道轴的交角及隧道工作面的距离来确定反射层所对应的地质界面的空间位置，并根据反射波的组合特征及其动力学特征解释地质体的性质。

通过TSPwin软件处理，可以获得P波、SH波、SV波的时间剖面、深度偏移剖面、提取的反射层、岩石物理力学参数、各反射层能量大小等成果，以及反射层在探测范围内的2D或3D空间分布。

由于TSP203是一种长距离的超前地质预报方法，所以可以为围岩的分级提供丰富的有用数据。根据TSP计算的岩石物理力学参数，如纵波速度、密度、泊松比、静态杨氏模量，以及构造影响程度、节理裂隙发育情况、围岩的软硬和含水情况等，再结合国标《工程岩体分级标准》，就可以较为准确地确定隧道围岩的级别了[9-12]。

4 TSP203系统在岩体分级中的应用

1974年巴顿等人提出的Q系统分类方法主要考虑岩体质量指标RQD、节理组数J_n、节理面粗糙度J_r、节理蚀变程度J_a、裂隙水影响因素J_w以及地应力影响因素SRF等6项指标。RMR分类方法考虑的基本参数包括岩块单轴抗压强度、岩体质量指标 RQD、节理间距、节理面性状、节理产状及地下水条件。从这些指标可以看出 Q 系统分类法基本上是一个定性的分类方法，主观随意性较大。RMR 分类方法是一个半定量、半定性的方法。由于 TSP203 系统所提供的大量数据主要是用于定量分析用，所以 TSP203 系统在此两种方法中的应用效果并不大。

而对于《工程岩体分级标准》，它进行岩体分级是分两步走：第一步，测定岩石坚硬程度(R_c)和岩体完整性程度(K_v)，有定性和定量两种方法，前者通过现场详细的地质勘察来进行，后者借助于必要的力学指标测试，即岩石饱和抗压强度和岩体与岩石纵波速度测试。测出定量指标后按下式进行线性组合，即可以求出岩体基本质量指标 BQ：

$$BQ = 90 + 3R_c + 250K_v \tag{1}$$

式中：R_c 为岩石饱和抗压强度，MPa；K_v 为岩体完整性系数，定义为岩体与岩块纵波速度之比的平方。根据 Q 值的大小，可将岩体基本级别划分成 5 个级别。基本质量的定性分级和定量分级两种方法平行进行。

第二步，当定性和定量两种方法基本吻合时，才可以进一步确定工程岩体级别。首先要定出地下水、软弱结构面和地应力状态对岩体基本质量 BQ 的影响系数 K_1、K_2、K_3，按式(2)对 BQ 进行修正。影响系数的确定可查阅国标提供的赋值表格。具体公式为：

$$[BQ] = BQ - 100(K_1 + K_2 + K_3) \tag{2}$$

对 BQ 进行修正后得到[BQ]，由[BQ]可定出工程岩体级别。一般说来，[BQ]值总是小于 BQ 值，因此，工程岩体级别总体上略低于岩体基本质量级别[2]。

通过了解工程岩体级别划分所考虑的因素后，可以分析其与 TSP203 结合的可能性。岩石坚硬性评价有两条途径：一是通过测试获取岩体强度进行评价；二是通过锤击观测和简易测定(岩石吸水和手感)等方式进行定性鉴定。TSP203 对于这一点的作用不大。

工程岩体完整性评价可采用定性方法和定量方法分析。定性方法主要根据节理的发育程度、结构面性状来评价，而定量方法则采用岩体完整性系数 K_v 进行评价。在进行定性描述时，可以参考 TSP203 对节理裂隙发育状况的推断；而进行定量分析时 TSP203 可提供大量可靠的岩石纵波速度。

对于地下水的评价。它主要依据地下水的出水状态，给出定性判断，然后进行量化。不同的岩体基本质量也同时作为地下水影响系数的因素。对于地下水的发育状况 TSP203 也有较为准确的预报，可以适当作为参考。

可见 TSP203 系统对用《工程岩体分级标准》进行岩体分级时有较好的应用。图 2 表述了完成岩体分级这一总目标的分解过程，其中下向箭头代表问题的分解，求解方向与其相反，从下往上逐点进行。此围岩分级是针对初步设计而言的。在施工过程中，要根据监控信息反馈提供的围岩自稳能力、位移变形以及有无动压影响等信息对围岩分级进行修正，在复杂地段进行更细致的岩体分级。

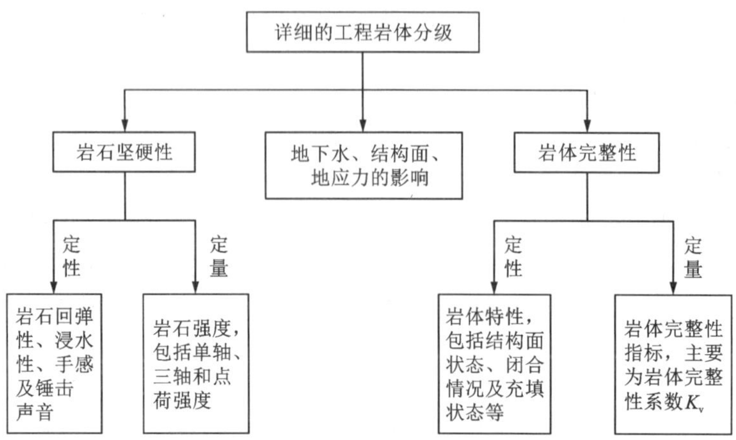

图 2　工程岩体分级流程图

5 应用实例

湖南常(德)—张(家界)高速公路第10合同段关口垭隧道地质情况相当复杂。隧道区域岩性单一，为志留系龙马溪组页岩，深灰色，泥质结构，页理构造，局部含炭质，岩性较软，具有明显的遇水崩解、失水干裂性质，隧道洞身段表面大多风化强烈，呈灰黄~黄灰色。根据实际开挖面围岩工程性质，有相当大数量的围岩级别较原设计升级。隧道右洞在施工YK73+908掌子面时，后方YK73+958~YK73+936段发生大型塌方，塌方已形成冒顶。事后中南大学应用TSP203对此隧道进行了一次超前地质预报，并对围岩的级别进行了重新分级。表1是TSP203系统处理后得出的部分岩石物理力学参数。根据表1所列举的参数，特别是纵波波速计TSP203系统预报成果，结合上述工程岩体的分级步骤，对此隧道ZK73+708~ZK73+860段进行了岩体的重新分级，并与实际围岩级别和设计围岩级别进行了对比。其具体结果见表2。其中表1的所取的每个里程点与表2的各里程小分段是一一对应的，每个里程点的参数值基本上代表着每个里程小分段内的算术平均值。

实际对照结果表明，TSP203系统预报成果和《工程岩体分级标准》相结合所进行的围岩的重新分级结果与实际结果基本一致，为施工单位合理安排施工作业进度、减少工程隐患提供了科学依据。

表1 围岩岩石物理力学参数

里程点	波形	V_p/(m·s^{-1})	V_p/V_s	泊松比	静态弹性模量/GPa
ZK73+840	P	4060	1.70	0.21	23
ZK73+800	P	3292	1.65	0.24	17
ZK73+780	P	3205	1.59	0.26	19
ZK73+770	P	4728	1.82	0.18	24
ZK73+760	P	3108	1.63	0.26	18
ZK73+750	P	3019	1.66	0.25	20
ZK73+735	P	3961	1.76	0.20	22
ZK73+720	P	2458	1.54	0.29	15
ZK73+700	P	2504	1.57	0.28	16

表2 围岩分级对照表

里程	TSP203预报成果	预报后的围岩分级	揭露实际围岩级别	设计围岩级别
ZK73+860~+834	弱风化岩层，节理、裂隙发育，块状~层状结构，围岩较稳定	Ⅲ	Ⅲ	Ⅱ
ZK73+843~+787	有断层通过，断层走向150°左右，对岩体完整影响较明显，节理、裂隙很发育。拱顶易形成掉块或小塌方	Ⅳ	Ⅳ	Ⅲ
ZK73+787~+778	岩石较完整，节理较发育，块状~层状结构	Ⅱ	Ⅱ	Ⅱ
ZK73+778~+760	节理、裂隙很发育，含水量增加，有构造缓倾角软弱夹层，岩石性状变化较大，可能行程小塌方	Ⅳ	Ⅲ~Ⅳ	Ⅳ
ZK73+760~+740	岩石风化较严重，节理、裂隙极发育，含水，呈碎石镶嵌~压碎结构，稳定性差，可能形成塌方	Ⅳ	Ⅳ	Ⅲ

续表2

里程	TSP203 预报成果	预报后的围岩分级	揭露实际围岩级别	设计围岩级别
ZK73+740 ~+736	岩石较为完整，但右拱顶可能有风化岩分布，节理、裂隙较发育，稳定性比较差	Ⅲ	Ⅲ	Ⅲ
ZK73+736~+708	岩石风化较严重，性质极其不均，节理、裂隙极发育，含水，呈碎石压碎结构，稳定性差，可能形成塌方	Ⅴ	Ⅳ~Ⅴ	Ⅳ

6 结论

TSP203 超前地质预报系统是目前先进的物探方法之一，预报范围从 150~300 m，操作简单，成果丰富，对施工过程基本无妨碍。从实例中 TSP203 系统与国标《工程岩体分级标准》相结合的情况来看，效果是较为理想的。

但是 TSP203 系统作为一种新的、发展中的技术，它的探测精度不可能百分之百，要提高其预测精度，还要不断积累经验，才能较为精确地预测前方的地质情况。只有 TSP203 的预测精度提高了，才有可能对工程岩体的分级提供更有力的依据，才能进一步有效地与《工程岩体分级标准》相结合进行工程岩体的细化分级，从而避免地质灾害的发生。

参考文献

[1] 交通部. 公路隧道设计规范：JTJ 026—90[M]. 北京：人民交通出版社，1990.
[2] 中华人民共和国水利部. 工程岩体分级标准：GB 50218—94[S]. 北京：中国计划出版社，1995.
[3] 蔡斌，周火民. 丹江口水利枢纽岩石力学试验研究[J]. 长江科学院院报，2002，19：117-122.
[4] 喻勇，蔡斌. 湖南澧水皂市水利枢纽工程岩体分级[J]. 岩石力学与工程学报，2001，20(增)：1889-1892.
[5] 蔡斌，喻勇.《工程岩体分级标准》与 Q 分类法、RMR 分类法及变形参数估算[J]. 岩石力学与工程学报，2001，20(增)：1677-1679.
[6] 林韵梅. 岩石分级的理论与实践[M]. 北京：冶金工业出版社，1996.
[7] 喻勇，蔡斌. 三峡工程地下厂房围岩工程岩体分级[R]. 武汉：长江科学院，1998.
[8] 喻勇. 宁波市周公宅水库工程岩体分级报告[R]. 武汉：长江科学院，2000.
[9] 陆基孟. 地震勘探原理[M]. 东营：石油大学出版社，1996.
[10] 詹正彬，姚姚. 多波及横波地震勘探[M]. 北京：地质出版社，1994.
[11] 俞寿朋. 高分辨率地震勘探[M]. 北京：石油工业出版社，1994.
[12] 周绪文. 反射波地震勘探方法[M]. 北京：石油工业出版社，1981.

图书在版编目(CIP)数据

张家生团队交通岩土工程论文集 / 王晅，陈晓斌主编. —长沙：中南大学出版社，2024.7

ISBN 978-7-5487-5757-3

Ⅰ. ①张… Ⅱ. ①王… ②陈… Ⅲ. ①交通工程—岩土工程—文集 Ⅳ. ①U416-53

中国国家版本馆 CIP 数据核字(2024)第 058560 号

张家生团队交通岩土工程论文集

ZHANGJIASHENG TUANDUI JIAOTONG YANTU GONGCHENG LUNWENJI

王晅　陈晓斌　主编

□出 版 人　林绵优
□责任编辑　刘锦伟
□责任印制　唐　曦
□出版发行　中南大学出版社
　　　　　　社址：长沙市麓山南路　　　　邮编：410083
　　　　　　发行科电话：0731-88876770　　传真：0731-88710482
□印　　装　湖南省众鑫印务有限公司

□开　　本　889 mm×1194 mm 1/16　□印张 37.5　□字数 1236 千字
□版　　次　2024 年 7 月第 1 版　□印次 2024 年 7 月第 1 次印刷
□书　　号　ISBN 978-7-5487-5757-3
□定　　价　188.00 元